Die Geschichte der Stadt

Leonardo Benevolo

Die Geschichte der Stadt

Aus dem Italienischen von Jürgen Humburg

Campus Verlag
Frankfurt/New York

Die italienische Ausgabe „Storia della città"
erschien 1975 bei Editori Laterza, Rom – Bari

Copyright © Editori Laterza 1975, 1982
Der deutschen Ausgabe liegt die erweiterte
sechste Auflage von 1982 zugrunde.

ISBN 3-593-33232-9

2. Auflage 1984

Copyright © 1983. Alle deutschen Rechte bei
Campus Verlag GmbH, Frankfurt/New York
Umschlagentwurf: Eckard Warminski, Frankfurt/M.
Herstellung: Adolf Heinzlmeier, Frankfurt/M.
Satz: LibroSatz, Johannes Witt KG, Kriftel/Frankfurt/M.
Druck und Bindung: Gius. Laterza & Figli, Bari/Italien
Printed in Italy

Einleitung

Dieses Buch faßt die Geschichte der baulichen Gestaltung der Umwelt zusammen. Es besteht aus einem kommentierenden Textteil und einer Vielzahl von Abbildungen.

Ein großer Teil des hier vorgelegten Materials wurde ursprünglich zur Erarbeitung eines Bildungskonzepts für den Bereich «Umwelt» zusammengetragen, dessen Hauptintention es ist, zwei sonst getrennte Bereiche – Kunst und Technik – zu vereinigen. Die Bildung, die mit diesem Konzept vermittelt werden soll, sollte jedoch nicht nur Vertretern der entsprechenden künstlerischen und technischen Disziplinen vorbehalten sein, sondern alle Bürger sollten die Umwelt, in der sie leben, systematisch und historisch verstehen lernen; jeder sollte das ABC der Umwelt beherrschen und nicht nur das der Sprache; jeder sollte die Zeichen der bebauten Umwelt genauso lesen und interpretieren können wie ein Buch oder eine Zeitung. Nur so können die Bürger ihre passive Beobachterrolle durchbrechen und sich aktiv an der Gestaltung der Umwelt beteiligen.

Aus diesem Grunde haben wir uns entschlossen, die verschiedenen Teile dieser Materialien – über die klassische Antike, das Mittelalter, die Moderne und die heutige Zeit – zu einer umfassenden Darstellung der Geschichte der Stadt zu verwenden, ergänzt um Dokumente über die Entwicklung zeitlich oder räumlich sehr weit entfernter Städte. Auf diese Weise entstand ein Buch, das sich an eine breite Leserschaft wendet, zu dessen Lektüre keine spezielle Vorbildung erforderlich ist und das dennoch einen systematischen und umfassenden Überblick über die Stadtentwicklung in verschiedenen Ländern gibt.

Im Mittelpunkt steht die Entstehung und Entwicklung der städtischen Gebilde in Europa und im Orient. Die entsprechenden, Afrika und den amerikanischen Kontinent betreffenden, Fragen werden nur insofern behandelt, als sie zur Aufhellung der europäischen Geschichte dienen: Es werden die von den Europäern in diesen Ländern vorgefundenen, von der dort zu diesem Zeitpunkt lebenden Bevölkerung errichteten Städte beschrieben und die, die im Zuge der Kolonisierung und der Herrschaft der Europäer über diese Gebiete errichtet worden sind.

In Bezug auf den europäischen Raum kann die Stadt als die wichtigste Form der Bebauung der Umwelt gelten und als typisches Beispiel für Bauwesen und Architektur überhaupt. Auch ist hier das Konzept der Stadt als komplexer und selbständiger Einheit entstanden, in der alle kleineren und zum Teil selbst wieder stadtähnlichen baulichen Gebilde – wie einzelne Gebäude, Stadtteile usw. – integriert sind. Dabei muß die Stadt als eine besondere historische Errungenschaft angesehen werden: Es gab sie nicht von Anfang an, sondern sie ist in einem bestimmten Moment der sozialen Entwicklung entstanden und kann in einem anderen historischen Moment wieder aufgelöst oder grundlegend verändert werden.

Aus diesem Grund ist es erforderlich, die Entstehung der Stadt in der Antike zu beschreiben und auch – soweit dies möglich ist – ihre weitere Entwicklung, so wie es sich unter den heutigen Bedingungen abzeichnet. Hierzu ist es notwendig, sich noch einmal kurz die großen historischen Veränderungen in den Produktionsverhältnissen zu vergegenwärtigen, die das Leben der Menschen einschneidend verändert und die jeweils zu einem sprunghaften Ansteigen der Bevölkerungszahlen geführt haben.

1. Seit etwa 500 000 Jahren existieren Menschen auf der Erde; für einen langen Zeitraum (der in der Geologie der Periode des Pleistozän entspricht) lebten sie als Sammler und errichteten keine dauerhaften Behausungen, sondern befriedigten ihre Wohnbedürfnisse mit den in der Natur vorgefundenen Möglichkeiten, ohne diese wesentlich auszubauen oder zu verändern. Die Archäologen nennen diese Periode Paläolithikum (Altsteinzeit) – eine Periode, die sich über einen Zeitraum erstreckt, der bis heute etwa 95% der gesamten Entwicklung der Menschheit ausmacht. Einige isoliert im Dschungel oder in der Wüste lebende Volksgruppen haben noch heute eine Lebensform, die der der steinzeitlichen Periode weitgehend entspricht.

2. Vor etwa 10 000 Jahren – nach dem Schmelzen der großen, ganze Landstriche überziehenden Gletscher, also nach der letzten tiefgreifenden natürlichen Veränderung der Umwelt, die den Übergang vom Pleistozän zum Holozän (Alluvium) markiert – haben die Bewohner in den Gebieten mit einem gemäßigten Klima gelernt, ihre Nahrungsmittel selbst zu produzieren, indem sie begannen, bestimmte Pflanzen anzubauen und Tiere zu züchten. Zu jener Zeit sind auch die ersten festen Ansiedlungen gegründet worden und es entstanden erste kleine Dörfer in der Nähe der Arbeitsstellen. Diese Periode wird auch als Neolithikum (Jungsteinzeit) bezeichnet und viele Völker behielten eine dieser Periode entsprechende Lebensform bei, bis sie mit den europäischen Kolonisatoren in Kontakt kamen; die Maoris in Neuseeland lebten sogar bis zum Beginn der vergangenen Jahrhunderts auf dieser Entwicklungsstufe.

3. Vor etwa 5 000 Jahren entwickelten sich einige Dörfer in den durch regelmäßige Überschwemmungen fruchtbar gewordenen Ebenen des vorderen Orients zu Städten. Die Produzenten der Nahrungsmittel erarbeiteten freiwillig oder gezwungenermaßen einen Überschuß, durch den eine Schicht von Spezialisten ernährt werden konnte, die nicht an der unmittelbaren Nahrungsmittelproduktion beteiligt waren: Handwerker, Händler, Krieger und Priester. Diese Berufsgruppen lebten in einer ausgedehnten Siedlung – der Stadt – und kontrollierten von dort aus das Land. Diese Form der sozialen Organisation machte die Entwicklung eines Systems zur Fixierung der gesprochenen Sprache notwendig, was zur Erfindung der Schrift führte. Diese Erfindung markiert den Beginn des Zeitalters der *Zivilisation* und der *geschriebenen Geschichte* und damit das Ende der *Vorgeschichte*. Alle späteren historischen Ereignisse und Entwicklungen hängen seit dieser Zeit von der Quantität und dem Verteilungsmodus des produzierten Überschusses ab.

In der Bronzezeit waren die zur Herstellung von Werkzeugen und Waffen benutzten Metalle sehr knapp und entsprechend kostbar, so daß sie nur einer kleinen Führungsschicht zur Verfügung standen, die den gesamten Überschuß in ihren Händen konzentrierte. Weil nur eine begrenzte Anzahl von Produktionsmitteln zur Verfügung stand, konnte die Produktion nicht sehr gesteigert werden, so daß sich auch das Bevölkerungswachstum nur in sehr engen Grenzen bewegte. Die mit der *Eisenzeit* gegen

1 200 vor Christus einsetzende Produktion von weniger kostbaren Metallgegenständen und die Verbreitung der alphabetischen Schrift und der Münzprägung ermöglichten sowohl eine quantitative Ausdehnung der Führungsschichten als auch ein Ansteigen der Bevölkerungszahl insgesamt. Diese Form der sozialen Organisation konnte sich in zwei verschiedenen, aber jeweils einheitlichen geographischen Räumen – innerhalb der rund um das Mittelmeer entstandenen griechisch-römischen Kultur und innerhalb der chinesischen Kultur in der gemäßigten Zone Ostasiens – weiter entwickeln; zwischen dem 5. und dem 15. Jahrhundert nach Christus jedoch durchlief sie eine Reihe von Krisen und wurde von zahlreichen Rückschlägen getroffen.

4. In den anderen historischen Entwicklungsphasen – der *feudalen* und der *bürgerlichen Gesellschaft* – wurde der folgende historische Sprung vorbereitet: die Entfaltung einer auf wissenschaftlichen Methoden beruhenden Produktion, die unsere heutige *Industriegesellschaft* kennzeichnet. Der auf diese Weise produzierte und ständig größer werdende Überschuß muß nicht notwendigerweise nur einer kleinen Führungsschicht zur Verfügung stehen, sondern kann unter der Mehrheit der Bevölkerung – theoretisch sogar unter der gesamten Bevölkerung – aufgeteilt werden. Dadurch konnte die Bevölkerung – ohne durch ökonomische Hindernisse begrenzt zu werden – ständig weiter wachsen, bis an die Grenze, wo das Gleichgewicht mit der natürlichen Umwelt gestört werden würde, ja, es war sogar möglich geworden, auch diese Grenze noch zu überschreiten. In dieser neuen Situation besteht – wie wir noch sehen werden – der Gegensatz zwischen der Stadt als dem Sitz der herrschenden Klassen und dem Land, auf dem die untergeordneten Klassen leben, weiter; dieser Gegensatz ist aber nicht mehr unvermeidbar, sondern läßt sich überwinden. Aus dieser Möglichkeit erwächst das Konzept einer neuen Form städtischer Anlagen, die wie die antiken Städte in sich geschlossen und unabhängig sind und deswegen nach wie vor diesen Namen verdienen, die sich aber über das gesamte bewohnte Land erstrecken: die moderne Stadt.

Innerhalb dieses umfassenden historischen Rahmens werden wir die Veränderungen der Umwelt untersuchen, die durch die Art des Zusammenlebens der Menschen bedingt sind und die ihrerseits auf verschiedenartige Weise das Zusammenleben der Menschen beeinflußten.

Abb. 1 (rechte Seite) **Das Leben der primitiven Menschen in einer 1547 in Frankreich erschienenen Illustration aus dem Werk Vitruvs.**

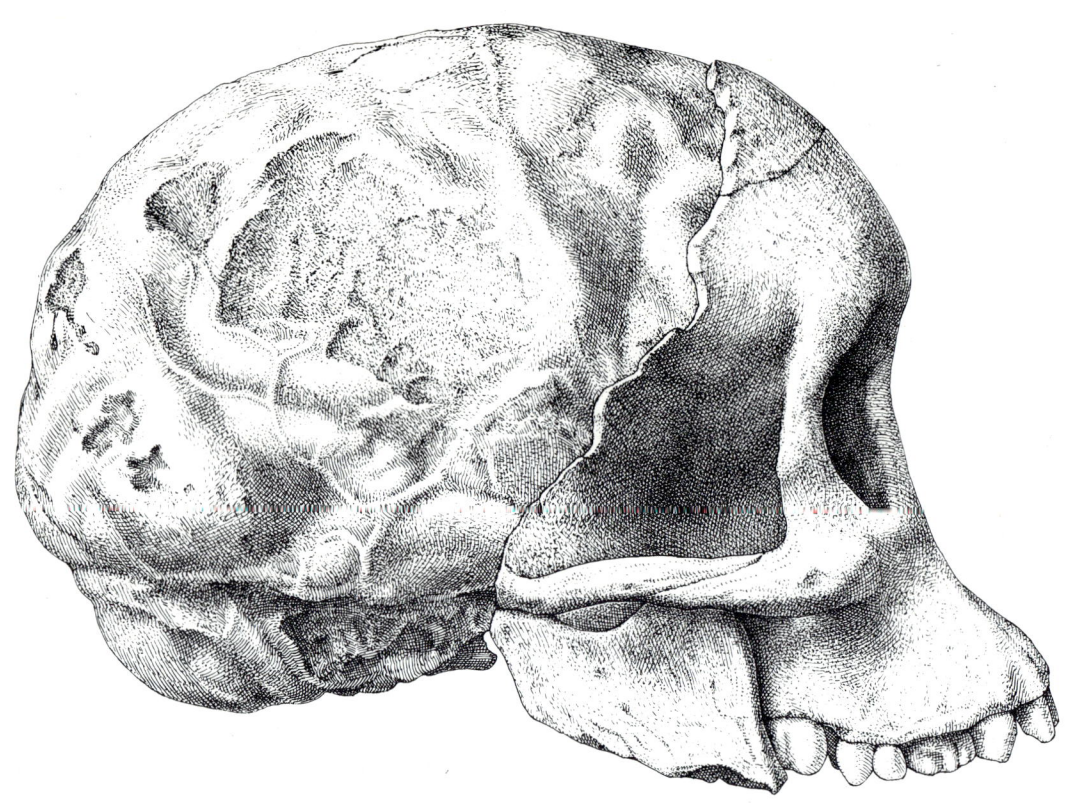

Abb. 2. Der Schädel eines Vorfahren des Menschen (des Australopithecus), der vor etwa 3 Millionen Jahren im südlichen Afrika gelebt hat: Hinter den Knochen des vorderen Teils befindet sich der Abdruck des Gehirns.

Kreis Artern
Heidelberg
Prezletice
Vertesszöllös
Torralba/Ambrona
Terra Amata
Petralona
Ternifine
Latamne
Sale
Choukoutien
Lantian
Olorgesaille
Koobi Fora
Olduvai
Sangiran
Modjokerfo
Trinil

Abb. 3. Die Fundorte von Überresten des primitiven Menschen und der von Leakey und Lewin rekonstruierte wahrscheinliche Weg seiner Verbreitung.

1. Die vorgeschichtliche Umwelt

Wir können uns nur eine annähernde Vorstellung von der Welt machen, in der die Menschen der Altsteinzeit über Zehntausende von Generationen hinweg gelebt haben. Die ersten, von Menschenhand errichteten Bauten waren nur geringfügige Eingriffe in die unermeßlich weite natürliche Umwelt. Als Behausungen dienten natürliche Höhlen oder auf primitiven Holzgestellen errichtete Schutzdächer aus Häuten.

In dieser Periode waren die letzten großen geologischen Veränderungsprozesse noch nicht abgeschlossen, und die natürliche Umwelt veränderte sich ständig. Heute dagegen, aus der Perspektive unserer kurzen Geschichte betrachtet, scheint dieser natürliche Entwicklungsprozeß abgeschlossen. Die Illustratoren früherer Zeiten haben versucht, sich das Leben der primitiven Menschen vorzustellen, allerdings ohne Dokumente aus dieser Zeit zu besitzen (Abb. 1).

Die modernen Archäologen dagegen können aufgrund ihrer Studien und Ausgrabungen ein realistischeres Bild vom Leben der ersten Menschen zeichnen; gleichzeitig aber stellen sich aufgrund dieser Erkenntnisse immer neue Fragen. Die archäologischen Funde der frühesten Ansiedlungen bestehen vor allem aus den Abfällen menschlicher Aktivitäten: Speisereste, Abfallprodukte der Stein- und Holzbearbeitung, sowie Gegenstände, die nach Gebrauch weggeworfen oder vergraben wurden. Die Lage dieser Gegenstände rund um die Feuerstelle – dem typischen Zeichen für die Anwesenheit des Menschen, der gelernt hatte, das Feuer für seine Zwecke zu nutzen – deutet oft auf eine geschlossene Einheit hin, die wir als primitive Behausung bezeichnen können (Abb. 4, 5, 8 und 9).

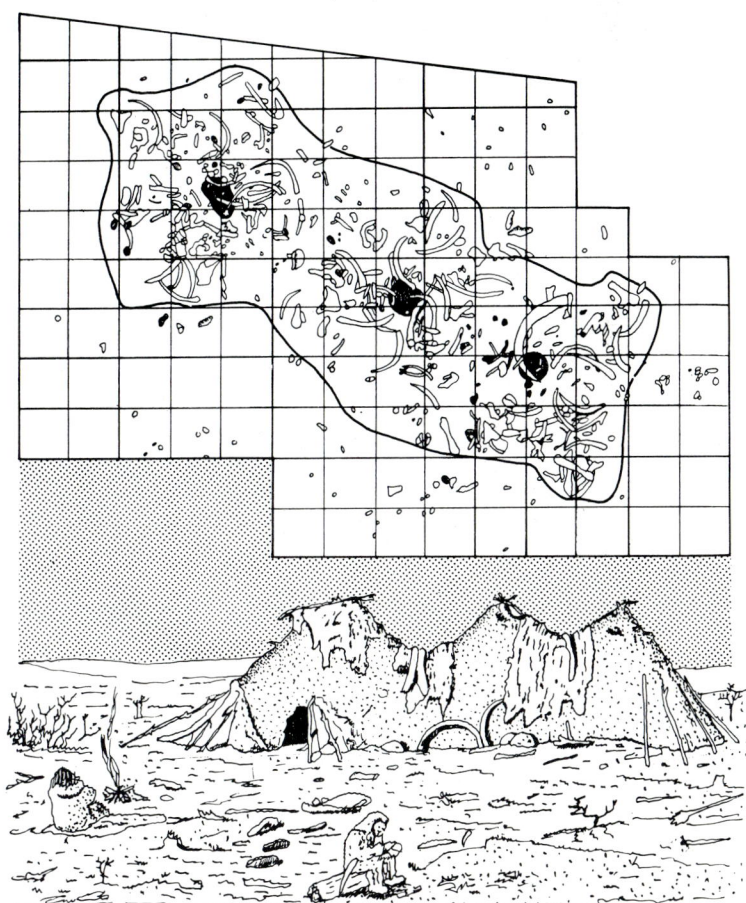

Abb. 4. Behausung aus der späten Altsteinzeit in der Ukraine.

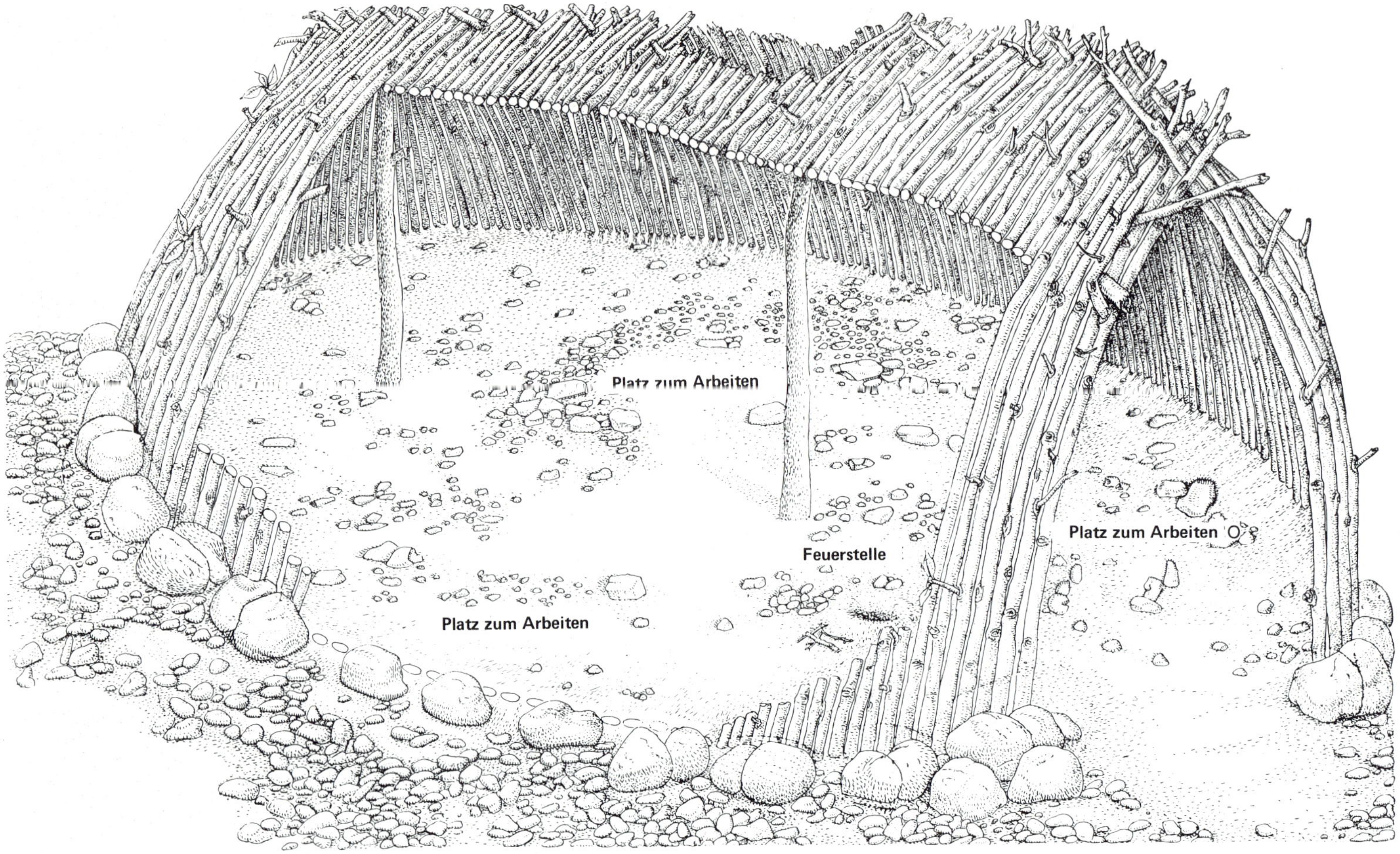

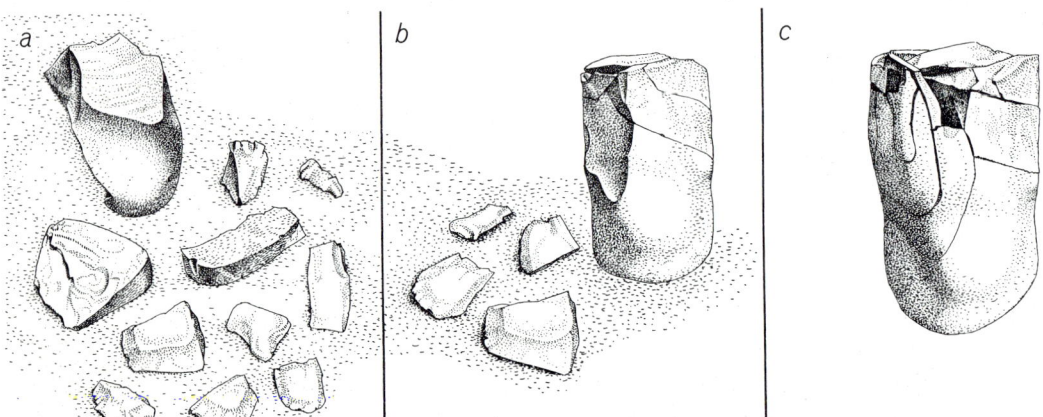

Abb. 5–6. Eine paläolithische Siedlung, die in Terra Amata bei Nizza entdeckt und ausgegraben wurde, und ein zersplitterter Stein, der von den Archäologen wieder zusammengesetzt wurde; diese Siedlung, die vor etwa 300 000 Jahren angelegt wurde, stellt den ältesten bislang bekannten baulichen Eingriff des Menschen in die Natur dar.

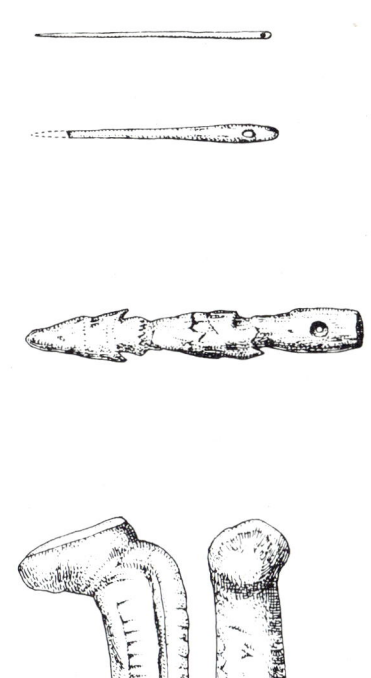

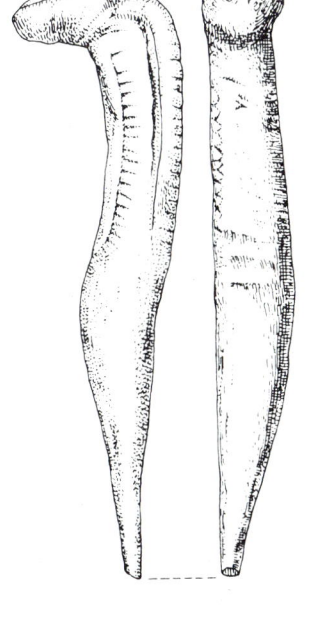

Abb. 7. Vier in Nordeuropa gefundene, aus Knochen gefertigte Werkzeuge aus dem Paläolithikum.

Abb. 8–9. Reste altsteinzeitlicher Lagerstätten in Ahrensburg-Holstein in Norddeutschland: Winter- und Sommerlager.

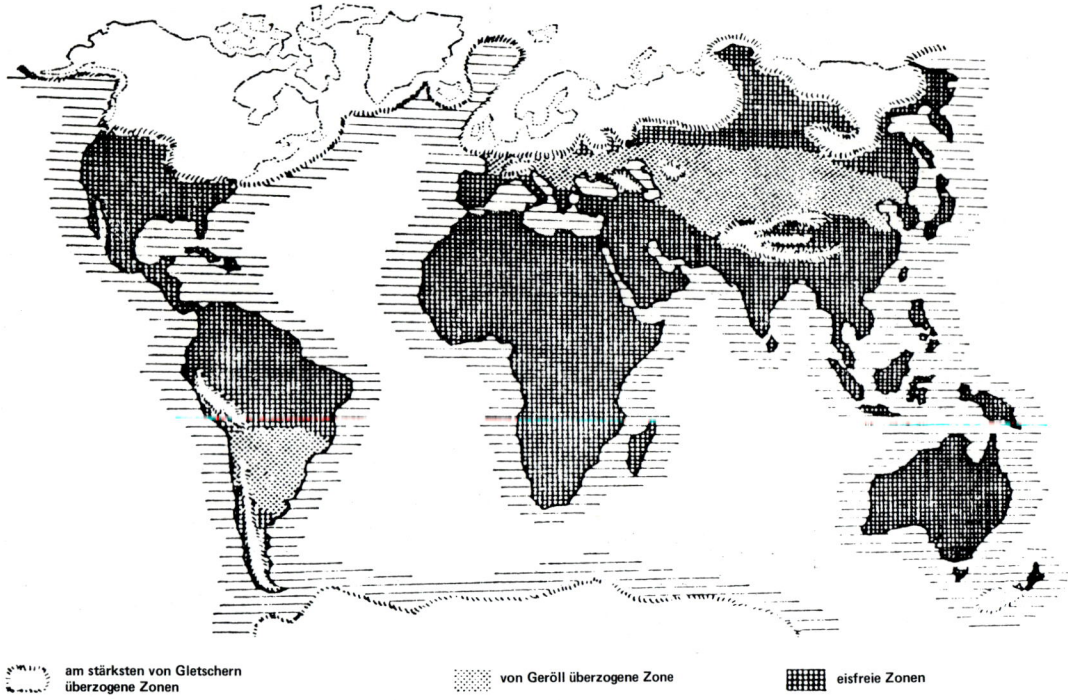

Abb. 10. Die Welt während der Eiszeit mit den von den Gletschern und ihrem Geröll überzogenen Gebieten.

am stärksten von Gletschern überzogene Zonen   von Geröll überzogene Zone   eisfreie Zonen

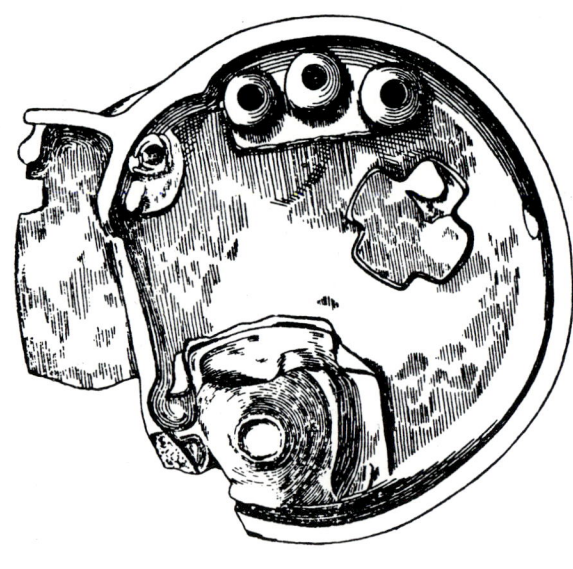

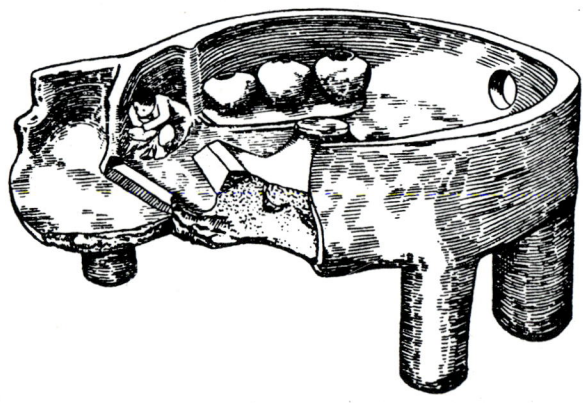

Abb. 11–12. Aus Ton geformtes Modell einer jungsteinzeitlichen Hütte in Popudnia/Ukraine; man sieht den überdachten Vorraum, den Herd, Gefäße für Korn, ein kreuzförmiges Podest und einen Mühlstein (ca. 2000 v. Chr.).

Im Neolithikum wurden Ansiedlungen nicht einfach in der vorgefundenen natürlichen Umwelt errichtet, sondern die Umwelt selbst wurde entsprechend den Plänen der Menschen verändert: Es wurden Felder angelegt, um Nahrungsmittel zu produzieren und nicht mehr bloß zu sammeln; Behausungen für Menschen und Tiere wurden errichtet; es wurden Vorratskammern angelegt, in denen Nahrungsmittel einige Monate und länger gelagert werden konnten. Der Mensch begann jetzt auch die für Ackerbau und Viehzucht benötigten Werkzeuge herzustellen, außerdem Waffen sowie Schmuck- und Kultgegenstände.

Diese Ansiedlungen lassen sich verhältnismäßig genau rekon-

struieren, weil die Archäologen zahlreiche größere Dörfer ausgegraben haben, deren Bauweise bereits regelmäßigen Formen folgte. Wir können die fehlenden Teile ergänzen und den Plan, nach dem sie errichtet wurden, rekonstruieren (Abb. 12–20). Außerdem gibt es heute noch Stämme, die so leben wie die Menschen der Jungsteinzeit: Sie benutzen für die Steinzeit typische Werkzeuge, und ihre Dörfer sind denen der Vergangenheit vergleichbar. Die Geschichte dieser Stämme verlief ohne Berührung mit den zivilisierten Völkern, und jetzt erst, angesichts der unaufhaltsamen Ausbreitung der Zivilisation, stoßen diese beiden Lebensweisen aufeinander (Abb. 21–22).

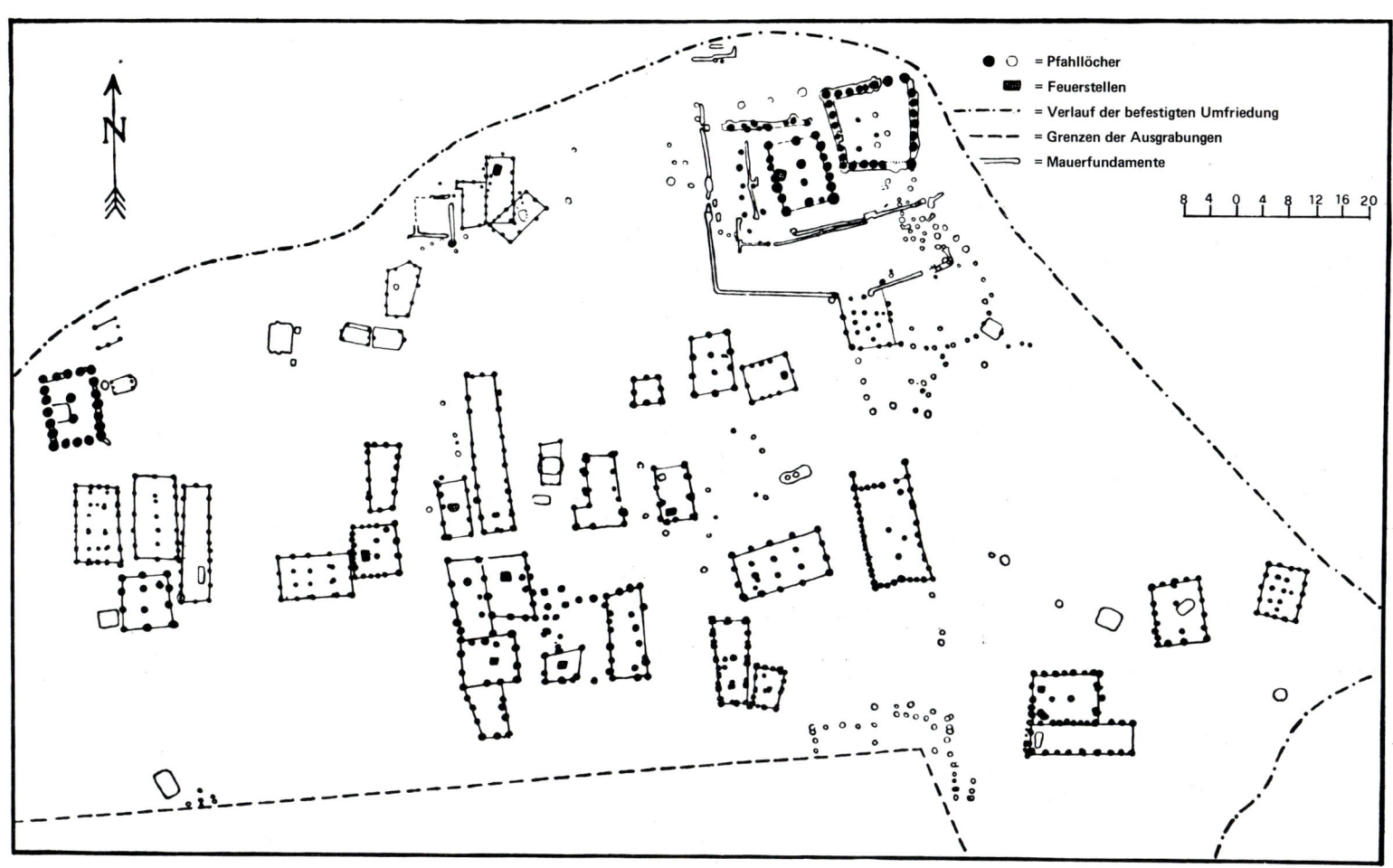

Abb. 13. Plan einer jungsteinzeitlichen Siedlung in Hallstatt/Österreich

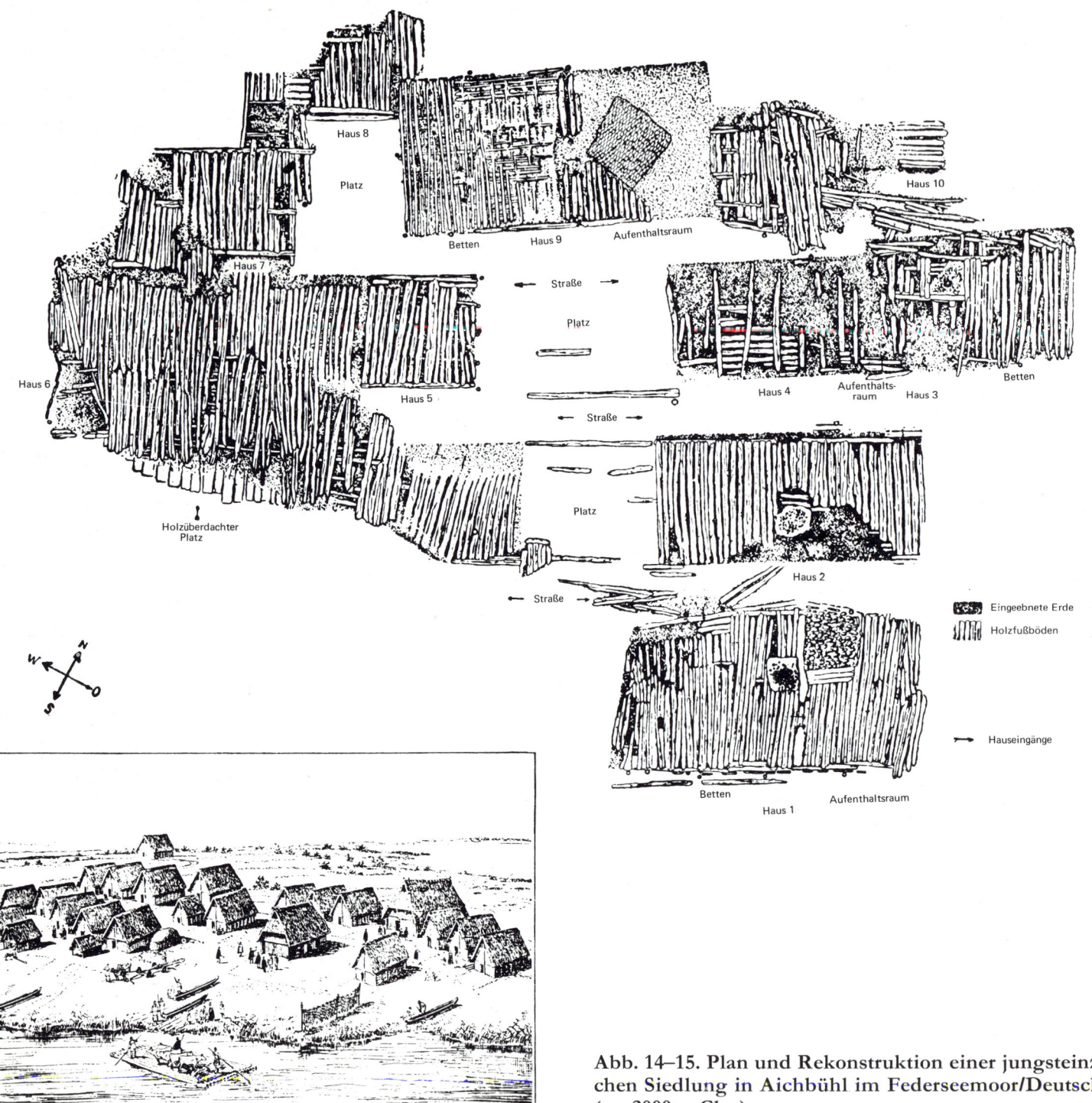

Abb. 14–15. Plan und Rekonstruktion einer jungsteinzeitlichen Siedlung in Aichbühl im Federseemoor/Deutschland (ca. 2000 v. Chr.).

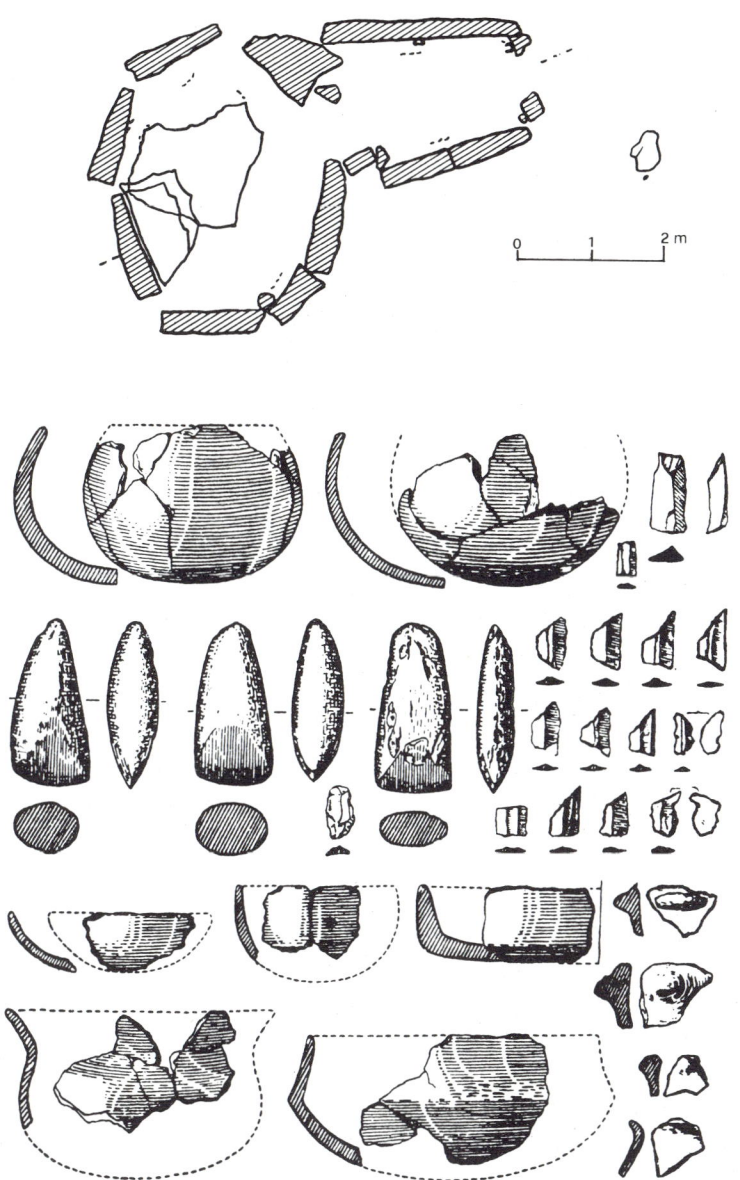

Abb. 16. Plan eines jungsteinzeitlichen Grabes in Alemtejo/Spanien mit seiner Grabausstattung (ca. 1500 v. Chr.) (Vasen und Schneidwerkzeuge im Maßstab 1 : 5; Gegenstände aus Stein im Maßstab 2 : 5).

Abb. 17–18. Zwei Felszeichnungen mit Darstellungen von Holzhäusern aus der vor-römischen Zeit (Fundort Val Camonica).

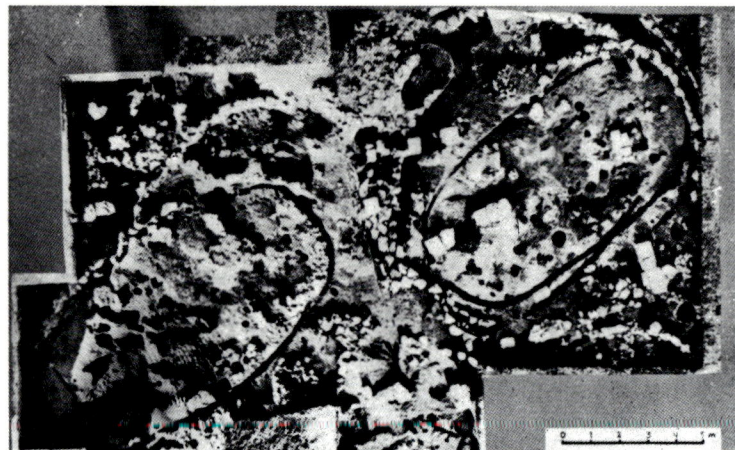

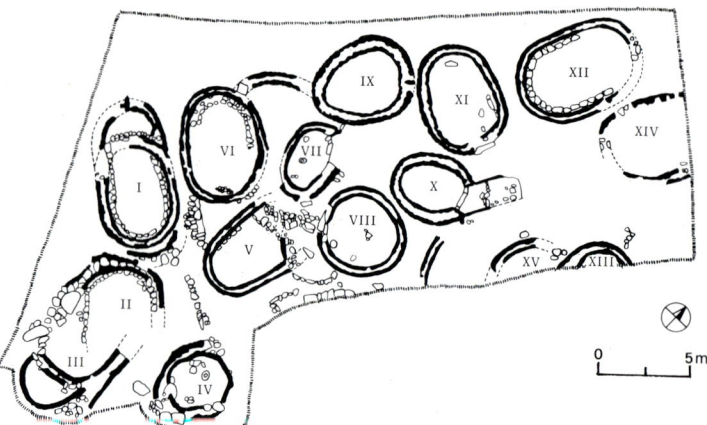

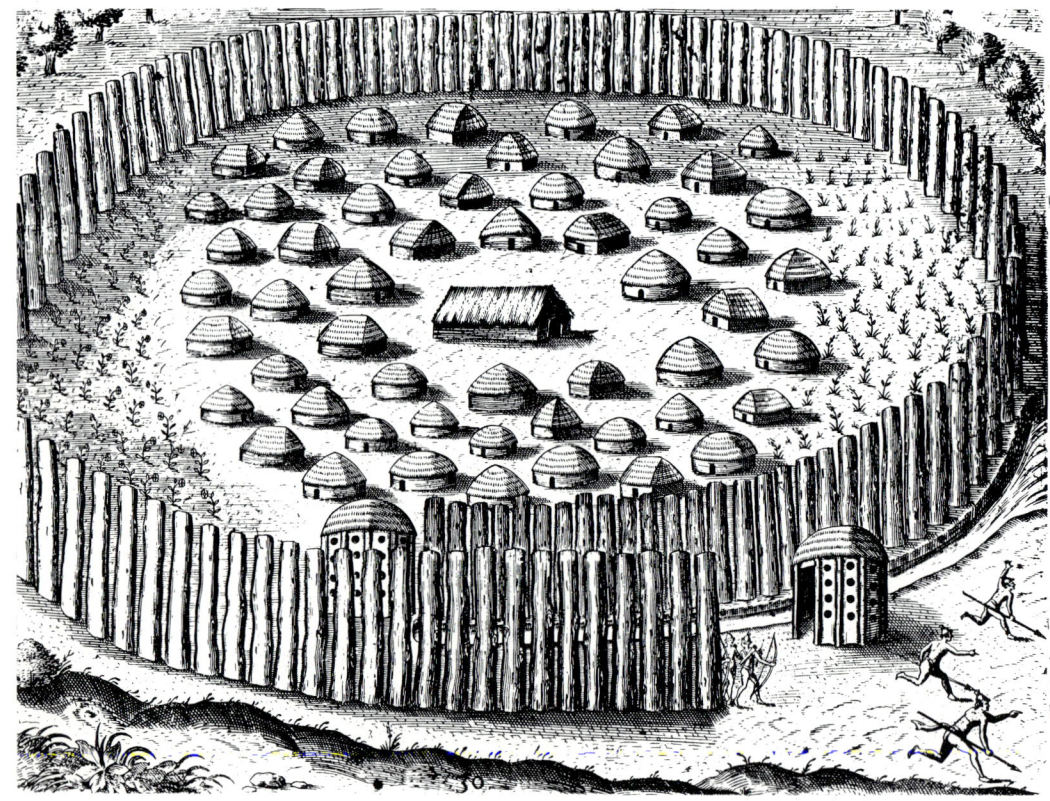

Abb. 19. Fundamente ovaler Hütten aus der Jungsteinzeit in San Giovenale in der Nähe von Rom.

Abb. 20. Plan der Siedlung von Montagnola auf Filicudi, einer der äolischen Inseln (ca. 1500 v. Chr.).

Abb. 21. Eine indianische Siedlung in Florida; Stich von Theodor de Bry (ca. 1590 n. Chr.).

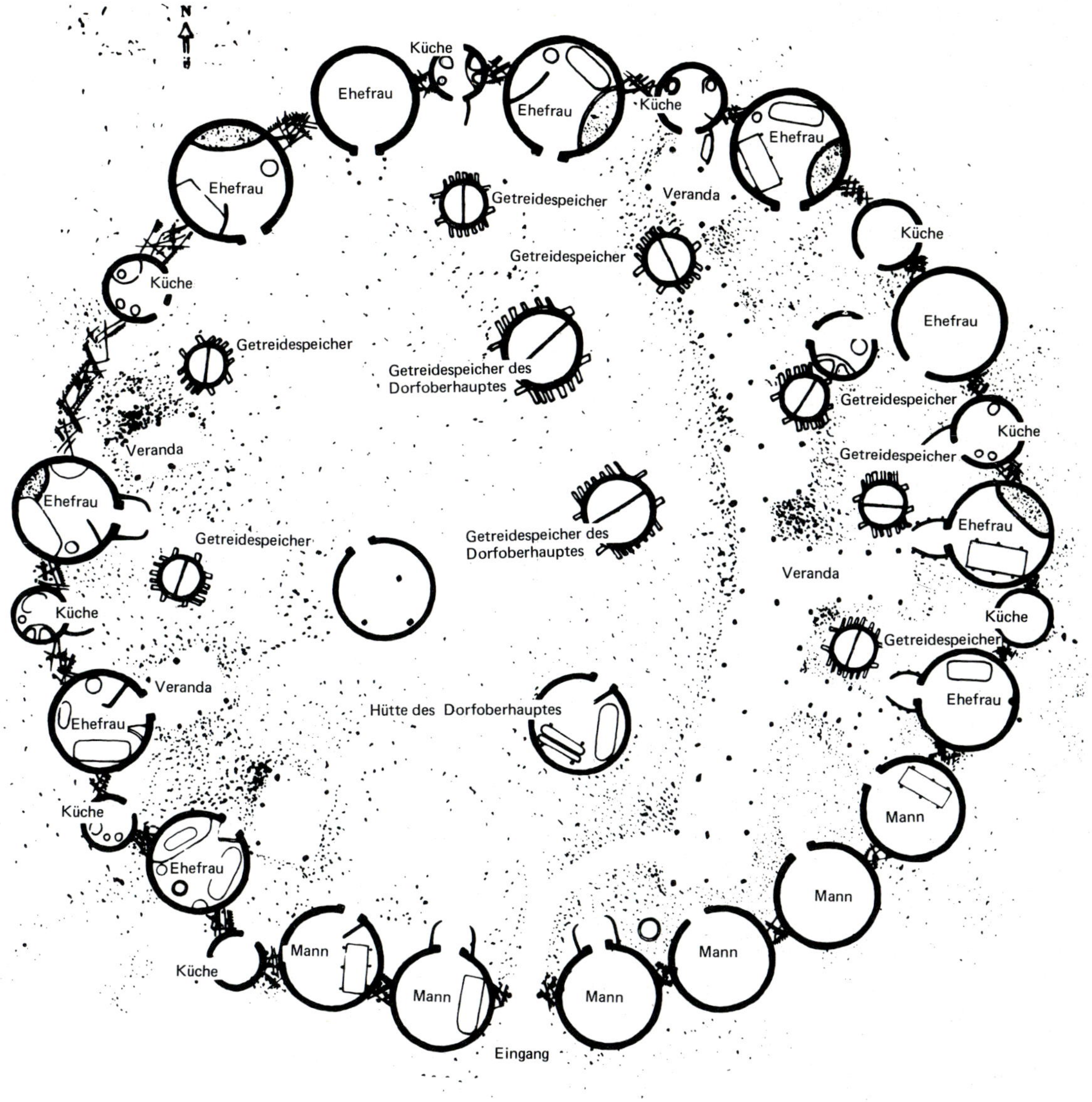

Küche

Ehefrau

Küche

Ehefrau

Küche

Ehefrau

Veranda

Getreidespeicher

Getreidespeicher

Küche

Ehefrau

Getreidespeicher

Getreidespeicher des
Dorfoberhauptes

Getreidespeicher

Ehefrau

Getreidespeicher

Veranda

Getreidespeicher

Küche

Ehefrau

Getreidespeicher des
Dorfoberhauptes

Getreidespeicher

Veranda

Ehefrau

Küche

Getreidespeicher

Veranda

Ehefrau

Ehefrau

Hütte des Dorfoberhauptes

Mann

Küche

Ehefrau

Mann

Küche

Mann

Mann

Mann

Mann

Eingang

Abb. 22. Eine Siedlung im heutigen Kamerun/Afrika.

0 1 2 3 4 5 m

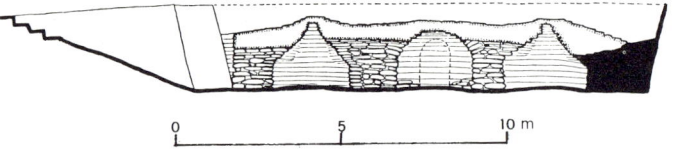

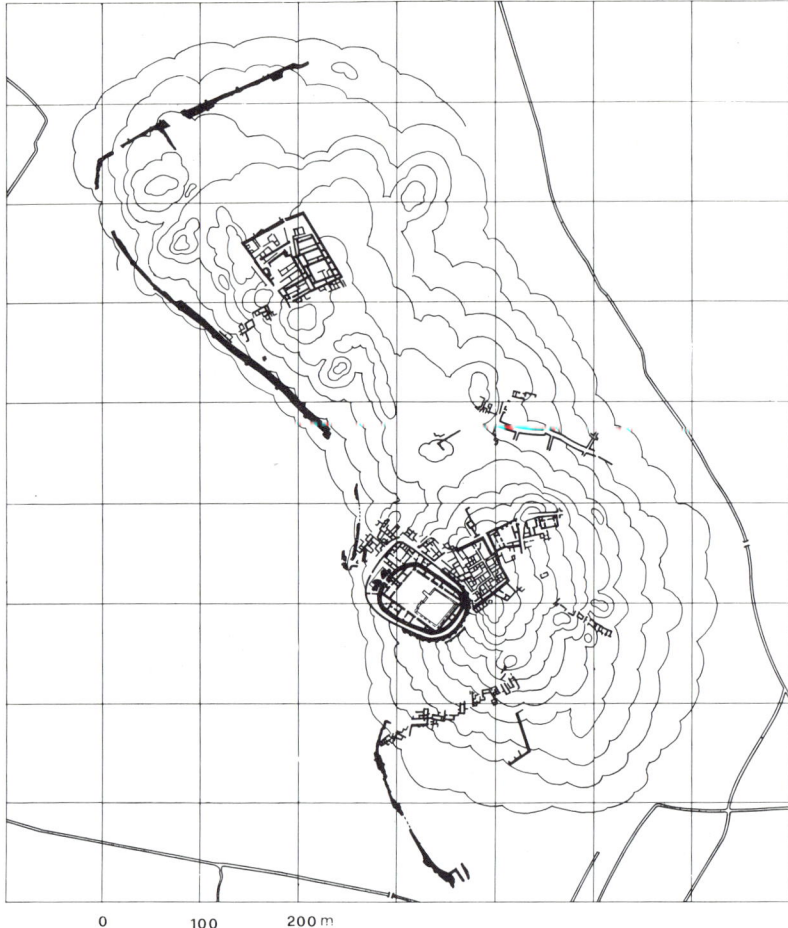

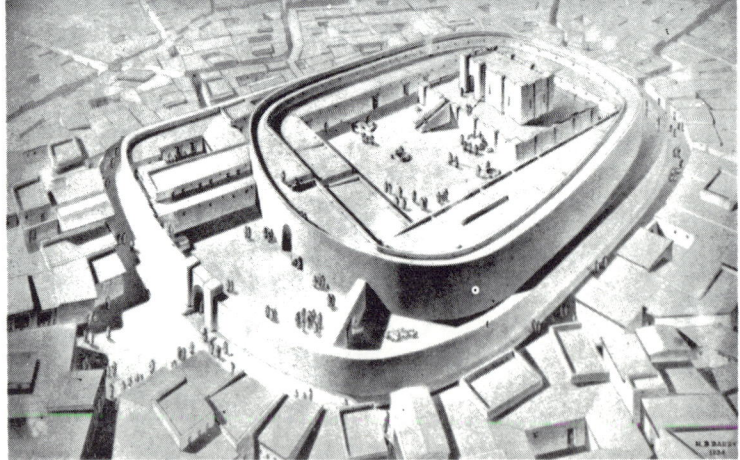

Abb. 23–24. (links) **Ur:** Querschnitt durch eine Grabanlage und goldene, auf einem Begräbnisplatz gefundene Schmuckgegenstände.

Abb. 25–26. (rechts) **Die Stadt Hafaga und ihr Haupttempel.**

2. Der Ursprung der Stadt im vorderen Orient

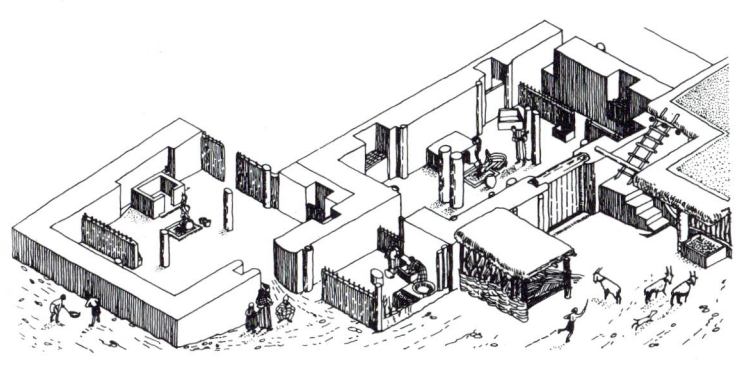

Die Stadt – umfassend ausgestattete Ansiedlung und mit Privilegien versehenes Machtzentrum – hat zwar ihre Wurzeln in den dörflichen Ansiedlungen, ist aber mehr als nur ein vergrößertes Dorf. Sie entsteht, wenn handwerkliche und andere Arbeiten nicht mehr von den Personen verrichtet werden, die auch den Boden bearbeiten, sondern von Personen, die von der Feldarbeit befreit sind und die durch den Überschuß der landwirtschaftlichen Produktion unterhalten werden. Auf diese Weise bildete sich der Gegensatz zwischen zwei sozialen Gruppen heraus: der zwischen Herrschern und Beherrschten. Gleichzeitig aber konnten sich Handwerk und andere Gewerbe weiterentwickeln und durch fortschreitende Arbeitsteilung mehr und verbesserte Produkte und Dienstleistungen liefern, die wiederum der Landwirtschaft zugute kamen und erhebliche Ertragssteigerungen möglich machten. Die Gesellschaft wurde fähig, ihre Entwicklung im voraus zu planen.

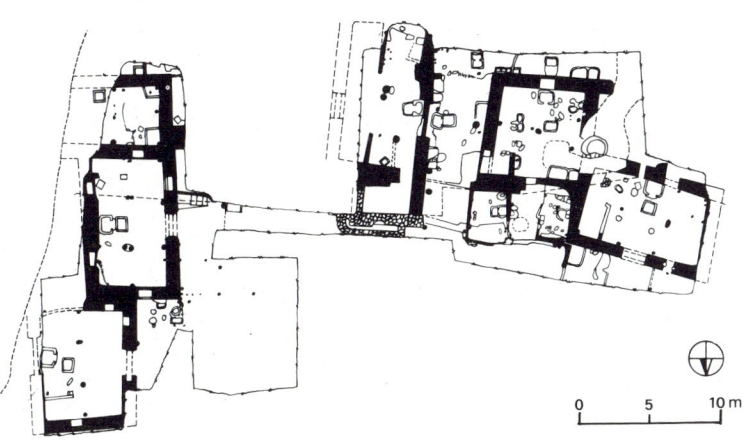

0   5   10 m

Abb. 27–28. **Häuser der jungsteinzeitlichen Siedlung Hacilar/Türkei (ca. 5000 v. Chr.);** jedes Haus besteht aus einem großen Raum, der durch Holzpfähle gestützt wird und durch dünne Zwischenwände unterteilt ist. Die Treppe auf der rechten Seite führt zum oberen Stockwerk, das vielleicht als Dachboden oder als Veranda gedient hat.

Abb. 29–32. (S. 20/21) **Die Entwicklung der städtischen Zivilisation von 3500 bis 1500 v. Chr.**

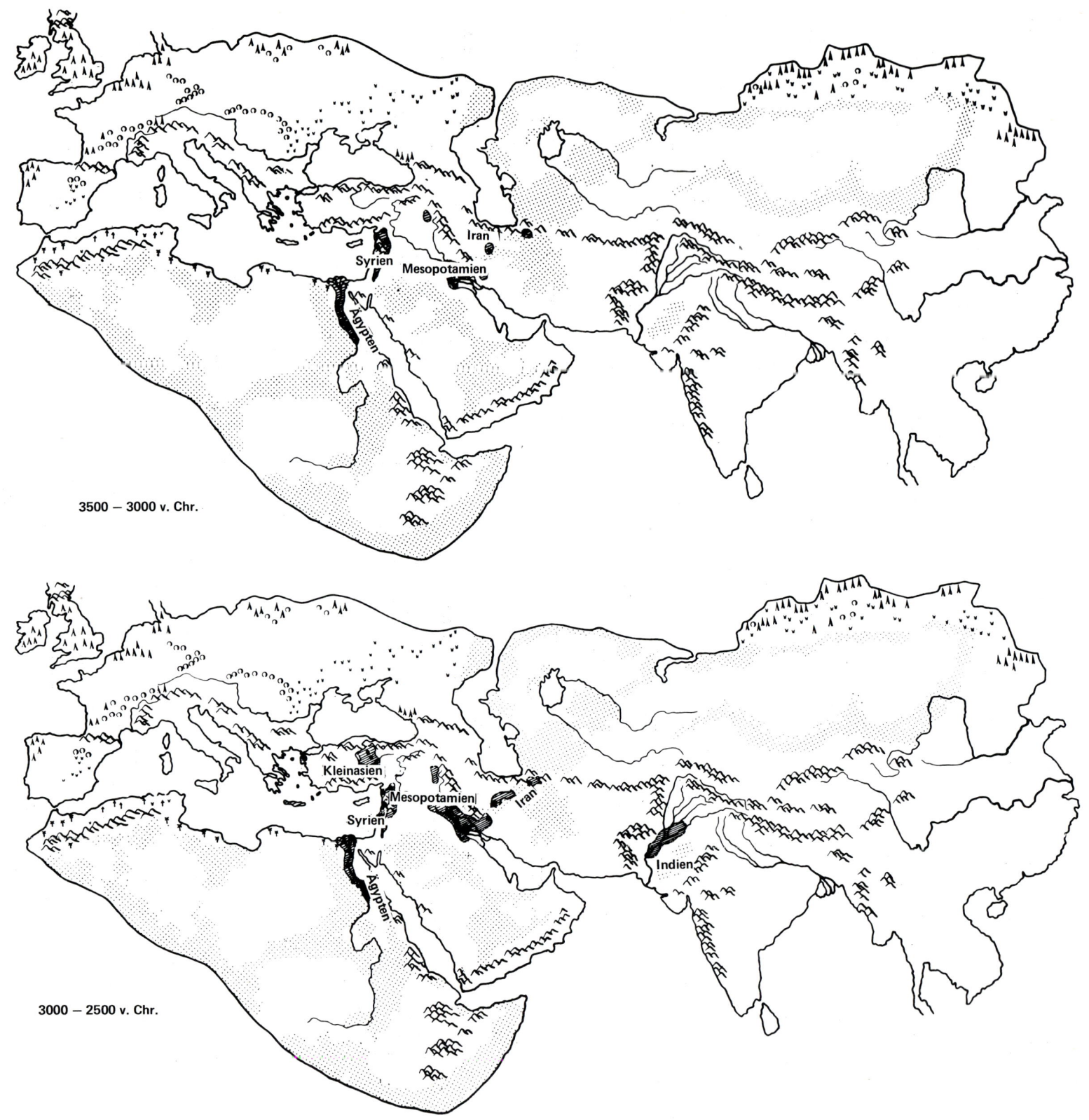

3500 — 3000 v. Chr.

Iran

Syrien

Mesopotamien

Ägypten

3000 — 2500 v. Chr.

Kleinasien

Syrien

Mesopotamien

Iran

Ägypten

Indien

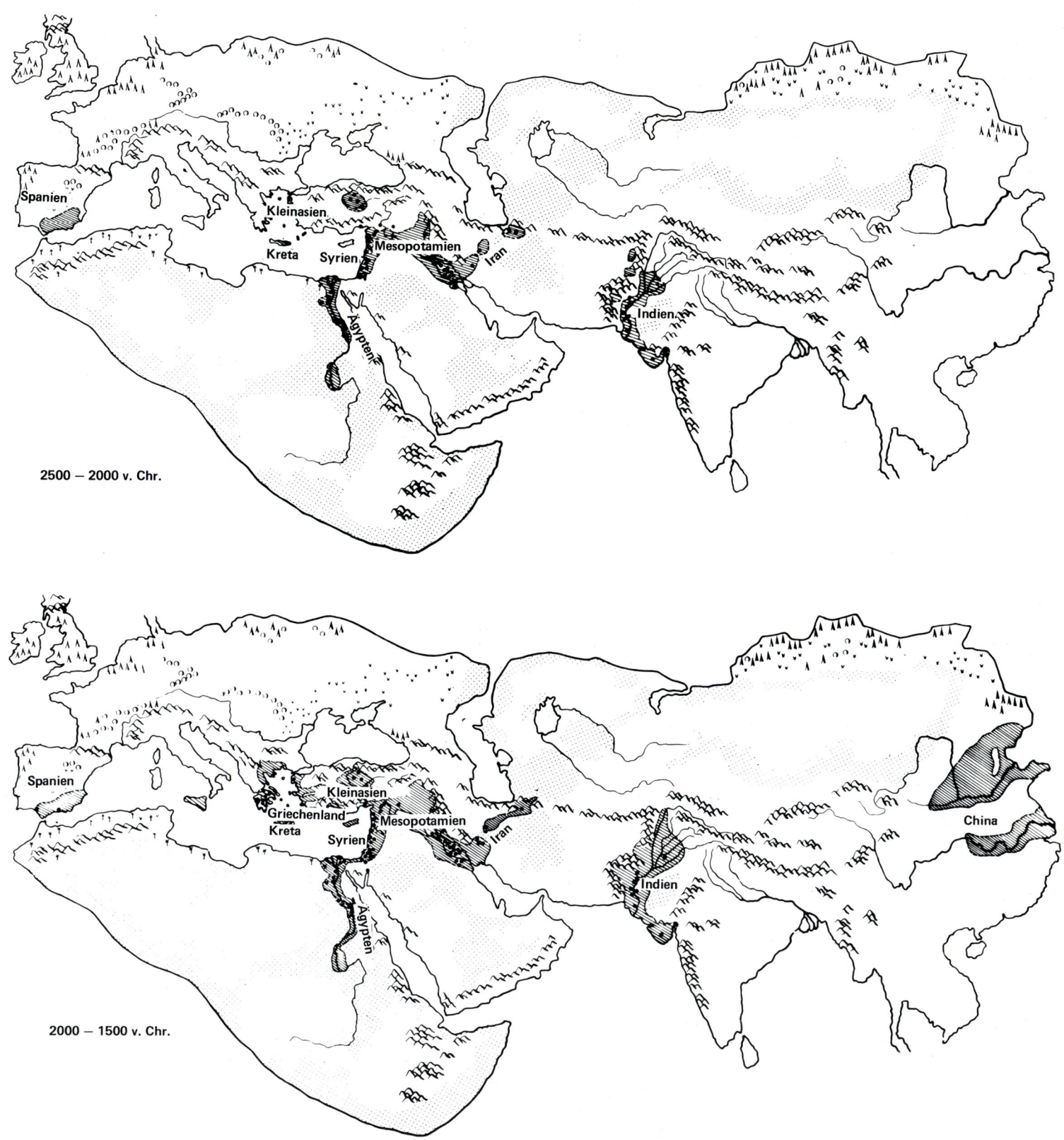

Spanien

Kleinasien

Kreta   Syrien   Mesopotamien   Iran

Ägypten

Indien

2500 – 2000 v. Chr.

Spanien

Kleinasien

Griechenland   Mesopotamien

Kreta

Syrien   Iran

China

Ägypten

Indien

2000 – 1500 v. Chr.

Die Stadt als Motor dieser Entwicklung unterscheidet sich vom Dorf nicht nur dadurch, daß sie größer ist als das Dorf, sondern auch dadurch, daß sie sich wesentlich schneller entwickelt. Die Stadt bestimmt fortan das Tempo der neueren Geschichte: Die langsame Entwicklung auf dem Lande (wo das Mehrprodukt produziert wurde) zeugt von nur geringfügigen Veränderungen der ökonomischen Strukturen; die rasche Entwicklung der Stadt (wo das Mehrprodukt verteilt wurde) zeigt dagegen, welch einschneidenden und häufigen Veränderungen die Zusammensetzung und die politischen Ziele der herrschenden Klassen unterworfen waren – Veränderungen, deren Auswirkungen die gesamte Gesellschaft betrafen. Es beginnt das Abenteuer der »Kultur«, die ununterbrochen damit beschäftigt ist, ihre Formen den sich ständig ändernden Gegebenheiten und Anforderungen anzupassen.

Nach dem heutigen Erkenntnisstand hat dieser entscheidende Sprung, die sogenannte »städtische Revolution«, ihren Ursprung in der großen halbmondförmigen Ebene, die sich vom Mittelmeer bis zum persischen Golf erstreckt, umgrenzt von den Wüsten Afrikas und Arabiens und den Gebirgen im Norden.

Nach dem Klimawechsel am Ende der Eiszeit war dieses Gebiet von einer vielfältigen Vegetation überzogen, die zwar nicht so dicht war wie die der nordischen Wälder, aber doch üppiger als die der südlich gelegenen Wüsten (Abb. 33).

Diese Ebene ließ sich nur dort bepflanzen, wo der Boden von einem Fluß oder Bach durchlaufen wurde oder wo deren Wasser hingeleitet werden konnte. Oliven- und Feigenbäume, Dattelpalmen, Weinstöcke und andere Nutzpflanzen wuchsen hier wild. Die Flüsse, die Zugänge zum Meer und das für Verkehrsverbindungen vorteilhafte ebene Gelände begünstigten einen intensiven Austausch von Gütern und Nachrichten. Der fast immer klare Himmel ermöglichte die ständige Beobachtung der Himmelskörper und erleichterte so die Zeitmessung.

Einige der neolithischen Gesellschaften, die bereits Getreideanbau, Metallverarbeitung, das Rad, Ochsenkarren, Packesel und Ruder- und Segelboote kannten, fanden in dieser Region eine Landschaft, die zwar nicht leicht zu kultivieren war, die aber besonders große Erträge erbrachte, wenn man sie gemeinschaftlich bearbeitete. Auf dem fruchtbaren feuchten Boden lieferte der Obst- und Getreideanbau außerordentlich reiche Ernten. Zudem konnte durch Urbarmachung und Bewässerung stets neues Ackerland hinzugewonnen werden. Ein Teil der hier angebauten Nahrungsmittel konnte gegen andere Güter getauscht oder für die großen gemeinschaftlichen Arbeiten bereitgehalten werden. So beginnt die Spirale der neuen Wirtschaftsstruktur: Durch die intensive Landwirtschaft konnten mehr Nahrungsmittel produziert werden, als auf dem Land selbst benötigt wurden; der Überschuß der landwirtschaftlichen Produktion wurde in den Städten konzentriert und erlaubte ein ständiges Anwachsen der

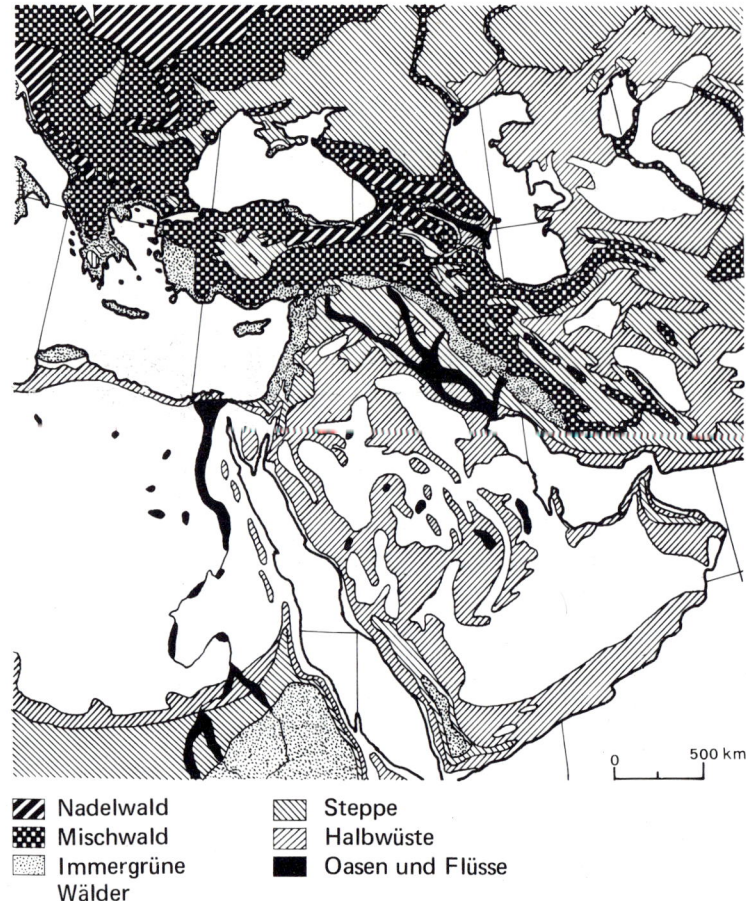

Nadelwald   Steppe
Mischwald   Halbwüste
Immergrüne   Oasen und Flüsse
Wälder

Abb. 33. Die natürliche Vegetation im vorderen Orient zwischen dem Ende der Eiszeit und dem Beginn der landwirtschaftlichen Bebauung. Die am Nil, Euphrat und Tigris gelegenen Oasen werden zu den Keimzellen der städtischen Zivilisation im 4. Jahrtausend v. Chr.

Abb. 34. (rechte Seite) **Eine Tafel mit einer kleinen Landkarte (Fundort Nippur).**

städtischen Bevölkerung; dadurch war es den Städten möglich, Handwerk, Handel und Dienstleistungen auszubauen, wodurch wiederum die landwirtschaftliche Produktion gesteigert werden konnte. Gleichzeitig konnten die Städte aufgrund technischer und militärischer Überlegenheit ihre Herrschaft über das Land sichern.

In Mesopotamien, dem Schwemmland zwischen Euphrat und Tigris, floß der Überschuß aus der landwirtschaftlichen Produktion in die Hände der Herrschenden in den Städten. Diese Herrscher galten als die Repräsentanten der lokalen Gottheiten und erhielten in dieser Eigenschaft einen Teil des Ertrags des gemeinschaftlich bearbeiteten Bodens und den größten Teil der Kriegsbeute. Sie verwalteten diesen Reichtum, indem sie Lebensmittelvorräte für die gesamte Bevölkerung anlegten, Waffen und die für die Arbeit benötigten Werkzeuge und Geräte aus Stein und Metall herstellten oder importierten und indem sie die für das Leben der Gemeinschaft wichtigen Informationen sammelten. Diese Organisation des gemeinschaftlichen Lebens hinterließ in der Landschaft ihre Spuren: ein Kanalsystem, durch das die urbar gemachten Landstriche bewässert und auf dem Rohmaterial und Endprodukte bis in die entferntesten Winkel transportiert werden konnten; Mauern, die die Grenzen der Stadt markierten und durch die sich die Städte vor ihren Feinden schützten; Lagerhäuser, zu deren Ausstattung die in Keilschrift beschriebenen Tontafeln gehörten; die Tempel der verschiedenen Gottheiten mit ihren Terrassen und stufenförmigen Pyramiden, die in der weitläufigen Ebene schon von weitem zu erkennen sind.

Diese Bauwerke waren, wie auch die Häuser der einfachen Leute, aus Lehm und Ziegelsteinen gebaut, Materialien, die auch heute noch im vorderen Orient verwendet werden.

Die Zeit zerstört diese Bauten und läßt sie in der Erde versinken. Doch auf diese Weise wurden die Spuren der von Menschenhand geschaffenen Werke Schicht für Schicht unter der Erde

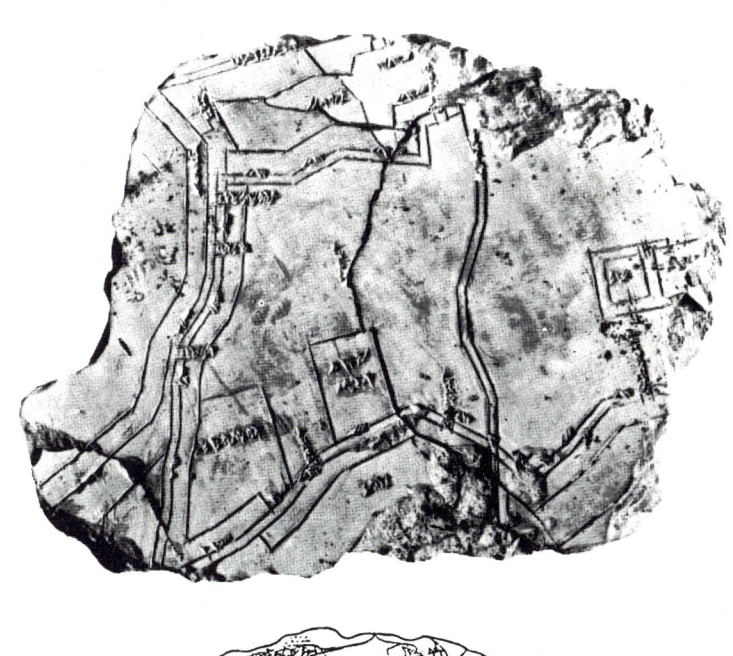

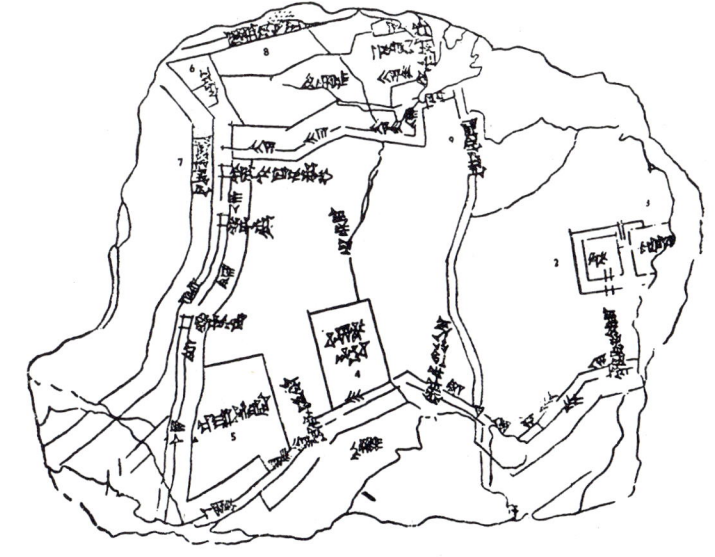

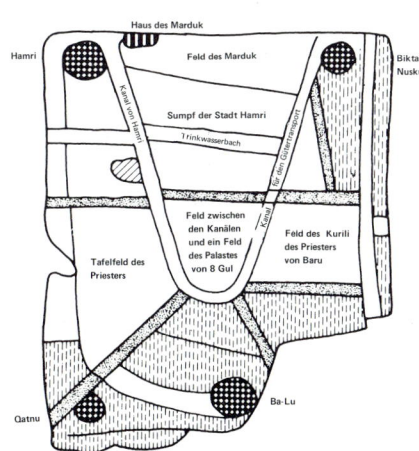

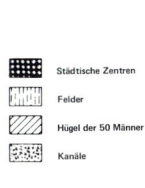

Städtische Zentren

Felder

Hügel der 50 Männer

Kanäle

Abb. 35–36. Eine andere sumerische Tafel mit dem Plan der Stadt Nippur (ca. 1500 v. Chr.).

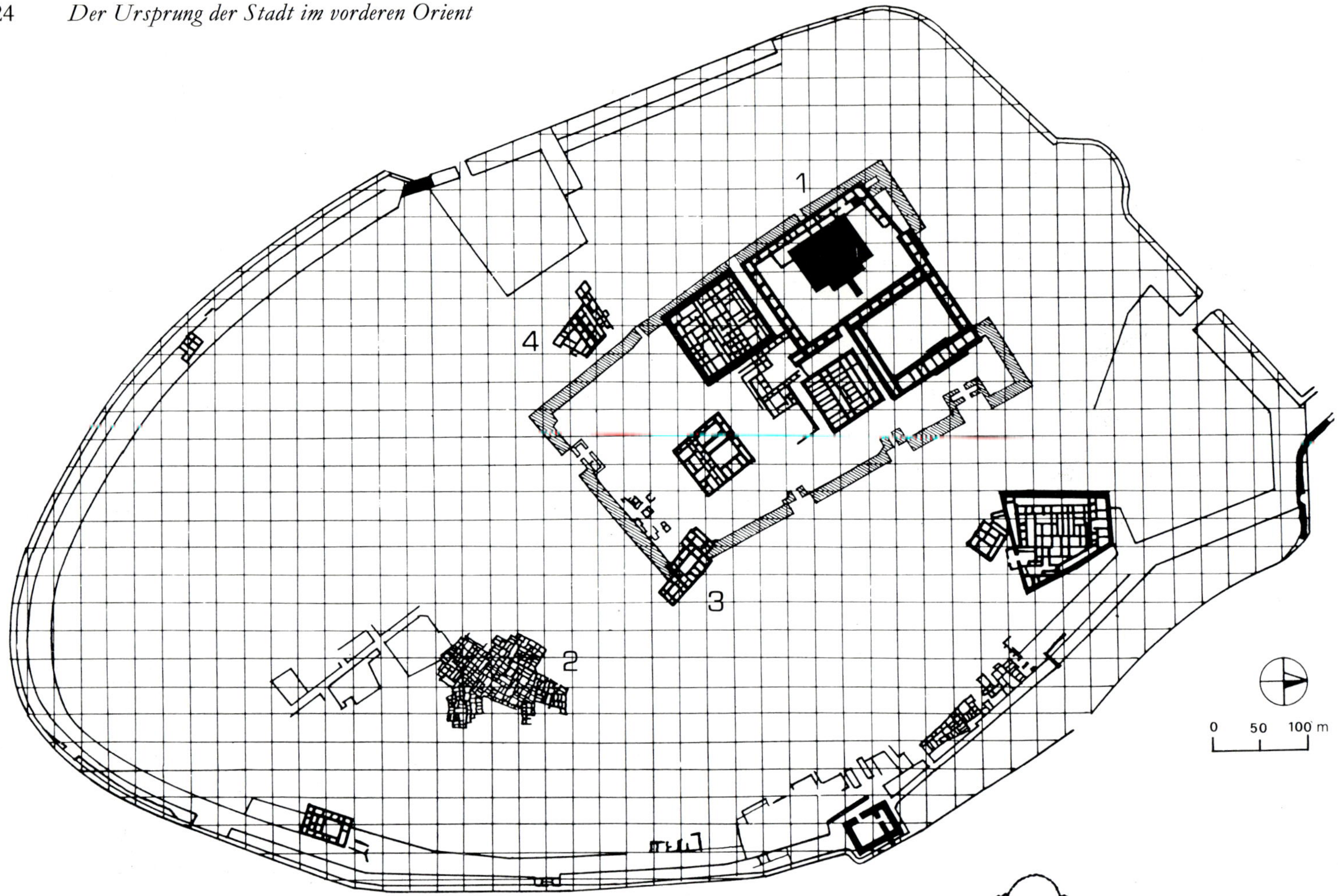

Abb. 37–39. Ur: Lageplan der Gebäude und Stadtteile; darunter zwei Zeichnungen, die den Beobachtungsturm (»Ziggurat«) 1 in zwei verschiedenen Epochen zeigen.

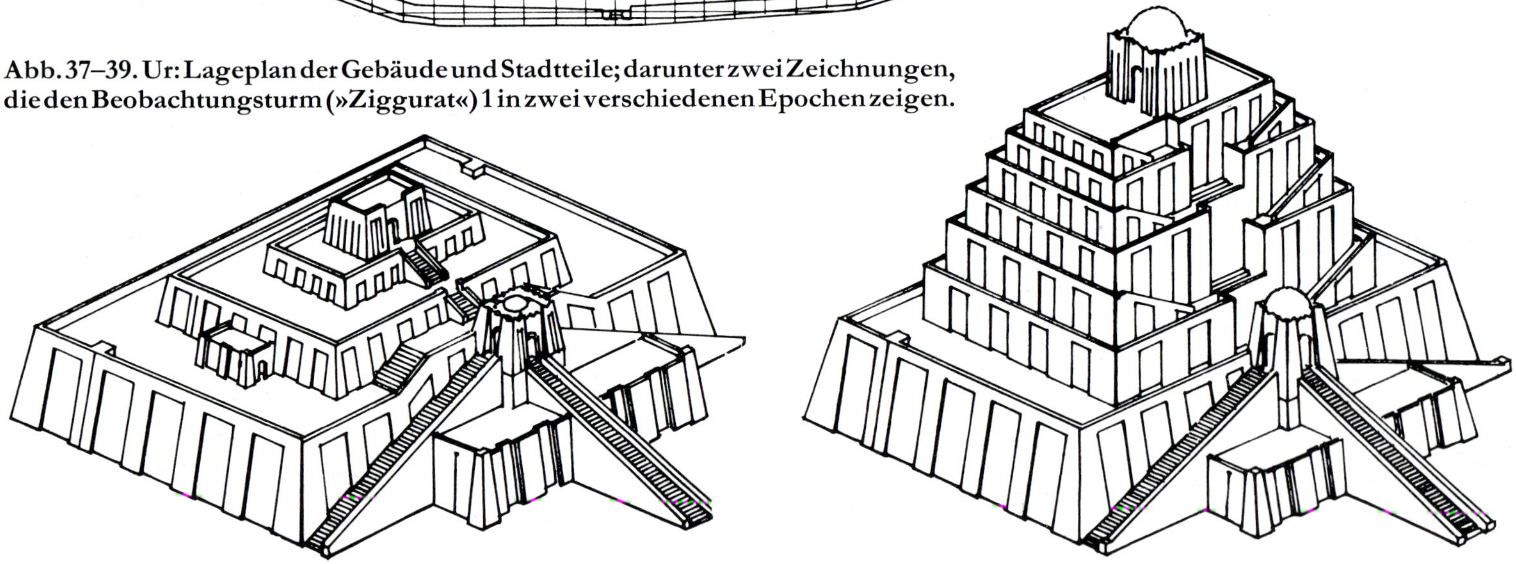

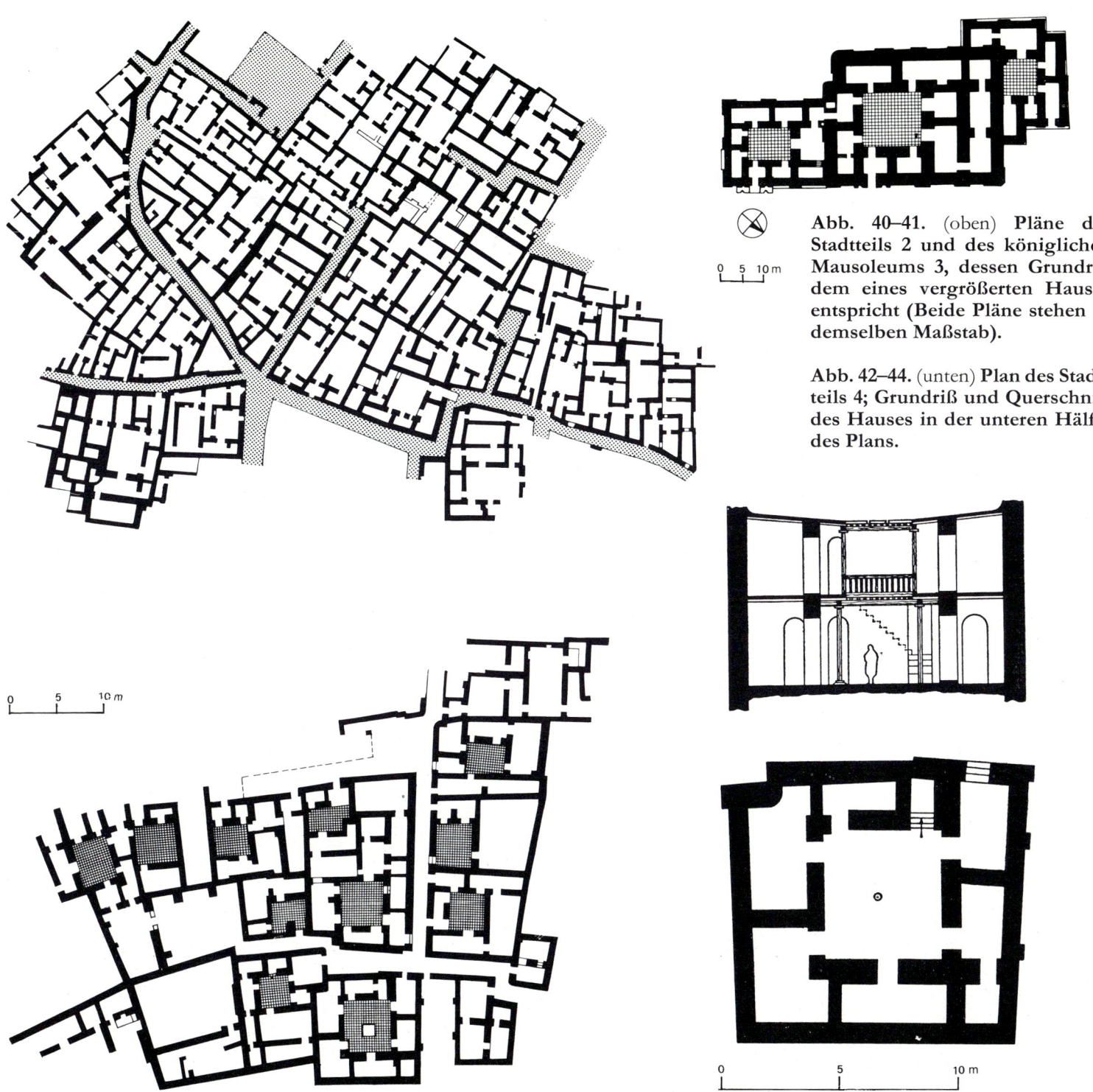

Abb. 40–41. (oben) **Pläne des Stadtteils 2 und des königlichen Mausoleums 3, dessen Grundriß dem eines vergrößerten Hauses entspricht (Beide Pläne stehen in demselben Maßstab).**

Abb. 42–44. (unten) **Plan des Stadtteils 4; Grundriß und Querschnitt des Hauses in der unteren Hälfte des Plans.**

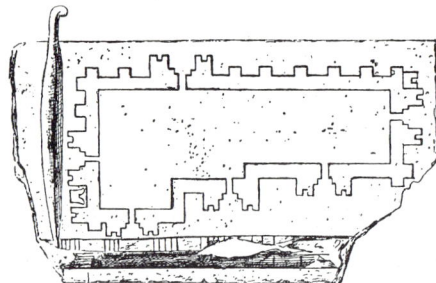

Abb. 45. Eine sumerische Stadt (Detail der Gudea-Statue aus Tello; ca. 2000 v. Chr.).

konserviert. So haben sich zum Beispiel die wertvollen beschrifteten Tontafeln bis heute erhalten, und wir können heute alle Inschriften ab dem 3. Jahrtausend v. Chr. exakt entziffern. Wir sind also in der Lage, durch die archäologischen Ausgrabungen den Ursprung und die Entwicklung der ältesten von Menschen gebauten Städte bis ins 4. Jahrtausend v. Chr. zurückzuverfolgen und Schritt für Schritt zu rekonstruieren.

Zu Beginn des 3. Jahrtausends hatten die sumerischen Städte bereits eine beachtliche Ausdehnung erreicht – die Stadt Ur (Abb. 37–44) umfaßte damals ungefähr 100 ha – und ihre Einwohnerzahlen gingen in die Zehntausende. Sie waren zum Schutz vor Feinden mit einer Mauer und einem Graben umgeben; gleichzeitig wurde zum ersten Mal in der Geschichte eine Trennung zwischen geschlossen-bebauter und offen-natürlicher Umgebung vollzogen. Auch in die umliegende Landschaft hat der Mensch verändernd eingegriffen: Da, wo vorher nur Wüste oder Sümpfe waren, erstreckte sich eine künstlich angelegte, von Kanälen durchzogene Landschaft.

Im Stadtbild hoben sich die Tempel deutlich von den anderen Gebäuden ab: Sie waren wesentlich größer und höher. Zu einem Tempel gehörten neben dem Heiligtum und dem Beobachtungsturm (Ziggurat) auch Werkstätten, Lagerräume und Läden, in denen Angehörige verschiedener Berufsgruppen lebten und arbeiteten. Der Grund und Boden innerhalb der Stadt war bereits in Grundstücke aufgeteilt, die sich im Besitz einzelner Bürger befanden, während die umliegenden Ländereien im Namen der jeweiligen lokalen Gottheiten gemeinschaftlich bearbeitet wurden. In Lagash zum Beispiel war das Land unter etwa zwei Dutzend Gottheiten aufgeteilt. Eine von ihnen, Bau, besaß allein 3250 ha, von denen $^3/_4$ in Parzellen aufgeteilt und einzelnen Familien zur Bearbeitung überlassen worden waren, während das verbleibende Viertel von bezahlten Landarbeitern, Pächtern (die $^1/_7$ oder $^1/_8$ ihres Ertrages abgeben mußten) oder von anderen

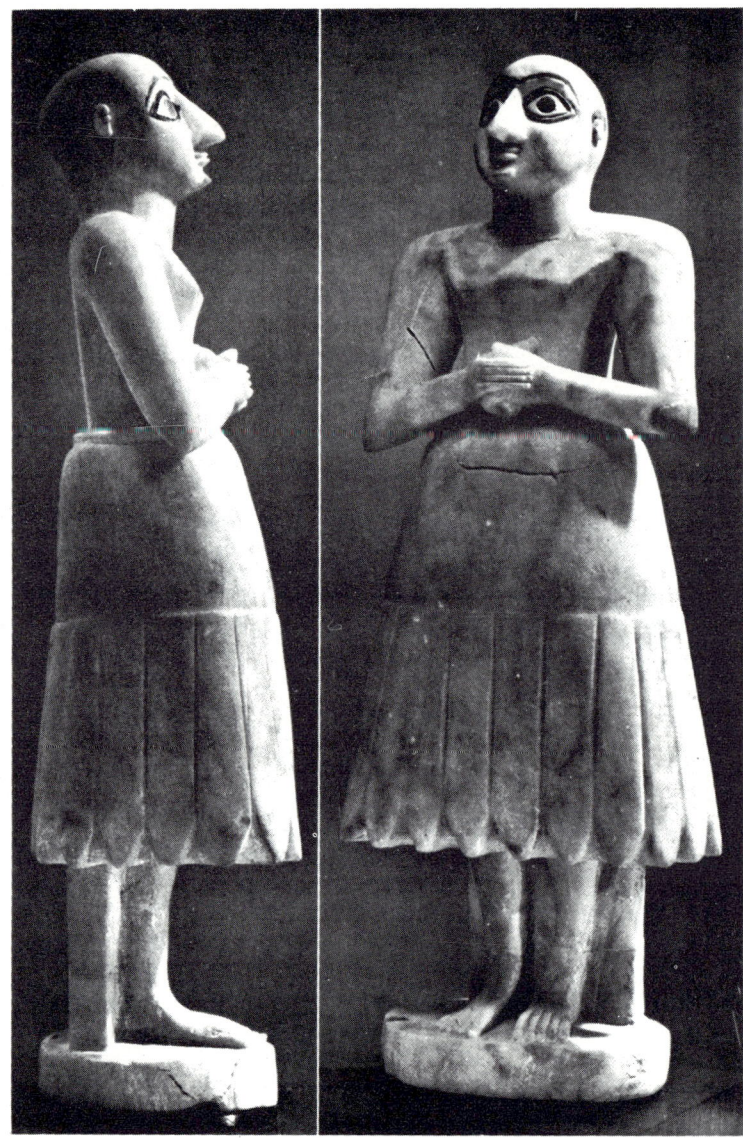

Abb. 46. Statue einer hochgestellten sumerischen Persönlichkeit (aus Tell Asmar).

Bewohnern in unbezahlter Arbeit urbar gemacht und bearbeitet wurde. Zum Tempel dieser Gottheit gehörten neben Verwaltern, Schreibern und Priestern 21 Bäcker mit 27 Sklaven, 25 Bierbrauer mit 6 Sklaven, ein Schmied, 40 Frauen, die für die Vorbereitung der Wolle zuständig waren, und mehrere Spinnerinnen und Weberinnen.

Abb. 47. Die Methode zur Herstellung von Ziegelsteinen hat sich im Orient seit Jahrtausenden bis zum heutigen Tag erhalten: Der mit Stroh versehene Lehm wird zu rechteckigen Blöcken geformt und zum Brennen in die Sonne gelegt; die fertigen Ziegelsteine werden zu Mauern zusammengesetzt und dann mit Lehm überzogen, wobei die verschiedensten Formen hergestellt werden können. Dieses Mauerwerk ist jedoch Regen gegenüber nicht sehr widerstandsfähig und bedarf deshalb ständiger Erneuerung.

Abb. 48. Ansicht eines heutigen Dorfes in der Nähe von Shiraz in Persien: Es ist aus den nebenstehend abgebildeten Ziegelsteinen gebaut und ähnlich angelegt wie Ur und andere in diesem Kapitel beschriebene antike Städte.

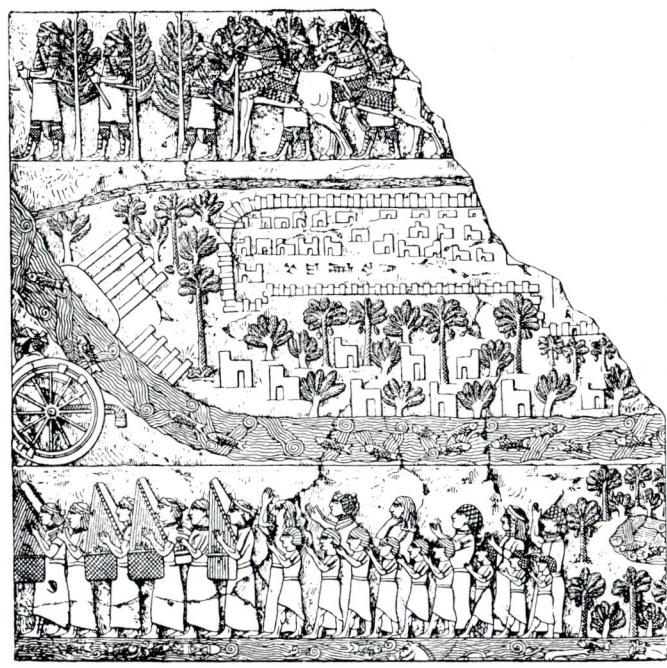

Abb. 49–52. Szenen aus dem städtischen Leben, dargestellt in assyrischen Basreliefs.

Abb. 53. Luftaufnahme der Stadt Arbela in Mesopotamien, die seit über 5000 Jahren ununterbrochen bewohnt ist.

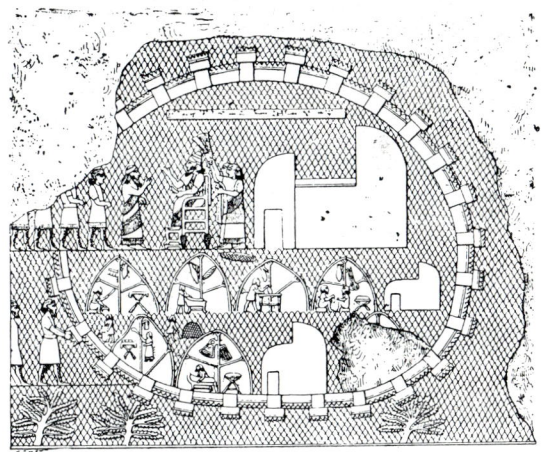

Abb. 54. Bronzekopf eines assyrischen Königs, vielleicht Sargon I., aus Ninive (ca. 2500 v. Chr.).

Bis zur Mitte des 3. Jahrtausends bildete in Mesopotamien jede Stadt zugleich einen eigenen unabhängigen Staat. Diese Stadtstaaten kämpften ständig gegeneinander um möglichst große Gebiete der von den beiden Flüssen bewässerten, bereits vollständig urbar gemachten Ebene. Diese Kämpfe behinderten die ökonomische Entwicklung, doch sie hörten erst dann auf, wenn der Herrscher einer Stadt mächtig genug geworden war, um seine Herrschaft auf die gesamte Region auszudehnen.

Um das Jahr 2500 v. Chr. gelang es Sargon aus Agade als erstem, ein stabiles Reich zu gründen, das etwa 100 Jahre währte. Später versuchten andere seinem Beispiel zu folgen: die sumerischen Könige aus Ur, Hammurabi aus Babylon, persische und assyrische Könige.

Für die Entwicklung der Stadt hatten diese Herrschaftsformen vor allem folgende unmittelbare Auswirkungen:

1. Neue Residenzstädte wurden gegründet, deren Zentrum nicht mehr der Tempel war, sondern der Palast des Königs; Beispiele hierfür sind die Palast-Stadt von Sargon II. in der Nähe von Ninive (Abb. 55–61) und später Pasagarde und Persepolis, die Palast-Städte der persischen Könige.

2. Einige Städte, wie z. B. Babylon und Ninive, wurden zu Hauptstädten und dadurch nicht nur zu Zentren der politischen Macht, sondern auch zu Handels- und Verwaltungszentren eines durch neue Eroberungen ausgedehnten Einflußbereichs.

Diese Städte stellten die ersten Großstädte dar – Metropolen, deren Dimensionen denen moderner Großstädte durchaus vergleichbar sind. Lange Zeit galten sie als Symbole und Prototypen für das menschliche Zusammenleben auf engem Raum und für die damit verbundenen Vor- und Nachteile.

Babylon, die von Hammurabi um das Jahr 2000 v. Chr. entworfene Hauptstadt, hatte die Form eines 1,5 × 2,5 km großen Rechtecks, das durch den Euphrat in zwei ungleiche Teile geteilt wurde (Abb. 64–69). Die von den inneren Mauern umschlossene Fläche betrug etwa 400 ha, während der äußere Ring etwa 800 ha umfaßte. Die gesamte Stadt, nicht nur die Tempel und Paläste, sondern auch die gewöhnlichen Wohnhäuser, wurden mit geometrischer Regelmäßigkeit angelegt: die Straßen sind gerade und überall gleich breit, und die Mauern stoßen stets im rechten Winkel aufeinander. Dadurch wurde zumindest im Stadtbild die Trennung zwischen öffentlichen Gebäuden und Wohnvierteln aufgehoben: die Stadt besteht aus mehreren abgegrenzten Stadtteilen, von denen die äußeren allgemein zugänglich sind, während die innersten allein den Priestern und Königen vorbehalten sind. Nur Priester und Könige treten – wie die Skulpturen zeigen – in Kontakt mit den Gottheiten und besitzen deshalb die absolute Herrschaft über alle Dinge dieser Erde.

Die Wohnhäuser der übrigen Einwohner – wie z. B. das auf S. 34 dargestellte – haben in etwa dieselbe Form wie die Tempel und die Paläste mit ihren Innenhöfen und den gezackten Mauern, nur sind sie wesentlich kleiner.

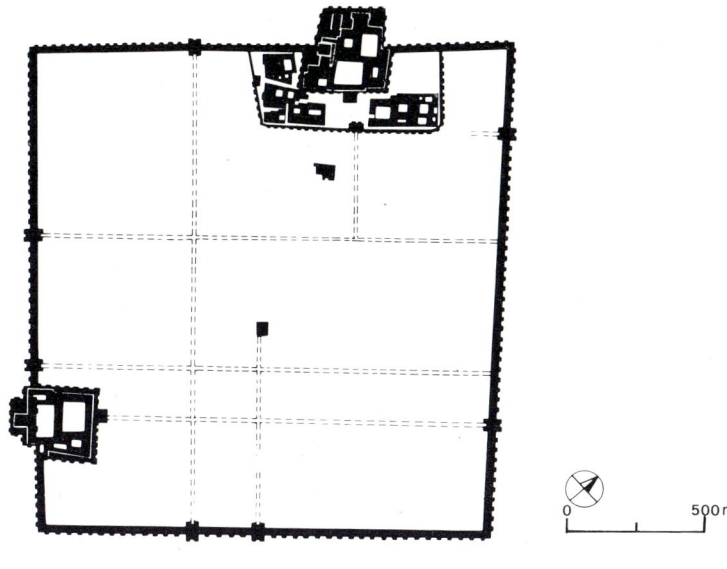

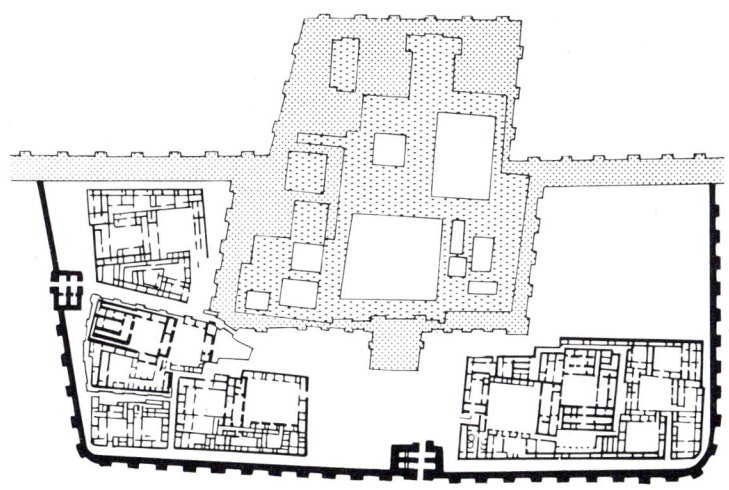

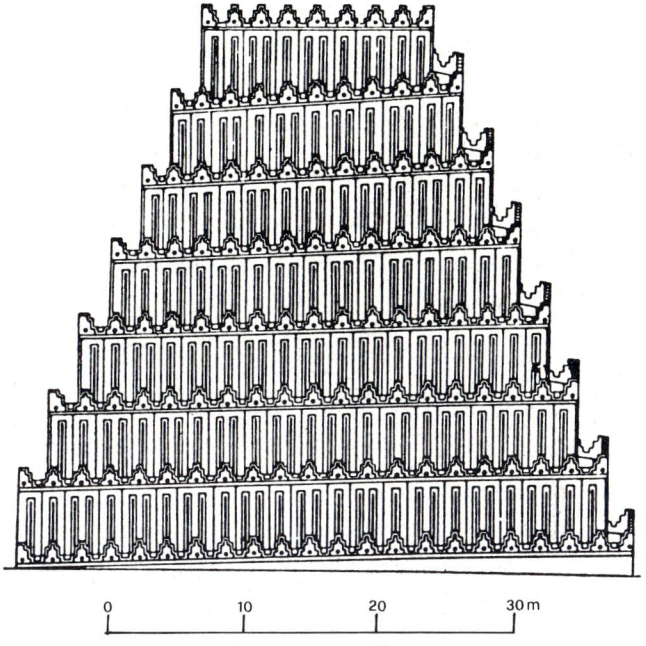

Abb. 57. Der zum Palast Sargons II. gehörende Beobachtungsturm (»Ziggurat«).

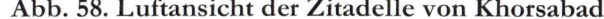

Abb. 55–56. Khorsabad, die neue, von Sargon II. in der Nähe von Ninive gegründete Stadt (721–705 v. Chr.); Gesamtanlage und Grundriß der Zitadelle mit den herrschaftlichen Häusern rund um den Königspalast.

Abb. 58. Luftansicht der Zitadelle von Khorsabad.

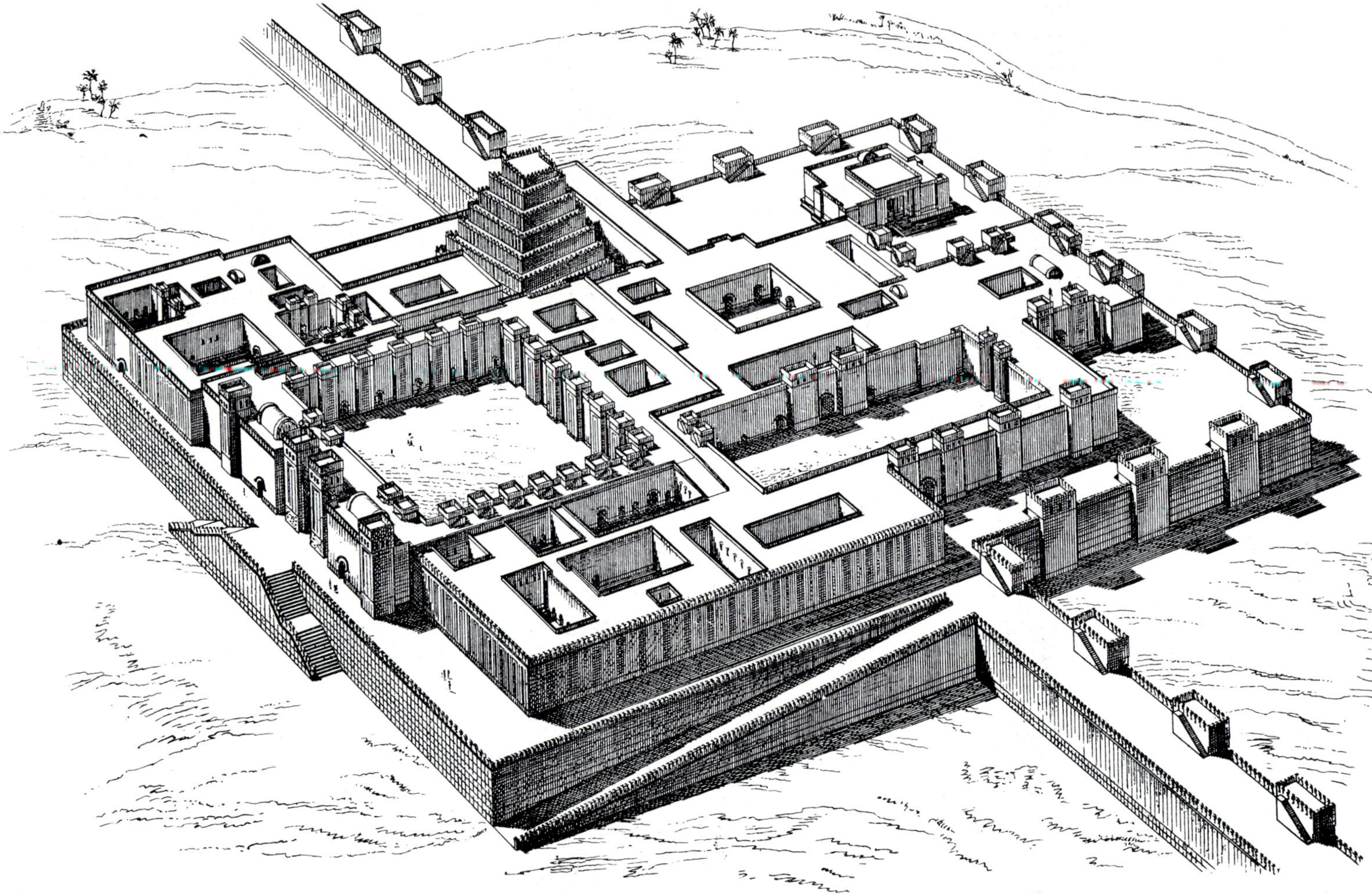

Abb. 59–61. Der Palast Sargons II. in Khorsabad. oben: **eine Zeichnung aus dem 19. Jahrhundert, die ihn aus der Vogelperspektive zeigt;** folgende Seite/links oben: **Grundriß;** folgende Seite/links unten: ein Teil des Palastes vom Beobachtungsturm aus gesehen.

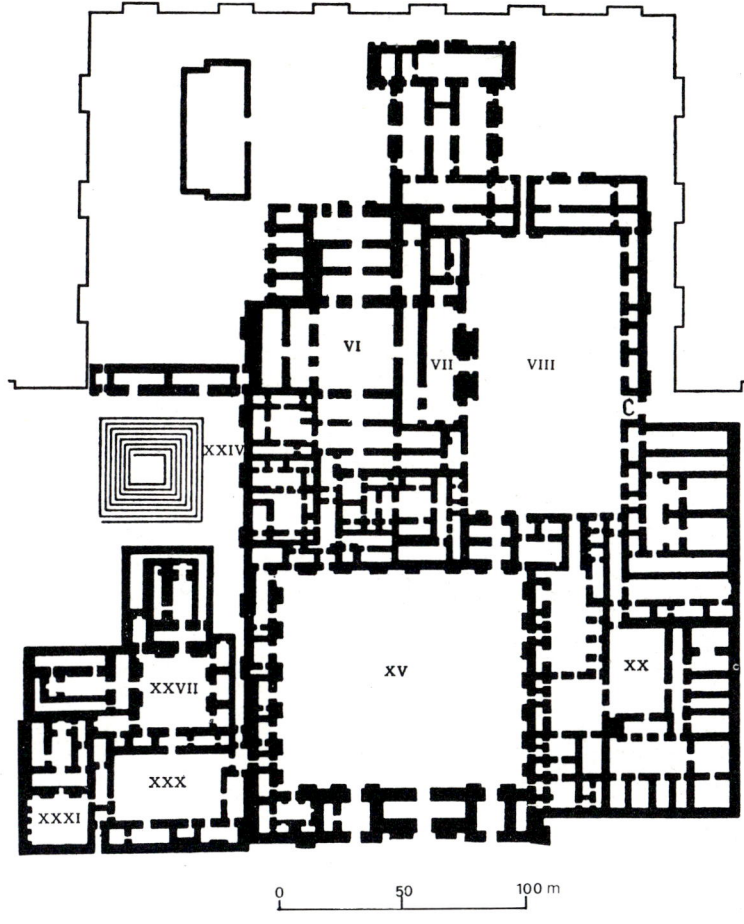

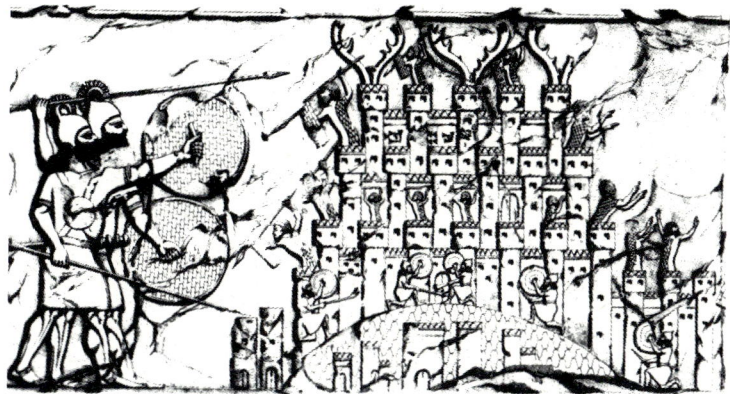

Abb. 62. Die Einnahme einer Stadt durch Sargon II., dargestellt auf einem Basrelief im Palast von Khorsabad.

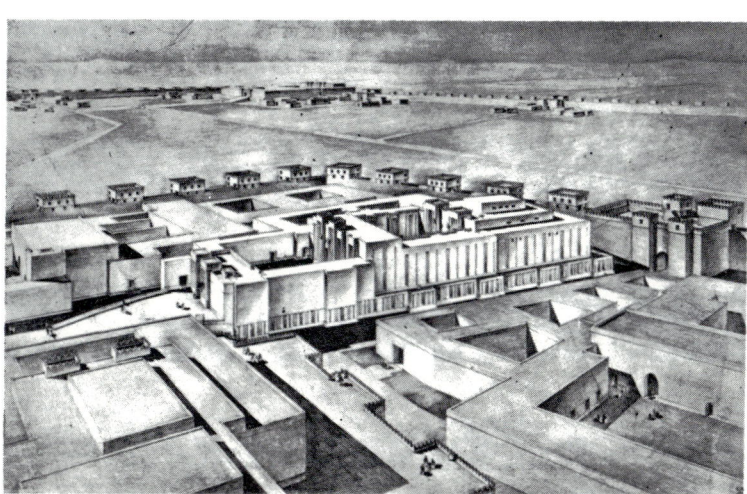

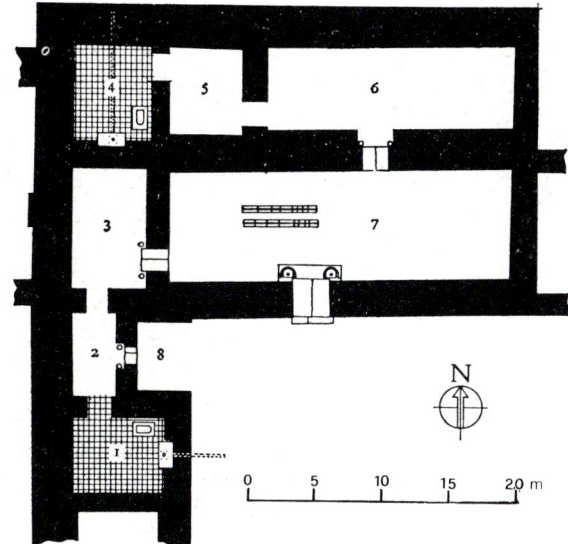

Abb. 63. Der private Wohnbereich im assyrischen Palast von Arslan Tash in Syrien:

1, 2 und 3: erstes Schlafzimmer mit Umkleideraum und Badezimmer;
4, 5 und 6: zweites Schlafzimmer mit Umkleideraum und Badezimmer
7: Empfangshalle und Wohnzimmer
8: Wachposten

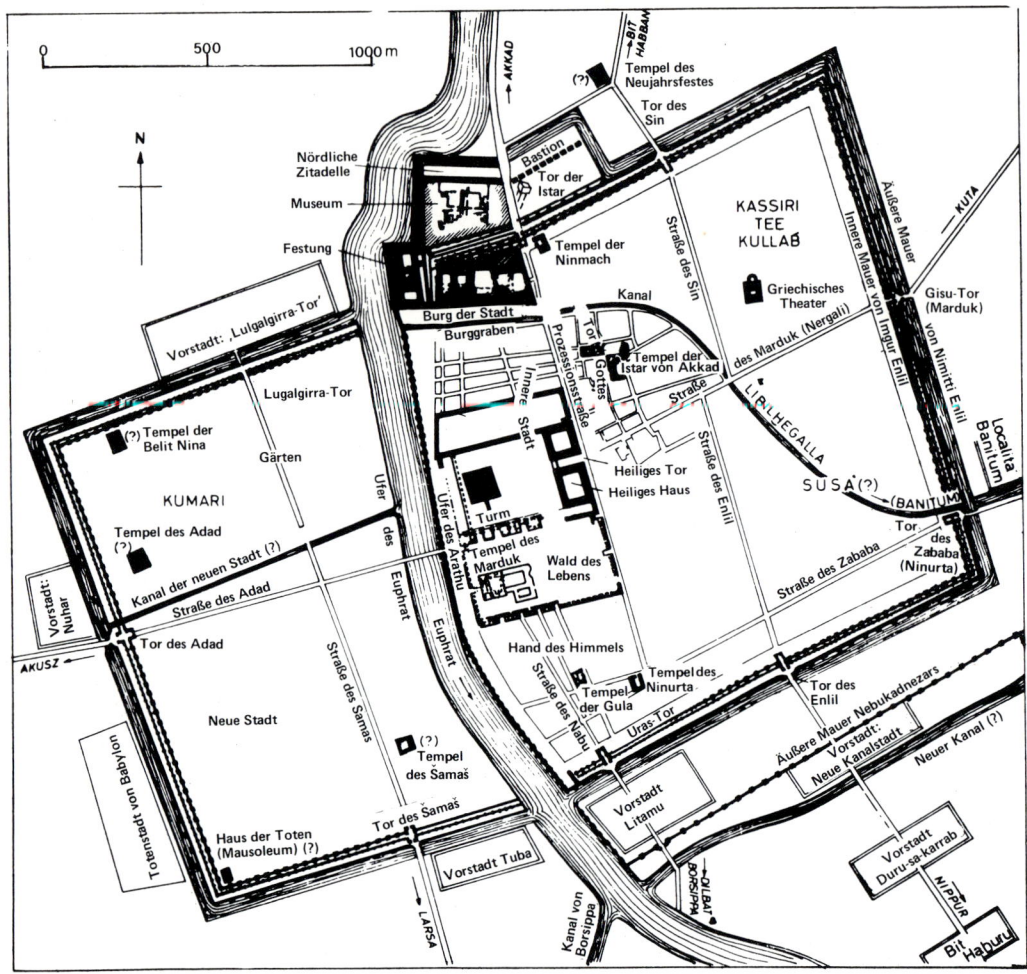

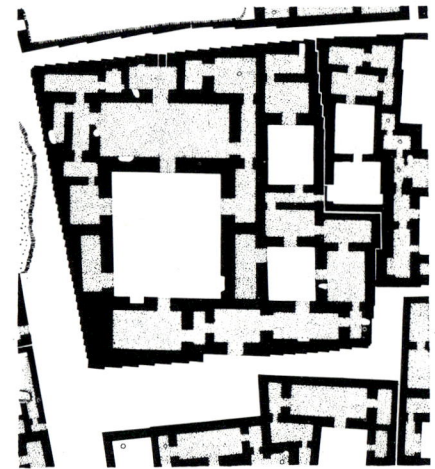

Abb. 64–67. Babylon: Plan des Stadtkerns; Ansicht der Burg (der sog. »hängenden Gärten«); Grundriß und Ansicht des Hauses in der Nähe des Tempels der Istar.

Abb. 68. Babylon: Stele des Mardukapaliddina (714 v. Chr.), die an eine Landschenkung durch die assyrischen Könige an einen babylonischen Vasallen erinnert.

Abb. 69. Babylon: Plan der Ausgrabungen im Ostteil der Stadt; die genaue Lage der Burg und des Hauses in der Nähe des Tempels der Istar sind mit A und B bezeichnet.

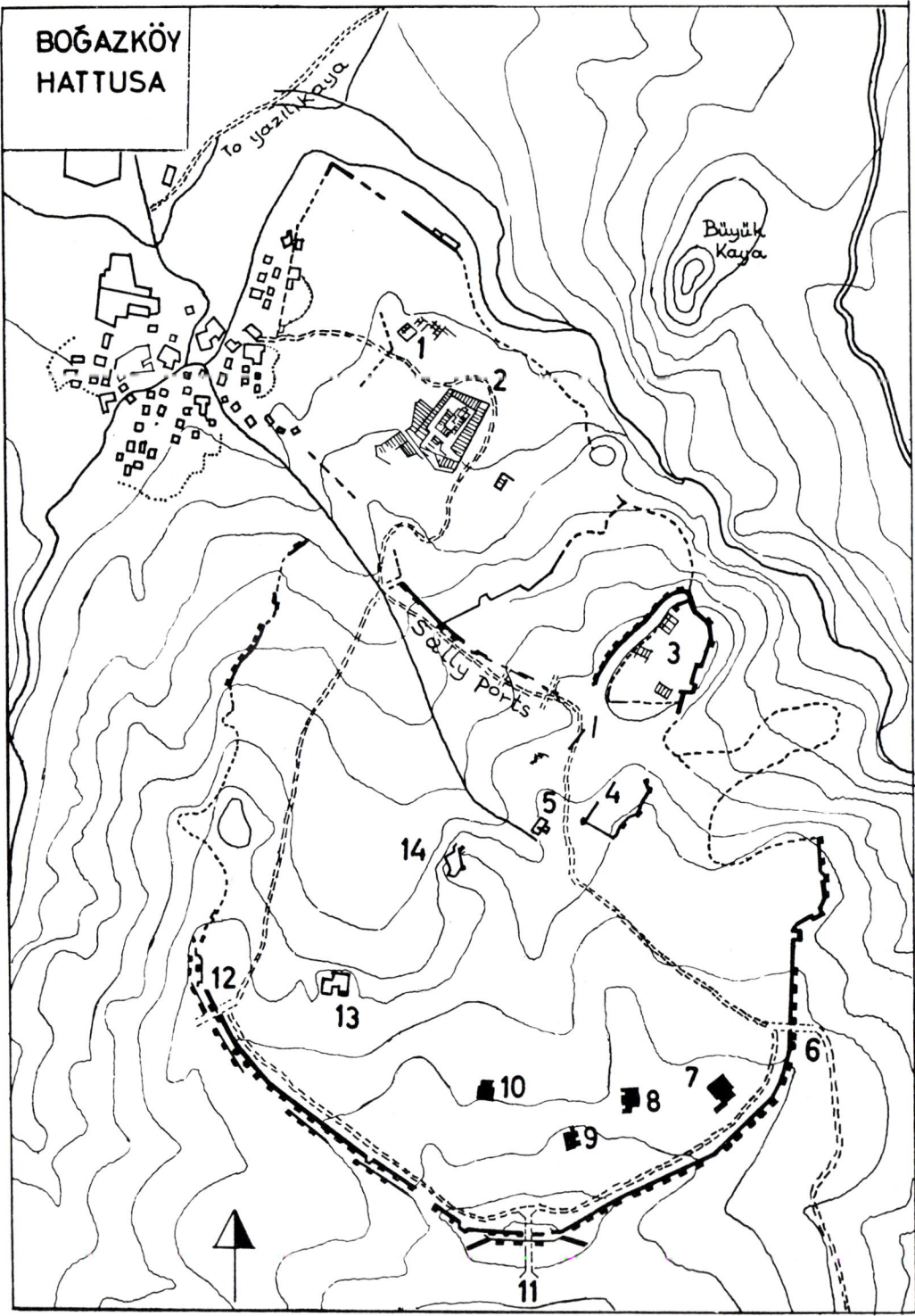

1 älteste Ansiedlung (ca. 1900 v. Chr.)
2 Tempel des Gottes Hatti und der
  Göttin Arinna (ca. 1200 v. Chr.)
3 Haupt-Zitadelle (1300–1200 v. Chr.)
4 südliche Zitadelle, noch nicht ausgegraben (1200 v. Chr.)
5 eine Burg (1200 v. Chr.)
6 das königliche Tor (1400 v. Chr.)
7–10 Tempel (ca. 1200 v. Chr.)
11 Tor der Sphinx (1400 v. Chr.)
12 Tor des Löwen (1400 v. Chr.)
13 die neue Burg (1200 v. Chr.)
14 die gelbe Burg (1200 v. Chr.)

**Abb. 70–71. Plan der Stadt Hat-
tusa, der Hauptstadt des Hethi-
ter-Reichs, und Grundriß des
Haupttempels.**

Die von 1 bis 84 durchnumerierten Zimmer dienten als Lagerräume für die Waren und Schätze des Tempels und waren rings um das in der Mitte befindliche Heiligtum angeordnet. Südlich des Tempels ist ein Teil der städtischen Struktur freigelegt worden, darunter 14 jeweils aus mehreren Räumen bestehende Einheiten, die um einen Innenhof herumgruppiert waren (mit römischen Ziffern gekennzeichnet); dabei handelte es sich möglicherweise um die Wohnungen oder Werkstätten des im Tempel beschäftigten Personals, zu dem 18 Priester, 29 Musiker, 19 Tontafelschreiber, 33 Holztafelschreiber, 35 Lehrer und 10 Sänger gehörten. Diese Aufstellung befand sich auf einer Tafel, die in den Räumen der Einheit XIV gefunden wurde.

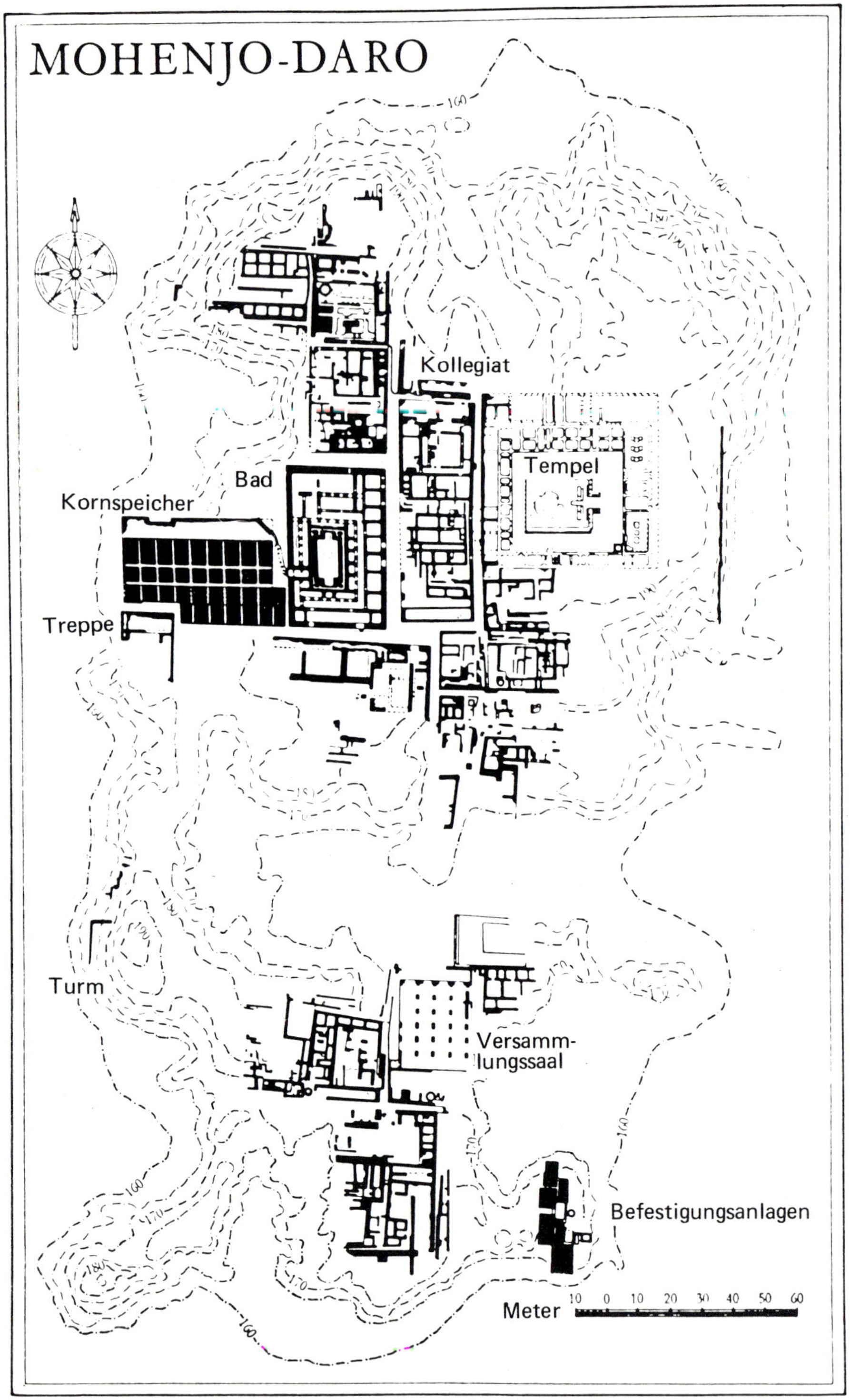

MOHENJO-DARO

Kollegiat

Tempel

Bad

Kornspeicher

Treppe

Turm

Versamm-
lungssaal

Befestigungsanlagen

Meter   10 0 10 20 30 40 50 60

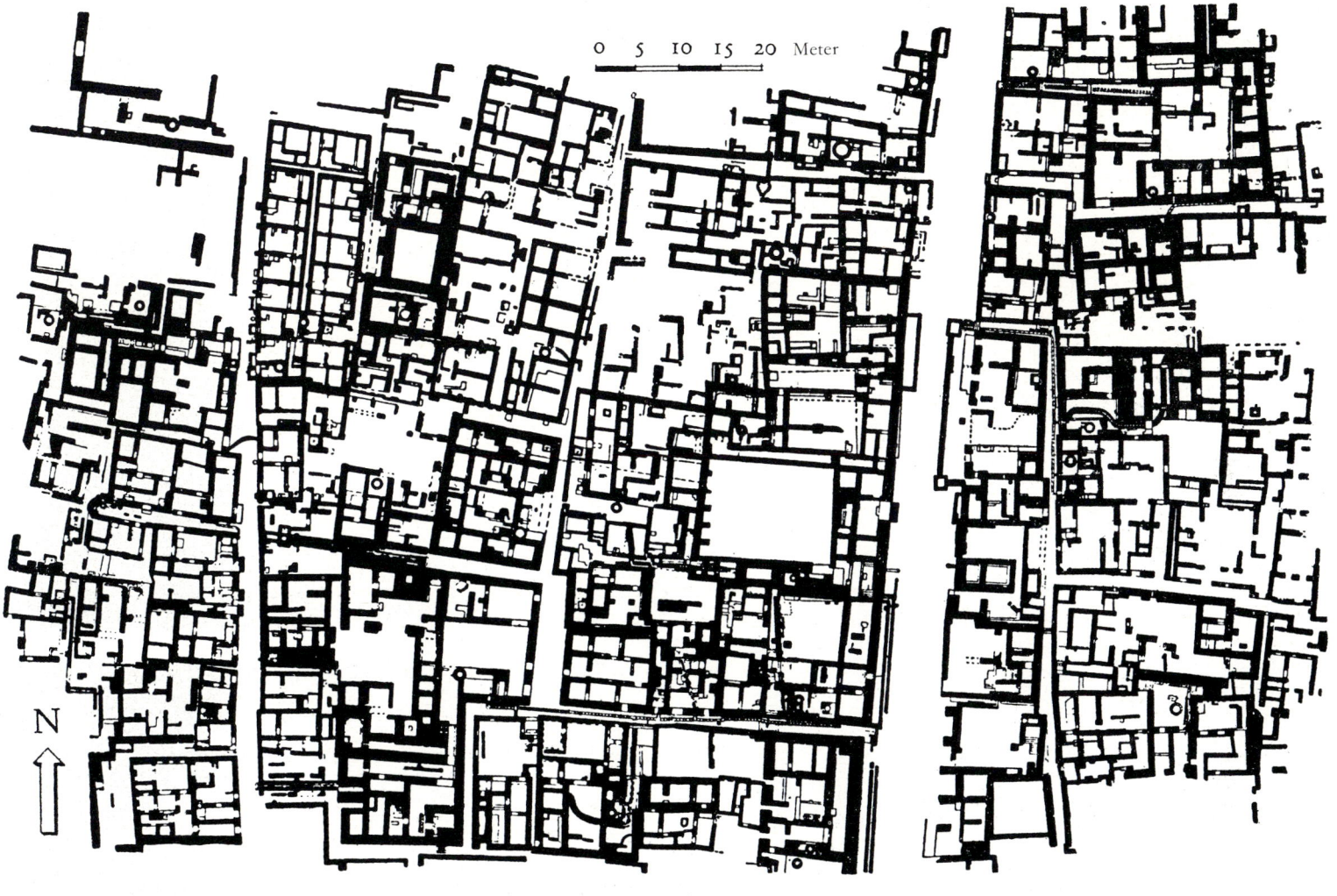

O 5 10 15 20 Meter

N

Abb. 72–74. (auf der gegenüberliegenden Seite) **Plan der Zitadelle von Mohendscho-daro im Industal (3. Jahrtausend vor Chr.); eine Straße und die Büste eines Königs.**

Abb. 75. Plan eines Wohnviertels von Mohendscho-daro: Auch hier sind die Häuser um einen Innenhof herum angelegt.

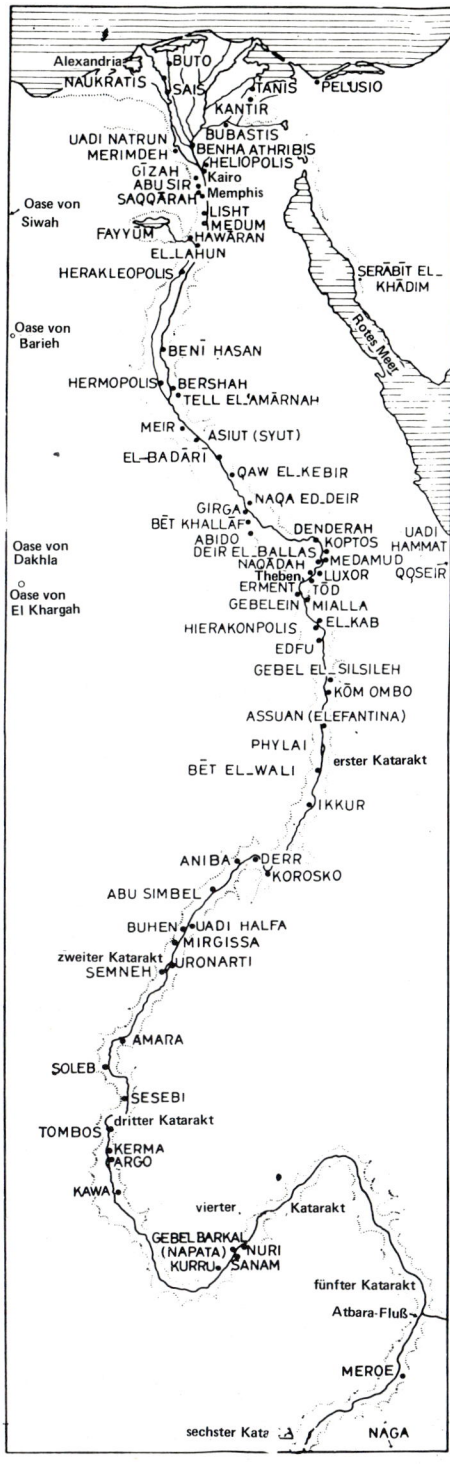

In Ägypten haben die Ursprünge der städtischen Zivilisation nicht so deutliche Spuren hinterlassen wie in Mesopotamien. Die ältesten Siedlungen sind durch die jährlichen Überschwemmungen des Nils weggespült worden, und auch von den großen, jüngeren Städten wie Memphis und Theben sind nur die aus Stein gebauten Gräber und Tempel erhalten; die Wohnhäuser und die Paläste dagegen sind längst zerfallen und von Feldern und modernen Bauten überlagert.

Die archäologischen Dokumente zeigen uns die ägyptische Zivilisation gegen Ende des 4. Jahrtausends v. Chr., nach der Einigung des Landes, bereits voll entfaltet. Aus den in den ältesten königlichen Gräbern gefundenen Dokumenten geht hervor, daß die damaligen Herrscher die existierenden Siedlungen erobert und die magischen Kräfte der lokalen Gottheiten übernommen hatten. Anders als die sumerischen Herrscher, die als Repräsentanten einer Gottheit angesehen wurden, galt der König im alten Ägypten selbst als Gottheit, die für die Fruchtbarkeit des Bodens sorgte und darüber wachte, daß die Wasser des Nils jedes Jahr zur richtigen Zeit über die Ufer traten. Hierauf gründete der Pharao seine sich über das ganze Land erstreckende Macht, und die Abgaben, die er von seinen Untertanen erhielt, waren erheblich größer als die der Priester von Mesopotamien. Er benutzte diese Abgaben zur Schaffung öffentlicher Werke, zum Bau von Städten und Tempeln der lokalen und nationalen Gottheiten, vor allem aber ließ er sich ein monumentales Grabmal als Symbol für sein Weiterleben nach dem Tode errichten, das zusammen mit seinem durch die Mumifizierung vor der Verwesung geschützten Körper den Fortbestand seiner Herrschaft zum Wohl der Gemeinschaft garantieren sollte.

Abb. 76. (auf der gegenüberliegenden Seite) **Die in einer Wüstenlandschaft liegenden Pyramiden von Gizeh.**

Abb. 77. (links) **Karte des alten Ägyptens.**

Abb. 78. (rechts) **Die ägyptische Hieroglyphe für »Stadt«.**

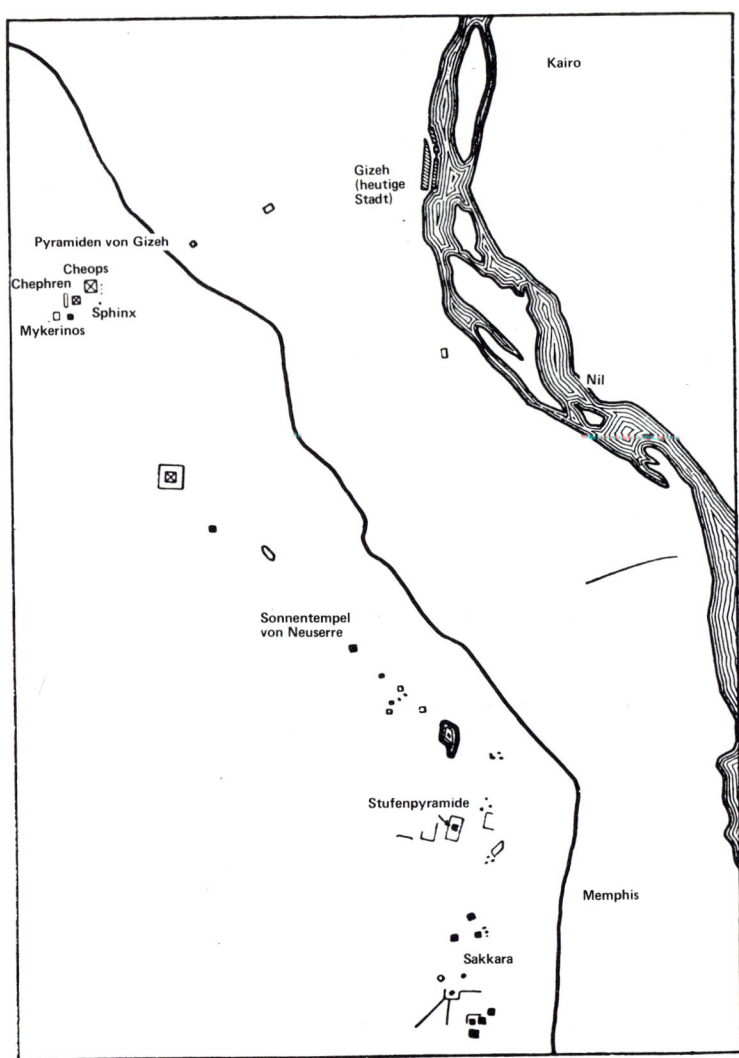

Abb. 79–80. (links) **Die Pyramiden von Gizeh:** Luftaufnahme und eine Zeichnung aus dem 19. Jahrhundert, in der versucht wurde, das ursprüngliche Aussehen der Pyramiden zu rekonstruieren.

Abb. 81. (oben) **Karte der Umgebung von Memphis.**

Abb. 82–83. Plan des Pyramiden-komplexes von Gizeh: Die Pyramiden von Cheops, Chephren und Mykerinos sind punktiert, die kleineren Bauten schwarz; Querschnitt durch die große Cheops-Pyramide.

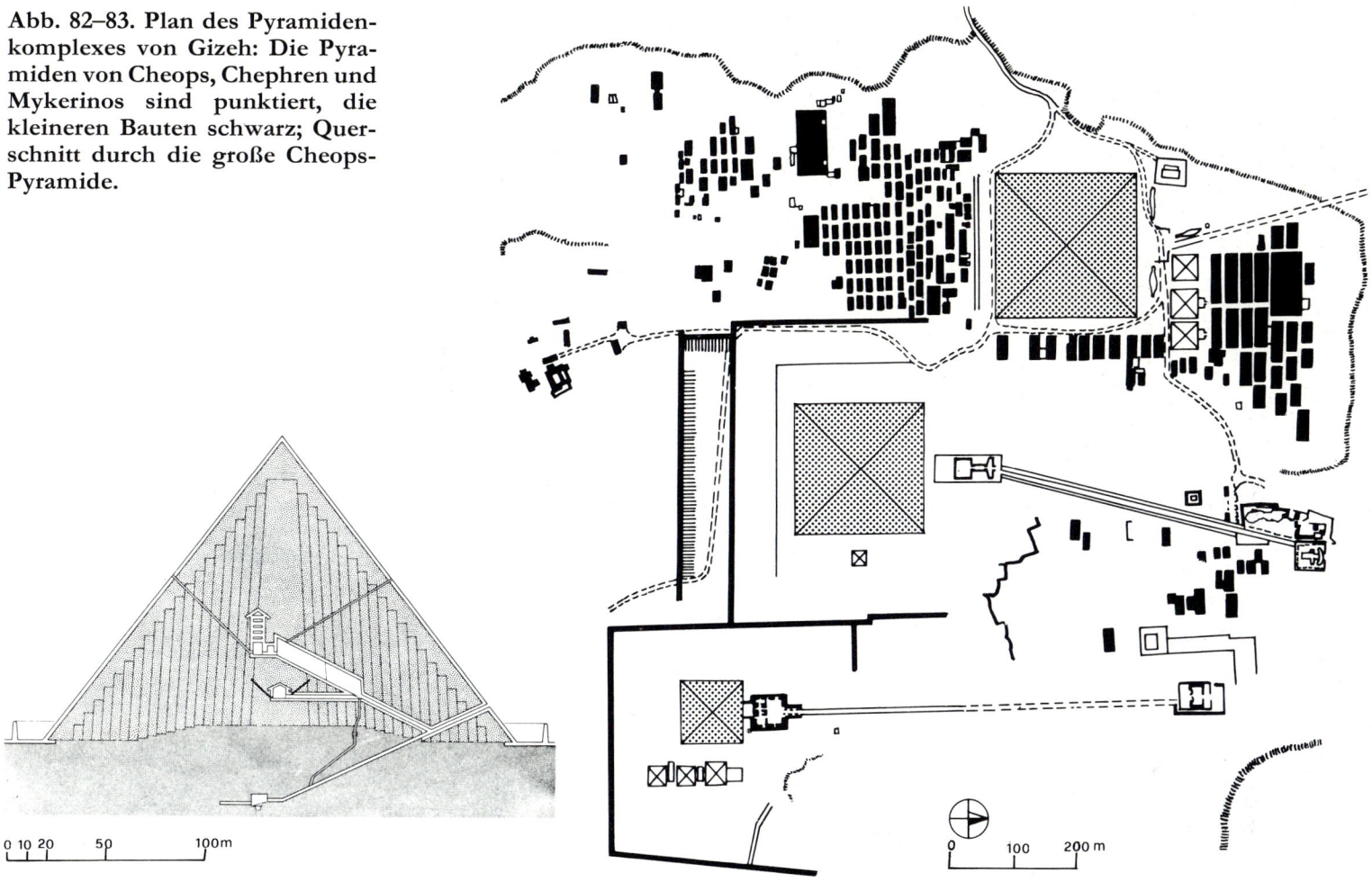

Im 3. Jahrtausend, als die Bevölkerung Ägyptens und der Reichtum des Landes ständig wuchsen, wurden diese Grabmäler immer stattlicher und eindrucksvoller, obwohl sich an ihrer äußeren Form, einer vierflächigen Pyramide, nichts änderte. Die höchste Pyramide, die von Cheops aus der 4. Dynastie, hat eine Seitenlänge von 225 m und ist fast 150 m hoch. Dieses Bauwerk stellt eins der eindrucksvollsten Monumente dar, die der Mensch je auf der Welt hinterlassen hat. Nach einer Überlieferung von Herodot, die von der heutigen Wissenschaft als glaubwürdig angesehen wird, arbeiteten daran 100 000 Personen zwanzig Jahre lang. Wo anders als in der dicht besiedelten Landschaft des unteren Niltals hätte sich ein solch monumentales Bauwerk errichten lassen?

Wir wissen, daß Menes, der erste Pharao, die Stadt Memphis am unteren Teil des Nildeltas gründete und sie mit einer »weißen Mauer« umbauen ließ. Die Tempel der lokalen Gottheit »Ptah« befanden sich nicht innerhalb der Stadt, sondern außerhalb, »südlich der Mauer«. In der näheren Umgebung, am Rande der Wüste, erheben sich auch die Pyramiden der ersten vier Dynastien (Abb. 79–84) und die Sonnentempel der V. Dynastie (Abb. 87–88).

Wie die ganze Stadt ausgesehen hat, wissen wir nicht, und es ist nicht einfach sich vorzustellen, wie sich diese kolossalen Monumente der Toten und die Wohnhäuser der Lebenden im Gesamtbild zueinander verhielten; sicherlich ganz anders als die Tempel und Wohnhäuser in den Städten Mesopotamiens.

In Ägypten finden wir, vor allem in den frühen Epochen, keine Verbindung zwischen den Gebäuden der Lebenden und Toten, sondern nur Gegensätze, die auf jede erdenkliche Weise verstärkt wurden. Die Monumente lagen nicht im Stadtzentrum, sondern

Abb. 84. Ansicht einer Ecke der großen Cheops-Pyramide.

Abb. 85. Überdimensionale Skulptur des Kopfes eines Pharao der III. Dynastie (ca. 2750 v. Chr.).

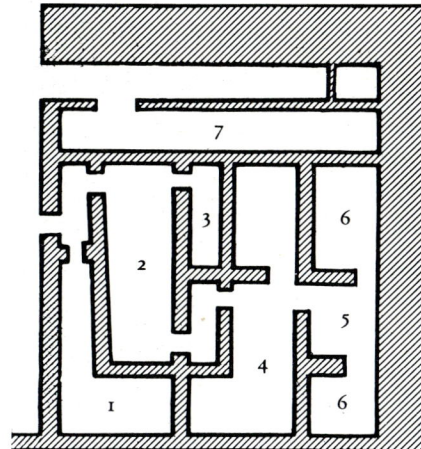

Abb. 86. Grundriß eines Hauses in Gizeh aus der Zeit der IV. Dynastie (ca. 2600 v. Chr.)

1 Eingang
2 Hof
3 Vorratsraum
4 Saal
5 Vestibül
6 Schlafraum
7 Lagerraum

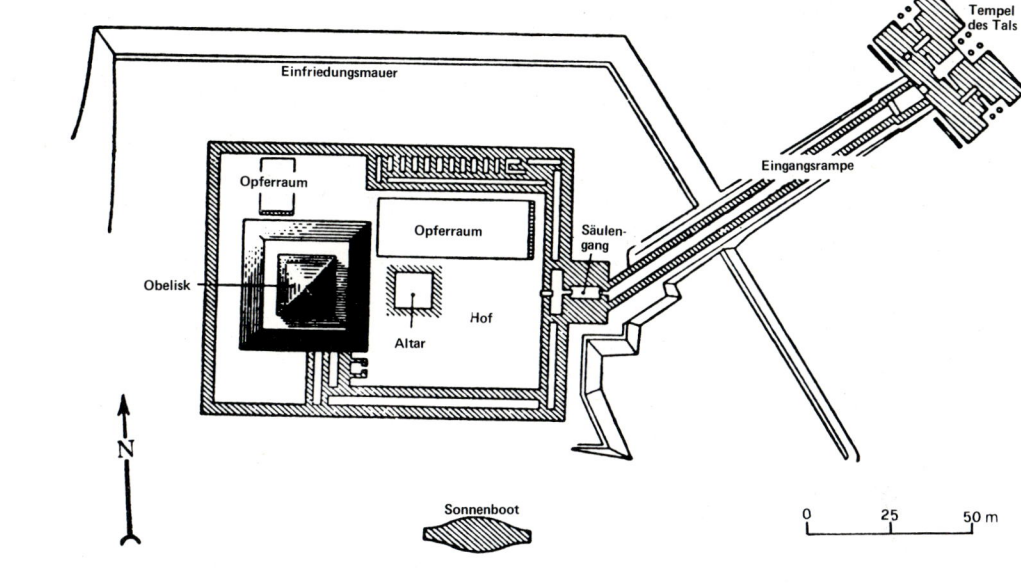

Abb. 87–88. Der Sonnentempel des Horus in Abu Sir aus der V. Dynastie (2500 v. Chr.); Grundriß und Rekonstruktion.

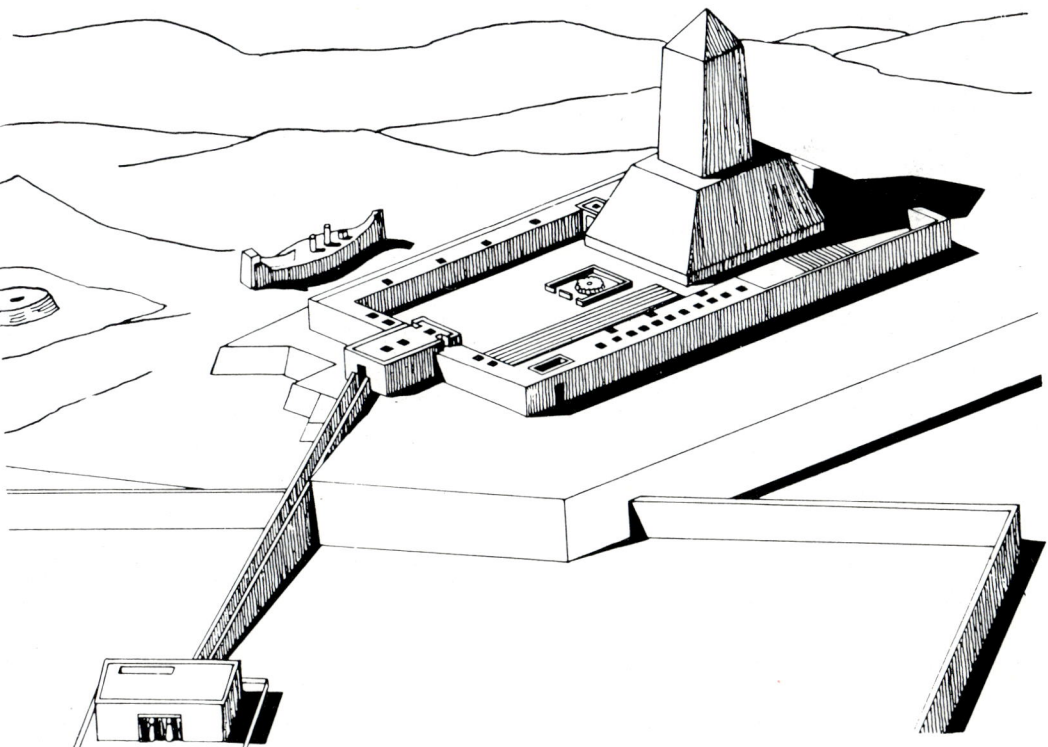

Abb. 89 Modell eines Transportbootes, gefunden in einem Grab aus der XII. Dynastie (ca. 1800 v. Chr.).

Abb. 90. (auf der gegenüberliegenden Seite, links) **Die Siedlung El Lahun, die Sesostris II. (ca. 1800 v. Chr.) für die am Bau einer Pyramide beschäftigten Arbeiter errichten ließ; Plan der gesamten Siedlung und Grundriß eines typischen Hauses.**

außerhalb. Sie waren selbst wie eine eigene Stadt angeordnet. Diese Totenstädte schienen göttlich und ewig und ließen dadurch die Städte der Menschen noch unbedeutender und vergänglicher erscheinen. Die Totenstadt war aus Stein gebaut, um so den Lauf der Zeit unverändert überdauern zu können. Die Formen dieser Monumente orientierten sich an einfachen geometrischen Figuren: Prismen, Pyramiden, Obelisken; oder sie bestanden aus gigantischen Statuen wie die große Sphinx, die in ihren übermenschlichen Dimensionen eher wie von der Natur geschaffene Gebirge wirken. In ihnen wohnten die Toten, ausgestattet mit allem Notwendigen für das ewige Leben. Aber diese Monumente waren so gebaut, daß sie weithin sichtbar und dadurch ständig im Blickfeld der Lebenden waren. Deren Stadt dagegen war aus Ziegelsteinen gebaut – sowohl die Häuser der einfachen Leute, wie auch der Palast des Pharaos. Diese Bauten zerfielen nach einer gewissen Zeit und bildeten somit nur einen vorübergehenden Aufenthaltsort, der früher oder später wieder verlassen wurde.

Ein großer Teil der Bevölkerung – die Arbeiter, die für den Bau der Pyramiden und der Tempel gebraucht wurden, sowie deren Familien – mußte in Lagern in der Nähe der großen Monumente wohnen. Sie wurden nach Beendigung der Bauarbeiten wieder verlassen (Abb. 90 und 92–95).

In gewisser Hinsicht stellt die heilige Stadt – der einzige heute noch erhaltene Stadttypus aus jener Zeit – eine naturgetreue Kopie der Stadt der Menschen dar, ausgestattet mit Nachbildungen aller Persönlichkeiten und Gegenstände des täglichen Lebens, die so der Nachwelt erhalten blieben. Die wunderbaren Skulpturen geben das Aussehen ihrer Modelle realistisch wieder und sie versuchen auch die flüchtigsten Momente des Lebens auf immer festzuhalten (Abb. 85 und 91).

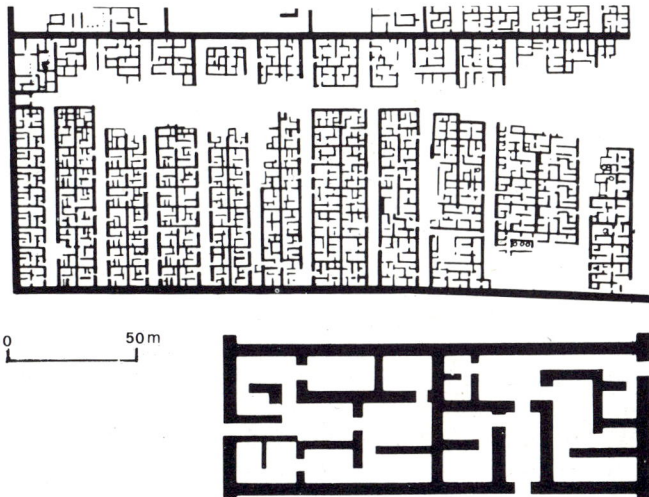

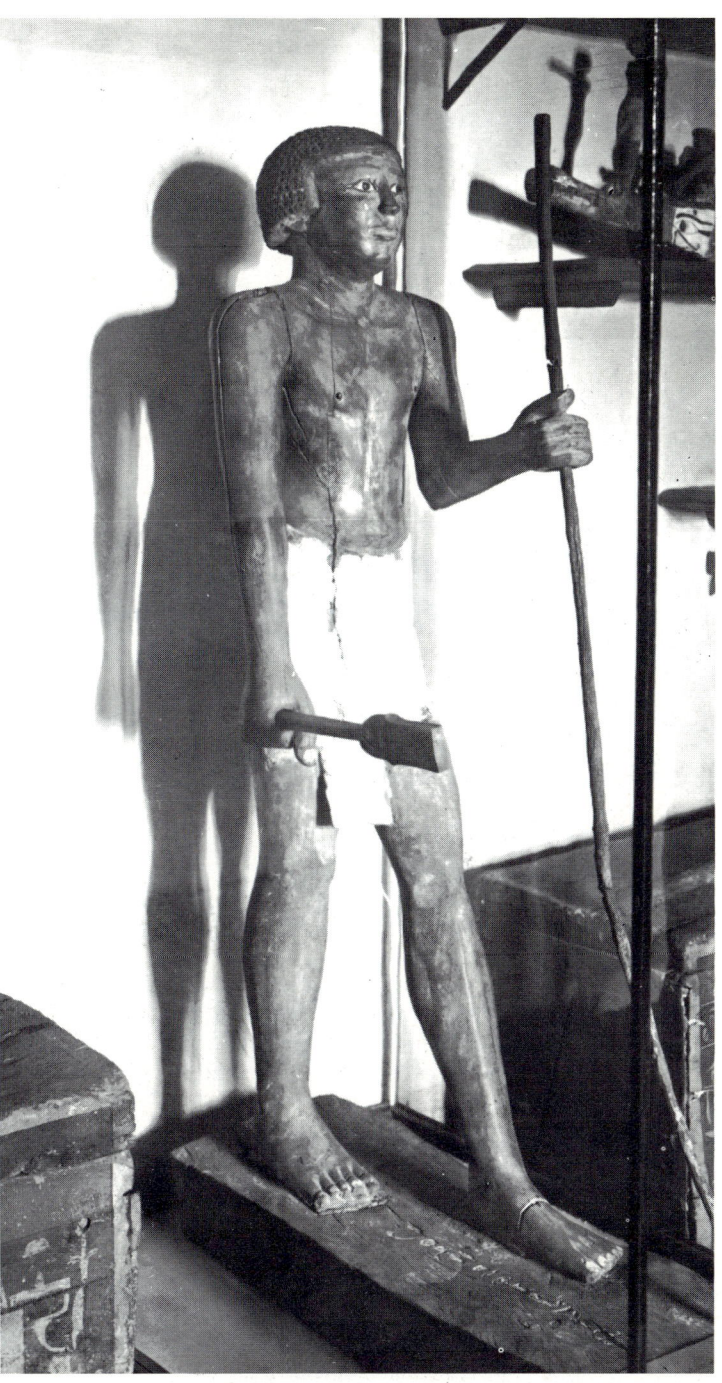

Abb. 91. Holzstatue eines Verstorbenen aus der XII. Dynastie (ca. 1800 v. Chr.).

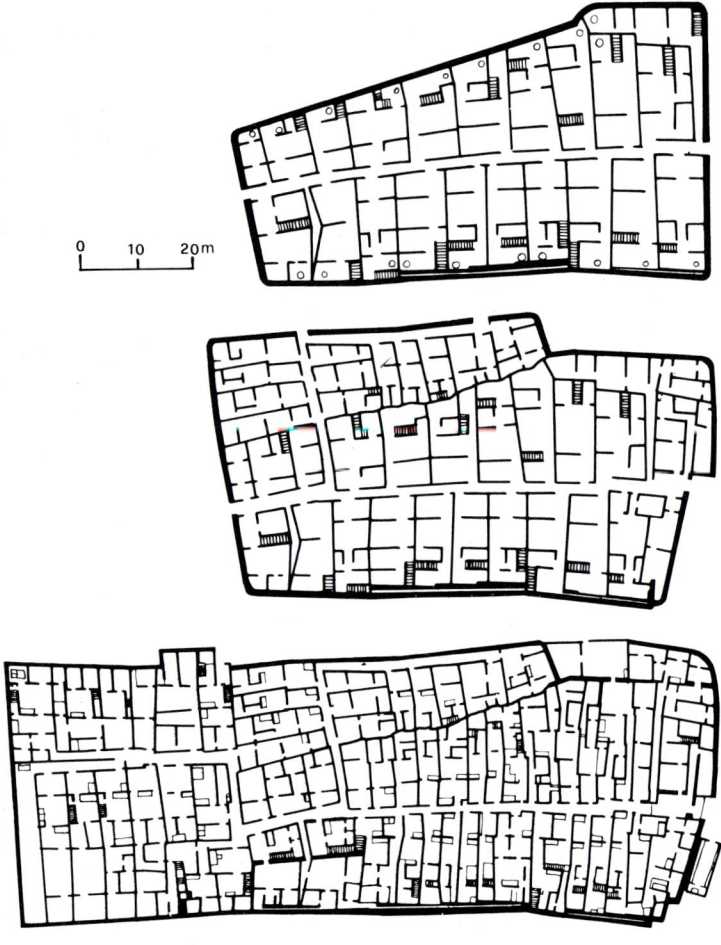

Abb. 92–95. Die Siedlung Deir-el-Medina, die Tutmosis I. (ca. 1400 v. Chr.) für die im Tal der Könige, nahe Theben, beschäftigten Arbeiter errichten ließ; im Laufe der Zeit wurden diese Siedlungen erweitert. Pläne der Siedlungen in verschiedenen Ausbaustufen; Grundriß und Querschnitt eines typischen Hauses.

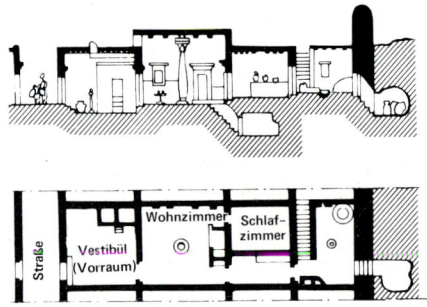

Dieser Versuch, eine dauerhafte und naturgetreue Nachbildung des menschlichen Lebens zu schaffen und die Reichtümer für das Jenseits zu bewahren, statt sie im diesseitigen Leben zu verbrauchen, konnte nicht zu allen Zeiten in gleicher Weise gelingen. Die auf diesem Prinzip aufbauende Ökonomie geriet in der Mitte des 3. Jahrtausends in eine Krise. Als sie sich im 2. Jahrtausend, zur Zeit des Mittleren Reiches, wieder erholt hatte, war der Kontrast zwischen diesen beiden Welten nicht mehr so stark ausgeprägt, und die Grenze zwischen den jeweiligen Städten hatte angefangen sich zu verwischen.

Theben, die Hauptstadt des Mittleren Reiches, war noch in zwei Sektoren geteilt: Die bewohnte Stadt lag am rechten, die Stadt der Toten in den Tälern am linken Ufer des Nils (Abb. 97). Aber die dominierenden Bauten waren nunmehr die in den Städten der Lebenden errichteten Tempel – Luxor und Karnak – (Abb. 98–102). Die Gräber waren in den Felsen versteckt (Abb. 103–104); von außen waren nur die Tempel am Eingang zu sehen, die denen der vergangenen Epochen ähnlich waren (Abb. 112 und 113).

Zwischen diesen massiven Bauwerken müssen wir uns die übrige Stadt und ihre Vororte vorstellen. Die Einwohner bildeten eine Gesellschaft, die vielfältiger war als die frühere und deren Reichtum nicht mehr nur dem König zugute kam. Der Pharao stand an der Spitze der sozialen Hierarchie und seine Macht manifestierte sich darin, daß er sich für seine Paläste oder für sein Grabmal die wertvollsten und erlesensten Materialien und Produkte aussuchen konnte. Die in den königlichen Gräbern gefundenen Kleider, Juwelen und Möbel zeugen von größter handwerklicher Geschicklichkeit und lassen erahnen, wie umfangreich die gesamte Produktion und wie groß der produzierte Überschuß gewesen sein muß.

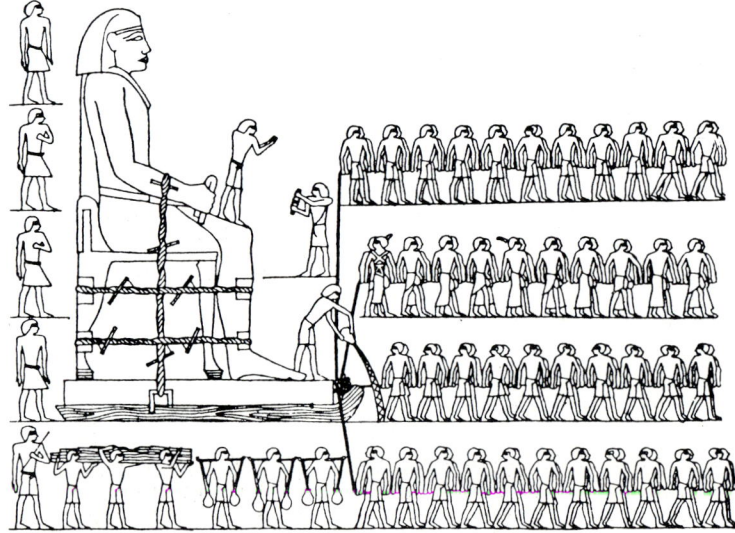

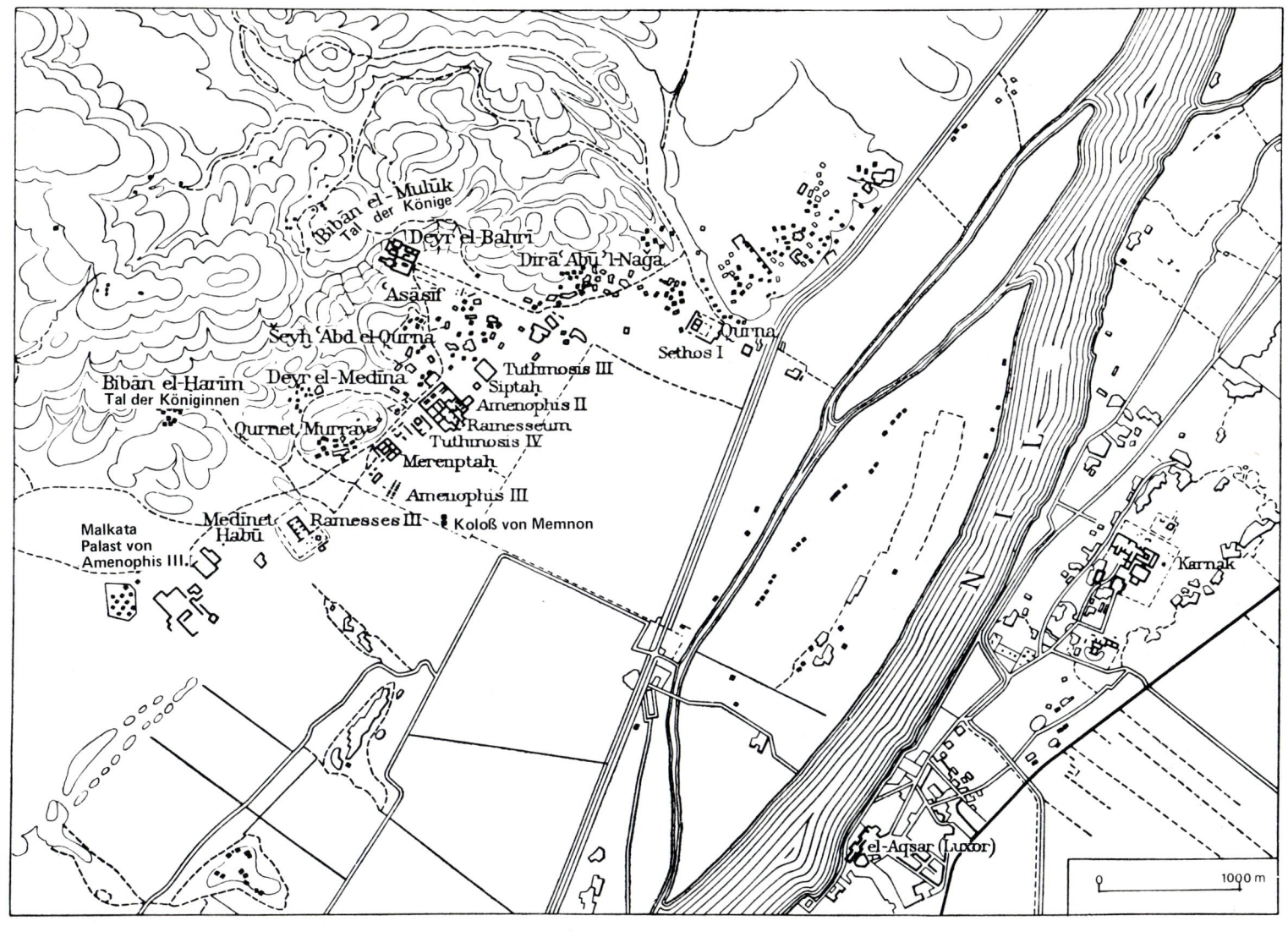

Abb. 96. (auf der gegenüberliegenden Seite, rechts) **Ein Basre-lief aus dem mittleren Reich, das den Transport einer über-dimensionalen Statue zeigt.**

Abb. 97. Plan der Umgebung Thebens: Die Gräber befinden sich links vom Nil, die Tempel am rechten Flußufer.

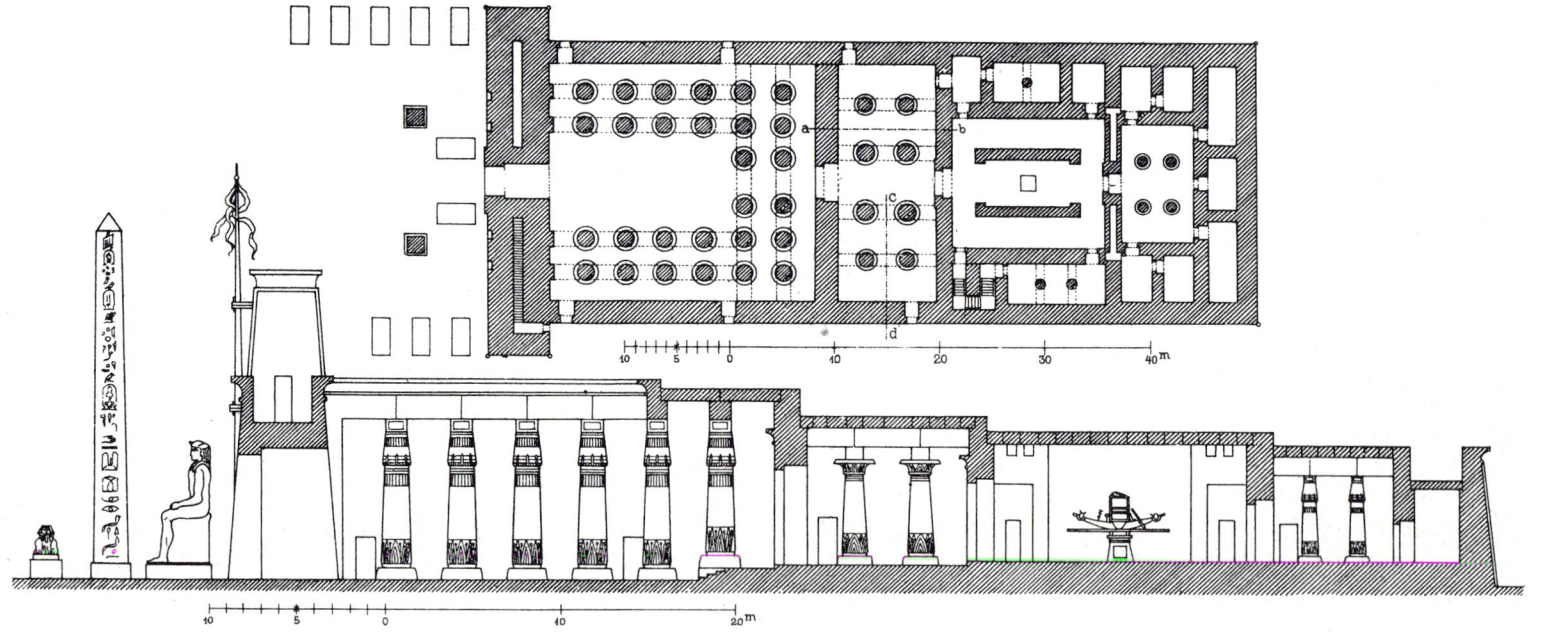

Abb. 98–99. Die Tempel von Karnak in Theben: Plan des gesamten Tempelkomplexes; Grundriß und Querschnitt des Tempels von Khonsu. Die römischen Ziffern kennzeichnen die zehn Pylonenpaare.

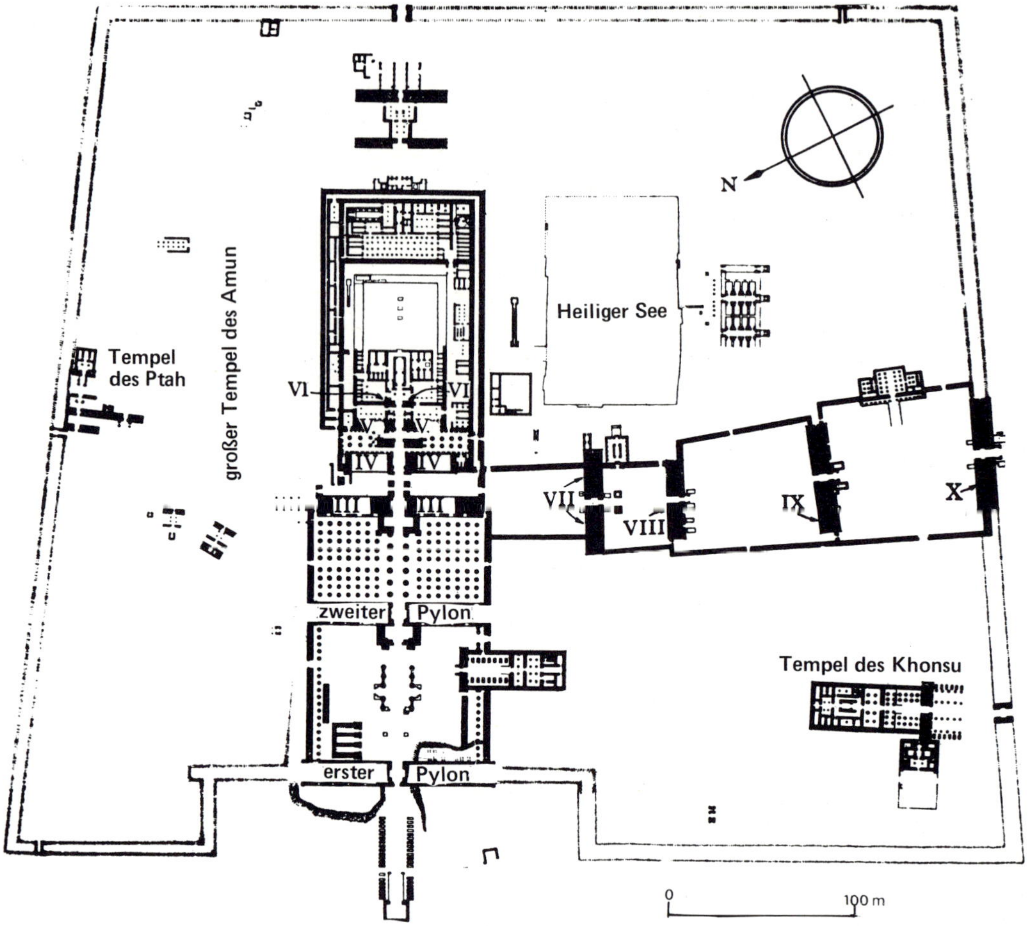

N
Tempel des Ptah
großer Tempel des Amun
Heiliger See
VI
VI
V
V
IV
IV
III
III
zweiter Pylon
erster Pylon
VII
VIII
IX
X
Tempel des Khonsu
0
100 m

a
b
c
d
10
5
0
10
20
30
40 m
10
5
0
10
20 m

Abb. 100–101. Detailansichten der großen Säulenhalle im Tempel des Amun in Karnak, zwischen dem zweiten und dritten Pylon.

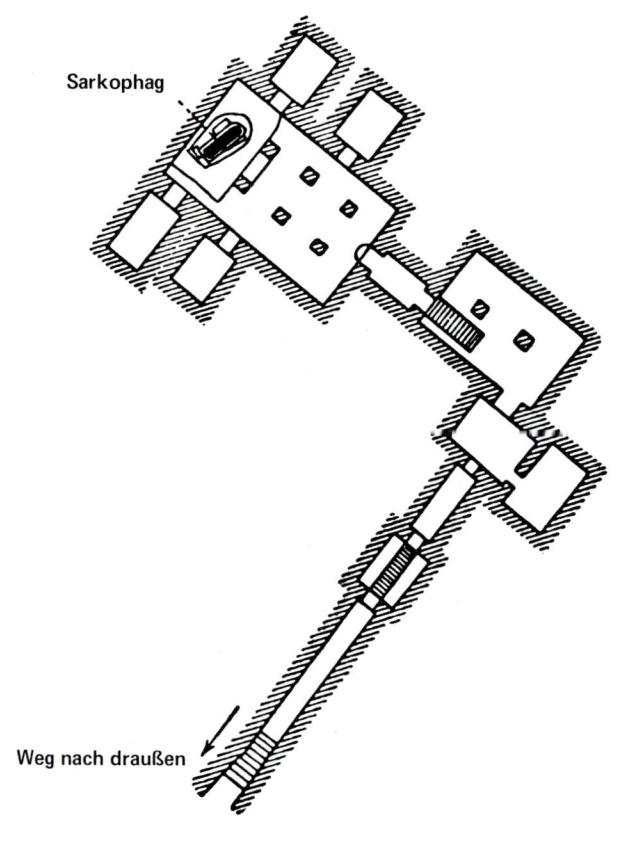

Sarkophag

Weg nach draußen

Abb. 102–103. Grundriß des Grabes Amenhoteps II. (ca. 1380 v. Chr.) im Tal der Könige; Ausschnitt aus einem Wandgemälde: der Pharao mit der Göttin Hathor.

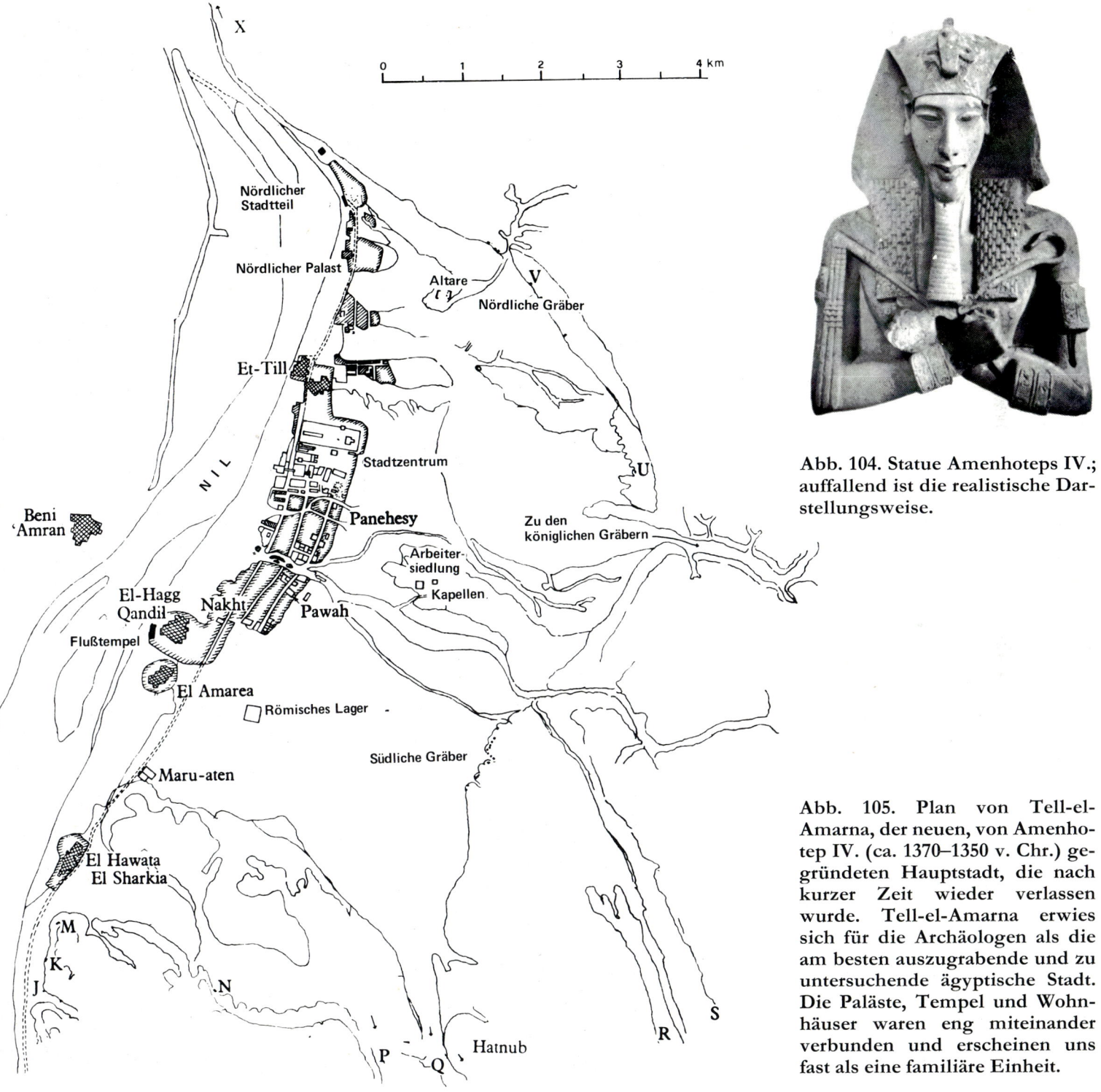

X

0   1   2   3   4 km

Nördlicher
Stadtteil

Nördlicher Palast

Altare
Nördliche Gräber

V

N I L

Et-Till

Stadtzentrum

Beni
'Amran

Panehesy

Zu den
königlichen Gräbern

U

Arbeiter-
siedlung

Kapellen

El-Hagg
Qandil   Nakht

Pawah

Flußtempel

El Amarea

Römisches Lager

Südliche Gräber

Maru-aten

El Hawata
El Sharkia

M

K

J   N

S

R

P   Q   Hatnub

Abb. 104. Statue Amenhoteps IV.;
auffallend ist die realistische Dar-
stellungsweise.

Abb. 105. Plan von Tell-el-
Amarna, der neuen, von Amenho-
tep IV. (ca. 1370–1350 v. Chr.) gegründeten Hauptstadt, die nach
kurzer Zeit wieder verlassen
wurde. Tell-el-Amarna erwies
sich für die Archäologen als die
am besten auszugrabende und zu
untersuchende ägyptische Stadt.
Die Paläste, Tempel und Wohnhäuser waren eng miteinander
verbunden und erscheinen uns
fast als eine familiäre Einheit.

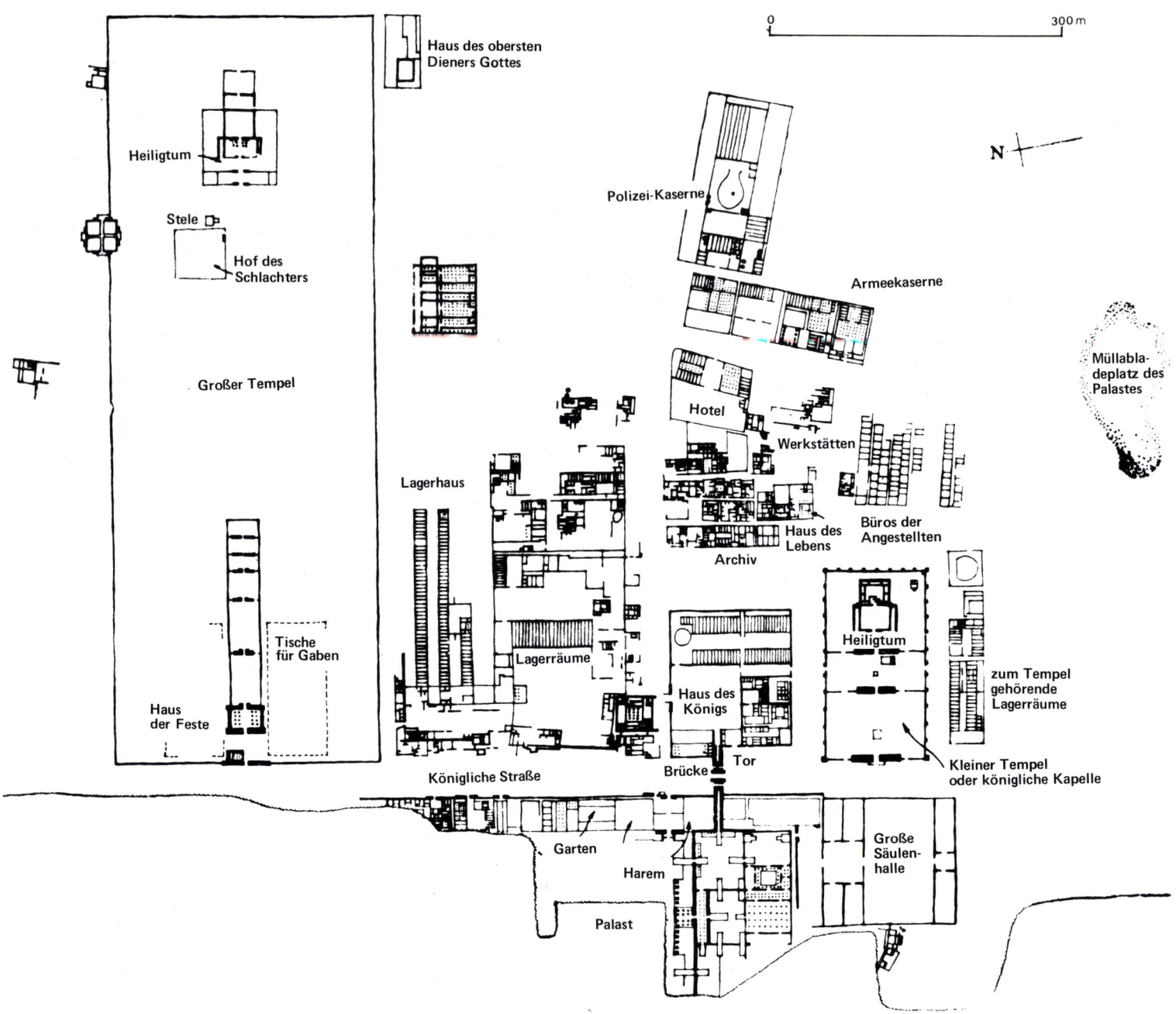

Abb. 106–109. Tell-el-Amarna, Stadtzentrum: Gesamtplan, Grundriß des an der königlichen Straße gelegenen Palasts; Blick von der zwischen dem Palast und dem Haus des Königs gelegenen Brücke; Grundriß des Hauses des Beamten Nakht.

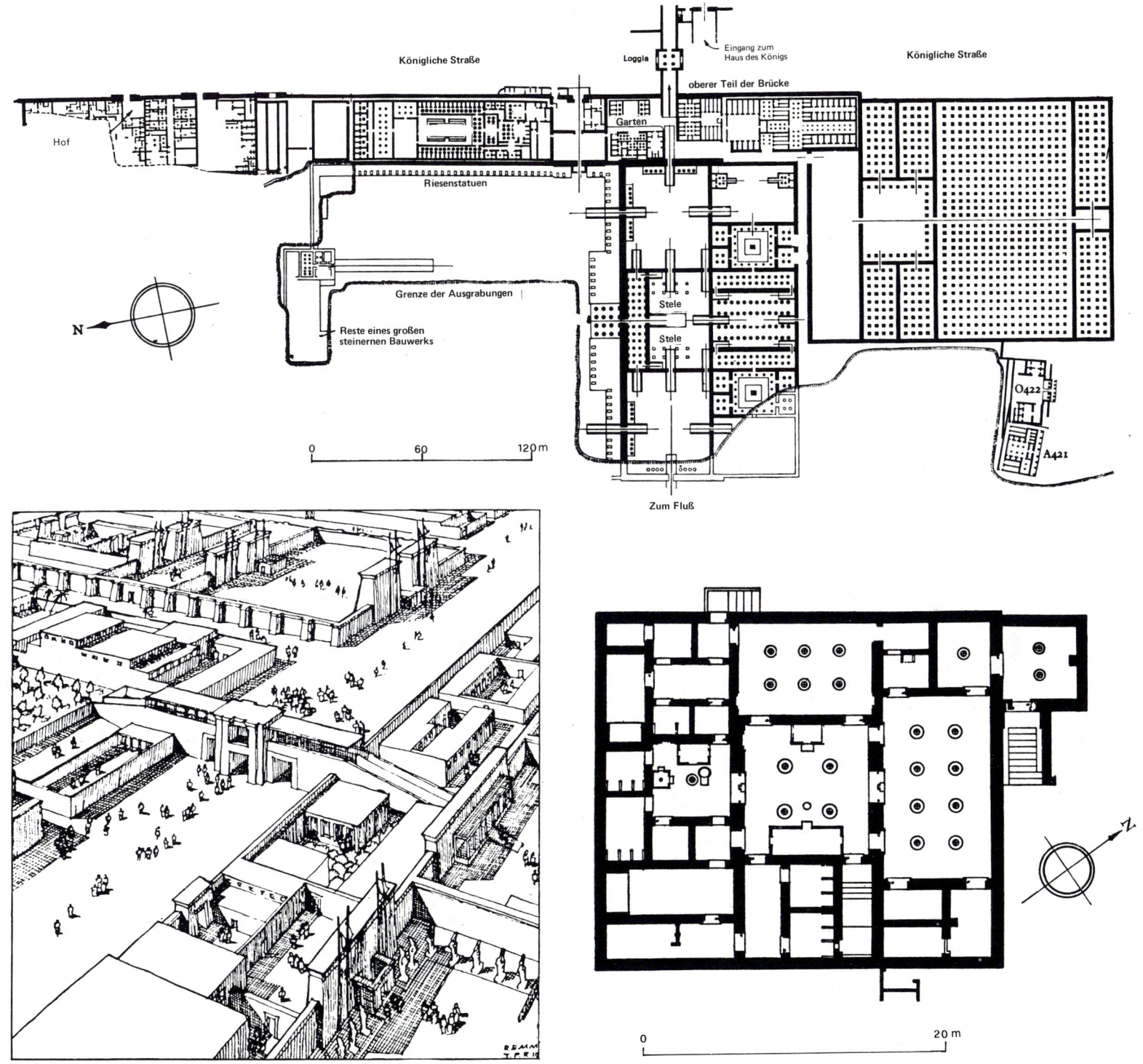

Königliche Straße

Loggia

Eingang zum
Haus des Königs

Königliche Straße

oberer Teil der Brücke

Garten

Hof

Riesenstatuen

N

Grenze der Ausgrabungen

Stele

Reste eines großen
steinernen Bauwerks

Stele

O422

A421

0   60   120 m

Zum Fluß

0   20 m

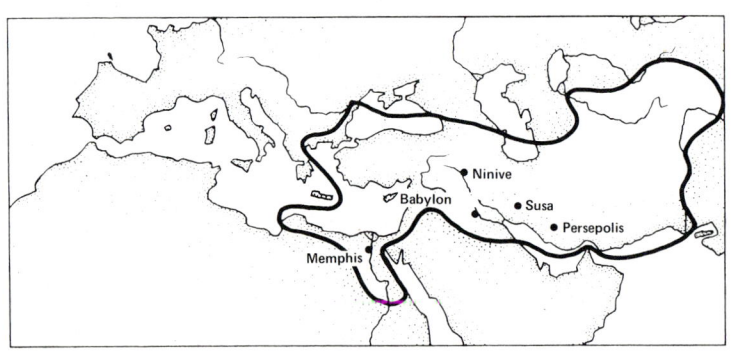

Abb. 110. (unten) **Karte des persischen Reiches.**

Abb. 111. Ansicht der Ruinen von Persepolis.

Zwischen dem 6. und dem 4. Jahrhundert vor Christus wurde der gesamte mittlere Orient unter der Herrschaft der Perser zu einem einzigen Reich vereinigt (Abb. 110). Für die vorstehend beschriebenen Gebiete – von Ägypten bis zum Industal – brachte dies eine langanhaltende Friedensperiode und eine einheitliche Verwaltung, die eine freie Zirkulation der Menschen, Güter und Ideen ermöglichte. In der monumentalen Residenz der persischen Könige, die den griechischen Namen Persepolis trug, wurden die verschiedenen architektonischen Modelle der einzelnen zum Reich gehörigen Länder untereinander kombiniert, allerdings nach einem streng vorgeschriebenen Muster (Abb. 111–114).

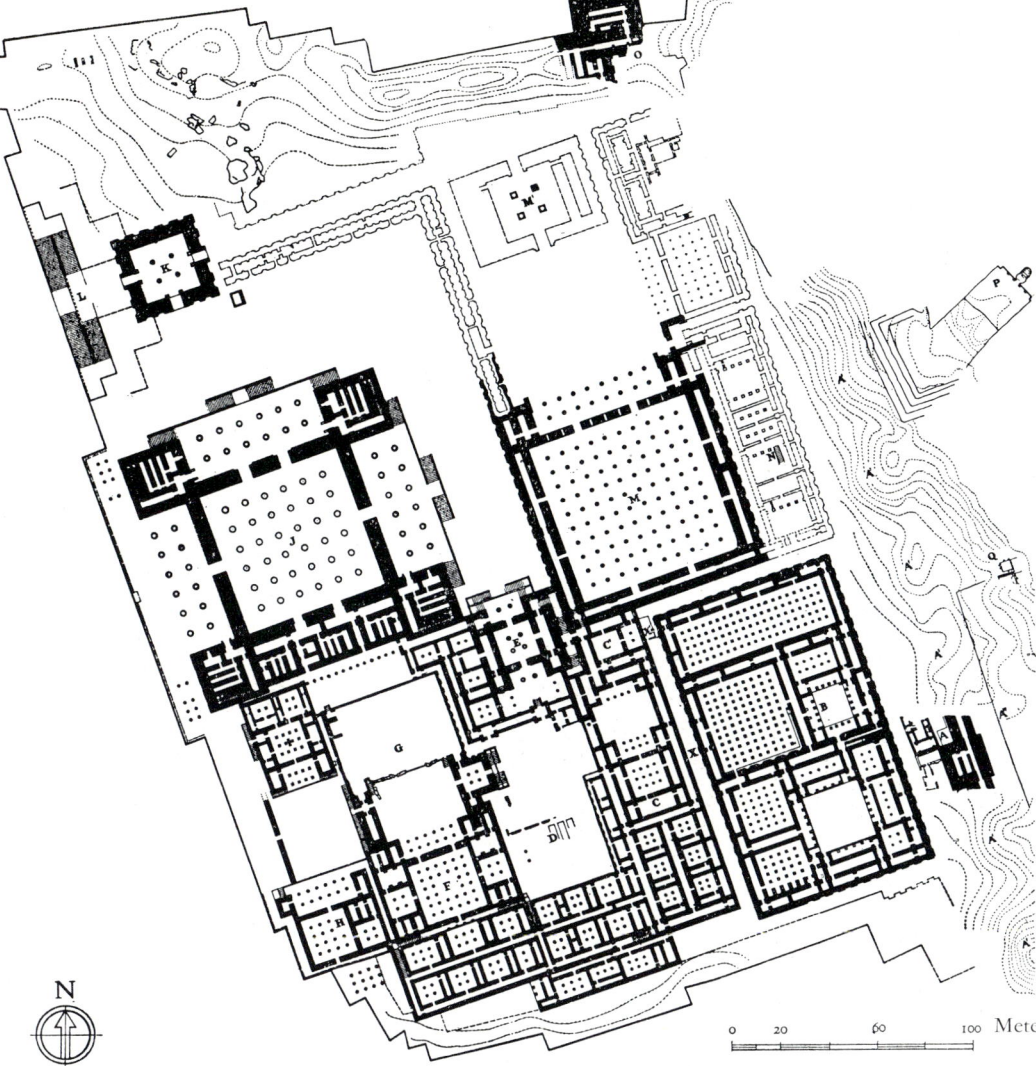

Abb. 112. Grundriß des Komplexes der monumentalen Bauten von Persepolis.

Abb. 113. Wand mit Verzierung aus dem Palast von Darius I.

A östliche Befestigungsanlagen	K Vestibül des Xerxes
B Schatzkammmer	L zur Terrasse führende Treppe
C Harem	M Thronsaal des Xerxes
D Überreste eines Gebäudes	N weitere, teilweise ausgegrabene Gebäude
E monumentaler Eingang	
F Palast des Xerxes	O nördliche Befestigungsanlagen
G Überreste eines Gebäudes	P königliches Grab
H nicht identifizierter Palast	Q Zisterne
I Palast von Darius I.	X Straße zwischen Harem und Schatzkammer
J Audienzsaal von Darius I.	

Abb. 114. Die in die Felswand von Naksh-i-Rustan in der Nähe von Persepolis eingemeißelten Gräber der persischen Könige.

3. Die Städte des Fernen Ostens

Im Fernen Osten – in Indien, in Indochina, in China und auf den umliegenden Inseln – entwickelten sich die städtischen Kulturen erst um das 2. Jahrtausend vor Chr., also etwas später als in den Gebieten zwischen dem Mittelmeer und dem Persischen Golf. Im Großen und Ganzen verlief dort der Prozeß der sozialen Differenzierung und der Herausbildung großer Staaten ähnlich; dennoch weist er einige Besonderheiten auf, die sich aus den geographischen Bedingungen, der ökonomischen Entwicklung der primitiven Landwirtschaft und kulturellen Eigenheiten ergaben.

Es handelt sich um eine vom restlichen Asien durch den Himalaya isolierte Zone mit zahlreichen Flüssen, deren tropisches Klima im Vergleich zu den Mittelmeerländern und zum vorderen Orient wesentlich wärmer ist. Die während des Monsunregens oft zu reißenden Strömen anschwellenden Flüsse wurden kanalisiert, so daß sie zur Bewässerung der flacheren Landstriche, die sich für eine dichte Besiedlung eigneten, benutzt werden konnten. Im Interesse einer möglichst ertragreichen Landwirtschaft wurde seit dem ersten Jahrtausend vor Chr. fast nur noch Reis angebaut, dessen Anbau keinen Wechsel mit anderen Kulturen erfordert, sondern lediglich einer genauen Steuerung der Bewässerung bedarf. Die Gebirge blieben unkultiviert und wurden von nichtzivilisierten Nomaden bewohnt. Somit wurde der Lebensraum im fernen Osten von einem grundlegenden Gegensatz geprägt: Im Norden liegen die unerschlossenen und unzugänglichen Gebirge, von denen die kalten Winde, die Feinde und die wilden Flüsse kommen; im Süden erstreckt sich bis zum Meer hin die sonnenbestrahlte Ebene mit einer ausgeprägten Landwirtschaft, in der sich Zivilisation und Kultur weiterentwickeln konnten.

Dieses einseitig und strikt auf der Monokultur des Reisanbaus beruhende ökonomische System förderte – wie in Ägypten – die Bildung großer, einheitlicher Staaten, und es ermöglichte dem Herrscher bzw. der herrschenden Klasse, einen außerordentlich großen Reichtum anzuhäufen. Dieser Reichtum wurde in erster Linie dazu benutzt, das Überleben der Allgemeinheit zu sichern. Insofern wurde die östliche Kultur von Anbeginn an durch das Verhältnis zwischen Macht, materiellem Wohlstand und Tugend bestimmt. Die Legitimation der Macht bestand in der Sicherung des Friedens und der sozialen Harmonie, d. h. in der Vermittlung zwischen den gegensätzlichen Prinzipien von *yin* und *yang* – von Kälte und Wärme, Schatten und Licht, Ruhe und Aktivität. Im Bereich der menschlichen Ansiedlungen war die Macht für die Erhaltung des Gleichgewichts zwischen Nord und Süd verantwortlich, mußte sie die von Norden her drohenden Gefahren bannen, die von den Bergen herabstürzenden Wassermassen bändigen und sie in ein Lebenselement für den Süden verwandeln.

Innerhalb eines solchen Systems nahm die Stadt naturgemäß eine beherrschende Stellung ein und gewann zunehmend an faktischer und symbolischer Bedeutung. Sie wurde zum Zentrum der Macht und damit zur entscheidenden Vermittlungsinstanz zwischen den Gegensätzen, die das gesamte Land kennzeichneten und beherrschten. Die verborgene Ordnung des Universums wurde hier in einer klar erkennbaren, geometrischen und architektonischen Ordnung sichtbar. Die Symmetrieachsen der Stadtanlagen entsprachen dem Verlauf der vier Himmelsrichtungen und stellten Verbindungslinien zum Blau des unendlichen Universums dar; die Mauern gaben der Stadt ihre regelmäßige Form und schützten vor den feindlichen Angriffen; die Vielfalt der verschiedenen Stadtteile und der einzelnen Bauten entsprang der Komplexität ihrer weltlichen und religiösen Funktionen mit streng festgelegten Ritualen und Zeremonien.

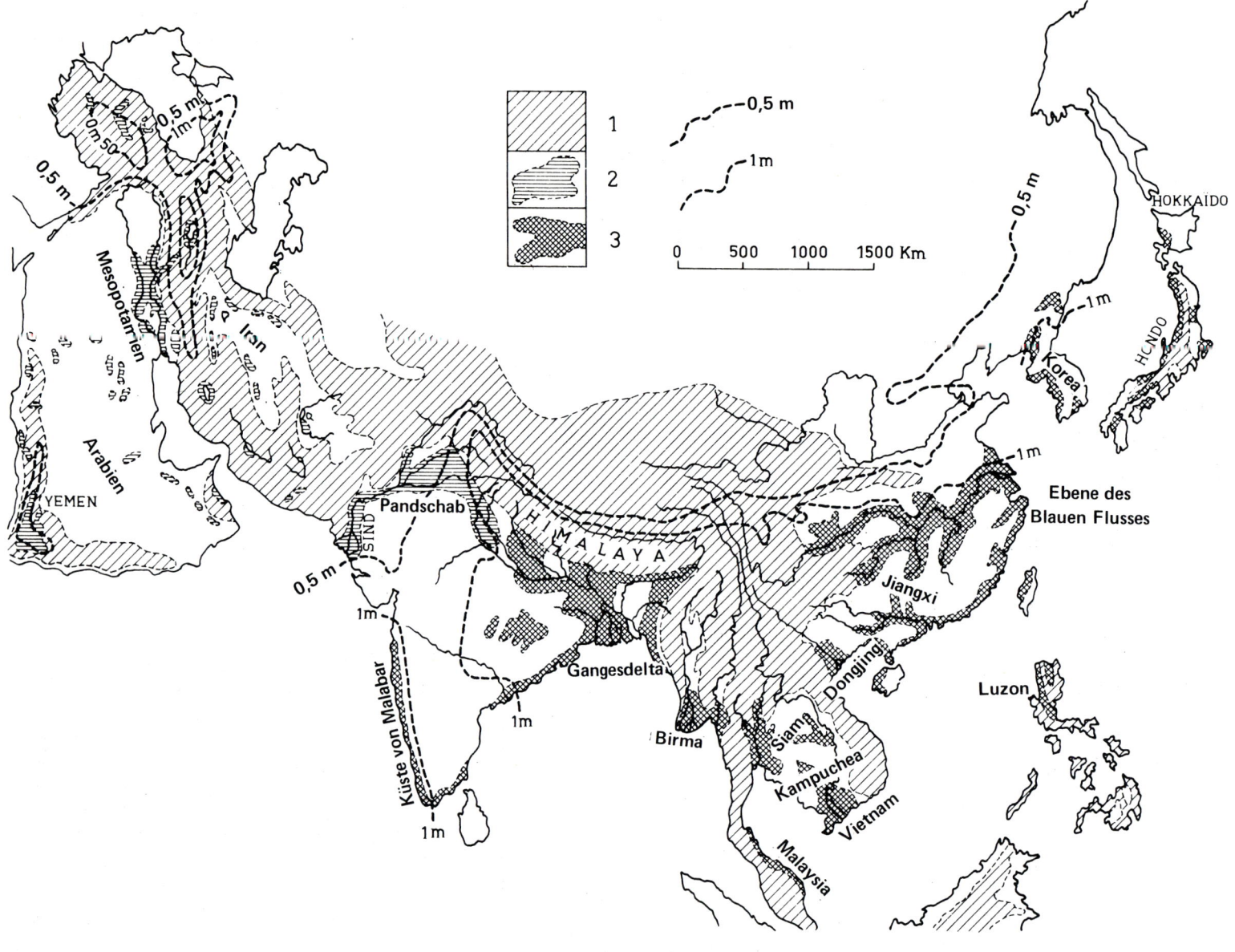

Abb. 115. Die landwirtschaftlich genutzten Gebiete mit künstlicher Bewässerung im heutigen Asien, in denen auch die frühen Kulturen entstanden waren. (Die beiden unterbrochenen Linien kennzeichnen die Gebiete mit einem durchschnittlichen Niederschlag von 0,5 und 1 Meter pro Jahr.)

1 Gebirgsregionen
2 Oasen
3 Reisanbaugebiete in der Ebene

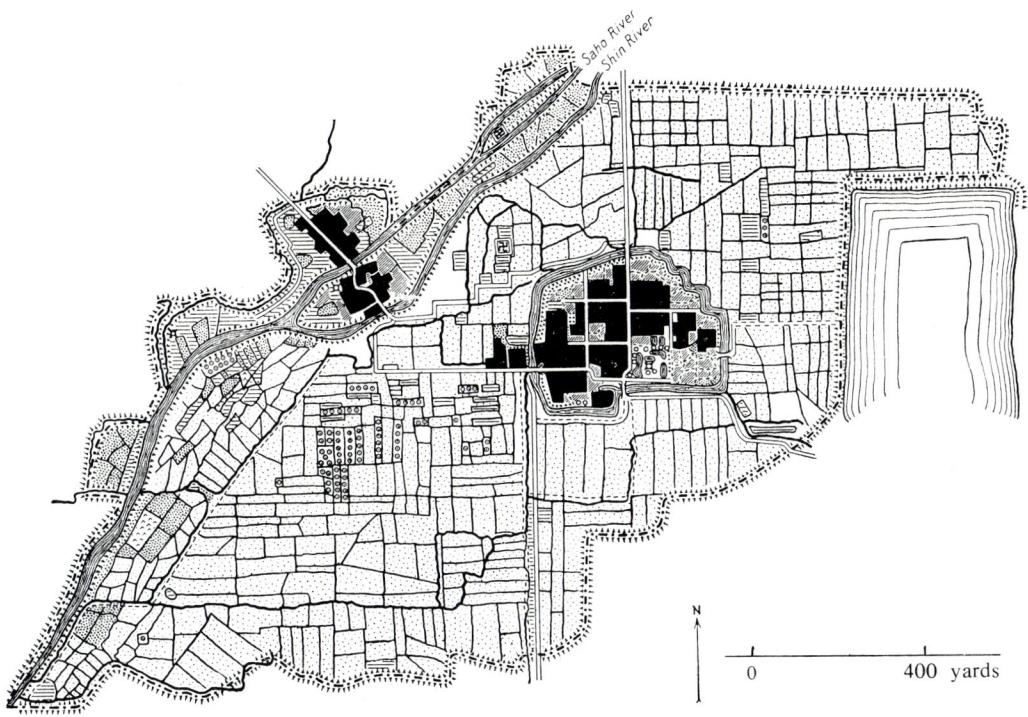

Abb. 116. Ein Bauerndorf mit seinen Reisfeldern im heutigen Japan: die Häuser sind schwarz eingezeichnet, die Gärten in Schrägschraffur; die entlang der Flüsse angelegten Teiche sind waagerecht schraffiert; die weit auseinanderliegenden Punkte kennzeichnen die Reisfelder; eng punktiert die Trockenkulturen; die kleinen Kringel markieren den Baumbestand.

Diese kulturelle Tradition, die sich im ersten Jahrtausend herausbildete, wurde in China nach der Einigung des Reiches im 3. Jahrhundert v. Chr. kodifiziert und blieb im gesamten Verlauf der Geschichte im Wesentlichen unverändert, trotz Krisen und politischer wie religiöser Umwälzungen. Die Kontinuität dieser Tradition wurde auch nicht durch die feindlichen Invasionen – von denen die der Mongolen im 13. Jahrhundert v. Chr. besonders erwähnenswert ist – unterbrochen. Diese Invasionen verzögerten lediglich den ökonomischen und technischen Fortschritt innerhalb der orientalischen Gesellschaft: dies zu einer Zeit, da in Europa – vom Reich des Dschingis Khan nur am Rande berührt – jene Entwicklung begann, die schließlich zur industriellen und wissenschaftlich-technischen Revolution führte. Insofern können die Städte des Ostens kurz zusammen in einem Kapitel behandelt werden, in dem ihre Entwicklung von der Vorgeschichte bis zum Zusammentreffen mit der europäischen Kolonialisierung dargestellt wird.

Abb. 117. Ein Reisanbaugebiet in Zentralchina aus der Vogelperspektive.

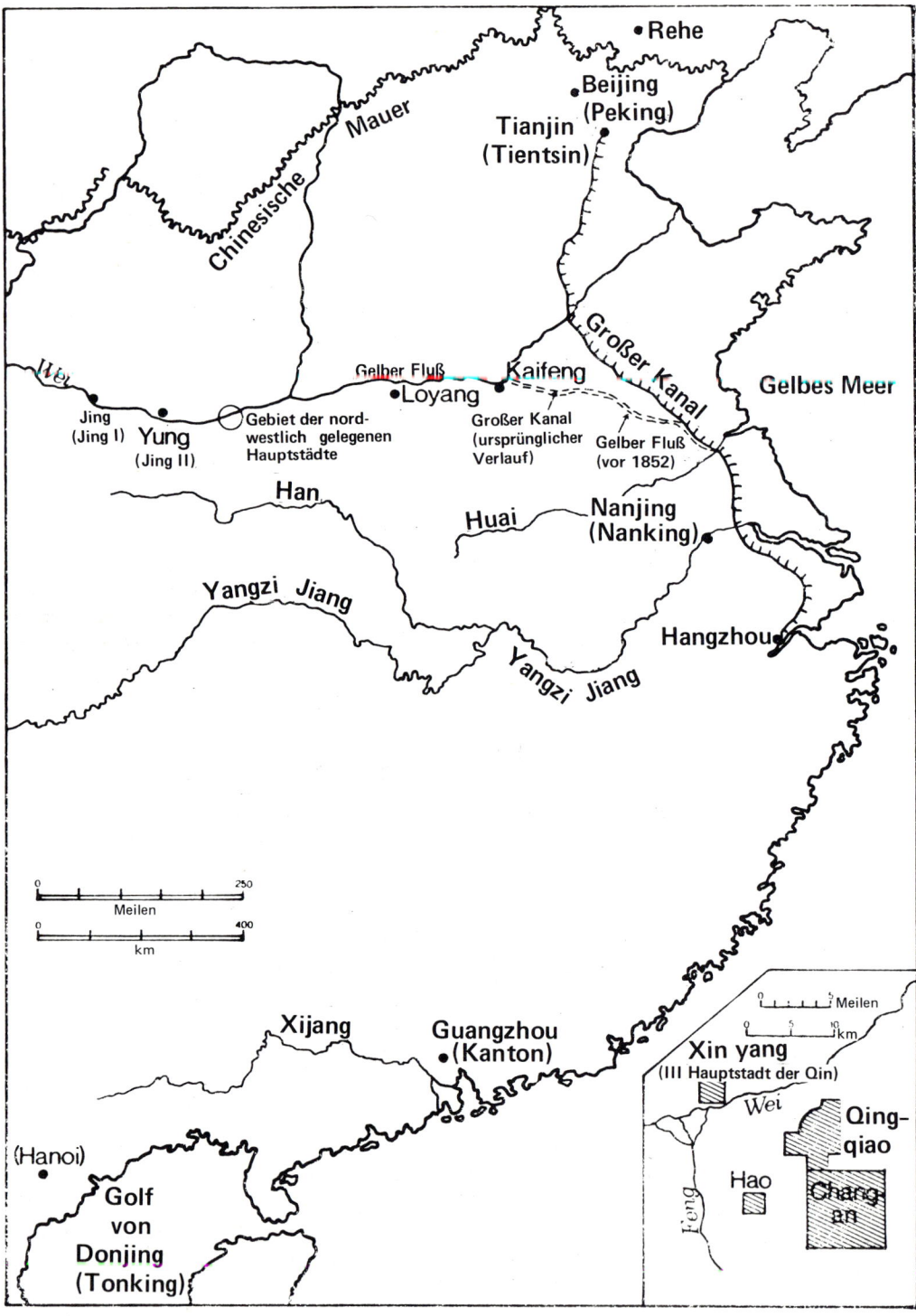

Abb. 118. Karte Chinas mit den wichtigsten Städten und den großen öffentlichen Bauwerken und Anlagen aus der Kaiserzeit: sowohl die Mauer zur Verteidigung der Nordgrenze als auch der Kanal, der die beiden Küstenebenen verbindet, sind mehrere tausend Kilometer lang und damit die größten Bauwerke, die vor dem Industriezeitalter geschaffen wurden.

Rechts unten die Ansammlung der ersten, entlang des Flusses Wei errichteten Hauptstädte des Kaiserreichs: Xin-yang, die Hauptstadt der Quin-Dynastie (221 bis 207 vor Chr.); Qing-Qiao, die erste Hauptstadt der Han-Dynastie (ab 206 vor Chr.); Chang-an, seit 589 n. Chr. die Hauptstadt der Sui-Dynastie und später die der Tang-Dynastie; die Karte verdeutlicht die großen Ausmaße der Städte; Chang-an zum Beispiel nahm eine Fläche von fast 100 qkm ein.

Abb. 119. (rechts) **Eine Ansicht der großen Mauer, mit deren Bau in der Qin-Dynastie im 3. Jahrhundert vor Chr. begonnen wurde.**

Abb. 120. (unten) **Symbolische Darstellung der chinesischen Stadt: der Drachen im oberen Teil der Zeichnung symbolisiert die nördlich der Stadt gelegenen Berge, die Wellen stellen das für den Süden lebensnotwendige Wasser dar.**

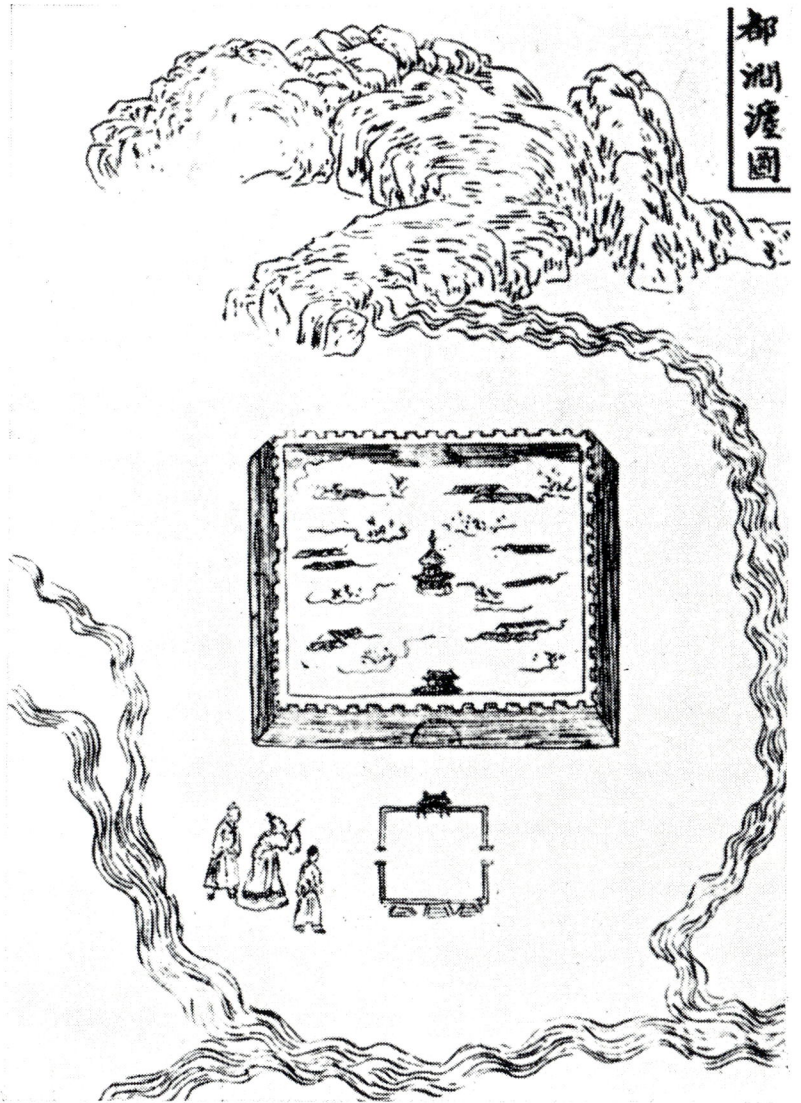

Die städteplanerischen und architektonischen Regeln bildeten sich – wie viele andere Elemente der chinesischen Kultur – während der Zhou-Dynastie (1122 bis 221 v. Chr.) heraus und wurden am Ende dieser Periode, als die Einigung des Reiches unmittelbar bevorstand, schriftlich festgehalten. Seitdem wurden sie von Dynastie zu Dynastie weitergegeben und behielten so ihre Gültigkeit bis in die neuere Zeit.

Die chinesischen Städte, die eng mit dem landwirtschaftlich genutzten Umland verbunden waren, entstanden als Fluchtstätten und dienten der Führungsschicht (Richtern, Kriegern und anderen speziell qualifizierten Personen) als fester Wohnsitz; gleichzeitig waren diese Städte so angelegt, daß die gesamte bäuerliche Bevölkerung der Umgebung vorübergehend in ihnen aufgenommen werden konnte. Aus diesem Grunde mußten sie über zwei Mauerringe verfügen: Der innere umschloß die eigentliche, die ganze Zeit über bewohnte Stadt und der äußere umfaßte einen lediglich mit Obst- und Gemüsegärten versehenen Bereich, in den sich die Bauern aus der Umgebung zum Schutz vor feindlichen Angriffen vorübergehend zurückziehen konnten. Diese Städte wurden – je nach ihrer Größe – in drei verschieden benannte Kategorien eingeteilt, nämlich: *Zheng, Jie* und *Du*.

Erste Reihe   Zweite Reihe

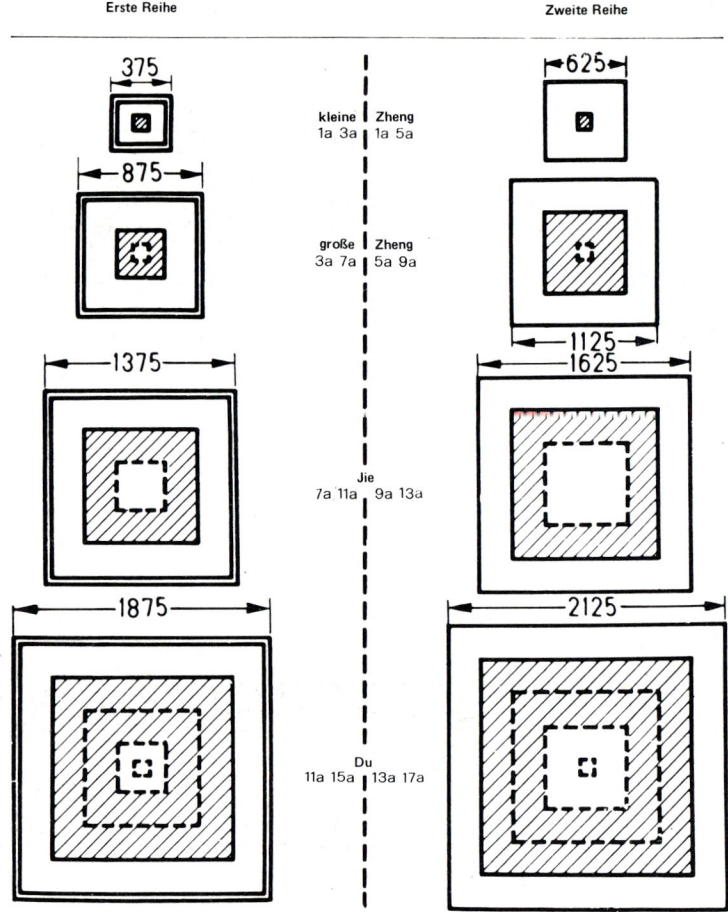

Erste Serie (links):

kleine Stadt Zheng	1 Li/3 Li (530 m/1590 m)
große Stadt Zheng	3 Li/7 Li (1590 m/3710 m)
Stadt Jie	7 Li/11 Li (3710 m/5830 m)
Stadt Du	11 Li/15 Li (5830 m/7950 m)

Zweite Serie (rechts):

kleine Stadt Zheng	1 Li/5 Li (530 m/2650 m)
große Stadt Zheng	5 Li/9 Li (2650 m/4770 m)
Stadt Jie	9 Li/13 Li (4770 m/6890 m)
Stadt Du	13 Li/17 Li (6890 m/9010 m)

Abb. 121. Die beiden Serien der Städte, deren Ausmaße festgelegt und normiert waren: die grundlegende Maßeinheit betrug ein Li (530 m); die einzelnen Stadttypen wurden jeweils durch den Umfang der inneren und der äußeren, quadratisch angelegten Befestigungsmauer bestimmt; in dieser schematischen Darstellung sind die Seitenlängen in Metern angegeben.

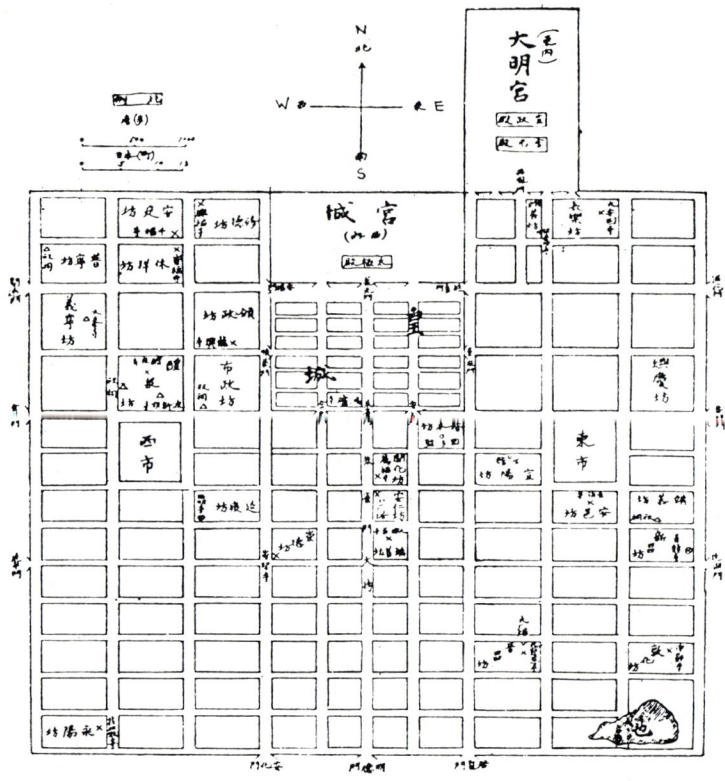

Abb. 122. Plan von Chang-an, der Hauptstadt der Tang: im Mittelpunkt der Stadt befindet sich der Komplex des Kaiserpalastes.

Die Regeln, nach denen sie geplant wurden, sind von dem Gelehrten Meng-Zi (372 – 289 v. Chr.) beschrieben worden. Die der Stadtplanung allgemein zugrunde liegende Maßeinheit war der *Li*; ein *Li* entspricht etwa 530 Meter. Eine kleinere Stadt *Zheng* verfügte über einen inneren Mauerring mit einem Umfang von einem Li und einen äußeren von 3 Li; dieser konnte zum Kern einer größeren Stadt *Zheng* werden, deren innerer Mauerring dann einen Umfang von 3 Li hatte und der äußere 7 Li. Daraus konnte dann eine Stadt *Jie* entstehen, deren innerer Mauerring einen Umfang von 7 Li hatte und der äußere 11 Li. Die Stadt *Jie* konnte ihrerseits zu einer Stadt *Du* werden mit einem inneren Umfang von 11 Li und einem äußeren von 14 Li. So ergab sich eine Serie von Stadttypen, dargestellt im Schema der Abb. 121, das dem am meisten verbreiteten Stadttyp zugrunde lag. Die Hauptstädte konnten jedoch auch weitaus größere Ausmaße annehmen, bis hin zu einem äußeren Mauerring von 100 Li (Abb. 122–124).

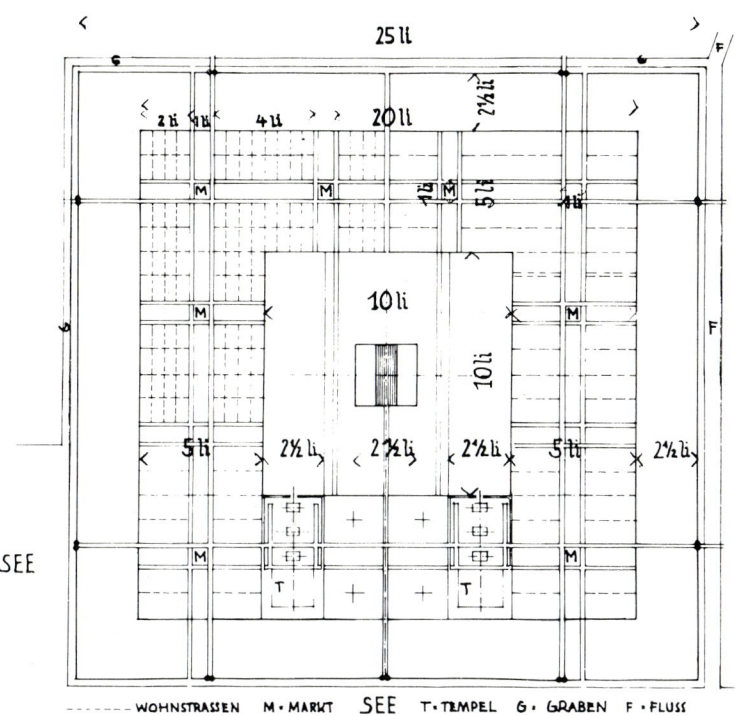

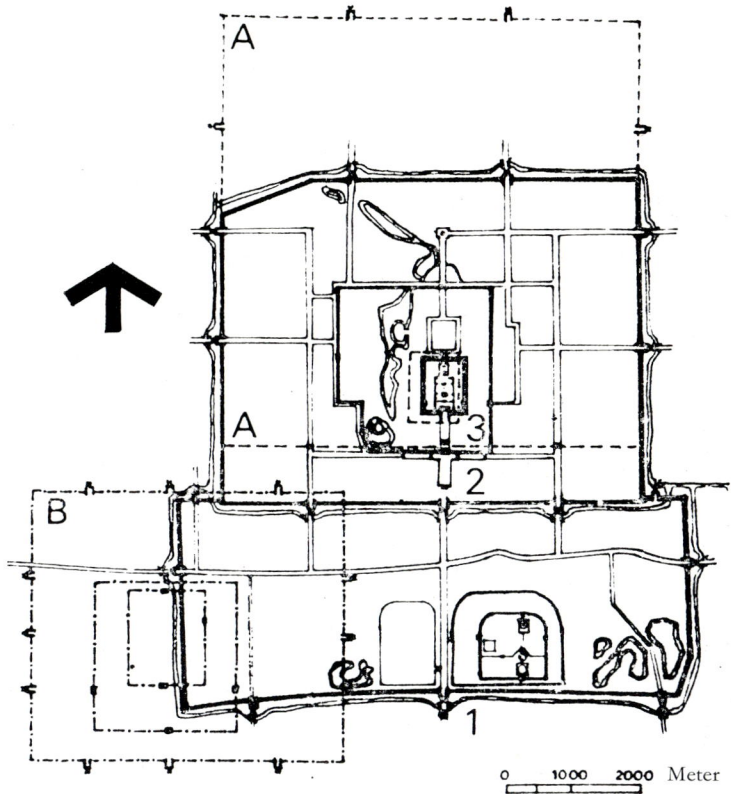

Abb. 123. Plan von Hangzhou, der Hauptstadt der Song, wie er aufgrund der Beschreibung Marco Polos rekonstruiert wurde (1282–1287): die Länge des äußeren Umfangs lag bei 100 Li, die des inneren bei 40 Li; im Mittelpunkt der Stadt liegt der Komplex des Kaiserpalastes.

Abb. 124. Plan von Beijing (Peking), der Haupstadt der Yuan: die unterbrochenen Linien kennzeichnen die Umrisse der ursprünglichen Stadt (Yen-tsching, B) und der neuen, von Kublai Khan errichteten Hauptstadt (A); die heutige Stadt umfaßt die Stadt der Tataren (1), die chinesische Stadt (2) und die Verbotene Stadt mit der kaiserlichen Residenz (3).

In einer Stadt *Zheng* mit einem äußeren Umfang von 7 Li fanden bis zu 3200 Einwohner Platz und damit genügte sie den Anforderungen eines etwa 12 mal 12 Kilometer großen, landwirtschaftlich genutzten Gebiets mit 32 kleinen Dörfern. Diese Größenordnung ermöglichte es, daß die Stadt von jedem Punkt des zu ihr gehörenden Territoriums zu Fuß – in maximal anderthalb Stunden – erreichbar war.

Die Einwohnerzahlen der größten kaiserlichen Hauptstädte – Chang-an, Hangzhou und Beijing (Peking) – erreichten die Millionengrenze, vielleicht lagen sie sogar darüber. Die Anlage der Städte war immer streng nach den vier Himmelsrichtungen ausgerichtet.

Abb. 125. (auf den beiden folgenden Seiten) **Plan von Guangzhou (Kanton) aus dem Buch** Descriptio legationis batavicae **von J. Nieuhoff (1668).**

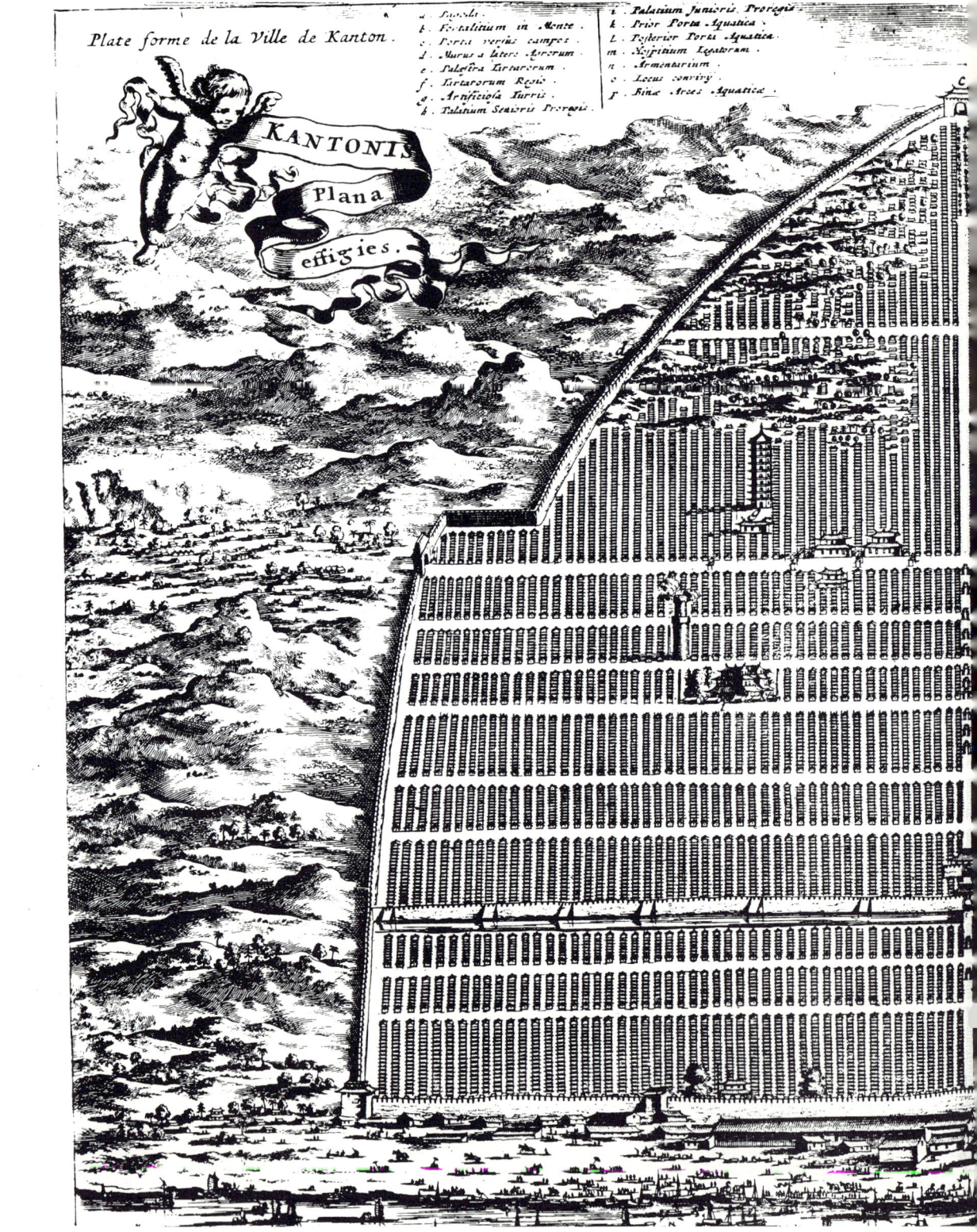

Plate forme de la Ville de Kanton.

KANTONIS Plana effigies.

a. *Pagoda.*
b. *Fortalitium in Monte.*
c. *Porta versùs campos.*
d. *Murus a latere Agrorum.*
e. *Palestra Tartarorum.*
f. *Tartarorum Regio.*
g. *Artificiosa Turris.*
h. *Palatium Senioris Proregis.*
i. *Palatium Junioris Proregis.*
k. *Prior Porta Aquatica.*
l. *Posterior Portu Aquatica.*
m. *Hospitium Legatorum.*
n. *Armentarium.*
o. *Locus convivy.*
p. *Binæ Arces Aquaticæ.*

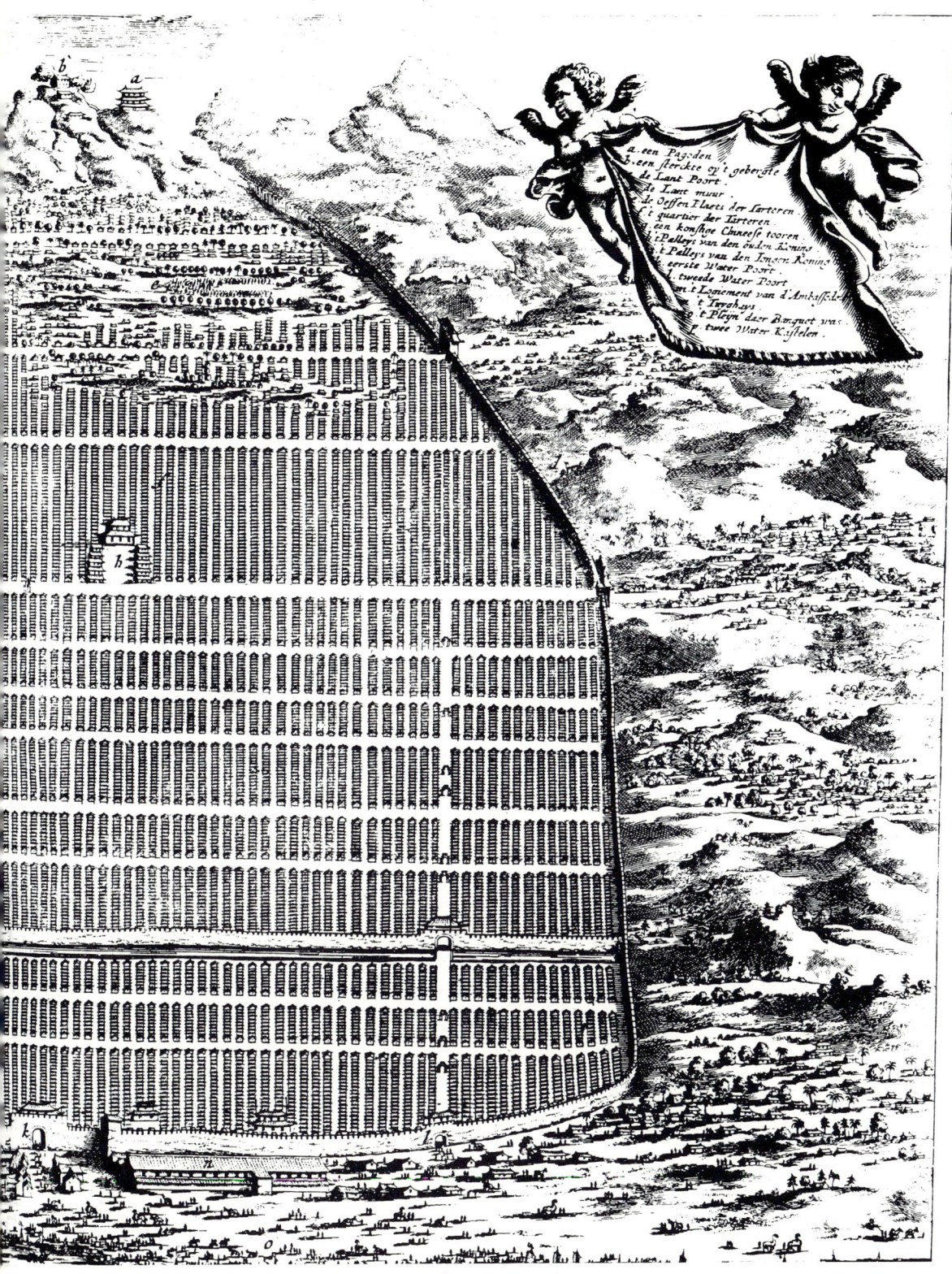

Abb. 126. Steintafel eines Grabes aus der Han-Zeit (206 v. Chr. bis 220 n. Chr.) mit dem Relief eines Gebäudes.

Die Regeln für den Hausbau wurden während der Han-Dynastie (206 v. Chr–220 n. Chr.) festgelegt und auch sie blieben bis in die jüngste Zeit gültig. Die einzelnen Häuser stellten jeweils einen geschlossenen Bereich dar, dessen Anlage mit der einer Stadt vergleichbar war: Ihre Außenwände wurden an den vier Himmelsrichtungen ausgerichtet, der Eingang befand sich gewöhnlich an der Südseite. Alle Räume hatten einen direkten Zugang zu einem oder zu mehreren der quadratisch oder rechtwinklig angelegten Innenhöfe und folgten damit dem Prinzip des Wechselspiels von Schatten und Licht (yin und yang). Die bauliche Grundlage eines Hauses bestand aus der Grundfläche, den Außenmauern und dem Holzdach, während den inneren, aus Ziegelsteinen errichteten Trennwänden keine tragende Funktion zukam; sie wurden zumeist nicht fest, sondern beweglich angelegt, so daß die Raumaufteilung sich ändernden häuslichen Bedürfnissen angepaßt werden konnte. Gewöhnlich hatten diese Häuser nur ein Stockwerk, so daß die Bevölkerungsdichte in den chinesischen Städten verhältnismäßig gering blieb: nicht mehr als 100 Einwohner pro Hektar.

Die Häuser lagen an relativ schmalen Straßen (Abb. 128); nach außen hin wirkten sie sehr verschlossen, lediglich die Eingangstüren und die Fenster einiger Nebenräume lagen an der Straßenfront.

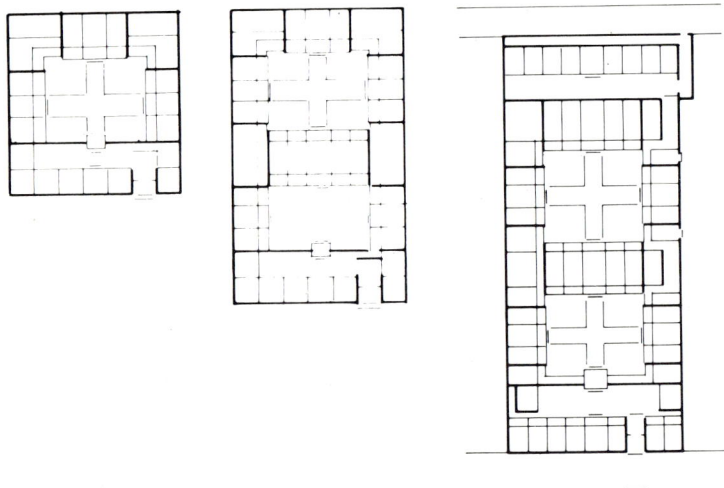

Abb. 127. (oben) **Grundrisse drei chinesischer Häuser mit Innenhöfen.**

Abb. 128. (rechts) **Eine Nebenstraße in Beijing (Peking), an der Reihenhäuser mit jeweils einem Innenhof liegen.**

Abb. 129. Der Innenhof eines chinesischen Hauses in Peking.

A Eingangstor
B Äußere Gästezimmer
C Zweites Tor
D Innere Gästezimmer
E Seitenflügel
F Hauptgebäude
G Badezimmer und Toiletten

Abb. 130. Grund- und Aufrisse des größten der drei chinesischen Häuser von Abb. 127 (Maßstab 1 : 500). Es handelt sich hierbei um ein bürgerliches Haus aus dem 17. Jahrhundert in Peking; heute wird es – ohne wesentlich umgebaut worden zu sein – als Kindergarten genutzt.

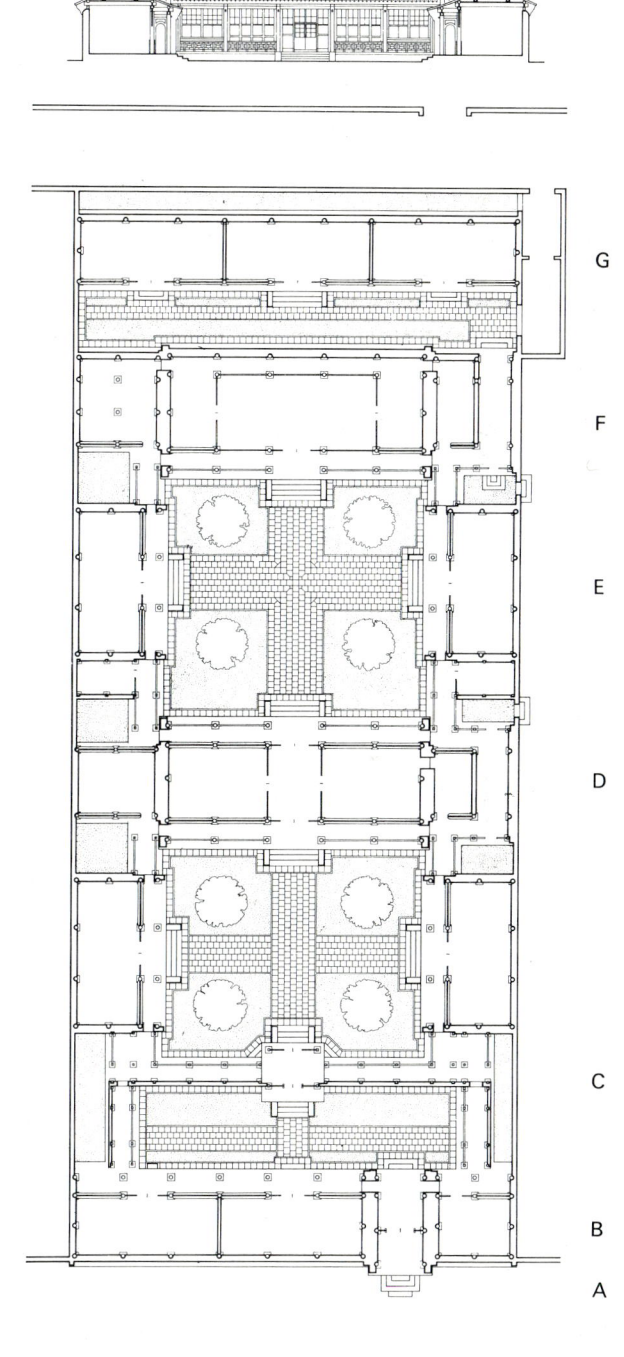

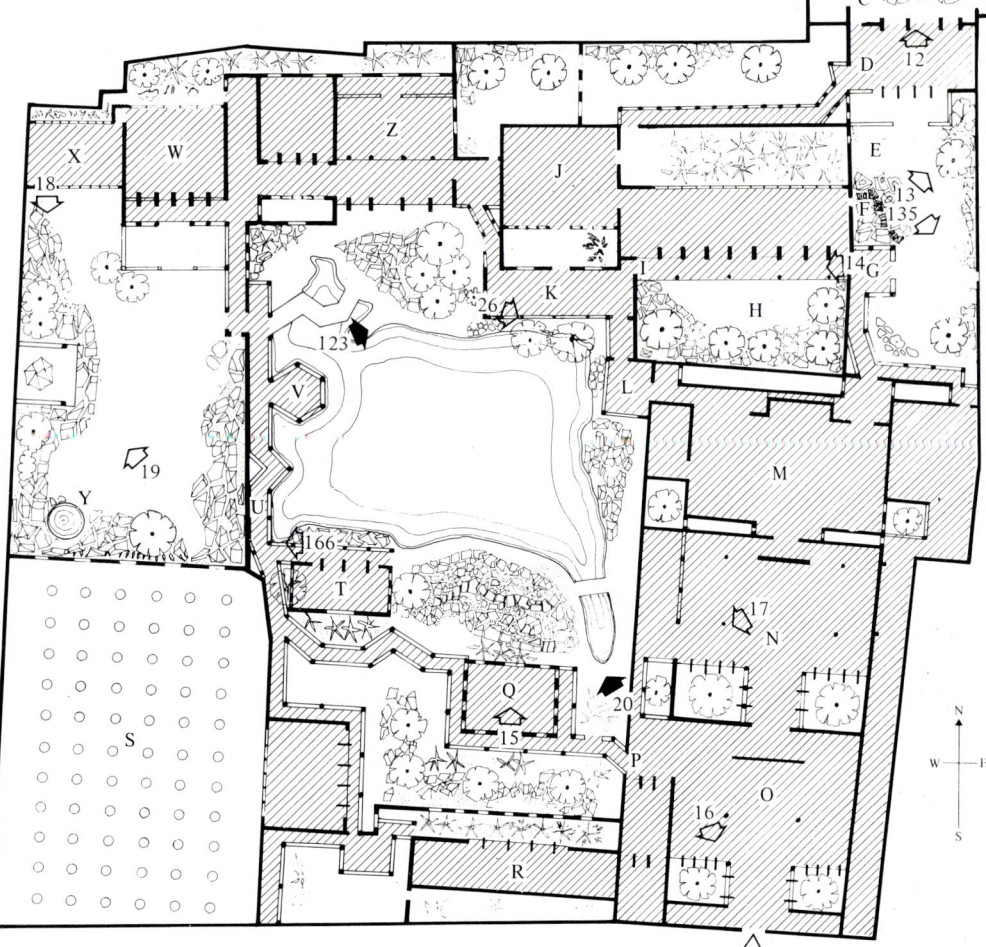

A Südlicher Eingang
B Nördlicher Eingang
C Hof
D Vestibül mit Terrasse
E Hof
F Künstliche Felsen mit Höhle
G Überdachter Gang
H Hof der Bibliothek
I Tor zur Seegalerie
J Pavillon der Angehäuften Leere
K Seegalerie
L Überdachter Gang
M, N, O Zweistöckige Säle
P Eingang zum Garten des Hauses
Q Saal der Wolkenbarriere
S Bebautes Land
T Kleiner Saal am Wasser
U Überdachte Galerien mit Schreibzeug
   für Wandschreibereien
V Pavillon der Wolken und des Mondes
W Saal mit Terrasse
X Arbeitszimmer
Y Brunnen
Z Saal, von dem aus die Pinien und die
   Malereien betrachtet werden können

Abb. 131–133. Der Garten des Meisters der Fischnetze in Suzhou, mit dessen Anlage im Jahre 1140 n. Chr. begonnen wurde.

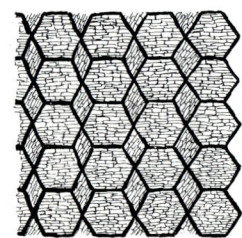

Außerhalb der Städte konnten die Häuser enger mit der sie umgebenden Natur verwoben werden. Auch hier war die Anlage der einzelnen Räume bzw. der Raumkomplexe symmetrisch und regelmäßig, doch das Haus als Ganzes nahm oft eine unregelmäßige Form an, um sich besser den Besonderheiten der natürlichen Umgebung anzupassen und um mit den Mitteln der Architektur die Vielfältigkeit der Natur nachzugestalten. So wurde auch die Gartenbaukunst wichtiger Bestandteil der Architektur.

Abb. 134. Der Garten des Schriftstellers Yuan Mei aus dem 18. Jahrhundert nach einem Stich aus dem 19. Jahrhundert.

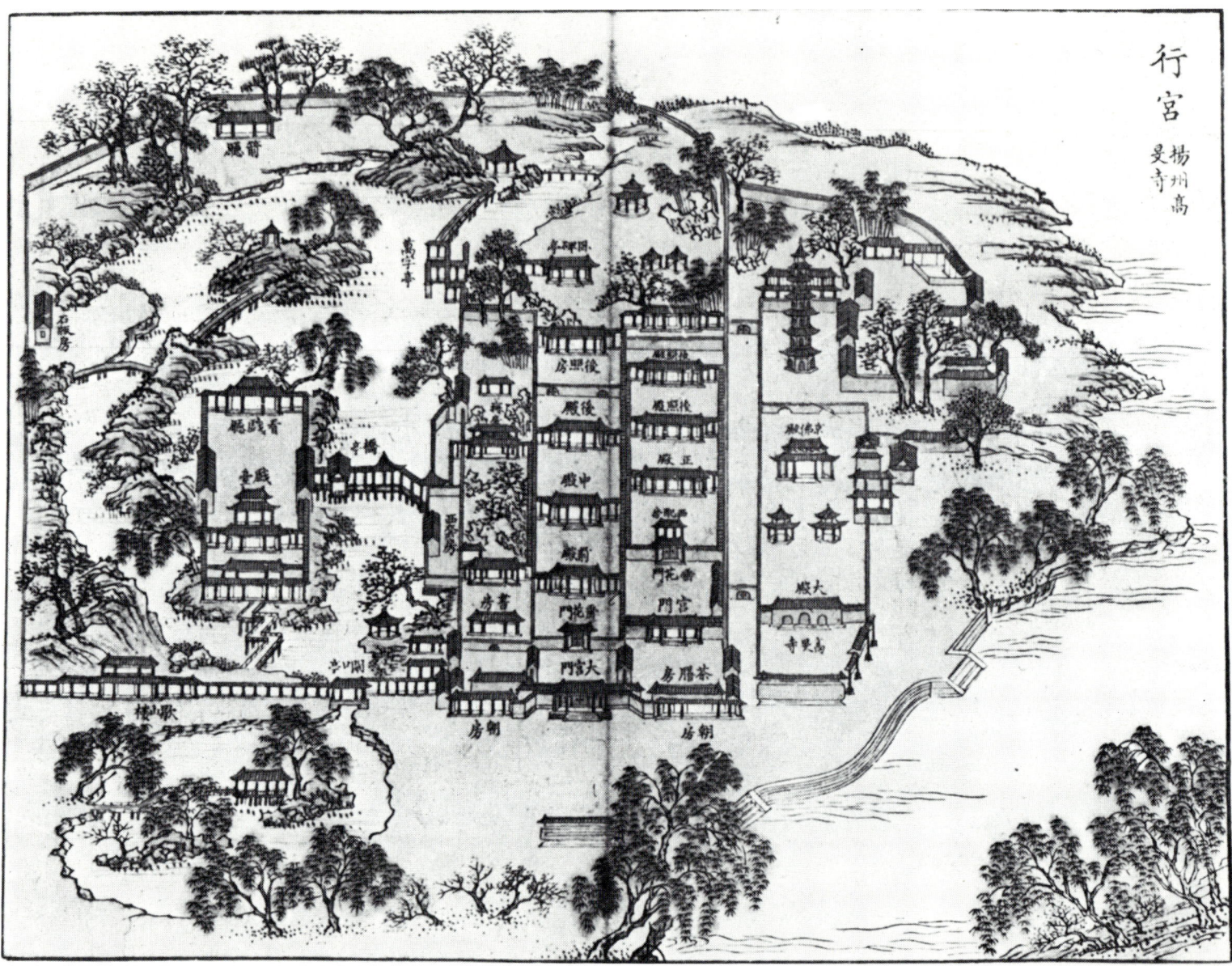

Abb. 135. Ansicht eines buddhistischen Konvents in Hangzhou, der als Residenz für die Reisen des Kaisers in die südlichen Landesteile diente. Das Gebäude besteht aus einem symmetrisch angelegten Teil (den aneinandergrenzenden Höfen auf der rechten Seite) und aus einem unregelmäßigen, ungeordneten Teil (dem Garten auf der linken Seite).

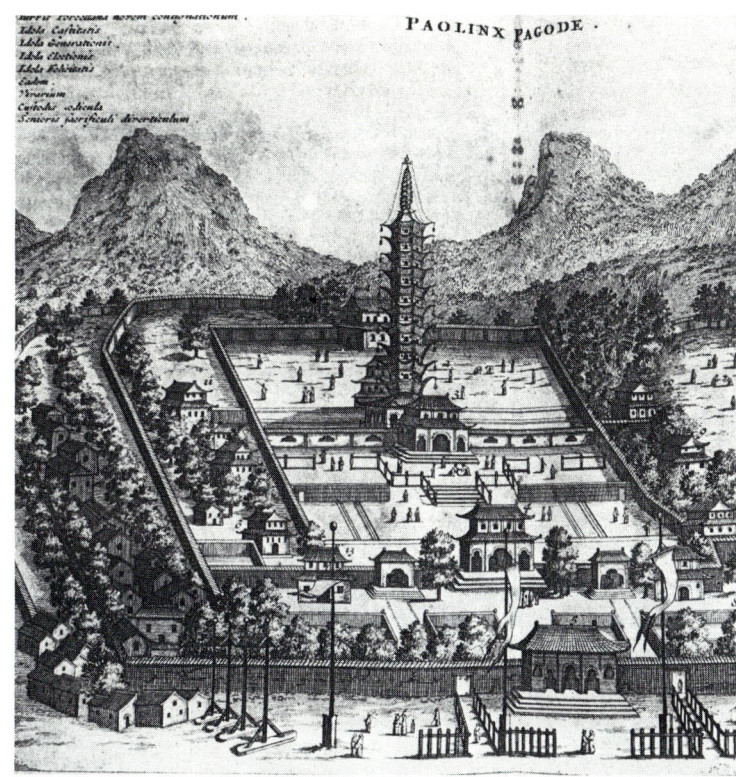

Abb. 136. Ein buddhistischer Tempel in Nanjing nach einem europäischen Stich aus dem 18. Jahrhundert.

Abb. 137–138. Gemälde aus dem 18. Jahrhundert, das eine Audienz am Kaiserpalast in Peking darstellt, und eine Ansicht aus der heutigen Zeit, die einen Teil des von zahlreichen Besuchern bevölkerten Kaiserpalastes zeigt.

Beim Bau der großen monumentalen Komplexe, insbesondere in den Palästen der Kaiser – der höchsten religiösen und weltlichen Macht –, wurden diese beiden traditionellen Gestaltungselemente oftmals miteinander kombiniert. Die den öffentlichen Zeremonien dienenden Gebäude wurden ausschließlich entlang der von Süden nach Norden verlaufenden Symmetrieachse angelegt und mit einer Reihe aufeinanderfolgender geschlossener Höfe versehen, so daß diese Symmetrieachse zu einer eindrucksvoll gestalteten Linie wurde. Die Wohnhäuser und die übrigen privaten Bereiche fügten sich in die angrenzende Gartenlandschaft, die in unregelmäßigen Formen rechts und links der Mittelachse angelegt war und so das formale Gleichgewicht des Gesamtkomplexes auflöste. Damit stellte der Gesamtkomplex seinerseits eine Nachbildung des allumfassenden Kosmos dar und entsprach dem Prinzip der Abwechslung von Regelmäßigkeit und Unregelmäßigkeit.

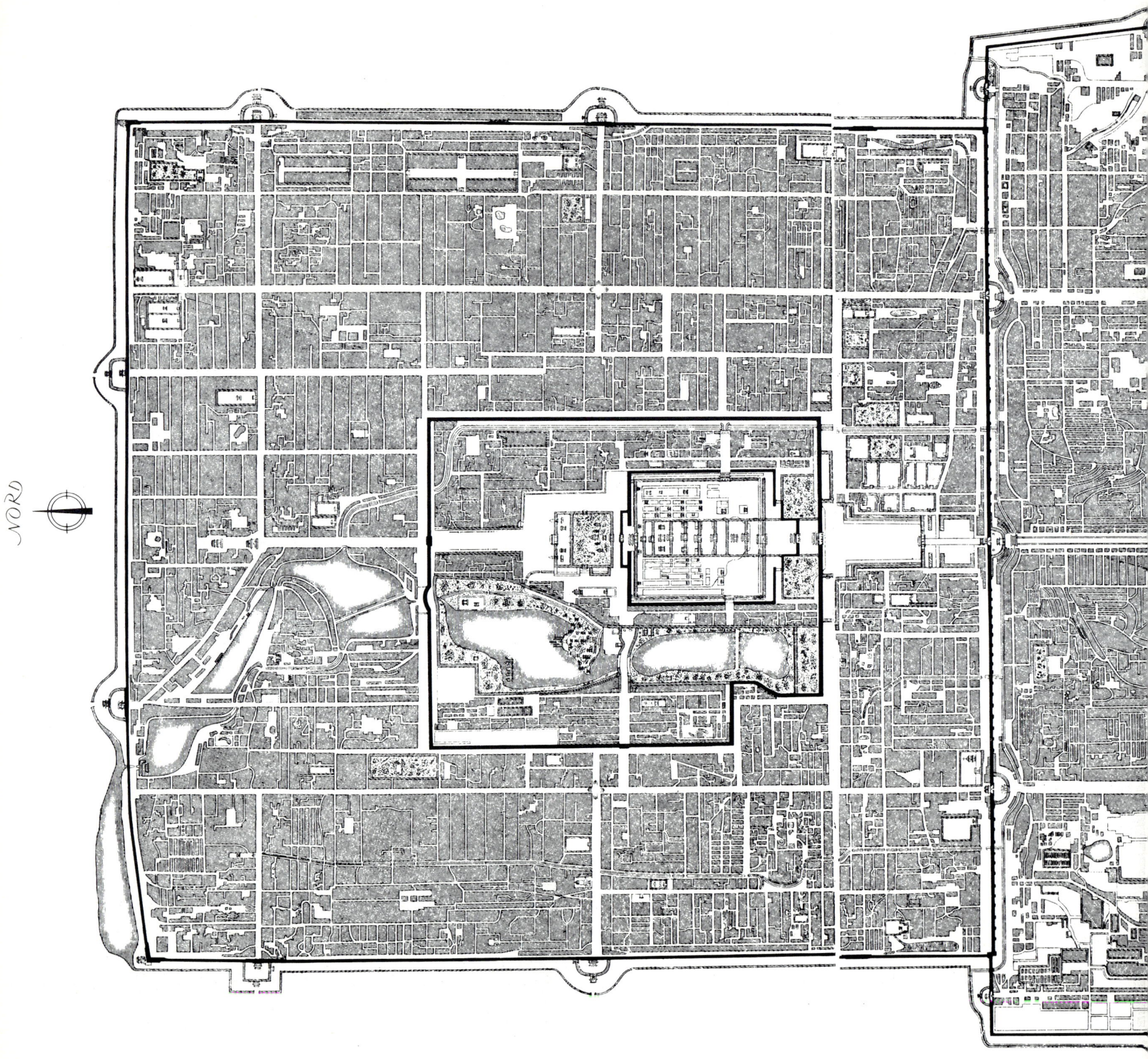

NORD

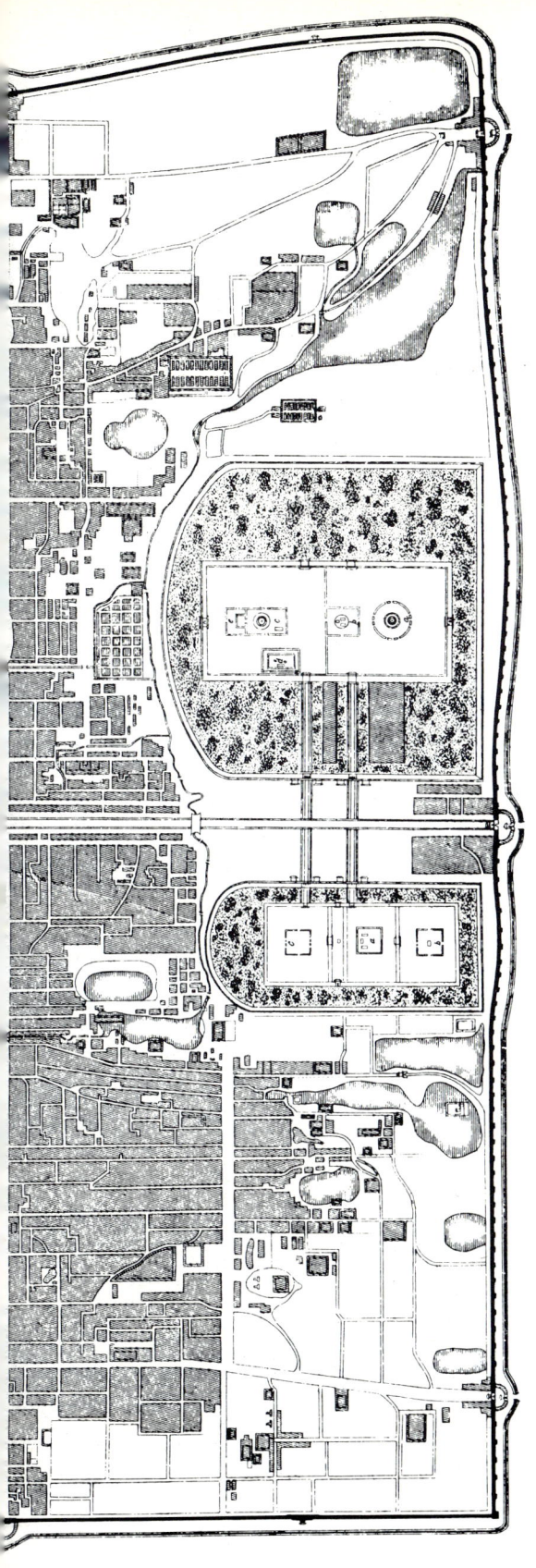

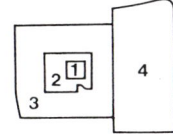

1 Verbotene Stadt
2 Kaiserstadt
3 Tatarenstadt (Innere Stadt)
4 Chinesenstadt (Äußere Stadt)

Abb. 139. (links). Die Struktur des neueren Peking nach einem europäischen Plan aus dem Jahre 1829. In der Mitte liegt die kaiserliche Stadt, die aus dem regelmäßig angelegten Kaiserpalast (der Verbotenen Stadt) und aus den unregelmäßig angelegten Gärten besteht.

Abb. 140. (oben) Teil der städtischen Struktur: Häuser mit Innenhöfen.

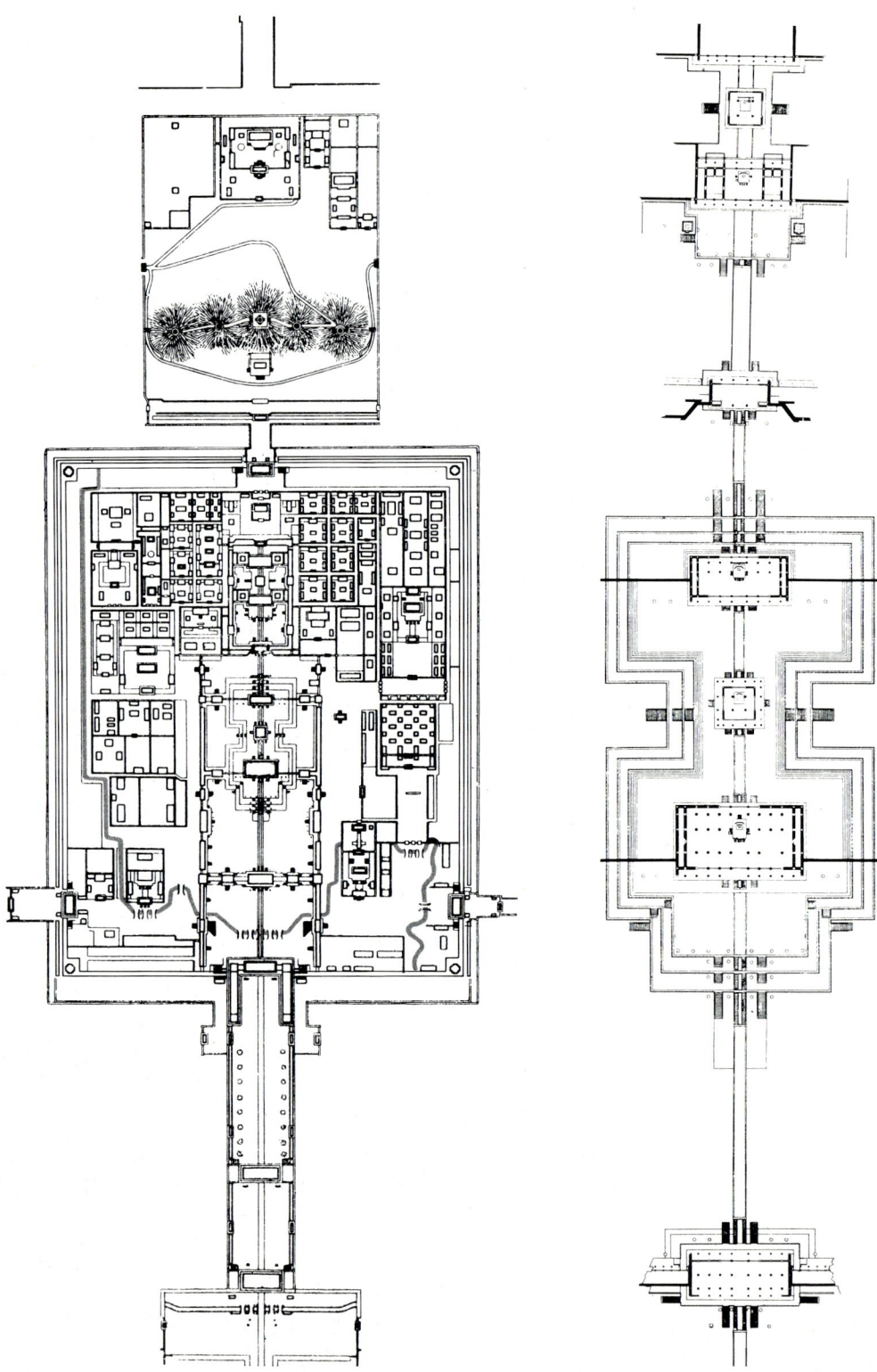

Abb. 141–142. Die großartige Anlage der Verbotenen Stadt von Peking, die von den letzten Dynastien (Ming und Qing) nach den festgeschriebenen Gestaltungsprinzipien und den althergebrachten Zeremonialregeln geschaffen wurde. Die Hauptachse des Gesamtkomplexes (Abb. 141) hat eine Länge von etwa 1800 Metern und der Mittelteil – der in Nord-Süd-Richtung verlaufende Weg zu den beiden zentralen Bereichen, dem Saal der »Vollkommenen Harmonie« und dem Saal der »Schützenden Harmonie« (Abb. 142) – ist über 400 Meter lang. Der Gesamtkomplex wird von einem kleinen Kanal durchflossen, der sich in unregelmäßigen Windungen durch die in regelmäßigen Formen angelegten Gebäude schlängelt.

Abb. 143. (auf der gegenüberliegenden Seite) Der Himmelstempel in Peking: die monumentalen Holzbauten wurden wiederholt naturgetreu restauriert.

Abb. 144. (oben) **Ein Gemälde aus der Song-Zeit (960 bis 1126 n. Chr.) mit in die endlose Landschaft eingefügten Bauten; Titel dieses Gemäldes: »Berge und Flüsse, so weit das Auge reicht«.**

Abb. 145. (unten) **Schema einiger aus Zement errichteter Felsen im Park Zhong Shan in der Nähe von Peking.**

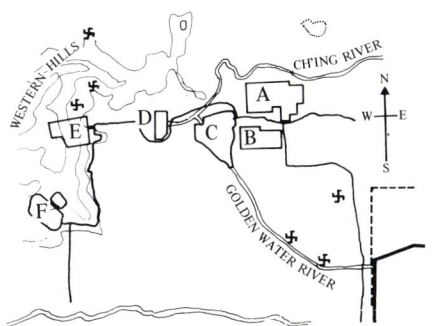

A Yuan Ming Yuan
B Chang Chun Yuan
O Yi He Yuan
D Park des Jadebrunnens
E Xiang Shan Park
F Ba-da-qu

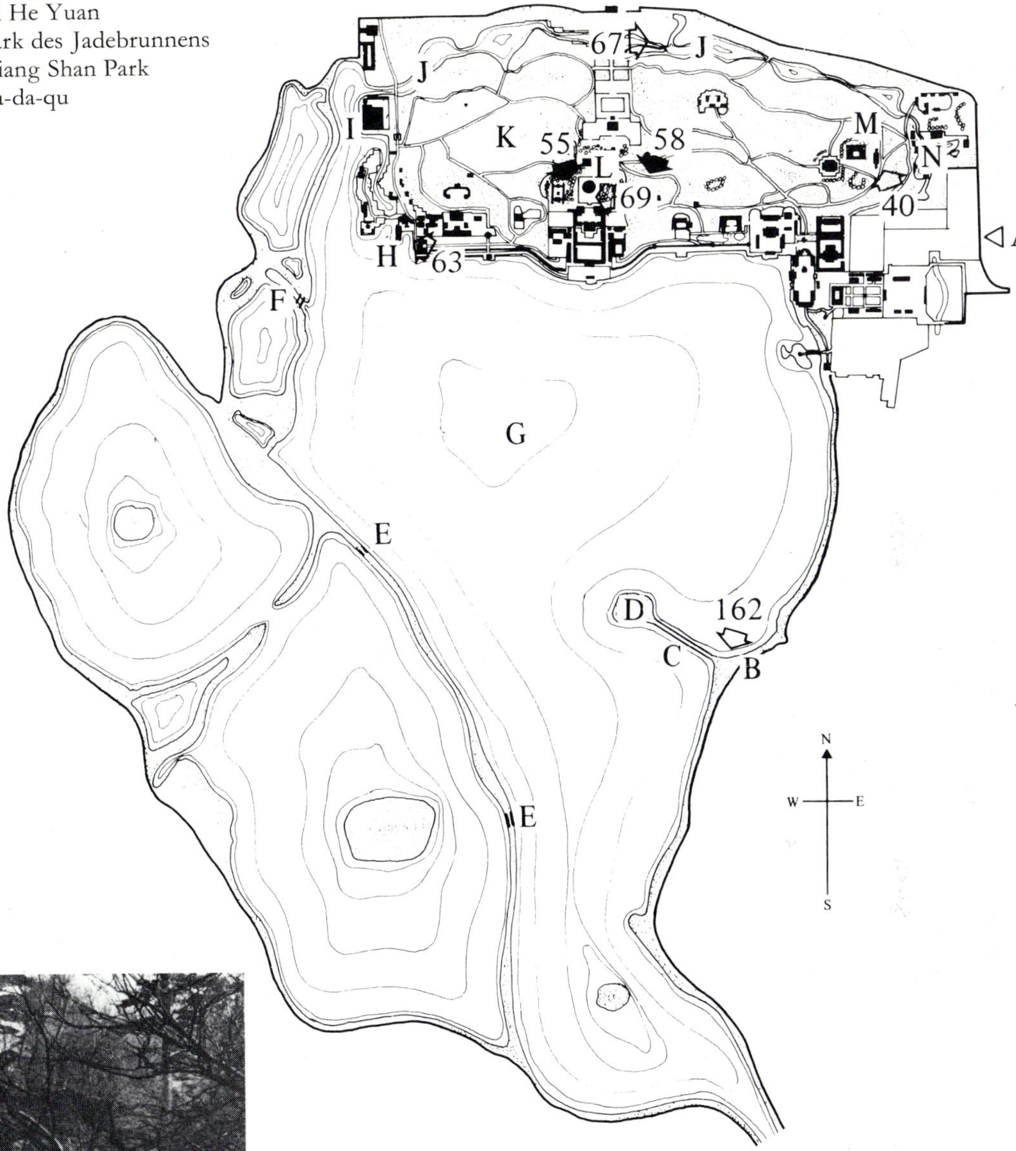

Abb. 146–147. Übersicht über die Parks in der Umgebung von Peking und Plan des Parks Yi He Yuan (»Sommerpalast«), der in der zweiten Hälfte des 18. Jahrhunderts angelegt wurde.

A Eingang
B Bronzeochsen
C Brücke der siebzehn Bögen
D Insel des Drachenkönigs
E Brücke über den Deich
F Brücke des Jadekreises
G Kun Ming-See
H Marmorschiff
I Hafen für die königlichen Schiffe
J Hintere Seen
K Hügel des Langen Lebens
L Buddhasaal
M Pavillon der Freude und der Landwirtschaft
N Xie Qu Yuan (Garten der Harmonischen Interessen)

Abb. 148. Teilansicht eines der Gärten des Sommerpalastes. Die im Jahre 1860 von den Europäern niedergebrannten Gebäude wurden noch in der zweiten Hälfte des 19. Jahrhunderts wieder aufgebaut.

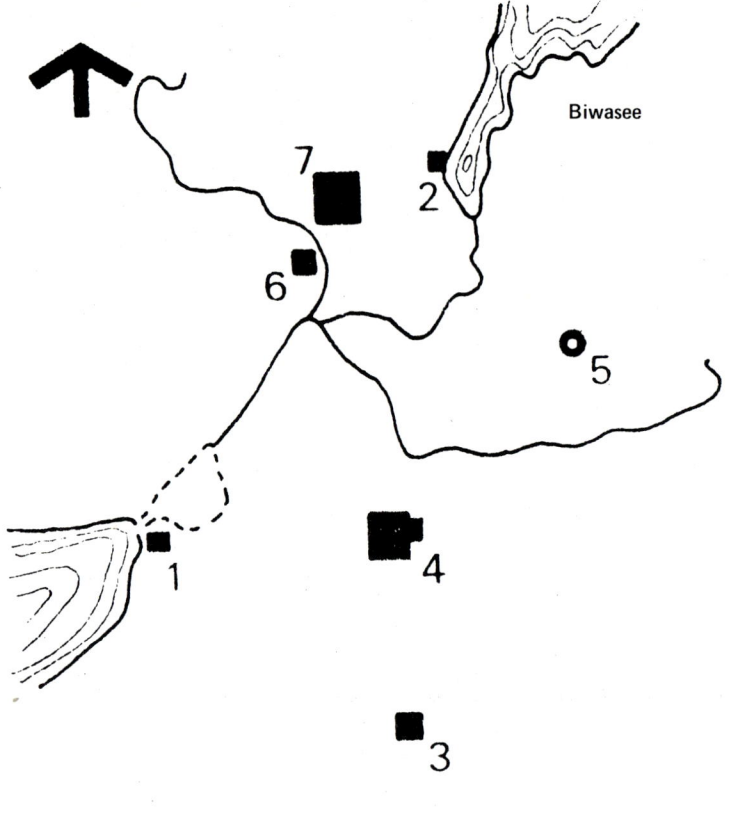

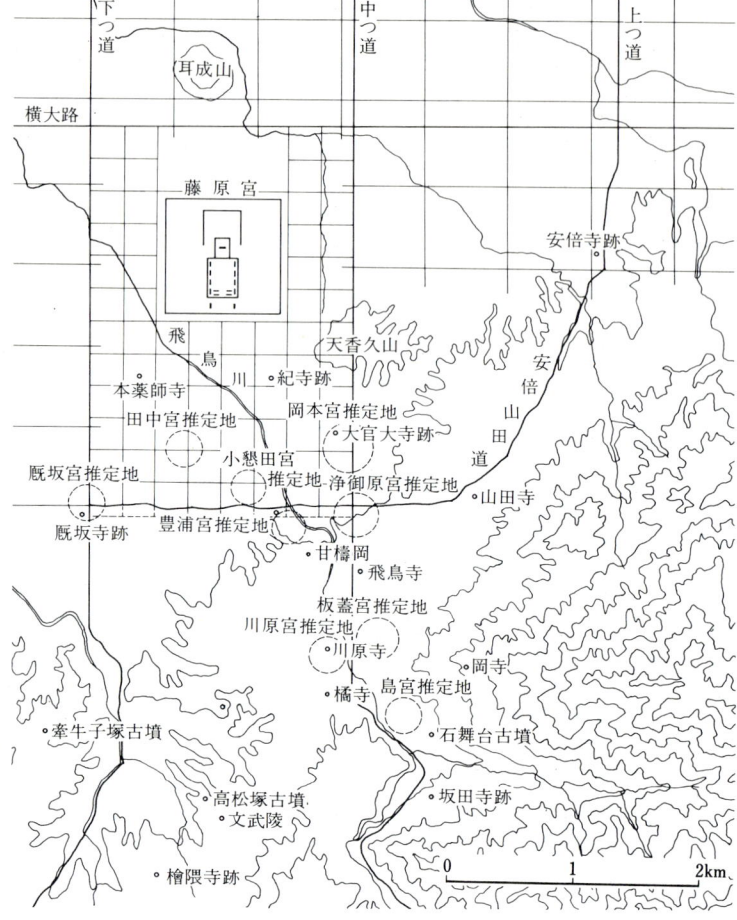

**Abb. 149–150. Karte von Mittel-
japan mit den Orten der alten
Hauptstädte:**

1. Naniwa (Osaka)
2. Otsu
3. Fujiwara
4. Nara
5. Shigaraki
6. Nagaoka
7. Kyoto

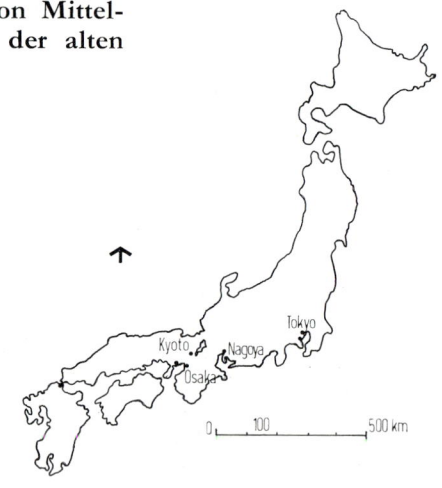

**Abb. 151. Plan von Fujiwara, der 694 n. Chr. von Kaiserin
Jito gegründeten Hauptstadt.**

Die besondere geographische Beschaffenheit Japans – der
Mangel an ausgedehnten Ebenen und schiffbaren Flüssen – ver-
hinderte hier lange Zeit die Entstehung großer Städte. Aber nach
der Einigung des Landes am Ende des 3. Jahrhunderts v. Chr.
entstand die Notwendigkeit einer Hauptstadt, die schließlich
nach den in China während der Han- und der Tang-Dynastie
festgelegten Regeln erbaut wurde. Zwischen dem 6. und dem 8.
Jahrhundert nach Chr. wurden in der Region Yamato gleich
mehrere nahe beieinanderliegende Hauptstädte gegründet (Abb.
149–158). Die Architektur dieser Städte folgte dem chinesischen
Vorbild, doch die Vereinfachung der geometrischen Formen und
eine gewisse Leichtigkeit und Lockerheit in der Gestaltung verliehen ihr einen eigenen Charakter.

Abb. 152–154. Plan von Nara, der 710 n. Chr. von Kaiser Genmei gegründeten Hauptstadt; Plan des Komplexes des kaiserlichen Palastes und eines der Gebäude dieses Komplexes, das seinerseits aus verschiedenen Räumen und abgetrennten Bereichen zusammengesetzt ist, die um eine Symmetrieachse herum angelegt sind.

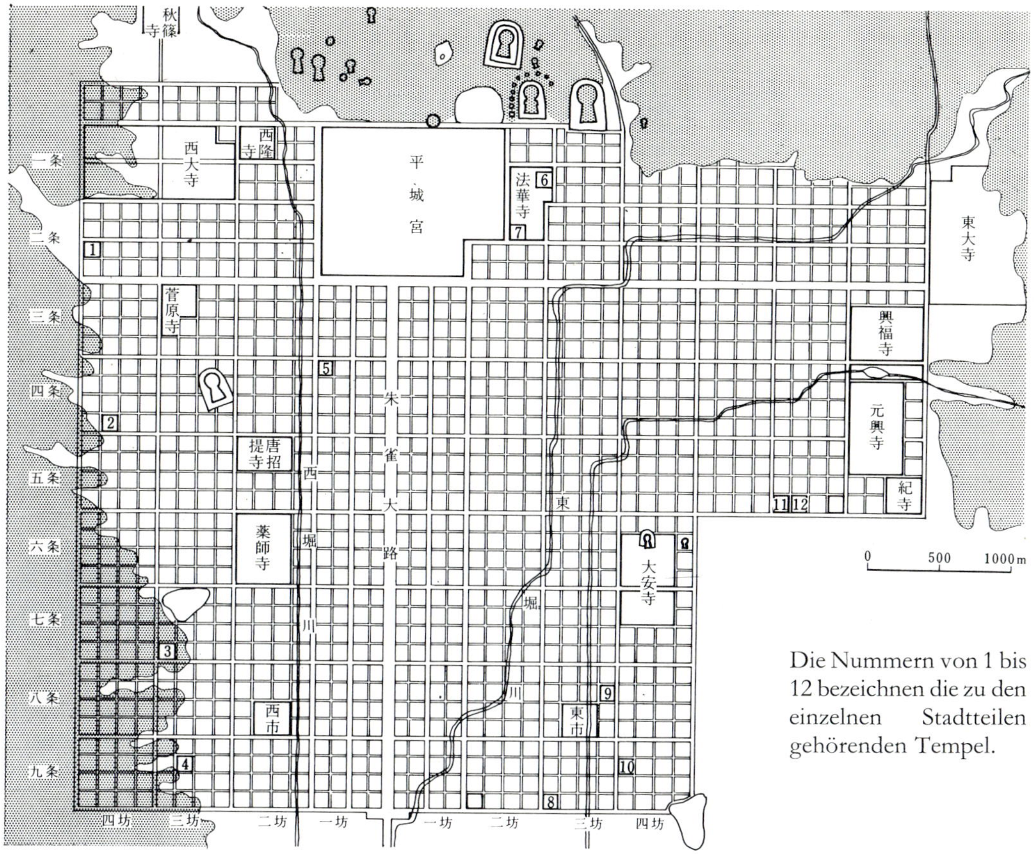

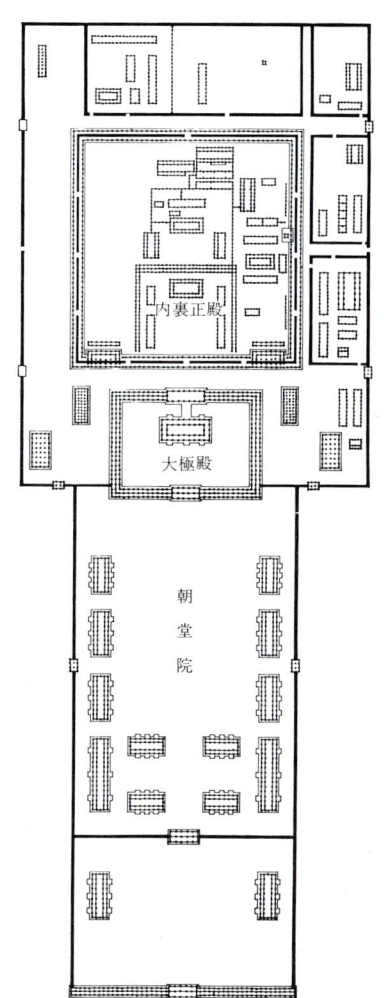

Die Nummern von 1 bis 12 bezeichnen die zu den einzelnen Stadtteilen gehörenden Tempel.

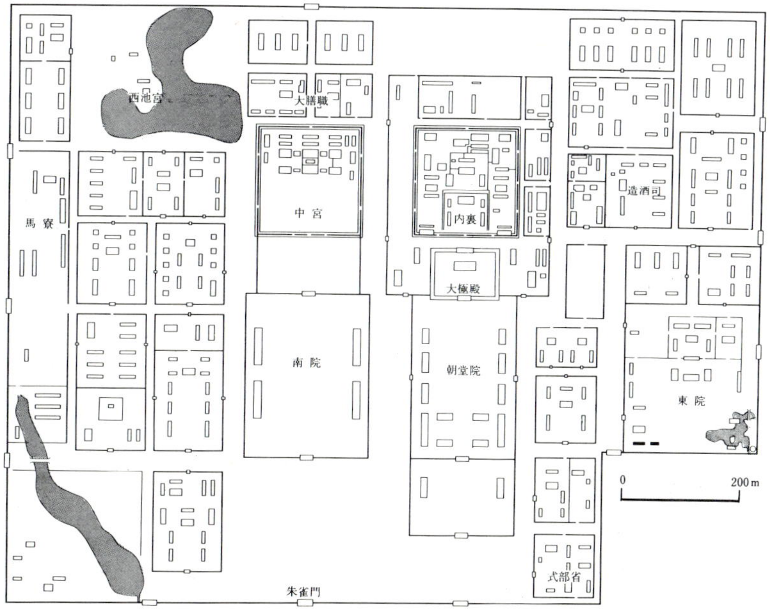

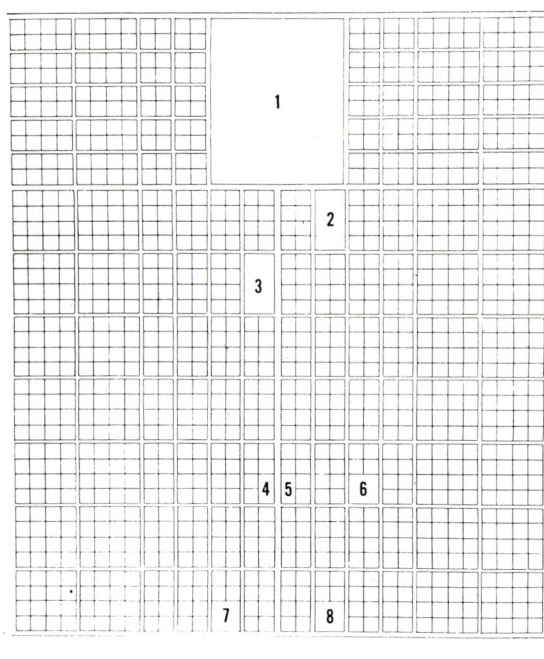

1. Kaiserpalast
2. Kaiserliche Villa Schinsen-in
3. Kaiserliche Villa Suzaku-in
4./5. Empfangspaläste
6. Markt
7./8. Tempel

1. Haupteingang
2. Saal für die Hauptaudienzen
3. Saal für die Nebenaudienzen
4. Kaiserlicher Palast
5. Wartesaal
6./7. Tempel
8. Nebengebäude

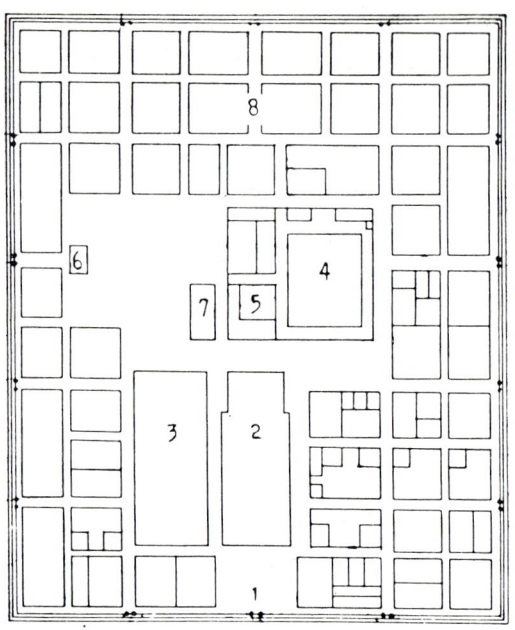

Abb. 155. Kyoto, die 794 von Kaiser Kammu gegründete Hauptstadt.

Abb. 156. Der Komplex des kaiserlichen Palastes von Kyoto (Nr. 1 in Abb. 155).

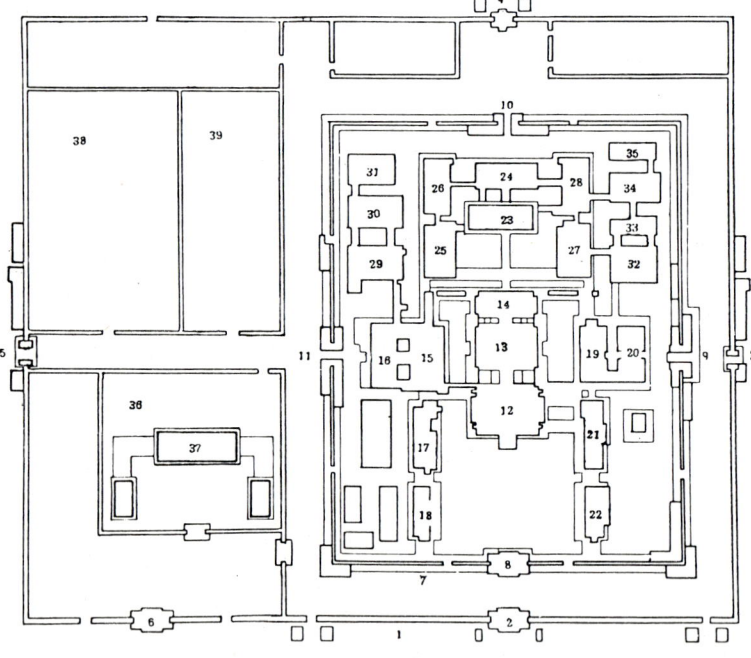

Abb. 157. Plan des kaiserlichen Palastgebäudes von Kyoto (Nr. 4 in der Abb. 156).

1. Äußerer Bereich
2.–6. Äußere Tore
7. Innerer Bereich
8.–11. Innere Tore
12.–14. Empfangssäle
15.–22. Anbauten der Säle
23.–28. Privatgemächer
29.–35. Anbauten der Privatgemächer
36./37. Wartesäle
38./39. Dienstbereich

Abb. 158. (auf der gegenüberliegenden Seite) **Plan von Kyoto aus dem 19. Jahrhundert: die eigentliche Stadt nimmt nur einen Teil des gesamten Rasters des Stadtgebietes ein und hat ihre ursprüngliche regelmäßige Form verloren; der neue Komplex des Kaiserlichen Palastes, mit dessen Bau im Jahre 1331 begonnen wurde und der seitdem mehrmals renoviert wurde, befindet sich im Nord-Osten der Stadt; ihm gegenüber wurde im 16. Jahrhundert der Palast des in Edo residierenden shogun errichtet.**

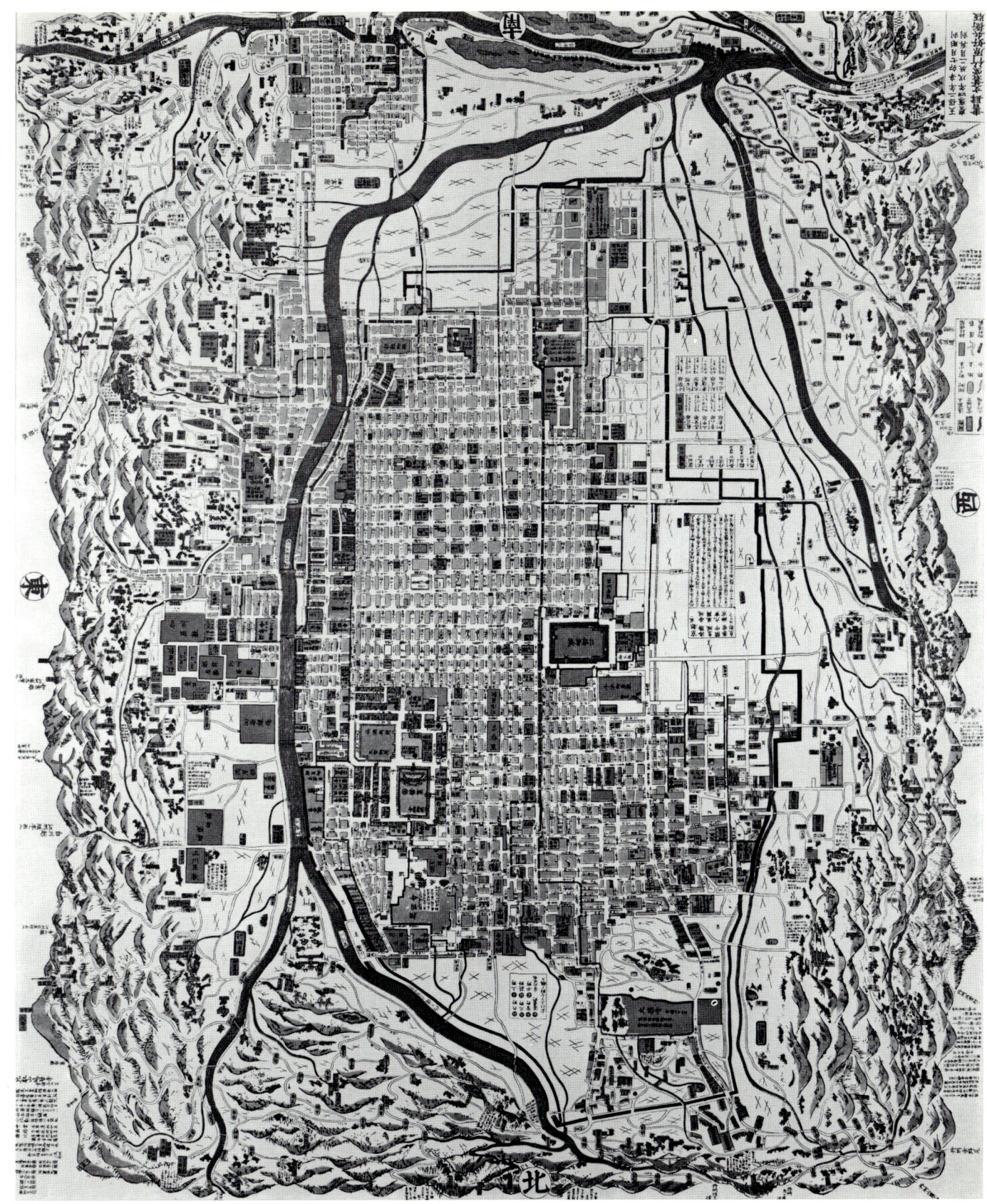

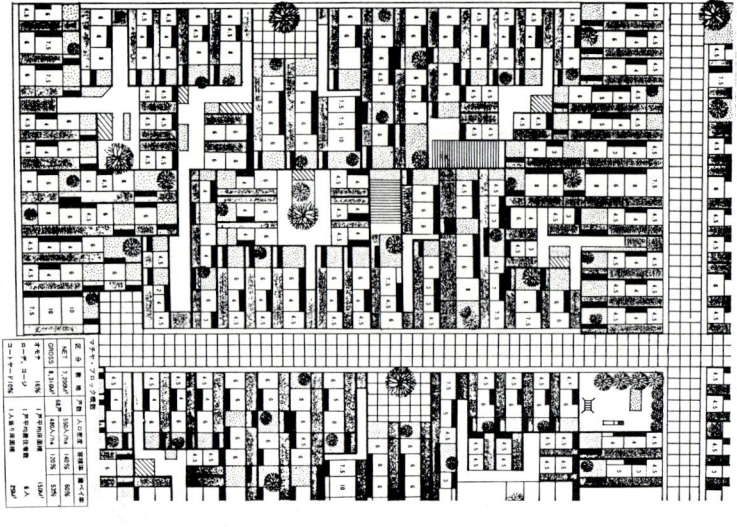

Abb. 159–161. (links) **Ausschnitt aus einem Wohnviertel Kyotos: Jedes Haus verfügt über eine kleine Gartenfläche, so daß auch dort das Verhältnis zwischen Außen und Innen den traditionellen Prinzipien entsprechend gestaltet werden konnte.**

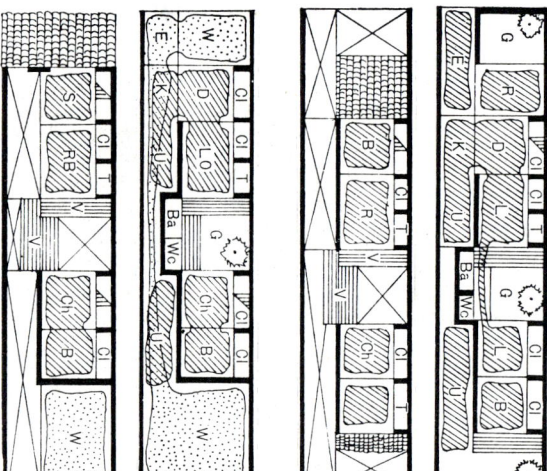

E   Eingang
W   Werkstatt
R   Empfangssaal
D   Speisezimmer
L   Wohnzimmer
S   Arbeitszimmer
O   Raum für die Alten
K   Küche
U   Waschküche
B   Bad
Ch Kinderzimmer
V   Veranda zum
    Trocknen der Wäsche
T   Alkoven
Cl Abstellraum
Ba Bad
G   Garten

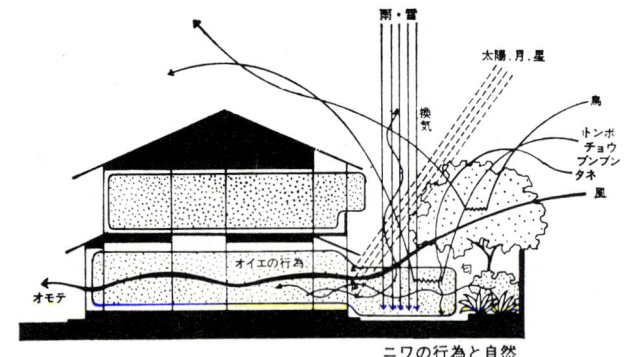

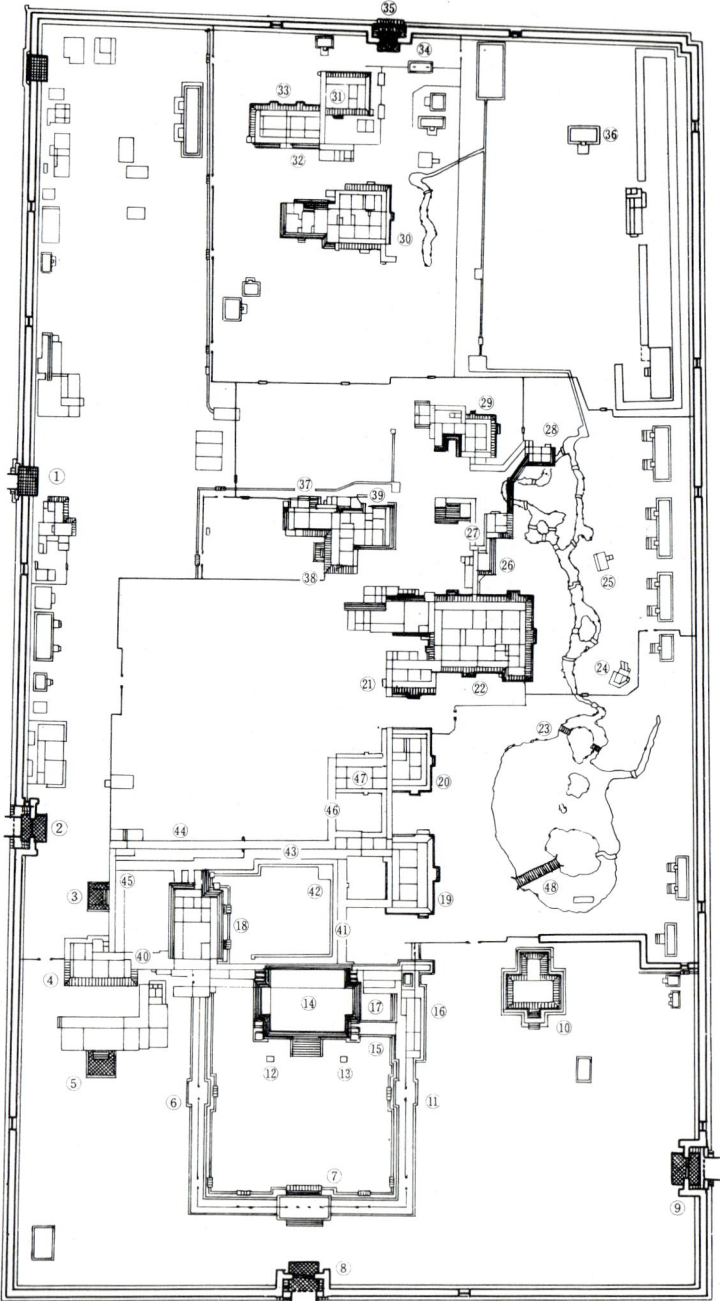

Abb. 162. (auf der gegenüberliegenden Seite) **und Abb. 163–164**
(auf dieser Seite) **Der heutige Kaiserpalast von Kyoto, nach
der letzten Rekonstruktion aus dem Jahre 1855, durch die er
seine ursprüngliche Form wiedererhielt; das aus China
übernommene, an symmetrischen Formen orientierte Konstruktionsprinzip wurde abgewandelt und – entsprechend
der eigenständigen Ausrichtung der japanischen Kunst im
Allgemeinen – freier angewandt.**

1./2.   Besuchereingänge
3.–5.   Wartesäle
6.–17. Repräsentationsbereich mit dem Thronsaal (14)
18.–29. Empfangszimmer und -säle an der Ostseite des Gebäudes zum
        Garten hin
30.–35. Gemächer der Kaiserin

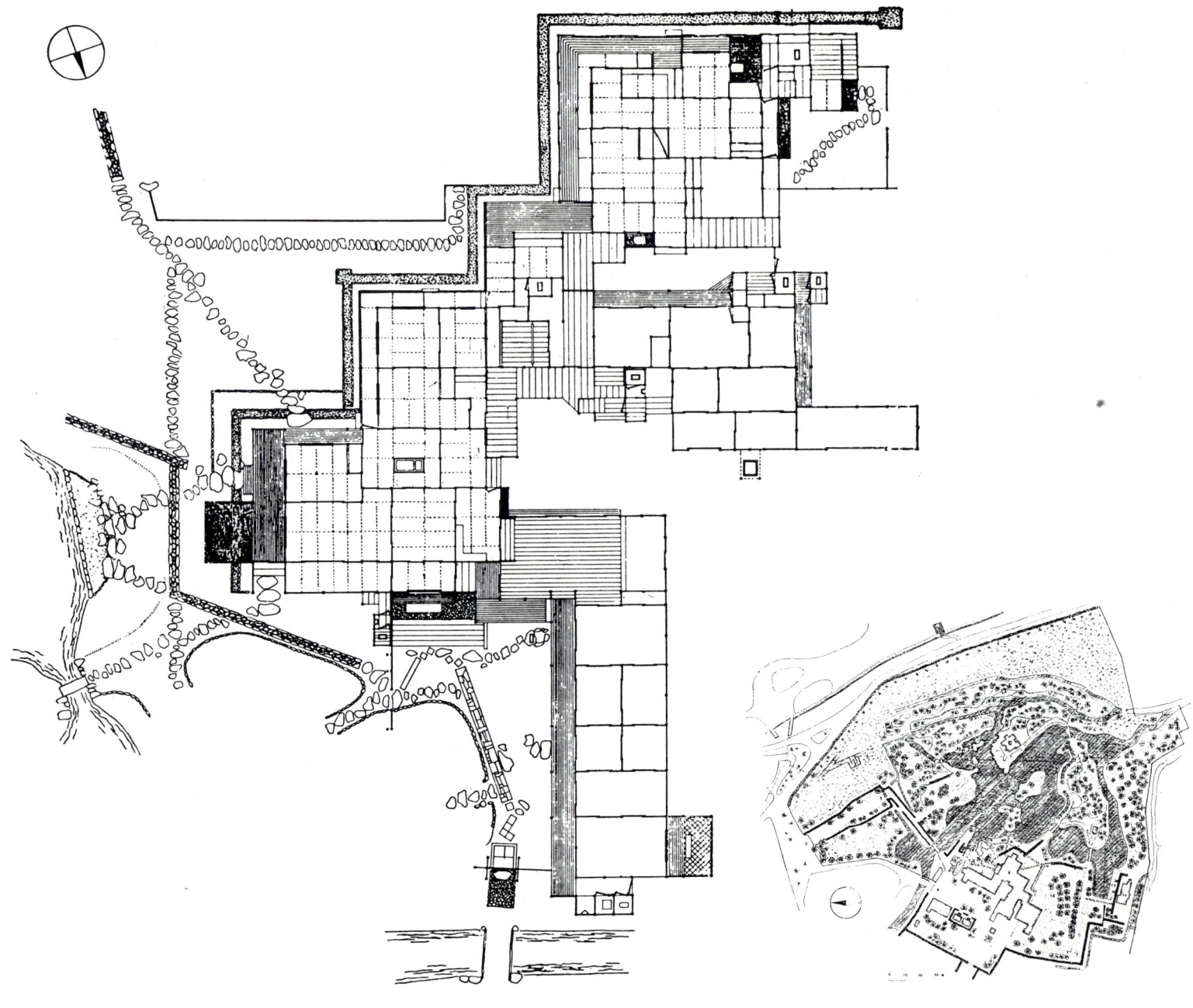

Abb. 165. Plan der im 17. Jahrhundert erbauten kaiserlichen Villa von Katsura in der Nähe von Kyoto.

Abb. 166 168. (rechts) **Eine Innenansicht und zwei Außenansichten der kaiserlichen Villa von Katsura.**

In der Gestaltung der Wohnsitze der Adligen und der vorstädtischen Tempel, die in die freie Natur eingefügt wurden, erreichte die japanische Architektur höchste Originalität und Formvollendung. Diese Komplexe (Abb. 165–169) wurden von zwei komplementären Gestaltungsprinzipien bestimmt: der Freiheit der Gestaltung der Gartenlandschaft – einem frühen Vorläufer der englischen Gärten des 18. Jahrhunderts – und der strengen Regelmäßigkeit in der Anlage der Gebäude, deren Flächen und Höhen den Modul-Proportionen des *tatami* (entspricht der Fläche, die ein Mensch zum Liegen braucht, ca. 0,90 mal 1,80 m) folgten.

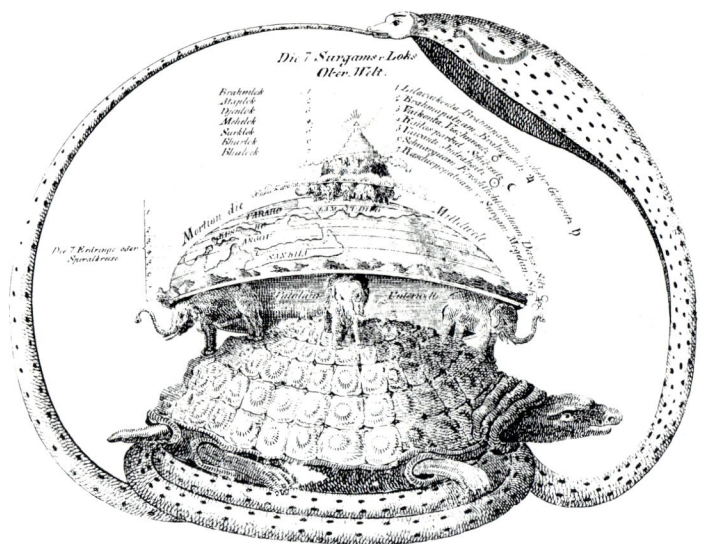

Abb. 169–171. Im klassischen und im mittelalterlichen Indien mußte jedes bedeutende Werk – vom Tempel bis hin zur gesamten Stadt – dem Mandala entsprechen, einem Prinzip, in dem sich die Struktur des Universums ausdrückt und das zu einer breiten Formenvielfalt – vom Quadrat bis zum Kreis – führte: ein Modell des indischen Universums (europ. Stich 19. Jh.); schematische Darstellung von 2 Stadtanlagen; der halbkugelförmig angelegte Tempel (Stupa) von Sanchi aus dem 1. Jh. v. Chr. und der Turmtempel von Khajuraho aus dem 9. Jh. n. Chr.; der Turm besteht aus ineinander übergehenden Fialen (Sikkara) und soll auf diese Weise in einem einheitlichen plastischen Modell die unendliche Komplexität des Universums versinnbildlichen.

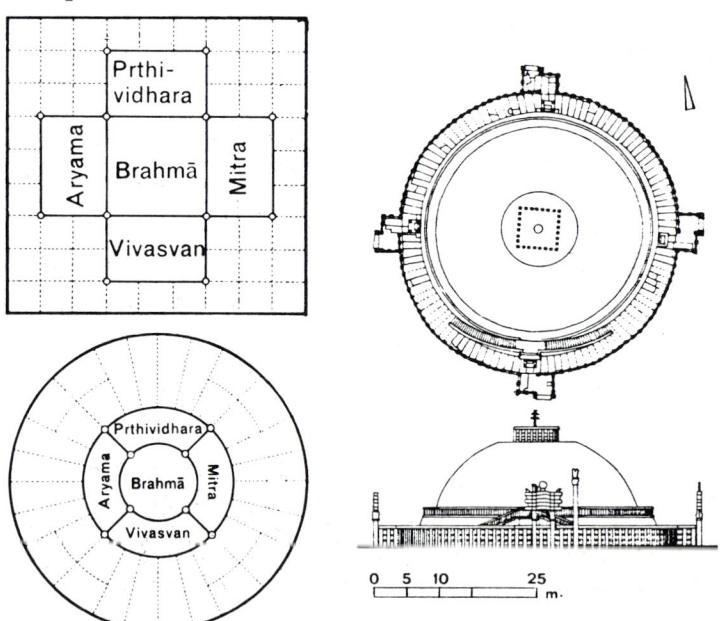

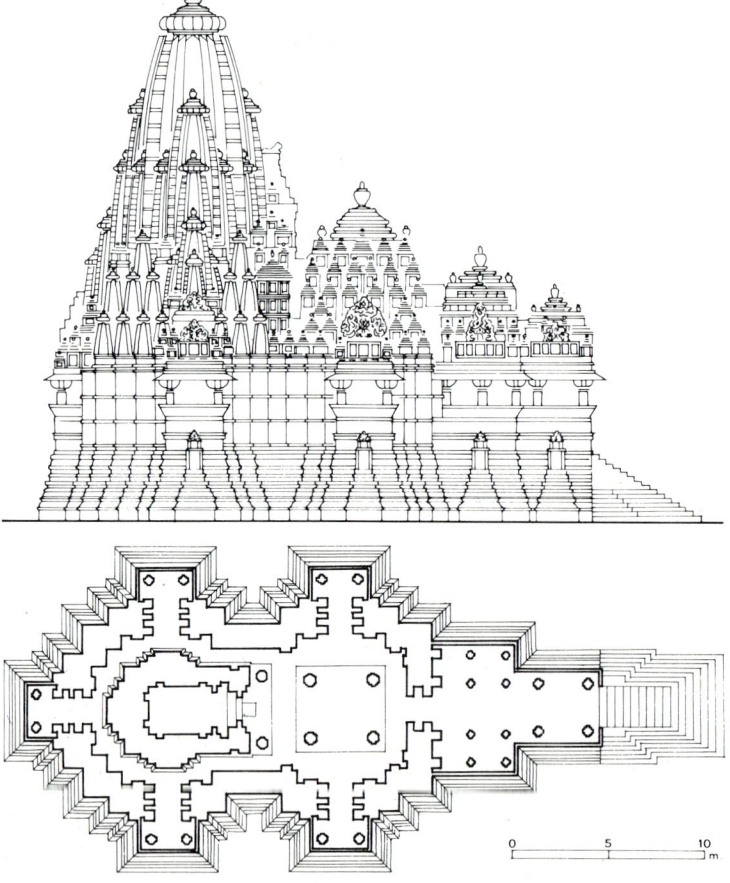

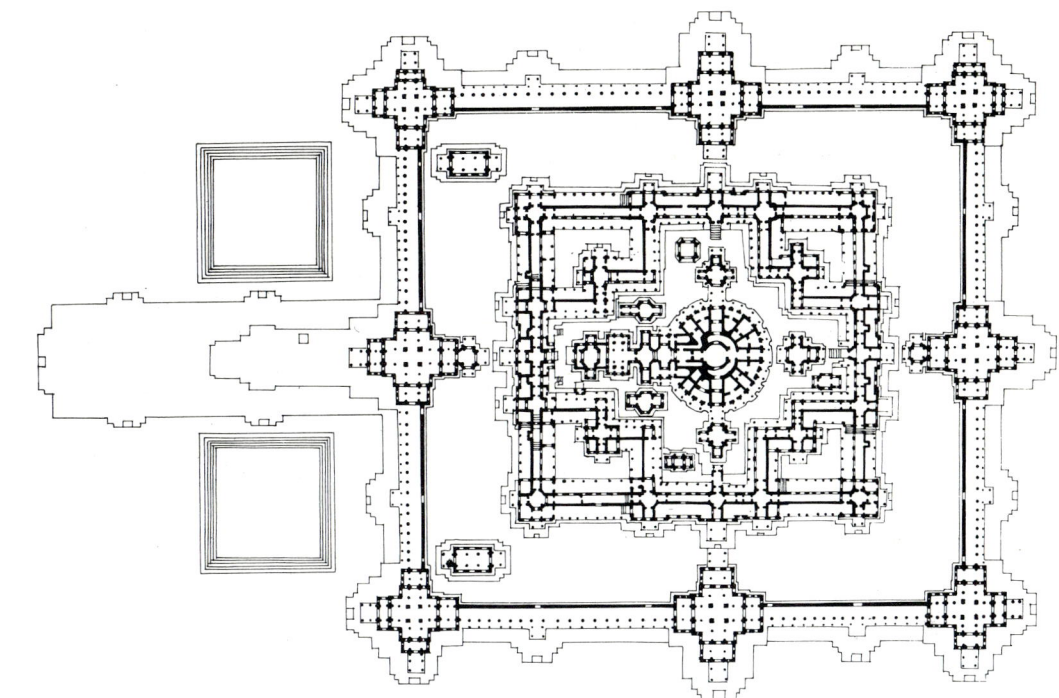

Abb. 172. (auf der gegenüberliegenden Seite) und Abb. 173. (rechts)
Luftaufnahme und Grundriß des
Bayon, des Bergtempels, der von
Kaiser Jayavarman VII. (1181–
1220) in Angkor in Kampuchea
gebaut wurde.

Abb. 174. (unten) Übersichtsplan
des heiligen Bezirks von Angkor:
die Erdwälle, mit denen die ursprünglichen Wasserbecken eingefaßt worden waren, sind durch
gestrichelte Doppellinien gekennzeichnet; in der Mitte des
Hauptbereichs (Angkor Thom)
liegt der Tempel Bayon.

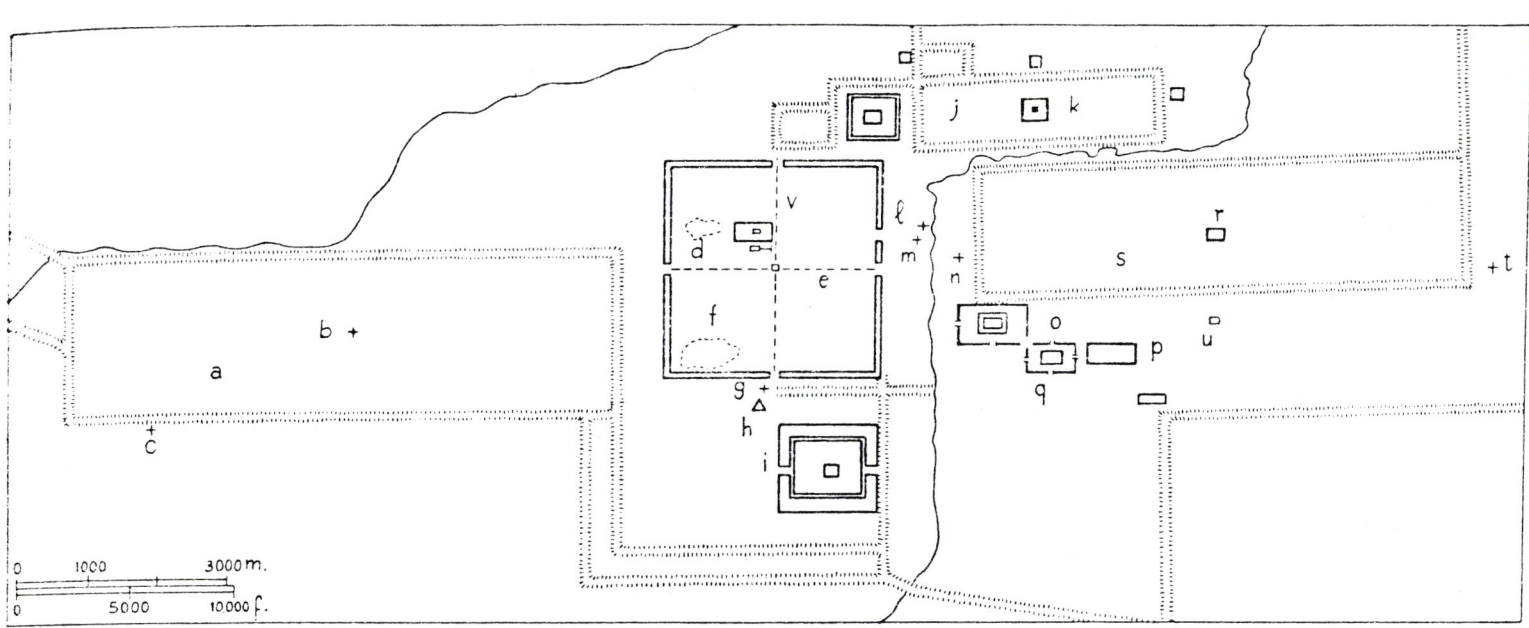

Abb. 175. (folgende Seite) Ein indisches Mandala, das in
einem einzigen Bild das Quadrat (den »Palast«) und den
Kreis (den Kosmos) vereinigt. Der Palast verfügt über vier
Tore, entsprechend den vier Himmelsrichtungen.

4. Die freie Stadt in Griechenland

Abb. 176. Skulptur aus dem archaischen Griechenland (Nationalmuseum von Athen).

Während der Bronzezeit befand sich Griechenland an der Peripherie der Zivilisation. Das bergige und zerklüftete Land eignete sich nicht zur Gründung eines großen Staates und war in eine große Zahl kleiner, unabhängiger Fürstentümer gespalten. Jedem dieser Fürstentümer stand eine kriegerische Familie vor, die von einer auf einer Anhöhe gelegenen Festung aus einen kleinen, sich bis zur Küste erstreckenden Landstrich beherrschte.

Diese kleinen Staaten erlangten aufgrund ihrer Beteiligung an dem im 2. Jahrtausend vor Chr. sehr ausgeprägten Seehandel einen relativ großen Reichtum, und außerdem blühten in ihnen die verschiedensten Handwerke. Die in den königlichen Gräbern von Mykene und Tiryns gefundenen Schätze zeugen von einem beachtlichen, wenn auch nicht üppigen Reichtum, den sich die schmale Oberschicht angeeignet hatte. Aber der Zusammenbruch der Wirtschaft der Bronzezeit und die Invasion der Barbaren aus dem Norden zu Beginn der Eisenzeit zerstörten diese staatlichen Einheiten und warfen die Städte für einige Jahrhunderte gleichsam auf das Niveau der Steinzeit zurück.

Der auf diese Phase folgende Aufschwung basierte auf den für die neue Ökonomie typischen Innovationen: Eisen, Alphabet und Münzprägung. Die für den Seehandel günstige geographische Lage und das Fehlen althergebrachter, aus der Bronzezeit stammender Institutionen ermöglichten es, von diesen Innovationen in einer völlig neuen Weise Gebrauch zu machen. Aus der Stadt des Fürsten wurde die aristokratische oder demokratische *Polis*, an die Stelle der traditionellen, hierarchisch strukturierten Wirtschaftsordnung trat eine Geldwirtschaft, die sich vom 4. Jahrhundert an im gesamten östlichen Mittelmeerraum ausbreitete. In diesem Rahmen entstand eine neue Kultur, in deren geistiger Tradition wir heute noch stehen.

Es ist notwendig, kurz die Organisationsform der *Polis* als

Stadt-Staat zu beschreiben, die jene außergewöhnliche Entfaltung von Kunst, Literatur und Wissenschaft ermöglicht hat. Am Anfang der Entwicklung dieser Stadt-Staaten stehen nichts weiter als einfache Hügel, auf die sich die in der Ebene lebende Bevölkerung zum Schutz vor feindlichen Angriffen zurückzog. Hier entstanden die ersten Siedlungen, die sich später auch auf die den Hügel unmittelbar umgebende Ebene ausdehnten. Diese Siedlungen waren zumeist durch eine Ringmauer geschützt. Zu jener Zeit unterschied man die Oberstadt (die *Akropolis*, wo die Tempel für die Götter errichtet wurden und die weiterhin als letzte Fluchtmöglichkeit diente) und die Unterstadt (*Astu* als Ort für Handel und Verwaltung). Aber Ober- und Unterstadt blieben Teile einer einzigen Einheit, da die Stadt – wie auch immer ihre Regierungsform war – stets als Gesamtheit verwaltet wurde.

Die wichtigsten Institutionen dieser Organisationsform waren:

1. Die gemeinsame, dem Schutzgott der Stadt geweihte Feuerstelle; dort wurden die Opfer dargebracht, rituelle Feste abgehalten und die aus anderen Ländern angereisten Gäste empfangen. Ursprünglich war dies die Feuerstelle des Königspalastes; später wurde daraus ein symbolischer Ort, der dem Sitz der obersten Würdenträger der Stadt (*Prytanen*), dem *Prytaneion*, angegliedert war. Hier stand ein Altar mit einer Vertiefung für die Glut;

außerdem gab es eine Küche und einen oder mehrere Speisesäle. Das Feuer durfte nie ausgehen, und wenn Menschen aus der Stadt auswanderten, um anderswo eine Kolonie zu gründen, so entnahmen sie der heimatlichen Feuerstelle etwas Glut und entzündeten damit ein Feuer im *Prytaneion* der neugegründeten Stadt.

2. Der Rat (*Boulé*) der Adligen oder der Beamten als Vertretung der Bürgerversammlung; er trat im *Bouleuterion* zusammen und entsandte seine Vertreter ins *Prytaneion*.

3. Die Versammlung der Bürger (*Agora*), die zusammentrat, um die Entscheidungen der Führer zu hören oder um selbst Beschlüsse zu fassen. Dieser Rat trat normalerweise auf dem Marktplatz zusammen (der ebenfalls *Agora* genannt wurde) oder in größeren Städten an einem speziell hierfür vorgesehenen und eingerichteten Ort (in Athen zum Beispiel auf dem Pnyx). In den demokratischen Städten lagen das *Prytaneion* und das *Bouleuterion* stets in der Nähe der *Agora*.

Jede Stadt herrschte über ein mehr oder weniger großes Gebiet, aus dem sie die lebensnotwendigen Güter bezog. Zum Teil gab es in der Umgebung der Städte kleinere Ansiedlungen, die eine gewisse Autonomie besaßen und eigene Versammlungen abhielten; stets jedoch existierte nur ein gemeinsames *Prytaneion*

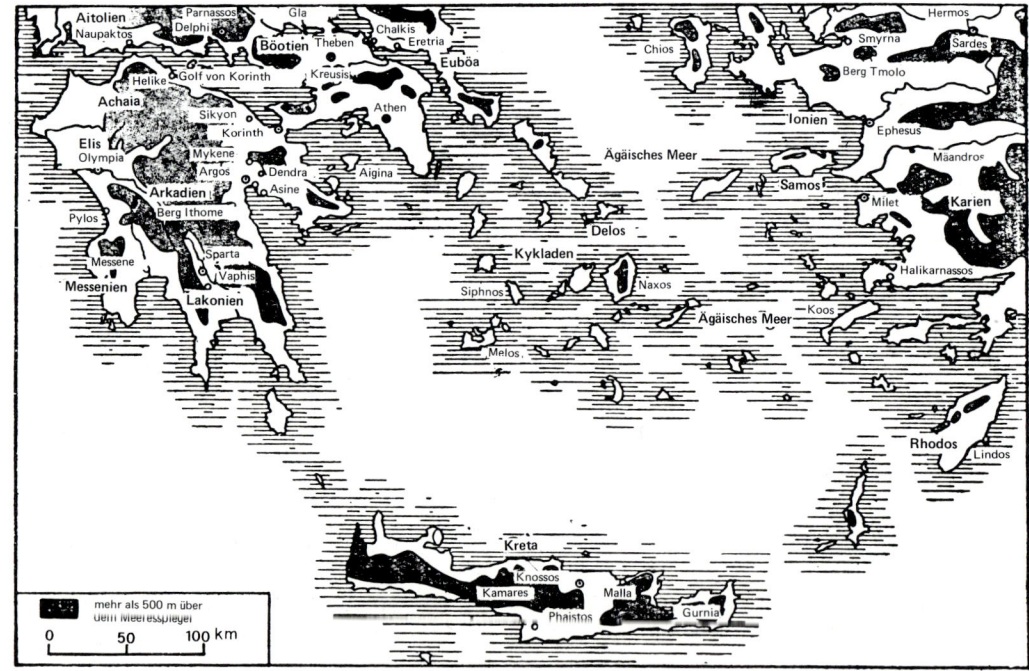

Abb. 177. Die Welt der Ägäis.

Abb. 178. (auf der gegenüberliegenden Seite) **Eine Münze der Stadt Naxos mit den Abbildungen von Dionysos und Silenos.**

und nur ein *Bouleuterion* in der Hauptstadt. Das Territorium einer Stadt wurde von den Bergen eingegrenzt, und fast immer verfügte die Stadt auch über einen eigenen Hafen. Der Hafen befand sich zumeist weit außerhalb der Stadt, weil die Städte zum Schutz vor den Angriffen der Piraten nur selten direkt an der Küste lagen. Die Verbindungen zu anderen Städten und Ländern wurden vor allem auf dem Seeweg aufrechterhalten.

Dieses Territorium konnte durch Eroberungen oder durch Bündnisse mit benachbarten Städten vergrößert werden. Sparta gelang es, fast die Hälfte des gesamten Peloponnes zu beherrschen, ein Gebiet von insgesamt etwa 8400 qkm; Athen besaß Attika und die Insel Salamis, d. h. insgesamt 2650 qkm. Zu Syrakus bzw. Agrigent, zwei griechischen Kolonien auf Sizilien, gehörte ein Gebiet von 4700 qkm bzw. 4300 qkm. Aber das waren Ausnahmen; das Gebiet der übrigen Städte war wesentlich kleiner, zum Teil sogar äußerst klein: Theben besaß ungefähr 1000 qkm und Korinth 880 qkm. Auf den kleineren Inseln existierte jeweils nur eine einzige Stadt; so zum Beispiel auf der 85 qkm großen Insel Aigina und auch auf Naxos und Samos mit jeweils ungefähr 450 qkm. Von den größeren Inseln gelang es nur Rhodos (1460 qkm) gegen Ende des 5. Jahrhunderts, die drei auf der Insel befindlichen Städte zu vereinigen; Lesbos (1740 qkm) war unter fünf Städten aufgeteilt, und auf Kreta (8600 qkm) gab es mehr als 50 voneinander unabhängige Städte.

Die Bevölkerung dieser Städte blieb – mit Ausnahme der Sklaven und der Ausländer – immer relativ klein; und dies nicht allein wegen der Begrenztheit der zur Verfügung stehenden Ressourcen, sondern auch aufgrund einer politischen Entscheidung: Jedesmal, wenn die Zahl der Einwohner eine bestimmte Höhe überschritten hatte, wurde ein Expeditionskorps gebildet, das in einem fernen Land eine Kolonie gründen sollte. Athen hatte zur Zeit des Perikles ungefähr 40 000 Einwohner, und nur in drei weiteren Städten, nämlich in Syrakus, Agrigent und Argos, war die Einwohnerzahl größer als 20 000. Im 4. Jahrhundert zwang Syrakus (vgl. Abb. 278) die Bewohner der eroberten

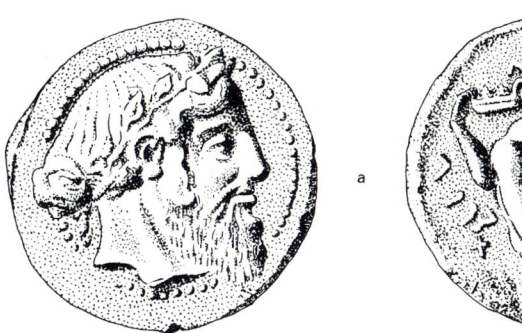

Städte, in die Hauptstadt überzusiedeln, so daß in Syrakus selbst schließlich etwa 50 000 Menschen lebten. Weiter gab es etwa fünfzehn Städte mit ungefähr 10 000 Einwohnern (was damals für eine große Stadt als Richtgröße galt). Sparta hatte zur Zeit der Persischen Kriege etwa 8000 Einwohner, das berühmte und reiche Aigina nur 2000.

Man sah in diesen selbstauferlegten Maßnahmen, durch die die Bevölkerungszahlen bewußt niedrig gehalten wurden, eine notwendige Voraussetzung für die Entwicklung des sozialen Lebens. Die Bevölkerung mußte groß genug sein, um im Kriegsfall ein Heer aufstellen zu können, aber sie durfte nicht zu groß sein, weil sonst die Funktionsfähigkeit der Bürgerversammlungen eingeschränkt worden wäre. Die Einwohner sollten sich untereinander kennen, um besser entscheiden zu können, welche Persönlichkeiten am ehesten befähigt waren, die Geschicke des Gemeinwesens zu bestimmen. Sank die Bevölkerungszahl zu sehr ab, drohte ein Mangel an menschlicher Arbeitskraft, stieg sie aber zu sehr an, so drohte das Gemeinwesen zu zerfallen und zu einer trägen Masse zu werden – unfähig, sich selbst zu regieren. Der grundsätzliche Unterschied zwischen Griechen und Barbaren bestand darin, daß die Griechen als freie Menschen in wohlproportionierten Städten lebten, die Barbaren dagegen in riesigen Sklavenhorden. Ihre gemeinsame Kultur war ihnen bewußt, aber sie strebten keine politische Vereinigung an, weil ihre Kraft und ihre Überlegenheit auf dem Konzept der *Polis* beruhten, das die kollektive Freiheit innerhalb der einzelnen Gemeinwesen ermöglichte (die individuelle Freiheit war in diesem Rahmen nicht ausgeschlossen, wurde aber nicht als unbedingt erforderlich angesehen). Der Begriff Vaterland wurde wörtlich genommen: Es galt als das Land eines einzigen Vorfahren, des eigenen Vaters. Die Vaterlandsliebe konnte deshalb ein so intensives Gefühl werden, weil ihr Objekt konkret und überschaubar war:

»Ein kleines Gebiet, am Fuße eines Berges, von einem Bach durchflossen, eingeschnitten von einer Bucht. Überall, in einer Entfernung von nur wenigen Kilometern, bilden kleine Erhebungen in der Landschaft die Grenzen. Es genügt, auf die Akropolis zu steigen, um das ganze Gebiet mit einem Blick zu erfassen. Dies ist die heilige Erde des Vaterlandes: der Bereich der Familie, die Gräber der Vorfahren, die Felder, deren jeweilige Besitzer man kennt, der Berg, wo man hingeht, um Holz zu holen, wo die Herde weidet, wo man Honig sammelt, die Tempel, in denen die Opfer dargebracht werden, und die Akropolis, zu der die Prozessionen hinführen. Eine Stadt, auch die kleinste, ist jenes Gebilde, für das Hektor sein Leben gab, für das ›in vorderster Front zu sterben‹ den Spartanern als ehrenvoll galt, für das die Kämpfer von Salamis sich den Päan singend zum Entern bereit machten und für das Sokrates den Schierlingsbecher leerte, um nicht gegen das Gesetz zu verstoßen.«
(G. Glotz: Einleitung zu *Die griechische Stadt,* 1928; Rückübersetzung nach der italienischen Ausgabe »La città greca« Turin 1955, Teil III)

Abb. 179. (auf der gegenüberliegenden Seite) **Eine Skulptur aus dem 5. Jahrhundert v. Chr. (Nationalmuseum von Athen).**

Abb. 180. Neptuntempel in Paestum (5. Jahrhundert v. Chr.).

Analysieren wir nun die Struktur der Stadt selbst. Der neuartige Charakter des sozialen Zusammenlebens in den griechischen Städten zeigt sich besonders an folgenden vier Faktoren:

1. Die Stadt bildete eine Einheit, in der es weder Sperrbezirke noch selbständige Stadtteile gab. Nach außen hin waren einige Städte durch Mauern von der Umgebung abgegrenzt, aber im Innern existierten keine Grenzen wie bei den fernöstlichen Städten. Die einzelnen Wohnhäuser waren alle nach dem gleichen architektonischen Prinzip gebaut und unterschieden sich nur in ihrer Größe. Sie waren über das ganze Stadtgebiet verteilt, und es existierten keine Stadtviertel, die nur einer bestimmten Klasse oder Kaste zugänglich waren.

An einigen, hierfür besonders eingerichteten Orten – der Agora oder dem Theater – konnte sich die gesamte Bürgerschaft oder zumindest ein großer Teil von ihr versammeln, so daß sich tatsächlich jeder unmittelbar als Teil einer einzigen zusammengehörenden Gemeinschaft fühlen konnte.

2. Das Stadtgebiet war in drei Bereiche aufgeteilt: den privaten Bereich mit den Wohnhäusern, den heiligen Bereich mit den Tempeln für die Götter und den öffentlichen Bereich für die politischen Versammlungen, den Handel, Theateraufführungen, sportliche Wettkämpfe usw. Der Staat als Verkörperung der allgemeinen Interessen der Gemeinschaft war für den öffentlichen Bereich direkt verantwortlich und an der Verwaltung des privaten und des heiligen Bereichs beteiligt. Die Unterschiede zwischen diesen drei Bereichen ergaben sich vor allem aus ihren unterschiedlichen Funktionen.

Die Tempel hoben sich deutlich vom übrigen Stadtbild ab, aber nicht so sehr wegen ihrer Größe, sondern vor allem aufgrund ihrer Lage und ihrer architektonischen Gestaltung. Sie waren in einiger Entfernung von den übrigen Gebäuden an Orten errichtet, die von weither sichtbar waren. Ihre Formen folgten schlichten, aber strengen, durch vielfache Erprobung perfektionierten Konstruktionsprinzipien: der dorischen und der ionischen Ordnung.

Die Bauweise war bewußt einfach gehalten – steinerne Mauern und Säulen, die den Architrav und die Dachbalken trugen (Abb. 182) –, damit sich die Technik so wenig wie möglich der Kontrolle der Form entgegenstellte. Davon abweichende, kompliziertere Konstruktionsprinzipien, wie zum Beispiel Gewölbe, wurden an anderen, weniger bedeutenden Bauten angewandt (Abb. 181).

3. Die Stadt stellte in ihrer Gesamtheit ein künstliches Gebilde dar, das in die sie umgebende natürliche Landschaft eingefügt wurde, und beide stehen in einem ausgesprochen leicht zu störenden Verhältnis zueinander. Die griechische Stadt respektierte die vorgefundene Form der Landschaft, ließ sie an vielen, besonders charakteristischen Stellen unangetastet oder interpretierte sie bzw. integrierte sie in die architektonische Gestaltung. Der Gleichmäßigkeit der Tempel, die sich aus der strengen symmetrischen Form und aus den einheitlichen, den ganzen Tempel säumenden Säulen ergab, stand fast immer die ungleichmäßige Anordnung der umliegenden Gebäude gegenüber, die sich ihrerseits in der Ungleichmäßigkeit der natürlichen Umgebung auflöste (Abb. 184–191). Dieses je spezifische Gleichgewicht zwischen Natur und Kunst gab jeder Stadt einen unverwechselbaren individuellen Charakter.

4. Das Gefüge der Stadt entwickelte sich im Laufe der Zeit weiter, aber an einem bestimmten Punkt erreichte es eine gewisse Stabilität, die die Bevölkerung nicht einmal mehr durch partielle Veränderungen stören wollte. Das Anwachsen der Bevölkerung führte nicht zu einer kontinuierlichen Ausdehnung der Stadt, sondern es wurde, sobald die Einwohnerzahl eine bestimmte Höhe überschritten hatte, in der unmittelbaren Umgebung eine ähnliche oder sogar größere Stadt neu erbaut; man sprach dann von der *Paläopolis*, der alten Stadt, und von der *Neapolis*, der neuen Stadt (Abb. 250). Wenn nicht in der unmittelbaren Umgebung eine neue Stadt erbaut wurde, so gründete ein Teil der Bevölkerung in weiter entfernten Ländern eine neue Kolonie. Aufgrund dieser vier Charakteristika – Einheit, interne Offenheit, ausgewogenes Verhältnis zur Natur und bewußte Begrenzung des Wachstums – gilt die griechische Stadt bis heute als das Vorbild für jede Stadtplanung überhaupt. Sie bildete einen adäquaten und dauerhaften materiellen Rahmen für die Verwirklichung des Ideals eines sozialen menschlichen Zusammenlebens.

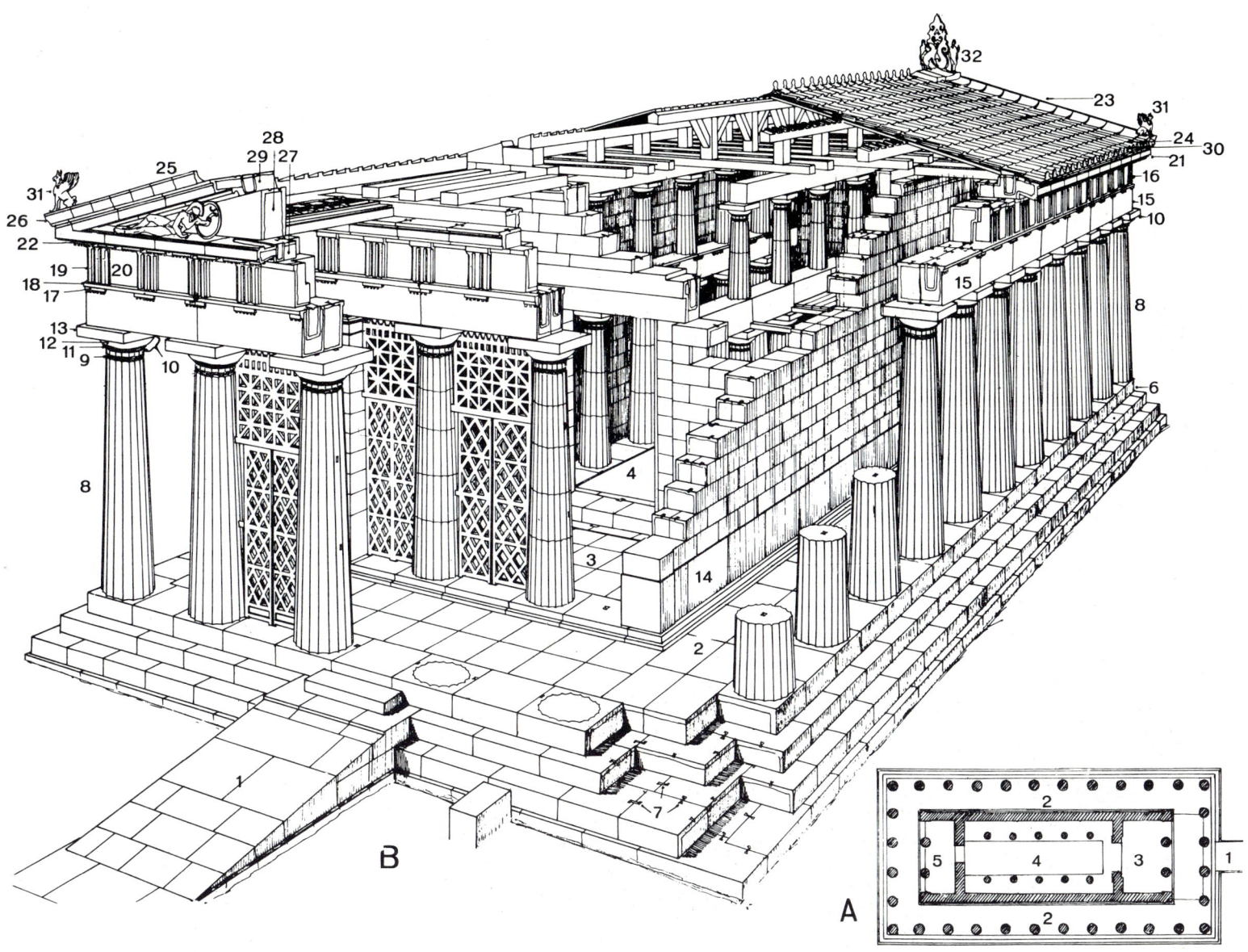

Abb. 181. (auf der gegenüberliegenden Seite) **Das Gewölbe der Unterführung am Eingang zum Stadion von Olympia.**

Abb. 182–183. Die Architrav-Struktur eines dorisch-griechischen Tempels aus dem 5. Jahrhundert v. Chr.; jedes Detail, auch wenn es nur von untergeordneter Bedeutung ist, hat eine eigene Bezeichnung und folgt einer vorgegebenen Form.

A GRUNDRISS: 1 Rampe; 2 Peridrom; 3 Pronaos; 4 Cella; 5 Opisthodom.
B ZEICHNUNG: 6 Stylobat; 7 Klammern; 8 Säulenschaft; 9 Säulenhals; 10 Kapitell; 11 Ringgesims; 12 Echinus (Säulenwulst); 13 Abakus; 14 Orthostat; 15 Architrav; 16 Fries; 17 Regula und Guttae; 18 Taenia; 19 Triglyphe; 20 Metope; 21 Tropfplatte; 22 Dielenkopf mit Guttae; 23 Dach; 24 Traufziegel; 25 Giebel; 26 Sima; 27 Geison; 28 Tympanon; 29 Schräggeison; 30 Antefix (Stirnziegel); 31 seitliches Akroterion; 32 abschließendes Akroterion.

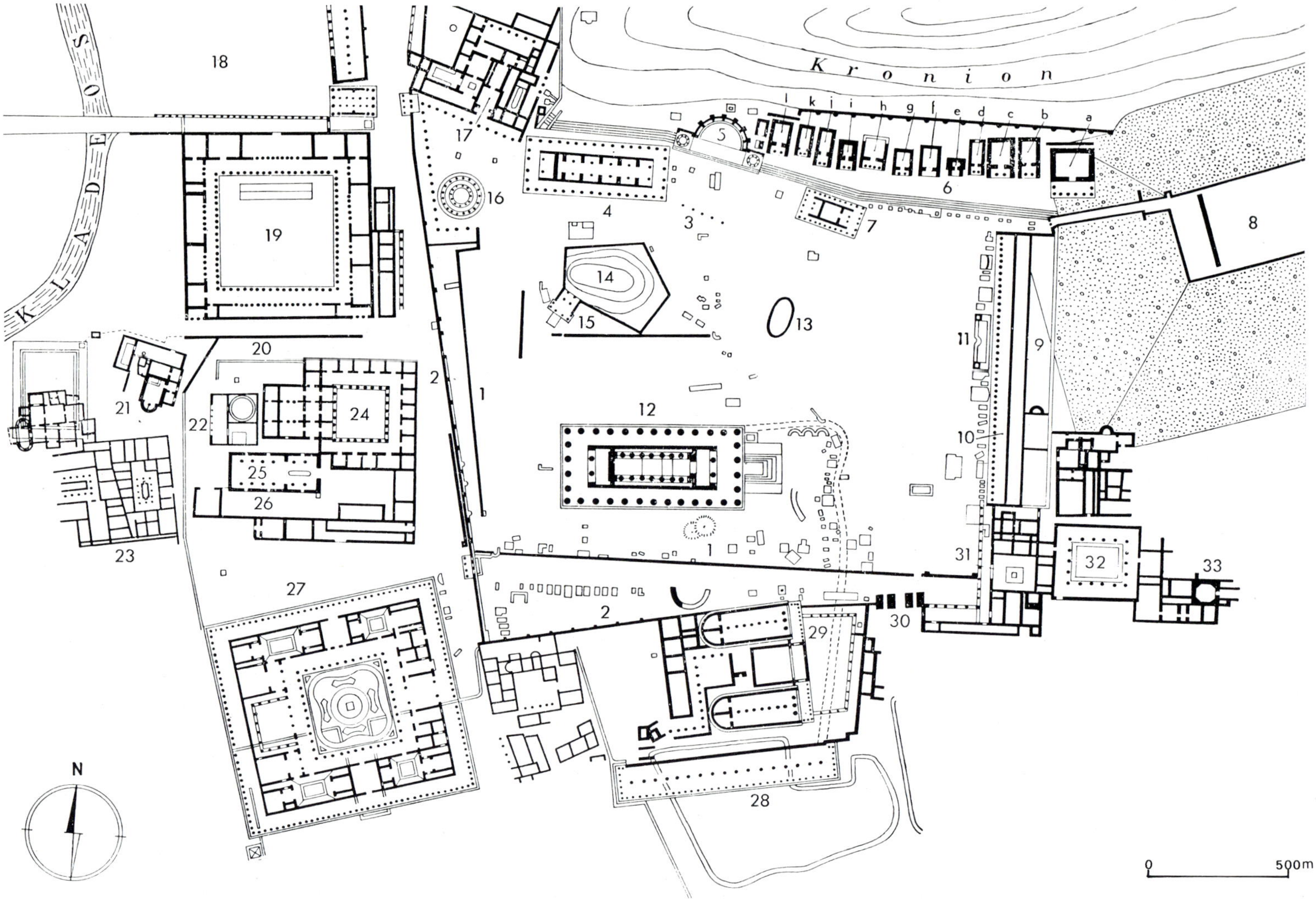

Abb. 184. Plan des heiligen Bezirks von Olympia gegen Ende des klassischen Zeitalters

1 griechische Mauern des Altis (heiliger Bezirk); 2 römische Mauern des Altis; 3 helladische Siedlung (Bronzezeit); 4 Tempel der Hera und des Zeus; 5 Nymphaeum des Herodes Atticus; 6 Terrasse der Schatzhäuser; a Gela; b Megara; c Metapont; d Selinunt; e Altar der Ge (Gäa); f Kyrene; g Sybaris; h Byzanz; i Epidauros; j Samos (?); k Syrakus; l Sikyon; 7 Metroon; 8 Stadion; 9 antike Stoa; 10 Stoa der Echo; 11 Sockel der Säulen, die die Statuen Ptolomäus II. und Arsinoës stützten; 12 Tempel des Zeus; 13 Altar des Zeus (?); 14 Pelopeion; 15 Terrassenmauer; 16 Philippeion; 17 Prytaneion; 18 Gymnasium; 19 Palästra; 20 Theokoleion; 21 griechisches Bad; 22 Thermen; 23 Gästehaus; 24 römisches Haus; 25 byzantinische Kirche; 26 Werkstatt des Phidias; 27 Leonidaion; 28 südliche Stoa; 29 Bouleuterion; 30 von Nero erbauter Eingang; 31 Hellanodikeion; 32 Neros Haus; 33 Haus des Oktogons (Haus des Achtecks).

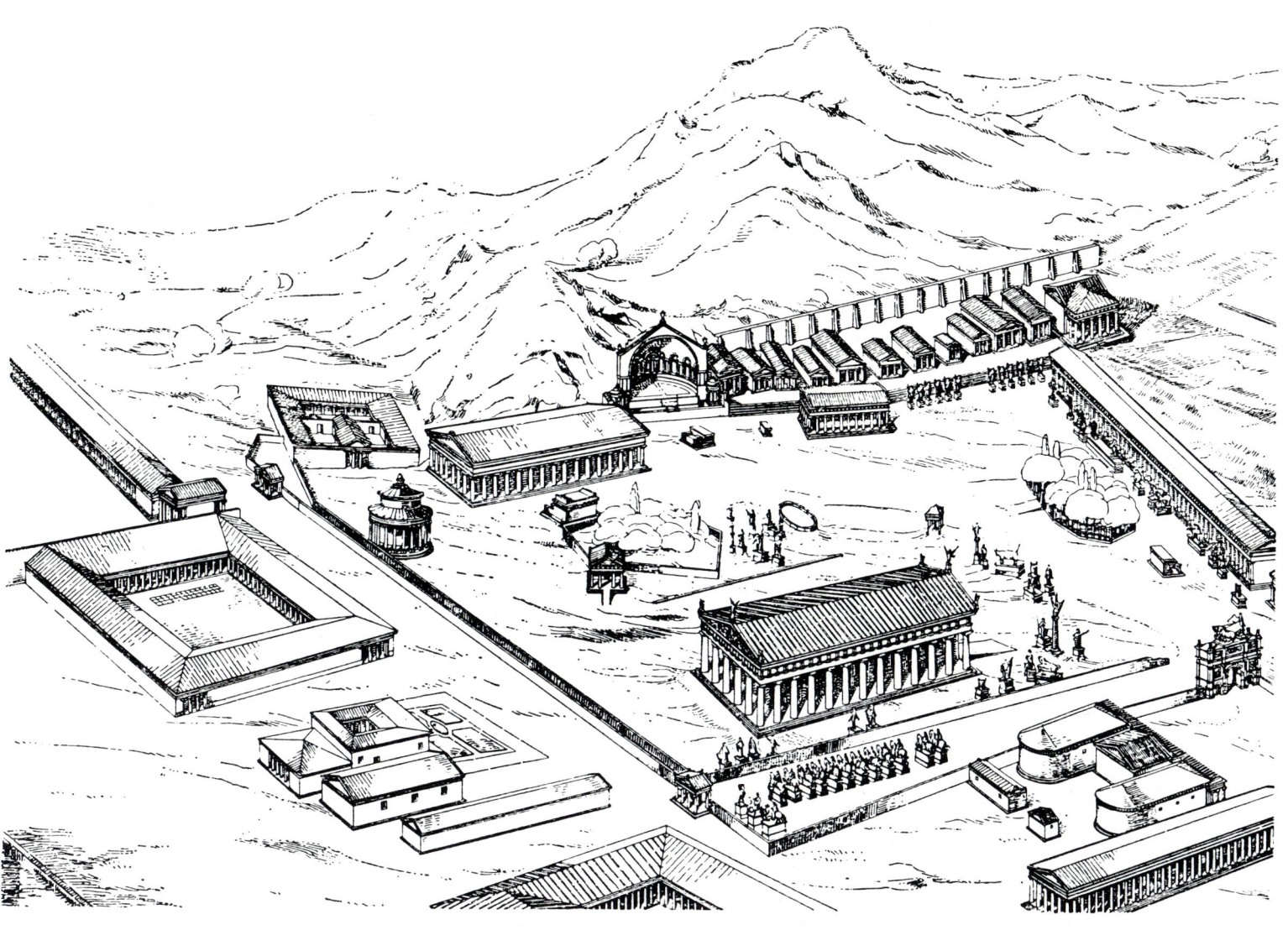

Abb. 185. Rekonstruktionszeichnung des heiligen Bezirks von Olympia.

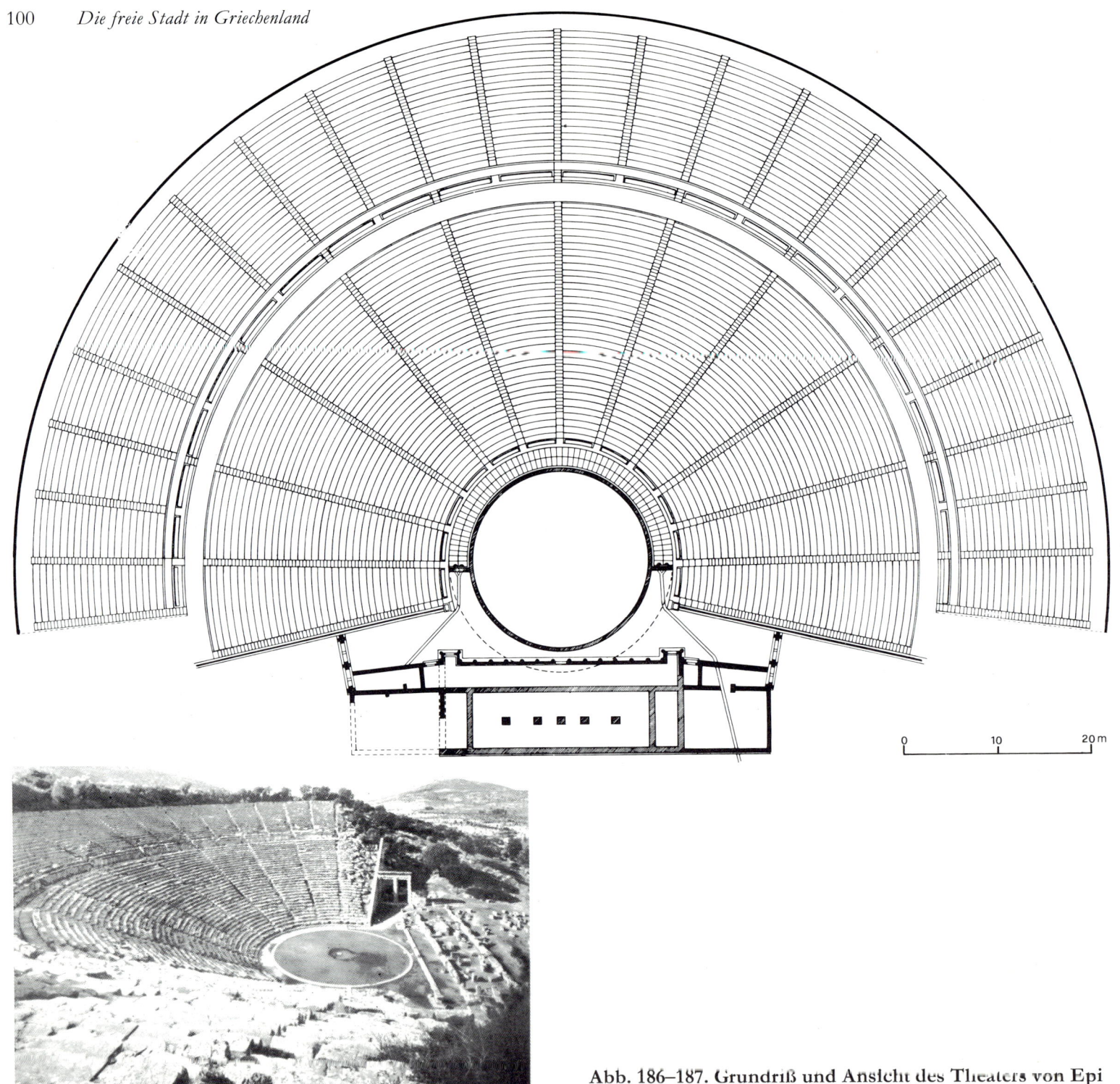

Abb. 186–187. Grundriß und Ansicht des Theaters von Epidauros, des am besten erhaltenen griechischen Theaters.

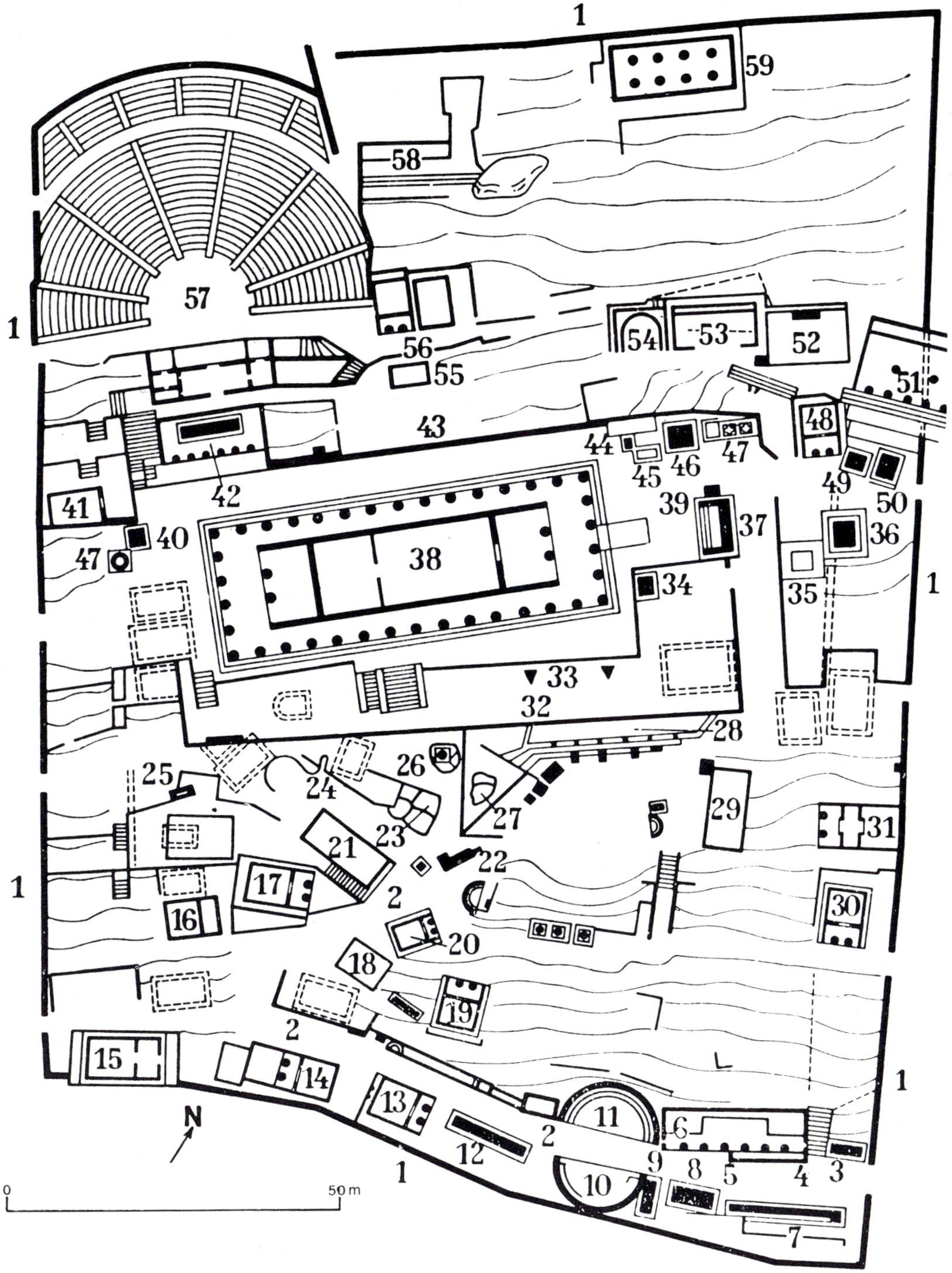

1 Einfriedungsmauer; 2 heilige Straße; 3 Stier der Korkyrer; 4 Schatzhaus der Arkadier; 5 Statue des Philopoimen; 6 Exedra der Nauarchoi; 7 Ex voto für die Schlacht von Marathon und für die Argivier; 8 Sieben gegen Theben; 9 Pferd; 10 die Epigonen; 11 die Könige von Argos; 12 Schatzhaus der Tarentiner; 13 Schatzhaus von Sikyon; 14 Schatzhaus von Siphnos; 15 Schatzhaus von Theben; 16 Schatzhaus von Poteidaia; 17 Schatzhaus von Athen; 18 Schatzhaus von Syrakus; 19 Schatzhaus von Äolien; 20 Schatzhaus von Knidos; 21 Bouleuterion; 22 Basis der Böotier; 23 Sibyllinischer Felsen; 24 Heiligtum der Ge; 25 Heiligtum der Musen (Asklepieion), 26 Sphinx der Naxier; 27 Fels der Leto; 28 Portikus der Athener; 29 Schatzhaus von Korinth; 30 Schatzhaus von Kyrene; 31 Prytaneion; 32 Polygonal-Mauer und Terrassenanlage; 33 Denkmäler von Messene; 34 Denkmal des Aemilius Paulus; 35 Schlangensäule; 36 Wagen von Rhodos; 37 Altar von Chios; 38 Apollotempel; 39 Stiftung des Eumenes; 40 Stiftung von Kerkyra (Korfu); 41 Schatzhaus (?); 42 Jagdmonument Alexanders; 43 Stützmauer; 44 Stiftung des Prusias; 45 Stiftung der Aristaineta; 46 Stiftung von Phokis; 47 Stiftung von Syrakus; 48 Schatzhaus von Akanthos; 49 Statue des Attalos; 50 Statue des Eumenes; 51 Stoa des Attalos; 52 Neoptolemeos-Halle; 53 Monument des Daochos; 54 Exedra; 55 Poseidon-Heiligtum; 56 Heiligtum des Dionysos; 57 Theater; 58 Portikus des Theaters; 59 Lesche von Knidos.

Abb. 188–189. Delphi: Plan des Apollo geweihten heiligen Bezirks (A in nebenstehender Übersichtskarte).

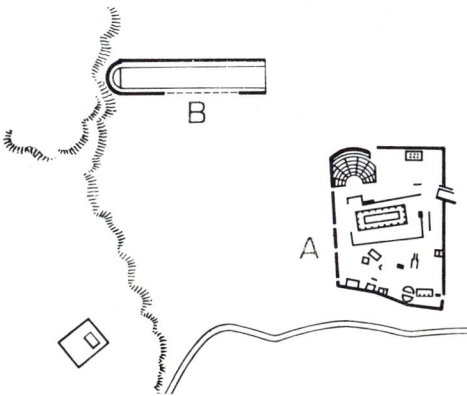

Die Rennbahn war vom Start bis zum Ziel genau 192 m lang;
diese Strecke entspricht der Länge der altgriechischen Maßeinheit *Stadion*

Abb. 190–191. (auf der gegenüberliegenden Seite) **Ansicht und Grundriß des Stadions von Delphi.**

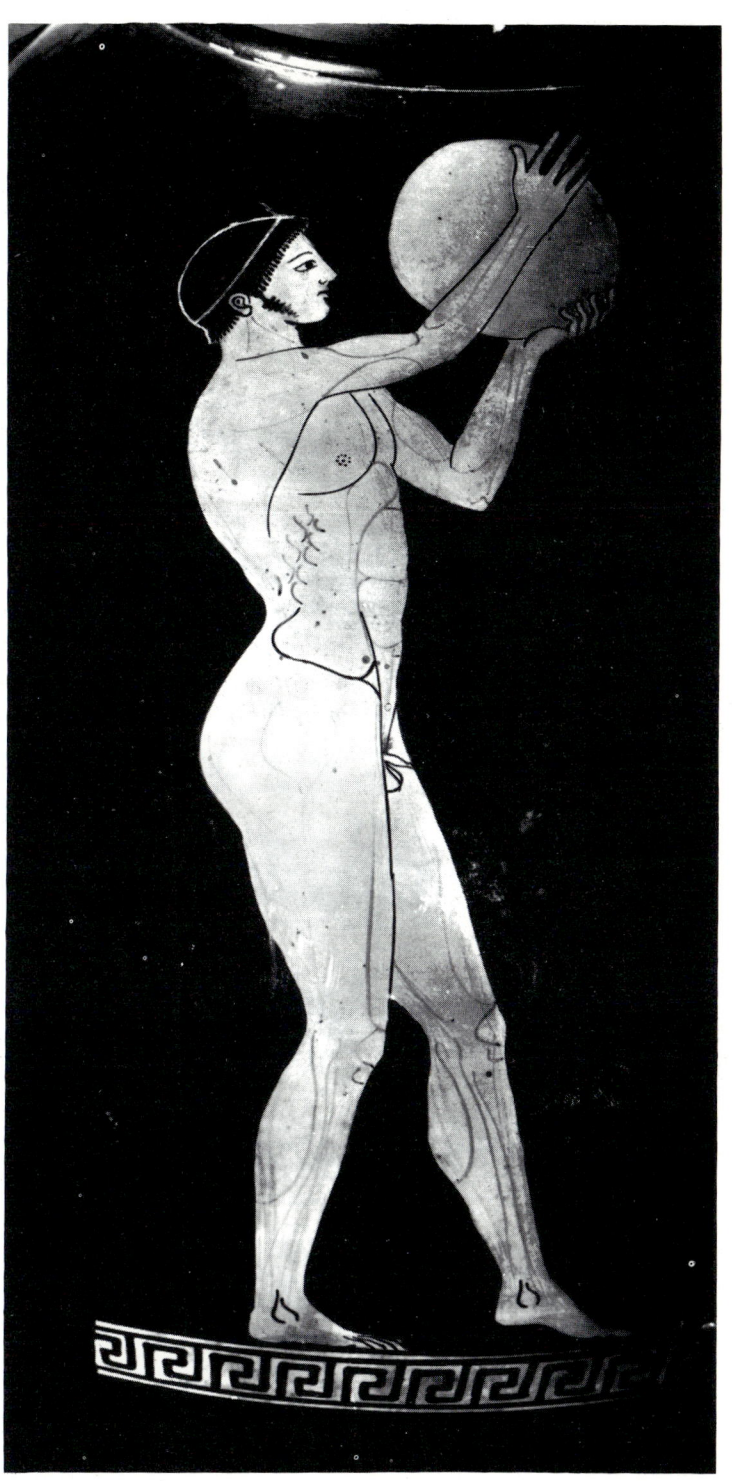

Abb. 192. Ein im Museum von Olympia aufbewahrter Diskus aus Bronze, der dieselben Maße und dasselbe Gewicht hat wie die heute noch benutzten (Durchmesser 22 cm, Gewicht 2 kg).

Abb. 193. Bildnis eines Diskuswerfers auf einer attischen Amphore (Anfang 5. Jh. v. Chr.).

Abb. 194. Ansicht von Athen in einer Zeichnung von Le Corbusier.

Abb. 195. Silberne Doppeldrachme, eine Athener Münze mit dem Kopf der Athene und der Eule.

Athen liegt in der Zentralebene Attikas, die im Süden von einer zerklüfteten Küste begrenzt wird und an allen anderen Seiten von Gebirgen umgeben ist: vom Aigaleos im Westen, vom Parnis im Norden und vom Pentelikon und Hymettos im Osten. Doch ermöglichen zahlreiche Pässe den Verkehr mit anderen Teilen der Region, und durch den günstigen Zugang zum Meer gelangte man leicht zu den nahegelegenen Inseln Salamis und Aigina, ebenso zu den etwas weiter entfernten Kykladen.

Die Ebene durchfließen zwei kleine Flüsse, Kephisos und Ilissos, zwischen denen sich einige Erhebungen befinden: der Lykabettos, die Akropolis, der Aeropag, der Nymphenhügel, die Pnyx und der Musenhügel. Die Akropolis (156 m ü.d.M.) ist der einzige dieser Hügel, der aufgrund seiner steilen Hänge Schutz vor Angriffen bot und dessen abgeflachte Kuppe groß genug war, um darauf eine Siedlung zu errichten. So ließen sich hier die ersten Siedler nieder, und auch als aus dieser kleinen Siedlung längst eine Metropole geworden war, die von Herodot »Stadt in Radform« genannt wurde, dominierte dieser Hügel weiterhin das Stadtbild und blieb Zentrum des öffentlichen Lebens.

Das große Athen entstand, nachdem die Bevölkerung der kleineren Zentren Attikas – von Theseus, wie die Legende behauptet – überzeugt oder gezwungen worden war, sich um die Akropolis herum niederzulassen. Diese neue Ansiedlung erstreckte sich nördlich der Akropolis und des Aeropag. In ihrem Mittelpunkt wurde die Agora eingerichtet. Der Aeropag wurde zum Sitz des Gerichts. Einige bedeutende Heiligtümer, wie das des Dionysos und des Olympischen Zeus, wurden am Südhang der Akropolis errichtet. Diese Seite der Akropolis war am leich-

testen zugänglich, und so dehnte sich die auf dem Hügel gelegene Siedlung vermutlich zuerst in dieser Richtung aus. Auf diese Weise entstand ein komplexes und differenziertes Gebilde, in dem den verschiedenen Elementen der Natur und der Tradition je besondere Funktionen zugeordnet wurden. Andererseits fiel der Stadt die Aufgabe zu, die einzelnen Teilbereiche zu vereinigen: Sie wurde so zum Zentrum von Politik, Handel und Religion und zur Zufluchtsstätte für die Bevölkerung, die zum großen Teil über das ganze Territorium verstreut lebte.

Für jede öffentliche Einrichtung der Stadt wurden eigene Bauten errichtet, deren Bauweise mit der Zeit immer perfekter und monumentaler wurde. In der Mitte der Akropolis wurde zwischen dem 7. und dem Anfang des 6. Jahrhunderts ein großer Tempel erbaut, und die Akropolis wurde dadurch zum Heiligen Gebiet. Im Jahre 556 v. Chr., als die Panathenäen, ein Fest zu Ehren der Göttin Athene, eingeführt wurden, legte man den Verlauf der Heiligen Straße fest: vom Dipylon-Tor schräg über die Agora und hinauf zur Akropolis durch den westlichen Eingang. Peisistratos und seine Nachfolger errichteten die erste Stadtmauer, die eine Fläche von 60 ha umschloß, die ersten monumentalen Bauten in der unmittelbaren Nähe der Agora, das auf dem Südhang der Akropolis gelegene Dionysos-Theater und ein Aquädukt, durch das Wasser aus dem Ilissos in die Stadt geleitet wurde. Zur Zeit des Kleisthenes wurde die Pnyx zum Versammlungsort gemacht, auf der Agora wurde das *Bouleuterion* errichtet und auf der Akropolis wurde mit dem Bau eines zweiten, parallel zum ersten stehenden Tempels begonnen. Dieser Tempel wurde später zu einem Teil des Parthenon des Perikles.

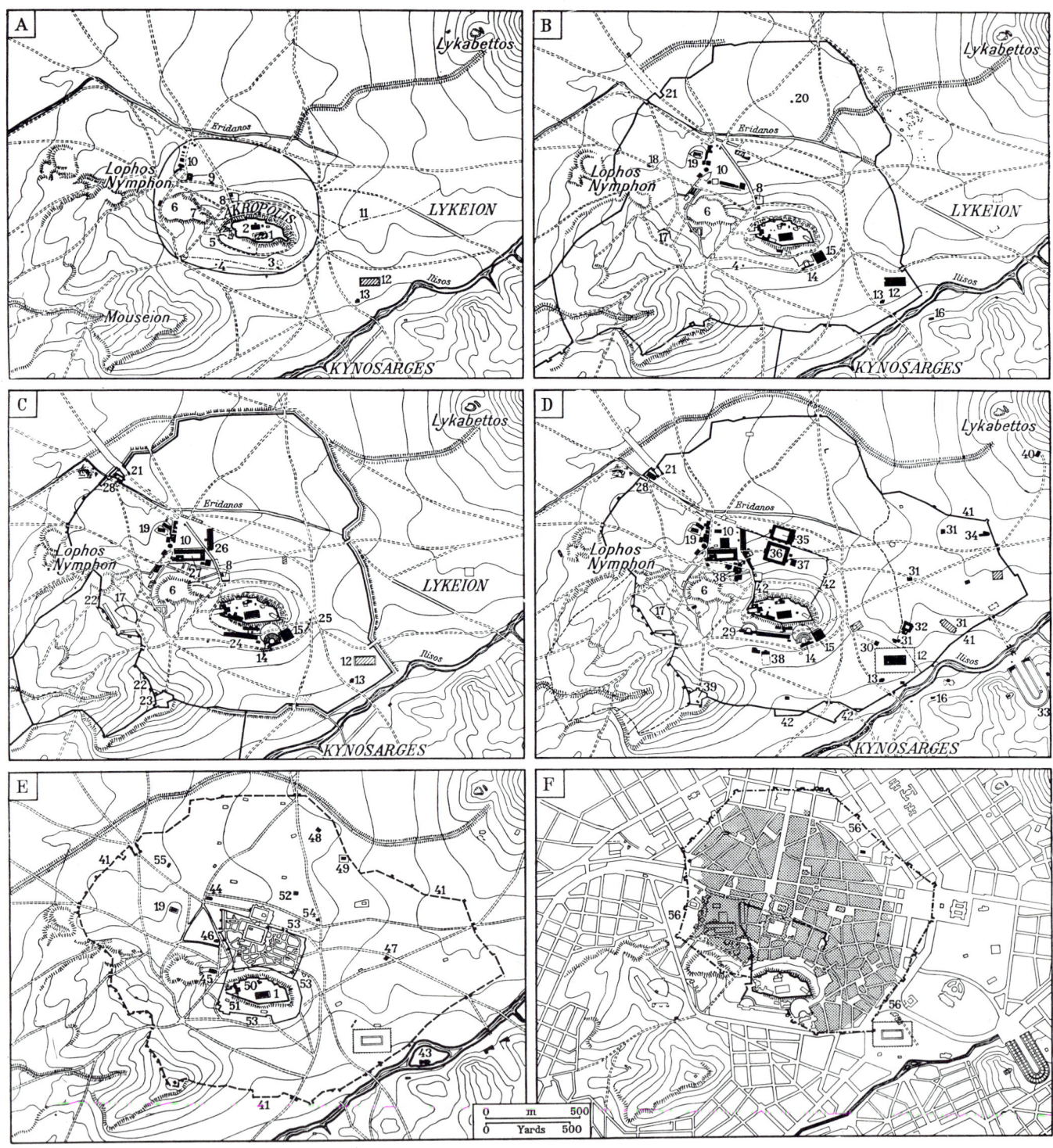

Abb. 196. (auf der gegenüberliegenden Seite) **Die Entwicklung Athens in sechs aufeinanderfolgenden Epochen:**

A Klassische Epoche mit dem vermuteten Verlauf der Stadtmauern aus dem 6. Jh.

B Klassische Epoche mit dem Verlauf der Mauern des Themistokles.

C Hellenistische Epoche mit dem Verlauf der *Diateichisma*, der nach der Zerstörung der »langen Mauern« zwischen Athen und Piräus errichteten Ummauerung.

D Römische Epoche mit der von Hadrian erweiterten Stadtmauer und den inneren Mauern aus der Zeit der Spätantike.

E Mittelalterliche Epoche mit den Resten der antiken Ummauerung und der aus der fränkischen Epoche stammenden Mauer, der sogenannten »Valerianischen Mauer«, die den mittelalterlichen Stadtteil umschloß (53).

F Moderne Epoche mit den nach dem 5. Jh. errichteten türkischen Mauern (56) und Stadtentwicklung bis zum 19. Jh. (gepunktet innerhalb des heutigen Stadtgebiets).

Einzelne Gebäude und Monumente, die zum Teil in verschiedenen Karten eingezeichnet sind:

1 Parthenon; später: Panagia Theotokos Atheniotissa-Kirche (5./ 6. Jh.); 2 Tempel der Athene Polias; 3 Heiligtum des Dionysos; 4 Heiligtum der Nymphen; 5 Enneapylon (Neun-Tor); 6 Areopag; 7 Semnai; 8 Eleusion; 9 Enneakrunos (Neunröhrenbrunnen); 10 Agora; 11 Aquädukt des Peisistratos; 12 Olympieion; 13 Pythion; 14 Dionysos-Theater; 15 Odeion des Perikles; 16 Tempel der Demeter und der Kore; 17 Pnyx; 18 Tempel der Artemis; 19 Hephaisteion; später: Kirche St. Georg (5. und 6. Jh.); 20 Altar des Zeus und der Athene Phratria; 21 Dipylon; 22 Diateichisma aus der frühen hellenistischen Epoche; 23 Präsidium der Makedonier; 24 *Stoa* des Eumenes; 25 Choregisches Monument des Lysikrates; 26 *Stoa* des Attalos; 27 In der Mitte liegende Stoa (Marktplatz); 28 Pompeion; 29 Odeion des Herodes Atticus; 30 Hadrianstor; 31 Thermen; 32 Gymnasium; 33 Stadion; 34 Villa; 35 Hadriansbibliothek; 36 Römische Agora; 37 Agoranomeion und Turm der Winde; 38 Schule; 39 Denkmal des Antiochus Philopappus; 40 Hydraulische Zisterne aus der Zeit Hadrians; 41 Hadriansmauer; 42 Mauer aus der spät-antiken Epoche; 43 Basilika des Bischofs Leonidas; 44 Sankt Philipp; 45 Sankt Dionysius (Areopagita); 46 Heilige Apostel; 47 Sotira Likodimou; 48 Sankt Theodor; 49 Sankt Georg; 50 Agia Triada (vordem: Erechtheion); 51 Heilige Engel (vordem: Propyläen); 52 Kapnikarea; 53 Fränkische Mauer; 54 Panagia Gorgoepikóos (kleine Metropolitankirche; heute: Sankt Eleutherius); 55 Heilige Engel; 56 Türkische Mauer.

Diese bereits zu Reichtum gelangte und gut ausgebaute Stadt wurde im Jahre 479 vor Chr. von den einfallenden Persern zerstört. Unmittelbar danach ließ Themistokles eine neue Stadtmauer errichten, die eine Fläche von ungefähr 250 ha umfaßte, wesentlich mehr als die Mauern aus dem 6. Jahrhundert. Darüber hinaus ließ er auch die Gebäude auf der Agora wieder aufbauen und machte Piräus zum neuen Handels- und Militärhafen. Zur Zeit der Perikles war die Akropolis fast vollständig wieder hergerichtet: Zwischen 447 und 438 vor Chr. wurde der Parthenon erbaut, 437 bis 432 die Propyläen, 430 bis 420 der Tempel der Athene Nike und 421 bis 405 das Erechtheion. Die Stadt dehnte sich auch über die von Themistokles errichteten Mauern hinaus aus und begann zu einem noch komplexeren, weite Teile der Umgebung umfassenden Gebilde zu werden. Es wurde mit dem Bau einer direkten, geradlinigen Straßenverbindung (Dromos) vom Dipylon-Tor zur Akademie begonnen, und die »langen Mauern« wurden fertiggestellt, die die Stadt mit dem von Hippodamos nach streng geometrischen Prinzipien angelegten Hafen Piräus verbanden. Kleon ließ die von Themistokles errichtete Stadtmauer ausbauen, um der Stadt einen besseren Schutz gegen von Westen her angreifende Feinde zu bieten. Die Struktur der Stadt war zunächst von den nach einem Plan errichteten monumentalen Bauwerke bestimmt, aber zwischen diesen entstanden zahlreiche kleinere Bauten, die nach und nach das Stadtbild veränderten. All diese Bauten fügten sich harmonisch in die ursprüngliche Umgebung ein und vermittelten zusammen mit den monumentalen Bauwerken den Eindruck eines außergewöhnlich ausgewogenen Stadtbildes.

Zu jener Zeit wurde auch letzte Hand an das Dionysos-Theater angelegt, in dem die gesamte Bevölkerung Athens Platz fand, um die Aufführungen der Tragödien von Aischylos, Sophokles und Euripides und der Kommödien von Aristophanes zu erleben (Abb. 216–218).

Form und Struktur, die sich Athen selbst gegeben hatte, während es mächtig und unabhängig war, waren nicht ausschließlich das Ergebnis einer umfassenden und verbindlichen Stadtplanung; die Harmonie und die Ausgewogenheit im Stadtbild kamen durch das Formgefühl und die Umsicht all derer zustande, die am Entstehen der einzelnen Bauten beteiligt waren: Regierende, Planer und Arbeiter. Wir sind es gewohnt, Architektur, Bildhauerei, Malerei und Innenarchitektur als getrennte Bereiche anzusehen, aber im antiken Athen existierten diese scharfen Abgrenzungen nicht. Selbst mitten in der Stadt blieben die Merkmale der ursprünglichen Landschaft trotz der Straßen, Mauern und monumentalen Gebäude weitgehend erhalten. An vielen Stellen trifft man zwischen den Bauten auf blanken Fels oder einen schroffen Abhang. Kennzeichnend für den damals der Natur gezollten Respekt ist, daß das rauhe und zerklüftete Ge-

Abb. 197. Athen: Hügelkuppe des Areopag.

lände nur so weit wie unbedingt nötig eingeebnet wurde (Abb. 197–198).

Ältere Gebäude, ja auch Ruinen wurden oft erhalten und in die neu zu errichtenden Bauten integriert. Auf diese Weise blieben sowohl Natur als auch Tradition im Stadtbild stets präsent und bildeten die Basis des neuen städtischen Lebens. Auf diesem Hintergrund entstanden neuartige Werke wie Statuen, die so groß waren wie Häuser (zum Beispiel die Bronzestatue der Athena Promachos auf der Akropolis, deren blanke Oberfläche derartig glänzte, daß die Seefahrer sie schon von weither sehen konnten), und große und kleine Bauten aus Pentelikonmarmor, die wie Skulpturen bearbeitet und wie Bilder bemalt waren.

Was die Monumente auf der Akropolis angeht (Abb. 199–215), läßt sich nicht sagen, wo die Architektur aufhört und die

Bildhauerei anfängt: Säulen, Kapitelle, Sockel und Gesims bestehen aus kunstvollen Bildhauerarbeiten, deren Formen sich ständig wiederholen (Abb. 214); die Friese und die Statuen auf den Giebeln waren aus demselben Material und wurden mit derselben Sorgfalt bearbeitet, auch wenn sie von der Form her völlig verschieden waren. An einem Monument, der Loggia der Karyatiden des Erechtheion, wurden die sechs Säulen durch sechs gleiche Statuen ersetzt (Abb. 215). Die einzelnen Teile wurden in den Werkstätten bearbeitet und dann vor Ort zusammengesetzt. Deshalb mußten alle Teile mit der gleichen technischen Präzision gefertigt werden und für alle Teile galten dieselben strengen Maßstäbe in bezug auf die maximal zulässige Abweichung (die ›Toleranz‹, wie man heute sagt): Der Säulenschaft, die einzelnen Elemente des Gesims, die Mauersteine und die Deckplatten (so-

Abb. 198. Athen: die Akropolis vom Pnyx aus gesehen.

wohl die Mauern, als auch die Balken und die Deckplatten waren aus Marmor) paßten millimetergenau aufeinander (Abb. 210). Die am meisten verehrte Statue, die der Athene Parthenos von Phidias schließlich, die ihren Platz in der Cella des Parthenon hatte, bestand aus einer großen vergoldeten und mit Elfenbein verzierten Holzstruktur, deren Fertigstellung die handwerklichen Fähigkeiten eines Goldschmieds erforderte.

So drückte sich die Präsenz des Menschen in der Natur nicht durch die Zahl und die Größe der von ihm geschaffenen Bauwerke aus, sondern durch deren Qualität. Das Stadtbild – als Ausdruck des politischen Gebildes Stadt-Staat – zeichnete sich aus durch maßvolle, den Menschen angemessene Dimensionen, die die Dominanz der ursprünglichen Landschaft, der unermeßlichen Natur nicht in Frage stellten. Aber der Mensch hat die

Fähigkeit, die von ihm geschaffenen Werke zu vervollkommnen, ja, er kann sogar versuchen, die Vollkommenheit der Natur nachzuahmen; und er kann jene die Natur beherrschende Ausgewogenheit zwischen den einzelnen Teilen und dem Ganzen herstellen. Von jeder Stelle der Stadt aus sieht man die Tempelanlage auf der Akropolis und aus der Entfernung zeigen die Tempel ihre einfache, aber durchdachte Konstruktion; aus der Nähe entdeckt man dann die einzelnen Details, die stets wiederkehrenden architektonischen Elemente (Säulen, Sockel, Kapitelle) und die vielen Meisterwerke der Bildhauerei, deren Ausdruck durch die Farbgebung noch lebendiger wird. Kurz, in der Gesamtansicht und im Detail zeigt sich hier eine kleine Welt sehr unterschiedlicher Formen, die aber trotz ihrer Verschiedenheit eine Einheit bilden und miteinander harmonieren.

Abb. 199. Athen: die Akropolis von Westen her gesehen.

Abb. 200. (auf der gegenüberliegenden Seite) **Plan der Akropolis von Athen.**

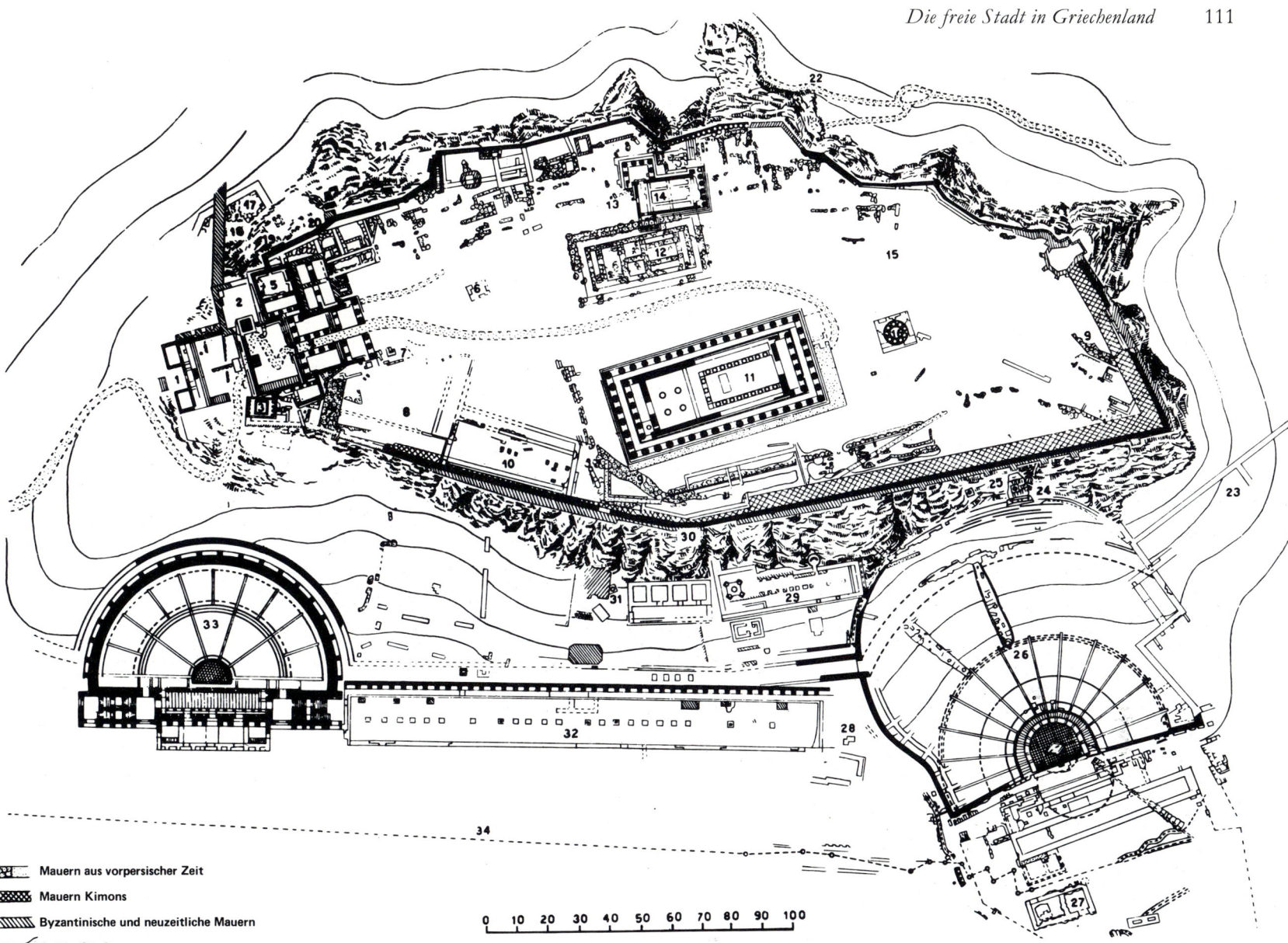

Mauern aus vorpersischer Zeit
Mauern Kimons
Byzantinische und neuzeitliche Mauern
Antike Straßen

0 10 20 30 40 50 60 70 80 90 100

1 Boulé-Tor
2 Denkmal des Agrippa
3 Tempel der Athene Nike
4 Propyläen
5 Pinakothek
6 Statue der Athene Promachos
7 Heiligtum der Athene Hygieia
8 Brauronium
9 Archaische Mauern
10 Chalkothek

11 Parthenon
12 Archaischer Tempel der
   Athene
13 Heiliger Olivenbaum
14 Erechtheion
15 Altar des Zeus Polieus
16 Tempel der Roma und des
   Augustus
17 Platz der Klepsydra
18 Klepsydra

19 Apollo-Heiligtum
20 Höhle des Pan
21 Aglaurion
22 Heiligtum der Aphrodite
23 Oberhalb des Odeion des Perikles gelegene Stützmauer
24 Denkmal des Thrasyllos
25 Choregische Monumente
26 Theater des Dionysos
27 Neuer Tempel des Dionysos

28 Denkmal des Nikias
29 Asklepieion
30 Höhle mit Überresten aus prä-
   historischer Zeit
31 Quelle
32 *Stoa* des Eumenes
33 Odeion des Herodes Atticus
34 Aquädukt

Abb. 201. Touristen besichtigen die Ruinen des Parthenon.

Abb. 202. Die Ruinen der Propyläen.

Abb. 203. Die Ruinen des Erechtheion.

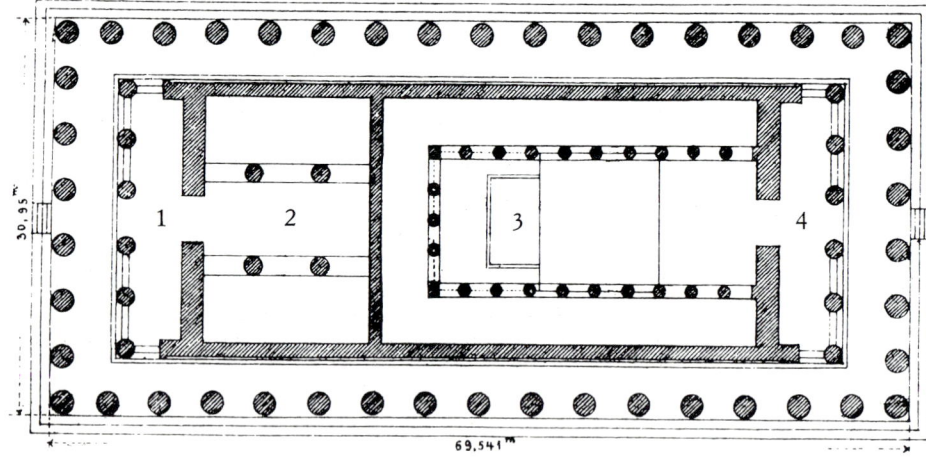

1 Hinterer Säulengang
2 Parthenon
3 Statue der Athene Parthenos
4 Vorderer Säulengang

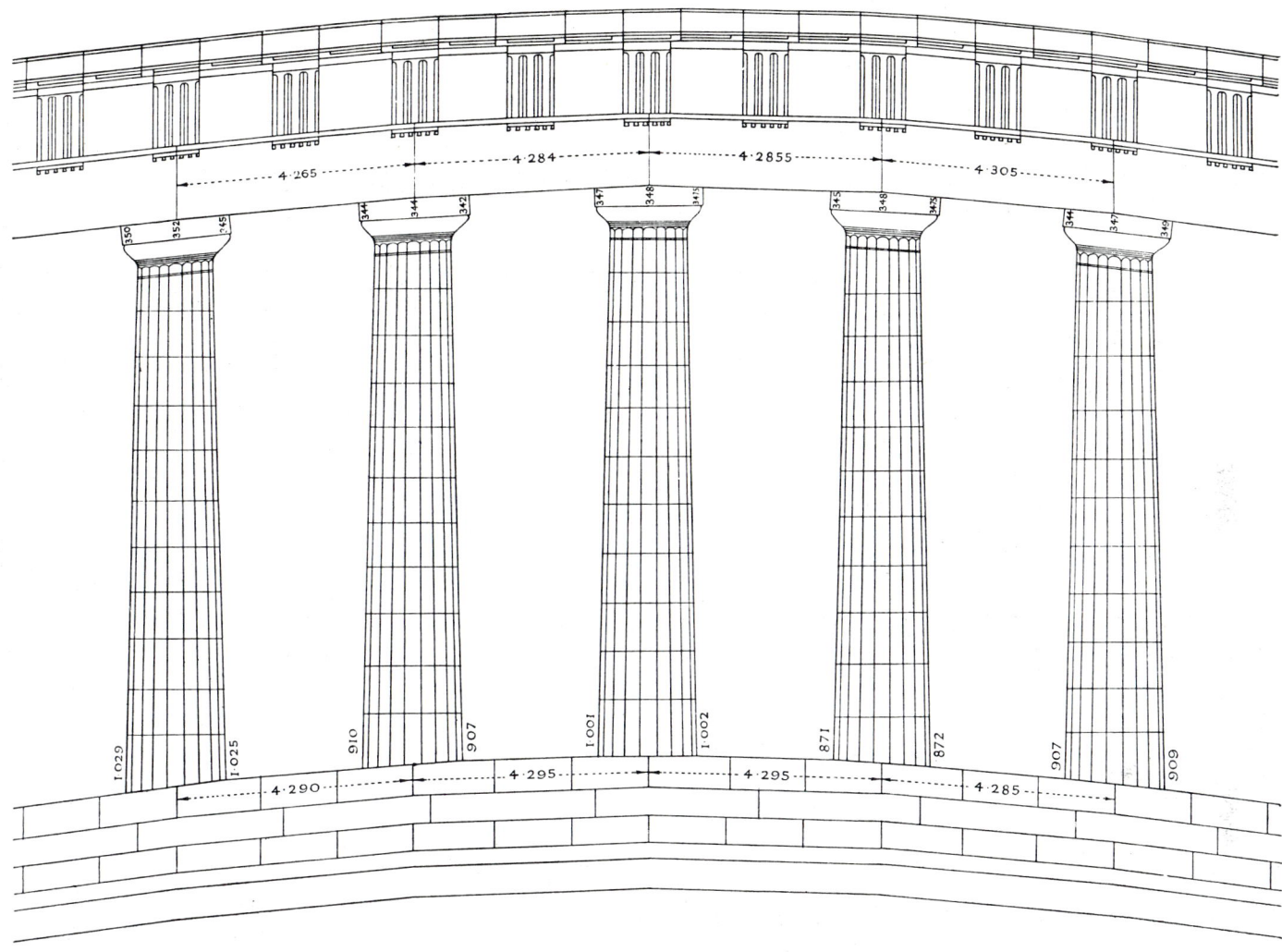

Abb. 204–205. (auf der gegenüberliegenden Seite) **Grundriß des Parthenon und Ansicht der östlichen Fassade.**

Abb. 206. (oben) **Aufriß eines Abschnitts der nördlichen Seite, der um eines besseren optischen Effekts willen die Säulenreihe übertrieben verzerrt darstellt.**

Abb. 207–208. (auf den beiden folgenden Seiten) **Die dorische Ordnung des Parthenon; Maßzeichnungen des Kapitells und des Gebälks; Ansicht einer Säulenreihe der Nord-Ost-Ecke.**

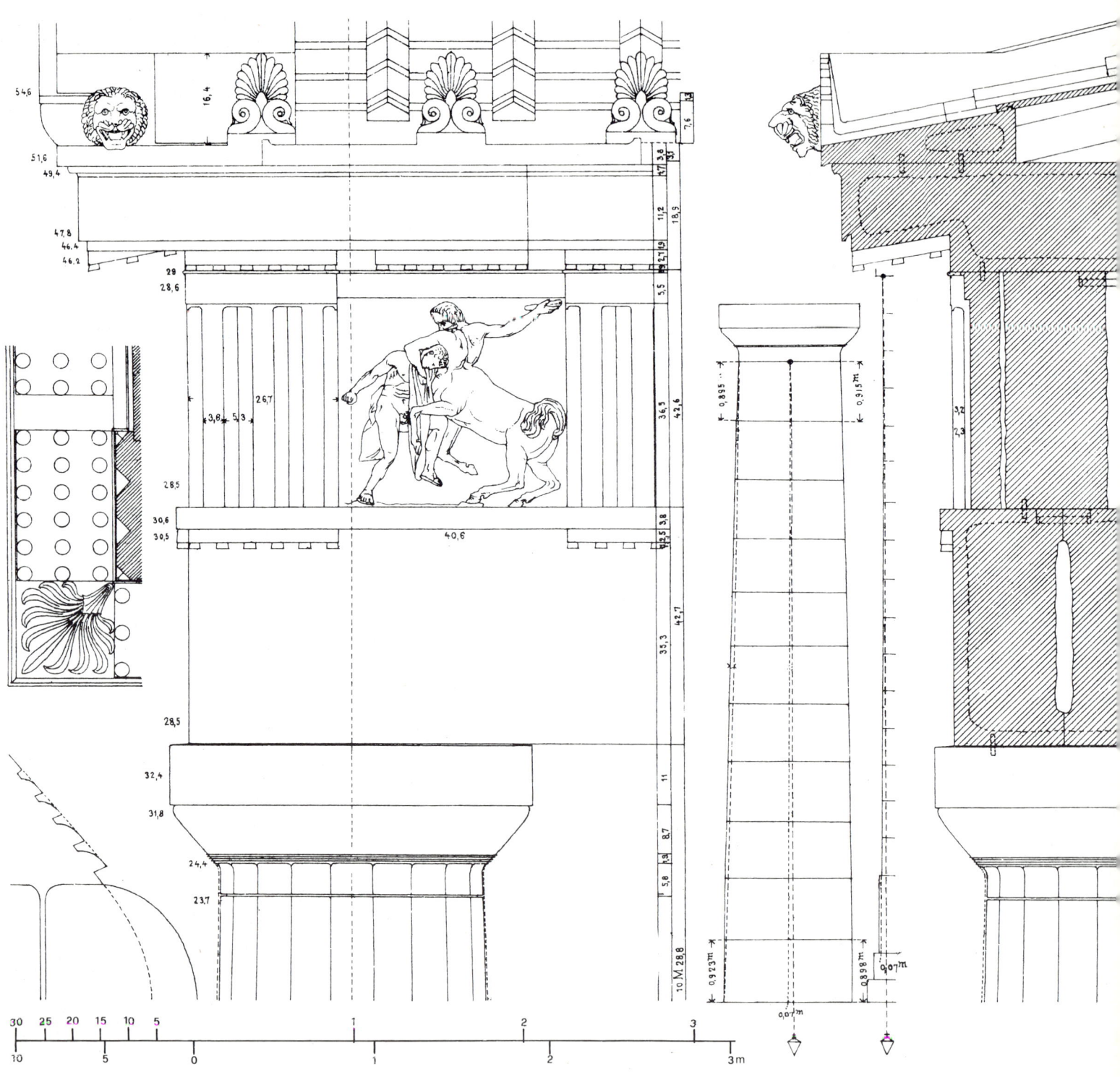

Abb. 209. (auf den beiden vorhergehenden Seiten) **Die Marmorskulpturen des östlichen Giebels des Parthenon, die im Britischen Museum in London aufbewahrt werden.**

Abb. 210. Die Basis einer Säule des Parthenon.

Abb. 211. (oben) **Die westliche Seite des Erechtheion.**

Abb. 212. (rechts**) Rekonstruktion der Akropolis (links das Erechtheion, rechts der Parthenon).**

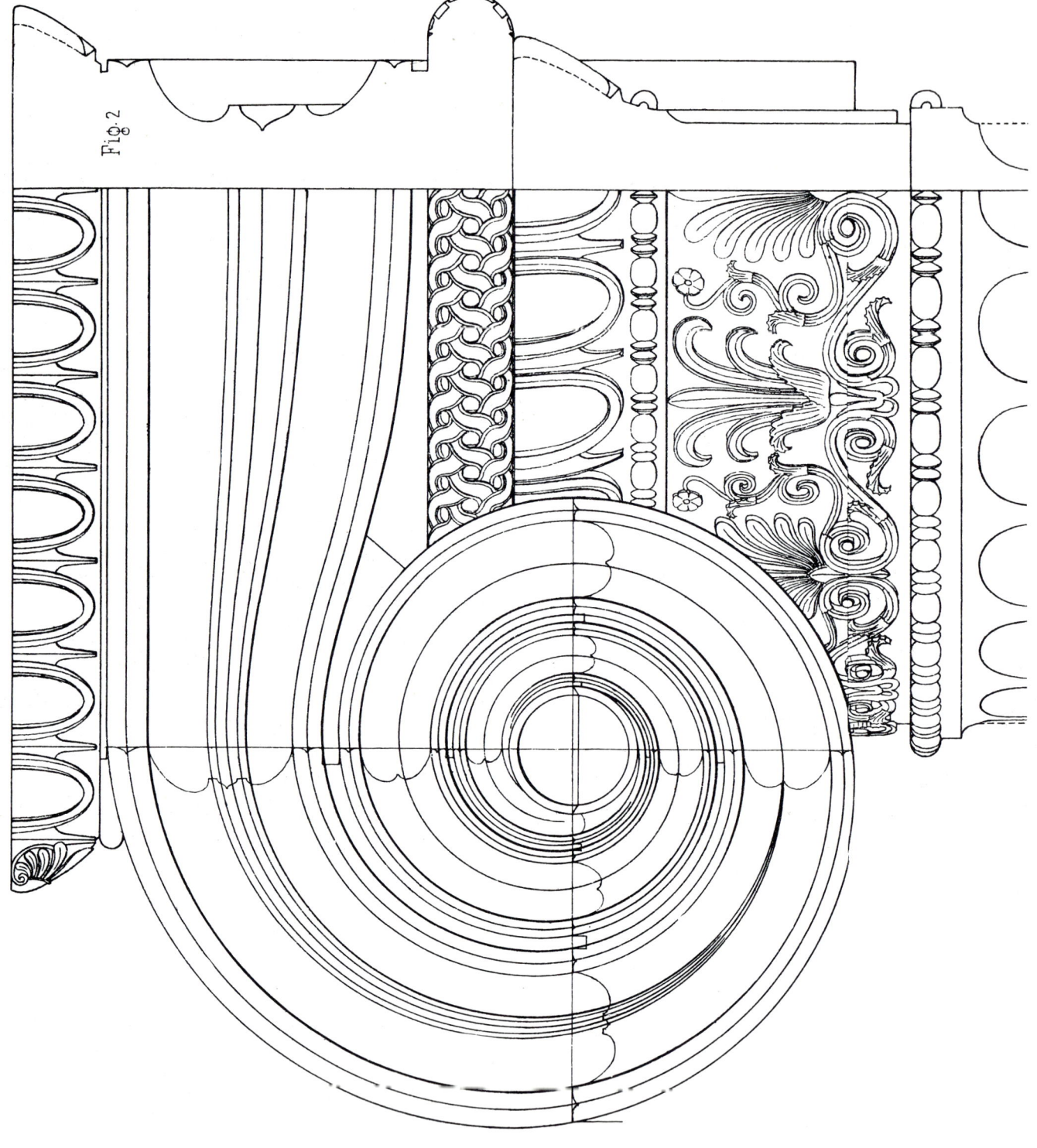

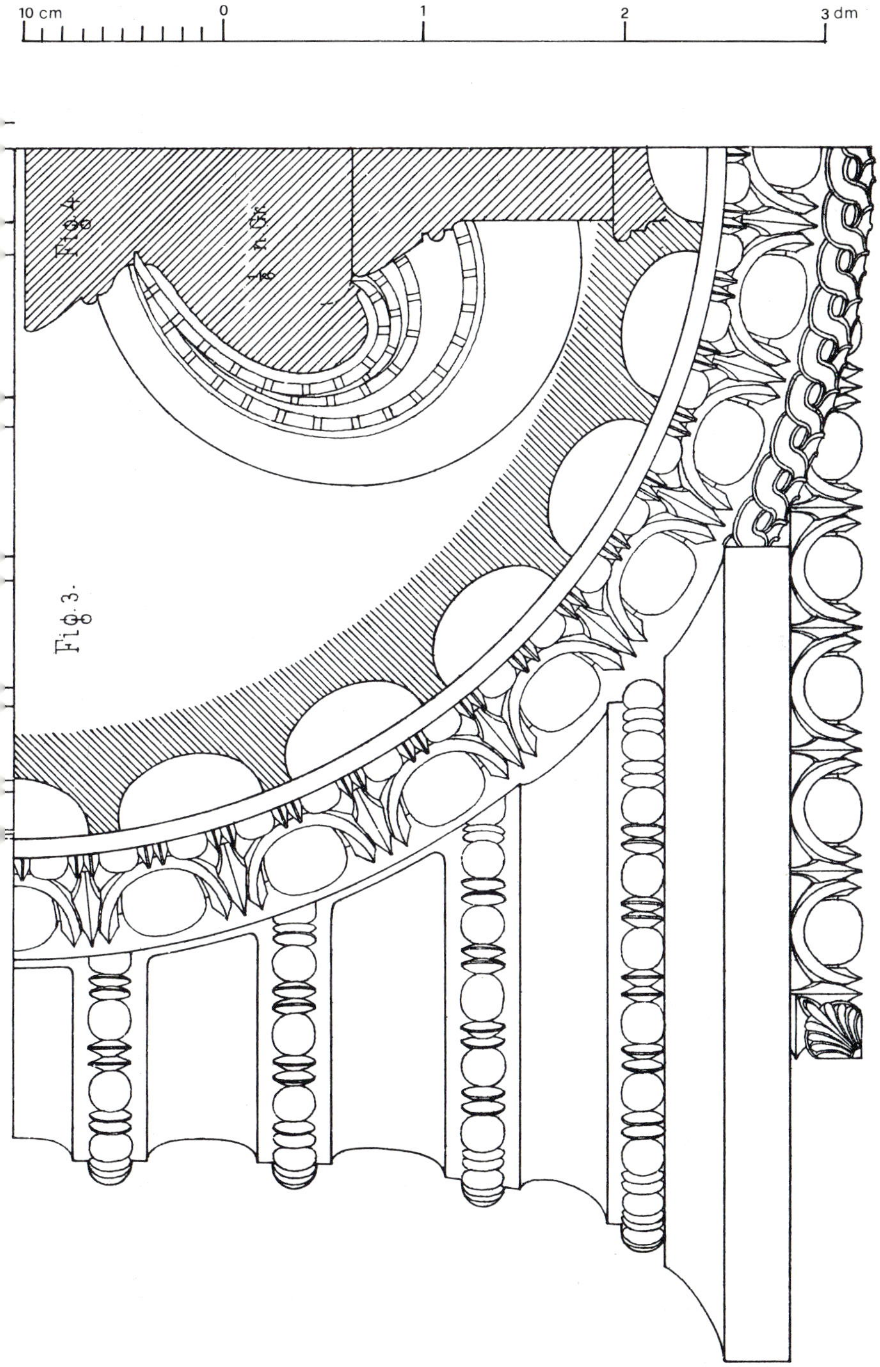

10 cm   0   1   2   3 dm

Fig. 3.

Abb. 213–214. Zeichnungen des Kapitells einer Säule des nördlichen Portikus des Erechtheion (Maßstab 1 : 4).

Abb. 215. Eine der Karyatiden, die den südlichen Säulengang des Erechtheion stützen.

Abb. 216–218. Das Theater des Dionysos in Athen: zwei Ansichten des heutigen Zustands; zwei Eintrittsmarken für das Theater (Numismatikmuseum Athen); Grundriß.

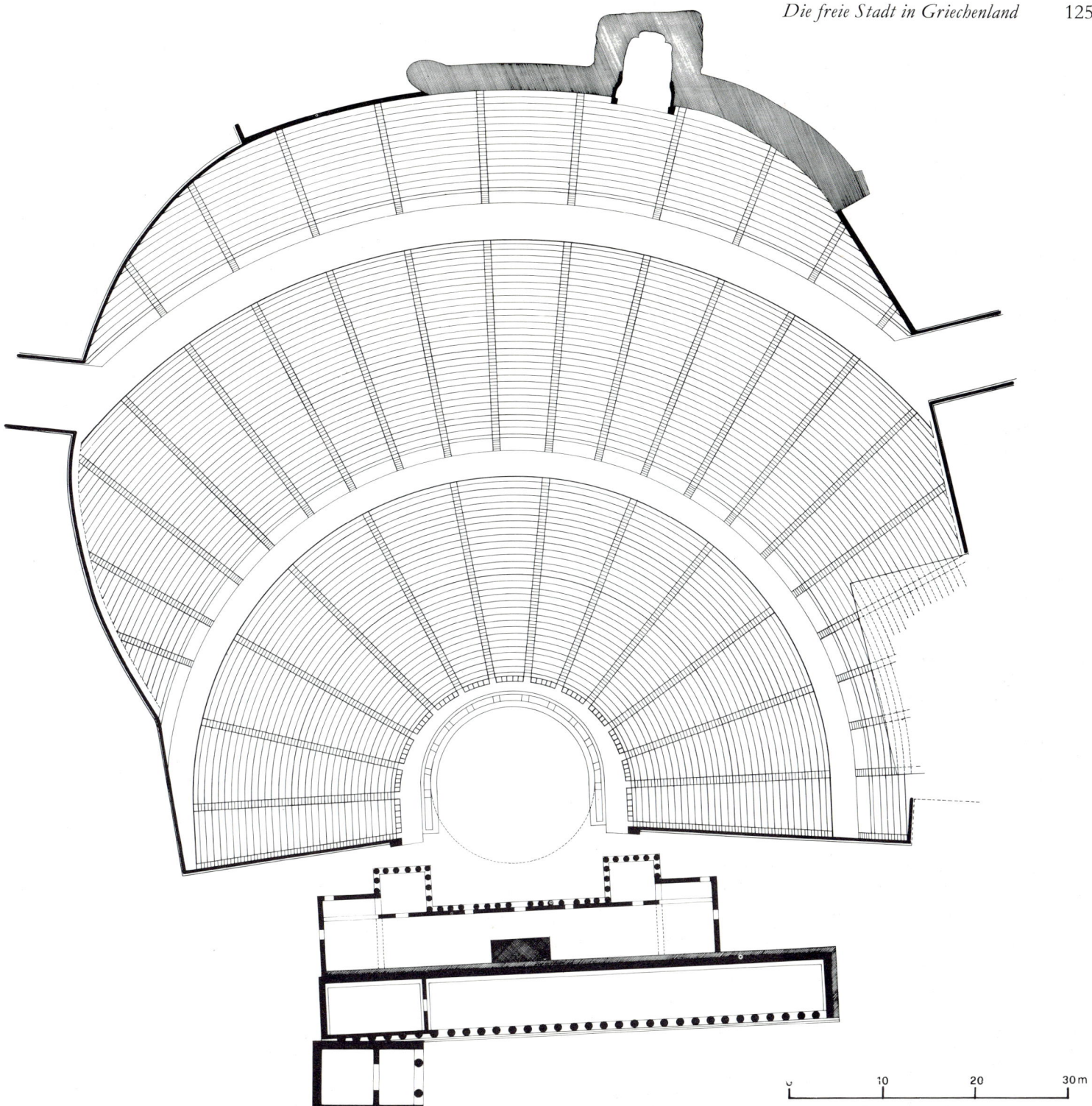

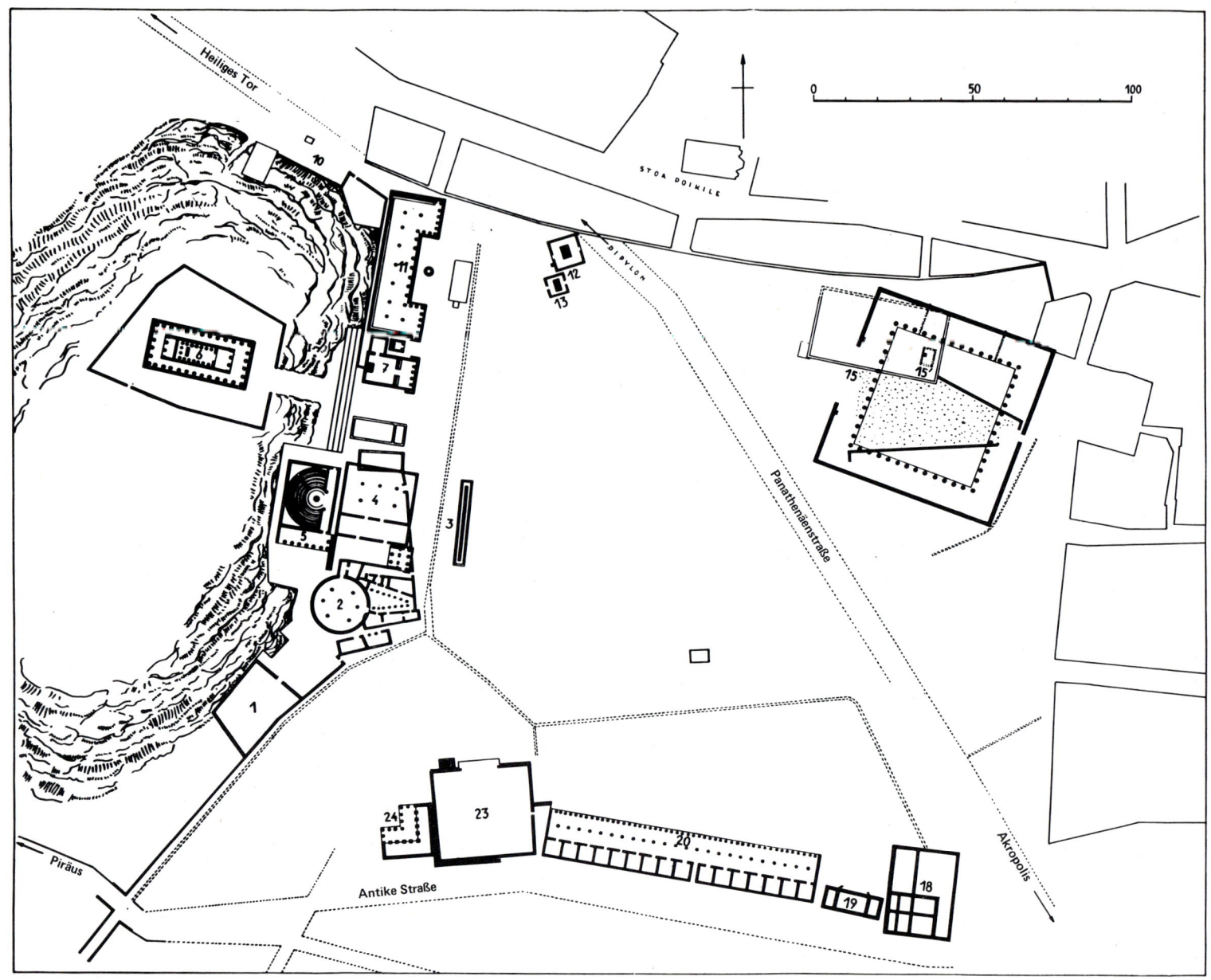

Abb. 219. Plan der Agora von Athen im 3. Jh. v. Chr.

1 *Strategeion*	6 Tempel des Hephaistos	13 Abgetrennter Bereich	20 Südliche *stoa*
2 Tholos	7 Tempel des Apollo Patroos	14 Peristyl	23 Theseion (sog. Heliaia)
3 Bezirk der eponymen Heroen	10 Kerameikos	15 Tribunal	24 Süd-westlicher Brunnen
4 Metroon	11 *Stoa* des Zeus Eleuterios (Basileios?)	18 Münzstätte	
5 *Bouleuterion*	12 Altar der zwölf Götter	19 Süd-östlicher Brunnen	

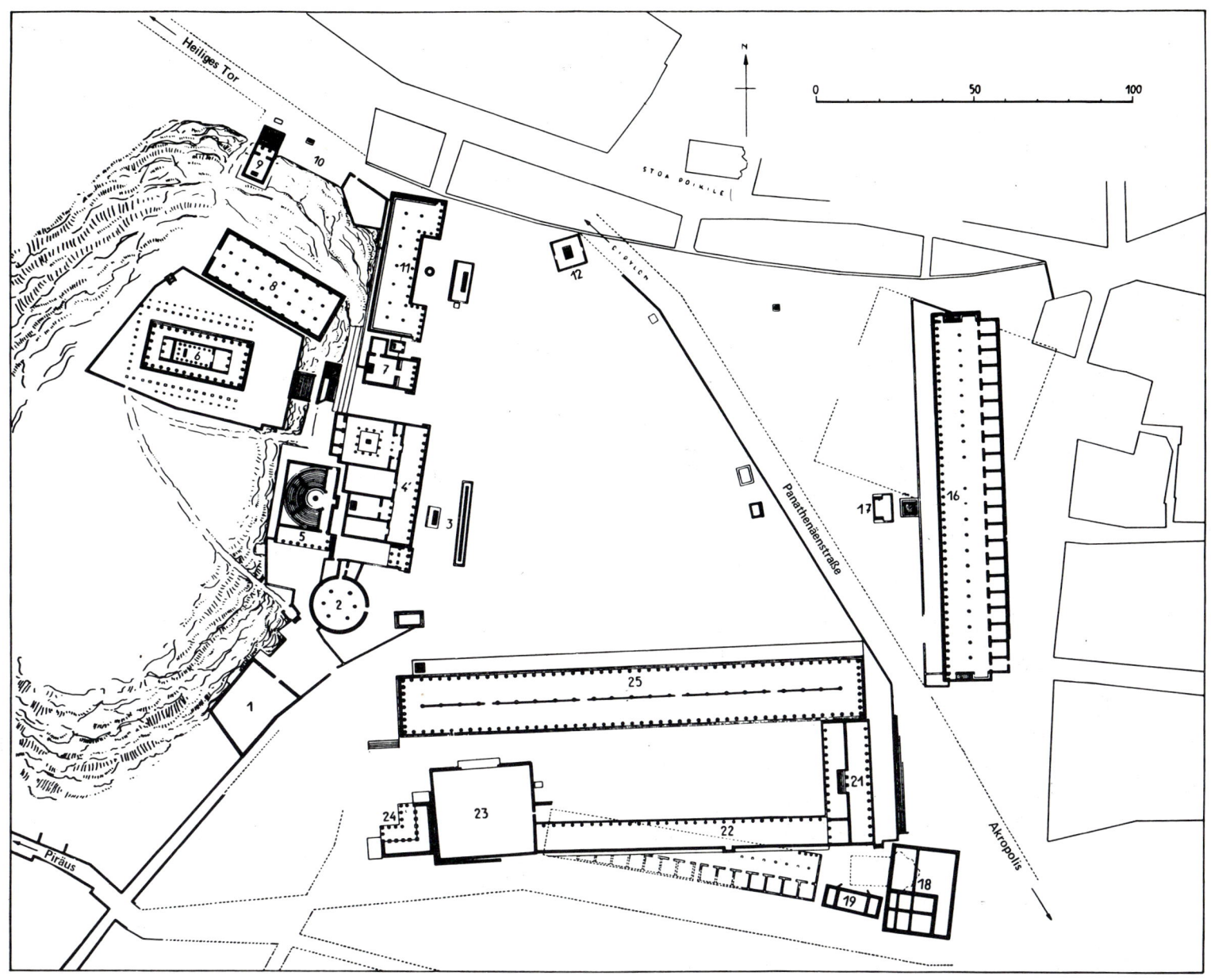

Abb. 220. Plan der Agora von Athen gegen Ende der hellenistischen Epoche.

1 *Strategeion*
2 Tholos
3 Bezirk der eponymen Heroen
4 Portikus des Metroon
5 *Bouleuterion*

6 Tempel des Hephaistos
7 Tempel des Apollo Patroos
8 Hellenistisches Gebäude
9 Tempel der Aphrodite Urania
10 Kerameikos

11 *Stoa* des Zeus Eleuterios (Basileios?)
12 Altar der zwölf Götter
16 *Stoa* des Attalos
17 *Bema* (Rednertribüne)
18 Münzstätte und Nymphaeum

19 Süd-östlicher Brunnen
21 Östliche *stoa*
22 Südliche *stoa*
23 Theseion (sog. Heliaia)
24 Süd-westlicher Brunnen
25 Mittlere *stoa*

Abb. 221. Ansicht der Agora von Athen in der römischen Epoche.

A Akropolis
B *Stoa* (Portiken)
O Odeion
T Tempel
C *Bouleuterion*

Abb. 222. Zwei Ostraka, Tonscherben, die für die Abstimmung über die Verbannung (Ostrakismus) Themistokles' und Aristides' benutzt wurden.

Abb. 223. Axonometrie des Odeion des Agrippa (ca. 15 v. Chr.).

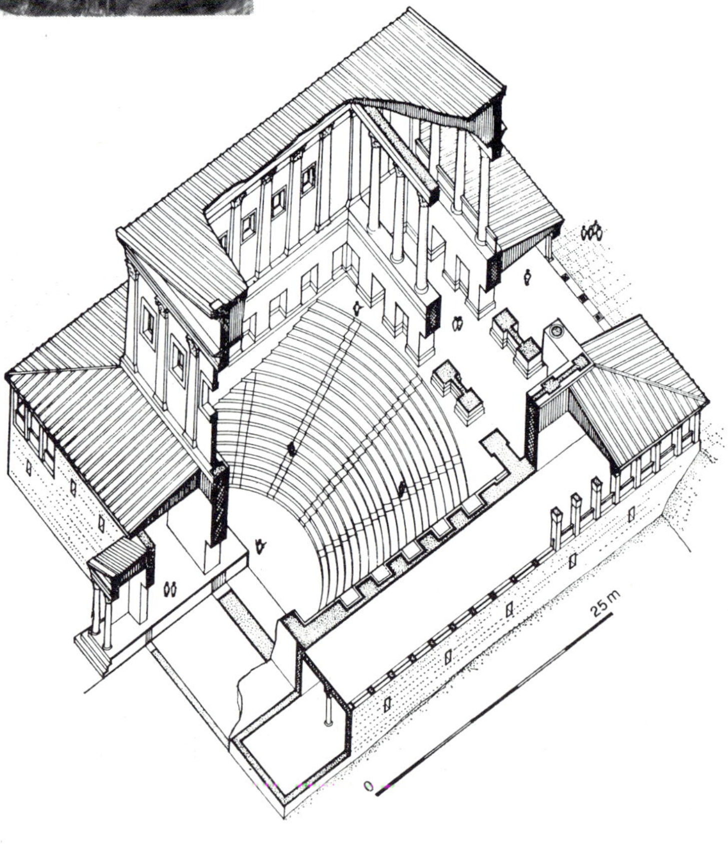

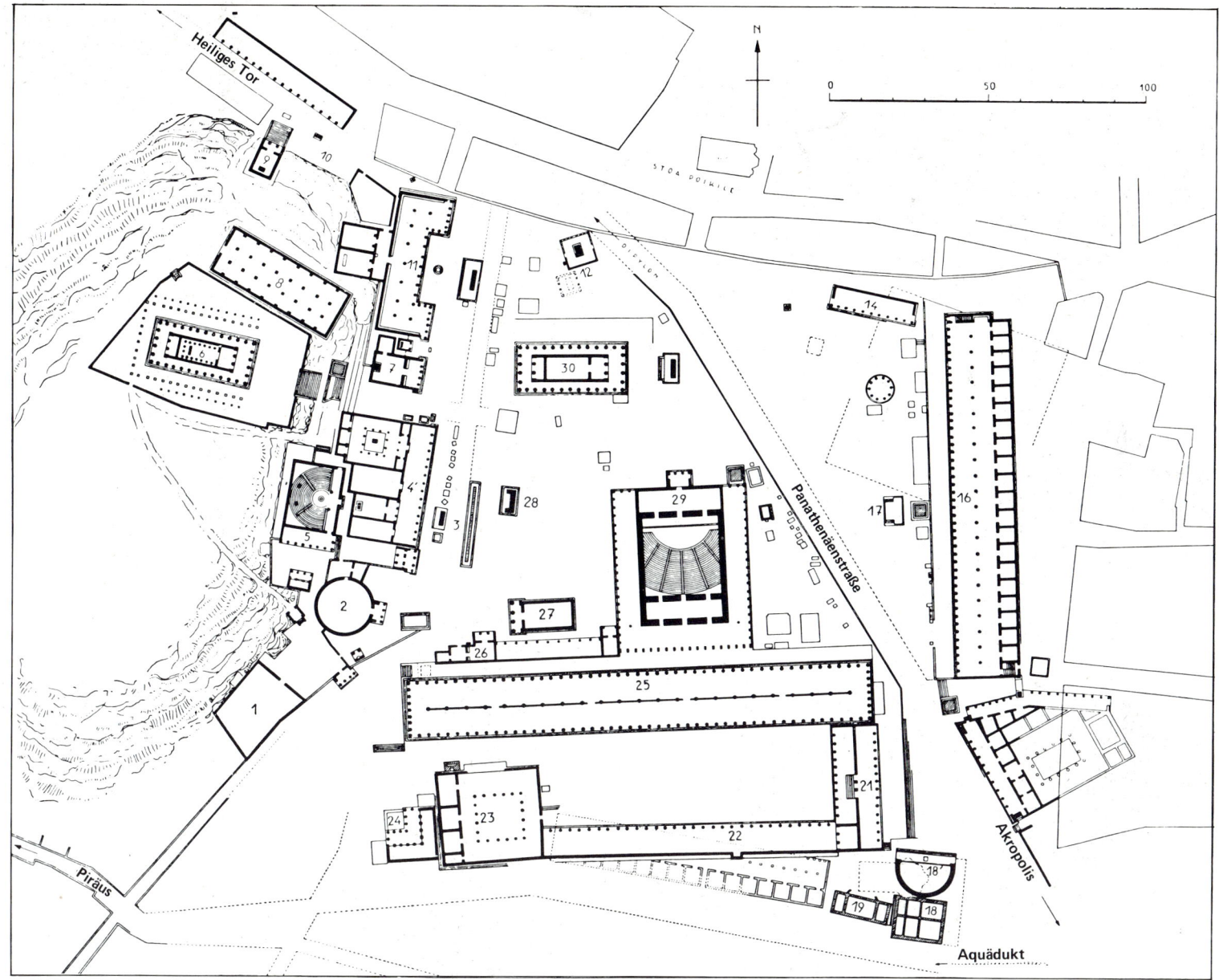

Abb. 224. Plan der Agora von Athen in der römischen Epoche.

1 *Strategeion*	8 Hellenistisches Gebäude	17 *Bema* (Rednertribüne)	25 Mittlere *stoa*
2 Tholos	9 Tempel der Aphrodite Urania	18 Münzstätte und Nymphaeum	26 Verwaltungsgebäude
3 Bezirk der eponymen Heroen	10 Kerameikos	19 Süd-östlicher Brunnen	27 Römischer Tempel
4 Portikus des Metroon	11 *Stoa* des Zeus Eleuterios (Basileios?)	21 Östliche *stoa*	28 Altar (des Zeus Agoraios?)
5 *Bouleuterion*	12 Altar der zwölf Götter	22 Südliche *stoa*	29 Odeion des Agrippa
6 Tempel des Hephaistos	14 Nord-östliche *stoa*	23 Theseion (sog. Heliaia)	30 Tempel des Ares
7 Tempel des Apollo Patroos	16 *Stoa* des Attalos	24 Süd-westlicher Brunnen	

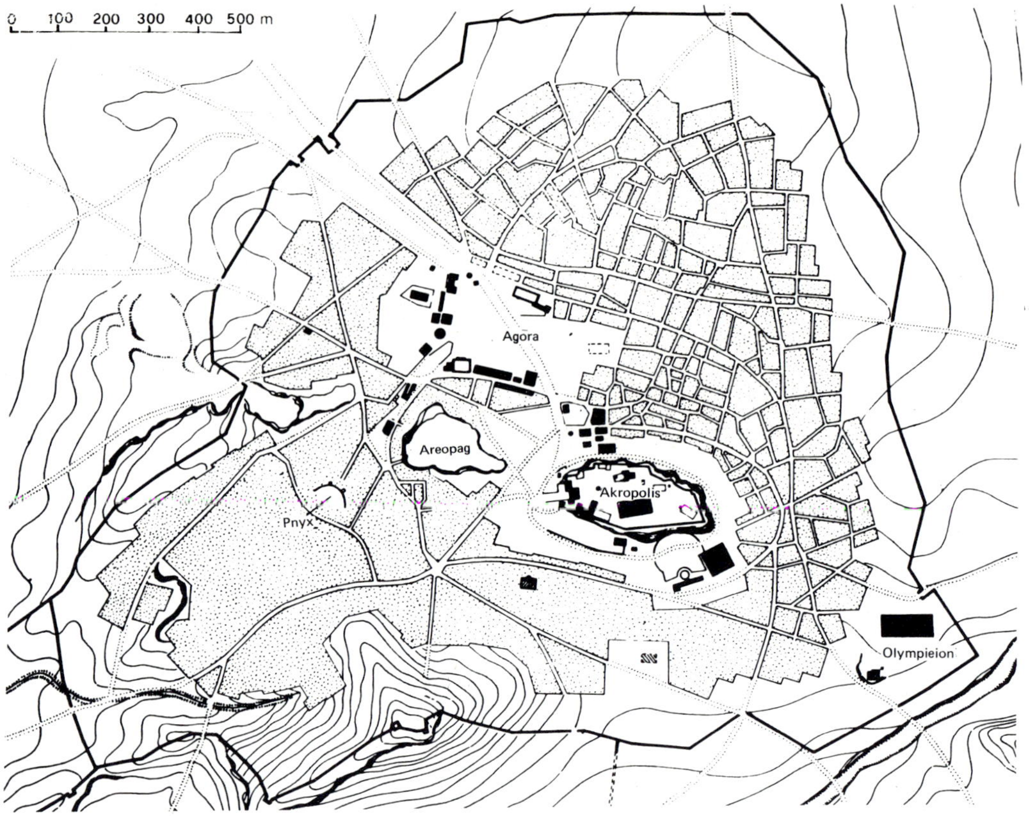

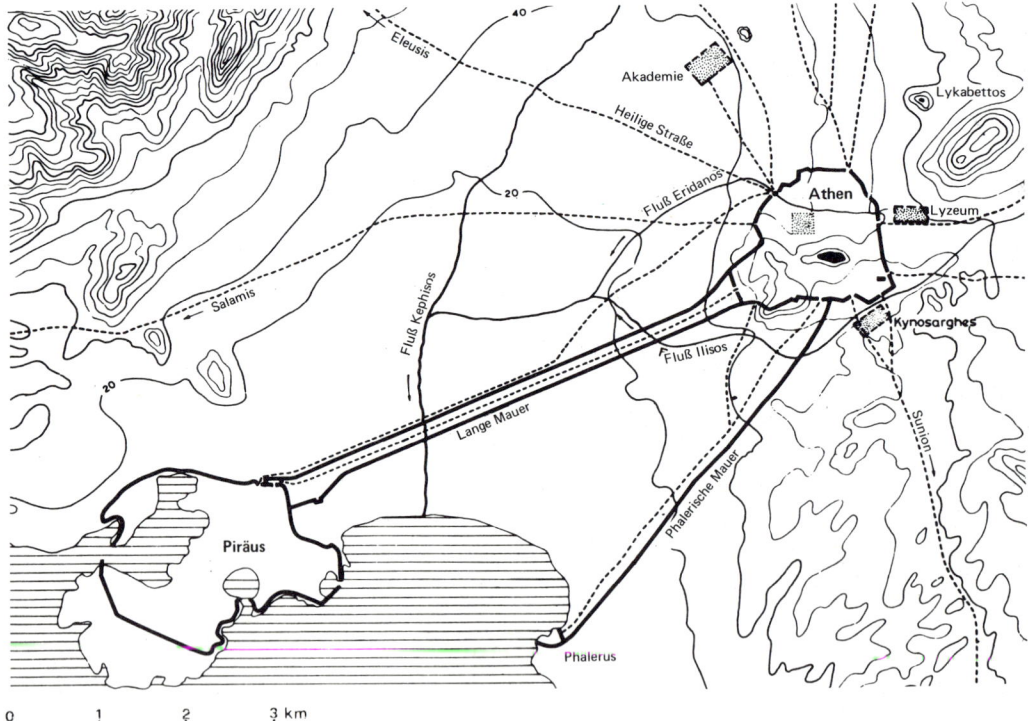

Abb. 225. Ungefährer Plan von Athen zur Zeit des Perikles mit den Wohnvierteln (punktiert), die rund um die öffentlichen Gebäude und Monumente (schwarz eingezeichnet) liegen.

Abb. 226. Das große Athen im 5. Jh. v. Chr. mit den langen Mauern, die die Stadt mit dem Hafen Piräus verbanden.

Wir müssen uns nun vorstellen, daß die Wohnhäuser um die Akropolis und um die anderen öffentlichen Bauwerke und Plätze herum gruppiert waren (Abb. 225 und 228). Der Verlauf der von den Archäologen rekonstruierten Straßen ist – mit Ausnahme des Dromos, der geradlinigen Verbindung zwischen Agora und Dipylontor – unregelmäßig und läßt auf ein nicht im Voraus durchgeplantes Wachstum der Wohnviertel schließen. Die Wohnhäuser selbst, die sicher recht bescheiden waren, sind verschwunden, ohne Spuren hinterlassen zu haben. Anhand der in Delos im Theaterviertel ausgegrabenen Häuser aus derselben Epoche können wir uns dennoch ein Bild vom Aussehen der damaligen Wohnviertel machen (Abb. 229–231). Die Wohnhäuser waren deshalb so klein und schlicht, weil damals das private Leben keine große Bedeutung hatte. Den größten Teil des Tages verbrachte man im Freien, auf den öffentlichen Plätzen, die nach gemeinschaftlichen, von der Versammlung beschlossenen Plänen gestaltet worden waren. Die über alle Stadtteile verstreuten Monumente waren unübersehbare Symbole dafür, daß die Stadt allen gehörte.

Abb. 227. Die Struktur einer Mauer aus Marmor auf der Akropolis von Athen.

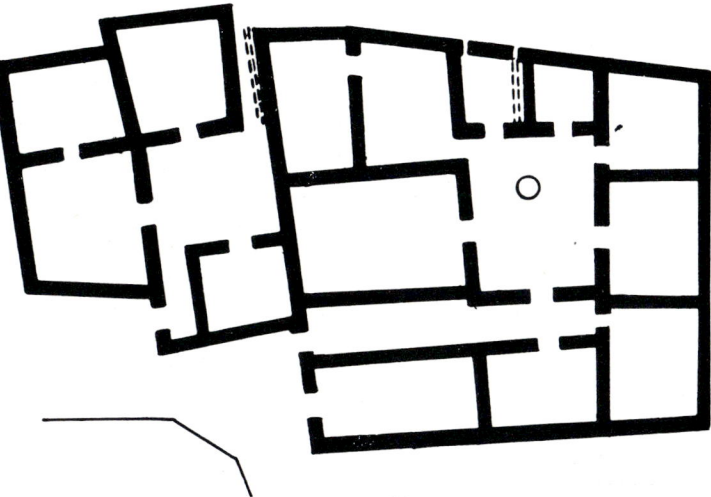

Abb. 228. Grundriß zweier Athener Häuser aus dem 5. Jh. v. Chr.

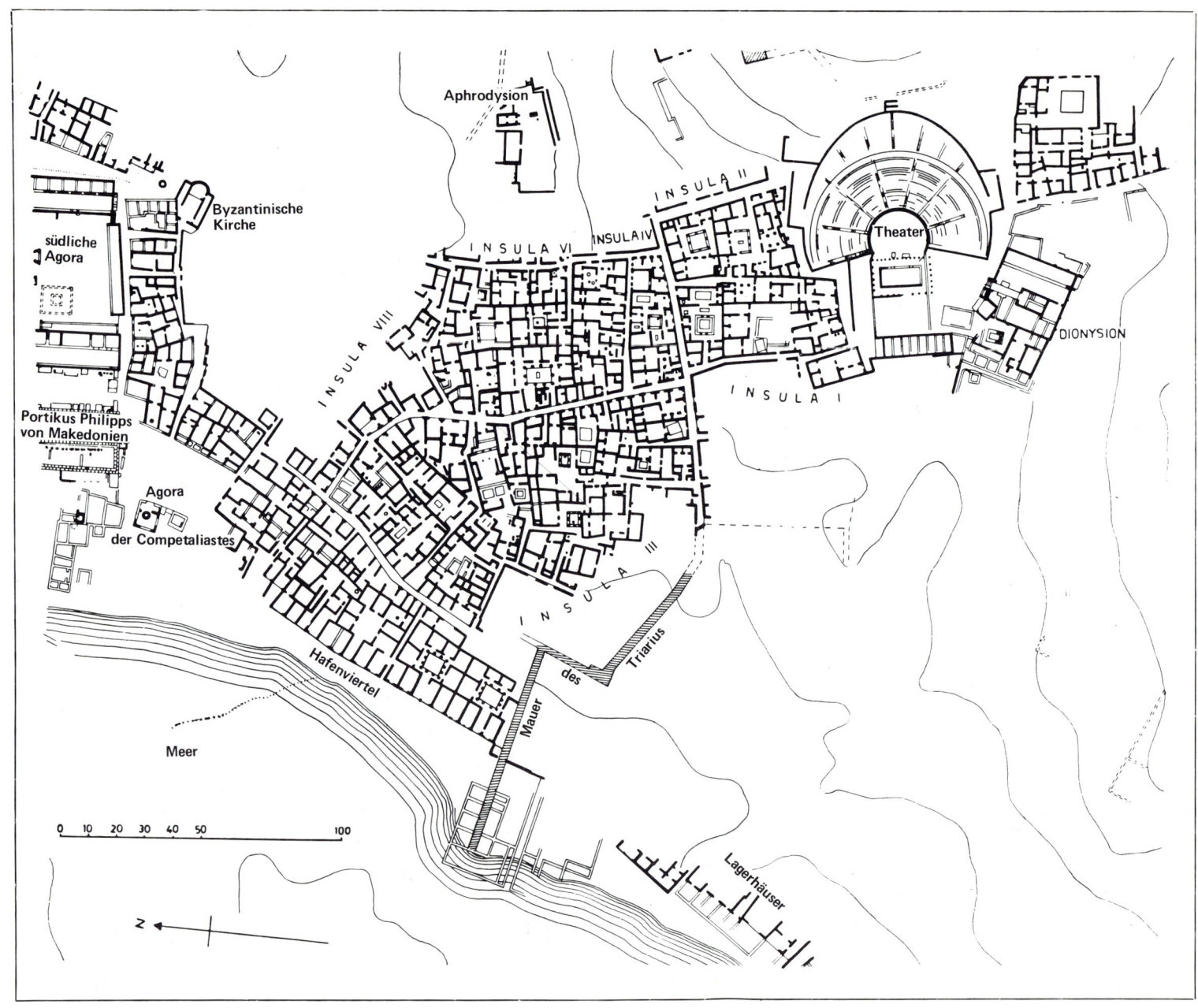

Abb. 229. Das Hafenviertel von Delos; die durch die Ausgrabungen freigelegten Häuser stammen aus dem 3. und 2. Jh. v. Chr. und entsprechen dem Haustyp, der in allen griechischen Städten seit dem 4. Jh. verbreitet war. Nach Demosthenes wurden diese Häuser mit einem von einem Säulengang gesäumten Hof zum ersten Mal um die Mitte des 4. Jahrhunderts am Stadtrand von Athen gebaut.

Abb. 230–231. Plan der Insulae I, II, IV und VI in Delos und Grundriß zweier Häuser der Insula II.

Die im Athener Agora-Museum aufbewahrten Gebrauchsgegenstände des täglichen Lebens geben eine Vorstellung von der
Schlichtheit, die den privaten Bereich in der Stadt des Perikles
und des Phidias kennzeichnete (Abb. 232–235). Der Reichtum
Athens kam vor allem dem öffentlichen Bereich zugute, während
der individuelle Konsum eine untergeordnete Rolle spielte; entsprechend spärlich und schlicht war der private Hausrat.

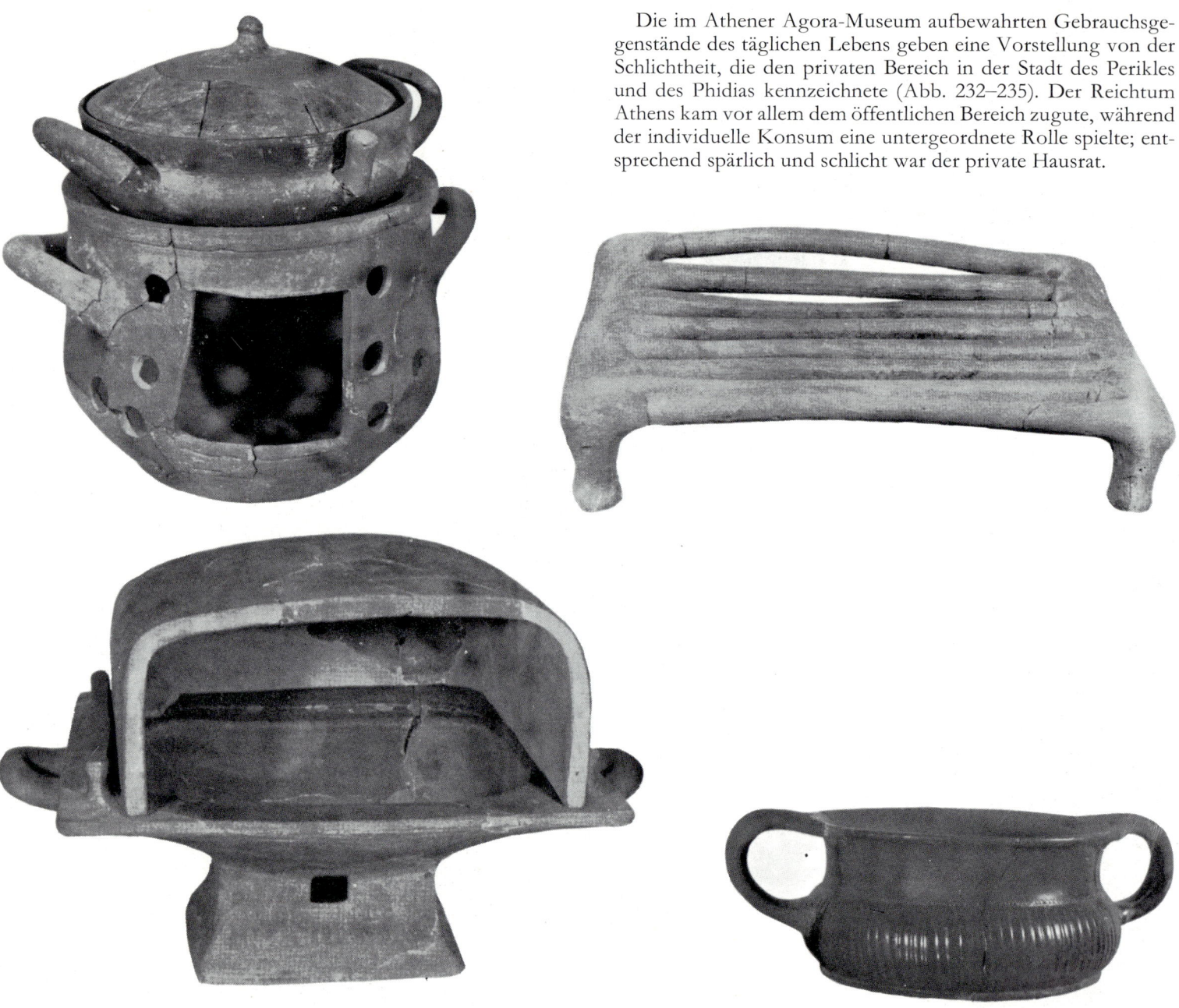

**Abb. 232–235. Haushaltsgegenstände aus gebranntem Ton:
ein Topf mit einem kleinen Ofen, ein Grill, ein Backofen
und eine Terrine.**

Abb. 236–238. Schreibmaterialien: Griffel, gewachste Tontafeln und Papyrusrollen, die in einem runden Behälter aus Holz aufbewahrt wurden. Diese Gegenstände waren seit dem 4. Jahrhundert v. Chr. in Gebrauch.

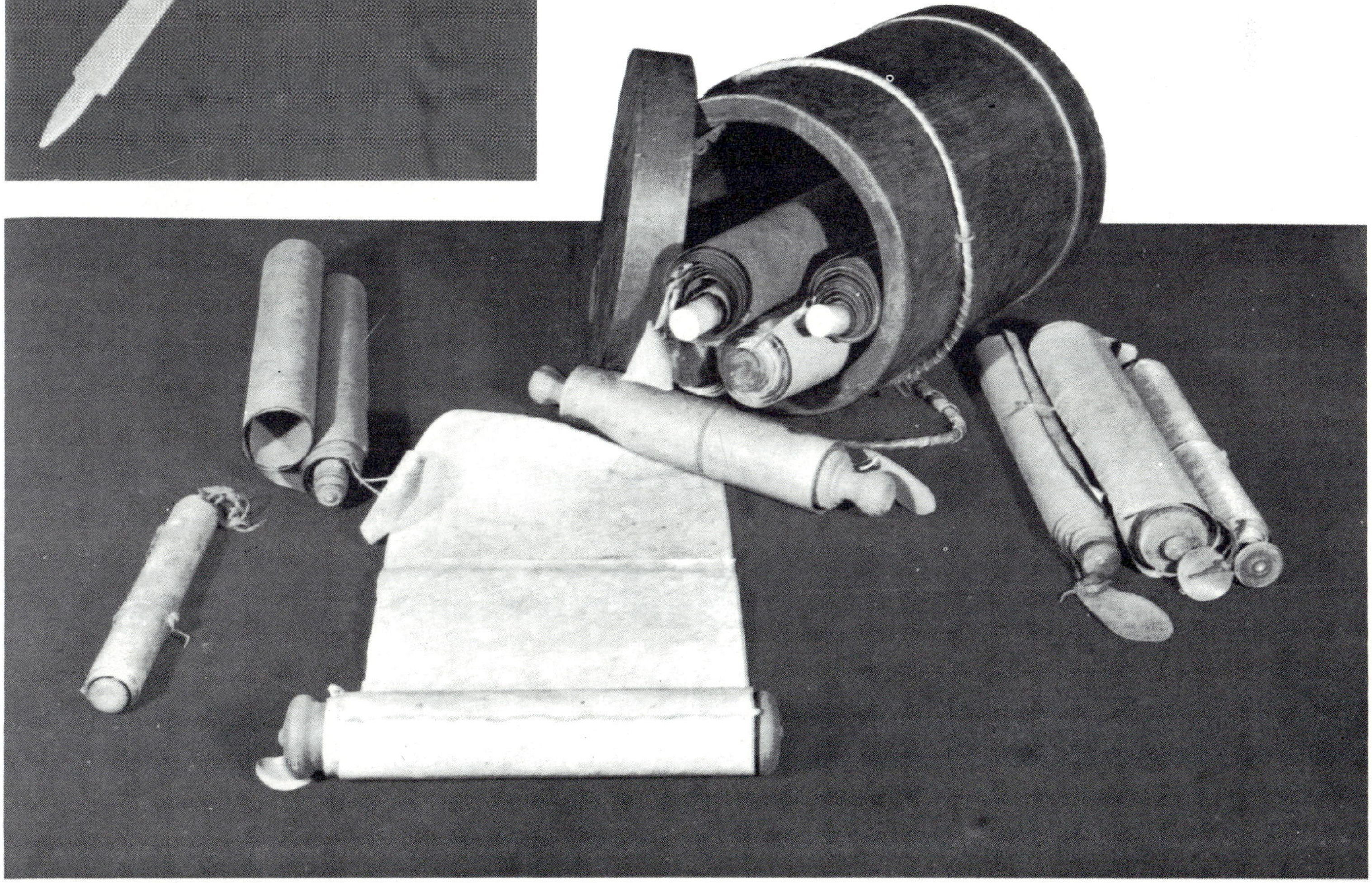

Später dehnte sich Athen über das Olympieion (den Tempel des Olympischen Zeus) hinaus nach Osten auf die Ebene aus, so daß die Akropolis genau in der Mitte der Stadt lag. Diese alte Struktur der Stadt blieb trotz ihrer Ausdehnung und trotz der vielen hinzugekommenen hellenistischen und römischen Bauten im wesentlichen unverändert. Zu diesen neuerrichteten Bauten gehörten die beiden neuen Säulenhallen der Agora, der Portikus des Eumenes südlich der Akropolis, die neue römische Agora, das Odeion des Agrippa und des Herodes Atticus, die Bibliothek und schließlich die »Hadriansstadt«, das neue östlich gelegene Stadtviertel, in dem sich das neue Olympieion, die Palästra und die Thermen befanden (Abb. 241).

Gegen Ende des klassischen Zeitalters zerfiel das glanzvolle Athen größtenteils zur Ruine und nur ein kleiner Teil um die Akropolis und die römische Agora blieb noch bewohnt. Bis zum Ende der türkischen Herrschaft im Jahre 1827 war Athen dann eine kleine Stadt von zweitrangiger Bedeutung (Abb. 242 und 243). 1834 wurde Athen Hauptstadt des modernen Griechenland

und begann, sich unkontrolliert und planlos auszudehnen: Bald reichte die Stadt bis Piräus und bedeckte schließlich die gesamte Ebene vom Fuß der Gebirge bis zur Küste. Lediglich die Akropolis, die südwestlich gelegenen Hügel und der Lykabettos blieben unbebaut.

Heute ist das Gelände um die Akropolis, wie auch das um die Agora und um die anderen wichtigen Monumente eine archäologische Zone, in der die Ausgrabungen weitergehen. Vor kurzem wurde sogar vorgeschlagen, die älteren nördlich der Akropolis gelegenen Stadtteile abzureißen, um einen Großteil der antiken Stadt freilegen zu können. Durch den Besuch der Ruinen und der Museen kann man sich eine Vorstellung von dem Stadtbild des einstigen Athen machen. Die Tempel auf der Akropolis, die man auch heute noch von allen Stadtteilen aus sehen kann, sind eindringliche Zeugnisse einer der bedeutendsten Epochen in der Geschichte, doch sie stehen verloren inmitten einer tristen und chaotischen Dritte-Welt-Stadt, die mit dem Athen der Antike nur noch den Namen gemein hat (Abb. 245–248).

Abb. 239–240. Aus den Beinknochen von Ziegen gefertigte Spielsteine und Würfel; ein Amis, ein Topf aus gebranntem Ton, der statt der Latrine benutzt wurde.

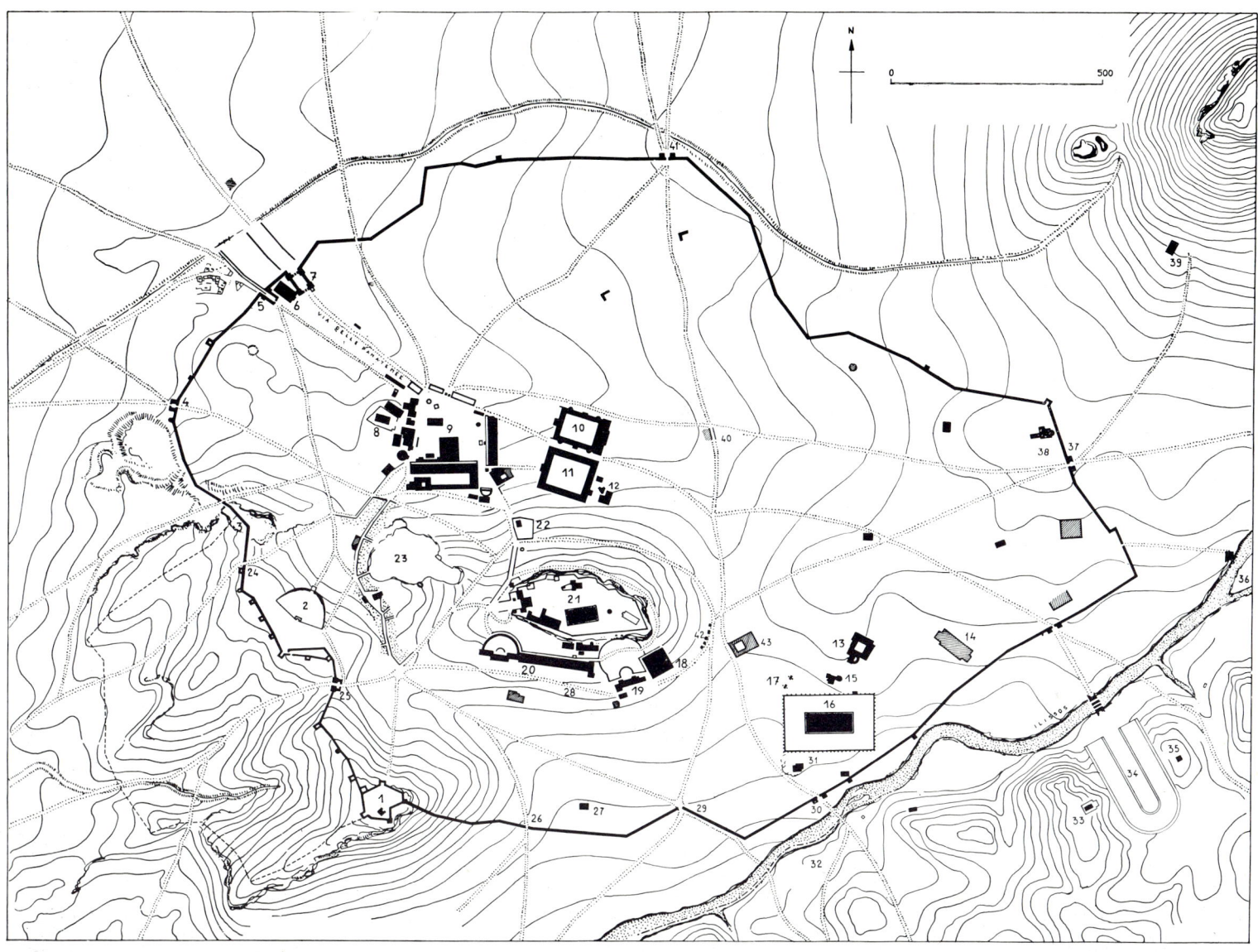

1 Monument des
   Philopappos
2 Pnyx
3 Nymphenhügel
4 Piräustor
5 Heiliges Tor
6 Pompeion
7 Dipylon
8 Hephaisteion
9 Agora

10 Hadriansbibliothek
11 Römische Agora
12 *Agoranomion* und Turm der
    Winde
13 Nördlich des Olympieion
    gelegene Palästra
14 Römische Bäder
15 Thermen des Olympieion
16 Olympieion
17 Hadriansbogen

18 Odeion des Perikles
19 Heiligtum des Dionysos
    Eleuthereos
20 *Stoa* des Eumenes
21 Akropolis
22 Eleusimion
23 Areopag
24 Demiai Pilai
25 Tor nahe dem Agios
    Demetrios

26 Phalerisches Tor
27 Gebäude mit
    Oecus Corinthus
28 Halle mit Apsis aus dem
    3. Jh. n. Chr.
29 Diomeisches Tor
30 Ikarisches Tor
31 Pythion
32 Kynosarghes
33 Tyche
34 Stadion

35 Grab des Herodes Atticus
36 Heiligtum von Pankratis
    und Palainos
37 Diocarea-Tor (?)
38 Haus mit Mosaiken
39 Wasserbecken des Hadria-
    nischen Aquädukts
40 Gebäude mit Apsis
41 Acharnisches Tor
42 Tripodes-Straße und
    Denkmal des Lysikrates
43 Römische Säulenhalle

Abb. 241. Plan von Athen am Ende der klassischen Epoche.

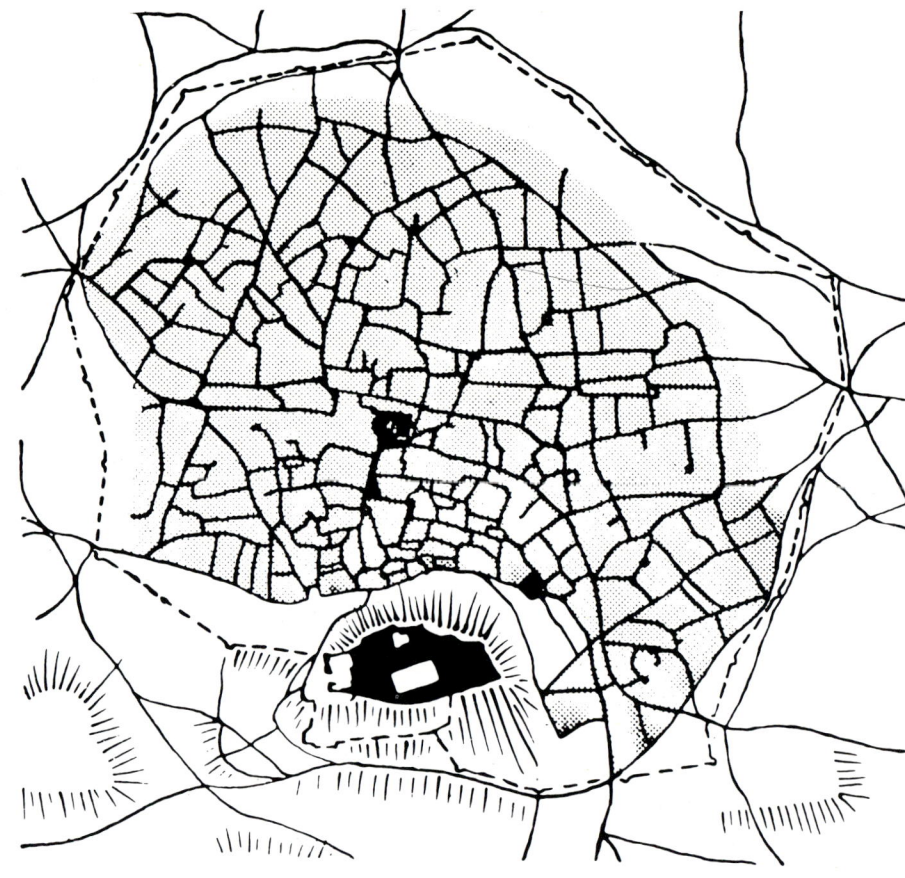

Abb. 242–243. Plan von Athen am Ende der Türkenherrschaft (gleicher Maßstab wie in Abb. 241) und eine Ansicht Athens zur Zeit der Gründung des neuen Staates (1835).

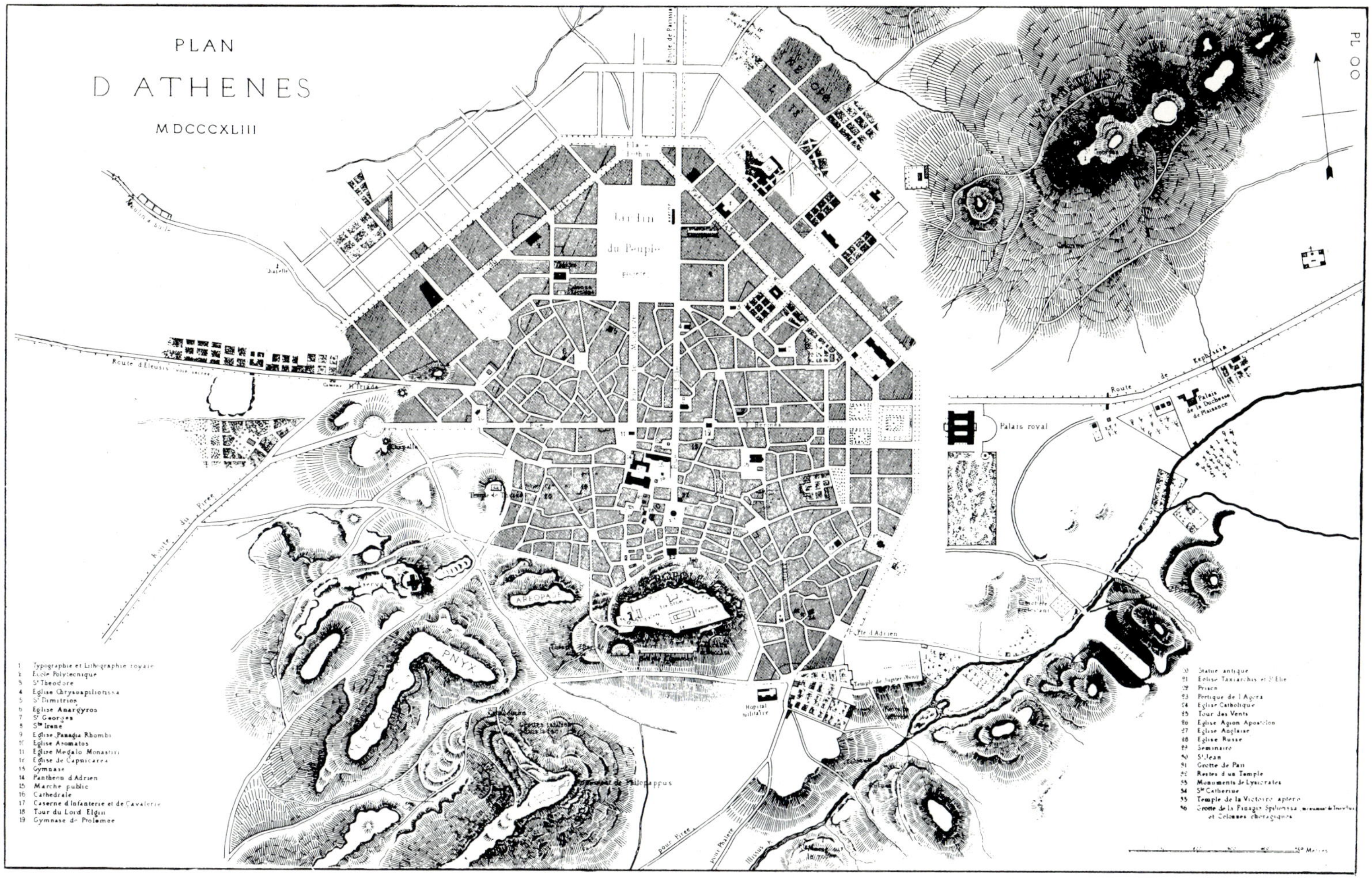

PLAN
D ATHENES
MDCCCXLIII

Abb. 244. Plan des neuen Athen aus dem Jahre 1842. Die Stadt wurde nach den Plänen von Leon von Klenze angelegt und breitete sich nur nördlich der Akropolis aus.

Abb. 245. Das Stadion des Herodes Atticus in Athen, das 1895 für die ersten modernen Olympischen Spiele wiederaufgebaut wurde.

**Abb. 246. Blick auf das heutige Athen (im Hintergrund sind
der Lykabettos und die Akropolis zu sehen).**

Abb. 247–248. **Die antiken Monumente auf der Akropolis in ihrer heutigen Umgebung.**
Oben: **Die Propyläen, der Parthenon und das Odeion des Herodes Atticus sowie im Hintergrund der Lykabettos.**
Unten: **Der Parthenon, das Erechtheion und im Hintergrund der Pnyx.**

Abb. 249. (auf der folgenden Seite) Karte von Athen aus dem Jahre 1950 (zwischen 1950 und 1975 hat sich die Einwohnerzahl Athens verdoppelt). Vergleiche zum Kontrast Abbildung 226.

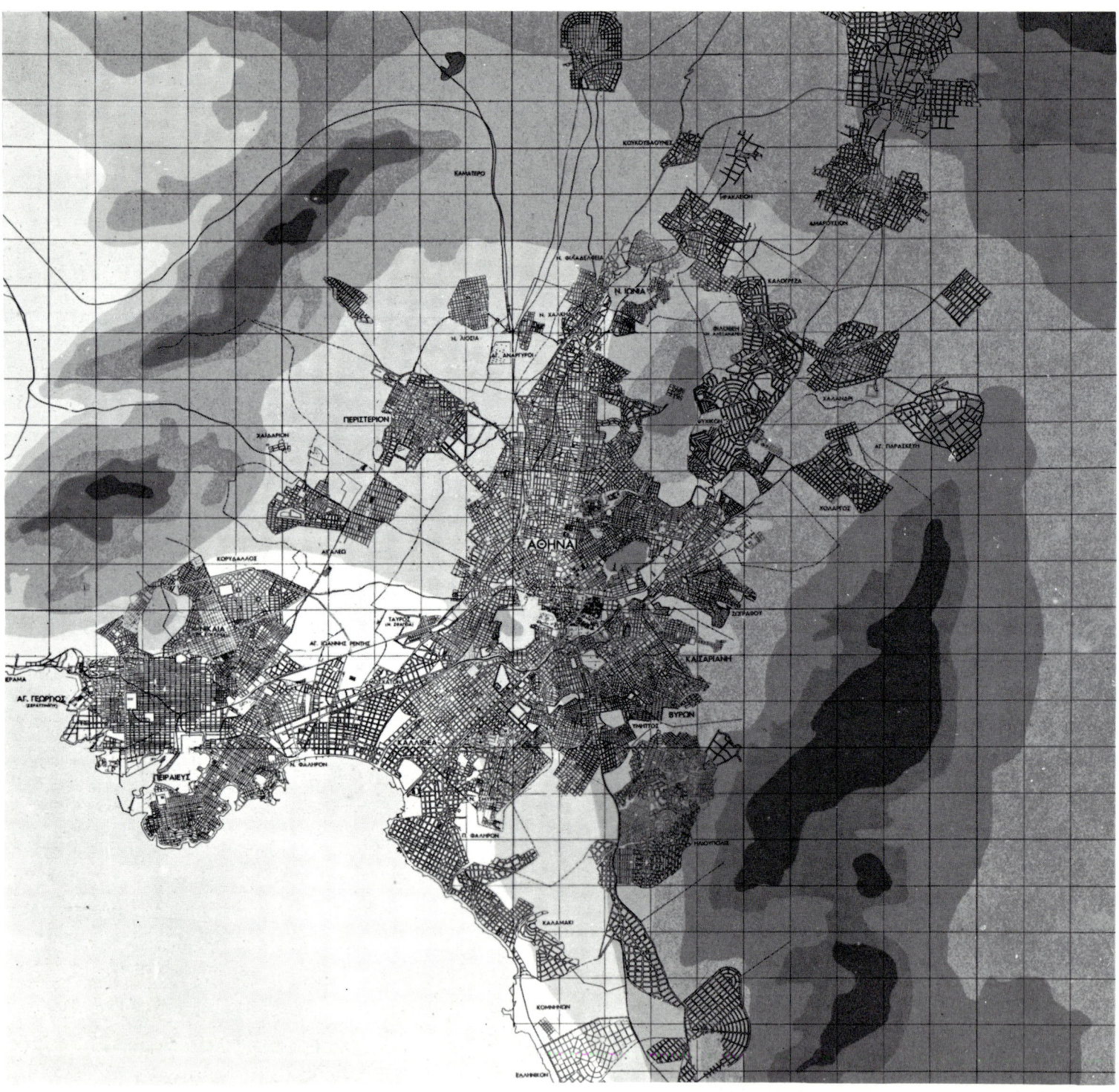

Hippodamos von Milet wurde von Aristoteles zum einen als Schöpfer einer politischen Theorie gewürdigt: »Er bestimmte für seinen Staat die Zahl von zehntausend Bürgern und teilte ihn in drei Teile: den einen Teil bildete er aus den Handwerkern, den zweiten aus den Bauern, und der dritte sollte für den Krieg sein und Waffen tragen. Auch das Land teilte er in drei Teile, so daß ein Teil für die Kultur, der zweite für öffentliche Zwecke und der dritte zum Privateigentum bestimmt war.« (*Politik*, II, 1267 b) Er gilt jedoch auch als der Erfinder der »gleichmäßigen Aufteilung der Stadt«. Wie bereits erwähnt, stammten von ihm die Pläne zum Ausbau von Piräus und wahrscheinlich auch die der Städte Milet und Rhodos.

Diese und alle anderen zur selben Zeit im westlichen und östlichen Mittelmeerraum gegründeten Städte – wie Olynth, Agrigent, Paestum, Neapolis und Pompeji – sind nach einem streng geometrischen Prinzip geplant worden, dem die einzelnen Häuser wie auch die Stadt als Gesamtheit gehorchten. Hierin erinnern diese Städte an die großen asiatischen Metropolen der Bronzezeit (vgl. dazu oben Kap. 2 und 3). Dennoch war dies eine neue, kompromißlose Art der Stadtplanung, welche die auf S. 96 aufgeführten Hauptmerkmale der griechischen Stadt noch stärker zur Geltung und in eine systematische Form gebracht hat.

Das Straßennetz war rechtwinklig angelegt. Es gab nur einige Hauptstraßen (das Kriterium war ihre Länge), die die Stadt in verschiedene, parallel verlaufende Streifen aufteilten. Diese Streifen wiederum wurden von kleinen, im rechten Winkel zu den Hauptstraßen angelegten Querstraßen durchlaufen. Die Straßen waren alle nicht sehr breit und drückten den bewußten Verzicht auf jegliche monumentale Ansprüche aus. Die Breite der Hauptstraßen schwankte zwischen 5 und 10 m, die der Seitenstraßen zwischen 3 und 5 m. Auf diese Weise entstand eine gleichmäßig bebaute Fläche mit kleinen rechteckigen Inseln zwischen dem Netz der Straßen, die manchmal leicht variiert wurde, um bestimmten Gegebenheiten des Geländes oder besonderen Notwendigkeiten Rechnung zu tragen. Die kleineren Straßen verliefen in einem Abstand von etwa 30 bis 35 Metern, was ungefähr dem Platz für ein oder zwei einzelne Häuser entsprach; zwischen zwei Hauptstraßen lagen zwischen 50 und 300 Meter, so daß dazwischen meist eine ganze Häuserreihe gebaut werden konnte. Die besonderen, religiösen oder anderen öffentlichen Zwecken vorbehaltenen Bezirke traten gegenüber den Wohnvierteln nicht besonders hervor. Sie dehnten sich oft nur über ein, zwei oder drei dieser rechteckigen Inseln aus und konnten dementsprechend so angelegt werden, daß sie nicht von einer der Hauptstraßen zerteilt wurden. Die äußeren Grenzen der Stadt dagegen folgten keinem regelmäßigen geometrischen Muster; ihr Verlauf paßte sich dem jeweiligen Gelände an, so daß die bebaute Fläche von natürlichen Hindernissen, z. B. Bergen oder Küsten, begrenzt wurde. Die Schutzmauern wurden zumeist nicht direkt an den am äußersten Rand gelegenen Gebäuden entlang errichtet,

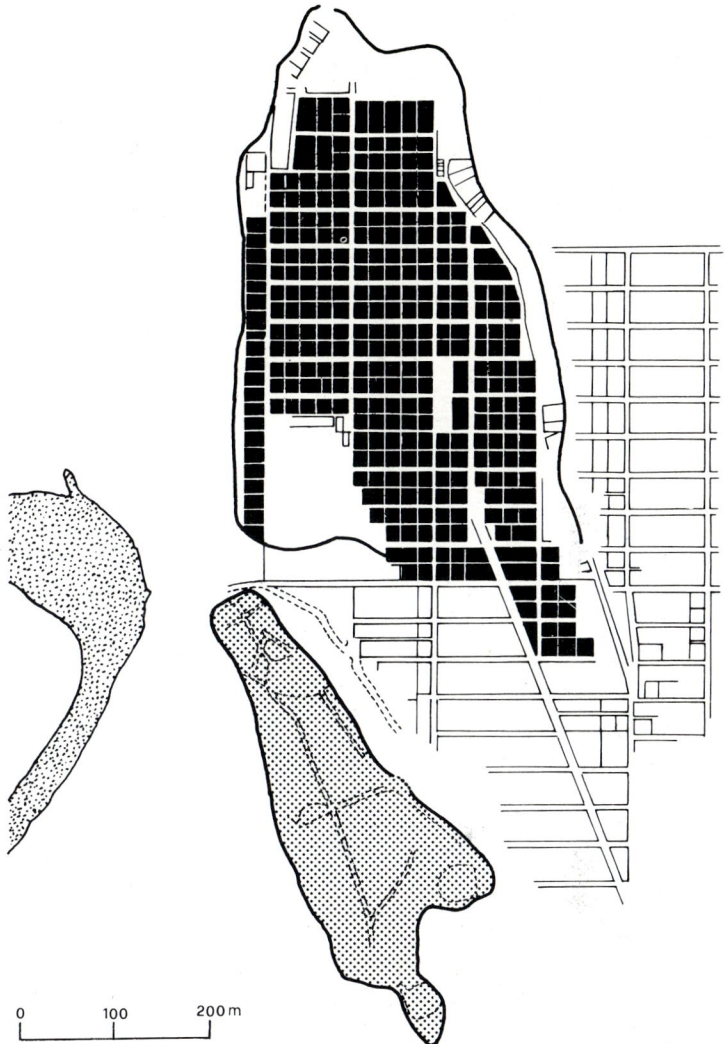

Abb. 250. Plan von Olynth nach der Hippodamischen Erweiterung (432 v. Chr.); die punktierte Fläche markiert den antiken Stadtkern (Paläopolis).

sondern man versuchte, die am leichtesten zu verteidigenden Hügelketten miteinander zu verbinden. Deshalb verlief die Stadtmauer oft in einigem Abstand von der eigentlichen Stadt und auch ihr Verlauf war völlig unregelmäßig.

Die Regelmäßigkeit des Straßennetzes, dessen Engmaschigkeit von der Größe der normalen Wohnhäuser abhing und sich nicht an den außergewöhnlichen Dimensionen der Tempel und

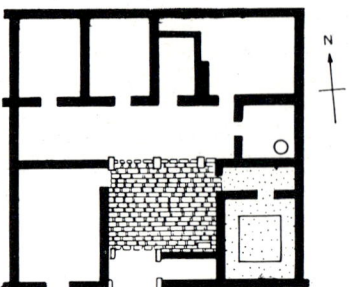

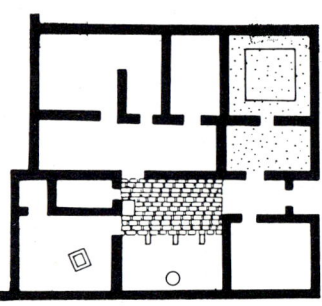

Abb. 251–252. Übersichtsplan der Ausgrabungen in Olynth; Oben rechts: Grundrisse zweier typischer, im Zuge der Hippodamischen Erweiterung erbauter Häuser.

Paläste orientierte, verstärkte den Charakter der Stadt als einer Einheit und zeigt, daß die öffentlichen, die religiösen und die privaten Bereiche gleichermaßen den von der Allgemeinheit aufgestellten Prinzipien unterworfen waren. Dennoch konnten die einzelnen, nach diesem Prinzip angelegten Städte ein eigenes Stadtbild mit individuellem Charakter entwickeln; so variierte z. B. der Abstand zwischen den einzelnen Häuserblocks, vor allem aber war die endgültige Form einer Stadt abhängig von den jeweiligen Gegebenheiten der natürlichen Umgebung. Auch trug die Tatsache, daß die Stadtmauer nicht unmittelbar an die bebaute Fläche anschloß, erheblich dazu bei, den Kontrast zwischen der Stadt und der sie umgebenden Landschaft zu vermindern und ein Gleichgewicht zwischen beiden herzustellen (Abb. 251 bis 276).

Insofern dieses Muster geometrischer Regelmäßigkeit nicht zum starren, unter allen Umständen zu befolgenden Prinzip erhoben wurde, wurde auch das Verhältnis des Menschen zu seiner natürlichen Umgebung nicht gestört. Die geometrische Anlage der Stadt erlaubte es, die Stadtentwicklung zu steuern und die bebaute Fläche bis zu einem gewissen Grade problemlos auszudehnen. Die Möglichkeiten, die diese Form der Stadtplanung bot, wurden auch in der hellenistischen Epoche weidlich ausgeschöpft.

Abb. 253. Drei im Zuge der Erweiterung Olynths erbaute Häuserblocks; sie maßen jeweils 120 × 300 Fuß (ca. 35 × 90 m).

Abb. 254. Das »Haus des guten Schicksals«: eine große, am Rand der neuen Stadt gelegene Residenz.

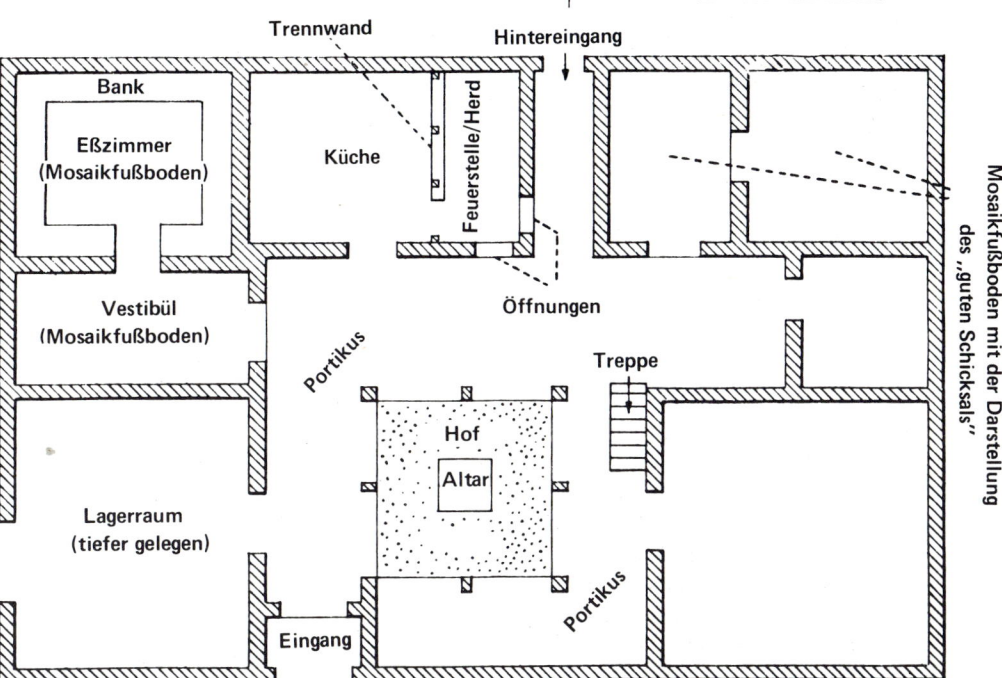

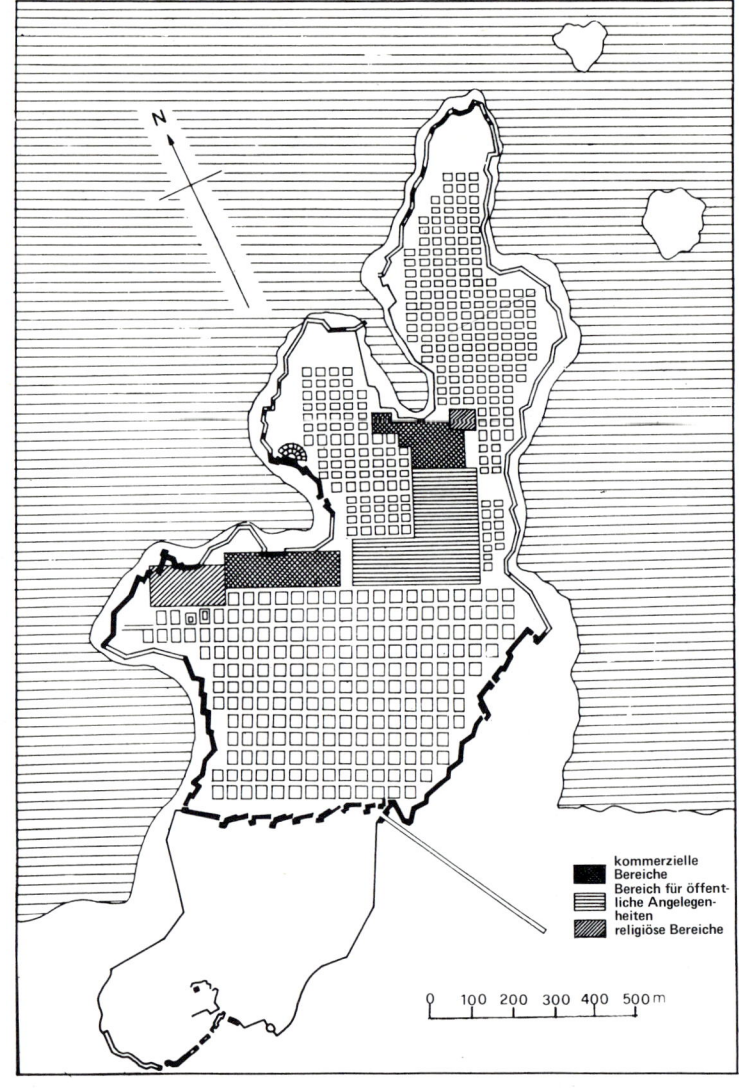

kommerzielle
Bereiche

Bereich für öffent-
liche Angelegen-
heiten

religiöse Bereiche

0   100 200 300 400 500 m

Abb. 255–256. Plan von Milet, wie es von Hippodamos nach den Perserkriegen im 5. Jahrhundert v. Chr. angelegt wurde; die einzelnen Häuserblocks maßen etwa 100 × 175 Fuß (ca. 30 × 52 m). Die rechte Skizze zeigt die Einteilung der Stadt in die verschiedenen Bereiche.

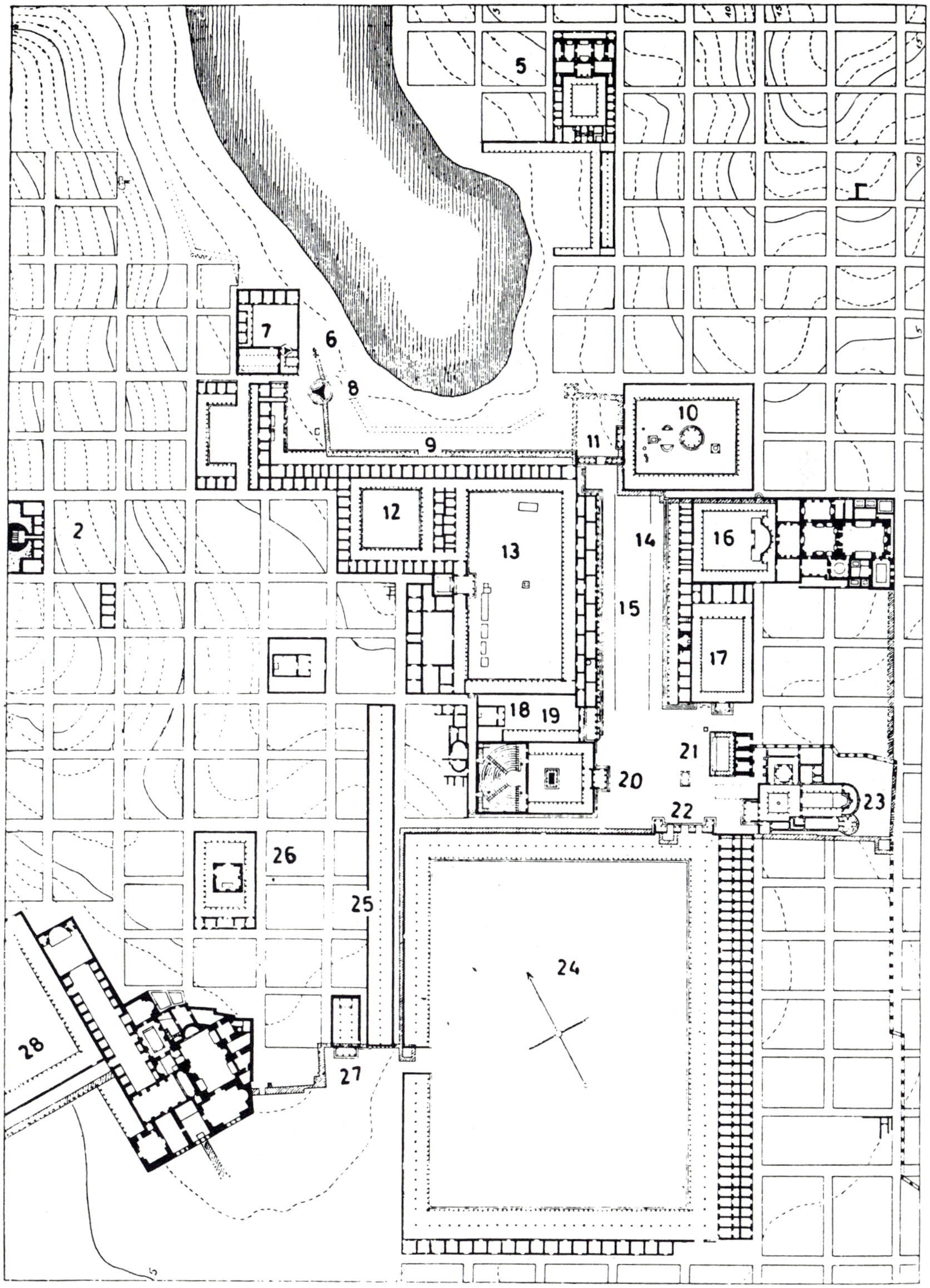

1 Theater
2 Heroon (ein monumentales Grab)
3/4 Löwenstatuen
5 Römische Thermen
6 Kleines Hafenmonument
7 Synagoge
8 Großes Hafenmonument
9 Portikus des Hafens
10 Heiligtum des Apollo Delphinios
11 Hafentor
12 Kleiner Markt
13 Nördliche Agora
14 Ionischer Portikus
15 Prozessionsstraße
16 Thermen des Capitus (römischer
   Statthalter im 1. Jh. n. Chr.)
17 Gymnasium
18 Tempel des Äskulap
19 Heiligtum des Kaiserkultes (?)
20 *Bouleuterion*
21 Nymphaeum
22 Nördliches Tor
23 Christliche Kirche (5. Jh. n Chr.)
24 Südliche Agora
25 Lagerhallen
26 Römisches Heroon
27 Tempel des Serapis
28 Thermen der Faustina

**Abb. 257. Plan des Stadtzentrums
von Milet mit den öffentlichen
und religiösen Bauten.**

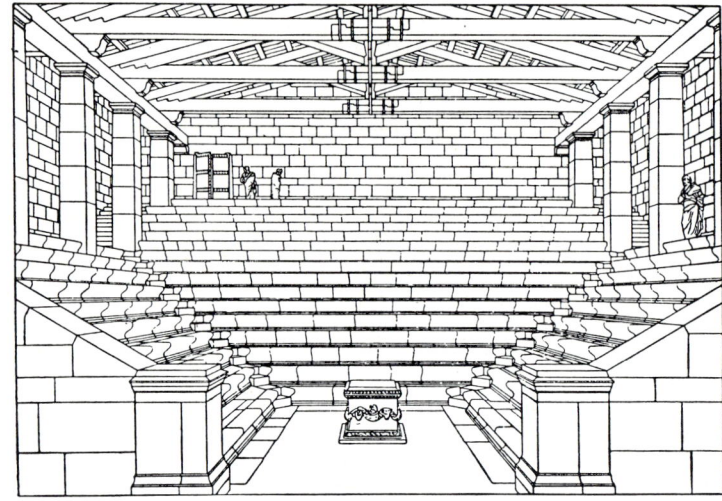

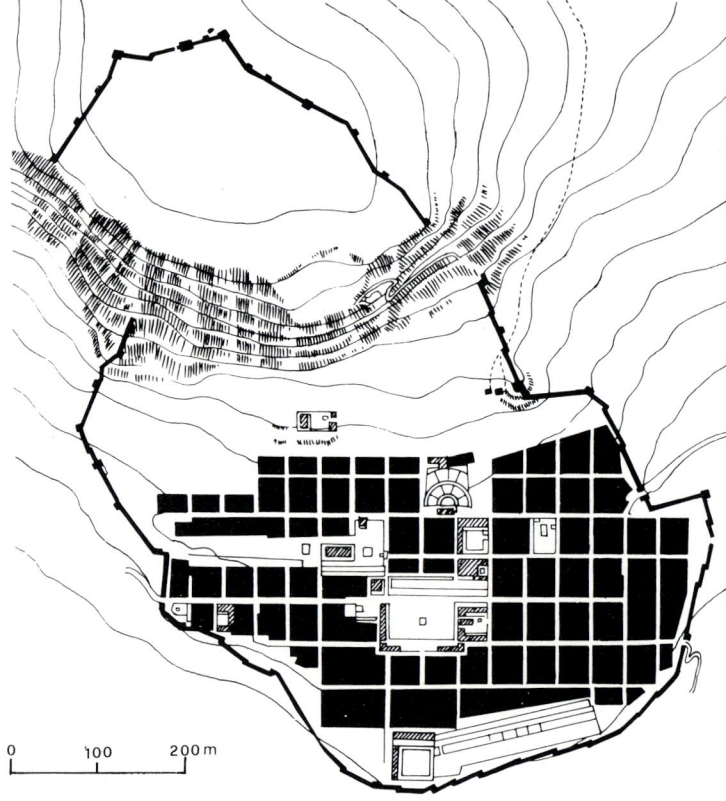

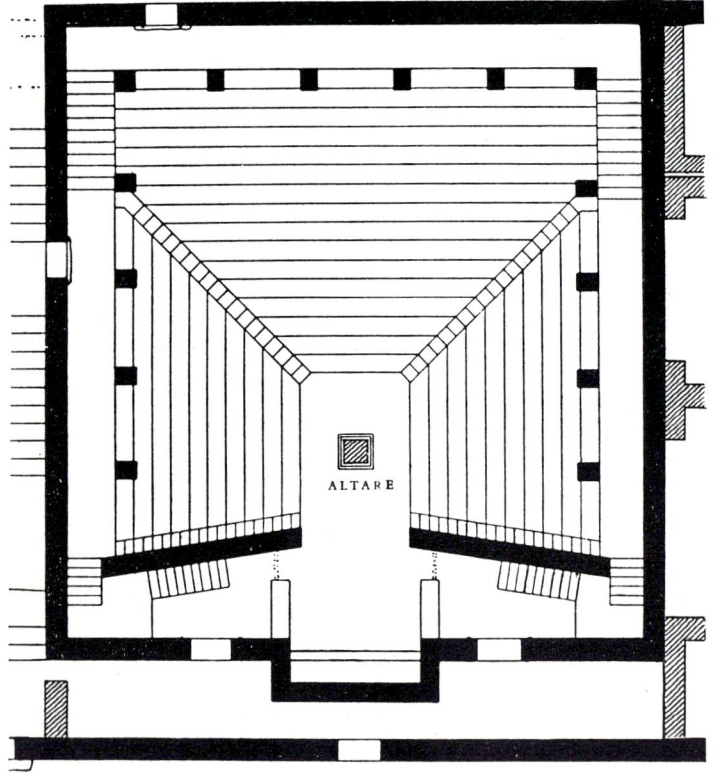

ALTARE

0   5 m

Abb. 258–261. Priene (gegründet um 350 v. Chr.):
Oben: **Schematischer Plan: die Wohnblocks sind schwarz
eingezeichnet – die einzelnen Blocks maßen etwa 120 × 150
Fuß (ca. 35 × 45 m); die öffentlichen Bauten sind schraffiert.**
Links oben und unten: **Rekonstruktion und Plan des »Ekklesiasterion« (großer Versammlungssaal mit 600–700 Sitzplätzen, in dem die Bürgervertretung zusammentrat).**
Auf der gegenüberliegenden Seite: **Übersichtsplan der Ausgrabungen.**
**(Priene hatte etwa 4000 Einwohner, während das Theater
6000 Personen faßte.)**

0   100   200 m

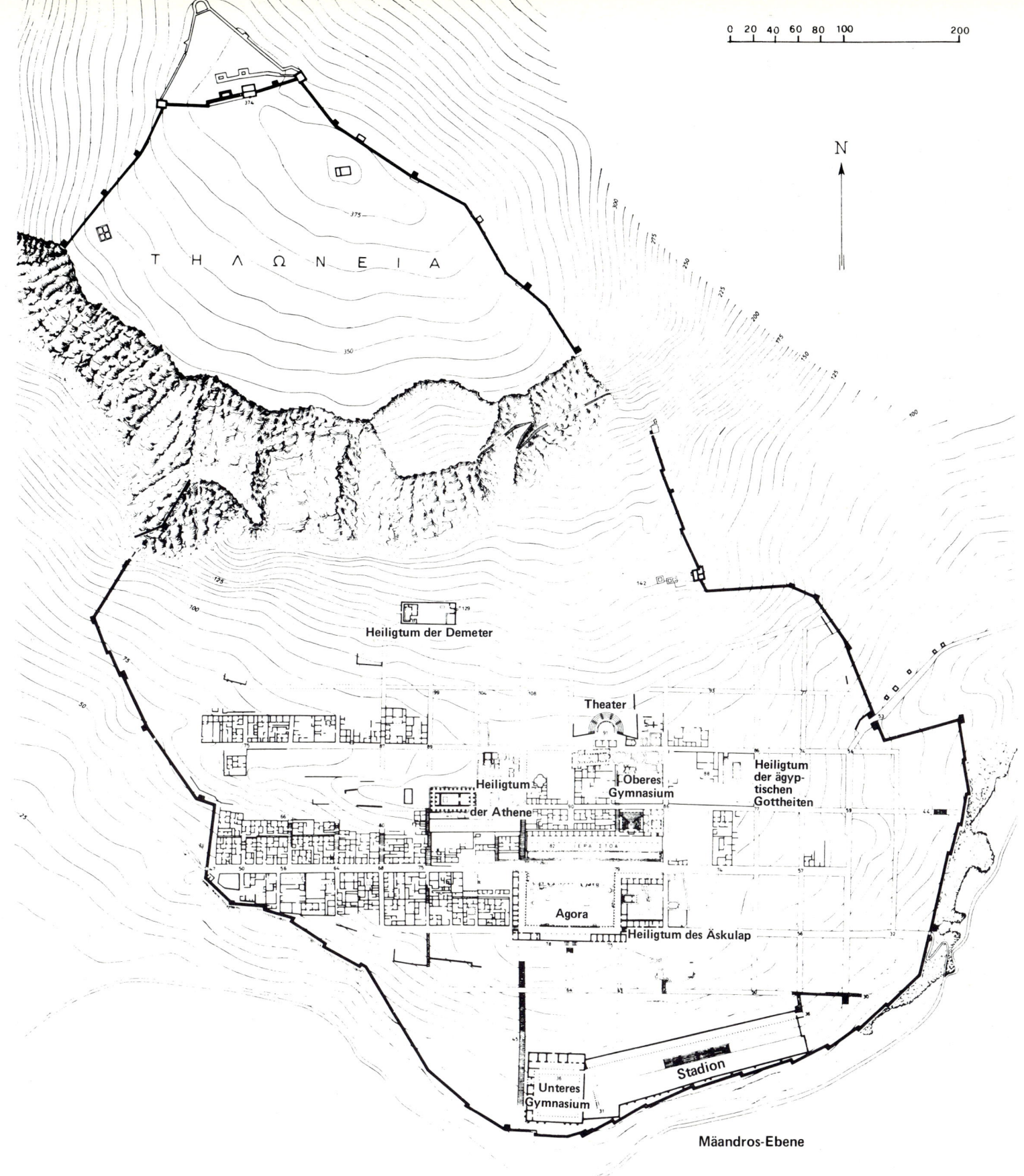

N

ΤΗΛΩΝΕΙΑ

Heiligtum der Demeter

Theater

Heiligtum
der Athene

Oberes
Gymnasium

Heiligtum
der ägyp-
tischen
Gottheiten

ΙΕΡΑ ΣΤΟΑ

Agora

Heiligtum des Äskulap

Stadion

Unteres
Gymnasium

Mäandros-Ebene

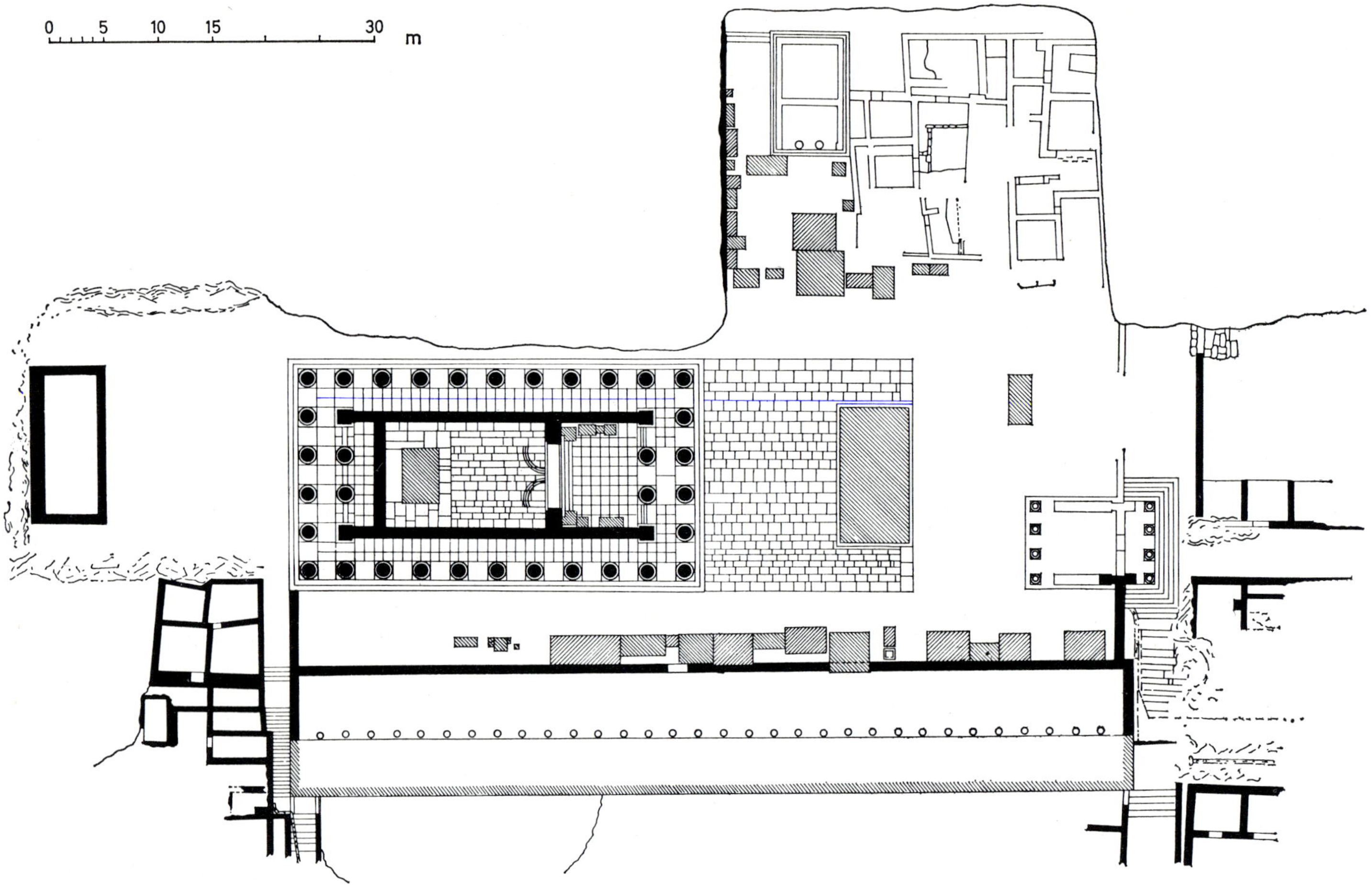

0   5   10   15   30   m

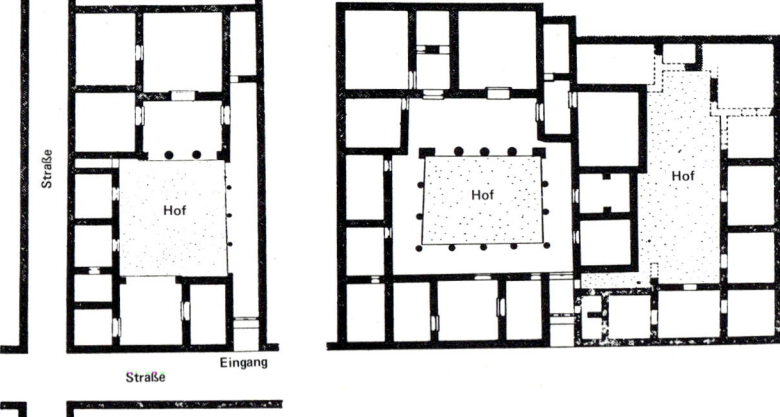

Abb. 262–264. Pläne der beiden wichtigsten öffentlichen bzw. religiösen Bereiche in Priene (des Heiligtums der Athene und der Agora) und Grundriß zweier typischer Häuser im gleichen Maßstab. Dieses Größenverhältnis zwischen öffentlichen bzw. religiösen Bauten einerseits und den privaten Häusern andererseits stellte ein grundlegendes Element der Anlage der gesamten Stadt dar.

Straße

Straße   Eingang

Hof   Hof   Hof

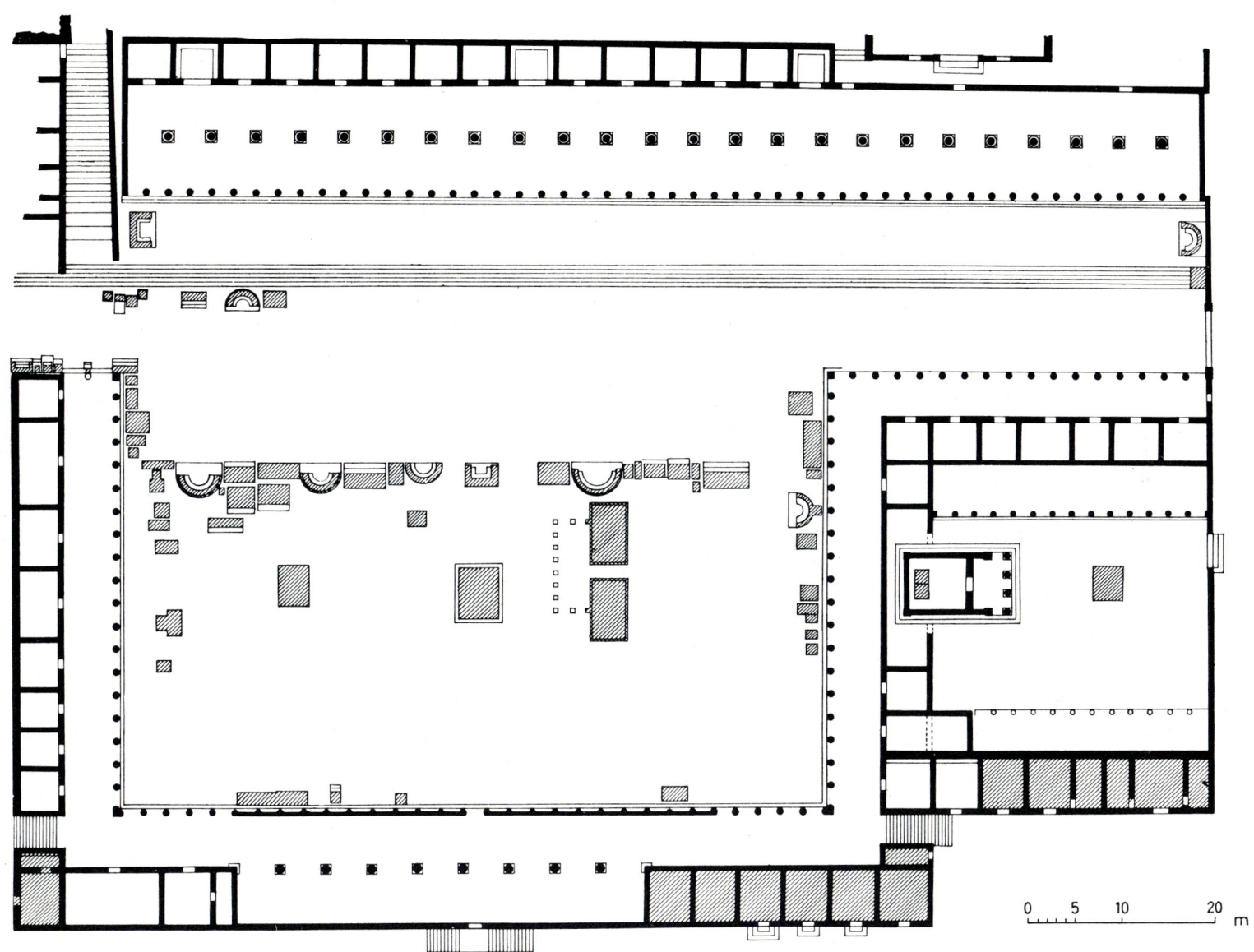

**Abb. 265. Priene aus der Vogel-
perspektive.**

A Agora
B Tempel des Äskulap
C Prytaneion
D Ekklesiasterion
E Gymnasium
F Theater

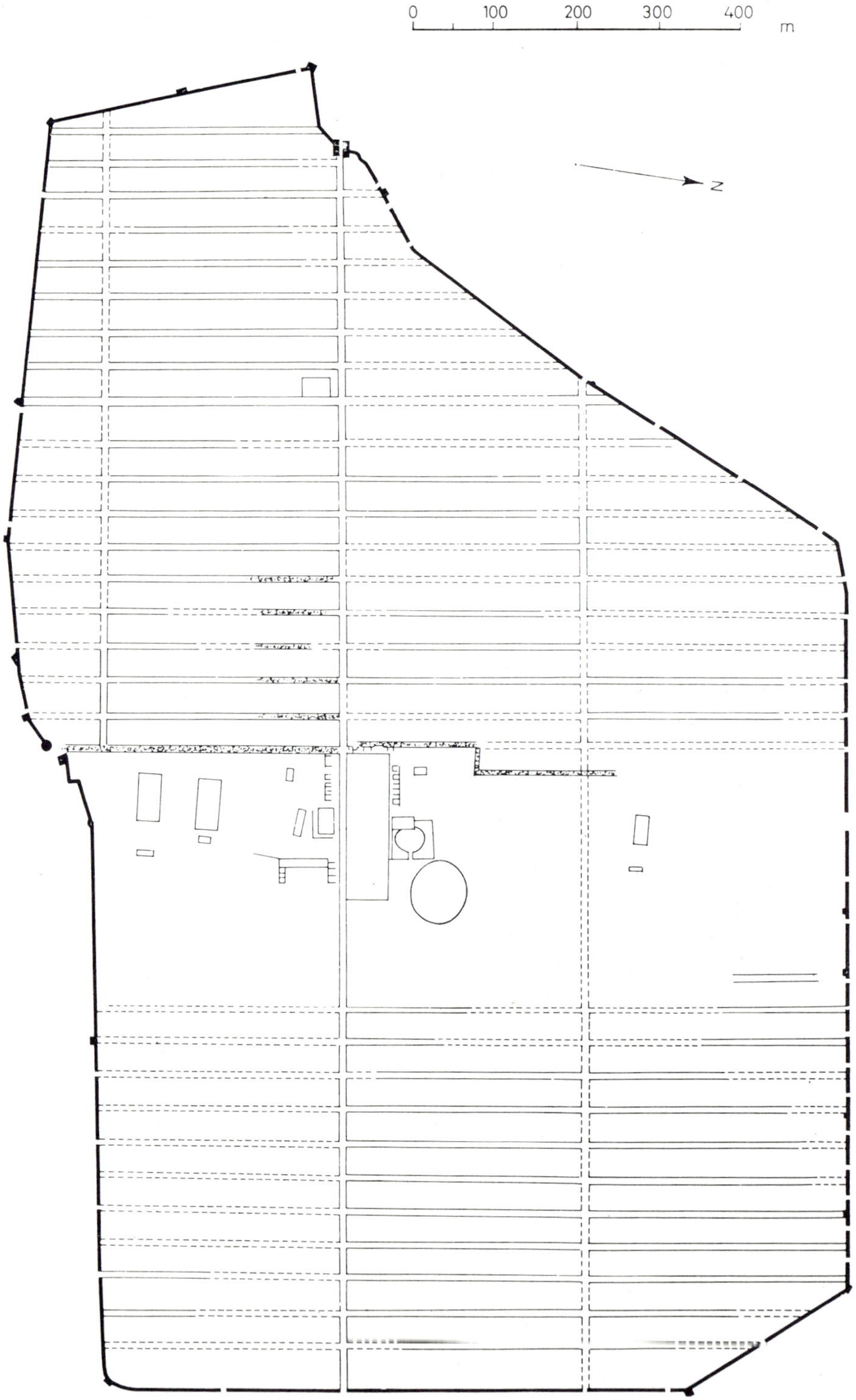

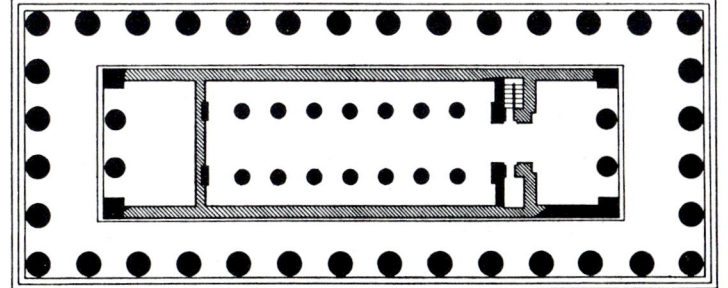

Abb. 266–269. Übersichtsplan von Paestum (die Häuserblocks hatten eine Grundfläche von 120 × 1000 Fuß [ca. 35
× 300 m]); Neptuntempel im zentral gelegenen heiligen
Bezirk.

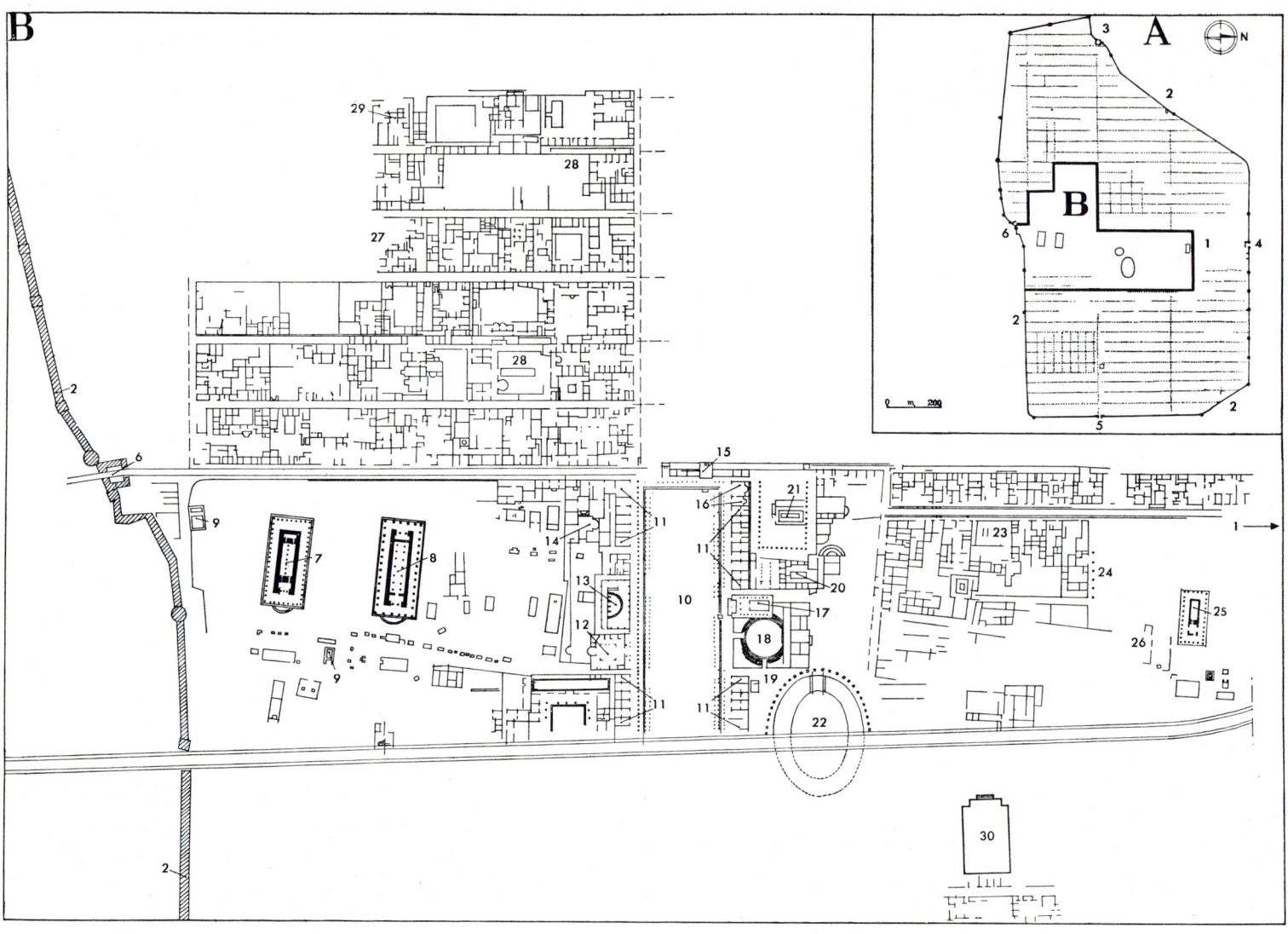

A Übersichtsplan der antiken Stadt mit der Stadtmauer, dem Straßennetz und Spuren verfallener Gebäude, die durch Luftaufnahmen sichtbar gemacht wurden.
B Plan eines Teils der Stadt mit dem griechischen Heiligtum (dieser Teil entspricht dem fett umrandeten, ebenfalls mit B gekennzeichneten Abschnitt in Plan A).

Die wichtigsten Monumente und Gebäude:

1 Bereich der neolithischen Nekropolis
2 Mauer
3 Meerestor
4 Goldenes Tor
5 Tor der Sirenen
6 Gerechtigkeitstor
7 Basilika mit davorliegendem Altar
8 Poseidontempel mit davorliegendem griechischem und römischem Altar
9 Kleiner Tempel

10 Forum
11 *Tabernae*
12 *Macellum*
13 Exedra
14 Thermen des Venneianus
15 Lararium (Heiligtum der Laren)
16 Römisches Sacellum
17 Italischer Tempel
18 Griechisches Theater
19 *Aerarium*
20 Griechisches Gymnasium
21 Römische Palästra mit

darunterliegendem Schwimmbad
22 Amphitheater
23 Sacellum mit *temenos*
24 Römische Arkade
25 Athenaion (Tempel der Ceres) mit davorliegendem Altar und Votivsäulen
26 Kleiner archaischer Tempel
27 Wohnviertel
28 Thermen
29 Töpferei
30 Heutiges Museum

Abb. 270–271. Plan und Luftbild des bislang ausgegrabenen Zentrums von Paestum.

Tempel E

Akropolis

Tor

Tor

Fels der Athene

Tor

Tempel C

Porta

N

Tempel G

Porta

Tempel
B

Agora

Tempel A

Tempel F

Tempel D

0   500   1000 m

Tor   Tor

Tor

H Y P S A S

A K R A G A S

Tempel H

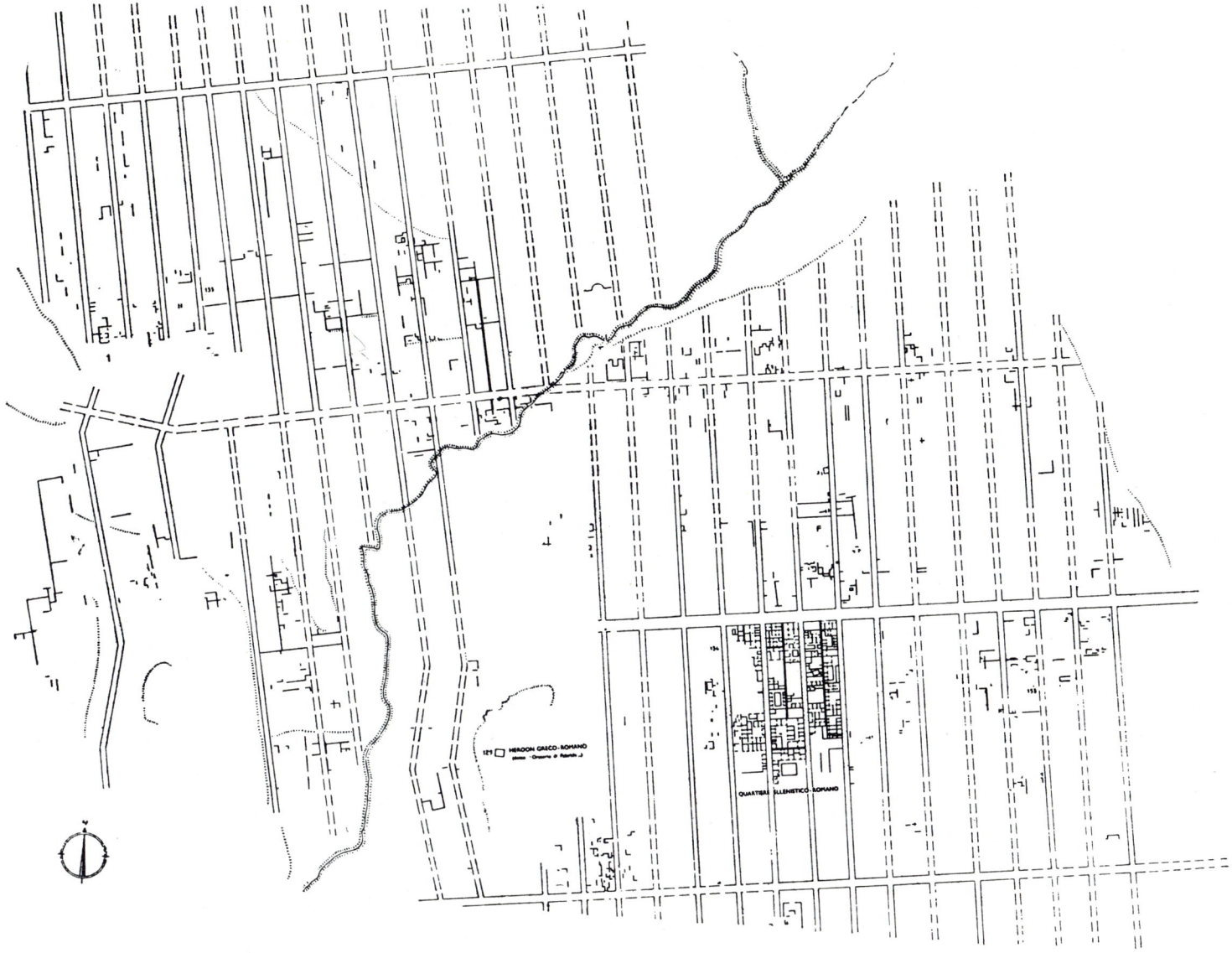

Abb. 272–273. Übersichtsplan von Agrigent und Plan der Ausgrabungen im Stadtzentrum (in Abb. 272 punktiert). Die Häuserblocks hatten wie in Paestum eine Grundfläche von 120 × 1000 Fuß (35 × 300 m).

Abb. 274–275. Agrigent: Luftaufnahme des Tempels A (in Abb. 272); die Stadt und die Akropolis, wo das heutige Agrigent liegt, vom Tempel B aus betrachtet (im Vordergrund auf dem Boden liegend eine der Karyatiden des Tempels).

Abb. 276–277. (rechts und auf der folgenden Seite) **Selinunt:** Plan der Ausgrabungen und Luftaufnahme der Tempel auf dem östlichen Hügel (der im Vordergrund liegende Tempel wurde von den Archäologen rekonstruiert). Die Häuserblocks hatten eine gleichbleibende Länge von 100 Fuß (ca. 30 m).

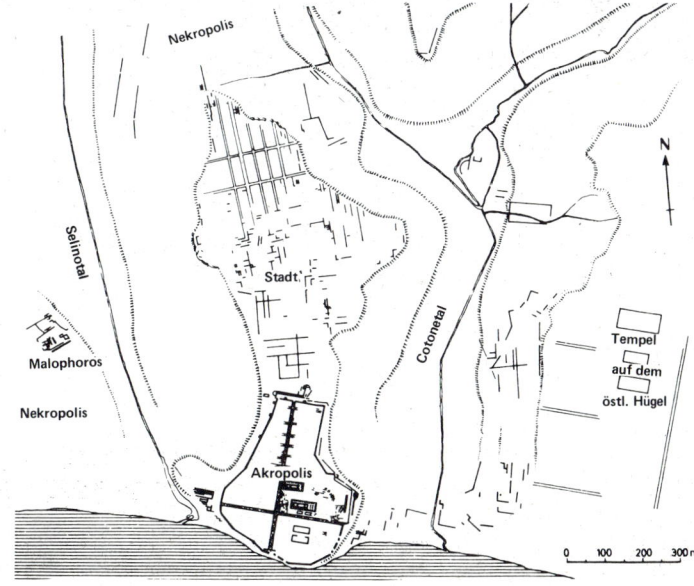

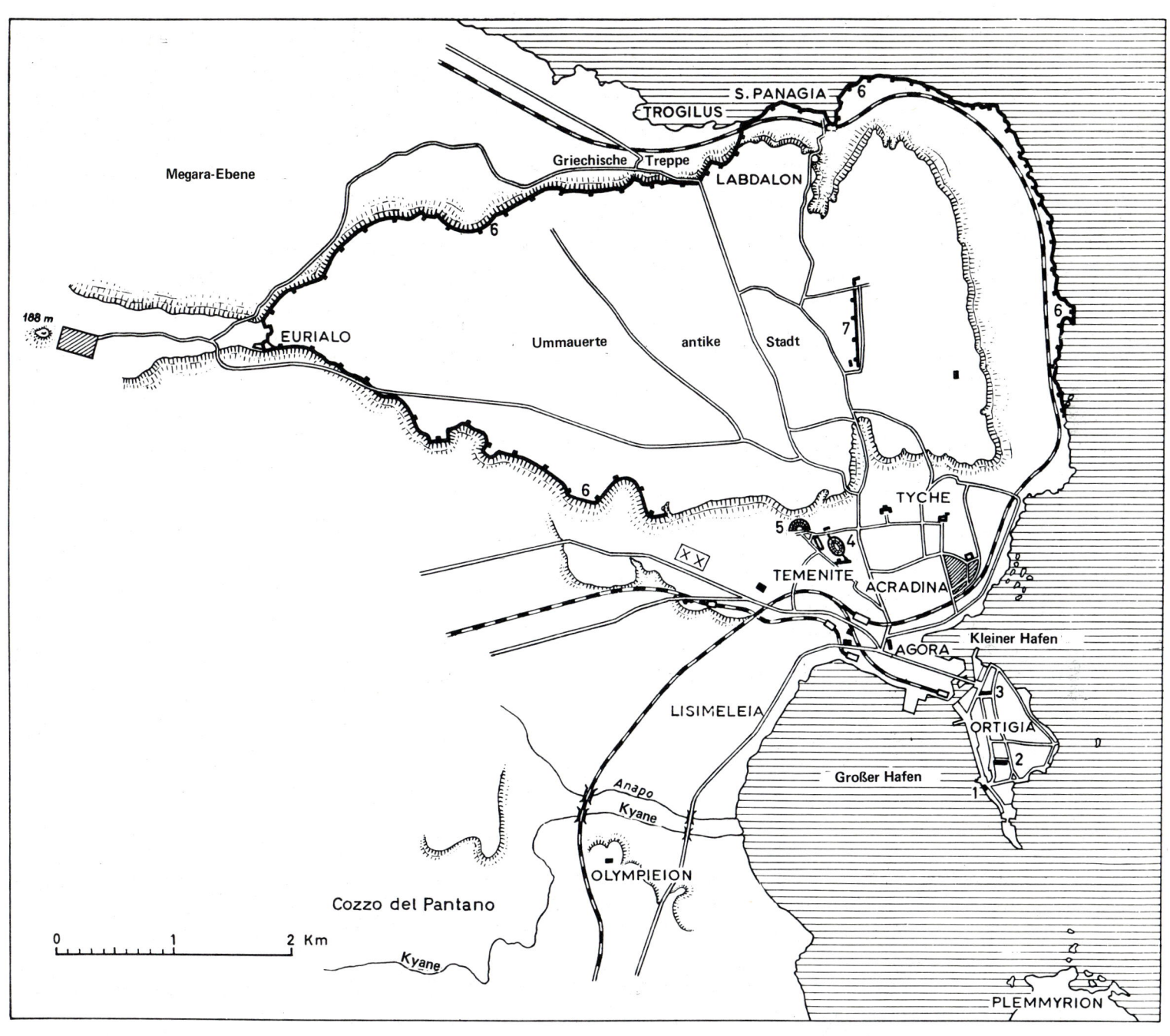

Abb. 278. Plan von Syrakus, der größten Stadt der klassischen griechischen Welt.

1 Quelle der Arethusa	5 Theater
2 Tempel der Athene	6 Mauer des Dionysos
3 Tempel des Apollo	7 Mauer des Gelon
4 Amphitheater	

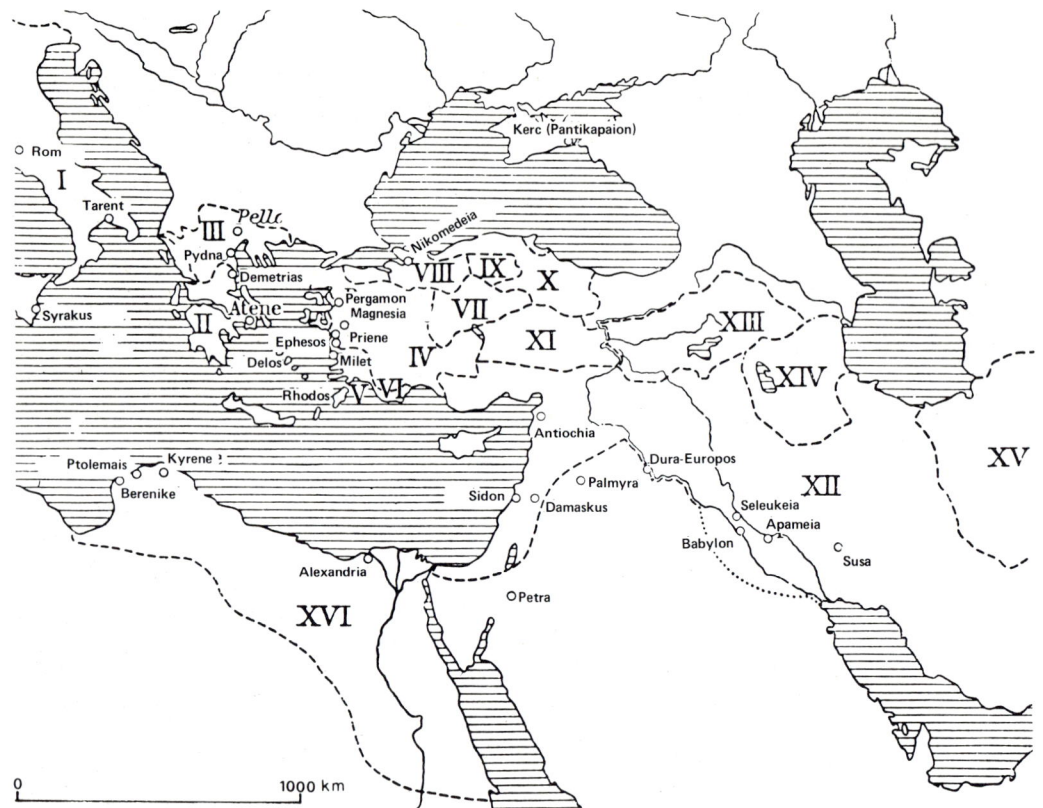

Abb. 279. Die hellenistische Welt am Ende des 3. Jahrhunderts v. Chr.

I Italien
II Griechenland
III Makedonien
IV Königreich von Pergamon
V Karien
VI Lykien
VII Galatien
VIII Bithynien
IX Paphlagonien
X Pontos
XI Kappadokien
XII Seleukidenreich
XIII Armenien
XIV Atropatenisches Medien
XV Parthien
XVI Ägypten

Abb. 280. (auf der gegenüberliegenden Seite) **Eine hellenistische Skulptur: der Kopf des Laokoon (Vatikanische Museen).**

Wenn wir die Stadt als physischen Ausdruck einer bestimmten Gesellschaftsform betrachten, so dürfen wir in bezug auf die Städte des antiken Griechenlands nicht vergessen, daß die Unabhängigkeit der einzelnen Stadt-Staaten und die selbst auferlegte Begrenzung ihres Wachstums eine unabdingbare Voraussetzung für die anderen gesellschaftlichen Errungenschaften darstellten. Die Einigung Griechenlands unter Philipp von Makedonien führte auch zur Zerstörung des Gleichgewichts zwischen den städtischen Gemeinschaften und der von ihnen gestalteten Umgebung. Die Errungenschaften der Griechen – ihre Philosophie, ihre wissenschaftlichen Erkenntnisse, ihr Wirtschaftssystem, ihre Architektur und Städteplanung – wurden nun in der gesamten zivilisierten Welt verbreitet und stießen dabei auf die anderen kulturellen Traditionen des Ostens und Westens.

Alexander der Große und seine Nachfolger gründeten nicht nur Kolonien, die ebenso groß waren wie die ursprünglichen griechischen Städte, es gelang ihnen sogar, weitaus größere, den bedeutendsten Städten des antiken Orients vergleichbare Metropolen zu erbauen. Die auf Hippodamos zurückgehende Regelmäßigkeit dieser neuen Städte sollte die verschiedenartigsten Elemente nach einem rationalen Plan zusammenfügen: Das Ergebnis war ein gleichermaßen chaotisches wie geordnetes Stadtbild, insofern in vieler Hinsicht dem moderner Großstädte ähnlich.

Alexandria (Abb. 281–282) erstreckte sich über eine Fläche von ungefähr 900 Hektar, aber es war von riesigen Vorstädten umgeben, so daß man hier eher von einer urbanisierten Region – von einer »Megalopolis«, wie man heute sagt – sprechen muß. Die Einwohnerzahl lag vermutlich etwa bei einer halben Million, vielleicht auch einer Million. Antiochia (Abb. 283) hatte zu jener Zeit zwischen 200 000 und 300 000 Einwohner, und auch noch zur Zeit der römischen Herrschaft waren diese beiden Städte nach Rom die zwei größten des gesamten Imperiums, und Alexandria blieb die wirtschaftlich bedeutendste Stadt im Mittelmeerraum. Pergamon (Abb. 284) war eine Stadt von nur zweitrangiger Bedeutung, aber ihre an den Hang eines Hügels gebauten Monumente mit einem Gefälle von mehr als 250 Metern bildeten eine einzigartige und faszinierend gestaltete Einheit.

In diesen neuen Großstädten nahmen die ausgedehnten Wohnviertel den meisten Raum ein, und keines der Gebäude ragte als dominierendes architektonisches Element hervor. Die Straßen jedoch hatten gewaltige Ausmaße angenommen und wurden oft von Säulengängen gesäumt. So waren zum Beispiel die Hauptstraßen Alexandrias und Antiochias etwa dreißig Meter breit und vier bis fünf Kilometer lang. Einige außergewöhnliche Bauten wie der Leuchtturm von Alexandria mit einer Höhe von etwa 180 Metern lassen die Größe der damaligen Städte ahnen.

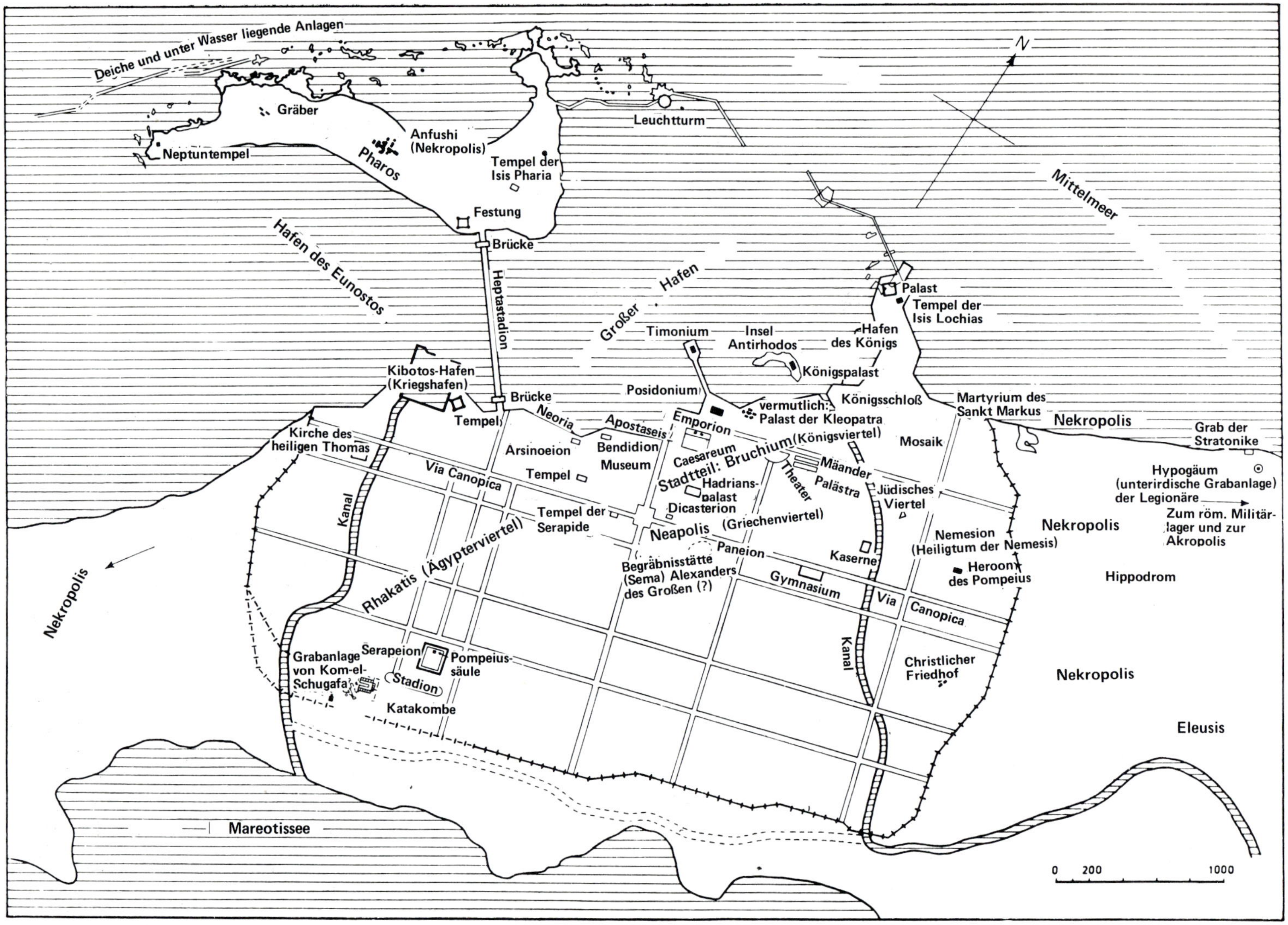

Deiche und unter Wasser liegende Anlagen

Mittelmeer

N

Gräber

Neptuntempel

Anfushi (Nekropolis)

Pharos

Leuchtturm

Tempel der Isis Pharia

Festung

Brücke

Hafen des Eunostos

Heptastadion

Großer Hafen

Palast

Tempel der Isis Lochias

Timonium

Insel Antirhodos

Hafen des Königs

Königspalast

Kibotos-Hafen (Kriegshafen)

Brücke

Neoria

Posidonium

vermutlich: Palast der Kleopatra

Königsschloß

Martyrium des Sankt Markus

Nekropolis

Tempel

Apostaseis

Emporion

Königsviertel

Grab der Stratonike

Kirche des heiligen Thomas

Arsinoeion

Bendidion

Caesareum

Mosaik

Via Canopica

Tempel

Museum

Stadtteil: Bruchium

Mäander

Hypogäum (unterirdische Grabanlage) der Legionäre

Tempel der Serapide

Hadrians-palast

Dicasterion

(Königsviertel)

Palästra

Jüdisches Viertel

Rhakatis (Ägypterviertel)

Neapolis

(Griechenviertel)

Theater

Nekropolis

Zum röm. Militär-lager und zur Akropolis

Kanal

Paneion

Nemesion (Heiligtum der Nemesis)

Begräbnisstätte (Sema) Alexanders des Großen (?)

Kaserne

Heroon des Pompeius

Hippodrom

Nekropolis

Gymnasium

Via Canopica

Christlicher Friedhof

Grabanlage von Kom-el-Schugafa

Serapeion

Pompeius-säule

Stadion

Kanal

Nekropolis

Katakombe

Eleusis

Mareotissee

0   200   1000

Abb. 281–282. Plan des antiken Alexandria und der heutigen Stadt.

1 Katakomben
2 Palast des Ras-el-Tin
3, 4 und 6 Moscheen
5 Festung
7 Griechisch-römisches Museum
8 Museum der schönen Künste

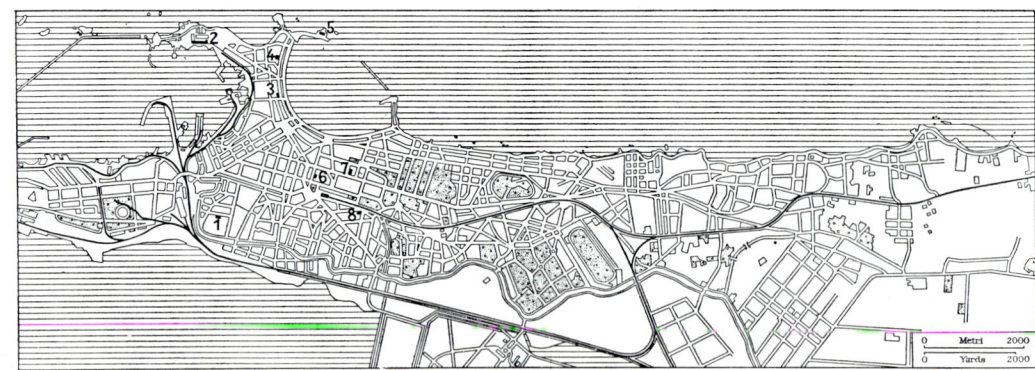

Metri   2000
Yarda   2000

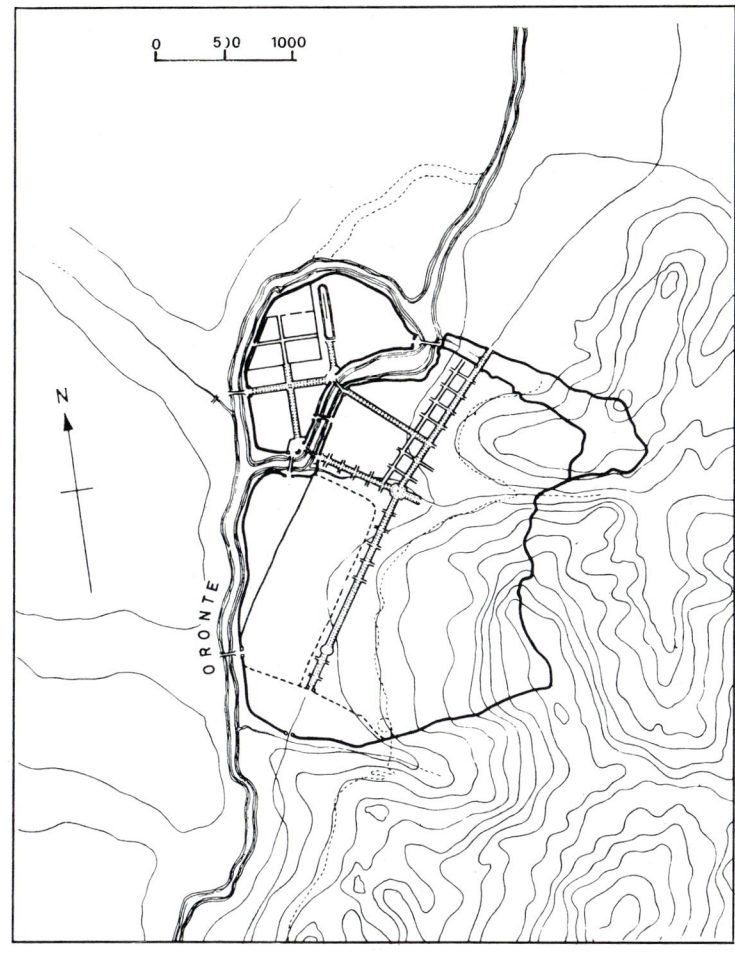

Abb. 283. Plan von Antiochia (im gleichen Maßstab wie der Plan von Alexandria).

Abb. 284–285. (rechts) **Pergamon: Plan und Querschnitt der Stadt.**

 6 Stadion
 7 Gurnellia
 8 Akropolis
 9 Altar
10 Terrasse der Demeter
11 Gymnasium
12 Untere Agora
13 Tor des Eumenes
14 Kizil Avlu (Rote Halle)

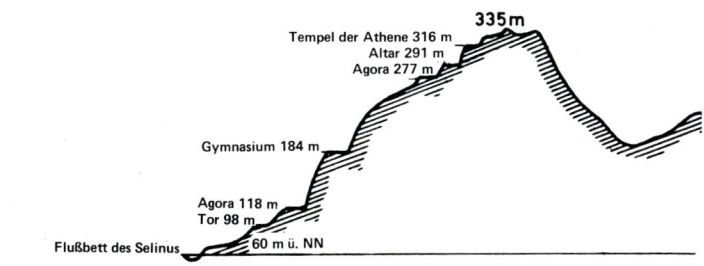

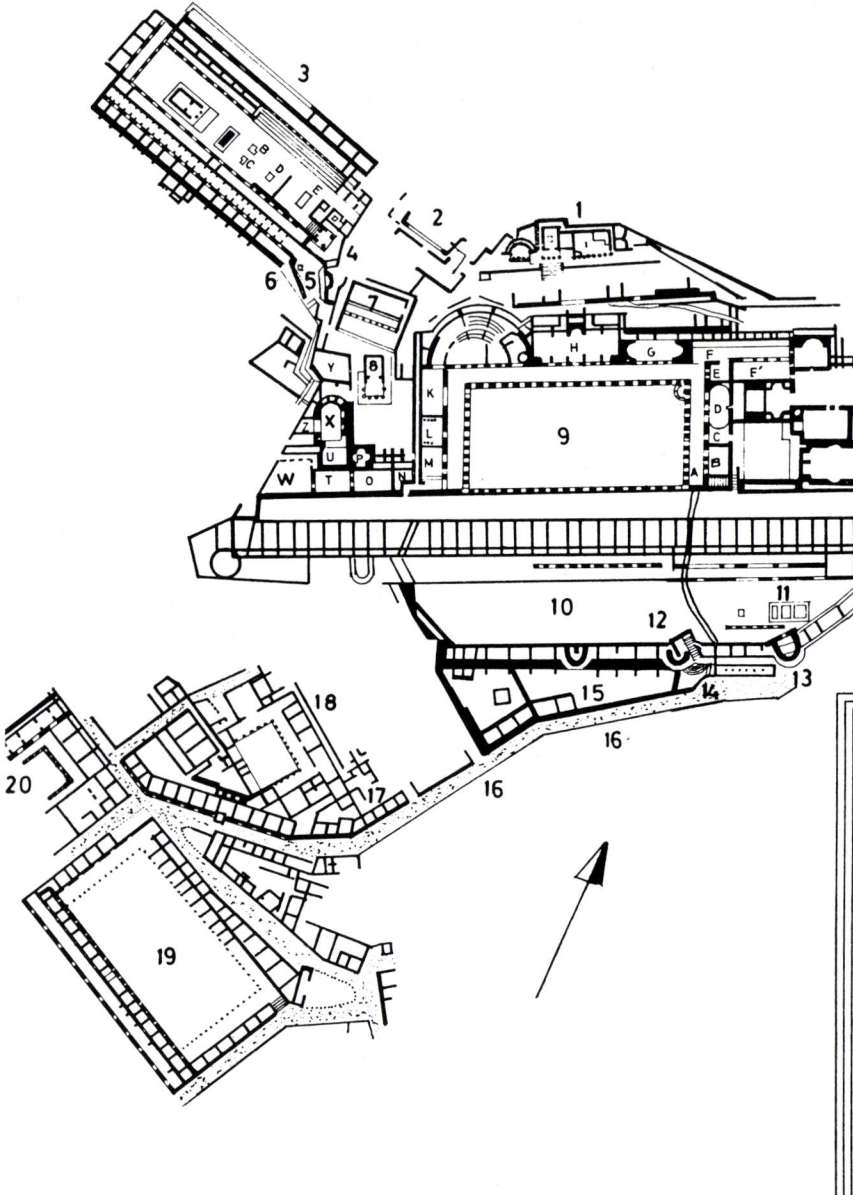

1 Bezirk der Hera Basileia
2 Prytaneion (?)
3 Heiligtum der Demeter
4 Monumentaler Eingang
5 Quelle
6 Brunnen
7 Versammlungssaal
8 Tempel des Äskulap
9 Oberes Gymnasium
10 Mittleres Gymnasium
11 Zum Gymnasium gehörender Tempel des Hermes
12 Eingangstreppe
13 Quelle
14 Monumentaler Eingang zum Bereich der Gymnasien
15 Unteres Gymnasium
16 Hauptstraße
17 Geschäfte
18 Haus des Attalos
19 Untere Agora
20 Haus mit Peristyl

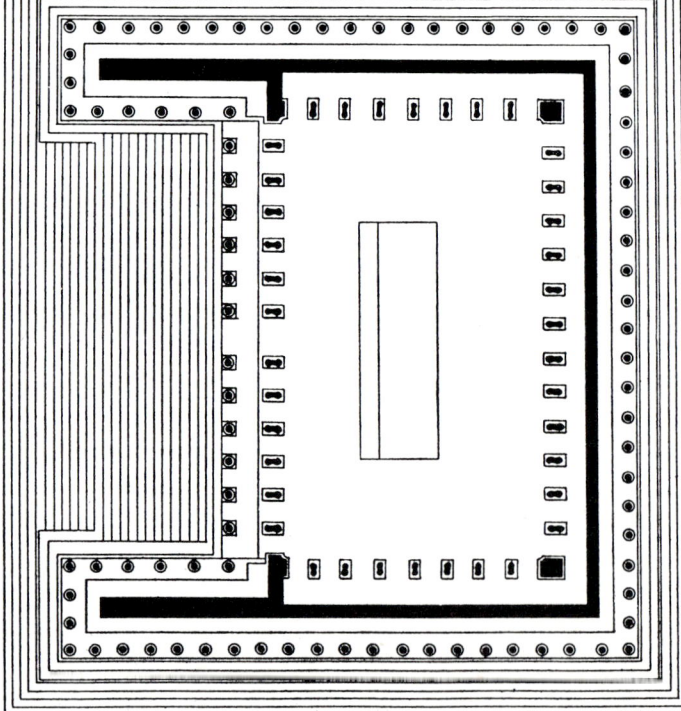

Abb. 286. Plan des mittleren Stadtkerns von Pergamon.

Abb. 287. Grundriß des Zeusaltars im oberen Teil der Stadt (vgl. Abb. 288, Nr. 20).

1 Heroon (dem Heldenkult dienendes
   Gebäude)
2 Geschäfte
3 Haupteingang zur Akropolis
4 Fundamente des Propylon
   (Eingangsportikus)
5 Treppe zu den Palästen
6 Bezirk der Athene
7 Tempel der Athene
8 Bibliothek
9 Ein Haus
10 Palast Eumenes' II.
11 Palast Attalos' I.
12 Hellenistische Häuser
13 Kaserne und Kommandoturm
14 Arsenal
15 Trajaneum
16 Theater
17 Tempel des Dionysos
18 Terrasse des Theaters
19 Portikus mit zwei Gängen
20 Zeusaltar
21 Obere Agora
22 Zur Agora gehörender Tempel

0   50   100   150 m

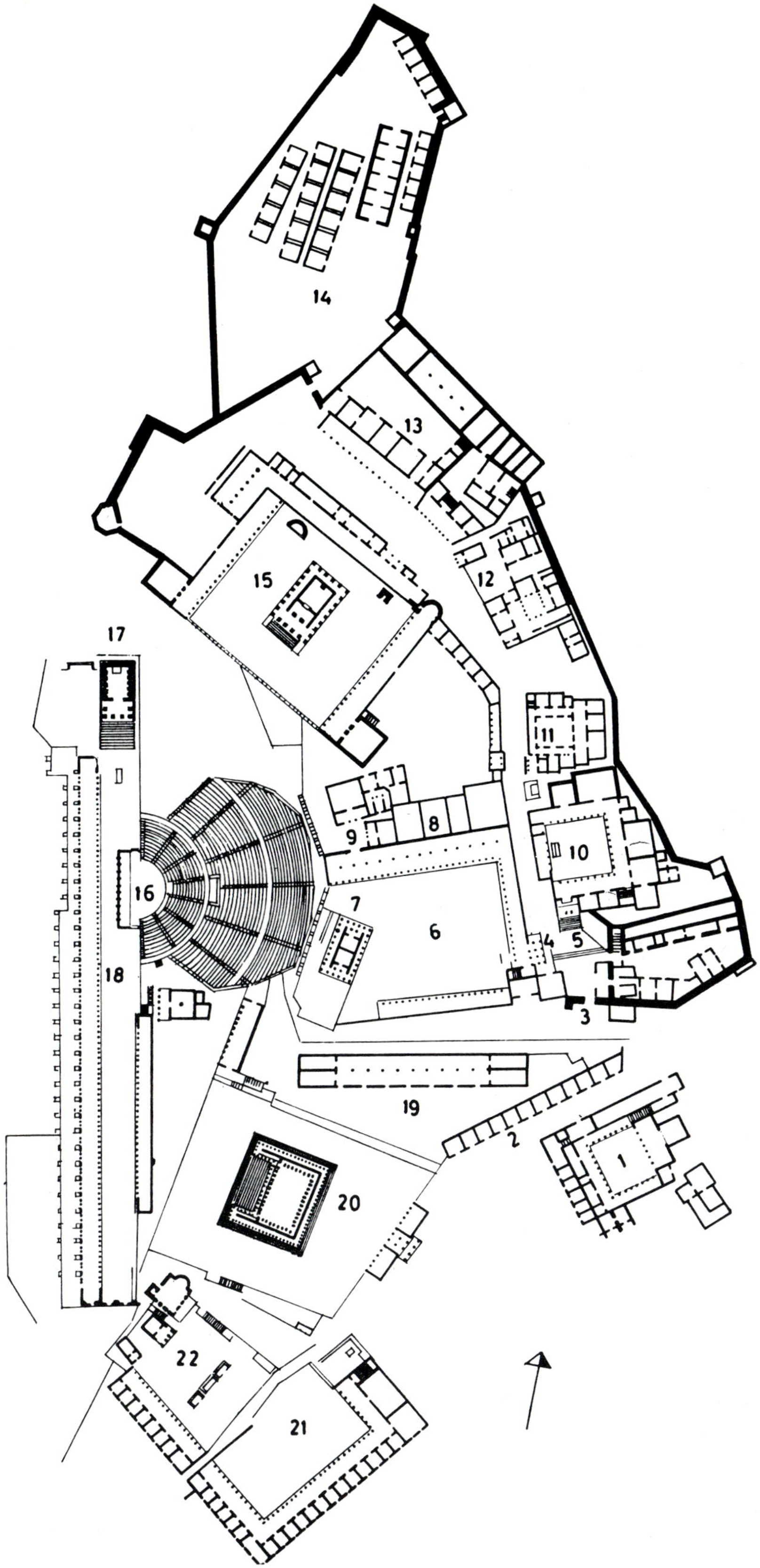

Abb. 288. Plan des oberen Teils von Pergamon.

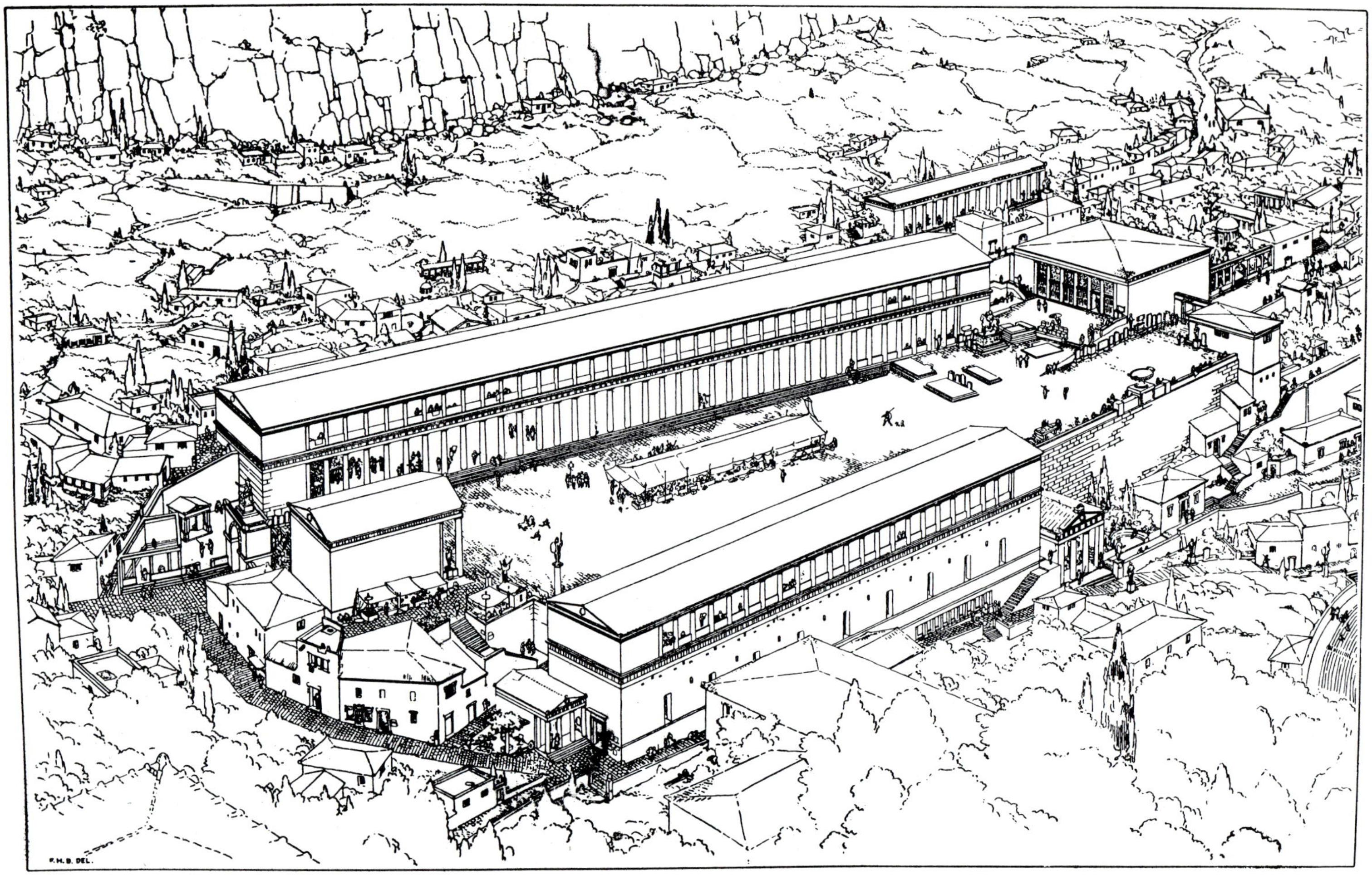

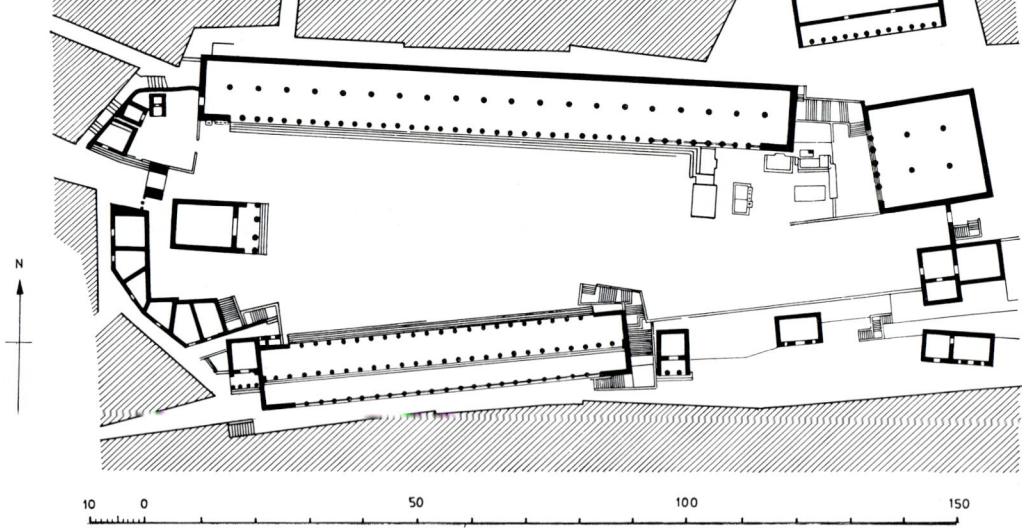

Abb. 289. Plan und Rekonstruktion
der hellenistischen Agora von Assos.

5. Rom: Die Stadt und das Weltreich

Wenn wir uns jetzt dem römischen Staat widmen, dem es gelungen ist, die Welt des Mittelmeers politisch zu vereinigen, so müssen wir dabei vor allem folgende Faktoren beachten:

1. Das originäre Umfeld, innerhalb dessen sich die römische Macht herausbilden konnte, insbesondere die etruskische Kultur, die sich im 7. und 6. Jahrhundert v. Chr. von der Poebene bis nach Kampanien ausgedehnt hatte.

2. Den außergewöhnlichen Aufstieg Roms von einer kleinen unbedeutenden Stadt an der Grenze zwischen dem Land der Etrusker und den von den Griechen kolonisierten Territorien zur Hauptstadt eines Weltreichs, zur Stadt par excellence.

3. Die Art und Weise, wie die Römer das eroberte Land kolonisierten. Dabei interessieren uns vor allem die drei wesentlichsten Eingriffe in die Natur:

a) Der Aufbau einer Infrastruktur: Bau von Straßen, Brücken, Aquädukten (Wasserleitungen), Verteidigungswällen;

b) die Aufteilung des fruchtbaren Bodens in einzelne bebaubare Ländereien;

c) die Gründung neuer Städte;

4. Die Dezentralisierung der politischen Funktionen in der Spätphase des Reiches, verbunden mit der Herausbildung regionaler Hauptstädte. Konstantinopel zum Beispiel war noch tausend Jahre nach dem Niedergang Roms Hauptstadt des Oströmischen Reiches, wurde dann als Istanbul Hauptstadt des türkischen Reiches und ist bis heute eine der bedeutendsten Städte der westlichen Welt.

Abb. 290. Brunnengrab aus der Bronzezeit auf der Via Sacra in Rom.

Kelten

Räter

Veneter

Ligurer

Golasecca

Monte Bego

Genua

Padova

Ateste (Este)

Adria

Felsina (Bologna)

Spina

Marzabotto

Ariminum (Rimini)

Monoikos (Monaco)

Luni

Nikaia (Nizza)

Faesulae (Fiesole)

Novilara

Picenter

Civitalba

Ancona

Arretium (Arezzo)

Cagli

Numana

Volaterrae (Volterra)

Cortona

Fabriano

Perusia (Perugia)

Fermo

Populonia

Clusium (Chiusi)

Vetulonia

Belmonte

Elba

Tuder (Todi)

Ascoli

Orvieto

Volsinii

Umbro-

Korsika

Bisenzio

Vulci

Falerii

Sabiner

Tarquinii

Veii

Carseoli

Samniter

Dauner

Alalia (Aleria)

Caere

Praeneste (Palestrina)

Arpi

Roma

Tusculum

Volsker

Apulo-

Latiner

Kanysion (Canosa)

Satricum

Ausonier

Peucetier

Caelia (Ceglie)

Capua

Brentesion (Brindisi)

Kyme (Cumae)

Neapel

Pithekoussai

Pompei

Salentiner

Messapier

Uria

Ischia

Poseidonia (Paestum)

Lukaner

Taras (Tarant)

Metapontion

Rhoudia (Rudiae)

Sardinien

Elea (Velia)

Pyxous

Sala Consilina

Siris

Olbia

Sybaris

Tharros

Bruttier

Kroton

Karalis (Cagliari)

Liparische

Inseln

Sulci

Medma

Kaulonia

Einflußbereich der Karthager

Panormos (Palermo)

Milazzo

Lokroi hoi Epizephyrioi (Locri)

Zankle (Messina)

Rhegion (Reggio)

Motye

Himera

Naxos

Selinous (Selinunte)

Sikuler

Katane (Catania)

Akragas (Agrigento)

Leontinoi

Megara Hyblaia

Gela

Akrai

Syrakus

Karthago

M Riccardi dis

E Greenwich

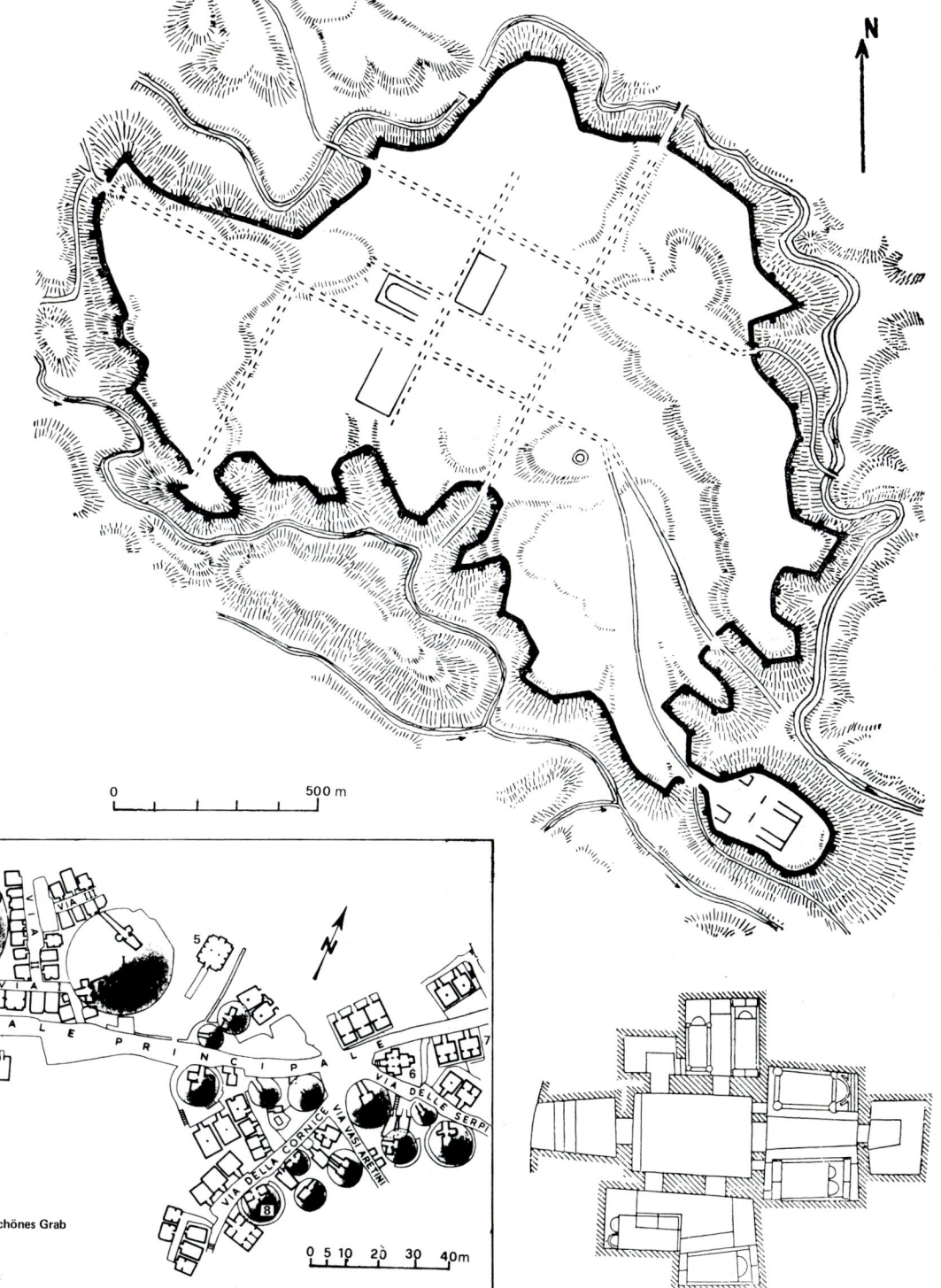

Abb. 291. (auf der gegenüberliegenden Seite) **Italien in der Zeit vor der römischen Eroberung.**

Abb. 292. (rechts) **Plan der Stadt Veji mit der etruskischen Stadtmauer. Die rechtwinklige Straßenführung innerhalb der Mauern stammt aus der römischen Epoche.**

Abb. 293–294. (unten) **Plan der Nekropolis von Cerveteri und Grundriß des Grabes des Häuschens (9).**

I Grabhügel (Tumulo I)	4 Grab der Totenbetten
II Grabhügel (Tumulo II)	5 Grab der Reliefs oder Schönes Grab
1 Grab der Kapitelle	6 Grab des Häuschens
2 Grab des Strohdachs	7 Grab des Marce Ursus
3 Grab der griechischen Vasen	8 Grab des Simses

Abb. 295. (auf der linken Seite) **Etruskische Skulptur aus einem Grab in der Nekropolis von Volsinii.**

Abb. 296. (rechs oben) **Etruskische Urne in Form eines Hauses (Archäologisches Museum Florenz).**

Abb. 297. (unten) **Grundriß des etruskischen Tempels von Orvieto.**

Abb. 298. (rechts unten) **Modell des ersten Jupitertempels auf dem Kapitol in Rom.**

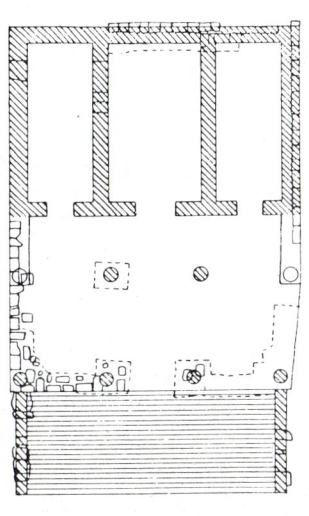

Die etruskische Kultur entstand in Italien während der Eisenzeit im 9. Jahrhundert v. Chr. zunächst an der Küste zum Tyrrhenischen Meer zwischen Arno und Tiber und breitete sich von dort im 7. und 6. Jahrhundert bis zur Poebene im Norden und im Süden bis nach Kampanien aus, wo sie mit den süditalienischen Kolonien der Griechen in Berührung kam. Über den Seehandel hatten die Etrusker auch Verbindung zu anderen Mittelmeerländern, von denen sie kulturell beeinflußt wurden.

In Etrurien existierte – wie in Griechenland – eine große Zahl von Stadt-Staaten, die in der Regel von einer Aristokratie beherrscht und in einem Bund um das Heiligtum des Gottes Voltumna bei Volsinii vereinigt waren. Die bedeutendsten Städte – Volaterrae, Aretium, Cortona, Caere, Perusia, Vetulonium, Tarquinii, Rusellae, Volci, Volsinii, Faesulae und Veji – waren auf leicht zu verteidigenden Anhöhen errichtet. Später wurden sie jedoch von den Römern weitgehend verändert, wobei nur die unregelmäßig verlaufenden Befestigungsmauern (Abb. 292) und einige vereinzelte Monumente erhalten blieben. Aber wir kennen die typischen Merkmale der etruskischen Tempel durch eine Beschreibung des Vitruv aus der Zeit des Augustus: Sie bestanden aus einer recht einfachen Struktur aus Holz und Stein, die mit einer reich verzierten Terrakottaschicht überzogen war. Vermutlich waren sie Vorbild der ersten Tempel in Rom (Abb. 297–298).

Folgt man den Schriftstellern der Antike, so geht das von den Römern praktizierte Ritual für Stadtgründungen auf die Etrusker zurück. Es bestand aus folgenden Elementen: *inauguratio:* die Befragung der Götter vor der Stadtgründung; *limitatio:* das Abstecken der äußeren Grenzen der Stadt; *consacratio:* Darbringung eines Opfers in der neugegründeten Stadt. Wie dem auch gewesen sein mag, die Form der etruskischen Städte ist jedenfalls nicht vergleichbar mit den mit geometrischer Regelmäßigkeit angelegten römischen Stadttypen.

Bei den Ausgrabungen hat man jeweils rund um die Städte eine Vielzahl unterirdischer Gräber gefunden. Einige waren noch unversehrt und man fand darin Gemälde, Skulpturen und Gebrauchsgegenstände als Grabbeigaben, die uns ein sehr direktes Bild vom Alltagsleben dieses Volkes vermitteln (Abb. 293–296).

Am Rande des etruskischen Territoriums entstand Rom: zunächst nur eine kleine Siedlung, die jedoch rasch wuchs und schließlich die Herrschaft über den gesamten Mittelmeerraum erlangte. Zur Hauptstadt wurde Rom nicht aufgrund einer bewußten Entscheidung, sondern naturwüchsig aufgrund der ständigen Expansion dieses Stadt-Staates. Wie das gesamte Reich dehnte sich auch die Hauptstadt immer mehr aus und nahm schließlich enorme Ausmaße an. Trotzdem behielt sie ihre ursprünglichen dörflichen Merkmale. Man kann sagen, Rom blieb ein nach und nach zur Weltstadt gewordenes Dorf. Nachdem die politische Einigung des gesamten Reiches abgeschlossen war, gestand Caracalla im Jahre 212 n. Chr. allen Einwohnern des

Reiches die römische Staatsangehörigkeit zu. *Urbs* (die Stadt Rom) und *orbis* (das zum Römischen Reich gehörende Territorium) entsprachen einander: Die Stadt war voll von Menschen und Gütern aus aller Welt, und das Weltreich war wie eine Stadt von Straßen durchzogen, von Mauern umgeben und wurde von einer einzigen Regierung verwaltet.

Ovid verlieh diesem Gedanken in den Fasten (II, 683–684) Ausdruck: »Anderen Völkern wurde Land mit fester Grenze gegeben: der Umfang der Stadt Rom und der Welt sind gleich.«

Das weltweite Ansehen, das Rom unter Augustus erlangt hatte und das von Dichtern wie Vergil, Horaz und Ovid gepriesen wurde, hat sich bis in die heutige Zeit erhalten. Hinzugekommen ist im Laufe der Geschichte noch die religiöse Bedeutung Roms als Sitz des Papstes. Rom blieb das Zentrum der Welt (»Alle Wege führen nach Rom«), auch wenn es im Mittelalter nur noch ein ärmliches Dorf war und heute eine Stadt von zweitrangiger Bedeutung ist. Die Überreste der antiken Hauptstadt bestimmen weiterhin das Bild und die Atmosphäre dieser Stadt, doch kultureller Mythos und Wirklichkeit fielen nur während des Römischen Reiches zusammen.

Bei unserer Darstellung der Entwicklung Roms von seinen Ursprüngen richtet sich unser Hauptaugenmerk besonders auf die Zeit des Höhepunkts seiner Entfaltung im 2. und 3. Jahrhundert n. Chr. Danach vergleichen wir das antike Rom mit dem Rom von heute. In den folgenden Abschnitten werden wir dann auch auf die übrigen Entwicklungsphasen eingehen.

Wie schon bei den anderen Städten ist auch der Ursprung Roms im Zusammenhang mit der Beschaffenheit der natürlichen Umgebung zu sehen. Der für die Stadtgründung ausgewählte Ort, am Unterlauf des Tibers, unterschied sich nur geringfügig von anderen Plätzen der Umgebung und hat nichts derart Besonderes an sich gehabt, was den späteren enormen Aufstieg erklären könnte: Der Fluß verlangsamt nach einer engen Biegung sein Tempo und teilt sich in zwei Arme, so daß sich in der Mitte eine Insel bildete (die heutige Isola Tiberina). An dieser Stelle konnte man den Fluß leicht durchwaten oder mit einer Fähre überqueren. Links vom Fluß liegen einige Hügel, deren steile Hänge sich fast bis zum Flußufer erstrecken. Die Etrusker, die das rechte Ufer besetzt hielten, waren darum bemüht, den Flußübergang frei zu halten, um zu ihren Besitzungen in Kampanien zu gelangen. So entstanden an diesem verkehrsreichen Punkt ein Markt und eine Messe (später in die Stadt als Forum Boarium und Forum Holitorium integriert), während auf den Hügeln die ersten befestigten Siedlungen errichtet wurden, von denen aus der Flußübergang kontrolliert werden konnte.

Vielleicht wurde zuerst der Palatin bebaut, weil dieser Hügel als einziger über steile, leicht zu verteidigende Abhänge verfügte und gleichzeitig eine flache Kuppe besaß, die genügend Raum

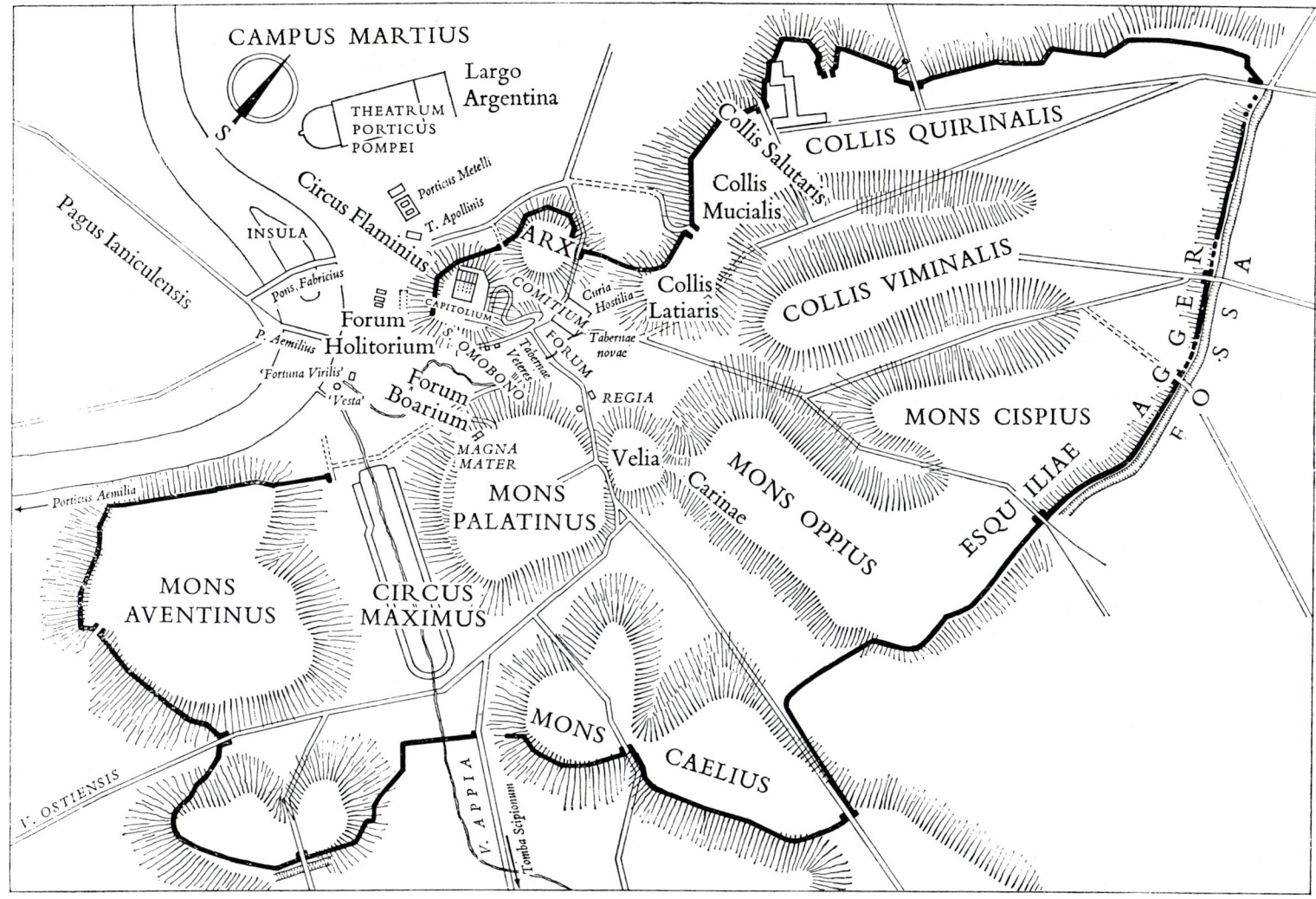

Abb. 299. Das republikanische Rom (Maßstab 1:20 000).

zum Errichten einer Siedlung bot. Die anderen umliegenden Hügel waren entweder nicht steil genug (wie zum Beispiel der Caelius oder der Quirinal) oder die Kuppe war zu klein (wie die des Kapitols). Erst später wurde – so jedenfalls berichtet die Legende – von Servius Tullius eine Stadt erbaut, die sich auf allen sieben Hügeln ausbreitete und in vier Stadtteile aufgeteilt war, nämlich: *Suburbana* um den Mons Caelius herum; *Esquilina* um den Esquilin, den Mons Oppius und den Mons Cispius; *Collina* um den Viminal und den Quirinal; *Palatina* um den Palatin.

Das zwischen den vier Stadtteilen liegende Tal wurde durch ein Kanalsystem, die sogenannte ›Cloaca Maxima‹, trockengelegt und dort entstand als neuer wirtschaftlicher Mittelpunkt das Forum Romanum. Außerhalb des eigentlichen Stadtgebietes lag der Kapitolshügel, der die Bedeutung einer Akropolis erhielt, und der Aventin, der später während der Kämpfe zwischen den Patriziern und den Plebejern im Jahre 454 v. Chr. den Plebejern zugesprochen wurde. Aufgrund eines Textes von Varro ist die Größe dieser Stadt mit vier Stadtteilen und vermutlich einer

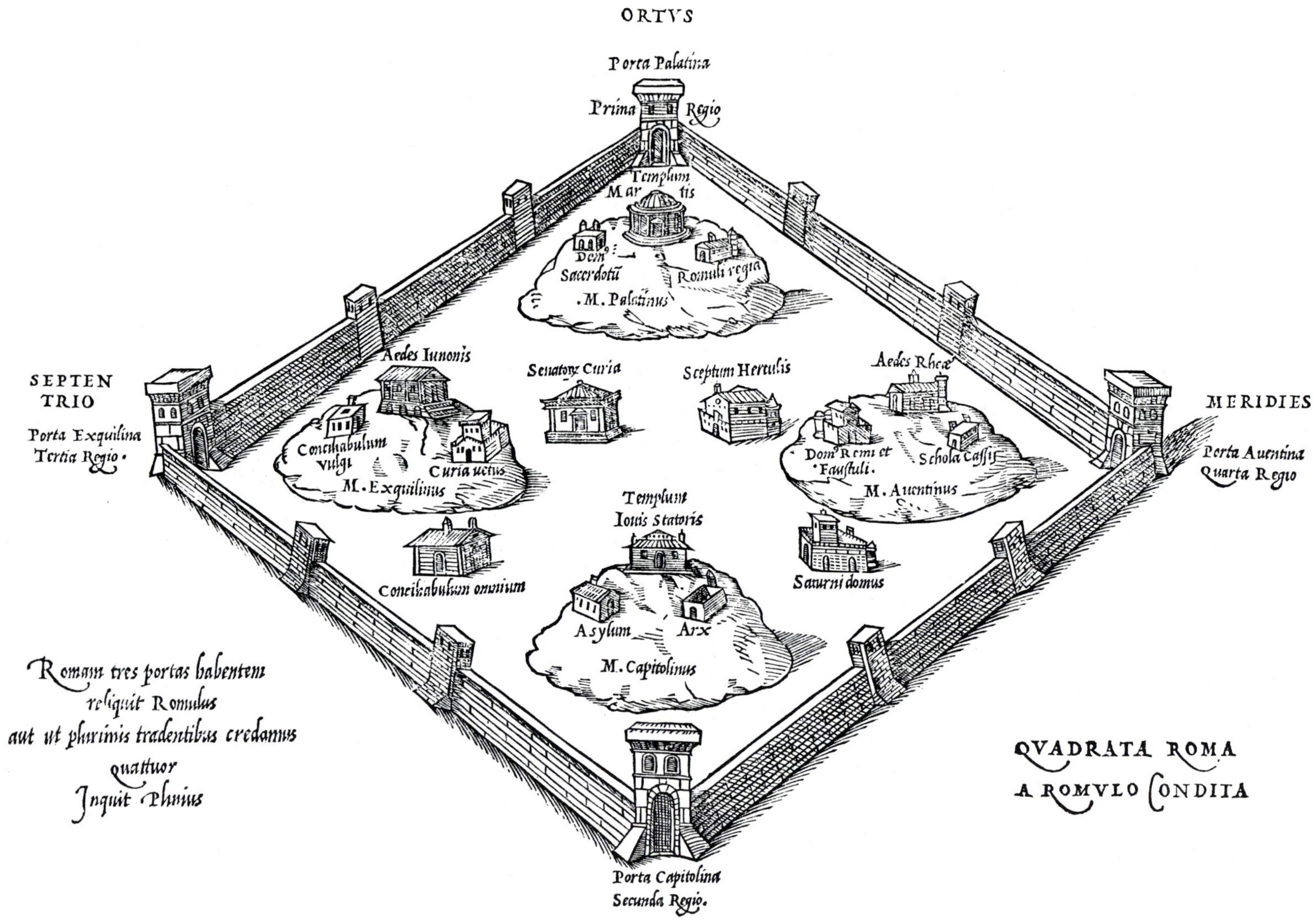

ORTVS

Porta Palatina

Prima   Regio

Templum
Martis

Dom
Sacerdotū   Romuli regia

M. Palatinus

SEPTEN
TRIO

Porta Exquilina
Tertia Regio·

Aedes Iunonis   Senatorꝫ Curia   Sceptum Hertulis   Aedes Rheæ

MERIDIES

Porta Auentina
Quarta Regio

Conciabulum
vulgi   Dom Remi et   Schola Cassis
Curia uetus   Fauſtuli·

M. Exquilinus   M. Auentinus

Templum
Iouis Statoris

Conciabulum omnium   Saturni domus

Asylum   Arx

M. Capitolinus

Romam tres portas habentem
reliquit Romulus
aut ut plurimis tradentibus credamus
quattuor
Inquit Plinius

QVADRATA ROMA
A ROMVLO CONDITA

Porta Capitolina
Secunda Regio·

Abb. 300. »Roma quadrata« (Stich aus dem Jahre 1527).

Stadtmauer bekannt: das innere Stadtgebiet umfaßte etwa 285 ha. Damit war Rom schon damals die größte Stadt der italienischen Halbinsel.

Während der gallischen Invasion im Jahre 387 v. Chr. wurde die ganze Stadt mit Ausnahme des Kapitols besetzt und in Brand gesteckt. Sie wurde aber unmittelbar danach in der gleichen unregelmäßigen Struktur wieder aufgebaut und mit einer neuen, aus rechteckigen Steinblöcken errichteten Schutzmauer umgeben, die nach Servius Tullius benannt wurde. Zu dem wiederauf-

gebauten Rom gehörte der Aventin, der Kapitolshügel und ein Teil der nördlich des Quirinals gelegenen Hochebene; Rom umfaßte eine Fläche von 426 ha und war damit bereits größer als Athen. Vom 4. Jahrhundert v. Chr. an nahm Rom immer mehr den Charakter einer Großstadt an. Im Jahre 329 wurde im Tal zwischen Palatin und Aventin mit dem Bau des Circus Maximus begonnen; 312 wurde von Claudius das erste Aquädukt gebaut, durch das die höher gelegenen Stadtteile mit Wasser versorgt werden konnten. Auf der großen, zwischen den Hügeln und der

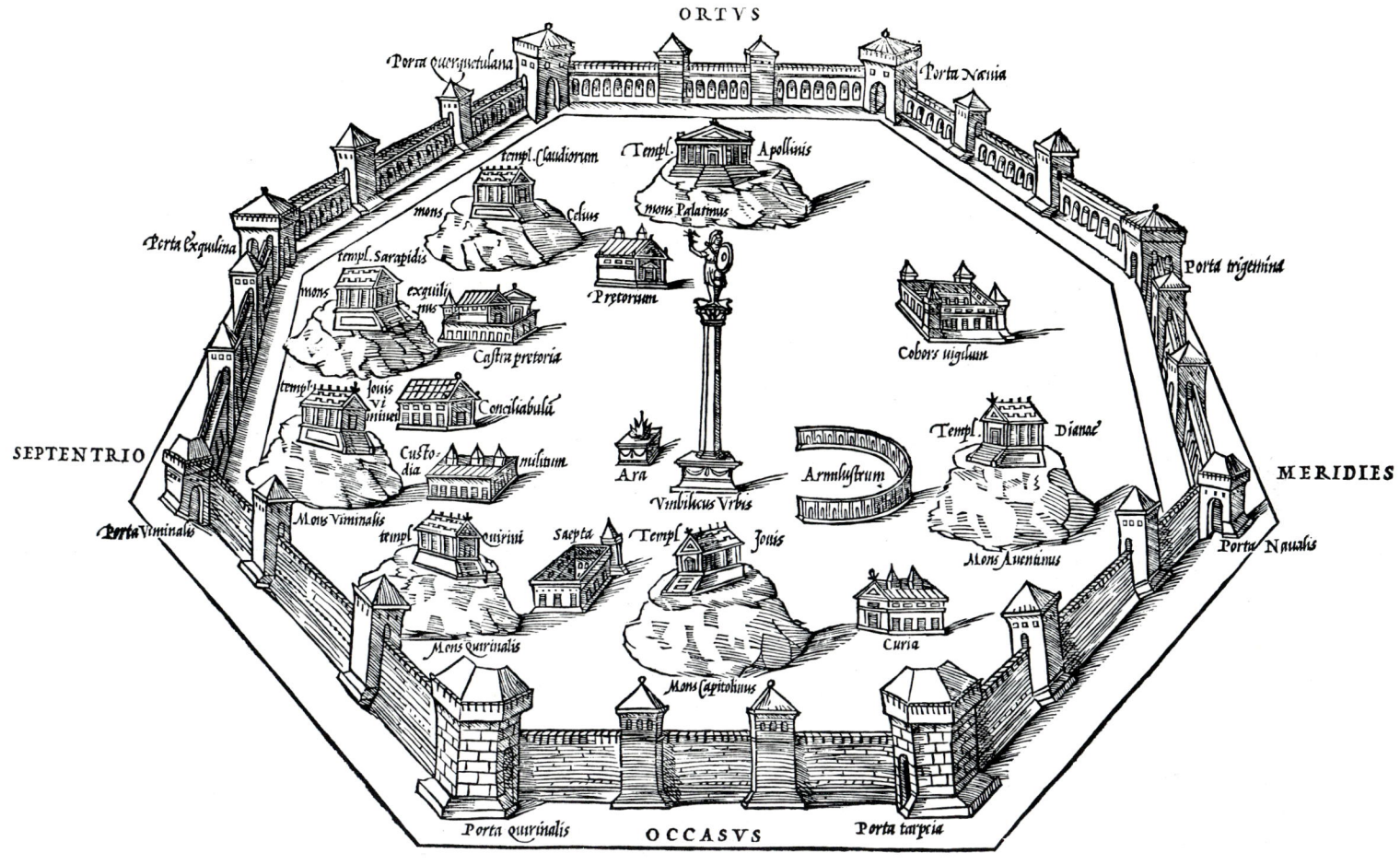

Abb. 301. Rom zur Zeit des Servius Tullius (Stich aus dem Jahre 1527).

Biegung des Tibers gelegenen Ebene, dem für das Heer reservierten Marsfeld (Campus Martius), wurden die ersten Bauten errichtet: der Circus Flaminius (221 v. Chr.), der Porticus Metelli (149 v. Chr.) und das Theatrum Pompei (ungefähr 50 v. Chr.). Das Forum wurde ausgebaut und mit Basiliken umgeben, damit die Bürger ihren Geschäften nicht unter freiem Himmel nachgehen mußten (die erste war die Basilika Portia, 184 v. Chr.). Alle Basiliken mit Ausnahme der Emilia aus dem Jahre 179 v. Chr. sind im Laufe der Zeit zerstört worden. Darüberhinaus wurden auf dem Kapitol sowie in fast allen anderen Teilen der Stadt zahlreiche Tempel errichtet. Das Ufer des Tiber unterhalb des Aventin wurde in einen Marktplatz (Emporium) verwandelt (Abb. 299).

Mit dem Übergang von der republikanischen Ära zur Kaiserzeit nahmen die baulichen Eingriffe immer größere Ausmaße an und gerieten dadurch in Konflikt mit der bereits vorhandenen Struktur der Stadt; deshalb wurde damit begonnen, alte Bauten abzureißen, um Platz für neue zu schaffen.

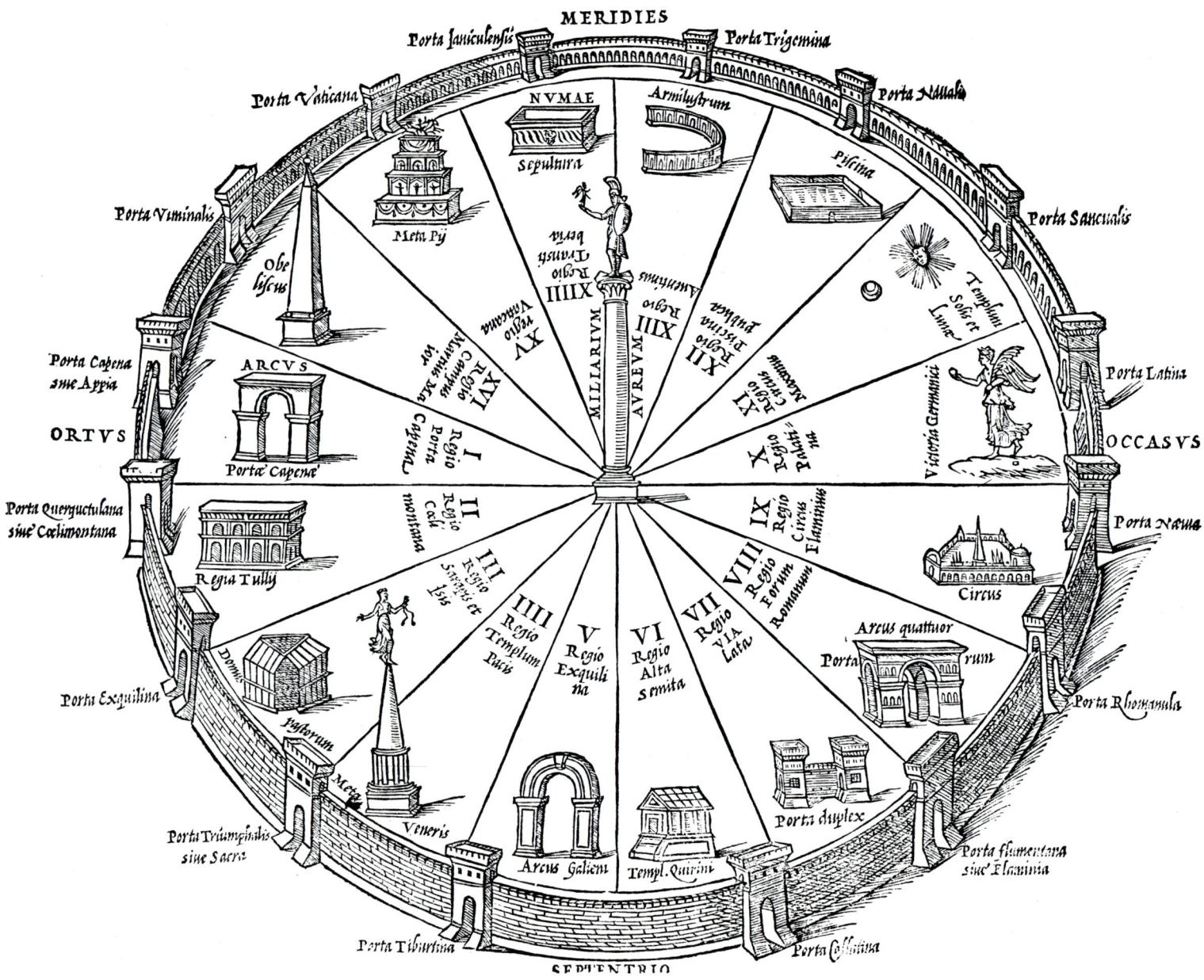

Abb. 302. Rom zur Zeit des Augustus (Stich aus dem Jahre 1527).

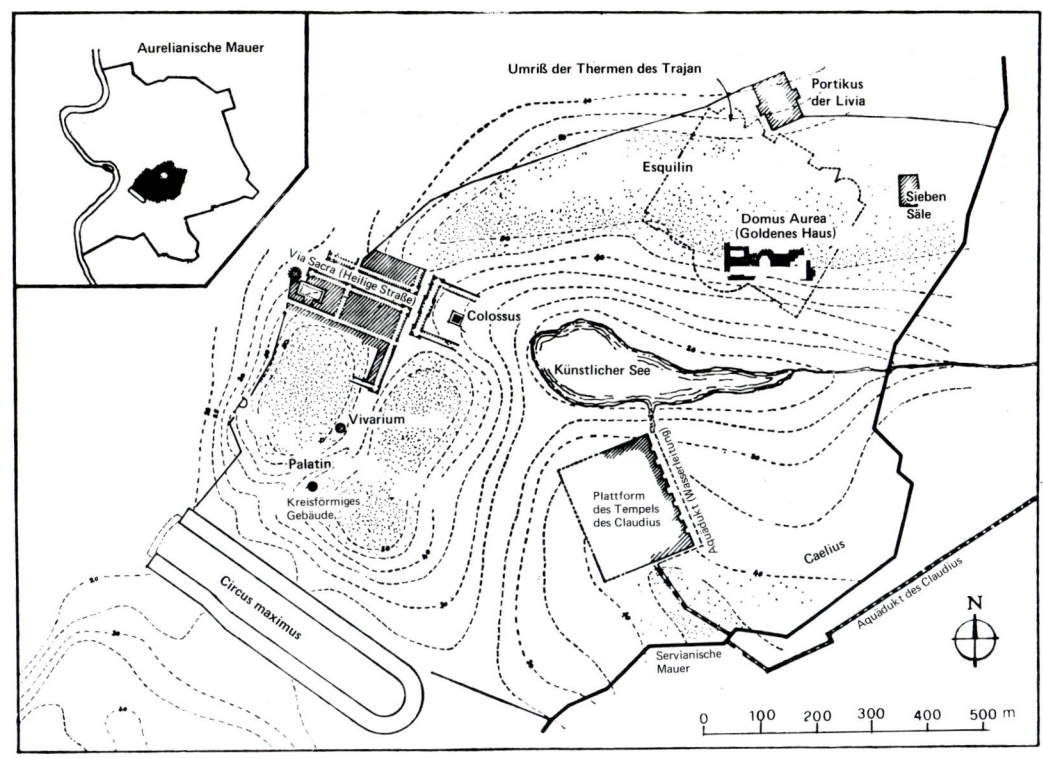

Abb. 303. Rekonstruktion von Neros »domus aurea« und des dazugehörigen Parks.

Abb. 304. (auf der folgenden Seite) **Büste des Scipio Africanus.**

Julius Caesar erweiterte das Forum Romanum durch den Bau der Basilika Julia und des neuen nördlich gelegenen Forum Caesaris. Für den Bau dieses neuen Forums hatte Caesar Land für 100 Millionen Sesterzen gekauft und einen ganzen Stadtteil am Fuß des Kapitols abreißen lassen. Außerdem existierte der – allerdings nie durchgeführte – Plan, den Tiber umzuleiten und am Fuß der auf der rechten Flußseite gelegenen Hügel entlangzuführen und das Marsfeld zum Vatikan zu verlagern, damit sich die Stadt ungehindert in der gesamten Ebene ausbreiten könne.

Ausgeführt wurde dagegen der Plan des Augustus, auf dem Marsfeld eine Reihe von Gebäuden zu errichten; so entstanden dort das Marcellustheater, die Thermen des Agrippa, das Pantheon, das Augustusmausoleum und die Ara Pacis (Altar des Friedens). Direkt neben dem Forum Caesaris ließ er das Forum Augusti errichten und begann auf dem Palatin mit dem Bau des kaiserlichen Palastes. Er ließ auch eine große Anzahl von Tempeln erbauen, das System der Wasserleitungen vervollständigen, die Flußufer befestigen und er verfügte eine neue Aufteilung der Stadt in 14 Bezirke. In demselben Maße, wie die öffentliche

Bautätigkeit zunahm, entwickelte sich auch die private. Doch auch für Wohnhäuser stand nur wenig Raum zur Verfügung und so entstanden viele mehrstöckige Wohnhäuser, die sogenannten *insulae,* für den ärmeren Teil der Bevölkerung. Um die Jahrtausendwende hatte Rom ca. 500 000 Einwohner.

Die Nachfolger des Augustus bauten den Palast auf dem Palatin aus und errichteten ein festes Lager für die Prätorianer (Castra Pretoria). Auch führten sie den Umbau der Stadt im Sinne des von Augustus entwickelten Programms fort, gingen dabei jedoch recht unsystematisch vor. Nero hatte nach dem Brand im Jahre 64 n. Chr. die Möglichkeit, die Stadt von Grund auf zu verändern. Er baute für sich selbst auf dem weitläufigen Gelände zwischen Palatin, Esquilin und Caelius eine außergewöhnliche Residenz, die Domus Aurea, innerhalb eines Parks mit weiteren Bauten (Abb. 303). Die zerstörten Stadtteile ließ er, soweit es die noch erhaltene Grundstruktur ermöglichte, nach systematisch geplanten Entwürfen wieder aufbauen.

Von Tacitus (XV, 43) ist uns folgende anschauliche Beschreibung dieses Wiederaufbaus überliefert:

»Der Raum, den diese Palastanlagen noch von der Stadt übrig ließen, wurde übrigens nicht, wie nach dem gallischen Brande, mit ungleichmäßigen und planlos ausgeführten Bauten ausgefüllt. Vielmehr wurden regelmäßige Häuserzeilen und breite Straßen angelegt, man beschränkte die Höhe der Häuser, ließ Hofräume frei und baute Säulengänge an, um die Front der Mietshäuser zu decken. Diese Säulengänge versprach Nero auf eigene Kosten zu bauen und die Bauplätze den Hausbesitzern abgeräumt zu übergeben. Ferner setzte er je nach dem Stande und Vermögen eines jeden verschieden hohe Preise aus und legte eine Zeit fest, innerhalb der sie die Paläste oder Mietshäuser vollendet haben mußten, um sie zu erlangen. Zur Aufnahme des Schuttes bestimmte er die Sümpfe bei Ostia. Die Schiffe, die mit Getreide den Tiber aufwärts gefahren waren, mußten den Schutt als Rückfracht nehmen. Die Häuser selbst sollten bis zu einer bestimmten Höhe ohne Gebälk nur aus Sabiner- oder Albanersteinen erbaut werden, weil diese feuerfest sind. Ferner sollte das Leitungswasser, das bisher von Privatleuten willkürlich abgefangen wurde, staatliche Aufseher bekommen, damit es der Allgemeinheit reichlicher und an zahlreicheren Stellen zur Verfügung stände. Auch mußte ein jeder Feuerlöschgeräte in seinem Vorhofe bereit halten. Die Häuser sollten auch keine gemeinsamen Wände mehr haben, jedes Gebäude ringsum eigene Brandmauern. Alle diese Maßnahmen wurden aus praktischen Gründen getroffen, verschönerten aber auch die neue Stadt. Trotzdem waren einige der Meinung, es sei die alte Bauart der Gesundheit zuträglicher gewesen, weil die engen Straßen und hohen Häuser die Sonnenglut besser abhielten. Jetzt aber glühten die breiten und durch keinen Schatten geschützten Straßen in weit drückenderer Hitze.«

Die flavischen Kaiser führten die von Nero begonnene Neustrukturierung der Stadt fort. Vespasian ließ die Domus Aurea abreißen und begann im flachen Teil des Parks, dort, wo der künstliche See angelegt worden war, mit dem Bau des Kolosseums, des großen Amphitheaters der Stadt (Abb. 326–329). Zwischen diesem neuen Bauwerk und den alten Foren ließ er das Forum Vespasiani entstehen. Domitian erweiterte erneut den Palast auf dem Palatin, so daß dieser fast den ganzen Hügel einnahm, und richtete das im Jahre 80 von einem Brand beschädigte Marsfeld wieder her, indem er eine Gruppe monumentaler Bauten um ein neues Stadion (die heutige Piazza Navona) herum erbauen ließ.

Trajan ließ die Erhebung (Sella), die zwischen Quirinal und Kapitol lag und die beiden monumentalen Bereiche des Marsfeldes und der Foren voneinander trennte, abtragen und errichtete an dieser günstigen Stelle mit dem Forum Traiani und dem am Hang des Quirinals gelegenen Markt ein neues Zentrum städtischen Lebens. Auf dem Mons Oppius ließ er die Trajansthermen anlegen und in der Nähe des Forums das Haus der Vestalinnen wieder aufbauen. Hadrian ließ das Pantheon des Augustus erneuern (Abb. 333–334); gegenüber dem Kolosseum erbaute er den Venus- und Romatempel und auf der anderen Seite des Tibers für sich ein Mausoleum, zu dem die ebenfalls neu errichtete Pons Aelius führte.

Zu diesem Zeitpunkt, da das Römische Reich auf dem Gipfel seiner Macht angelangt war, erreichte auch die Stadt Rom den Höhepunkt ihrer Entwicklung, und die Art, wie die Stadt angelegt war, scheint in sich geschlossen und endgültig gewesen zu sein (Abb. 307). An den großen öffentlichen Bauten, bei deren Errichtung die besten Künstler des ganzen Reiches mitgewirkt hatten, standen – wie bei den griechischen Vorbildern – architektonische Struktur und künstlerische Ausgestaltung im richtigen Verhältnis zueinander. Bei einigen Monumenten – wie zum Beispiel der Ara Pacis des Augustus, den Triumphbögen, den für Trajan und Antoninus Pius errichteten Ehrensäulen (Abb. 318–324) – dominieren die dekorativen Elemente, zumeist Reliefs, von denen jedes ausführlich eine wichtige historische Episode erzählt. Aber jeder dieser Komplexe stellte eine isolierte, in sich geschlossene und ausgewogene Einheit dar; die aus all diesen einzelnen Komplexen zusammengesetzte Stadt ist in ihrer Gesamtheit weder ausgewogen, noch bildete sie eine geschlossene Einheit. Sie überzog mit ihren Bauten einen großen Landstrich, brachte dabei die natürlichen Formen der ursprünglichen Landschaft durcheinander und drängte die Natur zurück.

Die nachfolgenden Kaiser vervollständigten mit ihren baulichen Eingriffen dieses Bild: die Severischen Herrscher gaben dem kaiserlichen Palast auf dem Palatin seine endgültige Form, indem sie die zum Circus Maximus und zum Caelius gelegenen Fassaden fertigstellten. In dieser Zeit entstanden die Thermen des Caracalla am Anfang der Via Appia und die Aureliusbrücke über den Tiber (der heutige Ponte Sisto). Im 3. Jahrhundert n. Chr. ging die Bautätigkeit zwar insgesamt zurück, aber dennoch entstanden weitere bedeutende öffentliche Bauwerke: die Aurelianische Mauer (270 bis 275), die Thermen des Diokletian (283 bis 305), die Thermen des Konstantin und die Konstantinsbasilika.

Bei der Planung und Realisierung dieser letztgenannten Bauten wurde der klassischen Ausgewogenheit von architektonischer Struktur und schmückendem Detail keine Beachtung mehr geschenkt. Zwar zeugen die weitgespannten Gewölbe einiger Bauten von einer hochentwickelten Bautechnik, aber die überlieferten architektonischen Regeln und die schmückenden Bildhauerarbeiten wurden zunehmend vernachlässigt; zum Teil wurden letztere auch von älteren Bauten übernommen, so z. B. am Konstantinsbogen (Abb. 337). Bildhauerei und Malerei gerieten in Widerspruch zur Architektur und bekamen eine untergeordnete Rolle zugewiesen, als handle es sich lediglich um Elemente der Inneneinrichtung. Damit wurde endgültig mit der von den Griechen begründeten Tradition der formalen Ausgewogenheit von Detail und Ganzem gebrochen.

Nach der Zeit Konstantins – der die Hauptstadt nach Byzanz verlegt hatte – wurden in Rom keine großen öffentlichen Bauwerke mehr errichtet. Die letzten Kaiser erließen noch eine Reihe von Dekreten zur Erhaltung der alten öffentlichen Bauten. Ho-

Abb. 305–306. Das Zentrum des antiken Rom mit den monumentalen öffentlichen Bauten: links in einer Luftaufnahme der heutige Zustand; rechts in einem Rekonstruktionsmodell aus dem Jahre 1939. Auf dem Modell sieht man im Vordergrund den Circus Maximus, den Palatin, zu dem das Aquädukt des Claudius führt, und das Kolosseum, dahinter die Foren, das Kapitol und das Gebiet um das Marsfeld.

norius ließ die Höhe der Aurelianischen Mauern verdoppeln, so daß diese sogar bis in die Neuzeit zur Verteidigung Roms ausreichten. In der Zwischenzeit waren an der Peripherie der Stadt die großen Kirchen des Christentums entstanden, das im Jahr 313 offiziell als gleichberechtigte Religion anerkannt worden war.

Bis zum 2. Jahrhundert war Rom eine »offene Stadt«, d. h. eine Stadt, die ständig im Wachsen begriffen war und einen immer größer werdenden Raum einnahm, ohne daß dabei die Notwendigkeit bestanden hätte, eine Stadtmauer zum Schutz vor Angriffen von außen zu errichten. Die von Augustus geschaffenen 14 Bezirke blieben die Grundlage der Stadtverwaltung, aber ihre äußeren Grenzen veränderten sich ständig: Die Zollgrenze verlief jeweils in 1000 Schritt Entfernung von den am äußersten Stadtrand stehenden Gebäuden. Auf dem Höhepunkt ihrer Entfaltung nahm die Stadt Rom eine Fläche von ungefähr 2000 ha ein. Die Aurelianische Mauer umfaßte – wie auch die zur gleichen Zeit entstandenen Schutzmauern um die von den Germanen bedrohten Städte Galliens – nur den Stadtkern (das war im damaligen Rom eine Fläche von 1386 ha). In der näheren Umgebung befanden sich die vielen Vorstadtvillen, wie z. B. die von Hadrian erbaute kaiserliche Villa in der Nähe von Tivoli (Abb. 338–341). Rechts und links der Konsularstraßen lagen Grabstätten, Tempel, Sportstätten und militärische Anlagen, wie man sie heute noch entlang der Via Appia sehen kann.

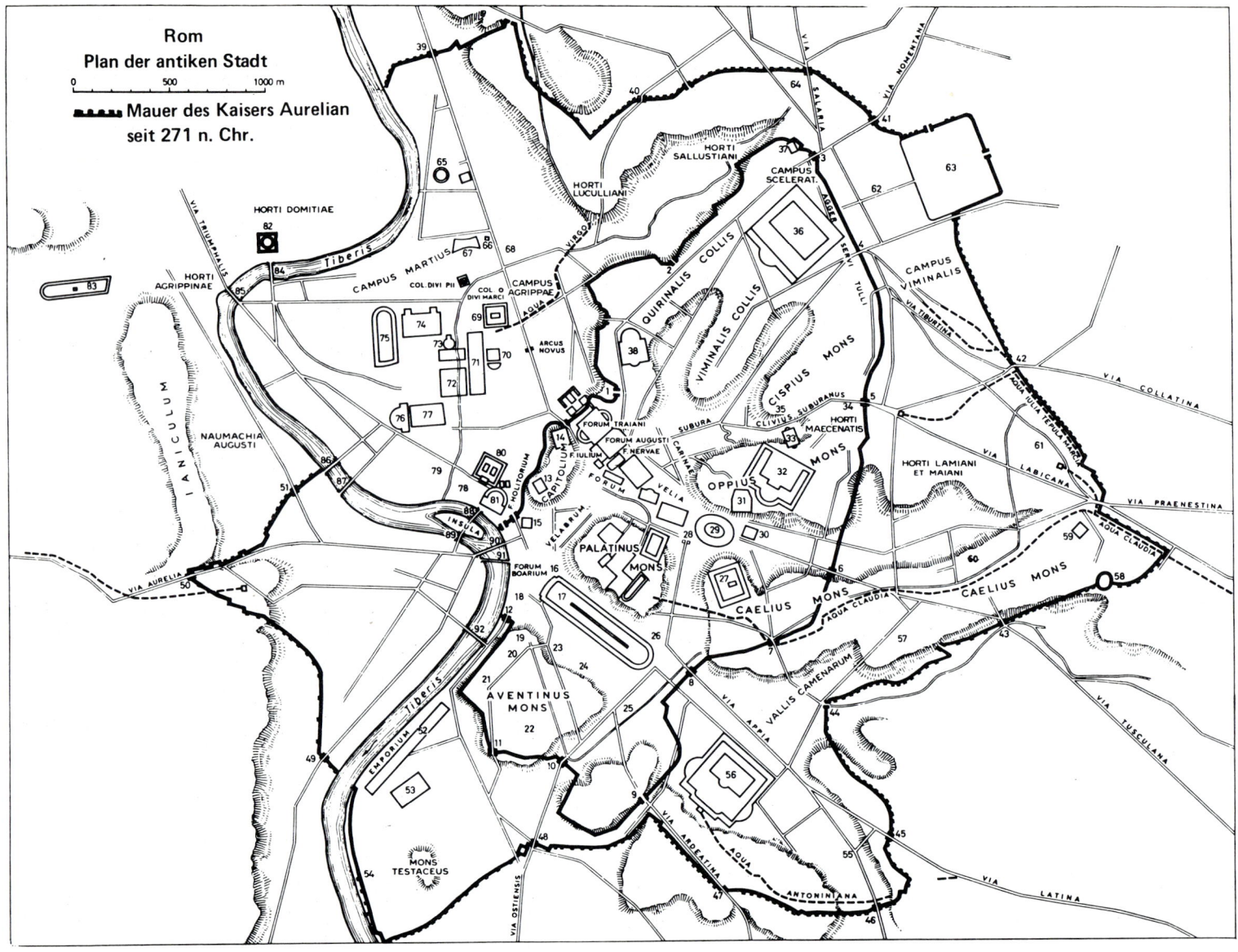

Rom
Plan der antiken Stadt

0   500   1000 m

▪▪▪▪ Mauer des Kaisers Aurelian
seit 271 n. Chr.

Pta. = Porta (Tor); T = Templum (Tempel); Th. = Thermae (Thermen); P. = Pons (Brücke).

TORE: 1) Pta. Sanqualis; 2) Pta. Quirinalis; 3) Pta. Collina; 4) Pta. Viminalis; 5) Pta. Esquilina; 6) Pta. Caelimontana; 7) Pta. Querquetulana; 8) Pta. Capena; 9) Pta. Naevia; 10) Pta. Raudusculana; 11) Pta. Lavernalis; 12) Pta. Trigemina.

MONUMENTE INNERHALB DER INNEREN MAUERN: 13) Jupitertempel; 14) Arx; 15) Fortunae et Matris Matutae; 16) Ara Maxima; 17) Circus Maximus; 18) T. Cereris; 19) T. Lunae; 20) T. Minervae; 21) T. Junonis Reginae; 22) Th. d. Decius; 23) T. Dianae; 24) Domus et thermae Surae; 25) T. Bonae Deae; 26) Septizodium Severi; 27) T. Divi Claudii; 28) Konstantinsbogen; 29) Kolosseum; 30) Ludus Magnus; 31) Th. d. Titus; 32) Th. d. Trajan; 33) Gärten des Maecenas mit Auditorium; 34) Gallienus-Bogen; 35) T. d. Juno Lucina; 36) Th. d. Diokletian; 37) T. Fortunae; 38) Th. d. Konstantin.

TORE DER ÄUSSEREN MAUER: 39) Pta. Flaminia; 40) Pta. Pinciana; 41) Pta. Nomentana;

42) Pta. Tiburtina; 43) Pta. Asinaria; 44) Pta. Metronia; 45) Pta. Latina; 46) Pta. Appia; 47) Pta. Ardeatina; 48) Pta. Ostiensis; 49) Pta. Portuensis; 50) Pta. Aurelia; 51) Pta. Septimiana.

MONUMENTE ZWISCHEN DER INNEREN UND ÄUSSEREN MAUER: 52) Porticus Aemilia; 53) Horrea Galbana; 54) Horrea Lolliana; 55) Grab der Scipionen; 56) Th. d. Caracalla; 57) Domus Lateranorum; 58) Amphitheater Castrense; 59) Th. d. Helena; 60) Horti (Gärten) Lamiani; 61) Nymphaeum; 62) Campus Cohortium Praetorianum; 63) Castra Praetoria; 64) T. Veneris Ericinae; 65) Mausoleum d. Augustus; 66) Ara Pacis; 67) Solarium; 68) T. Solis Aureliani (?); 69) T. Divi Hadriani; 70) Iseum; 71) Saepta; 72) Th. d. Aggrippa; 73) Pantheon; 74) Th. d. Nero; 75) Stadion; 76) Pompejustheater; 77) Porticus d. Pompejus; 78) Circus Flaminius; 79) Theater d. Balbus; 80) Porticus d. Oktavia; 81) Theater d. Marcellus; 82) Mausoleum d. Hadrian; 83) Circus d. Gajus u. Nero.

BRÜCKEN: 84) P. Aelius; 85) P. Neronianus; 86) P. Agrippae; 87) P. Aurelius; 88) P. Fabricius; 89) P. Caestius (Gratiani); 90) P. Aemilius; 91) P. Sublicius; 92) P. Probi (Theodosii).

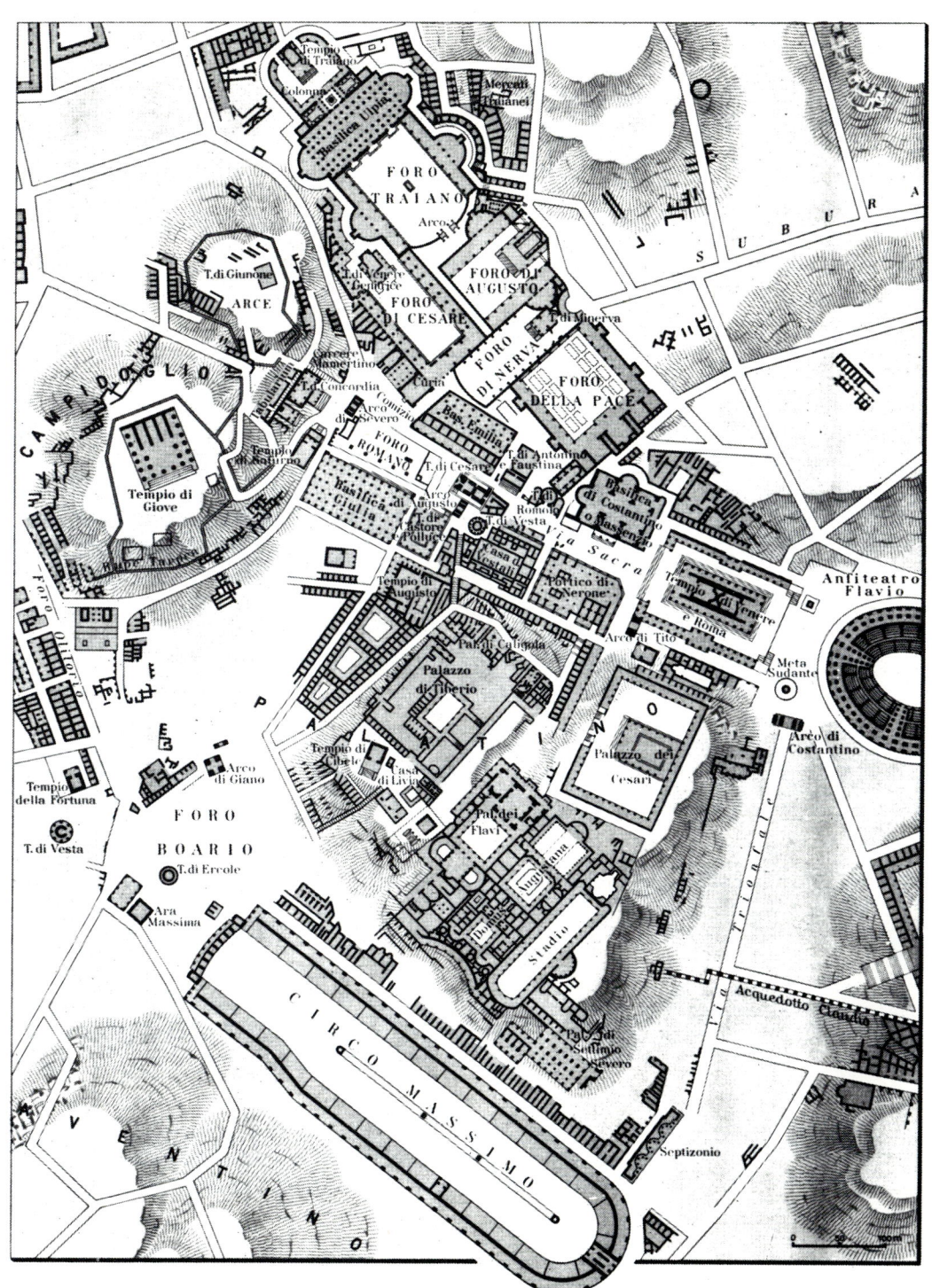

Abb. 307. (auf der gegenüberliegenden Seite) **Rom zur Kaiserzeit.**

Abb. 308. Das Zentrum mit den monumentalen öffentlichen Bauten (vgl. auch Abb. 305 und 306).

Abb. 309–310. Die Ruinen des Forum Romanum: auf dem rechten Foto von Nord-West her gesehen, auf dem linken von Süd-Ost.

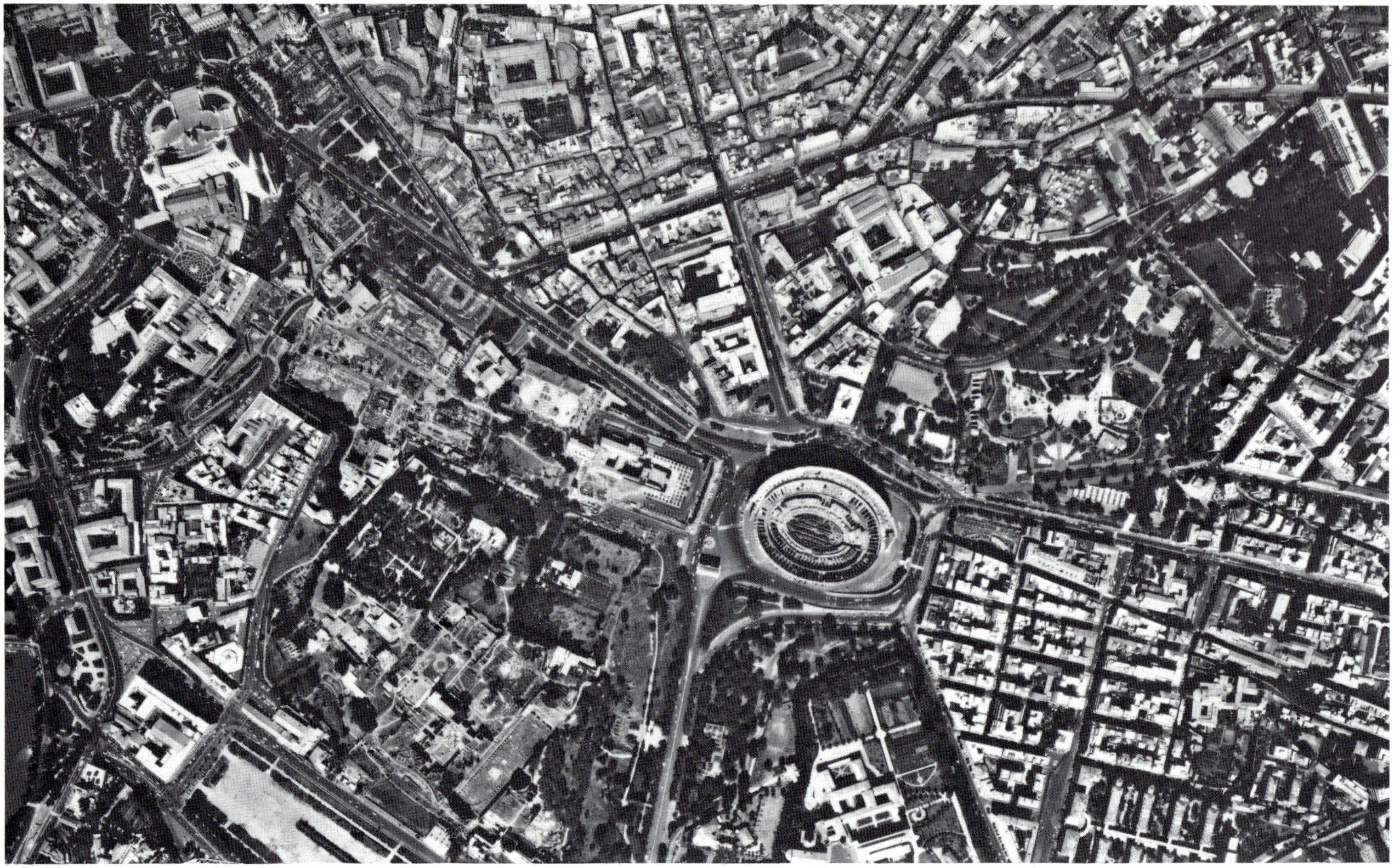

Abb. 311–312. Die archäologische Zone im Zentrum Roms, wie sie sich heute darstellt, nachdem sie von den im Faschismus erbauten breiten Straßen zerteilt wurde.

Abb. 313. (auf der gegenüberliegenden Seite) Plan der auf dem Palatin ausgegrabenen Bauten.

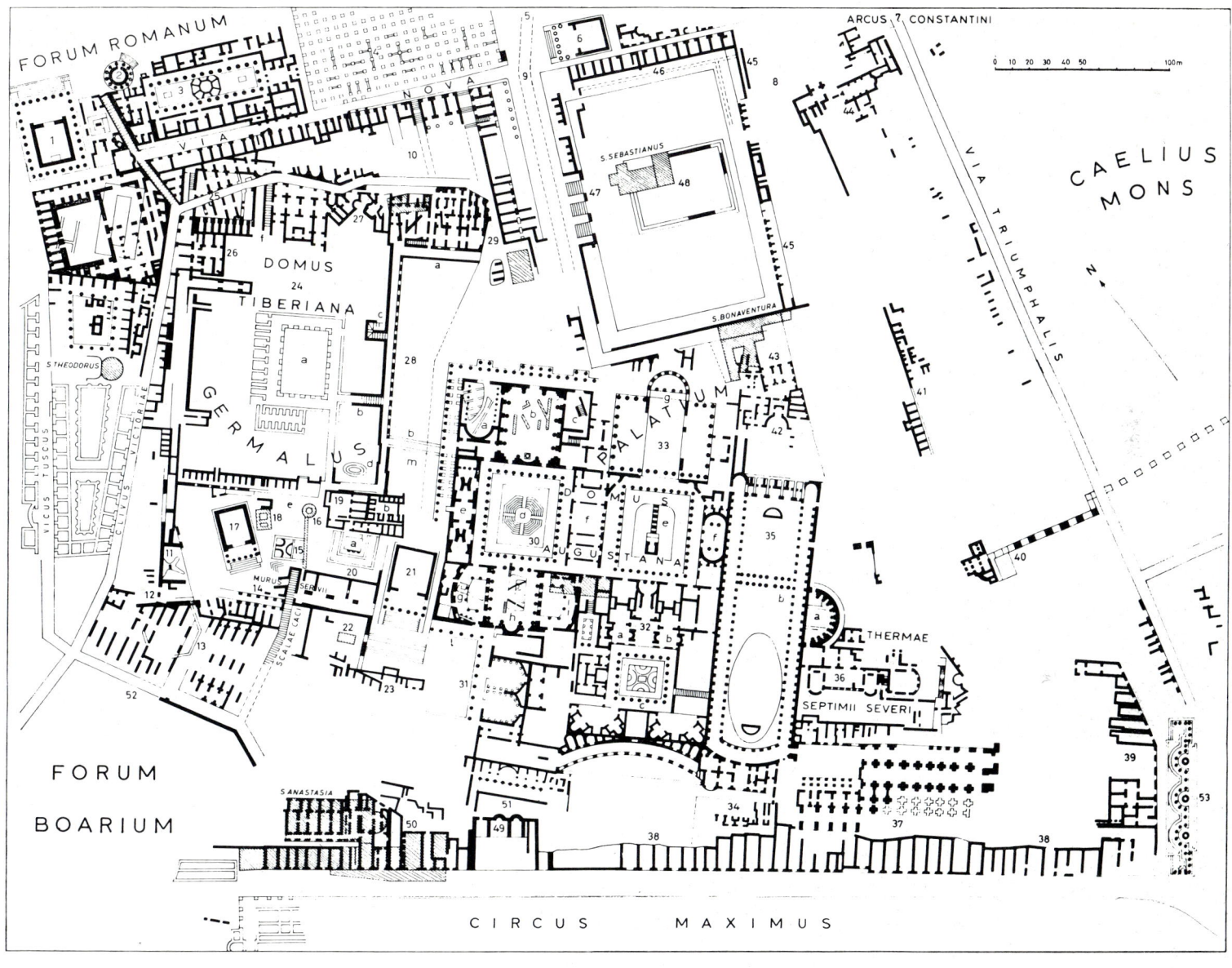

ROM: Plan der kaiserlichen Bauwerke auf dem Palatin:

1 Aedes Castoris; 2 Aedes Vestae; 3 Atrium Vestae; 4 Vestibulum Domus Aureae; 5 Titusbogen; 6 Aedes Iovis Statoris; 7 Konstantinsbogen; 8 Capita Bubula; 9 Porta Mugonia; 10 Aedes Victoriae; 11 Murus »Romuli«; 12 Aus der Kaiserzeit stammende *insulae;* 13 Ara des unbekannten Gottes; 14 Grab und *sacelli* aus archaischer Zeit; 15 Zisterne und Mauer aus archaischer Zeit; 16 Zisterne mit *tholos;* 17 Tempel der Mater Magna; 18 Auguratorium; 19 Domus Augustana (Haus der Livia; a) Peristyl; b) Zisterne und Portikus; 20 »Locus editus atque singularis«; 21 Aedes Apollinis; 22 Fundamente eines unbekannten Gebäudes; 23 Häuser der republikanischen Zeit; 24 Palast des Tiberius: a) in den Boden eingelassenes zentrales Atrium, b–c) zum Kryptoportikus führende Treppen, d) Vivarium, e) Wachzimmer, f) zum Clivus Victoriae führende Treppe; 25 Am Clivus Victoriae entlang führende Substruktionen; 26 Überreste des Caligulapalastes; 27 Überreste der Domus Commodiana; 28 Kryptoportikus des Nero: a) Seitenflügel, b) von den Flaviern angefügter Flügel; 29 Bauten aus der Zeit Domitians; 30 Palast der Flavier: a) Basilika, b) Ehrenhof, c) Lararium, d) Peristyl, e) Nymphaeum und Bäder, f) Tablinum, g–i) Brunnen, l) hinterer Portikus; 31) Bibliotheken; 32 Domus Augustana (unteres Stockwerk: a–b) Tablinum, c) Lararium, d) Peristyl; 33 Domus Augustana (oberes Stockwerk): e) Peristyl und Aediculae, f) Nymphaeum, g) Exedra; 34 Kaiserlicher Balkon am Circus Maximus; 35 Stadion oder Hippodrom; 36 Thermen des Septimius Severus; 37 Substruktionen des Septimius Severus; 38 Tabernae gegenüber dem Circus Maximus; 39 Insulae und Substruktionen; 40 Bögen der Aqua Claudia; 41 Häuser aus der Kaiserzeit; 42 Nymphaeum; 43 Zisterne der unterirdischen Wasserleitung; 44 aus der Kaiserzeit stammende Häuser; 45–46 Massive Stützmauern; 47 Pentapylum Elagabali; 48 Aedes Caesarum; 49 Schule der öffentlichen Herolde; 50 Werkstätten; 51 Paedagogium; 52 Lupercal; 53 Septizodium Severi.

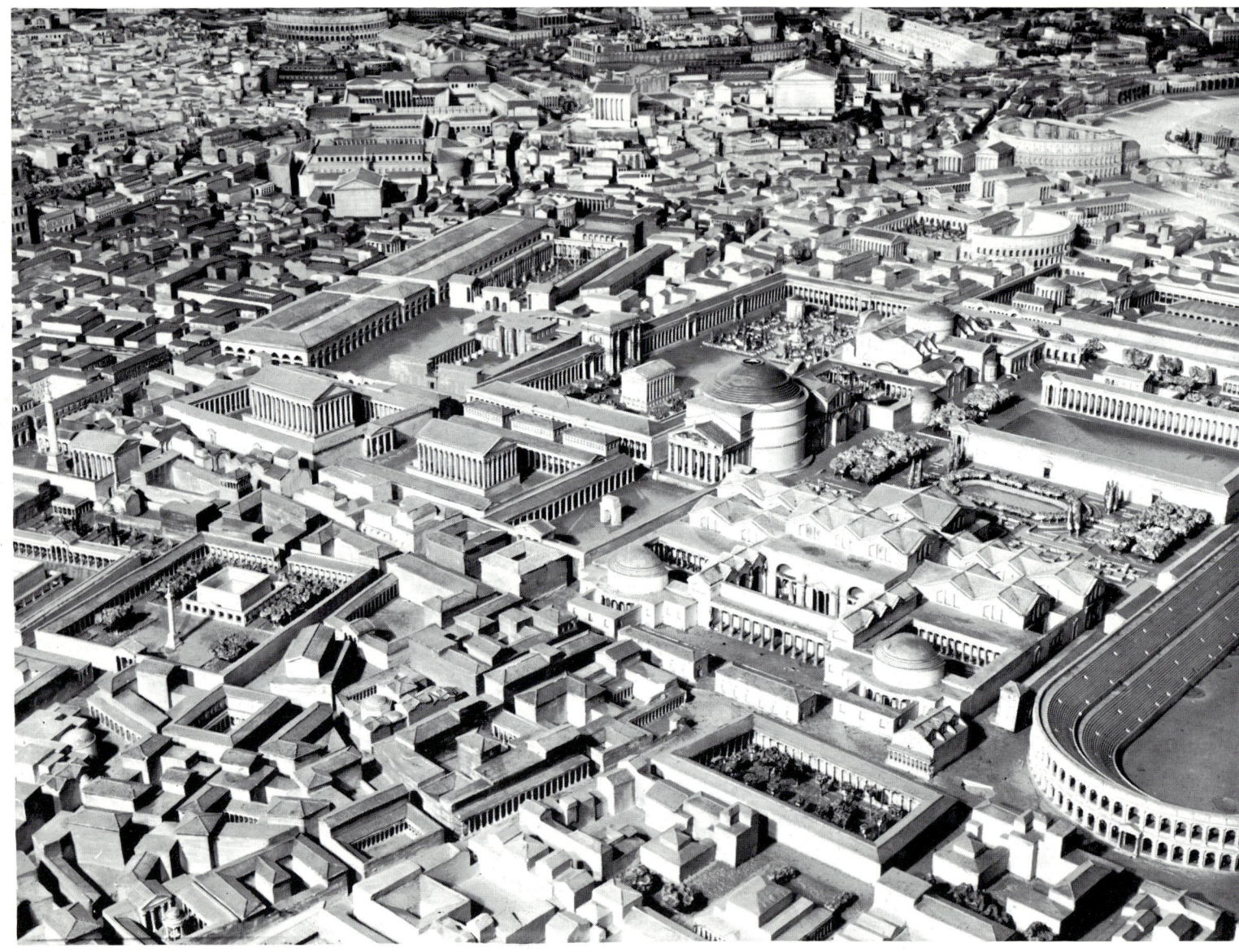

Abb. 314. Das Gebiet um das Marsfeld nach einem Modell
aus dem Jahre 1939: im Zentrum ist das Pantheon zu sehen,
rechts ein Teil vom Stadion des Domitian (die heutige
Piazza Navona) und im Hintergrund das Zentrum mit den
monumentalen öffentlichen Bauten.

Abb. 315. Das Gebiet um die Foren: im Vordergrund das Kapitol, rechts der Palatin und im Hintergrund das Kolosseum und die Thermen des Trajan.

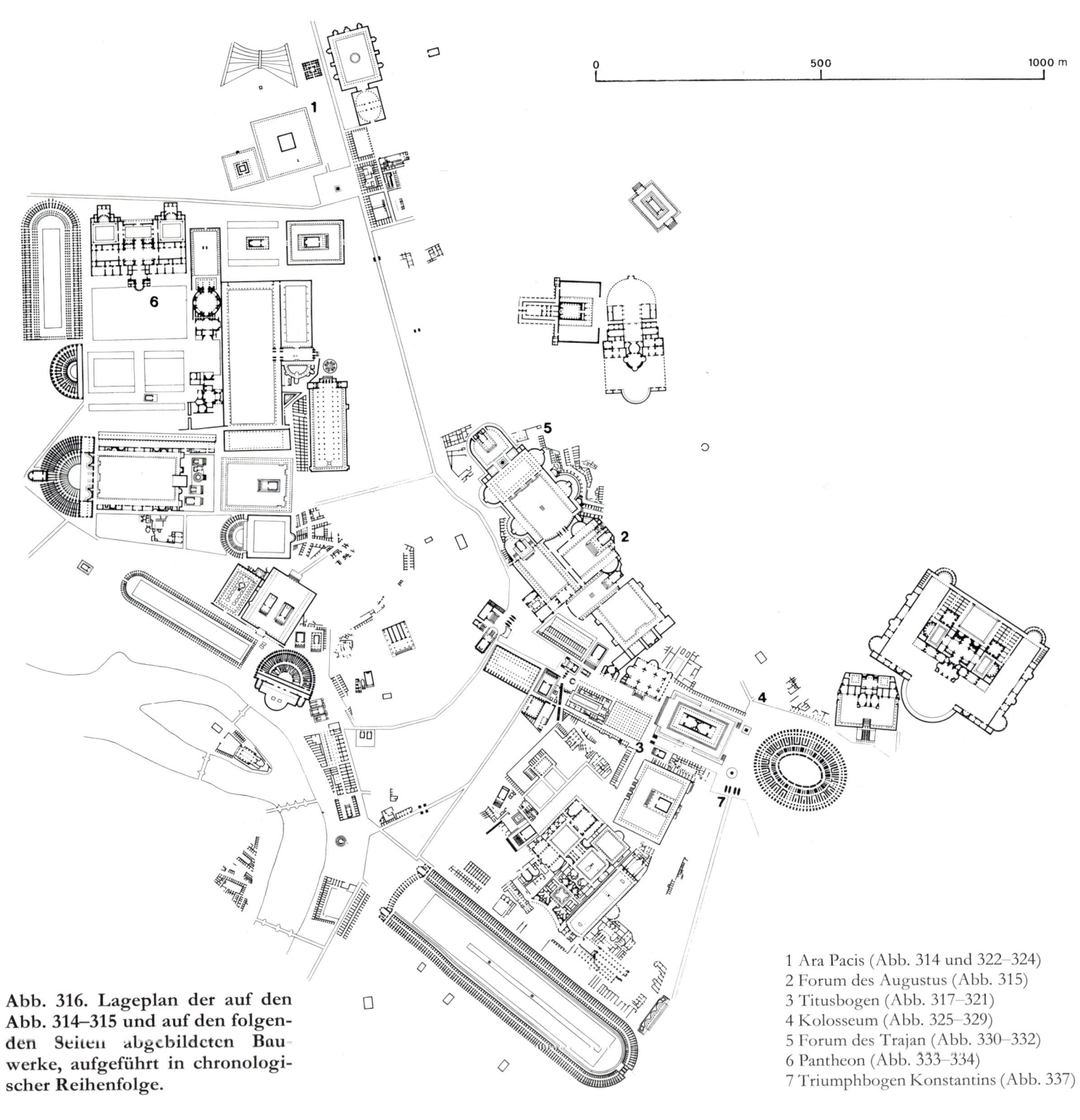

0   500   1000 m

Abb. 316. Lageplan der auf den Abb. 314–315 und auf den folgenden Seiten abgebildeten Bauwerke, aufgeführt in chronologischer Reihenfolge.

1 Ara Pacis (Abb. 314 und 322–324)
2 Forum des Augustus (Abb. 315)
3 Titusbogen (Abb. 317–321)
4 Kolosseum (Abb. 325–329)
5 Forum des Trajan (Abb. 330–332)
6 Pantheon (Abb. 333–334)
7 Triumphbogen Konstantins (Abb. 337)

Abb. 317–319. Titusbogen: Fotografie und Zeichnung der Frontseite und Skizzen der Säulenordnung im Maßstab 1:25.

Abb. 320–321. Die beiden inneren Reliefs des Titusbogens, die den Triumph des Kaisers nach der Eroberung Jerusalems im Jahre 70 n. Chr. darstellen: links die dem Tempel entnommenen Trophäen und rechts der kaiserliche Wagen.

Abb. 322–324. Zwei Marmorreliefs der Ara Pacis des Augustus, die den Aufmarsch öffentlicher Persönlichkeiten zeigen, und eine Münze Neros mit einer Darstellung dieses Monuments.

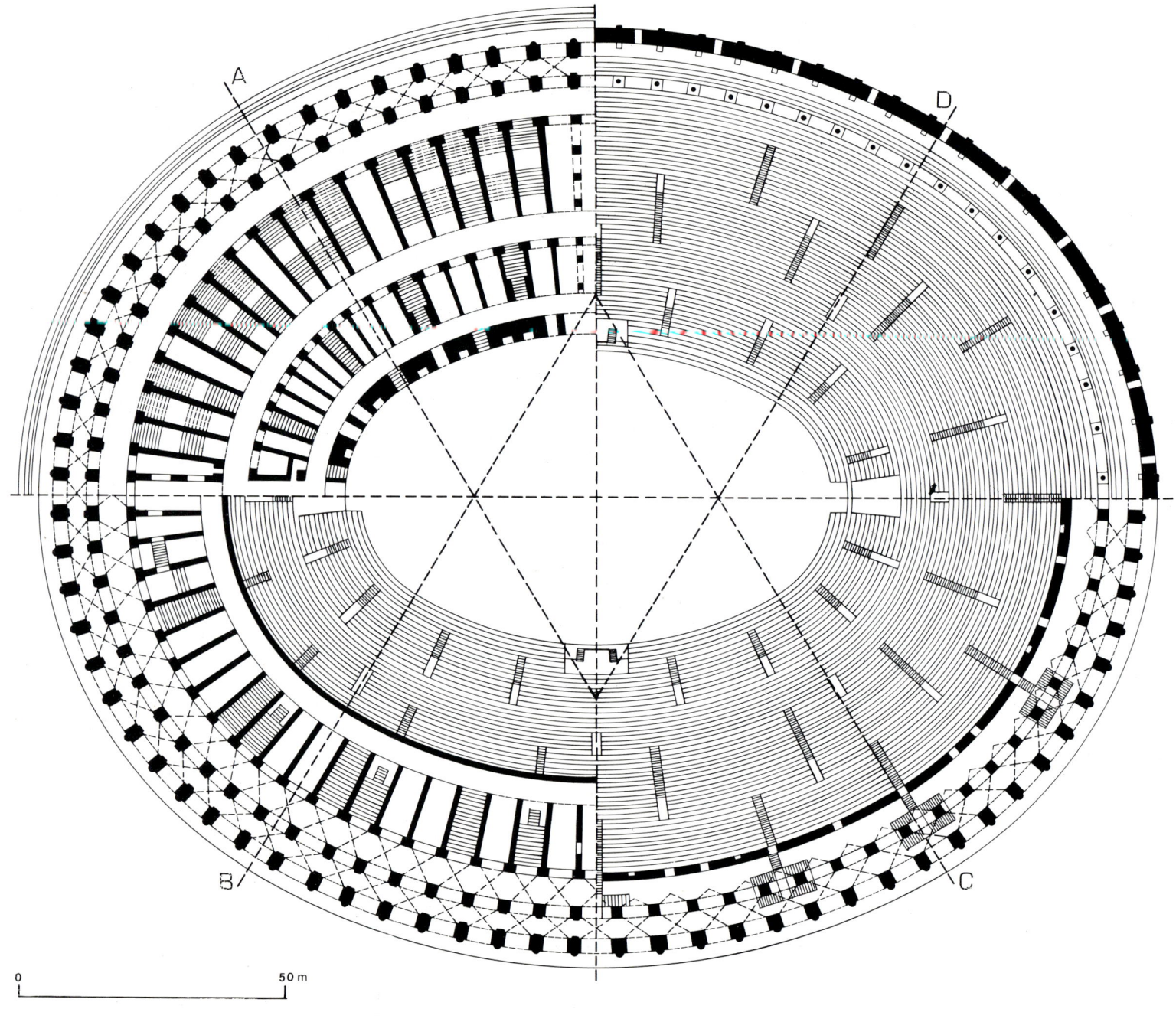

0   50 m

Abb. 325. Plan des Kolosseums (72–80 n. Chr.).

A Ebene erster Ordnung, d. h. ebenerdig
B Ebene zweiter Ordnung
C Ebene dritter Ordnung
D Ebene vierter Ordnung

Abb. 326. (oben) **Darstellung der Spiele im Amphitheater auf einer Münze Gordians III.**

Abb. 327–328. (rechts) **Außenansicht des Kolosseums in seinem heutigen Zustand und Rekonstruktion des antiken Aussehens** nach einem Modell aus dem Jahre 1939.

Abb. 329. (auf der folgenden Seite) **Die Ruinen des Kolosseums zu Beginn dieses Jahrhunderts vom Turm der Kirche S. Francesca Romana aus gesehen.**

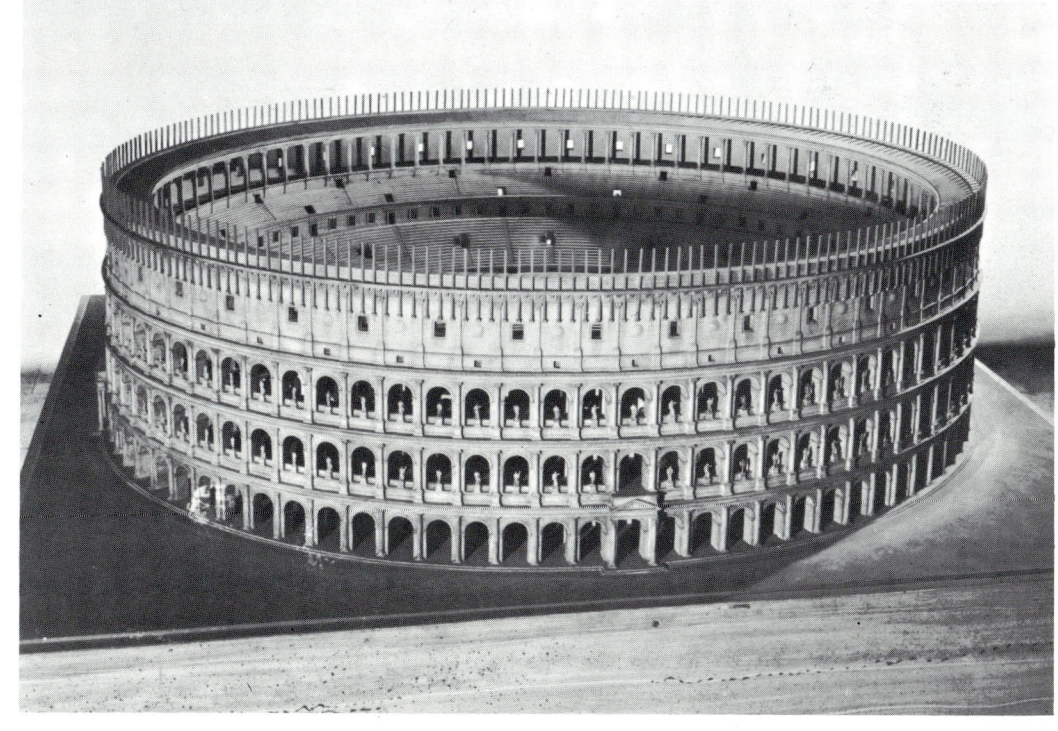

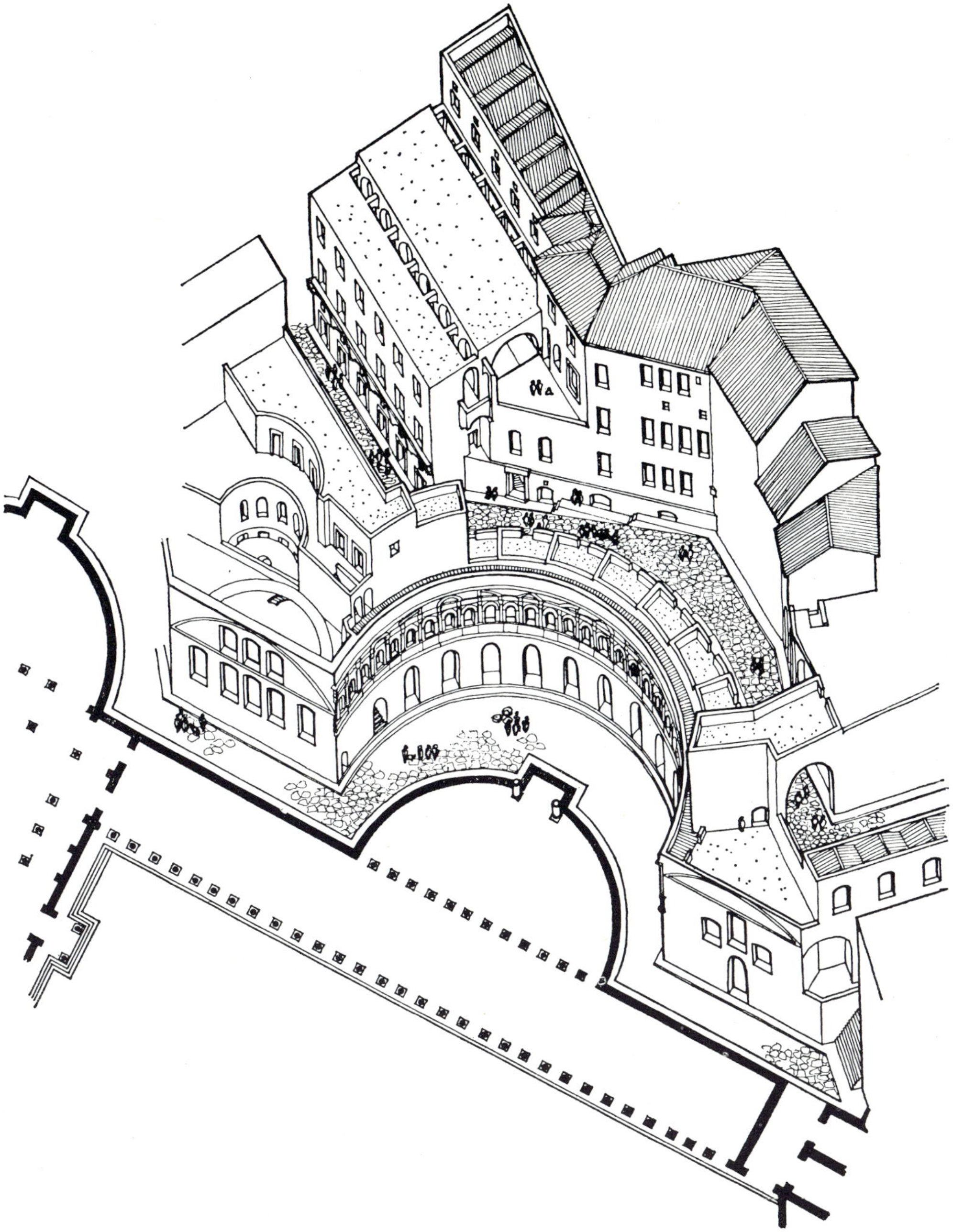

Abb. 330–331. Trajansforum: oben die Bauten in unterschiedlicher Höhe am Hang des Esquilin mit den vom Kaiser erbauten Märkten; rechts die Trajanssäule (ca. 100 bis 112 n. Chr.).

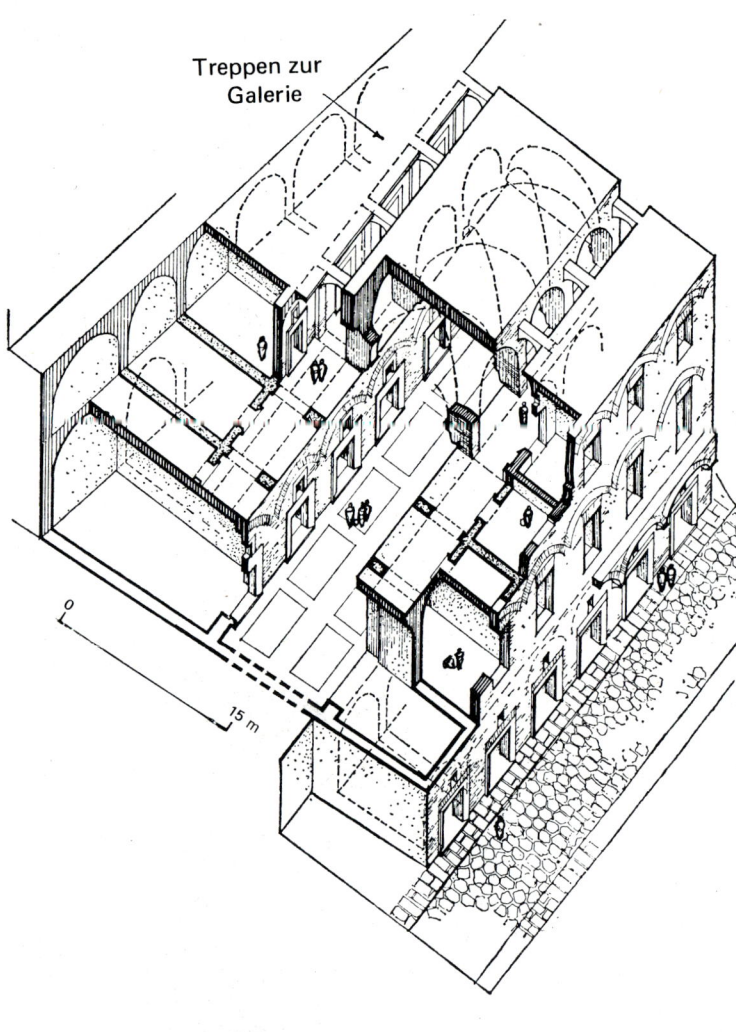

Treppen zur
Galerie

0

15 m

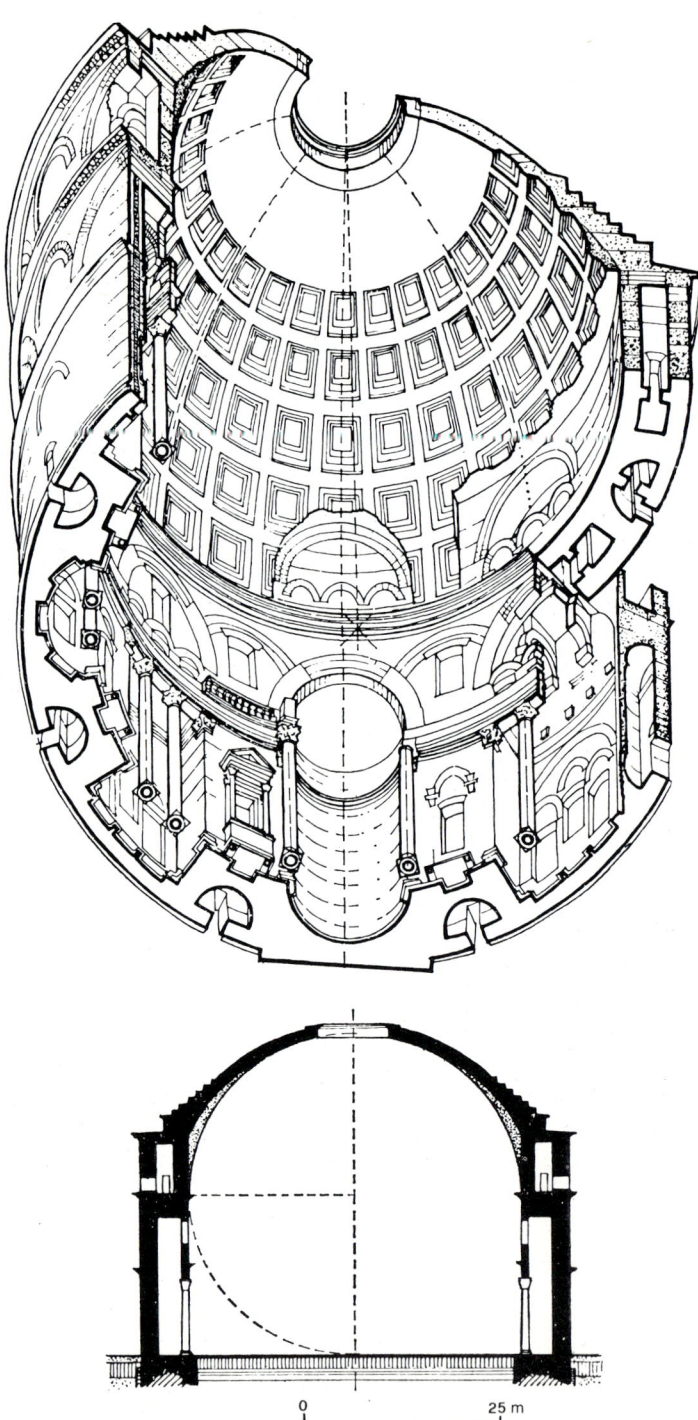

0   25 m

**Abb. 332. Axonometrie des Gewölbesaals im oberen Teil der
Trajansmärkte (Außenansicht: Abb. 330). Dieser Saal dient
bis heute als überdachter Markt mit Läden auf zwei Stockwerken.**

**Abb. 333. Axonometrie und Längsschnitt des Pantheon. Der
Portikus stammt aus der Zeit des Augustus, der runde Saal
aus der Zeit Hadrians (ca. 118 bis 128 n. Chr.); die Kuppel hat
einen Durchmesser von 43,50 m.**

Abb. 334. Das Pantheon blieb zwischen den Häusern des modernen Rom erhalten. Hier ein Foto vom Ende des vergangenen Jahrhunderts: die beiden von Bernini im 17. Jahrhundert erbauten Türme wurden inzwischen wieder abgerissen, um dem Bauwerk sein ursprüngliches Aussehen zurückzugeben.

Abb. 335. Fragment der »forma urbis«, eines großen, in Marmor gehauenen Plans der Stadt Rom, der in der Zeit des Severus zwischen 203 und 211 n. Chr. entstanden ist.

Abb. 336. (auf der gegenüberliegenden Seite) **Eine Inschrift des Septimius Severus (heute im Lateranmuseum).**

Abb. 337. Der Triumphbogen Konstantins (315 n. Chr.).

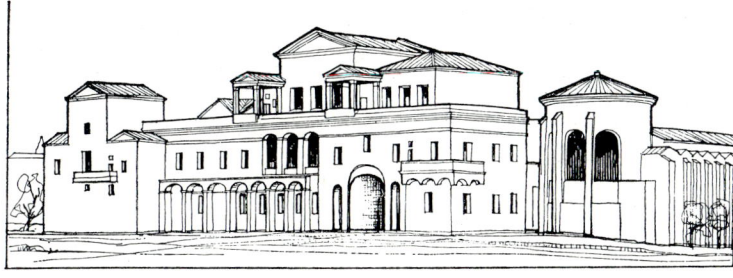

Abb. 338–339. Eine der großen Villen in der Umgebung Roms: die »Villa dei Sette Bassi« mit einem großen terrassenförmigen Garten in der Nähe der Via Latina (140 bis 160 n. Chr.).

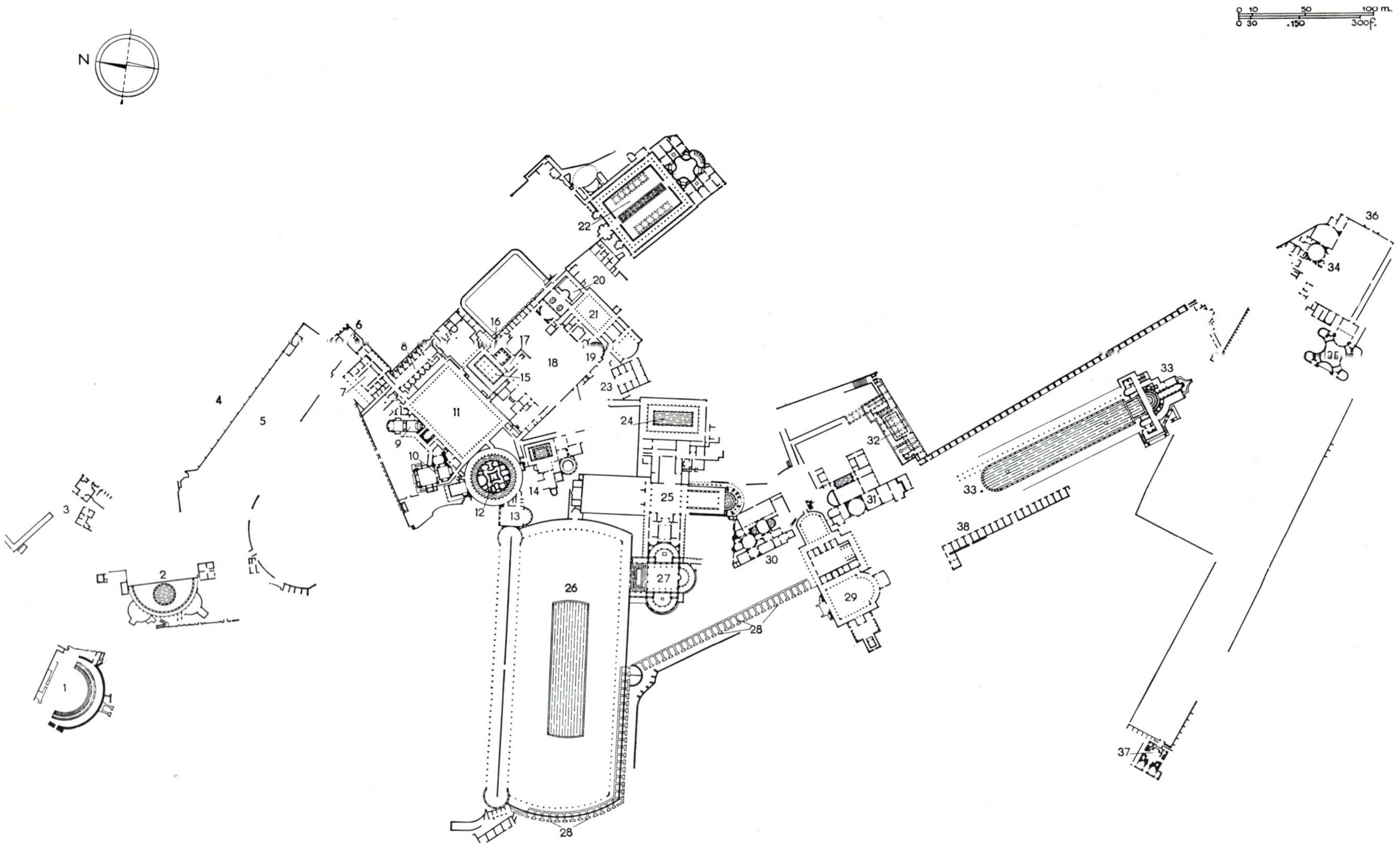

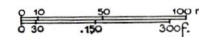

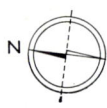

Abb. 340. Die Hadriansvilla in der Nähe von Tivoli, die größte der Villen in der Umgebung Roms (ca. 125 bis 135 n. Chr.).

1 Griechisches« Theater; 2 Nymphaeum (vermutlicher kleiner Venustempel); 3 »Palaestra«; 4 »Tempetal«; 5 »Tempeterrasse«; 6 »Tempepavillon«; 7 Kaiserliches *triclinium* (kaiserlicher Speisesaal); 8 *Hospitalia* (Gästezimmer); 9 »Lateinische Bibliothek«; 10 »Griechische Bibliothek«; 11 Bibliothekshof; 12 Nymphaeum der Insel (»Meerestheater«); 13 Philosophensaal; 14 Thermen mit *heliocaminus;* 15 Kryptoportikus; 16 Dreischiffiger Saal; 17 Privatbibliothek; 18 Peristyl »des Palasts«; 19 Sommer-*triclinium* (Sommer-Speisesaal); 20 Nymphaeum »des Palasts«; 21 Saal der dorischen Säulen; 22 Goldener Platz; 23 »Kaserne der Wächter«; 24 Vierseitiger Portikus mit *piscina* (Fischteich); 25 Nymphaeum, das früher für das Stadion gehalten wurde; 26 »Poikile«; 27 Gebäude mit drei Exedren; 28 »Hundert Kämmerchen«; 29 Vestibül; 30 Große Thermen; 31 Kleine Thermen; 32 »Praetorium«; 33 Canopus; 34 Vestibül der »Akademie«; 35 Pavillon der »Akademie«; 36 *Odeion;* 37 Roccabruna-Turm; 38 Museum.

Abb. 341. Die Hadriansvilla in der Nähe von Tivoli aus der Vogelperspektive.

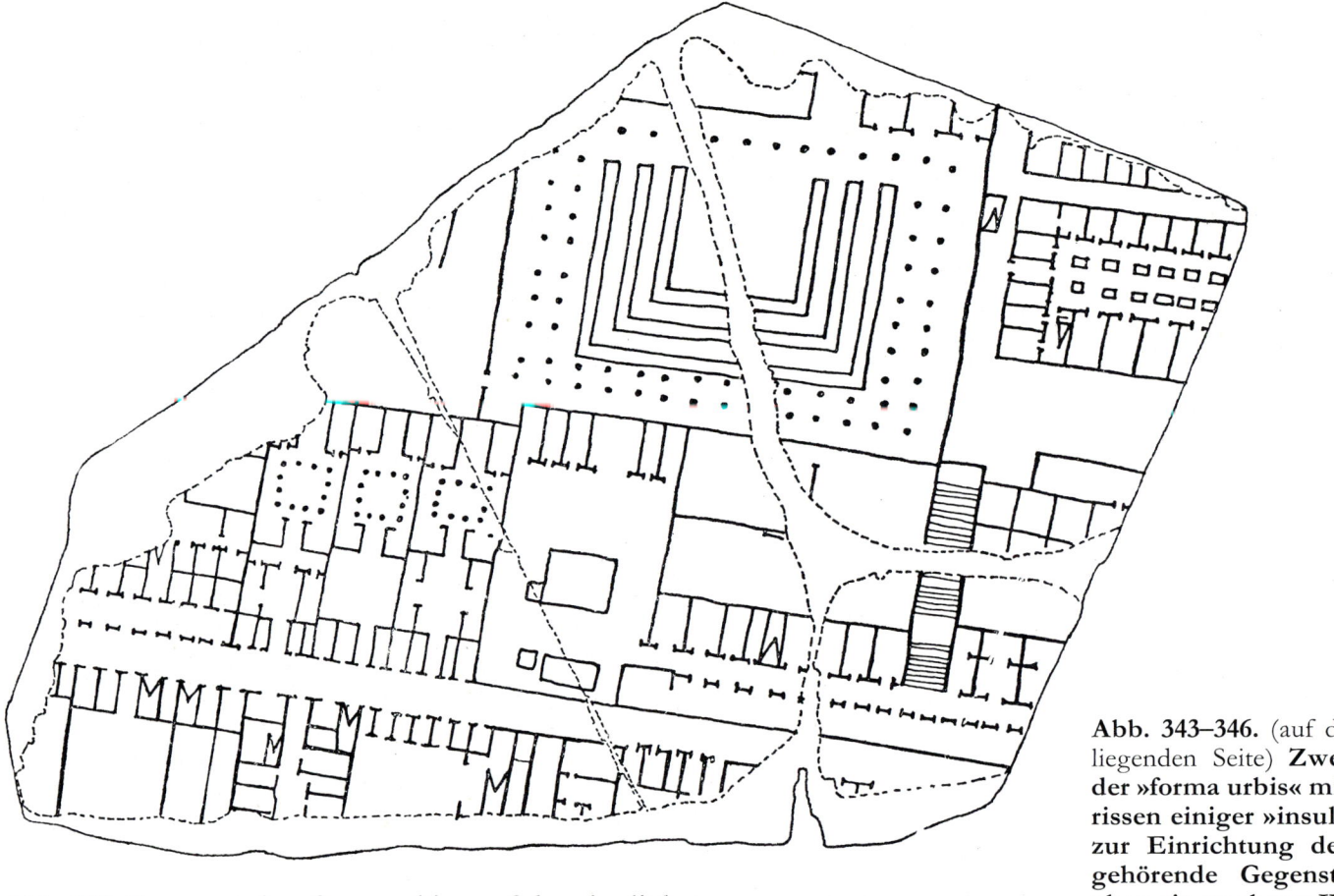

Abb. 342. Fragment der »forma urbis«, auf dem im linken Teil drei aneinandergebaute »domus« zu sehen sind.

Abb. 343–346. (auf der gegenüber-liegenden Seite) **Zwei Fragmente der »forma urbis« mit den Grund-rissen einiger »insulae« und zwei zur Einrichtung der »cenacula« gehörende Gegenstände: rechts oben ein tragbarer Kohleofen und unten links eine Laterne.**

Rom zählte bis zum 3. Jahrhundert n. Chr. zwischen 700 000 und 1 Million Einwohnern und stellte damit die bis dahin größte Konzentration von Menschen in der gesamten westlichen Welt dar. Wir müssen uns vorstellen, daß sich um die öffentlichen Gebäude und Monumente herum eine Vielzahl von Wohnblocks gruppierte, und wir wollen nun die komplexe Funktionsweise dieses riesigen Organismus analysieren.

Die Eintragungen in den Grundbüchern weisen in Bezug auf die private Bebauung Roms gegen Ende des 3. Jahrhunderts folgende Daten aus: 1790 *domus* und 44 300 *insulae*. Die *domus* (Abb. 342) waren die für die Städte in den Mittelmeerländern typischen ein- oder zweistöckigen Einfamilienhäuser. Sie waren nach außen hin geschlossen, nach innen hingegen offen. Die Räume, denen jeweils eine festgelegte Bestimmung zugeordnet

war, waren um das *atrium* oder das *peristylium* herum gruppiert mit einer Grundfläche von insgesamt etwa 800 bis 1000 qm, wie z. B. die bekannten Häuser in Pompeji und in Herculaneum (Abb. 347–368). Diese Art von Häusern war den reicheren Familien vorbehalten, die für ihr Haus ein entsprechend großes Grund-stück erwerben konnten. Die *insulae* (Abb. 345) dagegen waren mehrgeschossige, auf einer Grundfläche von 300 bis 400 qm errichtete Mietshäuser mit einer großen Zahl gleichartiger Räume, die nach außen lagen und über ein Fenster oder einen Balkon verfügten. Das Erdgeschoß war für Geschäfte *(tabernae)* bestimmt oder diente als etwas vornehmerer Wohnraum, der ebenfalls *domus* genannt wurde. Die oberen Stockwerke waren in einzelne, unterschiedlich große Wohnungen *(cenacula)* aufgeteilt, in denen die unteren und die mittleren Schichten der Gesellschaft wohnten. Die in Ostia ausgegrabenen Beispiele liefern eine recht genaue Vorstellung vom Aussehen dieser Häuser (Abb. 378–381).

Die *insulae* sind etwa zu Beginn des 4. Jahrhunderts v. Chr. entstanden, um innerhalb der Servianischen Mauern die ständig wachsende Bevölkerung aufzunehmen. Nach und nach wurden sie immer höher gebaut, bis schließlich Augustus eine maximale Bauhöhe von 21 m festsetzte, eine Höhe, die ungefähr 6 bis 7 Stockwerken entspricht. Trajan setzte diese Höchstgrenze später auf 18 m (5 bis 6 Stockwerke) herab. Die Mauern waren maximal 45 cm stark und das Gebälk war aus Holz, so daß diese Häuser leicht einstürzten. Fließendes Wasser gab es nur im Erdgeschoß, in den übrigen Wohnungen fehlte es ebenso wie Toiletten: Die Bewohner entleerten ihre Töpfe in gemeinschaftlich benutzte, an den Treppenabsätzen aufgestellte Behälter *(dolium)* oder – wie von vielen Schriftstellern aus dieser Zeit berichtet wird – einfach durch das Fenster auf die Straße. Auch hatten diese Wohnungen weder eine Heizung noch einen Rauchfang. Zum Kochen und zum Heizen wurden kleine tragbare Kohlepfannen verwendet, die natürlich die Brandgefahr erheblich vergrößerten. Da es keine Glasfenster gab, wurden die Fensteröffnungen mit Vorhängen geschlossen oder mit Fensterläden aus Holz, die weder Licht noch Luft durchließen. Trotz dieser dürftigen Ausstattung waren die Mieten für solche Wohnungen in der Hauptstadt sehr hoch: Zur Zeit Caesars mußte man schon für das schlechteste *cenaculum* mindestens 2000 Sesterzen pro Jahr bezahlen – eine Summe, mit

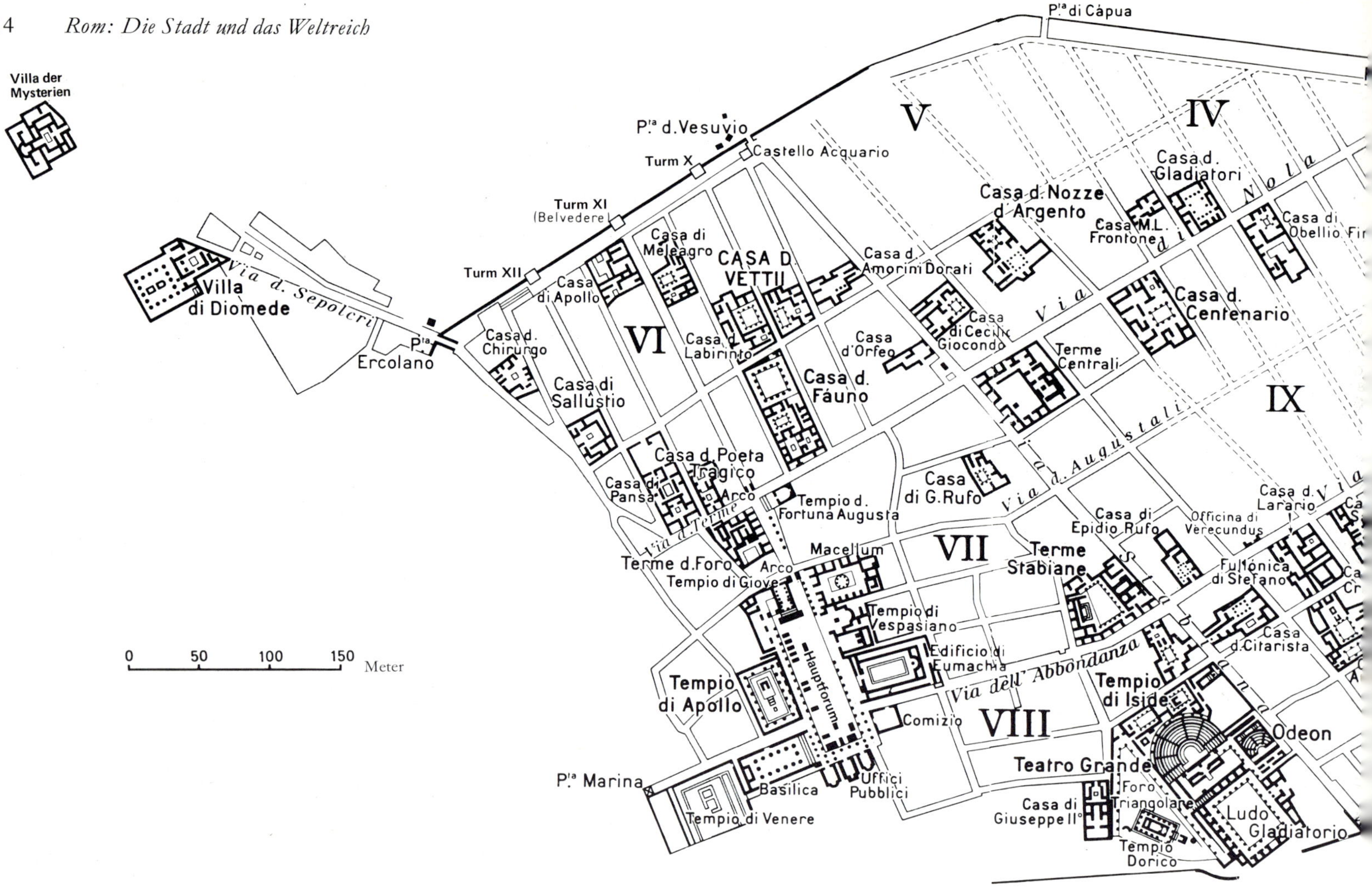

Villa der
Mysterien

Villa
di Diomede

Via d. Sepolcri

P.ta
Ercolano

Turm XII

Casa d.
Chirurgo

Casa di
Sallustio

Casa d. Poeta
Tragico

Casa di
Pansa

Terme d. Foro

Tempio di Giove

Tempio di Apollo

Tempio di Venere

P.ta Marina

Basilica

Uffici
Pubblici

Comizio

VI

Casa di
Meleagro

Casa
di Apollo

Casa d.
Labirinto

Casa d.
Fauno

Arco

Tempio d.
Fortuna Augusta

Macellum

Arco

Hauptforum

Tempio di
Vespasiano

Edificio di
Eumachia

P.ta d. Vesuvio
Turm X   Castello Acquario

Turm XI
(Belvedere)

CASA D
VETTII

Casa d.
Amorini Dorati

Casa
d'Orfeo

Casa
di Cecili
Giocondo

Casa
di G. Rufo

VII

Casa di
Epidio Rufo

Terme
Stabiane

Via dell' Abbondanza

VIII

Tempio
di Isides

Teatro Grande

Casa di
Giuseppe II°

Foro
Triangolare

Tempio
Dorico

Odeon

Ludo
Gladiatorio

V

Casa d. Nozze
d'Argento

Casa M.L.
Frontone

Terme
Centrali

Casa d.
Larario

Officina di
Verecundus

Via d. Augustali

IV

Casa d.
Gladiatori

Casa di
Obellio Fir

Casa d.
Centenario

Fullonica
di Stefano

Casa
d. Citarista

IX

P.ta di Càpua

Nola

0   50   100   150   Meter

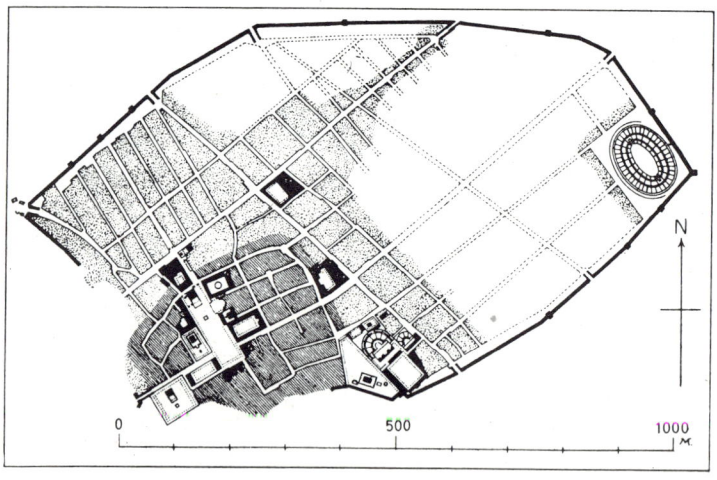

0   500   1000
M.

N

der man in der Provinz einen ganzen Bauernhof kaufen konnte. Die jährliche Miete für ein *domus* lag bei etwa 30 000 Sesterzen. Die Mietshäuser wurden von privaten Unternehmern gebaut, deren weitgestreute Grundstücks- und Bauspekulationen seit der republikanischen Ära von allen Seiten beklagt wurden. Der Staat erließ verschiedene Verbote und Verfügungen, um diese Spekulationen einzudämmen, aber an der schlechten Wohnsituation der großen Mehrheit der Bevölkerung konnte er nichts ändern. Dagegen war er sehr effizient im Aufbau und Unterhalt einer städtischen Infrastruktur und öffentlicher Dienste.

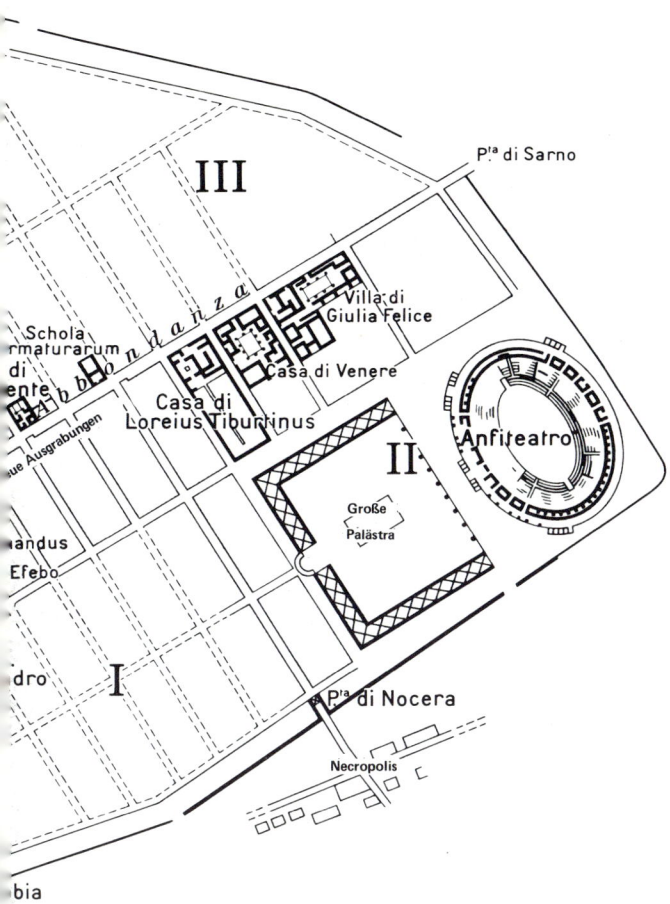

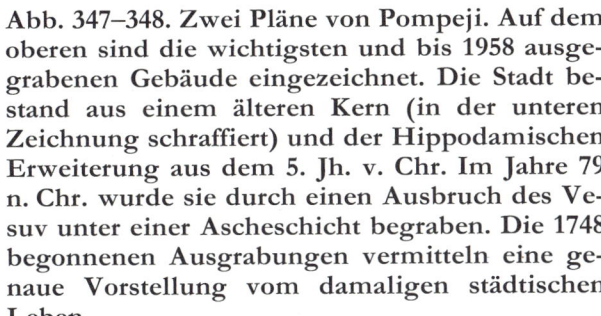

Abb. 347–348. Zwei Pläne von Pompeji. Auf dem oberen sind die wichtigsten und bis 1958 ausgegrabenen Gebäude eingezeichnet. Die Stadt bestand aus einem älteren Kern (in der unteren Zeichnung schraffiert) und der Hippodamischen Erweiterung aus dem 5. Jh. v. Chr. Im Jahre 79 n. Chr. wurde sie durch einen Ausbruch des Vesuv unter einer Ascheschicht begraben. Die 1748 begonnenen Ausgrabungen vermitteln eine genaue Vorstellung vom damaligen städtischen Leben.

Abb. 350–351. (rechts) Pompeji: Ansicht der Ausgrabungen von der Porta Vesuvio aus und Abguß von Körpern aus dem Hause des Kryptoportikus.

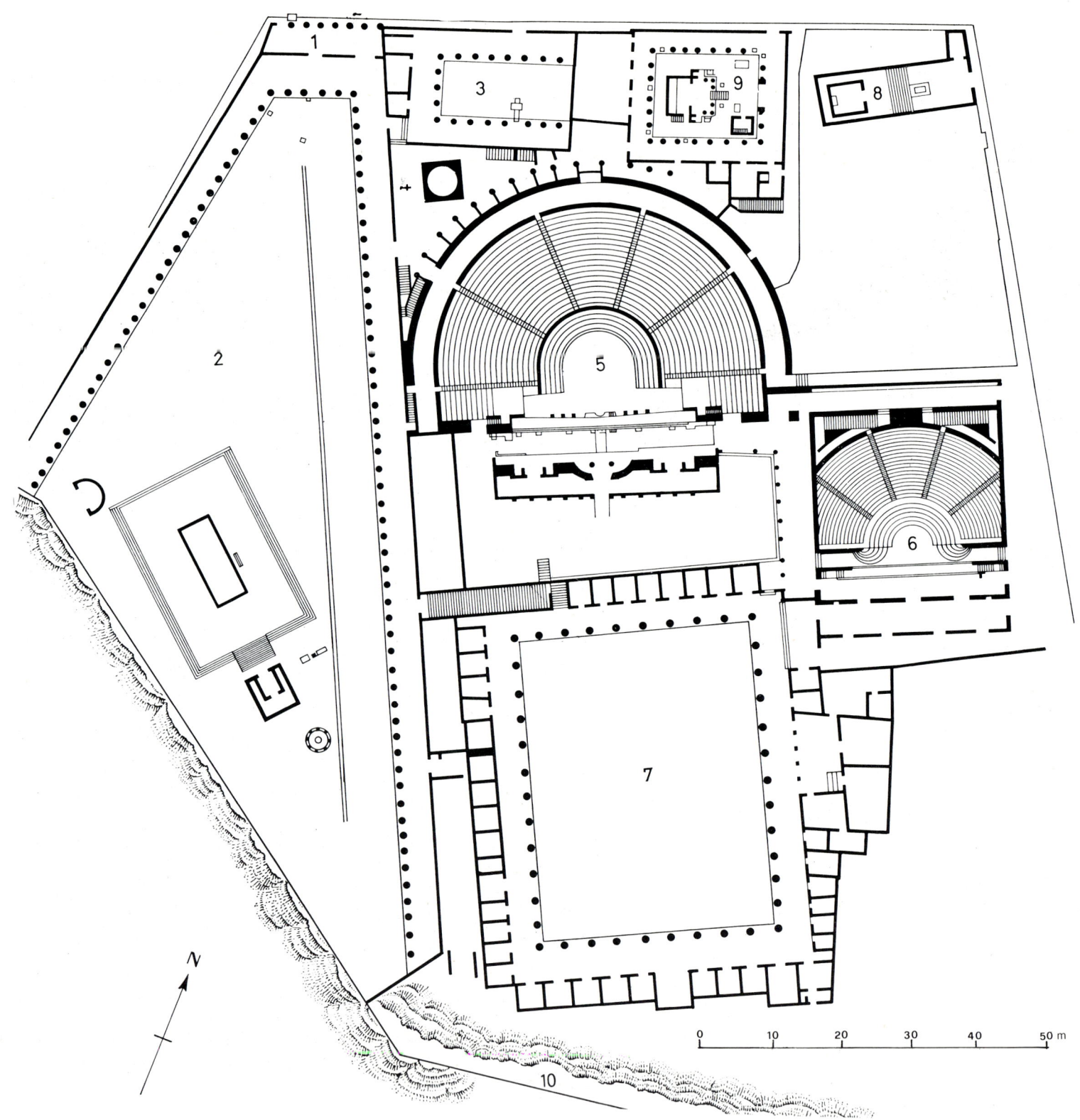

1

2

3

9

8

5

6

7

N

10

0   10   20   30   40   50 m

1 Eingang; 2 Forum triangulare; 3 Palästra; 4 Wasserbecken; 5 Großes Theater; 6 Odeion (kleines, gedecktes Theater); 7 Gladiatorenkaserne; 8 Tempel des Zeus Meilichios; 9 Tempel der Isis; 10 Stadtmauer.

Abb. 352–353. Pompeji: Plan des forum triangulare mit dorischem Tempel, Theatern und Kaserne.
Luftbild: Im Vordergrund die modernen Häuser für die dort arbeitenden Archäologen, dahinter das Forum und die beiden Theater.

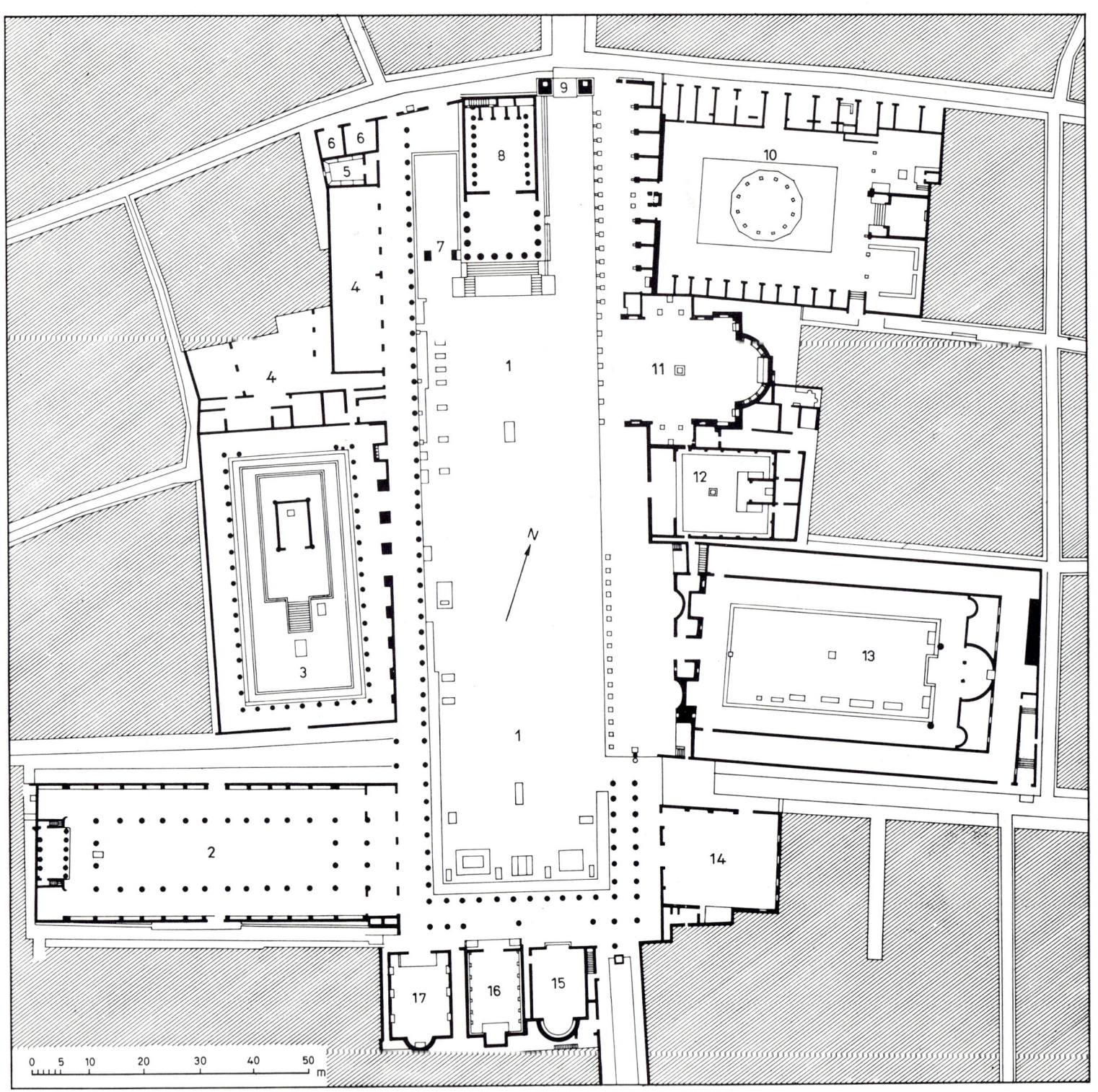

0 5 10   20   30   40   50
m

1 Forum; 2 Basilika; 3 Apollotempel; 4 Markt; 5 *Forica* (öffentliche Bedürfnisanstalt); 6 Schatzkammer; 7 Bogen; 8 Jupitertempel; 9 Tiberiusbogen; 10 *Macellum;* 11 Heiligtum der *lares publici;* 12 Tempel des Vespasian; 13 Gebäude der Eumachia; 14 *Comitium;* 15 Gebäude der Duumviri; 16 *Curia;* 17 Gebäude der Ädilien.

Abb. 354–355. Pompeji, Hauptforum: Plan und Ansicht von Süd-Ost mit dem Vesuv im Hintergrund.

Abb. 356. Pompeji: Teilansicht der Via dell'Abbondanza (»Straße des Überflusses«).

Abb. 357. (rechts) **Der nördlich an das Hauptforum angrenzende Stadtteil Pompejis** (vgl. hierzu Abb. 347).

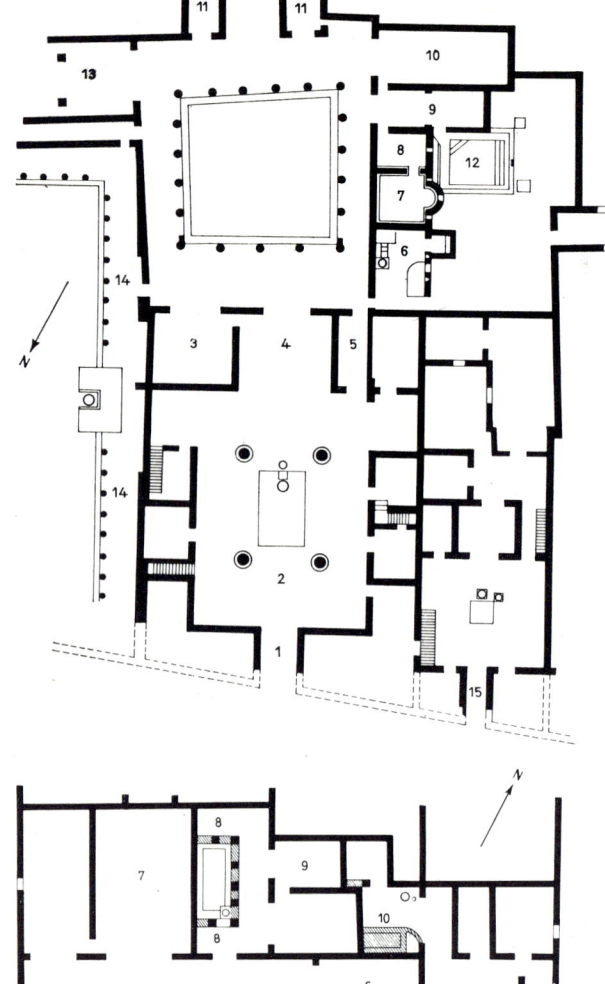

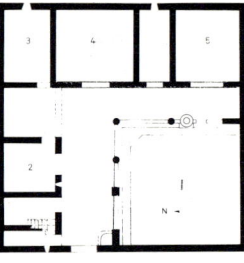

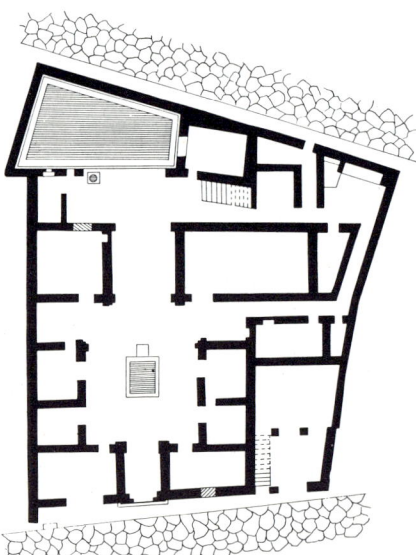

1 *Fauces* (Eingangshalle)
2 Atrium
3 Eßzimmer
4 *Tablinum* (Wohnzimmer)
5 *Andron* (Korridor)
6 Küche
7 *Calidarium* ⎫
8 *Tepidarium* ⎬ die drei Abteilungen der Bäder in den Wohnhäusern
9 *Apoditerium* ⎭
10 Sommer-*triclinium* (Sommer-Eßzimmer)
11 Schlafzimmer
12 Wasserbecken
13 *Oecus* (portikus)
14 Garten
15 Eingang des Nachbarhauses

1 Garten
2 Schlafzimmer
3 *Triclinium* (Eßzimmer)
4 Werkstatt
5 *Oecus*

1 *Vestibulum* (Erweiterung des Eingangs)
2 *Fauces*
3 Atrium
4 *Alae* (zum Atrium hin offene Nebenräume)
5 Garten
6 Eßzimmer
7 Bemalter Saal
8 Kleiner Hof mit Portikus
9 Schlafzimmer
10 Küche

Abb. 358–361. Pompeji, Grundrisse von vier Häusern: links das Haus der Silberhochzeit und das der Vettier, rechts das Haus des Pinarius Ceriale und das Haus des Chirurgen.

Abb. 362. (auf der gegenüberliegenden Seite) **Fresko aus Pompeji (heute im Nationalmuseum in Neapel).**

Abb. 363. Pompeji: das Atrium im Haus des Menander.

Abb. 364. Pompeji: das Sommer-triclinium **im Haus des Caius.**

THERMAE
M. CRASSI FRUGII
AQUA . MARINA . ET . BALN .
AQUA . DULCI . JANUARIUS . L .

IN . PRAEDIS .
C . LEGIANNI . VERI
BALNEUM . MORE . URBICO . LAVAT .
OMNIA . COMMODA . PRAESTANTUR .

IN PRAEDIS . JULIAE . S . P . F . FELICIS
LOCANTUR
BALNEUM . VENEREUM . ET .
NONGENTUM . PERGULAE
CENACULA . EX . IDIBUS . AUG .
PRIORIS . IN . IDUS . AUG .
SEXTAS . ANNOS . CONTINUOS .
QUINQUE .
S . Q . D . L . E . N . C .

Abb. 366. Drei Inschriften mit Werbung für die öffentlichen Bäder Pompejis.

Abb. 365. Pompeji: das prelum **(die Kelter) in der** cella vinaria **(Gärkammer) der Villa der Mysterien.**

Abb. 367. (auf der gegenüberliegenden Seite) Herculaneum, das zusammen mit Pompeji im Jahre 79 n. Chr. unter dem Aschenregen begraben wurde: Plan der Ausgrabungen.

1 Haus des Genius; 2 Haus des Argus; 3 Haus des Aristides; 4 Haus der hölzernen Trennwand; 5 Haus des Skeletts; 6 Haus der bronzenen Herme; 7 Haus des Gasthofs; 8 *Sacella;* 9 Haus des Alkoven; 10 Haus des Stoffs; 11 Haus des mosaikverzierten Atriums; 12 Haus der Hirsche; 13 Heiliger Bereich; 14 Altar des M. Nonius Balbus; 15 Haus der Zweihundertjahrfeier; 16 Haus des Neptun und der Amphitrite; 17 Haus des korinthischen Atriums; 18 Haus der Möbel; 19 Haus des hölzernen Schreins; 20 Haus des Webstuhls; 21 Samnistisches Haus; 22 Haus des Großen Portals; 23 Haus des schwarzen Salons; 24 Haus der zwei Atrien; 25 Thermen; 26 Haus des Galba; 27 Vorstadt-Thermen; 28 Haus der Gemma; 29 Haus des Reliefs des Telephos; 30 Vestibül der Palästra; 31 Palästra; 32 Schwimmbad; 33 *Natatio;* 34 Aula mit Apsis; 35 Obere Aula.

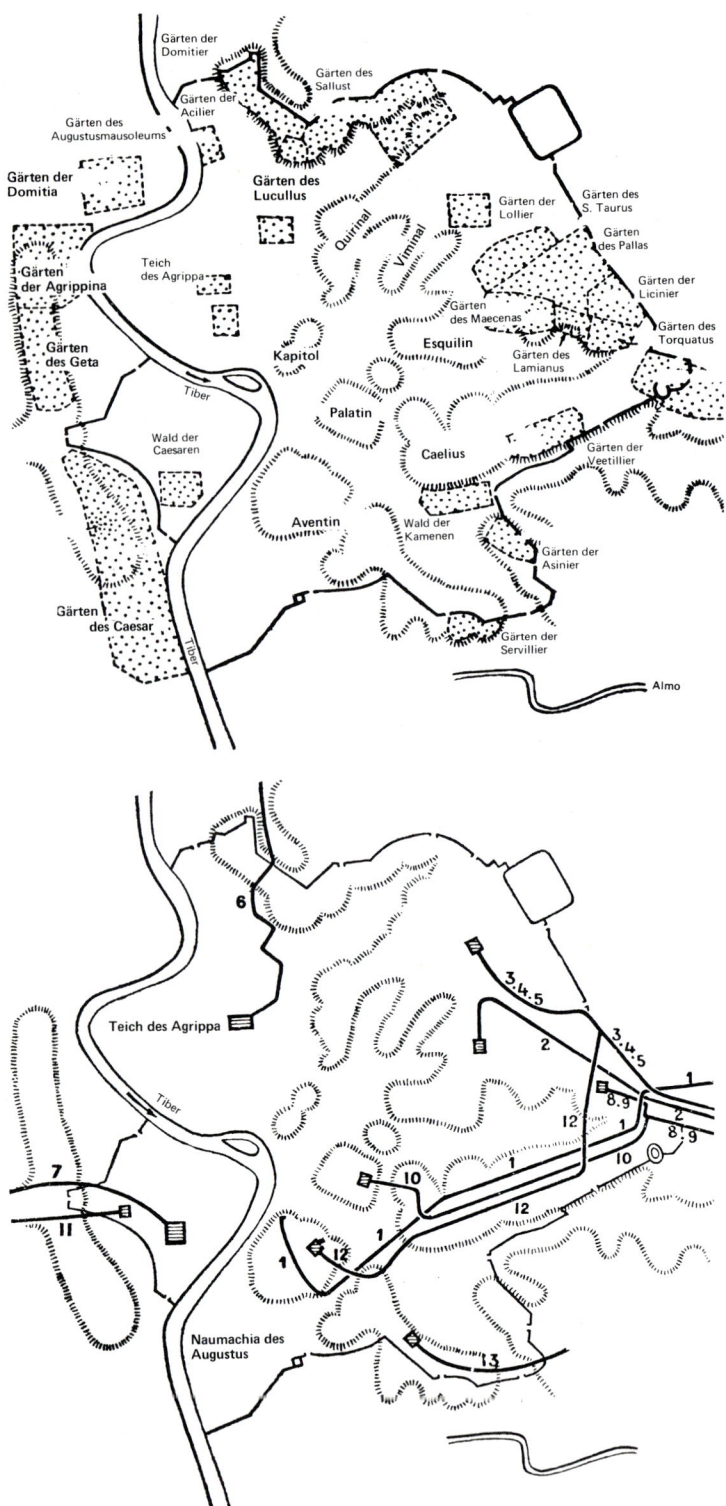

Die Straßen waren das schlechteste unter den öffentlichen Werken in Rom. Das insgesamt etwa 85 km lange Straßennetz bestand zumeist nur aus winkligen, äußerst schmalen Gassen bzw. Straßen:
– den *itinera*, die nur Fußgängern zugänglich waren;
– den *actus*, die gerade Platz genug für einen Wagen boten;
– den *viae*, auf denen zwei Wagen aneinander vorbeifahren konnten.

Im Stadtzentrum gab es jedoch insgesamt nur zwei *viae:* die Via Sacra und die Via Nova, die beide am Forum vorbeiführten. Am Stadtrand dagegen verliefen etwa zwei Dutzend *viae:* die Via Appia, Via Flaminia, Via Ostiense, Via Labicana, Via Latina usw. Nach den Zwölftafelgesetzen durfte ihre maximale Breite 4,80 m nicht überschreiten, aber einige erreichten dennoch eine Breite von 6,50 m. In Bezug auf das übrige Stadtgebiet schrieb das Gesetz für die Gassen und Wege eine Mindestbreite von 2,90 m vor, damit an den oberen Stockwerken der Häuser Platz für Balkone war. Dieses Straßennetz, das aus einer Zeit stammte, als Rom noch wesentlich kleiner war, erwies sich als völlig unzureichend für eine Metropole mit einer Million Einwohnern, zumal es keinen städtischen Reinigungsdienst gab und keine Straßenbeleuchtung. Um diese Mängel zu kompensieren, erließ Caesar strenge Vorschriften für die Benutzung der Straßen: Die Straßen mußten von den Anrainern gereinigt werden, und zwischen Sonnenaufgang und Sonnenuntergang durften nur Fahrzeuge zur Belieferung der Baustellen unterwegs sein, jedoch mit der fatalen Folge, daß die Mehrzahl der Wagen nachts fuhr und so zur Schlafenszeit die Stadt mit Lärm erfüllte.

Die Kanalisation, mit deren Bau im 6. Jahrhundert v. Chr. begonnen worden war, ist ständig ausgebaut und erweitert wor-

Abb. 368–369. Die Gärten und Aquädukte Roms.

1 Aqua Appia	
2 Anio Vetus	8 Aqua Claudia
3 Aqua Marcia	9 Anio Novus
4 Aqua Tepula	10 Arcus Neroniani
5 Aqua Julia	11 Aqua Traiana
6 Aqua Virgo	12 Aquae Marciae
7 Aqua Alsietina	13 Aqua Antoniana

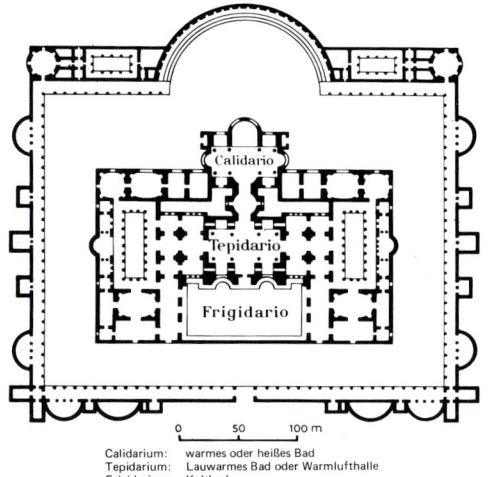

Calidarium: warmes oder heißes Bad
Tepidarium: Lauwarmes Bad oder Warmlufthalle
Frigidarium: Kaltbad

Abb. 370–371. Die Thermen des Diokletian in Rom (Nr. 36 in Abb. 307): Grundriß der antiken Anlage und Ansicht der heutigen Ruinen.

Abb. 372. Karte der Umgebung Roms mit dem Verlauf der Aquädukte der Kaiserzeit.

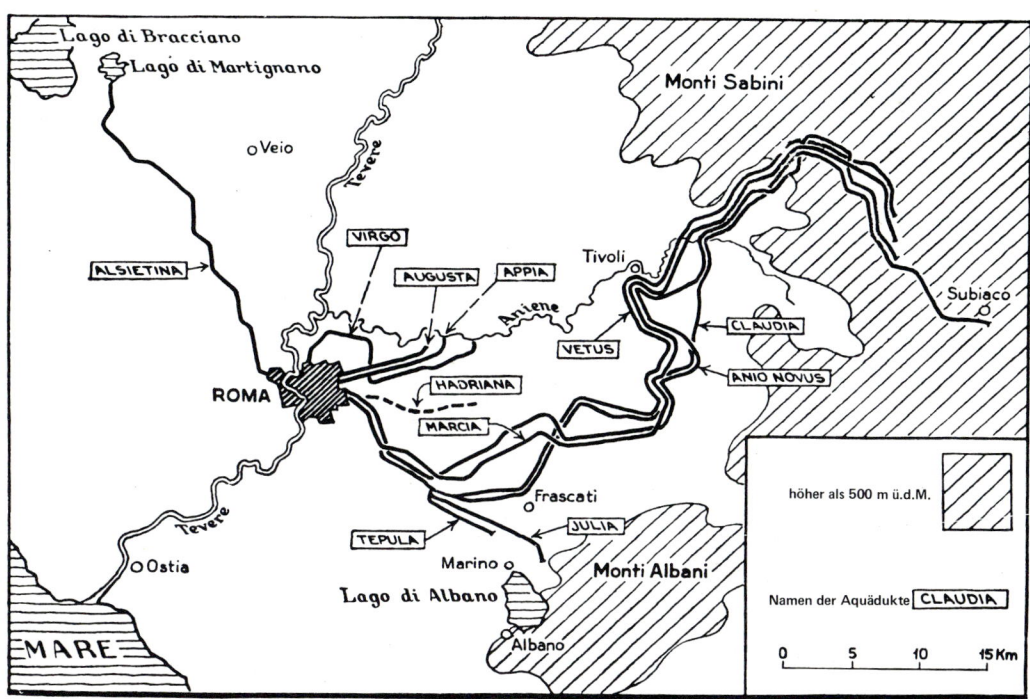

den. Einige der unterirdischen Abwasserkanäle waren so groß, daß darin zwei Heuwagen nebeneinander Platz gefunden hätten, und Agrippa konnte das gesamte Kanalisationsnetz in einem Boot inspizieren. Die Kanalisation diente zur Ableitung des Regenwassers, des überschüssigen Wassers aus den Wasserleitungen, der Abwässer der öffentlichen Gebäude und einiger ebenerdiger *domus*. Die Abwässer und Abfälle der vielen, zu weit vom Kanalisationsnetz entfernt gelegenen Häuser wurden in Senkgruben geleitet, bzw. auf offene Müllplätze geworfen, die nie ganz abgeschafft wurden.

Durch dreizehn Aquädukte flossen jeden Tag mehr als eine Milliarde Kubikmeter Wasser aus den nahegelegenen Bergen. In der republikanischen Ära war das Wasser ausschließlich für den öffentlichen Gebrauch bestimmt und nur das überschüssige Wasser der Brunnen (*aqua caduca*) war zum privaten Gebrauch freigegeben. Später, in der Kaiserzeit, erhielten einige Hausbesitzer – gratis oder gegen Bezahlung – eine bestimmte Wassermenge pro Tag für das Erdgeschoß ihrer *domus* zugeteilt. Das übrige Wasser diente zur Versorgung der öffentlichen Anlagen, vor allem für die Brunnen und Latrinen sowie für die großen, in vielen Stadtteilen vorhandenen Thermen (Bäder). Dieses großartige, weiträumig angelegte System öffentlicher hygienischer Einrichtungen kompensierte den in den meisten Häusern herrschenden diesbezüglichen Mangel (Abb. 368–372).

Die Versorgung der Bevölkerung mit Lebensmitteln und die Organisierung von verschiedenartigen Vergnügungen galten auch als öffentliche Aufgaben. Etwa 150 000 Personen wurden mit Hilfe öffentlicher Gelder ernährt und an den zahlreichen Festtagen – 182 pro Jahr – konnte die gesamte Bevölkerung gratis jede Art von Veranstaltung besuchen.

Die Lebensmittelversorgung erfolgte vor allem auf dem Wasserweg: Die Güter erreichten in großen Schiffen die Mündung des Tibers im Hafen von Ostia (vgl. Abb. 373–381). Dort wurden sie in kleinere Schiffe umgeladen und dann den Tiber hinauftransportiert. Kurz vor der Tiberinsel war ein eindrucksvolles System von Anlegestellen und Lagerhäusern (*horrea*) errichtet worden. Allein durch das Aufhäufen der nach dem Gebrauch weggeworfenen Amphoren entstand ein beachtlicher Hügel, der Monte Testaccio (Abb. 382–383).

Für die verschiedenen Veranstaltungen wurden eigene Bauten errichtet. Das bedeutendste Bauwerk, der Circus Maximus, füllte das gesamte Tal zwischen Palatin und Aventin aus und hatte Platz für etwa 250 000 Personen. Darüberhinaus entstanden die verschiedenen Theater (wie das Theatrum Balbi, das Theatrum Marcelli und das Theatrum Pompei, die jeweils über 10 000 bis 25 000 Sitzplätze verfügten), die Amphitheater für die Gladiatorenspiele (wie das Kolosseum mit 50 000 Sitzplätzen und das Amphitheatrum Castrense). Schließlich gab es noch die *naumachiae,* in denen Seeschlachten inszeniert wurden (wie z. B. die

nicht erhaltenen *naumachiae* des Augustus und Trajans am Tiber).

Diese großen Bauten zeugen von den enormen Mitteln, die der Stadtverwaltung zur Verfügung gestanden haben: Geld, Material und die menschliche Arbeitskraft der Sklaven kamen aus allen Teilen des Reiches. Die politische Vorherrschaft Roms brachte einen ständigen Zustrom von Menschen mit sich, ebenso aber auch die für eine angemessene Verwaltung nötigen Mittel. Die hohe Bevölkerungsdichte schuf jedoch auch eine Reihe von Problemen (Bereitstellung von Wohnraum, Verkehrsbewältigung, Abfallbeseitigung, Versorgung mit Wasser und mit Lebensmitteln und die Organisierung der Veranstaltungen), zu deren Bewältigung alle verfügbaren technischen Ressourcen mobilisiert werden mußten. Doch die technische Entwicklung schritt in der Antike nicht so kontinuierlich fort wie heute, weshalb die Stadt bald an die Grenzen ihrer Entfaltungsmöglichkeit stieß: Sie kam über eine bestimmte Größe und einen bestimmten Organisationsstand nicht hinaus.

Die technischen Anstrengungen, die unternommen wurden, um die Stadt funktionsfähig zu erhalten, waren natürlich von der politischen Stabilität des gesamten Reiches abhängig und mußten deshalb eingeschränkt werden, als die Festigkeit des Reiches zu wanken begann. Die Unterbrechung der Seewege nach Rom zwang einen großen Teil der Stadtbevölkerung, auf das Land zurückzukehren. Der Verfall der Aquädukte – bedingt durch mangelnde Instandhaltung oder durch Beschädigungen der die Stadt belagernden Heere – machte die zentral gelegenen Hügel Roms, also den gesamten historischen Kern unbewohnbar. Die Bevölkerung zog sich an die Ufer des Tibers, auf das Marsfeld oder nach dem heutigen Trastevere zurück, wo der Fluß oder die Brunnen noch Wasser lieferten.

Damit begann der Übergang vom Rom der Antike zum modernen Rom. Das moderne Rom entstand auf den freien Flächen der antiken Hauptstadt, zwischen den majestätischen Ruinen der Vergangenheit, den großen öffentlichen Bauten wie dem Theatrum Marcelli, dem Pantheon, dem Stadion des Domitian, dem Theatrum Pompei und dem Augustusmausoleum, die alle noch über den Häusern aufragten. Das alte Zentrum mit seinen antiken Monumenten, das Gebiet um die Foren, das Kapitol, den Palatin und das Kolosseum befand sich nun am Rande der neuen Stadt, denn es lag zu hoch und war zu hügelig für eine umstandslose Wasserversorgung. So blieb es lange Zeit von der Bevölkerung verlassen. Die großen Thermen – die des Caracalla und die des Diokletian – in den ehemals bevölkerungsreichsten Stadtteilen lagen außerhalb der neuen Stadt. Auch die im 4. Jahrhundert am damaligen Stadtrand erbauten christlichen Basiliken wie S. Paolo, S. Lorenzo, S. Giovanni und S. Maria Maggiore standen jetzt inmitten einer unbewohnten Umgebung, während die Aurelianischen Mauern entlang der Hügel tummeln von Gemüsegärten umgeben waren.

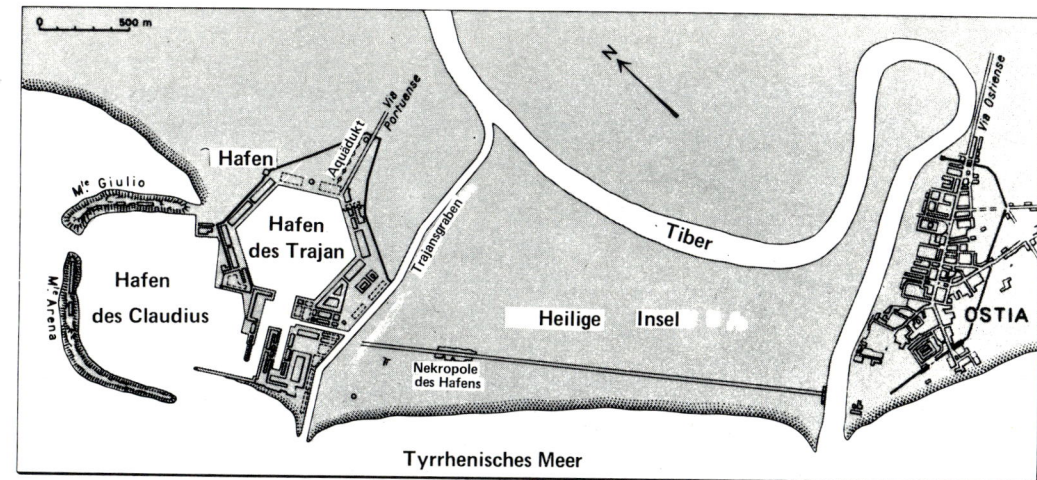

Abb. 373. Das Hafensystem des antiken Rom an der Tibermündung. Der heutige Fiumicino ist der Kanal, der die beiden künstlichen Häfen mit dem Tiber verband.

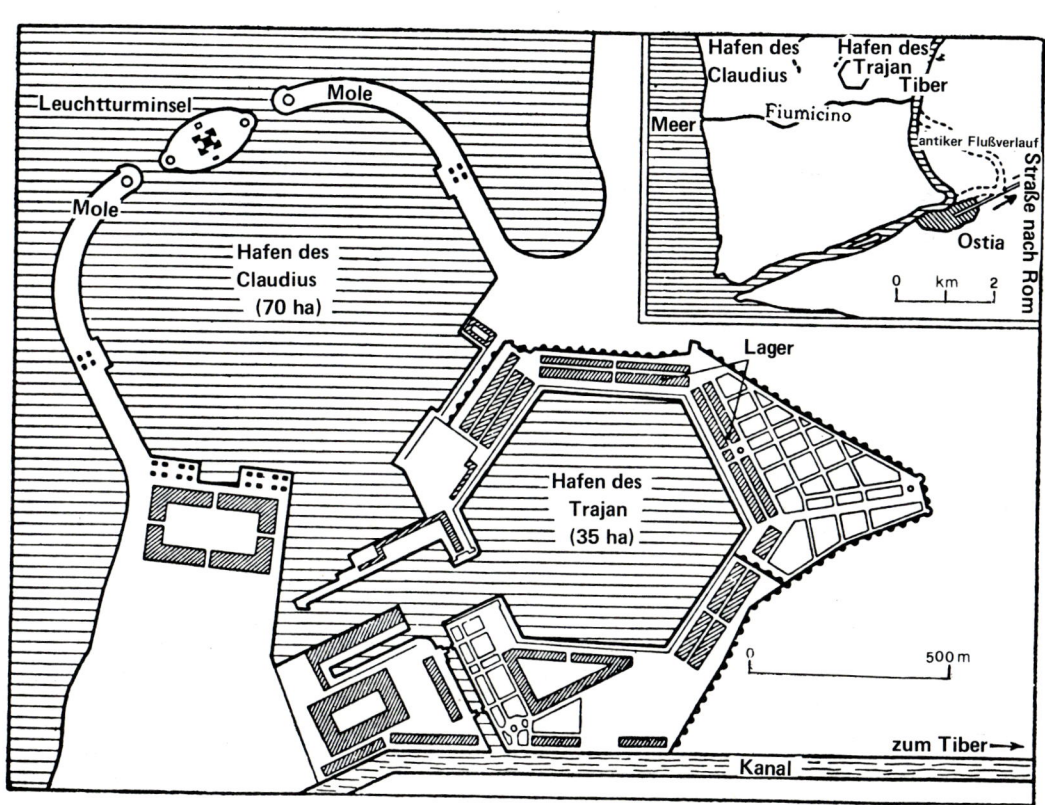

Abb. 374. Der Hafen des Claudius und der Hafen Trajans mit den Lagerhauskomplexen.

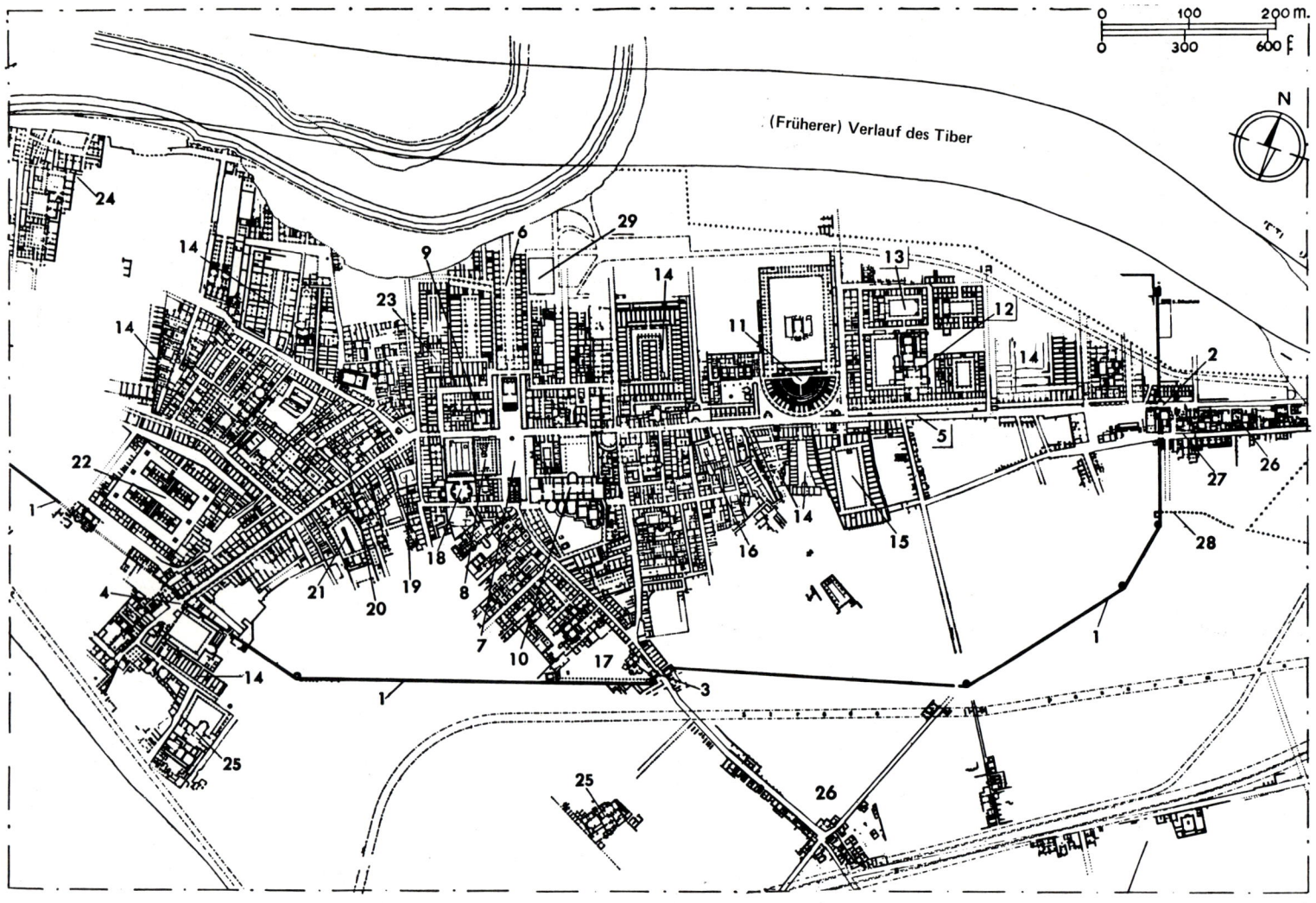

Abb. 375. Plan des antiken Ostia.

1 Mauer
2 Porta Romana
3 Porta Laurentina
4 Porta Marina
5 *Decumanus maximus*
6 *Cardo maximus*
7 Forum mit dem Capitolium im Norden und dem Tempel der Roma und des Augustus im Süden
8 Basilika
9 Curia

10 Thermen des Forums
11 Theater und der davorliegende Wachplatz mit dem »Tempel der Ceres« in der Mitte
12 Thermen des Neptun
13 Kaserne der Wächter
14 *Horrea* (Getreidespeicher)
15 *Horrea* der Hortensier
16 Gebäude der Augustalen
17 Feld der Magna Mater
18 Runder Tempel, möglicherweise ein Augusteum

19 *Macellum* (Markt)
20 Christliche Basilika
21 *Schola* des Trajan
22 Stadtteil der Häuser mit Garten
23 *Horrea Epagathiana et Epaphroditiana*
24 Kaiserpalast
25 Thermen
26 Begräbnisplatz
27 Gräberstraße
28 Aquädukt
29 Museum

Abb. 376. Luftbild von Ostia und Umgebung.

Abb. 377. Ostia: Luftbild des Stadtzentrums, das vom decumanus maximus **durchlaufen wird; im Vordergrund das Theater.**

Abb. 378–381. Grundrisse und Rekonstruktionen einiger »insulae« Ostias.

A Eingang
B Läden u. Werkstätten
C Hof
F Kanalisation
L Latrine
M Mithraeum (Heiligtum des Gottes Mithras)
P Brunnen
R *Triclinium*
S Zimmer
T *Tablinum*

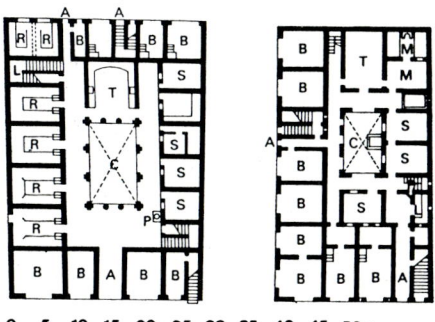

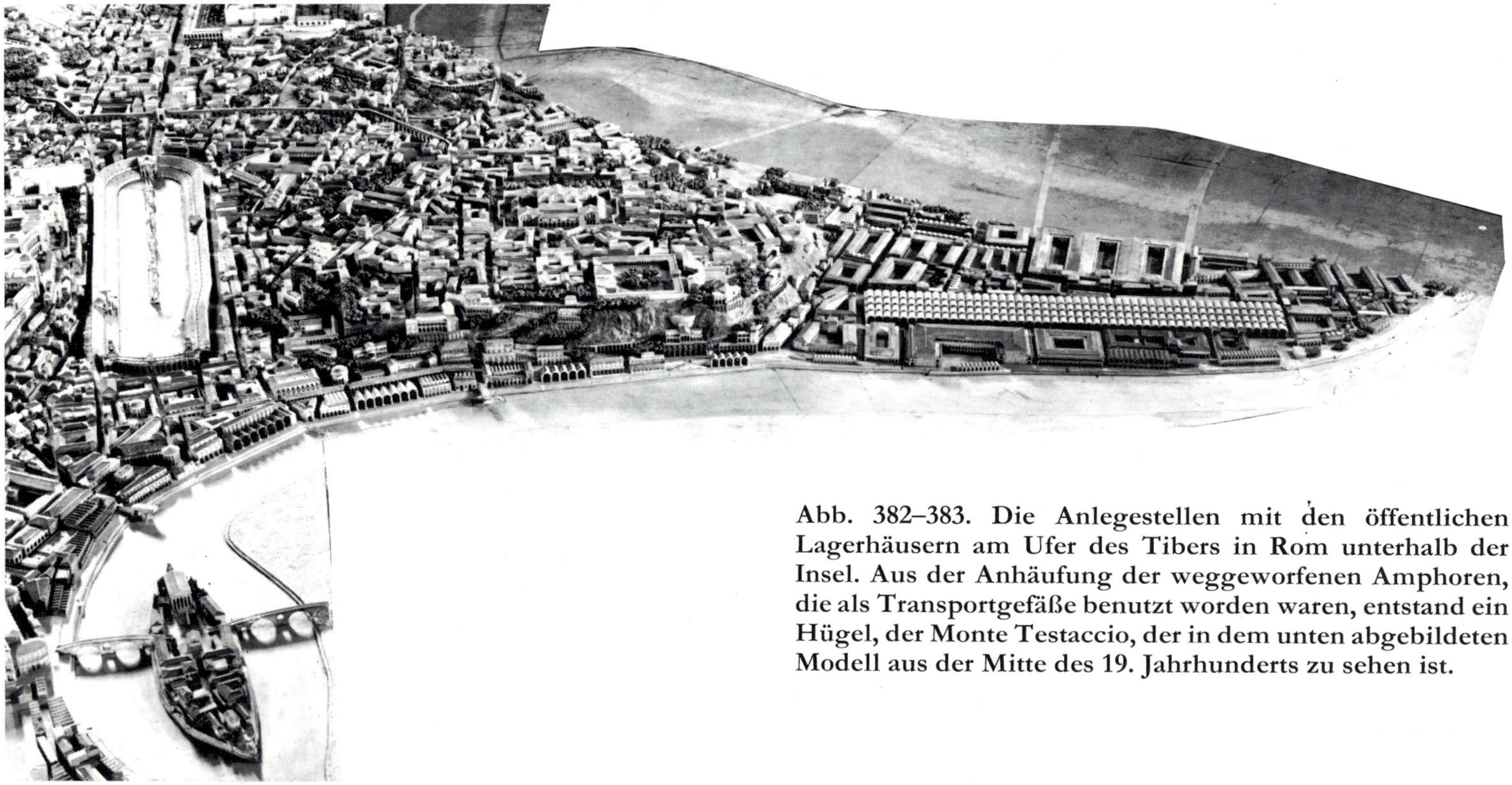

Abb. 382–383. Die Anlegestellen mit den öffentlichen Lagerhäusern am Ufer des Tibers in Rom unterhalb der Insel. Aus der Anhäufung der weggeworfenen Amphoren, die als Transportgefäße benutzt worden waren, entstand ein Hügel, der Monte Testaccio, der in dem unten abgebildeten Modell aus der Mitte des 19. Jahrhunderts zu sehen ist.

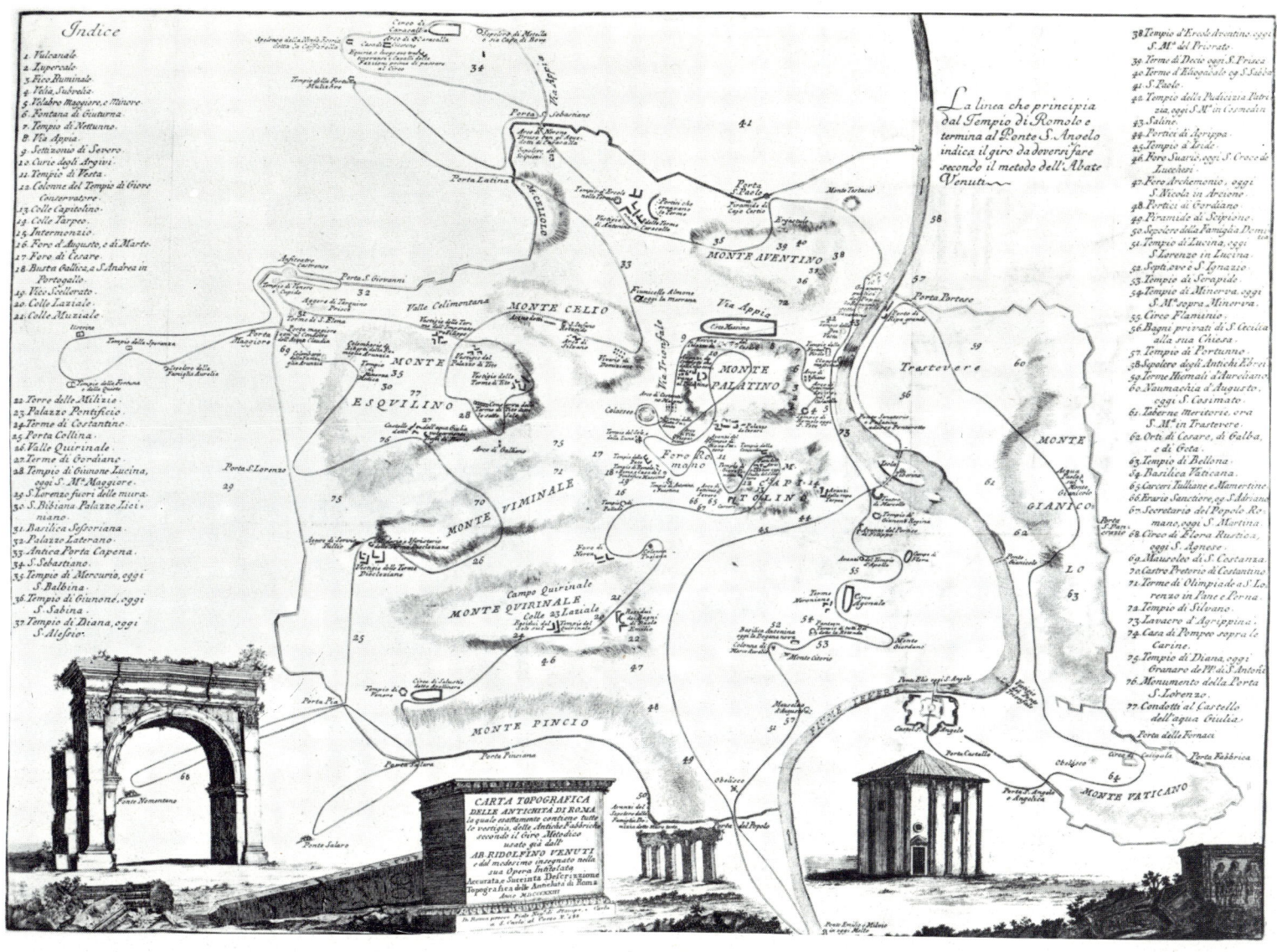

Abb. 384. Auf dieser Karte aus dem Jahre 1723 ist ein Rundgang durch Rom eingezeichnet, der an den wichtigsten antiken Monumenten vorbeiführt.

Abb. 385. (auf der folgenden Seite) **Antike Bauten und tägliches Leben:** der Laden eines Kohlehändlers und der eines Sattlers in den Gewölben des Theatrum Marcelli, vor dem teilweisen Abriß zur Zeit des Faschismus.

Von Beginn des Mittelalters an bis zum Jahre 1870 veränderte sich Rom erneut und es entstanden zahlreiche neue, großartige Bauten. Trotzdem blieb Rom eine kleine, unbedeutende Stadt, errichtet auf einem Stück Land, das einst Teil der Hauptstadt des mächtigen antiken Reiches war. Der Gegensatz zwischen der neuen lebendigen Stadt und dem stets präsenten übermächtigen Andenken an die tote Stadt bestimmte seither den Charakter Roms und macht auch heute noch die Faszination dieser Stadt aus. Das moderne Rom konnte nicht einfach die Fortentwicklung der antiken Stadt darstellen, wie die Künstler der Renaissance und die Päpste von Sixtus IV. bis zu Clemens VII. eine Zeitlang geglaubt haben. Der von den antiken Schriftstellern geschaffene Mythos Roms als der »ewigen Stadt«, später im Laufe der Zeit aus politischem Kalkül oder mit rhetorischer Geste oft wiederbeschworen, wurde von der Wirklichkeit überholt. Das Beispiel Roms beweist einmal mehr die durch nichts aufzuhaltende Vergänglichkeit allen weltlichen Glanzes; es zeigt die Macht der Zeit und erinnert an die Unbeständigkeit des Glücks, wie Goethe, Leopardi, Stendhal und viele andere Besucher der Stadt im 18. und 19. Jahrhundert bemerkt haben (Abb. 384–385).

Das Bild dieser Stadt, das bis vor hundert Jahren noch offen vor dem Betrachter lag, muß heute erst wieder mühsam rekonstruiert werden, nachdem alle wesentlichen Elemente des alten Roms – der christliche Teil, der antike Kern und die unbewohnbar gewordenen Hügel – von der enormen Entwicklung des modernen Roms überrollt und entstellt worden sind (Abb. 386). Wir werden uns in einem späteren Abschnitt erneut dem Ursprung und Charakter des heutigen Roms widmen. Zunächst jedoch wollen wir nur die in den letzten hundert Jahren gebauten Stadtteile untersuchen: die im 19. Jahrhundert innerhalb der Aurelianischen Mauern auf dem Esquilin und dem Aventin entstandenen Viertel und die in diesem Jahrhundert als – teilweise 10 km breiter – Ring um die Innenstadt erbauten Vorstädte. Dabei stellen wir fest, daß alle diese Stadtteile außerhalb der von der Gründung Roms bis zum Jahre 1870 reichenden historischen Kontinuität stehen. Die antiken Ruinen und das, was von der päpstlichen Stadt übriggeblieben ist – das historische Zentrum und die Villen –, stehen zwar immer noch auf brachliegendem Land, aber sie sind heute von drei Millionen Einwohnern, zehnstöckigen Häusern und von Straßen umgeben, die mit Autos vollgestopft sind.

Die traditionelle Szenenfolge – vom Land über die Ruinen zu den Wohnvierteln – kann man heute noch nachvollziehen, wenn man sich Rom auf der Via Appia Antica nähert, die auf wundersame Weise weitgehend erhalten geblieben ist. Auf dem schmalen Band dieser alten, von Gräbern gesäumten römischen Straße erreicht man die Porta S. Sebastiano und sieht die gewaltige Front der Aurelianischen Mauern vor sich (allerdings muß man versuchen, die Silhouette der rechts und links liegenden Wohnblocks

zu übersehen). Man betritt die Stadt, läßt die Thermen des Caracalla links liegen und gelangt zur Porta Capena, wo sich der Palatin mit dem kaiserlichen Palast erhebt; links sieht man den in Längsrichtung liegenden Circus Maximus, rechts die zum Kolosseum führende Via Triumphalis mit dem Konstantinsbogen. Der Kern des antiken Roms – der Palatin, die Foren, das Kapitol und Teile des Oppius und des Caelius – ist zur archäologischen Zone erklärt worden. Mit den freigelegten Resten der antiken Monumente ist sie heute eine kleine Insel der Erholung inmitten des hektischen Stadtzentrums, auch wenn sie unnötigerweise von einigen verkehrsreichen Straßen durchzogen ist. Die anderen historischen Monumente, wie das Pantheon oder die Engelsburg, sind in das Stadtbild integriert oder bilden kleinere eingegrenzte archäologische Zonen, wie die Tempel am Largo Argentino, die Thermen des Diokletian, das Augustusmausoleum und das Theatrum Marcelli. Entlang der Aurelianischen Mauern verlaufen

Abb. 386. Das heutige Rom: In der Mitte befindet sich innerhalb der Aurelianischen Mauern die historische Stadt, umgeben von den entlang der antiken via consulares **liegenden modernen Stadtteile (Maßstab 1:200 000).**

Abb. 387. Eine römische Straße in Paestum.

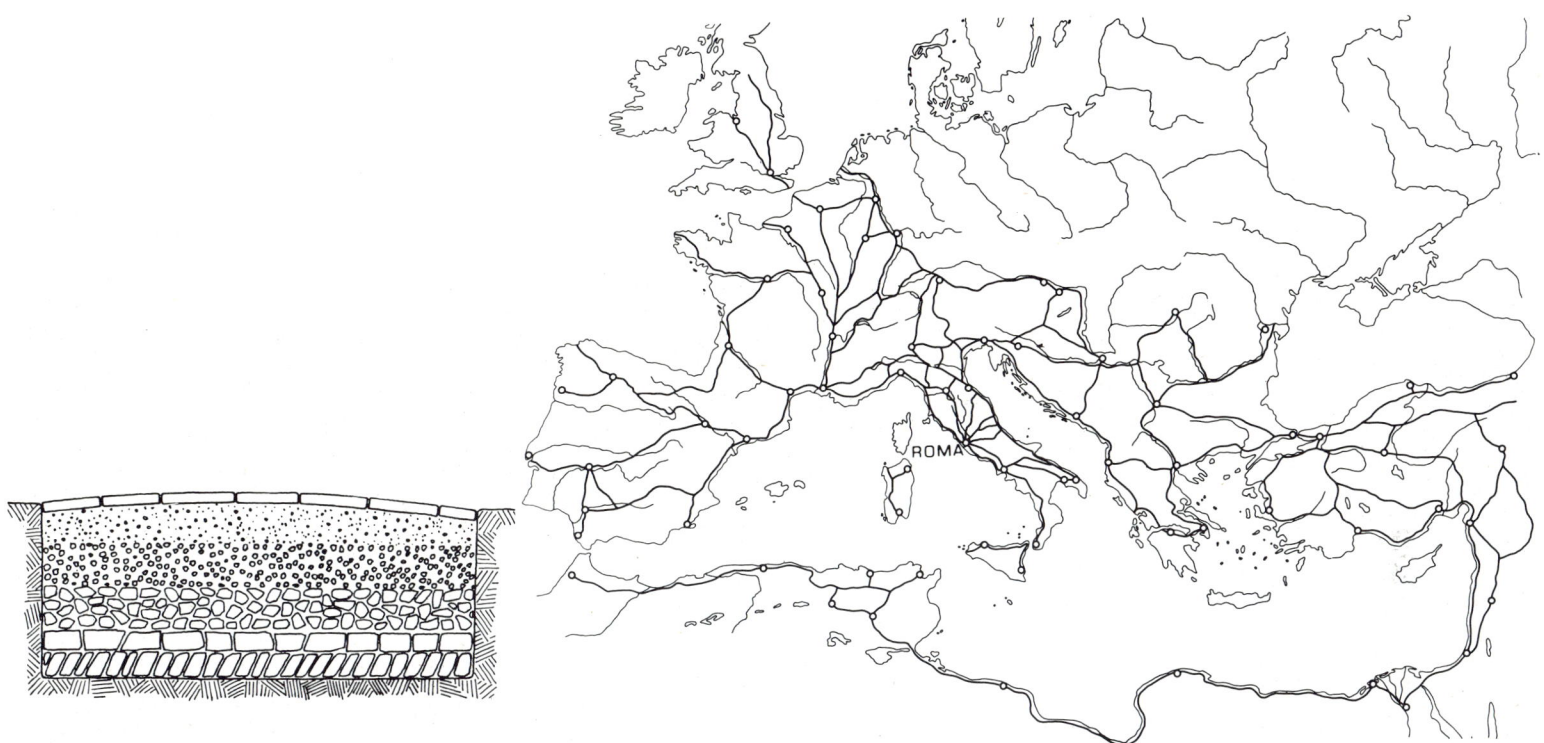

Abb. 388–389. Querschnitt durch eine römische Straße; Karte des Straßennetzes des Römischen Reichs.

STRASSEN UND BRÜCKEN

Der Ausbau des Straßennetzes verlief parallel zur Eroberung neuer Provinzen, denn die Straßen wurden vor allem für die Truppenbewegungen gebraucht, aber sie waren auch für Handel und Verwaltung als Verbindung mit der Hauptstadt wichtig.

Die Straße ruhte auf einem Fundament aus behauenen Steinen *(rudus)*, auf dem mehrere, nach oben hin immer feiner werdende Kiesschichten aufgehäuft wurden; darüber wurde eine Decke aus flachen, vieleckigen Steinplatten *(gremium)* gelegt (Abb. 388). Diese Straßen waren nicht breiter als 4 bis 6 m und damit gerade breit genug für eine Spur für Fußgänger *(iter)* und eine für einen Wagen *(actus)*. Aber insgesamt waren die Straßen so angelegt, daß auch in den Kurven und an den Steigungen der Verkehr möglichst reibungslos und rasch fließen konnte. In Gebieten, in denen es keine natürlichen Hindernisse gab, auf die Rücksicht genommen werden mußte, wurden die Straßen über weite Strecken geradlinig angelegt (so verläuft z. B. die Via Appia 60 km in einer einzigen geraden Linie an den pontinischen Sümpfen entlang). In hügeligen und bergigen Gebieten wurden die Erhebungen teilweise abgetragen, um auch hier einen möglichst ebenen und geradlinigen Verlauf zu gewährleisten (Beispiele hierfür die Montagna Spaccata zwischen Pozzuoli und Capua, der Furlo-Paß, auf dem die Via Flaminia den Appenin überquert, sowie der Pisco Montano in Terracina, in den ein 40 m tiefer Einschnitt gehauen wurde, um die Via Appia zwischen der Akropolis und

heute Schnellstraßen und beiderseits ragen moderne Gebäude empor.

Die Verwaltung des Römischen Reiches machte bestimmte Eingriffe in die Landschaft erforderlich, die nicht so sehr aufgrund der Neuartigkeit der hierbei angewandten Techniken beachtenswert sind, sondern vor allem wegen ihrer konsequenten, regelmäßigen und einheitlichen Anwendung in großem Maßstab. Goethe beschrieb in seiner *Italienischen Reise* diese von Menschenhand geschaffenen Bauwerke – die Straßen, Brücken und Aquädukte – und bezeichnete sie als zweite, im Dienste der Zivilisation stehende Natur. Und tatsächlich gleichen diese Bauwerke den Elementen der natürlichen Umgebung aufgrund ihrer Größe, ihrer Einfachheit und der ständigen Wiederkehr der gleichen Grundstrukturen. Die Konstruktionsprinzipien wurden von der hellenistischen Welt übernommen, mit der die Römer erstmals in Süditalien in Berührung gekommen waren. Die Römer übernahmen von den Erfahrungen und Kenntnissen der Griechen diejenigen, die ihnen für ihre Zwecke dienlich waren, und wendeten sie im ganzen Reich an. Im Jahre 302 v. Chr. wurde mit dem Bau der ersten bedeutenden Straße und des ersten Aquädukts – der Via Appia und der Aqua Appia – begonnen.

Abb. 390–391. (links) **Die von Grä-bern gesäumte Via Appia in der Nähe von Rom und der Ponte Milvio über den Tiber am Anfang der Via Flaminia.**

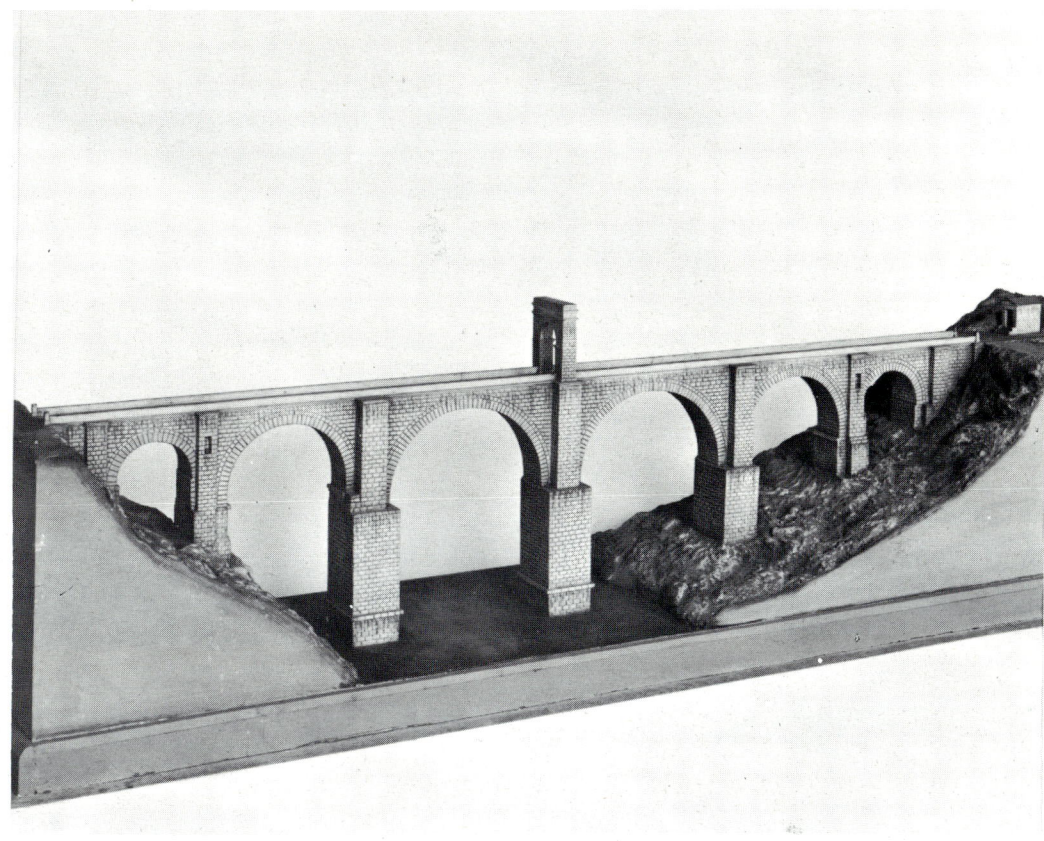

Abb. 392. Modell der Trajan ge-widmeten römischen Brücke über den Tagus in Alcantara.

dem Meer hindurchführen zu können). Zum Teil wurden auch Tunnel gegraben, wie die 900 m lange, mit Lichtschächten ver-sehene Grotta della Pace zwischen dem Averner See und Cuma.

Zum Überqueren der Bäche und Flüsse wurden zahlreiche Holz- und Steinbrücken gebaut. Viele davon werden auch heute noch benutzt, so zum Beispiel die fünf Brücken Roms (der Ponte Milvio [Abb. 391], der Ponte Elio, der Ponte Sisto und die beiden Brücken rechts und links der Tiberinsel), die beiden Brücken auf der Via Flaminia in Narni und in Rimini, die in Ascoli über den Tronto und der Ponte di Pietra in Verona. Diese Brücken waren zwar nie sehr breit – maximal sieben bis acht Meter –, aber einige erreichten doch eine ganz beachtliche Länge: Die Brücke in Merida in Spanien ist mit ihren sechzig Bögen fast achthundert Meter lang, und die großen Bögen der Brücke über den Tagus

in Alcantara haben eine Spannweite von 35 Metern (Abb. 392).

Auf dem römischen Straßennetz wurde seit Augustus ein regelmäßiger Postdienst *(cursus publicus)* unterhalten, der sich auf ein System von Poststationen stützte. Zwischen zwei großen, eine Tagesreise voneinander entfernten Poststationen *(mansio-nes)*, in denen man übernachten konnte, lagen etwa 6 bis 7 kleinere Stationen *(mutationes)*, die zum Wechseln der Pferde dienten. Die Benutzung des *cursus* war den öffentlichen Amts-inhabern vorbehalten; für den Postverkehr wurden zu Pferde reitende Kuriere *(speculatores)* eingesetzt, zum Teil aber auch leichte oder schwere Wagen, wenn Güter zu transportieren wa-ren. Die Privatleute konnten das Straßennetz für einen eigenen Postdienst benutzen, für den sie ebenfalls reitende oder auch zu Fuß gehende Kuriere *(tabellari)* einsetzten.

Abb. 393. Ein Aquädukt in der ländlichen Umgebung Roms.

Abb. 394. Das römische Aquädukt in Segovia, im Volksmund »Teufelsbrücke« genannt.

Abb. 395. (auf der gegenüberliegenden Seite) Das Verteilerbecken (»Castellum«) des Aquädukts in Nîmes in einem Modell aus dem Jahre 1939.

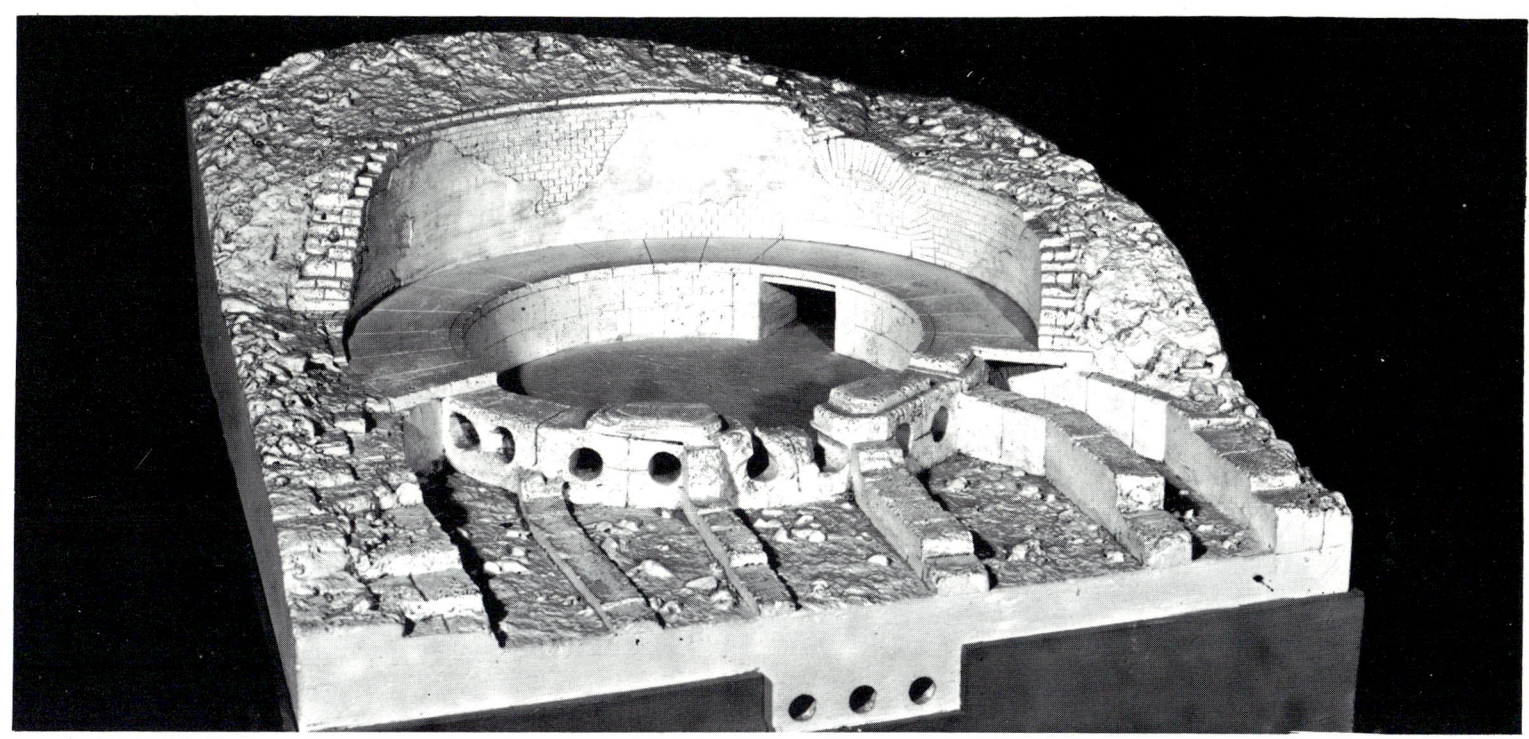

Die Aquädukte

Die Wasserversorgung wurde – wie auch der Bau und die Unterhaltung des Straßennetzes – als öffentliche Aufgabe angesehen. Die Wasserleitungen, die in jeder Stadt vom Staat oder von der lokalen Verwaltung gebaut wurden, waren hauptsächlich zur Versorgung der öffentlichen Anlagen und Gebäude bestimmt und erst in zweiter Linie für die Versorgung der privaten Haushalte.

Die Römer benutzten vorwiegend Quellwasser oder gefiltertes Flußwasser, das durch rechteckige Leitungen *(specus)* geführt wurde. Diese Leitungen waren mit einem speziellen Belag aus pulverisiertem Ziegelstein *(opus signium)* verkleidet und oben mit einer luftdurchlässigen Abdeckung versehen, die zum Zwecke der Inspektion abgenommen werden konnte (Abb. 397). Das Gefälle wurde so konstant wie möglich gehalten, um einen gleichmäßigen und ungehinderten Fluß des Wassers zu gewährleisten (es schwankte zwischen 10 und 0,2 zu 1000, je nach den äußeren Bedingungen des Geländes). Die Römer kannten, wie auch bereits die Griechen, das Prinzip des Siphons und sie wendeten es in einigen Fällen mit großer technischer Virtuosität an: In dem antiken, aus dem Jahre 134 v. Chr. stammenden Aquädukt von Alatri wurde ein Druck von 10 Athmosphären erzielt und es wurden druckbeständige Leitungen verwendet (in dem Aquädukt von Lyon bediente man sich eines dreifachen Siphons

und aus Blei gefertigter Leitungen). Aber im Allgemeinen zogen es die Römer vor, daß das Wasser in den Aquädukten, sobald es die Stadt erreichte, nicht mehr unter hohem Druck stand, damit die zur Verteilung innerhalb der Stadt verlegten Leitungen nicht überbeansprucht wurden. Aus diesem Grunde wurden die Leitungen, wenn sie ein Tal überqueren mußten, in einer bestimmten Höhe auf einer aus einer oder mehreren Bogenreihen bestehenden Brückenkonstruktion entlanggeführt.

Entlang der Aquädukte und an ihren Endpunkten wurden Klärbecken *(piscinae limariae)* zur Ablagerung des mitgeführten Schmutzes angelegt. Aus ihnen wurde das Wasser in die Verteilerbecken *(castella)* weitergeleitet (Abb. 395) und von dort floß es durch die bronzenen *calices,* in denen es gemessen wurde, in das städtische Rohrleitungssystem. Dieses System bestand aus einzelnen, jeweils etwa drei Meter langen Bleirohren *(fistulae),* die zu langen Leitungen zusammengefügt waren. Für besondere Zwecke wurden auch wesentlich größere Becken angelegt (z. B. die Piscina Mirabile in Misenum mit einem Fassungsvermögen von 12 600 Kubikmetern, um den Anforderungen des dortigen Militärhafens zu genügen).

Manche kunstvollen Anlagen in den Provinzen – wie die aus mehreren übereinanderliegenden Bogenreihen bestehenden Brücken der Aquädukte von Tarragona und Segovia in Spanien und des Aquädukts von Nîmes in Frankreich (Abb. 394 u.

Abb. 396. Die Ruinen des Aquädukts des Claudius. Im oberen Teil sieht man den viereckigen Leitungskanal, durch den das Wasser geführt wurde.

Abb. 397. (links) **Axonometrie des Leitungskanals des Aquädukts Anio Vetus in Rom.**

Abb. 398–399. (rechts) **Der Pont du Gard bei Nîmes in Südfrankreich: perspektivische Zeichnung, Querschnitt und Aufriß.**

7,4m
19,5m
4,8m
24,5m
4,8m
20,5m

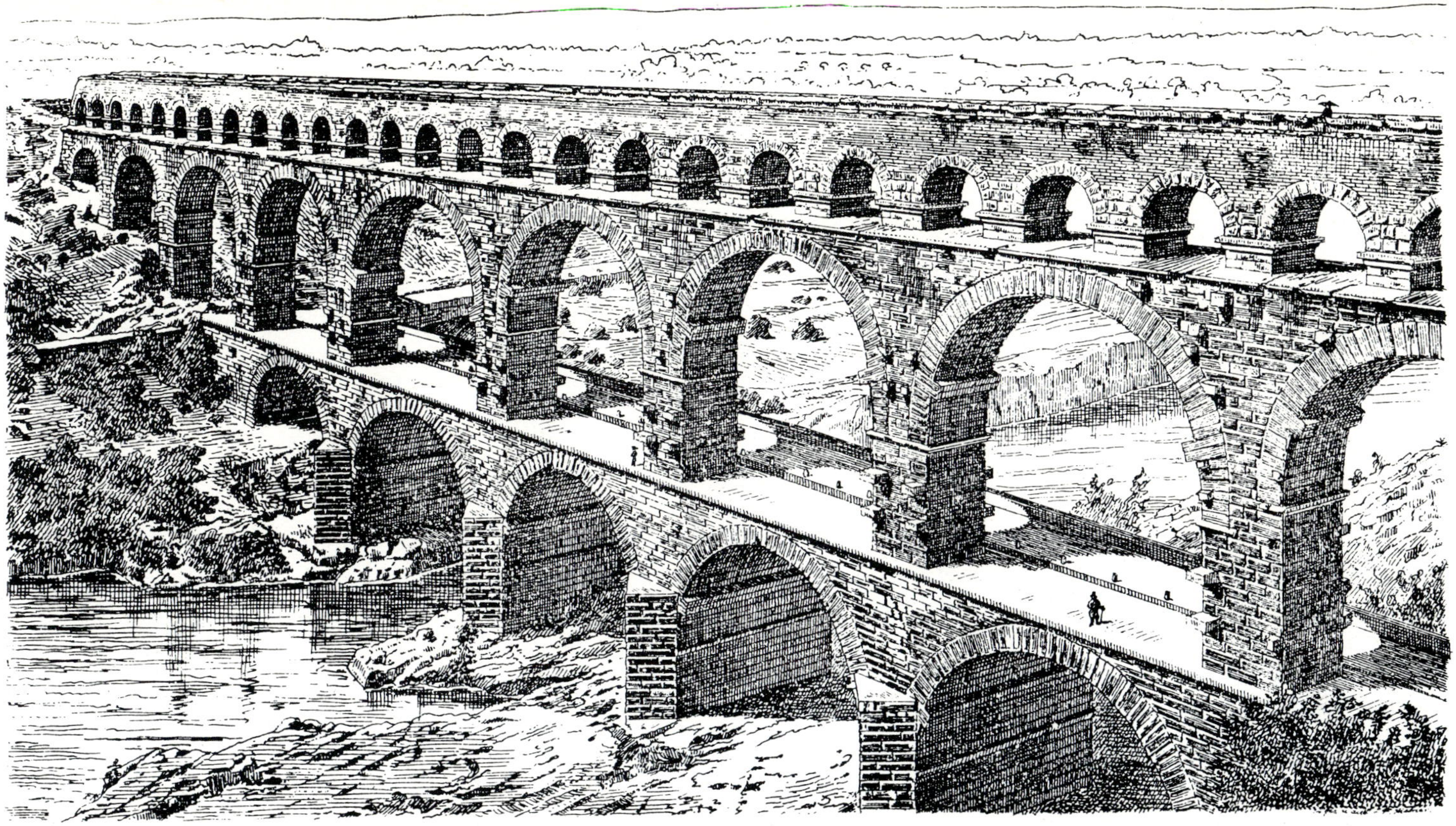

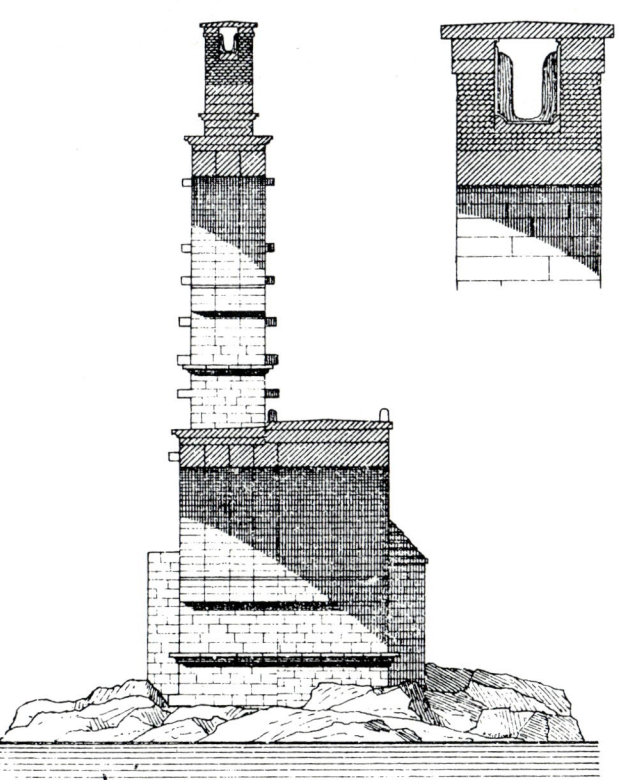

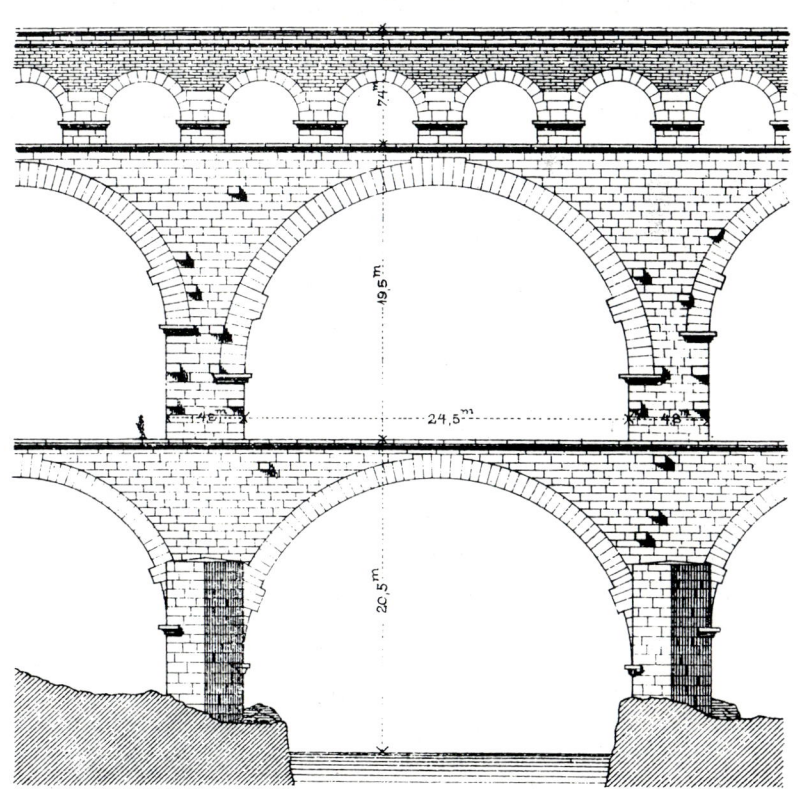

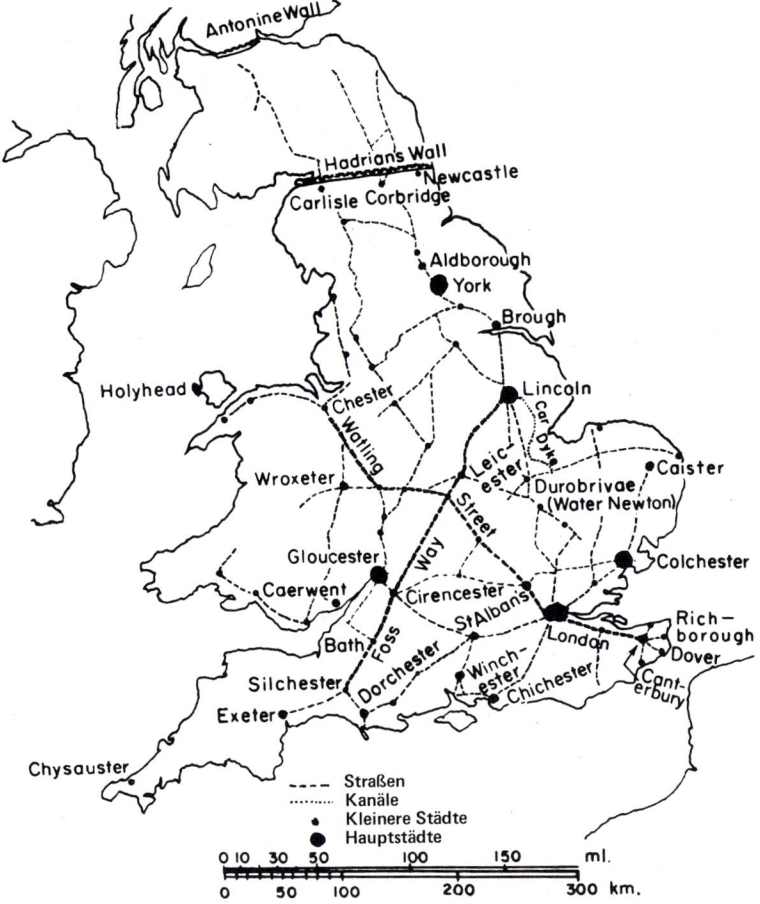

398–399) – wurden jedoch nicht allein unter technisch funktionalen Gesichtspunkten errichtet, bei ihrer Konstruktion spielte auch der Wunsch ihrer Erbauer, der Nachwelt beeindruckende monumentale Spuren ihrer Tätigkeit zu hinterlassen, eine wesentliche Rolle. Tatsächlich wurden solche Bauwerke im Mittelalter, als man diese Bauweise nicht mehr beherrschte, als das Werk übernatürlicher Mächte angesehen, im Volksmund deshalb oft »Teufelsbrücken« genannt.

DIE BEFESTIGTEN VERTEIDIGUNGSLINIEN

An den äußersten Rändern des Reiches, dort, wo die Römer ihre Eroberungen nicht mehr weiter ausdehnen wollten, befestigten sie die Grenzen durch die Errichtung einer Verteidigungslinie *(limes)*, deren Breite von Grenze zu Grenze verschieden war.

Den wichtigsten Bestandteil dieser Verteidigungslinie bildete eine an der Grenze entlangführende Straße, für die in Wäldern Schneisen geschlagen und in Sumpfgebieten Trassen aufgehäuft wurden. Diese Straßen sollten vor allem schnelle Truppenbewegungen ermöglichen. Wo nicht ein Fluß ein natürliches Hindernis bildete, wurde die Grenze durch einen künstlich angelegten Graben *(fossatum)* und ein *vallum* (Steinmauer, Holzzaun oder Erdwall) geschützt. Direkt an der Grenze oder in ihrer unmittelbaren Nähe wurden verschiedene Arten von Militärlagern eingerichtet: Feldlager *(castra)*, kleinere Garnisonsstützpunkte *(castella)*, befestigte Stützpunkte *(burgi* und *turres)*. Zum Verteidigungssystem gehörten auch die befestigten Städte im Hinterland *(oppida)*.

Die wichtigsten *limites* waren die an den Nordgrenzen des Römischen Reiches: Der von Tiberius, Germanicus und Domitian jenseits von Donau und Rhein errichtete germanische *Limes* bestand im wesentlichen nur aus einer befestigten Verbindungsstraße entlang einer offenen Grenze (Abb. 402). Der von Hadrian zwischen England und Schottland angelegte *Limes* glich dagegen einer ausgesprochen stark ausgebauten Festungsanlage (Abb. 400). Der germanische *Limes* war über 500 Kilometer lang, der zwischen Schottland und England nur etwa 110. Beide Anlagen können jedoch als künstliche Erweiterungen der vom Meer bzw. dem Rhein und der Donau gebildeten natürlichen Grenzen angesehen werden. So findet auch hier die These einer Analogie von Hauptstadt und Reich eine weitere Bestätigung: Das Reich war genau wie die Hauptstadt Rom von einem Straßennetz durchzogen und von Mauern umgeben und es verfügte – allerdings in einem wesentlich größeren Maßstab – über dieselbe Infrastruktur.

Abb. 400. Von den Römern in Britannien errichtete öffentliche Bauten und Anlagen: Straßen, Kanäle, Städte und der Hadrianswall an der Grenze zu Schottland.

Abb. 401. Der Palast der Tribunen im Lager Xanten (Castra Vetera) in Germanien.

Abb. 402. Der römische »Limes« in Germanien zwischen Rhein und Donau.

Abb. 403–404. Spuren der römischen Kolonisierung, die noch heute in der Landschaft zu erkennen sind: der römische »Limes« bei Welzheim in Württemberg und die aus der römischen Epoche stammende »centuratio« in der Emilia Romagna.

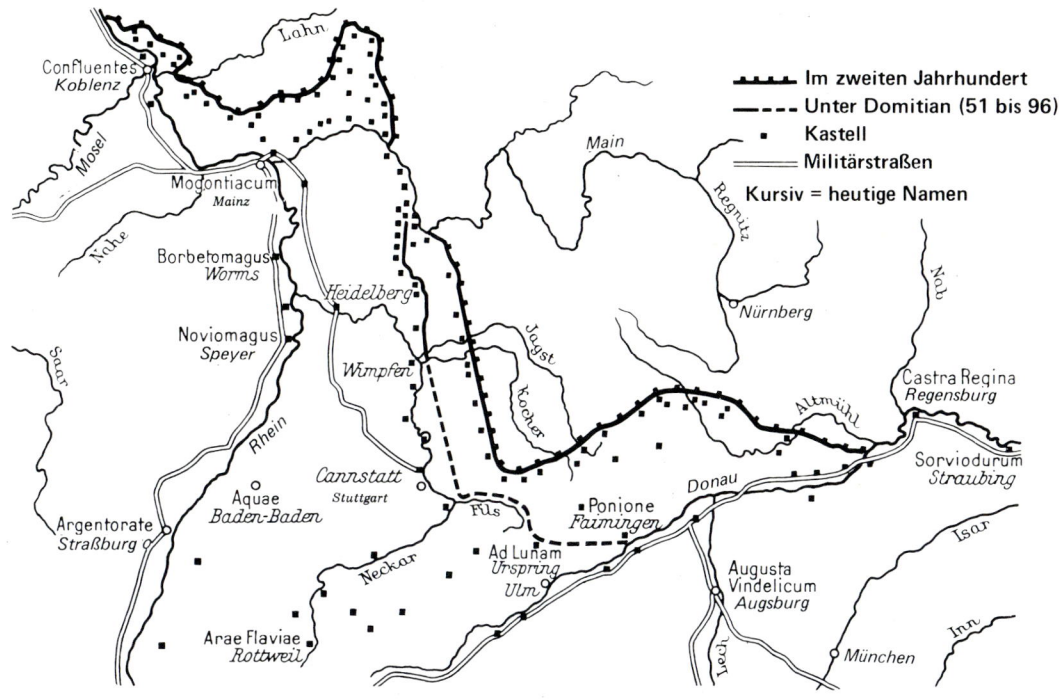

Im zweiten Jahrhundert
Unter Domitian (51 bis 96)
■ Kastell
Militärstraßen
Kursiv = heutige Namen

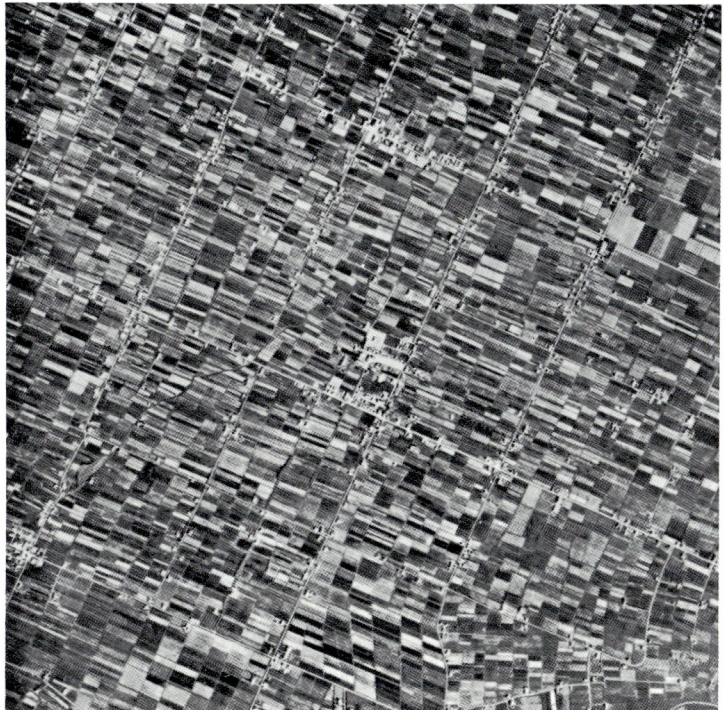

DIE KOLONISIERUNG DES ACKERLANDES

Der geradlinige Verlauf der Hauptstraßen diente als Bezugspunkt für die gleichmäßige Aufteilung des für landwirtschaftliche Zwecke geeigneten Bodens *(centuriatio)*, der den in die neu eroberten Gebiete gesandten Siedlern zugeteilt werden sollte.

Grundlage dieser Aufteilung war ein rechtwinklig verlaufendes Netz von Nebenstraßen, ebenfalls *limites* genannt. Dieses Netz bestand aus den *decumani*, die parallel zur Hauptstraße verliefen oder parallel zu einer gedachten Linie, deren Verlauf sich nach den Gegebenheiten der Landschaft richtete, und aus den kürzeren *cardines*, welche die *decumani* im rechten Winkel kreuzten, und zwar in einem Abstand von 20 *actus* (*actus* war das Längenmaß für den landwirtschaftlich genutzten Boden und entsprach etwa 35 Metern). So entstanden zwischen den Straßen quadratische Parzellen *(centuriae)* mit einer Fläche von etwa 200 *jugeri* (= ca. 50 ha). Jede Parzelle wurde einem oder mehreren Besitzern zugeteilt; in einem Fall – in der Kolonie Terracina im Jahre 329 v. Chr. – wurde solch eine Parzelle sogar unter hundert Siedlern aufgeteilt.

Die Vermessung des Landes und die Aufteilung der Parzellen wurde von hierfür besonders ausgebildeten Fachleuten, den *agrimensori* oder *gromatici*, durchgeführt. Sie benutzten für die Bestimmung des rechten Winkels ein spezielles Gerät, die sogenannte *groma* (Abb. 405). In alten Texten wurde diese Tätigkeit mit der Wissenschaft der etruskischen Auguren und mit der Unterteilung des Himmels in die vier Hauptrichtungen in Verbindung gebracht. Doch die Anlage der *decumani* und der *cardines* orientierte sich normalerweise nicht an den Himmelsrichtungen, sondern paßte sich weitgehend den natürlichen Gegebenheiten der Landschaft an. Von jedem parzellierten Landstrich wurde ein Plan aus Bronze gefertigt, von dem eine Kopie in der Hauptstadt der Kolonie blieb und eine nach Rom geschickt wurde.

Die *limites* dienten gleichzeitig als Grenzmarkierung zwischen zwei Parzellen und als öffentliche Straßen. Auf diese Weise entstand ein eindrucksvolles Netz von Nebenstraßen ohne Beispiel in der antiken Welt. Dieses äußerst engmaschige Straßennetz ermöglichte eine weiträumige und dennoch intensive Verbreitung des landwirtschaftlichen, ökonomischen und verwaltungstechnischen Systems der Römer.

Die quadratische Aufteilung der *centuriatio* ist heute noch in vielen ebenen Landstrichen des ehemaligen Römischen Reiches deutlich erkennbar, insbesondere in Norditalien (in der Emilia und im Veneto), in der Umgebung von Florenz, in der Ebene von Capua, in Tunesien und in Südfrankreich (Abb. 404 und 407–408). Diese von den Römern markierten Grenzen zwischen den einzelnen Parzellen, die Straßen und Kanäle, haben der Landschaft ihren Stempel derart fest aufgedrückt, daß ihre Spuren noch lange nach dem Verschwinden des antiken landwirtschaftlichen Systems sichtbar blieben.

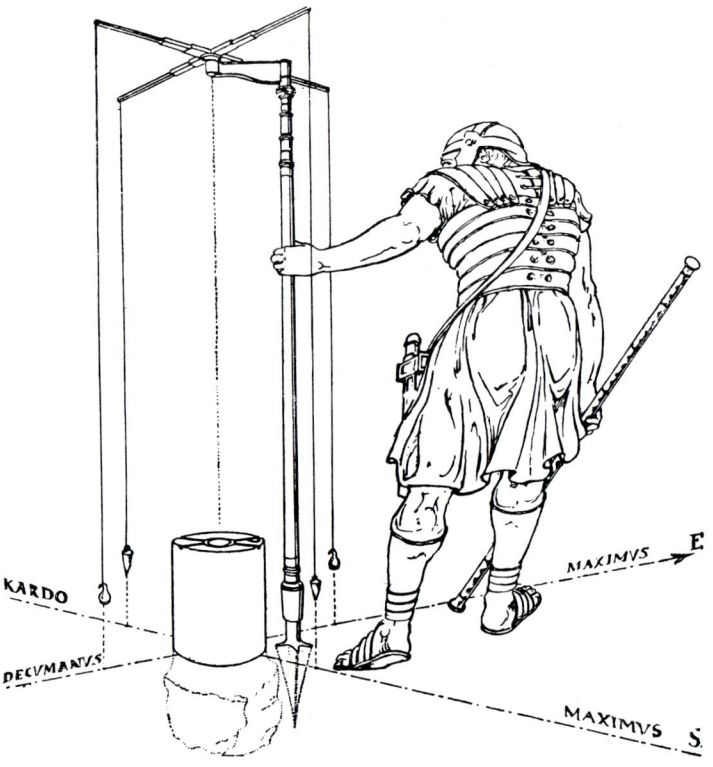

Abb. 405. Die »groma«, mit der die rechtwinklig zueinander stehenden Linien der »centuratio« und des Straßennetzes in den Städten markiert wurden. Dies Gerät bestand aus vier, jeweils 45 cm langen Holzleisten, an deren Enden vier Bleilote hingen. Die Stange, an der die Leisten mit den Bleiloten befestigt waren, wurde so in den Boden gesteckt, daß das Leistenkreuz genau über dem Mittelpunkt des Kreises lag, der in dem fest im Boden verankerten Stein eingezeichnet war.

Abb. 406. Die »centuratio« von Minturno, wie sie in dem Buch der »Gromatici Veteres« dargestellt wurde.

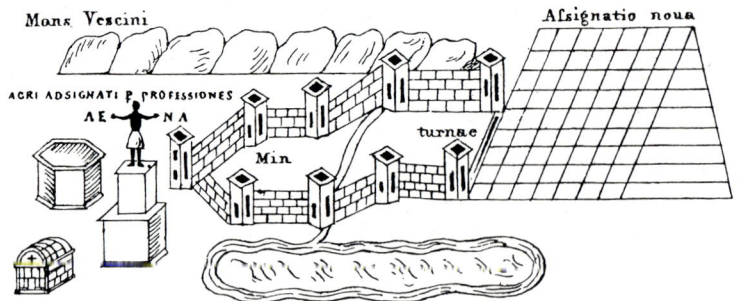

Imola

F.º 88 della Carta d'Italia

IMOLA

Le coordinate geografiche sono riferite all'Ellissoide
Internazionale orientato a Roma (M. Mario)

II S.O.

Longitudine Ovest dal meridiano di Roma (Monte Mario)

(Sesto Imolese)

Sasso Morelli

(Castel S. Pietro dell'Emilia)

(Cotignola)

(Castel Bolognese)

Imola

Bubano

Mordano

Bagnara di Romagna

L'equidistanza è di metri 25
(Per le curve a tratti è di m 5)

1000m   500m   0   Scala di 1:25 000   1   2 km

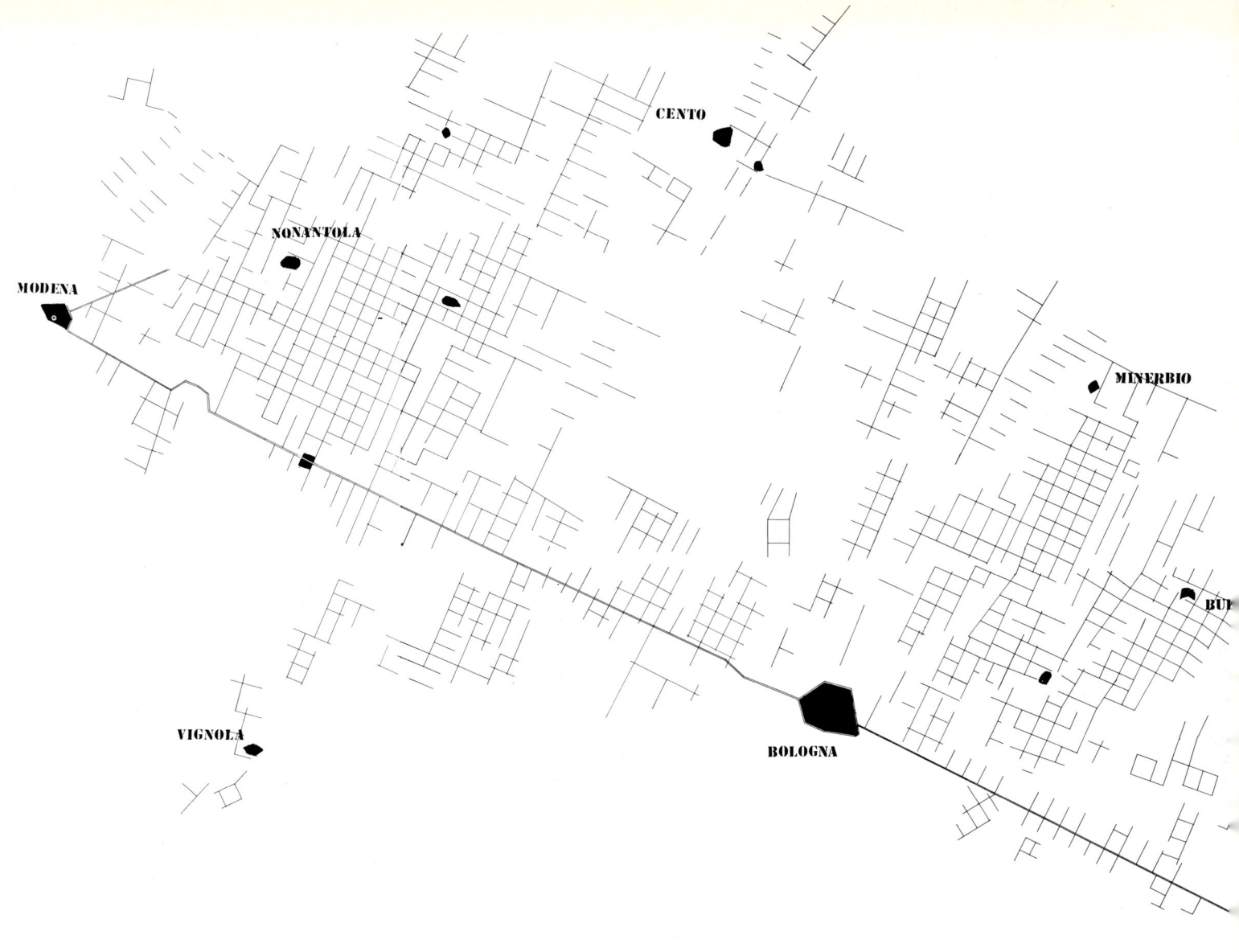

MODENA

NONANTOLA

CENTO

MINERBIO

VIGNOLA

BOLOGNA

BU[

Abb. 407. (auf der vorstehenden Seite) **Ein Blatt der Italien-karte des militärgeographischen Instituts (Maßstab 1:25 000, hier auf 1:50 000 verkleinert). Man erkennt deutlich die** centuratio **des nördlich von Imola gelegenen Landstrichs.**

Abb. 408. Die noch heute existierenden Grenzlinien der centuratio **in der Emilia.**

ICINA

RAVENNA

LUGO

IMOLA

FAENZA

RIOLO

FORLÌ

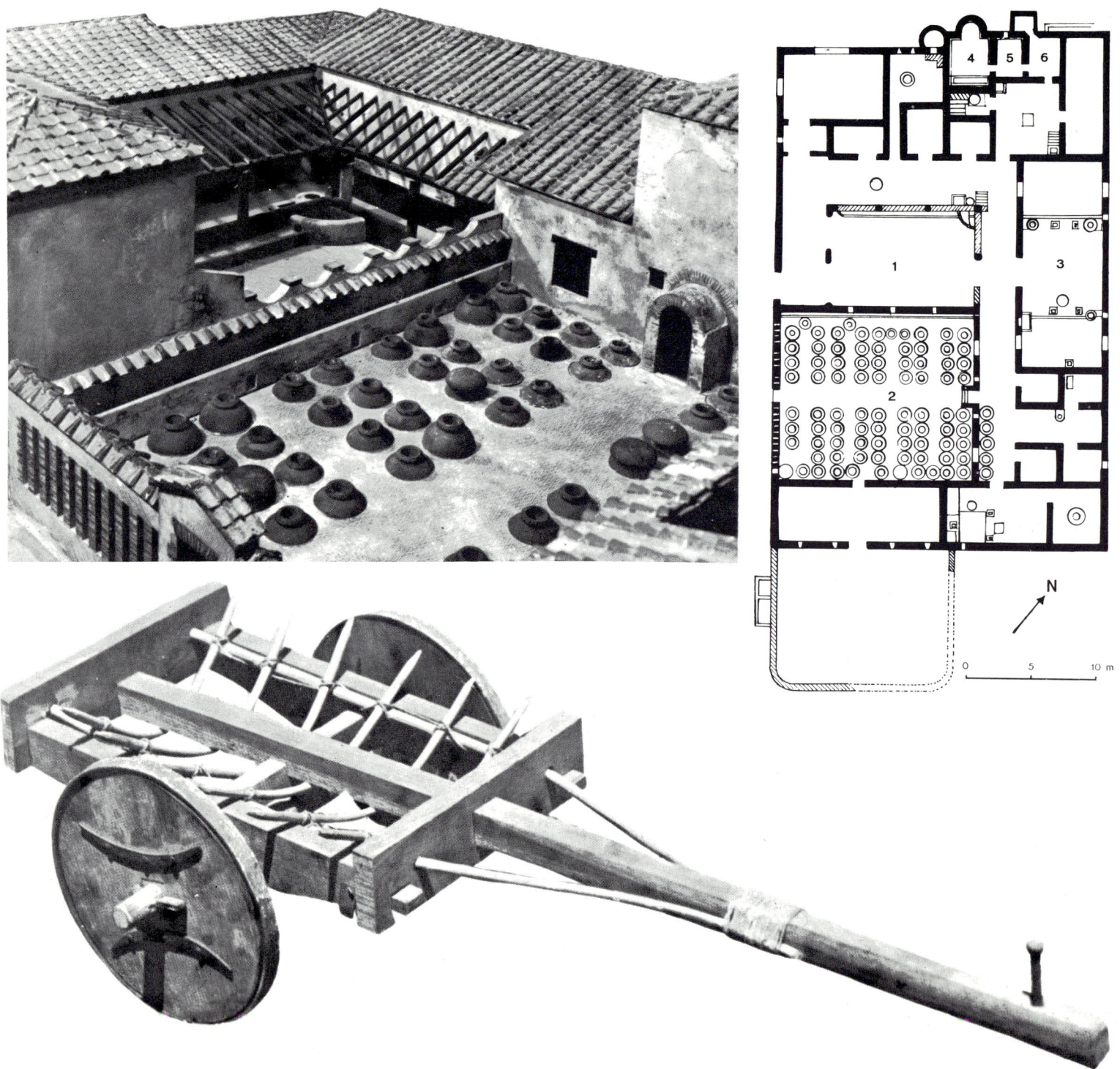

Abb. 409–412. Ein antiker römischer Bauernhof, die Villa Rustica in Boscoreale, in der Region Kampanien: Grundriß des gesamten Komplexes, Teil- und Gesamtansicht eines Modells und ein in der Landwirtschaft benutzter Wagen (plaustrum), der heute in einem Museum in Rom aufbewahrt wird.

1 Hof;
2 Lagerfläche für die Krüge;
3 *Torcularium* (Raum, in dem die Trauben zu Wein verarbeitet wurden);
4, 5 und 6 Bäder.

DIE NEUEN STÄDTE

In der Anordnung der *centuriatio* gab es zwei Hauptachsen (*decumanus maximus* und *cardo maximus*), die wesentlich breiter waren als die übrigen *decumani* und *cardines*. Der Schnittpunkt dieser beiden Hauptachsen galt als der ideelle Mittelpunkt der Kolonie. In antiken Texten wird berichtet, daß es als besonders glückliche Konstellation angesehen wurde, wenn sich die beiden Hauptachsen der Stadt mit denen der Kolonie deckten, so daß die beiden die ganze Kolonie durchquerenden Hauptstraßen die Verlängerungen der beiden städtischen Hauptstraßen darstellten.

Die römischen Militärlager waren nach demselben Prinzip angelegt (Abb. 416). Viele dieser Lager entwickelten sich zu Städten, wie auch viele der Siedler, denen in den Kolonien öffentliches Land zugeteilt wurde, ehemalige Soldaten waren. Andere Kolonien und Städte dagegen sind rein zivilen Ursprungs und einige existierten bereits, bevor die Römer die Prinzipien für die Anlage eines Lagers in der oben beschriebenen Weise festgelegt hatten. Man kann also davon ausgehen, daß alle rechtwinklig angelegten römischen Städte – gleich ob zivilen oder militärischen Ursprungs – nach dem im städtischen Maßstab angewandten Prinzip der *centuriatio* errichtet wurden. Dieses Prinzip stellte eine vereinfachte und standardisierte Form des in der hellenistischen Welt verbreiteten Hippodamischen Systems dar.

Es war ein Grundzug der klassischen Kultur, daß große quantitative Unterschiede immer auch als qualitative Unterschiede angesehen wurden, und so galten auch die Straßennetze der Städte und des Landes aufgrund ihrer unterschiedlichen Dimensionen als grundverschiedene, nach jeweils anderen Konzepten angelegte Systeme. In einigen Fällen wurde die Stadt zur gleichen Zeit gegründet, zu der auch das Land vermessen und aufgeteilt wurde, so daß die beiden das Land durchquerenden Hauptstraßen und die beiden Hauptstraßen der Stadt so angelegt werden konnten, daß sie ineinander übergingen, daß also die Hauptstraßen des Landes tatsächlich die Verlängerung der städtischen Hauptstraßen darstellten. Wenn Stadtgründung und Landaufteilung nicht zusammenfielen, verlief das Landstraßennetz in einer anderen Richtung als das städtische Straßennetz. War das Gelände abschüssig, so verliefen die *decumani* horizontal am Hang entlang und die *cardines* steil den Hang hinauf bzw. hinab; an Gewässern wurden die *decumani* parallel zum Ufer angelegt und die *cardines* gingen im rechten Winkel davon ab.

Natürlich war man bei der Anlage des Straßennetzes in der Stadt flexibler und elastischer als bei den Landstraßen. Die Größe der quadratischen oder fast quadratischen Häuserblocks lag zwischen 70 mal 70 und 150 mal 150 Metern. Die Regelmäßigkeit des Straßennetzes war oft durch nicht geradlinig verlaufende Straßen durchbrochen, vor allem durch Zufahrtsstraßen zu Brücken, die nur an bestimmten Punkten gebaut werden konnten. Im Stadt-

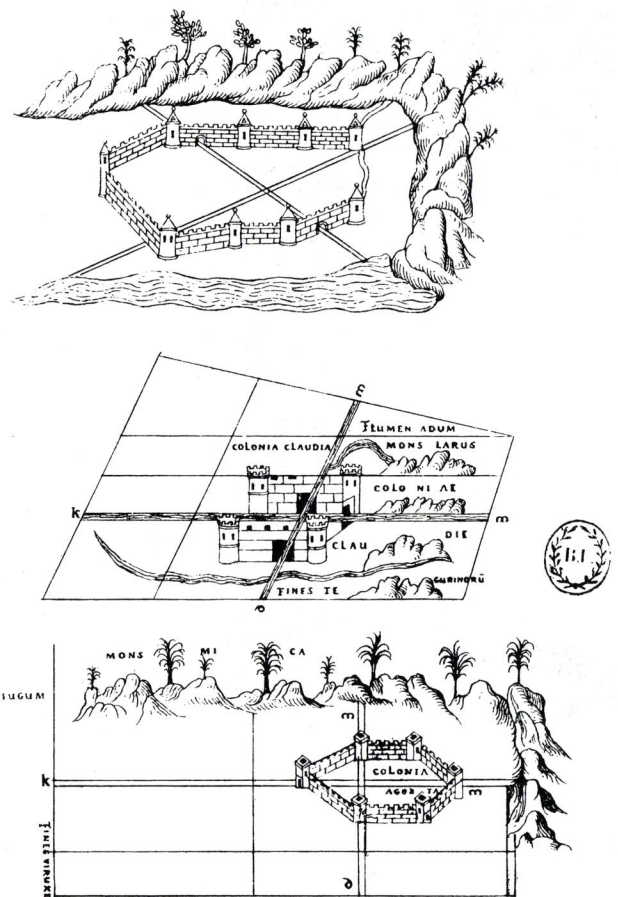

Abb. 413. Beispiele für Städte mit zwei sich rechtwinklig kreuzenden Hauptstraßen in einer Darstellung aus dem Buch der »Gromatici Veteres«.

zentrum wurde auch oft anstelle eines oder mehrerer Häuserblocks ein freier Platz für das Forum oder andere öffentliche Bauten gelassen. Die mit einer Mauer befestigte Stadtgrenze verlief normalerweise in Form eines Rechtecks, das die im Innern liegenden Häuserblocks umschloß. Das Amphitheater befand sich immer am Stadtrand, entweder noch innerhalb der Mauern oder unmittelbar davor.

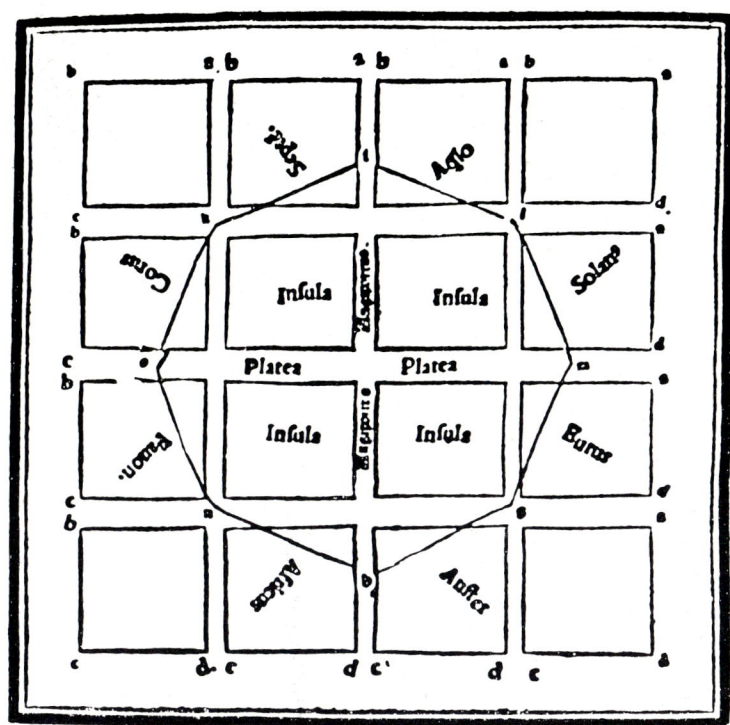

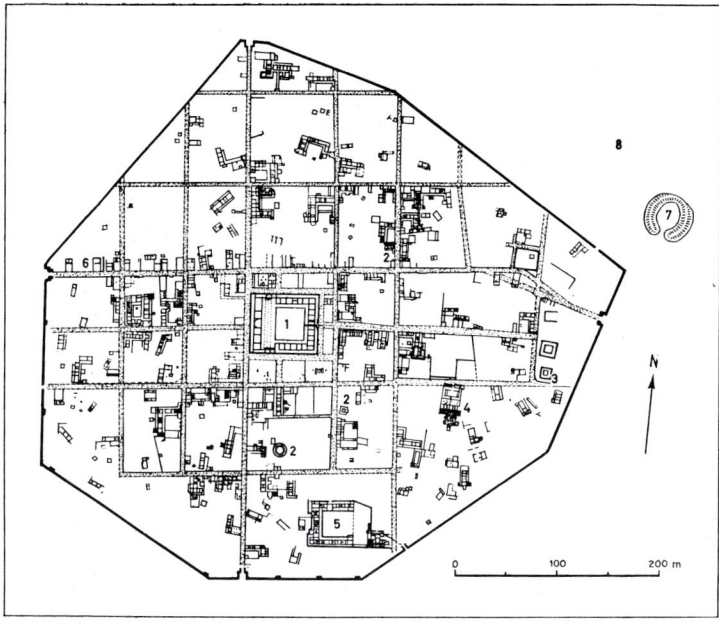

1 Forum; 2 Tempel; 3 Heiliger Bezirk; 4 Bäder (Thermen); 5 Kaserne; 6 Läden; 7 Amphitheater; 8 Tempel?

Abb. 414–415. Die schachbrettartig angelegte römische Stadt: links, wie sie in einer Abhandlung des Vitruv dargestellt wird (Illustration aus dem Jahre 1536) und rechts in der Realität: Silchester in Britannien.

Die Größe der von den Römern gegründeten Städte war sehr unterschiedlich und schwankte zwischen 15 und 200 Hektar; einige waren sogar noch größer. In Italien war Capua mit 180 Hektar nach Rom die zweitgrößte Stadt; die anderen neuen Städte in Italien waren wesentlich kleiner: Mailand 133 ha, Bologna 83 ha, Turin 47 ha, Verona 45 ha, Aosta 41 ha, Rimini 34 ha, Florenz 22 ha, Pola 16 ha. Außerhalb Italiens gab es unter den neuen Städten einige, die wesentlich größer waren: Leptis Magna (heute Lebda) 400 ha, Trier 285 ha, Nîmes 220 ha, Wien 200 ha, London und Lyon 140 ha, Köln 100 ha, Cadiz 80 ha, Paris 55 ha.

Die Bevölkerungsdichte schwankte zwischen 250 und 500 Einwohnern pro Hektar. Das bedeutete, daß eine mittlere italienische Stadt wie z. B. Turin, Verona oder Aosta etwa 20 000 Einwohner hatte; in Mailand, London und Lyon lebten dementsprechend jeweils etwa 50 000 Menschen und in Leptis Magna etwa 100 000. Die Einwohnerzahlen der neu gegründeten römi-

schen Städte waren jedoch wesentlich niedriger als die der großen Städte des östlichen Reiches in der Zeit vor der Eroberung durch die Römer. Alexandria, die wirtschaftliche Hauptstadt dieses Reiches, erstreckte sich über eine Fläche von 900 Hektar und hatte zwischen 500 000 und 1 000 000 Einwohner, also nicht viel weniger als Rom zur Kaiserzeit. Karthago hatte auf 305 Hektar etwa 200 000 bis 300 000 Einwohner und Antiochia war ungefähr ebenso groß.

Die Römer gründeten in Italien und im westlichen Teil ihres Reiches eine Vielzahl von Städten, die auch nach dem Zerfall des Römischen Reiches als befestigte Stützpunkte oder als Zentren der örtlichen Bevölkerung weiterexistierten. So sind fast alle größeren Städte Italiens und einige der bedeutendsten Städte Europas – z. B. Paris, London, Wien und Köln – römischen Ursprungs, in deren Stadtkernen man heute noch die Spuren des antiken Straßennetzes der *decumani* und der *cardines* finden kann (Abb. 418 und 419).

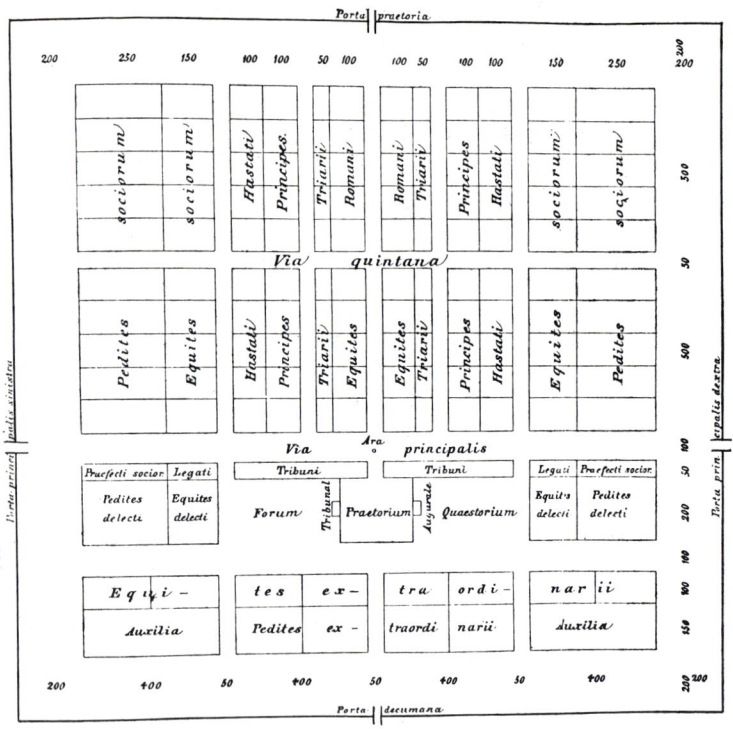

Abb. 416. Das römische Militärlager in einer Darstellung des Polybius.

Abb. 417. Der nördliche Teil des Lagers Lambaesis in Afrika.

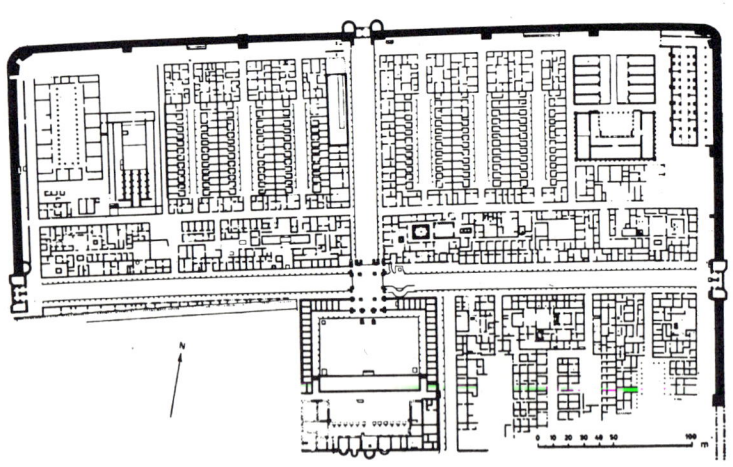

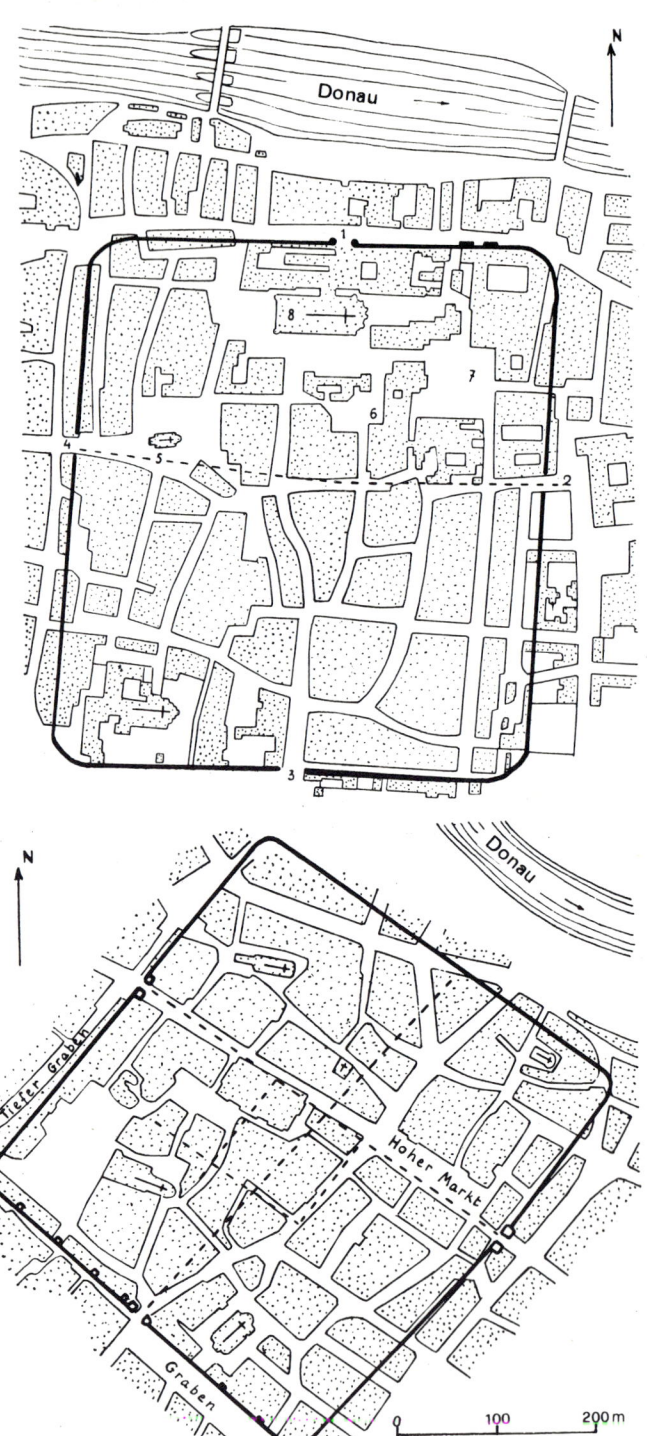

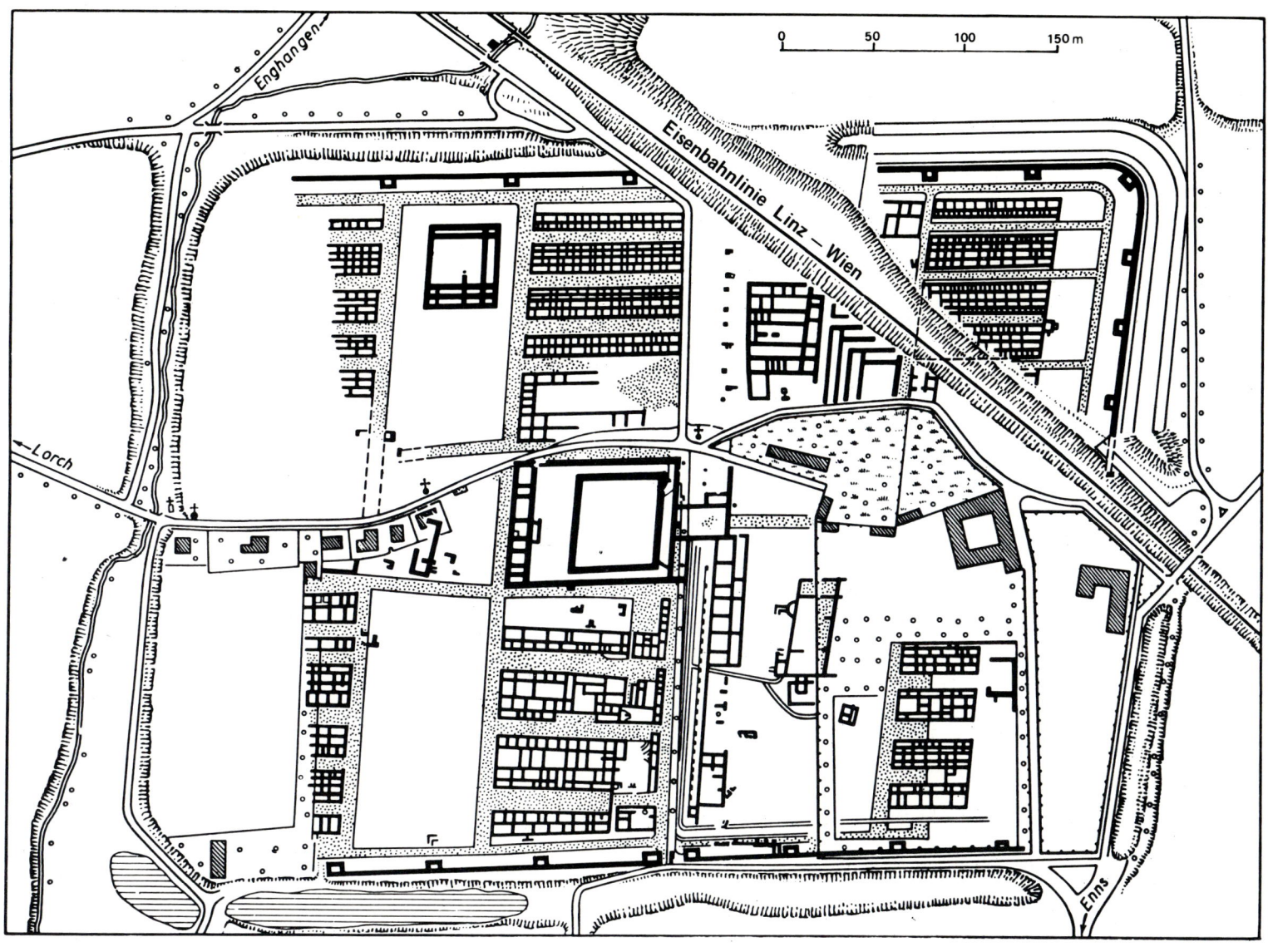

Abb. 418–419. (auf der gegenüberliegenden Seite rechts) **Zwei an der Donau gelegene römische Lager, die sich zu bedeutenden Städten entwickelt haben:** oben Regensburg und unten Wien.

Abb. 420. Das römische Lager Lauriacum in Österreich (3. Jahrhundert n. Chr.), das sich heute in einem ländlichen Gebiet befindet und von der Eisenbahnlinie Wien – Linz durchquert wird.

Abb. 421–422. Como: Katasterplan aus dem Jahre 1858 und Luftbild. Der Grundriß des ursprünglichen römischen Lagers, heute das Stadtzentrum, ist deutlich erkennbar.

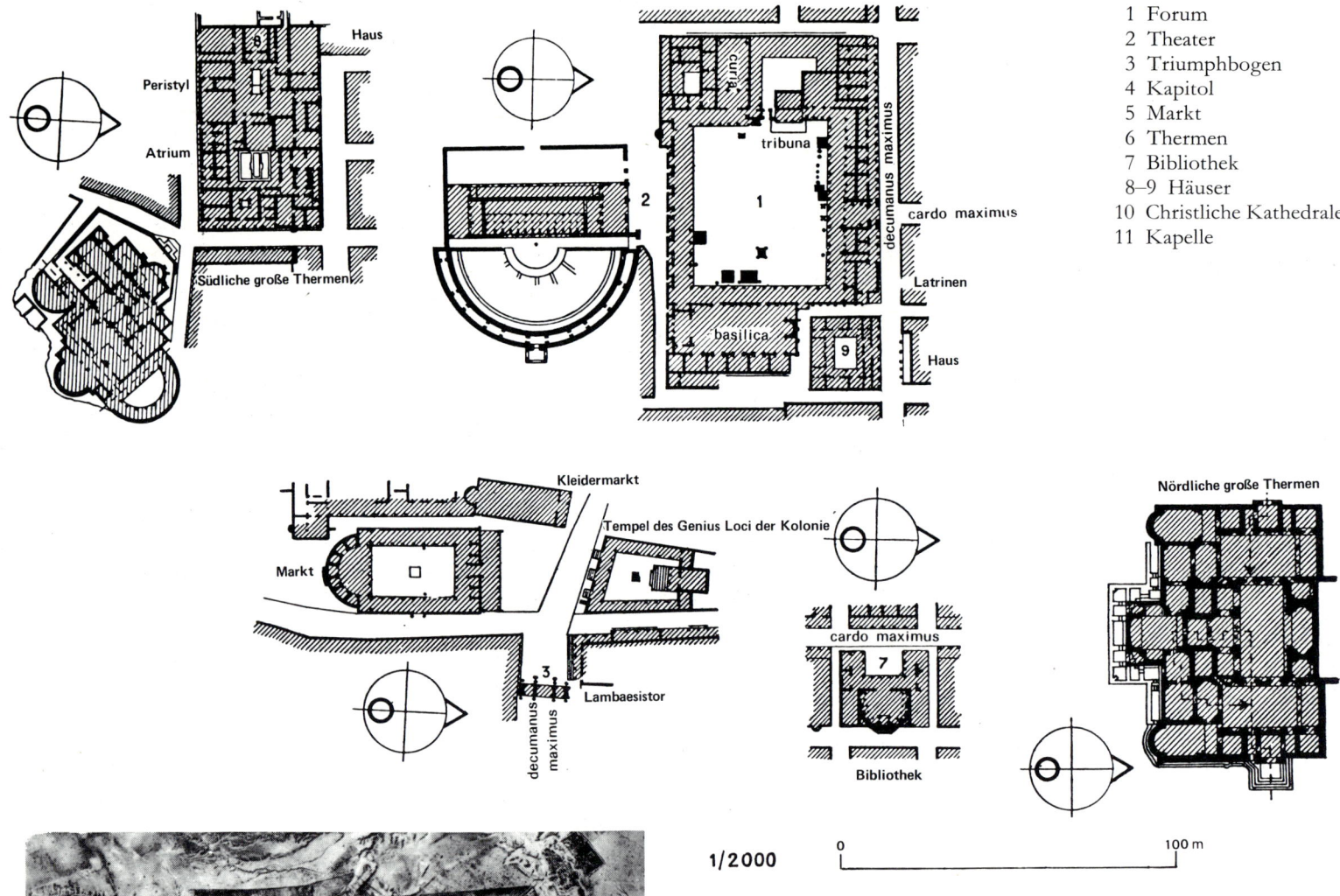

Haus

Peristyl

Atrium

Südliche große Thermen

curia

tribuna

decumanus maximus

cardo maximus

Latrinen

basilica

9

Haus

1 Forum
2 Theater
3 Triumphbogen
4 Kapitol
5 Markt
6 Thermen
7 Bibliothek
8–9 Häuser
10 Christliche Kathedrale
11 Kapelle

Kleidermarkt

Tempel des Genius Loci der Kolonie

Markt

3

decumanus maximus

Lambaesistor

cardo maximus

7

Bibliothek

Nördliche große Thermen

1/2000

0   100 m

Abb. 423–429. **Timgad in Algerien, eine römische Stadt, die im 7. Jahrhundert verlassen wurde und fast vollständig ausgegraben worden ist: Grundrisse einiger Gebäude, Luftaufnahme und Plan der Stadt.**

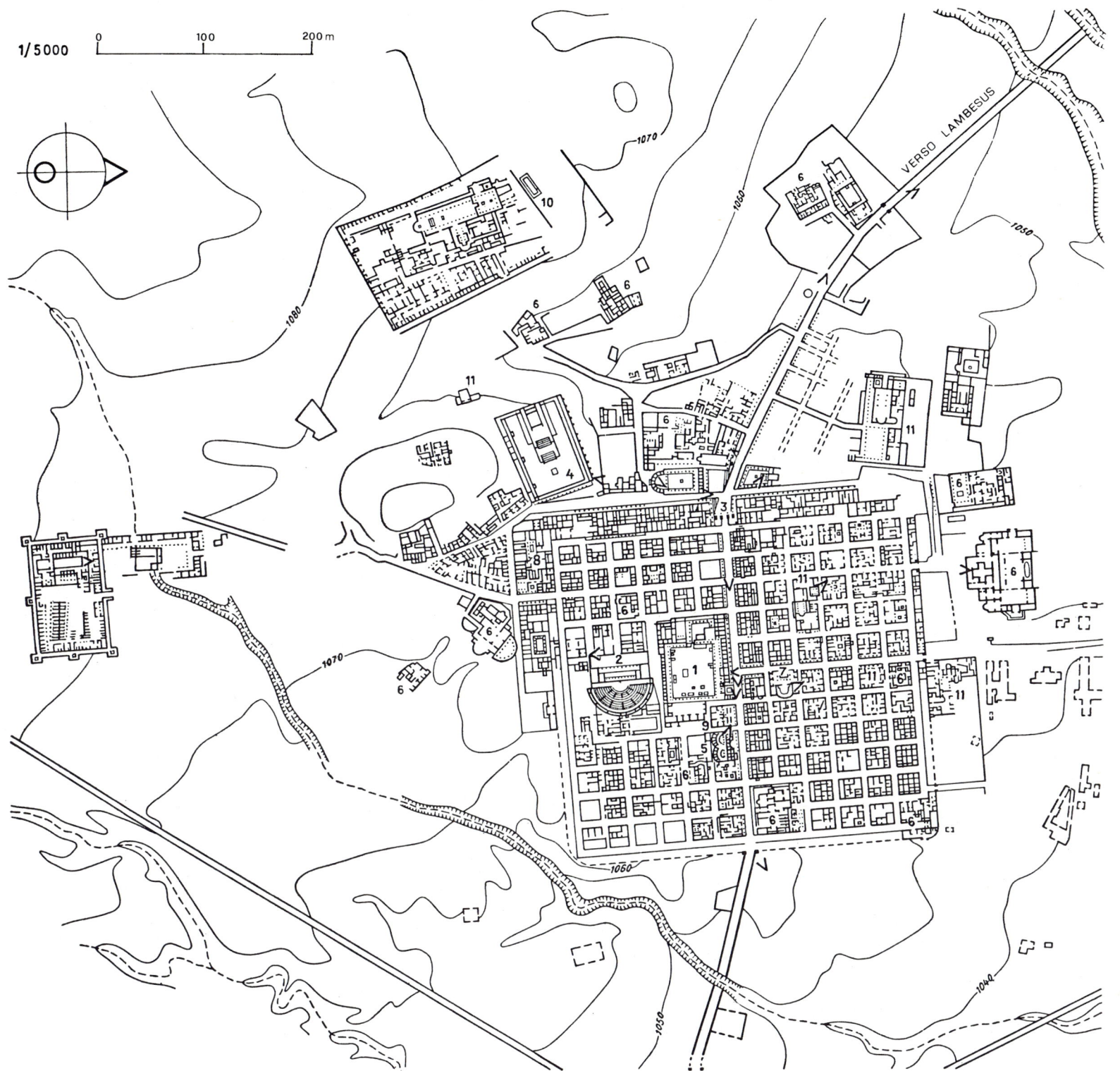

1/5000

VERSO LAMBESUS

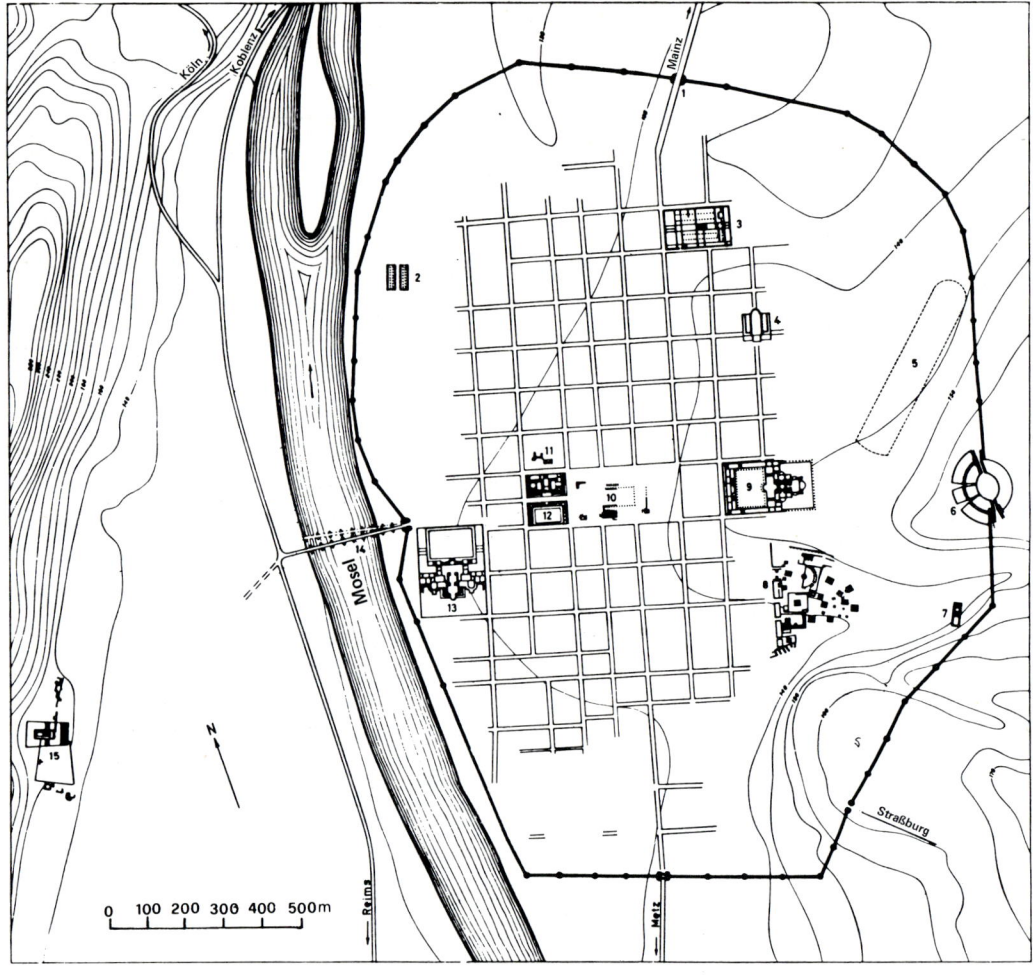

1 Porta Nigra
2 *Horrea*
3 Konstantinskathedrale
4 Basilika
5 Circus Maximus
6 Amphitheater
7 Tempel von Herrenbrunchen
8 Tempelbezirk von Altbach
9 Kaiserthermen
10 Forum
11 Palast des Vittorinus
12 Palast
13 Thermen der hl. Barbara
14 Römische Brücke
15 Heiligtum des Lenus-Mars

Abb. 430–432. Trier, eine der regionalen Hauptstädte der Spätzeit des Römischen Reichs: Plan der Stadt sowie Grundriß und Rekonstruktionszeichnung der Kaiserthermen aus dem 4. Jahrhundert (Nr. 9 auf dem Plan).

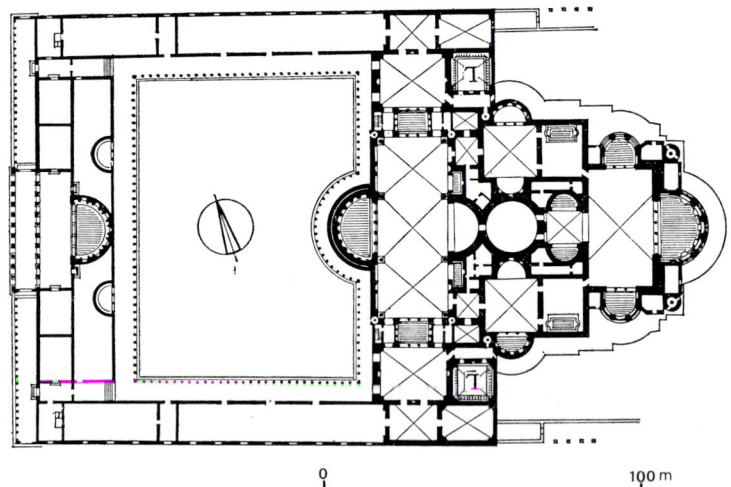

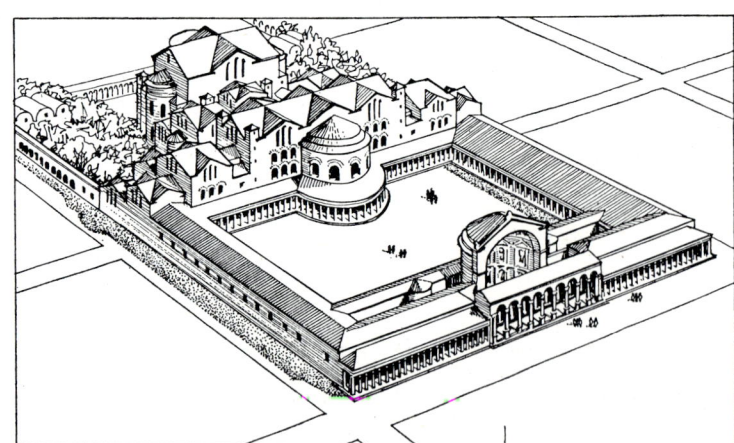

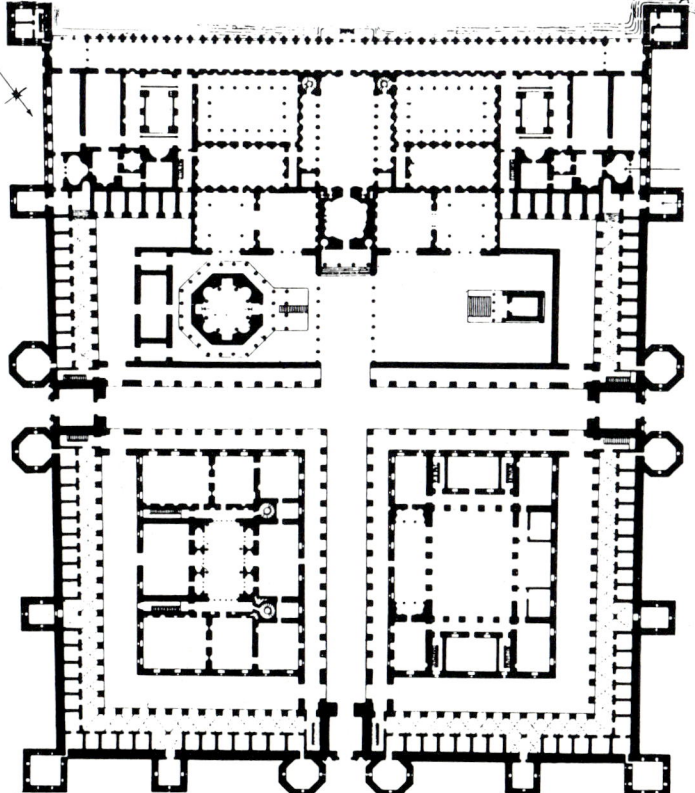

Abb. 433–434. Der Palast des Kaisers Diokletian in Split (ca. 300 n. Chr.).

Gegen Ende des 3. Jahrhunderts endete Roms Rolle als einzige Hauptstadt des Römischen Reiches. Die Tetrarchen, die sich mit Diokletian die Verwaltung des Reiches teilten, residierten in Nikomedia in Bithynien, in Mailand, in Sirmium an der Donau und in Trier am Rhein. Im 4. Jahrhundert verlegte Konstantin die Hauptstadt von Rom nach Byzanz, das in Konstantinopel umbenannt wurde, und gegen Ende desselben Jahrhunderts teilte Theodosius das Reich endgültig in eine westliche und eine östliche Hälfte, deren Hauptstädte Ravenna bzw. Konstantinopel waren.

Wir wollen nun diese beiden letztgenannten Städte betrachten, die sich lange Zeit als Nachfolger Roms behaupten konnten und die die letzten großen städtischen Gebilde der Antike darstellten.

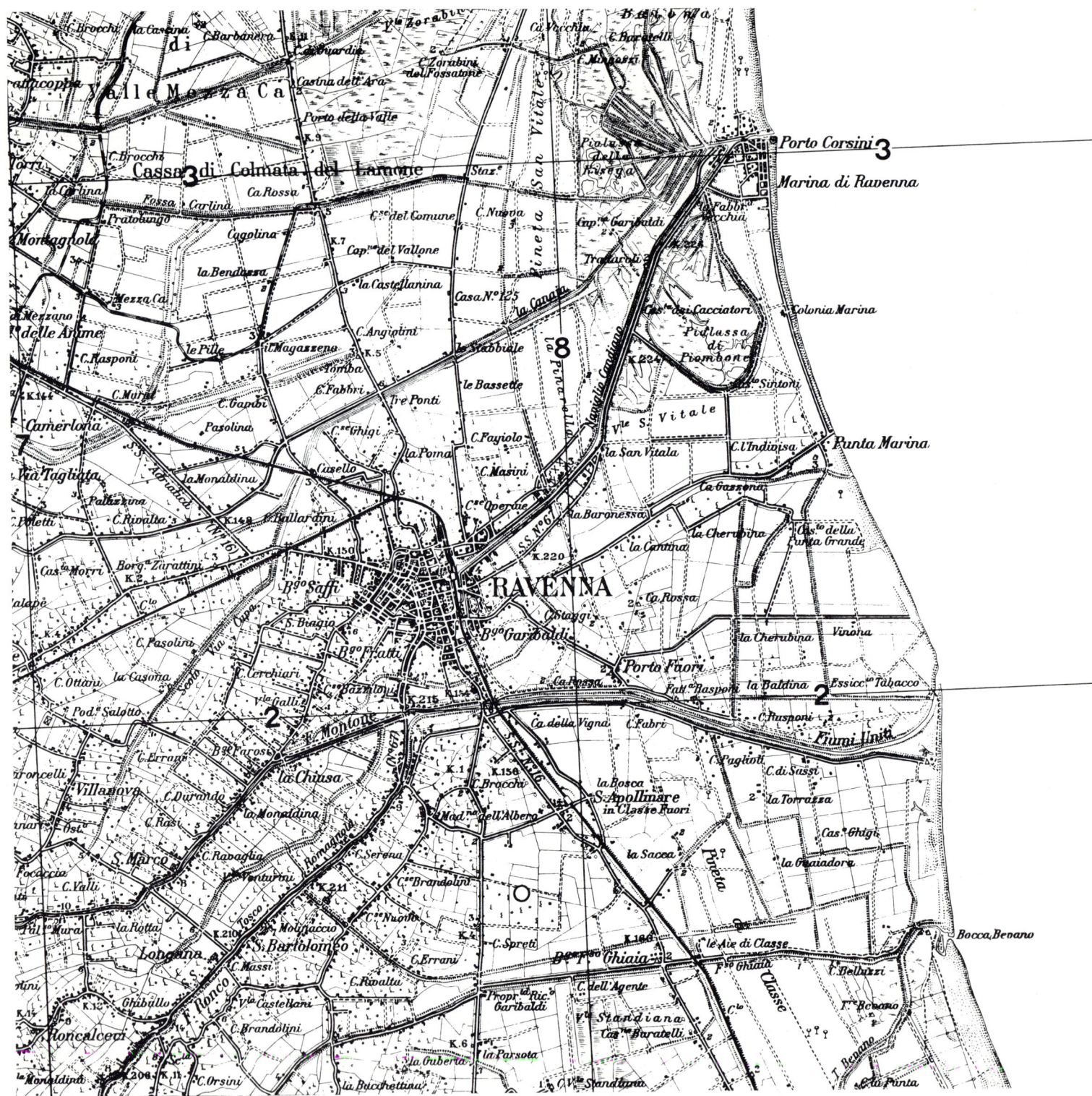

Abb. 435. Die heutige geographische Lage Ravennas (nach der im Maßstab 1:100 000 gehaltenen Italienkarte des militärgeographischen Instituts). Die früher direkt am Meer gelegene Stadt ist heute etwa 8 km von der Küste entfernt. Das gesamte südwestlich liegende Gebiet war früher eine Lagune.

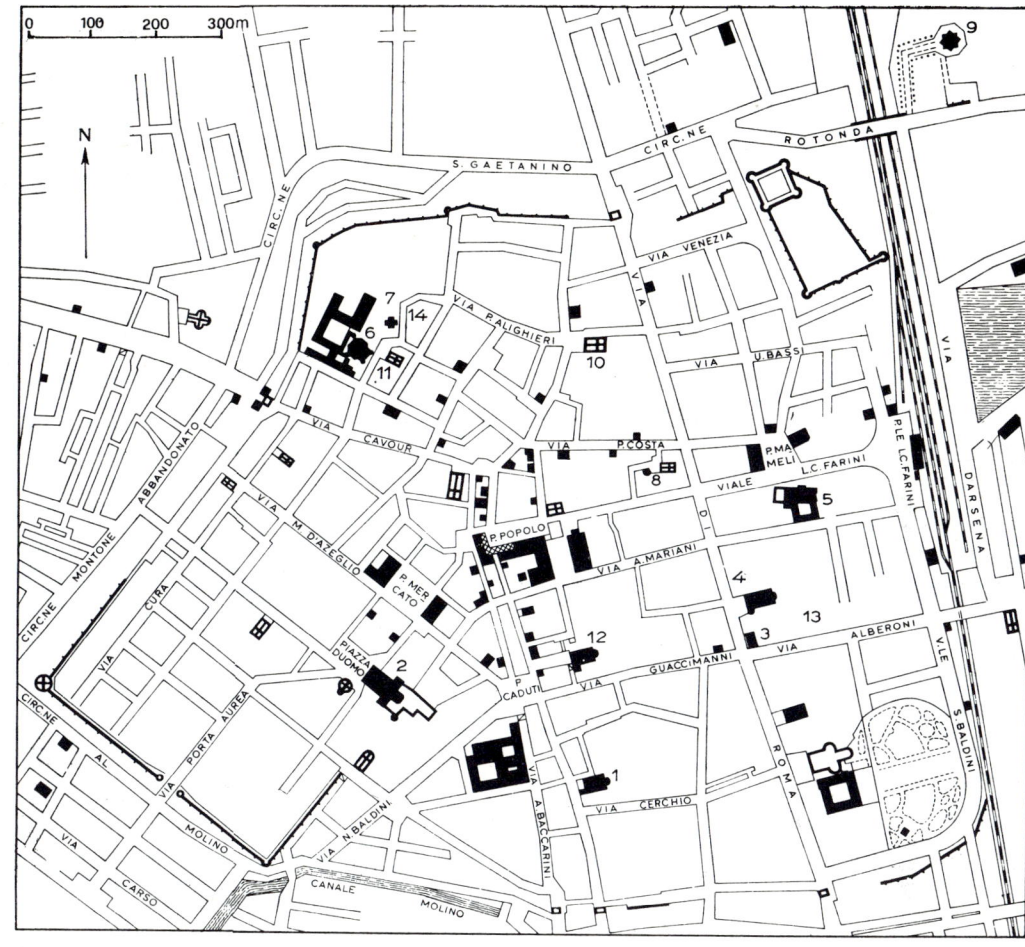

Abb. 436. Stadtplan Ravennas mit den historischen Monumenten.

1 Basilika S. Agatha
2 Dom und erzbischöfliche Kapelle
3 Kirche S. Salvator
4 Basilika S. Apollinare
5 Basilika S. Giovanni Evangelista
6 Basilika S. Vitale
7 Mausoleum der Galla Placidia
8 Baptisterium der Arianer
9 Mausoleum des Theoderich
10 S. Giovanni Baptista
11 S. Maria Maggiore
12 S. Francesco
13 Sog. Palast des Theoderich
14 S. Croce

Ravenna, umgeben von Sümpfen an der Küste der Romagna, war lange Zeit eine zweitrangige römische Stadt. Augustus ließ etwa drei Kilometer von der Stadt entfernt, an der tiefsten Stelle der Lagune, den Militärhafen Classis anlegen. Dadurch erhielt die nach der Landseite hin gut zu verteidigende Stadt auf dem Seeweg Zugang zum gesamten Mittelmeerraum, und aus diesem Grunde bestimmte sie Honorius im Jahre 402 n. Chr. zur neuen Hauptstadt des Weströmischen Reiches. Später wurde Ravenna die Hauptstadt des Ostgotenreiches und der italienischen Provinzen des Byzantinischen Reiches. In dieser Zeit – zwischen dem 4. und dem 6. Jahrhundert – erreichte die Entwicklung Ravennas ihren Höhepunkt. Die Stadtmauern blieben noch bis zum 19. Jahrhundert erhalten (Abb. 435–436). Die kaiserlichen und königlichen Paläste verschwanden schon früher; heute erhalten geblieben sind lediglich die Kirchen S. Apollinare in Classe, S. Apollinare Nuovo, S. Vitale und die beiden Baptisterien – wohl die bedeutendsten Bauwerke der späten Antike in Italien. Von außen machen diese Kirchen einen schlichten Eindruck, innen aber sind sie mit herrlichen Verzierungen und Mosaiken aus farbenprächtigem Marmor versehen; alle baulichen Elemente, Säulen, Wände und Decken, sind derart kunstvoll und aufwendig verkleidet und verziert, daß sie selbst schon Kunstwerke sind (Abb. 440). Das Schicksal Ravennas war mit dem der byzantinischen Herrschaft über Italien verbunden, und so blieb die Stadt später vom historischen Fortschritt ausgeschlossen. Ravenna wurde unter den päpstlichen Regierungen zu einer ruhigen Provinzstadt, die nur noch wegen ihrer ruhmreichen Vergangenheit Beachtung fand. Heute ist Ravenna ein sich ständig weiter entwickelndes Industriezentrum mit modernen Fabrikanlagen, welche die ursprüngliche Sumpflandschaft immer weiter zurückdrängen und die brüchigen Monumente der Vergangenheit umlagern.

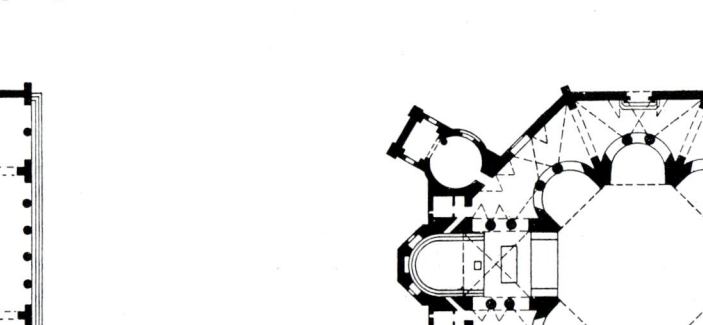

Abb. 437. (unten) **Grundriß der im Jahre 549 eingeweihten Kirche S. Apollinare in Classe in Ravenna (Maßstab 1:800). In dünnen Linien ist unten der im 10. Jahrhundert angefügte runde Glockenturm (Campanile) eingezeichnet.**

Abb. 438–440. Die im Jahre 547 eingeweihte Kirche S. Vitale in Ravenna: Grundriß (ebenfalls im Maßstab 1:800), Außen- und Innenansicht.

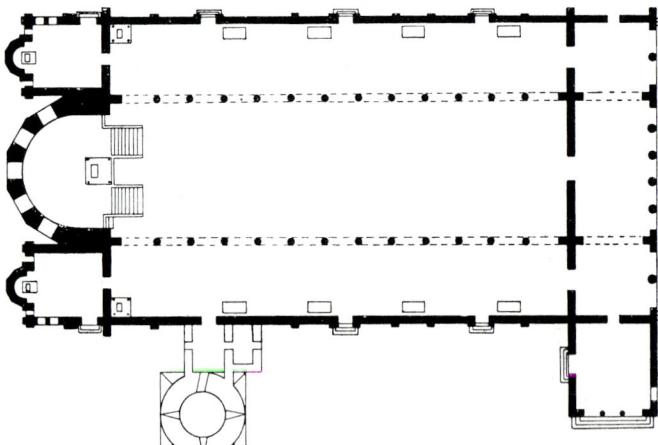

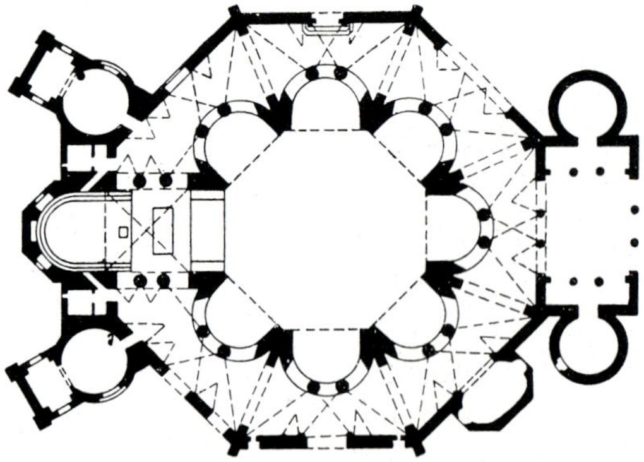

Abb. 441. (auf der gegenüberliegenden Seite) **Das Kapitell einer Säule in der Kirche S. Apollinare in Classe.**

Abb. 442–443. **Der Kaiserpalast und der Hafen Classis (Mosaike in der Basilika S. Apollinare Nuovo).**

Byzanz war bereits vor der Eroberung durch die Römer eine der bedeutendsten und reichsten kolonialen Städte Griechenlands, deren Entwicklung durch die geographische Lage – auf einem den Bosporus, die Meerenge zwischen Mittelmeer und schwarzem Meer, beherrschenden Vorgebirge – außergewöhnlich begünstigt wurde. Zwischen 326 und 330 n. Chr. wurde die Stadt durch Konstantin erheblich verändert. Er ließ neue Stadtmauern bauen, die eine Fläche umfaßten, die viermal so groß war wie die von den alten Mauern umschlossene. Er teilte die Stadt in 14 Bezirke auf, die gleiche Anzahl, in die Augustus einst Rom aufgeteilt hatte. Das Stadtgebiet wurde von Theodosius im Jahre 414 nach Chr. nochmals durch den Bau einer neuen, weiter landeinwärts verlaufenden Stadtmauer vergrößert. So erreichte Konstantinopel eine Ausdehnung von etwa 1400 Hektar und war damit fast genauso groß wie Rom innerhalb der Aurelianischen Mauern. Die damalige Einwohnerzahl Konstantinopels lag bei etwa 500 000 (Abb. 445).

Die von Theodosius errichteten Mauern bilden nach außen bis heute die Stadtgrenze. Das Innere der Stadt jedoch veränderte sich ständig: Konstantin errichtete im antiken Stadtkern die Akropolis, den Kaiserpalast und ein Hippodrom (entsprechend dem Kapitol, dem Palatin und dem Circus Maximus in Rom) und er eröffnete ein Forum zwischen der alten und der neuen Stadt. Theodosius richtete in den Wohnvierteln ein größeres Forum ein und baute den Hafen aus. Justinian baute nach dem Brand im Jahre 532 den Palast wieder auf und ließ in dessen Nachbarschaft die Hagia Sophia vollenden, in deren Baustil sich zum ersten Mal die künstlerischen Erfahrungen des gesamten Mittelmeerraums vereinigten (Abb. 446–452 und 454–455). Das System der gewölbten Decken und der aus den erlesensten Materialien – Metall, Marmor und Glasmosaiken – gefertigten Verkleidungen und Verzierungen erreichte eine bis dahin unbekannte Formvollendung, die sich deutlich von den antiken Vorstellungen abhob. Der Bau dieser Kirche markierte den Beginn einer neuen Phase in der byzantinischen, arabischen und persischen Architektur, deren Einfluß bis heute im ganzen Orient nachwirkt. Am äußersten Stadtrand, dort, wo sich das Grab Konstantins befindet, ließ Justinian eine andere berühmte Kirche erbauen: die später zerstörte Kirche der Heiligen Apostel, die als Vorbild für den Markusdom in Venedig gedient hat.

Um diese Bauwerke herum war die Stadt – soweit sich das heute noch rekonstruieren läßt – in etwa demselben Maße und auch in derselben chaotischen Art und Weise gewachsen wie Rom. Ein Gesetz aus dem Jahre 476 schrieb für alle neu angelegten Straßen eine Mindestbreite von 3,50 Metern vor. Es gab nur wenige etwas größere Hauptstraßen: zwei parallel zur Küste und eine, die in Form eines Y den Bergrücken entlangführte. Die Wasserversorgung erfolgte über mehrere Wasserleitungen, die zum großen Teil zum Schutz vor feindlichen Angriffen unterir-

Abb. 444–445. Konstantinopel: Personifizierung der Stadt auf einer Münze Konstantins II. und Plan der Stadt mit der Aufteilung in 14 Bezirke.

disch verliefen; das Wasser wurde in ebenfalls unterirdisch angelegten oder zumindest abgedeckten Vorratsbecken gespeichert.

Konstantinopel blieb bis zum 15. Jahrhundert die Hauptstadt des östlichen Reiches. Die Kreuzfahrer, die es im Jahre 1204 plünderten, waren überrascht, auf eine Stadt zu stoßen, die größer und reicher war als jede andere Stadt Europas. Im Jahre 1435 haben die Türken Konstantinopel erobert, es in Istanbul umgetauft und zur Hauptstadt ihres Reiches gemacht. Istanbul ist bis heute eine der bedeutendsten Städte des Orients geblieben.

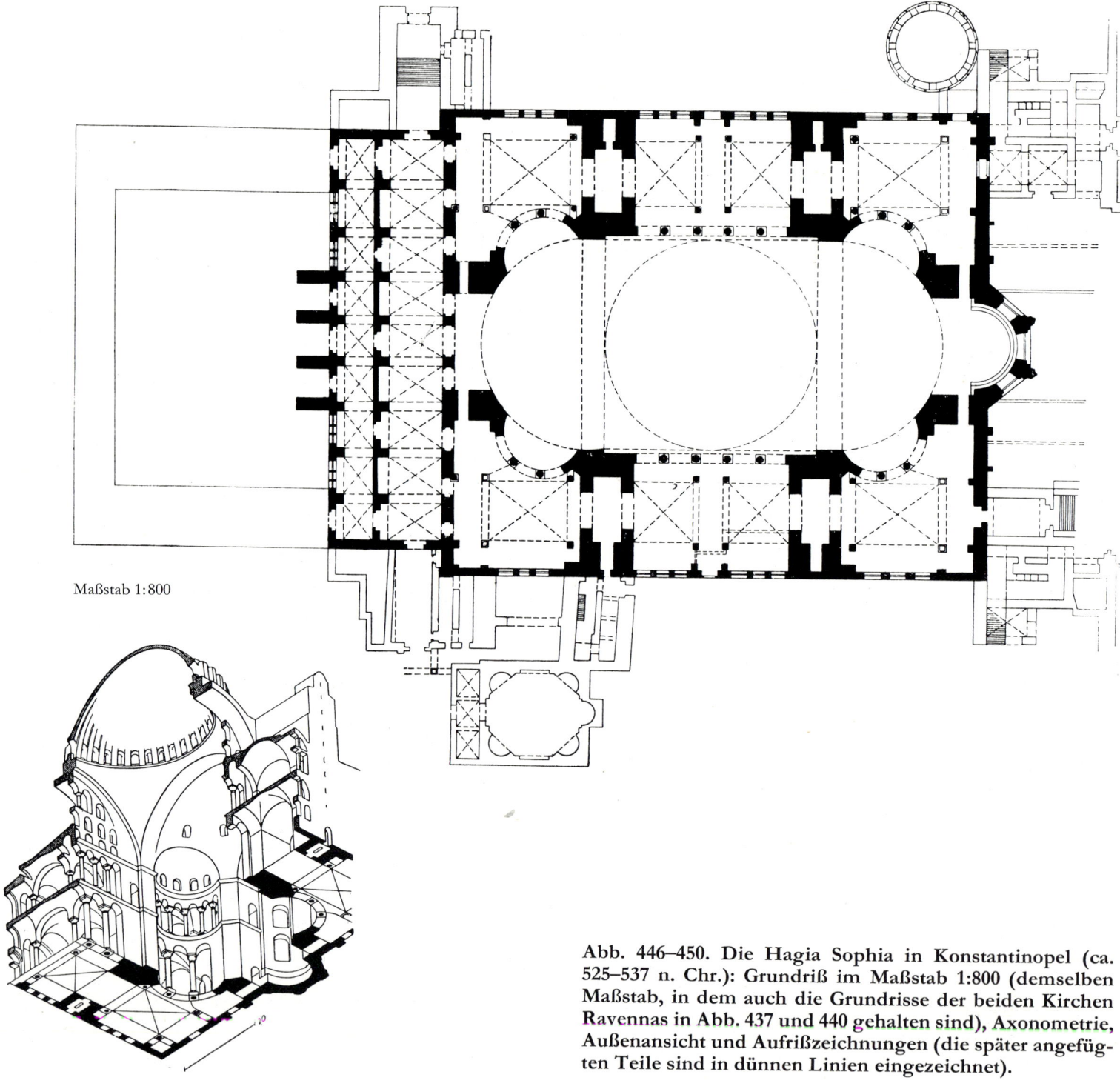

Maßstab 1:800

Abb. 446–450. Die Hagia Sophia in Konstantinopel (ca. 525–537 n. Chr.): Grundriß im Maßstab 1:800 (demselben Maßstab, in dem auch die Grundrisse der beiden Kirchen Ravennas in Abb. 437 und 440 gehalten sind), Axonometrie, Außenansicht und Aufrißzeichnungen (die später angefügten Teile sind in dünnen Linien eingezeichnet).

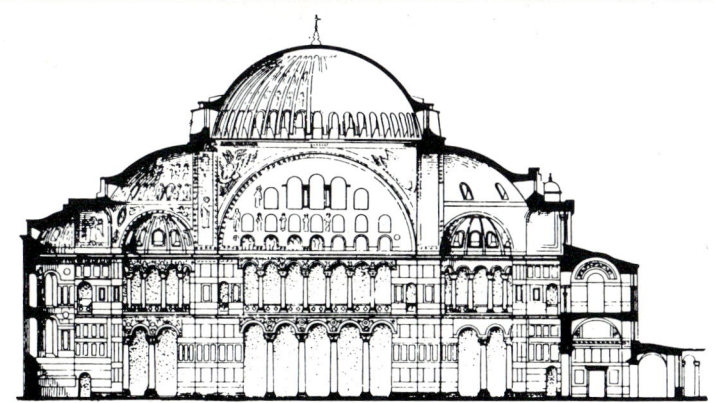

Abb. 451–452. Die Kuppel der Hagia Sophia, die im Jahre 558 einstürzte und 562 rekonstruiert wurde.

Abb. 453. Der Kaiser von Byzanz in einer Darstellung in der »Cosmographia« von Sebastian Münster (1543).

Abb. 454–455. Die Hagia Sophia in Konstantinopel: Detail im Innern der Kirche und die große Halle nach ihrer Umwandlung in eine Moschee (Lithographie aus dem Jahre 1852).

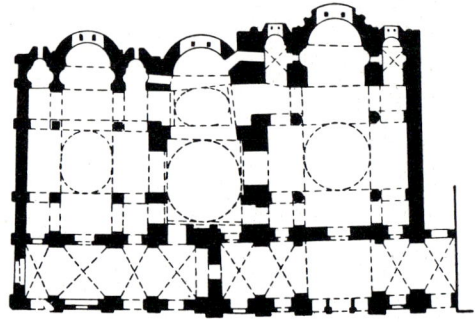

Abb. 456–458. Der im 12. Jahrhundert erbaute religiöse Komplex des Pantokrator: Rückansicht, Grundriß und Längsschnitt (Maßstab 1:800).

Abb. 459. Der Komplex des Pantokrator in seinem heutigen Zustand inmitten eines heruntergekommenen Stadtteils in Istanbul.

Abb. 460–461. (auf den beiden folgenden Seiten) **Zwei Ansichten von Konstantinopel am Ende der römischen Ära in einer Darstellung der »Weltchronik« von H. Schedel (1493).**

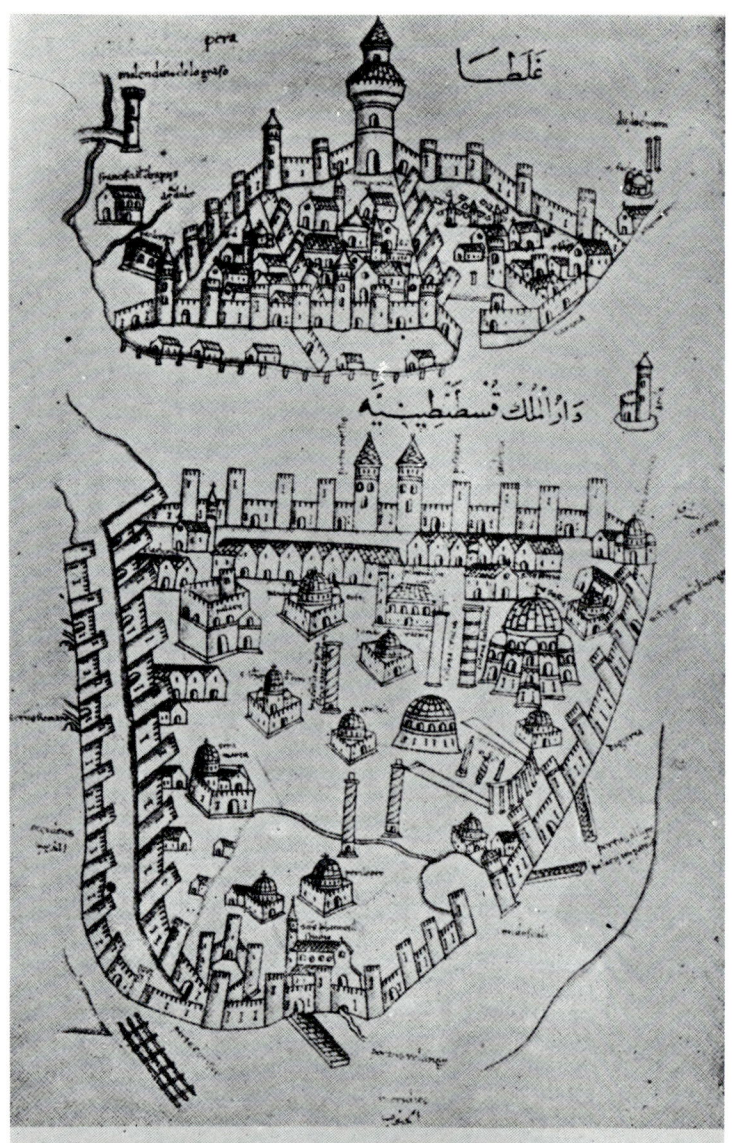

1144. – COSTANTINOPOLI. *Veduta dall'Isolario di C. Buondelmonti,*
Cod. Parigi Naz. 2397 (da Schneider)

1. Seraglio Magni Sultani Residentia. 2. Cancellaria Imperat.
mitura equestris. 5. Turris carceris Pera. 6. Ibrahim Bassa Palat. 7.
Mosche Sultani Bajazethis. 9. Fortalitii in quo Conjuges Cæsaris inc
11. Sultani Machometis Moschea. 12. Moschea Machometis Baschæ.
schea. 14. Moschea Sultani Selimi. 15. Palatiü Admiralitatis. 16.
Palatii Constantini in quo Sultani Elephantes aluntur. 18. Turri
Castellü Constantini. 20. Templ. Jacobi. 21. Trajectus Maris. 22.
Templ. S. Galatiü.

F.B. Werner del.

Abb. 462. Konstantinopel im 15. Jahrhundert (aus dem
»Buch der Inseln« von C. Buondelmonti).

Abb. 463. Konstantinopel im 18. Jahrhundert. Die Hagia
Sophia (Nr. 3) hat in dieser Darstellung eine recht eigenwil-
lige Form angenommen.

Galata

Templ. Sophiæ. 4. Do-
cer Septe Turrium. 8.
10. Moschea Solimani
ultani Mehemetis Mo-
ta Constantini. 17. Pars
isity horty Cypressor. 19.
ituum Constantini. 23.

1. das grosse Seraglio u. Pallast des Groß Sultan. 2. Kaÿsrl. Canzley. 3. Sophien Kirch. 4. die
Reitschulen. 5. Gefängnus thurn zu Pera. 6. Ibrahim Pasta Pallast. 7. Gefängnus der 7. thürne. 8. Sultan
Bajazeth Mosche. 9. Cittadell darin die Weiber des Sultans. 10. Solimans Mosche. 11. Sultan Mahomets
Mosche. 12. Mahomets Bascha Mosche. 13. Sultan Mehemets Mosche. 14. Sultan Selims Mosche. 15. Admirali-
täts Pallast. 16. Constantini Pforten. 17. theil des Constantinischen Pallast darin des Sultans Elephanten
stehen. 18. auf thürne gebaute Enpressen Garten. 19. Constantini Cittadeli. 20. Jacobs Kirchen. 21. die über-
fahrt. 22. Constantini Pallast. 23. S. Salvini Kirch.

. Gläßer. fec.   C. P. S. C. Maÿ.   Mart. Engelbrecht excud. A. V.

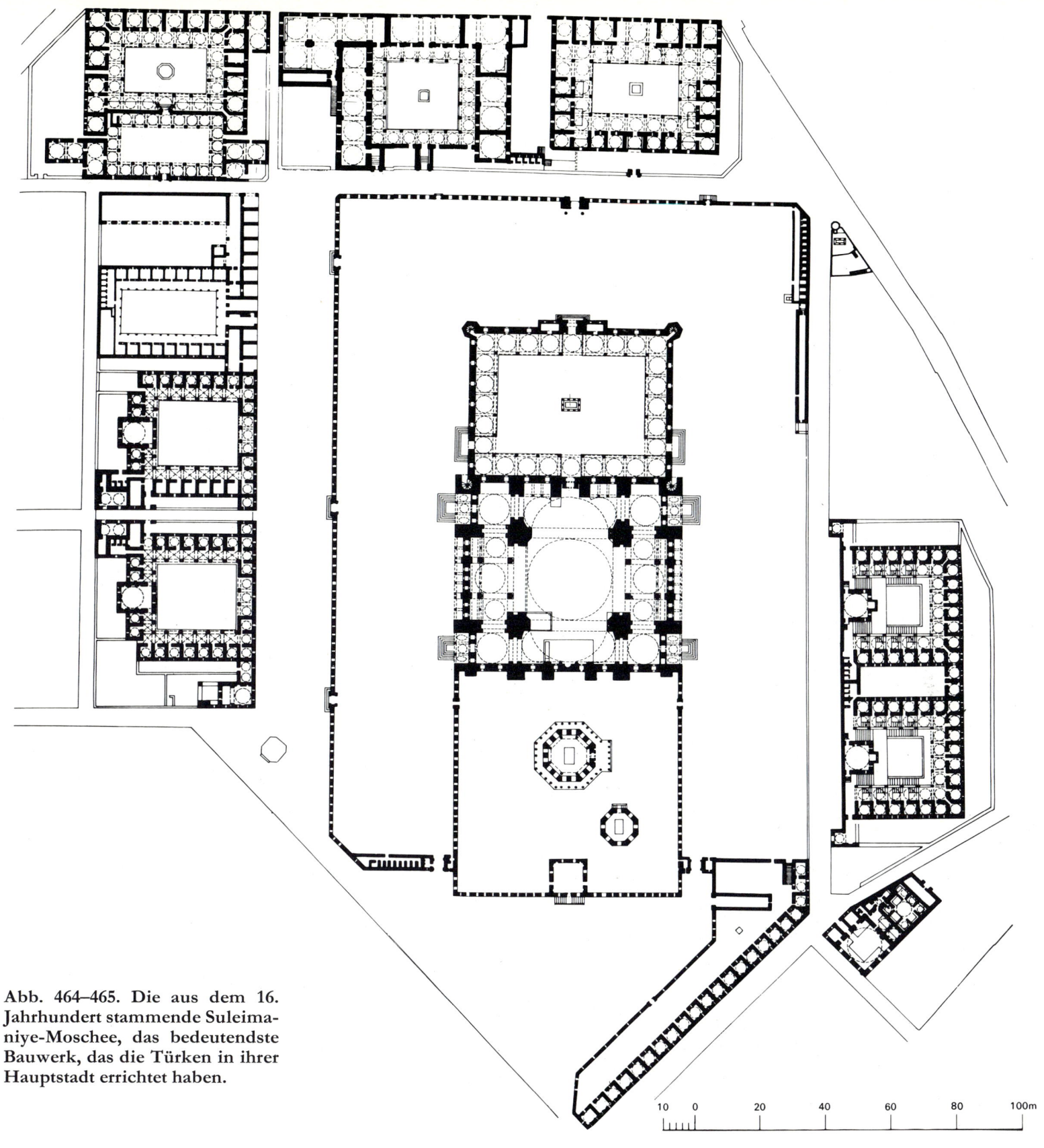

Abb. 464–465. Die aus dem 16. Jahrhundert stammende Suleima-niye-Moschee, das bedeutendste Bauwerk, das die Türken in ihrer Hauptstadt errichtet haben.

10 0   20   40   60   80   100m

CONSTANTINOPEL

Abb. 466 (links) Plan von Konstantinopel (1453 von den Türken in Istanbul umbenannt) aus dem 19. Jahrhundert.

Abb. 467. (oben) Eine aus dem 19. Jahrhundert stammende Ansicht des Bosporus mit dem von den Moscheen und vom Palast des Sultans beherrschten Vorgebirge.

Abb. 468. (auf der folgenden Seite) Das hinter den Dardanellen und dem Marmara-Meer gelegene Konstantinopel in einem Stich aus dem Jahre 1705.

6. Die islamischen Städte

Nach dem Niedergang des Römischen Reiches wurde die Einheit des Mittelmeerraums durch das Vordringen der islamischen Kultur weitgehend zerstört.

Die Araber landeten etwa ab der zweiten Hälfte des 7. Jahrhunderts an den Küsten der Mittelmeerländer. Sie eroberten zunächst die stark urbanisierten Gebiete im hellenistischen Orient und besetzten die bereits existierenden Städte Alexandria, Antiochia, Damaskus und Jerusalem und veränderten sie entsprechend ihren Vorstellungen und Ansprüchen: Damaskus wurde von den Kalifen der Omaijaden (660 bis 750 nach Chr.) zur Hauptstadt ihres Reiches gemacht und im Heiligen Bereich der Stadt wurden die ersten Moscheen errichtet (Abb. 469–471).

Später zogen es die Araber vor, in den im Osten und Westen eroberten Gebieten Städte neu zu gründen. Auf diese Weise entstanden Kairuan in Tunesien im Jahre 670, Shiraz in Persien 674, Bagdad, die neue Hauptstadt der Kalifen der Abbasiden, in Mesopotamien 762, Fez in Marokko 808, Kairo in Ägypten 969. Nachdem sie im Jahre 711 in Spanien eingedrungen waren und 827 in Sizilien, erklärten sie Cordoba in Spanien und Palermo in Sizilien – bis dahin zweitrangige Städte – zu Hauptstädten und machten sie zu großen Metropolen mit jeweils mehreren hunderttausend Einwohnern.

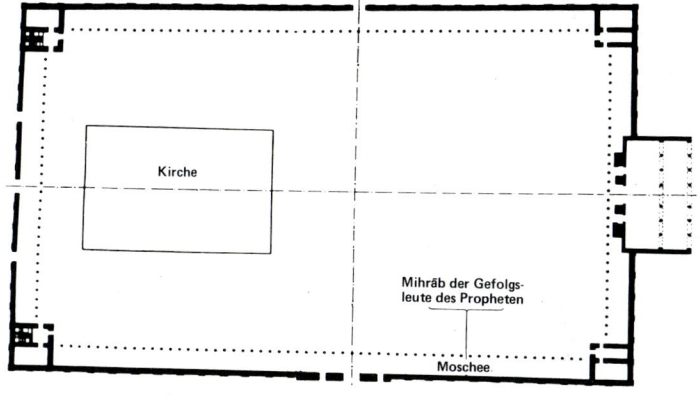

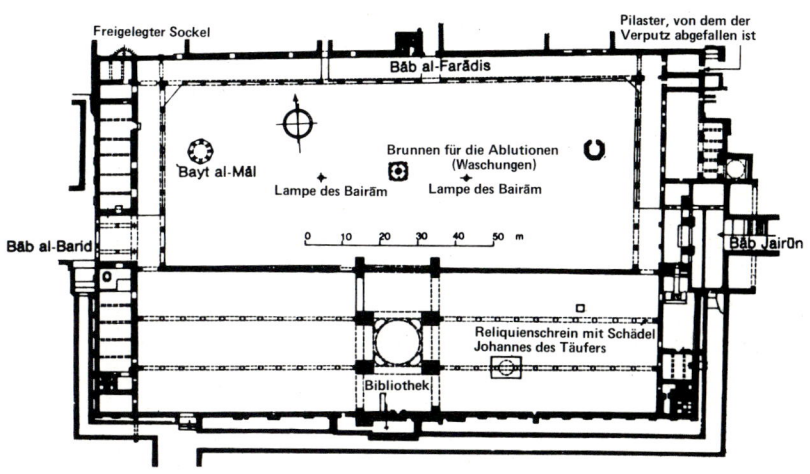

Abb. 469–470. Die große Moschee in Damaskus: der ursprüngliche heilige Bezirk, in dem sowohl eine Kirche als auch eine Moschee Platz fanden; (unten) die Heilige Stätte, mit deren Bau 705 n. Chr. begonnen wurde.

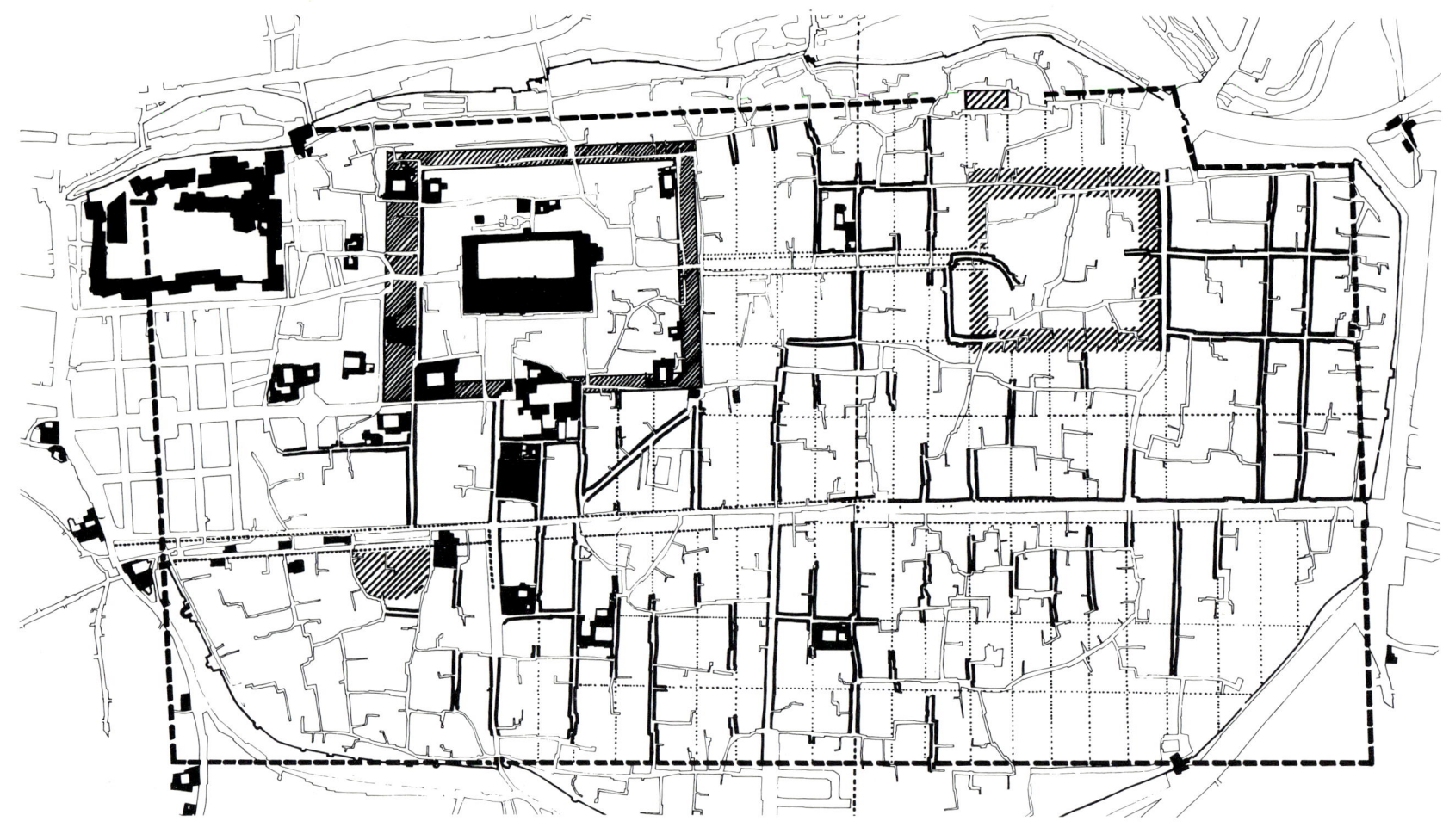

Abb. 471. Das Stadtzentrum von Damaskus mit der Großen Moschee: Die Anlage der arabischen Stadt zerstörte die ursprüngliche Hippodamische Struktur der aus der hellenistischen Epoche stammenden Stadt. (Die arabischen Bauwerke sind schwarz, die früheren hellenistischen Bauwerke schraffiert eingezeichnet.)

Die Reihe der von den Arabern umgestalteten oder neugegründeten Städte reichte vom Atlantik bis nach Indien. Diese
Städte waren sich untereinander sehr ähnlich, und ihre ursprünglichen Strukturen haben sich bis in die heutige Zeit erhalten. Sie
bewahrten ein Merkmal, das schon für die Städte der Antike
charakteristisch war: Alle Bauten – Häuser, Paläste und öffentliche Gebäude – waren um einen offenen Innenhof herum angelegt und ihre Vorderseite lag nicht zur Straße, sondern zu diesem
Innenhof hin. Die Plätze – die *agorá,* Foren und Märkte – können
in diesem Zusammenhang als große Höfe gelten, mit denen sie
mehr Gemeinsamkeiten haben als mit den Straßen, die kaum
mehr waren als enge Korridore für Fußgänger und Karren. Die
großen, von Säulengängen gesäumten Straßen der hellenistischen Städte bilden hier eine Ausnahme und sind eher verlänger-
ten Plätzen vergleichbar. Von diesen Gemeinsamkeiten abgesehen unterschieden sich die islamischen Städte doch wesentlich
von ihren Vorgängern:

1. Die Schlichtheit des neuen kulturellen Systems, vollständig
durch den Koran bestimmt, führte zu einer allgemeinen Be-
schränkung der sozialen Kontakte. Aus diesem Grunde fehlte
den arabischen Städten die Vielfalt der griechischen und römischen Städte. Es gab in ihnen keine Foren, Basiliken, Theater,
Amphitheater, Stadien oder Gymnasien, sondern nur private
Wohnhäuser und Paläste und zwei Arten öffentlicher Gebäude:

a) Bäder zur Reinigung des Körpers, die den antiken Thermen
entsprachen;

b) Moscheen für den religiösen Kult, für die es in der Antike
keine Entsprechung gab. Sie hatten weder Ähnlichkeit mit den
heidnischen Tempeln, die der Öffentlichkeit nicht zugänglich
waren und die man nur von außen betrachten konnte, noch mit
den christlichen Kirchen, in denen alle Gläubigen an einer gemeinsamen Zeremonie teilnahmen. Die Moscheen bestanden aus
großen, von Säulengängen eingefaßten Innenhöfen, wobei einer
dieser Säulengänge etwas tiefer lag als die anderen und mit
mehreren Säulenreihen versehen war, zwischen denen die Gläubigen Gelegenheit zum individuellen oder gemeinsamen Gebet
hatten.

2. Das Prinzip der Regelmäßigkeit, das die Anlage der hellenistischen und der römischen Städte kennzeichnete, wurde vollständig aufgegeben. Es existierte auch keine Stadtverwaltung
mehr, die ein solches Prinzip hätte durchsetzen können. Der
Islam betonte den privaten Charakter des Familienlebens, von
dem möglichst nichts nach außen dringen sollte. Die Häuser
hatten fast ausschließlich nur ein Geschoß, wie es der Islam
vorschreibt, und sie waren so gebaut, daß man von außen ihre
genaue Form und Ausstattung nicht erkennen konnte. Die Straßen waren schmal, nur sieben Fuß breit, wie es eine von Moham-
med aufgestellte Regel verlangt, und bildeten ein Labyrinth von
gewundenen Gassen und Passagen, die zu den Eingangstüren der

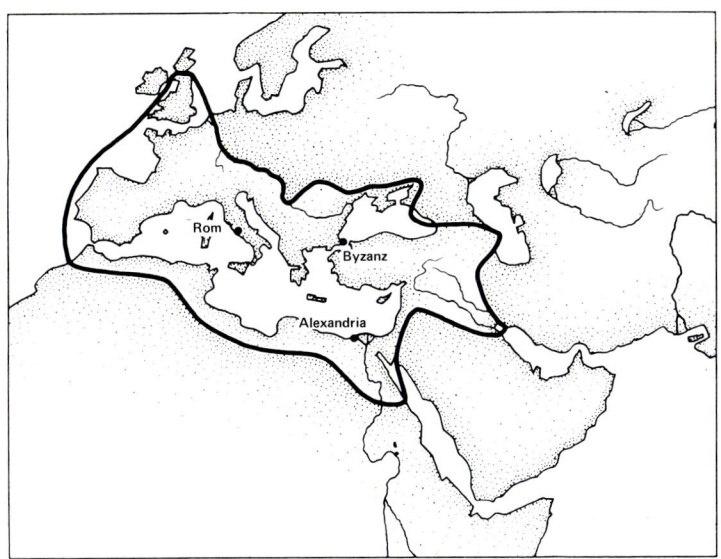

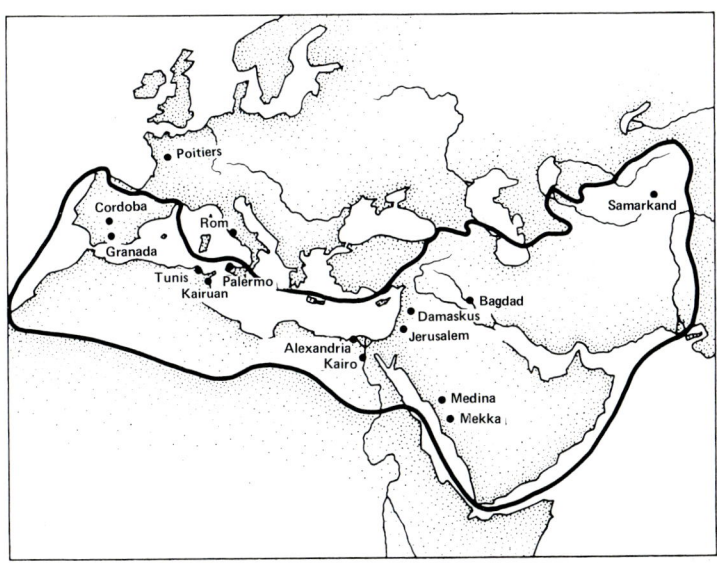

**Abb. 472–473. Das Römische Reich, das alle Mittelmeerlän-
der umfaßte, und der Herrschaftsbereich der Araber, der den
Mittelmeerraum in zwei Teile teilte.**

Abb. 474–475. Kairo. Zeichnung aus dem 17. Jahrhundert und ein von den Franzosen während des Napoleonischen Feldzugs im 18. Jahrhundert entworfener Stadtplan.

Abb. 476. (auf der gegenüberliegenden Seite) Die Kasbah von Algier, nach einem von den Franzosen im Jahre 1830 nach der Einnahme der Stadt angefertigten Modell.

einzelnen Häuser führten. Es war äußerst schwierig, sich in diesem Gewirr zu orientieren, und nahezu unmöglich, sich einen allgemeinen Überblick über den Verlauf der Gassen und die Form des Stadtteils zu verschaffen. Auch die Geschäfte der Händler waren nicht um einen Platz herum gruppiert; sie lagen aneinandergereiht in einer oder in mehreren der oft auch überdachten Straßen und bildeten auf diese Weise den Basar. Gegenüber diesen unregelmäßig angelegten Stadtvierteln wirkten im Kontrast dazu die großen, rechtwinklig angelegten Höfe der Moscheen besonders eindrucksvoll.

3. Die Stadt wurde zu einem von einem Mauerring umschlossenen Organismus, der oft noch durch innere Mauern in verschiedene Bezirke aufgeteilt war. Der innerste dieser Bezirke wurde *medina* genannt. Jede ethnische oder religiöse Gruppe lebte in einem eigenen Stadtteil, und der Statthalter residierte in einem etwas außerhalb gelegenen, vor Unruhen und Aufständen geschützten Bezirk *(maghzen)*. Das Stadttor *(bab)* bestand oft aus einer monumentalen und komplexen Anlage, mit einem äußeren Tor, einem oder mehreren Zwischenhöfen und einem inneren Tor. Vielfach dienten diese Höfe der ganzen Stadt auch als eine Art Vestibül, weil hinter dem Stadttor sofort das Gewirr der engen Straßen und Gassen begann, indem es keine freien Plätze mehr gab, auf denen man hätte verweilen oder sich mit anderen Menschen treffen können.

4. Durch die religiösen Vorschriften war jegliche Nachbildung der menschlichen Gestalt verboten. Die Entwicklung der Bildhauerei und Malerei kam deshalb zum Stillstand. Stattdessen benutzte man abstrakte Dekorationen mit geometrischen Figuren und Schriftzeichen, die direkt in die architektonische Gestaltung der Bauwerke einbezogen wurden. Diese Motive waren mit einer bemerkenswerten Einheitlichkeit in der gesamten islamischen Welt verbreitet (Abb. 513–514).

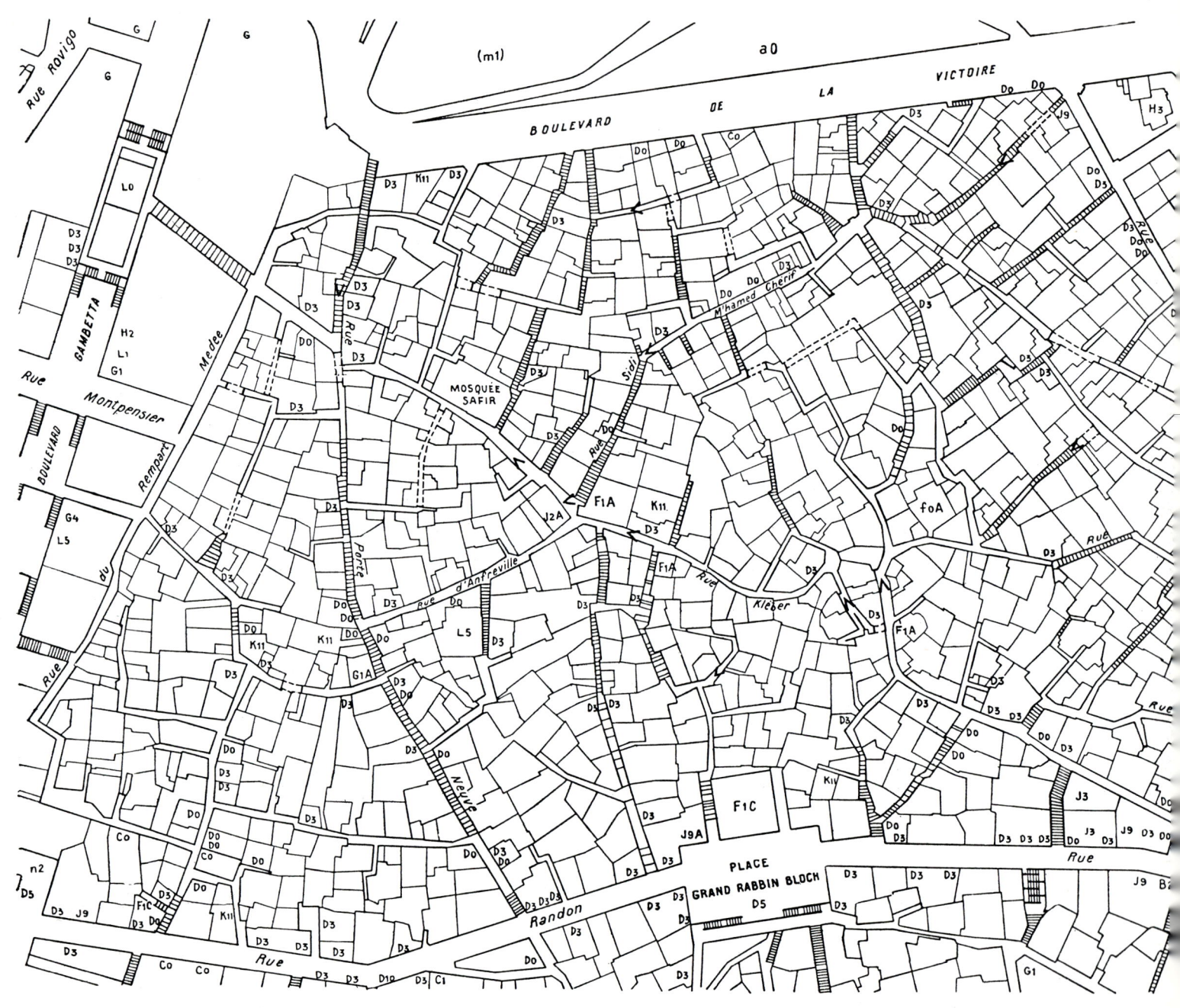

Abb. 477. Die heutige Kasbah von Algier, umschlossen von den breiten Straßen der europäisierten Stadt.

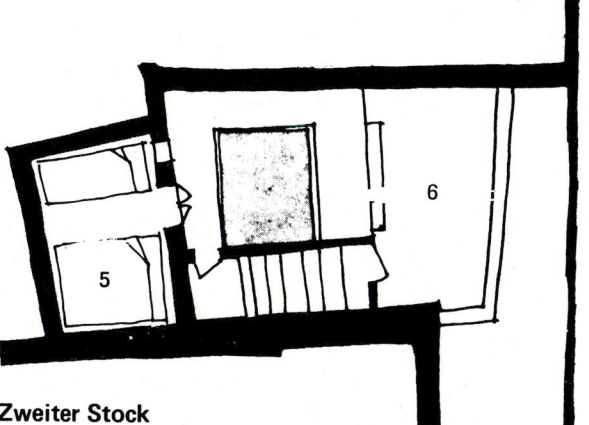

Zweiter Stock

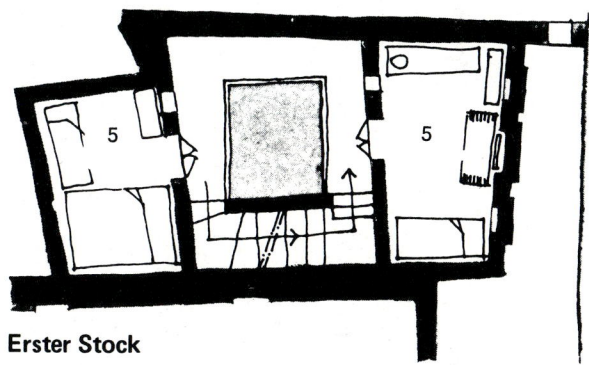

Erster Stock

Maßstab 1 : 100

Abb. 478–480. Grundrisse eines Hauses (Rue Kherredin 5) in der Kasbah.

1 Eingang; 2 Hof; 3 Küche; 4 Latrine; 5 Schlafzimmer; 6 Terrasse.

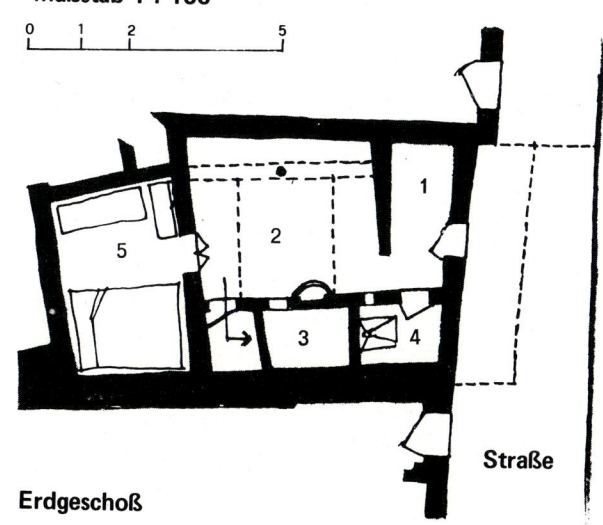

Straße

Erdgeschoß

Abb. 481. Ein Stadtteil von Tripolis aus der Vogelperspektive: jedes Haus hat einen eigenen, mehr oder weniger großen Hof, und die Häuser sind zum Hof hin offener als zur Straße.

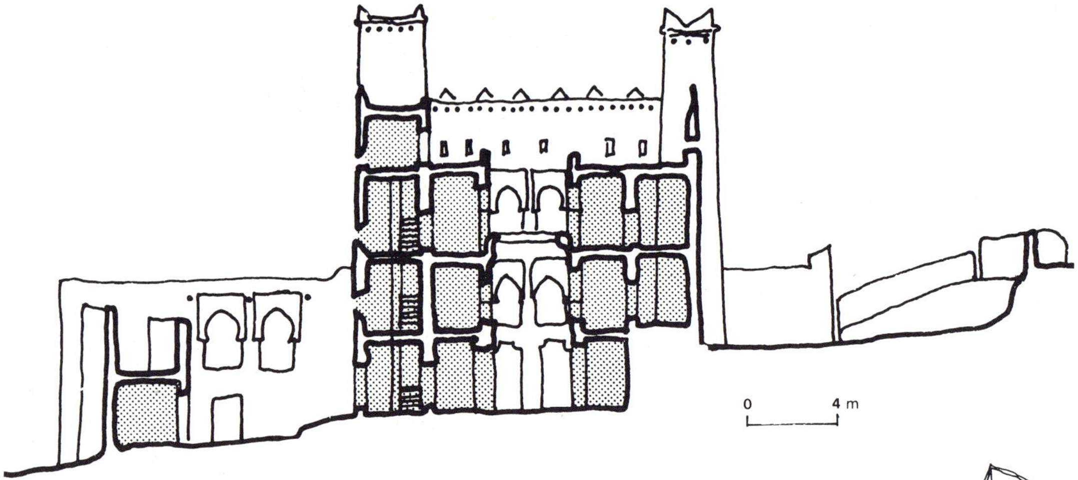

0   4 m

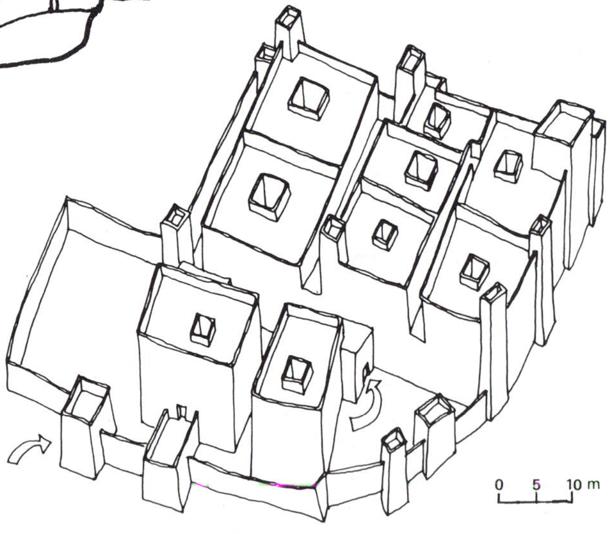

0 5 10 m

Abb. 482–483. In Häusern wie den marokkanischen *Ksar* sind die Innenhöfe außerordentlich eng und tief.

morgens

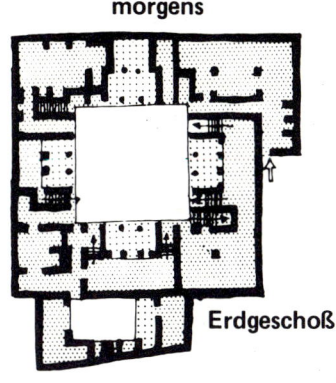

Erdgeschoß

nachmittags

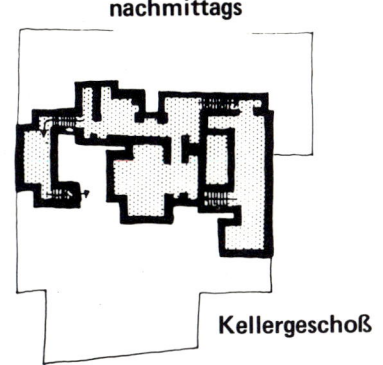

Kellergeschoß

Abb. 484–488. Die einzelnen Räume dieses Haustyps sind so um den Hof gruppiert, daß sie je nach Tages- und Jahreszeit zu verschiedenen Zwecken genutzt werden können (die Zeichnungen zeigen ein Haus in Bagdad).

abends

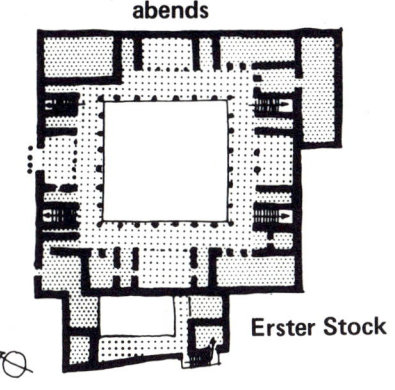

Erster Stock

N

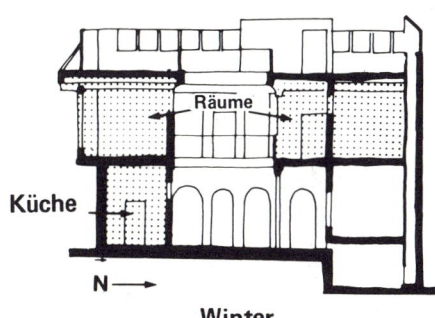

Räume

Küche

N→

Winter

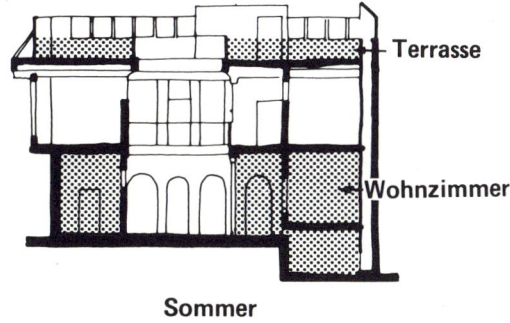

Terrasse

Wohnzimmer

Sommer

Abb. 489–492. (rechts) Die Höfe, die Räume und die auf verschiedenen Ebenen verlaufenden Säulengänge sind so angelegt, daß das äußerst heiße Klima durch die natürliche Luftzirkulation gemildert wird (dieser Haustyp ist in allen wüstennahen Gebieten zwischen Afghanistan und Marokko verbreitet).

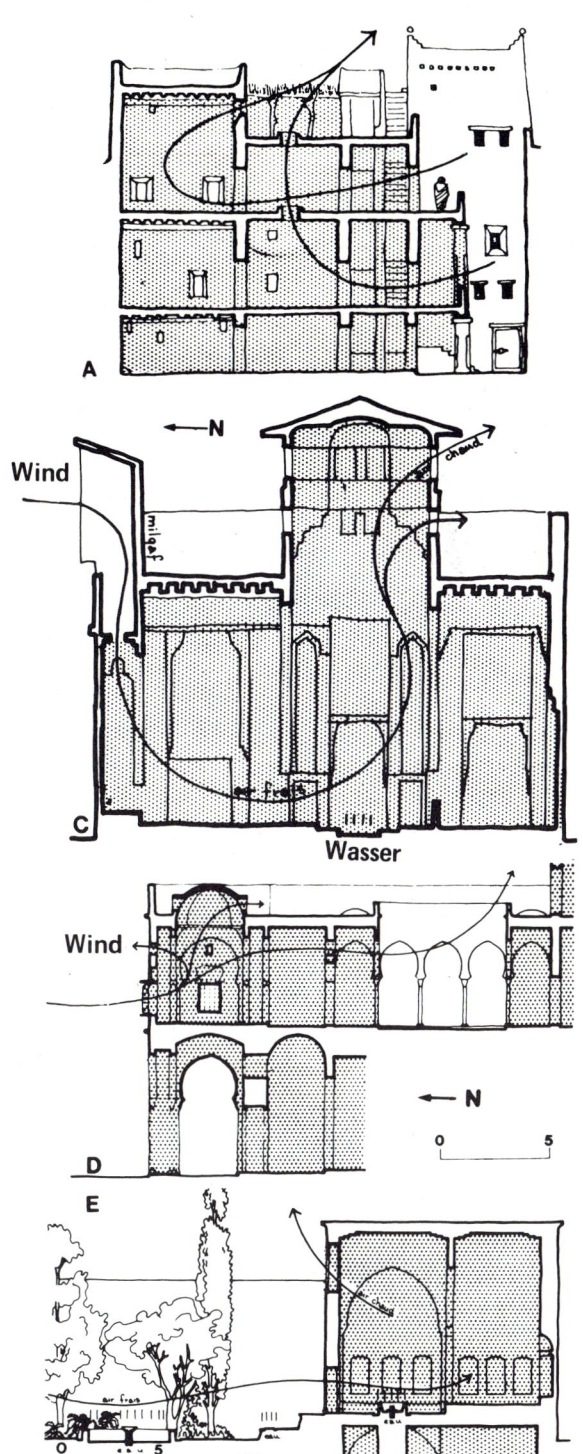

A

←N

Wind

C

Wasser

Wind

←N

0   5

D

E

Wasser

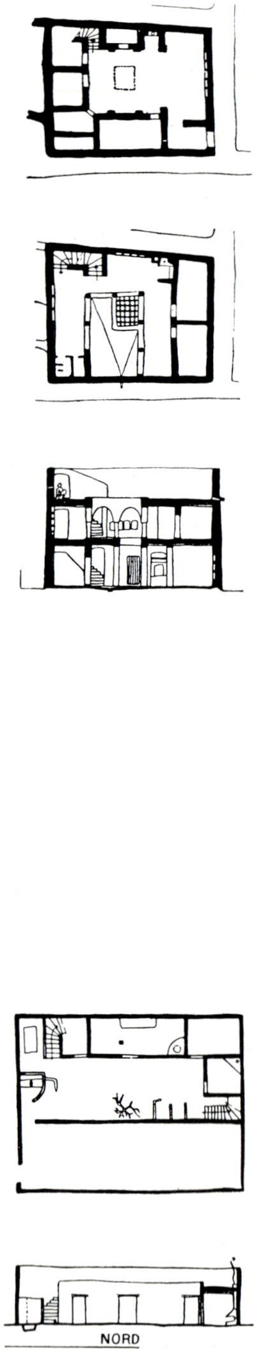

Maßstab 1:5000

Maßstab 1:500

Abb. 493–495. Die 1035 gegründete Stadt Gardaia in Algerien: Plan, Luftaufnahme und Skizzen eines einstöckigen und eines zweistöckigen Hauses. Im Zentrum der Stadt befindet sich die Moschee mit einem hohen Minarett (die genaue Lage der Moschee ist auf dem Stadt-Plan mit einem Stern gekennzeichnet).

Abb. 496. (auf den beiden folgenden Seiten) Plan des arabischen Teils von Tunis, umgeben von den Stadtteilen der französischen Kolonisatoren (Maßstab 1:10000).

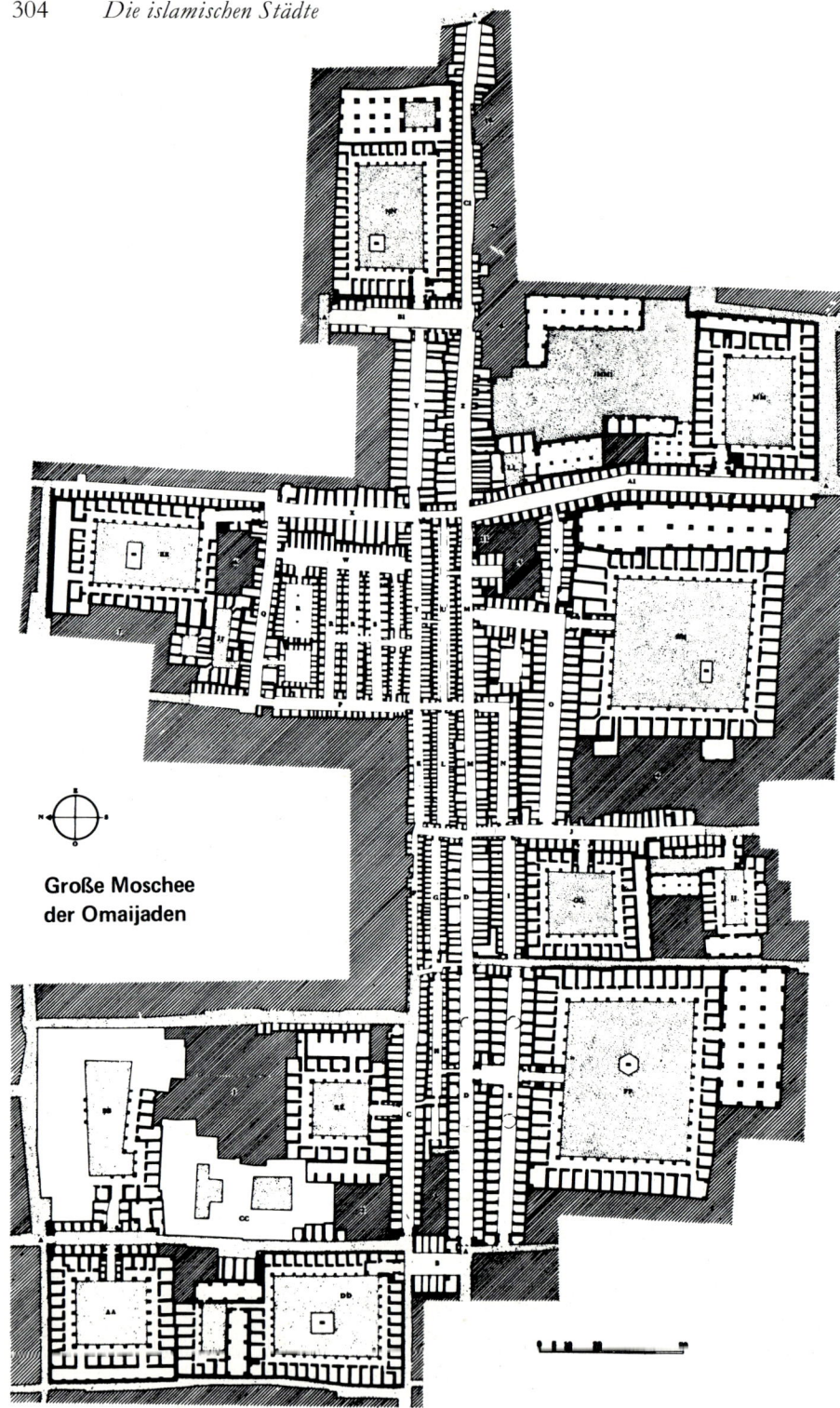

**Große Moschee
der Omaijaden**

Die öffentlichen Einrichtungen der islamischen Städte:

Abb. 497. (links) **Plan des Bazars von Aleppo mit den von den Läden** *(suks)* **gesäumten Straßen und den Höfen der gewerblich genutzten Bauten (Lager, Herbergen). Weiß sind die überdachten Flächen, punktiert die offenen und die den Basar umgebenden Stadtteile mit den Moscheen, Bädern und Kollegs.**

Abb. 498–499. (rechts) **Plan und Luftaufnahme des Zentrums von Fez mit Basar und großer Moschee.**

1 Begräbnismoschee des Idris
2 Kissaria
3 Hauptstraße des *Suk*
4 *Madrassa* (Kolleg) Attarin
5 Knabenschule
6 Waschraum
7 Bäder
8 Hof der Moschee Karouine
9 *Madrassa* Meshbahia

10 Niederlassung der Tetuaner
11 Haus eines Kaufmanns
12 Haus des Kadi
13 Platz der Kupferschmiede
14 *Madrassa* Serafin
15 Bibliothek der Moschee
16 Moschee der Toten
17 *Madrassa* Scheratin
18 Moschee Karouine

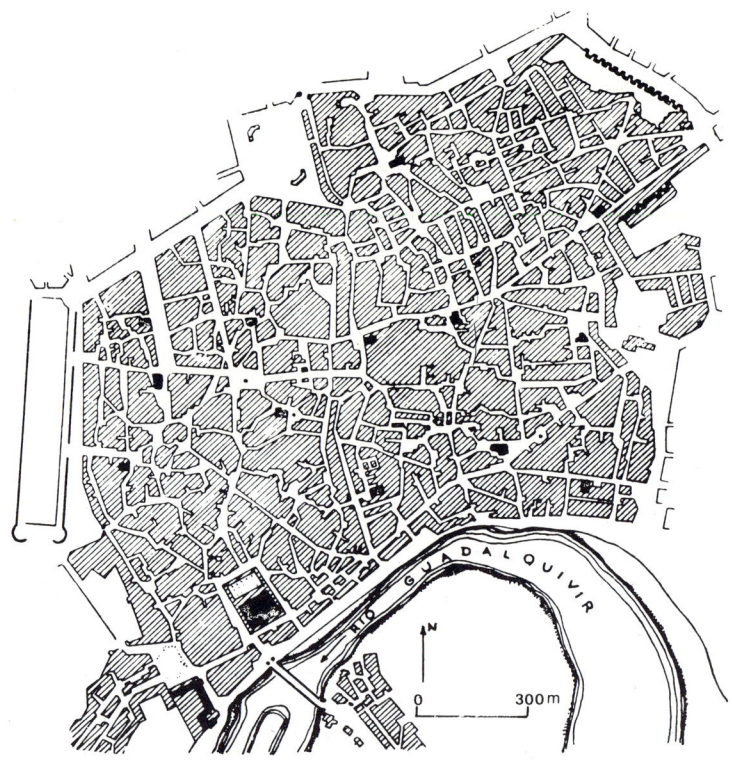

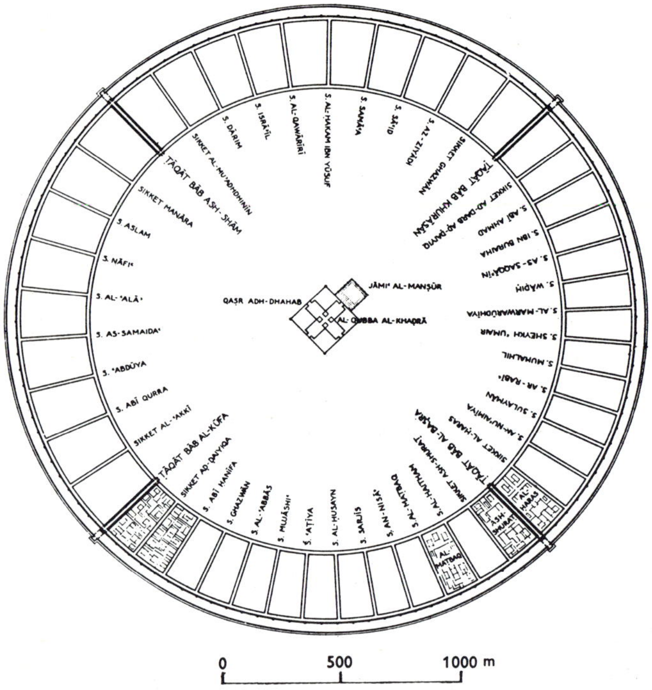
QAṢR ADH-DHAHAB
JĀMIʿ AL-MANṢŪR
AL-QUBBA AL-KHAḌRĀ
0
500
1000 m

RIO GUADALQUIVIR
N
0
300m

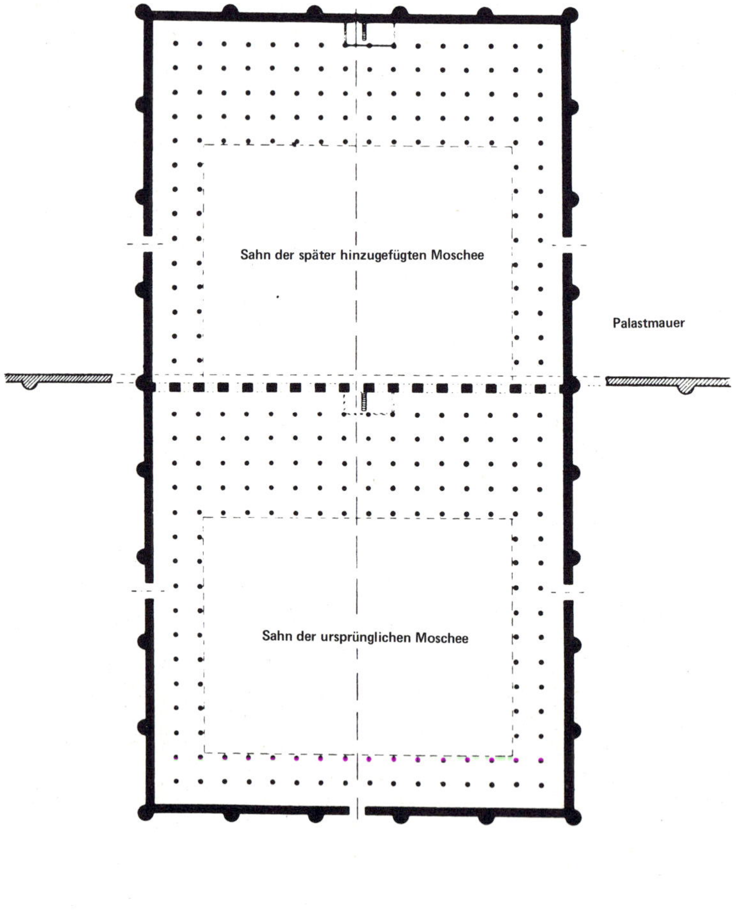
Sahn der später hinzugefügten Moschee
Palastmauer
Sahn der ursprünglichen Moschee

Aufgrund dieser Merkmale sind die islamischen Städte eher mit den orientalischen Städten der vor-hellenistischen Epoche vergleichbar (z. B. mit Ur, der ersten in diesem Buch vorgestellten Stadt). Der Islam beendete die Kolonisierung des Mittelmeerraums und des mittleren Orients durch die Griechen und Römer und ließ die älteren Traditionen dieser Region wieder aufleben – Traditionen, mit denen 4000 Jahre zuvor das Abenteuer der Zivilisation begonnen hatte. Zwischen dem 8. und dem 12. Jahrhundert wurde diese Region erneut zum kulturellen Zentrum des alten Kontinents und zum Schnittpunkt der Verbindungslinien zwischen Europa, Asien und Afrika.

Zu jener Zeit waren die arabischen Städte die größten und reichsten Städte der ganzen Welt. Bagdad zum Beispiel hatte mehr als eine Million Einwohner und war lange Zeit das bedeutendste Handels- und Kulturzentrum der Welt. Diese 762 gegründete Stadt war nach einem anspruchsvollen städteplanerischen Konzept kreisförmig angelegt und hatte einen Durchmesser von 2,5 km. 1258 wurde sie von den Mongolen zerstört und später an derselben Stelle, jedoch nicht mehr in ihrer ursprünglichen regelmäßigen Struktur, wieder aufgebaut. Die Hauptstädte der am Rand des arabischen Reiches gelegenen Länder waren kaum weniger eindrucksvoll als Bagdad. Cordoba in Spanien (Abb. 502–506) und Palermo in Sizilien (Abb. 515–516) waren großzügig angelegt und von zahlreichen Parks und Gärten durchzogen.

Abb. 500–501. (auf der gegenüberliegenden Seite, links) **Plan der kreisförmig angelegten Stadt Bagdad, die der Kalif Al-Mansur 762 n. Chr. gründete und nach eigenen Vorstellungen erbauen ließ; Grundriß der Großen Moschee von Bagdad.**

Abb. 502. (auf der gegenüberliegenden Seite, rechts) **und 503** (rechts) **Plan des Stadtzentrums und Umgebungskarte von Cordoba, der Hauptstadt des arabischen Herrschaftsgebiets in Spanien. Außerhalb der Stadt liegt der große Madinat-al-Zahra-Palast, die Residenz des Kalifen Abd-al-Rahman.**

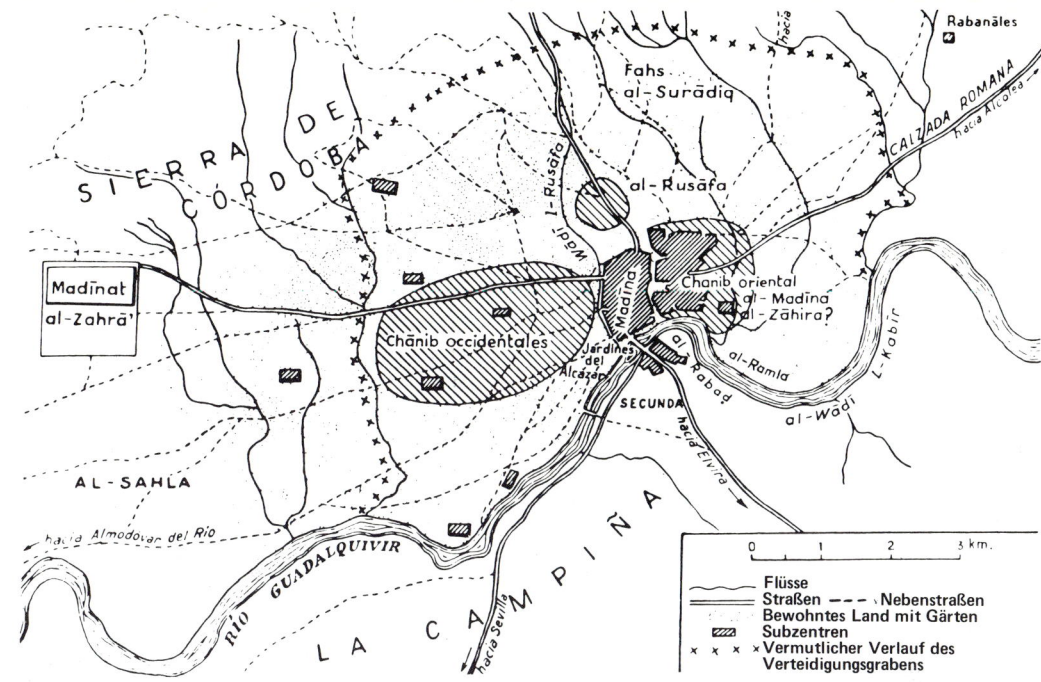

Abb. 504. Luftaufnahme von Cordoba: im Vordergrund die Große Moschee mit der im 16. Jahrhundert von den katholischen Königen erbauten Kapelle.

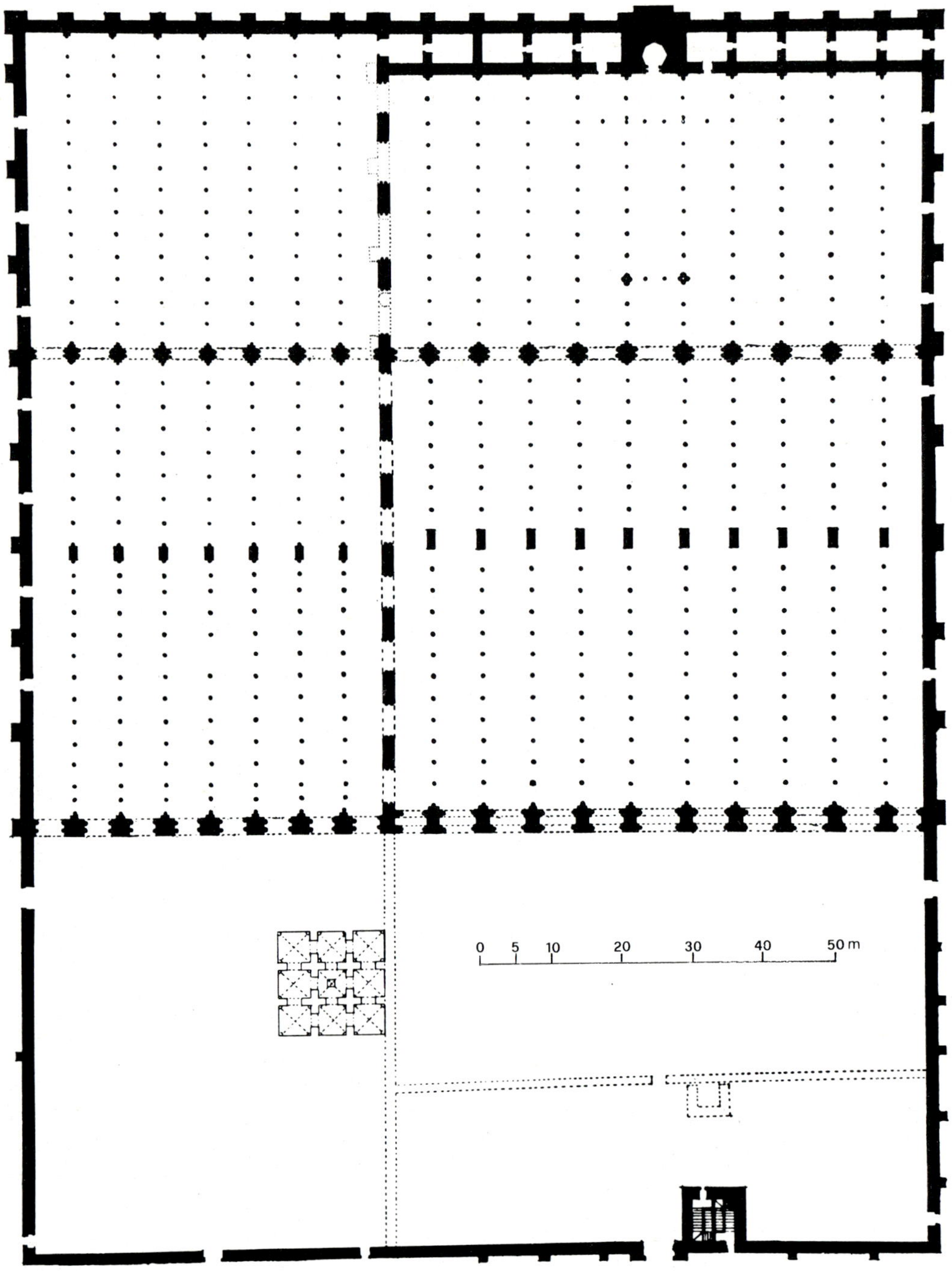

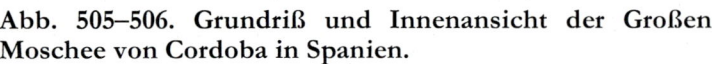

Abb. 505–506. Grundriß und Innenansicht der Großen
Moschee von Cordoba in Spanien.

Abb. 507–508. Plan und Ansicht der von den Arabern in Spanien gegründeten Stadt Toledo; an der Stelle, wo früher die Moschee stand, befindet sich heute die Kathedrale.

Abb. 509. (rechts) Einige Häuser des arabischen Teils von Sevilla, vom Turm der Kathedrale aus gesehen.

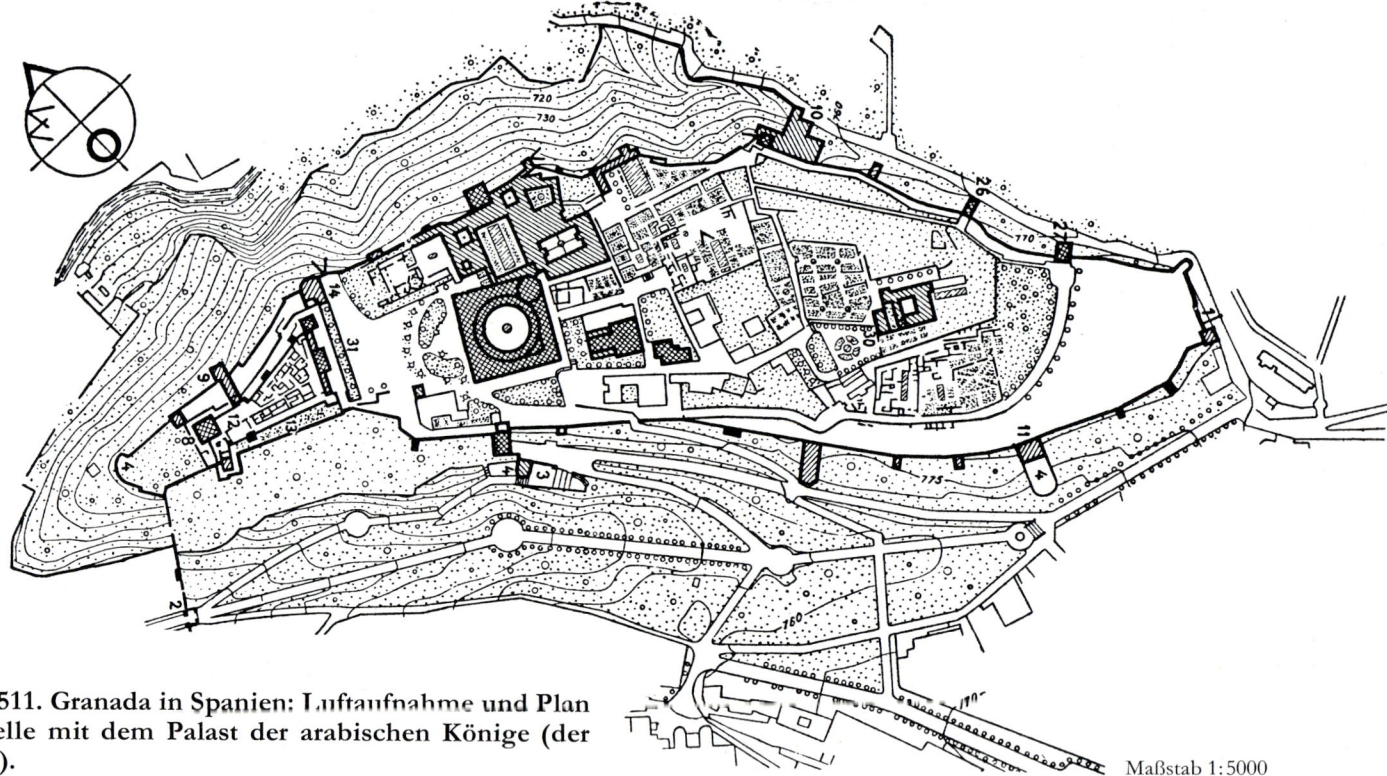

Abb. 510–511. Granada in Spanien: Luftaufnahme und Plan
der Zitadelle mit dem Palast der arabischen Könige (der
Alhambra).

Maßstab 1:5000

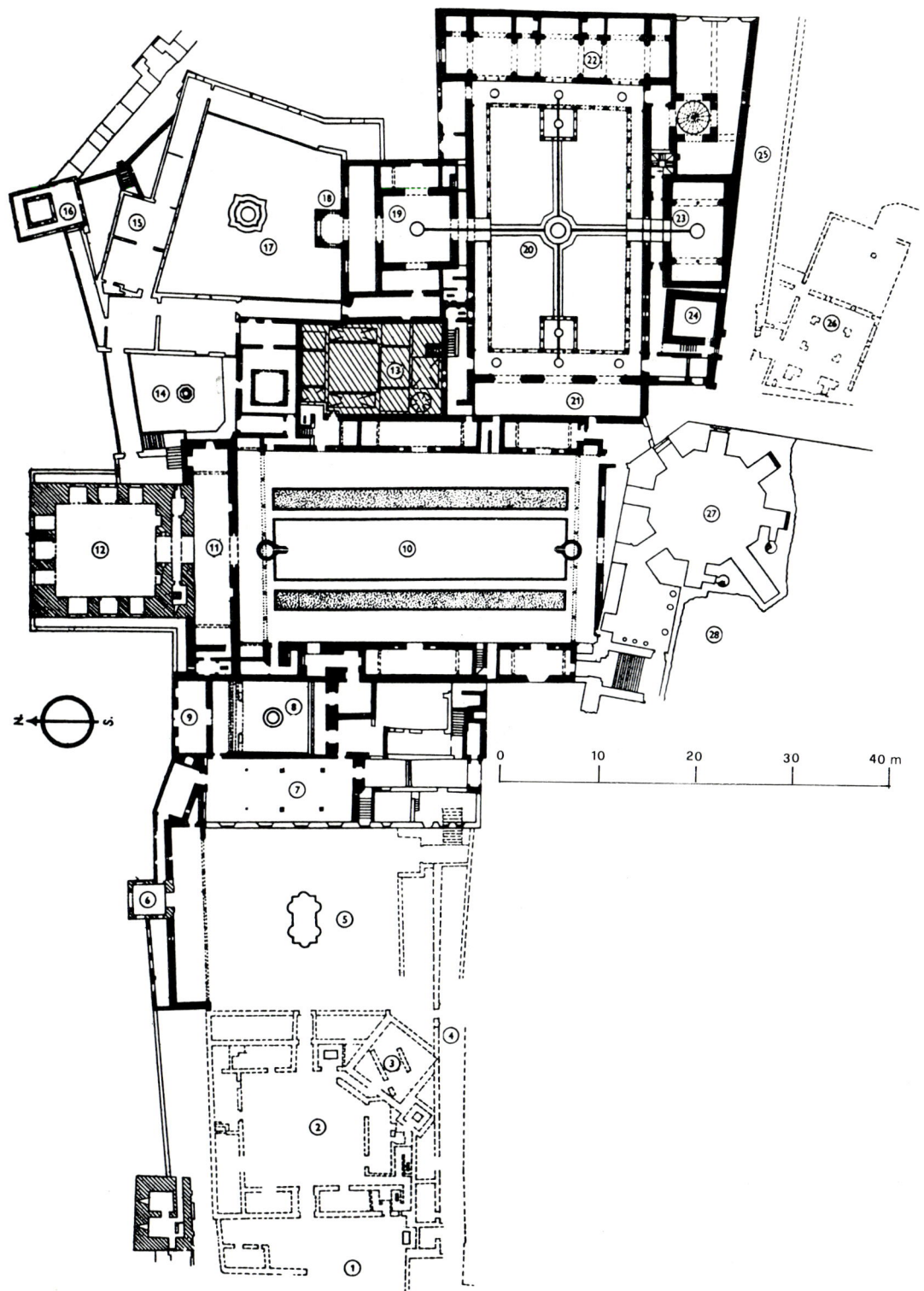

Abb. 512. Plan der Alhambra.

1 Vorplatz
2 Erster Innenhof (Patio)
3 Ruinen der Moschee
4 Straße
5 Patio de Machuca
6 Machuca-Turm
7 Mexuar
8 Patio de Cuarto Dorado
9 Cuarto Dorado
10 Patio de los Arrayanes (Myrtenhof)
11 Sala de la Barca
12 Thronsaal
13 Königliches Bad
14 Patio de la Reina (Hof der Königin)
15 Von Karl V. errichtete Räume
16 Turm des Umkleidezimmers der Königin
17 Patio de Daraxa
18 Mirador de Daraxa
19 Saal der zwei Schwestern
20 Löwenhof
21 Saal der Mozaraber
22 Saal der Könige
23 Saal der Abencerrajes
24 Zisterne
25 Graben
26 La Rauda (königlicher Friedhof)
27 Kapelle des Palasts Karls V.
28 Palast Karls V.

Abb. 513–514. (auf den beiden folgenden Seiten) Verzierungen in der Alhambra: Steinrelief und Einlegearbeiten.

Abb. 515–516. Palermo. Ansicht aus der Vogelperspektive in einem Stich vom Ende des 16. Jahrhunderts und eine Karte der heutigen Stadt (Militärgeographisches Institut, Maßstab 1:25 000). Deutlich sichtbar ist der gewundene Verlauf der von den Arabern hinterlassenen Straßen, die von den beiden geradlinigen Straßen der Spanier durchzogen werden. Um den alten Stadtkern herum liegen die neuen, schachbrettartig angelegten Stadtteile.

Nach den Kreuzzügen und nach der Zerstörung Bagdads dehnte sich der Islam nur noch nach Osten hin aus. In den islamischen Reichen des 16. und 17. Jahrhunderts – dem Safanidenreich in Persien und dem der Moguln in Indien – entstanden in Isfahan, Agra und Delhi die letzten großen monumentalen Bauwerke. Charakteristisch für diese ausgedehnten Anlagen war ihre im großen Maßstab realisierte geometrische Struktur, die oftmals mit der Anlage der bereits existierenden Städte im Widerstreit lag, sich hauptsächlich an den persischen und indischen Modellen ausrichtete, aber auch aus Europa kommende Einflüsse aufnahm.

Schah Abbas I. (1599–1627) machte Isfahan (Abb. 517–524) zur neuen Hauptstadt des Persischen Reiches. Die mittelalterliche, um die Freitagsmoschee herum gruppierte Stadtanlage wurde im Westen und im Süden durch eine Reihe verschiedener Bauten und Anlagen erweitert: den großen Königsplatz *(Meidan-i-Schah)*, die königliche Moschee, eine geradlinig verlaufende, von Gärten gesäumte Straße und zwei überdachte Brücken. Diese neuen Stadtteile fallen im Stadtbild nicht wegen ihrer ausgedehnten Dimensionen, sondern aufgrund ihrer strengen geometrischen Struktur auf – ein Ausdruck eminenter Macht, vergleichbar z. B. mit Versailles.

In Indien (Abb. 525–531) hatten die Herrscher Mogul, Akbar und Dschahan eindrucksvolle monumentale Bauwerke errichten lassen: in Agra die Zitadelle mit dem Palast und die am Ufer des Flusses angelegten Gärten mit dem berühmten Tadsch Mahal, in Delhi das Rote Fort und die Große Moschee.

Reisende aus Europa haben diese prachtvollen Städte stets bewundert. Als herausragende Beispiele orientalischer Baukunst wurden sie für Europa zu einer Quelle kultureller Inspiration.

1 Quadim-Moschee
2 Freitagsmoschee
3 Palast; 4 Ali-Moschee; 5 Basar
6 Königsplatz (Meidan-i-Schah)
7 Königliche Moschee
8 Königlicher Palast; 9 Tor des Basars
10 Moschee des Scheichs Lotfollah
11 Gärten des Wesirs; 12 Hauptstraße
13 Überdachte Brücke
14 Nebenstraßen
15 Überdachte Brücke
16 Sajinda Rud (Fluß)

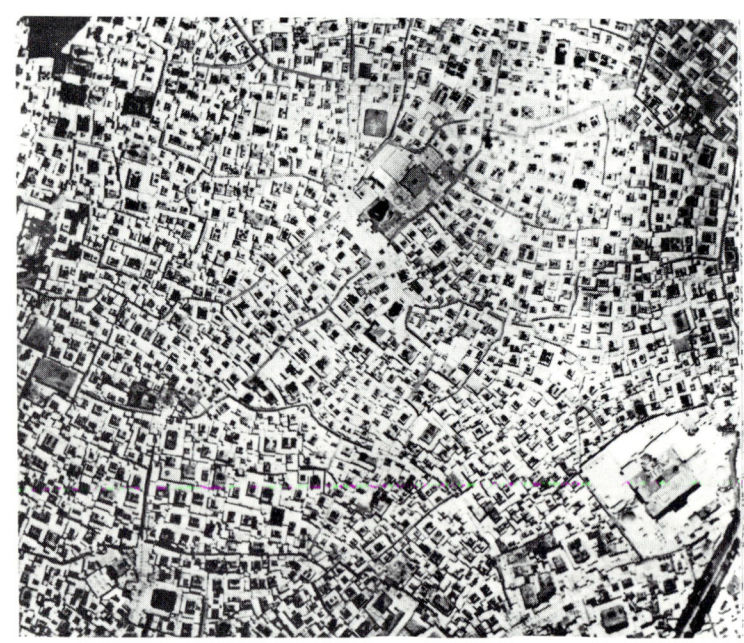

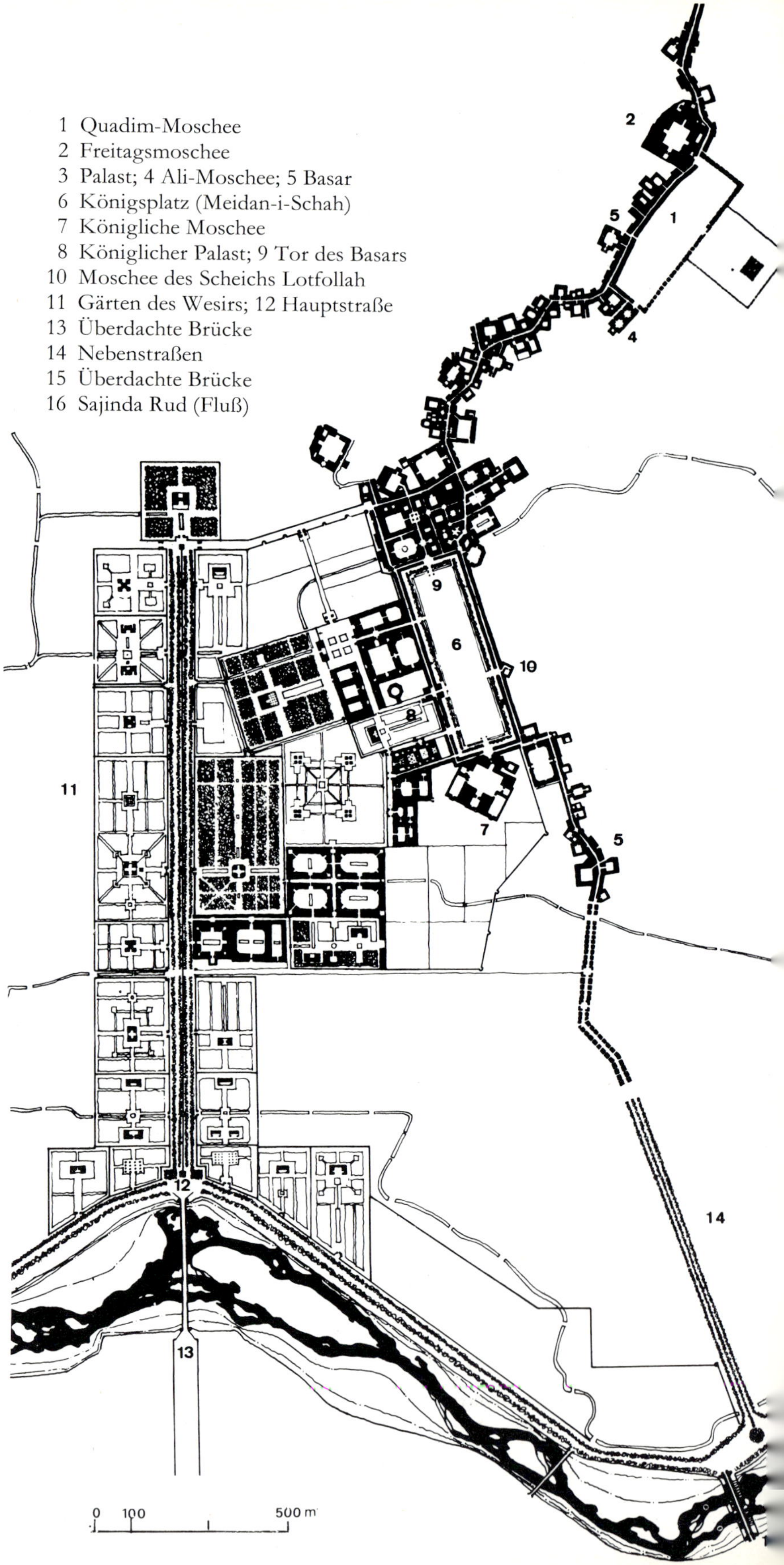

0   100   500 m

Abb. 517–518. (linke Seite) **Luftaufnahme eines Teils von Isfahan
und ein Plan dieser Stadt mit den
von Schah Abbas zu Beginn des
17. Jahrhunderts erbauten monumentalen Anlagen.**

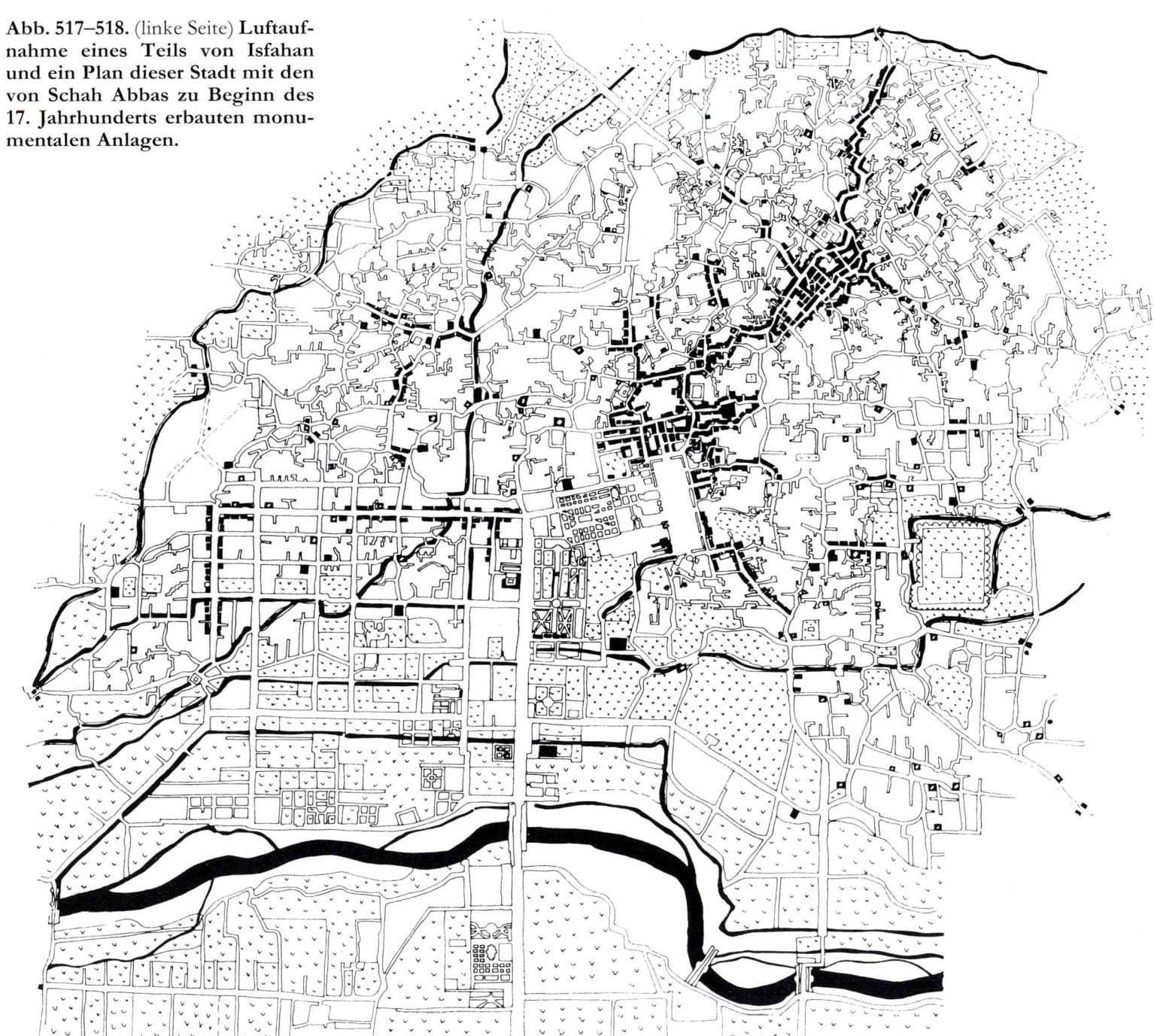

**Abb. 519. Übersichtsplan von Isfahan. (Die an den Straßen
des Bazars gelegenen Geschäftsviertel sind schwarz eingezeichnet.)**

0   100 Meter

Abb. 520. Isfahan: Plan des Meidan-i-Schah und der umliegenden Gebäude (Maßstab 1:5000).

A Tor des Basars
B Meidan-i-Schah
C Palast der 40 Säulen
D Palast von Ali Kapu
E Moschee des Lotfollah
F Moschee des Schahs

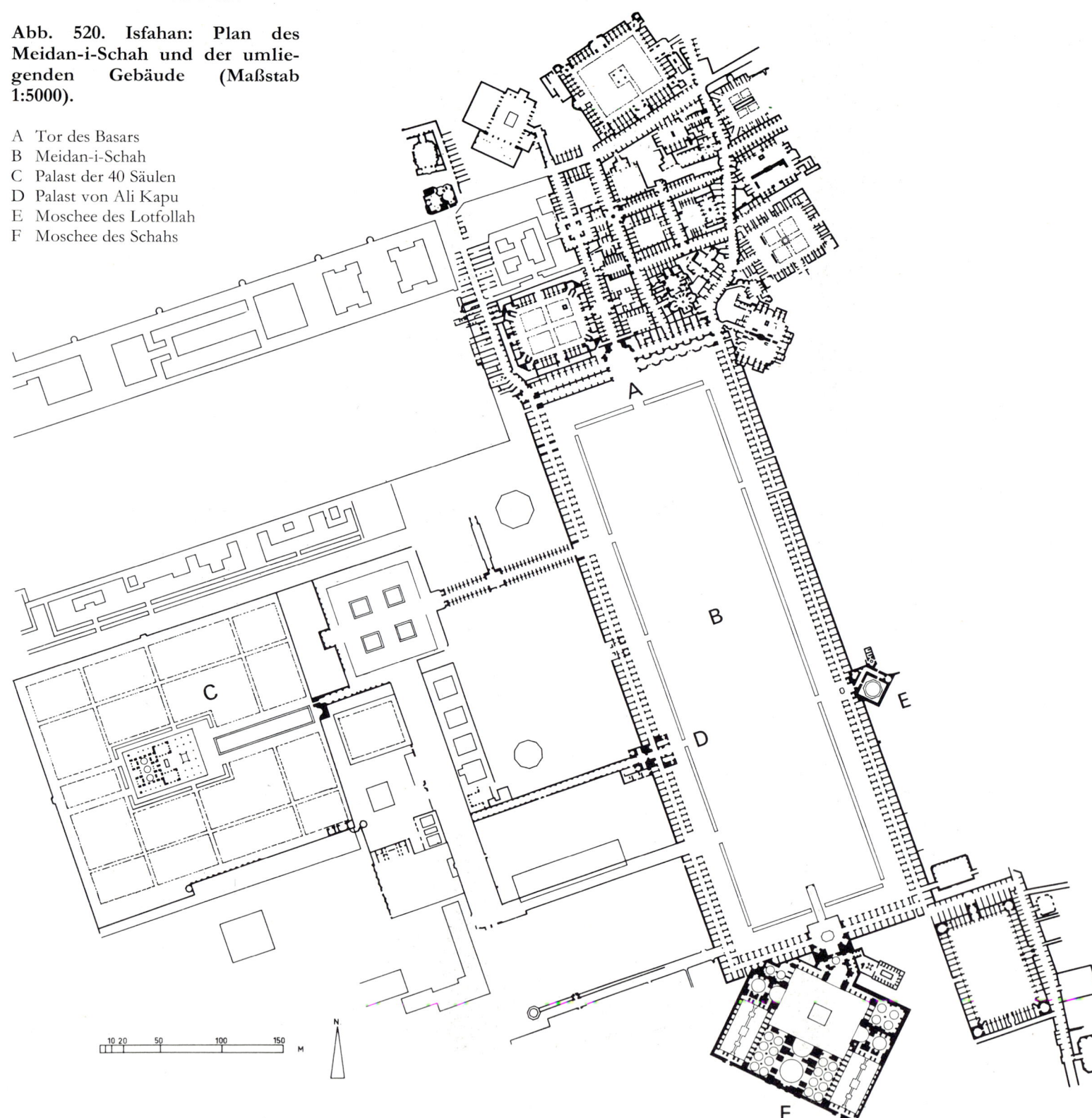

Abb. 521–522. Der Meidan-i-Schah (Königsplatz) in Isfahan nach europäischen Stichen aus dem 18. Jahrhundert. Er diente verschiedenen Zwecken: Empfängen und militärischen Zeremonien, zum Polospielen und als Rastplatz für Karawanen.

Planographia sedis Regiæ

Abb. 523. (links) Ausschnitt eines im Jahre 1712 in Europa angefertigten perspektivischen Plans des Stadtzentrums von Isfahan.

Abb. 524. Gesamtansicht von Isfahan (europäischer Stich aus dem 18. Jh.). Die Darstellung der Umgebung der Stadt mit den Bäumen und den Personen ist ein Phantasieprodukt.

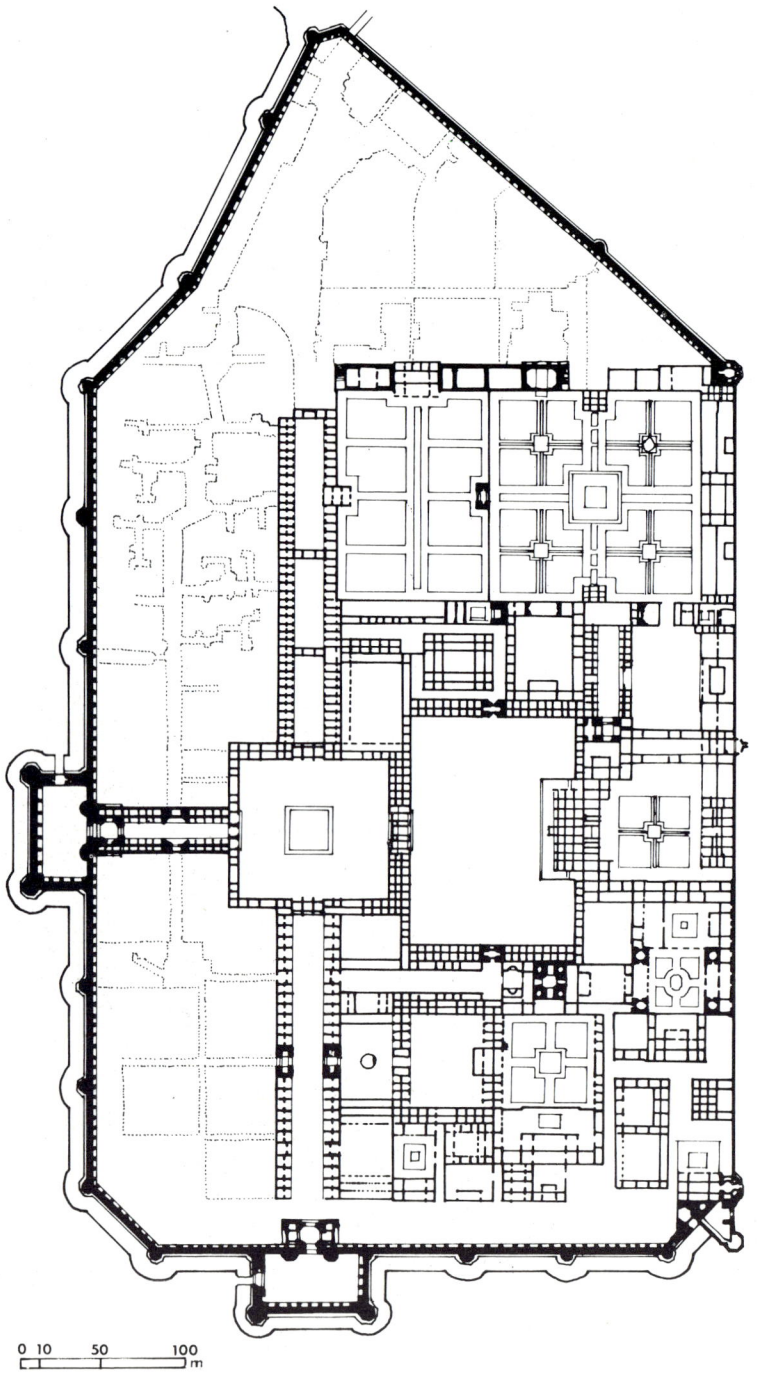

0 10 50   100
m

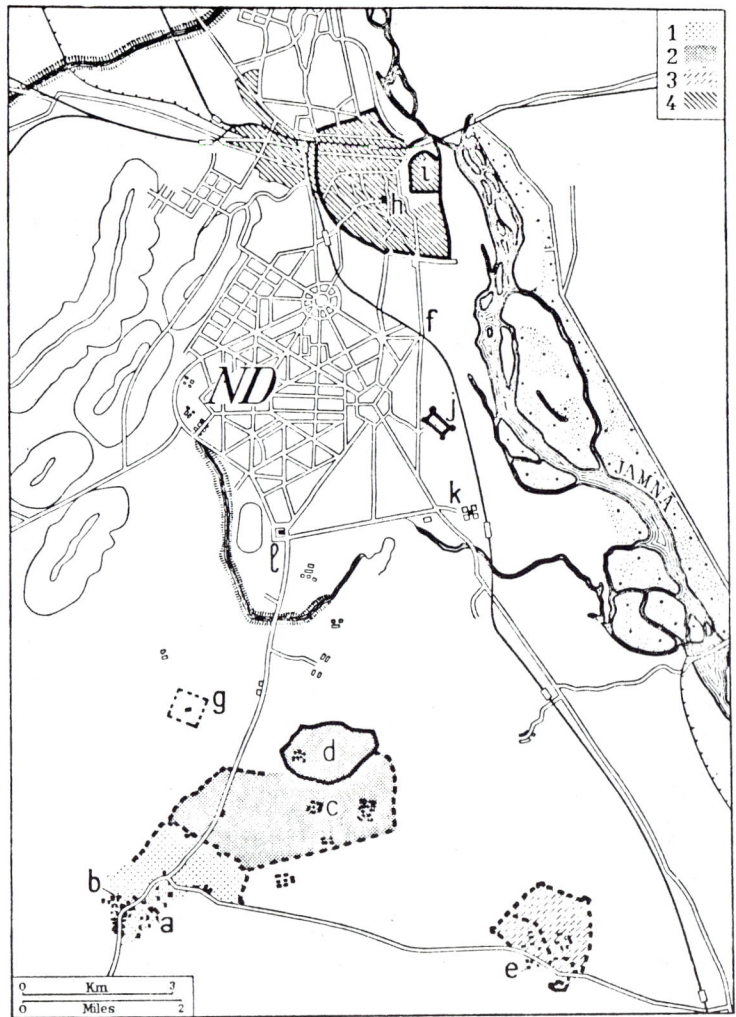

Abb. 525–526. Plan von Delhi in Indien und des im Jahre 1683 unter der Moguldynastie erbauten Roten Forts.

1. Altstadt (12. Jahrhundert)
2. Stadt Siri (16. Jahrhundert)
3. Stadt der Tugkluks (Tughlukabad) (14. Jahrhundert)
4. Stadt der Moguln (17. Jahrhundert)

BEDEUTENDE BAUTEN:
a Minarett der Altstadt
b–l Monumentale Gräber
d Fort Siri
h Große Moschee
i Rotes Fort

Abb. 527. Das *Rote Fort* **in Delhi.**

Abb. 528–530. Ansicht und Grundriß des Tadsch Mahal; Plan von Agra mit Grab der Gattin des Schahs Dschahan (unten rechts auf dem Stadtplan).

Abb. 531. (auf der folgenden Seite) **Der Tadsch Mahal in Längsrichtung gesehen.**

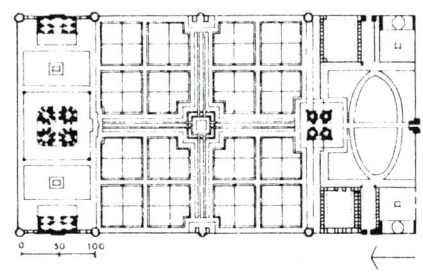

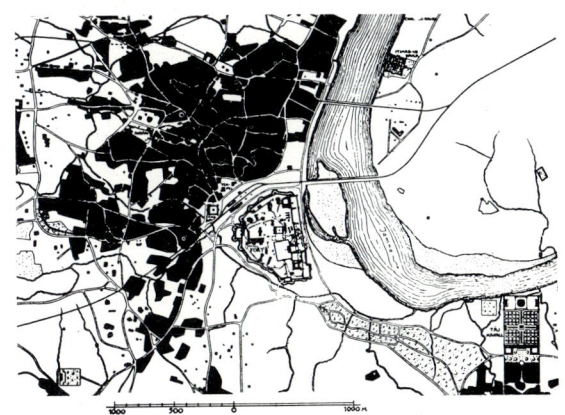

7. Die mittelalterlichen Städte in Europa

In den nordwestlichen Teilen des Römischen Reiches, in Italien, Gallien, Germanien und Britannien, isoliert am Rande der antiken zivilisierten Welt gelegen, ging mit dem Zerfall des Römischen Reichs das städtische Leben deutlich zurück, teilweise verschwand es sogar völlig. Erst um die Jahrtausendwende bildeten sich in diesem Gebiet – dem heutigen Westeuropa – eine neue Wirtschaft und Kultur heraus, und die Städte erlebten einen neuen Aufschwung. In diesen Ländern aber hatte der Niedergang in der nachrömischen Ära – anders als in den übrigen Teilen des ehemaligen Römischen Reichs – zu einem Bruch mit der antiken Kultur geführt.

In vielen Fällen entstanden die neuen Städte auf den Resten der antiken, doch ihre bauliche Gestaltung hatte nichts mehr mit den antiken Städten gemein. Ebenso bildeten sich in ihnen ganz neue Formen des sozialen Zusammenlebens heraus, die schon die Entwicklung zu den modernen Städten ahnen ließen. Von den antiken Städten blieben nur einige Ruinen, die man besichtigte und wissenschaftlich untersuchte, die aber keinen integrierten Bestandteil der neuen Städte bildeten. Die mittelalterlichen Städte – auch die, die noch weitgehend unverändert erhalten sind, wie Viterbo, Siena, Gubbio oder Chartres und Brügge – sind dagegen noch heute bewohnt und haben viel Ursprüngliches bewahrt. Andere Städte wie Paris und London sind heute zu großen Metropolen geworden, in denen die mittelalterliche Stadt nur noch einen relativ kleinen Stadtkern bildet. Doch einige Elemente des mittelalterlichen Städtebaus beeinflussen – zum Teil in recht überraschender Weise – noch heute das Stadtbild. Als Beispiel sei die Aufteilung der Stadt Paris in drei Sektoren genannt: die *cité* auf der Insel (Ile de la Cité), die *ville* auf dem rechten und die *université* auf dem linken Seineufer. Auch im modernen London hat sich die Zweiteilung der Stadt aus dem Mittelalter erhalten: die City als Ort der ökonomischen und Westminster als Ort der politischen Macht.

Das Interesse am Studium der mittelalterlichen Städte ergibt sich aus ihrer lebendigen Beziehung zur Gegenwart. Gleichzeitig aber wird dieses Studium gerade dadurch erschwert, denn die mittelalterlichen Städte sind, anders als viele der antiken Städte, auch heute noch lebende Teile moderner Städte. Tote Städte – wie Priene, Ostia antica, Pompeji oder Timgad – können in Ruhe ausgegraben und mit großer Präzision rekonstruiert werden. Eine eigene Wissenschaft, die Archäologie, arbeitet seit zwei Jahrhunderten an ihrer Erforschung. Dagegen kann man lebende Städte wie Siena oder Rothenburg nicht von der Bevölkerung räumen, um für die Wissenschaftler ein ungestörtes Arbeitsfeld zu schaffen. Das Gesicht der Städte hat sich seit dem Mittelalter ständig gewandelt und die einzelnen Häuser sind häufig verändert worden, um sie den Erfordernissen der jeweiligen Epoche anzupassen. Bis vor kurzem hatte niemand daran gedacht, den genauen Straßenverlauf und die architektonischen Strukturen der Häuser einer Stadt exakt festzuhalten, um die Kenntnisse darüber der Nachwelt zu erhalten; erst in jüngster Zeit wurde vereinzelt damit begonnen. Von vielen Städten kennt und studiert man nur die »monumentalen« Bauwerke: die Kathedralen und Paläste. In den letzten hundert Jahren aber sind ganze mittelalterliche Stadtteile abgerissen worden, von denen nicht einmal mehr Fotografien oder Zeichnungen aufbewahrt sind.

Für unsere Studien steht deshalb nur eine begrenzte Anzahl von Dokumenten zur Verfügung, die zudem meist nicht sehr genau und detailliert sind. Dieser Mangel aber kann durch die unmittelbare Erfahrung kompensiert werden: Man kann sich heute noch auf der mittelalterlichen Piazza del Campo in Siena treffen, die Straßen von Perugia, Orvieto oder Assisi entlangschlendern oder die Kathedrale von Chartres von allen Seiten betrachten. Dabei trifft man mitunter auf Menschen, die in denselben Häusern wohnen und in denselben Werkstätten arbeiten,

Abb. 532. Ansicht einer mittelalterlichen Landschaft mit einem Bauernhof und einer befestigten Burg (Gemälde aus der Schule Ambrogio Lorenzettis an der Akademie der Schönen Künste in Siena).

in denen schon ihre Vorfahren im Mittelalter gelebt und gearbeitet haben.

Die deutlichste Wirkung der politischen und ökonomischen Krise, die die ersten fünf Jahrhunderte nach dem Niedergang des Römischen Reiches kennzeichnete, war der Zerfall der Städte und die Abwanderung ihrer Bewohner auf das Land, wo ihnen Natur und Landwirtschaft am ehesten die Möglichkeit zum Überleben boten. Das Land war damals in große Besitzungen von durchschnittlich 5000 Hektar aufgeteilt. Sie gehörten einem kirchlichen oder weltlichen Herrn, der gewöhnlich in der Mitte seiner Besitzungen – umgeben von Hunderten von einzelnen Bauernhöfen – in einem Bischofssitz, einer Abtei oder auf einer Burg residierte. Da die einzelnen Teile dieser Besitzungen oft weit entfernt über das ganze Land verstreut lagen, setzte der Besitzer für jeden Teil einen Verwalter (Meier) ein, der die Geschäfte seines Herrn von einem *Hof* (*corte* in Italien, *cour* in Frankreich und *manor* in England) aus führte. Ein solcher Hof bestand aus den Wohnungen des Verwalters und des Personals, aus Stallungen und Speichern.

Zu jedem Hof gehörten drei Arten von Land: das ausschließlich für den Besitzer reservierte, das unter den vom Besitzer abhängigen Bauernfamilien aufgeteilte und das nicht kultivierte Land (*communia*: Wälder, Wiesen, Sümpfe), auf dem es allen erlaubt war, Holz zu suchen, die wild wachsenden Beeren und Früchte zu sammeln und Herden weiden zu lassen.

Abb. 533–534. (unten) **Münze Karls des Großen (Wiedergabe in doppelter Größe).**

Abb. 535. (rechts oben) **Ein Kapitell der Abtei in Fulda aus dem 9. Jahrhundert.**

Abb. 536. (rechts unten) **Grundriß der Pfalzkapelle Karls des Großen in Aachen. Der ursprüngliche Grundriß ist fett gedruckt, die später hinzugefügten Teile sind durch dünne Linien markiert. (Vgl. den Grundriß der Kirche S. Vitale in Ravenna in Abb. 440 im gleichen Maßstab 1:800.)**

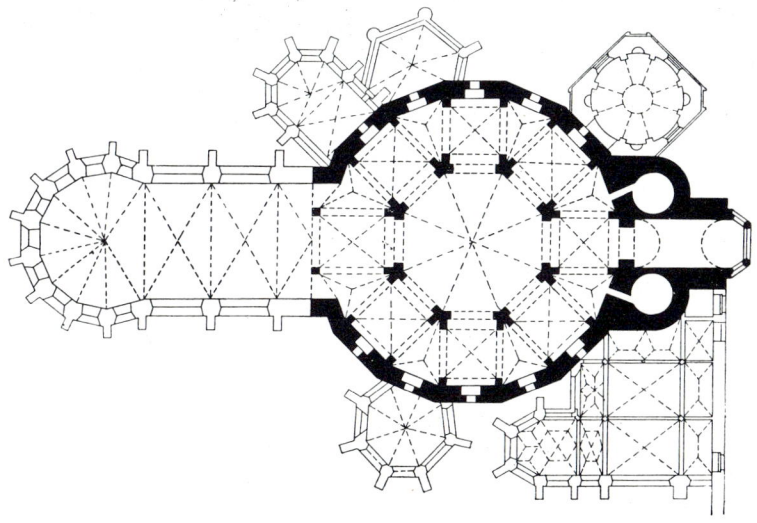

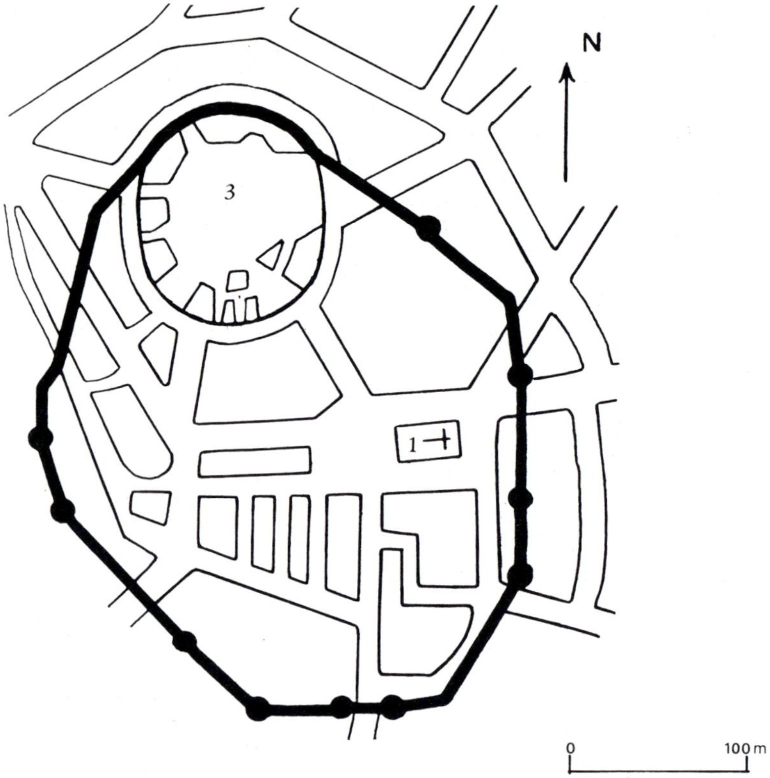

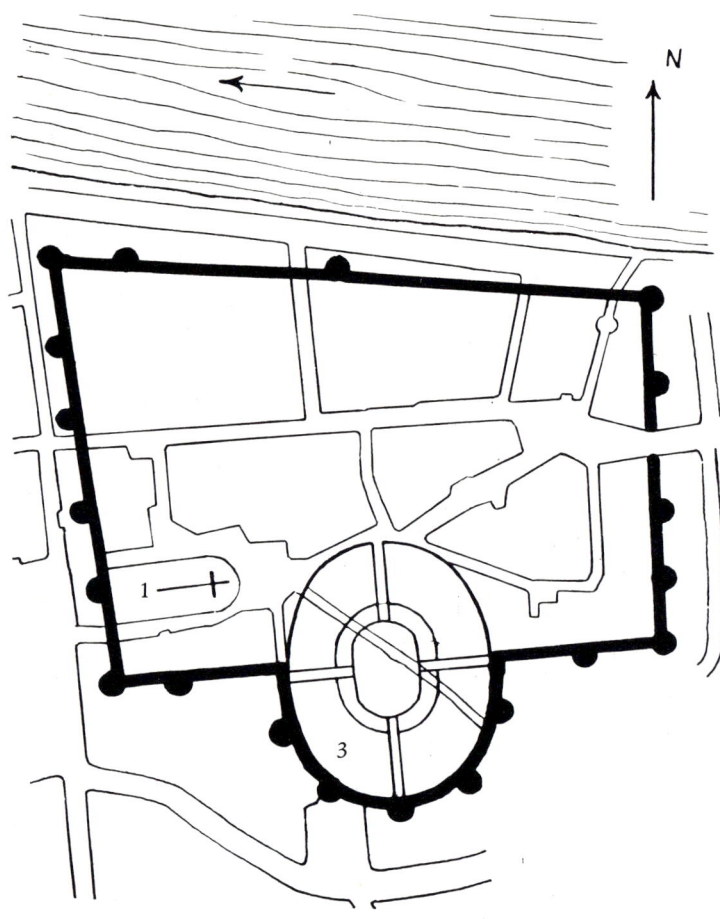

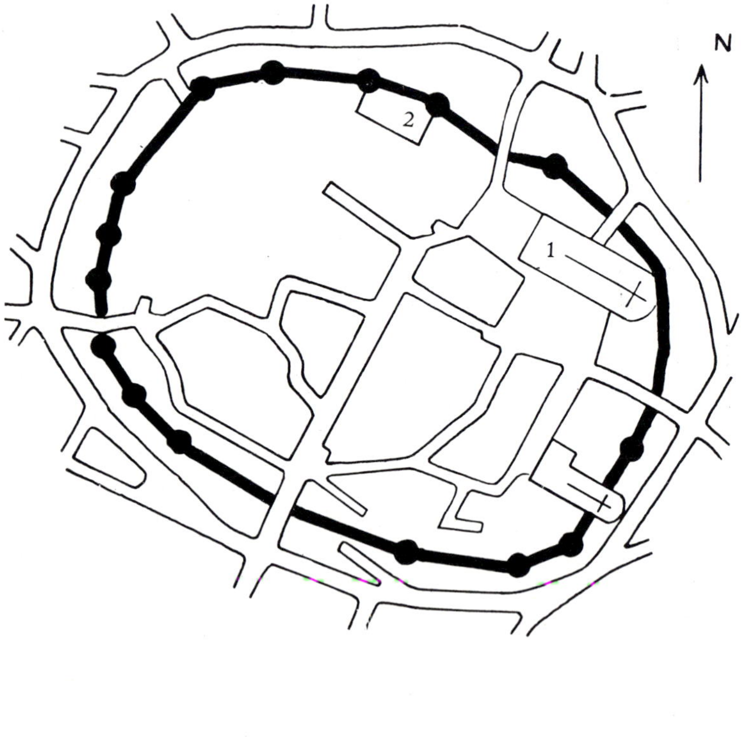

In dieser bäuerlichen Gesellschaft als Grundlage des feudalistischen Systems spielten die Städte kaum noch eine Rolle. Sie waren nicht mehr die Verwaltungszentren und ihre Bedeutung als Zentren handwerklicher Produktion und des Handels war stark zurückgegangen. Aber die bauliche Struktur der römischen Städte existierte weiter und so wurden sie zu Zufluchtstätten bei feindlichen Angriffen. Die großen öffentlichen Bauten der Antike, die Thermen, die Theater und Amphitheater, wurden zu Festungen umgebaut, die Stadtmauern wurden intakt gehalten oder ihr Verlauf so verändert, daß sie nur noch einen kleinen Teil der ursprünglichen Stadt mit den wichtigsten, als Stützpunkte dienenden Bauten umfaßten. Die christlichen Kirchen wurden oft außerhalb der Stadtmauern errichtet – zumeist in der Nähe der Gräber der Heiligen, die aufgrund römischer Gesetze nicht in der Stadt selbst hatten begraben werden dürfen. In der ersten Zeit lagen auch die Bischofssitze außerhalb der Stadt (Abb. 537–541).

Als die Unterschiede zwischen Stadt und Land hinsichtlich ihres Rechtsstatus völlig aufgehoben wurden, glichen sich Stadt

Abb. 537–539. (auf der linken Seite) Die Schutzmauern der gallischen Städte Périgueux, Senlis und Tours aus dem 3. und 4. Jahrhundert. Diese Festungsanlagen dienten zur Verteidigung des inneren Stadtkerns mit Kathedrale (1) und Burg (2); in zweien dieser Städte wurde das Amphitheater (3) in den Verlauf der Stadtmauer integriert.

Abb. 540. Die in das Amphitheater von Arles hineingebaute mittelalterliche Stadt.

Abb. 541. Die Entwicklung der Stadt Limoges: Die um die Kathedrale (1) angelegte Stadt entstand im 4. Jahrhundert; die Mauern des um die Kirche St. Martial (2) angelegten Vororts entstanden im 10. (punktierte Linie) und 13. Jahrhundert (gestrichelte Linie); östlich der Stadt liegt ein Vorort mit der Brücke über den Fluß Vienne (3).

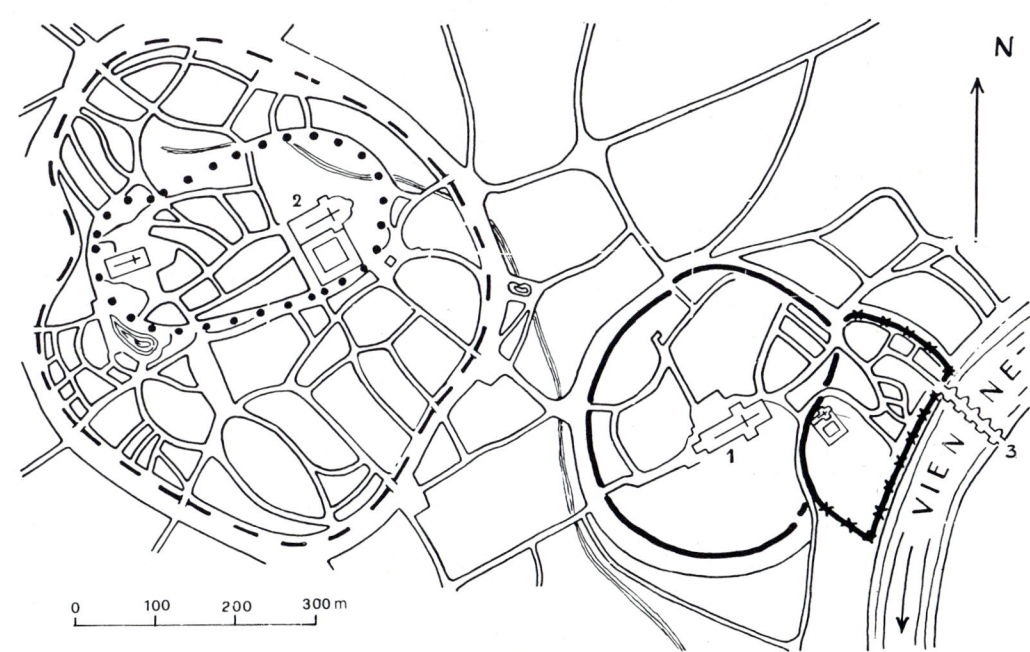

und Land auch in ihrem äußeren Erscheinungsbild immer mehr an. Große Ähnlichkeit bestand darin, wie sich die kleiner und ärmer gewordenen städtischen Gemeinschaften inmitten der viel zu großen römischen Stadtanlagen niederließen und wie an günstig gelegenen Stellen in der Natur, auf einem Hügel oder an Flußmündungen, die ländlichen Siedlungen entstanden.

In beiden Fällen zeigen die Spontaneität und Improvisationsfähigkeit, wie unbekümmert und erfindungsreich man sich unter den vorgefundenen Bedingungen einzurichten versuchte. Die neue Bautätigkeit war gekennzeichnet durch den Mangel an Ressourcen, qualifizierten Architekten und Handwerkern, durch das Fehlen einer organisierten künstlerischen Kultur sowie durch die Notwendigkeit, sich verteidigen und das unmittelbare Überleben sichern zu müssen. Sie war aber auch Ausdruck eines neuen Geistes der Freiheit und Zuversicht. Die Ansiedlungen fügten sich nahtlos in die natürliche Umgebung und in die von den Römern hinterlassene Stadtlandschaft ein. Sie nutzten gleichermaßen geschickt die unregelmäßigen Konturen der Natur und die regelmäßige Linienführung der römischen Anlagen, ohne dabei vorgegebenen Regeln oder überlieferten Traditionen zu folgen. Dadurch, daß kleine Unregelmäßigkeiten das präzise System der antiken Straßen und Monumente störten und sich die ländlichen Ansiedlungen dem natürlichen Verlauf der Hügelketten, Flüsse, Täler und Buchten anpaßten und damit auch ein gewisses System in die Unregelmäßigkeit der Natur brachten, wurden die Unterschiede zwischen Natur und Geometrie immer mehr, schließlich fast völlig verwischt.

Gegen Ende des 10. Jahrhunderts setzte in Europa ein allgemeiner wirtschaftlicher Aufschwung ein. Die landwirtschaftliche

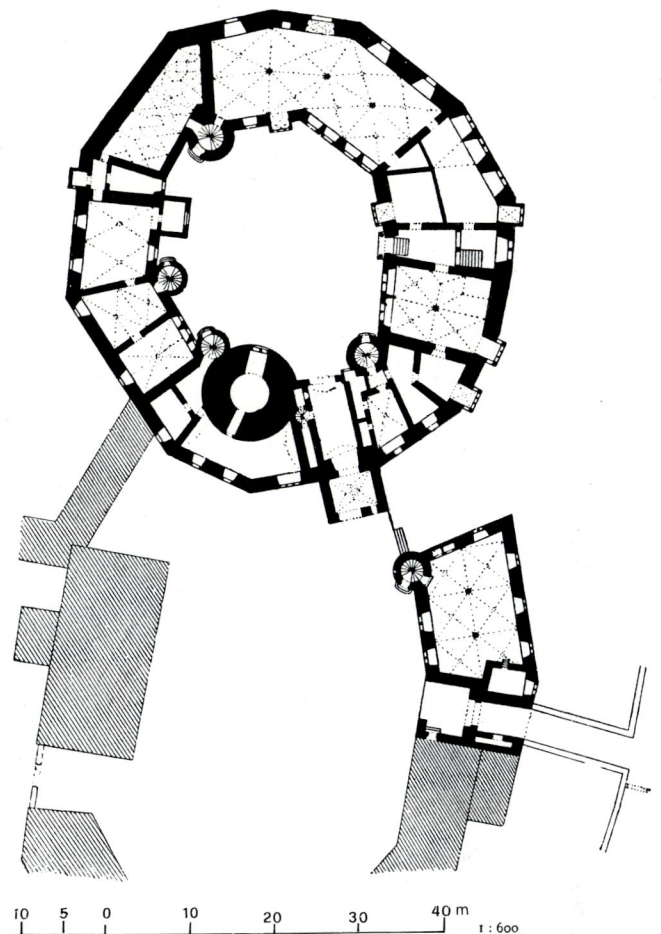

10   5   0   10   20   30   40 m
1 : 600

Abb. 542. (auf der linken Seite) **Der historische Stadtkern von Split aus der Vogelperspektive, angelegt im Bereich des ehemaligen Palast des Diokletian (vgl. Abb. 433–434).**

Abb. 543. Grundriß der Burg von Büdingen. Die wegen der besseren Verteidigungsmöglichkeiten gewählte Ringform wurde zur Ausgangsform der mittelalterlichen Städte.

Produktion konnte gesteigert werden, Handwerk und Handel gewannen wieder an Bedeutung und die Bevölkerungszahl stieg von etwa 22 Millionen im Jahre 950 auf etwa 55 Millionen im Jahre 1350.

Die Ursachen für diese günstige Entwicklung sehen Historiker vor allem in den folgenden, sich gegenseitig bedingenden Faktoren:
– die Seßhaftigkeit der in Europa eingedrungenen Völker der Araber, Wikinger und Ungarn;
– die technischen Neuerungen in der Landwirtschaft: bessere Nutzung bei gleichzeitiger Schonung des Ackerbodens durch Wechsel der Bebauung im Dreijahresrhythmus, neuartige Geschirre zum Anspannen von Ochsen und Pferden, Verbreitung wassergetriebener Mühlräder;

– die wachsende Bedeutung der Küstenstädte Venedig, Genua, Pisa und Amalfi, die kontinuierlich die internationalen Handelsbeziehungen zu den anderen Mittelmeerländern aufrechterhalten hatten und nun den Anstoß zu einem verstärkten Handel mit den Binnenländern gaben; dadurch konnten sich auch Städte im Landesinnern zu Handelszentren entwickeln und so zu einer neuen Blüte gelangen.

Diese Entwicklung veränderte das bis dahin übliche Siedlungswesen sowohl in den Städten als auch auf dem Lande grundlegend. Die jeweiligen Veränderungsprozesse sollen nun in zwei getrennten Abschnitten dargestellt werden:

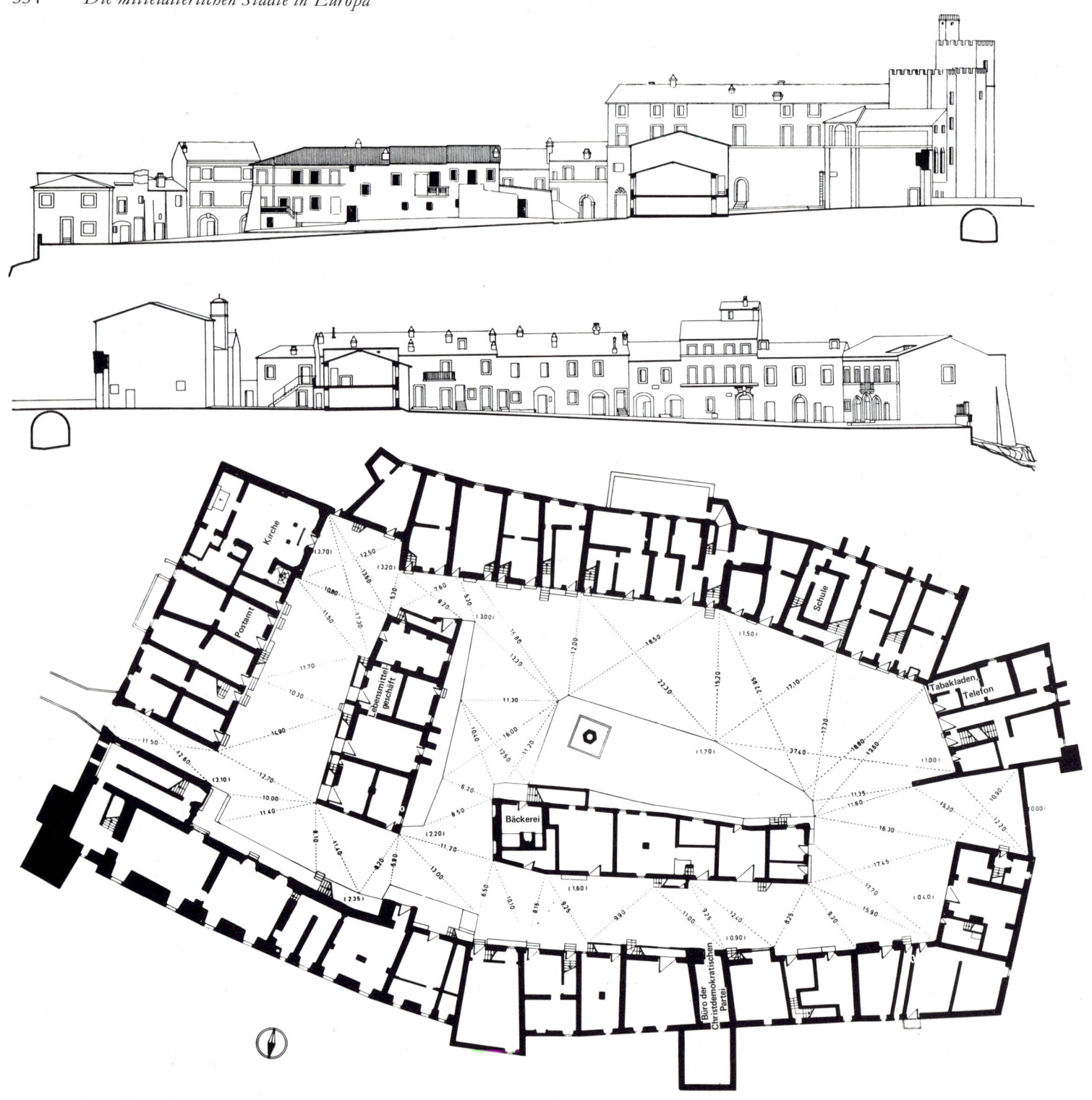

Abb. 544–547. Längsschnitte, Grundriß und Innenansicht von San Vittorino bei Rom. Die bauliche Struktur des noch aus dem Mittelalter stammenden Zentrums ist fast vollständig erhalten geblieben, auch wenn die Häuser im Laufe der Zeit renoviert worden sind. Auch heute noch gelangt man nur auf der steinernen Brücke über den außen um die Stadt verlaufenden Graben in die Stadt. Früher stand anstelle der heutigen Steinbrücke eine Ziehbrücke (links unten auf dem Grundriß). Die Stadt verfügte über einen Notausgang (links oben, neben der Fassade der Kirche), der über einen schmalen Weg in die südlich der Stadt gelegene Schlucht hinabführte.

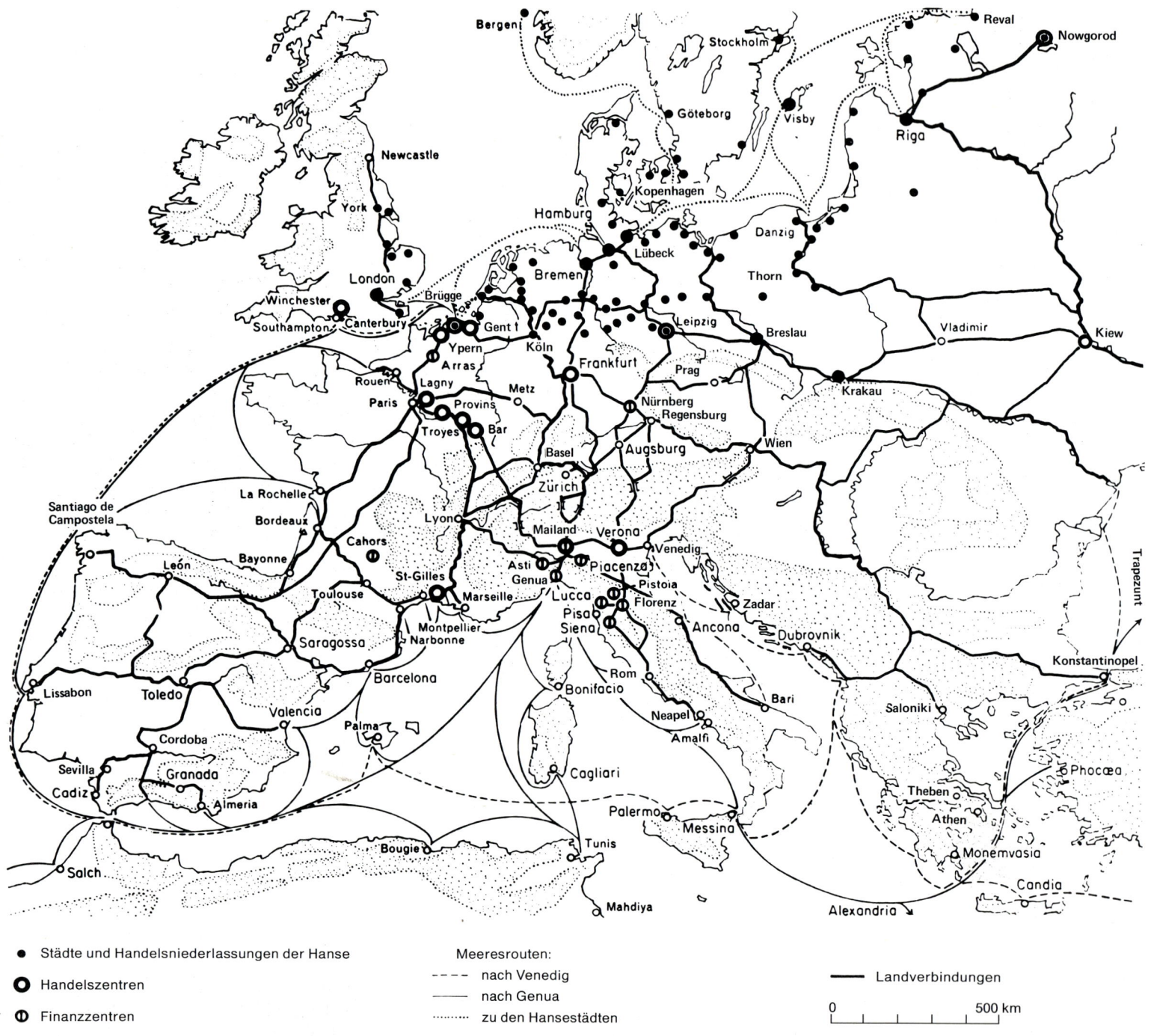

Abb. 548. Europa im frühen Mittelalter; die Gebirgsland-schaften sind punktiert.

Abb. 549. Siegel der hanseatischen Kaufleute in Nowgorod.

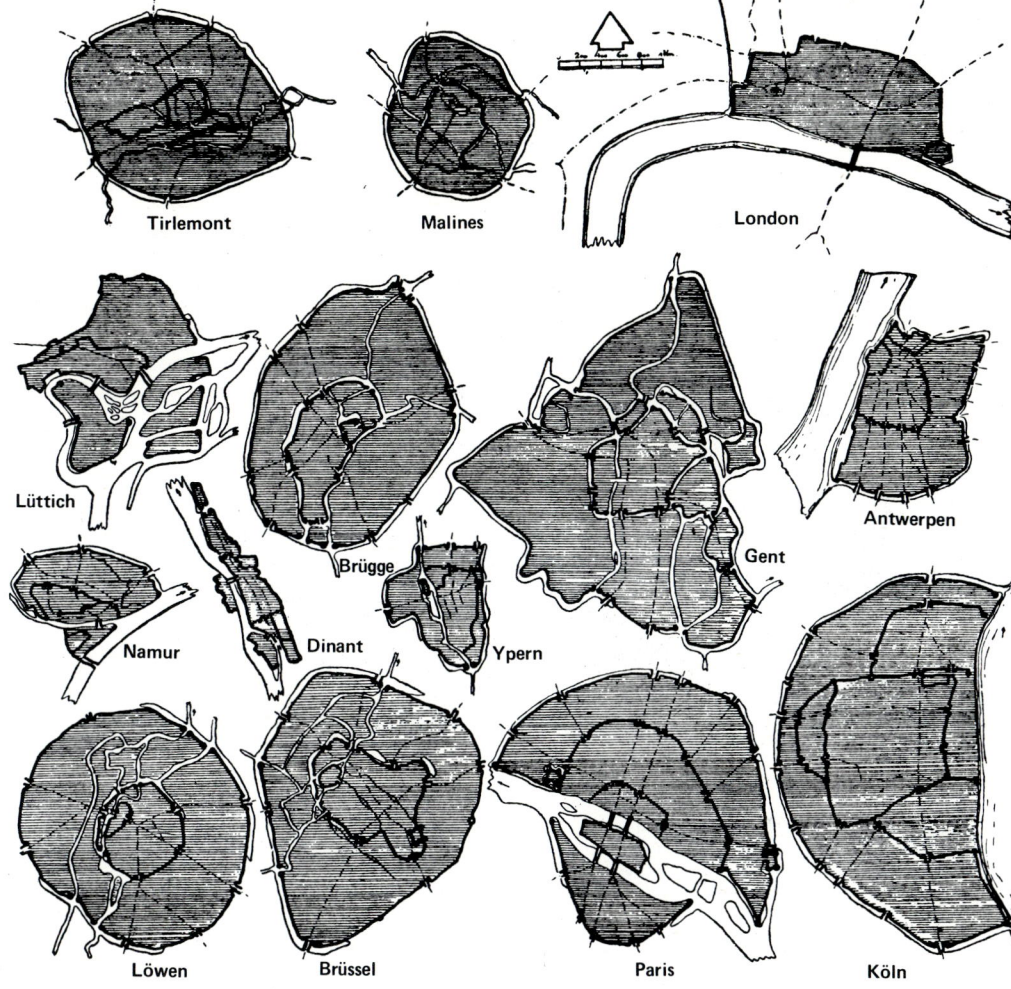

Abb. 550. Pläne vierzehn nordeuropäischer Städte mit den verschiedenen, bis zum 14. Jahrhundert errichteten Mauerringen.

1. Die Entwicklung der neuen Stadt-Staaten

Weil es auf dem Land nicht genügend Arbeit gab, zog ein Teil der neuen Bevölkerung in die Städte, so daß die Zahl der am Rande der feudalen Gesellschaft lebenden Handwerker und Händler ständig wuchs.

Die befestigten Stadtanlagen des frühen Mittelalters, die in Anlehnung an das lateinische Wort *burgus* oft Burg genannt wurden, waren zu klein für all die neu hinzukommenden Menschen. So entstanden vor den Toren der Stadt weitere Ansiedlungen, Vorstädte genannt, die sehr bald größer waren als die ursprünglichen Städte selbst. Man mußte deshalb nach einiger Zeit eine zweite Stadtmauer zum Schutz dieser neu entstandenen Vorstädte und anderer, ebenfalls außerhalb des alten Stadtkerns

errichteter Bauwerke (Kirchen, Abteien und Burgen) anlegen. Die so vergrößerte Stadt wuchs jedoch weiter und bald wurde eine erneute Erweiterung der Stadtmauer notwendig. Dieses Wechselspiel wiederholte sich bei vielen Städten mehrere Male.

In diesen Städten bildeten Handwerker und Händler – das Bürgertum, wie man später sagen wird – stets die Mehrheit der Bevölkerung, und sie wollten sich deshalb dem feudalen System nicht mehr unterwerfen. Als politische Grundlage für ihre wirtschaftlichen Aktivitäten forderten sie persönliche Freiheit, eine unabhängige Gerichtsbarkeit, eine eigene Verwaltung und ein Steuersystem, bei dem die Höhe des Einkommens als Bemessungsgrundlage diente und bei dem die eingenommenen Steuern ausschließlich zur Finanzierung öffentlicher Aufgaben verwendet werden sollten (z. B. Bau von Festungsanlagen und Kauf von Waffen zur Verteidigung).

Aus der Bewegung der Handwerker und Kaufleute ging ein Zusammenschluß hervor, der zunächst nur privaten Charakter hatte, sich aber bald in einem Machtkampf mit den Bischöfen und feudalen Herrschern befand und schließlich selbst zu einer organisierten politischen Macht wurde. So entstanden die freien Städte und Stadtrepubliken, staatliche Einheiten mit Gesetzen, die über den Vorrechten einzelner Gruppen oder Individuen standen, deren unterschiedliche ökonomische Lage und traditionelle Privilegien jedoch respektierten.

Die einzelnen Organe der Stadtverfassung waren in der Regel:

1. ein aus Vertretern der wichtigsten Familien gebildeter Oberrat;

2. ein beigeordneter Rat, der als ausführendes Organ fungierte;

3. einige gewählte oder auch durch Los bestimmte Geschwo-rene oder Schöffen: die *consoli* in Italien, die *jurés* in Frankreich und die *échevins* in Flandern.

Diesen Organen standen Vereinigungen bestimmter Bevölkerungsgruppen gegenüber, die Gilden der Kaufleute, die Zünfte der Handwerker (*arti* in Italien, *guilds* in England) und die Vertretung des Rittertums, das oft eine eigene Gerichtsbarkeit und Finanz- bzw. Zollhoheit hatte. Neben der weltlichen existierte weiterhin auch die kirchliche Macht der Bischöfe und der Ordensgemeinschaften, die ihren Sitz ebenfalls in den Städten hatten.

Die mittelalterlichen Stadtstaaten waren von den auf dem Land produzierten Nahrungsmitteln abhängig und kontrollierten deshalb ein mehr oder weniger großes Territorium, aber sie gewährten – anders als die griechischen Städte – den Landbewohnern nicht dieselben Rechte wie den Stadtbewohnern. Sie blieben sogenannte »geschlossene Städte« – Städte, die zwar auf nationa-

Abb. 551–552. Lübeck, die Hauptstadt der Hanse; Luftaufnahme und Rekonstruktion des Stadtkerns mit dem Marktplatz.

ler oder sogar internationaler Ebene politische und wirtschaftliche Kontakte pflegten, deren Innenpolitik aber von den begrenzten Interessen der städtischen Bevölkerung bestimmt wurde. Doch selbst diese Bevölkerung war kein einheitliches Gebilde, das wie in der demokratischen griechischen Stadt die alle Bewohner betreffenden Entscheidungen gemeinsam fällen konnte. Die herrschende Klasse, repräsentiert in den Stadträten, wurde zwar im Laufe der Zeit ständig erweitert, doch die Lohnarbeiter blieben von ihr ausgeschlossen. Als diese in der zweiten Hälfte des 14. Jahrhunderts während einer Wirtschaftskrise begannen, um die politische Macht zu kämpfen, wurden ihre Aufstände allesamt niedergeschlagen, und in den Stadtstaaten gelang es einigen Adelsfamilien, in einigen Fällen sogar einer einzelnen Familie allein, die Regierung zu übernehmen. Die Herrschaft dieser Familien in den Stadtstaaten, die die bis dahin üblichen Ratsversammlungen ablöste, führte zum Patriziat.

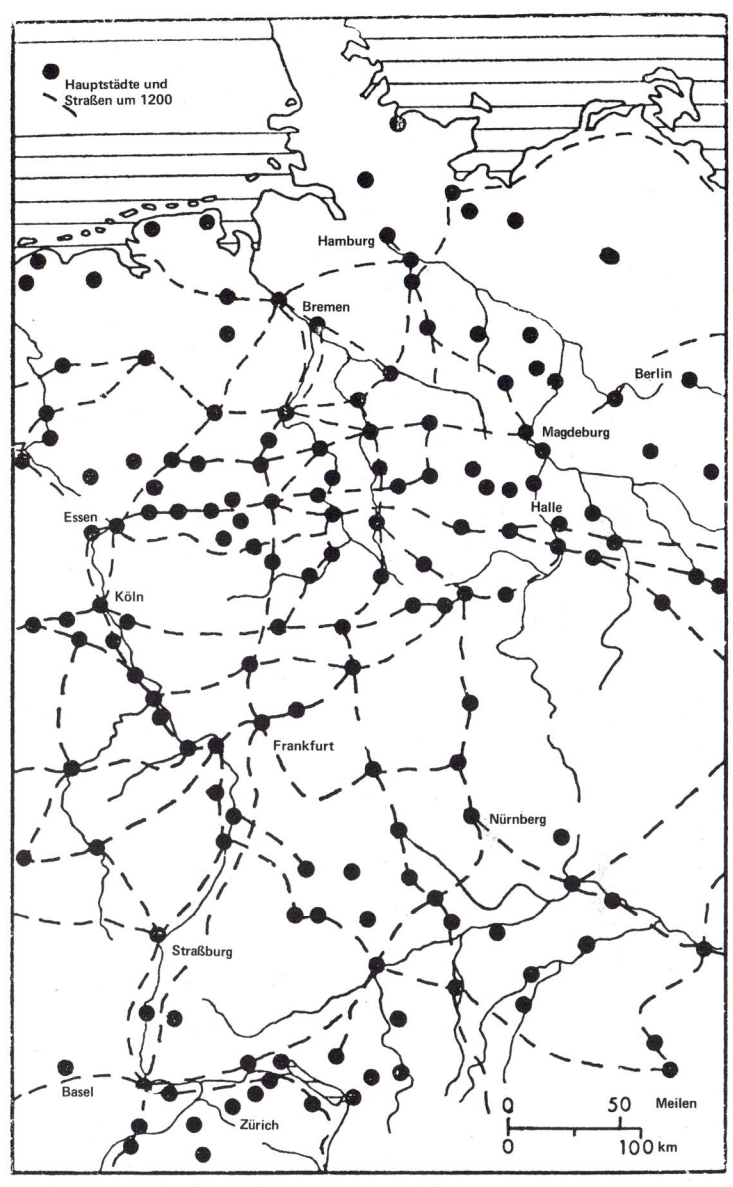

Abb. 553. Die wichtigsten Städte und Straßenverbindungen in Deutschland zu Beginn des 13. Jahrhunderts.

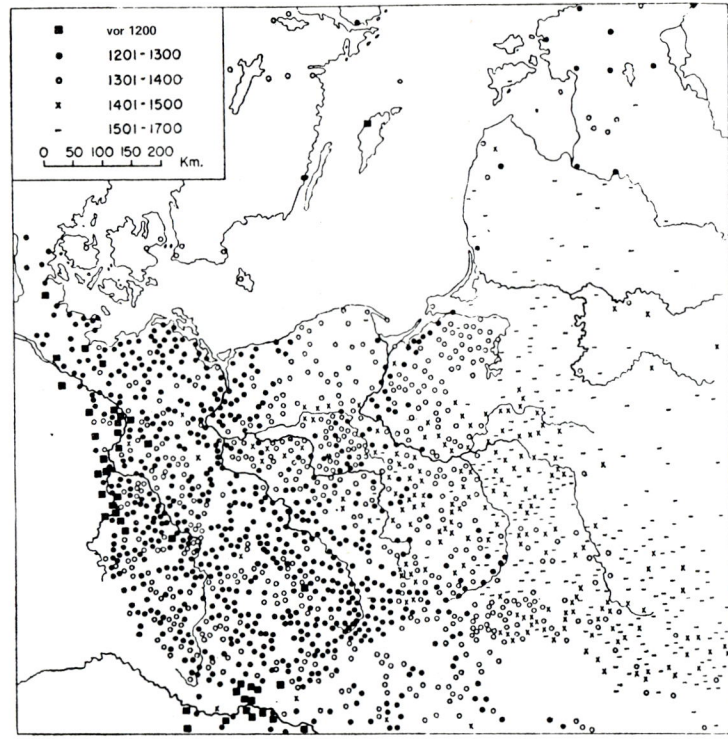

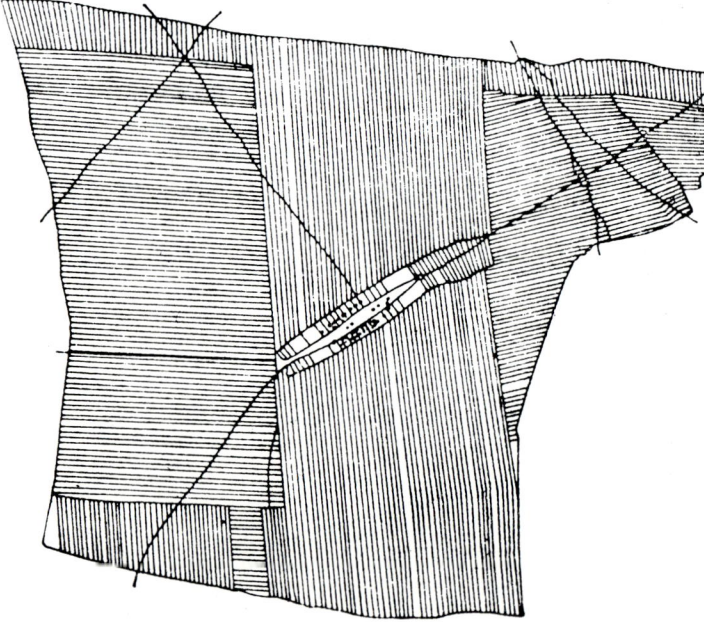

2. Die Besiedlung des ländlichen Raums

Der Aufschwung der Städte beschleunigte auch die Veränderungsprozesse auf dem Lande. Die Städte als Handelszentren importierten Lebensmittel und Rohstoffe vom Land und exportierten die von den Handwerkern hergestellten Waren sowie Produkte, die sie selbst aus fernen Ländern importiert hatten. Das Land war – wegen der Handelsbeziehungen zu den Städten und wegen eines allgemeinen Bevölkerungswachstums – gezwungen, die Produktion ständig zu steigern; neuer Boden mußte urbar

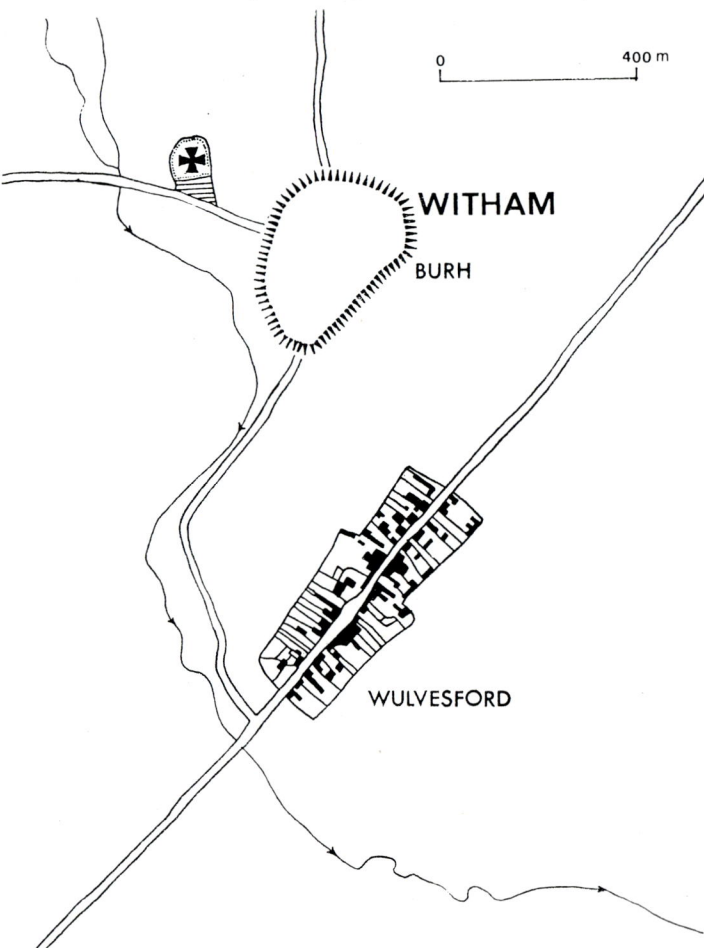

Abb. 554–555. (links) **Die europäische Besiedelung der Gebiete östlich der Elbe: Übersichtsplan der neuen Zentren und Plan einer neuen Siedlung mit Ackerland.**

Abb. 556. (rechts) **Zwei mittelalterliche Ansiedlungen in Essex: die angelsächsische Burg (burh) von Witham mit der Kirche, die einen kleinen Markt schützt, und das spätmittelalterliche Wulvesford, das entlang einer aus der Römerzeit stammenden Straße angelegt wurde.**

gemacht und das bereits vorhandene Ackerland besser genutzt werden.

Das althergebrachte System der einzelnen Höfe, die sich weitgehend selbst versorgten, war dieser Aufgabe nicht mehr gewachsen. Jedes ländliche Anwesen hatte bis dahin nur die für den eigenen Bedarf nötigen Lebensmittel und auch die zur Produktion dieser Lebensmittel benötigten Werkzeuge und Geräte hergestellt. Jetzt aber mußte eine ständig steigende Zahl freier Arbeiter von außerhalb beherbergt werden. Die Feudalherren gründeten für sie neue Städte auf den noch brachliegenden Teilen ihrer Besitzungen. Obwohl sie von den Feudalherren gegründet worden waren, entwickelte sich in diesen neuen Städten oftmals eine eigene, vom System der Höfe abweichende Organisationsform. Sie garantierten die individuelle Freiheit der Arbeiter, gaben sich eine autonome Regierung und wurden von einem selbstgewählten Magistrat verwaltet. Dabei orientierten sie sich an der Gemeindeverwaltung der Stadtstaaten, auch wenn sie auf politischer und rechtlicher Ebene weiter den feudalen Gesetzen unterworfen blieben.

An der Peripherie der europäischen Welt wurden aus militärischen oder aus wirtschaftlichen Gründen andere neue Städte gegründet:

1. die *bastides* im südlichen Teil Frankreichs während des Hundertjährigen Krieges, die von den französischen und englischen Königen und Feudalherren im 14./15. Jahrhundert angelegt wurden;

2. die *poblaciones* in Spanien, in den Gebieten, die die christlichen Armeen nach und nach den Arabern entreißen konnten;

3. die Siedlungen, die zur Kolonisierung des östlichen Teils des Deutschen Reichs angelegt wurden, nachdem die Ritter des Deutschherrenordens diese Gebiete im 12./13. Jahrhundert im Kampf gegen die Slawen erobert hatten (Abb. 554).

Der Aufschwung der Stadtstaaten und die Welle der Gründung neuer Städte auf dem Lande kamen Mitte des 14. Jahrhunderts zum Stillstand, weil durch eine Reihe von Epidemien – insbesondere durch die große Pest der Jahre 1348/49 – die Bevölkerung stark dezimiert worden und die Wirtschaft in eine schwere Krise geraten war.

Abb. 557–558. Entwicklung der Ortschaft Hereford in England: Im 10. Jahrhundert wurden die zum Teil nur provisorischen Häuser entlang einer breiten Straße gebaut, in deren unmittelbarer Umgebung die gemeinschaftlich bebauten Felder und Weiden lagen. Im 12. Jahrhundert ist die Zahl der Häuser deutlich gestiegen und die Siedlung wurde mit einem Palisadenzaun umgeben; die Weideflächen wurden teilweise von der Kirche und der Burg in Beschlag genommen; als Ausgleich dafür kam neues Weideland auf der anderen Seite des Flusses hinzu. Für die ursprünglich durch den Fluß führende Furt wurde eine feste Brücke gebaut.

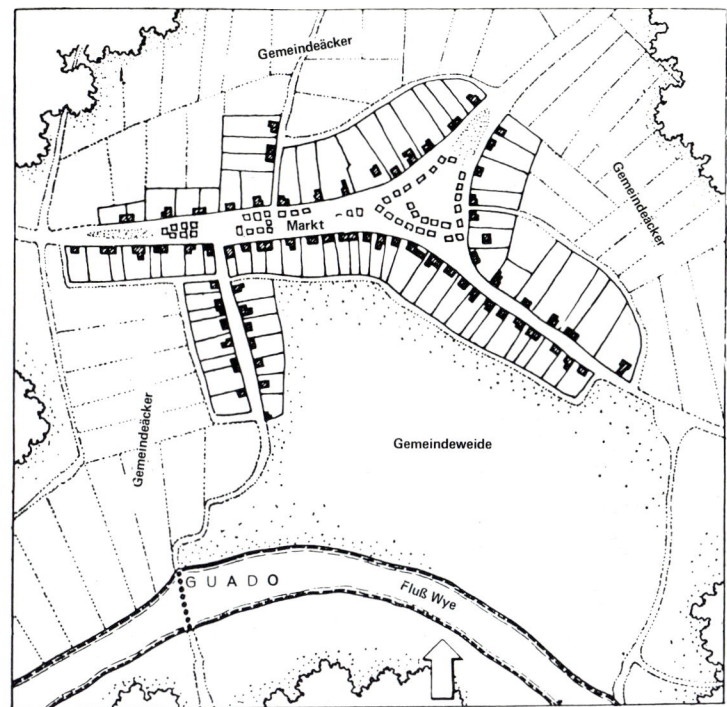

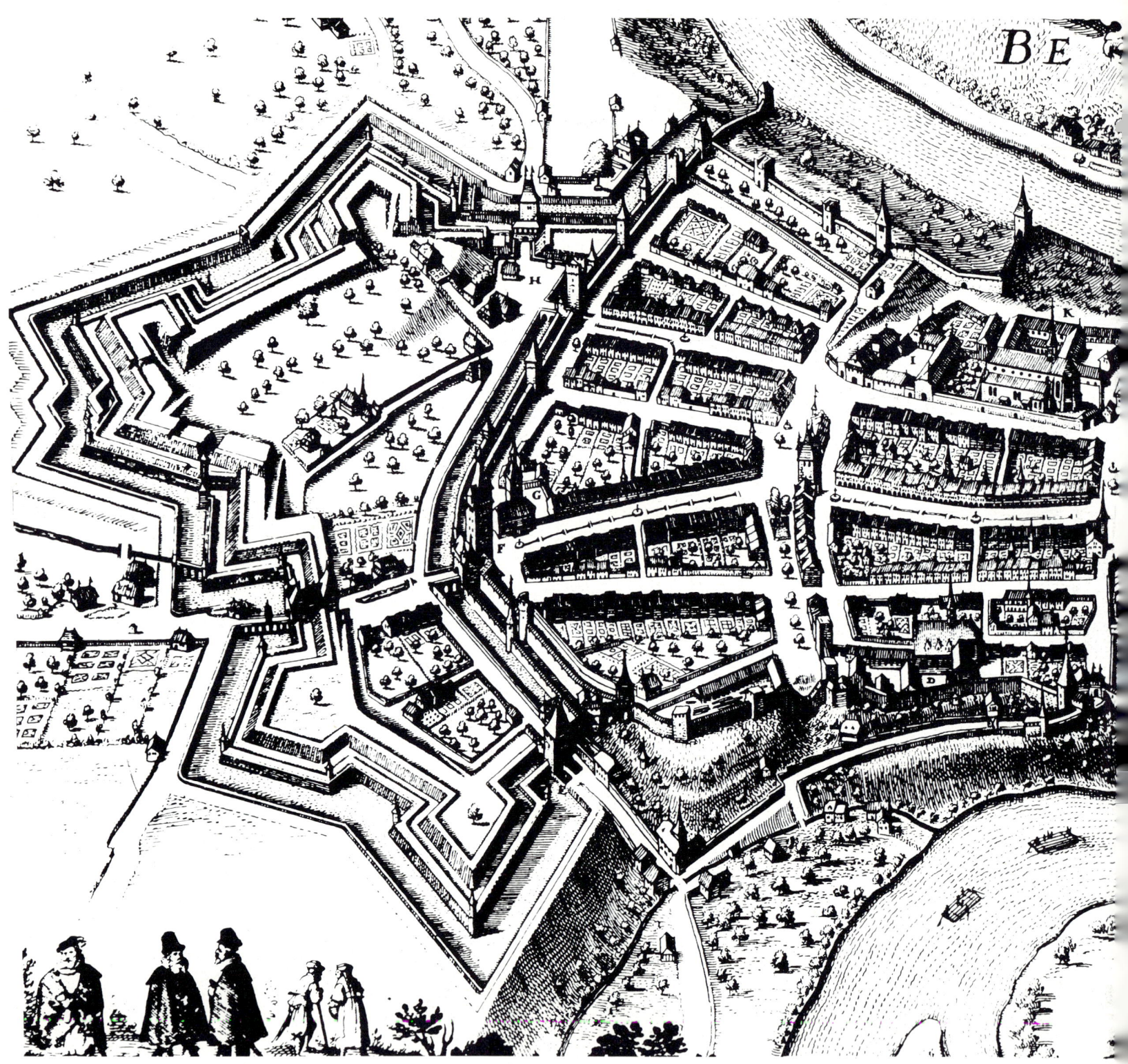

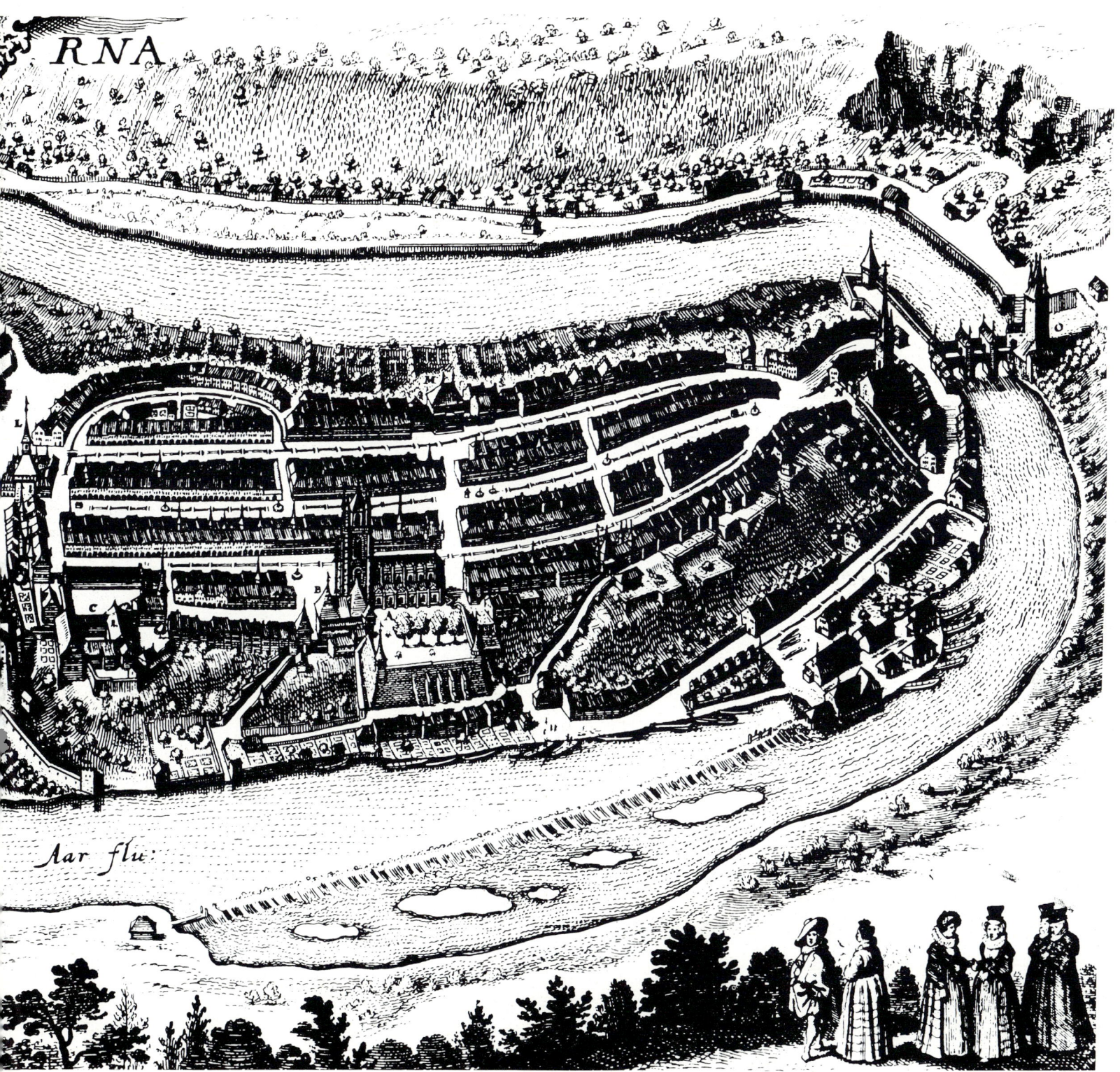

RNA

Aar flu:

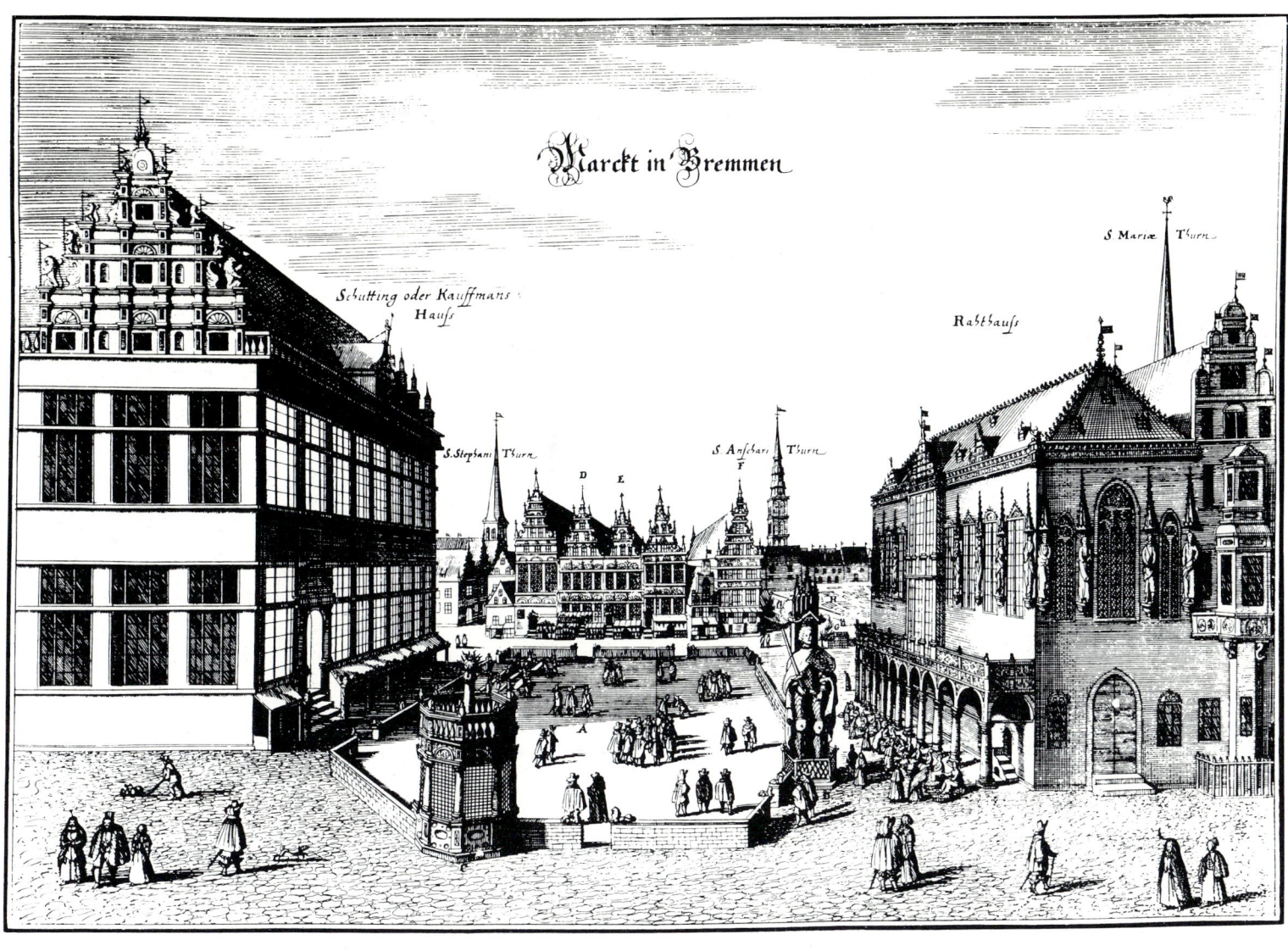

Marckt in Bremmen

Schutting oder Kauffmans Hauß

S Mariæ Thurn

Rahthauß

S Stephani Thurn

S Anscharj Thurn

Abb. 559. (Seite 342 und 343) **Generalansicht der Stadt Bern in der Schweiz (Stich von M. Merian aus dem Jahre 1654).**

Abb. 560. (linke Seite) **Modell des Stadtkerns von Ypern in Flandern. Die beiden Plätze werden von der Kathedrale und dem Zunfthaus der Tuchfabrikanten beherrscht.**

Abb. 561. Der Marktplatz in Bremen: links das Haus der Kaufleute, rechts das Rathaus und im Hintergrund die Zunfthäuser (Stich von M. Merian aus dem Jahre 1653).

Abb. 562–563. Ansicht und Plan der Stadt San Gimignano in der Toskana.

1 Turmhügel mit Bischofspalast
2 Rocca
3 Becci-Bogen
4 San Matteo-Bogen
5 Goro-Bogen (diese drei Bögen waren Teil des ersten Mauerrings aus dem 10. Jahrhundert)
6 Porta San Giovanni
7 Porta di Quercecchio
8 Porta San Matteo
9 Porta San Jacopo
10 Porta delle Fonti

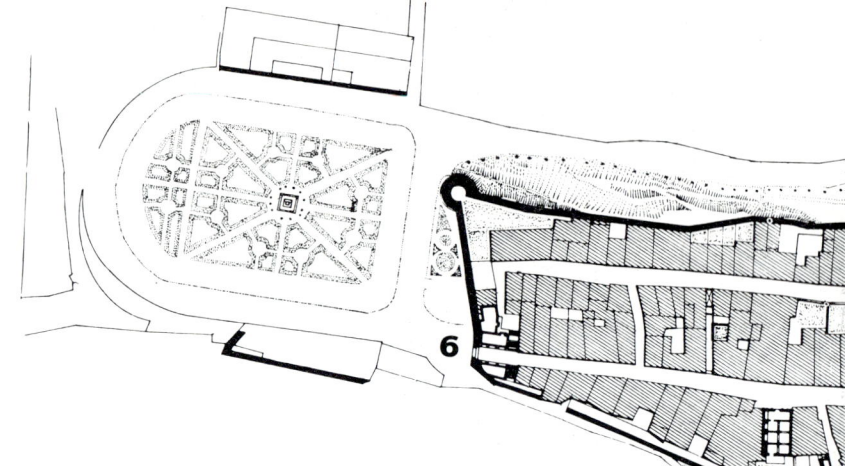

N

0   50   100 m

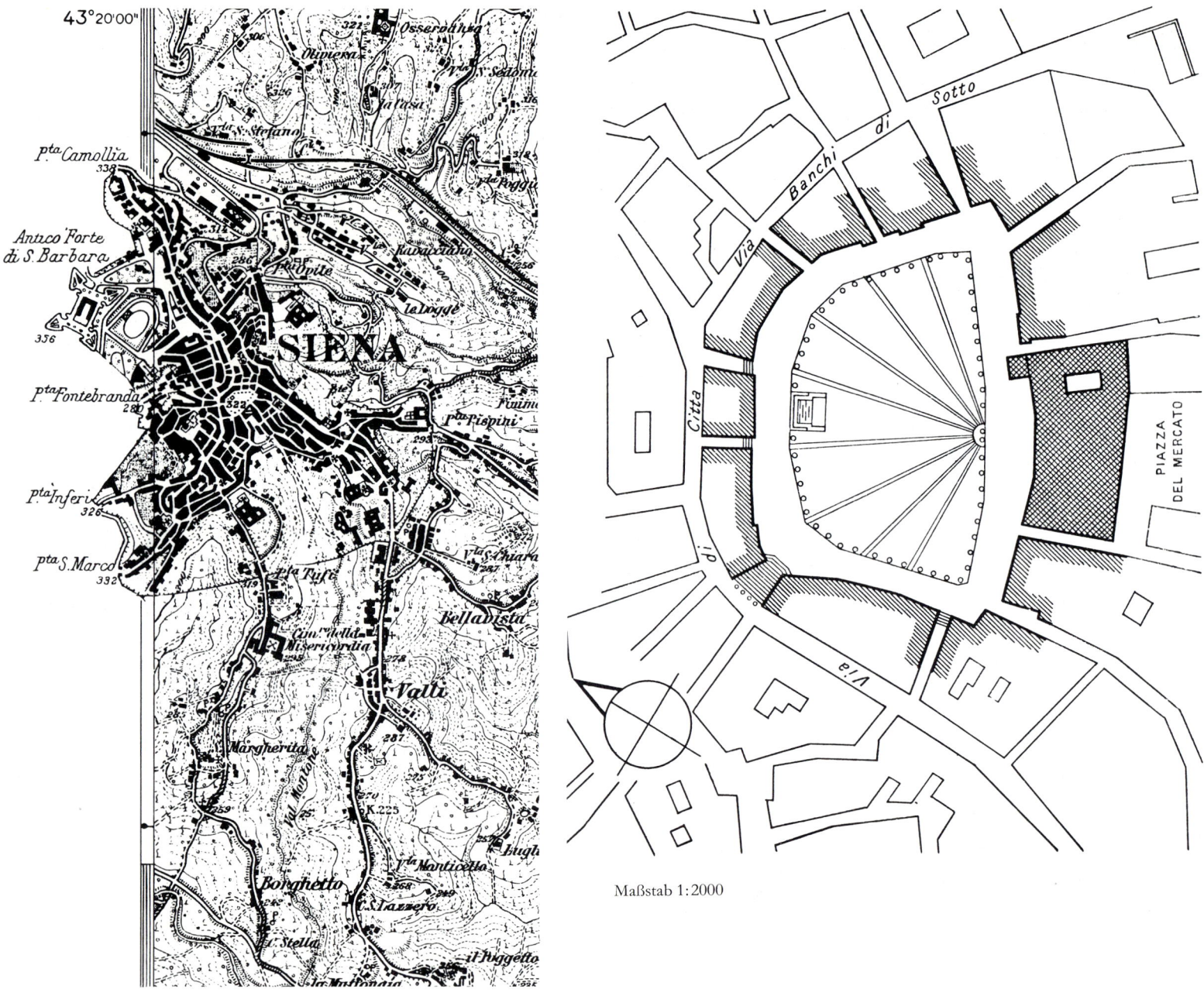

Abb. 564. Plan von Siena (Karte des Militärgeographischen Instituts im Maßstab 1:25 000).

Maßstab 1:2000

Abb. 565–566. Die Piazza del Campo mit dem Rathaus in Siena.

Abb. 567. (linke Seite) **Das Stadtzentrum von Siena mit der Piazza del Campo und der Piazza della Cattedrale.**

Abb. 568–569. Plan der Kathedrale von Siena mit der in der ersten Hälfte des 14. Jahrhunderts geplanten, aber nicht vollendeten Erweiterung. Unten eine Luftaufnahme.

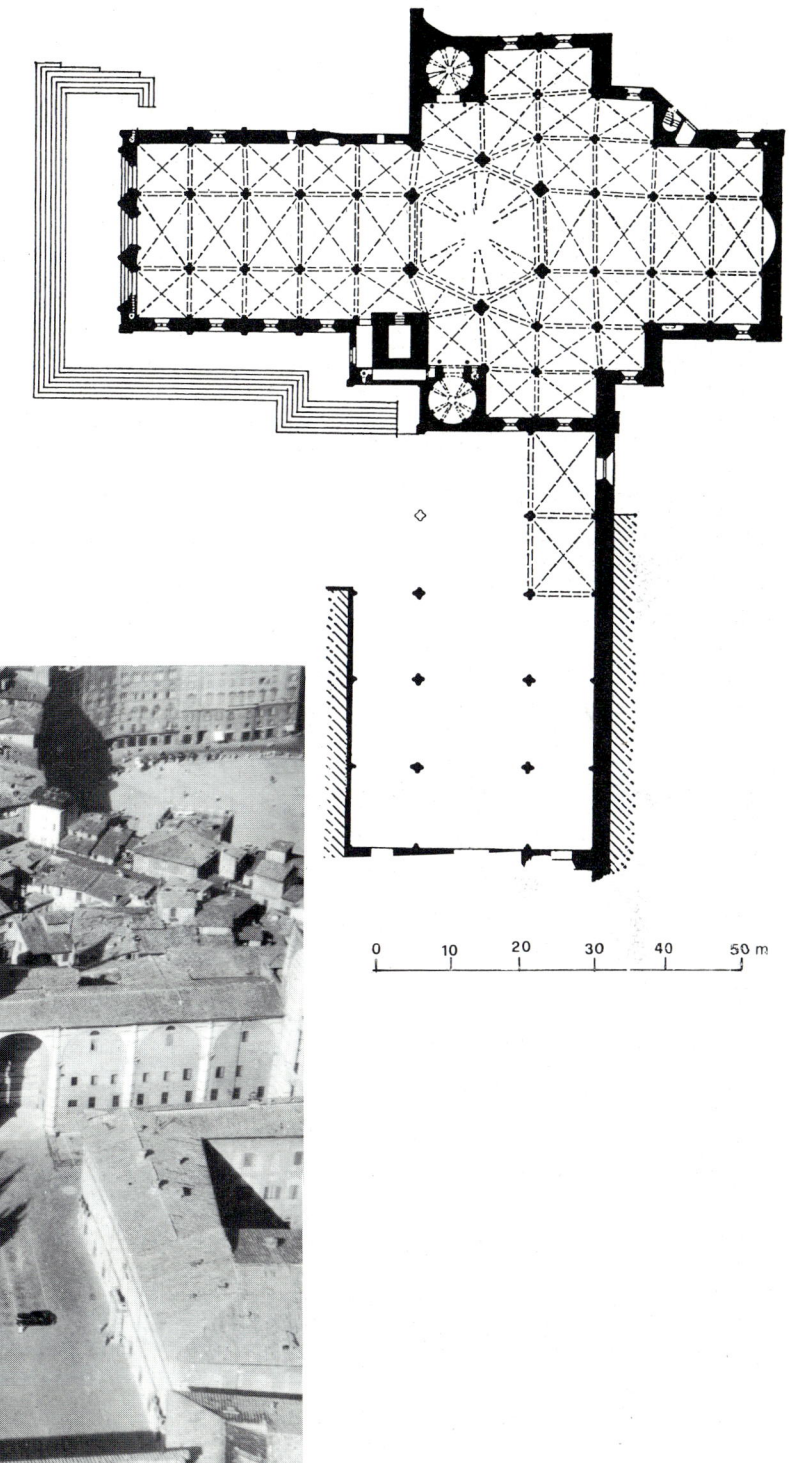

Die mittelalterliche Kultur hielt sich – anders als die der Antike – nicht an formale Modelle; so gab es auch kein einheitliches, für das Mittelalter typisches Stadtbild. Wir finden hier die verschiedensten Formen, weil sich die Städte – wie wir bereits gezeigt haben – jeweils auf ihre eigene Art und Weise den geographischen und historischen Gegebenheiten anpaßten. Dennoch lassen sich einige allgemeine Charakteristika mittelalterlicher Städte anführen, die man aber vor dem Hintergrund der beschriebenen politischen und ökonomischen Verhältnisse sehen muß:

1. Die mittelalterliche Stadt hatte ein ähnlich unregelmäßig verlaufendes Straßennetz wie die islamischen Städte, aber es war so angelegt, daß es dennoch ein einheitliches System bildete, in dem man sich zurechtfinden konnte und das einen allgemeinen Eindruck des Stadtteils oder der Stadt vermittelte. Nicht alle Straßen hatten dieselben Ausmaße, sondern es gab eine deutliche Hierarchie von Haupt- und mehr oder weniger großen Nebenstraßen. Die Plätze waren kein von den Straßen abgetrennter und unabhängiger Raum, sondern mit den Straßen, die in sie mündeten, eng verbunden. Nur die kleinen Nebenstraßen dienten ausschließlich dem Verkehr; alle anderen erfüllten mehrere Zwecke. Sie dienten zwar ebenfalls dem Verkehr, aber luden auch zum Verweilen ein. Sie wurden von den Händlern und den Geschäftsleuten genutzt und boten Platz für Versammlungen. Die Vorderfront der fast immer mehrstöckigen Häuser lag jeweils zur Seite des öffentlichen Bereichs und die Fassaden dieser Häuser prägten das Aussehen der Straßen und Plätze (Abb. 572).

Öffentlicher und privater Bereich waren also nicht so stark voneinander abgegrenzt wie in den antiken Städten. Es gab einen allen zugänglichen komplexen, aber einheitlichen öffentlichen Bereich, der sich über die gesamte Stadt erstreckte und den Rahmen bildete für die öffentlichen wie auch für die privaten Gebäude mit ihren nicht selten dazugehörigen Innenhöfen oder Gärten.

Dieses neue Gleichgewicht zwischen beiden Bereichen entstand als Kompromiß zwischen öffentlichen Gesetzen und privaten Interessen. So waren in den kommunalen Verordnungen äußerst genaue Regelungen bezüglich der Berührungspunkte zwischen dem öffentlichen und dem privaten Bereich festgelegt – insbesondere für Stellen, an denen ein Bereich den anderen überlagerte, z. B. bei Hausvorsprüngen und Balkons, die einen Teil der Straße überdeckten, Säulengängen, außen angelegten Treppenaufgängen.

Abb. 570. Eine mittelalterliche Straße in Siena mit ihren fünf- und sechsstöckigen Häusern.

2. Der öffentliche Bereich der Stadt war recht komplex strukturiert, weil hier verschiedene Machtzentren nebeneinander Platz finden mußten: der Bischofssitz, die Stadtverwaltung, die religiösen Orden und die Zünfte. So hatten die größeren Städte oft mehrere Zentren: ein religiöses mit der Kathedrale und dem Bischofssitz, ein politisches mit dem Rathaus und ein oder mehrere Zentren für den Handel mit den Arkaden, den Häusern der Zünfte und der Kaufmannsvereinigungen. Oft gingen diese verschiedenen Bereiche ineinander über, aber der Gegensatz zwischen religiöser und weltlicher Macht – ein Gegensatz, der in der Antike nicht existierte – war doch immer deutlich sichtbar.

Jede Stadt hatte verschiedene Stadtteile mit einem jeweils typischen Charakter, ein eigenes Wappen und oft auch eine eigene politische Verwaltung. Im 13. Jahrhundert, als die Städte immer größer wurden, bildeten sich in den Stadtteilen am Stadtrand neben den ursprünglichen Zentren weitere kleinere Zentren heraus: die Klöster der neuen religiösen Orden (Franziskaner, Dominikaner, Serviten) mit ihren Kirchen und den dazugehörigen Plätzen.

3. Die Städte hatten in der politischen Landschaft des Mittelalters eine privilegierte Stellung, obwohl das städtische Bürgertum nur einen kleinen Teil der zwischen dem Anfang des 11. und

Abb. 572. Ein mittelalterliches Haus in Cluny, Frankreich.

Vorderansicht

Maßstab 1 : 250

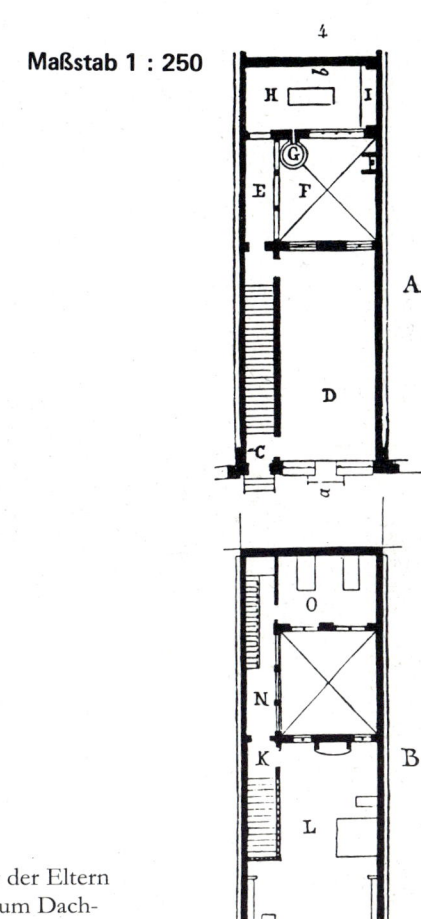

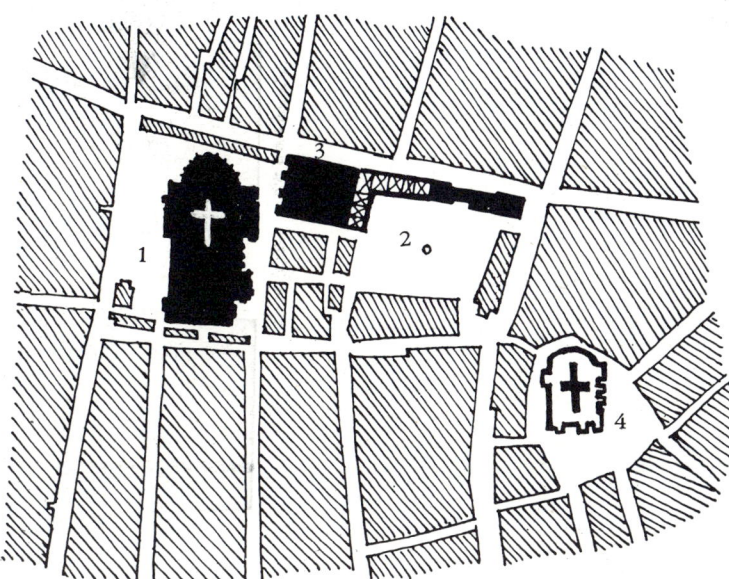

Abb. 571. Das Zentrum des mittelalterlichen Lübeck: charakteristisch der Platz um die Hauptkirche (1), der Marktplatz mit dem Rathaus (2), die Hauptstraße, die an beiden Plätzen entlangführt (3) und ein weiterer Kirchplatz (4).

A Parterre
B Erster Stock
C Eingang
D Laden
E Säulengang
F Hof
G Brunnen
H Küche
I Kamin
K Treppenabsatz
L Wohn- und Schlafzimmer der Eltern
N Durchgang und Treppe zum Dachboden
O Schlafzimmer der Kinder

Abb. 573. Der die Dächer der Stadt überragende Dom von Orvieto.

der Mitte des 14. Jahrhunderts beständig und rasch anwachsenden Gesamtbevölkerung ausmachte. Da die Gesetze die in der Stadt konzentrierten Bewohner begünstigten, stellte das Zentrum den begehrtesten Bereich der Stadt dar: Die wohlhabenderen Einwohner lebten im Zentrum, die ärmeren am Stadtrand. Im Zentrum wurden auch die höchsten Bauwerke der Stadt errichtet; sie prägten meist die Silhouette der Stadt und verliehen so dem gesamten Stadtbild auch in der dritten Dimension einen einheitlichen Ausdruck: der Turm des Rathauses, der neben der Kirche errichtete Glockenturm oder der Kirchturm.

Zur Verteidigung gegen Angriffe von außen mußte jede Stadt eine rundherum verlaufende Mauer errichten. Mit der Ausweitung der Stadt wurden neue konzentrisch verlaufende Stadtmauern angelegt. Diese Stadtmauern, für deren Errichtung bei weitem der größte Teil der öffentlichen Ausgaben verwendet

wurde, hatten zumeist einen unregelmäßigen und abgerundeten Verlauf und waren so angelegt, daß mit möglichst geringem Aufwand die vorgegebene Fläche eingefaßt werden konnte (Abb. 550).

Die Errichtung einer neuen Stadtmauer wurde solange hinausgezögert, bis es tatsächlich keinen freien Raum mehr innerhalb der alten Mauer gab. Daher waren die mittelalterlichen Städte extrem dicht besiedelt und die Häuser wurden möglichst in die Höhe gebaut. Lediglich die großen, gegen Ende des 13. und zu Beginn des 14. Jahrhunderts errichteten Stadtmauern – wie die von Florenz, Siena, Bologna, Padua und Gent – erwiesen sich als zu groß, weil die Bevölkerungszahl im 14. Jahrhundert nicht mehr weiter anstieg oder gar zurückging. So blieben im Innern dieser Mauern große Grünflächen frei, die erst im 19. Jahrhundert bebaut wurden (Abb. 574).

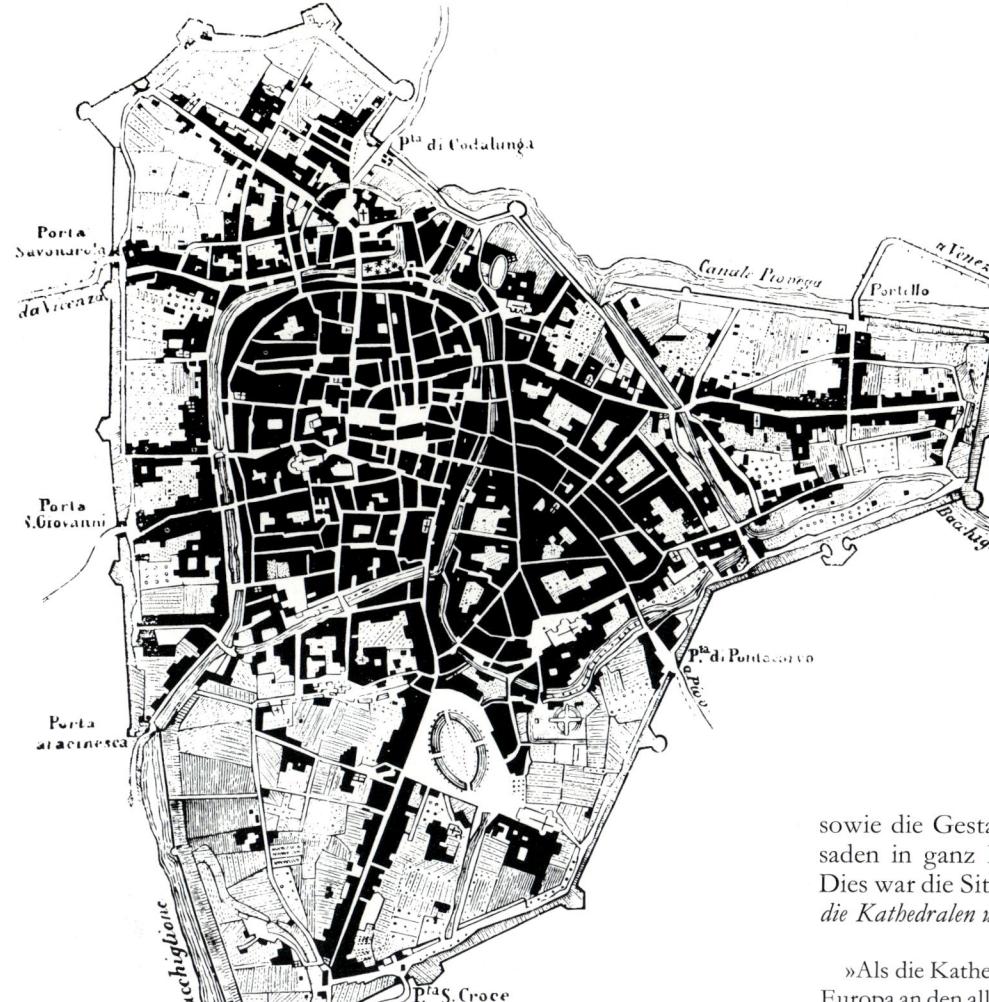

P.ta di Codalunga

Porta Savonarola

da Vicenza

Canale Piovega

a Venezia

Portello

F. Bacchiglione

Porta S. Giovanni

Porta saracinesca

P.ta di Pontecorvo

F. Bacchiglione

P.ta S. Croce

da Monselice

Abb. 574. Plan von Padua mit dem letzten Mauerring, der auch Felder und Gärten einschließt.

0   500   1000 m

sowie die Gestaltungsvarianten und Ausstattungsarten der Fassaden in ganz Europa vereinheitlicht wurden (Abb. 575–595). Dies war die Situation, die Le Corbusier 1937 in seinem Buch *Als die Kathedralen weiß waren* so treffend beschrieben hat:

»Als die Kathedralen weiß waren, waren die produktiven Arbeiten in Europa an den alles bestimmenden Anforderungen einer neuen, wunderbaren und verrückt-tollkühnen Technik ausgerichtet, deren Anwendung zu neuen, überraschenden Formsystemen führte – zu Formen, die einen Geist ausdrückten, der mit den Regeln der tausendjährigen Tradition brach und der nicht zögerte, die Zivilisation und Kultur in ein unbekanntes Abenteuer zu stürzen. Eine internationale Sprache begünstigte den Austausch der Ideen, ein internationaler Stil hatte sich von West nach Ost und von Nord nach Süd ausgebreitet.

Die Kathedralen waren weiß, weil sie neu waren. Die Städte waren neu: sie wurden in allen Größen gebaut – geordnet, regelmäßig, geometrisch, nach einem festgelegten Plan. (...) Das Bild der Stadt und ihrer Umgebung wurde jeweils durch die Wolkenkratzer Gottes dominiert. Sie wurden so hoch gebaut wie nur möglich, außergewöhnlich hoch. Gemessen am Gesamtbild waren sie damit disproportional. Aber nein, sie stellten einen Akt des Optimismus dar, eine Geste der Zuversicht, einen Beweis großen Könnens.

Die neue Welt kündigte sich an. Weiß, strahlend, voll Freude, sauber, klar und vorwärtsgewandt erblühte die neue Welt wie eine Blume inmitten von Ruinen. Man ließ alle traditionell anerkannten Sitten und Bräuche hinter sich und kehrte der Vergangenheit den Rücken zu. Im Verlauf von hundert Jahren wurden Wunder vollbracht und Europa wurde verändert.«

4. Die mittelalterlichen Städte, die bis heute weitgehend erhalten geblieben sind, haben ihre endgültige Form zwischen dem 15. und 18. Jahrhundert erhalten, nachdem ihre Größe und ihre Struktur im wesentlichen bereits vorher festgelegt worden waren.

In den vorangegangenen Jahrhunderten, als sich die Städte noch in stetigem Wachstum befanden, machten sie einen weitaus ungeordneteren Eindruck. Die bedeutenderen Kirchen und Paläste waren über viele Jahre hinweg lediglich von Gerüsten umgebene Rohbauten, und jedes neue Bauwerk brachte eine erhebliche Veränderung des alten Stadtbildes mit sich. Eine gewisse architektonische Einheitlichkeit wurde lediglich durch ein allgemein verbreitetes Stilgefühl garantiert, das sich vor allem durch ein Vertrauen in die Zukunft auszeichnete und sich nicht an vergangenen Stilrichtungen orientierte. Die Gotik stellt genau jenen international verbreiteten Baustil dar, durch den die in der Mitte des 12. Jahrhunderts aufkommenden Konstruktionsmethoden

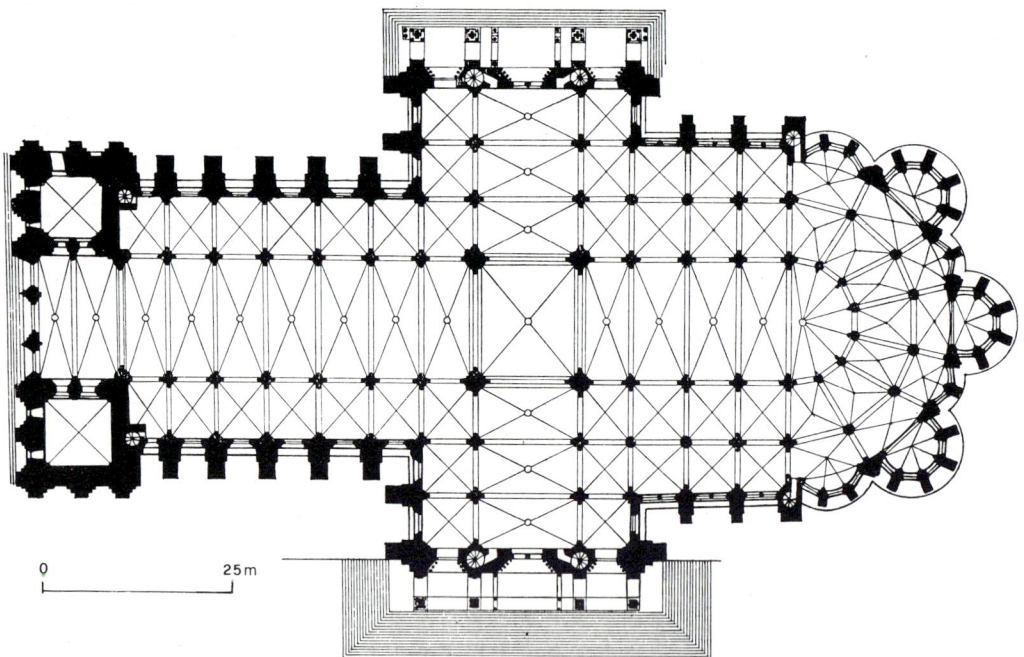

Abb. 575–577. Die Kathedrale von Chartres, mit deren Bau im Jahre 1194 begonnen wurde: Grundriß und zwei Luftaufnahmen, die das Größenverhältnis zwischen der Kirche und den sie umgebenden Häusern verdeutlichen.

0   25m

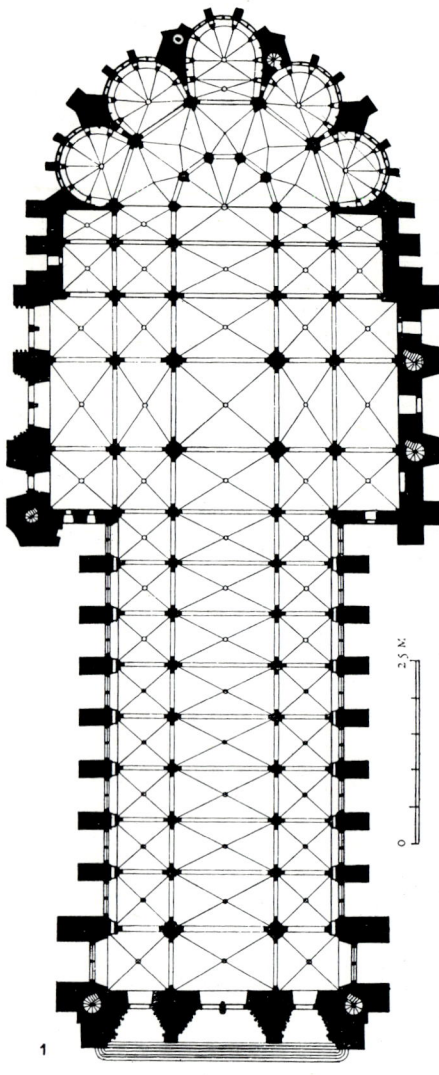

Abb. 578–582. Die Kathedrale von Reims, mit deren Bau im Jahre 1210 begonnen wurde.

1. Grundriß
2. Plan zweier typischer Bogenkonstruktionen in Höhe der Basis (siehe A und B in Zeichnung 4) und in Höhe der ersten Fensterreihe (siehe C und D in Zeichnung 4)
3. Innenansicht
4. Querschnitt
5. Außenansicht

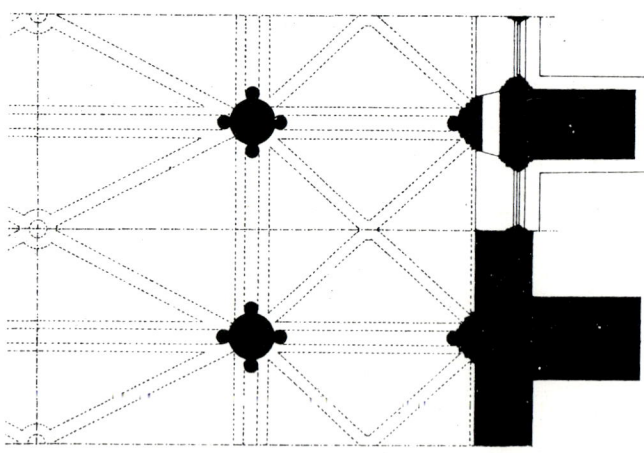

Maßstab 1:1000 **2**

1

3

M = 1:200

1

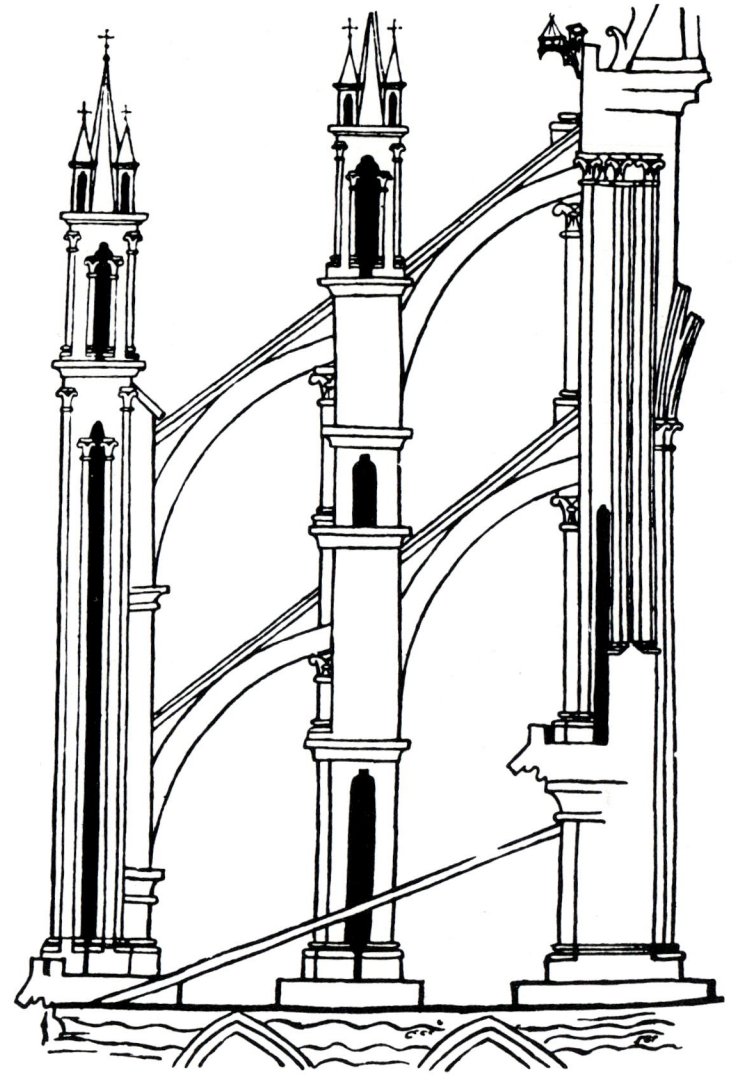

2

3

4

Abb. 583–586. Vier Innen- und Außendetails der Kathedrale von Reims aus dem Skizzenblock des mittelalterlichen Architekten Villard de Honnecourt (um 1235).

1. Innen- und Außenansicht des dreischiffigen Hauptteils der Kirche
2. Querschnitt der Strebepfeiler des Chors
3., 4. Außen- und Innenansicht des Chors

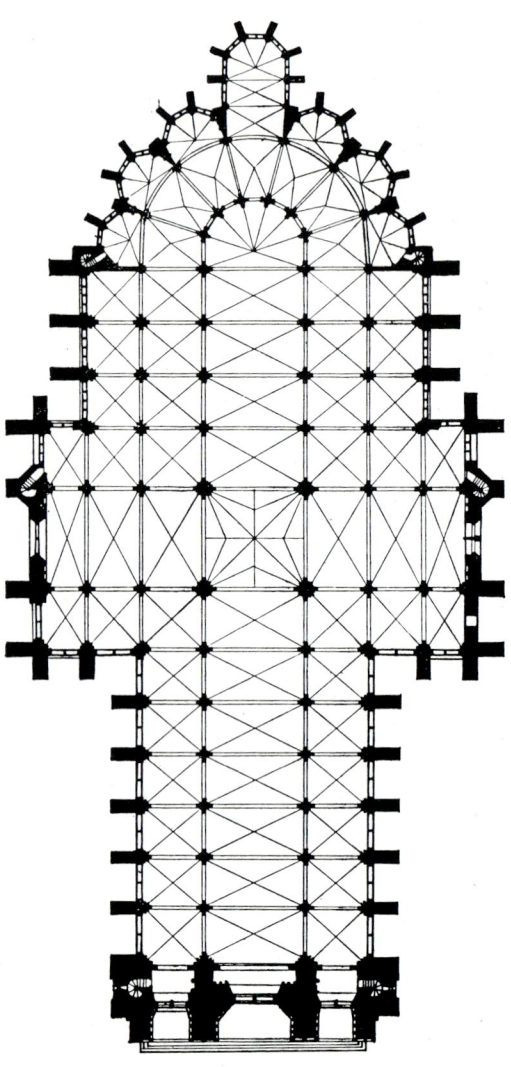

Abb. 587–588. Die Kathedrale von Amiens, mit deren Bau im Jahre 1220 begonnen wurde: Grundriß im Maßstab 1:1000 und Innenansicht.

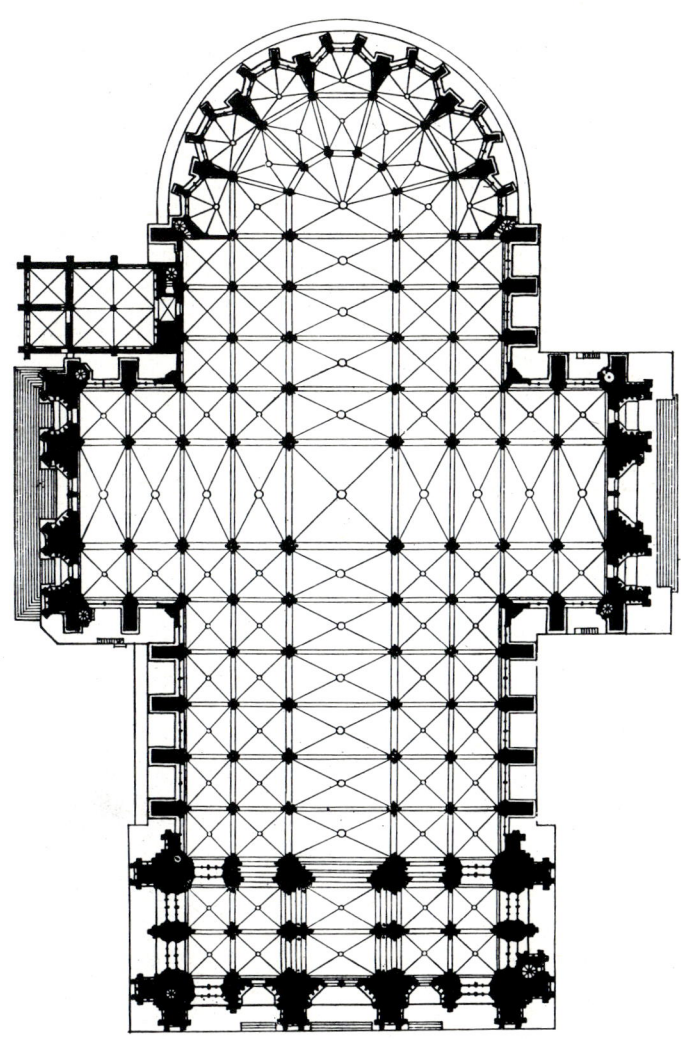

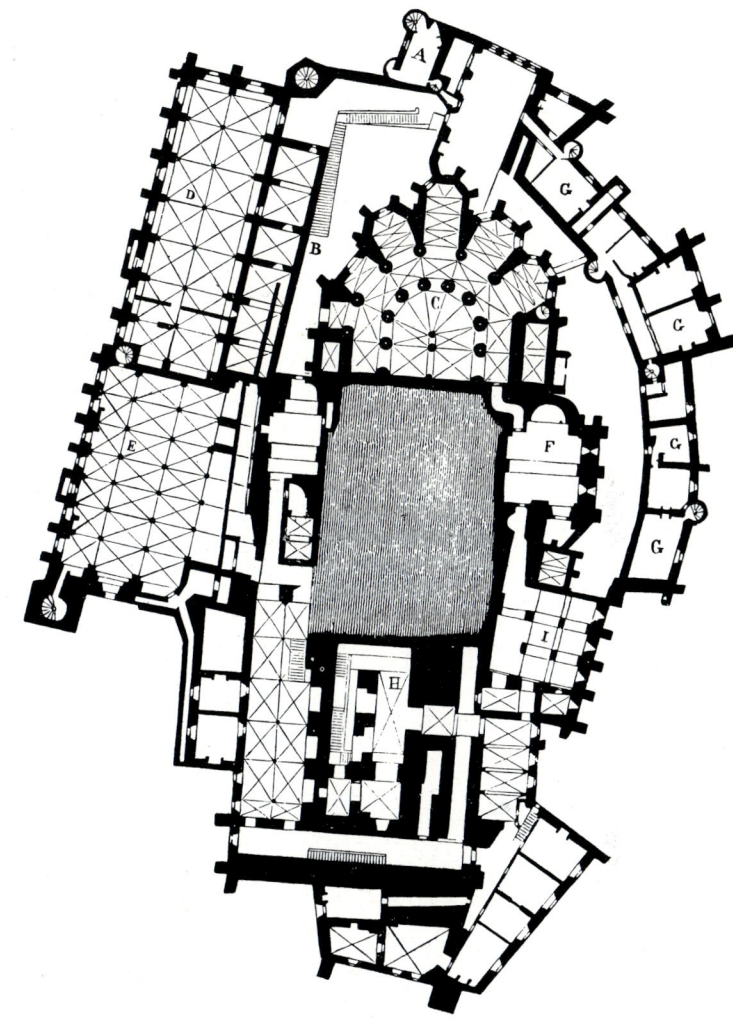

A Wachgebäude
B Hof
C Apsis
D u. E Abtei
F Krypta
G Palast der Äbte
H Krypta
I Begräbnisstätte

Abb. 590. Grundriß der Kirche und der sie umgebenden Gebäude auf dem Mont Saint Michel in Frankreich. Die Kirche ist hier in einen architektonisch und von seinen Proportionen her ausgewogenen Gebäudekomplex integriert. (Maßstab 1:1000).

Abb. 589. Grundriß des Kölner Doms (Maßstab 1:1000), Baubeginn im Jahre 1248.

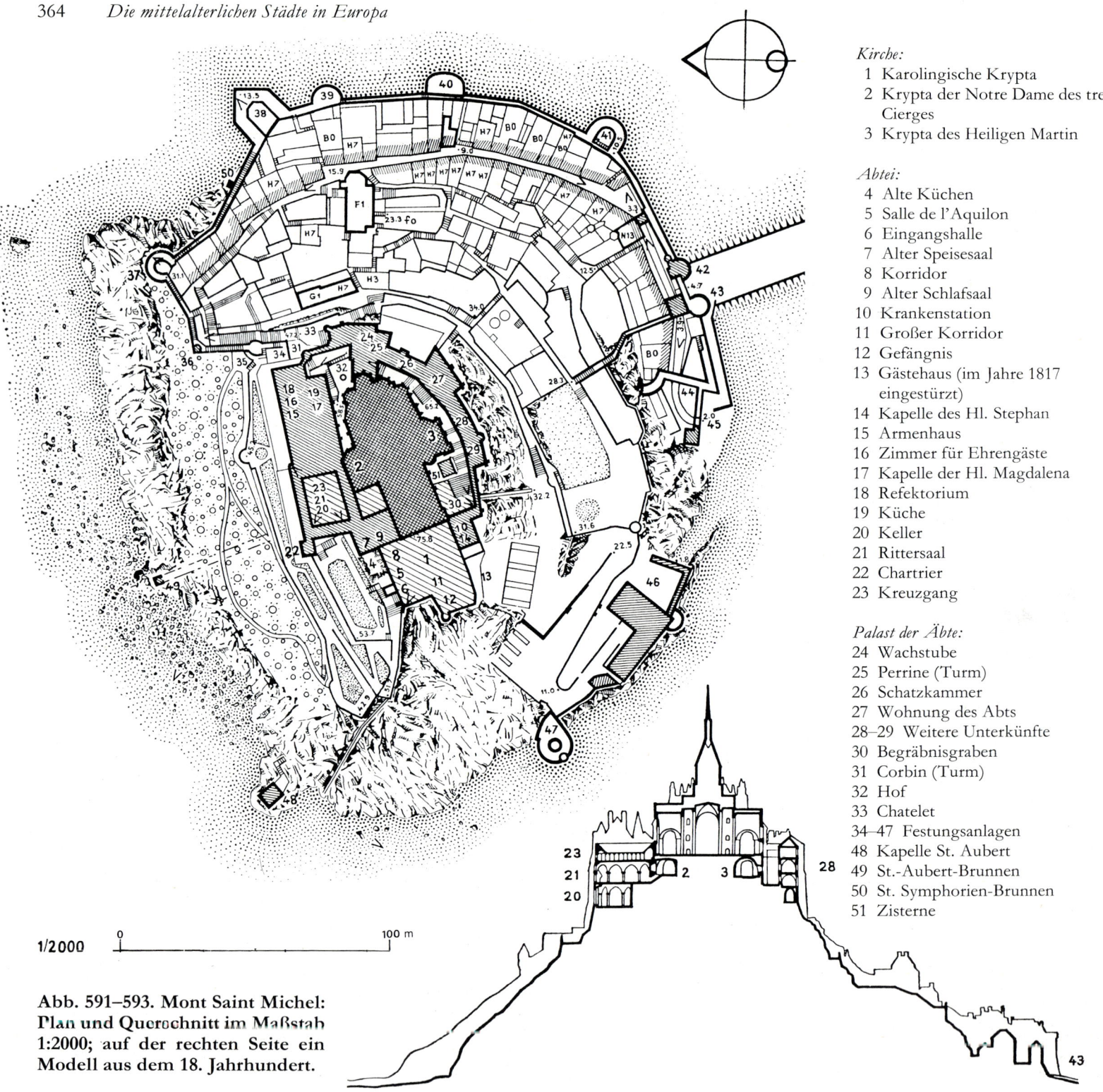

Kirche:
1 Karolingische Krypta
2 Krypta der Notre Dame des trente Cierges
3 Krypta des Heiligen Martin

Abtei:
4 Alte Küchen
5 Salle de l'Aquilon
6 Eingangshalle
7 Alter Speisesaal
8 Korridor
9 Alter Schlafsaal
10 Krankenstation
11 Großer Korridor
12 Gefängnis
13 Gästehaus (im Jahre 1817 eingestürzt)
14 Kapelle des Hl. Stephan
15 Armenhaus
16 Zimmer für Ehrengäste
17 Kapelle der Hl. Magdalena
18 Refektorium
19 Küche
20 Keller
21 Rittersaal
22 Chartrier
23 Kreuzgang

Palast der Äbte:
24 Wachstube
25 Perrine (Turm)
26 Schatzkammer
27 Wohnung des Abts
28–29 Weitere Unterkünfte
30 Begräbnisgraben
31 Corbin (Turm)
32 Hof
33 Chatelet
34–47 Festungsanlagen
48 Kapelle St. Aubert
49 St.-Aubert-Brunnen
50 St. Symphorien-Brunnen
51 Zisterne

1/2000
0   100 m

Abb. 591–593. Mont Saint Michel: Plan und Querschnitt im Maßstab 1:2000; auf der rechten Seite ein Modell aus dem 18. Jahrhundert.

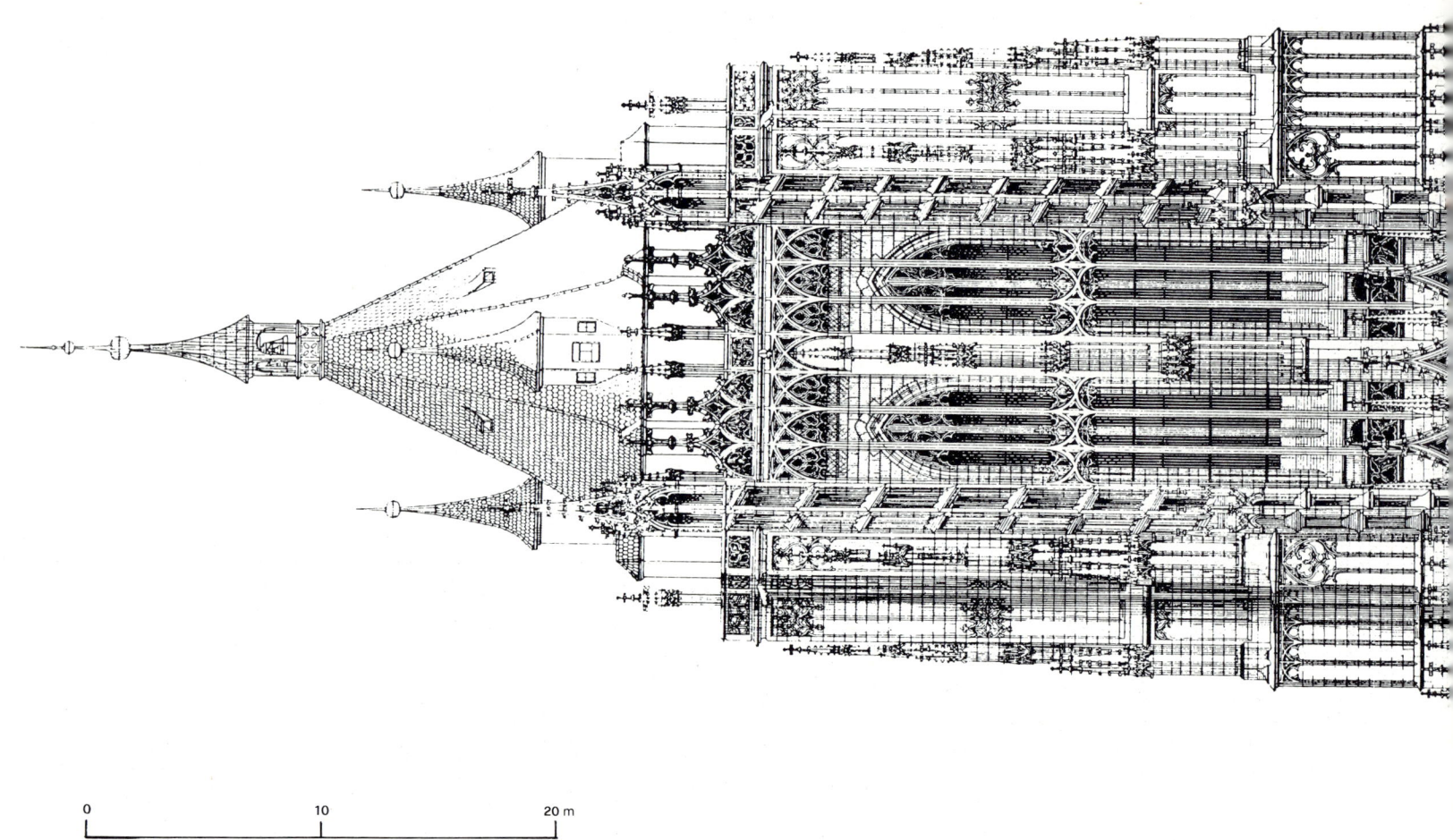

0   10   20 m

Abb. 594. Die Fassade des Ulmer Münsters.

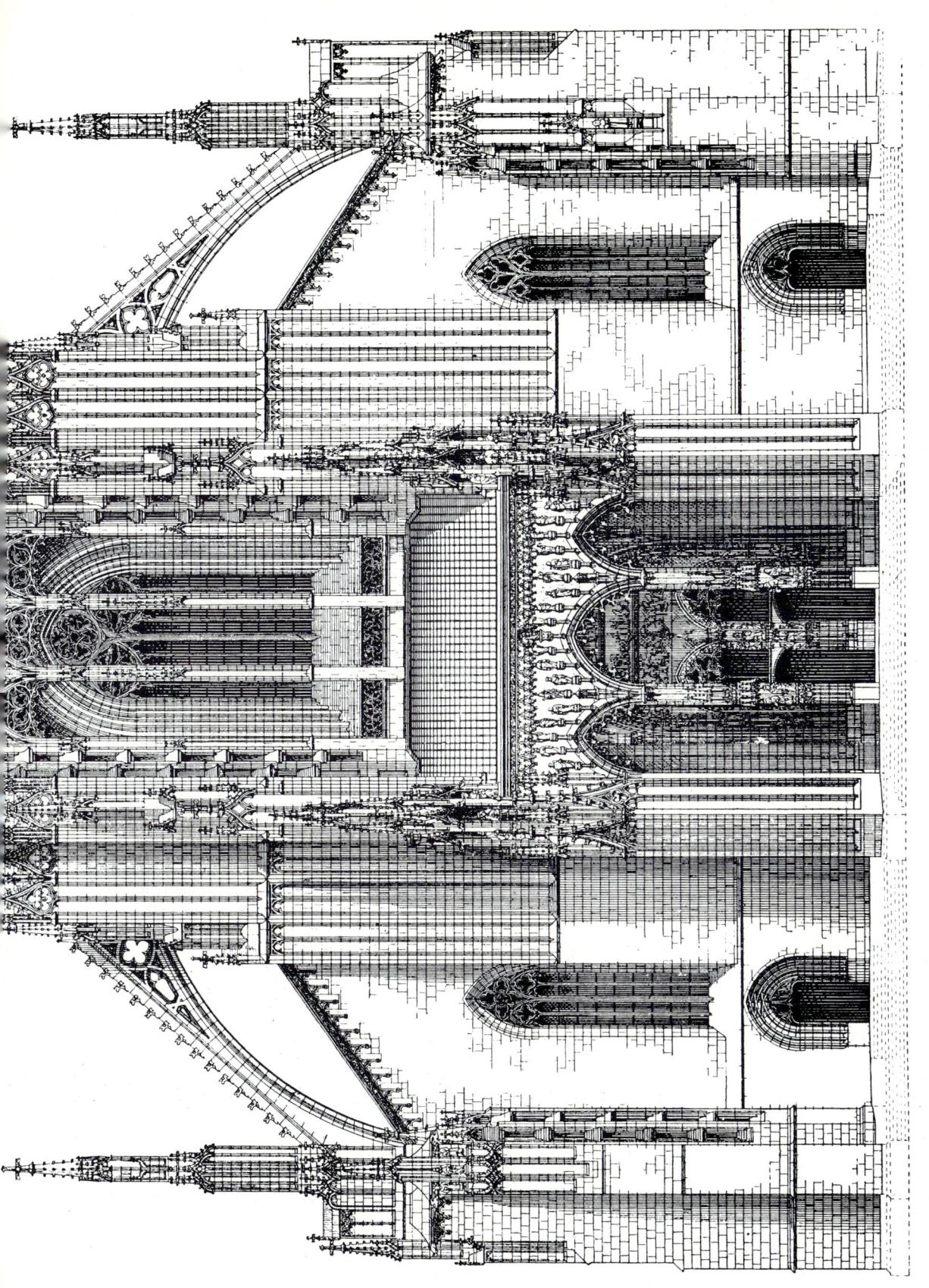

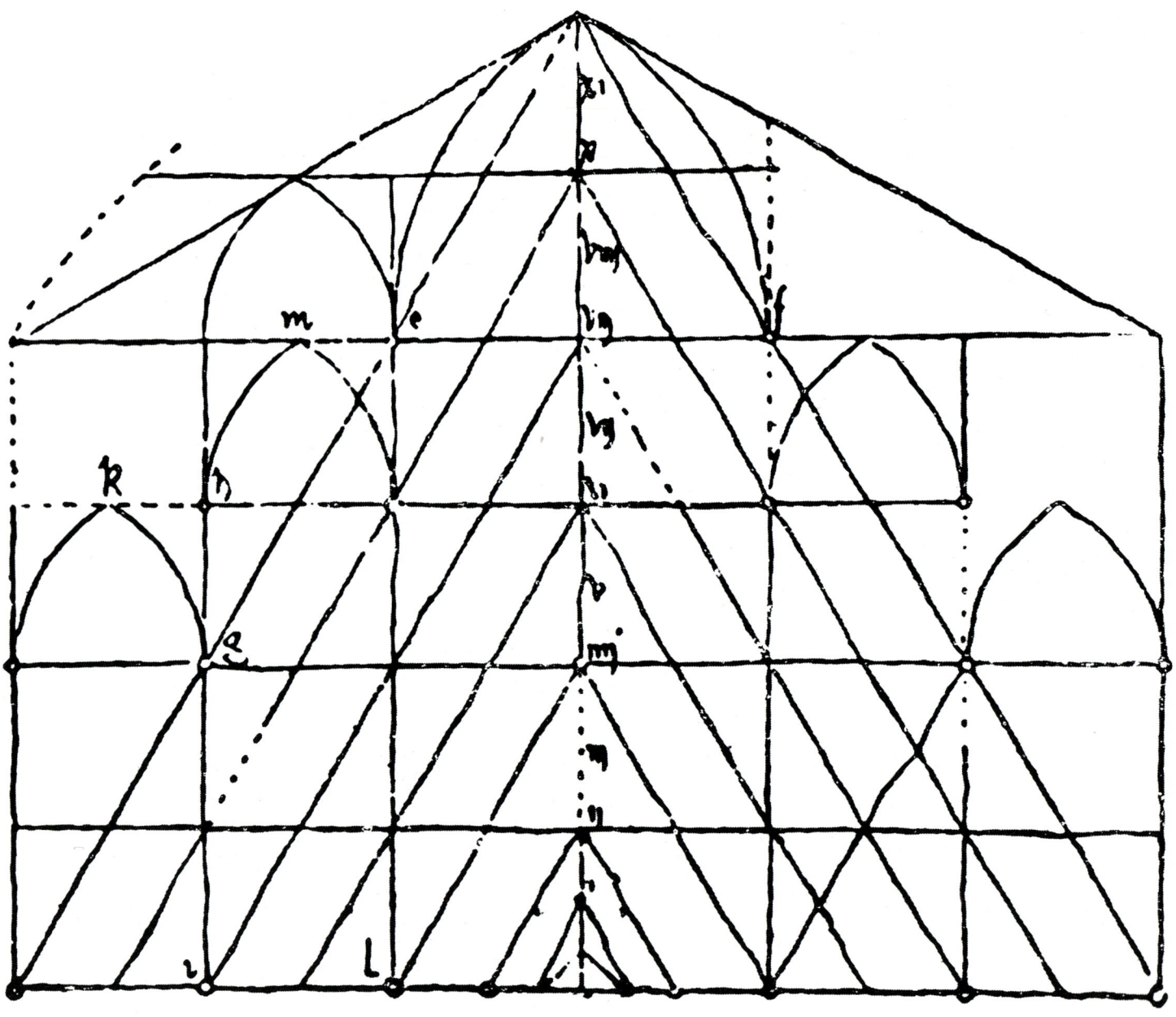

Abb. 595. Diese Zeichnung des Meisterarchitekten Storna-
loco verdeutlicht die Proportionen der fünf Schiffe des Mailänder Doms (Ende des 14. Jahrhunderts).

Abb. 596. (rechte Seite) Zeichnung der Kathedrale und des
Klosters von Canterbury mit eingezeichnetem Wasserlei-
tungs- und Kanalisationssystem (12. Jahrhundert).

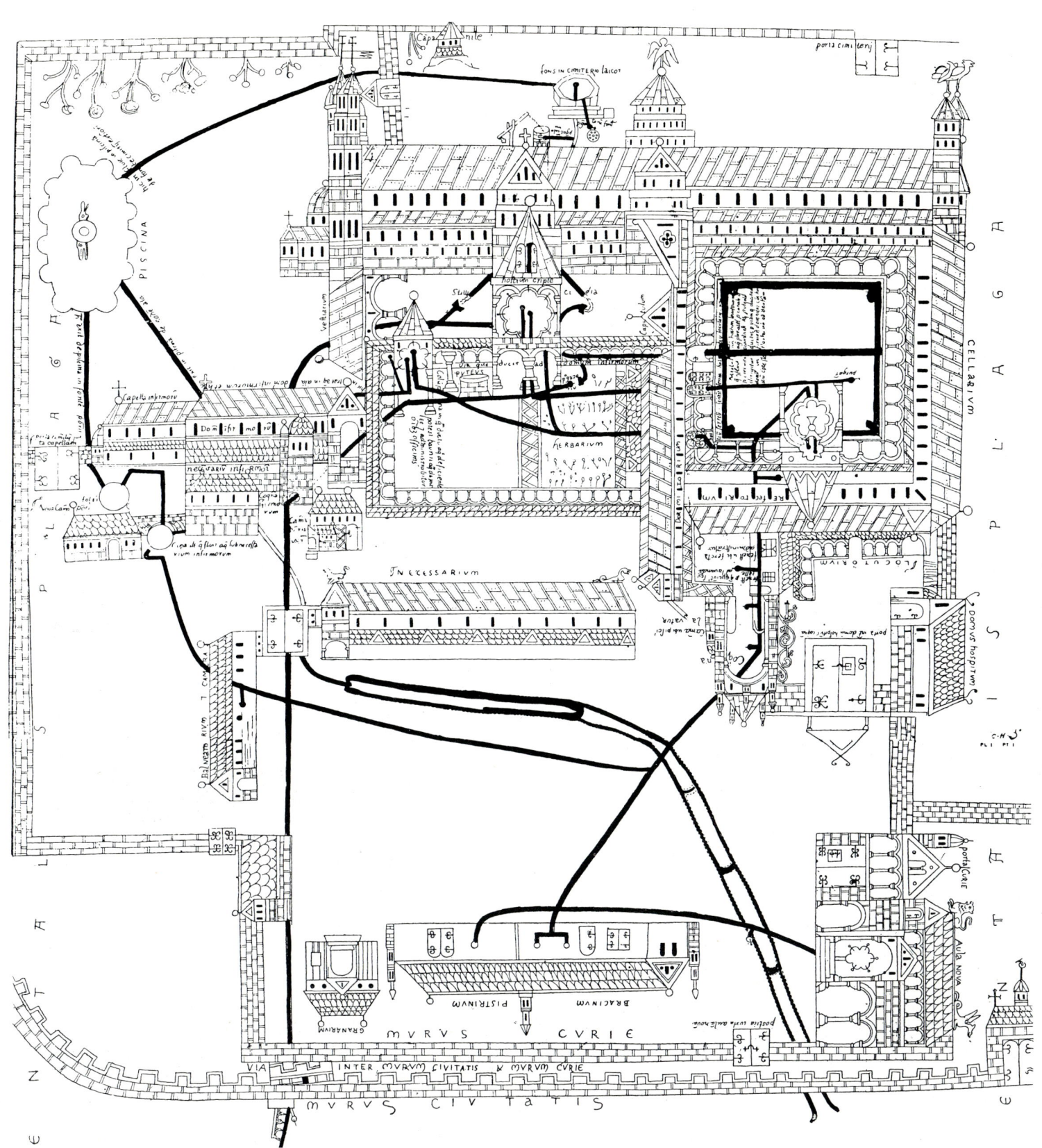

Die drei erstgenannten Charakteristika der mittelalterlichen Stadt – die Kontinuität, die Komplexität und die Konzentration – erwiesen sich auch in den folgenden Jahrhunderten als stabile Faktoren der Stadtentwicklung und sind bis heute grundlegende Elemente aller europäischen Städte geblieben. Das vierte Charakteristikum dagegen, das man die Fähigkeit zu ständiger Erneuerung nennen könnte, ging in der Krise der zweiten Hälfte des 14. Jahrhunderts verloren. Die Periode anhaltender Kreativität war vorbei. Man begann den Blick rückwärts zu richten, und die Orientierung an der Vergangenheit wurde auch für neue Entscheidungen bestimmend.

Um sich ein Bild von der antiken Stadt zu verschaffen, genügt es, einige der bedeutendsten und mächtigsten Städte (Athen, Rom oder Konstantinopel) zu beschreiben. Im Mittelalter dagegen gab es keine vergleichbaren Metropolen, keine Mammutstädte wie in der Antike, sondern eine Vielzahl mittelgroßer Städte, von denen im 13. und 14. Jahrhundert etwa ein Dutzend die gleiche Größe, eine Fläche zwischen 300 und 600 Hektar und eine Einwohnerzahl zwischen 50 000 und 150 000, erreichten.

Hier eine Aufzählung der bedeutendsten Städte des Spätmittelalters mit der von den zuletzt errichteten Stadtmauern umfaßten Fläche:

Venedig (die Stadt und die umliegenden Inseln)	ca. 600 Hektar
Mailand (innerhalb der viscontinischen Mauern des 15. Jahrhunderts)	580 Hektar
Gent (innerhalb der Mauern aus dem 14. Jahrhundert)	570 Hektar
Köln (innerhalb der Mauern von 1180)	560 Hektar
Florenz (innerhalb der Mauern von 1284)	480 Hektar
Padua (innerhalb der venezianischen Mauern aus dem 15. Jahrhundert)	450 Hektar
Paris (innerhalb der von Karl V. im Jahre 1370 errichteten Mauern)	440 Hektar
Brüssel (innerhalb der Mauern von 1357)	415 Hektar
Bologna (innerhalb der Mauern des 13. Jahrhunderts)	400 Hektar
Löwen (innerhalb der Mauern von 1357)	395 Hektar
Verona (innerhalb der Scaligermauern des 14. Jahrhunderts)	380 Hektar
Brügge (innerhalb der Mauern von 1297)	360 Hektar
Piacenza (innerhalb der Mauern des 14. Jahrhunderts)	290 Hektar
Tirlemont (innerhalb der Mauern des 14. Jahrhunderts)	250 Hektar
Neapel (innerhalb der aragonischen Mauern des 15. Jahrhunderts)	200 Hektar
Pisa (innerhalb der Mauern des 12. Jahrhunderts)	200 Hektar
Barcelona (innerhalb der Mauern von 1350)	200 Hektar
Siena (innerhalb der Mauern des 14. Jahrhunderts)	180 Hektar
Lübeck (innerhalb der Mauern des 13. Jahrhunderts)	180 Hektar
London (innerhalb der römischen, im Mittelalter restaurierten Mauern)	160 Hektar
Nürnberg (innerhalb der Mauern von 1320)	160 Hektar
Mallnes (innerhalb der Mauern des 14. Jahrhunderts)	160 Hektar
Frankfurt/M. (innerhalb der Mauern von 1333)	150 Hektar
Avignon (innerhalb der Mauern von 1356)	140 Hektar

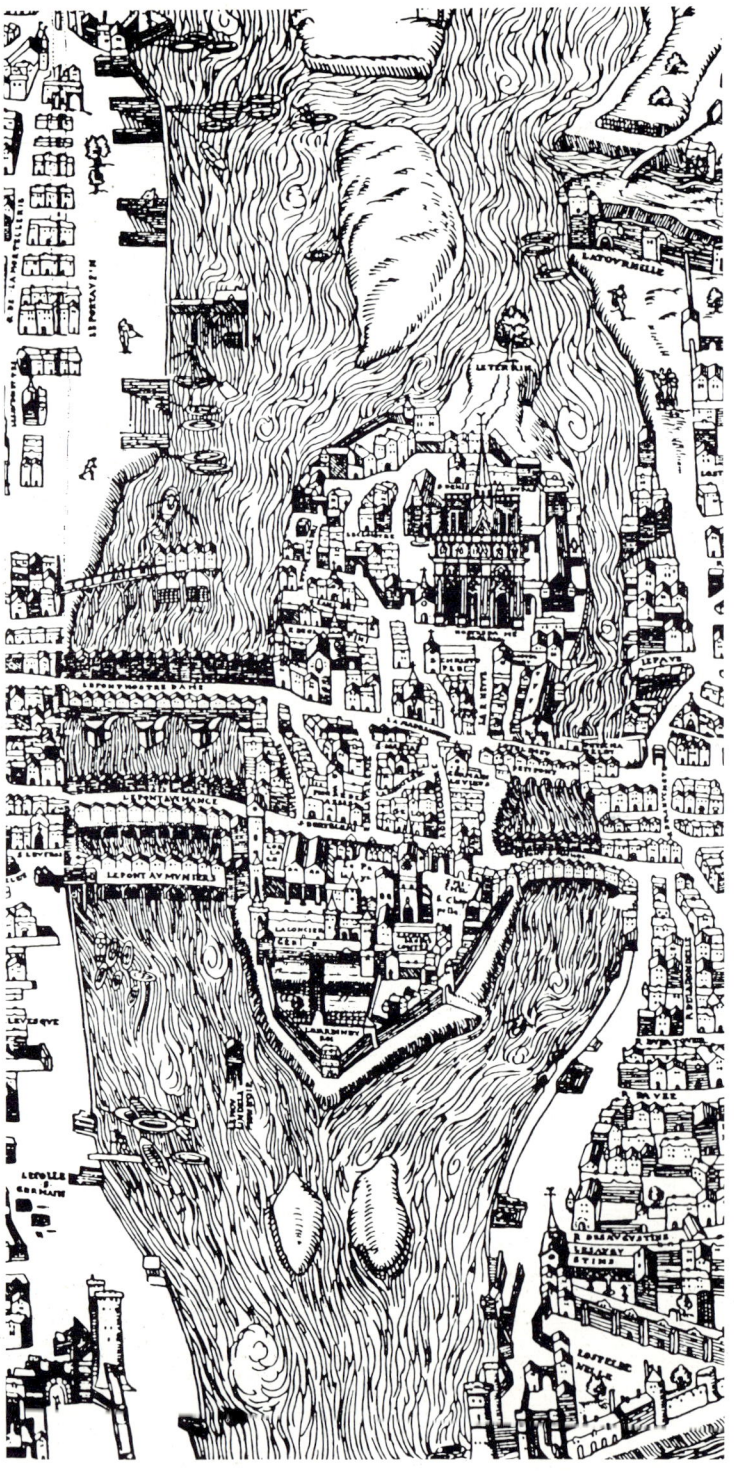

Abb. 597–598. Die Seineinsel mit der Kathedrale Notre Dame und Übersichtsplan des mittelalterlichen Paris. Deutlich sichtbar der von Philipp August (1180–1210) angelegte Mauerring, der dem Inselverlauf genau folgt, und die Erweiterung der Stadtmauer auf dem rechten Ufer durch Karl V. (Stiche aus dem 16. Jahrhundert).

Es gibt keine genauen Angaben über die Einwohnerzahlen dieser Städte und es ist nicht möglich, von ihrer Fläche auf die Zahl der Einwohner zu schließen, weil die Dichte der Bebauung – und damit die Bevölkerungsdichte – innerhalb der zuletzt errichteten Stadtmauern der einzelnen Städte sehr unterschiedlich war. Die bevölkerungsreichsten Städte, Mailand und Paris, hatten vielleicht 200 000 Einwohner, Venedig 150 000, Florenz 100 000, Gent und Brügge 80 000 und Siena 50 000. Keine der mittelalterlichen Städte erreichte die Dimension der Hauptstädte des ehemaligen arabischen Herrschaftsgebietes in Europa (Palermo mit 300 000 und Cordoba mit 500 000 Einwohnern), und sie blieben nach Größe und Einwohnerzahl auch weit hinter den

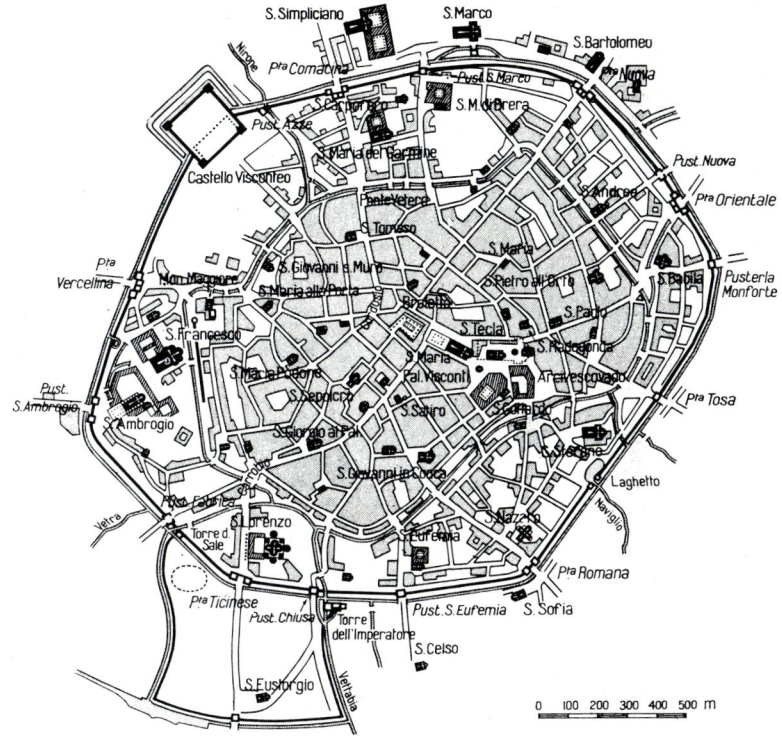

Abb. 599–600. Mailand: (oben) die Stadt Mitte des 14. Jahrhunderts in den Mauern des 12. Jahrhunderts, die nach der Schlacht von Legnano (1176) wieder errichtet worden waren; (links) ein Plan der heutigen Stadt im gleichen Maßstab (1:25 000). Im Zentrum ist der Verlauf des ersten Mauerrings (Mura dei Navigli) noch deutlich zu erkennen, ebenso der Verlauf des zweiten Mauerrings, der unter der Herrschaft der Viscontis angelegt und von den Spaniern in der Mitte des 16. Jahrhunderts verstärkt wurde.

Abb. 601. Karte der venezianischen Lagune des 16. Jahrhunderts. In der Mitte der Bucht liegt Venedig, umgeben von kleineren Inseln.

großen orientalischen Metropolen, wie Konstantinopel und Bagdad mit jeweils mehr als einer Million Einwohnern, zurück.

Es ist im Rahmen dieser allgemeinen Darstellung nicht möglich, alle aufgeführten Städte einzeln zu untersuchen. Wir beschränken uns auf die Beschreibung von fünf Städten – Venedig, Brügge, Bologna, Nürnberg und Florenz –, die zwar zu jener Zeit nicht die größten und bedeutendsten Städte waren, die sich aber am besten dazu eignen, die Verschiedenartigkeit und die Vielfalt der mittelalterlichen Städte zu zeigen: So beschreiben wir einen bedeutenden, zwischen Orient und Okzident gelegenen Umschlagplatz für den Seehandel, eine Handelsstadt an der flämischen Küste, eine Stadt in der Poebene, die um einen alten römischen Stadtkern gewachsen ist, eine Handels- und Handwerksstadt mitten im Deutschen Reich und schließlich eine Bankmetropole mit einer relativ entwickelten Manufaktur.

VENEDIG

Venedig war im Mittelalter – und ist es auch heute noch – hinsichtlich seiner geographischen Umgebung wie auch seiner historischen Entwicklung eine außergewöhnliche Stadt.

Die Bewohner der Ebene des Veneto flüchteten vor den von Norden her über die Julischen Alpen nach Italien eindringenden Barbaren auf die Lagunen zwischen den Mündungen von Po und Tagliamento, die gegen Angriffe vom Meer und vom Land gleichermaßen Schutz boten. So entstanden auf den verstreut liegenden Inseln einige Ansiedlungen. Zur bedeutendsten dieser Siedlungen wurde Venedig, das auf der größten Lagune, zwischen der Mündung von Brenta und Piave, lag und durch einen natürlichen Kanal einen leichten Zugang zum Meer besaß.

Es gelang Venedig, sich den Machtansprüchen der Herrscher des Festlands zu entziehen. Formal blieb es dem Herrschaftsbereich Konstantinopels zugeordnet. Dadurch konnte diese Stadt als Umschlagplatz zwischen Orient und Okzident zu einem bedeutenden Handelszentrum werden und sich von Anfang an selbst verwalten, ohne deswegen wie die anderen Städte mit dem Fürsten und anderen Feudalherren in Zwistigkeiten zu geraten.

Ihre endgültige Form erhielt die Stadt bereits am Ende des 11. Jahrhunderts. Diese blieb auch über die folgenden Jahrhunderte hinweg fast gänzlich unverändert, wie man auf dem ältesten, aus dem Jahre 1346 stammenden Plan Venedigs – keine der im Mittelalter allgemein üblichen stilisierten Ansichten, sondern ein genauer Lageplan (Abb. 603–604) – und auf modernen Karten (Abb. 651–652) sehen kann.

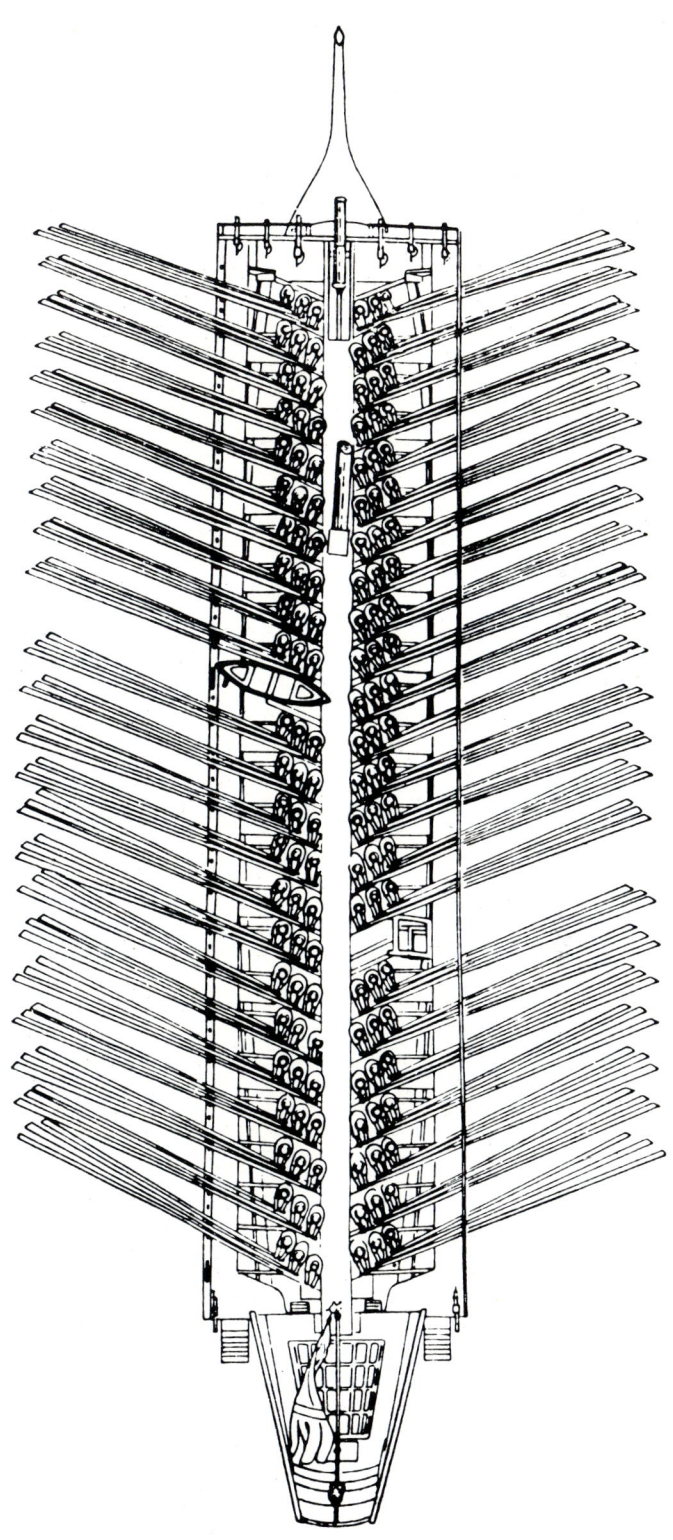

Abb. 602. Plan einer venezianischen Galeere. Die Bänke waren mit drei Ruderern besetzt (Maßstab 1:200).

De Abimelech · Abimelech spurius Gedeonis occisis fratribus dñat i sicimie
ob Ionathe fi Gedeonis ō rāno z ligne filiu̅ positus purwigma postea in explē abi
melech in obsidione rebis fragmie mole excelebat' est. De Thola · Thola nil cõt·
De Iepte · Iepte spūit explē heditate prīa dur belli nocarie ā phylistỹn z am̅
nit' z p̄ occiteri ā vomo sua osterē vuo coptulit filii · dē esth̄ z occiteri Galaadite
vlij numeneb̄ ā Iepte q̄ eoi i vcassi ab belli · De Abesan · Abesan p̄ca iudicauer̄
p̄ que Ayle v. a. q i lib̄ ni pōni · p̄ cui rāpno supletō eusebi · Samuel e t̄r̄ sepē ni exp
mit plē ineē ā i ioseph legit' inouatur̄ ne excelere i nūe oplē ab ceutu d egypto us
ab reph̄ edificaā: Per sequē ne ab aliō studio vidar̄ velinʒē a ti i ne si soli i rū ad
plcar̄ linea vā sir · De Abdo · Abdo p̄ca iudicauit sib hi vuolȝ l̄cū ni recessit isf̄ a vño
h̄ q̄ redir citier sesi i lēami · De Celsone · Sansone vn̄s nuicat'monet'
nazaẽou suē lege · l̄ vxoē vuer i tripnata parabola vri souilib̄ q̄voie frāte so
lura obustal segenb̄ hostui hostui ē siciui cauois· ecc· vulpiū aligan c̄onsqu c̄atē im
rē planē dolo alire posie emb̄ euodiat' z diotrm · Si vcoascere vture ē emb̄ plē
stur moriens q̄ stassi i uita · De Hely · Hely tpr anna stiil oc̄one i̅tiur̄ filiu̅

Samuele ā ablaccini osteliar̄ i reple cā cia bely cranē filio nō cō
pient̄ nuicaui sicur clerē · Noui cuēni iudice bely filioz mõte
z capti arch̄ dū · S iella catoe osticiē ciuiclʒ expliuit·

De Samuele · Samuel sil · phia sicoe z laceo· hic pregauit
ip̄ in malphar ut orare· z eo z vocarte lege · ā ā que agregati si̅
phylistỹn · Er ofente samuele agnu̅ lacteni stru̅l vo frague mag
petitur tre vture z i fuga o̅stut isf̄ phylistỹn ab isf̄ ce vini·
Senuit ā dñ samuel z silios voluit iudice qua z ni sece peie lege·
Saul quē eni siui'ppie iungēr dū z vocato ip̄ i malphar· scb̄
rep̄nli electe z so sitenu· et cū sabatē libatti a staag· tio i galgal
niceni ē · P̄ h̄ cū vocassi ip̄ i galgal nō experato · vrj· dieb̄ samuele
lacesti z a samuele retargut' est · Ionathe aut maib'ز repoib̄ rep
nae tino phylisti fecerit· Er ā prie ecni̅ gustato melle ocēre ip̄
a prie sua libat est · Saul p̄ca qȝ de amalech mi̅dat'vo ni ip̄
fecat l: luger cū samuel electo vos A dño regbatur·

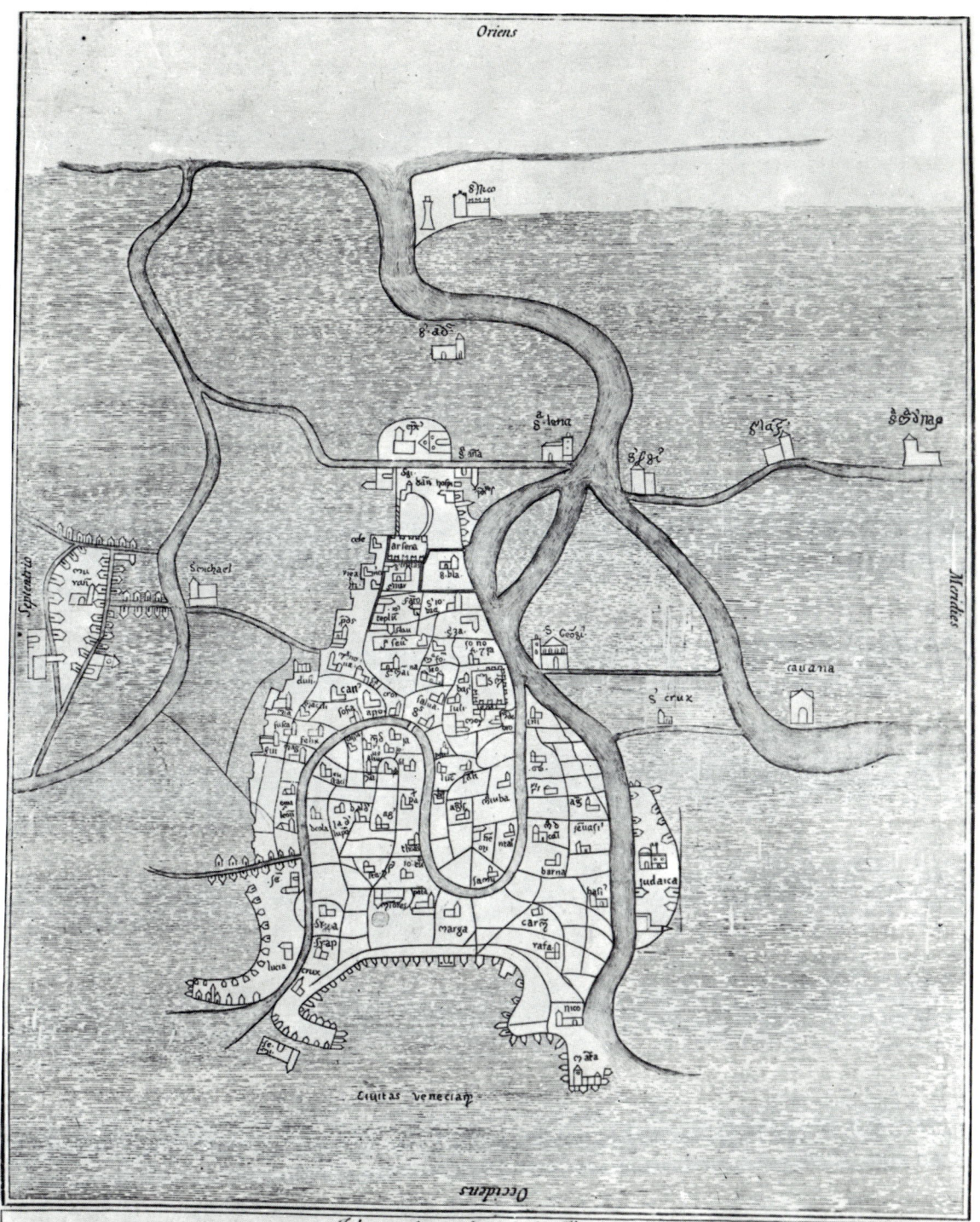

Abb. 603–604. Links die älteste Karte Venedigs aus einer Handschrift des Jahres 1348 und rechts eine im Jahre 1780 davon angefertigte Kopie. In diesen Karten sind die schiffbaren, durch die Lagune führenden Kanäle eingezeichnet: u. a. der Canale della Giudecca, in den der quer durch die Stadt führende Canal Grande nahe dem Markusplatz einmündet.

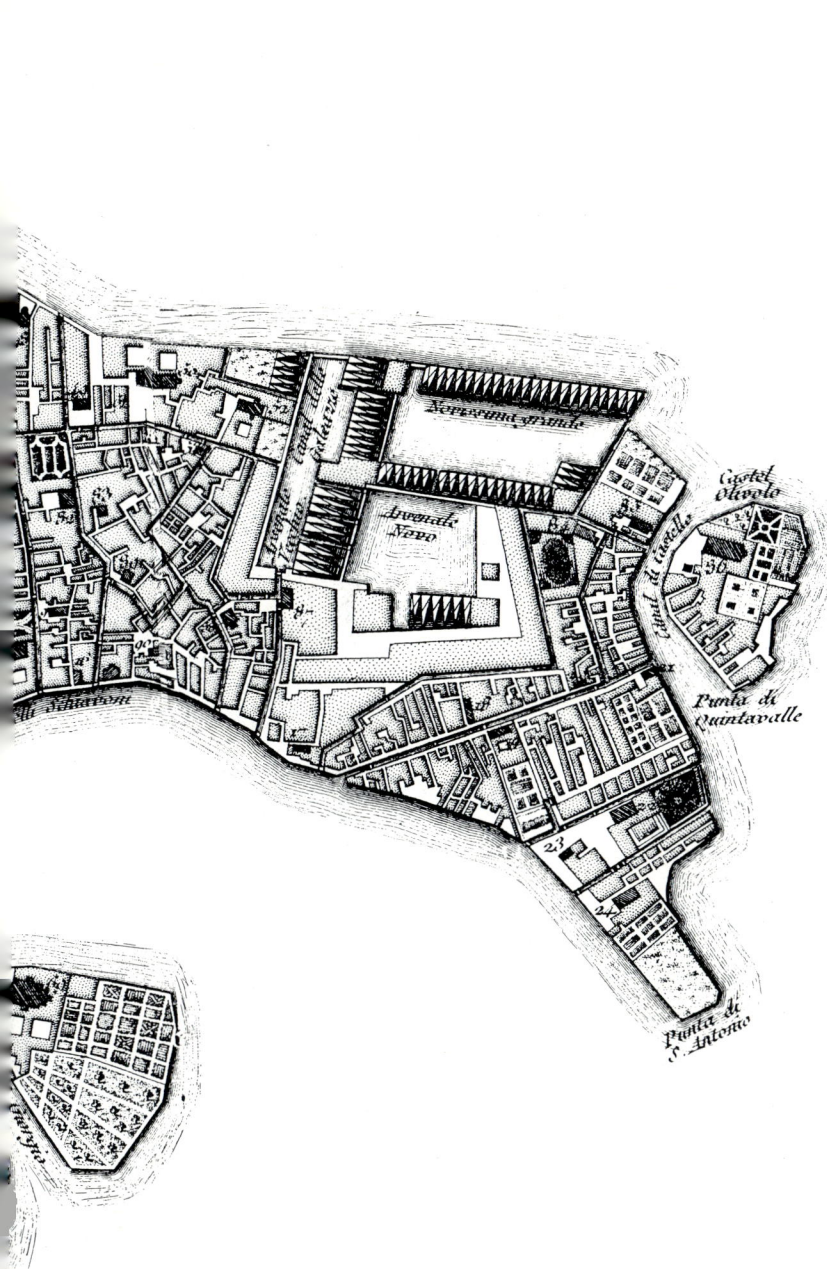

Abb. 605. Plan Venedigs aus dem 18. Jahrhundert.

Venedig ist eine urbanisierte Lagune am Knotenpunkt mehrerer Kanäle, die durch eine Öffnung zwischen den vorgelagerten Landstreifen, den Lidos, ins offene Meer einmünden. Einer dieser Kanäle, der Canal Grande, durchzieht in einer ausgeprägten S-Form die Stadt. An seiner Mündung entstand das politische Zentrum der Stadt (San Marco) und in der Mitte seines Verlaufs das ökonomische Zentrum (Rialto) mit der damals noch einzigen Brücke. Beide Zentren lagen dicht beieinander und um sie herum bildete sich der alte Stadtkern, das *Sestiere San Marco,* einer der sechs Stadtteile (Sestiere), in die Venedig eingeteilt worden war. Die kleineren Kanäle sind so verzweigt, daß sie auch die letzten Winkel der Stadt erreichen. Sie ergeben zusammen mit dem Canal Grande ein die ganze Stadt durchziehendes Netz, auf dem der gesamte Güter- und Personentransport abgewickelt wurde. Die Stadt selbst war, genau wie die orientalischen Städte, eine einheitliche und kompakte Anlage, in der es neben dem eigentlichen Zentrum um San Marco und Rialto noch einige Subzentren gab; diese bildeten sich zumeist um die Pfarrkirchen und die freien Plätze, wo in brunnenartigen Zisternen das Trinkwasser aufgefangen wurde. In dem Stadtteil, der dem Meer am nächsten gelegen ist, wurde die große staatliche Schiffswerft (Arsenale) eingerichtet.

Die aus dem Wasser herausragenden Gebäude bestimmen zwar das Stadtbild, die unverwechselbare Form der Stadt aber, der eines Delphins ähnlich, hängt vor allem von der Beschaffenheit der unter Wasser liegenden natürlichen Fundamente ab, wie auch ein Blick auf die aus dem 14. Jahrhundert stammende Karte zeigt (Abb. 603). Auch die bedeutendsten Bauwerke der Stadt haben ihre Form bereits gegen Ende des 11. oder zu Beginn des 12. Jahrhunderts erhalten. 1060 wurde mit dem Bau der Basilika San Marco begonnen, deren Grundriß in der Form des griechischen Kreuzes der Kirche der Heiligen Apostel in Konstantinopel nachempfunden ist. 1094 wurde dieser Bau fertiggestellt. Die beiden Rialtomärkte an den Ufern des Canal Grande wurden gegen Ende des 11. Jahrhunderts angelegt und durch eine aus nebeneinanderliegenden Booten gebildete Brücke verbunden. Der Dogenpalast wurde nach dem Brand des Jahres 1105 in Stein wieder aufgebaut. Die Verwaltungsstruktur der Stadt, aufgeteilt in *confini* und *contrade,* stammt aus dem Jahre 1083.

Im 12. Jahrhundert begann Venedigs Blütezeit und zu Beginn des 13. Jahrhunderts hatte die Stadt ihre politische Struktur und ihr äußeres Erscheinungsbild bereits voll entwickelt. Der Doge Sebastiano Ziani (1172–1187) ließ die Befestigungsmauern des Dogenpalastes niederreißen, so daß zwischen dem Palast und der Basilika ein offener, L-förmiger Platz entstand, der von den Bogengängen der neueren Bauten gesäumt wurde (hier fand 1177 die feierliche Begegnung zwischen Barbarossa und Papst Alexander III. statt). Er beauftragte auch den Mathematiker Nicolò Barattieri, an der Stelle, wo der Platz auf die Lagune trifft, zwei

Abb. 606. Der Turmbau zu Babel, dargestellt in einem aus dem 13. Jahrhundert stammenden Mosaik im Markusdom.

Abb. 607–608. Die zweite, aus Holz gefertigte Rialtobrücke, die mit ihrem anhebbaren Mittelteil großen Schiffen die Durchfahrt ermöglichte: (oben) Ausschnitt aus einer Venedigansicht von Jacopo de' Barbari; (rechts) ein Gemälde von V. Carpaccio.

Säulen – die Säule des Heiligen Markus und die des Heiligen Theodorus – zu errichten. Nach Barattieris Plänen entstand auch die zweite Rialto-Brücke, eine feste Holzbrücke, deren Mittelteil beweglich war, um den großen Schiffen die Durchfahrt zu ermöglichen (Abb. 607–608).

Der Doge Enrico Dandolo (1192–1205) eroberte als Führer des vierten Kreuzzugs Konstantinopel und brachte von dort eine große Anzahl von Siegestrophäen nach Venedig, darunter die vier bronzenen Pferde, die an der Fassade des Markusdoms angebracht wurden. Die konstitutionelle Ordnung der Republik Venedig wurde zwischen 1207 und 1220 erarbeitet und im Jahre 1297 mit den als *Serrata del Maggior Consiglio* bezeichneten Gesetzen endgültig festgelegt. Die ganze Stadt wurde immer reicher und ihre politische Ordnung konnte sich stabilisieren. Zur Mitte des 13. Jahrhunderts begannen sich die religiösen Bettelorden am Rand der Stadt niederzulassen, wo dann später, um 1330, Dominikaner und Franziskaner die großen, in einfachem Stil gebauten, schmucklosen Kirchen SS. Giovanni e Paolo und S. Maria Gloriosa dei Frari (Abb. 647–650) erbauten. Im Jahre 1294 wurde mit der Prägung der Golddukaten begonnen, die bis 1797 als offizielles Zahlungsmittel galten (Abb. 617–618).

Anfang des 13. Jahrhunderts war die »großartig funktionale Maschine«, wie Le Corbusier dieses auf einer präzisen Ausgewogenheit zwischen Wasser und Land basierende städtische Gebilde

nannte, bereits vollendet. Erst danach kamen »die ›Künstler‹; aber da war im Zusammenwirken aller das Bild der Stadt im Wesentlichen bereits festgelegt und in die Umgebung eingepaßt«.

Der Markusdom wurde im Jahre 1094 eingeweiht und in den drei folgenden Jahrhunderten mit eindrucksvollen Mosaiken, Skulpturen und Goldschmiedearbeiten weiter ausgeschmückt (Abb. 610–621). Der Dogenpalast wurde zwischen 1340 und dem Ende des 15. Jahrhunderts unter Verwendung gotischer Formen vollständig umgebaut. Der Markusplatz wurde in der zweiten Hälfte des 16. Jahrhunderts von Mauro Codussi, Sansovino und Sanmicheli neu gestaltet. Die dritte, aus Stein gebaute, Rialto-Brücke wurde 1592 von Antonio da Ponte fertiggestellt. Palladio, der zwischen 1570 und 1580 das Amt des Direktors der öffentlichen Arbeiten Venedigs innehatte, erbaute am Ufer der gegenüber dem Markusplatz gelegenen kleinen Insel die beiden großen Kirchen San Giorgio und Il Redentore. Um das Ende einer Pestepidemie zu feiern, ließ Longhena im Jahre 1631 an der Mündung des Canal Grande die Kirche S. Maria della Salute errichten (Abb. 625).

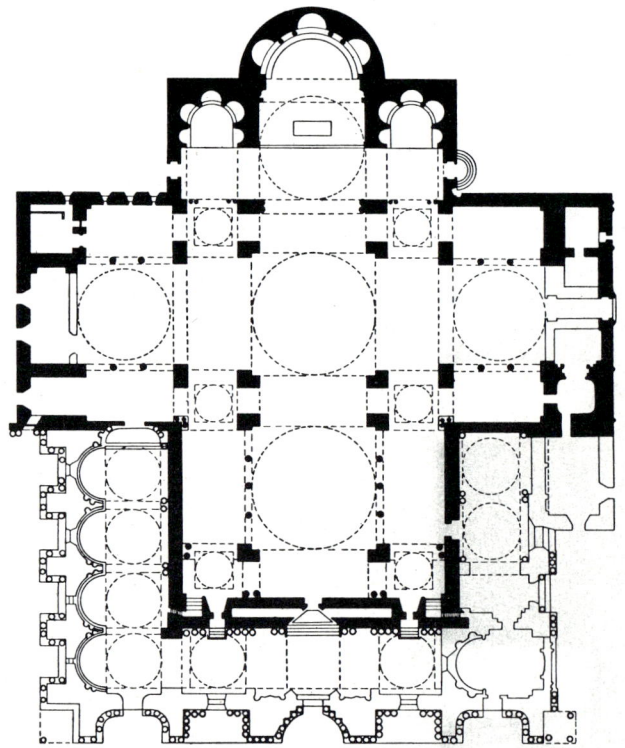

Abb. 609. Das zwischen der dritten, aus Stein gebauten Rialto-Brücke (1592) und dem Markusplatz liegende Zentrum Venedigs mit seinen monumentalen Bauten (Ausschnitt aus einer Ansicht aus dem 18. Jahrhundert).

Abb. 610–612. **Der Markusdom in Venedig:** (oben) **Grundriß im Maßstab 1:800,** (rechts) **die Fassade auf einem Gemälde von Gentile Bellini und in einer Fotografie von heute.**

Abb. 613. Das Dach des Markusdoms vom Campanile (Glockenturm) aus gesehen. Das charakteristische Profil der fünf Kuppeln wird durch eine bleiüberzogene Holzverkleidung besonders hervorgehoben.

Abb. 614. Innenansicht einer mit einem Mosaik aus dem 13. Jahrhundert verzierten Kuppel des Markusdoms.

Abb. 615–616. (oben und auf der rechten Seite) **Die »Pala d'Oro«. Dieser Flügelaltar im Markusdom wurde im 14. Jahrhundert sogar mit Materialien aus dem 12. und 13. Jahrhundert, die zum Teil aus Konstantinopel stammten, fertiggestellt.**

Abb. 617–618. (links) **Venezianische Golddukaten wurden erstmals 1294 geprägt (hier in doppelter Größe).**

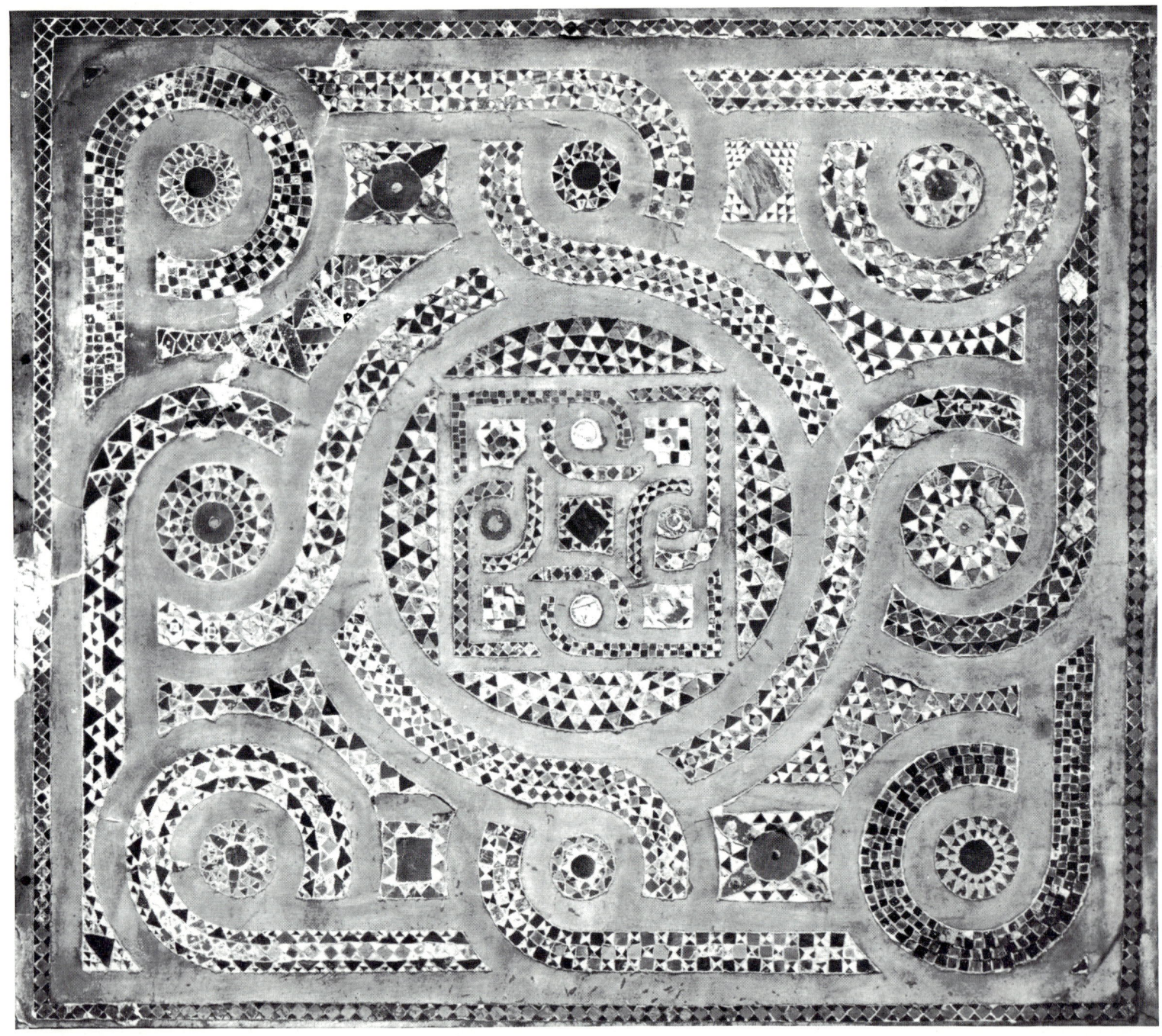

**Abb. 619. Platte mit Einlegearbeiten aus Marmor aus dem
12. Jahrhundert im Markusdom.**

Abb. 620. Luftaufnahme des Markusdoms.

Abb. 621. Markusplatz mit Dom und Dogenpalast in einer Luftaufnahme.

Abb. 622. Venedig und seine Lagune in einem Stich aus dem 16. Jahrhundert. Die Lagune wurde vereinfacht dargestellt, um die Stadt mit ihren Bauwerken hervorzuheben. Dennoch hat der Künstler den Unterschied zwischen der bewegten See, dem ruhigen Wasser der Lagune, die von allerlei Schiffen befahren wird, deutlich gemacht. Auch die weniger bedeutenden Zentren Murano (oben) und Chioggia (unten) sind erkennbar.

Abb. 623. (auf den beiden folgenden Seiten) **Das Panorama Venedigs nach dem berühmten Stich von Jacopo de' Barbari aus dem Jahre 1500.**

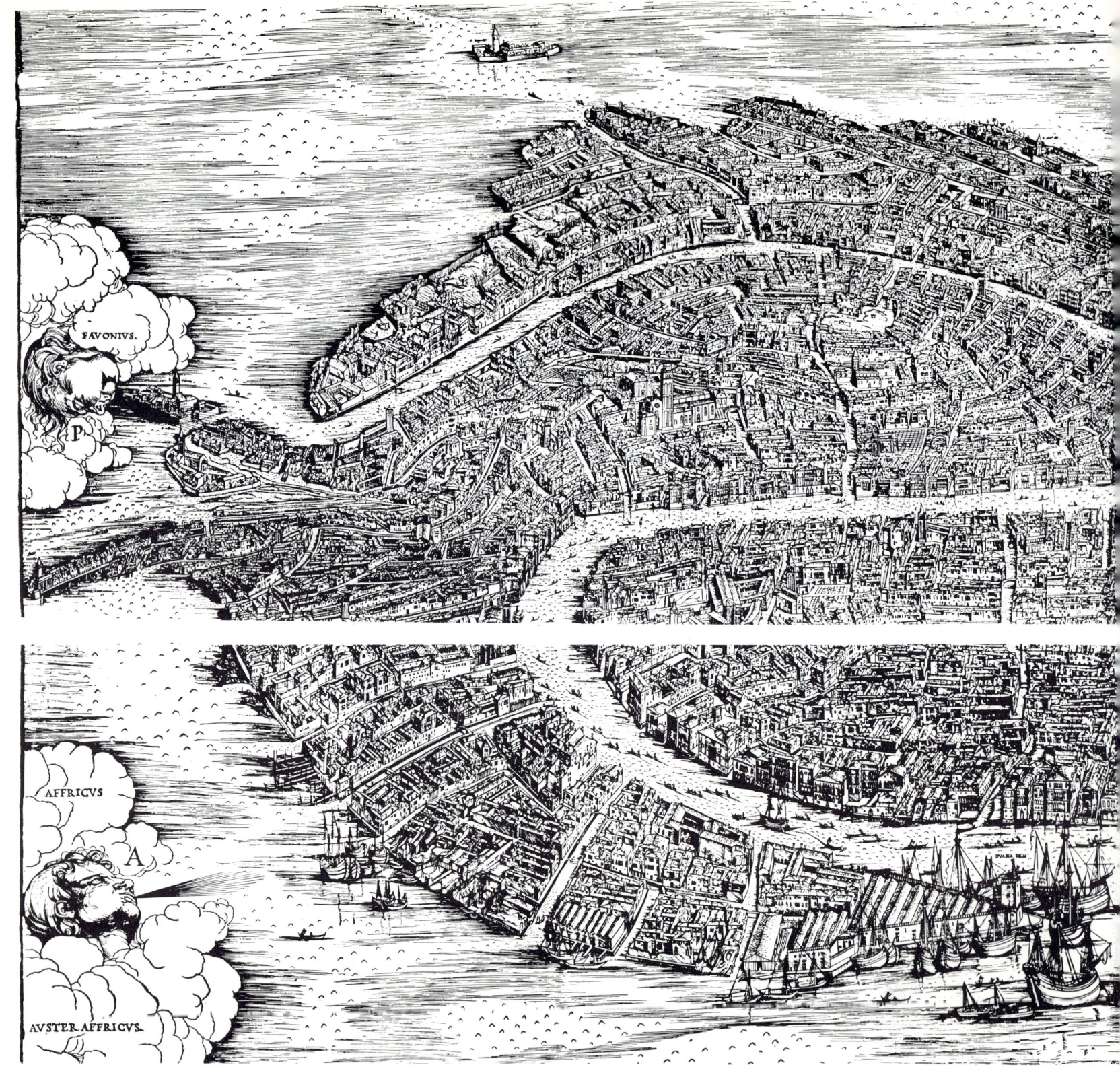

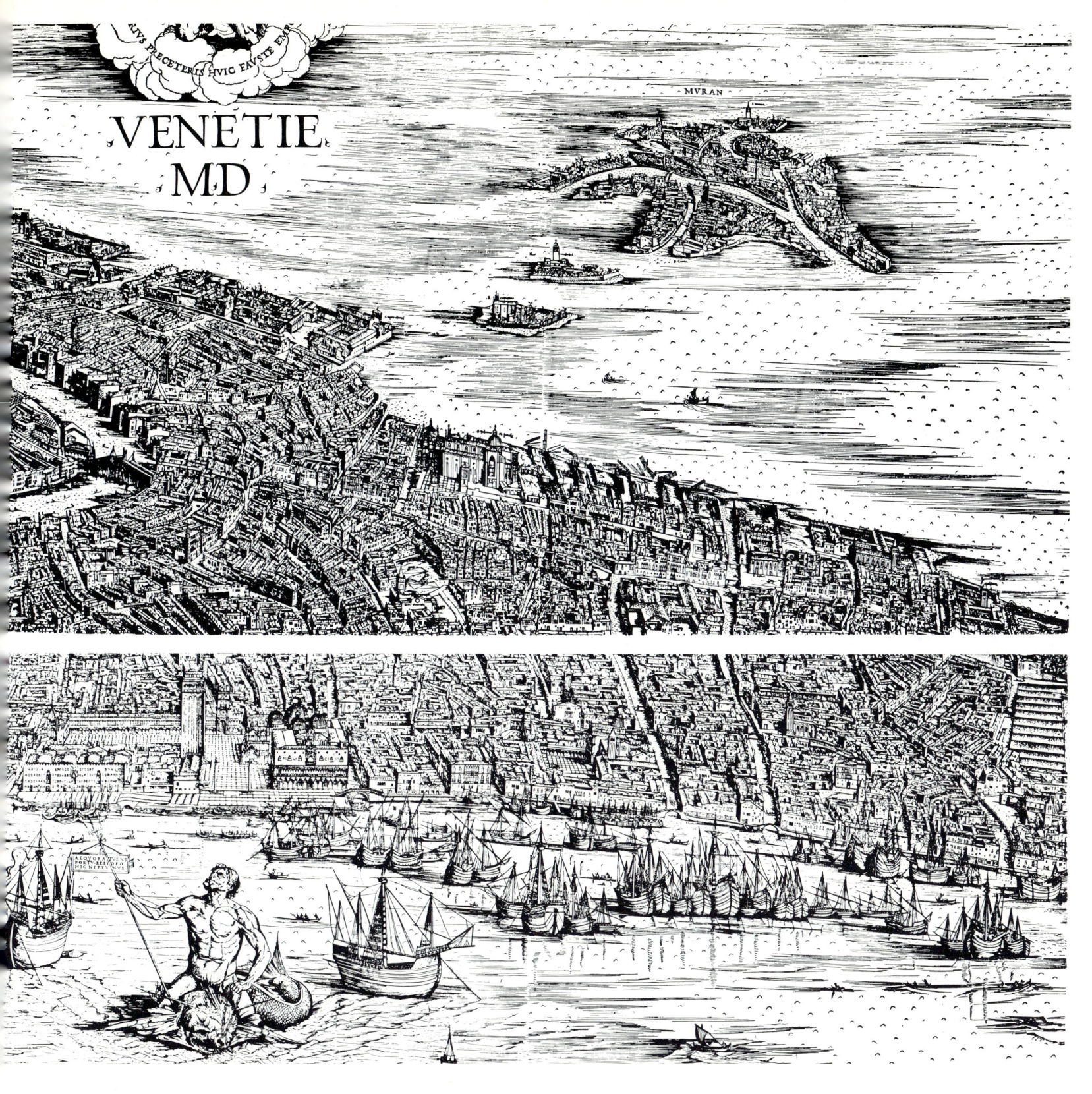

ARSENAL

le vergine.

F. piero fin Caftello.

Um die Lagunenlandschaft, von der das Leben der Stadt abhing, vor der Zerstörung zu bewahren, hatten die Baumeister der Republik inzwischen eine Reihe von Maßnahmen getroffen: Flüsse, die in die Lagune mündeten, wurden umgeleitet, um die Verschlammung der Lagune zu verhindern; Kanäle wurden gegraben, damit das Wasser in den sumpfigen, malariagefährdeten Gebieten in Bewegung blieb und um den großen Schiffen die Durchfahrt zu erleichtern; die sandigen, zwischen der Lagune und dem Meer gelegenen schmalen Landstriche, die Lidos, wurden durch Uferbefestigungen gegen das Meer hin geschützt.

Dieser einzigartige, leicht aus dem Gleichgewicht zu bringende und doch dauerhafte Organismus beruhte auf einem aus dem Orient stammenden, in sich geschlossenen Bauplan und besaß ursprünglich eine größere Ähnlichkeit mit den antiken, den byzantinischen und den arabischen Städten als mit den anderen europäischen Städten des Mittelalters. Im Laufe der Zeit wurde das Gesicht der Stadt jedoch durch die architektonischen Meisterwerke der Gotik und der Renaissance verändert und durch die künstlerischen Arbeiten von ungezählten Malern bereichert, die oft auch die Stadt selbst zum Motiv ihrer Bilder machten. In der zweiten Hälfte des 15. Jahrhunderts wurde Venedig zum Treffpunkt bedeutender europäischer Maler. Im Jahr 1475 begegneten sich hier Antonello da Messina und Giovanni Bellini, und 1495 zog es auch Albrecht Dürer in diese Stadt. Venedig wurde zum Versuchslabor für die neuesten künstlerischen Techniken und zum Umschlagplatz für avantgardistische Erfahrungen: Ölmalerei, Malerei auf großformatigen Leinwänden, Typographie und Kupferstich. Die Malerfamilie Bellini und Vittore Carpaccio stellten in ihren Bildern Szenen aus dem venezianischen Leben dar (Abb. 608 und 611). Im Jahre 1500 fertigte Jacopo de' Barbari in einem sechsblättrigen Stich einen perspektivischen Plan, der die inmitten der Lagune gelegene Stadt von der Südseite her zeigt (Abb. 623–624). Auf dem Gebiet der Typographie kann Aldo Manuzio als der perfekteste Buchdrucker der Renaissance gelten. Später, im 16. Jahrhundert, entstand in Venedig die Malerei eines Giorgione, Tizian und Veronese, die die gesamte europäische Malerei über drei Jahrhunderte hinweg beeinflußte.

Abb. 624. (linke Seite) **Die städtische Schiffswerft von Venedig (Arsenale) – Ausschnitt des Stiches von Jacopo de' Barbari.**

Abb. 625. Die Mündung des Canal Grande in den Canale della Giudecca mit der Kirche Santa Maria della Salute.

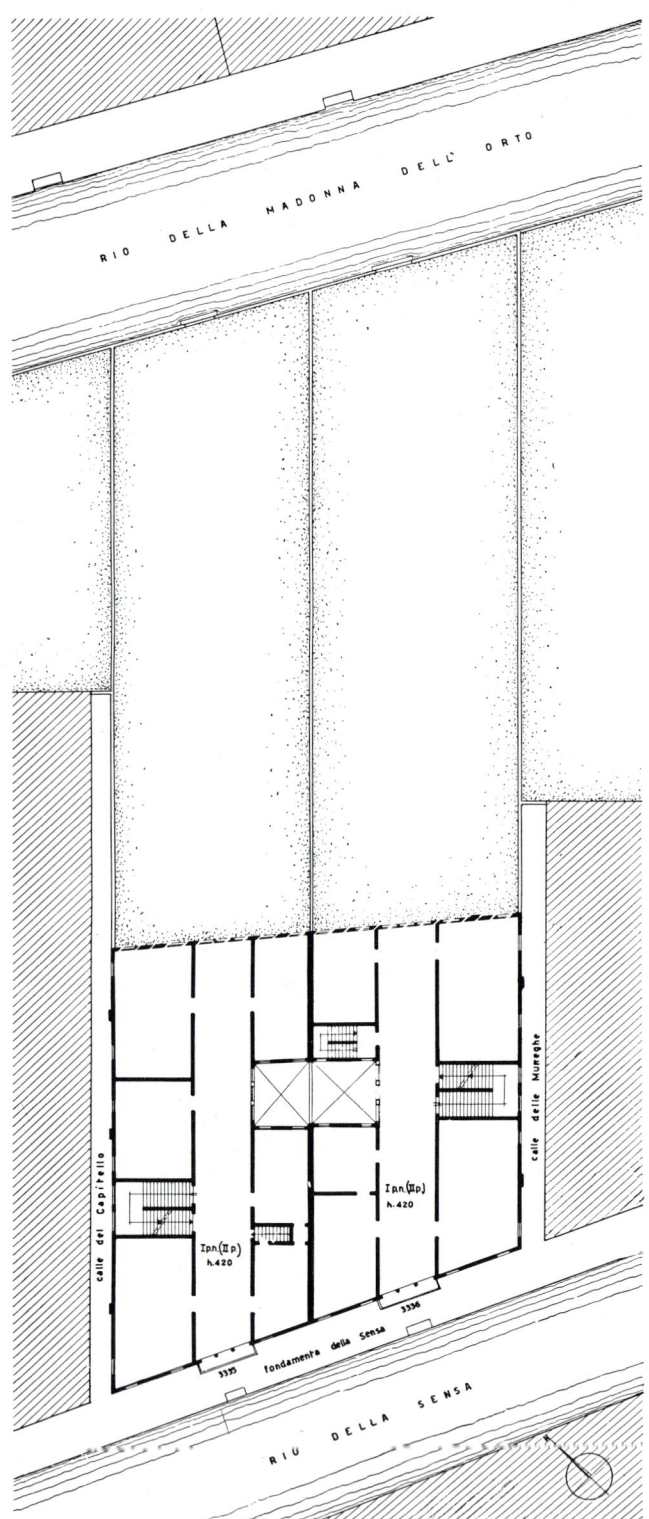

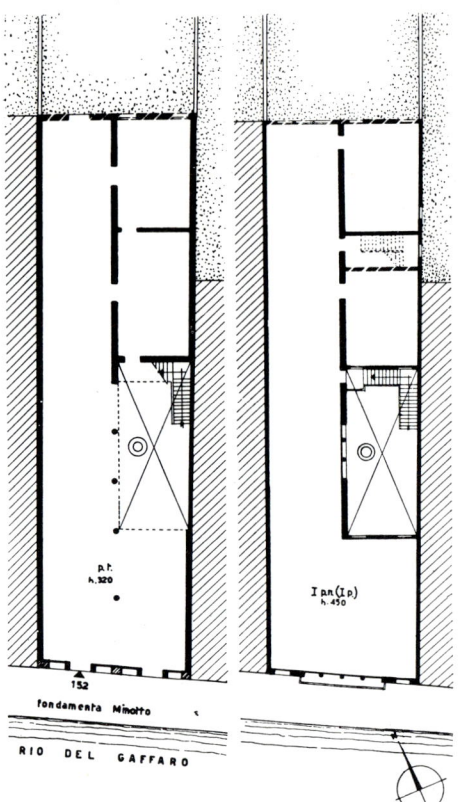

Maßstab 1:500

Abb. 626–636. Zwei Typen venezianischer Häuser.
(Linke Seite): **Auf langen, aber schmalen Grundstücken errichtete Reihenhäuser mit Gärten hinter dem Haus, die bis zum Kanal reichen.**
(Rechte Seite): **Auf kleinen Eckgrundstücken errichtete Hauser ohne Garten und ohne direkten Zugang zum Kanal. Die Form dieser Häuser wurde vor allem durch den Verlauf der Straßen und Kanäle bestimmt.**

Maßstab 1:500

Maßstab 1:1000

Abb. 637. Plan des Stadtteils um den Campo di S. Marina.

Abb. 638–639. Außenansicht und Grundriß des zweiten Stockwerks eines Hauses. In diesem Baustil sind die an der Calle Larga stehenden Häuser gebaut.

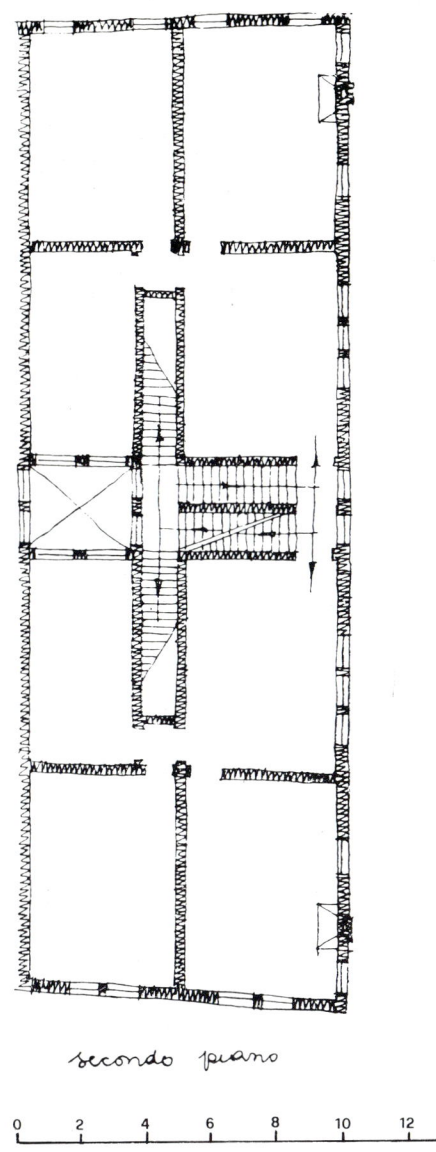

secondo piano

0   2   4   6   8   10   12

Abb. 640–641. Der Canal Grande; oben im Hintergrund die Rialto-brücke.

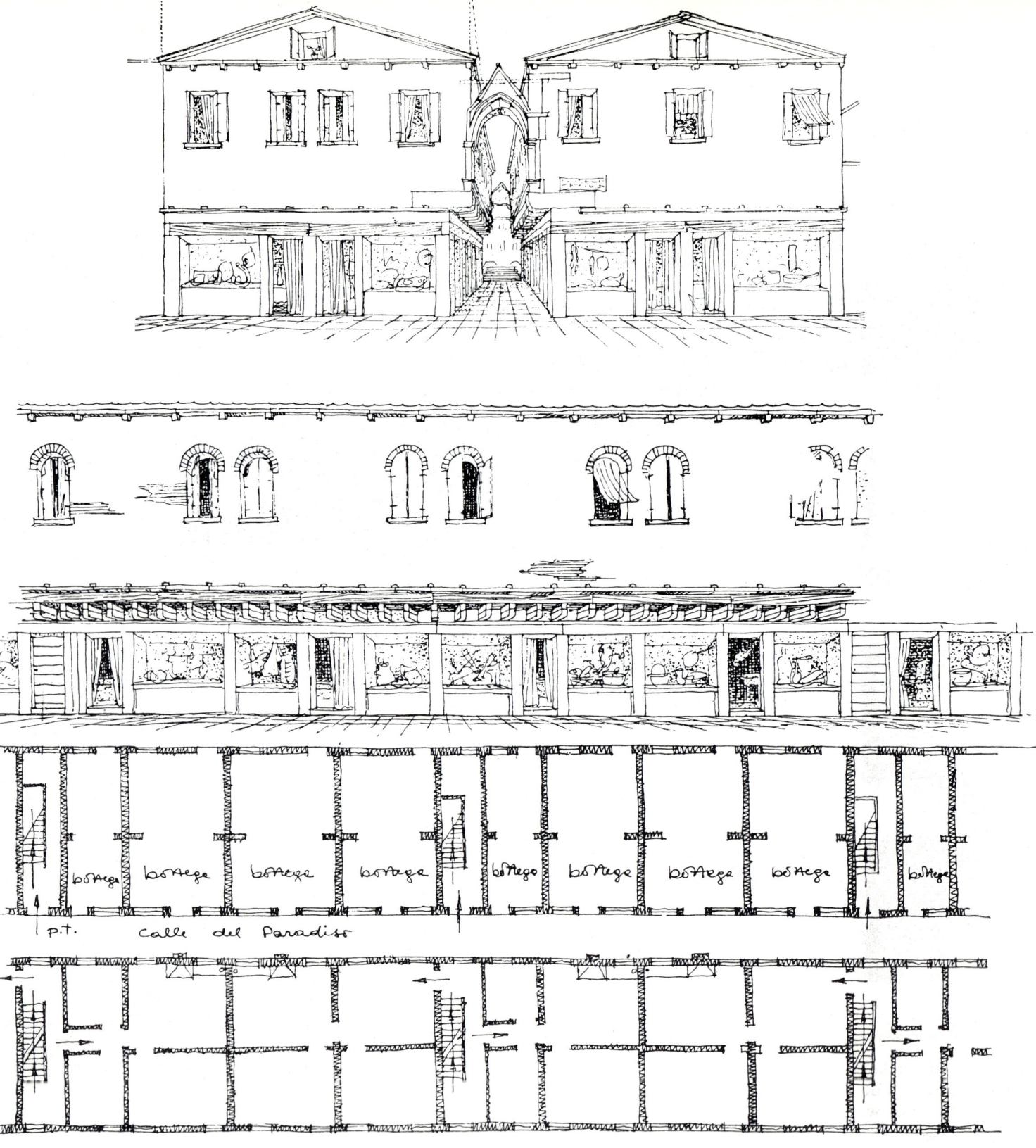

p.t.   Calle del Paradiso

bottega   bottega   bottega   bottega   bottega   bottega   bottega   bottega   bottega

Abb. 642–644. (linke Seite) **Reihenhäuser aus dem 14. Jahrhundert zwischen der Calle del Paradiso und der Salizzada San Lio** (*Salizzada* **wurden die gepflasterten Straßen Venedigs genannt).**

Abb. 645. Luftaufnahme Venedigs mit der freien Fläche des Campo San Polo und der Kirche Santa Maria Gloriosa dei Frari.

S. ANDREA

DI

RIO

RUGA   DUE   POZZI

RIELLO   DI   S.   SOFIA

S.   CATERINA

S.

ANDREA

DI

PRIULI

RIO

DI

RIO

RIO

DELLA

RACCHETTA

RIO

CALLE   DELLA   RACCHETTA

RIO   DI   S.   FELICE

Maßstab 1:1000

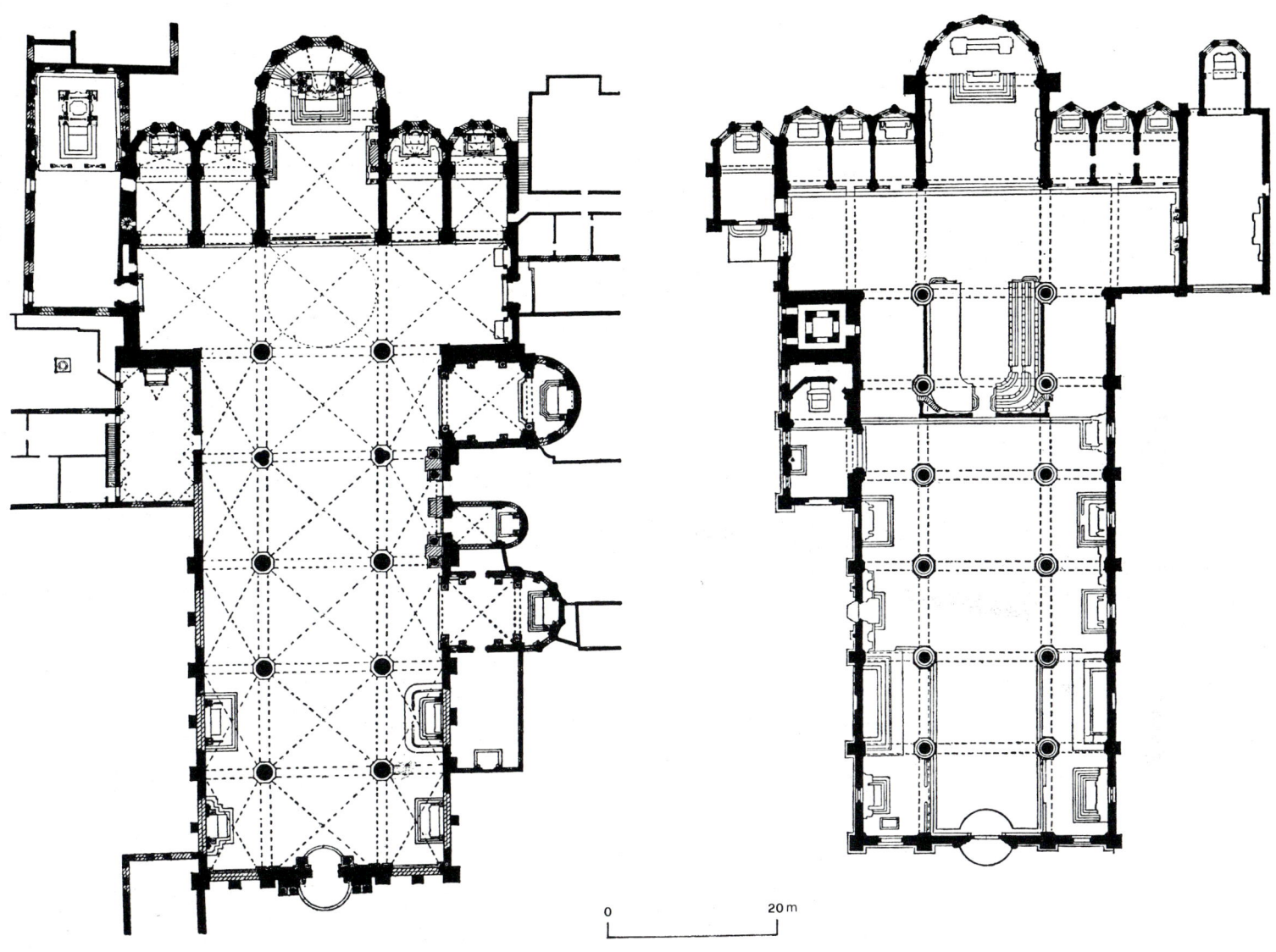

0   20 m

Abb. 646. (linke Seite) **Venedig: der Stadtteil zwischen dem Rio Santa Caterina, Rio Santa Andrea, Rio Priuli und Rio San Felice.**

Abb. 647. Grundriß der Dominikanerkirche SS. Giovanni e Paolo und der Franziskanerkirche Santa Maria Gloriosa dei Frari.

Abb. 648–649. (auf den beiden folgenden Seiten) **Luftaufnahmen der Stadtteile um die Kirchen SS. Giovanni e Paolo und Santa Maria Gloriosa dei Frari.**

Übersetzung der Inschrift:
»Die Stadt der Venetier, die nach dem Willen der göttlichen Vorsehung inmitten der Wasser gegründet wurde und die von Wasser umgeben ist, wird, statt durch eine Mauer, durch die Wasser geschützt. Insofern wird jeder, der den öffentlichen Gewässern irgendwie Schaden zufügt, als Feind des Vaterlandes verurteilt. Er wird keine geringere Strafe erhalten, als der, der sich an den heiligen Mauern des Vaterlandes vergeht. Das in dieser Verordnung festgelegte Gesetz soll ewige Gültigkeit besitzen.«

Erst durch die technologischen Neuerungen des 19. und 20. Jahrhunderts geriet diese »Maschine« aus dem Gleichgewicht. Nach der Besetzung durch Napoleon und der Aufhebung der Verfassung von 1797 verlor die Stadt ihre Unabhängigkeit. Später wurde sie von den Österreichern und schließlich von den Italienern beherrscht. Unter den Franzosen wurde der Markusplatz weiter ausgebaut und an der südlichen und westlichen Seite durch neue Gebäude ergänzt. Auf der Insel San Michele wurden ein Friedhof und im Stadtteil Sant-Elena ein öffentlicher Park angelegt. Unter den Österreichern wurde die Gasbeleuchtung eingeführt, ein Wasserleitungssystem angelegt und durch den Bau einer 3,5 Kilometer langen Eisenbahnbrücke eine feste Verbindung zum Festland hergestellt. Gleichzeitig wurde am Anfang des Canal Grande im Stadtteil Santa Lucia ein Bahnhof gebaut (Abb. 651).

Nachdem Venedig 1866 an Italien gefallen war, wurde im Gebiet zwischen Santa Lucia und San Niccolò eine moderne Hafenanlage geschaffen, deren Hafenbecken auch für sehr große Schiffe Platz bieten und auf deren Bahngeleise Züge direkt auf die Kais fahren können. Auf einer neuen, parallel zur bereits existierenden Eisenbahnbrücke verlaufenden Brücke konnten Autos unmittelbar in die Stadt fahren. Parkraum wurde am westlichen Stadtrand auf einem großen Platz geschaffen und 1932 wurden dort zwei mehrstöckige Parkhäuser errichtet. Auf dem Canal Grande, über den am Bahnhof und an der Accademia mittlerweile zwei weitere Brücken führten, wurde ein Liniendienst mit kleinen

Dampfern, den »Vaporetti«, eingerichtet. Um die Strecke der Vaporetti zu verkürzen, wurde ein neuer Kanal, der Rio Nuovo, angelegt. Man mußte nun nicht mehr, um vom Bahnhof zum Markusplatz zu gelangen, den spitzen oberen Bogen des Canal Grande entlang fahren. Auf dem Lido hatte sich im Laufe der Zeit ein Stadtteil herausgebildet, der sich vornehmlich auf Badegäste eingestellt hatte, und in der Zone um Marghera war ein Industriegebiet entstanden, um das herum sich die Vorstädte ausbreiteten, in denen heute doppelt so viele Menschen wohnen wie im Zentrum der Stadt auf der Insel.

Durch all diese baulichen Eingriffe wurde das Gleichgewicht der Lagunenlandschaft gestört: Flutwellen setzen die Stadt immer häufiger unter Wasser, die Abgase der Industrie greifen den Marmor an und schwärzen die Gemälde, und die neuangelegten Kanäle für die großen Frachtschiffe haben den Wasserkreislauf innerhalb der Lagune durcheinandergebracht. Die Einwohnerzahl des alten Stadtkerns, die in den fünfziger Jahren bei 180 000 lag, ist seitdem ständig gesunken und liegt heute bereits unter 100 000. Aber es werden verschiedene Versuche unternommen, die Stadt zu restaurieren, zu erhalten und sie wirtschaftlich zu unterstützen. Damit soll ein kulturelles Erbe gerettet werden, für das sich die ganze Welt interessiert. Dabei kommt es jedoch darauf an, einen lebendigen Organismus zu erhalten, eine Stadt mit den historischen Bauwerken, den normalen Wohnhäusern und ihren Bewohnern. Die alte »Maschine« muß den heutigen Ansprüchen und den neuen technischen Möglichkeiten angepaßt werden.

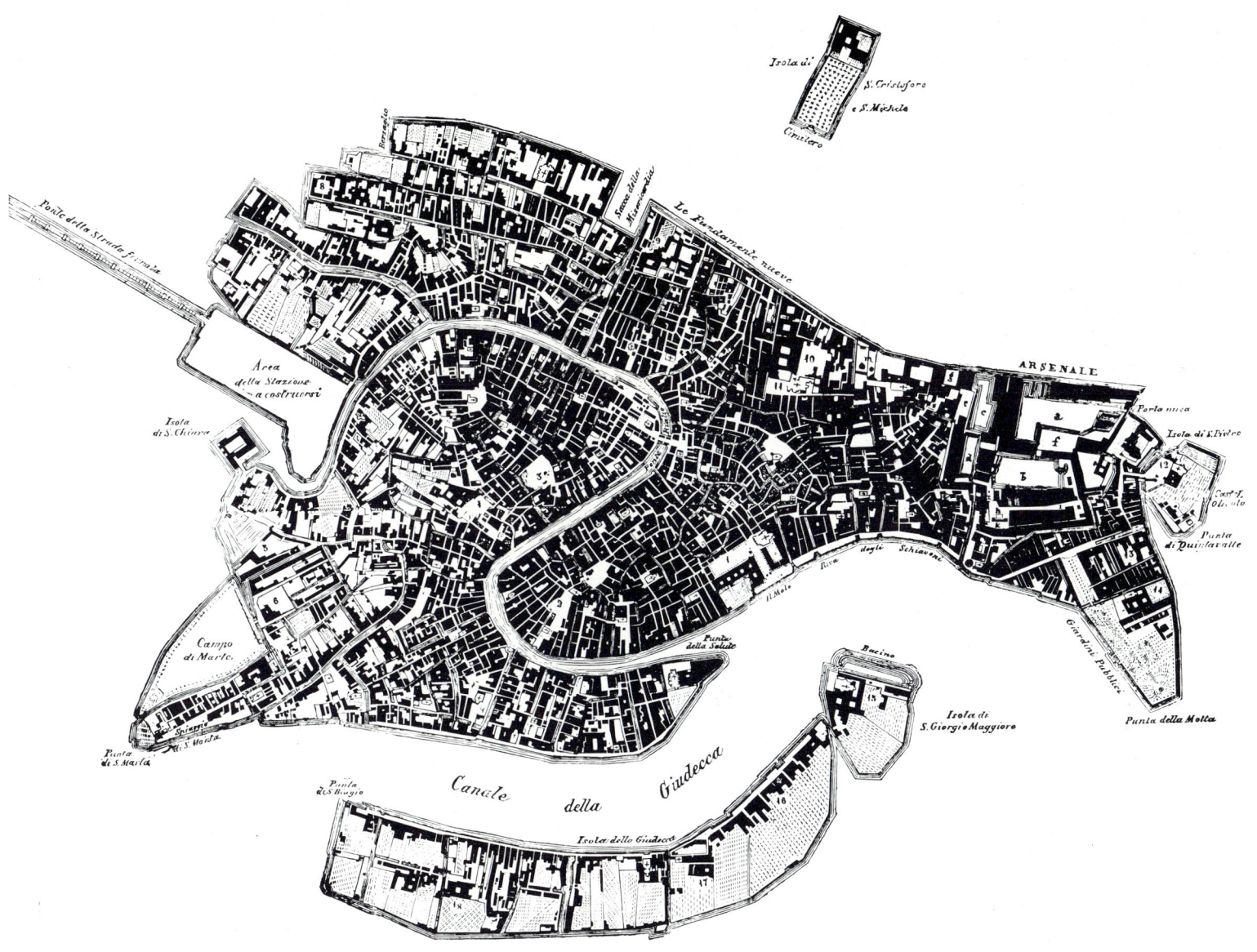

Abb. 651. Plan Venedigs zur Zeit der Belagerung durch die Österreicher im Jahre 1849. Ein Vergleich mit der Karte aus dem 18. Jahrhundert (Abb. 605) zeigt neu entstandene Anlagen: die in den Außenbezirken angelegten öffentlichen Parks (unten rechts)**, den Campo di Marte** (unten links)**, den im Bau befindlichen Bahnhof** (oben links) **und den Friedhof auf der Insel San Michele** (oben rechts).

Abb. 652. Venedig heute (Karte des Militärgeographischen Instituts im Maßstab 1:25 000). Im Westen der Stadt sind neue Anlagen entstanden (sie sind in der Abb. 653 im Vordergrund zu sehen).

Ramo di Dango o delle Frasche

Canale S. Maria

Canale Bisatto

Murano

Sacca Serenella

gli Angeli

Faro

Vetrerie

Can.le delle Sacche

Sacca S. Alvise

Canale la Nave

S. Michele

Canale dei Marani

Sacca S. Girolamo

Macelli

Sacca della Misericordia

Nuova

Fondamenta Nuove

VENEZIA

Molo di Ponente

Ost.e

Molo di Levante

Canal Grande

S. Pietro

Canale delle Navi

Punto Franco

Riva degli Schiavoni

P. della Salute

Bacino di S. Marco

Staz.e Maritt.a

le Zattere

Sacca Fisola

Can.le di Fusina

S. Giorgio Maggiore

S. Elena

Canale della Giudecca

Collegio A

Sacca S. Biagio

Can.le

Can.le Orianello

Can.le Fasiol

la Grazia

La Giudecca

Can.le la Grazia

S. Sèrvolo

Canale Òrfano

Canale

la Grazia
(Osp.le d'isolamento)

S. Sèrvolo
(Osp.le Psichiatrico)

(Mestre)

Abb. 653. Luftaufnahme Venedigs mit der Lagune und dem offenen Meer im Hintergrund.

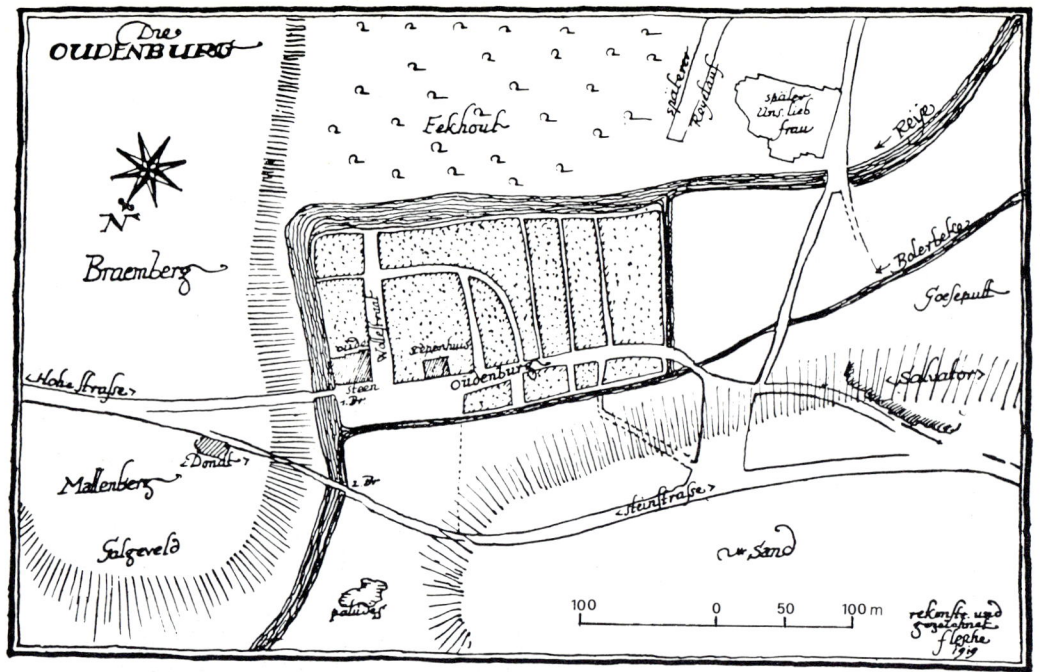

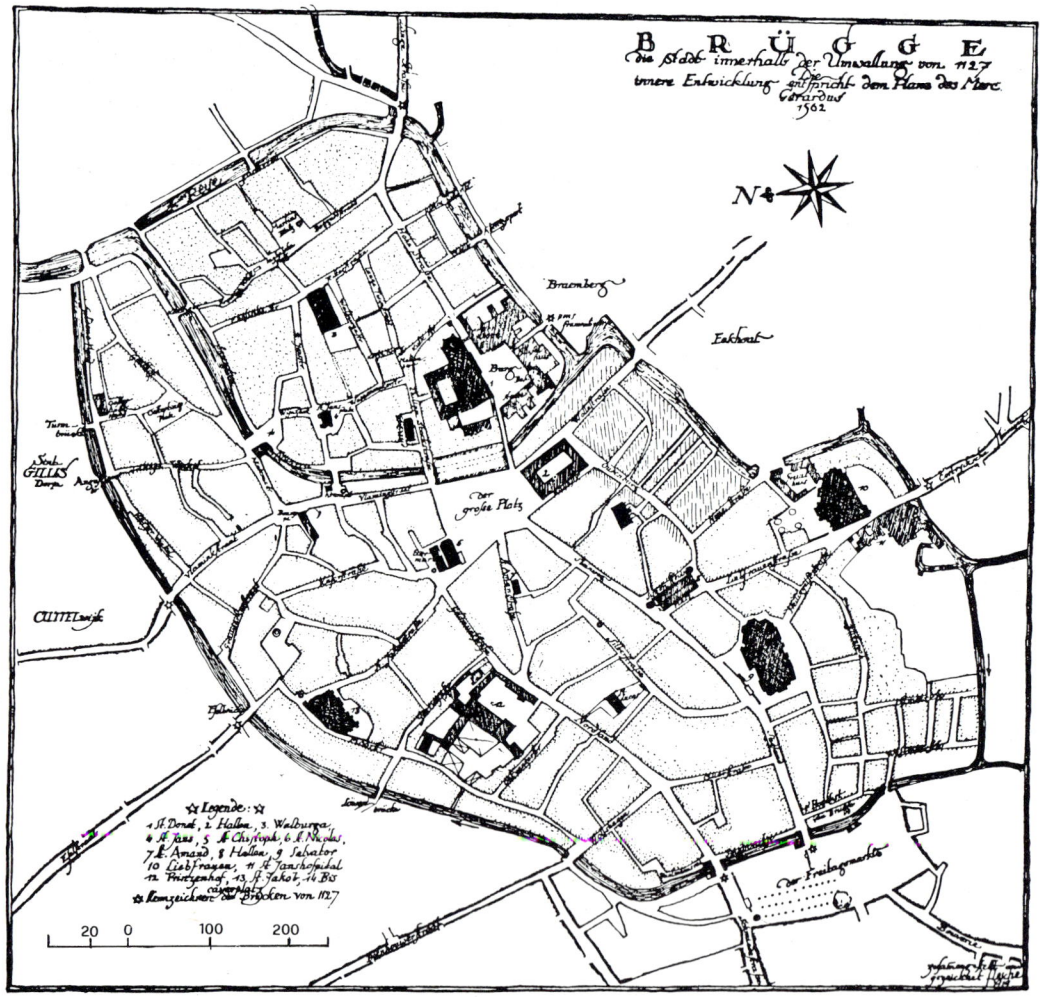

Abb. 654. Plan des ursprünglichen Kerns der Stadt Brügge und Plan der Stadt innerhalb des zweiten Mauerrings.

BRÜGGE

Brügge, die größte europäische Handelsstadt nördlich der Alpen, entstand um eine von flandrischen Grafen gegen Ende des 9. Jahrhunderts am Fluß Reye errichtete Burganlage, später Oudeburg (Alte Stadt) genannt. Für den Handelsverkehr lag diese Stadt äußerst günstig, weil der Fluß in einen weit in das Landesinnere reichenden Meeresarm mündete. Neben dem gräflichen Palast und der Kirche St. Donatian bildete sich eine kleine Ansiedlung heraus, die im Jahre 915 von einer Mauer umgeben wurde und in der 957 die erste Messe abgehalten wurde. Einige 100 Meter weiter westlich, in unmittelbarer Nähe der Kirchen St. Sauveur und Notre Dame, entstanden weitere kleine Ansiedlungen und im 11. Jahrhundert wurden diese beiden Kirchen zu autonomen Pfarreien. Diese ersten Ansiedlungen lagen jeweils auf kleinen Anhöhen einer sandigen Tiefebene, inmitten einer Sumpflandschaft (Abb. 653).

Im 11. Jahrhundert nahm die Bevölkerung sehr schnell zu, und die Stadt konnte den Feudalherren das Recht auf Selbstverwaltung abtrotzen, so daß Brügge zur freien Stadt wurde. Zu dieser Zeit wurde ein zweiter Mauerring angelegt, der eine Fläche von ungefähr 86 Hektar, von 10 000 Menschen bewohnt, umschloß (Abb. 654). Im Jahre 1134 veränderte ein gewaltiges Unwetter den Küstenverlauf, und es entstand am oberen Teil des alten Meeresarmes eine neue tiefe und breite Bucht, der Swin. Die Kaufleute von Brügge erkannten sofort die Möglichkeit, die ihnen dieser neu entstandene Naturhafen bot, der nur knapp eine Meile vor der Stadt lag. Am Swin legten sie einen vorgelagerten Hafen, Damme, an und verbanden ihn direkt durch einen neuen Kanal mit der Reye und der Stadt. Nun konnten große Schiffe in Damme anlegen; dort wurden ihre Waren auf kleinere Schiffe umgeladen und bis in das Zentrum der Stadt befördert.

Die Stadt, die formal immer noch den flandrischen Grafen gehörte, aber inzwischen reich und stark genug geworden war, um auch den Mächtigen der damaligen Zeit die Stirn zu bieten, wuchs auch im 13. Jahrhundert noch weiter und wurde schließlich zum wichtigsten europäischen Nordseehafen. Im Jahre 1252 wurden mit den Hansestädten Hamburg, Bremen und Lübeck Handelsverträge abgeschlossen, während die Handelsbeziehungen zu England, das die Wolle für die flämische Tuchindustrie lieferte, lange Zeit gespannt blieben, bis sie im Jahre 1274 im Abkommen von Montreuil vertraglich geregelt wurden. Der englische König machte Brügge zur obligaten Zwischenstation für die gesamte aus England auf den Kontinent exportierte Wolle. Im Jahre 1277 trafen die ersten Galeeren aus Genua in Brügge ein, denen später die venezianischen folgten. Zu jener Zeit begann sich auch der Handelsverkehr mit Italien immer mehr auf den Seeweg zu verlegen, weil die Städte der Cham-

Abb. 655. Die Kogge, ein dreimastiges Segelschiff, wie es gegen Ende des 15. Jahrhunderts auf den nördlichen Meeren als Handelsschiff eingesetzt wurde.

Abb. 656. Brügge in einer Luftaufnahme; im Vordergrund
links ist der ursprüngliche Burgbereich zu sehen.

pagne, in denen traditionell die Messen stattfanden, ihre Unabhängigkeit verloren hatten und von 1284 an zum Herrschaftsbereich der französischen Könige gehörten.

Die Stadt befand sich zu jener Zeit in einer Phase ständiger Expansion: Die dritte Stadtmauer, mit deren Bau im Jahre 1297 auf Anweisung Philipps des Schönen, des damaligen Königs von Frankreich, begonnen worden war, umfaßte eine Fläche von fast 400 Hektar. Zur selben Zeit wurde Brügge jedoch in die Kämpfe zwischen den französischen und den flämischen Herrschern hineingezogen. Während der Kämpfe wurde die Stadt im Jahre 1305 verpflichtet, ihre Verteidigungsanlagen niederzureißen. Tatsächlich blieb die Stadt zwischen 1328 und 1338 ohne jeglichen Schutz vor Angriffen. Die Mauern wurden später wieder errichtet, bis sie im Jahre 1782 auf den Befehl des Kaisers Joseph II. erneut niedergerissen wurden.

Die Stadtverwaltung hatte ihren Sitz in der »Alten Halle« im Inneren der Oudeburg, das eigentliche Zentrum des städtischen Lebens jedoch bildete der Hauptplatz unmittelbar vor der Oudeburg auf der anderen Seite der Reye. Zwischen diesen beiden nur durch den Fluß getrennten Zentren wurde gegen Ende des 13. Jahrhunderts die eindrucksvolle »Neue Halle« errichtet, die auch »Waterhalle« genannt wurde, weil die Schiffe direkt ins Innere dieses Gebäudes hineinfahren und dort be- und entladen werden konnten. Dieses außergewöhnliche Bauwerk wurde gegen Ende des 18. Jahrhunderts abgerissen; an seiner Stelle steht heute das aus dem 19. Jahrhundert stammende Gebäude der Provinzregierung. Zwischen 1377 und 1420 wurde an der Südseite des Hauptplatzes ein neues großartiges Rathaus gebaut, dessen über 100 Meter hoher Turm, der Belfried, zum weithin sichtbaren Wahrzeichen der Stadt wurde (Abb. 657).

In dieser Zeit wurden auch die beiden Hauptkirchen der Stadt, St. Sauveur und Notre Dame, im gotischen Stil umgebaut. Die religiösen Bettelorden ließen sich, wie in anderen Städten auch, in den außen gelegenen Stadtteilen nieder: Die Dominikaner kamen im Jahre 1234, die Franziskaner 1240, die Karmeliter 1266 und die Augustiner 1276. In dieser Zeit wurde auch das 1188 gegründete Gemeindekrankenhaus, das Johanneshospital, erheblich erweitert.

Am westlichen Stadtrand, dort, wo heute der Bahnhof liegt, erstreckte sich früher ein großer offener Platz, auf dem der traditionelle Freitagsmarkt abgehalten wurde. Dieser zum Teil mit Bäumen bepflanzte Platz, an dem ein Schiffskanal vorbeiführte, gehörte zu den größten Plätzen im mittelalterlichen Europa.

Abb. 657. Der Marktplatz mit seinem Turm aus dem späten 14. Jahrhundert.

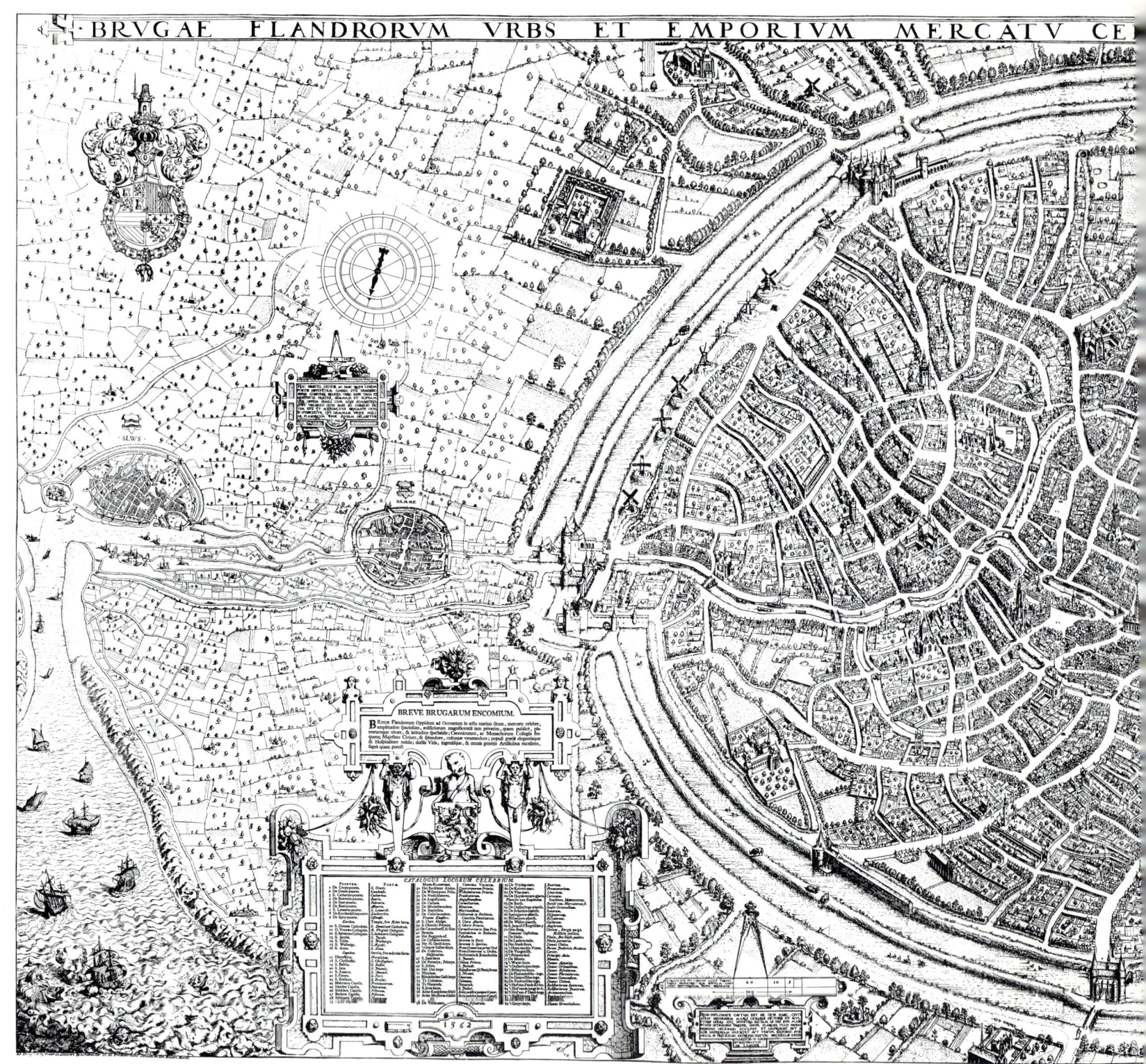

BRE · AN · A · CHR · NAT · CI⊃ I⊃ LXII ·

ILLVSTRISSIMO AMPLISSIMOQVE
SENATVI POPVLOQVE BRVGENSI
MARCVS GERARDVS PICTOR
ET SCVLPTOR DEDICABAT

Abb. 658. Der große perspektivische Plan von Brügge (veröffentlicht 1562).

Abb. 659. (auf den beiden folgenden Seiten) **Eine Teilansicht der Abb. 658: die Brügger Vorhäfen Sluis und Damme.**

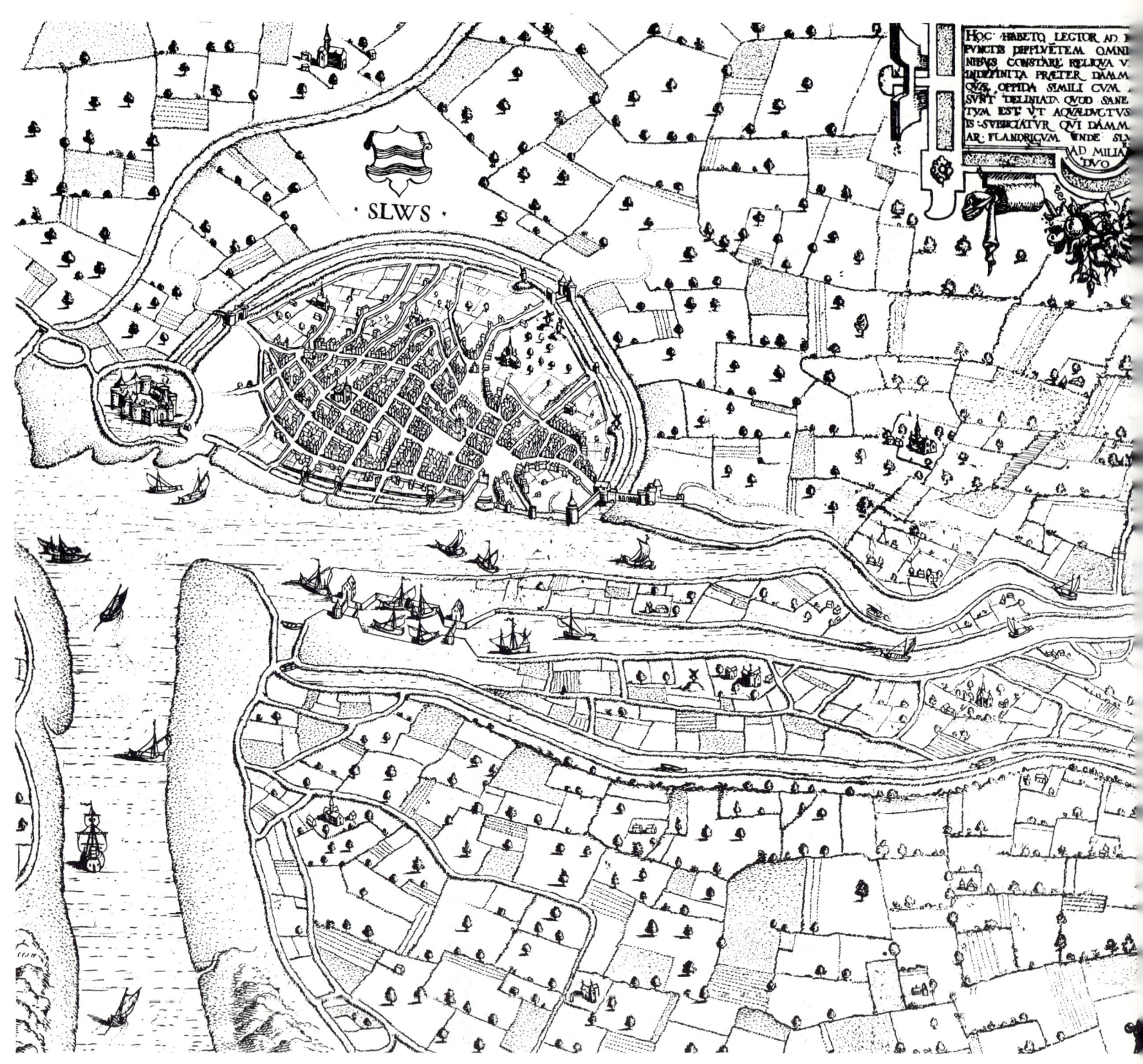

SLWS

HOC HABETO LECTOR AD [...]
PVNCTIS DEFFLVETEM OMNI[...]
NIBVS CONSTARE RELIQVA V[...]
INDEFINITA PRÆTER DAMM[...]
QVÆ OPPIDA SIMILI CVM [...]
SVNT DELINIATA QVOD SANE[...]
TVM EST VT AQVÆDVCTVS[...]
IS SVBIICIATVR QVI DAMM[...]
AR FLANDRICVM VNDE SL[...]
AD MILIA
DVO

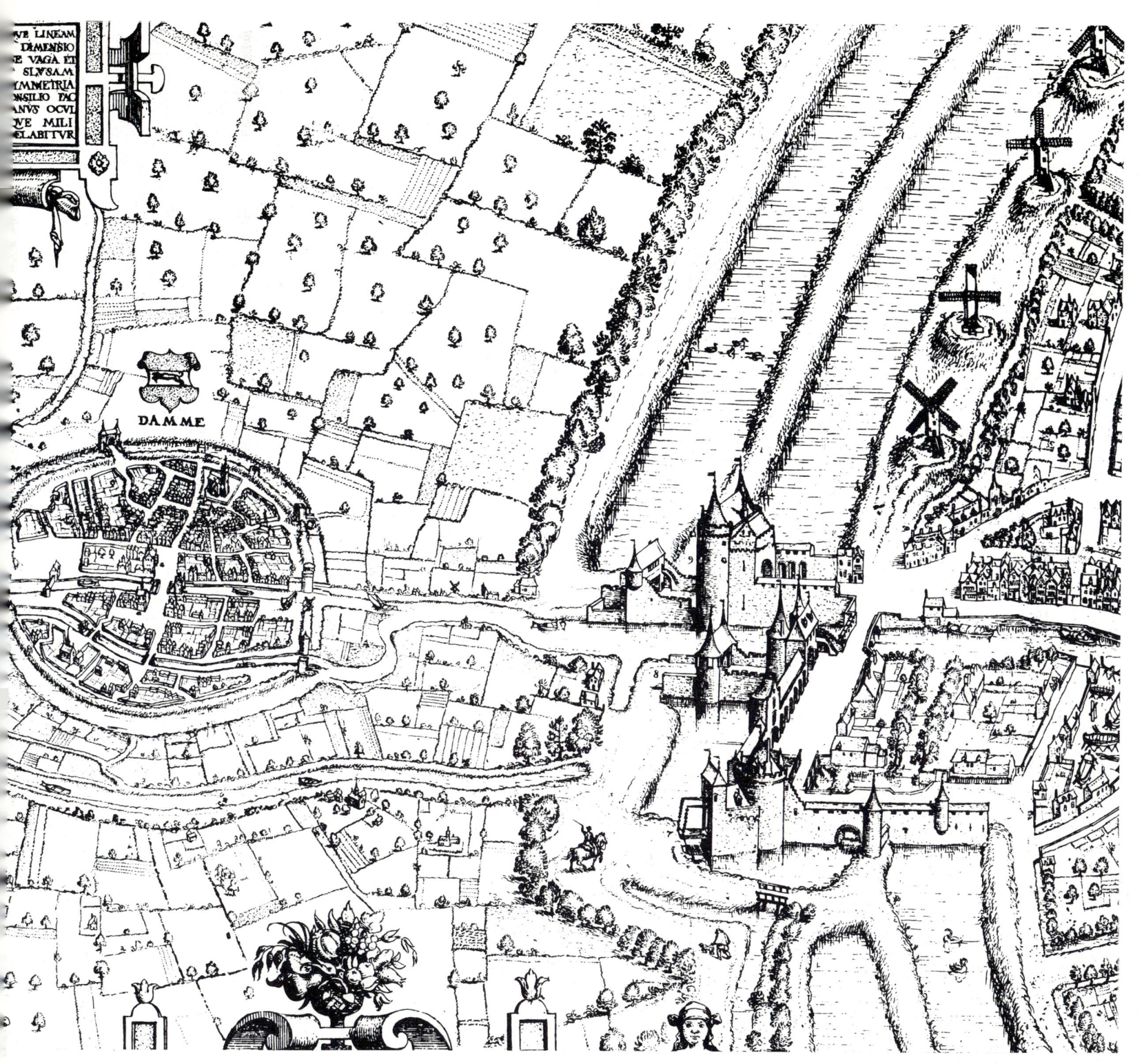

DAMME

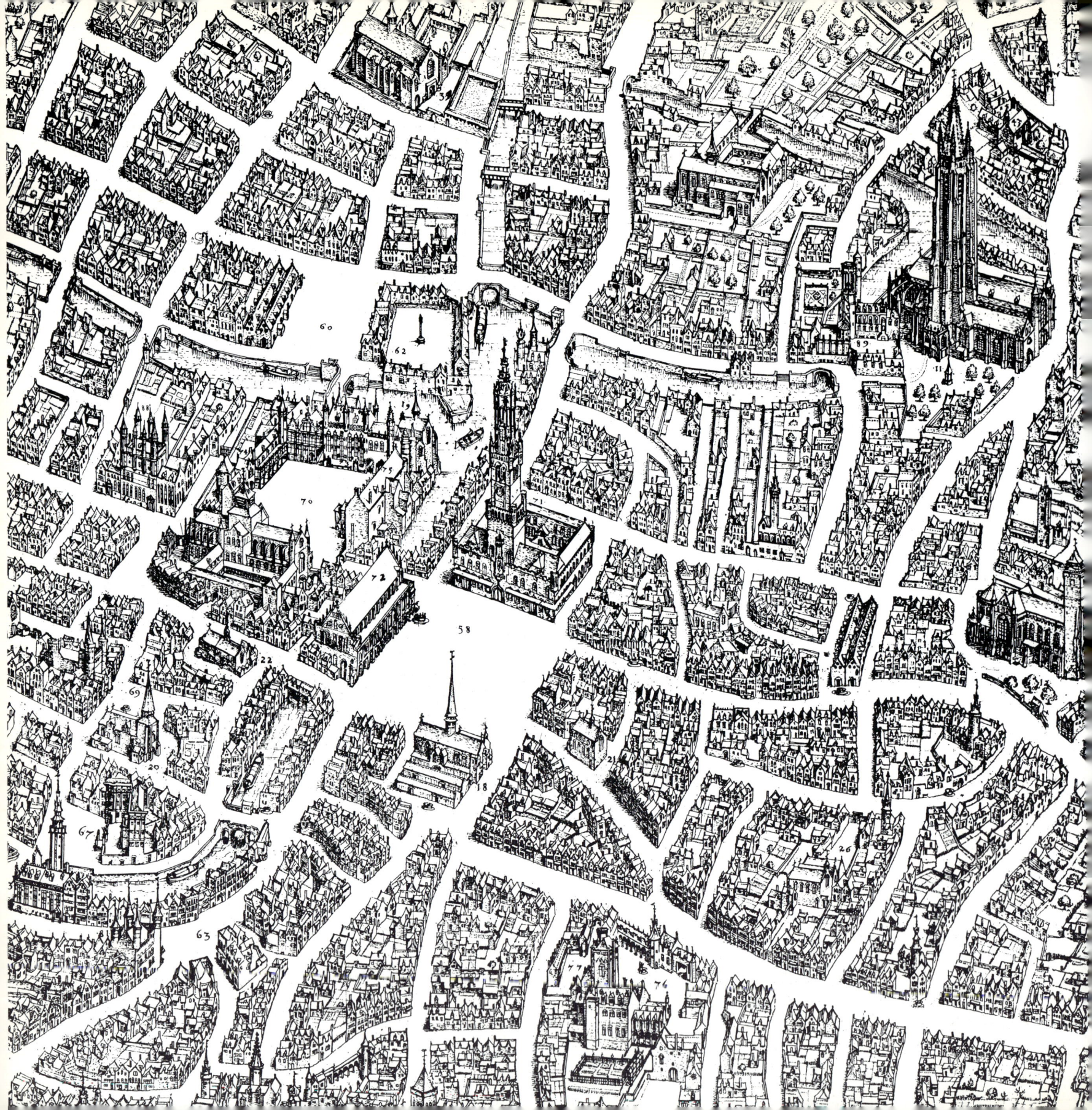

11 Kathedrale Notre Dame
12 Salvatorkirche
18 Kapelle des Hl. Christoph
20 Johanneskapelle
22 Peterskapelle
26 Kapelle der Maler
58 Fischmarkt
60 Kornmarkt
62 Ledermarkt
63 Börse
70 Burg mit dem Rathaus und der
    Kanzlei
71 Halle
72 Waterhalle
75 Gefängnis
76 Prinzenhalle
77 Münze
88 »Burg der sieben Türme«

Abb. 660. (linke Seite) **Das Stadtzentrum Brügges: Detail des großen perspektivischen Plans aus dem Jahre 1562 mit Burg, Marktplatz und den beiden Hauptkirchen.**

Abb. 661. Innenansicht der Kathedrale Notre Dame in Brügge.

Abb. 662–665. Brügge. Die Häuser an der Südseite des Marktplatzes (oben)**; das Marschallstor** (links)**; zwei Straßen im Zentrum der Stadt** (rechte Seite).

Im letzten Jahrzehnt des 13. Jahrhunderts wurde ungefähr ein Drittel der städtischen Steuereinnahmen für die Stadtmauer, die Straßenpflasterung und die Wasserversorgung ausgegeben. Die private Bautätigkeit hatte eine Reihe von Auflagen zu beachten: Um der Brandgefahr vorzubeugen, waren nur Ziegeldächer erlaubt, an deren Kosten sich jedoch die Stadt zu einem Drittel beteiligte; kein Hausbesitzer durfte sein Haus eigenmächtig abreißen – tat er es dennoch, so mußte er es innerhalb von vier Monaten wieder aufbauen; dagegen wurden auch Privathäuser abgerissen, wenn sie dem Straßenbau im Wege standen – die Besitzer dieser Häuser erhielten dafür jedoch eine Entschädigung.

Abb. 666. Der Quai du Rosaire auf einer alten Fotografie.

Abb. 667. Der Burgteich und der Turm der Halle auf einer alten Fotografie.

Abb. 668. Der heutige Kanal zwischen Brügge und Damme.

Abb. 669. Die »Börse« von Brügge mit dem Haus der Kaufleute aus Florenz (rechts) **und Genua** (links).

Abb. 670. Der innerhalb der Burg gelegene Justizpalast von Brügge.

Abb. 671. (rechte Seite) **Die Madonna des Kanzlers Rolin, ein Gemälde von Jan van Eyck (Louvre, Paris).**

Abb. 672. Der große hölzerne Kran von Brügge (Miniatur aus dem 15. Jahrhundert).

Auch das 14. und 15. Jahrhundert stand für Brügge noch im Zeichen des Wachstums und des allgemeinen Aufschwungs. In dieser Zeit wurden viele bedeutende Privathäuser gebaut, unter ihnen das Haus der Portinari (1451), das Haus der hanseatischen Kaufleute und das Haus der Familie van der Beurs, in dem sich die Geschäftsleute der Stadt regelmäßig trafen, um gemeinsame Angelegenheiten zu besprechen (Abb. 669). Dieses Haus stellte die erste der *Börsen* dar, die später auch in anderen europäischen Städten eingerichtet wurden. Im Umkreis des reichen Brügger

Bürgertums arbeiteten die bedeutendsten flämischen Maler des 15. Jahrhunderts: Jan van Eyck, gestorben 1441, und Hans Memling, der von 1465 bis zu seinem Tode im Jahre 1494 in Brügge wohnte. Noch heute ist das Johanneshospital im Besitz der Bilder, die von Hans Memling im Auftrag der reichsten Bürger der Stadt eigens für dieses Krankenhaus gemalt wurden: das Triptychon mit der Hochzeit der Heiligen Katharina von Alexandrien (1479), das Triptychon mit der Anbetung der Heiligen drei Könige (1479), das Triptychon mit der Beweinung des Todes Christi (1480) und der Ursula-Schrein (1489) (Abb. 673–679).

Brügge blieb lange Zeit der wichtigste europäische Überseehafen. Zu den Deutschen, den Engländern und den Italienern gesellten sich in der zweiten Hälfte des 14. Jahrhunderts die Spanier und die Portugiesen, die neue Routen über den südlichen Atlantik für den Import der aus fernen Ländern stammenden Gewürze erkundeten. Aber der Swin begann zu versanden und so wurde der Vorhafen weiter in Richtung Meer, von Damme nach Sluis verlegt. Im Jahre 1378 wurde damit begonnen, zwischen Damme und dem Meer einen neuen, geradlinig verlaufenden Kanal anzulegen, aber bald schon mußten die Arbeiten wegen des Bürgerkriegs unterbrochen werden und die Fahrt zwischen

Abb. 673–679. Der mit Bildern von Hans Memling ausgestattete Reliquienschrein der Hl. Ursula im Johanneshospital: Gesamtansicht und sechs Tafeln mit Szenen aus dem Leben der Heiligen.

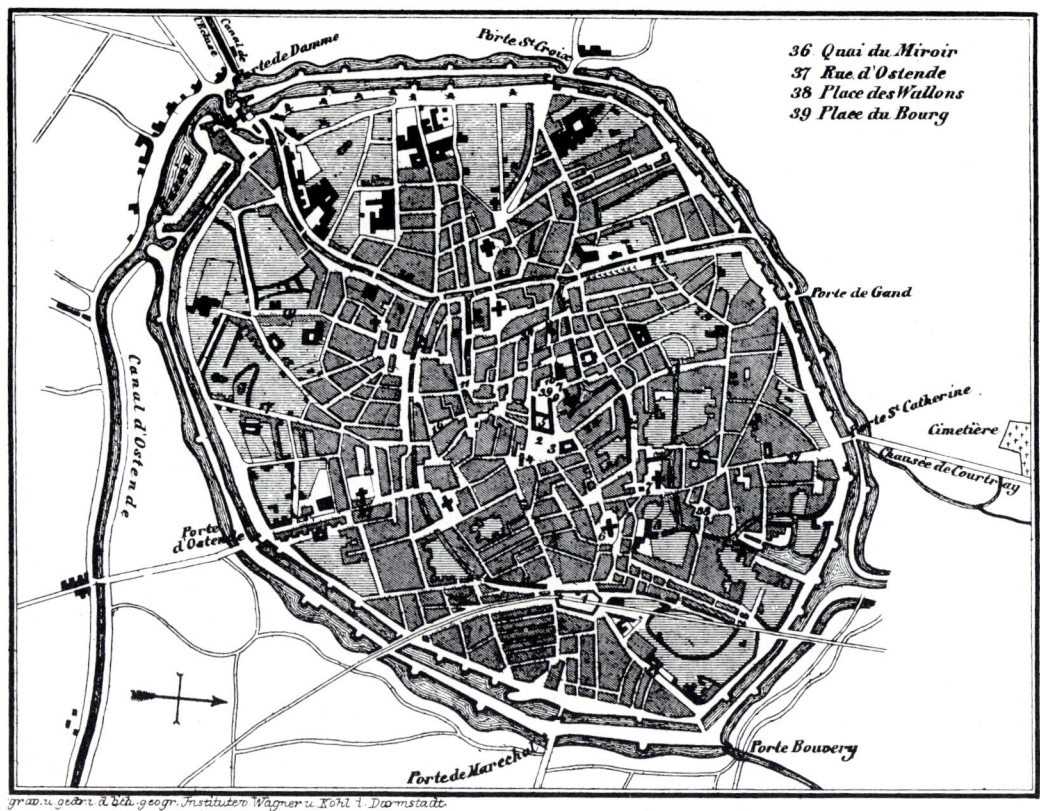

BRUGES . BRÜGGE .

36 *Quai du Miroir*
37 *Rue d'Ostende*
38 *Place des Wallons*
39 *Place du Bourg*

Abb. 680. Plan Brügges aus der ersten Hälfte des 19. Jahrhunderts mit der Eisenbahnlinie, die das Oval der Stadt durchschneidet.

Brügge und dem Meer wurde für Schiffe immer gefährlicher. Mit dem Beginn des 15. Jahrhunderts mußten die Waren von Sluis auf dem Landweg nach Brügge transportiert werden, was die Transportkosten beträchtlich steigerte. Seit 1460 konnte auch der Hafen von Sluis von den großen Schiffen nicht mehr angelaufen werden; außerdem wurde die privilegierte Stellung Brügges als internationaler Warenumschlagsplatz, die es aufgrund der Sondervereinbarungen mit den großen Handelsmächten innehatte, von der Konkurrenz anderer Städte, die den Kaufleuten völlige Handelsfreiheit gewährten, bedroht. 1488 forderte Kaiser Maximilian die ausländischen Kaufleute auf, von Brügge nach Antwerpen überzusiedeln. Damit wurde Antwerpen zum wichtigsten europäischen Seehandelshafen, während sich Brügge langsam zu einer ruhigen Provinzstadt zurückentwickelte.

Der perspektivische Plan von Marc Gerards aus dem Jahre 1562 liefert uns ein sehr detailliertes und genaues Bild der damaligen Stadt mit ihren gotischen Bauten und den dichtgedrängt stehenden Häusern aus dem 15. und 16. Jahrhundert. Er zeigt aber auch, daß es der Stadt bis dahin nicht gelungen war, die Fläche, die die aus dem 14. Jahrhundert stammende Stadtmauer umschloß, vollständig auszufüllen (Abb. 658–660). Eine Statistik aus dem Jahre 1580 weist 8129 bebaute Grundstücke aus, und zwischen dem 16. und dem 18. Jahrhundert schwankte die Zahl der Einwohner zwischen 30 000 und 35 000.

Brügge ist bis heute kaum verändert und hat auch heute noch ein ruhiges Stadtzentrum, das nicht von großen Verkehrsadern durchzogen ist. Außerhalb der ehemaligen Stadtmauer sind einige neue Stadtteile entstanden. 1914 wurde in Zeebrügge ein neuer Hafen gebaut. Die Stadtverwaltung sieht ihre große Aufgabe darin, das bauliche Erbe zu erhalten und so zu restaurieren, daß es den Ansprüchen des modernen Lebens gerecht wird, ohne die historische Substanz zu zerstören.

Abb. 681. Luftaufnahme des heutigen Brügge mit den rund um den Stadtkern angelegten Vorstädten; oben rechts der alte, nach Damme führende Kanal; links der neue Kanal, der zum modernen Vorhafen Zeebrügge führt.

Abb. 682. Miniatur einer Handschrift aus dem 15. Jahrhundert mit den Statuten der Tuchhändlergilde (Städtisches Museum, Bologna).

Abb. 683. Die älteste Ansicht Bolognas (Anfang 16. Jahrhundert).

BOLOGNA

Der Ort, an dem das heutige Bologna liegt, ist schon seit den frühesten Tagen der Antike bewohnt und wurde im Jahre 189 v. Chr. von den Römern zur Gründung einer Kolonie ausersehen. Die erste Siedlerwelle umfaßte 3000 Familien, von denen sich nur etwa ein Fünftel im Dorfkern ansiedelte, während sich der Großteil in der näheren Umgebung niederließ. Später wuchs die Stadt erheblich an und wurde mit einer Fläche von 50 bis 80 Hektar und mehreren zehntausend Einwohnern zu einer der größten Städte Norditaliens. Das für die Stadt notwendige Wasser wurde in einer bis ins Settatal reichenden Leitung, die siebzehn Kilometer lang unterirdisch verlegt war, herangeführt.

Nach dem Niedergang des Römischen Reiches verfiel auch

Bologna. Nur der neue, östliche und besser gebaute Teil der Stadt war durch die erste Stadtmauer geschützt, die möglicherweise unter Theoderich Anfang des 6. Jahrhunderts errichtet worden war (Abb. 684). Diese enge Stadtmauer mit ihren vier Toren umschloß die Fläche, auf der sich später der Kern der mittelalterlichen Stadt bildete. In diesem Teil der Stadt wurden auch die bedeutendsten Bauwerke errichtet: der Dom, das Rathaus, die Basilika San Petronio und der um die Piazza Maggiore gebaute Palast des Königs Enzo. Die Piazza Maggiore ist ein rechteckiger Platz, dessen Größe der eines Feldes der schachbrettartig angelegten Städte des antiken Roms entsprach. Dicht vor dem Osttor, der Porta Ravegnana, an der sich die beiden schiefen Türme befinden, ließen sich die Langobarden in einer eigenen Vorstadt nieder, die sie mit einer halbkreisförmigen Stadtmauer befestigten.

Abb. 684. Plan des historischen Stadtkerns Bolognas vor den heutigen Veränderungen. Die fetten Linien zeigen den Verlauf der Säulengänge, die ein die gesamte Stadt durchlaufendes Netz bilden. Das vom ersten viertorigen Mauerring umschlossene Gebiet und die unter den Langobarden entstandene Erweiterung sind schraffiert.

Abb. 685. Plan des historischen Stadtkerns Bolognas. Die schraffierte Fläche kennzeichnet das Stadtgebiet innerhalb der zweiten Mauer aus dem 12. Jahrhundert; der Verlauf dieser Stadtmauer ist auch heute noch durch die parallel zu ihr angelegten Straßen erkennbar.

Anfang des 11. Jahrhunderts begann auch in Bologna, wie allgemein in den damaligen Städten, die Bevölkerung zu wachsen. Im Verlauf des 11. Jahrhunderts wurde die ursprünglich außerhalb der Mauern gelegene Kathedrale nach innen an die heutige Stelle verlegt. 1088 wurde die berühmte Universität, die älteste Europas, gegründet. Dort wurde auch der aus Ravenna stammende Codex Justinianeus aufbewahrt. 1115, nach dem Tode der Gräfin Mathilde von Canossa, wurde Bologna freie Stadt, in der sich die beiden bisher getrennten römischen und langobardischen Teile vereinigten. Im 12. Jahrhundert wurde eine zweite Stadtmauer errichtet, die auf einer Fläche von ungefähr 120 Hektar neben der gesamten römischen Stadt auch die neuen Vorstädte im Süden und Osten einschloß (Abb. 685).

Das Wachstum der Stadt hielt auch im 13. Jahrhundert an. Im Jahre 1201 verlegte die Stadtverwaltung ihren Sitz ins Stadtzentrum, an die Westseite der Piazza Maggiore, und 1246 wurde an der Südseite dieses Platzes mit dem Bau eines neuen Ratspalastes begonnen, in dem 1249 König Enzo, der Sohn Friedrichs II., gefangen gehalten wurde. Die Stadt dehnte sich auch über den zweiten Mauerring nach allen Richtungen hin aus, und in diesen neu entstandenen Vorstädten siedelten sich die religiösen Bettelorden an: die Dominikaner in einem südlich gelegenen Kloster, in dem der Hl. Dominikus 1221 begraben wurde; die Franziskaner im Westen, wo sie zwischen 1236 und 1250 eine für damalige Verhältnisse hochmoderne Kirche bauten, die sich an den Vorbildern des in anderen Ländern verbreiteten gotischen Stils orientierte. Diese Vorstadtkirchen waren mit einigen sehr wertvollen und bedeutenden Kunstwerken ausgestattet. In der Kirche San Domenico befindet sich der Sarkophag mit den Gebeinen des Hl. Dominikus, an dem die besten italienischen Bildhauer: Nicola Pisano, Arnolfo di Cambio, Niccolo dell'Arca und der junge Michelangelo gearbeitet hatten (Abb. 686–687). Um die stark angewachsene Stadt mit ihren außerhalb der alten Befestigungsanlagen liegenden Vorstädten besser verteidigen zu können, wurde eine dritte Stadtmauer errichtet, die eine Fläche von 400 Hektar umfaßte.

Die wirtschaftliche Krise der zweiten Hälfte des 14. Jahrhunderts schwächte auch die Stellung Bolognas. Die Stadt wurde zunächst von der Mailänder Familie Visconti erobert, später dann von den Truppen des Papstes. Im Jahre 1377 kam es zwischen der Stadtverwaltung Bolognas und dem Heiligen Stuhl zu einer Abmachung, die der Stadt das Recht auf eine eigene, autonome Verwaltung garantierte. Die »Regierung der 600« wurde gebildet. Von ihr wurde ein umfangreiches Programm zur Errichtung öffentlicher Bauten durchgeführt: 1370 wurde das Rathaus wiederhergestellt, 1380 die dritte Stadtmauer vollendet und 1390 wurde mit dem Bau einer neuen, im Besitz der Stadt befindlichen Kirche von riesigen Ausmaßen begonnen, der Kirche San Petronio, die jedoch nicht vollendet werden konnte (Abb. 693–695).

Abb. 688. Der von Antonello und Pier Paolo delle Masegne zwischen 1388 und 1392 geschaffene marmorne Altaraufsatz der Kirche San Francesco.

Maßstab 1:1000

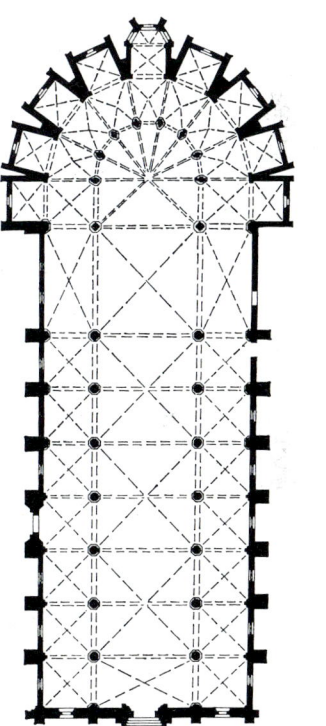

Abb. 689–690. Innenansicht und Grundriß der Kirche San Francesco, mit deren Bau 1236 begonnen wurde.

Abb. 691–692. (auf den beiden folgenden Seiten) **Bologna: Luftaufnahmen der Kirchen San Domenico (links) und San Francesco (rechts).**

Abb. 693. Die nicht fertiggestellte Kirche San Petronio in Bologna (Baubeginn 1390).

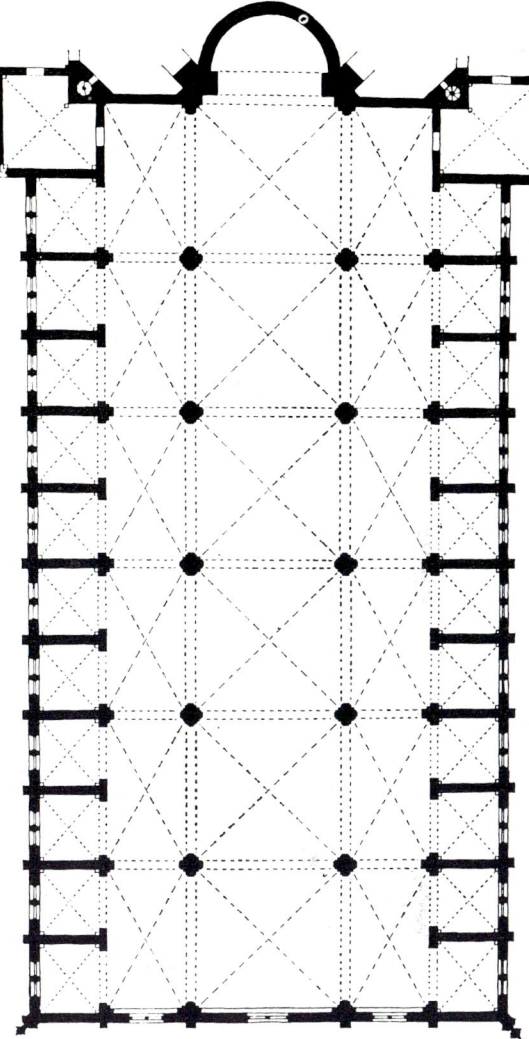

Maßstab 1:1000

Abb. 694–695. Innenansicht und Grundriß
der Kirche San Petronio. Die heutige Kirche besteht aus dem Vorderteil eines geplanten, weitaus größeren Baus; hinter der
Apsis sieht man die Anschlußstücke für
den vorgesehenen achteckigen Mittelteil.

Anfang des 15. Jahrhunderts wurde Jacopo della Quercia mit der Ausschmückung des Haupttores der Kirche San Petronio beauftragt. Er schuf dort mit seinem berühmten Marmorrelief ein frühes Meisterwerk der Renaissance.

In diesem Jahrhundert gelang es der Familie Bentivoglio, die bis dahin von mehreren Familien gemeinsam geführte Regierung zu stürzen und allein die Regierung der Stadt zu übernehmen. Unter ihrer Herrschaft wurde die inzwischen vollendete Struktur der Stadt nicht weiter verändert. Die neue Regierung ließ lediglich von Architekten aus Florenz einen großen Familienpalast errichten, der aber im Jahre 1505 nach der Eroberung der Stadt durch Papast Julius II. vollständig zerstört wurde. Noch heute sind die Ruinen des einst stolzen Palasts zu sehen. Die päpstlichen Herrscher, die bis zum 19. Jahrhundert ununterbrochen die Stadt beherrschten, entfalteten eine besondere Bautätigkeit. Die Stadt wurde zur zweiten Hauptstadt des Kirchenstaates. Michelangelo, der als junger Mann bereits am Sarkophag des Hl. Dominikus gearbeitet hatte, schuf eine Bronzestatue von Julius II. Sie wurde 1511 während eines Volksaufstandes zerstört. Später veränderte Vignola das Aussehen der Piazza Maggiore durch den Bau des Palazzo dei Banchi an der Ostseite; daneben ließ Carlo Borromeo den Palazzo dell'Archiginnasio errichten, in dem die neue Universität untergebracht ist.

Gegen Ende des 15. Jahrhunderts hatte die Stadt, in der inzwischen etwa 50 000 Einwohner lebten, ihre endgültige Form gefunden, die bis zur Einigung Italiens nicht mehr verändert wurde.

Untersuchen wir die Stadt und ihre Teile, wie sie auf einer Karte aus dem Jahre 1582 (Abb. 696) gezeigt werden, genauer: Der Aufbau der mittelalterlichen Stadt orientierte sich weitgehend an dem von den Römern angelegten Straßennetz. Im Zentrum kann man noch die schachbrettartige Anlage der Kolonialstadt erkennen. Den *decumanus maximus* bildete die Via Emilia, deren gekrümmter Verlauf im Gegensatz zum geradlinigen Verlauf der anderen Straßen wohl damit zu erklären ist, daß die Via Emilia erst kurz nach der Gründung der Kolonie angelegt wurde. Hinter den Toren an beiden Ausgängen der Stadt lag der Schnitt-

Abb. 696. Perspektivischer Plan von Bologna aus der zweiten Hälfte des 16. Jahrhunderts. Im Zentrum sieht man die beiden Türme der Porta Ravegnana (F, G) und die Piazza Maggiore (M) mit der Kirche San Petronio (B) und der Universität (E).

punkt der fächerförmig in die verschiedenen Richtungen zu anderen Städten führenden Straßen. Dieses fächerförmige Zusammenlaufen vieler Straßen bestimmte die Struktur der mittelalterlichen Vorstädte, die sich entlang dieser Straßen bildeten. Der dritte Mauerring, der später um diese neu entstandenen Stadtteile gelegt wurde, durchschnitt die zur Hauptstraße der Vorstadt gewordene Ausfallstraße. Die Strecke des Straßenteils, der sich dann innerhalb der Stadtmauer befand, hing von der Bedeutung und der Größe des jeweiligen Vorortes oder Stadtteils ab. Da es in der unmittelbaren Umgebung keine natürlichen Hindernisse gab, konnte sich die Stadt ungehindert ausdehnen und eine Form annehmen, die sich aus der Dynamik des nach außen drängenden Stadtkerns ergab. Deshalb können wir die Form der Stadt auch als eine Veranschaulichung der auf der Intensität der Handelsbeziehungen zwischen Stadt und Land beruhenden Dynamik der Stadtentwicklung ansehen. Auf einer Italienkarte kann man sehen, daß Bologna seit der Römerzeit der wichtigste Verkehrsknotenpunkt zwischen der nördlichen Po-ebene und der südlich von Bologna beginnenden Halbinsel ist; die Form der Stadt entspricht dieser Funktion.

Ursprünglich waren fast alle Straßen Bolognas von Säulengängen gesäumt. Eine städtische Verordnung legte für diese Säulengänge eine Mindesthöhe von sieben Bologneser Fuß (2,66 Meter) fest, damit man auch zu Pferd hindurchreiten konnte. Die mittelalterlichen Säulengänge waren zumeist aus Holz und wurden erst in den folgenden Jahrhunderten durch steinerne ersetzt. Auf den ältesten Stadtansichten sieht man noch eine große Anzahl hoher Türme, die jeweils auf die innerhalb der ersten mittelalterlichen Stadtmauer gelegenen Wohnsitze der Adelsfamilien hinwiesen (Abb. 683). Sie sind zerstört oder weitgehend abgetragen worden bis auf die beiden an der Porta Ravegnana errichteten Türme, die heute als eines der Wahrzeichen der Stadt gelten. Im nördlichen Teil führten Kanäle in die Stadt, die für den Gütertransport und als Energiequelle zum Antrieb von Mühlrädern genutzt wurden. Heute ist von diesen Kanälen fast nichts mehr zu sehen, da sie zum größten Teil unter die Erde verlegt worden sind (Abb. 701).

Zwischen den einzelnen Straßen blieben große Flächen frei, auf denen Parks oder Gärten angelegt wurden. Durch das weitere Wachstum der Stadt in den letzten hundert Jahren sind inzwischen einige dieser Grünflächen bebaut worden, ein großer Teil aber ist bis heute erhalten geblieben. Die zwischen dem zweiten und dritten Mauerring gelegenen Häuserblocks waren sehr groß. Sie bestanden aus vielen Reihenhäusern, oft nicht breiter als 10 bis 16 Bologneser Fuß (3,80 bis 6 m). Gebaut wurden diese an Handwerker und Arbeiter vermieteten Wohnhäuser meist von den Besitzern großer Grundstücke, von Klöstern, Bruderschaften und adligen Familien. Hinter jedem Haus war ein Garten angelegt, sodaß im Inneren eines jeden Blocks eine große Grünfläche entstand (Abb. 697–698).

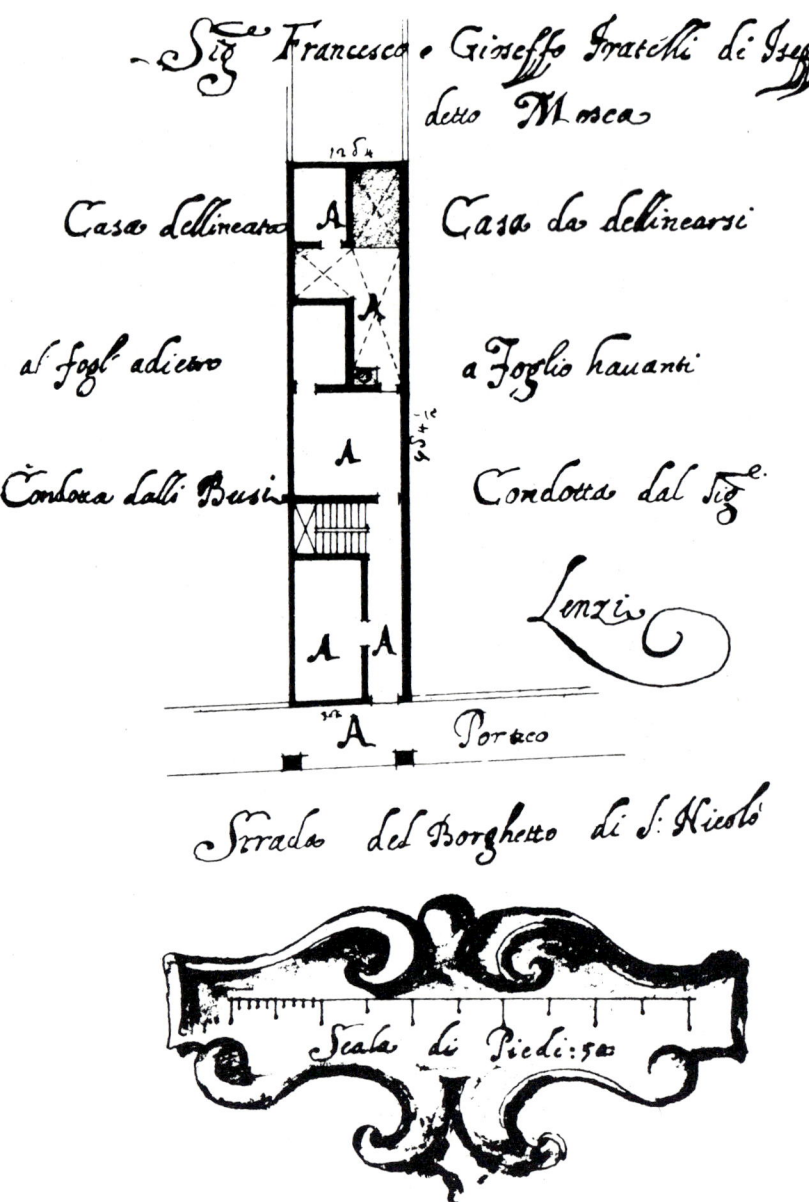

Abb. 697. Katasterzeichnung eines Reihenhauses am Stadtrand von Bologna aus dem 18. Jahrhundert.

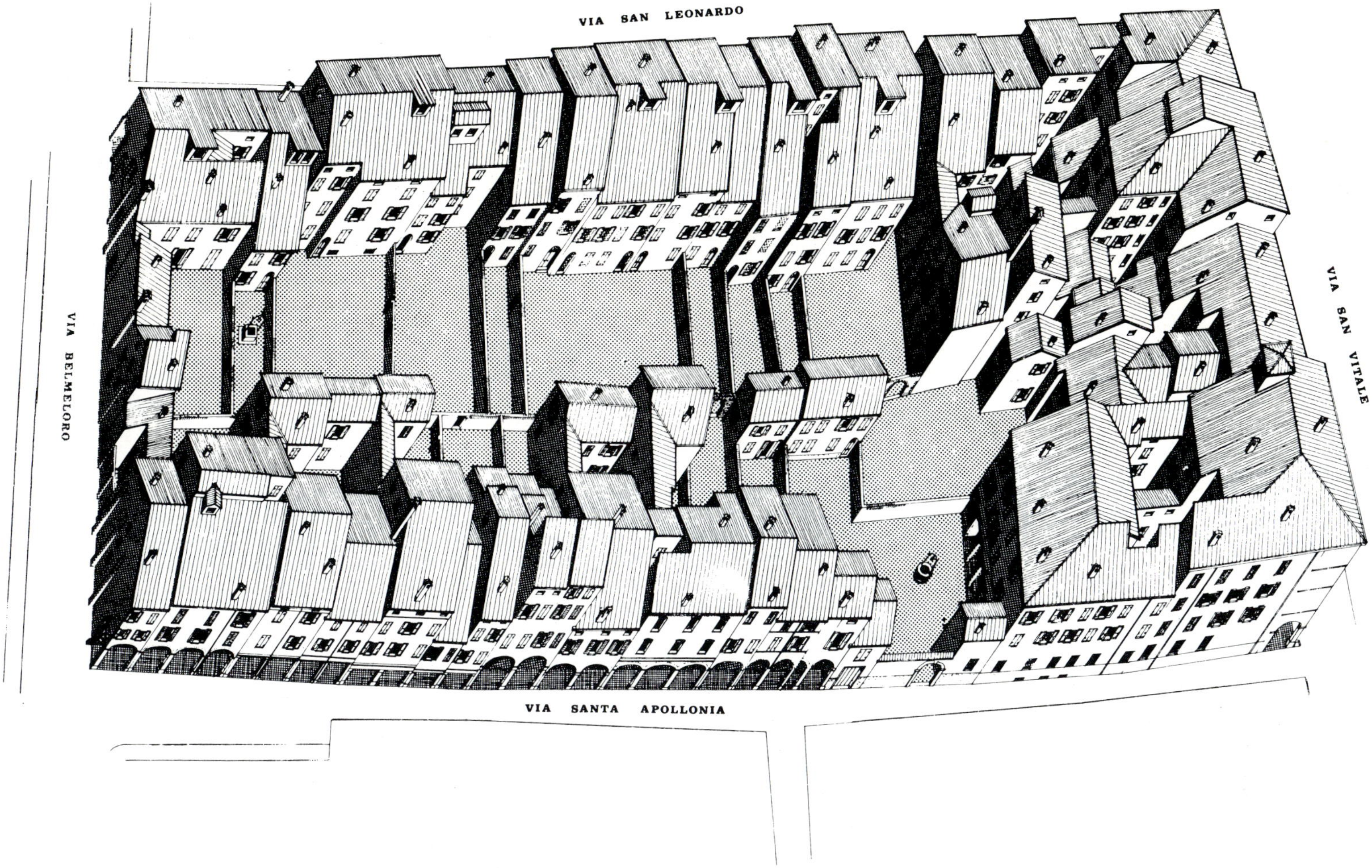

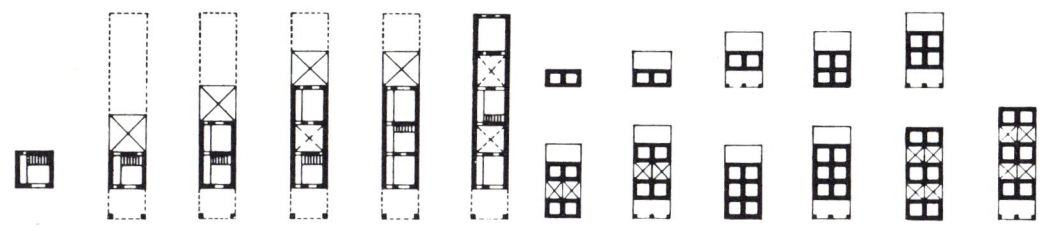

Abb. 698. Ein aus Reihenhäusern gebildeter Häuserblock am Stadtrand Bolognas; die Vorderseite dieser Häuser liegt zur Straße, in den Innenhöfen sind Gärten angelegt.

Abb. 699. Grundrisse der wichtigsten Reihenhaustypen in Bologna.

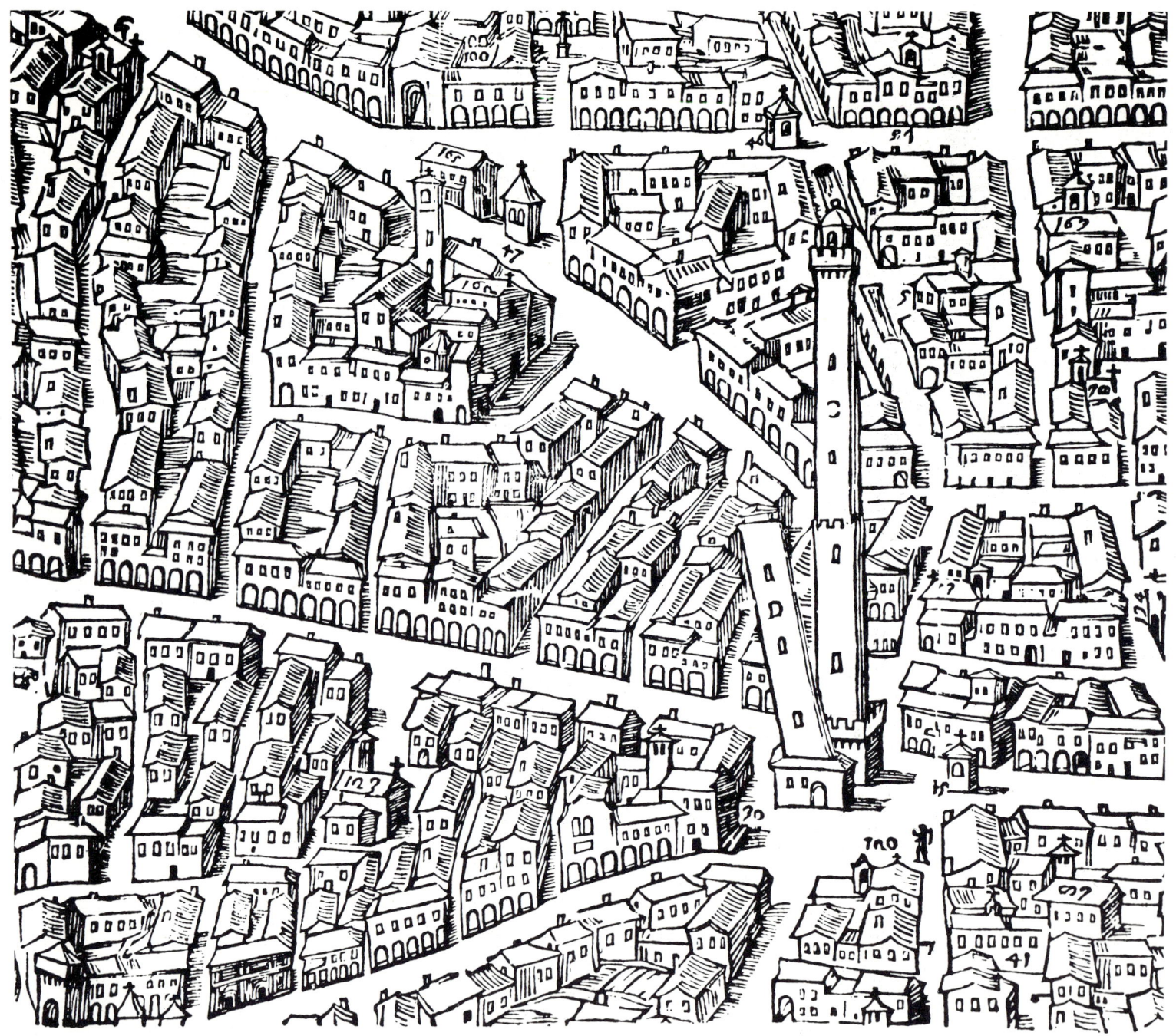

Abb. 700. Die Häuser mit ihren Säulengängen in der Nähe der beiden Türme der Porta Ravegnana (Ansicht aus dem 17. Jahrhundert).

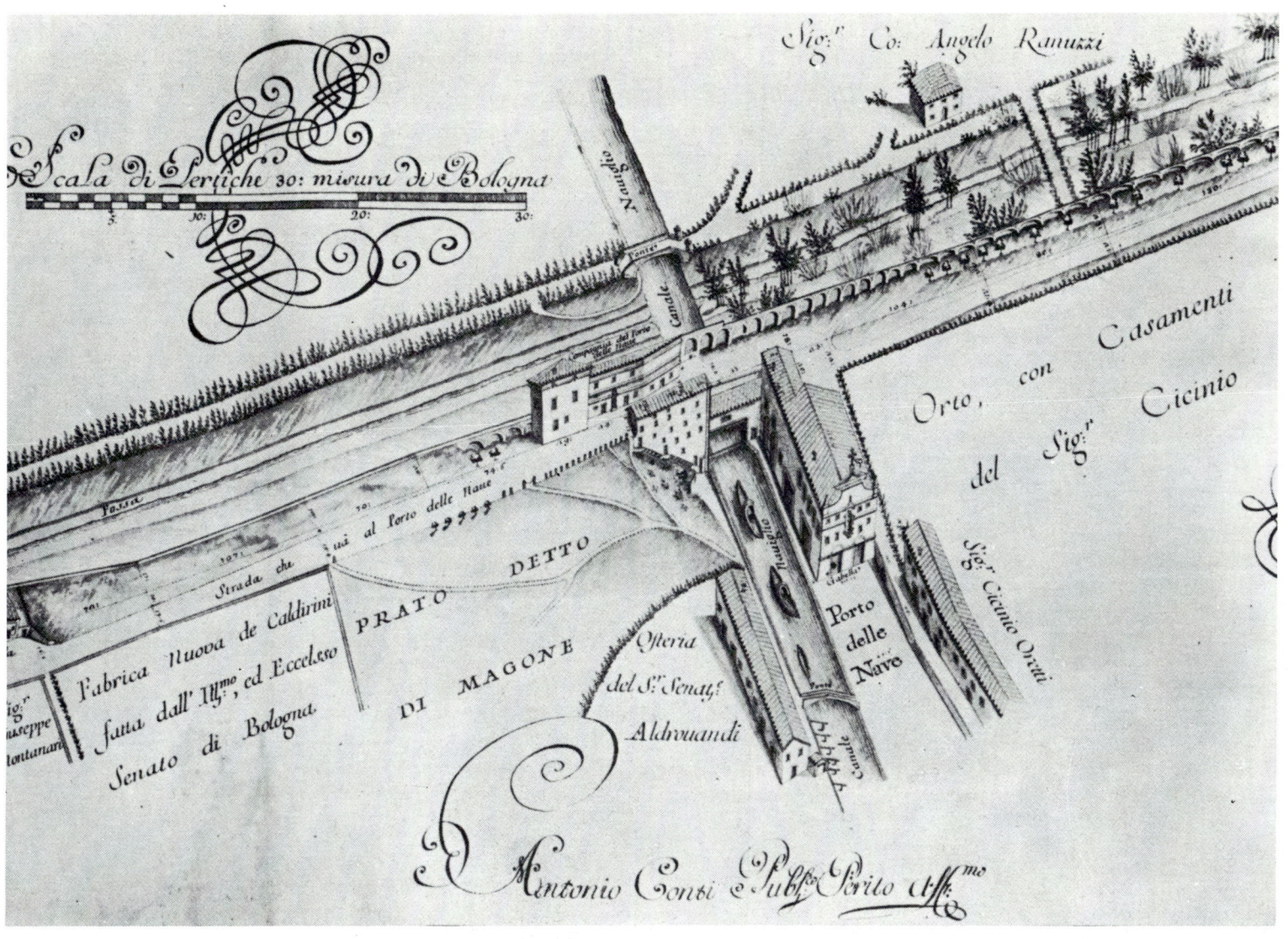

Abb. 701. Ein Tor des äußeren Mauerrings Bolognas (Darstellung aus dem 18. Jahrhundert). Der Kanal führt von außen in den unmittelbar hinter der Mauer gelegenen Hafen.

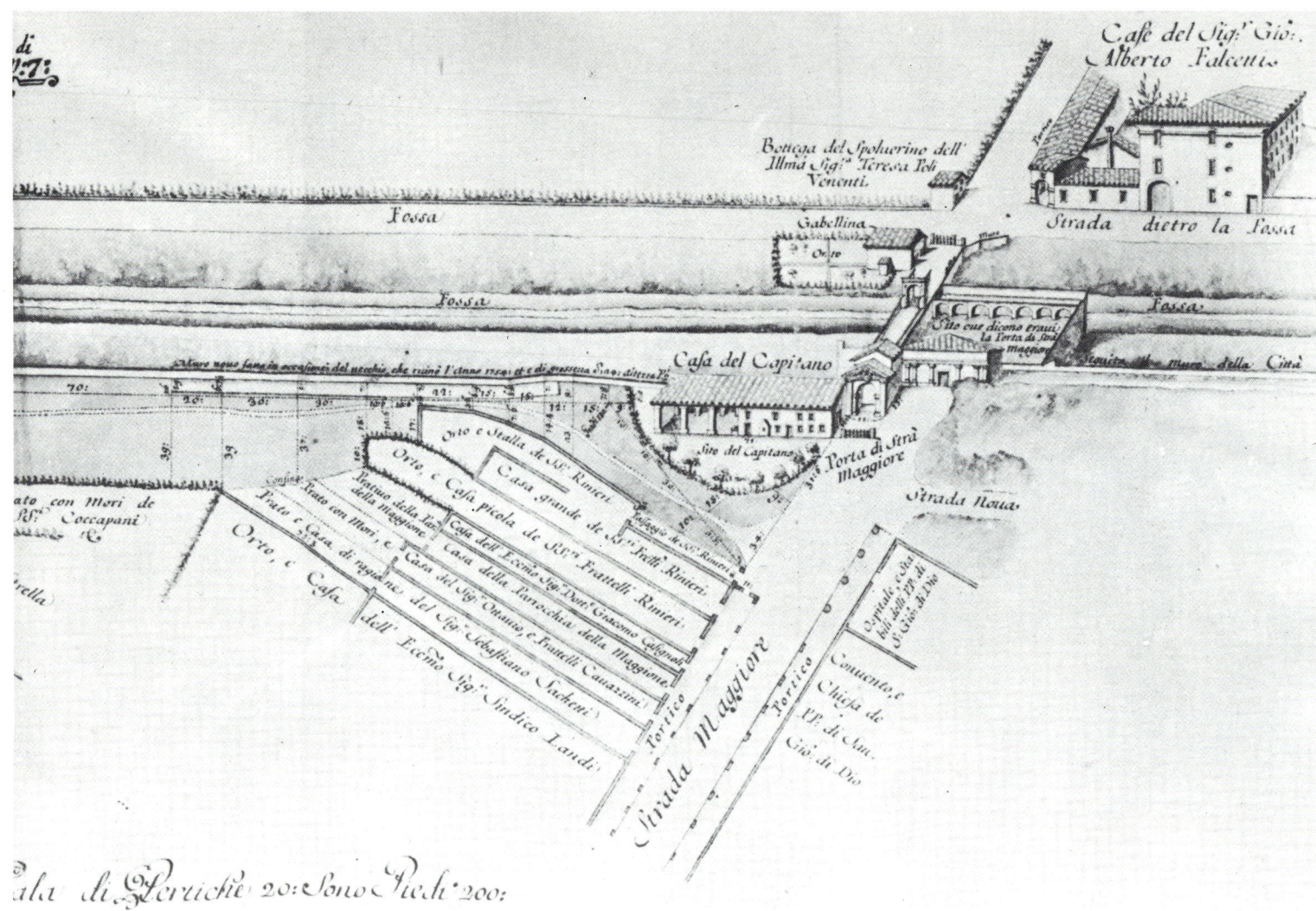

**Abb. 702–704. Drei weitere Tore des äußeren Mauerrings
(Darstellungen aus dem 18. Jahrhundert).**

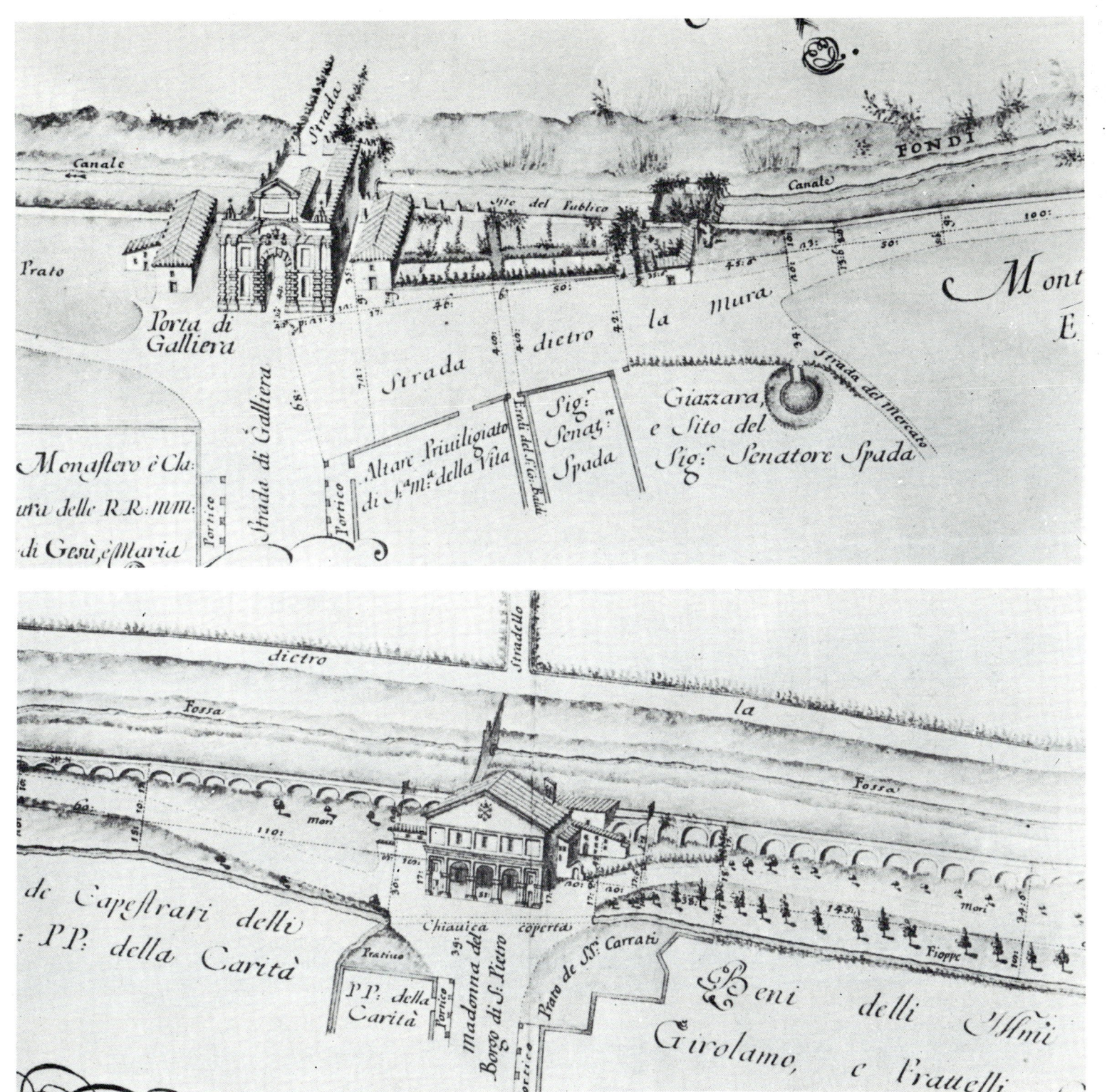

Mitte des 19. Jahrhunderts begann Bologna auch über den dritten Mauerring hinauszuwachsen. Als in Italien im vergangenen Jahrhundert ein Eisenbahnnetz und im 20. Jahrhundert das Autobahnnetz angelegt wurde, stieg erneut die Bedeutung Bolognas als Verkehrsknotenpunkt zwischen dem Norden und Süden Italiens. Die neu entstehenden Vorstädte dehnten sich vor allem nach Norden hin aus, weil im Süden eine Hügelkette weiterem Wachstum im Wege stand. Diese Vorstädte werden heute, wie früher auch die mittelalterlichen, von den großen Verbindungsstraßen zerschnitten. So stellt sich Bologna heute als

Abb. 705. Luftaufnahme des historischen Stadtkerns von Bologna: Erkennbar sind die Achse der Via Emilia, die fächerförmig angelegten mittelalterlichen Straßen, in der Stadtmitte die beiden Türme der Porta Ravegnana und die Piazza Maggiore mit dem Rathaus und der Kirche San Petronio.

eine in großem Maßstab ausgedehnte Stadt dar, die durch diese Ausfallstraßen in einzelne Sektoren aufgeteilt ist und deshalb nie zu einer geschlossenen Einheit zusammenwachsen konnte.

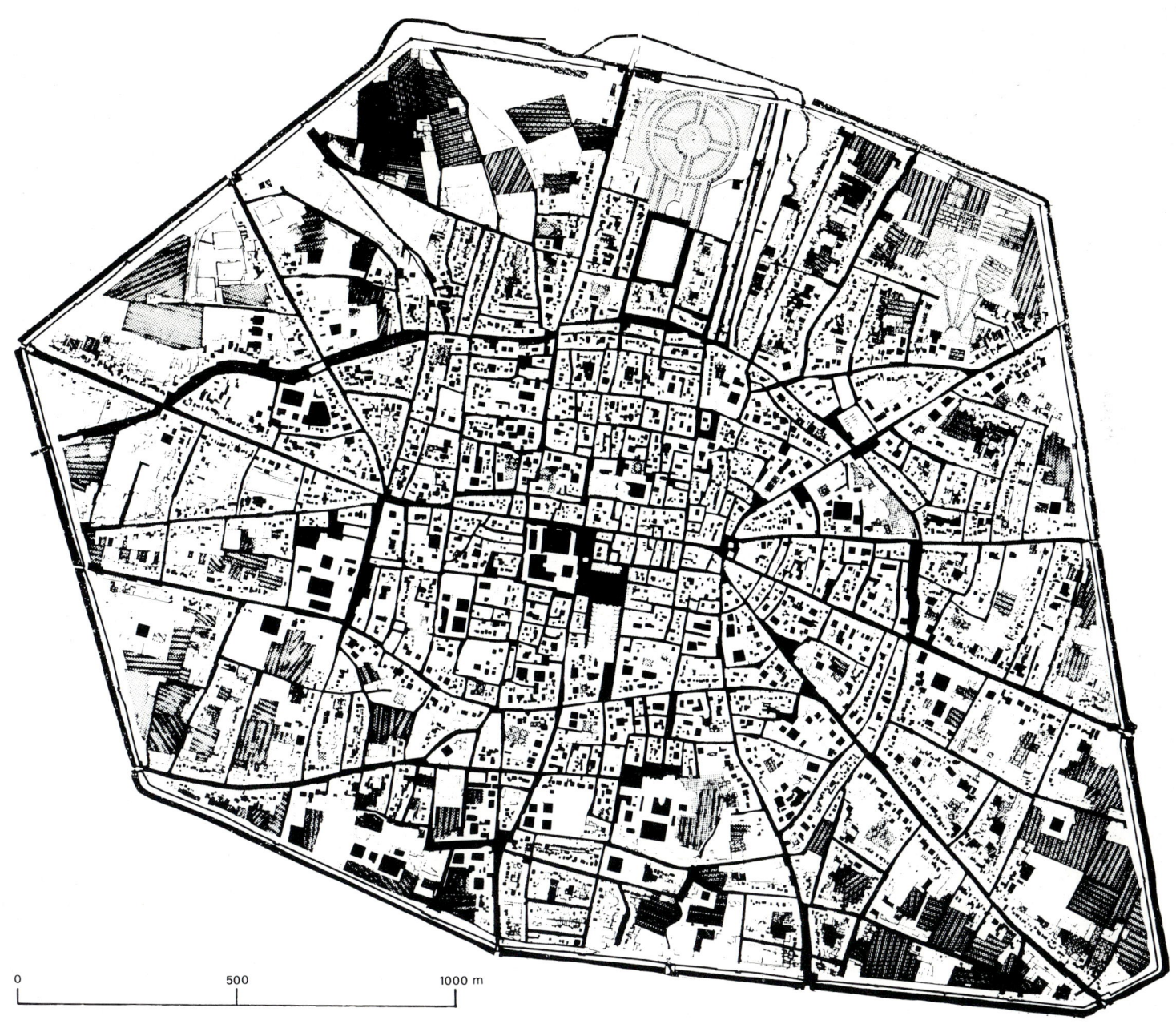

0   500   1000 m

Abb. 706. Der historische Stadtkern Bolognas zu Beginn des vergangenen Jahrhunderts innerhalb der Mauern aus dem 14. Jahrhundert.

Abb. 707. Das zwischen 1368 und 1808 gebräuchliche Siegel der Stadt Nürnberg.

Abb. 708. Sitzordnung des Nürnberger Bürgerrats (Stich aus dem Jahre 1677).

Abb. 709. Die Stadt Nürnberg in ihrer ländlichen Umgebung (Gemälde auf Pergament aus dem Jahre 1516).

NÜRNBERG

Nürnberg wurde 1040 von Kaiser Heinrich III. am Schnittpunkt der Verbindungsstraßen zwischen Bayern, Franken, Schwaben und Böhmen gegründet. Die erste Ansiedlung entstand an einer Stelle im Pegnitztal zwischen dem Fluß und einem die Umgebung beherrschenden Hügel, auf dem bereits eine Burg stand. Dort wurden die ersten Behausungen rund um einen Marktplatz errichtet, der auch in späteren Zeiten das Zentrum des städtischen Lebens geblieben ist.

Im 12. Jahrhundert gründete Friedrich I. am gegenüberliegenden Ufer eine weitere Siedlung, die nach der Kirche des Hl. Lorenz Lorenzerstadt genannt wurde. Diese beiden Siedlungen, getrennt durch die Pegnitz mit ihren sumpfigen Ufern, waren

zunächst von eigenen Ringmauern umgeben, die erst 1320 über den Fluß hinweg verbunden wurden. So entstand eine einheitliche Stadtanlage, die sogenannte Altstadt.

Bis dahin aber hatten sich im Süden und Osten, wo das Land flacher ist, bereits weitere Ansiedlungen entwickelt. In der zweiten Hälfte des 14. Jahrhunderts wurden die Stadtmauern erweitert, um diese Vorstädte miteinzuschließen. Die neue Stadtmauer war eines der ausgeklügeltsten militärischen Bauwerke des späten Mittelalters. Sie bestand aus zwei parallel verlaufenden Mauerringen, die durch eine Reihe von Türmen und einen breiten äußeren Graben verstärkt wurden. Innerhalb dieser Mauern erreichte die Stadt mit 160 Hektar ihre größte Ausdehnung und hatte etwa 20 000 Einwohner. Im Jahre 1348 wurde damit begonnen, das

Abb. 710. Ansicht der Stadt Nürnberg (Stich aus dem 16. Jahrhundert).

Abb. 711. Ansicht der Stadt Nürnberg (Aquarell von Albrecht Dürer).

Zentrum des städtischen Lebens umzugestalten. In der Altstadt wurden die Hütten aus der Zeit der Stadtgründung abgerissen, und auf der so entstandenen freien Fläche wurde der neue Marktplatz angelegt. Zu jener Zeit wurden auch die wichtigsten öffentlichen Bauwerke errichtet, die zu den bedeutendsten Beispielen der deutschen Spätgotik gehören: die Frauenkirche auf dem Marktplatz (1355), ein einfacher quadratischer, von neun Kreuzgewölben gleicher Höhe getragener und mit einem hohen Holzdach bedeckter Hallenbau (Abb. 712–714); der neue Chor der St. Sebalduskirche (1361); der berühmte Brunnen auf dem Marktplatz aus dem Jahre 1385 (Abb. 722–723). Im 15. Jahrhundert verschönerten bedeutende Arbeiten die bereits bestehenden Bauwerke. Der neue Chor (1439) und das Sakramentshäuschen entstanden in der Sankt Lorenzkirche. Das Rathaus, im 14. Jahrhundert begonnen, wurde im 16. und 17. Jahrhundert mehrere Male mit einer erstaunlichen stilistischen Kontinuität erweitert (Abb. 716–721).

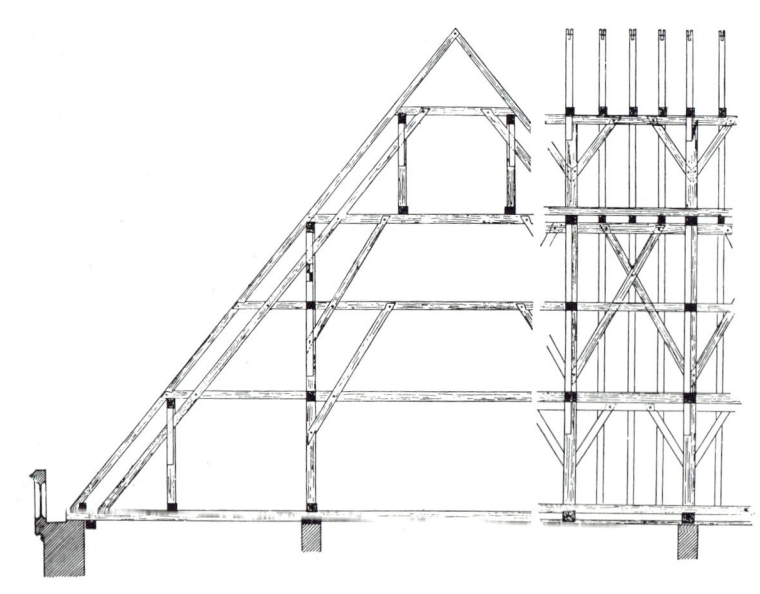

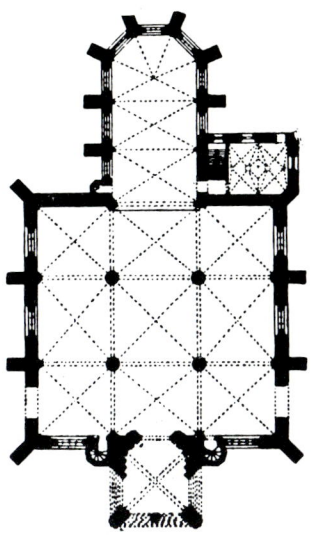

Abb. 712–714. Die Frauenkirche auf dem Marktplatz in Nürnberg: Grundriß, Querschnitt des Dachstuhls und Außenansicht.

Abb. 715. Teilansicht des Pfarrhauses von Sankt Sebaldus in Nürnberg.

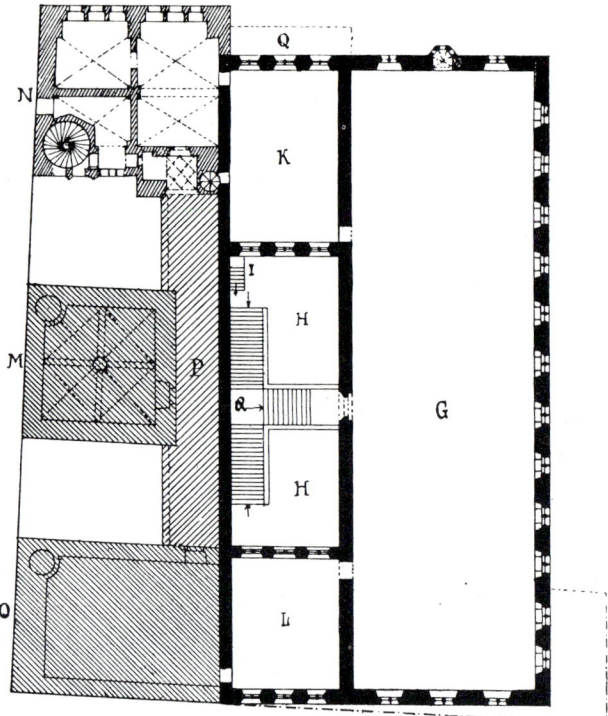

erster Stock

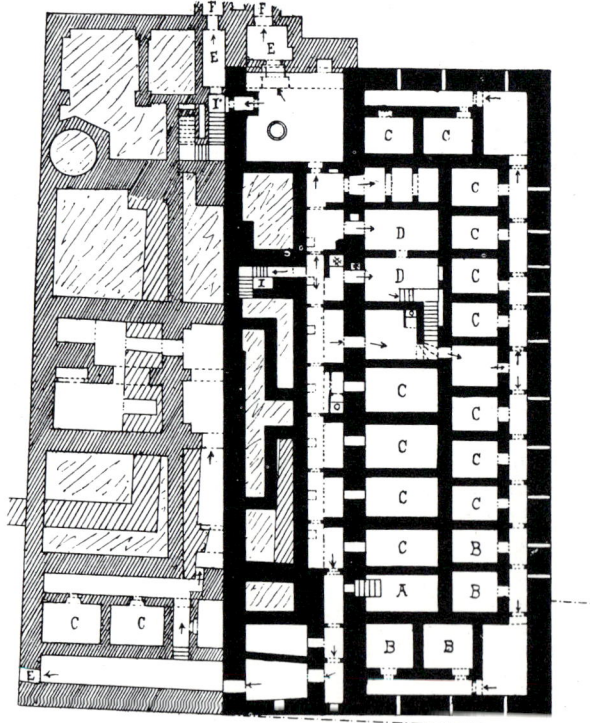

Parterre

Parterre:

A Folterkammer

B Strafzellen

C Gefängniszellen

D Bad und Küche

E Durchgänge zu den unterirdischen
   Gängen

Erster Stock:

G Großer Versammlungssaal

H Hof

K Ratssaal

Q Erweiterung aus dem 16. Jahrhundert

L Verwaltung

Abb. 716–719. Das Nürnberger Rathaus aus dem 14. Jahrhundert: Grundrisse, Längsschnitt und Außenansicht.

Abb. 720–721. Detailzeichnungen der Wendeltreppe des Nürnberger Rathauses (Maßstab 1:50).

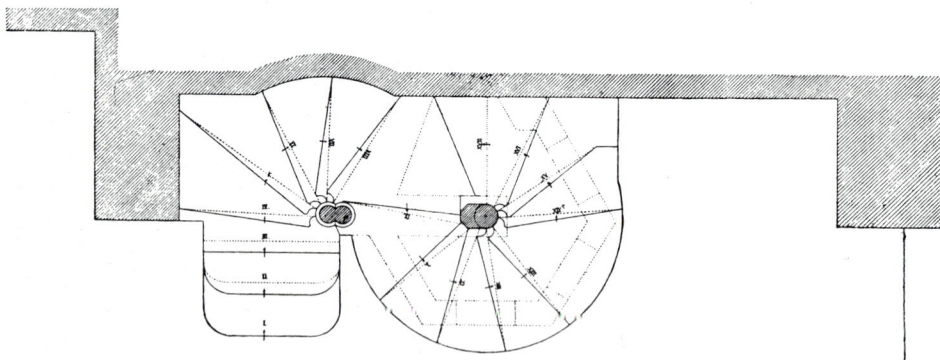

Abb. 722–723. (rechte Seite) **Der Brunnen des Nürnberger Marktplatzes im Maßstab 1:100. Rechts in einer kolorierten Zeichnung von Georg Pencz, einem Schüler Albrecht Dürers (um 1540).**

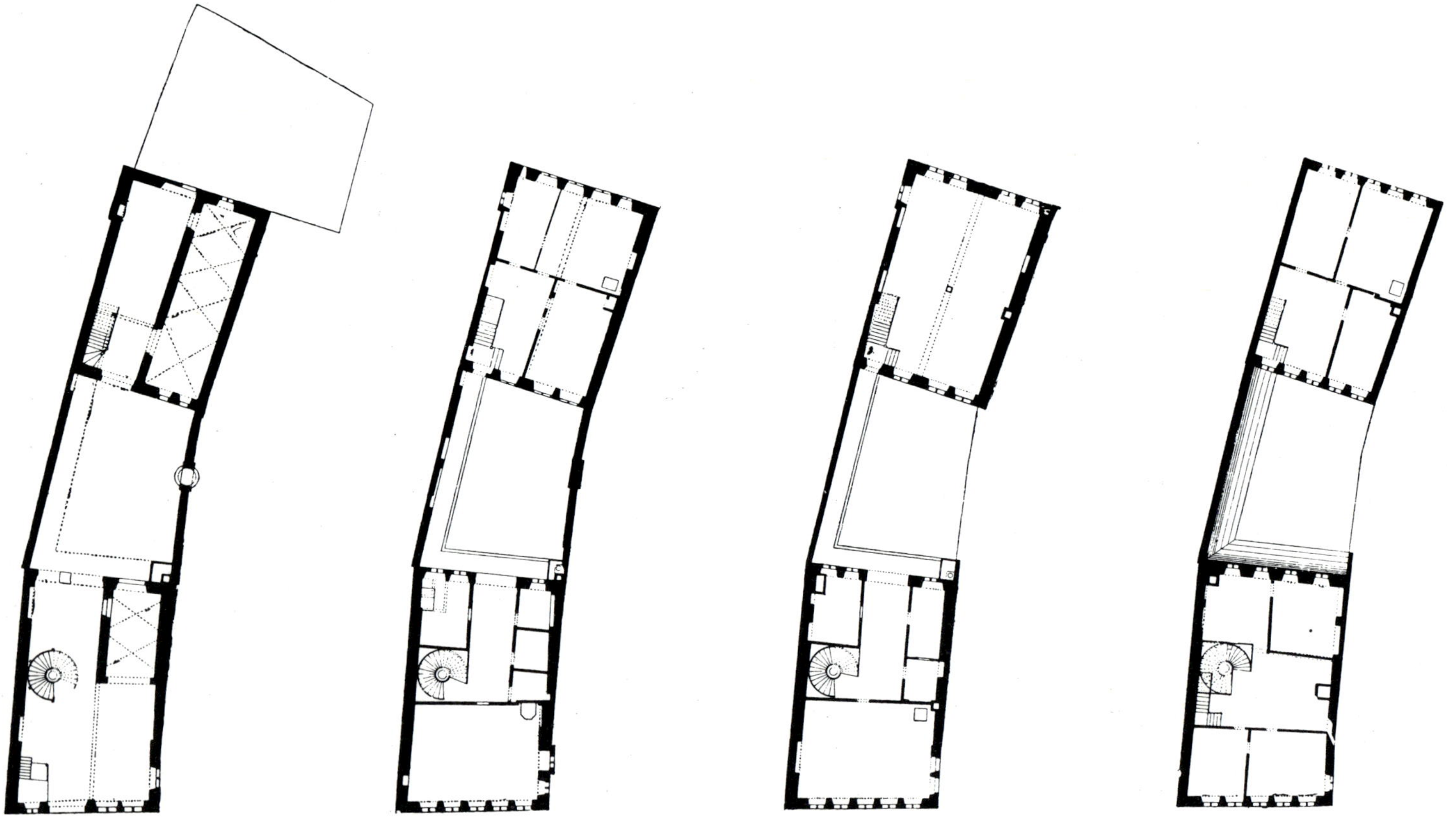

Parterre   erster Stock   zweiter Stock   dritter Stock

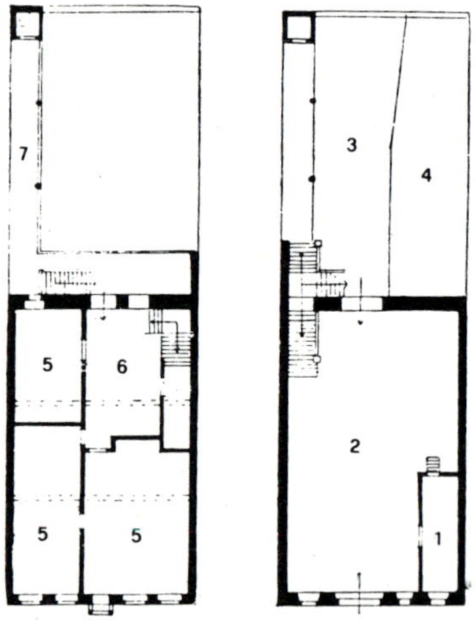

Maßstab 1 : 500

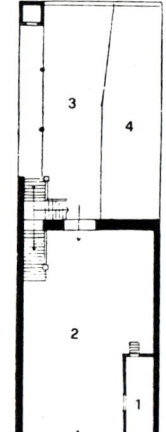

1 Eingangsflur
2 Laden
3 Hof
4 Später angebaute Werkstatt
5 Zimmer
6 Vorzimmer
7 Latrine

erster Stock   Parterre

Abb. 724–727. (oben) **Grundrisse eines Kaufmannshauses (Bergstr. 7)**

Abb. 728–729. (links) **Grundriß eines Kaufmannshauses am Dürerplatz.**

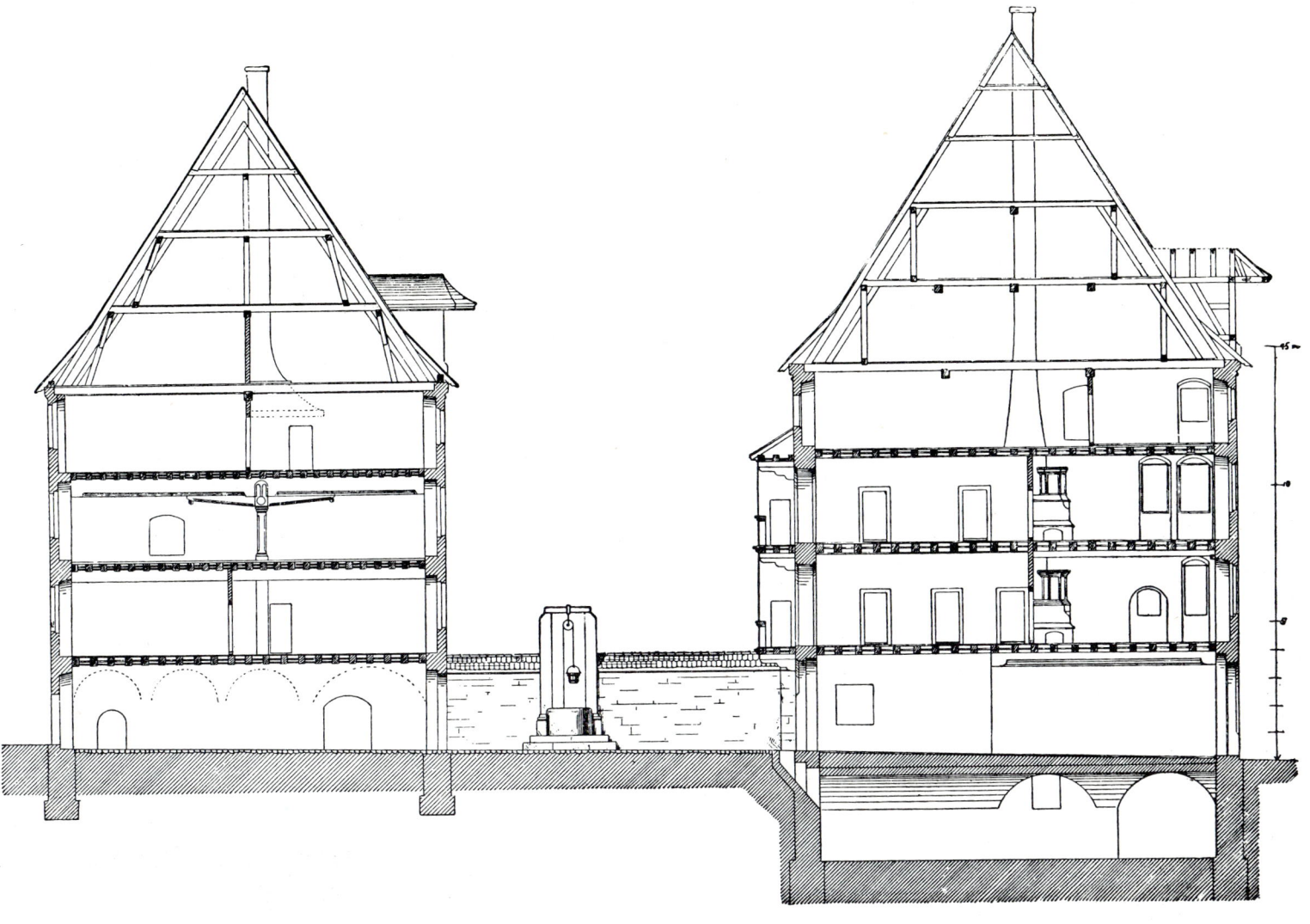

Abb. 730. Längsschnitt des in Abb. 724–727 im Grundriß dargestellten Kaufmannshauses (Bergstr. 7).

Abb. 731. Das Dürerhaus in Nürnberg.

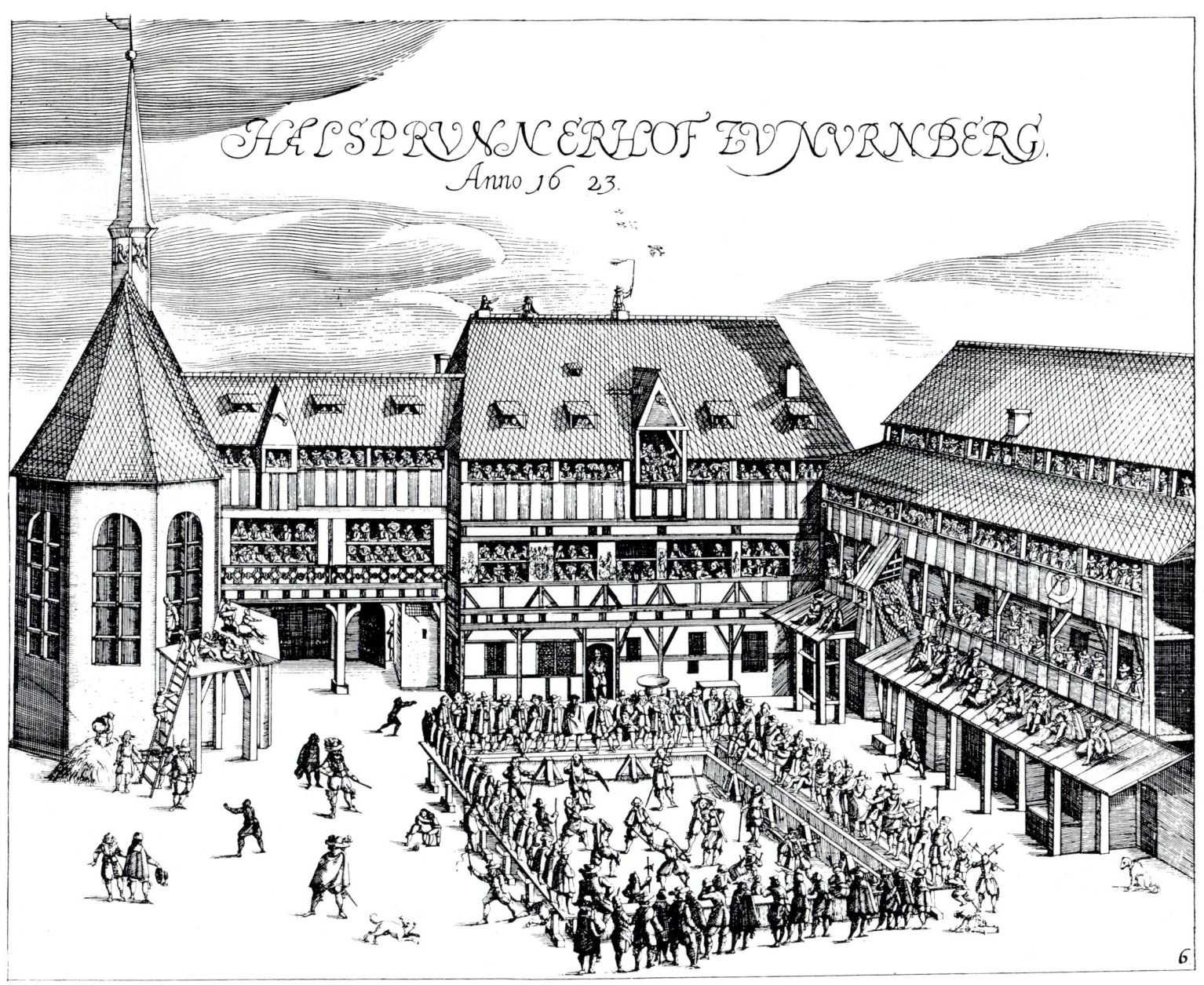

HALSPRVNNERHOF ZVNVRNBERG.
Anno 16 23.

Abb. 732. Der Hof des Heilsbronner Hauses (Stich aus dem 18. Jahrhundert).

Abb. 733. Blick auf die Fleischerbrücke über die Pegnitz in Nürnberg.

Abb. 734. Die Pegnitz beim Kettensteg in Nürnberg.

Abb. 735. Blick von der Lorenzkirche auf die Burg und das
Nürnberger Stadtzentrum.

Abb. 736. Blick auf den Nürnberger Marktplatz.

Abb. 737. Öffentliches Bad in Nürnberg (Stich von Albrecht Dürer).

Abb. 738. Die Anbetung der Heiligen Drei Könige, Gemälde von Albrecht Dürer (Uffizien, Florenz).

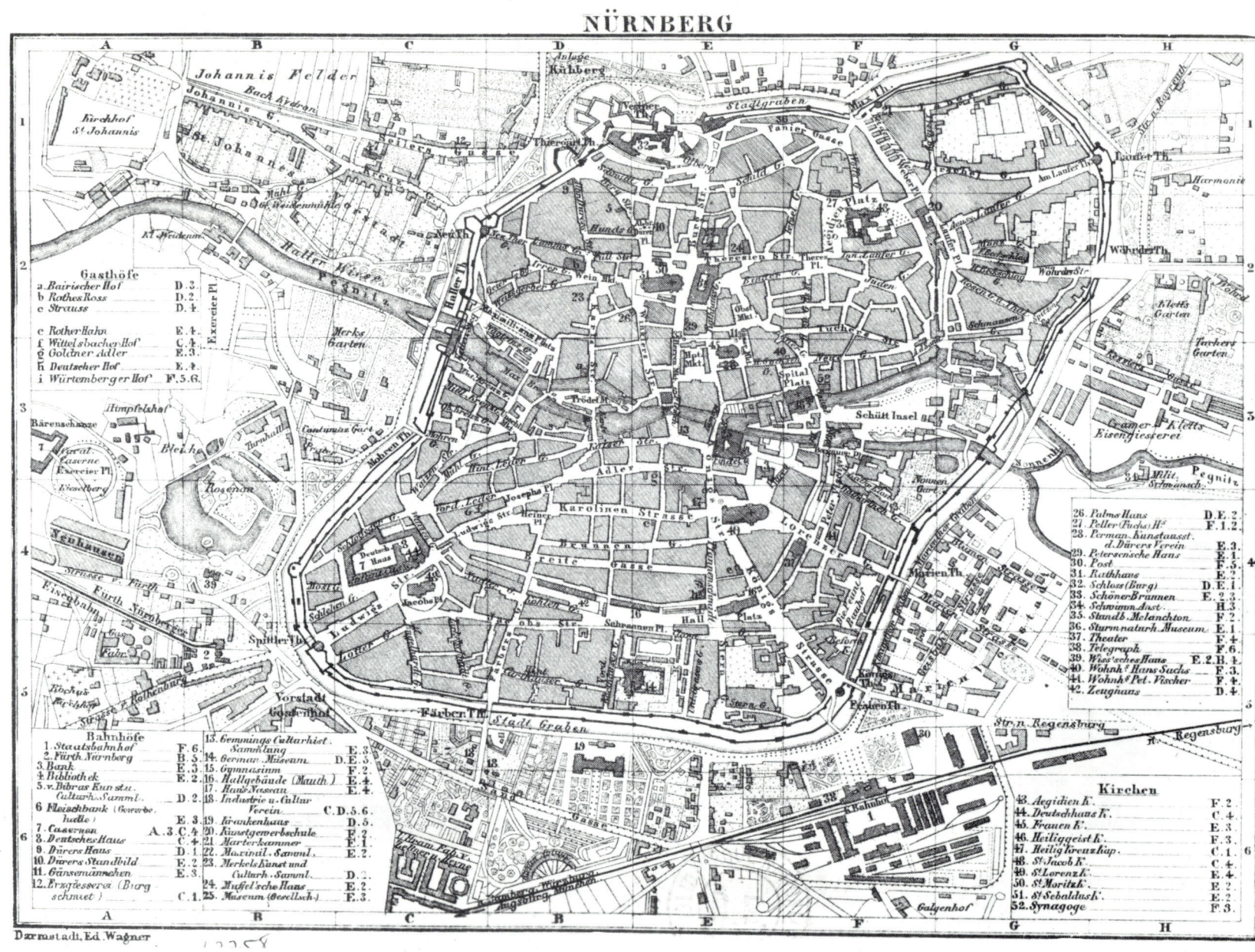

NÜRNBERG

Abb. 739. Der Plan Nürnbergs aus der zweiten Hälfte des 19. Jahrhunderts zeigt den vom doppelten Mauerring eingeschlossenen historischen Stadtkern und die außerhalb gelegenen Stadtteile.

Abb. 740. Eine Nazikundgebung in Nürnberg auf dem Reichsparteitagsgelände.

Abb. 741. Eine Sitzung der Nürnberger Prozesse gegen die Verantwortlichen des Naziregimes.

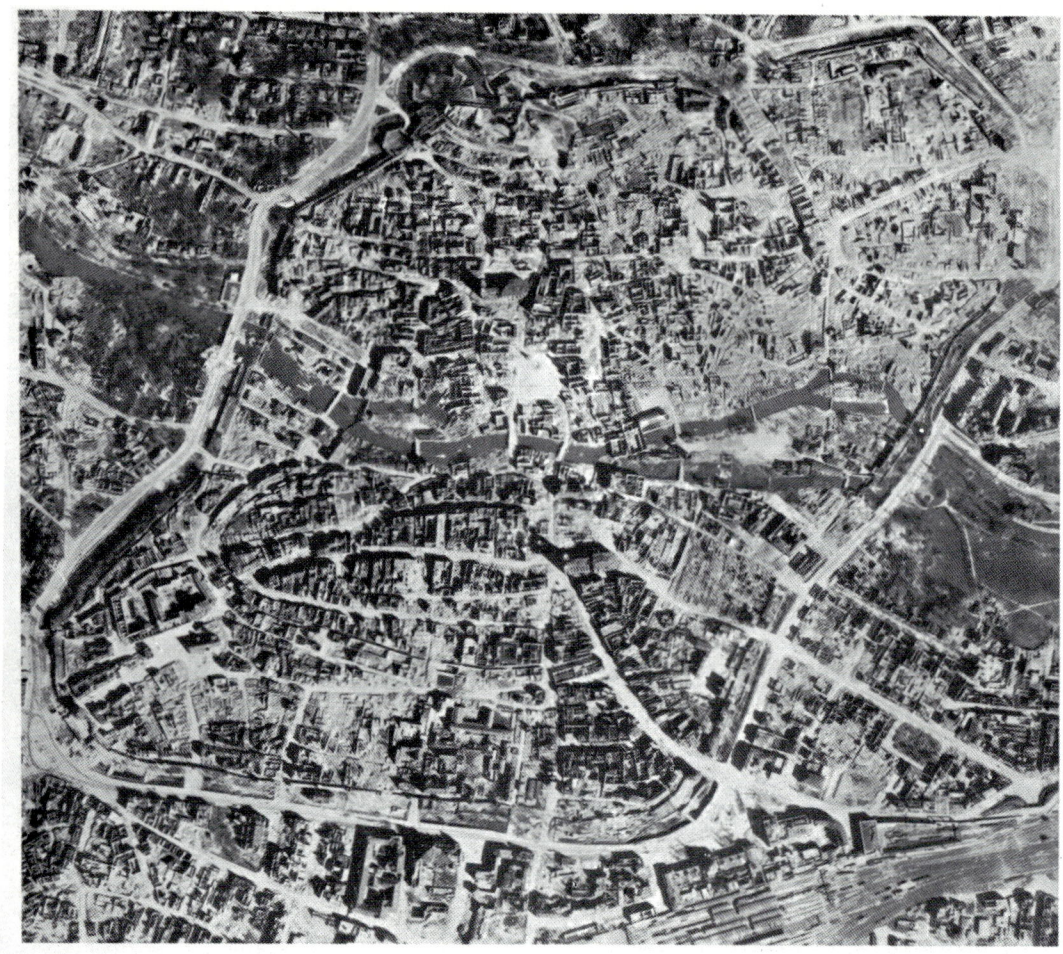

Abb. 742. Luftaufnahme des im Zweiten Weltkrieg durch Bomben zerstörten Nürnberger Stadtzentrums.

Im späten Mittelalter und in der Renaissance war Nürnberg Durchgangsstation für den gesamten sich auf dem Landweg abwickelnden Handel zwischen den nördlichen Teilen Europas, Bayern und den Alpenpässen. Dadurch wurde es zu einer der reichsten Städte Deutschlands. Die Stadtverwaltung stand unter Kontrolle der reichen Kaufmannsfamilien und später der Bankiers, z. B. der Welser, deren Geschäftsinteressen die ganze Welt umfaßten.

Diese Umgebung bot natürlich auch einen günstigen Rahmen für die Entfaltung eines künstlerischen und kulturellen Lebens. Nürnberg wurde zur Werkstatt der bedeutendsten Bildhauer, wie Veit Stoss und der Familie Vischer, und zum Atelier der bedeutendsten Maler Deutschlands, unter ihnen Albrecht Dürer. Später wurde es auch eines der Zentren der Goldschmiedekunst, des Verlagswesens und der Kartographie. Nürnberg war Heimat-

stadt der »Meistersinger«, unter ihnen als bekanntester Hans Sachs, die einen erheblichen Einfluß auf die Herausbildung der literarischen Traditionen Deutschlands hatten. Die großen Patrizierhäuser mit ihrem Hauptgebäude zur Straße hin und mehreren um einen Innenhof liegenden Nebenhäusern (Abb. 724–732), zeugen vom Reichtum des städtischen Bürgertums zwischen 1350 und der Reformation.

Nach den Religionskriegen war Nürnberg zunächst Hauptstadt eines kleinen unabhängigen Fürstentums, später wurde es in das Bayerische Königreich eingegliedert. Das im späten Mittelalter vollendete Stadtbild wurde im Lauf der Zeit kaum verändert; lediglich die Verteidigungsanlagen wurden durch neue äußere Festungen ergänzt, um dem Fortschritt auf dem Gebiet militärischer Technik Rechnung zu tragen. Im 19. und 20. Jahrhundert dagegen erlebte die Stadt wegen ihrer verkehrsgünstigen

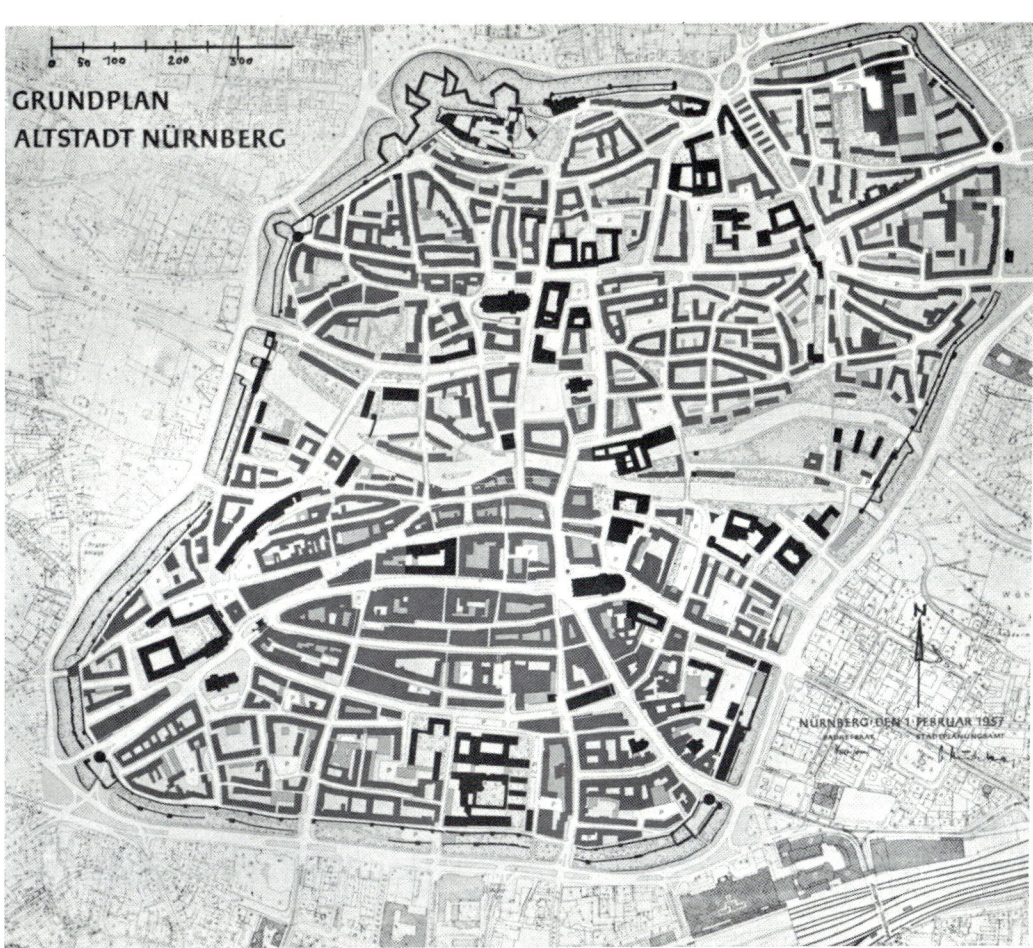

GRUNDPLAN
ALTSTADT NÜRNBERG

NÜRNBERG, DEN 1. FEBRUAR 1957

Abb. 743. Plan für den Wiederaufbau des historischen Nürnberger Stadtkerns.

Lage einen erneuten Aufschwung. Die kleine mittelalterliche Stadt wurde zu einer ausgedehnten Metropole mit 420 000 Einwohnern zu Beginn des Zweiten Weltkriegs. Zur Zeit des Faschismus organisierte die NSDAP in Nürnberg jedes Jahr eine Massenkundgebung und ließ hierfür eigens einen von Terrassen und Stufen eingerahmten Platz, das Reichsparteitagsgelände, anlegen (Abb. 740).

Im Zweiten Weltkrieg wurden durch Fliegerangriffe von den insgesamt 125 000 Häusern 57 000 völlig zerstört, 55 000 wurden beschädigt und nur 13 000 blieben unversehrt. Auch der historische Stadtkern wurde völlig zerstört (Abb. 742). Diese zerstörte Stadt bildete in den Jahren 1945 und 1946 die Kulisse für die berühmten Kriegsverbrecherprozesse, in denen sich politische und wirtschaftliche Führer des Dritten Reichs vor einem von den

Siegermächten eingesetzten Gerichtshof zu verantworten hatten (Abb. 741).

Beim Wiederaufbau der Stadt versuchte man, die historische Struktur und das mittelalterliche Stadtbild soweit wie möglich zu rekonstruieren (Abb. 743), gleichwohl wurde ein großer Teil der alten Häuser durch Neubauten ersetzt. Die bedeutendsten historischen Bauwerke aber wurden nach zeitgenössischen Darstellungen detailgetreu in ihrer ursprünglichen Form wiederaufgebaut.

Um einen genauen Eindruck vom mittelalterlichen Bild dieser Stadt zu erhalten, muß man auf Fotografien aus der Zeit vor dem Zweiten Weltkrieg zurückgreifen (Abb. 731–736); das heutige Stadtbild dagegen ist von einer Mischung historischer und moderner Bauten geprägt, die sich nicht in jeder Hinsicht harmonisch aneinanderfügen (Abb. 745).

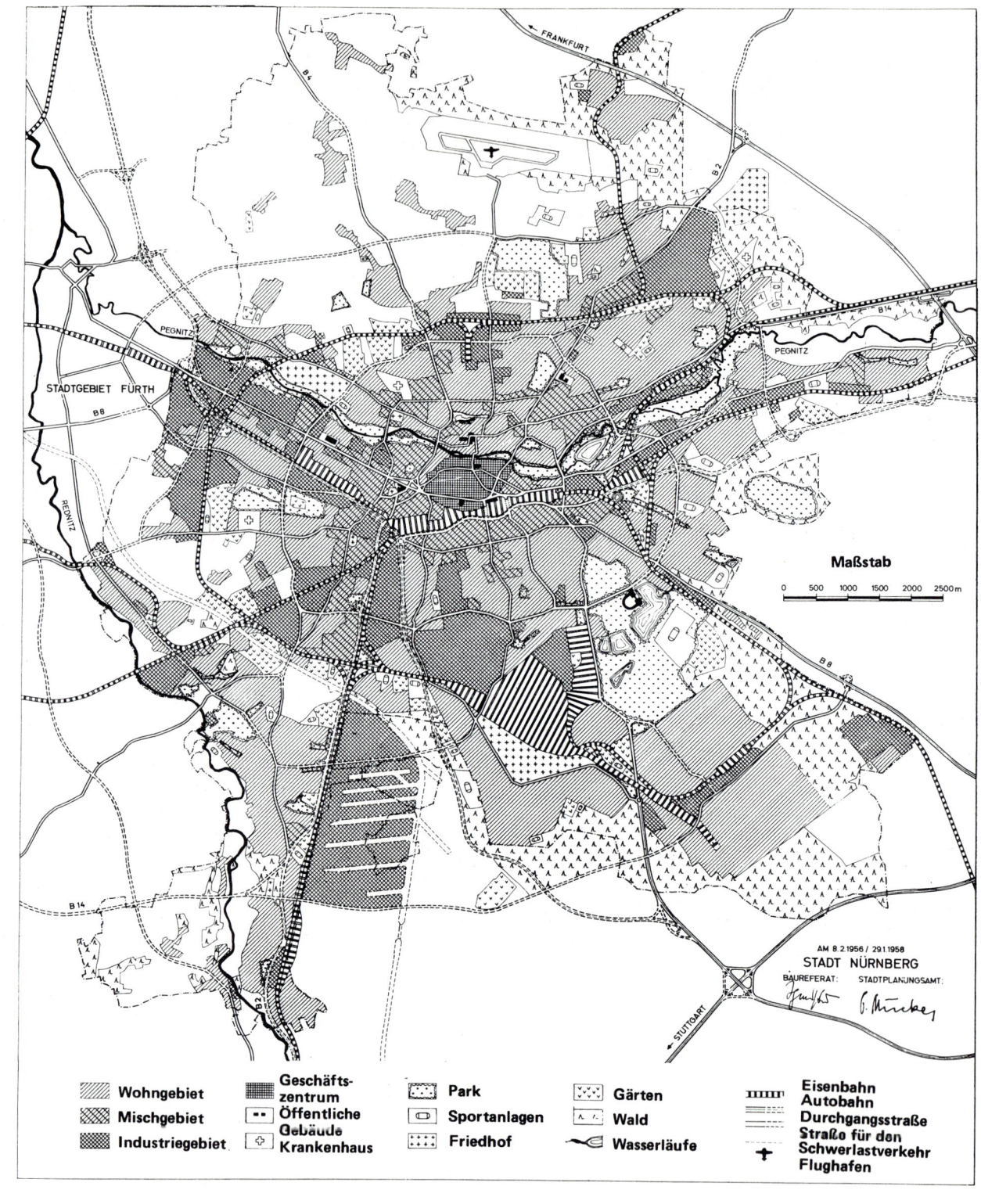

Maßstab

0   500   1000   1500   2000   2500 m

AM 8.2.1956 / 29.1.1958
STADT NÜRNBERG
BAUREFERAT: STADTPLANUNGSAMT:

Wohngebiet	Geschäfts-zentrum	Park	Gärten
Mischgebiet	Öffentliche Gebäude	Sportanlagen	Wald
Industriegebiet	Krankenhaus	Friedhof	Wasserläufe

Eisenbahn
Autobahn
Durchgangsstraße
Straße für den
Schwerlastverkehr
Flughafen

Abb. 744. Strukturplan der Stadt Nürnberg aus dem Jahre 1958.

Abb. 745. Der historische Stadtkern des heutigen Nürnberg mit den alten, rekonstruierten und neu errichteten Bauten; in der Mitte liegt der Marktplatz.

Abb. 746–747. Der in Florenz geprägte Goldflorin (in doppelter Größe).

Abb. 748. Der Marzocco, das Wappen der Stadt Florenz, auf dem Turm des Palazzo del Capitano del Popolo, auch Bargello oder Palazzo del Podestá genannt; im Hintergrund der Dom Santa Maria del Fiore.

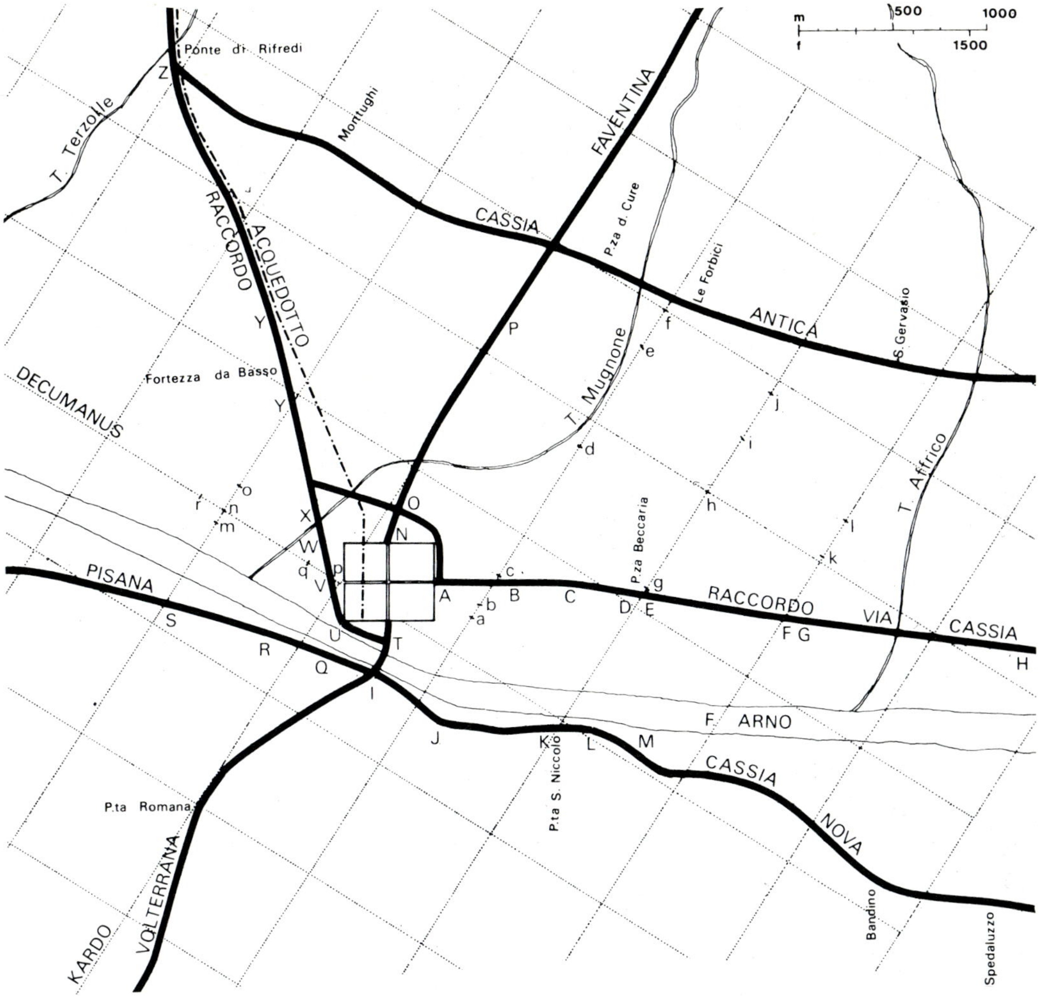

Abb. 749. (rechts) **Die römische Kolonie Florentia. Die punktierten Linien markieren den Verlauf der centuriatio des umliegenden Territoriums.**

Abb. 750. Der zweite Mauerring aus der Zeit der Karolinger.

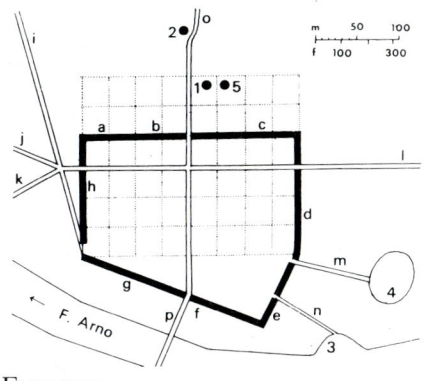

FLORENZ

Die römische Kolonie Florentia, viel kleiner und auch weniger bedeutend als Bologna, wurde im Jahre 59 v. Chr. an der Mündung des Bachs Mugnone in den Arno gegründet. Die *centuriatio* der Ebene um Florentia verlief mit ihrem Netz aus Quadraten von 2400 Fuß (ungefähr 700 Meter) Seitenlänge wie allgemein üblich parallel zum Fluß. Die Stadt selbst bestand ebenfalls aus einem Quadrat, dessen seitliche Ausdehnungen sich an den Haupthimmelsrichtungen orientierten; so fiel das westliche Stadttor genau mit dem *umbilicus,* dem Schnittpunkt von *cardo maximus* und *decumanus maximus,* zusammen. Später dehnte sich die Stadt weiter aus, nahm eine rechteckige Form an und hatte auf ungefähr 20 Hektar etwa 10 000 Einwohner. Hadrian ließ die Via Cassia begradigen und etwas unterhalb des heutigen Ponte Vecchio eine Brücke über den Arno bauen (Abb. 749).

Nach dem Niedergang des Römischen Reiches wurde die Stadt wiederholt von feindlichen Heeren überfallen und verwüstet. Die Byzantiner machten die Stadt zu einem befestigten Militärlager und umgaben den Stadtkern, in dem zu diesem Zeitpunkt nur noch etwa 1000 Menschen lebten, mit einem ersten Mauerring. Unter den Langobarden blieb Florenz eine Stadt von zweitrangiger Bedeutung (damals war Lucca die Hauptstadt des Herzogtums, gelegen an der Via Francigena, die über den Cisapaß führte und Rom mit dem Norden des Landes verband). Das Baptisterium San Giovanni, das man später für einen römischen Tempel hielt und das deshalb als Beweis für den antiken Ursprung der Stadt galt, wurde jedoch möglicherweise erst Anfang des 7. Jahrhunderts unter der Langobardenherrschaft errichtet.

Während der Karolingerzeit erreichte die Stadt wieder eine Einwohnerzahl von 5000, und es wurde ein zweiter Mauerring

gebaut, der den südlichen Teil der aus der Römerzeit stammenden rechteckigen Stadtanlage und einen zum Arno hin liegenden
dreieckigen Stadtteil umfaßte. Außerhalb dieses Mauerrings blieben die im Norden gelegene Kirche Santa Reparata, das Baptisterium und der Margraviopalast, der Regierungssitz der Grafschaft, zu der Florenz und Fiesole gehörten. Über den Arno
wurde für die eingestürzte römische Brücke eine neue gebaut. Im
11. Jahrhundert wurde Florenz zur Hauptstadt der Markgrafschaft Toscana und die Gräfin Mathilde ließ im Jahre 1078 die
Stadtmauern erweitern, um auch den Stadtteil um das Baptisterium mit einzuschließen. Die Stadt befand sich bereits in einer
Phase raschen Bevölkerungswachstums, sie weitete sich aus und
gewann an politischer Bedeutung. In der Mitte des 11. Jahrhunderts hatte Florenz schon 20 000 Einwohner, die innerhalb des
Mauerrings (den Dante den »Alten Ring« nannte) und in den
Vorstädten beiderseits des Arno wohnten.

Die hohen und dicht gedrängt stehenden Häuser mit ihren
Türmen ließen fast keinen Winkel ungenutzt und es gab auch
kaum noch öffentliche Plätze mit Ausnahme der Kirchplätze und
des *forum veteris,* des alten Marktes, der noch immer an der
Kreuzung der beiden Hauptstraßen des von den Römern angelegten Straßennetzes lag. Damals wurde das Stadtbild bereits von
einer Reihe großartiger romanischer Bauten bestimmt, dem Baptisterium mit seiner Ausgestaltung aus dem 11. und der ersten
Hälfte des 12. Jahrhunderts, der zwischen 1018 und 1063 erbauten Kirche San Miniato al Monte und der Kirche der Heiligen
Apostel aus der Mitte des 11. Jahrhunderts. All diese Bauten
wurden nach strengen stilistischen Regeln errichtet, die sich an
römischen und christlichen Vorbildern und an der Vereinfachung geometrischer Formen orientierten. Sie wurden die Wegbereiter des sich später von Florenz aus in der ganzen Welt
verbreitenden modernen Klassizismus.

Nach dem Tod der Gräfin Mathilde im Jahre 1115 gab sich
Florenz eine eigene Regierung, die 1183 vom Kaiser anerkannt
wurde. Zwischen 1173 und 1175 wurde eine weitere, mit öffentlichen Geldern finanzierte Stadtmauer um die Stadt herumgezogen. Dieser neue Mauerring schloß auch die auf beiden Seiten des
Flusses entstandenen Vorstädte ein und umfaßte insgesamt eine
Fläche von 97 Hektar (Abb. 753). Nach der großen Überschwemmung von 1178 wurde eine neue Brücke gebaut, die heute als
»Ponte Vecchio« bekannt ist. Städtische Verordnungen regelten
das Verhältnis zwischen öffentlichem und privatem Bereich, z. B.
die Ausmaße der überhängenden Gebäudeteile wie Balkons und
Erker und die Verhältnisse auf den Straßen.

Im 13. Jahrhundert beschleunigte sich der Aufschwung der
Stadt. Die Einwohnerzahl verdoppelte sich und erreichte um die
Mitte des 14. Jahrhunderts vor dem ersten Ausbruch der Pest
über 50 000. Florenz war nun eines der bedeutendsten Wirtschaftszentren Europas, insbesondere für das Bankwesen und die
Wollindustrie.

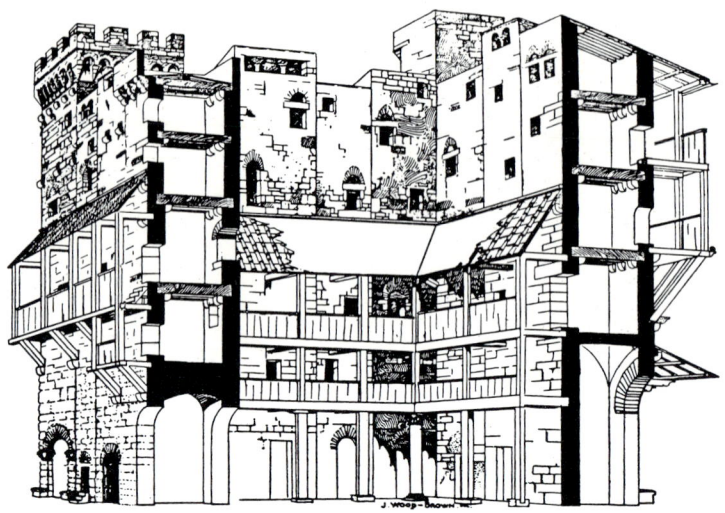

**Abb. 751–752. Die Turmhäuser in Florenz. Die Zeichnung
zeigt eine Gruppe von Türmen, die alle im Besitz einer
einzigen Familie waren. Sie waren so angeordnet, daß sie
einen Block mit Innenhof bildeten. Die außenliegenden
Galerien, die zur Verteidigung gegen angreifende Feinde
dienten, waren aus beweglichen Elementen gebaut. Der
Plan auf der rechten Seite zeigt die Lage der in zeitgenössischen Dokumenten aufgeführten Türme innerhalb des vierten Mauerrings.**

Nr.   1 – Nr. 28:   In Dokumenten aus der Zeit zwischen der Mitte des
12. und der Mitte des 13. Jahrhunderts verzeichnete
Türme.

Nr. 29 – Nr. 151: In Dokumenten aus der Zeit zwischen der Mitte des
13. und dem Ende des 14. Jahrhunderts verzeichnete Türme.

Nr. 152 – Nr. 176: Im Katasterbuch des Jahres 1427 verzeichnete
Türme, die um den alten Marktplatz (zwischen der
Via de Cerretani, Via de Tornabuoni, Via Porta
Rossa und der Via Calzaiuoli) lagen.

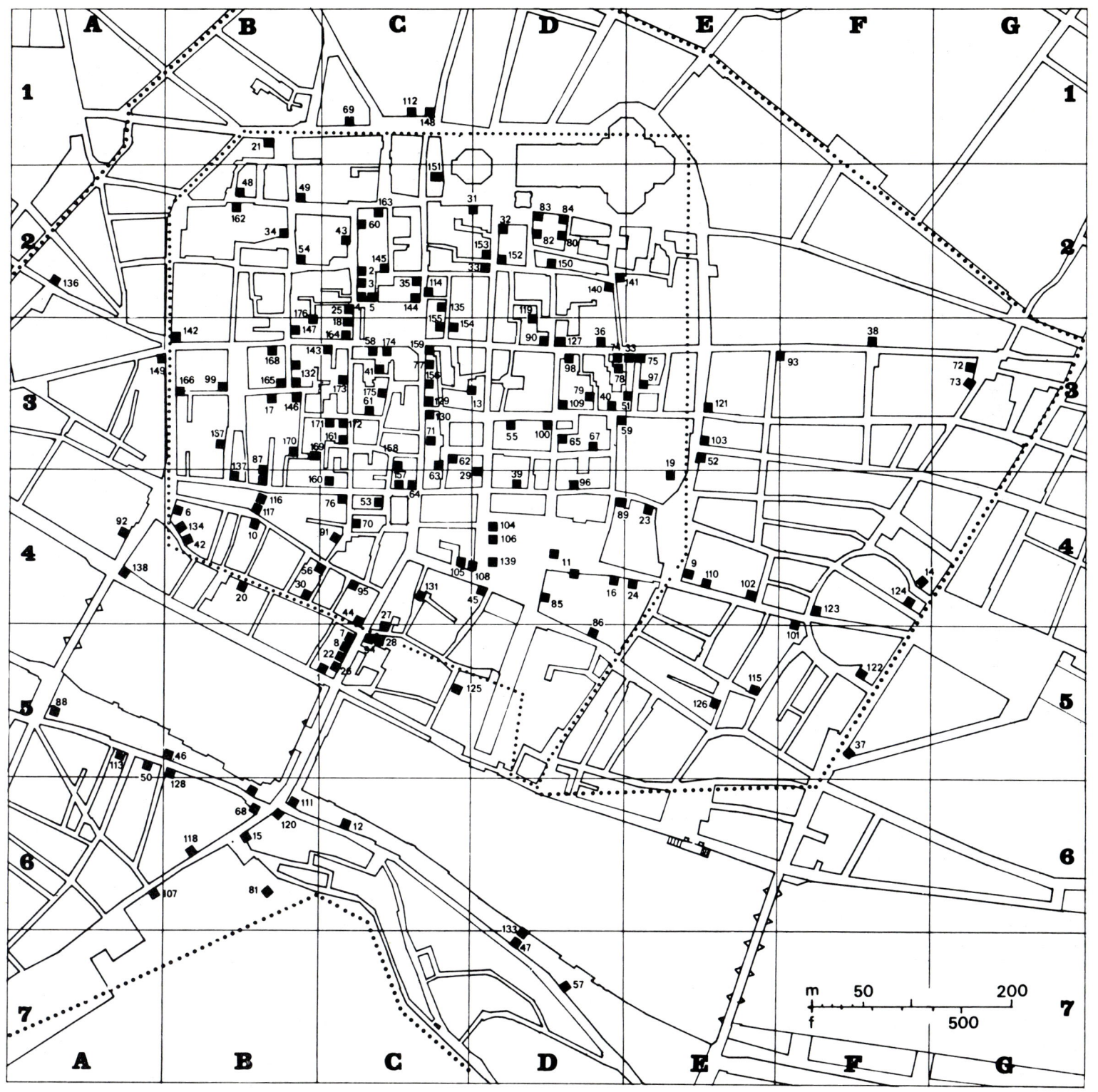

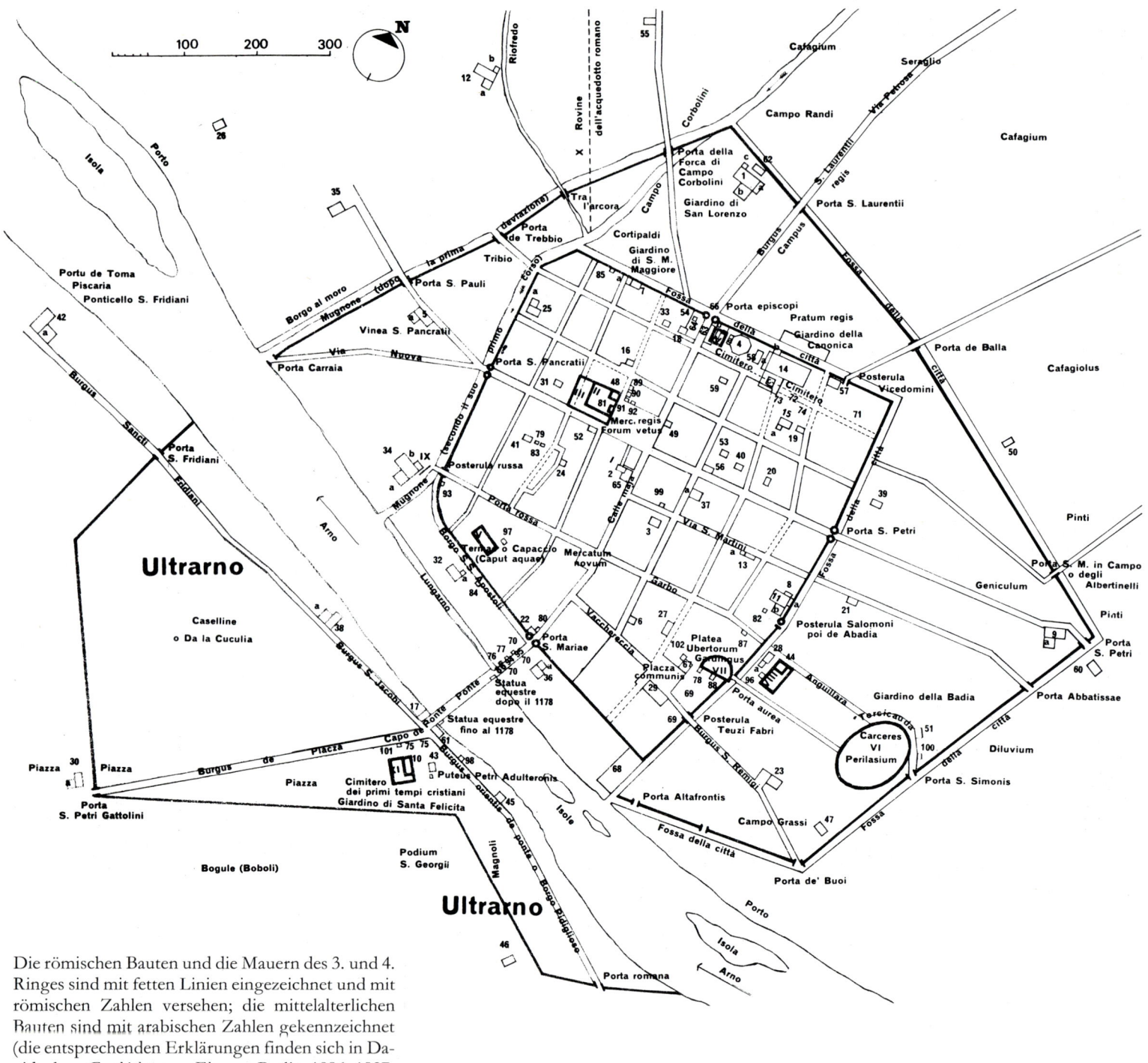

Die römischen Bauten und die Mauern des 3. und 4. Ringes sind mit fetten Linien eingezeichnet und mit römischen Zahlen versehen; die mittelalterlichen Bauten sind mit arabischen Zahlen gekennzeichnet (die entsprechenden Erklärungen finden sich in Davidsohn, *Geschichte von Florenz*, Berlin 1896–1927, 4. Bde. Nachdr. Oldenburg 1969).

Abb. 753. Florenz zu Beginn des 13. Jahrhunderts.

Abb. 754. Ansicht von Florenz aus dem Jahre 1352 (Fresko in der Sala del Consiglio der Loggia del Bigallo an der Piazza della Cattedrale).

Abb. 755. Die Wappen der Zünfte in Florenz:

Abb. 756. Ansicht von Florenz in einer Illustration zur »Göttlichen Komödie« (15. Jahrhundert).

Hohe Zünfte
1 Großhändler
2 Richter und Notare
3 Wechsler, Bankiers
4 Wollhersteller und Wollhändler
5 Detailhändler (Porte S. Marie)
6 Ärzte und Apotheker
7 Kürschner und Pelzhändler

Niedere Zünfte
8 Schwert- und Rüstungsschmiede
9 Schlosser
10 Schuhmacher
11 Gürtler
12 Lederhändler und Gerber
13 Bettfedernhändler und Trödler
14 Schmiede
15 Baumeister
16 Zimmerleute
17 Bäcker
18 Schlachter
19 Weinhändler
20 Ölhersteller
21 Gastwirte

Vereinigungen (compagnie)
22 Compagnia del Bigallo
23 Compagnia della Misericordia
24 Wappen der Opera del Duomo

Anfang des 13. Jahrhunderts bildeten sich die Zusammenschlüsse der verschiedenen Zweige des Handels und des Handwerks; aus der bereits bestehenden Kaufmannszunft entwickelte sich 1206 die Zunft der Wechsler, 1212 bildete sich die Zunft der Wollhersteller und -händler, 1218 die »Ars mercatorum Porte Santa Maria« (Zunft der Detailhändler) und später die anderen, als höhere Zünfte bezeichneten Vereinigungen. Die ärmeren Gewerbe bildeten die sogenannten niederen Zünfte und verfügten über sehr viel weniger Privilegien. Die Stadtregierung stürzte aufgrund der immer wieder ausbrechenden Kämpfe zwischen Guelfen und Ghibellinen von einer Krise in die andere (1250 Sieg der Guelfen und Regierung des *primo popolo*; Rückkehr der Ghibellinen nach der Niederlage der Guelfen in der Schlacht von Montaperti im Jahre 1260; 1267 neue von den Großkaufleuten kontrollierte Regierung der Guelfen).

Nach jedem Machtwechsel wurden die Häuser der besiegten Familien zerstört und so gab es im Stadtzentrum zahlreiche Ruinen. Doch im Lauf der Zeit bekam die Stadtverwaltung durch aufeinander abgestimmte Maßnahmen die Stadtentwicklung unter Kontrolle. Über den Arno wurden drei weitere Brücken gebaut: 1218 der Ponte della Carraia, 1237 der Ponte alle Grazie und 1252 der Ponte di Santa Trinitá. Am Stadtrand und in den neu entstehenden Vorstädten ließen sich die Bettelorden nieder: 1221 die Dominikaner in Santa Maria Novella, 1226 die Franziskaner in Santa Croce, 1248 die Serviten an der Annunziata, 1250 die Augustiner in Santo Spirito und 1268 die Karmeliter bei Santa Maria del Carmine. Ihre Klöster mit den Plätzen für die Predigt, die von der Stadtverwaltung geplant und angelegt worden waren, wurden bald zu den Zentren dieser neuen Stadtteile. Von diesen Orden und von anderen privaten wie öffentlichen Institutionen wurden zahlreiche Krankenhäuser eingerichtet, so daß Florenz im 14. Jahrhundert über 1000 Krankenhausbetten verfügte. Die Stadtverwaltung beschloß den Bau neuer Straßen – z. B. der Via Maggiore (Via Maggio), die als Verlängerung des Ponte di Santa Trinitá angelegt wurde –, ließ die öffentlichen Straßen und Plätze pflastern und die Ufer des Arno befestigen. 1255 wurde mit dem Bau des Palazzo del Capitano del Popolo begonnen, der mit seinem hohen Turm das Profil des Stadtzentrums beherrschte, zumal seit 1293 private Türme nicht höher als 50 Ellen (etwa 29 Meter) sein durften.

Abb. 757. Älteres Bild der Via del Proconsolo mit dem Turm des Palazzo del Capitano del Popolo.

0 50 100   200   300   400   500 m

In den letzten beiden Jahrzehnten des 13. Jahrhunderts, während die 1293 verabschiedeten »Ordinamenti di Giustizia« (amtliche Rechtsverordnung) erarbeitet wurden, entfaltete die Stadtverwaltung eine heftige Bautätigkeit, die das Stadtbild erneut radikal veränderte. All diese Arbeiten standen unter der Leitung von Arnolfo di Cambio, der als der eigentliche Stadtplaner gelten kann, auch wenn wir die genauen Entscheidungsprozesse über die verschiedenen baulichen Maßnahmen nicht kennen; wir wissen lediglich, daß die Stadtverwaltung, die Verwaltungsorgane der einzelnen Stadtteile, die religiösen Orden, die Zünfte und andere gesellschaftliche Gruppen bzw. Vereinigungen daran beteiligt waren (Abb. 758–765).

1284 wurde beschlossen, einen fünften Mauerring zu errichten, der nach seiner Fertigstellung einen Durchmesser von 8,5 Kilometern hatte und eine Grundfläche von etwa 480 Hektar umfaßte. Diese Befestigungsanlage hatte eine Breite von etwa 70 Ellen (ca. 41 Meter), bestehend aus einer 16 Ellen breiten inneren Straße, einer 3,5 Ellen breiten Mauer, einem 35 Ellen breiten äußeren Graben und einer 13 Ellen breiten äußeren Straße. Ergänzt wurde die Mauer durch 73 Türme, die jeweils 40 Ellen (ca. 23 Meter) hoch waren. Diese Verteidigungsanlage war äußerst kostspielig und wurde erst 1333 fertiggestellt.

Im Jahre 1285 wurde die Kirche Santa Reparata abgerissen, um vor dem Baptisterium Platz für den neuen Dom Santa Maria del Fiore zu schaffen.

1298 wurde mit dem Bau des neuen Palazzo dei Priori (Palazzo Vecchio) begonnen. Dadurch entstanden am Rande des ersten Mauerrings zwei neue Zentren mit monumentalen Bauwerken,

Abb. 758. (linke Seite) **Die unter der Leitung von Arnolfo di Cambio in Florenz entstandenen Bauten und Anlagen:**

1 Fünfter Mauerring (1284)
2 Erweiterung der Badia (1285–1310)
3 Orsanmichele (1290)
4 Santa Croce (1295)
5 Fundament des Doms Santa Maria del Fiore (1296)
6 Ergänzung zur Fassadenverzierung des Baptisteriums
7 Palazzo dei Priori (1299–1310)
8 Piazza del Duomo
9 Piazza della Signoria
10 Arno

Die schwarzen Punkte kennzeichnen die Lage weiterer, Arnolfo di Cambio zugeschriebener Bauten: Santa Maria Maggiore, San Remigio, Santa Trinitá, Loggia del Bigallo und Loggia dei Lanzi.

Abb. 759. Der Palazzo dei Priori, auch Palazzo Vecchio genannt.

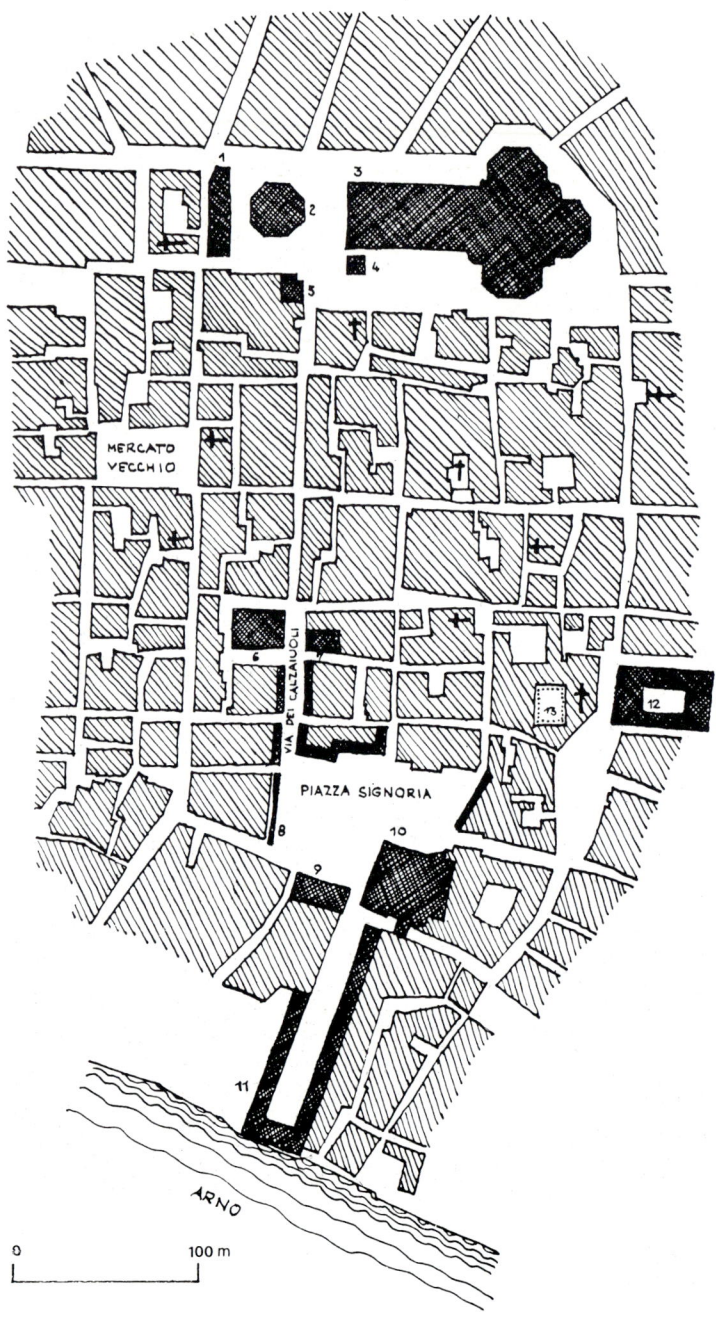

Abb. 760. Das neue Zentrum von Florenz nach der Bautätigkeit Arnolfo di Cambios.

ein religiöses und ein politisches. Beide Zentren bekamen einen neuen Platz: die Piazza del Duomo, für die ein altes, vor dem Baptisterium stehendes Gebäude abgerissen wurde, und die Piazza della Signoria an der Stelle, wo früher die nach der Niederlage der Ghibellinen zerstörten Häuser der Familie Uberti gestanden hatten. Diese beiden Zentren wurden durch die Via dei Calzaioli verbunden, die im 14. Jahrhundert verbreitert wurde. 1290 ließ Arnolfo di Cambio an dieser Straße zwischen den beiden Zentren die Loggia der Getreidehändler bauen, die später zu der heutigen Orsanmichele wurde. 1287 wurde am rechten Flußufer der Lungarno angelegt, und 1294 wurde der Prato d'Ognissanti zur öffentlichen Durchgangsstraße. 1292 waren bereits die Grenzen der einzelnen Stadtteile und Pfarreien in der neugestalteten Stadt festgelegt.

Während die Stadtverwaltung ein umfassendes Programm zur Neustrukturierung sowohl des Zentrums als auch der übrigen Stadtteile erarbeitete, wurden auch die einzelnen Bauvorhaben mit demselben kühnen Geist durchgeführt, der die gesamte Planung kennzeichnete. Die Größe der Zentren der einzelnen Stadtteile wurde dem Wachstum der gesamten Stadt angepaßt. 1278 erbaute man die neue Kirche Santa Maria Novella, deren neue Lage gegenüber der alten um 90° versetzt war, und 1288 entwarf eine Sonderkommission für diese Kirche einen neuen Platz. 1295 schuf Arnolfo di Cambio den Plan zu der neuen Kirche Santa Croce, die im folgenden Jahrhundert fertiggestellt wurde und an deren Verzierung sich die bedeutendsten Künstler aus Florenz, unter ihnen Giotto, beteiligten. Zu diesem Zeitpunkt war Florenz bereits zum Hauptzentrum der italienischen Kultur geworden: Giotto arbeitete in Assisi, Padua und Rom, und Dante schrieb im Exil die »Göttliche Komödie«.

1 Bischofspalast
2 Baptisterium
3 Dom
4 Campanile des Giotto
5 Loggia del Bigallo
6 Orsanmichele
7 Palazzo di Parte Guelfa
8 Pisani-Mauer
9 Loggia dei Lanzi
10 Palazzo Vecchio
11 Uffizien (angebaut in der 2. Hälfte des
   16. Jahrhunderts).
12 Palazzo del Capitano del Popolo

Abb. 761. Luftaufnahme des Zentrums von Florenz mit der Piazza della Signoria und dem Dom.

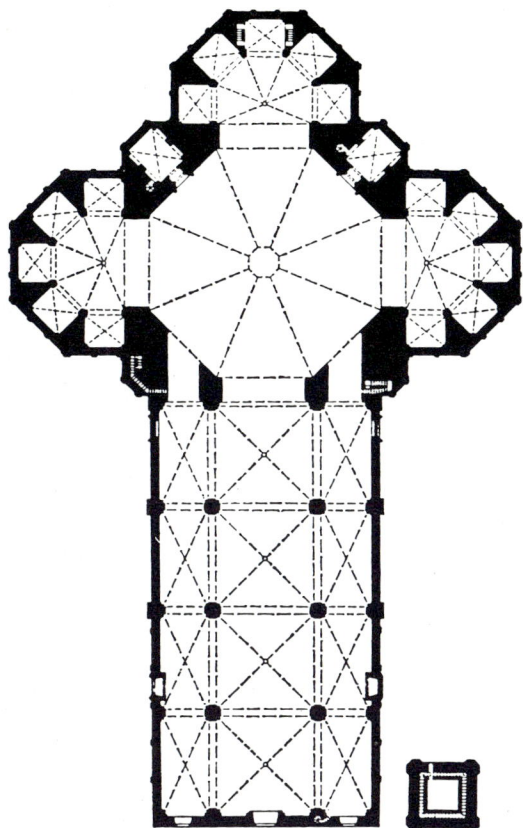

Maßstab 1:1500

Abb. 762–764. Der Dom Santa Maria del Fiore, erbaut zwischen 1296 und 1436. Der von Arnolfo di Cambio begonnene Kirchenbau wurde im späten 14. Jahrhundert erweitert; der Campanile wurde von Giotto entworfen und die Kuppel von Brunelleschi im ersten Drittel des 15. Jahrhunderts gebaut.

Abb. 765. Der Dom Santa Maria del Fiore (Gemälde aus dem späten 14. Jahrhundert in der Kirche Santa Maria Novella).

Abb. 766. (rechte Seite) **Die Piazza Santa Croce mit Kirche und Kloster.**

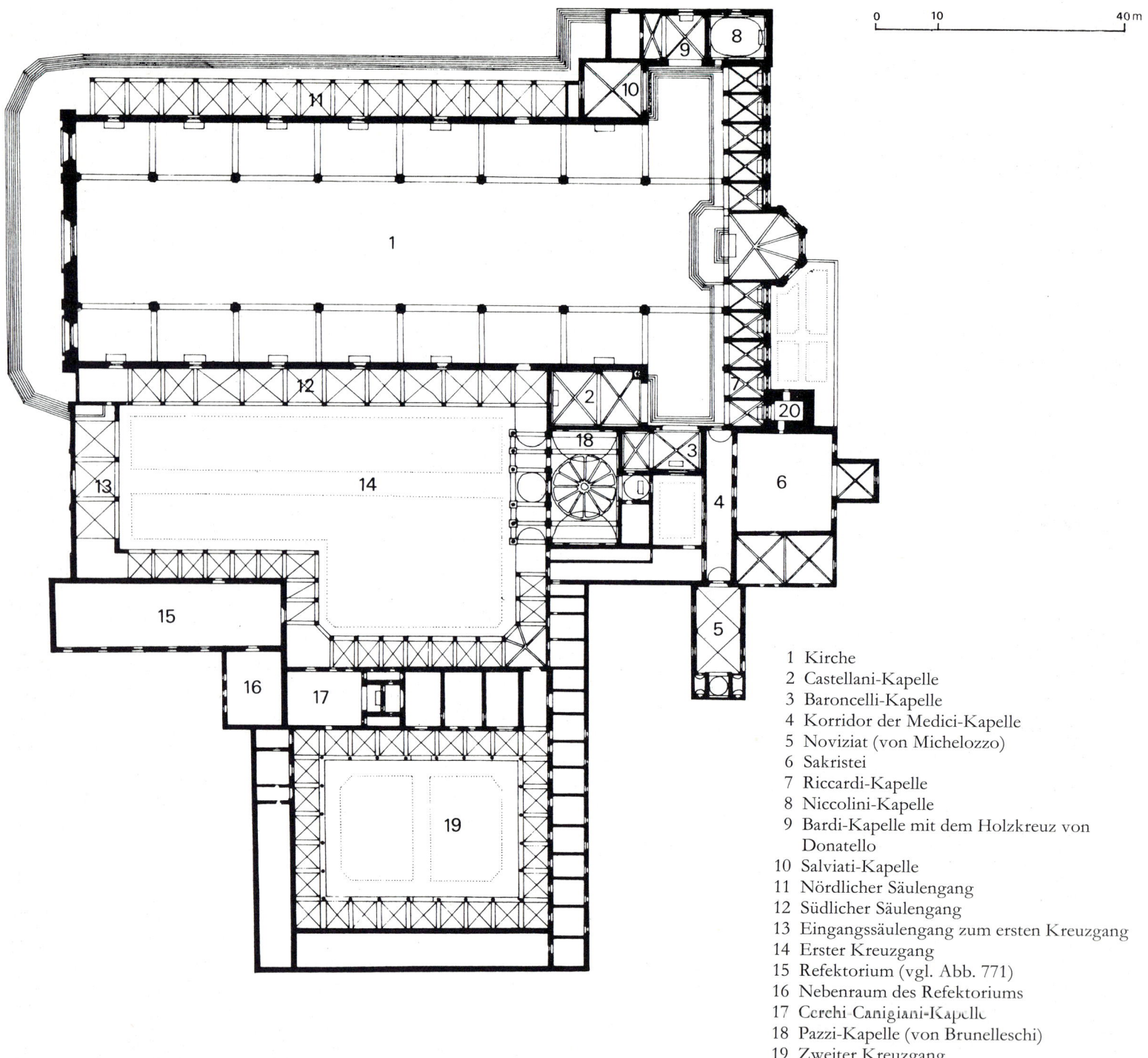

Abb. 767. Grundriß der Kirche und des Klosters Santa Croce.

1 Kirche
2 Castellani-Kapelle
3 Baroncelli-Kapelle
4 Korridor der Medici-Kapelle
5 Noviziat (von Michelozzo)
6 Sakristei
7 Riccardi-Kapelle
8 Niccolini-Kapelle
9 Bardi-Kapelle mit dem Holzkreuz von
   Donatello
10 Salviati-Kapelle
11 Nördlicher Säulengang
12 Südlicher Säulengang
13 Eingangssäulengang zum ersten Kreuzgang
14 Erster Kreuzgang
15 Refektorium (vgl. Abb. 771)
16 Nebenraum des Refektoriums
17 Cerchi-Canigiani-Kapelle
18 Pazzi-Kapelle (von Brunelleschi)
19 Zweiter Kreuzgang
20 Campanile

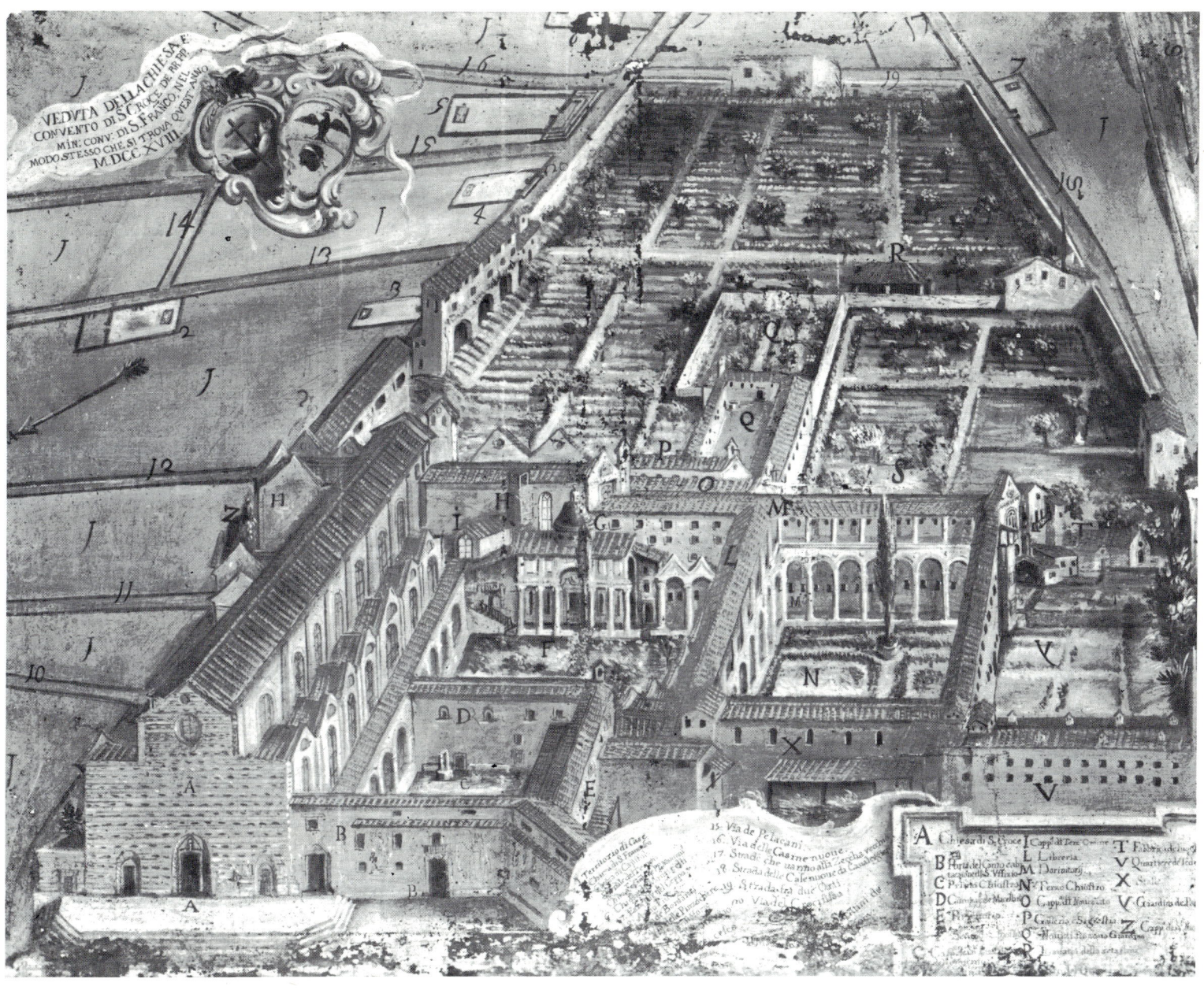

Abb. 768. Der Komplex von Santa Croce in einem Fresko aus dem Jahre 1718, das im Kloster S. Maria Novella erhalten ist.

Abb. 769. Das Innere der Kirche Santa Croce, vom Eingang gesehen.

Abb. 770. Das Innere der Kirche Santa Croce, vom Altar aus gesehen.

Abb. 771. (rechte Seite) Das Kruzifix von Cimabue im Refektorium.

Maßstab 1:2500

Abb. 772. Karte des Stadtteils Santa Croce. Man beachte die im linken Teil liegenden ellipsenförmig angelegten Häuserblocks, die an der Stelle des antiken Amphitheaters errichtet wurden; im rechten Teil dominieren die modernen Gebäude.

Abb. 773–774. Zwei Aufnahmen des Stadtteils Santa Croce: (linke Seite) **Blick von der Piazza della Signoria auf die Kirche am oberen Bildrand;** (rechte Seite) **Blick vom Turm des Palazzo Vecchio auf die Stadt und die dahinter liegende Hügelkette (oben rechts die Kirche San Miniato).**

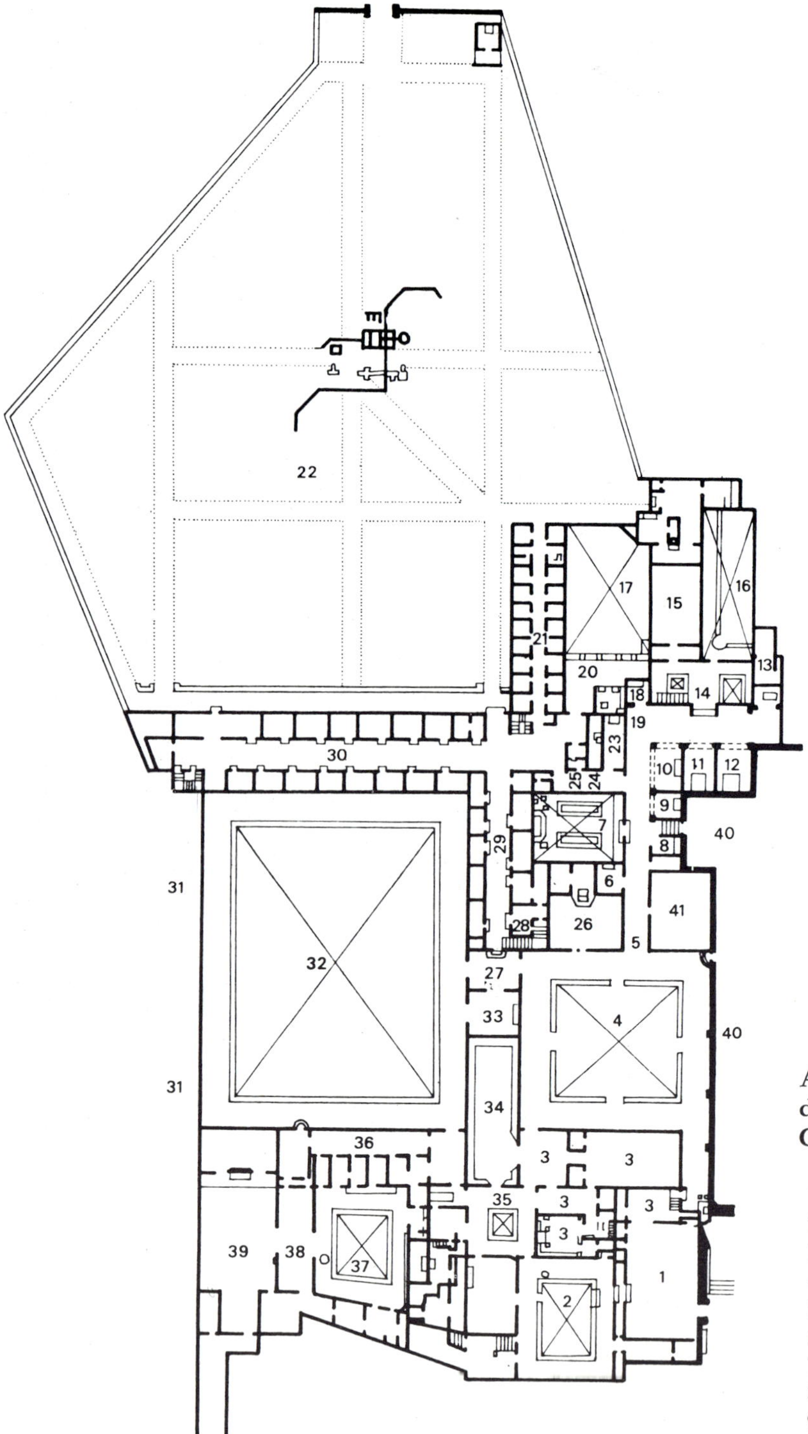

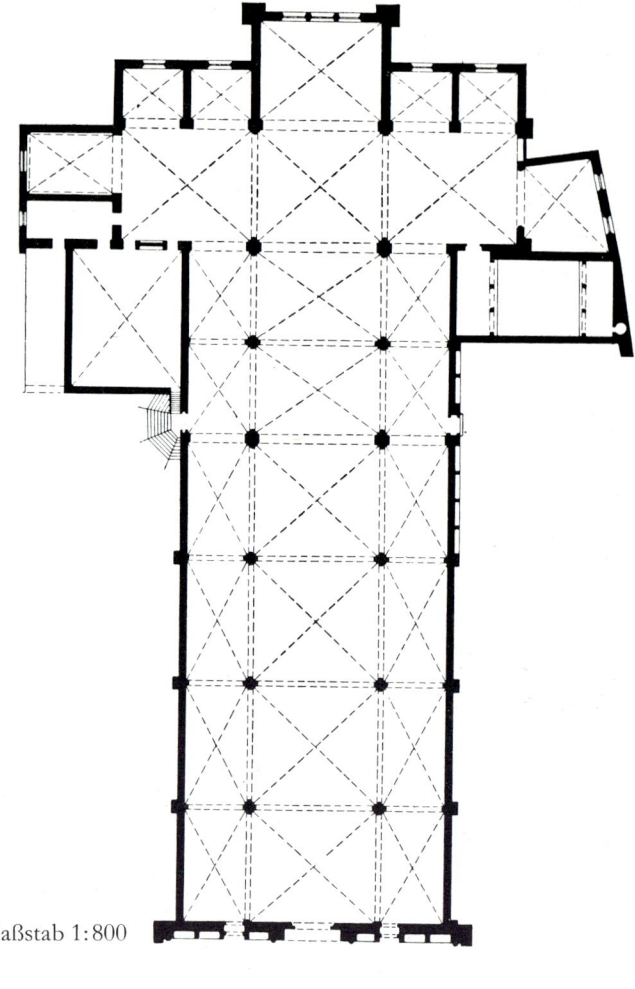

22

17 15 16

21 20 13

18 14
23 19
30 25 10 11 12
24 9
7 40
29 8
6
31 41
26
5
28
32 27
33 4
31 34 40
36 3 3
35 3 3
39 38 37 3
2 1

Maßstab 1:1500

Maßstab 1:800

Abb. 775–777. Plan des Klosters Santa Maria Novella aus dem Jahre 1902 (bevor der Bahnhofsplatz angelegt wurde); Grundriß der Kirche und Luftaufnahme der Gesamtanlage.

1 Atrium
2 Eingangskreuzgang
3 Verwaltung (heute Klausur und Wohnraum der Mönche)
4 Grüner Kreuzgang (mit Fresken von Paolo Uccello)
5 Durchgang zum Kreuzgang der Toten
6 Santa Maria Annunziata-Kapelle
7 Kreuzgang der Toten
8 San Antonio Abate-Kapelle
9 Santa Anna-Kapelle
10 San Paolo-Kapelle

11 San Lorenzo-Kapelle
12 San Martino-Kapelle
13 Kapelle der Stigmata des Hl. Francesco
14–15 Gebäude der Bruderschaft des Hl. Pellegrinus (zerstört)
16–17 Gärten
18 San Benedetto-Kapelle
19 Mauer, die den Durchgang zum Kreuzgang der Toten verschließt
20 Garten mit Loggia
21 Schlafsaal (zerstört)
22 Garten (heute Bahnhofsplatz)
23 SS. Filippo e Jacopo-Kapelle
24 San Tommaso d'Aquino-Kapelle
25 San Giuseppe-Kapelle
26 Kapitelsaal, in dem sich das Fresko von Abb. 768 befindet

27 Durchgang zum großen Kreuzgang
28 Treppe
29–30 Schlafsäle
31 Gästewohnungen
32 Großer Kreuzgang
33 Capitolo del Nocentino
34 Refektorium
35 Dati-Kreuzgang
36 Krankenstation
37 Kreuzgang der Krankenstation
38 Apotheke
39 San Niccolò-Kapelle
40 Kirche
41 Sakristei

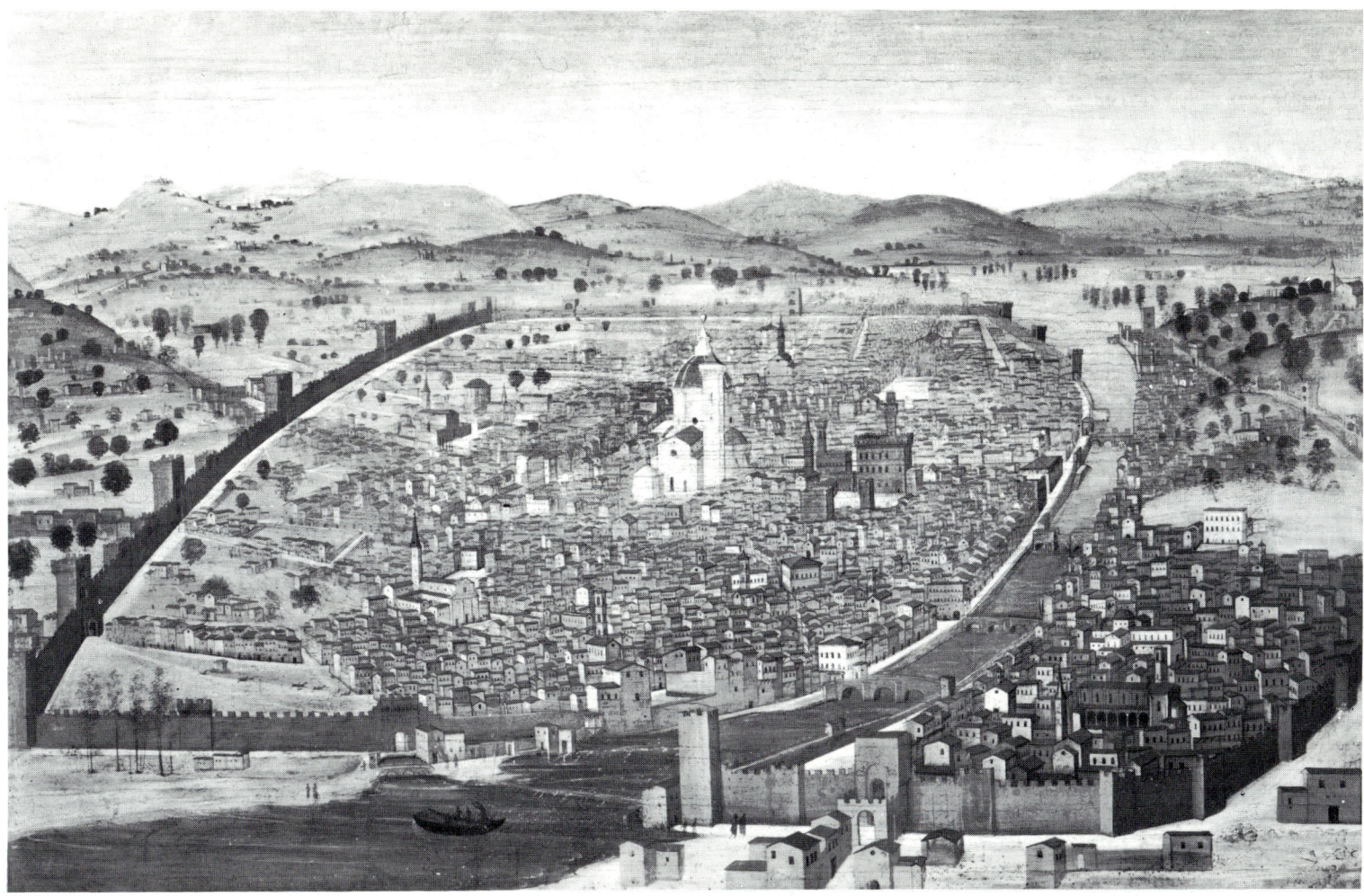

Abb. 778. (linke Seite) **Luftaufnahme des Ponte Vecchio.**   **Abb. 779. Panorama von Florenz (Gemälde aus dem 15. Jh.).**

In dieser Phase außergewöhnlich umfangreicher und innovativer Bautätigkeit wurden die Struktur und das Stadtbild von Florenz weitgehend festgelegt. Nur noch die Arbeiten an den Baustellen der großen, bisher nicht fertiggestellten Bauwerke mußten weitergeführt werden, während an den meisten anderen Bauten nur noch die Feinarbeit zu erledigen war.

Doch in der Folgezeit kam es durch Epidemien zu einer starken Dezimierung der Bevölkerung. Die ganz Europa erfassende Wirtschaftskrise brachte auch die Wirtschaft in Florenz in Schwierigkeiten. Es kam in der zweiten Hälfte des 14. Jahrhunderts zu sozialen Kämpfen, die im Jahre 1378 im Aufstand der Ciompi, der Webereiarbeiter von Florenz, ihren Höhepunkt fanden. Die aristokratische Schicht, die sich in diesen Machtkämpfen durchsetzen konnte, übte zwei Generationen lang bis zum Beginn der Herrschaft der Medici eine friedliche Regierung über

Florenz aus und vollendete den bereits im 13. Jahrhundert geplanten Ausbau der Stadt. Die daran beteiligten Künstler – Orcagna, Talenti, Ghiberti, später dann Brunelleschi, Donatello, Masaccio und Paolo Uccello – gaben der Stadt ihr endgültiges Aussehen. Brunelleschis Kuppel wurde zum ideellen Mittelpunkt der Stadt, wie die ersten aus dem 15. Jahrhundert stammenden Ansichten zeigen (Abb. 779–782). Sie wurde zum Sinnbild der Blütenknospe, von der die Stadt Florenz ihren Namen abgeleitet hat (der Name Florenz geht auf das lateinische Wort für Blume »flos« zurück). Der Arbeit dieser Baumeister und Künstler kommt eine über Florenz hinausreichende, universelle Bedeutung zu. Sie wurde zum Vorbild eines neuen kulturellen Systems, das in den folgenden vier Jahrhunderten Theorie und Praxis der künstlerischen Arbeiten der ganzen Welt entscheidend beeinflußte.

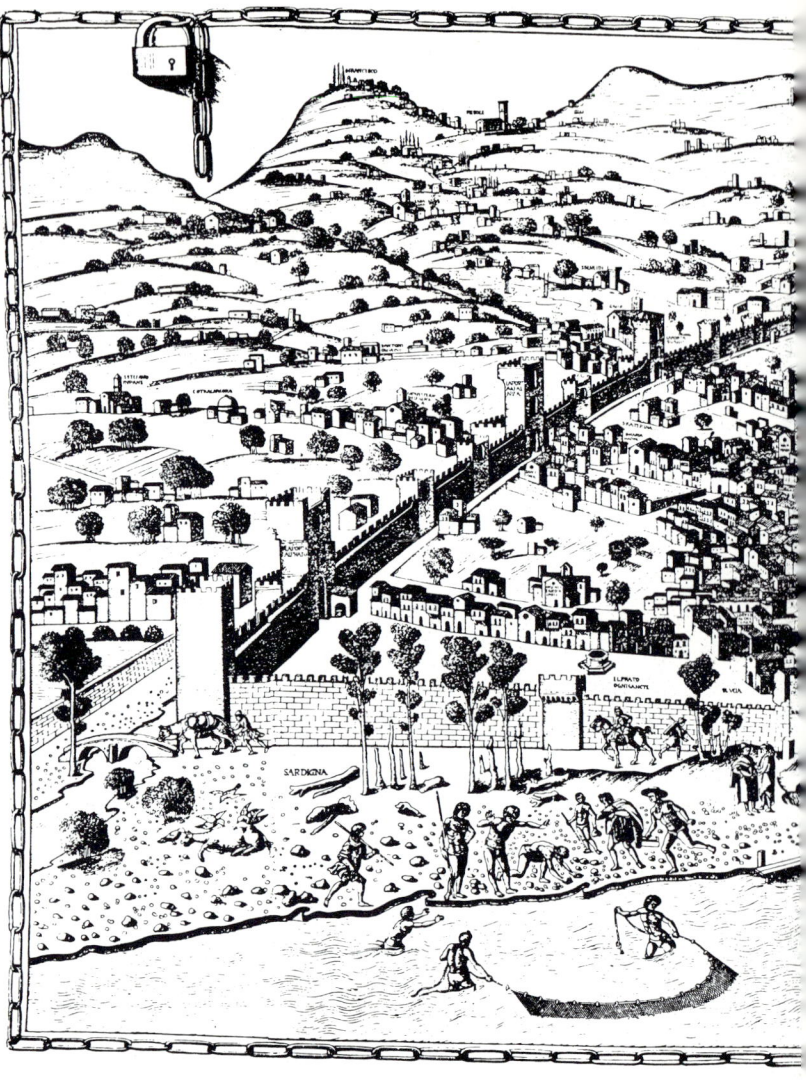

Abb. 780–781. Die Wappen von zwei der sechs Stadtteile von Florenz: Porta San Pietro mit den beiden Schlüsseln und Porta del Duomo mit dem Symbol des Baptisteriums.

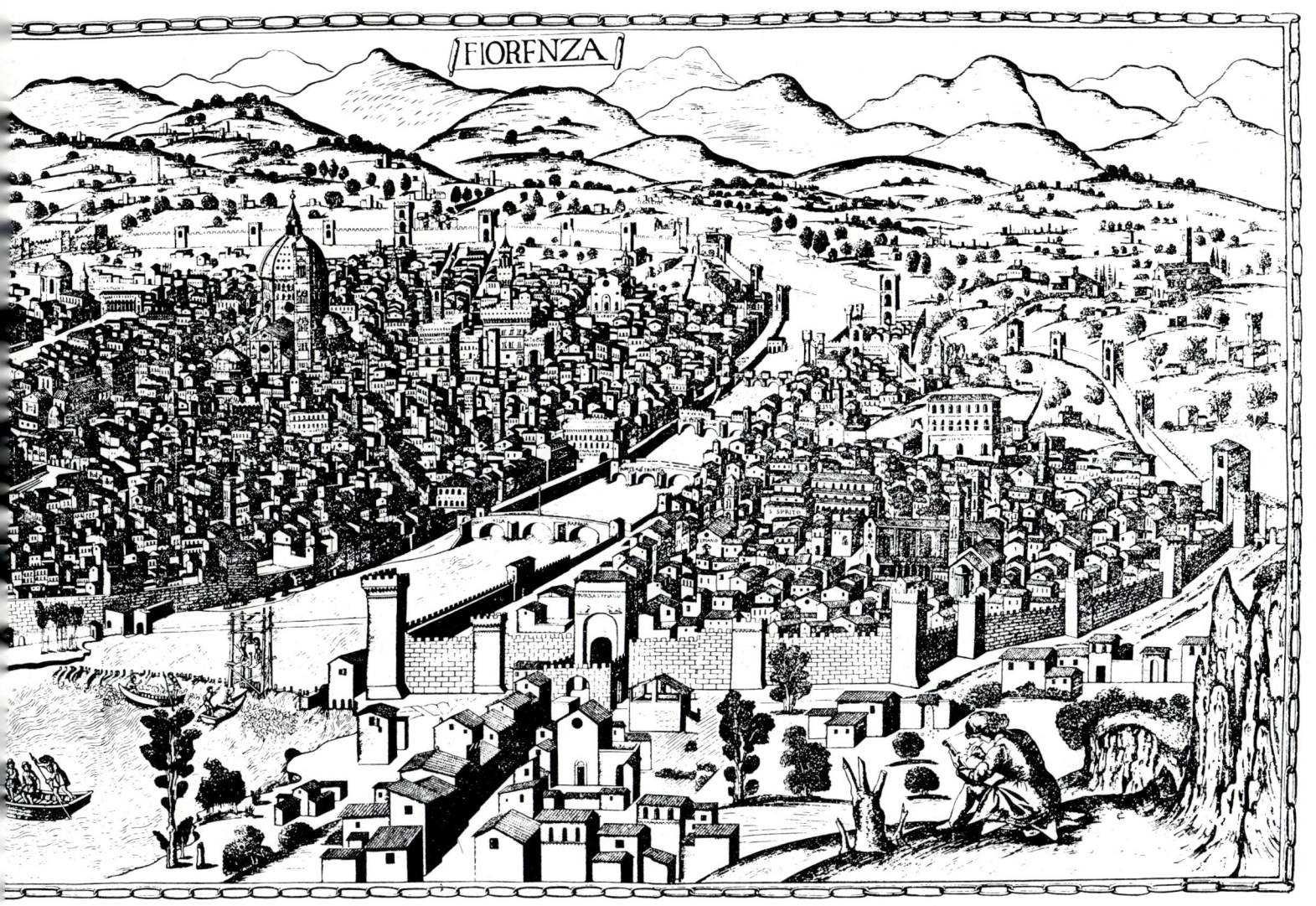

Abb. 782. Florenz nach einem zwischen 1471 und 1482 entstandenen Stich. Der fünfte Mauerring ist kreisförmig angelegt, und der Dom mit seiner von Brunelleschi erbauten Kuppel bildet das Zentrum des Kreises.

Abb. 783. Die Häuser um die Porta San Frediano (Detail aus der Abb. 782).

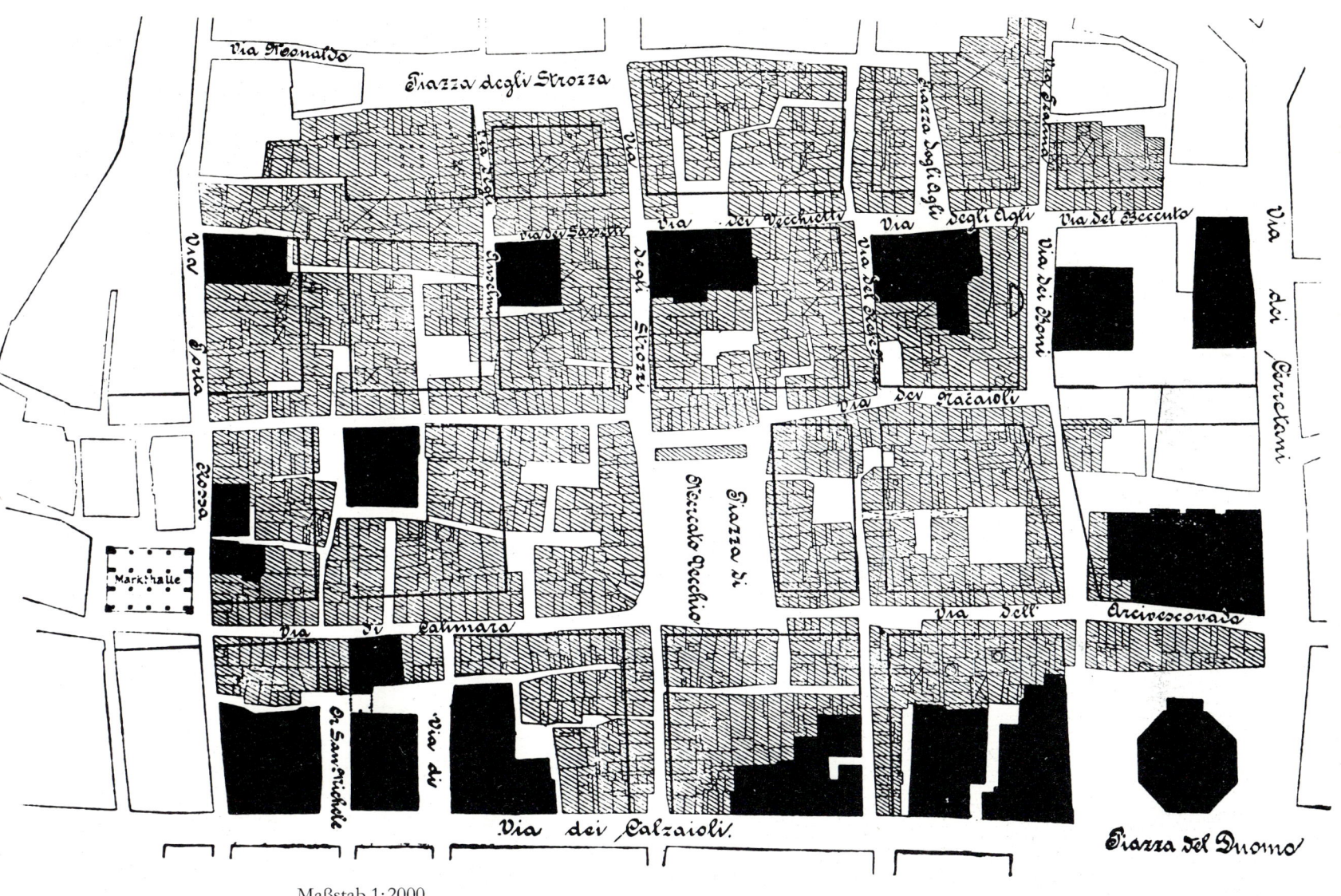

Maßstab 1:2000

Abb. 784. Das Gebiet um den alten Markt. Gegen Ende des 19. Jahrhunderts wurden die meisten Gebäude abgerissen, um der Piazza della Repubblica Platz zu machen (die schraffierten Gebäude wurden ganz abgerissen, während die schwarzen als »Baudenkmäler« gelten und deshalb erhalten sind).

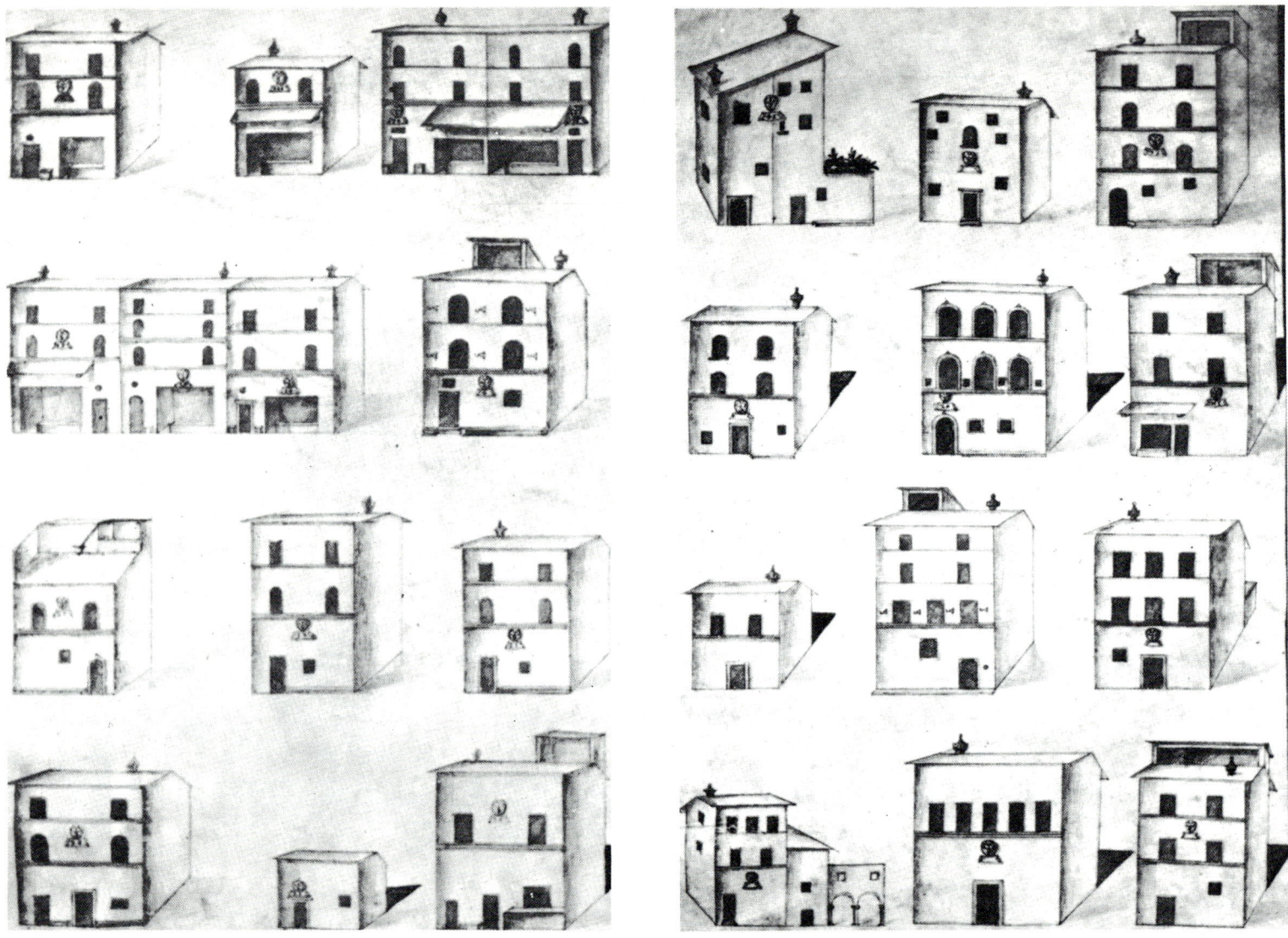

Abb. 785–786. Florentinische Häuser, wie sie im 18. Jahrhundert in den Verzeichnissen des Katasteramtes festgehalten worden sind.

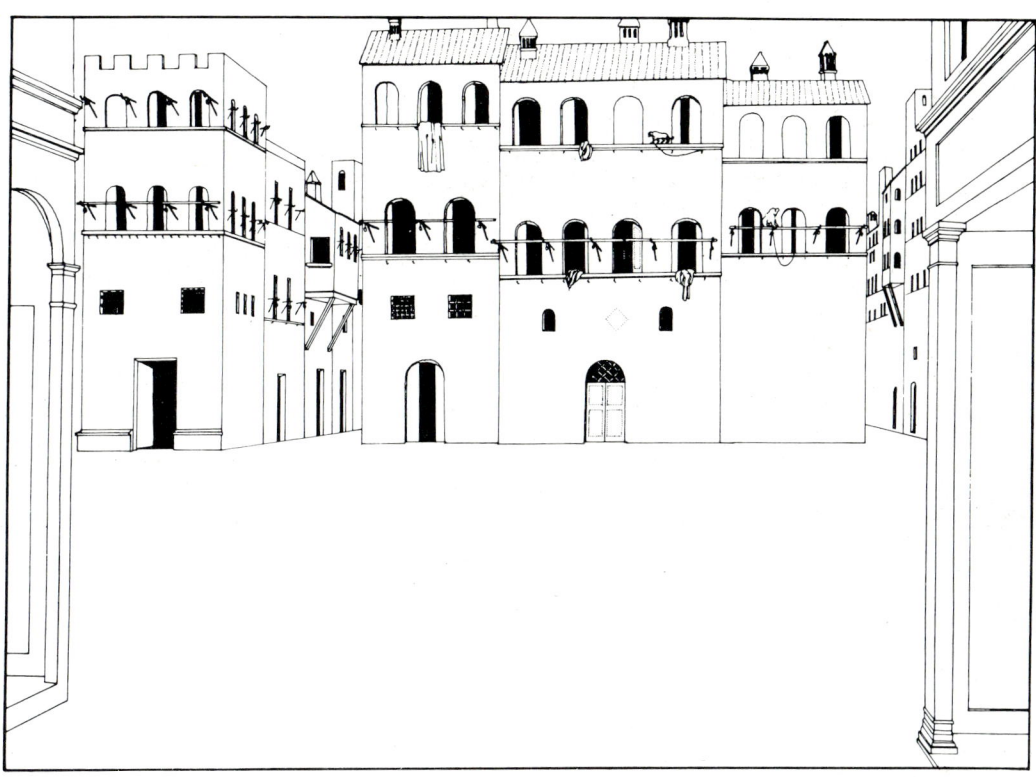

Abb. 787–788. Florentinische Häuser aus der Baldovinetti-Handschrift aus dem 14. Jahrhundert (oben) **und** (rechts oben) **nach einem Fresko von Masaccio und Masolino in der Kirche Santa Maria del Carmine (Anfang des 15. Jahrhunderts).**

Abb. 789. Plan eines zwischen dem 4. und dem 5. Mauerring gelegenen Häuserblocks mit nach außen liegenden Reihenhäusern und hinter den Häusern angelegten Gärten (vgl. dazu Abb. 698).

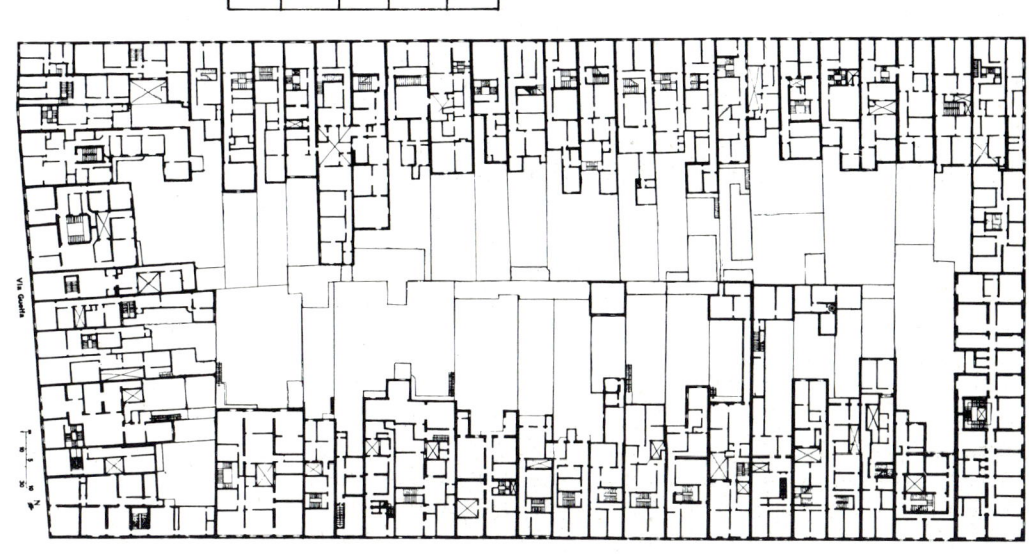

Abb. 790. Das Wappen der Zunft der Wollhersteller und -händler.

Abb. 791. Die Kunst des Bauens (Sechseckrelief am Sockel des Campanile von Giotto).

Wir werden dieses neue kulturelle System – die Renaissance – im folgenden Kapitel genauer untersuchen und wollen uns zunächst der Frage zuwenden, wie die künstlerische Arbeit in den mittelalterlichen Städten organisiert war, um so den Charakter und das Ausmaß der sich daraus ergebenden Veränderungen besser verstehen zu können.

Im Mittelalter gab es keine Unterscheidung zwischen Künstlern und Handwerkern, und die Einteilung der verschiedenen Berufe orientierte sich an den benutzten oder zu verarbeitenden Materialien. So galten die Bauarbeiter als die Meister des Steins und des Holzes und waren zunächst in einer der mittleren Zunfte zusammengeschlossen, die 1293 zu einer der höheren Zünfte wurde. Die Arbeiter aus dem Zulieferbereich des Baugewerbes,

die Schlosser und Zimmerleute, gehörten den niederen Zünften an. Die Maler gehörten zu der höheren Zunft der Ärzte und der Apotheker, weil sie bei den Apothekern ihre Farben einkauften. Die Bildhauer gehörten zu den Bauarbeitern, wenn sie mit Stein, und zu den Goldschmieden, wenn sie mit Metall arbeiteten. Zusammen waren sie in der ebenfalls zu den höheren Zünften zählenden Zunft »Por Santa Maria« vereint.

Das bedeutet, daß die Maler und die mit Metall arbeitenden Bildhauer in der Hierarchie der Zünfte bereits über eine privilegierte Stellung verfügten. Aber die berühmtesten unter ihnen besaßen darüber hinaus noch ein individuelles Prestige, das sie über die Stellung ihrer Berufsvereinigung erhob. Oftmals wurden sie von der Regierung der Stadt als hochgeachtete Berater

Abb. 792. Die Bildhauerei (Relief am Sockel des Campanile).

Abb. 793. Die Malerei (Relief am Sockel des Campanile).

herangezogen und mit der Leitung der gesamten städtischen Bautätigkeit betraut. Arnolfo di Cambio war Bildhauer, rückte aber zum Berater für jede Art von Bautätigkeit auf; Giotto als Maler fiel die Aufgabe zu, den Campanile des Doms Santa Maria del Fiore zu entwerfen. Man ging damals davon aus, daß Maler oder Bildhauer als in formerischem Gestalten geübte Künstler ihre Fähigkeiten auch im architektonischen und städteplanerischen Bereich einsetzen könnten. Analog dazu wurden die großen Humanisten wie Coluccio Salutati und Leonardo Bruni aufgrund ihrer Formulierungskünste in die Kanzlei der Stadtverwaltung berufen, um offizielle Schriftstücke zu verfassen und Kontakte mit anderen Regierungen zu pflegen.

Die »Künstler« der Renaissance waren die Nachfolger dieser Berater und nicht die der mittelalterlichen, in eine bestimmte

Berufsvereinigung gezwängten Spezialisten, deren Fähigkeiten sich lediglich auf einen Bereich beschränkten. Die Vollkommenheit und der Ideenreichtum, der die Bautätigkeit in Florenz seit dem Ende des 13. Jahrhunderts auszeichnete, beruhten auf der Arbeit dieser universell gebildeten Bürger. Das allgemein bewunderte Stadtbild von Florenz ist das Produkt des individuellen Genies dieser Persönlichkeiten und des kollektiven Zusammenwirkens aller an diesen Arbeiten Beteiligten. Aber schließlich geriet auch diese kollektive Arbeitsorganisation in eine Krise. Die Künstler der Renaissance waren seit Alberti zwar international tätige und anerkannte Experten und hinterließen auch einzelne bedeutende Werke, aber keiner von ihnen war mehr imstande, eine ganze Stadt zu planen und zu gestalten, wie es noch im Mittelalter der Fall war.

Abb. 794. (linke Seite) **Plan des heutigen Florenz (aus einer Karte des Militärgeographischen Instituts im Maßstab 1:25 000).**

Abb. 795. Luftaufnahme des Stadtzentrums von Florenz von Osten.

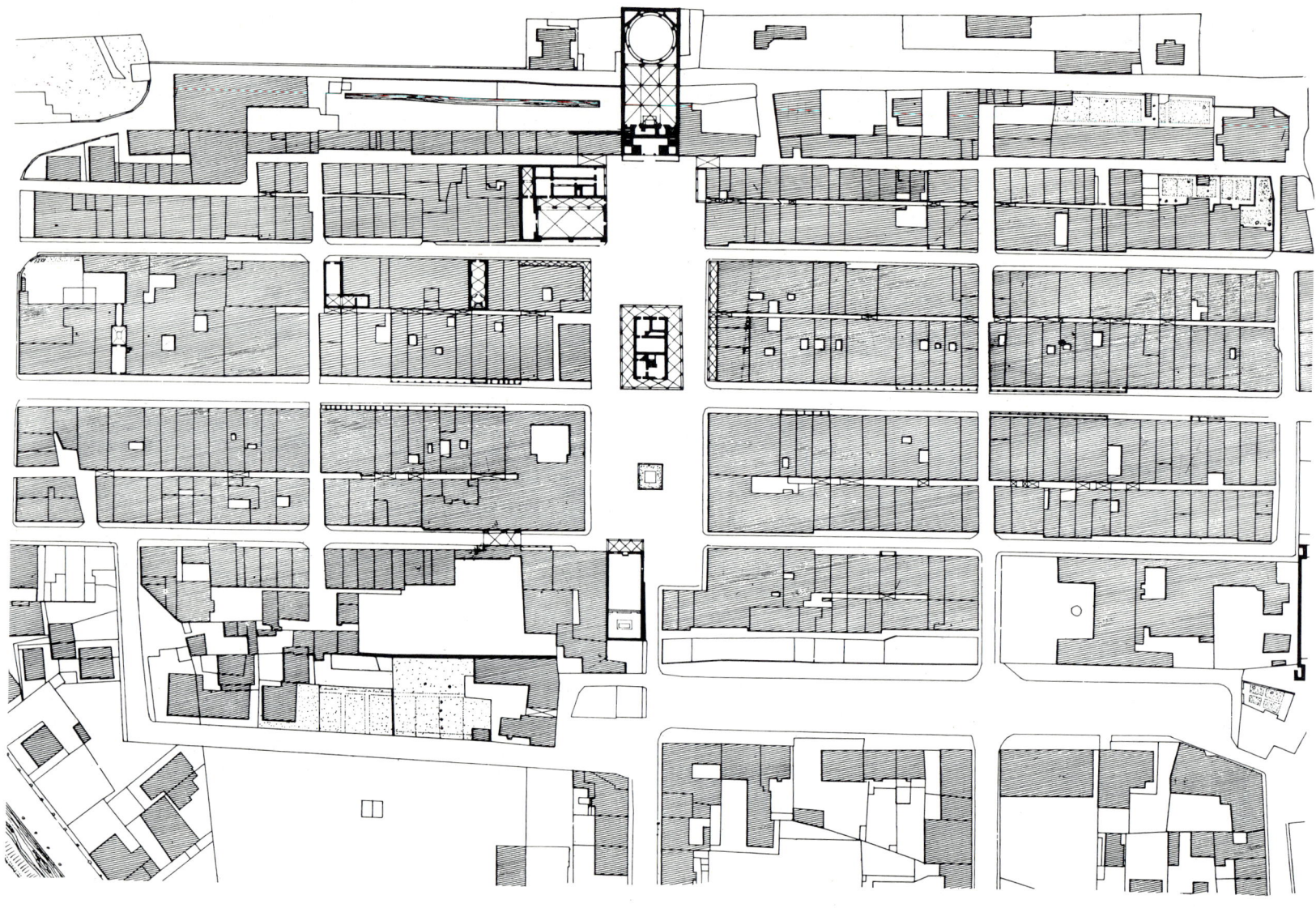

Abb. 796. Plan des Städtchens San Giovanni Valdarno, das von den Florentinern – möglicherweise nach einem Plan von Arnolfo di Cambio – gegen Ende des 13. Jahrhunderts gegründet wurde.

0   50   100 m

Abb. 797. Ansicht einer befestigten Stadt (Gemälde von Ambrogio Lorenzetti).

DIE NEUEN STÄDTE DES MITTELALTERS

Venedig, Brügge, Bologna, Nürnberg und Florenz sind Beispiele für große Städte, die in der Antike oder im frühen Mittelalter gegründet wurden und die sich bis zum späten Mittelalter ständig weiterentwickelt und verändert haben. Betrachtet man diese Städte, so muß man sich ständig ihren gesamten Entwicklungsprozeß vor Augen halten und bedenken, daß sich alle Wechselfälle der Geschichte in ihrer komplexen Struktur und ihrem vielschichtigen Stadtbild niedergeschlagen haben.

Viele kleinere Städte sind dagegen erst im späten Mittelalter gegründet worden und oft war ihre endgültige Form bereits zum Zeitpunkt ihrer Gründung ein für allemal festgelegt. Hier findet man die verschiedensten Formen. Wissenschaftler haben versucht, einige Grundformen dieser Stadtanlagen zu definieren (linear, kreisförmig, radiozentrisch, schachbrettartig usw.), aber sie konnten nicht die Kriterien ergründen, nach denen die jeweilige Form einer Stadt gewählt wurde. Jede Stadt muß als Einzelfall gelten, gleichgültig, ob sie sich im Laufe der Zeit ständig weiterentwickelt und verändert hat oder ob gleich bei der Gründung ihre endgültige Form festgelegt war. Für die Form einer Stadt gibt es keine allgemeingültige Regel, weil sie das Ergebnis des Zusammenwirkens sehr vieler Faktoren ist: der natürlichen Beschaffenheit der Umgebung, der lokalen Traditionen, weltlicher und religiöser Einflüsse; und es war jeweils sehr unterschiedlich, welcher dieser Faktoren die entscheidende Rolle spielte.

Wer immer eine Stadt gründete, ein König, ein Feudalherr, ein Abt oder auch die Regierung eines Stadtstaates, er war der Besitzer des Bodens, auf dem die Stadt entstehen sollte. Insofern konnte er die Form der Stadt nach eigenem Gutdünken bis in kleinste Einzelheiten festlegen. Er bestimmte nicht nur den Straßenverlauf, die Anlage der Plätze und die Art der Befestigungsanlagen, er entschied auch über die Aufteilung und Vergabe der einzelnen Grundstücke an die Bürger. Das Verhältnis zwischen öffentlichem und privatem Bereich, das in den bereits existierenden Städten nur durch wiederholte Eingriffe mühsam unter Kontrolle gehalten werden konnte, ließ sich bei der Gründung einer neuen Stadt im voraus bestimmen und entsprechend planen.

In vielen kleinen mittelalerlichen Städten, sowohl in den rechteckig angelegten Städten (z. B. in einigen der französischen *bastides*), als auch in unregelmäßig angelegten Städten (z. B. den Marktdörfern Ostdeutschlands), ergab sich aus der Unterteilung der Grundstücke eine klare regelmäßige Struktur, die dem Aufbau der hippodamischen Städte der Antike durchaus vergleichbar ist (Abb. 806, 809, 817, 820, 827, 836). Auf den folgenden Abbildungen stellen wir einige dieser Städte vor. Die meisten von ihnen sind zwischen dem Ende des 12. und der Mitte des 14. Jahrhunderts gegründet worden, kaum eine später. Die geheimnisvolle Kunst, eine Stadt zu planen, war – anders als die Kunst, ein Bauwerk zu entwerfen – in Vergessenheit geraten, bevor sie zum Gegenstand wissenschaftlicher Theorien wurde.

Abb. 798. Die neuen von den Engländern im Périgord gegründeten Städte (bastides); **punktiert gezeichnet die noch heute bewaldeten Gebiete.**

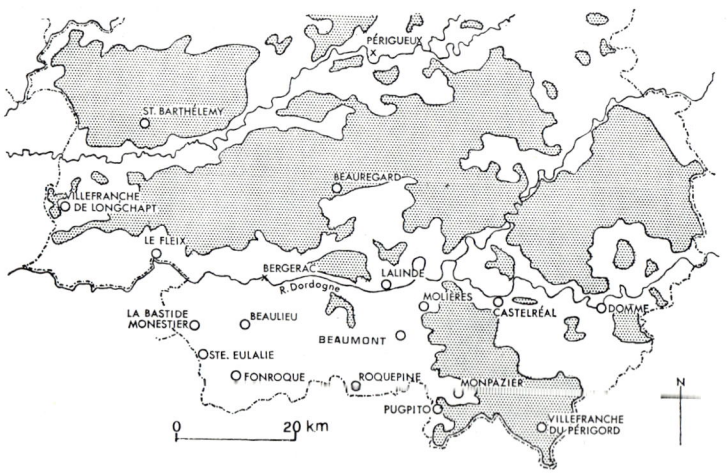

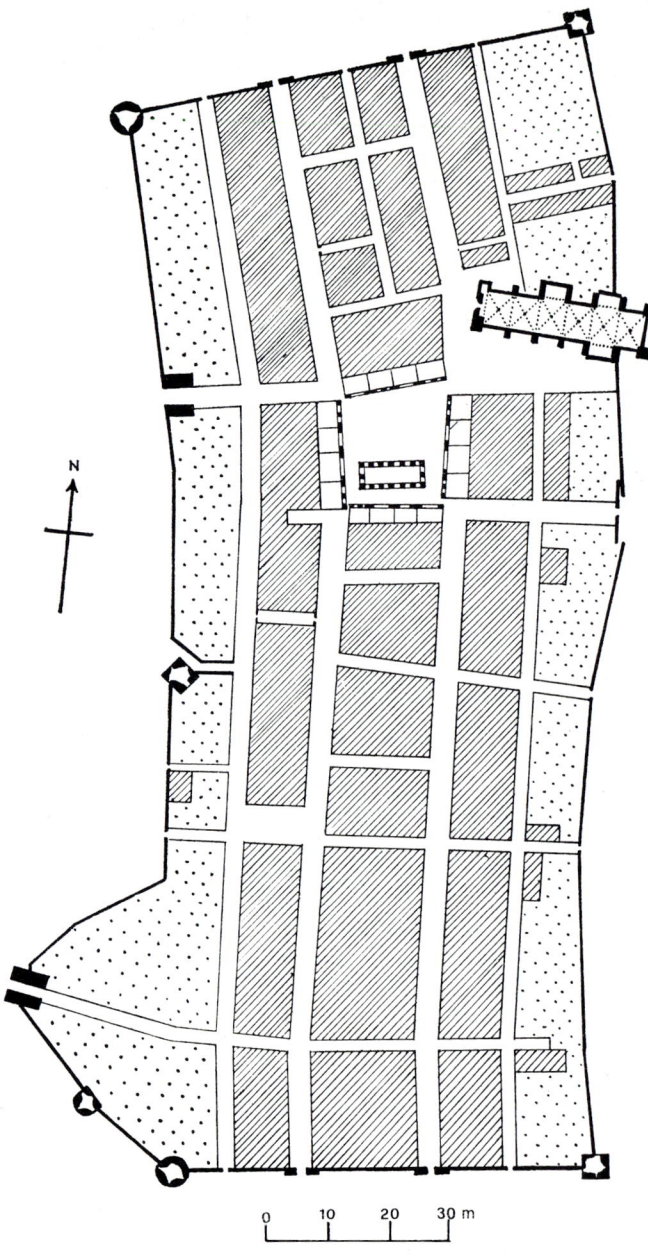

Abb. 799. Eine Stadt aus dieser Karte: Beaumont du Périgord, gegründet 1272 von Luke de Thenney im Auftrag des englischen Königs.

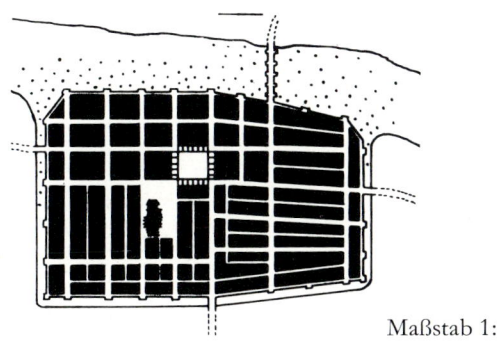

Abb. 800–801. Das 1264 von Alphonse de Poitiers im Auftrag des Königs von Frankreich gegründete Villeneuve-sur-Lot in der Gascogne: Wappen und Plan der Stadt.

Maßstab 1:10 000

Abb. 802. Das 1255 ebenfalls von Alphonse de Poitiers gegründete Sainte-Foy-la-Grande an der Garonne: Luftaufnahme der heutigen Stadt, auf der man deutlich das mittelalterliche Straßengitter erkennen kann.

Abb. 803–807. Monpazier im Périgord, im Jahre 1284 von Jean de Grailly für den König von England gegründet (vgl. Abb. 798): Luftaufnahme, Übersichtsplan, Innenansicht der Kirche, Zeichnung und Detailansicht des Marktplatzes.

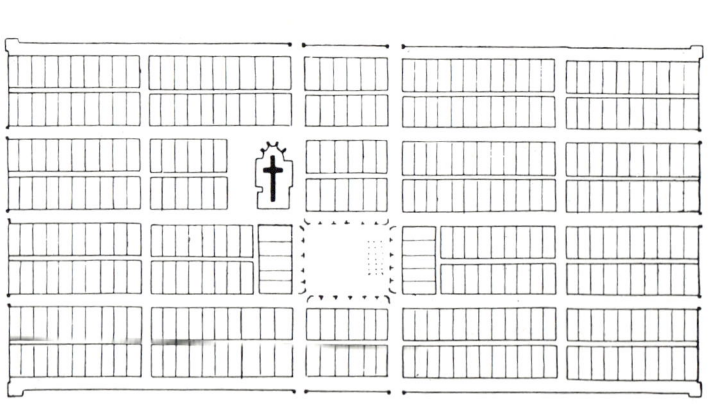

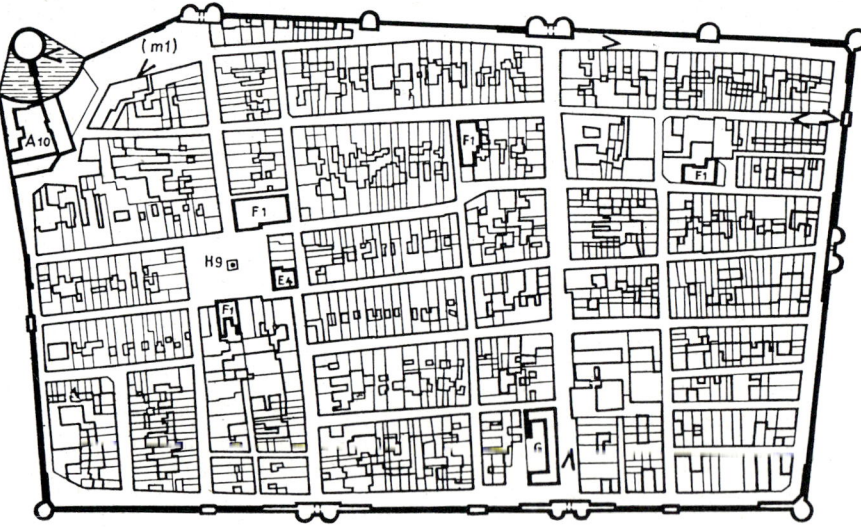

Abb. 808–810. Aigues Mortes, 1246 vom französischen König Ludwig IX., dem Heiligen, im Rhônedelta gegründet: Luftaufnahme, Plan der Stadt und Detailaufnahme der äußeren Befestigungsmauer.

Maßstab 1:5000

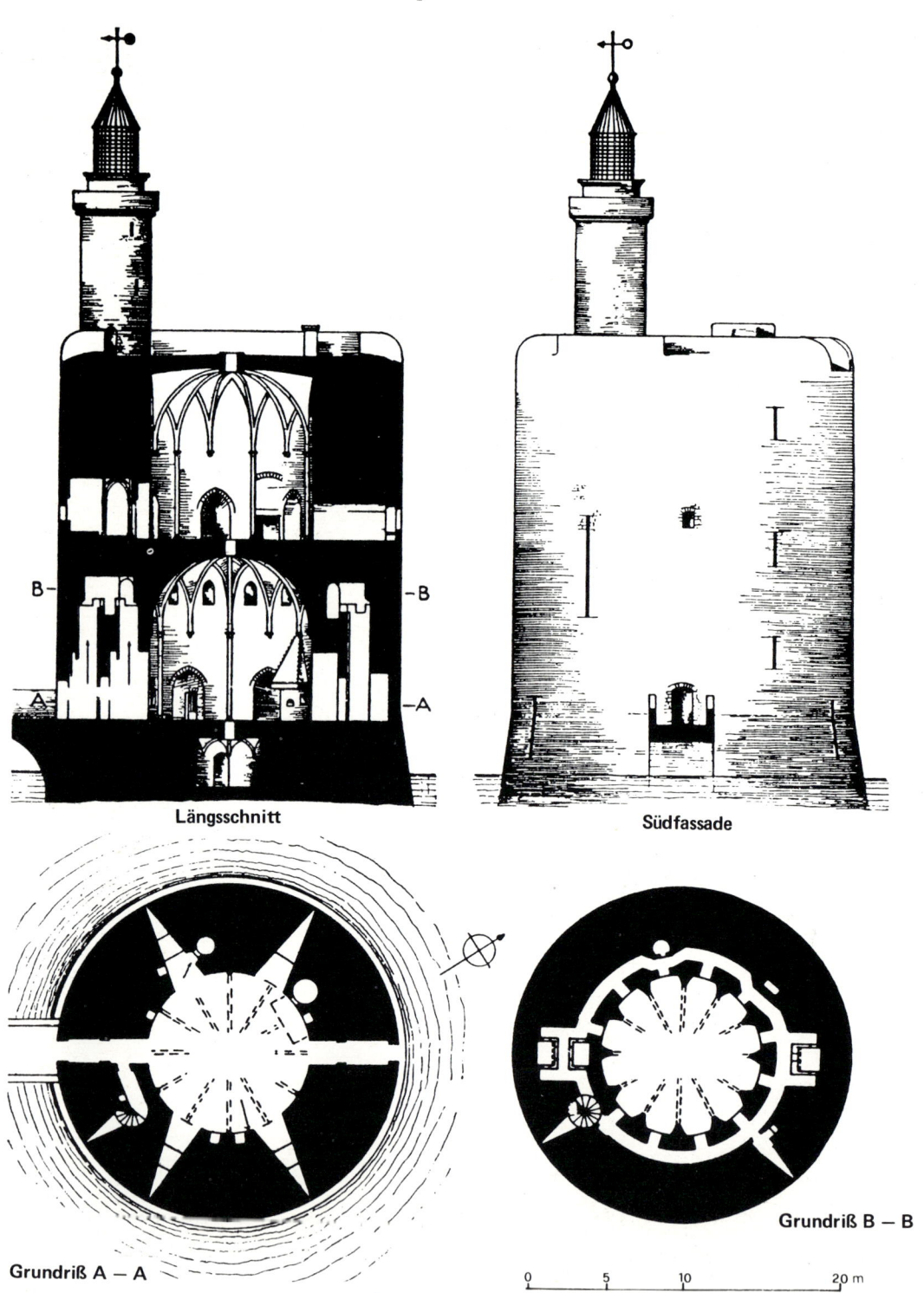

Längsschnitt

Südfassade

Grundriß A – A

Grundriß B – B

0   5   10   20 m

Abb. 811–815. Aigues Mortes. Der Constance-Turm zur Verteidigung des zum Landesinnern gelegenen nordwestlichen Teils der Stadt; Längsschnitt, Südansicht, Grundrisse der Ebenen A und B und (rechte Seite) eine Innenansicht des ebenerdigen Saals mit dem großen Kamin und Fenstern, die sich nach außen hin immer mehr verjüngen, bis sie schließlich nur noch einen Spalt in der Mauer bilden.

Abb. 816. (auf den beiden folgenden Seiten) **Blick vom Constance-Turm auf Aigues Mortes. Die Stadt, die im Mittelalter 15 000 Einwohner hatte und in der heute kaum mehr 5000 Menschen wohnen, ist in ihrer ursprünglichen Form vollständig erhalten geblieben.**

Abb. 817–820. Pläne der vier von Eustache de Beaumarchais gegen Ende des 13. Jahrhunderts gegründeten französischen bastides:

1 Cologne
2 Mirande
3 Barcelonne du Gers
4 Beaumont de Lomagne

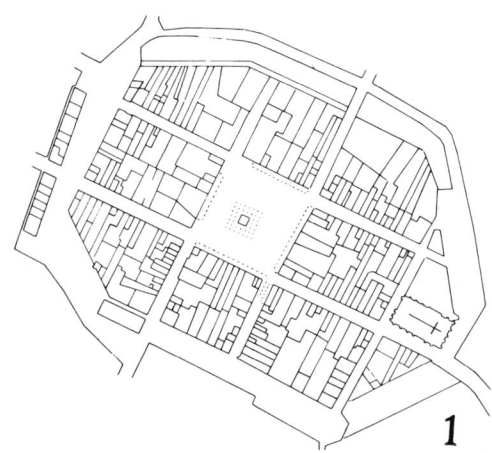

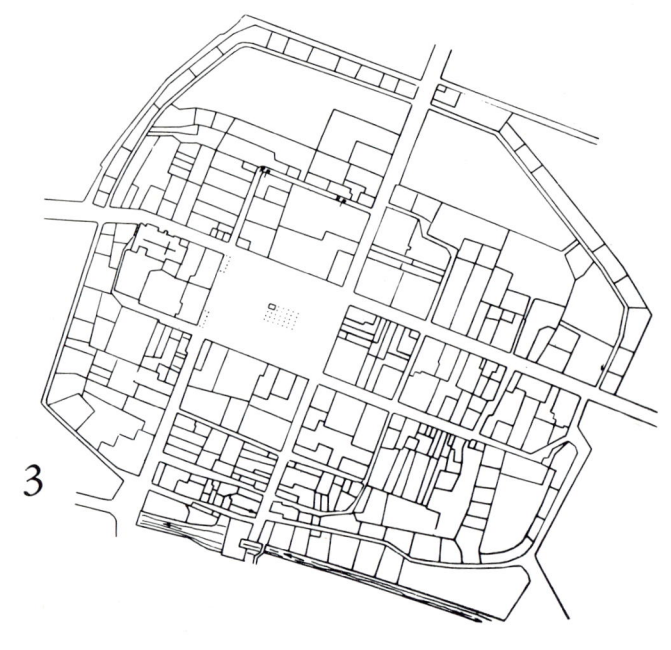

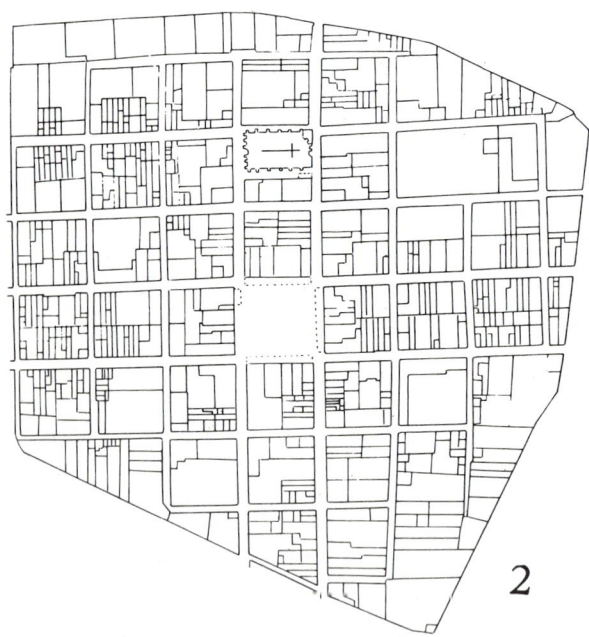

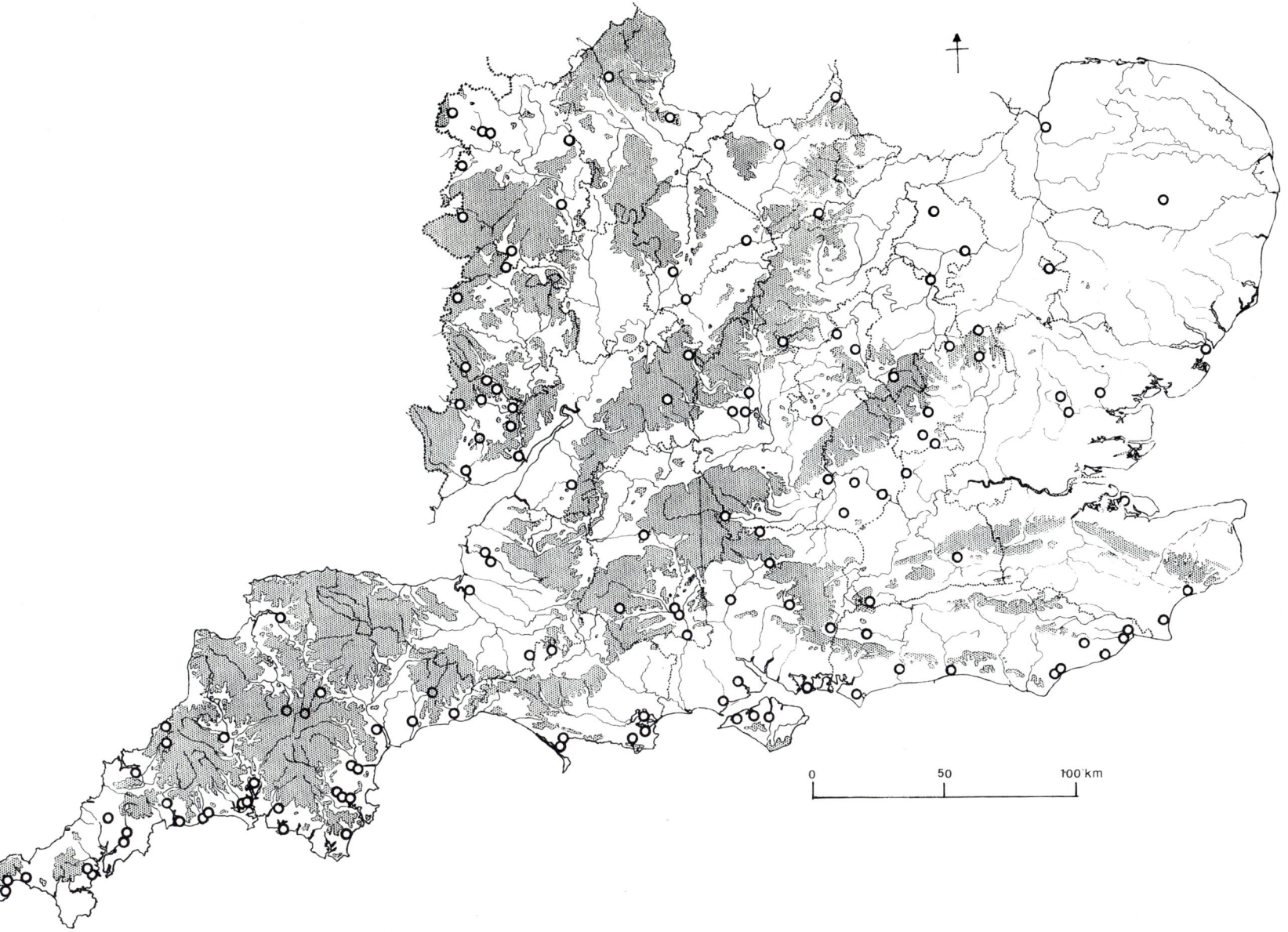

Abb. 821. Die neuen, im Mittelalter in Südengland gegründeten Städte; die gepunkteten Flächen kennzeichnen die bewaldeten Gebiete.

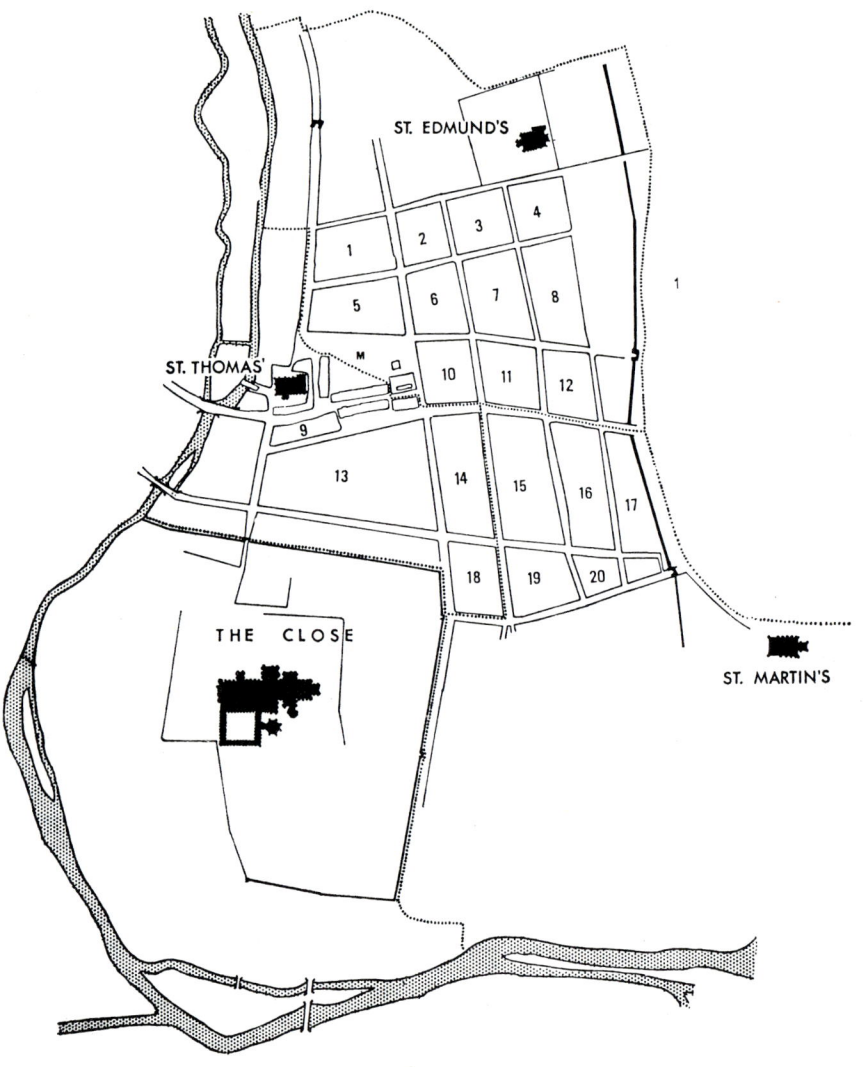

ST. EDMUND'S

ST. THOMAS'

M

THE CLOSE

ST. MARTIN'S

Maßstab 1:10 000

Dieser von den Mauern aus dem Jahre 1327 umschlossene Bezirk ist bis heute eine von der Gemeindeverwaltung unabhängige politische Einheit.

Die Namen der zwanzig Häuserblocks:
 1 White horse (weißes Pferd)
 2 Gores (Blutflecken)
 3 Parsons (des Pfarrers)
 4 Vanners
 5 Blue Boar (blauer Eber)
 6 Three Swans (drei Schwäne)
 7 Three Cups (drei Tassen)
 8 Griffin
 9 Mitre and Market-Place (Marktplatz)
10 Cross Keys (gekreuzte Schlüssel)
11 Black Horse (schwarzes Pferd)
12 Swaynes
13 New Street (neue Straße)
14 Antelope (Antilope)
15 Trinity (Dreifaltigkeit)
16 Rolfes
17 Barnards Crosses (Bernhardskreuz)
18 White Hart (weißer Hirsch)
19 Marsh (Sumpf)
20 Pound (Weiher)

**Abb. 822–823. Das 1219 gegründete New Salisbury in Wilt-
shire: die 20 Häuserblocks der neuen Stadt, die vier Kirchen
– darunter die berühmte Kathedrale aus dem Jahre 1220 –
und der Marktplatz (M); (rechte Seite) der Bereich der Kathedrale (close), der erhalten geblieben ist.**

Abbildung rechte Seite:
 1 Kreuzgang
 2 Wirtschaftshof
 3 Kapitelsaal
 4 Bibliothek
 5 Park *(green)*
 6 Häuser der Diakone
 7 Haus des Dekans
11–13 Schulen
14 Haus des Bischofs
15 Eingangsstore

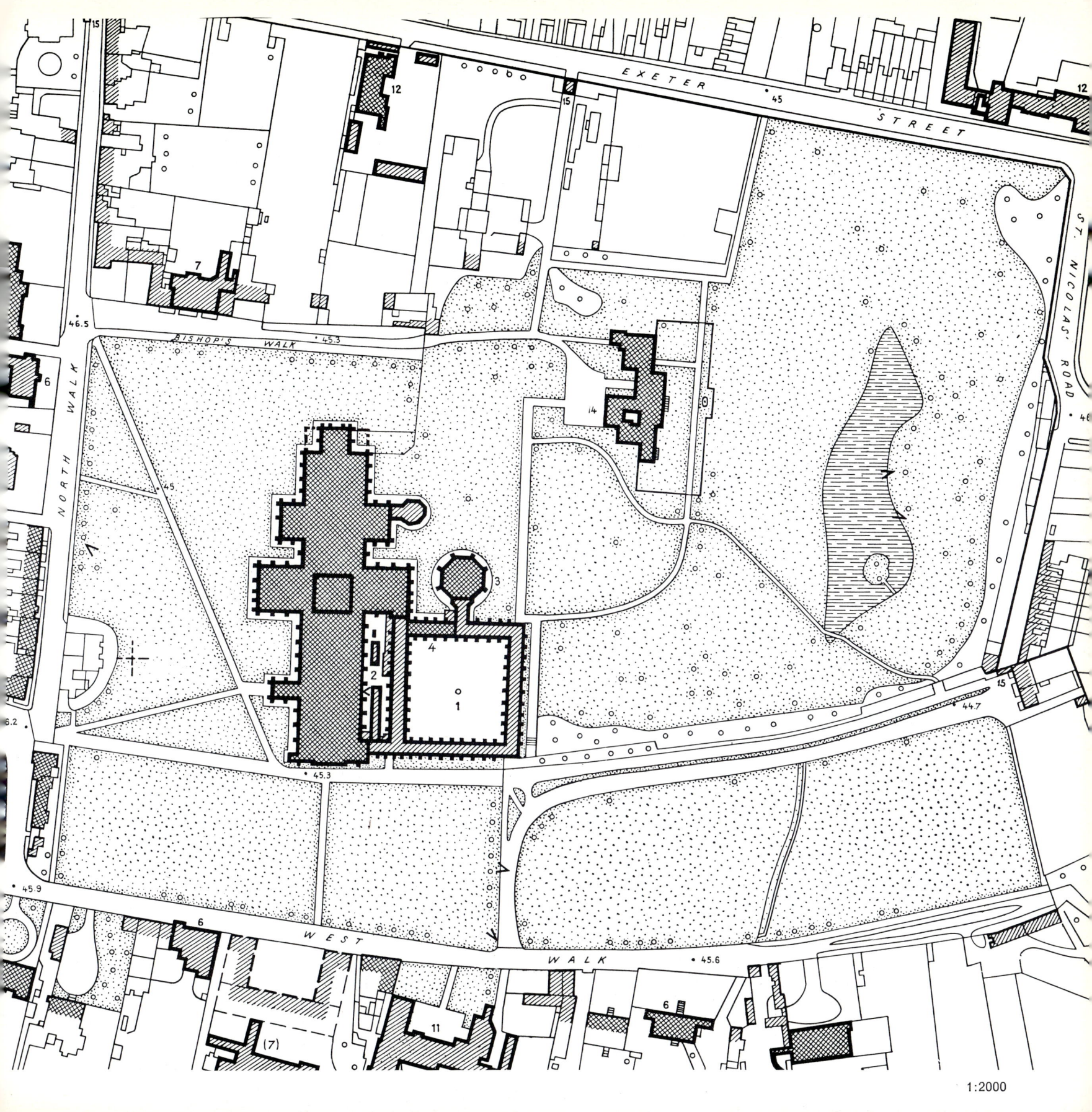

EXETER STREET

ST. NICOLAS' ROAD

BISHOP'S WALK

NORTH WALK

WEST WALK

1:2000

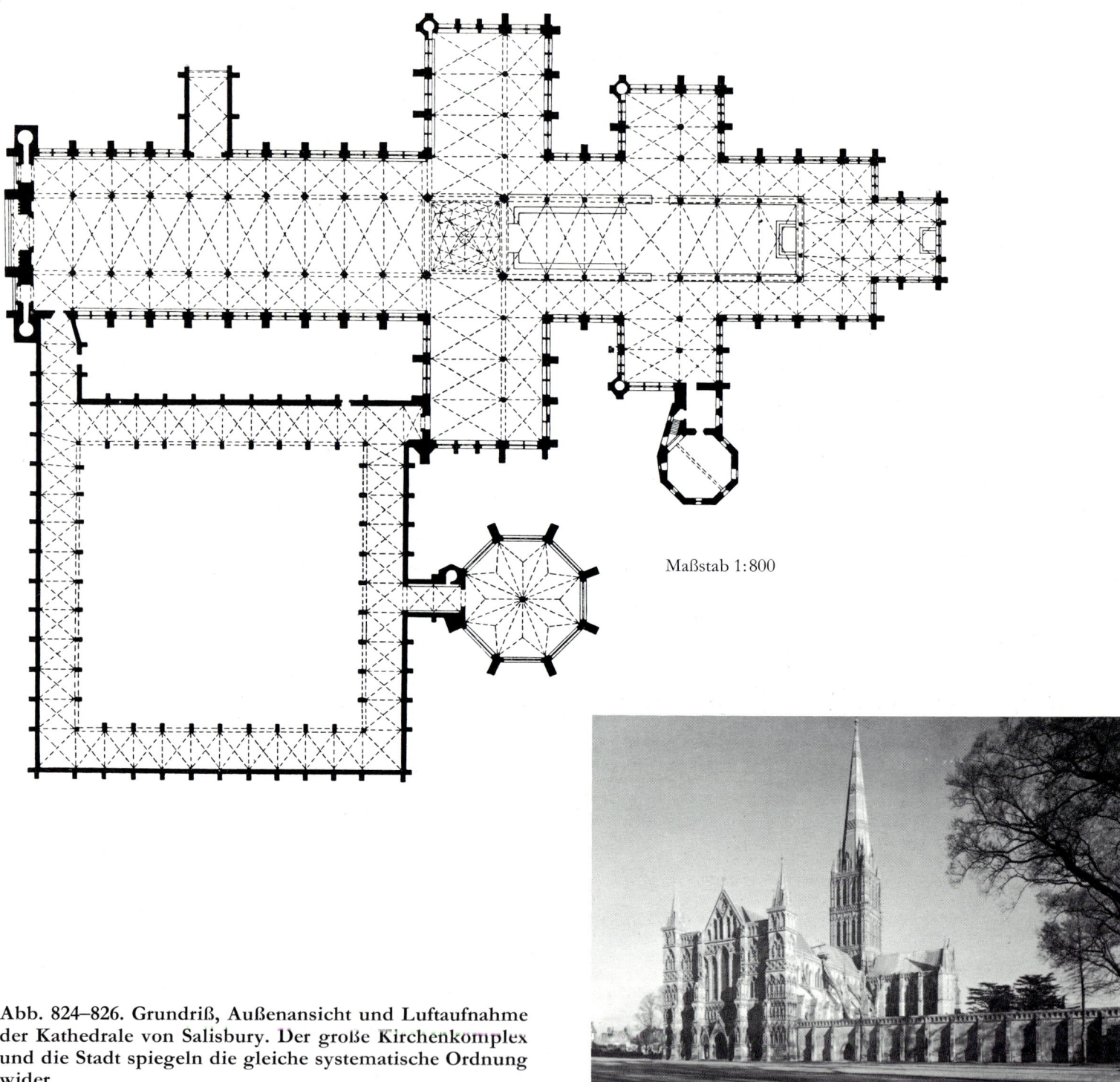

Maßstab 1:800

Abb. 824–826. Grundriß, Außenansicht und Luftaufnahme der Kathedrale von Salisbury. Der große Kirchenkomplex und die Stadt spiegeln die gleiche systematische Ordnung wider.

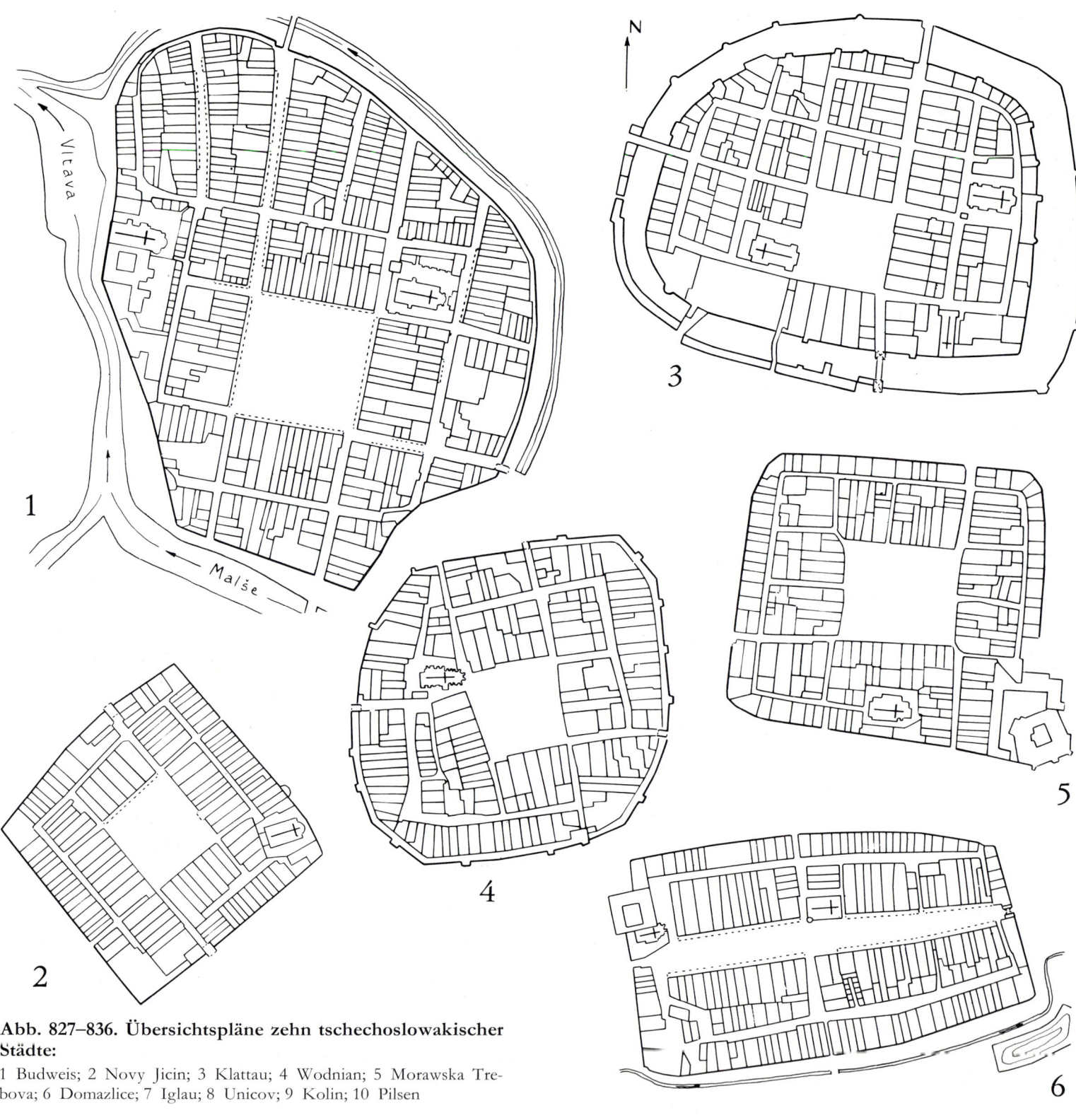

Abb. 827–836. Übersichtspläne zehn tschechoslowakischer Städte:

1 Budweis; 2 Novy Jicin; 3 Klattau; 4 Wodnian; 5 Morawska Trebova; 6 Domazlice; 7 Iglau; 8 Unicov; 9 Kolin; 10 Pilsen

7

8

9

10

Elbe (Labe)

Radbuza

0   50   100 m

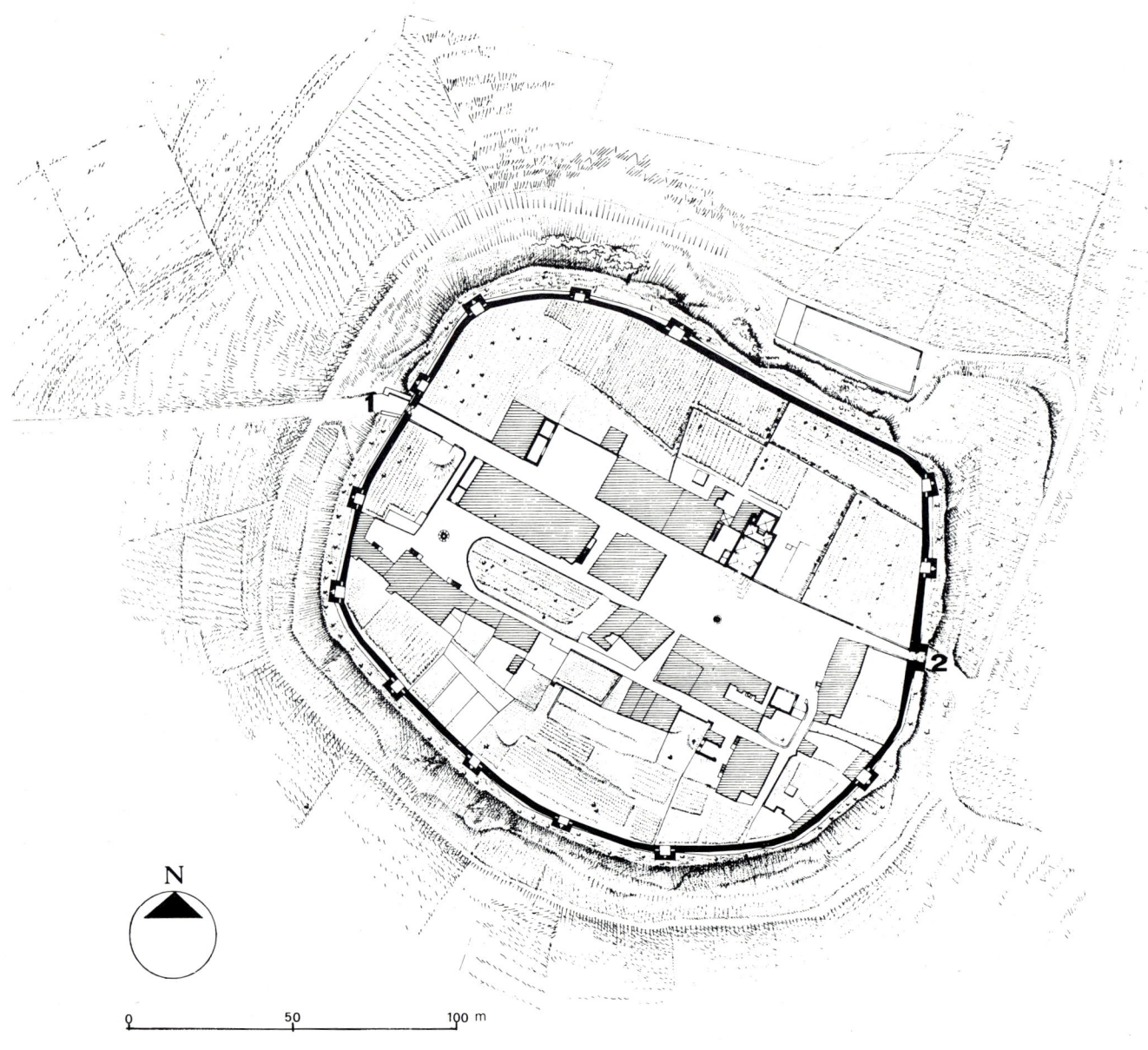

Abb. 837. Plan der befestigten Stadt Monteriggioni, die von den Bewohnern Sienas zu Beginn des 13. Jahrhunderts an der Nordgrenze ihres Territoriums zur Verteidigung ihres Herrschaftsbereichs gegenüber Florenz angelegt wurde.

Abb. 838. Luftaufnahme Monteriggionis: Die vereinzelt liegende Stadt ist in ihrer ursprünglichen Form erhalten geblieben.

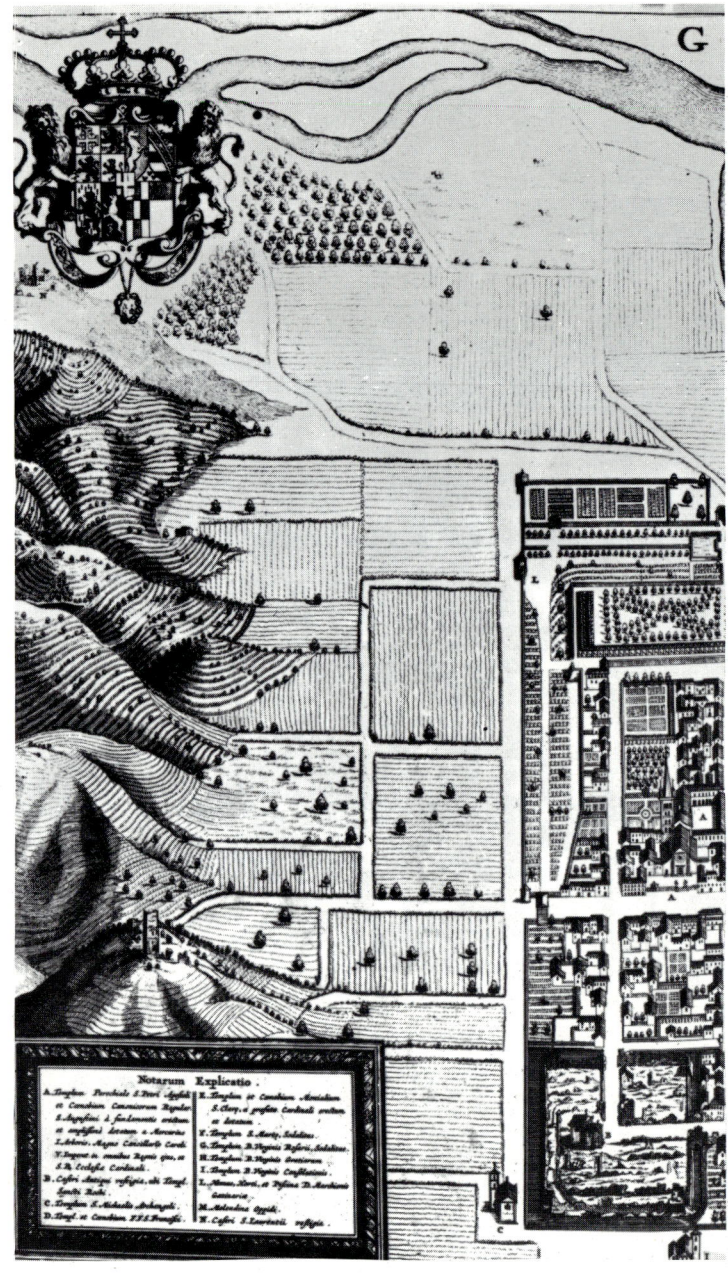
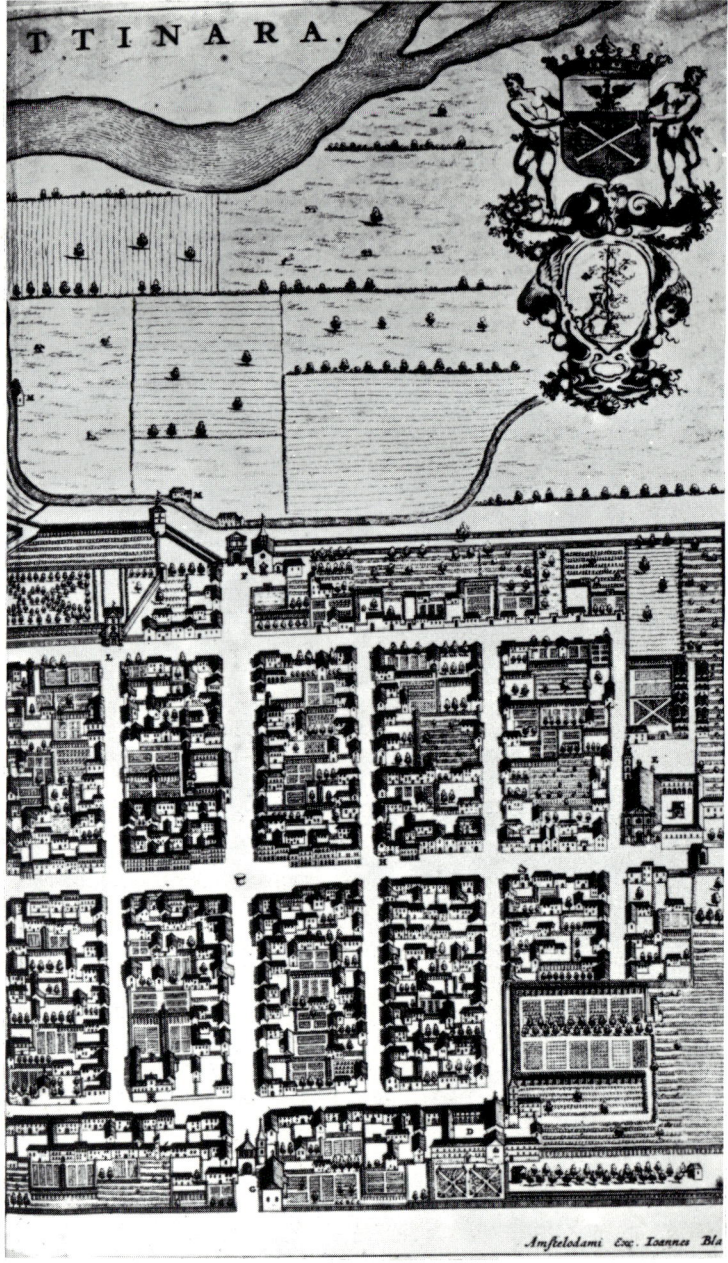

Abb. 839. Gattinara, eine neue, im Jahre 1242 am Ausgang des Sesiatals gegründete Stadt (Plan aus einem Stich des 17. Jahrhunderts).

Abb. 840–841. Gattinara. Der Hauptplatz mit den Säulengängen.

Abb. 842. (auf der folgenden Seite) **Das mittelalterliche Universum mit den sieben konzentrischen, vom Himmlischen Vater getragenen Himmeln (Gemälde von Piero di Puccio aus dem 14. Jahrhundert).**

8. Das künstlerische Schaffen in der Renaissance

In den ersten Jahrzehnten des 15. Jahrhunderts entdeckten einige Florentiner Künstler – Architekten, Bildhauer und Maler – eine neue Art, Bauwerke zu entwerfen, Skulpturen zu schaffen und Bilder zu malen, durch die sich der Charakter der künstlerischen Arbeit und deren Beziehung zu den anderen Bereichen menschlicher Aktivitäten grundlegend wandelten.

Im vorangegangenen Kapitel haben wir die historischen Bedingungen bereits beschrieben, die diese Neuerungen im künstlerischen Leben hervorgebracht haben. Der wirtschaftliche Aufschwung von Florenz war durch die Krise Mitte des 14. Jahrhunderts unterbrochen worden, und die sozialen Klassen, deren Vertreter gemeinsam die Regierung der Stadt gebildet hatten, bekämpften sich gegenseitig. In diesen Kämpfen gelang es gegen 1380 einer Adelsfamilie, die Macht an sich zu reißen und für die nächsten fünfzig Jahre allein die Geschicke der Stadt zu bestimmen. Die Stadtanlage, deren wesentliche Züge Arnolfo di Cambio weitgehend festgelegt hatte, war mehr als ausreichend für das neue Florenz, dessen Einwohnerzahl erheblich zurückgegangen war und dessen politisches Klima sich wieder beruhigt hatte. Es galt nun, die begonnenen Bauwerke endgültig fertigzustellen. Den Künstlern stellte sich in dieser Situation nicht die Aufgabe, neue städteplanerische Ideen zu entwickeln oder neue Bauwerke zu entwerfen, sondern die bereits existierenden Bauten zu vollenden und gestalterisch auszuschmücken.

Die neue Künstlergeneration zu Beginn des 14. Jahrhunderts – Ghiberti, Brunelleschi, Donatello, Paolo Uccello und Masaccio – führte so die von der vorigen Generation begonnenen Werke wie den Dom, das Baptisterium, die großen am Stadtrand gelegenen Klosterkirchen und den Palazzo Vecchio nun zu Ende; gleichwohl kam ihrem künstlerischen Beitrag eine eigenständige und universelle Bedeutung zu. Ihre Arbeit entsprang einem neuen, allgemeingültigen künstlerischen Prinzip, das in den folgenden hundert Jahren über die gesamte zivilisierte Welt verbrei-

tet und überall als Alternative zur Tradition des Mittelalters begrüßt wurde.

In dieser Zeit änderte sich auch der professionelle Status des Künstlers: War er bereits ein hochqualifizierter Spezialist, der sich nicht mehr in den mittelalterlichen Zünften organisierte und dessen berufliche Stellung sich nur auf das Vertrauensverhältnis zum Arbeitgeber stützte, so wurde er nun zum gänzlich unabhängigen Spezialisten, der nicht mehr an eine Stadt als Auftraggeber gebunden war und der an den verschiedensten Orten arbeitete, je nachdem, wohin er berufen wurde (so erfüllte Brunelleschi im Jahre 1434 Aufträge in Ferrara und Mantua; Paolo Uccello arbeitete zwischen 1425 und 1430 in Venedig). Auf diese Weise entstand eine Kunst, die nicht länger nur florentinisch war, sondern als italienisch, ja als universell angesehen werden muß – genau wie auch Poesie und Prosa der großen Schriftsteller Dante, Petrarca und Boccaccio.

Es sollen nun kurz die Neuerungen dieser Zeit in den verschiedenen Bereichen skizziert werden:

In der Architektur führte Filippo Brunelleschi (1377–1446) eine neue Arbeitsmethode ein, die wir wie folgt zusammenfassen können:

1. Die Hauptaufgabe des Architekten bestand darin, die genaue Form des zu errichtenden Bauwerks durch Zeichnungen, Modelle usw. im vorhinein festzulegen. Alle die Planung betreffenden Entscheidungen mußten vor dem Baubeginn getroffen werden. Damit wurde eine klare Trennlinie zwischen Planung und Ausführung gezogen. Der Architekt galt fortan ausschließlich als Planer und gehörte damit auch nicht länger zu den Bauarbeitern und ihren Organisationen, deren ausschließliche Aufgabe nunmehr in der Ausführung der Pläne bestand.

2. Bei der Planung mußte der Architekt alle Faktoren berücksichtigen, die das Aussehen des zukünftigen Bauwerks bestimmen, und zwar in folgender logischer Ordnung:

a) Proportionalität: die ästhetische Beziehung zwischen den einzelnen Elementen und dem Ganzen, unabhängig von ihren absoluten Maßen;

b) Metrische Faktoren: die genauen absoluten Maße;

c) Physische Faktoren: die Materialien und ihre spezifischen Eigenschaften wie Oberflächenbeschaffenheit, Farbe, Härte, Haltbarkeit etc.

Mit der Festlegung der Proportionen war bereits der wichtigste Schritt von der Idee zum späteren Werk getan. Die Planskizzen stellten in verkleinertem Maßstab das zu errichtende Bauwerk dar und enthielten bereits die hauptsächlichsten Angaben, indem sie dessen Form bestimmten. Dann galt es nur noch, die genauen absoluten Maße festzulegen. Schließlich mußten noch die zu verwendenden Materialien ausgesucht werden.

3. Die einzelnen Elemente eines Bauwerks – Säulen, Gebälk, Bögen, Pfeiler, Türen, Fenster usw. – mußten eine charakteristische Form haben, die sich an der klassischen Antike orientierte. Als Vorbilder dienten dabei ausschließlich die römischen Bauten, da dies die einzigen damals bekannten antiken Werke waren. Diese charakteristische Form konnte geringfügig verändert werden, aber ihre Grundform und ihr an die Antike erinnernder Charakter mußten jeweils leicht und klar zu erkennen sein. Nicht die einzelnen Elemente sollten die Aufmerksamkeit auf sich ziehen, sondern die Gesamtwirkung eines Bauwerkes oder eines ganzen Komplexes von Bauwerken war wichtig.

Durch diese Neubestimmung änderte sich auch die Bedeutung der Architekten: Sie zeichneten sich fortan durch intellektuelle Strenge und kulturelle Dignität aus; dadurch unterschied sich die neue Architektur auch von jeglicher mechanischen Arbeit und wurde in die Nähe der freien Künste – der Wissenschaft und der Literatur – gerückt.

Brunelleschi war die Verkörperung dieser Neubestimmung der Architektur, die er mit großem persönlichen Engagement vertrat. Damit setzte er sich bewußt von der Tradition ab, auf die sich seine Auftraggeber, die ausführenden Handwerker und auch die anderen, gemeinsam mit ihm an der Ausschmückung seiner Bauwerke arbeitenden Künstler nach wie vor beriefen. Mit seinen Vorstellungen stieß er auf schier unüberwindliche Schwierigkeiten und es gelang ihm fast nie, seine Projekte ohne Kompromisse zu realisieren. Nur zwei seiner Werke konnten sich auf eine gesicherte finanzielle Basis stützen und unter seiner Leitung fertiggestellt werden: die Kuppel des Doms und die Sakristei von San Lorenzo (diese beiden Arbeiten wurden von der Wollzunft und der Familie der Medici finanziert). Die Arbeiten an seinen anderen Bauten – San Lorenzo, Santo Spirito, die Cappella Pazzi in Santa Croce und die Rotunde von Santa Maria degli Angeli – gingen dagegen aufgrund der langen, durch andauernde Kriege bedingten ökonomischen Krise nur langsam voran und mußten oft unterbrochen werden. Dieser Zustand verbesserte sich erst im

Jahre 1440, so daß Brunelleschi, der 1446 starb, diese Arbeiten nicht mehr selbst zu Ende bringen konnte. Seine Nachfolger sind von seinen Plänen abgewichen und haben diese Bauten später nach eigenen Vorstellungen vollendet.

Dennoch haben sich Brunelleschis Ideen Schritt für Schritt in Italien und im restlichen Europa durchgesetzt, weil die folgenden Entwicklungen gezeigt haben, daß die von ihm vertretene Neubestimmung der Architektur richtig und notwendig war. Brunelleschi kann als der Begründer einer Architektur gelten, die sich auf die menschliche Vernunft und die hohe Bedeutung der antiken Vorbilder stützt und die in der Lage ist, den gesamten menschlichen Lebensraum zu gestalten und dessen einzelne Elemente aufeinander abzustimmen und dabei auf einfachen, ständig wiederkehrenden und leicht wiederzuerkennenden Formen aufzubauen. Die europäische Gesellschaft, deren Einflußbereich sich im 15. und 16. Jahrhundert auf die ganze Welt ausdehnte, benutzte diese Architektur als Instrument rationeller Planung und künstlerischer Ausschmückung und sah in ihr schließlich die einzig mögliche Architektur überhaupt.

Untersuchen wir nun auf dem Hintergrund dieser Feststellung die bedeutendsten von Brunelleschi in Florenz geschaffenen Werke: Mit der Kuppel des Doms Santa Maria del Fiore schuf Brunelleschi ein berühmtes und außergewöhnliches Werk, welches das Ende der Periode der umfassenden öffentlichen Bautätigkeit des Mittelalters und gleichzeitig den Beginn des Zeitalters der neuen Architektur markierte. Diese großartige Konstruktion vollendete das von Arnolfo di Cambio gegen Ende des 13. Jahrhunderts begonnene Bauwerk und wurde zum zentralen Blickpunkt der Stadt. In den aus dem 15. Jahrhundert stammenden Ansichten (Abb. 779 und 782) ähnelt die Stadt Florenz der Blume, von der sie ihren Namen hat. Der vereinfacht als Kreis dargestellte letzte Mauerring bildet die Blütenkrone und die Kuppel den Mittelpunkt der runden Blüte. Brunelleschi erfand

Abb. 843. Brunelleschis Werke in Florenz

1 Haus des Apollonio Lapi (1418)
2 Cappella Ridolfi in San Jacopo Soprano (1418)
3 Palazzo di Parte Guelfa (1418–1425)
4 Cappella Barbadori a Santa Felicitá (1418)
5 Casa Barbadori
6 Kuppel des Doms (1418–1446)
7 Ospedale degli Innocenti (Hospital der Unschuldigen) (1419–1444)
8 San Lorenzo (begonnen 1419)
9 Cappella Pazzi in Santa Croce (begonnen 1429)
10 Rotunde Santa Maria degli Angeli (begonnen 1434)
11 Santo Spirito (begonnen 1428)
15–18 Andere Bauten, deren Zuordnung nicht gesichert ist

Abb. 844–845. Die von Brunelleschi entworfene und gebaute Kuppel des Doms Santa Maria del Fiore vom Dach eines südlich gelegenen Hauses aus gesehen; Axonometrie, die das bereits im 7. Kapitel dargestellte Verhältnis zwischen der Kuppel und der darunter liegenden Kirche verdeutlicht.

Abb. 846. Das von Brunelleschis Kuppel beherrschte Panorama von Florenz, von San Miniato aus gesehen.

das Konstruktionsprinzip der Kuppel und entwarf auch deren äußere Form, die in ihrer Schlichtheit und Erhabenheit als eine gelungene künstlerische Ergänzung der sie umgebenden Landschaft anzusehen ist. Sie hat ein Gewölbe in der Form eines achteckigen Pavillons, dessen Anordnung sich an der Lage der unter ihr liegenden Kirche orientiert: zwei Seiten verlaufen parallel und zwei rechtwinklig zu den Längsseiten der Kirche. Die acht Sektoren des Gewölbes sind mit roten Terrakotta-Ziegeln gedeckt, und die Kanten zwischen den einzelnen Sektoren werden durch acht aus weißem Marmor gefertigte Rippen hervorgehoben. Der aus diesen Elementen bestehende Käfig ist kilometerweit zu erkennen, auch dann noch, wenn sich die Konturen der Kirche und der übrigen Gebäude der Stadt bereits im Dunst verlieren. Diese elementare geometrische Figur hebt sich stärker als alle anderen vom Horizont ab und bildet so den zentralen Orientierungspunkt für die Stadt und die gesamte Umgebung.

Abb. 847. Das Panorama von Florenz, von dem Piazzale Michelangelo aus gesehen: Hinter der Kuppel sind die Hügel von Fiesole zu sehen.

Abb. 848. Der Dom Santa Maria del Fiore mit dem Campanile von Giotto und der Kuppel von Brunelleschi, von Orsanmichele aus gesehen.

Abb. 849–850. Das Holzmodell der Laterne der Kuppel, aufbewahrt im Museum dell'Opera del Duomo, und die bauliche Realisierung dieses Modells.

Abb. 851. (rechte Seite) Blick in die Kuppel des Doms Santa Maria del Fiore mit den Fresken aus dem späten 16. Jahrhundert.

Die übrigen von Brunelleschi in das mittelalterliche Stadtbild eingefügten Werke waren zwar wesentlich einfachere Bauten, aber dennoch wurden sie für die nachfolgenden Architekten zu Vorbildern von größter Bedeutung. Die Kirchen San Lorenzo und Santo Spirito ähneln mit ihren dreischiffigen Grundrissen den Kirchen der religiösen Bettelorden wie Santa Maria Novella und Santa Croce. Die grundlegenden Merkmale dieser beiden Bauwerke – die Proportionen im Grundriß, das Verhältnis zwischen den einzelnen Ebenen im Aufriß usw. – sind rational geplant worden. Brunelleschi griff dabei auf die für die Antike charakteristischen Elemente wie Säulen, Bögen und Gebälk zurück, anstatt sich der für die Gotik typischen Pfeiler und Gewölbe zu bedienen. Die Sakristei von San Lorenzo und die Cappella Pazzi in Santa Croce sind zwei kleinere Rundbauten, die sich an mittelalterlichen Vorbildern orientieren, aber durch die für die Antike typischen Säulen und Bögen ergänzt wurden. Innerhalb dieses vorgegebenen Rahmens wurden die ausschmückenden Elemente, wie Gemälde, Skulpturen usw., zu eigenständigen, von der Architektur losgelösten Werken (Abb. 854–868).

Abb. 852–853. Die beiden Relieftafeln von Ghiberti und Brunelleschi, mit denen sie sich im Jahre 1401 an der Ausschreibung zur Gestaltung der dritten Tür des Baptisteriums in Florenz beteiligten.

Abb. 854. (rechte Seite) **Grundriß der Kathedrale San Lorenzo in Florenz mit dem monumentalen Kreuzgang.**

1 Von Brunelleschi um 1418 entworfene Kirche
2 Von Brunelleschi entworfene und 1428 fertiggestellte alte Sakristei
3 Von Michelangelo gestaltete neue Sakristei mit den Gräbern der Medici
4 Ende des 16. Jahrhunderts angefügte Fürstenkapelle
5 Erster Kreuzgang
6 Zweiter Kreuzgang
7 Von Michelangelo gestaltetes Vestibül der Bibliothek
8 Von Michelangelo entworfener Saal der Bibliothek der Medici
9 Im 19. Jahrhundert angefügte Rotunde

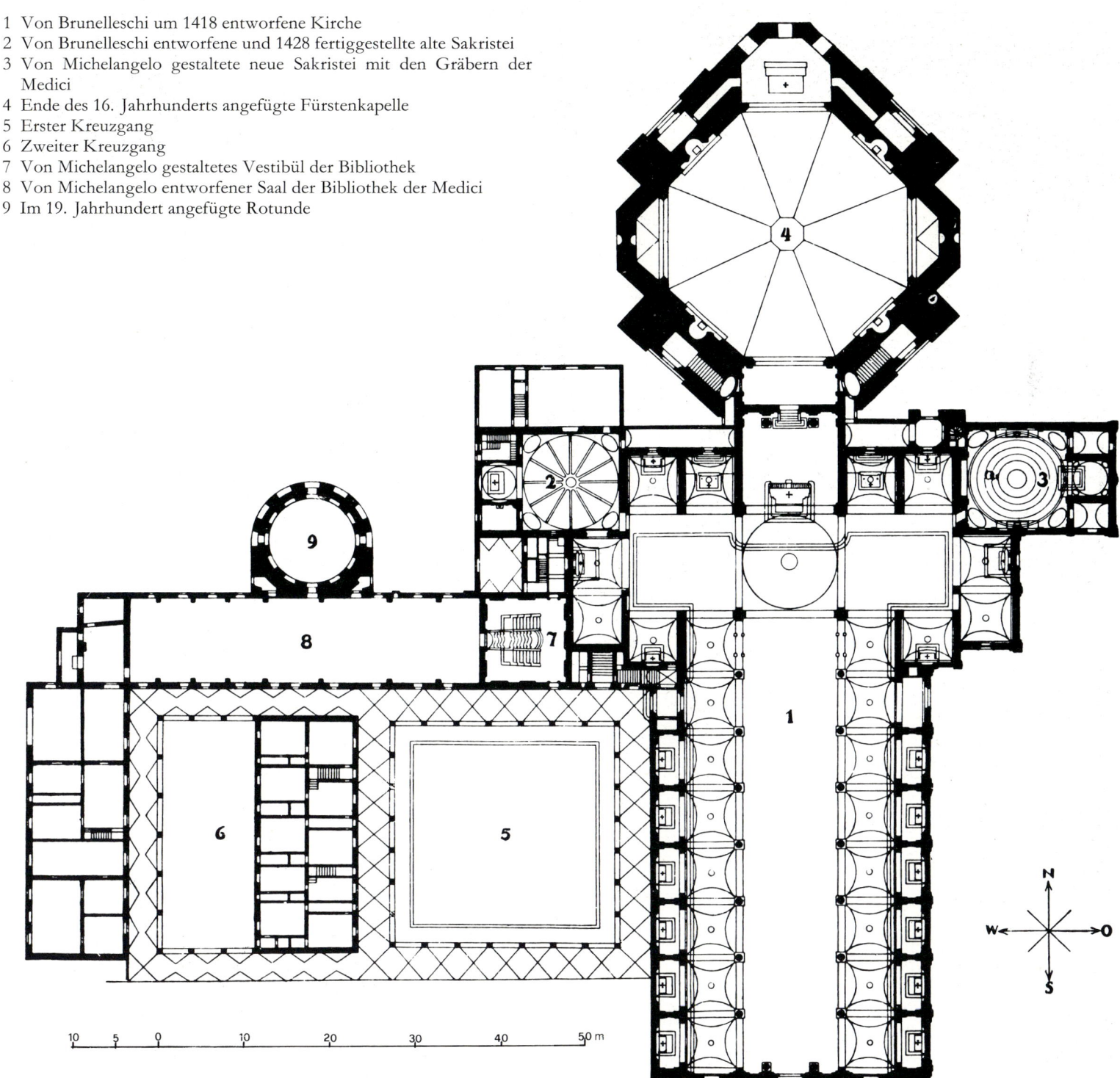

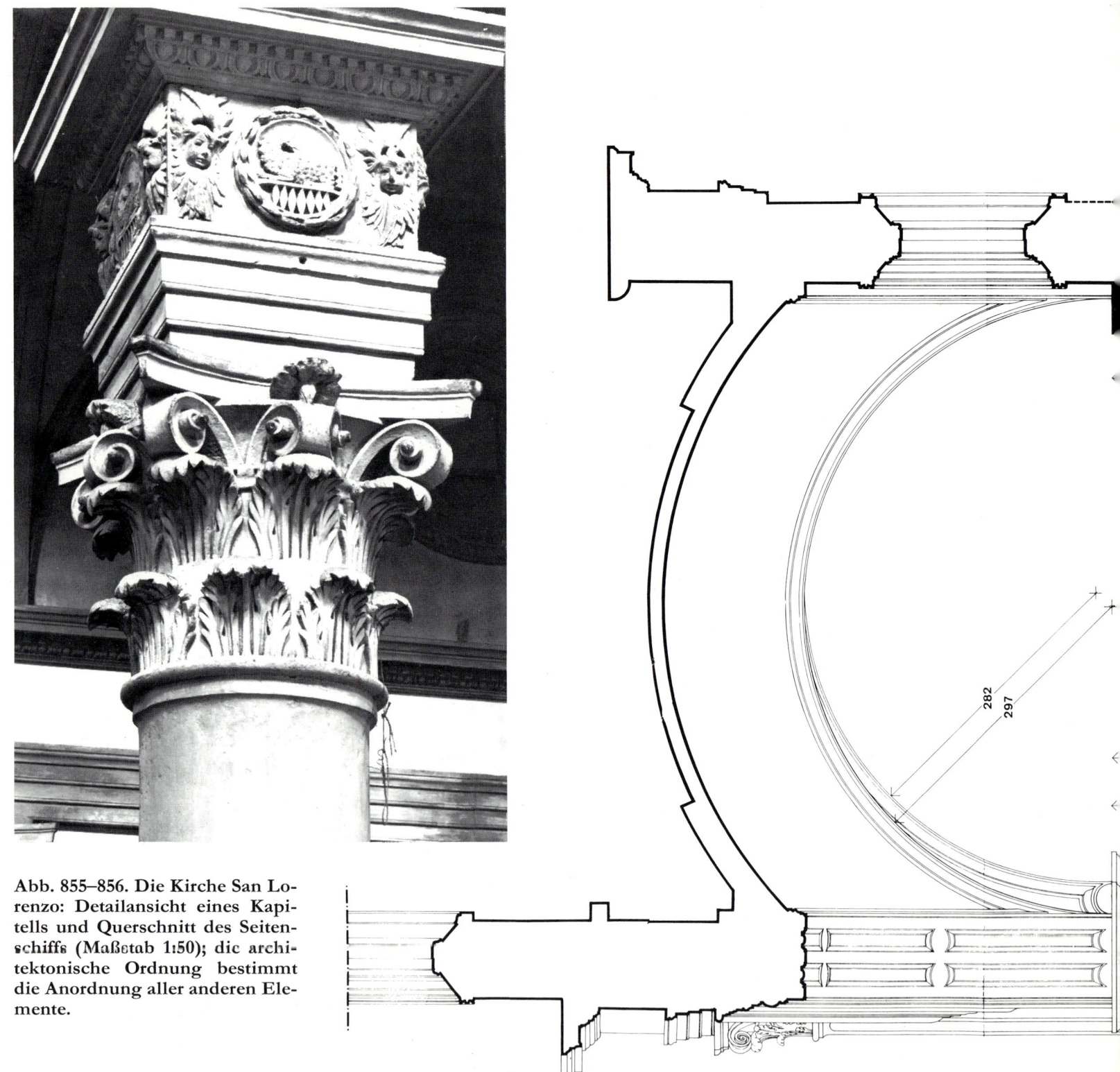

Abb. 855–856. Die Kirche San Lorenzo: Detailansicht eines Kapitells und Querschnitt des Seitenschiffs (Maßstab 1:50); die architektonische Ordnung bestimmt die Anordnung aller anderen Elemente.

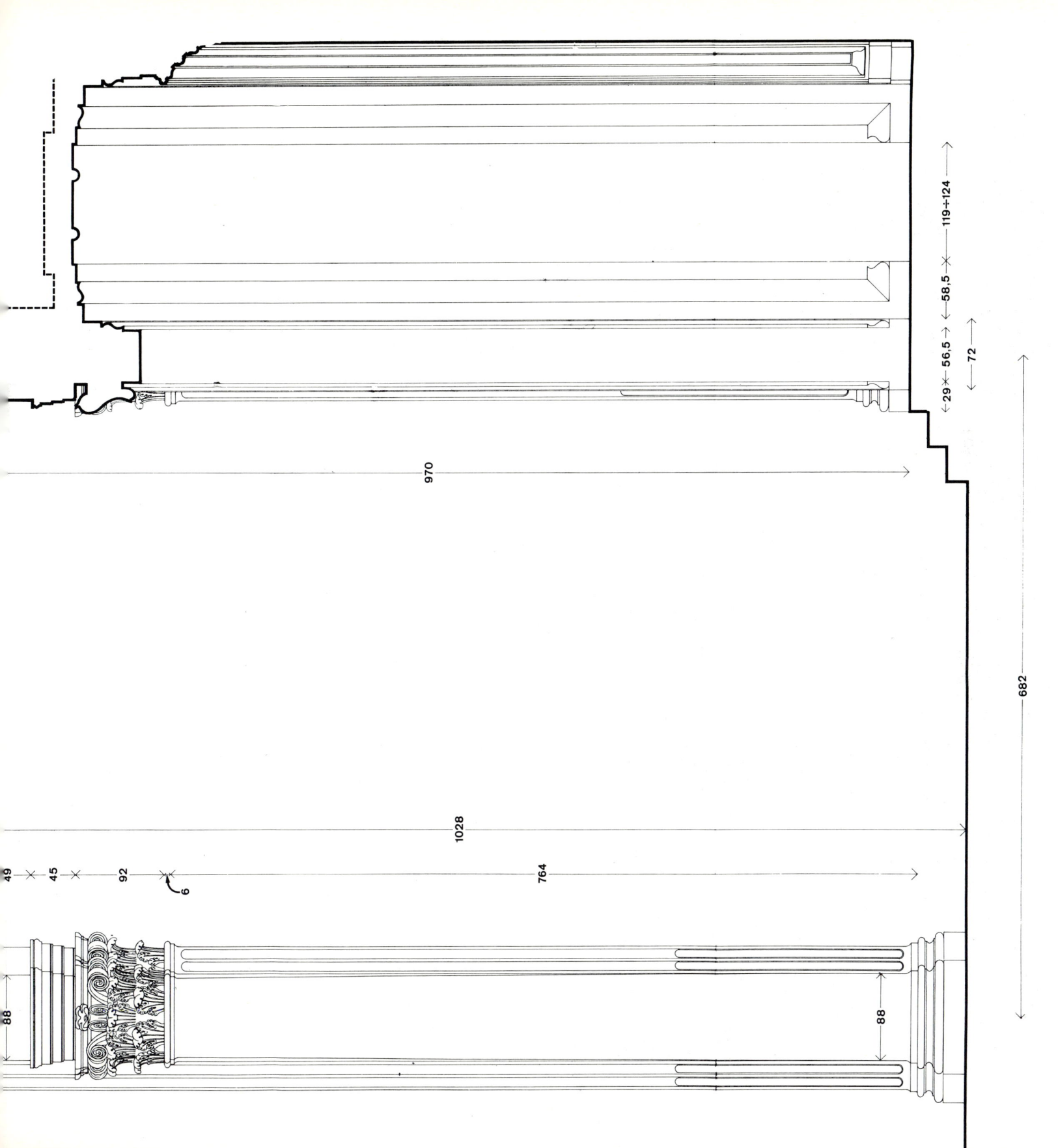

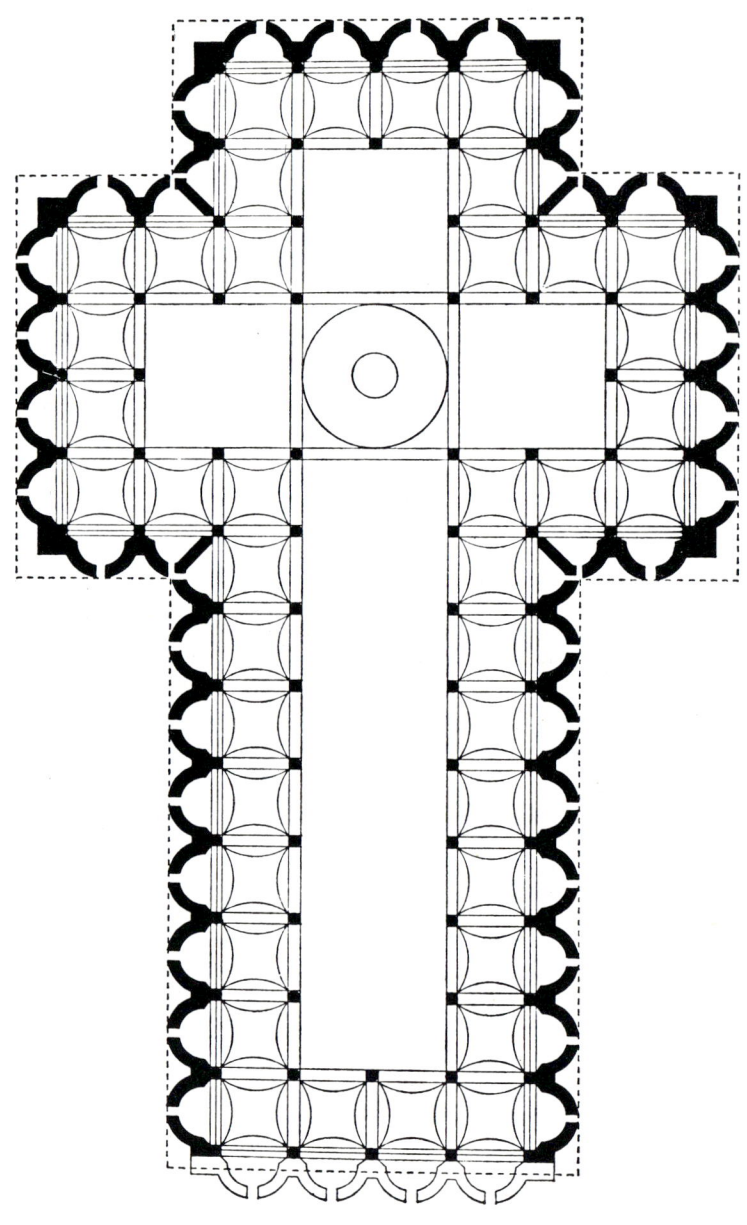

Abb. 857–858. (links) Das Innere der Kirchen San Lorenzo und Santo Spirito, jeweils vom Eingang her gesehen.

Abb. 859. (oben) Grundriß (Maßstab 1:500) der Kirche Santo Spirito nach dem ursprünglichen Entwurf von Brunelleschi.

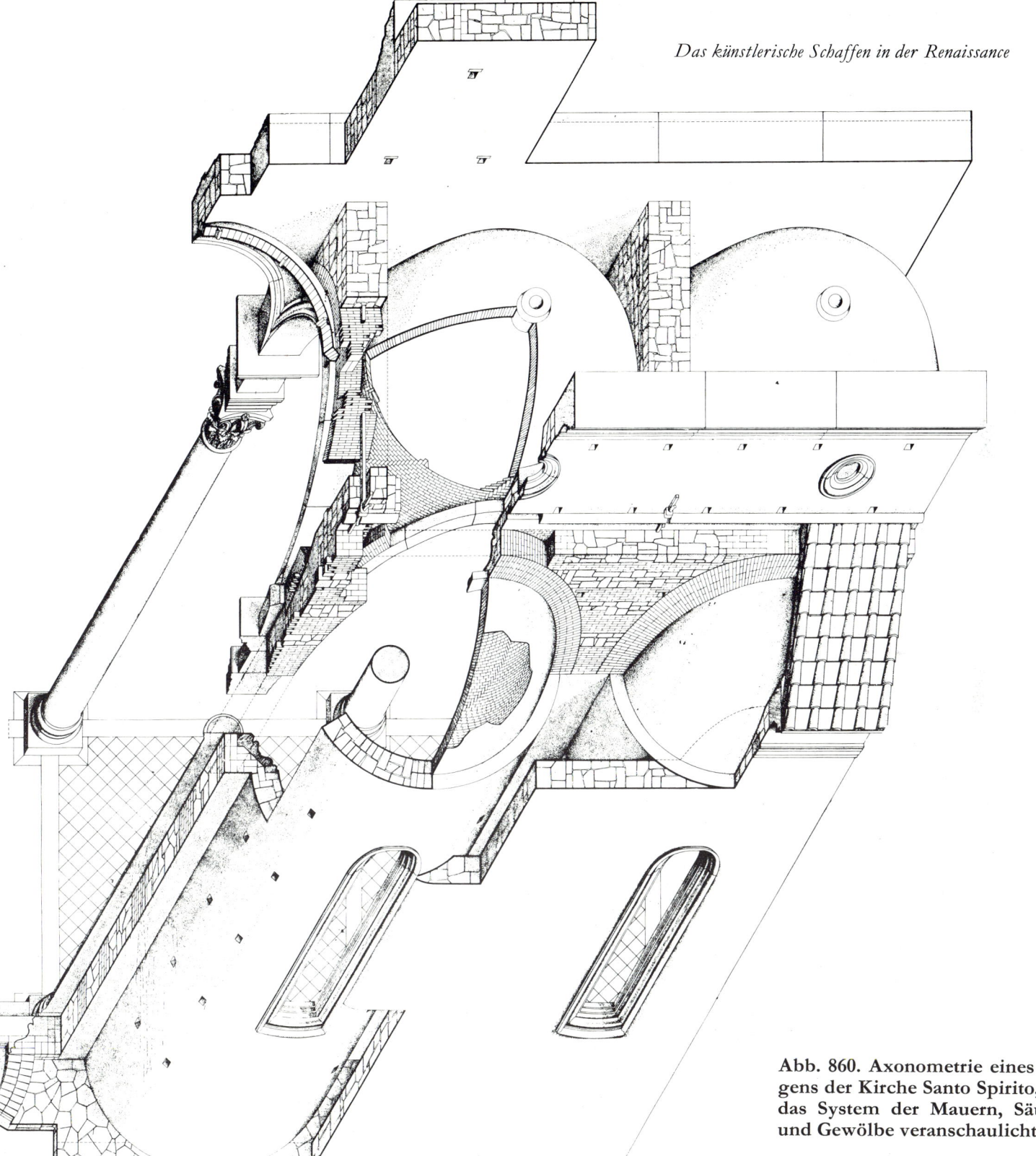

Abb. 860. Axonometrie eines Bogens der Kirche Santo Spirito, die das System der Mauern, Säulen und Gewölbe veranschaulicht.

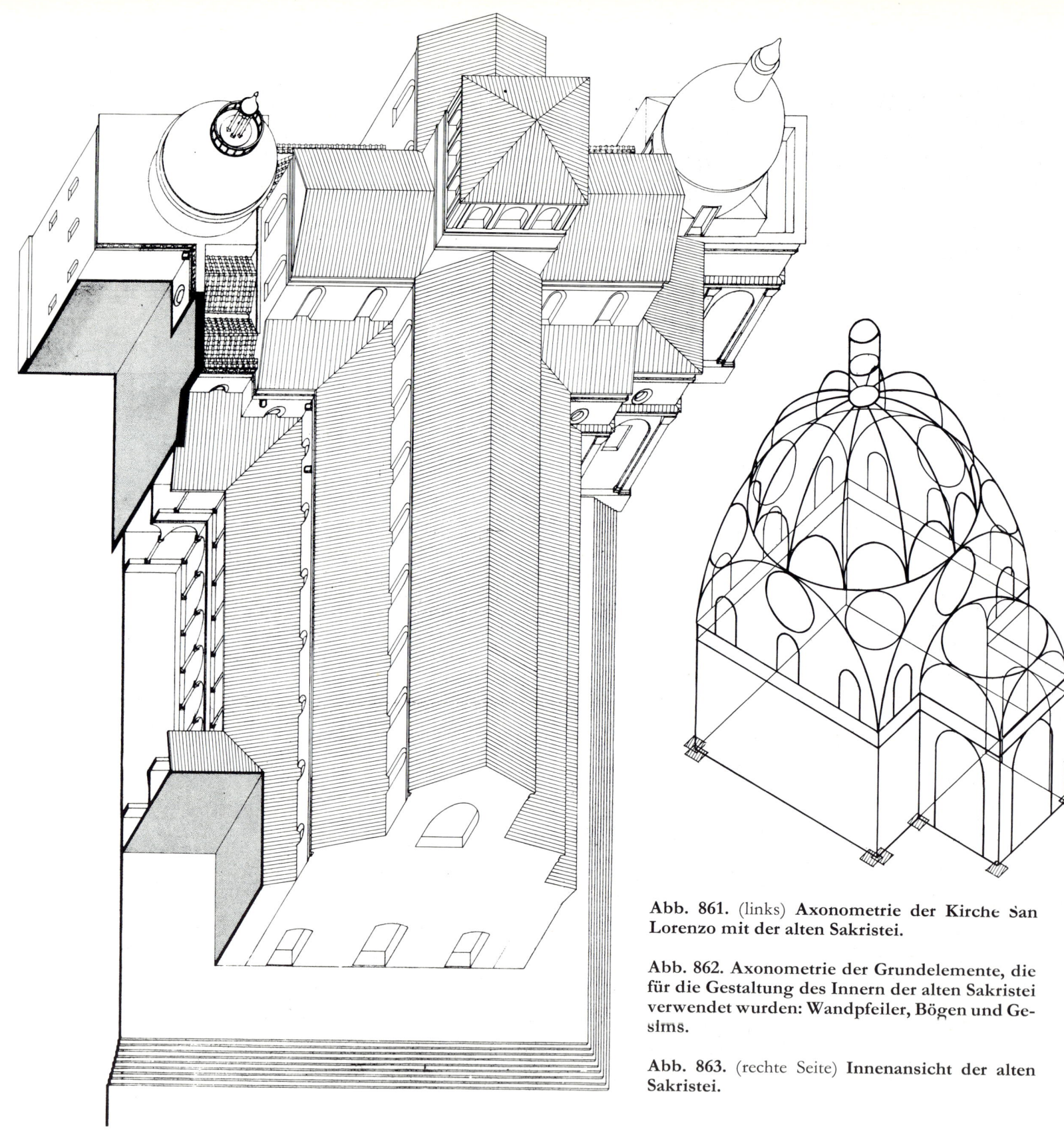

Abb. 861. (links) **Axonometrie der Kirche San Lorenzo mit der alten Sakristei.**

Abb. 862. Axonometrie der Grundelemente, die für die Gestaltung des Innern der alten Sakristei verwendet wurden: Wandpfeiler, Bögen und Gesims.

Abb. 863. (rechte Seite) **Innenansicht der alten Sakristei.**

Abb. 864. Die Kuppel des größeren Raums der alten Sakristei mit den Stuckmedaillons von Donatello.

Abb. 865. (rechte Seite) **Die Kuppel des kleineren Raums der alten Sakristei.**

Abb. 866. Grundriß der von Brunelleschi im ersten Kreuzgang des Klosters Santa Croce errichteten Cappella Pazzi (Maßstab 1:200); Grundriß und Ansichten des Gesamtkomplexes sind im 7. Kapitel (Abb. 766 ff.) zu finden.

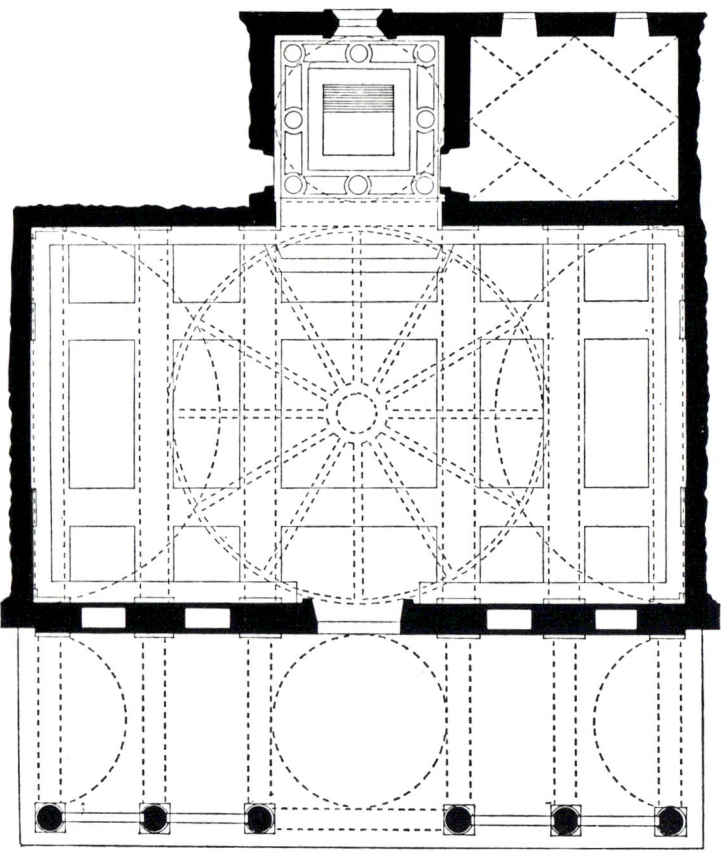

Abb. 867. Die Kuppel der Cappella Pazzi mit den bemalten Terrakottamedaillons, die möglicherweise von Brunelleschi selbst stammen.

Abb. 868. (rechte Seite) **Innenansicht der Cappella Pazzi: Der umlaufende Sockel, auf dem die Wandpfeiler ruhen, gleicht die Höhenunterschiede zwischen den beiden Räumen aus; gleichzeitig dient er als Sitzbank, wenn die Kapelle als Kapitelsaal genutzt wird.**

0   10 m

**Abb. 869. Der mittlere Teil der Fassade des Palazzo Pitti
nach Entwürfen Brunelleschis.**

In der Bildhauerei und der Malerei werden die Objekte der natürlichen Umwelt reproduziert. Dieser Reproduktionsprozeß kann eine exakte und wissenschaftliche Form annehmen, wenn er sich auf eine Analyse der charakteristischen Merkmale der Objekte stützt, die sich wie in der Architektur durch drei Hauptfaktoren bestimmen:

I. Proportionalität
II. Metrische Faktoren
III. Physische Faktoren (hier vor allem Farben)

Eine Skulptur z. B. reproduziert die wesentlichen Merkmale eines Objekts, auch wenn sie nur dessen Proportionalität beachtet und die metrischen und die physischen Faktoren vernachlässigt: Eine Statue kann größer oder kleiner sein als das von ihr dargestellte Objekt, aus Bronze oder Marmor angefertigt werden und damit eine völlig andere Oberflächenbeschaffenheit bzw. Farbe haben als das Objekt.

Um jedoch ein dreidimensionales Objekt auf eine zweidimensionale Fläche zu übertragen, bedarf es einer geometrischen Konstruktion. In der Schule werden noch heute die verschiedenen Methoden gelehrt, mit deren Hilfe diese Übertragung geleistet werden kann: Orthogonalprojektion, Axonometrie, Perspektive und Maßstabsverkleinerung.

Zu jener Zeit wurden die Regeln der Perspektive, der kompliziertesten Projektionsmethode, entwickelt. Sie gibt dem Betrachter die anschaulichste Vorstellung, weil sie am ehesten dem Bild entspricht, das sich im menschlichen Auge bildet. Es soll Brunelleschi gewesen sein, der die Regeln der perspektivischen Darstellung einführte. So hat er auf zwei kleine Tafeln das Baptisterium und die Piazza della Signoria gemalt und dazu einen Apparat konstruiert, durch den der Betrachter gezwungen wird, Motiv und Abbildung aus demselben Blickwinkel zu betrachten, um so die Übereinstimmung des einen mit dem anderen kontrollieren zu können (Abb. 870).

Diese historisch und kulturell bedeutende Erkenntnis ergab sich aus der oben beschriebenen Aufschlüsselung der wesentlichen Merkmale eines Objekts. Tatsächlich gibt eine perspektivische Darstellung unmittelbar nur die Proportionen der Objekte – ihre Formen und deren Verhältnis zueinander – an, indirekt lassen sich auch die absoluten Maße der Objekte erkennen, nämlich dann, wenn in der Darstellung ein Motiv mitabgebildet ist, dessen reale Größe bekannt ist (z. B. eine menschliche Figur). Sie kann auch die Farbe und die übrigen physischen Faktoren der Objekte berücksichtigen, indem die verschiedenen Flächen der Darstellung entsprechend gefärbt oder ausgemalt werden.

Durch die Verwendung von Farbe jedoch wird dieser Reproduktionsprozeß noch komplizierter. Die Farben eines darzustellenden Objekts erscheinen nicht immer in derselben Weise; sie hängen von den Lichtverhältnissen ab, von den Schatten und den Reflexen, und sie verändern sich je nach der Entfernung zwischen

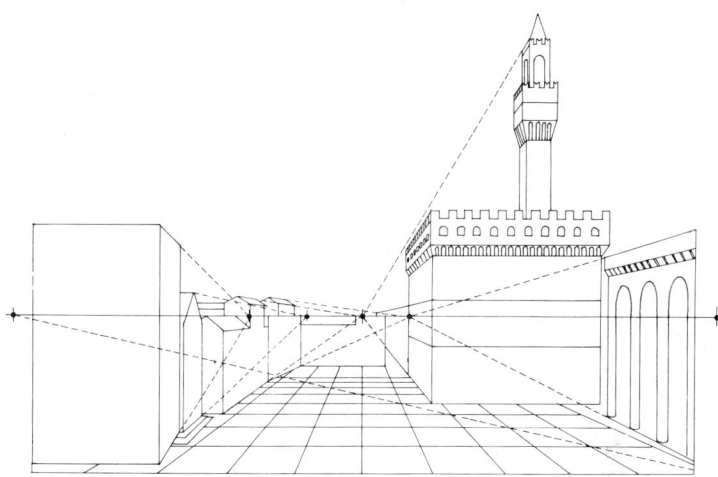

Abb. 870. (oben) **Rekonstruktion der zweiten Tafel (mit dem Panorama der Piazza della Signoria), mit der Brunelleschi die Regeln der perspektivischen Darstellungsmethode demonstrierte;** (unten) **der »Mazzocchio«, eine komplizierte geometrische Figur, von Paolo Uccello nach den Regeln der perspektivischen Darstellung gezeichnet.**

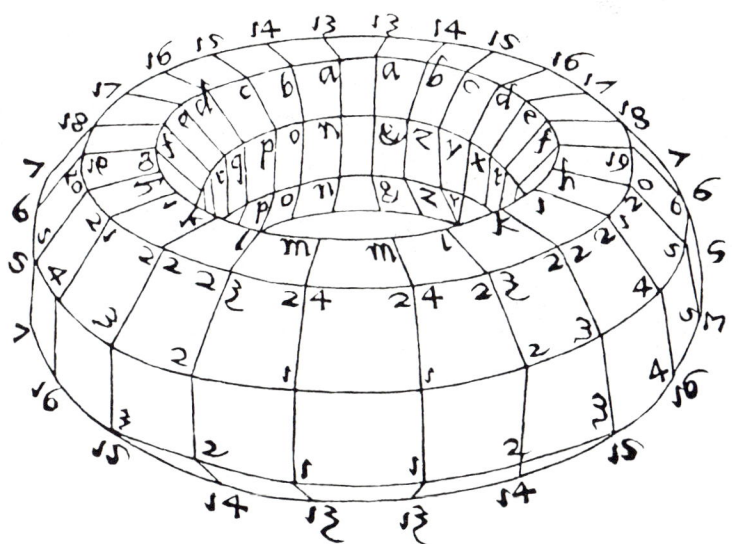

REGIONE DEL FVOCO ET MESCOLA ZA DE VAPORI

REG. DEL AIERE

ACQVA

LINEA DEL ORIZONTE

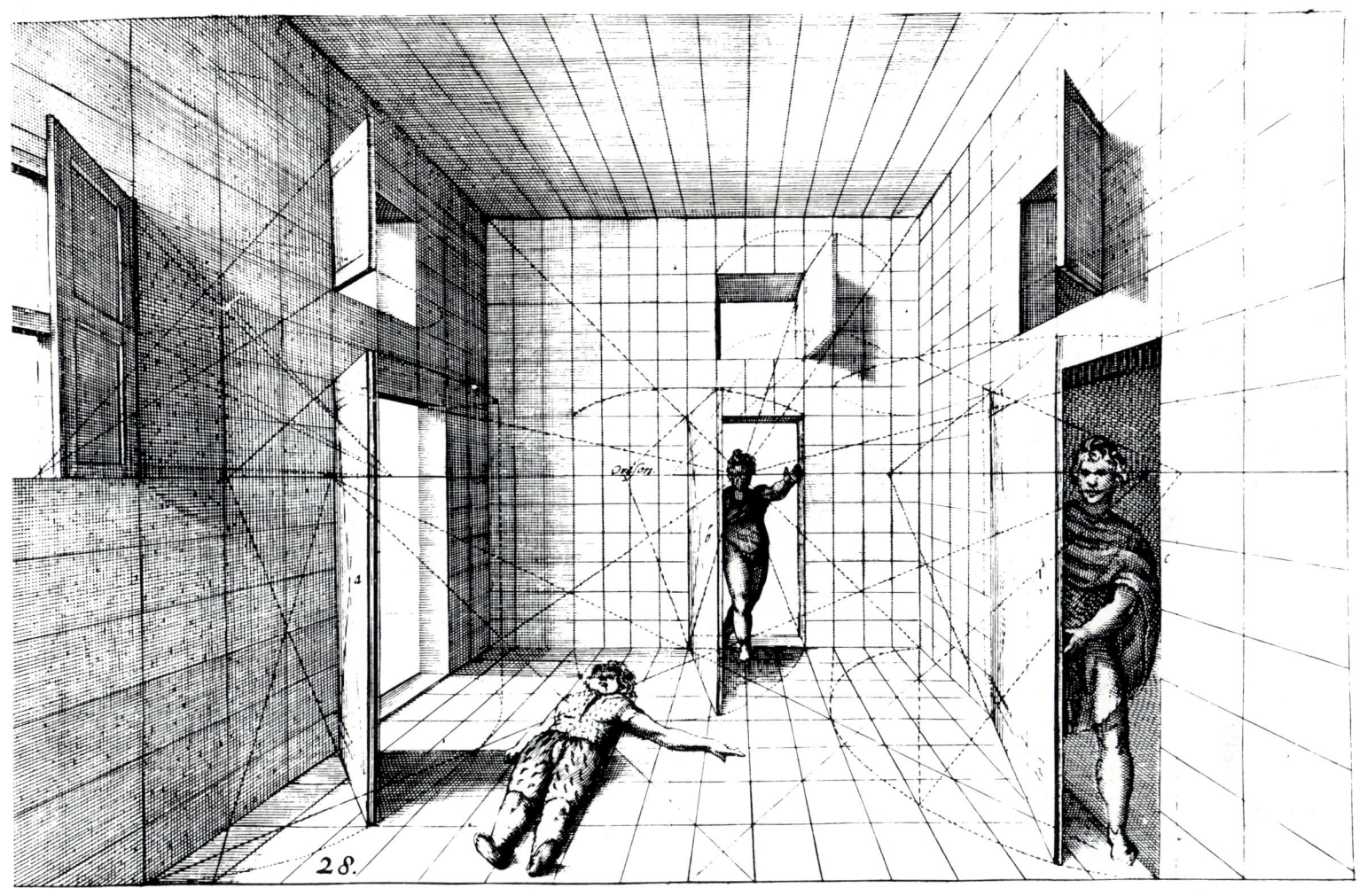

Abb. 872. Eine Illustration aus dem Traktat von De Vries aus dem Jahre 1560 über die Perspektive.

Abb. 871. (linke Seite) **Der perspektivische Raum, der vom menschlichen Auge ausgeht und sich auf das ganze Universum ausdehnt (Zeichnung von Gianbattista Caporali aus der Ausgabe von 1536 des Traktats von Vitruv).**

Abb. 873. (auf der folgenden Seite) **Zwei perspektivische Bronzereliefs aus Donatellos Altar in der Kirche San Antonio in Padua.**

Abb. 874. Die vor der Kirche San Antonio in Padua stehende, von Donatello geschaffene Reiterstatue Gattamelatas.

dem Betrachter und dem Objekt und je nach der Dichte und Beschaffenheit der dazwischenliegenden Luft. Die Künstler des 15. und 16. Jahrhunderts entwickelten nach und nach Techniken, mit denen sie diese Effekte auf ihren Gemälden wiedergeben konnten. Dadurch und durch weitere Errungenschaften haben sie die Malerei so bereichert, daß diese mit der Zeit zum universellen Ausdrucksmittel für die Darstellung der sichtbaren Welt wurde.

Im einzelnen wurden im Laufe des 15. Jahrhunderts folgende Neuerungen eingeführt, die die Darstellungsmöglichkeiten und Anwendungsbereiche der Malerei bedeutend erweiterten: die großformatigen Leinwände, die es dem Maler erlaubten, die großen Zyklen im eigenen Atelier vorzubereiten; die Ölfarbe; die Technik des Metallstichs, durch die von einer Zeichnung eine Vielzahl von Kopien hergestellt werden konnte.

Betrachten wir nun kurz einige Beispiele der Malerei und der Bildhauerei der Renaissance:

Die von Brunelleschi entwickelte Methode der perspektivischen Darstellung wurde im dritten Jahrzehnt des 15. Jahrhunderts von einigen an seiner Seite arbeitenden Künstlern angewandt:

Donatello (1386–1466) bediente sich der Bildhauerei, um die Welt des Sehens zu erkunden – fast so, als wollte er mit der Malerei konkurrieren. Dabei experimentierte er mit den verschiedensten Materialien (Metall, Stein, Stuck und Terrakotta) und probierte verschiedene Techniken aus: Statuen, die die Proportionen des Modells unverändert wiedergaben; Relieftafeln (sogenannte Flachreliefs), in denen die tatsächliche Tiefe des Reliefs auf ein Minimum reduziert wurde und die dennoch – dank der perspektivischen Darstellungsmethode – den Eindruck der räumlichen Tiefe vermitteln (Abb. 873–874).

Masaccio (1401–1428) gehörte zu den ersten, die ihren Gemälden einen architektonischen, exakt nach den Regeln der perspektivischen Darstellungsmethode gemalten Hintergrund gaben (in der Kirche Santa Maria Novella, Abb. 875–876). Er benutzte die neue Darstellungsmethode jedoch hauptsächlich dazu, den Personen in seinen Gemälden einen dreidimensional erscheinenden Körper zu verleihen. Der Mensch galt als das wichtigste Motiv der Malerei. Durch das Bestreben, auch die innere Haltung der dargestellten Menschen auszudrücken, erhielt die Malerei eine neue geistige und emotionale Dimension.

Sowohl Donatello als auch Masaccio sahen in der Perspektive ein Mittel, die Welt mit anderen Augen zu betrachten. Aus ihren Werken sprechen die Erregung und Ungeduld, mit der diese neue, bis dahin unbekannte Technik angewandt wurde. Es gilt, ihre Werke an dieser neuen Sichtweise zu messen und nicht an der Feinarbeit – denn der Realismus, der ihre Darstellungen auszeichnet, geht von dieser neuen Sichtweise aus und unterscheidet ihren Stil von dem Idealismus Ghibertis und der Maler des 14. Jahrhunderts.

Abb. 875–876. Die »Dreifaltigkeit«
von Masaccio in der Kirche Santa
Maria Novella in Florenz: links
die »Sinopia« (die Skizze, die als
Vorlage an die Wand gezeichnet
wurde), rechts das vollendete
Fresko.

Abb. 877. »Die Wiederauffindung des Kreuzes«, Darstellung aus dem Freskenzyklus über die Kreuzeslegende von Piero della Francesca in der Apsis der Kirche San Francesco in Arezzo.

Nach dem frühen Tode von Masaccio haben die berühmtesten italienischen Maler in Florenz gearbeitet: Paolo Uccello, Filippo Lippi, Andrea del Castagna und Domenico Veneziano. Aus ihrer Schule stammten die Maler der nachfolgenden Generation, die sich dadurch auszeichneten, daß sie ein neues Gleichgewicht zwischen Formen und Farben gefunden haben. Auch arbeiteten sie nicht mehr nur in Florenz, sondern sie beherrschten das künstlerische und kulturelle Leben in verschiedenen italienischen Städten. Piero della Francesca (ca. 1415–1492) z. B. arbeitete hauptsächlich in Urbino, Andrea Mantegna (1431–1506) dagegen in Mantua und Giovanni Bellini (1430–1516) in Venedig.

In dieser Periode vertieften sich die Beziehungen zwischen den Forschungen der Künstler und der Literatur. Brunelleschi, Masaccio und Donatello haben noch keine schriftlichen Zeugnisse ihrer Arbeit hinterlassen. Nach 1430 begann dagegen ein bedeutender Literat, Leon Battista Alberti (1404–1472), Kontakte zu florentinischen Künstlern zu knüpfen und selbst als Maler und als Architekt zu arbeiten; darüber schrieb er dann eine Reihe von Traktaten: um 1435 über die Malerei und Bildhauerei und um 1450 über die Architektur. Diese Schriften lieferten die ersten systematischen Reflexionen über die neuen künstlerischen Erfahrungen. Von diesem Zeitpunkt an begannen viele Künstler,

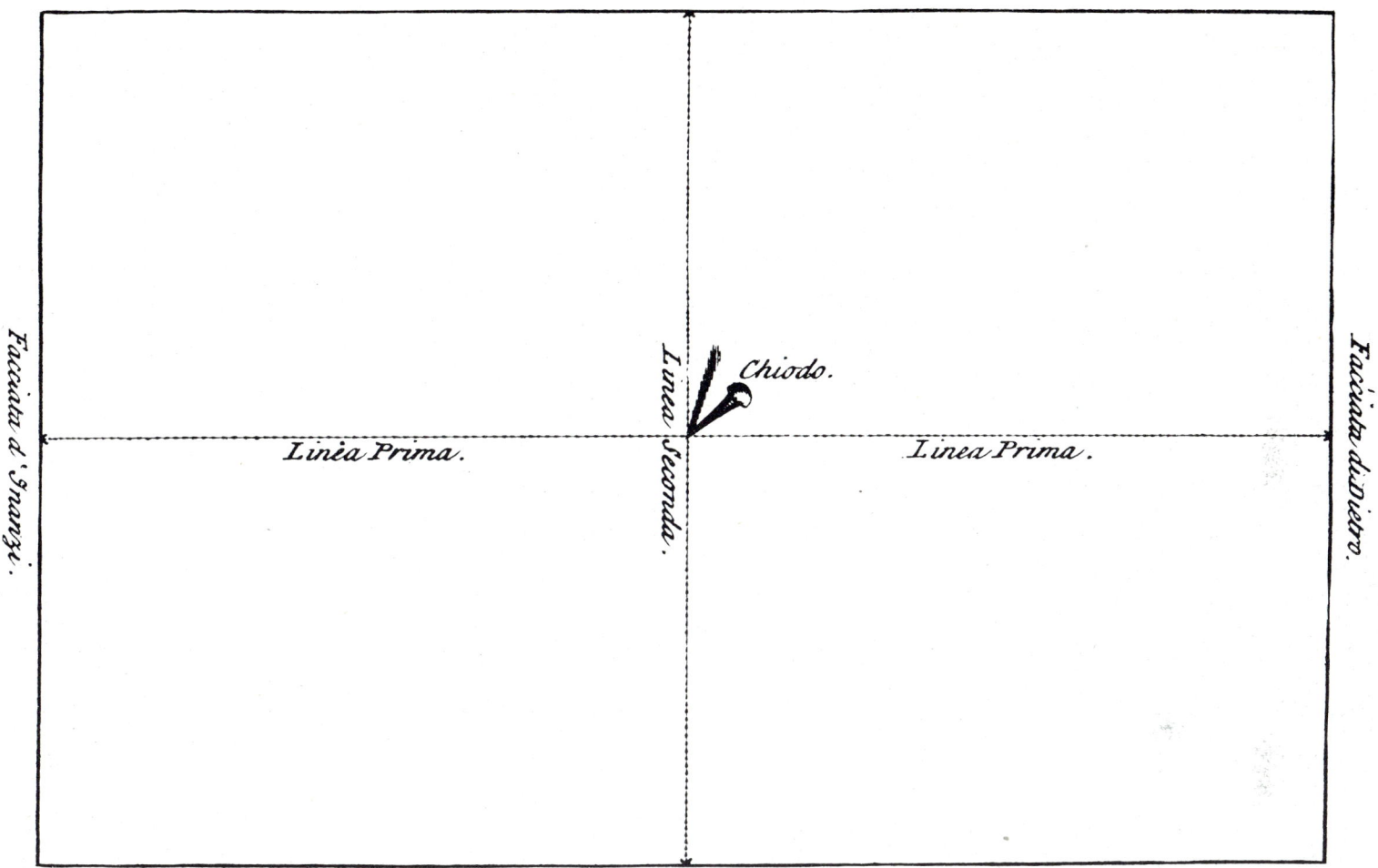

Abb. 878. Abstecken der Grundfläche eines Gebäudes, das von zwei symmetrisch angelegten Achsen ausgeht (Illustration aus dem Traktat von Leon Battista Alberti über die Architektur; um 1450).

Bücher über die Intentionen ihrer Arbeit zu schreiben: z. B. Piero della Francesca, Antonio Filarete, Francesco di Giorgio, Leonardo da Vinci und viele andere Künstler des folgenden Jahrhunderts.

Im Übergang vom 15. zum 16. Jahrhundert verstärkte sich unter den Künstlern in Florenz und in Rom das Bedürfnis, diese verschiedenartigen neuen Erfahrungen in einem einzigen allgemeingültigen und definitiven Stil zusammenzuführen. Die Protagonisten dieser Bestrebungen – Leonardo da Vinci (1452–1519), Michelangelo (1475–1564) und Raffael (1483–1520) – genossen ein gesellschaftliches Ansehen wie kein anderer Künstler vor ihnen. Sie galten als außergewöhnliche Persönlichkeiten, als Genies, die dank ihrer überragenden intellektuellen und künstlerischen Begabung die Gesamtheit der Kultur der damaligen Zeit verkörperten. Ihre Fähigkeiten beschränkten sich nicht nur auf die Architektur, die Malerei oder die Bildhauerei, sondern umfaß-

ten den gesamten Bereich der visuellen Künste. Die Kunst war damals allgemein hochgeachtet, denn sie nahm innerhalb der damaligen Kultur eine zentrale Stellung ein: Sie galt als universelle Disziplin, mit deren Hilfe die gesamte Umwelt erfaßt und gestaltet und die Schönheit und das Wesen der Dinge gleichermaßen offengelegt werden konnte. Damit zeichnete sie im voraus ein Bild der unbegrenzten und dennoch meßbaren Welt, die im 16. Jahrhundert von den Entdeckern durchquert und im 17. Jahrhundert von den Gelehrten wissenschaftlich untersucht werden sollte.

Abb. 879–880. (auf den beiden vorhergehenden Seiten) **Die »Heilige Familie« von Michelangelo in den Uffizien in Florenz und rechts die »Madonna della Seggiola« (»Madonna mit dem Stuhl«) von Raffael im Palazzo Pitti in Florenz.**

Abb. 881. Ansicht einer befestigten Stadt: Detail aus dem Hintergrund eines Gemäldes von Fra Angelico.

9. Die italienischen Städte der Renaissance

Die neuen, zu Beginn des 15. Jahrhunderts entwickelten Methoden der Projektion wurden in der Folgezeit auf die unterschiedlichsten Objekte angewandt, von den kleinsten Gegenständen bis hin zu ganzen Städten und Landschaften.

In der Praxis aber führte dies nicht zu wesentlichen Veränderungen im Bild der Städte und Landschaften. Die Phase des Bevölkerungswachstums und der Kolonisierung des europäischen Kontinents war in der Mitte des 14. Jahrhunderts weitgehend abgeschlossen, und so bestand keine Notwendigkeit mehr, neue Städte zu gründen oder die bereits existierenden Städte in großem Maßstab auszudehnen, von einigen wenigen Ausnahmen abgesehen. Den Regierungen der Renaissance – den Signorie in den Städten und den nationalen Monarchien – fehlten zur Durchführung großangelegter und langfristiger Bauprogramme sowohl die politische Stabilität als auch die finanziellen Mittel. Die Künstler arbeiteten nur noch individuell und verloren den Kontakt zu den kollektiven Organisationen, die die Kontinuität der baulichen und städteplanerischen Projekte des Mittelalters gewährleistet hatten.

Deshalb konnte die Architektur der Renaissance ihre gestalterischen Ideale – Proportionalität und Gleichmäßigkeit – nur an einzelnen Bauwerken realisieren, aber nicht auf die Planung oder Neugestaltung einer ganzen Stadt anwenden. Das von Literaten und Malern entworfene Bild eines neuen Stadttypus blieb nur ein theoretisches Ziel – eben eine ideale Stadt (Abb. 882 u. 895). In der Praxis mußten sich die Renaissance-Fürsten und ihre Architekten darauf beschränken, innerhalb der bereits existierenden, aus dem Mittelalter stammenden städtischen Organismen einzelne Gebäude zu errichten oder die im vorangegangenen Jahrhundert nicht fertiggestellten Bauprojekte zu vollenden. Vereinzelt entwickelten sie auch neue, mehr oder weniger ehrgeizige Pläne, die sich jedoch fast ausnahmslos als überzogen und undurchführbar erwiesen.

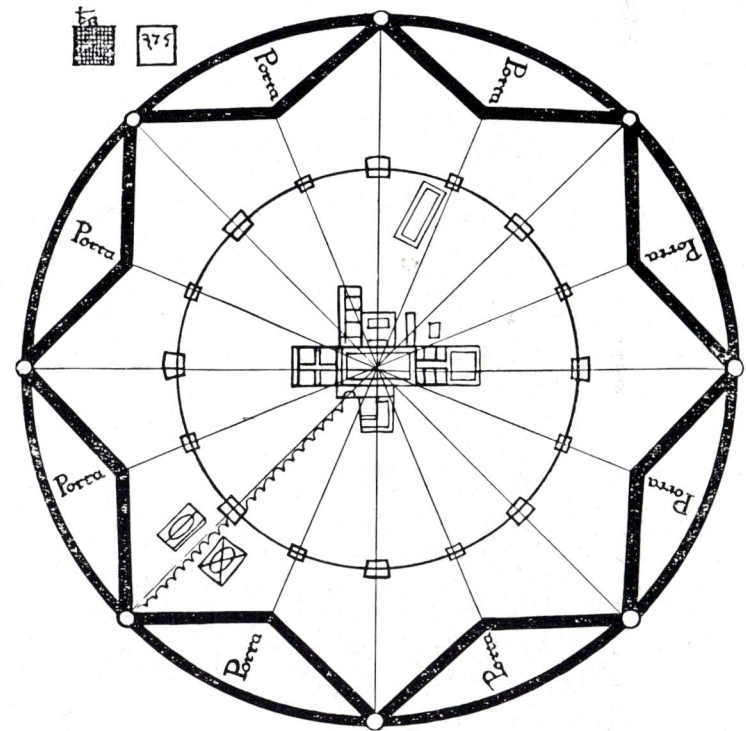

Abb. 882. Plan der von Sforzinda entworfenen idealen Stadt (aus dem Traktat von Filarete; um 1465).

Florenz haben wir in diesem Zusammenhang bereits behandelt und gezeigt, wie sich die im 15. Jahrhundert errichteten Bauwerke harmonisch in die Ende des 13. Jahrhunderts geplante Stadtlandschaft eingefügt haben. Betrachten wir nun andere italienische Städte, in denen sich die Bautätigkeit der Renaissance als wesentlich umfangreicher und einheitlicher darstellt.

PIENZA

Im Jahre 1459 besuchte Papst Pius II. seinen Geburtsort Corsignano in der Nähe von Siena und beschloß, ihn als zeitweilige Residenz für sich und seinen Hof auszubauen.

Im Gefolge des Papstes befand sich auch Alberti, und zweifellos hat Pius II. sich mit ihm über die Planung sowie über die Architekten und Baumeister für die Durchführung des Projekts beraten. Das kleine, etwa 6 Hektar große Dorf liegt auf einem Hügel und seine Hauptstraße folgt genau dem Verlauf der Wasserscheide, die etwa in der Mitte einen leichten Knick macht. Diesen Knick wählte Pius II. zum Standort für die geplanten monumentalen Bauwerke: den Palazzo Piccolomini an der Stelle seines Geburtshauses, die Kathedrale, das Rathaus und den Palast des Kardinals Borgia, der später zum Bischofspalast wurde. Die Kathedrale liegt genau am Scheitelpunkt des von der Straße gebildeten Winkels, während die anderen Gebäude parallel zur Straße angelegt sind. Auf diese Weise erhielt der Platz vor der Kathedrale die Form eines Trapezes, dessen Basis die Kirchenfassade und dessen Schrägseiten die beiden Paläste bilden. Rechts und links der Kirche wird dabei der Blick auf das Panorama des hinter ihr liegenden Tals freigegeben (Abb. 884–887).

Die Kathedrale besteht aus drei gleichhohen Schiffen wie die gotischen Kirchen Deutschlands, die Pius II. auf seinen Reisen besucht hatte. Im Innern finden sich keine Ausschmückungen bis auf die bei den berühmtesten Malern Sienas – Sano di Pietro, Sassetta, Giovanni di Paolo und Matteo die Giovanni – in Auftrag gegebenen Bilder. Der Palazzo Piccolomini stellt einen quadratischen Block dar, mit einem Innenhof in der Mitte; die gesamte Südfassade wird von einer zum Garten hin liegenden Loggia eingenommen, die es erlaubt, das Panorama des Tals mit dem Monte Amiata im Hintergrund zu genießen.

Um dieses Zentrum mit den monumentalen Bauwerken wurden weitere, weniger bedeutende Bauten errichtet: Die Kardinäle errichteten entlang der Hauptstraße ihre kleinen Paläste; in der Nordostecke ließ der Papst für die ärmsten Bewohner einen Wohnblock mit zwölf gleichen, zweistöckigen Reihenhäusern erbauen; hinter dem Rathaus wurde ein kleinerer Platz für die Märkte angelegt, um den Hauptplatz vor der Kirche von den Ständen und Zelten der Händler freizuhalten.

Die Anlage des Städtchens um die Kathedrale und den päpstlichen Palast herum läßt klar eine hierarchische Struktur erkennen. Deutlich sind die bedeutenderen Bauten von den weniger bedeutenden Gebäuden zu unterscheiden, und zwar weniger durch ihre Größe (die Autorität manifestierte sich nicht durch die Überlegenheit der materiellen Mittel, sondern durch ihr kulturelles Prestige) als durch ihre größere architektonische Regelmäßigkeit. Diese Regelmäßigkeit der monumentalen Bauwerke ist an den weniger bedeutenden Bauten längst nicht so deutlich und verschwindet völlig bei den Häusern der einfachen Leute, die sich aber dennoch bruchlos in das Gesamtbild des mittelalterlichen Ortes einfügen. Insgesamt gelang hier eine glückliche Verbindung von Altem und Neuem: Die neue Kultur respektierte den durch die Tradition geformten Charakter des vorgefundenen Landschaftsbildes und veränderte ihn – jedoch nur qualitativ – durch ihre einer höheren geistigen Stufe entspringende Bautätigkeit.

Abb. 883. Das Wappen von Pius II. Piccolomini im Palast von Pienza.

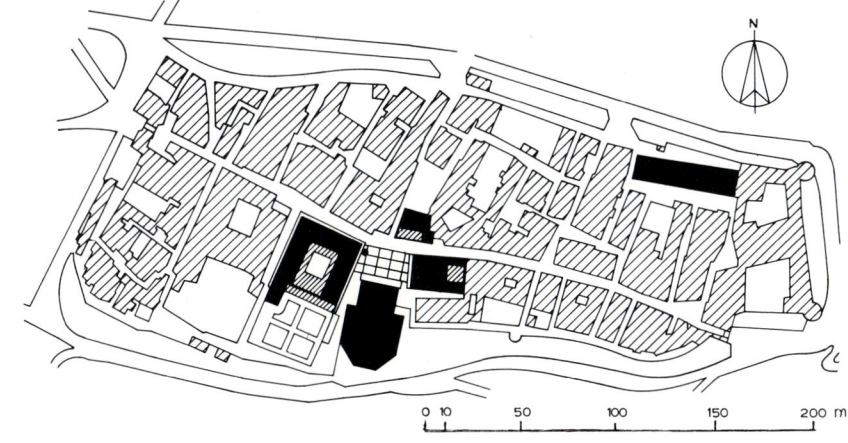

Abb. 884–885. Pienza: die Stadt vom Orciatal aus gesehen; rechts ein Plan mit den schwarz eingezeichneten monumentalen Bauten des Zentrums (dem Palazzo Piccolomini, dem Rathaus, dem Palazzo Borgia und der Kathedrale) und dem ebenfalls schwarz eingezeichneten Reihenhausblock für die Armen.

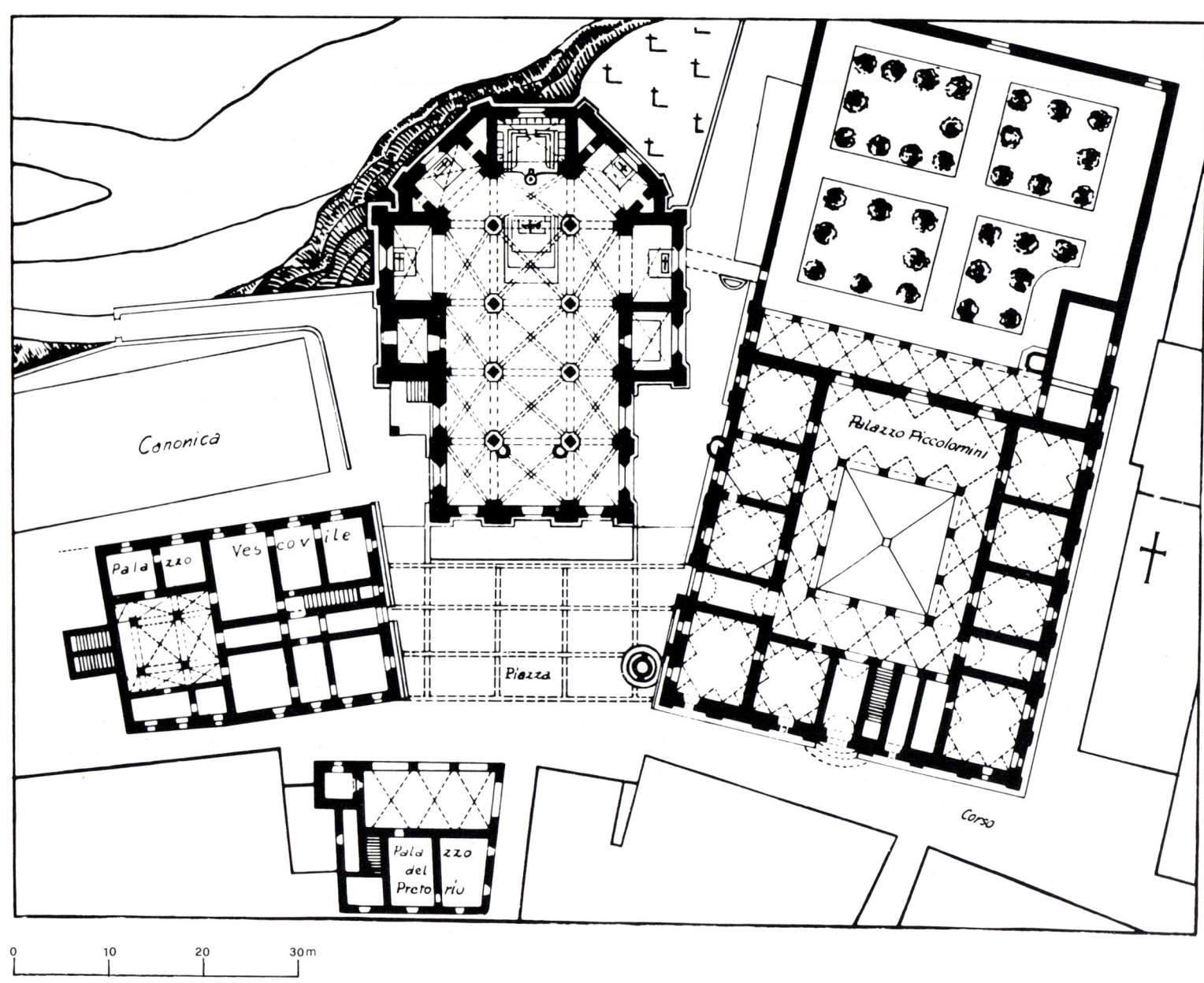

Canonica

Palazzo Vescovile

Piazza

Palazzo Piccolomini

Pala zzo del Pretorio

Corso

0   10   20   30 m

Abb. 886. Pienza: Grundriß der vier am Hauptplatz gelegenen Bauten.

Abb. 887. (rechte Seite) **Der Hauptplatz von Pienza, vom Turm des Rathauses aus gesehen: Die großen viereckigen Muster auf dem Pflaster heben die Schrägstellung der seitlichen Gebäude optisch hervor.**

Der Planer der Umgestaltung dieses alten Dorfes ist in den Dokumenten nicht erwähnt; dennoch kann mit großer Wahrscheinlichkeit davon ausgegangen werden, daß es Bernardo Rossellino war, einer der bekanntesten florentinischen Architekten der damaligen Zeit, der 1461 zum Dombaumeister von Florenz ernannt wurde. Pius II. verfolgte die Bauarbeiten aufmerksam und traf persönlich die wichtigsten Entscheidungen, wie er selbst in seinen *Commentari* berichtet. So wurden denn auch die bedeutendsten Bauwerke innerhalb sehr kurzer Zeit, nämlich zwischen 1459 und 1462 erbaut. Im März 1462 wurde die Stadt in Pienza umbenannt. Sie beherbergte den päpstlichen Hof einige Male, doch jeweils nur für kurze Zeit, bis zum plötzlichen Tod von Pius II. im Jahre 1464. Danach wurde die Stadt wieder zu einem abgelegenen ländlichen Dorf und erlebte im Laufe der Zeit keine wesentlichen Veränderungen mehr. Weil keine weiteren Bauten hinzugefügt wurden, hat sich die städtebauliche Harmonie dieser ersten Stadtanlage der Renaissance äußerlich bis heute erhalten, die man auch heute noch bewundern kann, obgleich das Leben, für das diese Stadt einst geplant wurde, schon seit Jahrhunderten erloschen ist.

Abb. 888–889. Pienza: links das architektonische Muster der Fassade des Palazzo Piccolomini und rechts eine Detailansicht aus dem Innern der Kirche mit einem Tafelbild, das Pius II. von dem Maler Matteo di Giovanni aus Siena anfertigen ließ.

Abb. 890–891. (rechte Seite) Die Vorder- und Rückseite des Tafelbildes von Piero della Francesca mit dem Portrait des Herzogs Federico di Montefeltro und einer allegorischen Darstellung seines Triumphs (Uffizien in Florenz).

CLARVS INSIGNI VEHITVR TRIVMPHO ·
QVEM PAREM SVMMIS DVCIBVS PERHENNIS ·
FAMA VIRTVTVM CELEBRAT DECENTER ·
SCEPTRA TENENTEM

URBINO

Pius II. regierte von 1458 bis 1464 und hatte nur fünf Jahre Zeit, um Pienza zu bauen und darin zu leben. Federico di Montefeltro dagegen – der erfolgreiche Führer (Condottiere) der 1454 gegründeten Italischen Liga – war von 1444 bis 1482 Herr über Urbino. Er war der einzige Renaissancefürst, der lange genug regierte und über ausreichende finanzielle Mittel verfügte, um das Gesicht seiner Stadt durch eine ganze Reihe verschiedener Bauprojekte wesentlich zu verändern.

Urbino war eine auf zwei benachbarten Hügeln errichtete Stadt von 40 Hektar. Zwischen den beiden Hügeln befand sich das Zentrum der Stadt mit der Kirche San Francesco. Von dort führte die Hauptstraße zur Porta Lavagine, dem Ausgangspunkt der Straße nach Rimini und zur Ebene der Romagna. Auf der Kuppe des südlichen Hügels liegt die Burg der Familie Montefeltro. Federico beauftragte eine Gruppe ortsansässiger Architekten und einige zweitrangige florentinische Architekten damit, neben dieser Burg ein geradlinig angelegtes Gebäude zu errichten, das um 1465 in einen größeren Komplex integriert wurde; dieser neue Bau war um einen von einem Säulengang gesäumten Hof herum angelegt und dehnte sich in offenen Formen zur Stadt und zur Umgebung hin aus und veränderte damit das gesamte Landschaftsbild.

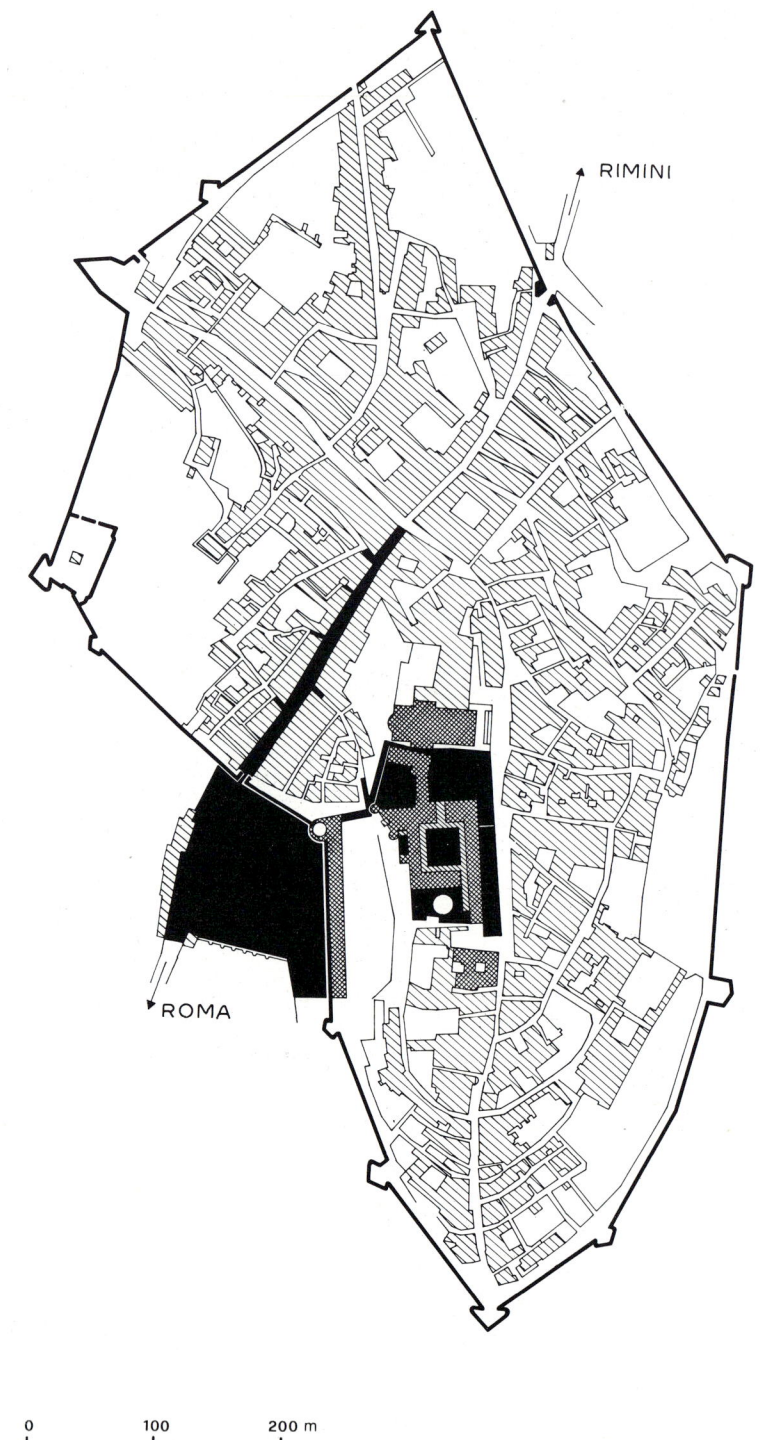

Abb. 892–893. (linke Seite) **Urbino: Plan der Umgebung (aus der Generalstabskarte des militärgeographischen Instituts im Maßstab 1:25 000); Plan der Stadt (die zum Komplex des herzoglichen Palasts gehörenden, von Federico gestalteten offenen Anlagen sind schwarz eingezeichnet, die einzelnen Gebäude des Palasts in Kreuzschraffur).**

Abb. 894. (oben) **Luftansicht Urbinos vom Süden her gesehen: im Vordergrund die Piazza del Mercatale und der Palastkomplex.**

Abb. 895. Eine ideale Stadt (Tafelbild im herzoglichen Palast von Urbino).

Abb. 896–897. (rechte Seite) **Luftaufnahme und Grundriß des herzoglichen Palasts von Urbino.**

Zum traditionellen Stadtzentrum hin machte der neue Palast einen z-förmigen Knick und ließ damit ausreichend Platz für den späteren Bau des neuen Doms. Zum Tal hin ging der Palastkomplex in eine Vielzahl offen gestalteter Anlagen über, die eine zweite außergewöhnliche Fassade bildeten und den Übergang zur grenzenlosen Weite der zum Metaurotal hin abfallenden Hügellandschaft herstellten. In der Mitte des Komplexes lagen die Privatgemächer des Herzogs und seiner Familie. Entlang dieser Gemächer verliefen mehrere übereinanderliegende Loggien, flankiert von zwei Türmen, den sogenannten Torricini. Rechts davon wurde ein terrassenförmiger Garten angelegt. Er wurde eingesäumt von einer Mauer mit Fenstern, die den Blick auf den gegenüberliegenden Hügel freigaben. Auf der linken Seite erstreckten sich zwei weitere Terrassen, von denen die größere – der sogenannte Cortile del Pasquino – für den Bau eines runden Tempels als Grabanlage der Familie Montefeltro vorgesehen war. Von den beiden, den Mittelteil flankierenden Türmen konnte man bis zum Fuß des Palastes gelangen; von dort führte eine spiralförmige Rampe, auf der man auch zu Pferd reiten konnte, bis hinunter zu den auf halber Höhe befindlichen Ställen und zu einem großen künstlich angelegten, durch das Auffüllen der Talsohle entstandenen Platz (Mercatale).

An diesem Platz, dem Ausgangspunkt für die Straße nach Rom, wurde das neue Haupttor errichtet, ein monumentales

Bauwerk, von dem aus eine geradlinig verlaufende Straße bis zum tradtionellen Stadtzentrum führte und von dort zum oberen Eingang des Palastes. Diese Neuerungen führten zu einer völligen Umkehrung der bisherigen Orientierungspunkte der Stadt: Hauptbezugspunkt war nicht mehr die nach Rimini und in die Poebene weisende Porta Lavagine, sondern die in der entgegengesetzten Richtung auf dem Weg nach Rom liegende Ortschaft Valbona. Damit kam zum Ausdruck, daß sich die politischen Interessen Federicos nach Rom verlagert hatten. Vom hochgelegenen Palast aus konnte man diesen Weg bestens überblicken (Abb. 905) und war gleichzeitig mit dem Stadtzentrum und der umliegenden Landschaft verbunden. Durch diese Bautätigkeit, die umfangreicher und anspruchsvoller war als die Pius II. in Pienza, entstand ein Komplex, der ebenso einheitlich und ausgewogen war wie jene päpstliche Residenz. Das Verhältnis zwischen Palast und Stadt kennzeichnete eine bewußt hergestellte Ausgewogenheit: Der Palast, zugleich Zentrum und Fassade der Stadt, hob sich in seinen Dimensionen nicht zu sehr von den anderen Bauten ab. Er bestand aus vielen einzelnen Teilen, die in der zu jener Zeit neu aufkommenden geometrischen Regelmäßigkeit gebaut wurden; sie wurde jedoch nicht zu einem Merkmal des Gesamtkomplexes. So verlieh die neue Architektur der Stadt ein stattlicheres Aussehen, ohne deren historische Kontinuität zu zerstören (Abb. 892–899).

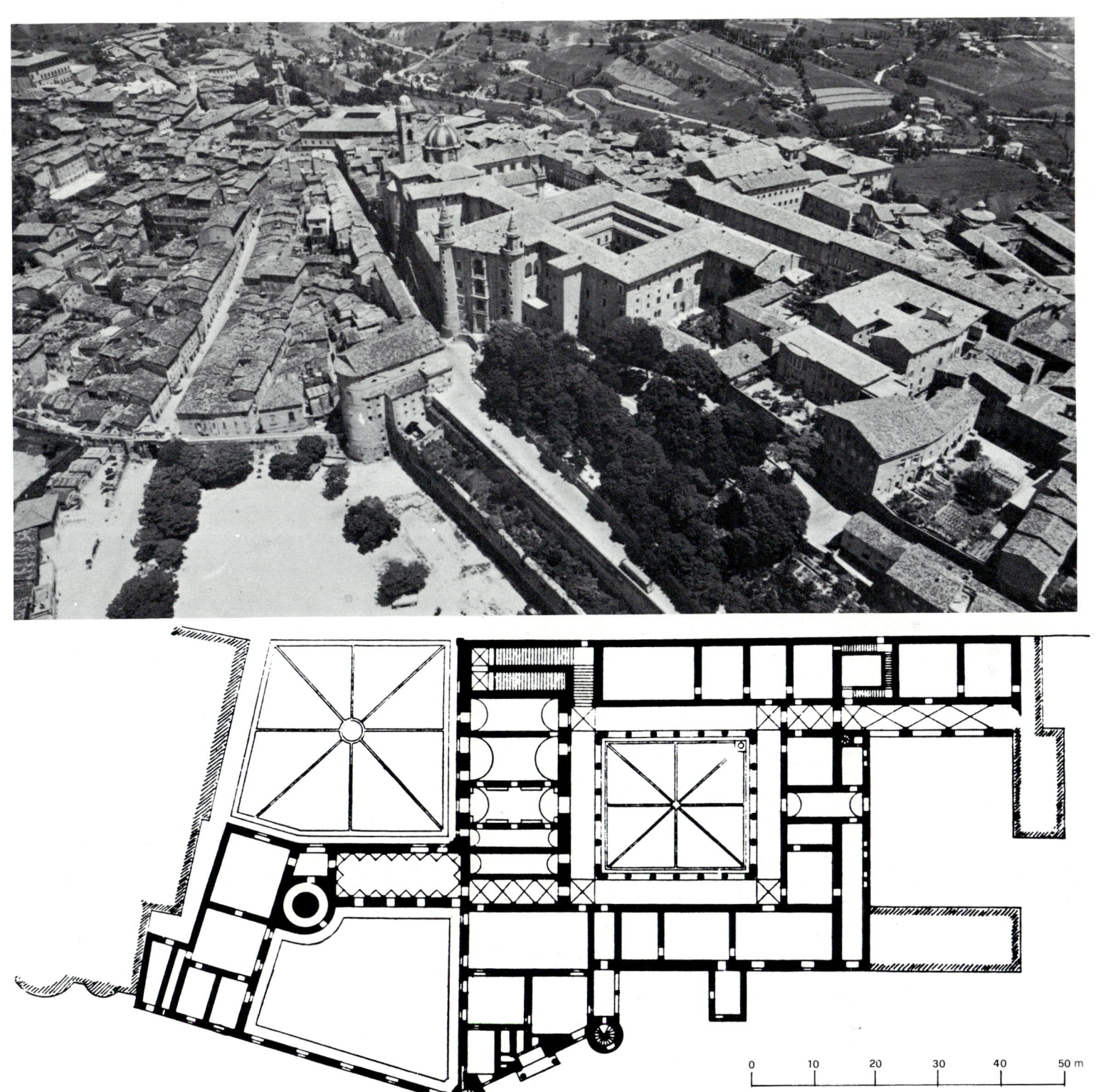

| 0 | 10 | 20 | 30 | 40 | 50 m |

Abb. 898. Silhouette Urbinos vom Süden her gesehen.

Abb. 899. Ansicht von Urbino in einem Gemälde aus der
Galerie der Geographischen Karten im Vatikan.

**Abb. 900. »Die Geißelung«, Tafelbild von Piero della Fran-
cesca im herzoglichen Palast von Urbino.**

Die Ausgestaltung dieses relativ kleinen Raums ist das Ergebnis der Zusammenarbeit einer Vielzahl von Künstlern. Der grundlegende Entwurf der Dekoration stammte möglicherweise von dem jungen Bramante; die Vorlagen für die Intarsien wurden von Francesco di Giorgio oder von Sandro Botticelli gezeichnet; die Täfelung wurde in der Werkstatt von Baccio Pontelli angefertigt, und die Decke ist die Arbeit von Giuliano da Maiano; an der Wand oberhalb des Frieses befanden sich früher die von Justus van Gent und Pedro Berruguete gemalten Portraits bedeutender Persönlichkeiten.

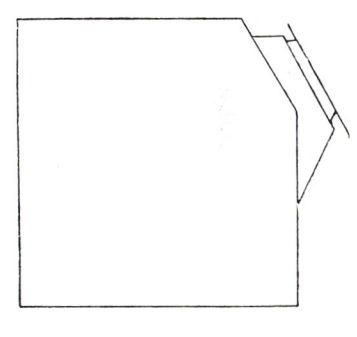

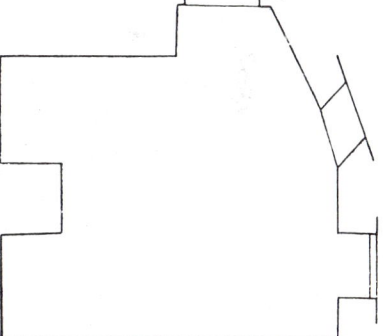

Maßstab 1:100

Abb. 901–904. Herzog Federicos Studierzimmer im Palast von Urbino: (linke Seite) Ansicht des hinteren Teils des Zimmers; (rechte Seite) Ansicht der zur Loggia führenden Tür und Grundrisse auf der Ebene des Bodens und des oberen Fensters.

Abb. 905. (linke Seite) **Blick aus Federicos Studierzimmer im 2. Stock des Palastes auf das südliche Panorama um Urbino.** Rechts im Bild sieht man die Straße nach Rom.

Abb. 906. Gartenmauer mit dem dahinterliegenden Hügel: Die ausgewogene Beziehung zwischen Architektur und Landschaft kennzeichnet jeden Winkel des Palasts.

Abb. 907. Ein astronomisches Instrument: Detail der Intarsien in Federicos Studierzimmer im Palast von Urbino.

Bis heute sind die Schöpfer dieser Neugestaltung noch nicht eindeutig namentlich bekannt. Als mit der Planung beauftragte Architekten gelten jedoch Luciano Laurana und Francesco di Giorgio. Gemeinsam mit diesen haben die bedeutendsten italienischen Bildhauer und Maler jener Zeit gearbeitet: Baccio Pontelli, Giuliano da Maiano, Melozzo da Forli, Paolo Uccello, Sandro Botticelli, Giovanni Santi – der Vater von Raffael – und vielleicht auch der junge Bramante. Zu diesen italienischen Künstlern gesellten sich der flämische Maler Justus van Gent und der Spanier Pedro Berruguete. Piero della Francesca hielt sich ebenfalls lange Zeit in Urbino auf, vermutlich seit 1450, als er »Die Geißelung«, ein kleines, an die Ermordung von Federicos Vorgänger erinnerndes Tafelbild schuf. Von ihm könnten auch die Ideen zu den außergewöhnlicheren der architektonischen und dekorativen Formen stammen. Herzog Federico selbst verfolgte mit Interesse die Arbeiten der Architekten und Künstler und nahm auf deren Entscheidungen Einfluß.

Oftmals waren auch hier die Kompetenzen der einzelnen Künstler nicht klar voneinander abgegrenzt und gingen – genau wie im Mittelalter – ineinander über. Für die Ausführung ein und derselben Arbeit stellte der Auftraggeber eine Vielzahl von Künstlern an und entließ sie sofort wieder, wenn er – aus welchen Gründen auch immer – mit ihrer Arbeit nicht zufrieden war. So ließ Herzog Federico z. B. einige Details des von Piero della Francesca geschaffenen Altarbildes von Pedro Berruguete übermalen. Die innenarchitektonische Vollendung eines einzigen Raums, z. B. des herzoglichen Studierzimmers (Abb. 901–905), gestaltete sich genauso kompliziert wie der Bau des gesamten Palastes.

Der Hof der Montefeltro wurde auch zu einem bedeutenden Zentrum der Literatur und Wissenschaft. Der florentinische Bibliothekar Vespasiano da Bisticci stellte die berühmte Bibliothek des Palastes zusammen, die zahlreiche griechische und lateinische Originalhandschriften enthielt. Speziell für diese Bibliothek wurde auch eine Reihe von Abschriften antiker und zeitgenössischer Werke angefertigt. Piero della Francesca und Francesco di Giorgio widmeten Federico die von ihnen verfaßten Traktate, und die Mathematiker Luca Pacioli und Paul von Middelburg wurden für Guidobaldo, Herzog Federicos Sohn, als Privatlehrer angestellt. Raffael und Bramante lebten bis gegen Ende des 15. Jahrhunderts an diesem Hof, und zu Beginn des 16. Jahrhunderts schrieb hier Baldasarre Castiglione seinen *Cortegiano*. Durch diese vielfältigen kulturellen und wissenschaftlichen Aktivitäten bildete sich am herzoglichen Hof von Urbino eine für ganz Italien einzigartige Gruppe von hochangesehenen Künstlern und Wissenschaftlern heraus, die nach dem Tode von Herzog Federico in die großen Städte – Venedig, Mailand und Rom – berufen wurden und dort wesentlich zum Entstehen der neuen internationalen Kultur des 16. Jahrhunderts beitrugen.

Abb. 908. Die stuckverzierte Decke eines Saals im herzoglichen Palast von Urbino.

FERRARA

Ferrara, die Hauptstadt des Territoriums der Familie d'Este, liegt an den Ufern des Po, genau an der Grenze zwischen der Emilia und dem venezianischen Herrschaftsbereich. Als sich in Italien nach dem Frieden von Lodi 1454 die politische Lage wieder stabilisierte, wurde Ferrara zu einer der reichsten und fortschrittlichsten Städte Italiens. Der Hof von Ferrara beherbergte eine Vielzahl von Literaten, insbesondere einige der berühmtesten italienischen Renaissancepoeten wie Boiardo, der hier gegen Ende des 15. Jahrhunderts seinen *Orlando Innamorato* verfaßte, Ariost, dessen *Orlando Furioso* im Jahre 1516 veröffentlicht wurde, und später Tasso, der für die Familie d'Este die Werke *l'Aminta* und *Gerusalemme liberata* schuf. Seit 1486 wurde am Hof zudem eine Reihe berühmter Theateraufführungen organisiert und 1531 das erste feste Theater in Europa eingerichtet. Mitte des 15. Jahrhunderts lebten hier auch einige bedeutende Maler (Pisanello, Mantegna, Piero della Francesca, Roger van der Weyden), die zum Entstehen der Ferraresischen Schule – Cosimo Tura, Francesco del Cossa und Ercole Roberti – beitrugen.

Zu jener Zeit erwies sich die mittelalterliche Stadt als zu klein, und so wurden nach den Regeln der neuen Architektur zwei weitere Stadtteile geplant:

– die Erweiterung des Borso, von Herzog Borso im Jahre 1551 fertiggestellt;

– die erculeanische Erweiterung, 1492 von Herzog Ercole I. geplant und von seinen Nachfolgern im Laufe des 16. Jahrhunderts schrittweise vollendet (Abb. 909).

Die erste Erweiterung entstand am Ufer eines trockengelegten Seitenarms des Po. Der Stadtteil mit seinem länglichen, schmalen Grundriß wurde von einer geradlinig verlaufenden Hauptstraße durchzogen, von der zahlreiche, zu den bereits existierenden Straßen der umliegenden Stadtteile führende Querstraßen abgingen.

Die zweite, sehr umfangreiche Erweiterung ließ die Fläche der Stadt um mehr als das Doppelte von 200 auf 430 Hektar anwachsen. Die ursprüngliche mittelalterliche Ansiedlung war im Norden von einer Mauer und einem geradlinig angelegten Kanal begrenzt, dessen Verlauf in der Mitte von dem Castello Estense unterbrochen wurde. Weit jenseits dieser bereits existierenden Mauer wurde ein neuer »moderner« Mauerring errichtet, der auch dem Beschuß durch Kanonen standhalten sollte. Innerhalb dieses neuen Mauerrings wurden neue Straßen angelegt, und zwar nicht in einem regelmäßigen Netz, sondern so, daß sie an die bereits vorhandenen Straßen der mittelalterlichen Stadt anschlossen. Die beiden Hauptstraßen – die alte, vom Castello Estense zum Castello di Belfiore führende Allee (Corso Ercole I.) und die neu angelegte, Porta Po und Porta Mare verbindende Straße (Corso Porta Po und Corso Porta Mare) – kreuzten sich ungefähr in einem rechten Winkel, wie der *cardo* und der *decumanus* in den antiken, von Vitruv beschriebenen Städten. Längs der zweiten

Abb. 909. Plan von Ferrara gegen Ende des 16. Jahrhunderts: Die von Borso im Rahmen der ersten Stadterweiterung angelegten Straßen (rechts unten) und die der zweiten, erculeanischen Erweiterung (im oberen Teil) sind schwarz eingezeichnet; die herzoglichen Lustgärten Belfiore (oben, innerhalb der Mauern) und Belvedere (unten links auf der Insel) sind punktiert.

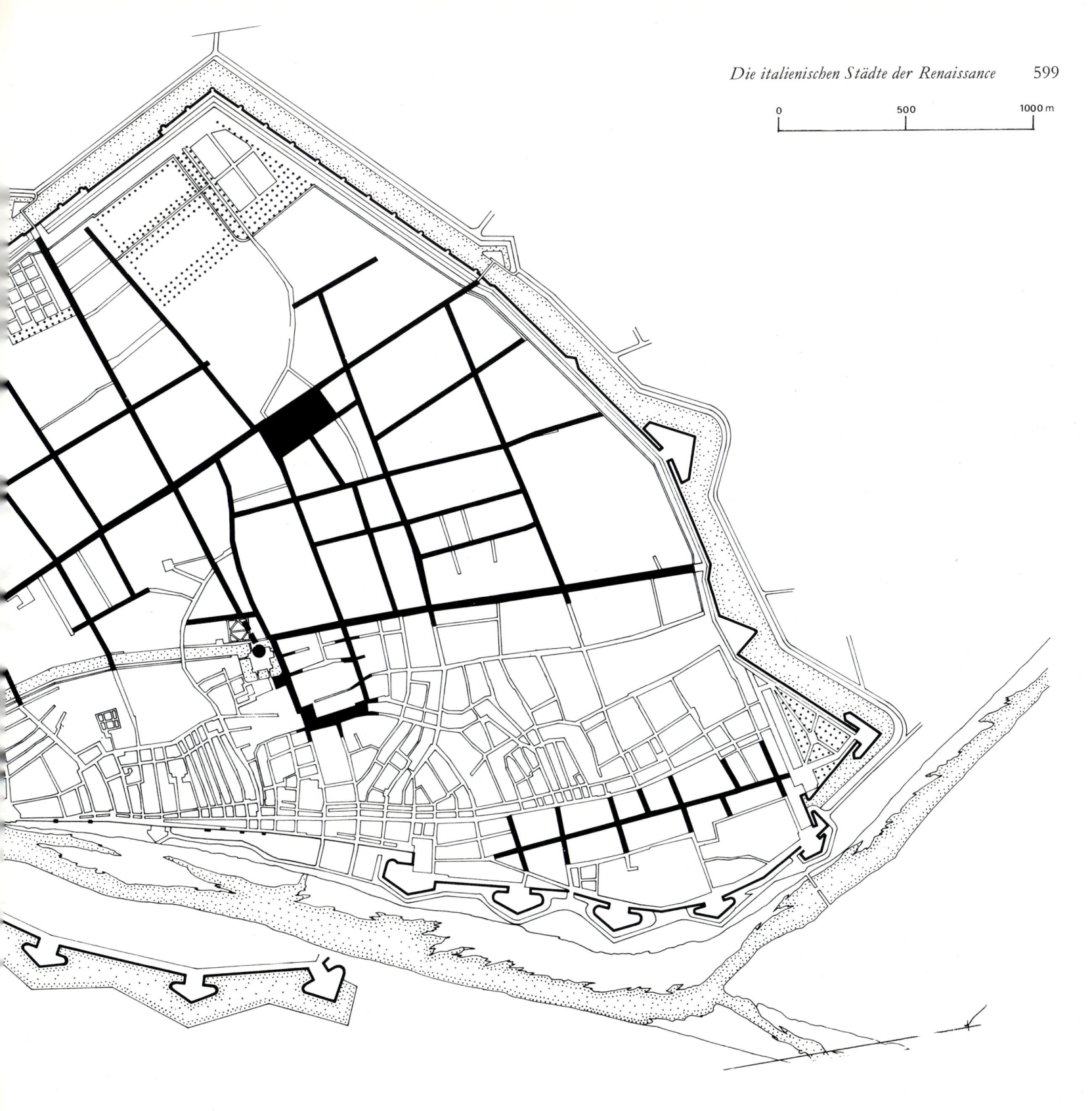

Straße öffnete sich ein relativ großer Platz – die Piazza Ariostea, ein 120 mal 200 Meter großes Rechteck –, der zum Zentrum des neuen Stadtteils werden sollte (Abb. 913). Der Architekt des Estensischen Hofs, Biagio Rossetti, leitete die Arbeiten an dem Mauerring und errichtete entlang der neuangelegten Straßen einige monumentale Bauwerke, darunter die Bauten an der Kreuzung der beiden Hauptstraßen: den Palazzo dei Diamanti, den Palazzo Prosperi-Sacrati und den Palazzo Turchi-di-Bagno.

Durch diese Arbeiten erlangte Ferrara ein modernes Aussehen, für das es bis dahin in Europa nichts Vergleichbares gab. Aber die Bevölkerung und der Reichtum der Stadt wuchsen nicht in dem erwarteten Maß. Dadurch erlahmte auch die Bautätigkeit, so daß die durch die erculeanische Erweiterung neu hinzugewonnene Fläche nicht vollständig bebaut wurde und größtenteils ihren ländlichen Charakter behielt. Gegen Ende des 16. Jahrhunderts wurde Ferrara vom Kirchenstaat annektiert und entwickelte sich wieder zu einer zweitrangigen Stadt zurück. Erst in unserem Jahrhundert erlebte die Stadt einen erneuten Aufschwung, und die im Mittelalter angelegten Straßen wurden als Ausgangspunkte für neue Bauten genutzt. So wurde der im 15. Jahrhundert geplante Stadtteil nach und nach zu einem normalen, ruhigen Stadtrandgebiet (Abb. 914–915).

Die Entwicklung des städtischen Organismus von Ferrara verlief in zwei zeitlich weit auseinanderliegenden Phasen: Zunächst wurden ein Mauerring und die Straßen angelegt, aber das neugewonnene Stadtgebiet konnte nicht mit entsprechenden Bauten ausgefüllt werden. So entstand durch die Bautätigkeit von Ercole I. nicht – wie geplant – eine vollständige neue Stadt, sondern nur eine zweidimensionale Grundlage, die jederzeit in verschiedenen Formen ausgebaut werden konnte. In den kleinen Städten Pienza und Urbino fanden die neue Kunst und Architektur ein überschaubares Arbeitsfeld. Kraft und Selbstvertrauen waren dort groß genug, um diese beiden mittelalterlichen Organismen durch eine Reihe herausragender architektonischer Eingriffe in moderne Städte zu verwandeln. Der Neugestaltung Ferraras jedoch lag ein weitaus anspruchsvolleres und ehrgeizigeres Projekt zugrunde, denn hier wurde zum ersten Mal versucht, die Entwicklung einer großen Stadt im voraus zu bestimmen, und man erfuhr dabei zum ersten Mal den Unterschied zwischen der Erweiterung einer bereits bestehenden Stadt und der Anlage einer völlig neuen Stadt. Hier wurde also eine neue Stadt neben der bereits existierenden geplant, aber es gelang nicht, das städteplanerische Projekt in architektonische Realität umzusetzen. Damit wurde auch zum ersten Mal eine neue Art der Planung angewandt, die auf der Unterscheidung zwischen Stadtplanung und dem Entwerfen einzelner Bauwerke beruhte – doch ein Verständnis der damit verbundenen Möglichkeiten und Gefahren fehlte noch.

Abb. 910. Ferrara: der »Arco del Cavallo« (»Bogen des Pferdes«) mit der Niccolò III. d'Este darstellenden Reiterstatue.

Abb. 911. (rechte Seite) »Triumph der Venus«, Fresko von Francesco del Cossa im Palazzo di Schifanoia in Ferrara.

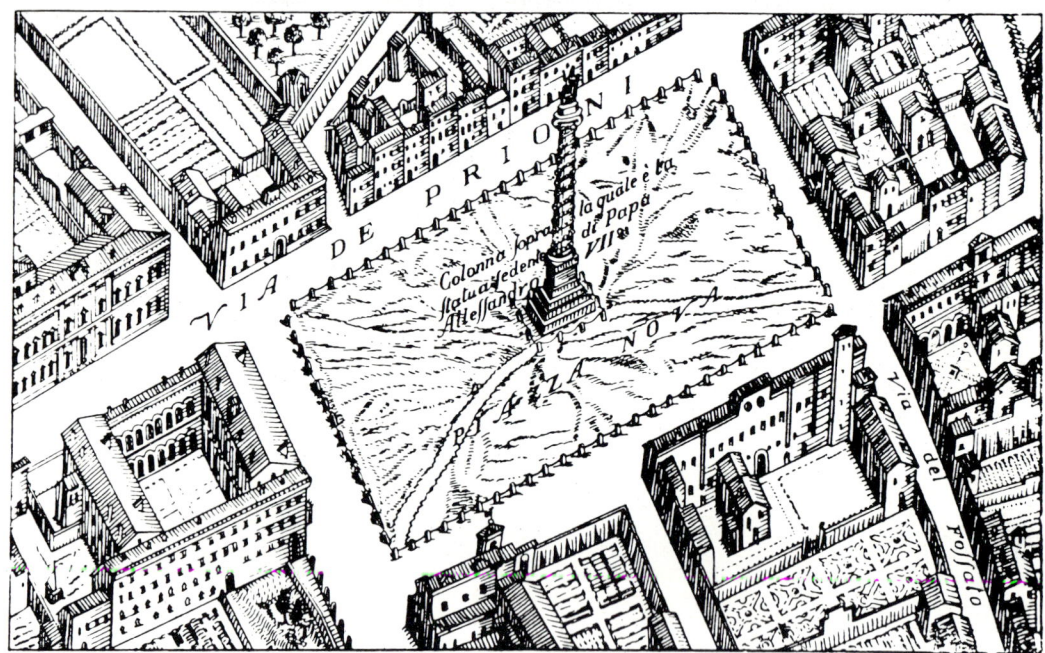

Abb. 912–913. Zwei Detailansichten der erculeanischen Stadterweiterung: oben die Via Mortara, links die Piazza Ariostea, der als Zentrum der neuen Stadt geplante Platz.

Abb. 914. Perspektivische Ansicht Ferraras aus dem Ende
des 16. Jahrhunderts.

Abb. 915. Das heutige Ferrara (Plan aus der Karte des militärgeographischen Instituts, Maßstab 1:25 000).

Abb. 916. Castiglione d'Olona: Fresko von Masolino da Panicale mit einer Ansicht von Rom zu Beginn des 15. Jahrhunderts; in der Mitte der Pantheon, oben links der Vatikan und St. Peter.

In der Mitte des 15. Jahrhunderts, als Florenz, Venedig und Neapel bereits große, vollständig ausgebaute Städte waren, war die ehemalige Metropole Rom immer noch eine kleine, abgelegene und durch die lange Abwesenheit der päpstlichen Macht verarmte Stadt.

Das Stadtbild wurde von den antiken Ruinen und den großen Kirchenbauten der ersten christlichen Periode bestimmt. Aber die Einwohner – weniger als 40 000 – konzentrierten sich in der Ebene an den beiden Ufern des Tiber, auf dem Marsfeld und in Trastevere; es war also nur ein kleiner Teil des über 1300 Hektar großen, von den Aurelianischen Mauern umschlossenen Stadtgebiets bewohnt.

Im Jahre 1420 wurde der Papstsitz wieder nach Rom zurückverlegt, doch erst 1453, nach der gescheiterten Verschwörung von Stefano Porcari, gelang es dem Papst, die volle Kontrolle über die Stadt zurückzugewinnen. Nikolaus V. (1447–1455) legte folgendes Programm der päpstlichen Regierung fest: die kaiserliche Stadt wieder aufzubauen und sie zu einer großen neuzeitlichen, unter der Herrschaft des Papstes stehenden Stadt zu machen. Im einzelnen bedeutete dies, die noch brauchbaren antiken Anlagen – die Mauern, Straßen, Brücken und Wasserleitungen – auszubessern, die antiken Monumente wieder herzurichten und sie neuen Funktionen zuzuführen (aus Hadrians Mausoleum wurde eine Burg, aus dem Pantheon eine Kirche und das Kapitol wurde zum Sitz der Stadtverwaltung); daneben mußten die christlichen Kirchen restauriert werden, und schließlich sollte in der Nähe von St. Peter auf dem vatikanischen Hügel die Zitadelle des päpstlichen Hofes errichtet werden. Dieses neue Rom, das über ein doppeltes Prestige – das seiner Vergangenheit und das der Präsenz des Heiligen Stuhls – verfügte, war dazu ausersehen, zur bedeutendsten Stadt der modernen Welt zu werden.

Aber die politische und ökonomische Macht der Päpste reichte noch lange nicht aus, um dieses Ziel zu erreichen. Das ganze 15. Jahrhundert hindurch blieb Rom ein Zentrum von nur zweitrangiger Bedeutung und war von den anderen größeren und florierenden Städten wie Florenz und den Höfen Norditaliens abhängig. Sixtus IV. (1471–1484) baute die Kirchen San Pietro in Montorio, San Pietro in Vincoli und die Kirche der Heiligen Apostel wieder auf, machte den Ponte Sisto wieder passierbar, restaurierte das Kapitol und ließ an dessen Fassade die bronzene Wölfin aufstellen, die ein zeitgenössischer Bildhauer durch die Zwillinge ergänzte. Auch ließ er einige neue Bauwerke errichten: Santa Maria del Popolo, San Agostino und Santa Maria della Pace und den Palazzo della Cancelleria (Kanzleipalast); außerdem begann er, das Labyrinth des mittelalterlichen Wohnviertels mit großer Bedachtsamkeit baulich zu verändern, indem er den Verlauf der drei zum Ponte S. Angelo führenden Straßen begradigte. Mit den architektonischen Arbeiten beauftragte er zweitrangige Künstler wie Baccio Pontelli. Für die Ausgestaltung der Sixtini-

Abb. 917. Ansicht von Rom aus dem Ende des 15. Jahrhunderts:

Das Stadtbild wird noch von den antiken Monumenten bestimmt.

schen Kapelle im Vatikan mit Fresken ließ er dagegen aus Florenz die damals berühmtesten Maler kommen (Botticelli, Perugino, Ghirlandaio, Pinturicchio, Signorelli und andere), aber es gelang ihm nicht, sie dazu zu bewegen, sich fest in Rom niederzulassen. Gegen Ende des Jahrhunderts wurde die Bautätigkeit angesichts des bevorstehenden Heiligen Jahres 1500 nochmals verstärkt. Zum ersten Mal kam ein berühmter Architekt nach Rom, nämlich Donato Bramante (1444–1514), der Mailand im Jahre 1499 nach dem Sturz der Familie Sforza verlassen hatte. Zunächst wurden ihm keine bedeutenden Aufträge erteilt, aber bereits seine ersten kleineren Arbeiten – der Hof von Santa Maria della Pace und der kleine Votivtempel im Hof von San Pietro in Montorio – waren deutlich von seinem Stil geprägt, einem strengen Neoklassizismus, der sich ganz offen an den antiken Vorbildern orientierte (Abb. 920–922).

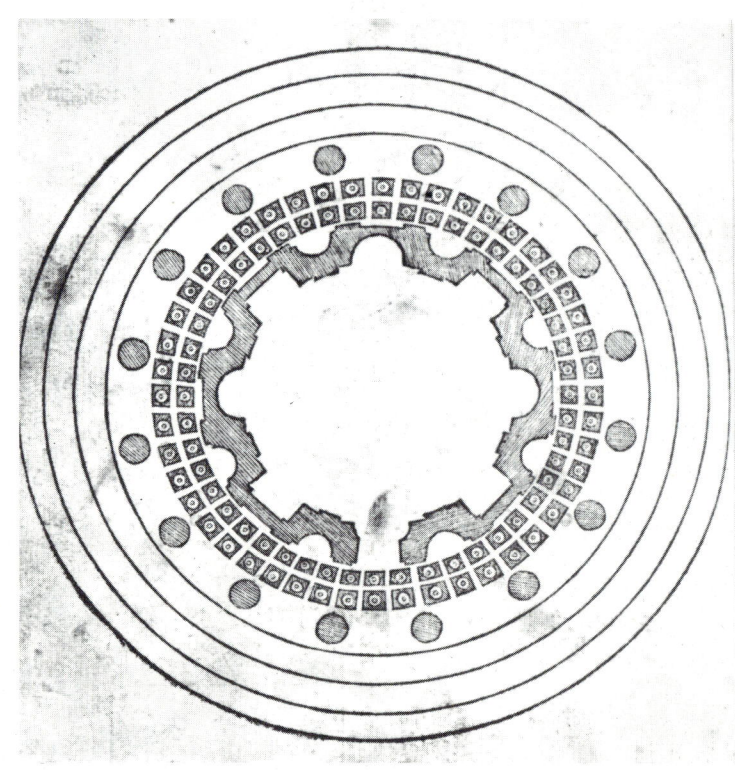

Abb. 920–921. Der Tempietto, der von Bramante gebaute kleine Rundtempel im Hof von San Pietro in Montorio: Grundriß aus dem Traktat von Serlio und (rechte Seite) Ansicht des Tempels vom Eingang zum Hof aus.

Abb. 918–919. Die Sixtinische Kapelle im Vatikan, wie sie im 15. Jahrhundert aussah und wie sie heute ist.

Abb. 922. (auf S. 610) Der Hof von San Pietro in Montorio mit dem Tempietto Bramantes vom Campanile aus gesehen.

Im Jahre 1503 wurde Julius II., ein Neffe von Sixtus IV., zum Papst gewählt. Er trat sein Amt mit großen politischen Ambitionen an und war fest entschlossen, das von Nikolaus V. ausgearbeitete Programm in die Tat umzusetzen. Da er über sehr gute Beziehungen zu italienischen und deutschen Bankiers verfügte, die die Unternehmungen des Heiligen Stuhls finanzierten, war es ihm möglich, die bedeutendsten Künstler der damaligen Zeit nach Rom zu rufen. So ließ er zunächst Giuliano da Sangallo und später Michelangelo und Raffael, die beiden berühmtesten Maler der neuen Generation, aus Florenz nach Rom kommen.

Michelangelo wurde zunächst mit Bildhauerarbeiten für das Grab Julius II. betraut, das seinen Platz in der Peterskirche haben sollte. Aber kurz darauf beschloß der Papst, die gesamte Kirche neu erbauen zu lassen. Dabei entschied er sich für den Entwurf Bramantes und konzentrierte alle verfügbaren Kräfte auf dessen Realisierung. Michelangelo und Raffael wurden damit beauftragt, zwei Gemäldezyklen für die Decke der Sixtinischen Kapelle und für die stanze vaticane (vatikanischen Gemächer) zu schaffen; in diesen Zyklen sollte das große humanistische und religiöse Erbe versinnbildlicht und in einer endgültigen Synthese zusammengefaßt werden (Abb. 927–929).

Bramante und seine Mitarbeiter – Peruzzi, Antonio da Sangallo und Raffael – entwarfen die Pläne für die neuen monumentalen Bauten des christlichen Roms und orientierten sich dabei an den gigantischen Ausmaßen der antiken Monumente: die neue Peterskirche, ein enormer Zentralbau, der von einer Kuppel gekrönt wurde, die so groß war wie das Pantheon (Abb. 924–926); der neue Vatikans-Palast; der stufenförmig angelegte Hof, der den Vatikanspalast mit der Villa del Belvedere verband und mit seiner Länge von über 300 Metern eine perspektivisch gestaltete Einheit darstellte.

Das verwinkelte und verwahrloste Gewebe der mittelalterlichen Stadt wurde ohne Zögern zerschnitten, um neuen geradlinig verlaufenden Straßen und regelmäßigen Gebäuden Platz zu machen (damit wurde auch hier – wie in Ferrara – eine deutliche Unterscheidung gemacht zwischen der mittelalterlichen und der neu zu errichtenden Stadt, nur daß hier die beiden Stadttypen nicht nebeneinander existieren sollten). In Rom wurde die mittelalterliche Stadt mit ihrer unregelmäßigen Struktur durch die neuerrichteten regelmäßigen Anlagen ersetzt. In der Nähe der Ufer des Tibers wurden zwei geradlinig verlaufende Straßen angelegt: die Via della Lungara und die Via Giulia, wo Bramante mit dem Bau des immensen Palazzo dei Tribunali begann. Am Rande des bewohnten Teils der Stadt wurde die ebenfalls geradlinig verlaufende, noch aus der Römerzeit stammende Via Flaminia wieder instandgesetzt und ein neues, aus drei geradlinigen Straßen (der Via del Corso, der Via Ripetta und der Via del Babuino) gebildetes System geplant, das an der Porta del Popolo, dem Nordtor, seinen Ausgangspunkt haben sollte.

Abb. 923. Die Via Giulia in Rom vom Eingang zur Kirche San Giovanni dei Fiorentini aus gesehen.

Maßstab 1:2000

Abb. 924–926. Die neue, nach dem Entwurf von Bramante errichtete Peterskirche in Rom: (oben) Grundriß aus dem Traktat von Serlio und zwei zeitgenössische Ansichten.

Abb. 927. (rechts) Die von Michelangelo bemalte Decke der Sixtinischen Kapelle.

Abb. 928. »Die Schule von Athen«, Fresko von Raffael in der Stanza della Segnatura im Vatikan.

Abb. 929. »La Disputa del Santissimo Sacramento« (»Der Disput um das heiligste Sakrament«), Fresko von Raffael in der Stanza della Segnatura im Vatikan.

Dieses ehrgeizige Programm wurde durch einschneidende – politische, religiöse und kulturelle – Ereignisse der ersten Jahrzehnte des 16. Jahrhunderts verändert und unterbrochen. 1513 starb Julius II. und 1514 Bramante. Die Interessen des neuen, aus der Familie der Medici stammenden Papstes Leo X. waren zwischen Florenz und Rom gespalten. Das kulturelle Leben Roms wurde durch Raffael bestimmt, der die umfangreichen Bauarbeiten leitete und gleichzeitig noch eine ganze Reihe anderer Aufgaben erfüllte: Er befaßte sich weiter mit der umfassenden Stadtplanung und den Entwürfen für die einzelnen Bauten, überwachte die Restauration der antiken Kunstwerke und Inschriften, organisierte Theateraufführungen, entwarf die Schrifttypen für die päpstliche Kanzlei und arbeitete selbst an Gemälden und Dekorationen. Diese vielfältige Bereiche integrierende kollektive Arbeitsmethode – die in krassem Gegensatz zum Individualismus der bedeutendsten Künstler und Schriftsteller jener Zeit stand – schien dazu geeignet zu sein, endlich einen einheitlichen und längerfristig gültigen neuzeitlichen Stil zu schaffen. Aber im Jahre 1520 starb Raffael im Alter von 37 Jahren und eben zu dieser Zeit verlagerten sich auch die politischen und kulturellen Gewichte: 1519 wurde Karl V. zum neuen Kaiser gewählt; 1520 wurde mit der Exkommunizierung Luthers der Bruch der Protestanten mit der katholischen Kirche unausweichlich; 1521 starb Leo X. und seine Nachfolger waren vollauf damit beschäftigt, die Unabhängigkeit Roms gegen die wachsende Macht des Kaisers zu verteidigen. 1527 wurden Rom und der Vatikan von einem unter dem Befehl Karls V. stehenden protestantischen Heer besetzt und geplündert.

Nach der »Plünderung Roms« blieb dem Vatikan nichts anderes übrig, als den angerichteten Schaden zu reparieren und die in den ersten Jahrzehnten begonnenen Bauwerke so gut wie möglich fertigzustellen. Der alte Michelangelo wurde von Papst Paul III. (1543–1550) damit beauftragt, der Stadt ihr endgültiges Aussehen zu verleihen. Er entwarf die architektonische Gestaltung des Kapitols (Abb. 931–933), gab den Stadttoren ein einheitliches Aussehen, vereinfachte die Form des Komplexes von St. Peter; außerdem schuf er die Kuppel des Petersdoms und machte sie zum beherrschenden Element des Stadtbildes (Abb. 934–938). Daneben vollendete er das Fresko in der Sixtinischen Kapelle mit der Darstellung des »Jüngsten Gerichts« auf der letzten Wand (Abb. 939). Waren seine Arbeiten auf dem Gebiet der Malerei und der Bildhauerei vom Bruch mit dem Ideal des klassischen Gleichgewichts gekennzeichnet, so unterwarf er sich in der Architektur dem Anspruch, die Kontraste auszugleichen, und führte die unterbrochenen Arbeiten ganz im Sinne seiner Vorgänger zu Ende.

Abb. 930. Die »Pietà Rondanini«, das letzte Werk Michelangelos.

Abb. 931–933. Das von Michelangelo gestaltete Kapitol: Das linke Foto zeigt die enge Verbindung zwischen dem Kapitol und der Umgebung, wie sie vor der während des Faschismus durchgeführten Abrißpolitik bestand.

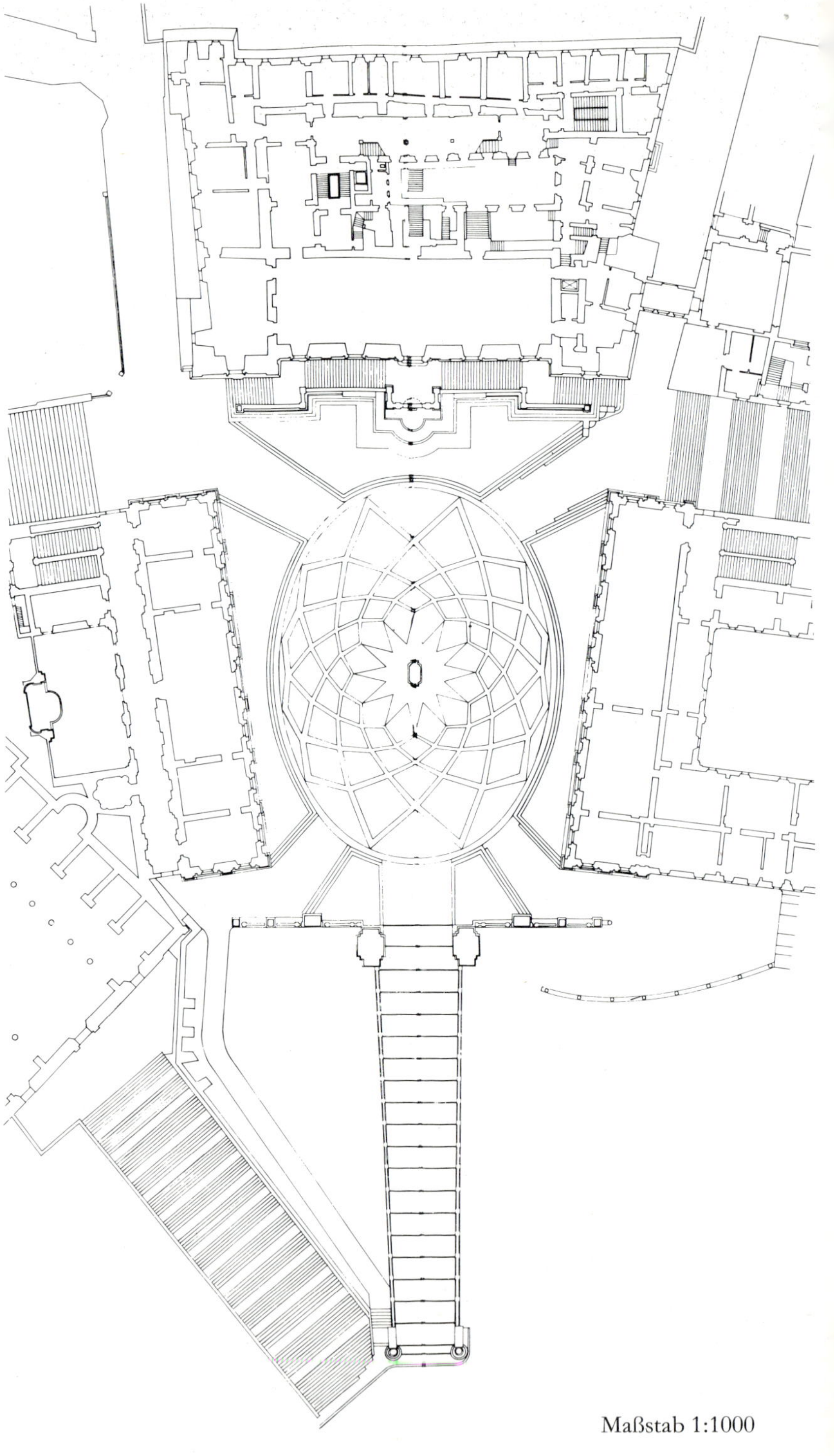

Maßstab 1:1000

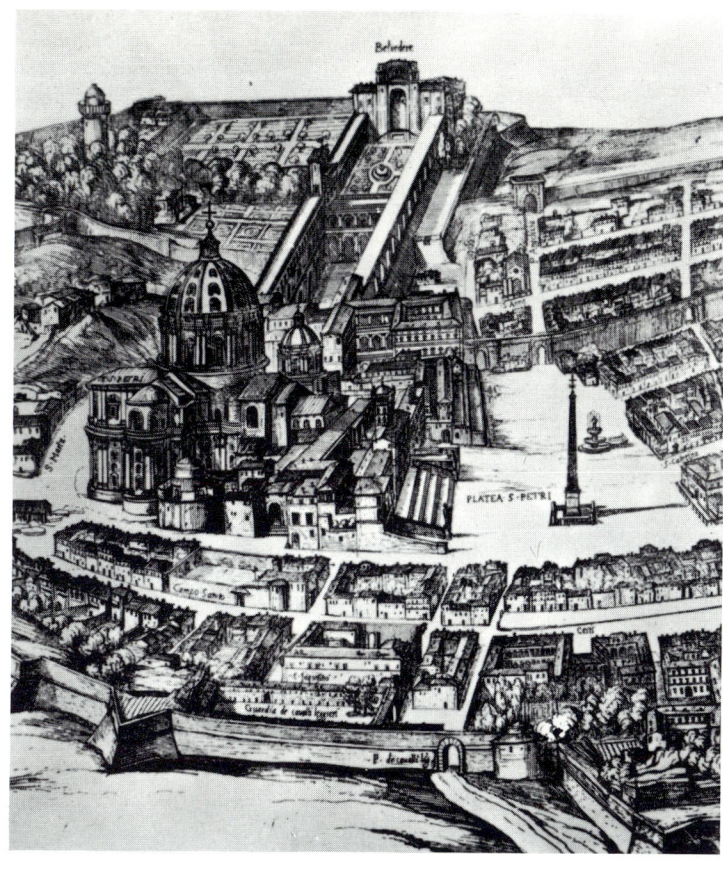

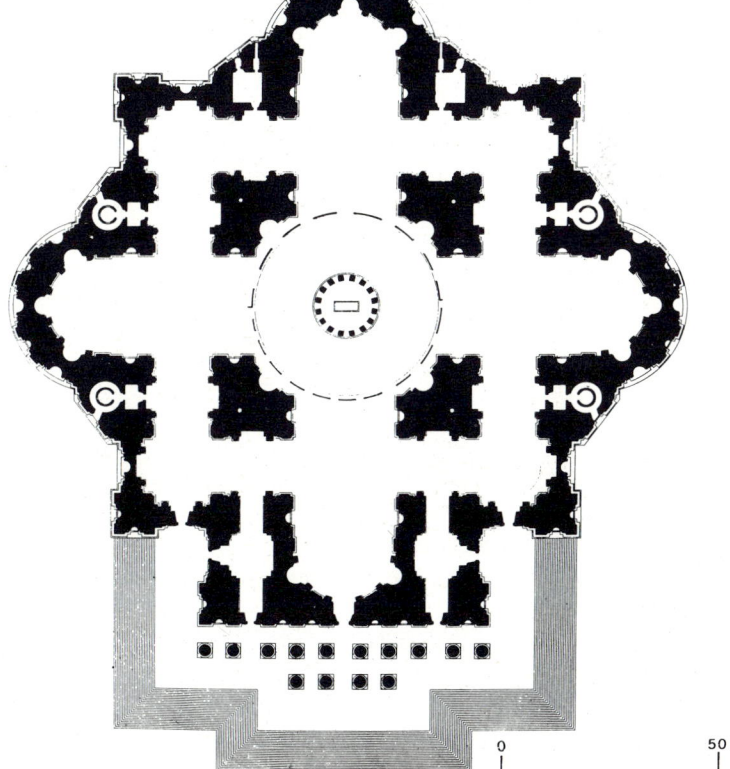

Abb. 934–937. Der neue, von Michelangelo gestaltete Komplex von St. Peter: (linke Seite) Ansicht der Kirche von Westen; (oben) Generalansicht des Vatikan vom Ende des 16. Jahrhunderts, nach der Errichtung des Obelisken, aber vor den Arbeiten von Maderno und Bernini; (rechts) die von Michelangelo gestaltete und bis heute nur unwesentlich veränderte Fassade der Peterskirche, von der Engelsburg aus gesehen, und der Grundriß der Peterskirche nach dem Entwurf von Michelangelo (vgl. die Grundrisse von Abb. 924 und 944).

0   50 m

Abb. 938. Die Kuppel des Petersdoms im Vatikan.

Abb. 939. (rechte Seite) »Das Jüngste Gericht«, Fresko von Michelangelo in der Sixtinischen Kapelle.

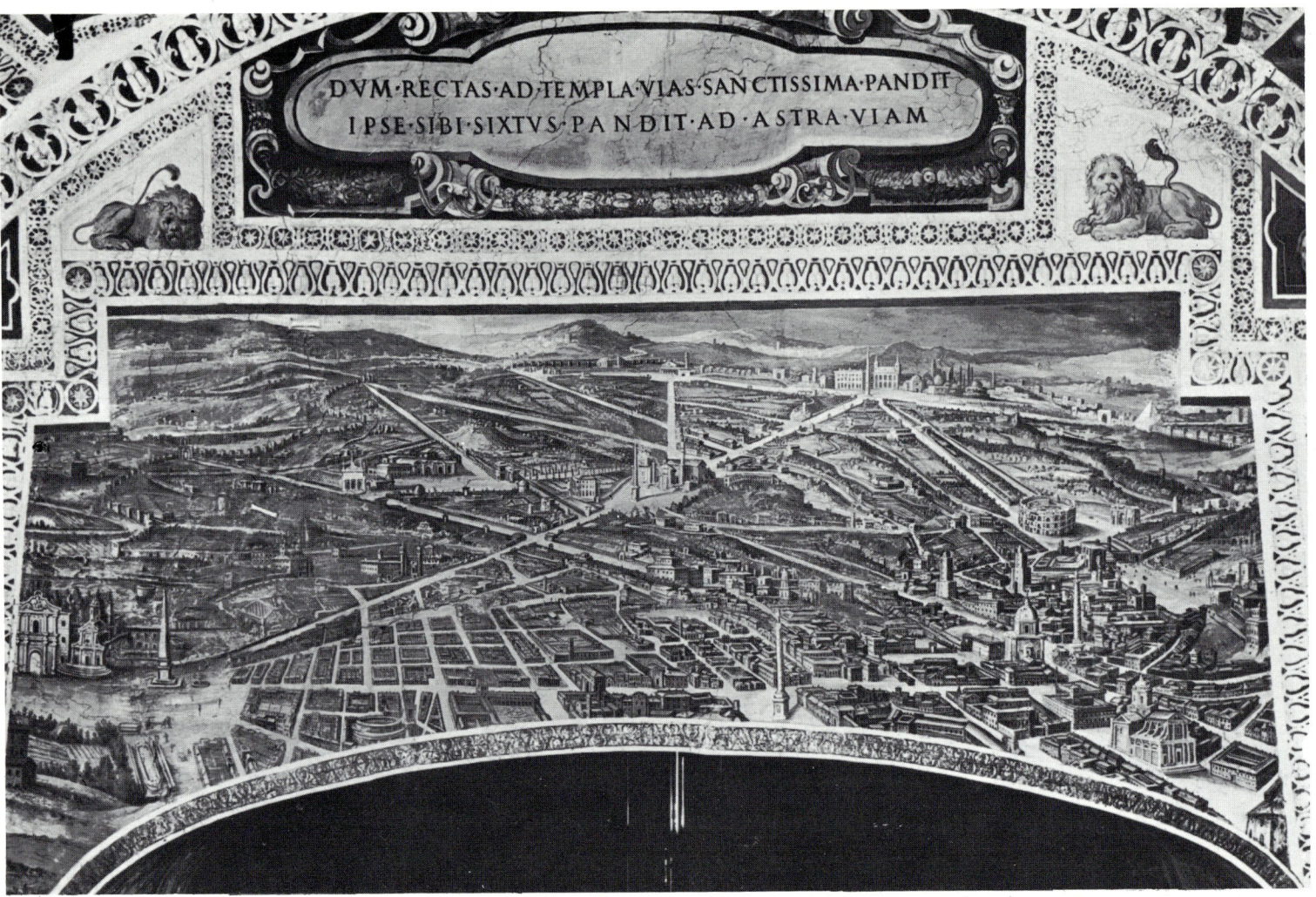

DVM·RECTAS·AD·TEMPLA·VIAS·SANCTISSIMA·PANDIT
IPSE·SIBI·SIXTVS·PANDIT·AD·ASTRA·VIAM

Abb. 940. Ein Fresko in der vatikanischen Bibliothek, das die von Sixtus V. geplanten Straßen auf den Hügeln links des Tibers zeigt.

Abb. 941. (rechte Seite) **Plan von Rom aus dem 18. Jahrhundert: Die aus der Antike stammenden noch befahrbaren Straßen und die neuen von den Päpsten im 15. und 16. Jahrhundert angelegten Hauptstraßen sind hervorgehoben.**

Die beispielhaften, zu Beginn des 16. Jahrhunderts erdachten Formen wurden zu einem festen Bestandteil des kulturellen Erbes. Sie haben zwar nicht die gesamte Stadt verändert und konnten auch nicht die neuen sozialen und moralischen Konflikte einer völlig veränderten Welt lösen; aber sie bildeten eine Sammlung kultureller Modelle, die lange Zeit für die ganze Welt zu einem wichtigen Bezugspunkt wurden. Rom wurde zu einer Art Stadt-Museum der europäischen Kultur, wo man sowohl die Ursprünge des antiken als auch des neuzeitlichen Klassizismus studieren konnte.

In den folgenden hundert Jahren wurde auch die allgemeine

Form der gesamten Stadt festgelegt. Im späten 16. Jahrhundert versuchte Sixtus V. (1585–1590), die neuen Wohnviertel bis zu den Aurelianischen Mauern auszudehnen, und ließ zu diesem Zweck auf den links des Tiber gelegenen Hügeln weitere geradlinige Straßen anlegen (Abb. 940–943). Aber Rom, das damals etwa 100 000 Einwohner hatte, wuchs nicht so stark, um diese Fläche auszufüllen. Es war schließlich die Aufgabe der Künstler des Barock, diesen vielfältigen städtischen Organismus fertigzustellen, der aus einem Nebeneinander von antiken Ruinen, mittelalterlichen Stadtteilen und neuzeitlichen monumentalen Bauwerken bestand.

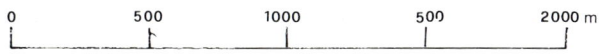

Abb. 942–943. Rom: (unten) schematische Darstellung der neu angelegten Straßen zwischen den monumentalen Bauwerken auf der linken Seite des Tibers (Zeichnung aus dem Jahre 1588); (rechte Seite) Plan der Stadt aus dem Jahre 1602 mit den von Sixtus V. geschaffenen Bauten und Anlagen.

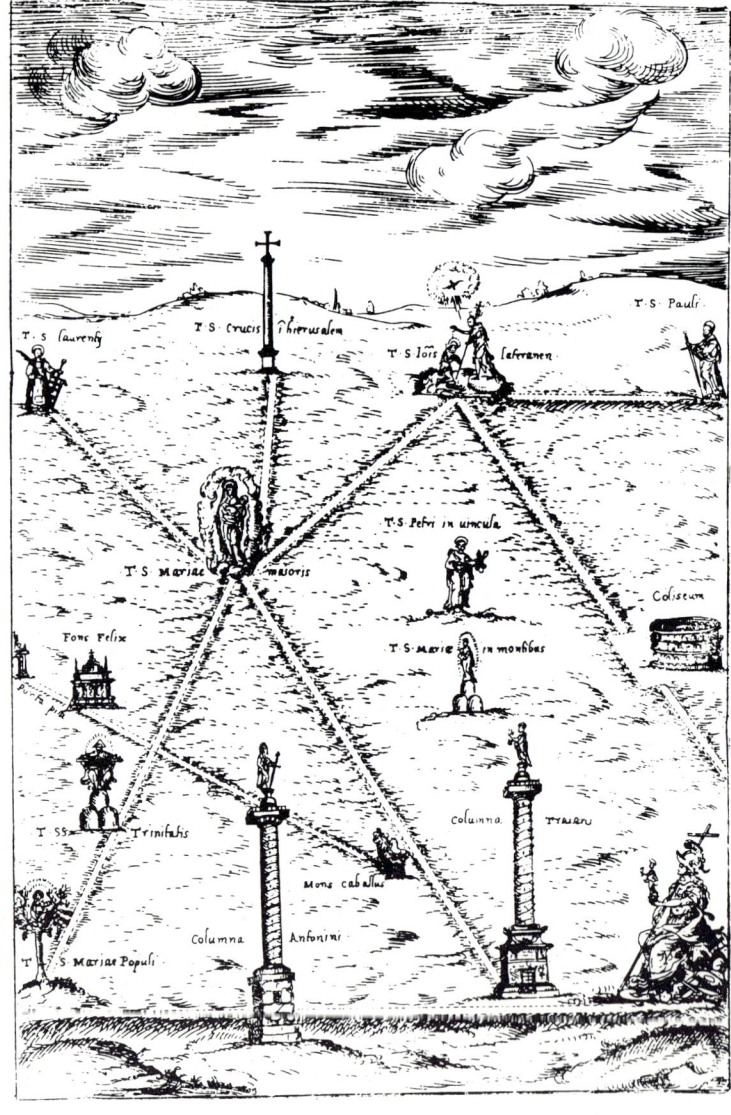

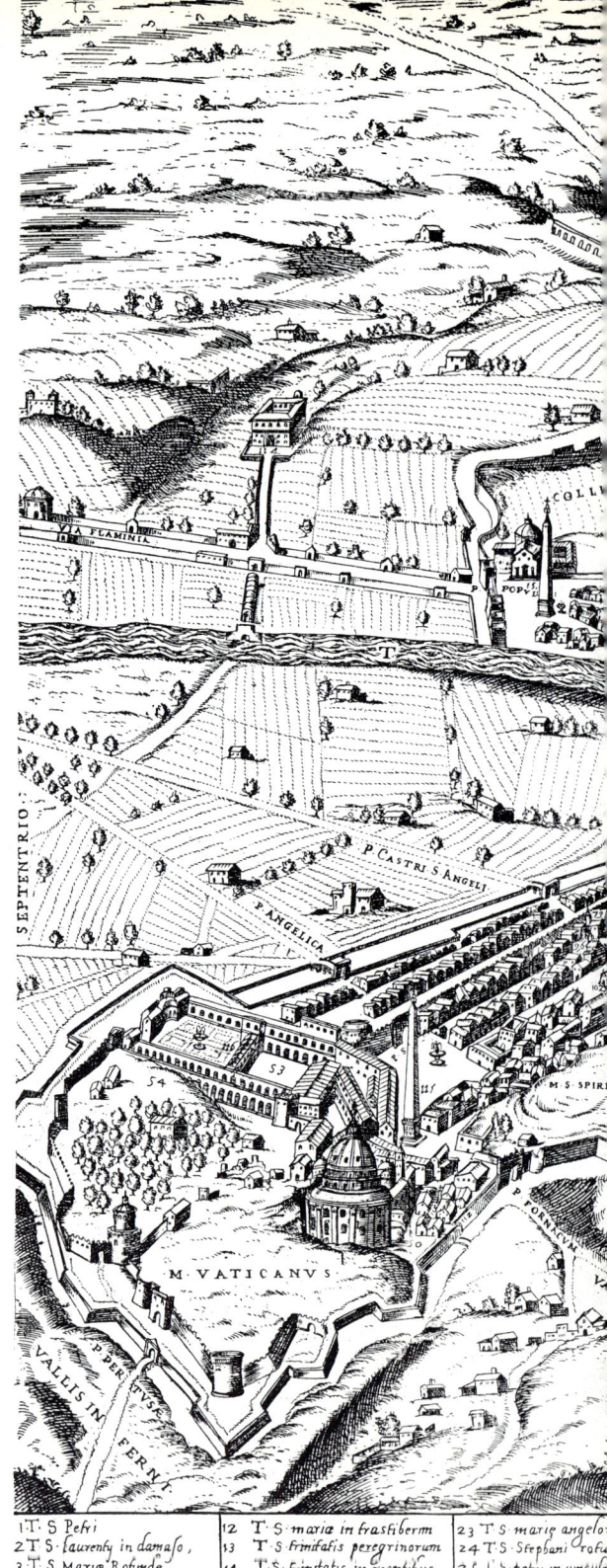

1 T. S. Petri	12 T. S. mariæ in trastiberim	23 T. S. mariæ angelor
2 T. S. laurenty in damaso,	13 T. S. trinitatis peregrinorum	24 T. S. Stephani rotũ
3 T. S. Mariæ Rotunde,	14 T. S. trinitatis in montibus,	25 T. S. petri in umtula
4 T. S. marci	15 T. S. mariæ de populi	26 T. S. Susannæ
5 T. S. Augustini	16 T. S. francisci	27 T. S. sabinæ
6 S. Spiritus in Saxia	17 T. S. Onufry	28 T. S. alexÿ
7 S. roccus	18 T. S. petri in monte aureo,	29 T. S. priscæ
8 T. S. mariæ super minervam	19 T. S. Clementis.	30 T. S. balbinæ
9 T. S. mariæ ara cœli	20 SS. quattuor corronafor.	31 T. S. sabbæ
10 T. S. Joānis lateranen.	21 T. S. Crucis in hierusalem	32 T. S. laurenty in pa
11 T. S. mariæ maioris	22 T. S. mathæi	33 Ecc. Sofietatis Iesus

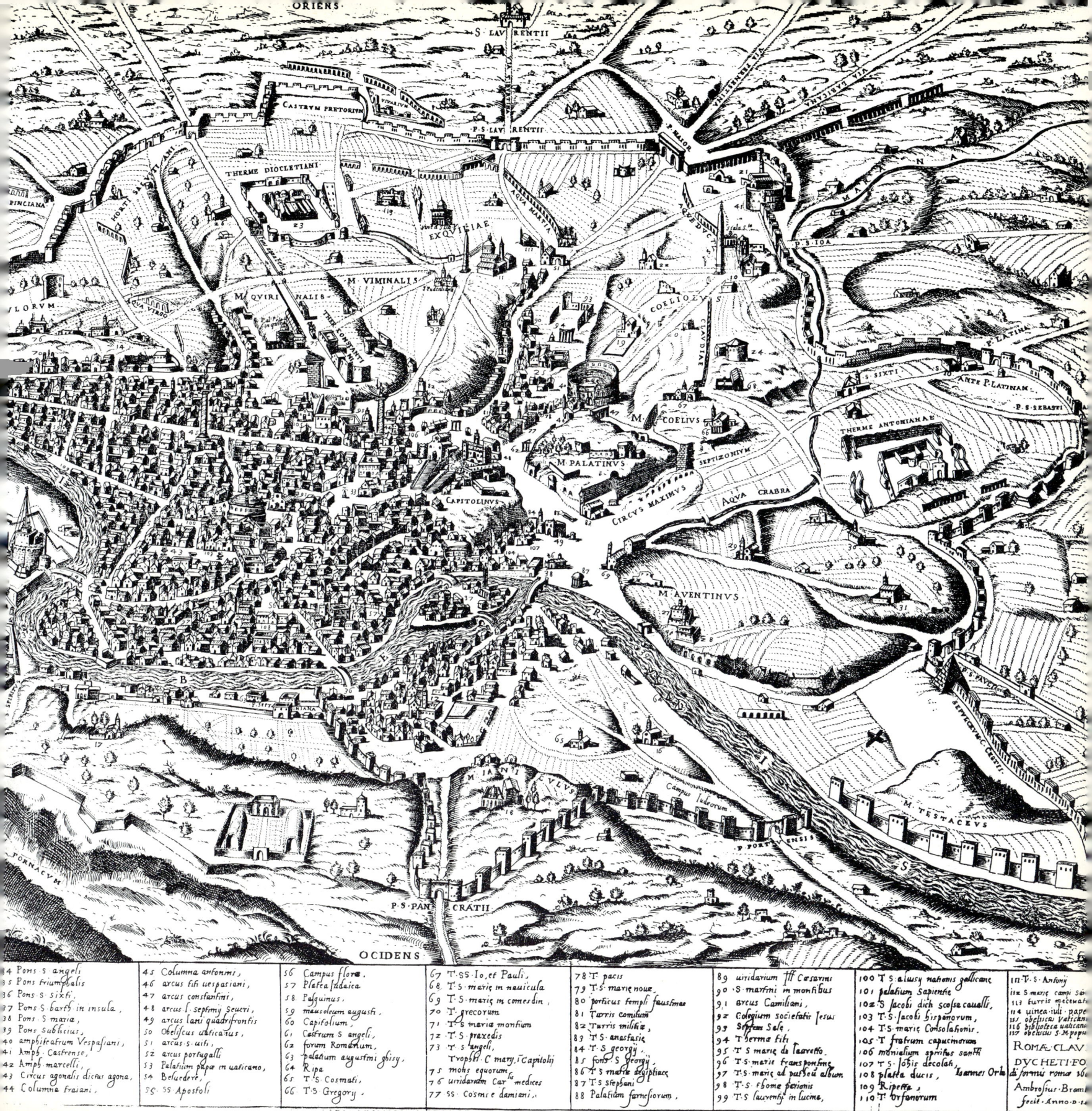

Es ist Lorenzo Berninis (1598–1680) Verdienst, erkannt zu haben, daß die gewaltigen Dimensionen der antiken Ruinen und der monumentalen Bauwerke Bramantes und die bescheidenen Ausmaße der gewöhnlichen Häuser nebeneinander existieren können und müssen. So wurde der Plan, ein neues, von seinen Dimensionen her der antiken Stadt vergleichbares Rom zu errichten, endgültig aufgegeben; der Kontrast zwischen der Erhabenheit einerseits und der Alltäglichkeit andererseits konnte nicht aufgehoben werden und wurde so zu einem spezifischen Merkmal der neuzeitlichen Stadt. Diesen Einsichten folgend, löste Bernini das Problem, eine Verbindung zwischen dem Petersdom und der Stadt herzustellen, indem er die großartige Anlage des Petersplatzes entwarf: ein freier, unter Einbeziehung der Unebenheiten des Geländes gestalteter Platz, teilweise von Kolonnaden gesäumt, der den Blick auf den umliegenden Stadtteil und das Panorama der Stadt freigibt. So entstand ein Szenarium, das von den ärmlichen Häusern des Borgo allmählich hinführt zur Fassade der Kirche, hinter der sich die mächtige Kuppel erhebt, um schließlich in das Innere der Kirche überzugehen, bis an den Baldachin in dem weiten Raum unterhalb der Kuppel und zur bronzenen Gloria am hinteren Ende der Apsis (Abb. 944–950).

Damit hatte das neuzeitliche Rom sein neues Aussehen: Eine Stadt, die nicht versucht, das antike Rom wieder auferstehen zu lassen, sondern ihre Ruinen achtet und schützt und gelernt hat, mit diesen Zeugnissen der Vergangenheit auf eine selbstverständliche und produktive Art und Weise umzugehen. Das Ungleichgewicht zwischen dem Leben in der neuzeitlichen Stadt und den Denkmälern aus vergangenen Zeiten regte dazu an, über die Zeit und die Vergänglichkeit aller Dinge nachzudenken; gleichzeitig entlarvte es den Mythos von der Ewigen Stadt und bildete so den geeigneten Rahmen für die geistige Macht der Kirche.

Bis zum vergangenen Jahrhundert blieb das Aussehen der Stadt weitgehend unverändert. Erst dann trugen die mit der neuen Rolle als Hauptstadt Italiens verbundene ungeordnete Entwicklung und die rhetorische Sehnsucht nach der antiken Größe dazu bei, diesen außergewöhnlichen Organismus aus dem Gleichgewicht zu bringen. Die Ruinen wurden von den lebendigen Bereichen der Stadt isoliert und selbst der monumentale Komplex von St. Peter wurde zum Hintergrund irgendeiner x-beliebigen Allee. Das ursprüngliche – das Monumentale und Alltägliche verbindende – Stadtbild blieb jedoch in vielen von der Politik des Abreißens verschonten Stadtteilen erhalten und widersetzt sich dort hartnäckig dem modernen »Fortschritt«.

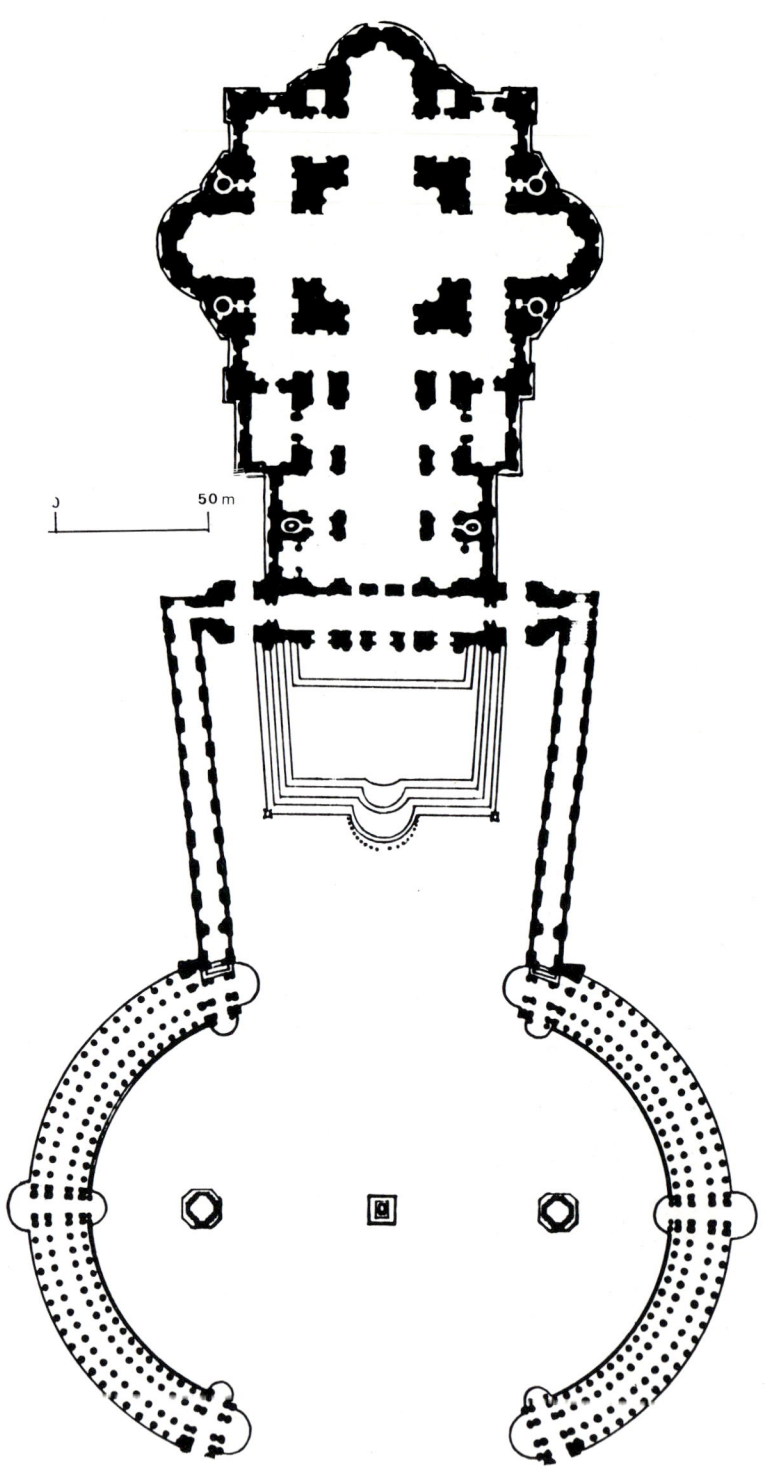

50 m

Abb. 944. Grundriß des Petersdoms und des Petersplatzes in Rom.

Abb. 945. Der Petersplatz in einer zu Beginn dieses Jahrhunderts von einem Ballon aus gemachten Aufnahme: Viele der umliegenden Gebäude sind 1935 abgerissen worden.

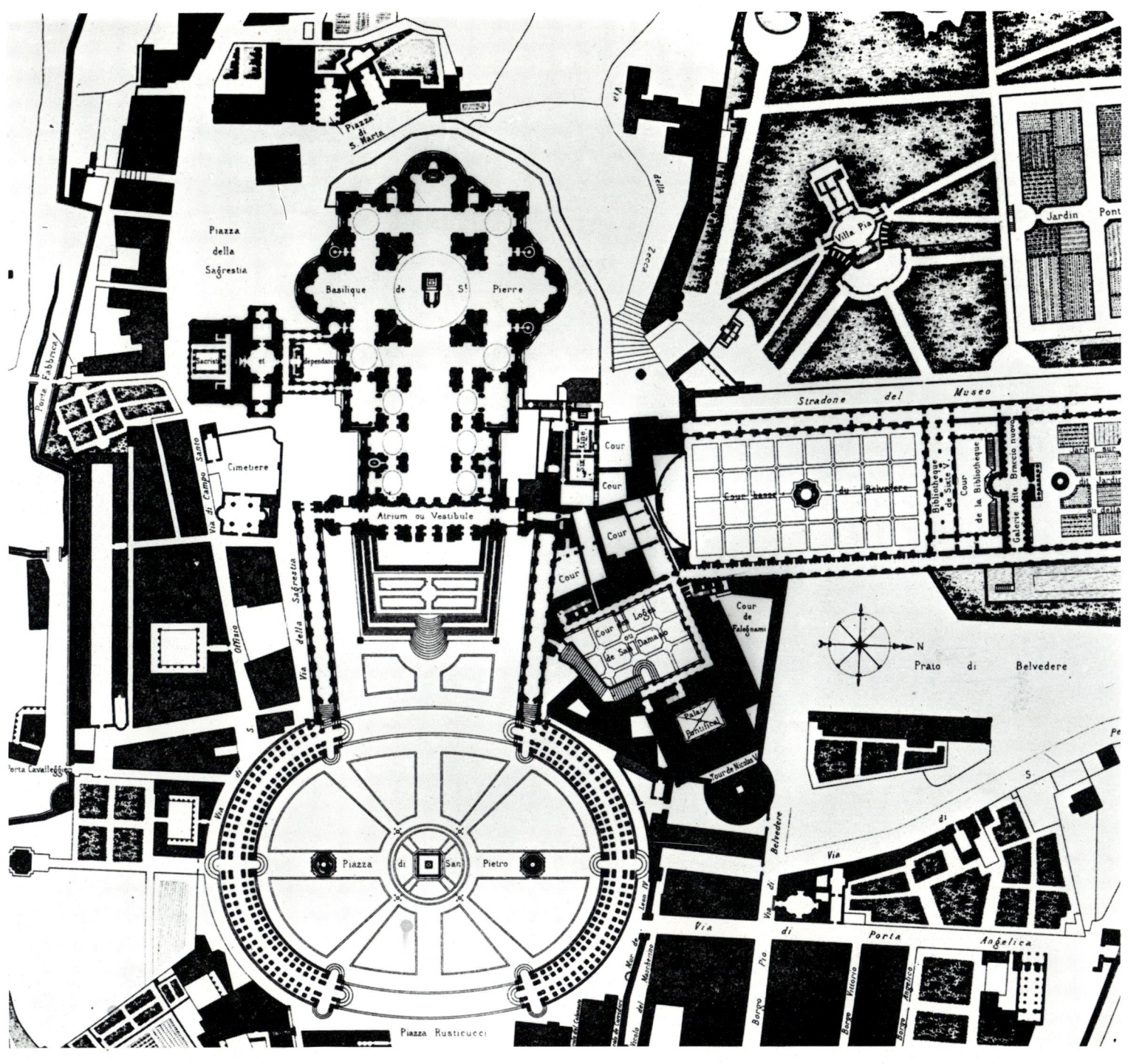

Abb. 946. (linke Seite) Luftaufnahme des Petersplatzes während einer päpstlichen Zeremonie.

Abb. 947. Plan des Komplexes von St. Peter aus dem Buch von Letarouilly aus dem frühen 19. Jahrhundert.

**Abb. 948. Innenansicht des Petersdoms mit den Dekoratio-
nen von Bernini.**

Abb. 949. Der Petersplatz zu Beginn des 20. Jahrhunderts, vom Dach eines Hauses der Umgebung aus gesehen.

Abb. 950. (auf den beiden folgenden Seiten) **Das Panorama des Petersplatzes und des Stadtteils Borgo, bevor die umliegenden Häuser abgerissen wurden, um der Via della Conciliazione Platz zu machen.**

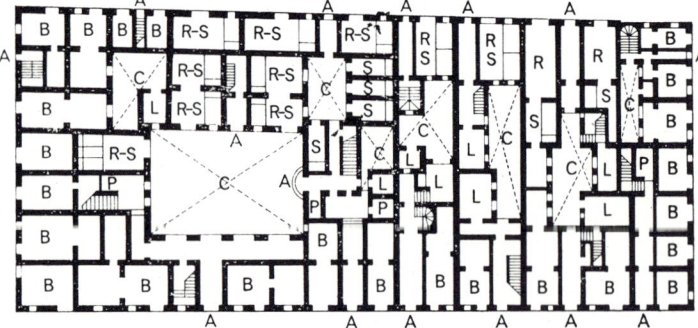

A   Eingang
B   Geschäft
C   Hof
L   Waschraum
P   Pförtner
R   Remise
S   Stall

0 5 10   20   30   40   50 m

VIA MARGUTTA

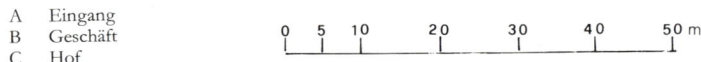

VIA DEL BABUINO

Abb. 951. (oben) **Rom: Luftaufnahme der drei Straßen, die an der Piazza del Popolo zusammenlaufen.**

Abb. 952. (links) **Grundriß des Erdgeschosses eines zwischen der Via del Babuino und der Via Margutta gelegenen Häuserblocks, der auch in der Luftaufnahme zu erkennen ist; in den oberen Stockwerken befinden sich Mietwohnungen (Maßstab 1:1000).**

Abb. 953. (rechte Seite) **Zeitgenössische Zeichnung der Freitreppe zwischen der Kirche Trinità dei Monti und der Piazza di Spagna, die auch im rechten oberen Teil der Luftaufnahme zu erkennen ist.**

Iscrizione da metterfi lafciata dal.
Teftatore

Sedente N. Pontifice Maximo.
Regnante Ludouico XV. Rege.
Chriftianiffimo
Oratore N.

Difegno, o Alzata della Scalinata.
dafarsi che dalla Piazza di Spagna.
sende al Monte Pincio e Reggia.
Chiefa della Santissima Trinità
del Monti

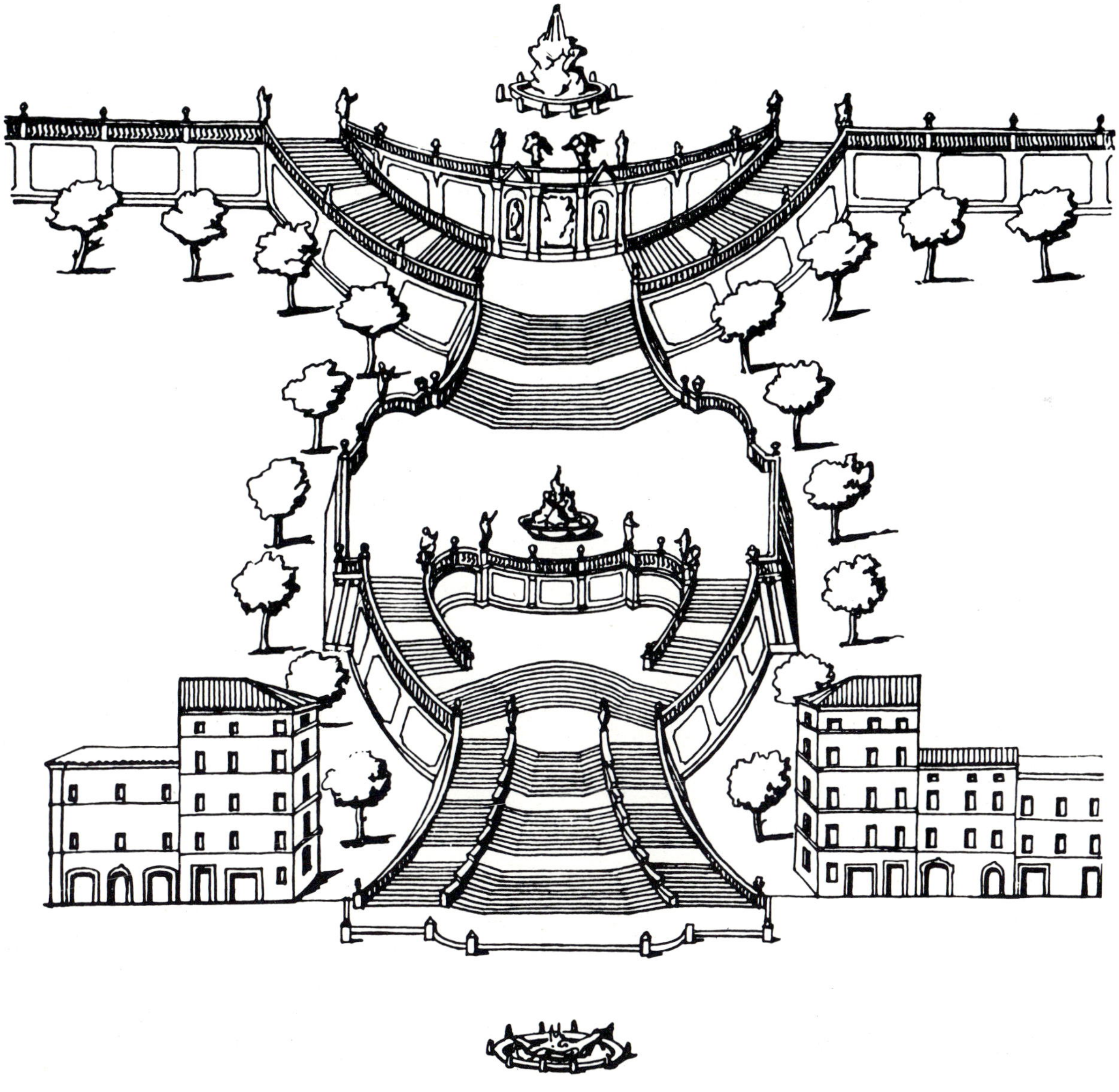

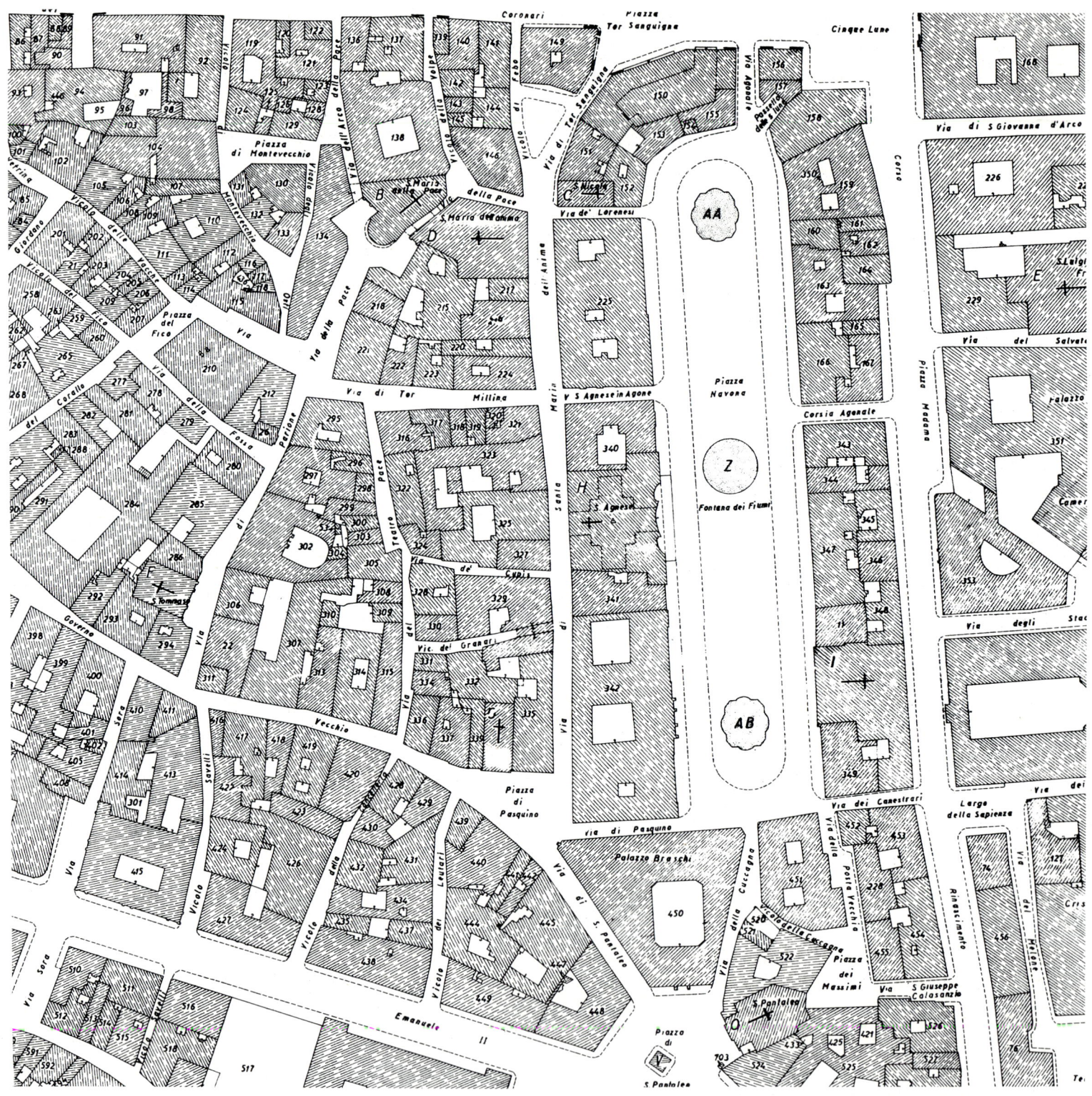

Abb. 954–955. Die Umgebung der Piazza Navona im historischen Zentrum Roms: verkleinerter Katasterplan (vom Maßstab 1:1000 auf 1:2000) und Luftaufnahme; die Anlage des Platzes folgt der Form des Stadions von Domitian; von dem Gewirr verwinkelter Straßen der mittelalterlichen Stadt mit schmalen, hohen Häusern heben sich deutlich die ausgedehnteren Grundstücke mit den großen Häusern und ihren in regelmäßigen Formen angelegten Innenhöfen ab; die geradlinig verlaufenden Straßen – rechts der Corso Rinascimento und unten der Corso Vittorio Emanuele – wurden erst in den letzten hundert Jahren gebaut.

Abb. 956. (auf den Seiten 638 und 639) **Luftaufnahme des heutigen Stadtzentrums von Rom.**

Abb. 957. (linke Seite) **Luftaufnahme der Villa Doria-Pamphili außerhalb des westlichen Mauerrings von Rom.**

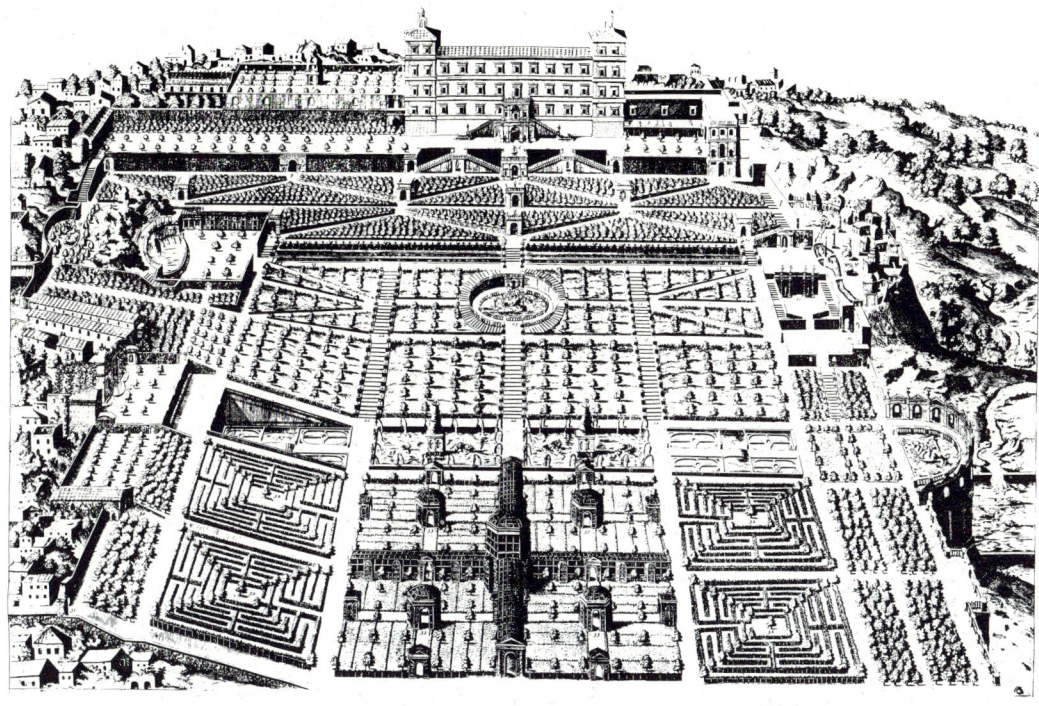

Abb. 958. Panorama der Villa d'Este in Tivoli in der Nähe Roms.

Abb. 959. Panorama von Frascati mit den Villen des Adels aus dem 16. und 17. Jahrhundert.

Die in der zweiten Hälfte des 16. und in der ersten Hälfte des 17. Jahrhunderts in der Umgebung Roms und anderer bedeutender Städte Italiens gebauten Villen bildeten mit ihrer deutlich umgrenzten regelmäßigen Anlage einen direkten Kontrast zu der weitläufigen natürlichen Landschaft und zu den unregelmäßigen Strukturen der kleinen mittelalterlichen Städte.
In Bagnaia (vgl. Abb. 960–962) bestand der städtische Organismus aus drei Teilen: Dem ursprünglichen, von einem Mauerring umschlossenen Stadtkern aus dem Mittelalter, der neuzeitlichen Erweiterung mit den drei geradlinig verlaufenden Straßen, die den Stadtkern mit der Villa verbinden, und dem Bereich der Villa, dessen Anlage von einer symmetrischen Mittelachse bestimmt wird, die bis zum bewaldeten Hügel hinaufführt. Die Architektur der Renaissance kam noch nicht über eine nur partielle Veränderung der vorgefundenen Landschaft hinaus.

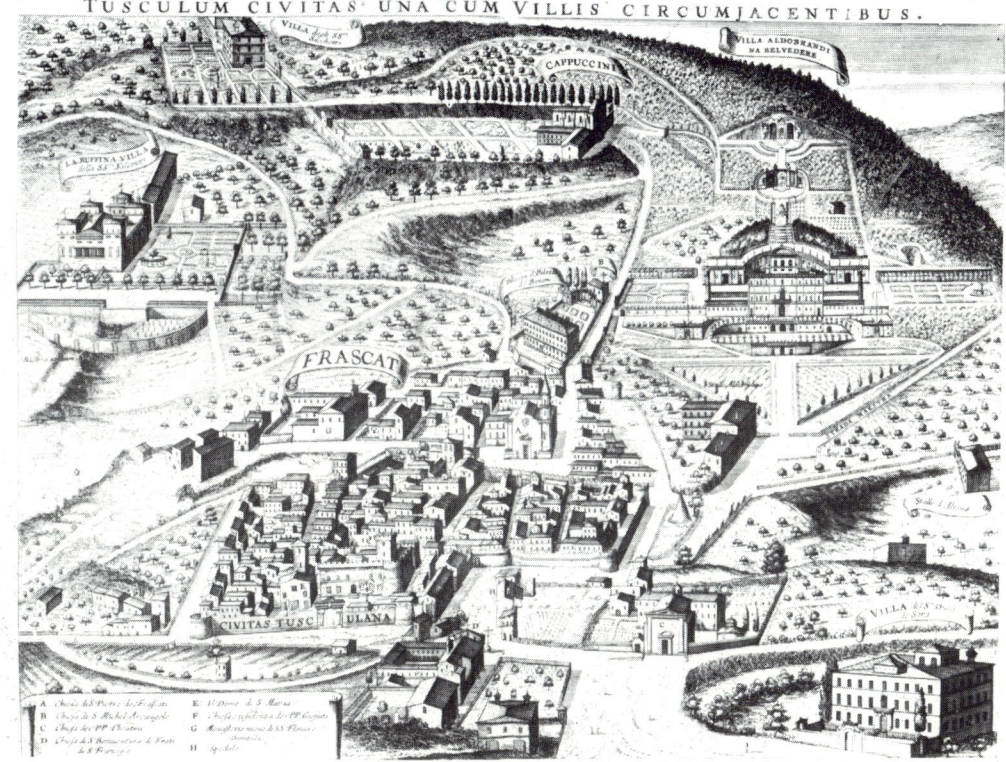

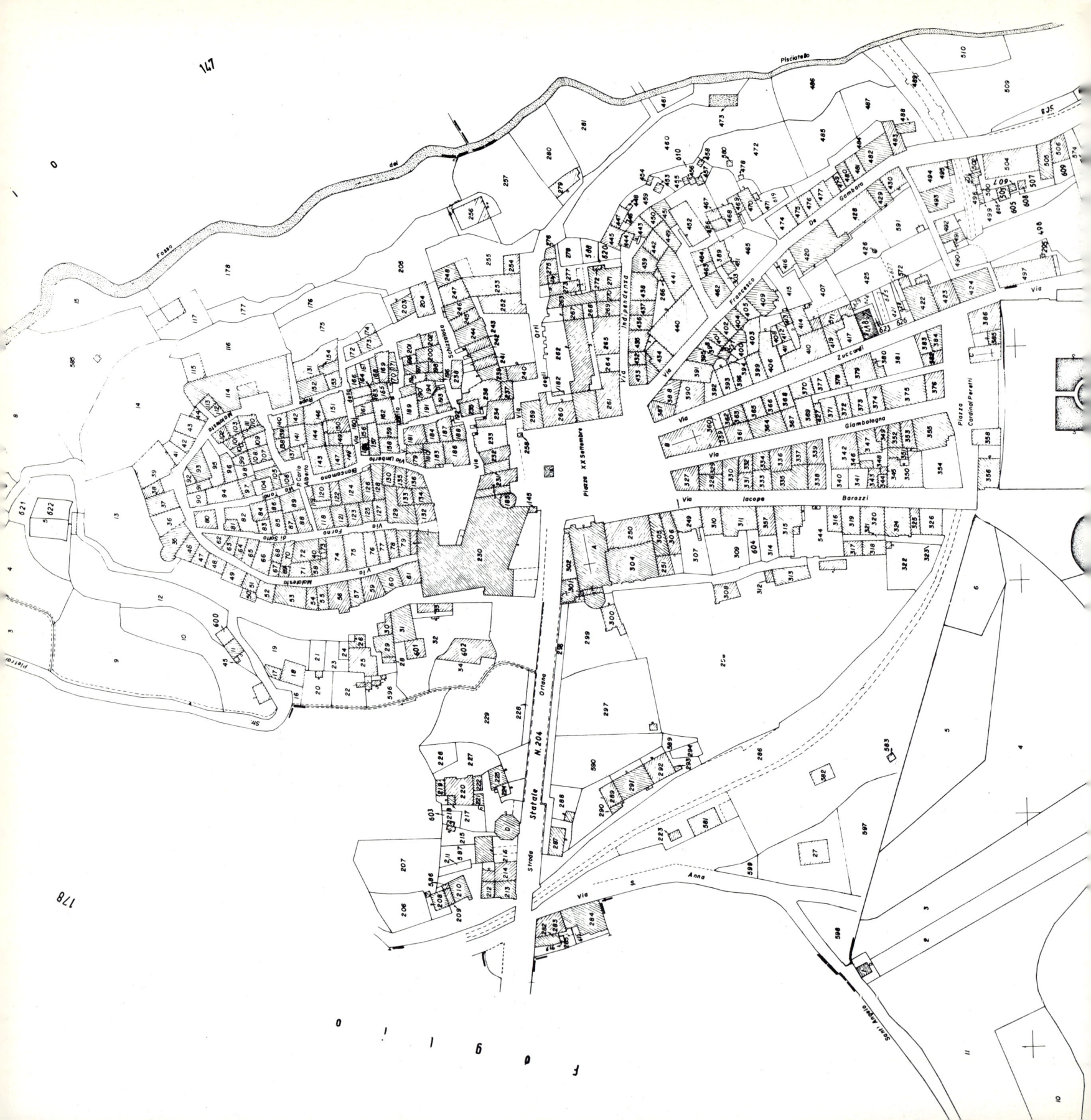

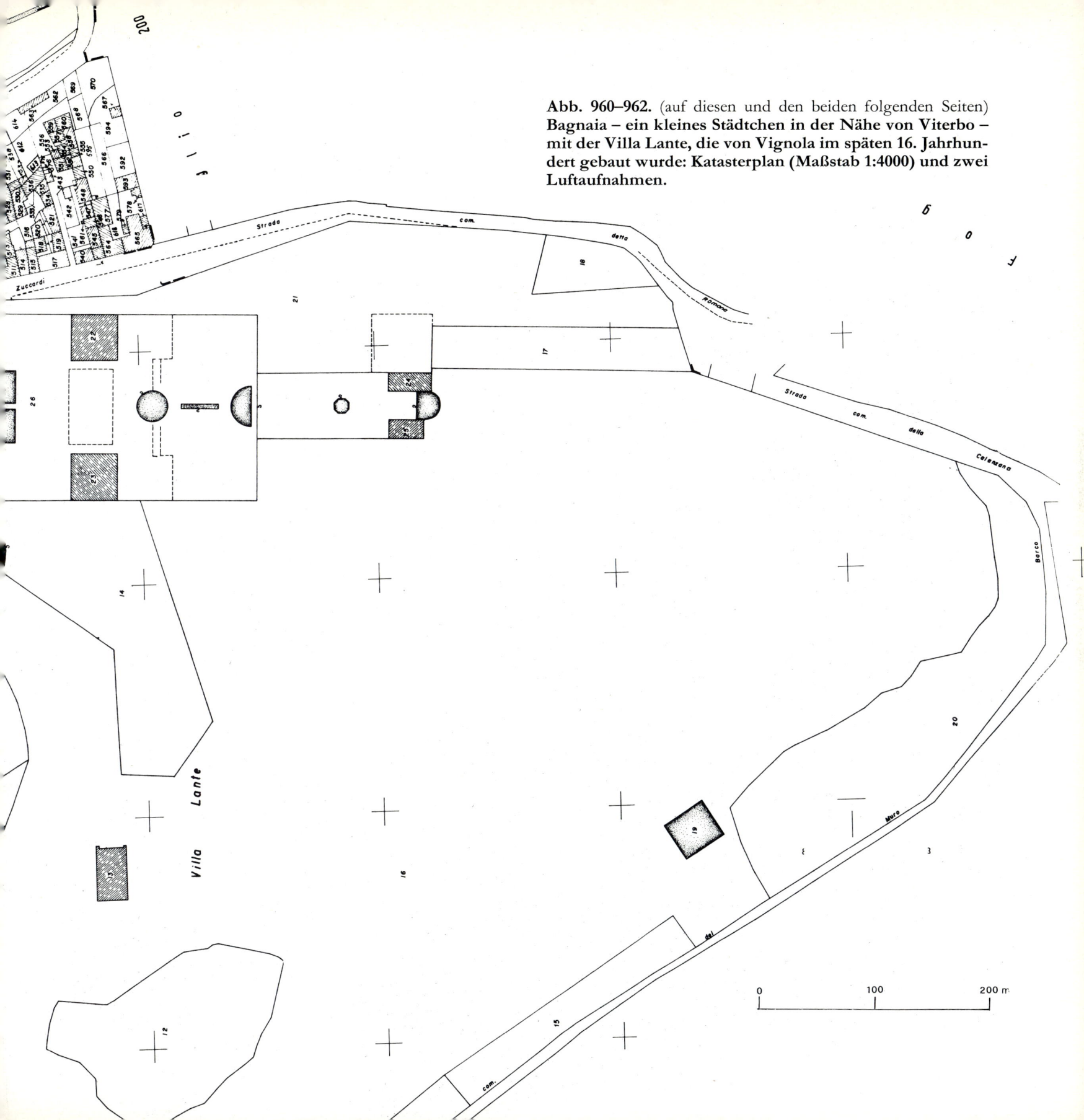

Abb. 960–962. (auf diesen und den beiden folgenden Seiten)
Bagnaia – ein kleines Städtchen in der Nähe von Viterbo –
mit der Villa Lante, die von Vignola im späten 16. Jahrhundert gebaut wurde: Katasterplan (Maßstab 1:4000) und zwei
Luftaufnahmen.

0   100   200 m

Abb. 963. Ansicht der trichterförmigen Mündung der
Schelde mit dem Hafen von Antwerpen (Stich aus dem
16. Jahrhundert).

10. Die Kolonisierung der Welt durch die Europäer

In der Renaissance begann die weltweite Ausdehnung der europäischen Zivilisation. Die in den Überseegebieten neu gegründeten Städte und die dort errichteten Bauwerke waren insgesamt viel bedeutender als die zur gleichen Zeit im Mutterland entstandenen, denn in Europa existierten bereits die aus dem Mittelalter stammenden Städte, die den Anforderungen der damaligen Gesellschaft weitgehend genügten und deshalb nur noch teilweise verändert werden mußten. In der übrigen Welt dagegen fanden die europäischen Eroberer und Kaufleute leere Territorien von enormen Ausmaßen vor, in denen sie große Kolonisierungs- und Urbanisierungsprogramme durchführen konnten.

In diesen Territorien standen jedoch weit weniger Kräfte und Mittel zur Verfügung: In Europa gab es viele hochqualifizierte Spezialisten, aber es wurde insgesamt nur wenig gebaut; in den Kolonien dagegen, wo es galt, viel zu bauen, fehlte es an qualifizierten Arbeitskräften, und man mußte sich dort auch mit den Abfallprodukten der fortgeschrittenen europäischen Erfahrungen und Erkenntnisse begnügen. Auf diese Weise entstand innerhalb der gesamten Zivilisation der Renaissance eine Diskrepanz zwischen Qualität und Quantität. Die qualitativen Errungenschaften der neuen kulturellen Modelle der Renaissance verloren sich in den innereuropäischen Auseinandersetzungen und konnten deshalb nur ungenügend in der übrigen Welt verbreitet werden.

Dennoch bilden die hohe Qualität der in den beiden vorangegangenen Kapiteln besprochenen kulturellen Modelle und die mindere Qualität der darauf aufbauenden Gestaltung der Kolonialstädte und -territorien, von denen in diesem Kapitel die Rede sein wird, zwei Aspekte ein und desselben kulturellen Systems. Um den Übergang von der einen zu der anderen Ebene zu erklären, betrachten wir zunächst die europäischen Hafenstädte, die den Ausgangspunkt der überseeischen Abenteuer bildeten: Antwerpen, das Brügge als bedeutendsten Seehandelsplatz für Mitteleuropa abgelöst hatte; Lissabon und Sevilla, die beiden Atlantikhäfen von Portugal und Spanien, und schließlich Genua, das nach dem Bündnis mit Karl V. zum wichtigsten Mittelmeerhafen des Spanischen Reiches wurde.

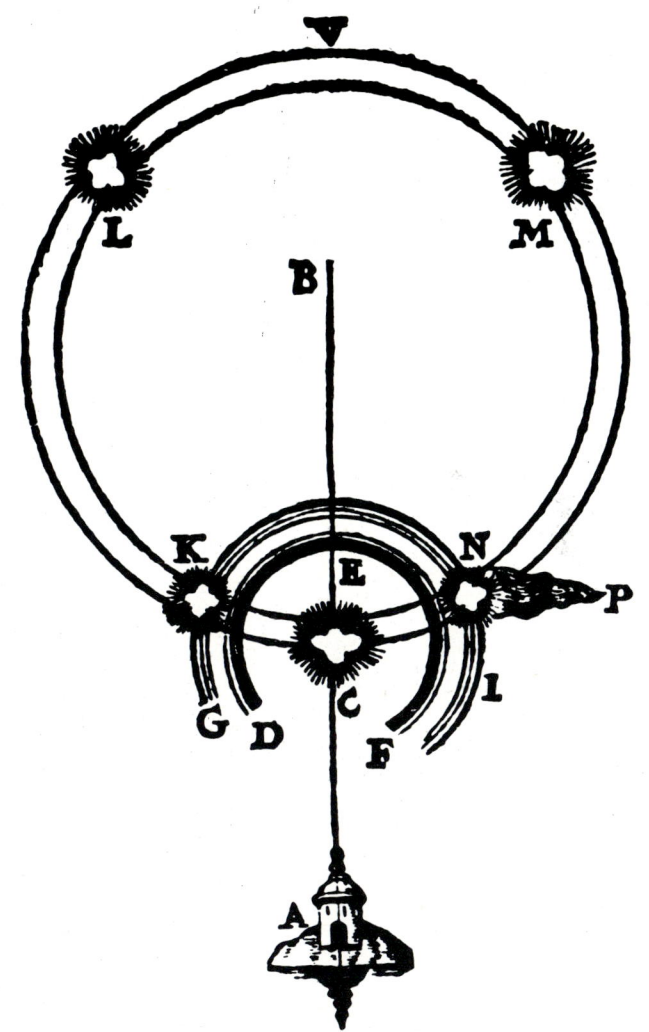

Abb. 964. Eine astronomische Zeichnung aus Descartes' »De Meteoris«.

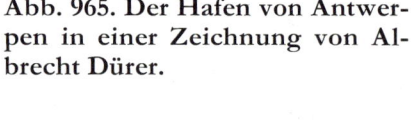

Abb. 965. Der Hafen von Antwerpen in einer Zeichnung von Albrecht Dürer.

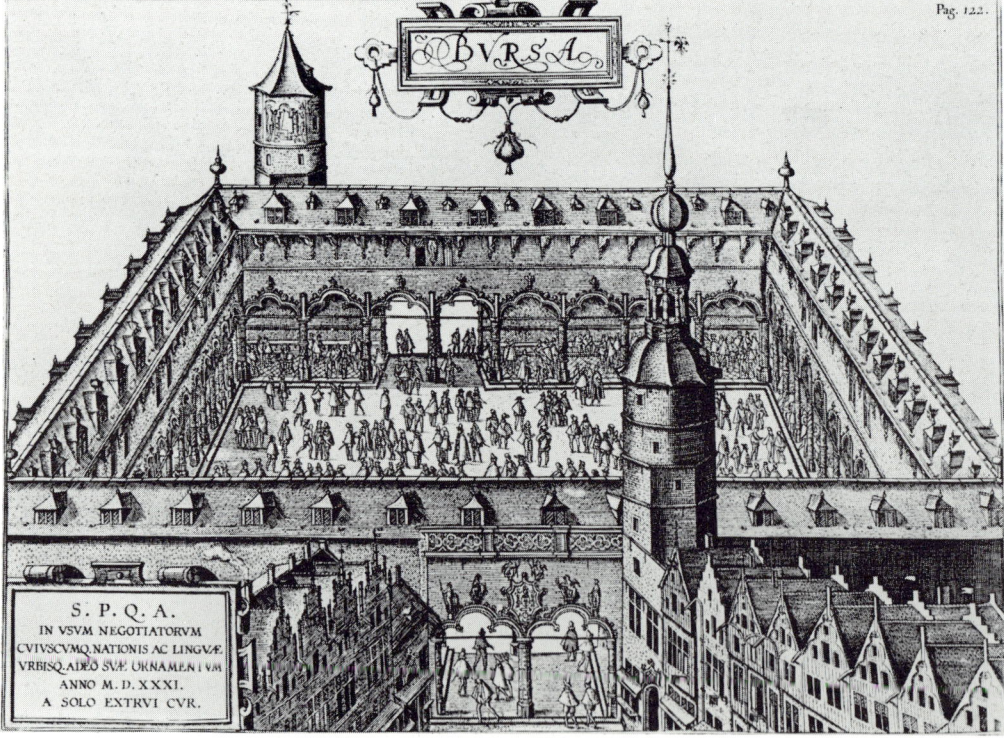

Abb. 966. Die Börse von Antwerpen in einem Stich aus dem 16. Jahrhundert.

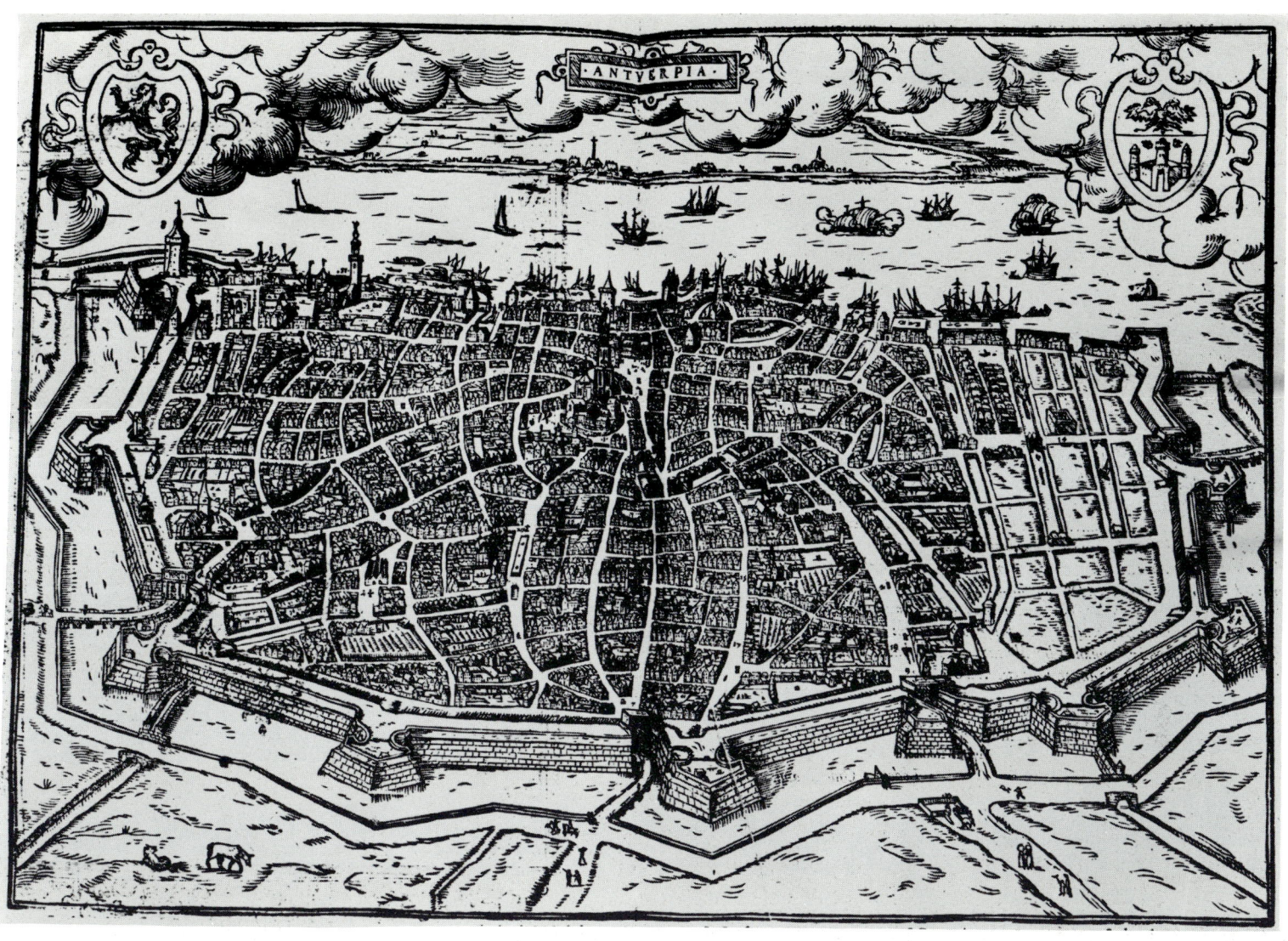

Abb. 967. Generalansicht von Antwerpen aus der zweiten Hälfte des 16. Jahrhunderts, als sich die Stadt auf dem Höhepunkt ihrer Entwicklung befand: Erst in der Mitte des 19. Jahrhunderts begann sich die Stadt auch über den Jahrhunderte vorher angelegten Mauerring hinaus auszudehnen; rechts ist die im Jahre 1548 geplante schachbrettartige Anlage des damaligen Stadterweiterungsgebietes zu sehen.

ANTWERPIA.

Verbrât ver voorsicht ver crocht viezel my lauen
In my voerste benauhert, hed desolaet;
Myn volck werdt ghedoot, en my schöö houie)
Is gans verwoost, voe torpe myn cie ract

Das stedi misher brekn, en desperaet
Sy ieten myne gorste, myet om besitten
Ver moord verwrochten, met rebelle daet,
Maus van die cij kyderen, als felle qieren,

Feu, glaue oppresso sōt sur moy de dueil pleine,
Qui me colorei en ceste extreme petite,
Non purpe est malsacre, et me port despouille
De neff, et tout mo lustre est haui et fouille

Ainsi me vois ici ordair sans esperance,
Côme loups affamez devorēt ma cheuance
Mes entemis feleus, et par cruel effort
Homes, femmes, enfans liuret à dure mort

Abb. 968. Das Stadtzentrum von Antwerpen mit dem aus der Renaissance stammenden Rathaus (1561–1566), das 1576 von den Spaniern in Brand gesteckt wurde; nach der spanischen Eroberung haben die Holländer die Scheldemündung blockiert und damit den Hafen unbrauchbar gemacht.

Abb. 969–970. (rechte Seite) Ansichten von Sevilla und Lissabon, den wichtigsten Atlantikhäfen Spaniens und Portugals: Auf dem flacheren Hügel Lissabons erkennt man den schachbrettartig angelegten neuen Stadtteil Bairro Alto, mit dessen Bau im Jahre 1513 begonnen wurde.

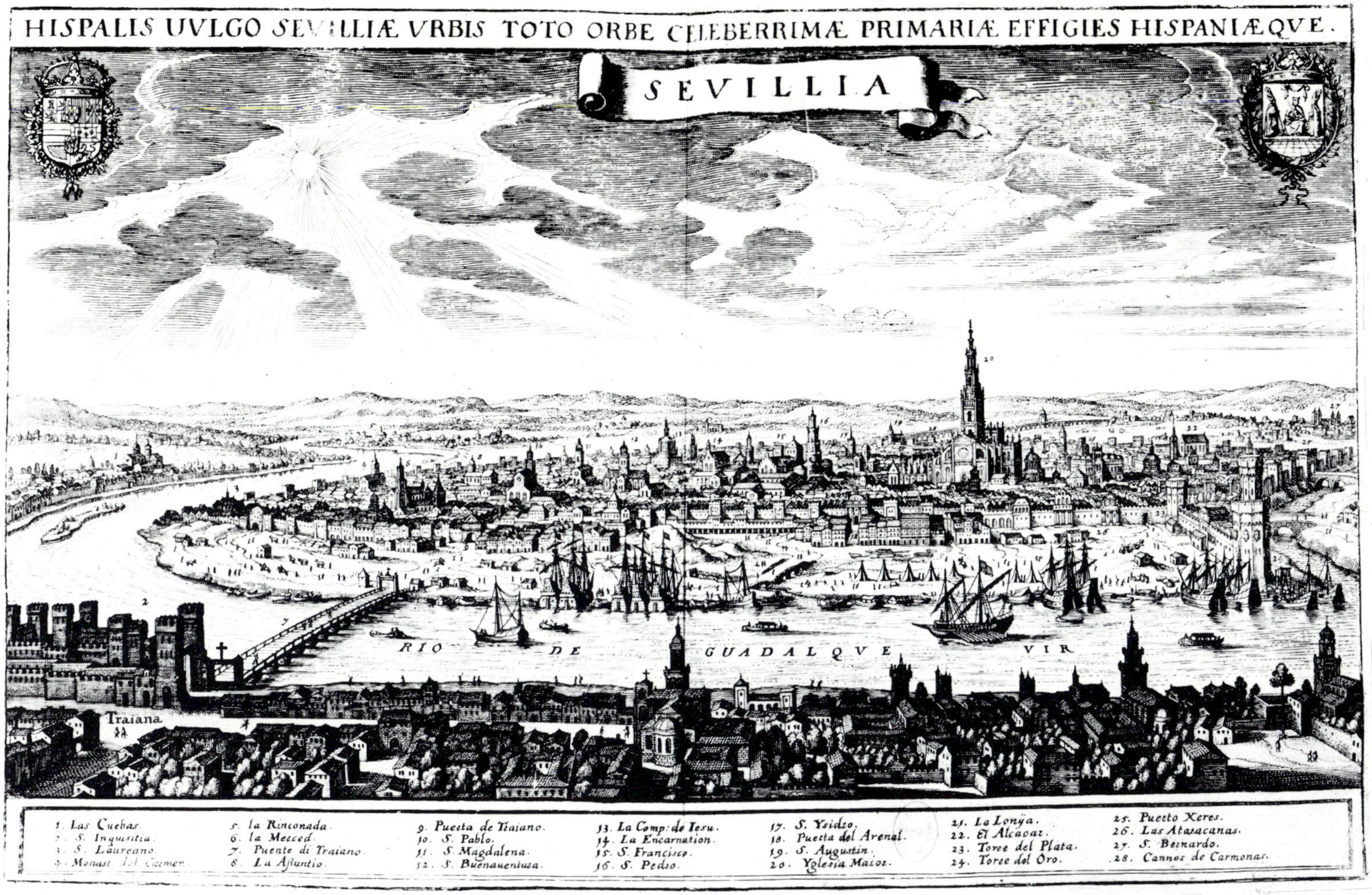

HISPALIS VVLGO SEVILLIÆ VRBIS TOTO ORBE CELEBERRIMÆ PRIMARIÆ EFFIGIES HISPANIÆQVE.

SEVILLIA

Traiana.

RIO DE GUADALQVE VIR

1. Las Cuebas.	5. la Rinconada.	9. Puerta de Traiano.	13. La Comp: de Iesu.	17. S. Ysidro.	21. La Lonja.	25. Puerto Xeres.
2. S. Inquisitia.	6. la Merced.	10. S. Pablo.	14. La Encarnation.	18. Puerta del Arenal.	22. El Alcaoar.	26. Las Atarazanas.
3. S. Laureano.	7. Puente di Traiano.	11. S. Magdalena.	15. S. Francisco.	19. S. Augustin.	23. Torre del Plata.	27. S. Bernardo.
4. Monast. del Carmen	8. La Asuntio.	12. S. Buenauentura.	16. S. Pedro.	20. Yglesia Maior.	24. Torre del Oro.	28. Cannos de Carmonas.

LISBONA

Abb. 971. Ansicht von Genua aus dem Jahre 1573 mit dem
neuen, 1537 errichteten Mauerring.

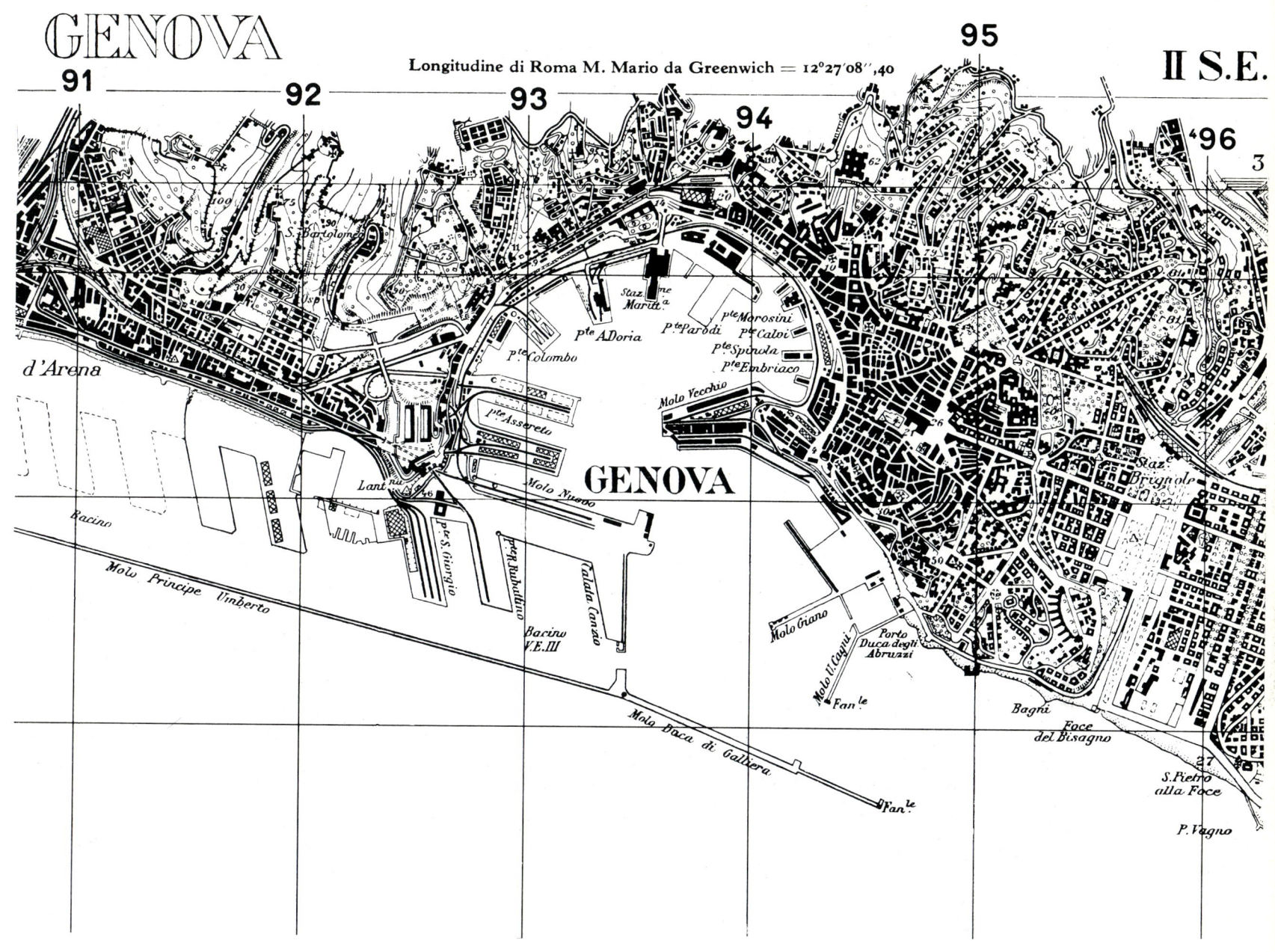

Abb. 972. Plan des heutigen Genua (aus der Karte des militärgeographischen Instituts im Maßstab 1:25 000).

Abb. 973–974. Die »strada nuova« in Genua (die Breite der Straße [7.50 m] ist in diesem Stich aus dem 18. Jahrhundert stark übertrieben dargestellt). Der Parzellierungsplan (unten) aus dem Jahre 1550 hat die Grundstücke für eine Reihe von Adelspalästen entsprechend groß ausgewiesen.

0   50 m

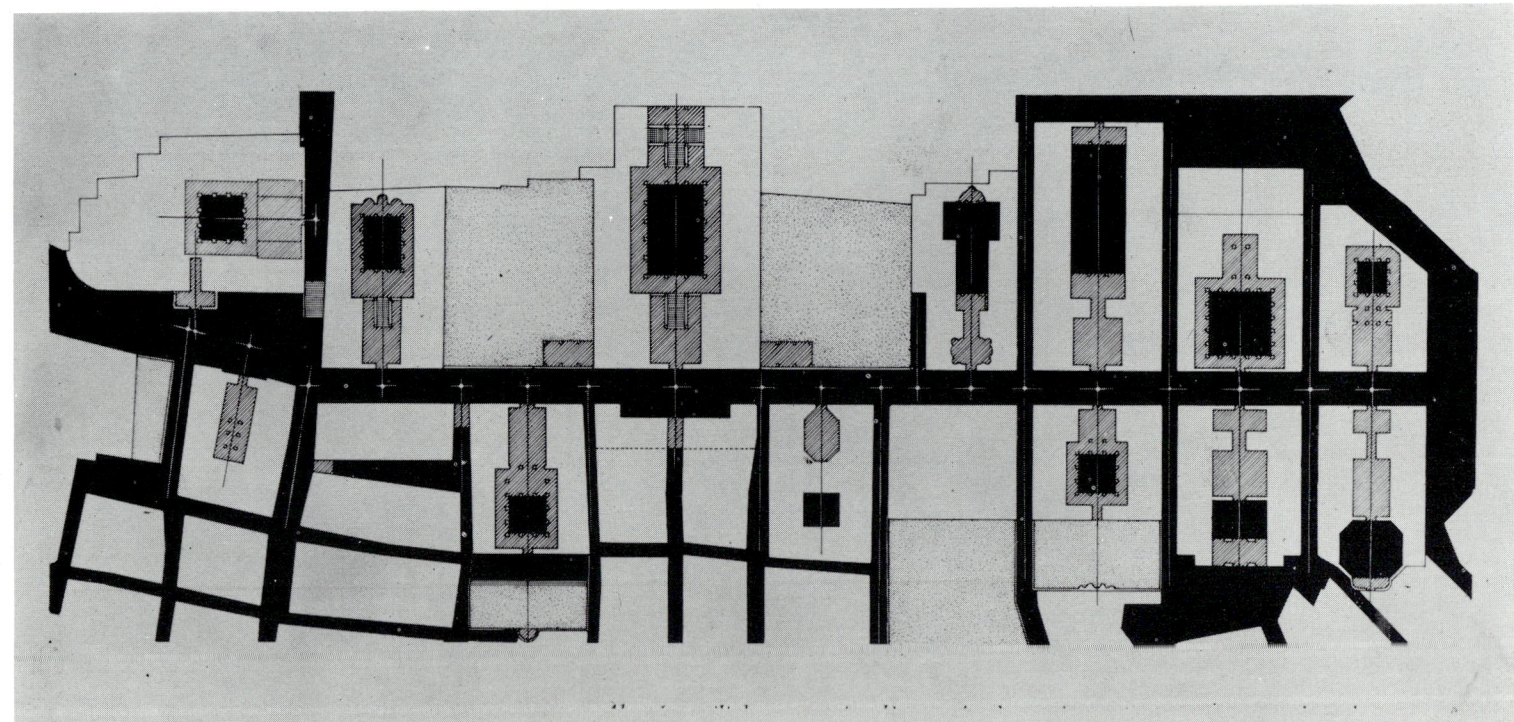

Abb. 975. Sampierdarena, ein vorstädtischer Bezirk in der Nähe von Genua: Auf dem von den Mauern und der Mündung der Scrivia eingeschlossenen Abhang wurden großflächige Terrassen angelegt, auf denen der Adel eine Vielzahl von Villen errichten ließ; der so entstandene homogene Komplex hat deutliche Ähnlichkeit mit den hochherrschaftlichen Häusern der »strada nuova«.

Abb. 976. Plan von Goa, der Hauptstadt der portugiesischen Besitzungen in Indien.

Die verschiedenen kulturellen Neuerungen verbreiteten sich zuallererst in diesen wohlhabenden und verkehrsreichen Städten, aber schon hier entfalteten sie sich nicht mehr in ihrer vollen Kraft und Bedeutung. Das hatte seinen Grund in der durch Handel und Technik entstandenen Tendenz zur Schematisierung; dieselbe Tendenz, die wir auch auf der anderen Seite des Atlantiks wiederfinden. Veranschaulichen läßt sich diese Entwicklung an der Art, wie die Stadtgebiete parzelliert wurden (Abb. 967, 970 u. 974) und an der zweckorientierten Architektur der Gebäude (Abb. 966 u. 968).

Im 16. Jahrhundert gingen die Entdeckungsreisen nach Übersee nur von Spanien und Portugal aus. Erst im folgenden Jahrhundert unternahmen auch die übrigen am Atlantik gelegenen Mächte – Frankreich, England und Holland – derartige Expeditionen.

Im Jahre 1494 legte Papst Alexander VI. die Grenzlinie zwischen dem Einflußbereich der Spanier und der Portugiesen fest: der 270 Meilen westlich der Azoren gelegene Meridian. Die Portugiesen versuchten schon seit vielen Jahren, einen Seeweg in den Orient auszumachen, und tatsächlich gelang es Vasco da Gama 1498, Afrika zu umfahren und Indien zu erreichen. Die Spanier finanzierten die Entdeckungsreise von Kolumbus, der 1492 auf dem amerikanischen Kontinent landete.

Die Portugiesen stießen in ihrer Hemisphäre auf arme und ungastliche Länder wie Brasilien und das südliche Afrika oder, wie im Orient, auf relativ dichtbesiedelte Gebiete mit einer kriegerischen Bevölkerung, die nicht unterworfen werden konnten. So waren sie nicht in der Lage, große Kolonien zu gründen, und legten deshalb lediglich eine Reihe von Seestützpunkten an, um ihre Handelswege zu sichern.

Die Spanier fanden in der ihnen zugeteilten Zone dagegen Territorien, die sich besser für die Kolonisierung eigneten: Die Hochebenen Mittel- und Südamerikas, mit Gesellschaften von Eingeborenen, die zwar sehr reich und hochentwickelt waren, jedoch unfähig, sich gegen die europäischen Invasoren zu verteidigen. Die spanischen Konquistadoren – Cortés in Mexiko und Pizarro in Peru – besetzten einige große, von den Eingeborenen errichtete Städte wie Tenochtitlan, das spätere Mexiko-Stadt (Abb. 980–985), und Cuzco (Abb. 990–991) und veränderten sie entsprechend den Ansprüchen und Bedürfnissen der in das Land eingedrungenen spanischen Siedler. Aber gleichzeitig zerstörten sie auf dem gesamten Kontinent die weit verstreut liegenden ursprünglichen Siedlungen und zwangen die Bewohner, sich in neuen Städten niederzulassen, die ähnlich dicht bebaut waren wie die Städte der spanischen Hochebenen.

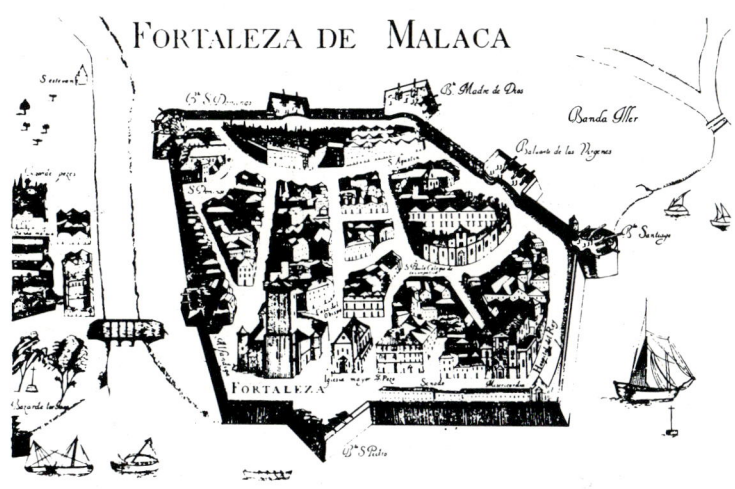

Abb. 977–978. Zwei Vorposten der portugiesischen Kolonisation: Malacca im Fernen Osten und Rio de Janeiro in Brasilien (Stiche aus dem 17. Jahrhundert).

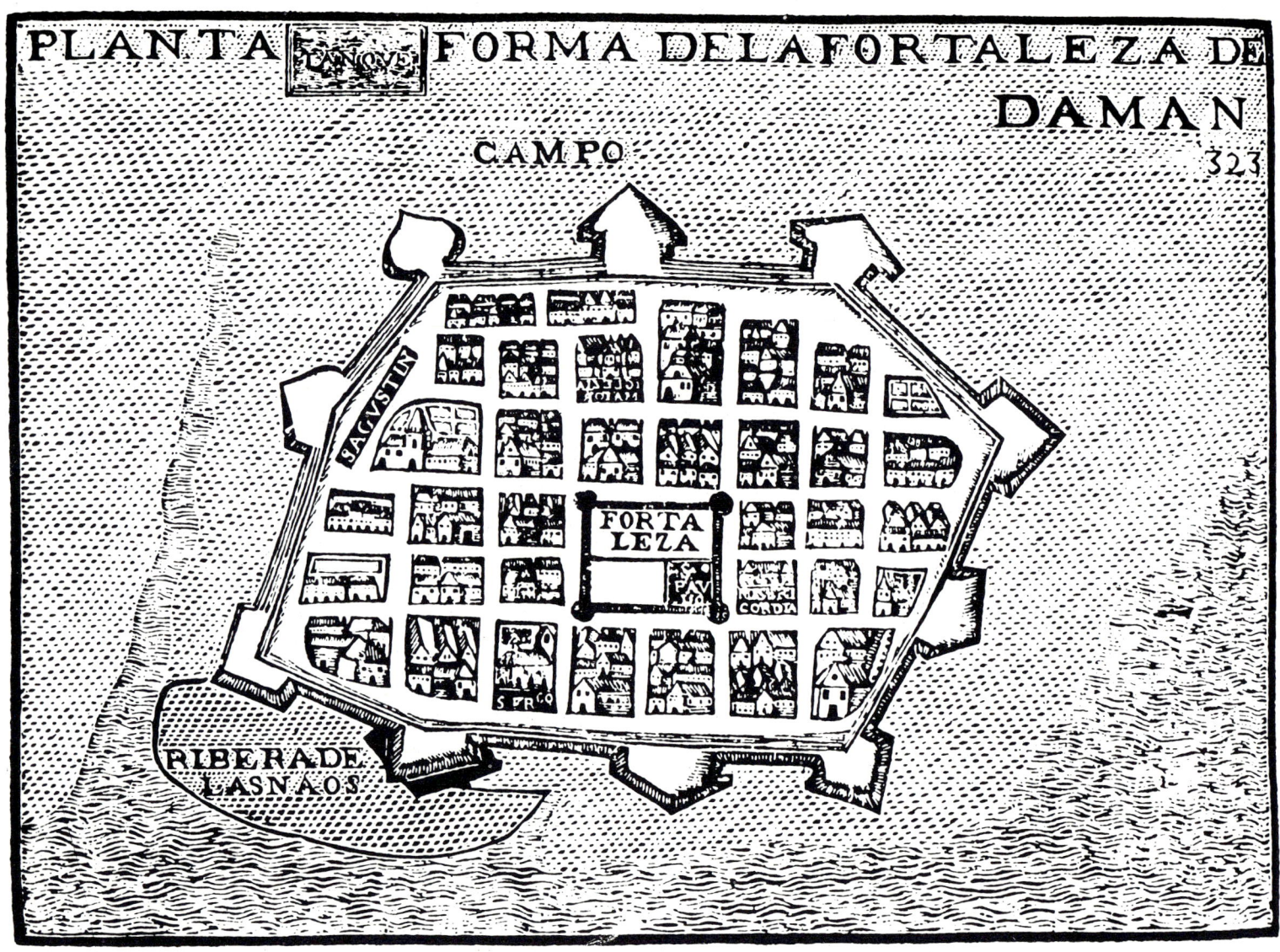

Abb. 979. Die portugiesische Festung Daman in Indien.

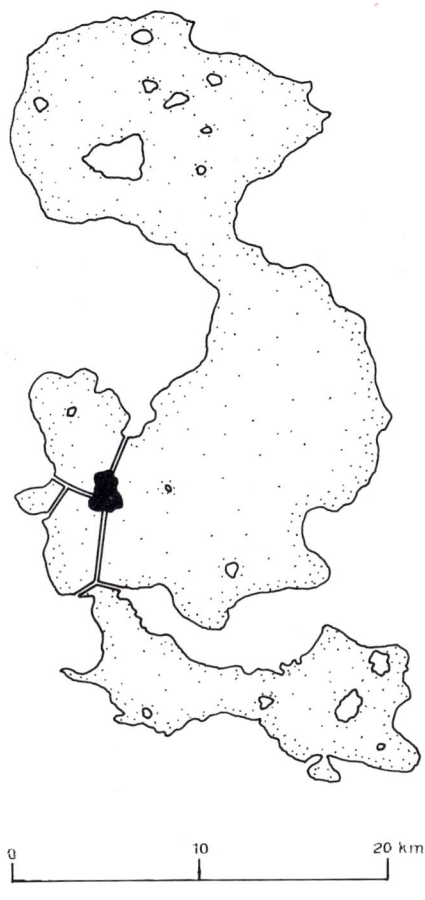

Abb. 980–981. Tenochtitlan, die
auf einer Insel des Texcocosees errichtete Hauptstadt des Azteken-
reiches (Stich, der der Erzählung
eines unbekannten Konquistadoren beigefügt war).

0   10   20 km

AVSTRO

Huichilubusao

Caloacan

LAGO   Suchimlco

DOLCE.

Mezguique   veniezuola

Messicalcongo

Fonte de laqua
che intra in la
cita.

Giardan   de mutezuma   Atacuba.

LEVANTE   PONENTE

PIAZA

MEXICO.

Pioza   El Tempio

La strada
che ua alla uera
crux et almare del Nort.

Casa de h
animali

uztapalapa.   Calmacam

Tempio de la oration

LAGO   SALSO.

Arggeri p conseruar le case dalle onde del lago.

SETTENTRIONE.

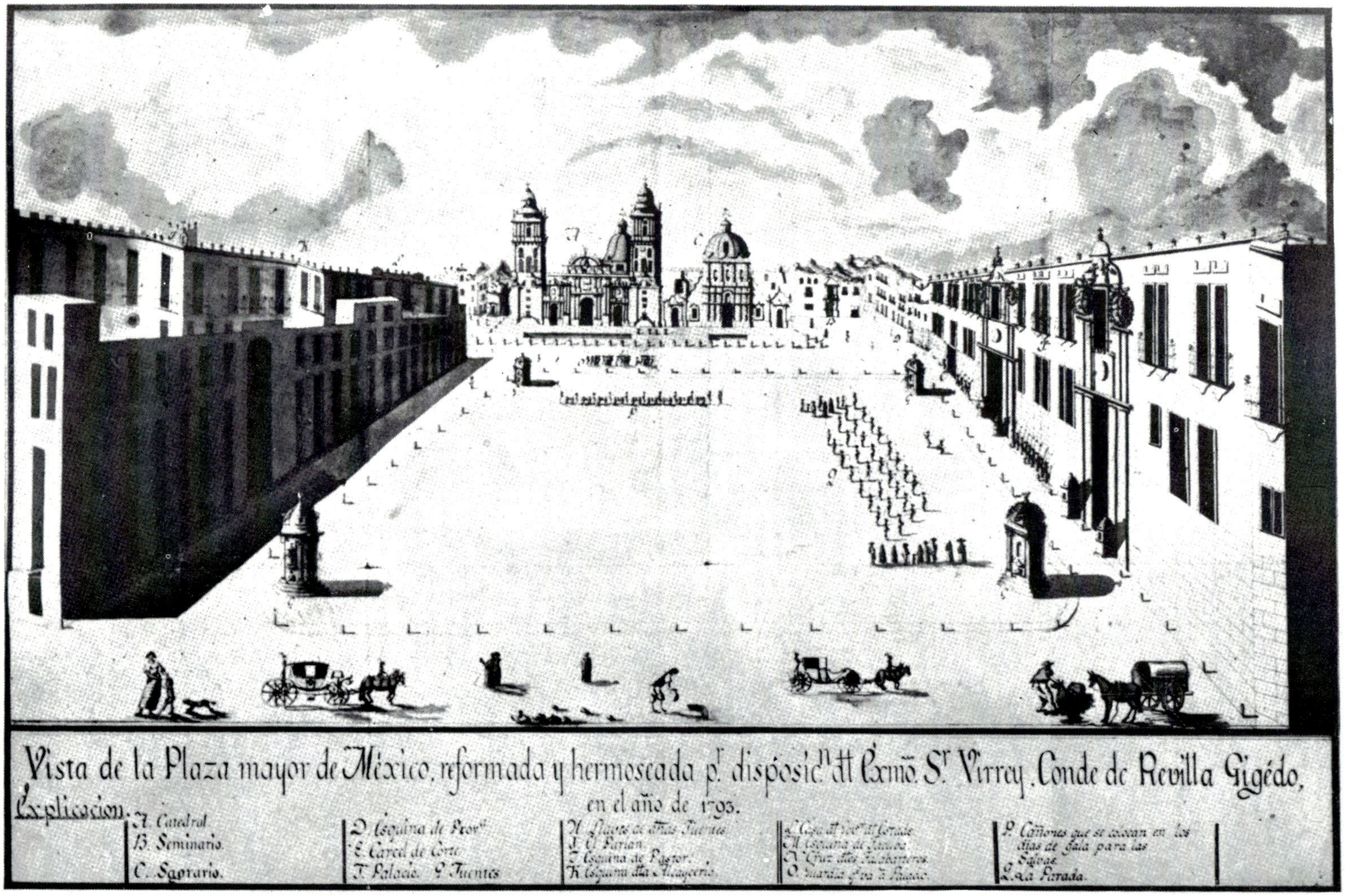

Abb. 982. Der Hauptplatz (Zócalo) von Mexiko-Stadt, der von den Spaniern an der Stelle des ursprünglichen Tenochtitlan errichteten Hauptstadt: Er war mit seiner Seitenlänge von ca. 250 m einer der größten Plätze des 16. Jahrhunderts (etwa genauso groß wie der Platz vor dem früheren Tempel der Azteken).

Abb. 983. Ansichten von Mexiko-Stadt aus den Jahren 1628 und 1905: Der See ist teilweise trockengelegt worden, und die Stadt ist heute mit dem Festland verbunden.

Abb. 984–985. (auf den beiden folgenden Seiten) Tenochtitlan/Mexiko-Stadt: die Anlage der ursprünglichen aztekischen und der späteren spanischen Stadt auf dem Hintergrund des heutigen Straßennetzes.

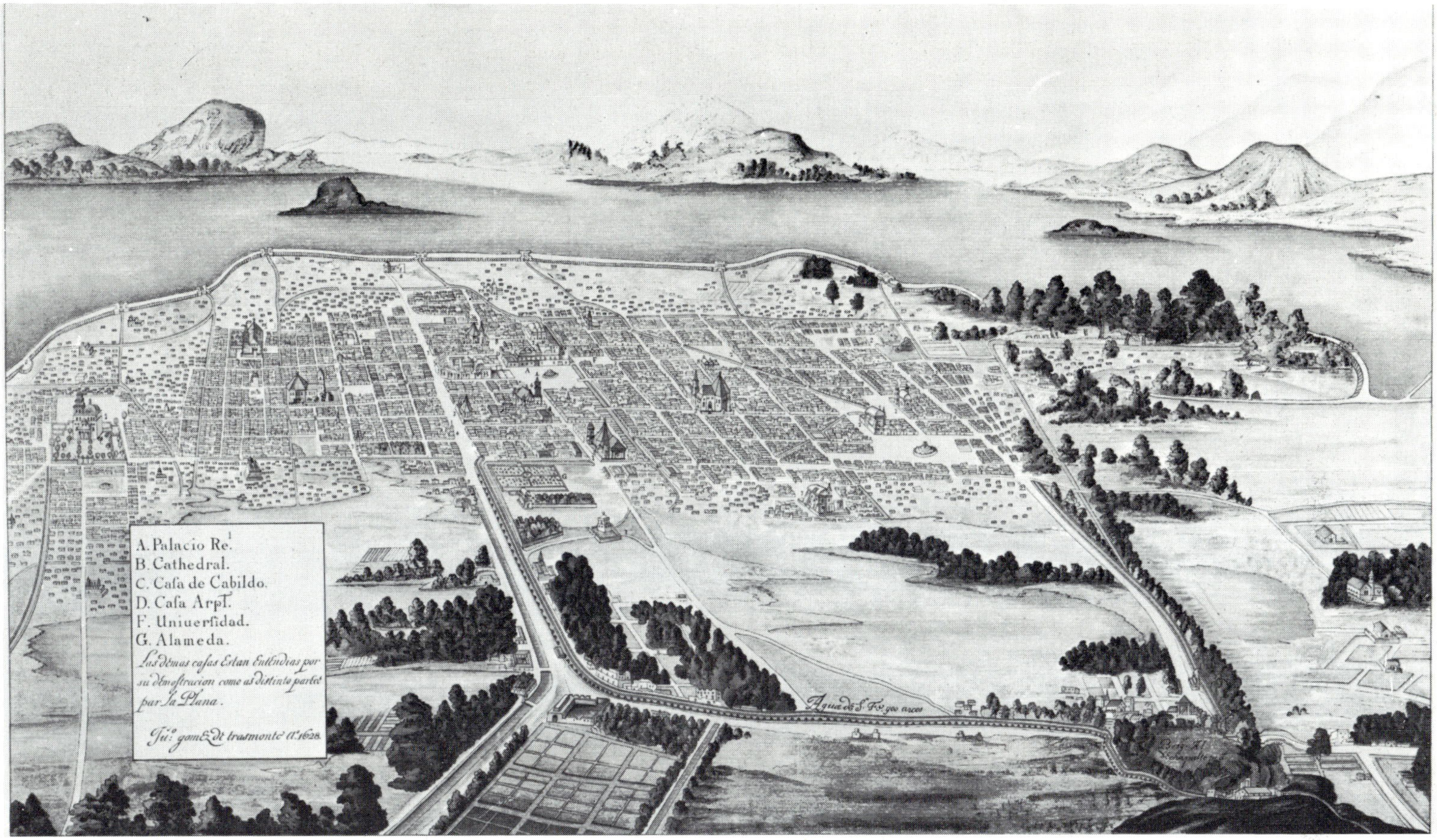

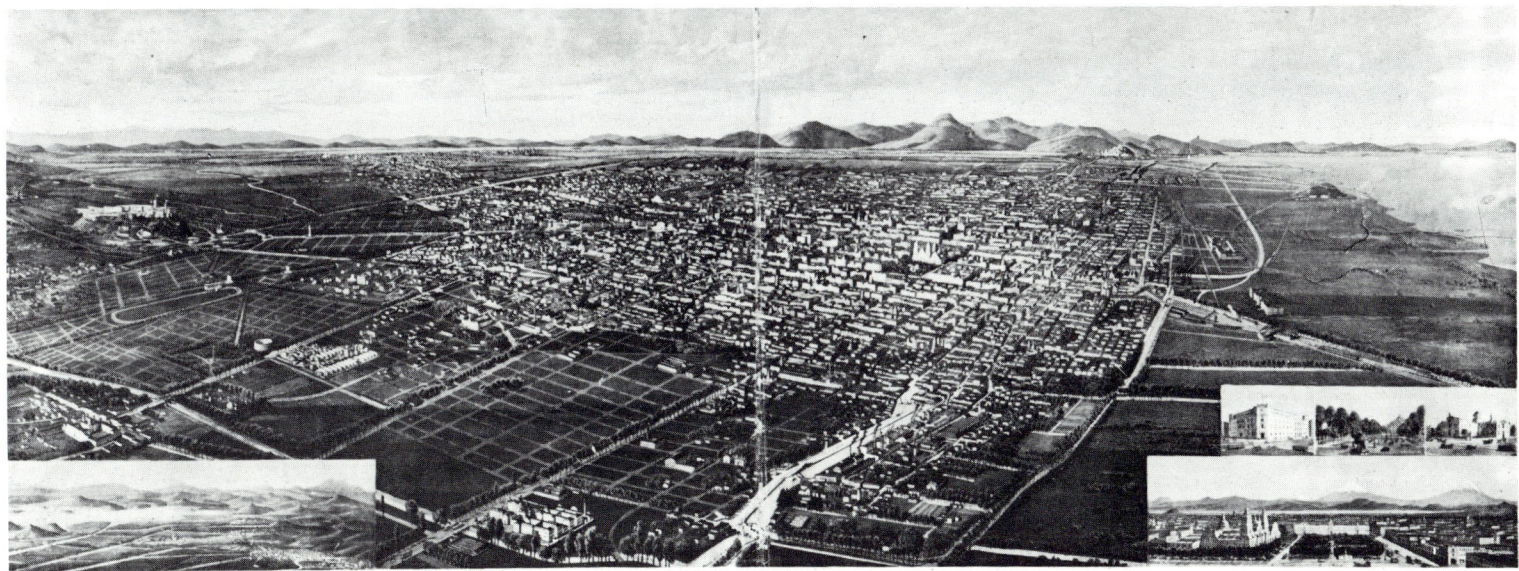

A. Palacio Re.
B. Cathedral.
C. Cafa de Cabildo.
D. Cafa Arpl.
F. Uniuerfidad.
G. Alameda.
Las demas cafas Eftan Entendias por
su demestracion como as diftinte partes
par la Plana.

Ji: gom& di tratmonte tl séss.

Aqua de S. Fo. que nacen

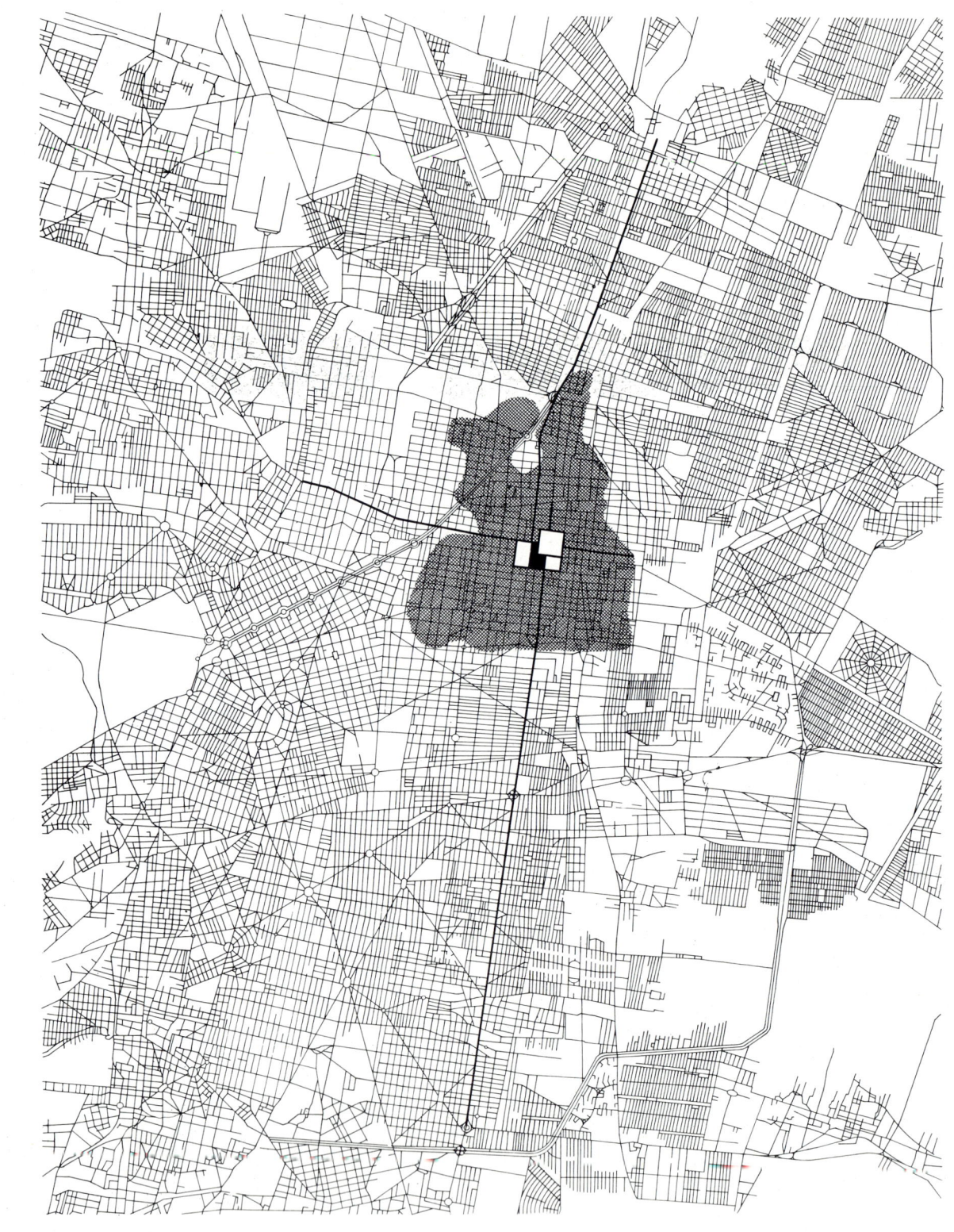

0 1 2 3 km

Abb. 986. Die heilige Stadt Teotihuacan in der Nähe von Mexiko-Stadt mit den Ruinen der Pyramiden.

Abb. 987. Cholula in Mexiko: links die Ruinen der aztekischen Pyramiden, rechts die regelmäßige Anlage der spanischen Stadt, deren Fläche zu einem großen Teil noch
nicht bebaut ist, weil sich die Stadt nicht in dem vorausge-
schätzten Ausmaß entwickelte.

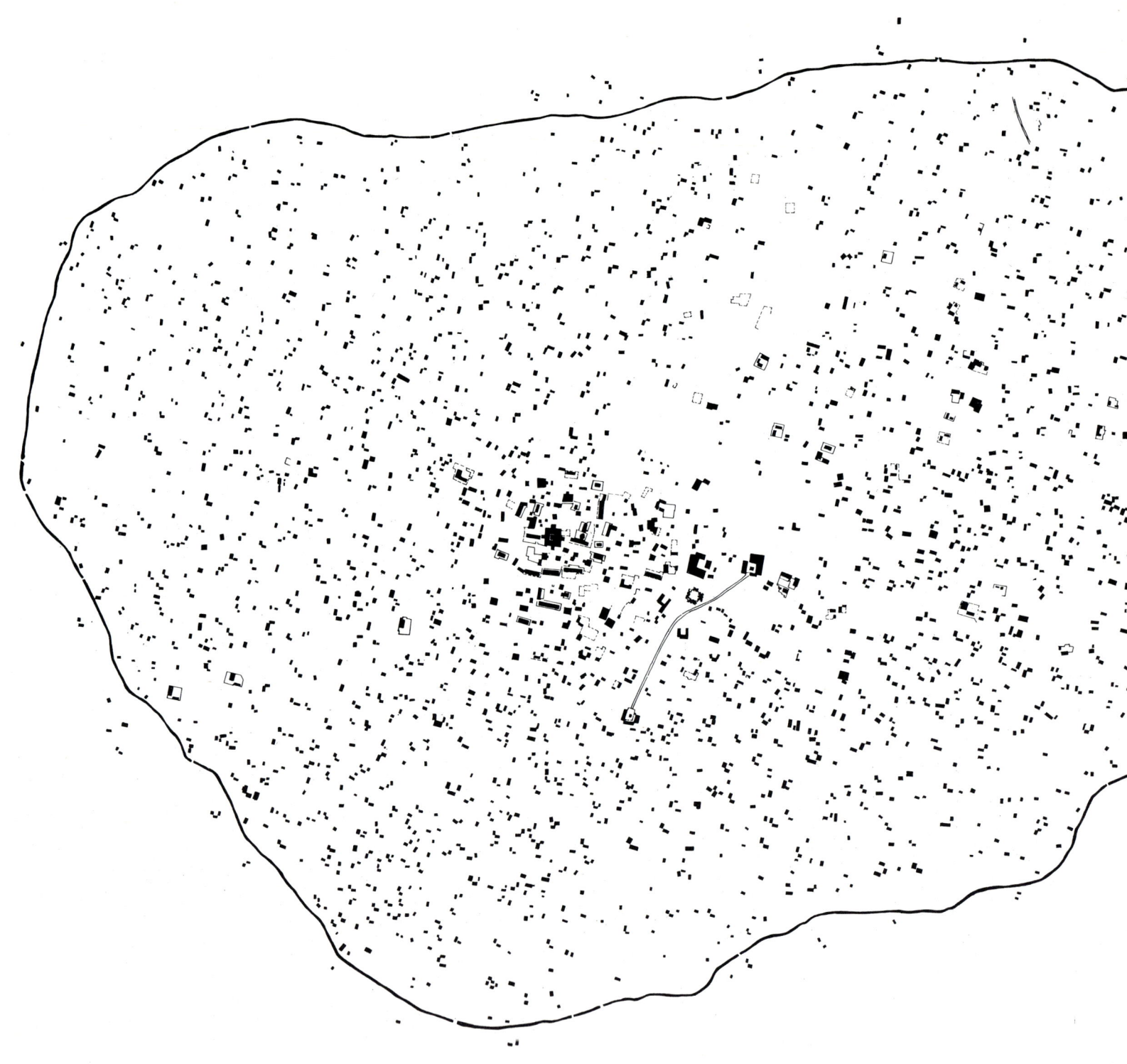

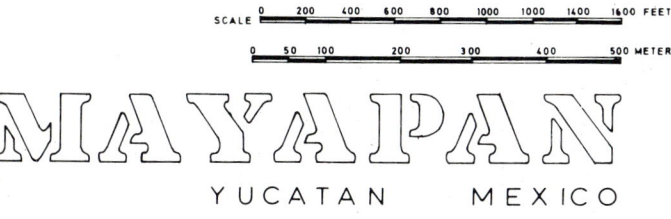

YUCATAN   MEXICO

Abb. 988. (links) **Plan der Stadt Mayapan in Yucatan, der größten bekannten Stadt der Maya.**

Abb. 989. (oben) **Ein Maya-Tempel in Chichen Itza.**

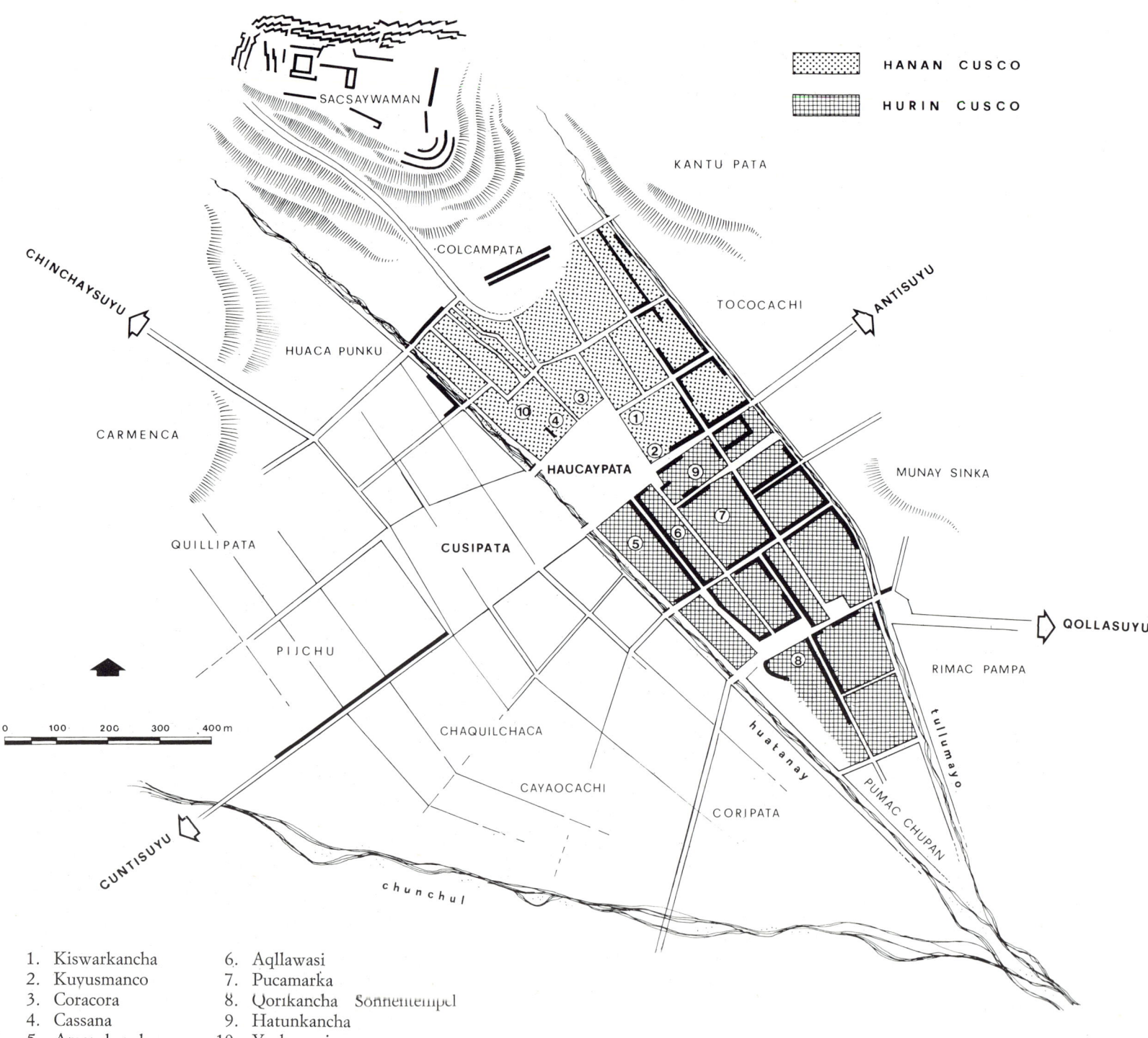

HANAN CUSCO

HURIN CUSCO

SACSAYWAMAN

KANTU PATA

CHINCHAYSUYU

COLCAMPATA

TOCOCACHI

ANTISUYU

HUACA PUNKU

CARMENCA

MUNAY SINKA

HAUCAYPATA

QUILLIPATA

CUSIPATA

PIJCHU

QOLLASUYU

RIMAC PAMPA

CHAQUILCHACA

CAYOCACHI

CORIPATA

huatanay

tullumayo

PUMAC CHUPAN

CUNTISUYU

chunchul

1. Kiswarkancha
2. Kuyusmanco
3. Coracora
4. Cassana
5. Amarukancha
6. Aqllawasi
7. Pucamarka
8. Qorikancha Sonnentempel
9. Hatunkancha
10. Yachawasi

Abb. 990. (linke Seite) **Cuzco, die Hauptstadt des Inka-Reiches, mit den beiden Stadthälften Hanan Cuzco und Hurin Cuzco. Die Mauern der alten, von den Inkas angelegten Stadt (in fetten Linien) existieren heute noch. In der Mitte der durch den Fluß Huatanay zweigeteilte große Platz. Auf dem Hügel im Norden die Festung Sacsaywaman.**

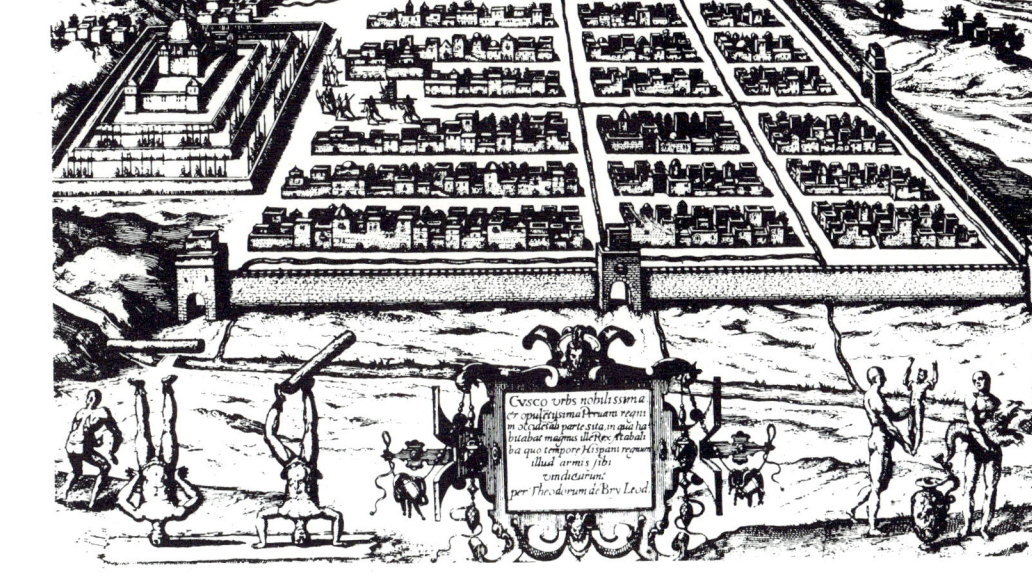

Abb. 991. Europäische Phantasieansicht von Cuzco (Stich aus dem 16. Jahrhundert).

Abb. 992. Das heutige Cuzco vom nördlichen Hügel Sacsaywaman aus gesehen.

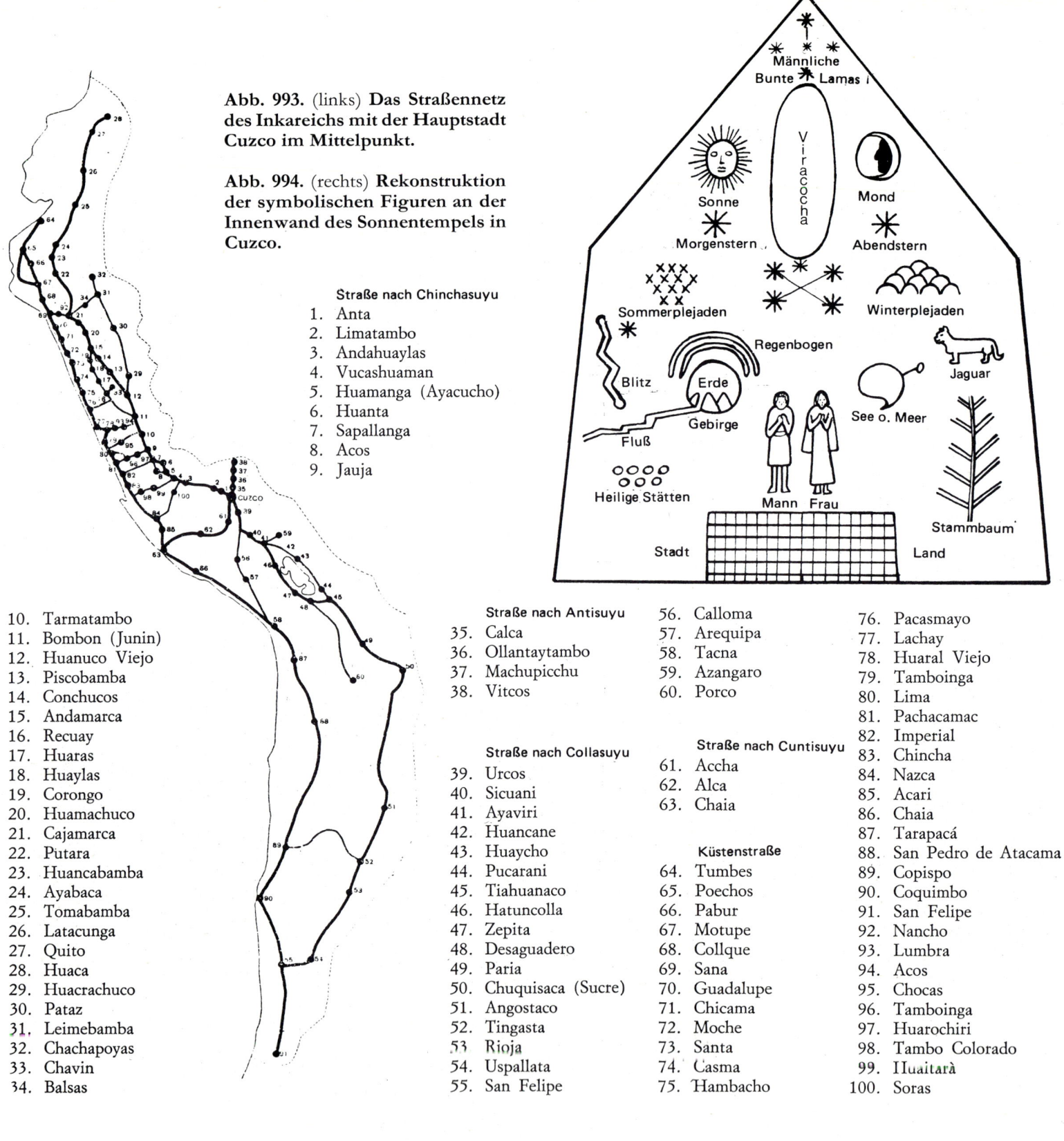

Abb. 993. (links) **Das Straßennetz des Inkareichs mit der Hauptstadt Cuzco im Mittelpunkt.**

Abb. 994. (rechts) **Rekonstruktion der symbolischen Figuren an der Innenwand des Sonnentempels in Cuzco.**

Figure 994 labels:
Männliche Bunte Lamas ı
Sonne — Viracocha — Mond
Morgenstern — Abendstern
Sommerplejaden — Winterplejaden
Blitz — Regenbogen — Jaguar
Erde
Fluß — Gebirge — See o. Meer
Heilige Stätten — Mann — Frau — Stammbaum
Stadt — Land

Straße nach Chinchasuyu
1. Anta
2. Limatambo
3. Andahuaylas
4. Vucashuaman
5. Huamanga (Ayacucho)
6. Huanta
7. Sapallanga
8. Acos
9. Jauja

10. Tarmatambo
11. Bombon (Junin)
12. Huanuco Viejo
13. Piscobamba
14. Conchucos
15. Andamarca
16. Recuay
17. Huaras
18. Huaylas
19. Corongo
20. Huamachuco
21. Cajamarca
22. Putara
23. Huancabamba
24. Ayabaca
25. Tomabamba
26. Latacunga
27. Quito
28. Huaca
29. Huacrachuco
30. Pataz
31. Leimebamba
32. Chachapoyas
33. Chavin
34. Balsas

Straße nach Antisuyu
35. Calca
36. Ollantaytambo
37. Machupicchu
38. Vitcos

Straße nach Collasuyu
39. Urcos
40. Sicuani
41. Ayaviri
42. Huancane
43. Huaycho
44. Pucarani
45. Tiahuanaco
46. Hatuncolla
47. Zepita
48. Desaguadero
49. Paria
50. Chuquisaca (Sucre)
51. Angostaco
52. Tingasta
53. Rioja
54. Uspallata
55. San Felipe

56. Calloma
57. Arequipa
58. Tacna
59. Azangaro
60. Porco

Straße nach Cuntisuyu
61. Accha
62. Alca
63. Chaia

Küstenstraße
64. Tumbes
65. Poechos
66. Pabur
67. Motupe
68. Collque
69. Sana
70. Guadalupe
71. Chicama
72. Moche
73. Santa
74. Casma
75. Hambacho

76. Pacasmayo
77. Lachay
78. Huaral Viejo
79. Tamboinga
80. Lima
81. Pachacamac
82. Imperial
83. Chincha
84. Nazca
85. Acari
86. Chaia
87. Tarapacá
88. San Pedro de Atacama
89. Copispo
90. Coquimbo
91. San Felipe
92. Nancho
93. Lumbra
94. Acos
95. Chocas
96. Tamboinga
97. Huarochiri
98. Tambo Colorado
99. Huaitará
100. Soras

Abb. 995. Terrassenanlagen für die Landwirtschaft aus der Inkazeit in der Nähe von Pisac.

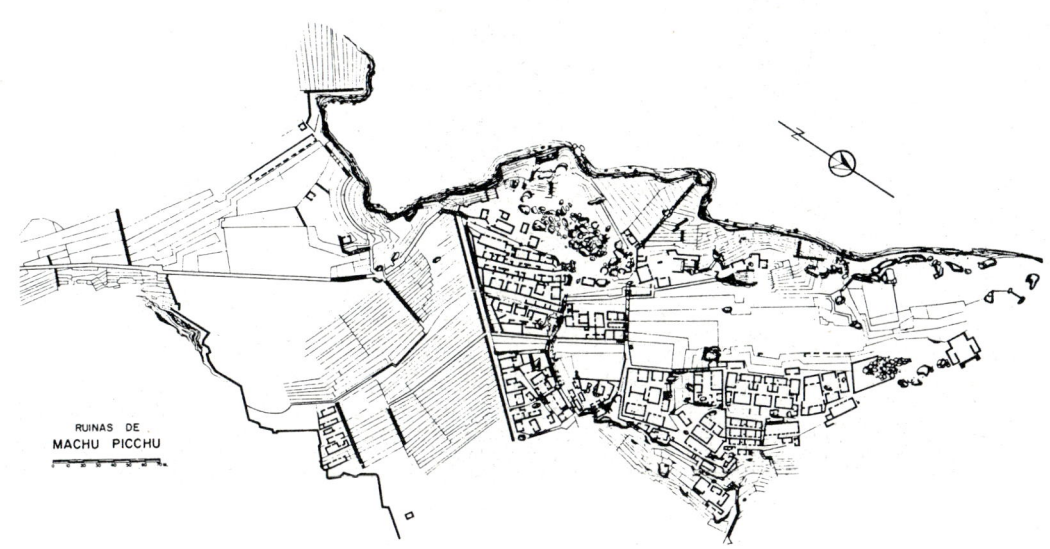

Abb. 996–998. Plan und zwei Ansichten der Stadt Machu Picchu. Die Stadt wurde von ihren Bewohnern verlassen und blieb bis zur Entdeckung durch den amerikanischen Archäologen Hiram Bingham im Jahre 1911 unbekannt. Die Stadt und ihre Terrassenanlagen sind integraler Bestandteil der Berglandschaft.

RUINAS DE
MACHU PICCHU

Abb. 999–1001. Illustrationen aus einer spanischen Chronik vom Ende des 16. Jahrhunderts, die die verschiedenen Formen der Mißhandlung von Eingeborenen dokumentieren.

Die Anlage der neuen Städte folgte einem einheitlichen Modell: Die Grundstruktur bildete ein schachbrettartig angelegtes Straßennetz und zwischen den einzelnen Straßen befand sich eine Vielzahl – meist quadratischer – Häuserblocks. In der Mitte der Stadt wurden einige Häuserblocks weggelassen oder in ihrer Größe reduziert, um Raum für einen freien Platz zu schaffen, um den die bedeutendsten Gebäude gruppiert wurden: die Kirche, das Rathaus, die Häuser der Kaufleute und die der reichsten Kolonisten.

In Mexiko, wo es galt, eine große Bevölkerung zum Christentum zu bekehren, wurde vor den Kirchen ein großer Hof (atrio) angelegt und an ihrer Längsseite eine Art Nebenkapelle (capilla de indios), wo an Feiertagen die Messe im Freien gelesen werden konnte (Abb. 1003).

Dieses Modell wurde von den Machthabern bereits in den ersten Jahren der Eroberungen durchgesetzt und von Philipp II. in dem Gesetz von 1573, dem ersten neuzeitlichen Gesetz über die Stadtplanung, auch schriftlich festgelegt. Die wichtigsten Vorschriften lauteten:

»... Nach unserem Willen sollte eine neue Siedlung nur an einem freien Ort gegründet werden, ohne die Indianer zu belästigen, oder es muß vorher ihr Einverständnis eingeholt werden. Ist man also an einem solchen Ort angekommen, so ist zunächst der Plan für die Plätze, Straßen und Grundstücke mit Hilfe von Pflöcken und Schnüren auf das Gelände zu übertragen; dabei beginnt man mit dem Hauptplatz, von dem die Straßen zu den Toren und den wichtigsten Landstraßen ausgehen; auch ist darauf zu achten, daß genügend freier Raum gelassen wird, damit die Stadt unter Beibehaltung dieses Musters erweitert werden kann. ... Der Hauptplatz muß im Zentrum der Stadt liegen und in Form eines Rechtecks angelegt sein, dessen Länge mindestens das Anderthalbfache der

Breite betragen muß, weil diese Ausmaße am günstigsten sind für Veranstaltungen mit Pferden und für andere Feierlichkeiten. . . . Die Größe des Platzes soll sich nach der Einwohnerzahl bemessen, wobei stets bedacht werden muß, daß die Städte Indiens – sofern sie neue Städte sind – weiter wachsen sollen und dies wahrscheinlich auch tatsächlich tun werden. Deshalb also muß der Platz im Verhältnis zum voraussichtlichen Wachstum der Stadt geplant werden. Seine Breite darf 200 Fuß nicht unter- und 500 Fuß nicht überschreiten; seine Länge muß zwischen 300 und 800 Fuß liegen. Ein wohlproportionierter Platz mittlerer Größe sollte 600 Fuß lang und 400 Fuß breit sein.

Die vier Hauptstraßen haben ihren Ausgangspunkt in der Mitte einer jeden Seite des Hauptplatzes und jeweils zwei Straßen gehen von jeder Ecke des Platzes ab. Diese vier Ecken müssen in die Richtung der vier Himmelsrichtungen weisen, damit die vom Platz abgehenden Straßen nicht den vier hauptsächlichsten Winden direkt ausgesetzt werden. Der gesamte Platz und die vier von ihm abgehenden Hauptstraßen sollen mit Säulengängen versehen werden, weil dies für die Personen, die dort zusammenkommen, um Handel zu treiben, sehr von Nutzen ist. . . .

Die Einmündungen der acht Straßen an den vier Ecken des Platzes dürfen nicht durch die Säulengänge des Platzes versperrt werden. Diese Säulengänge dürfen nicht über die Ecken hinausgehen, damit die Bürgersteige der Straßen in die des Platzes übergehen können. Die Straßen werden breit sein in den kalten Regionen und schmal in den warmen; nur dort, wo zum Zwecke der Verteidigung Pferde eingesetzt werden, empfiehlt es sich, die Straßen in jedem Fall breit anzulegen. . . .

In den Städten im Landesinneren darf die Kirche nicht direkt am Rande des Platzes stehen, sondern muß ausreichend entfernt von diesem angelegt werden, freistehend und abgerückt von den übrigen Gebäuden, auf daß man sie von allen Seiten her sehen kann; dadurch wird sie schöner und eindrucksvoller erscheinen. Sie sollte nicht zu ebener Erde liegen, sondern etwas höher, damit die Leute erst einige Stufen zum Eingang hinaufsteigen müssen. . . . Das Armenhospital, in der die nichtansteckenden Krankheiten behandelt werden, wird auf der Nordseite gebaut, damit seine Fassade nach Süden weist. . . . Die direkt am Hauptplatz gelegenen Baugrundstücke dürfen nicht an Privatleute abgegeben werden, sondern müssen der Kirche, den königlichen Bauten, den Verwaltungsgebäuden und den Geschäften und Wohnungen der Kaufleute vorbehalten bleiben; dies sind auch die Bauten, die zuerst errichtet werden müssen. . . .

Die übrigen Baugrundstücke werden unter den Personen ausgelost, die einen Anspruch darauf haben, am Hauptplatz zu bauen. Die verbleibenden Grundstücke, die niemandem zugewiesen wurden, müssen für später kommende Kolonisten freigehalten werden oder können je nach unseren Wünschen anderweitig genutzt werden.«

Diese Regeln entstammten einerseits der mittelalterlichen Tradition, sofern sie an die im 13. Jahrhundert und in der ersten Hälfte des 14. Jahrhunderts gegründeten neuen, über ganz Europa verstreuten Städte erinnern – an die französischen *bastides* und die spanischen *poblaciones*, die in früheren Kapiteln beschrieben wurden; andererseits aber weisen sie eine Verbindung mit der

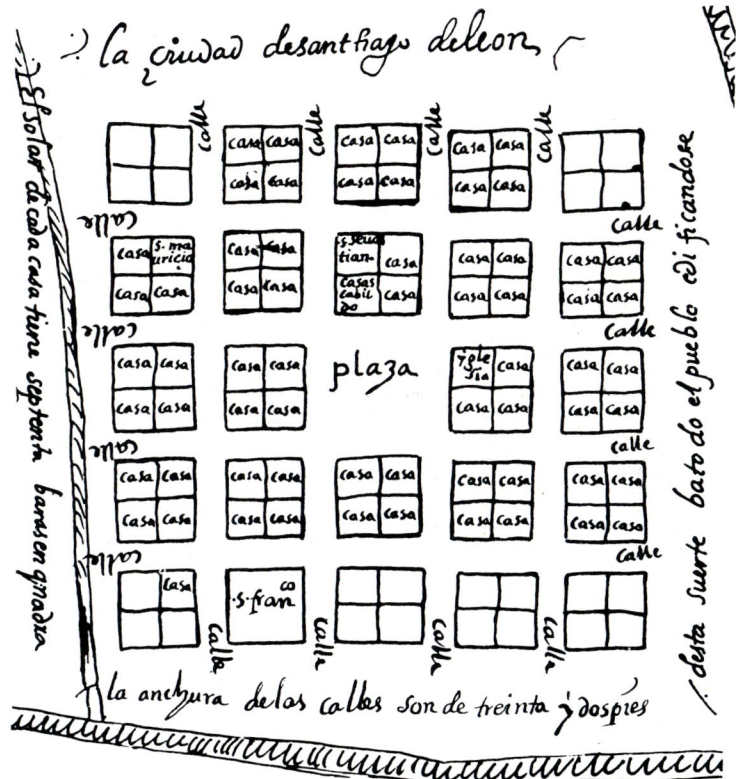

Abb. 1002. Gründungsplan von Santiago del Leon, dem heutigen Caracas.

Kultur der Renaissance auf, zu den Traktaten von Vitruv, Alberti u.a. und zur geometrischen Regelmäßigkeit, die sich zu jener Zeit als Gestaltungsprinzip durchgesetzt hatte und wesentliche Voraussetzung produktiver Technik war.

In der Praxis führte die Kombination dieser beiden, aus verschiedenen Epochen stammenden Faktoren zu einem Stadttyp, der sich folgendermaßen charakterisieren läßt:

1. Bei der Gründung einer neuen Stadt wurde noch kein dreidimensionaler Organismus angelegt, sondern nur eine sogenannte *traza*, eine zweidimensionale Grundstruktur, wie in Ferrara. Man plante dabei nicht – wie im Mittelalter –, diese Grundstruktur möglichst bald vollständig zu bebauen; die genau abgegrenzten Grundstücke wurden vielmehr einzelnen Besitzern zugesprochen, die auf ihnen bauen konnten, wie und wann immer sie wollten. In den amerikanischen Städten nahm die von den Straßen und Plätzen gebildete Grundstruktur oftmals übertrieben große Ausmaße an, während die einzelnen Gebäude klein und bescheiden waren und die Häuser meist sogar nur über ein Stockwerk verfügten (Abb. 1008–1010).

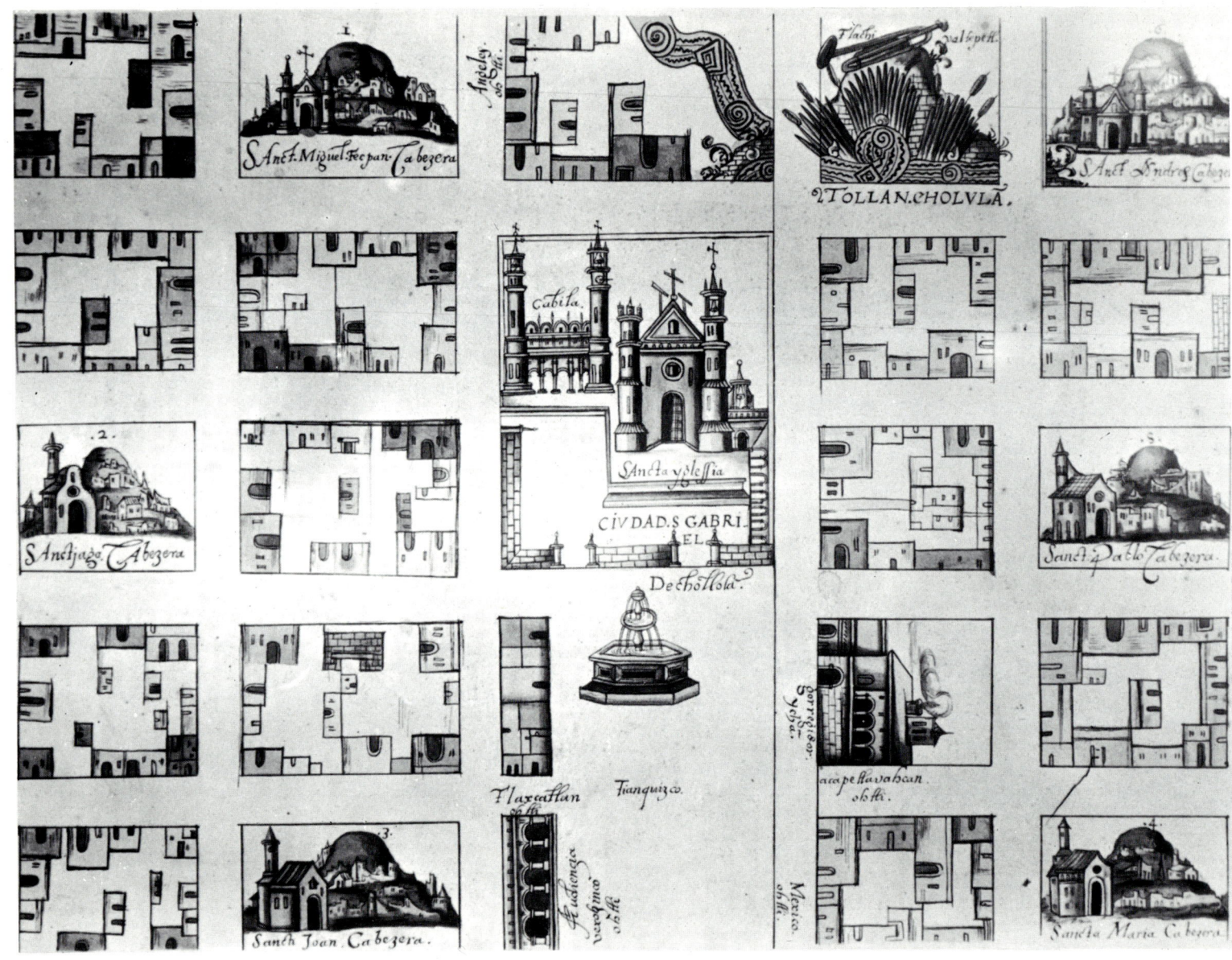

Abb. 1003. Plan des Stadtzentrums von Cholula in Mexiko aus dem Jahre 1518: Der größere Block in der Mitte umfaßte die Kirche, den atrio **und die** capilla de indios.

Abb. 1004. Der mittlere Teil einer Karte von Quito in Ecuador aus dem 18. Jahrhundert: Die vier Plätze entstanden dadurch, daß jeweils die einem Häuserblock entsprechende Fläche nicht bebaut wurde.

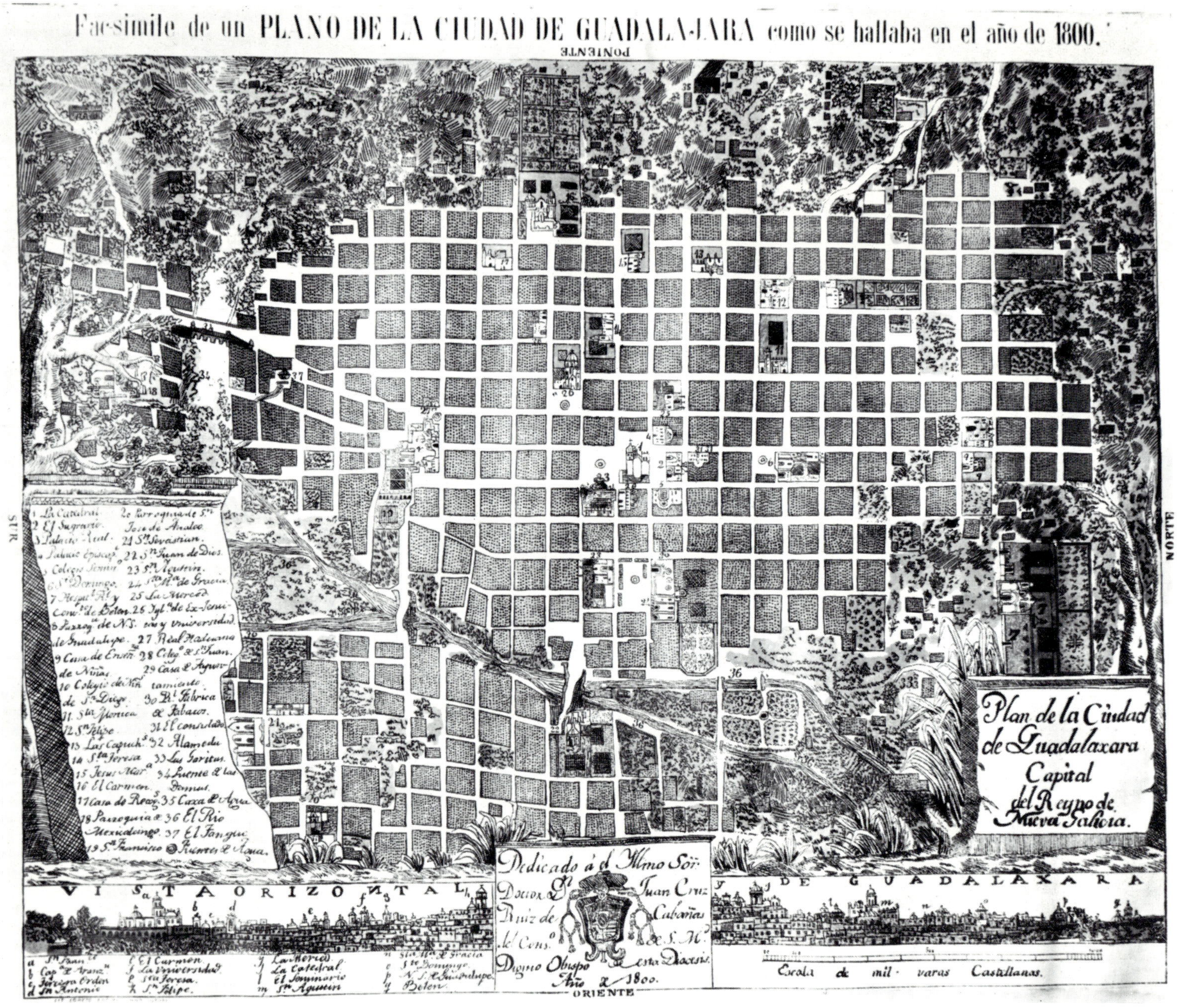

Abb. 1005. Plan von Guadalajara in Mexiko.

Abb. 1006. Luftaufnahme des Stadtzentrums von Guadalajara mit dem Hauptplatz (Nr. 2, 3 und 4 auf dem vorstehenden Plan).

Abb. 1007–1008. Charakteristische Ansichten der spanischen Kolonialstädte in Amerika: links die Fassade einer Kirche, bei deren Gestaltung die Elemente der klassischen Architektur von den lokalen Baumeistern frei adaptiert worden sind, und oben eine typische Straße mit den einstöckig angelegten Häusern.

Abb. 1009. Eine Straße in Mérida in Venezuela, die immer noch von den aus der Kolonialzeit stammenden einstöckigen Häusern gesäumt wird.

Abb. 1010. Eine andere Straße in Mérida: Die alten, aus der Kolonialzeit stammenden Häuser sind durch modernere Bauten derselben Größe ersetzt worden.

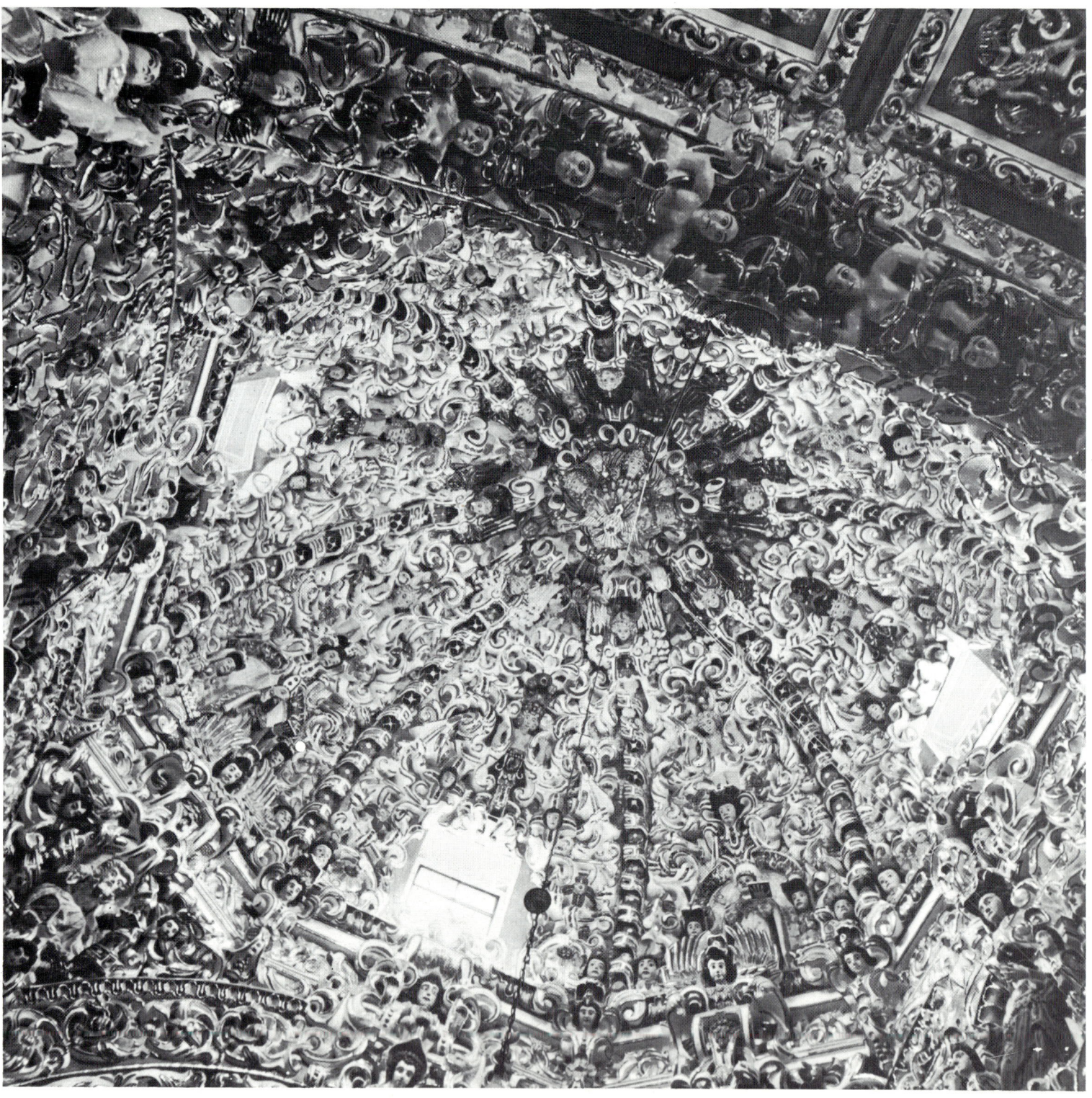

Abb. 1011–1012. Aus dem 18. Jahrhundert stammende Dekorationen zweier Kirchen in Mexiko: die Stuckverkleidung einer Kuppel in Puebla und die Fassade einer Kirche in Tlaxcala.

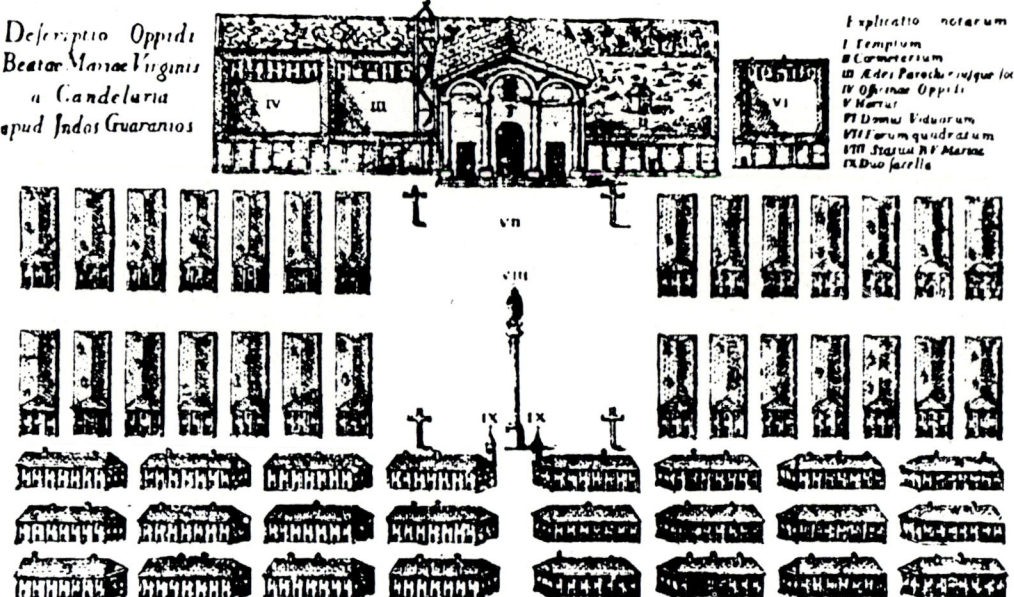

Abb. 1013. Die im Jahre 1627 von den Jesuiten im Innern Paraguays gegründete Stadt Candelaria (Stich aus dem 18. Jahrhundert).

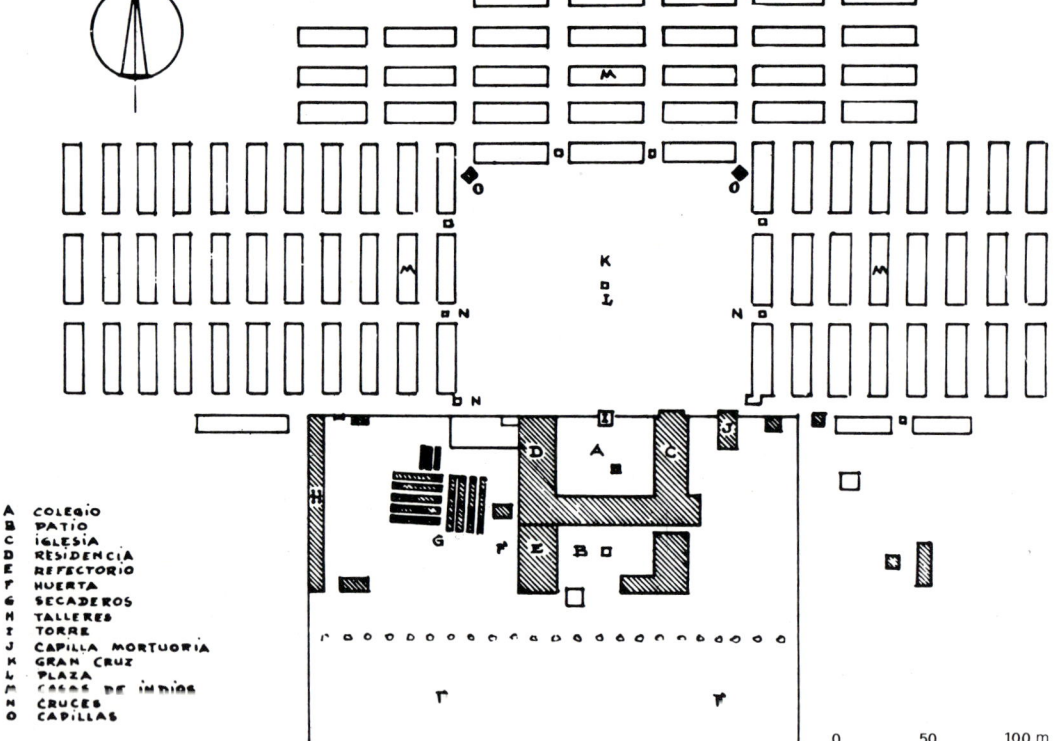

Abb. 1014. Plan einer anderen jesuitischen Stadt: San José de Chiquitos in Bolivien.

A Kolleg
B Patio (Innenhof)
C Kirche
D Wohnungen der Jesuiten
E Speisesaal
F Gärten
G Trockenräume
H Werkstätten
I Turm
J Totenkapelle
K Großes Kreuz
L Platz
M Wohnhäuser der Indios
N Kreuze
O Kapellen

2. Die Stadt mußte wachsen können, und man wußte nicht im voraus, wie groß sie einmal werden würde. Dementsprechend konnte die schachbrettartige Anlage der Stadt nach allen Richtungen hin ausgedehnt und je nach Notwendigkeit durch weitere Häuserblocks erweitert werden. Die äußere Stadtgrenze war immer nur provisorisch, zumal es nicht notwendig war, sie mit Mauern und Gräben zu umgeben. Erst im 17. Jahrhundert wurden die in Küstennähe gelegenen Städte befestigt, um sie gegen die Piraten zu verteidigen. Der in Europa, speziell in Spanien, sehr deutliche Kontrast zwischen der Stadt und der sie umgebenden Landschaft war in den Kolonien aufgrund der Flexibilität der Stadtgrenzen wesentlich weniger ausgeprägt; er wurde zusätzlich durch die ausgedehnten freien Flächen innerhalb der Stadt abgeschwächt, denn viele der Häuser der Kolonisten verfügten über einen eigenen Hof, und im Stadtzentrum lag die große freie Fläche des Hauptplatzes und des *atrio*.

3. Die Gleichförmigkeit der schachbrettartigen Struktur der Städte, die von den spanischen Bürokraten meist vom grünen Tisch aus angeordnet wurde, machte es unmöglich, die Städte der jeweiligen Landschaft und Umgebung anzupassen. So sind die lateinamerikanischen Städte weitaus einfacher angelegt als die mittelalterlichen Städte in Europa, deren Struktur sich oft nach der natürlichen Umgebung richtete und die deshalb wesentlich komplexer sein konnte. Die Ungewißheit über die künftige Entwicklung verlieh der Stadt etwas Vorläufiges, das Stadtbild blieb nichtssagend und ohne eigenen Charakter. Einige Städte, die zunächst nur aus einigen Dutzend Häuserblocks bestanden, sind im Laufe der Zeit unter Beibehaltung ihrer ursprünglichen Struktur zu großen Metropolen geworden. Diese im 16. Jahrhundert festgelegte Struktur war für die Stadtentwicklung im 19. Jahrhundert gleichermaßen geeignet wie für die unserer Zeit. Tatsächlich ähnelt sie auch in vielerlei Hinsicht den heutigen Stadtentwicklungsplänen.

Die auf dem amerikanischen Kontinent errichteten Kolonialstädte stellen die bedeutendsten Beispiele der Stadtplanung des 16. Jahrhunderts dar. Ihre im Vergleich mit den Feinheiten und den hohen Ansprüchen der europäischen Kunst deutlich werdende Formenarmut zeigt, daß die Fähigkeiten nicht mehr im Einklang mit den Möglichkeiten standen. In Europa waren die großen Künstler nicht in der Lage, ihre Projekte zu realisieren, während drittklassige Baumeister und Handwerker nach Amerika auswanderten und dort ganze Städte planten und errichteten. Dennoch verfolgten alle dasselbe Ziel: die Stadtlandschaft nach den neuen Prinzipien der Symmetrie und der geometrischen Regelmäßigkeit zu strukturieren. Mit der Durchsetzung dieser Prinzipien gelang es den Europäern, ihre Vorherrschaft in allen Teilen der Erde zu sichern.

Das von den Spaniern im 16. Jahrhundert im Zuge der Städtegründungen in Mittel- und Südamerika entwickelte Modell der

Abb. 1015. Ein Feld aus dem Raster, das Thomas Jefferson im Jahre 1785 für die territoriale Aufteilung der Vereinigten Staaten von Amerika festgelegt hat.

schachbrettartigen Anlage wurde im 17. und 18. Jahrhundert von den Franzosen und Engländern für die Kolonisierung Nordamerikas übernommen. Innerhalb der neuen, auf den Wissenschaften aufbauenden Kultur galt die Schachbrettstruktur als allgemeines, in jedem Maßstab anwendbares Planungsinstrument; es wurde für die Planung einer Stadt benutzt, für die Aufteilung des Ackerlandes und auch, um Staatsgrenzen festzulegen. Im Jahre 1785 entwarf Thomas Jefferson, einer der Gründer der Vereinigten Staaten von Amerika, ein am Verlauf der Meridiane und Breitengrade ausgerichtetes Rastersystem für die Aufteilung und Kolonisierung der neuen Territorien des Westens: Jedes Feld bestand aus 16 Quadratmeilen und konnte in 2, 4, 8, 16, 32, 64 oder noch mehr Parzellen aufgeteilt werden. Damit war das geometrische Muster vorgegeben, das sowohl die Struktur der einzelnen Städte als auch ausgedehnter Landstriche der neuen Welt bestimmen sollte (Abb. 1016–1030).

DE ZUYD REVIER, or DELAWARE REVIR
SCHUYL KILL

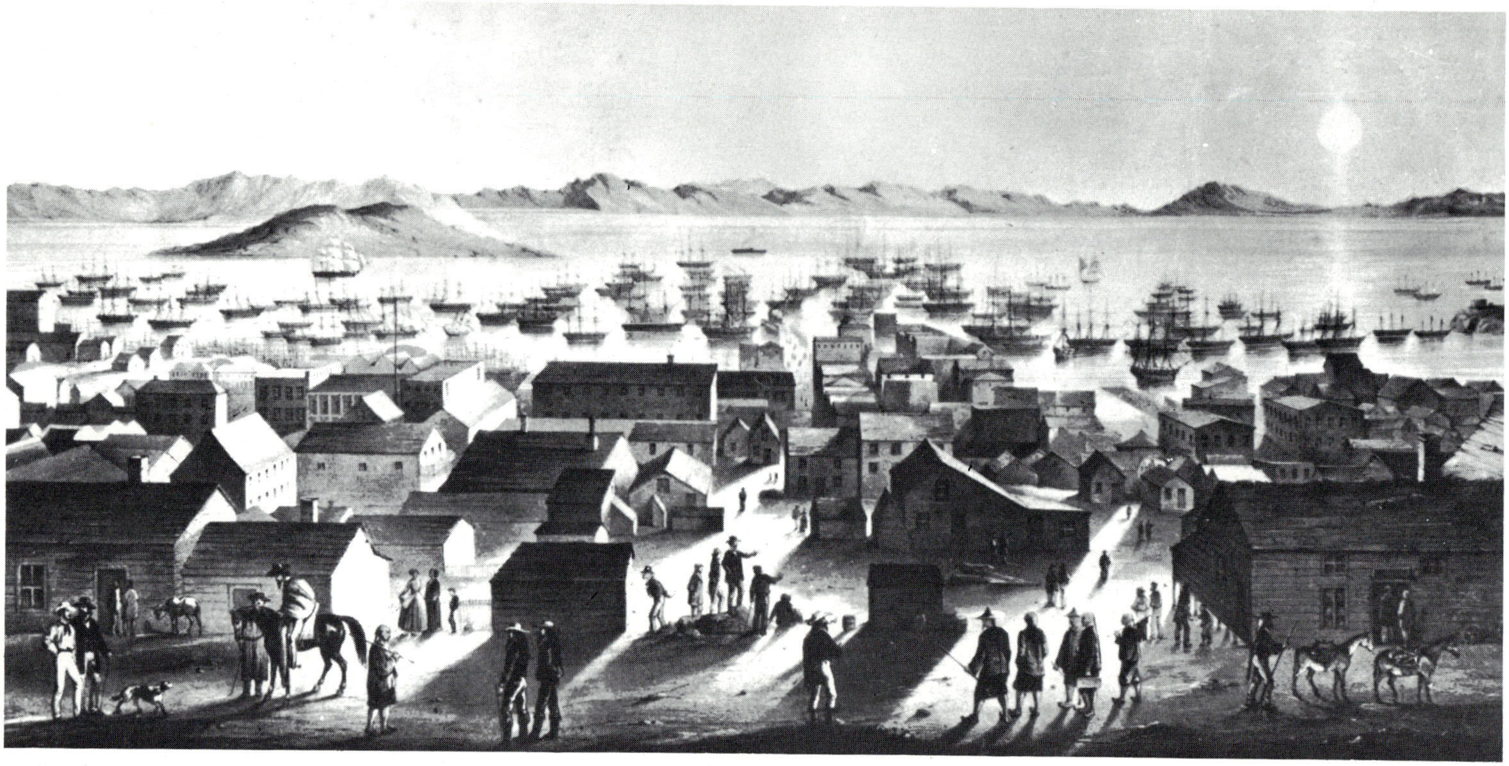

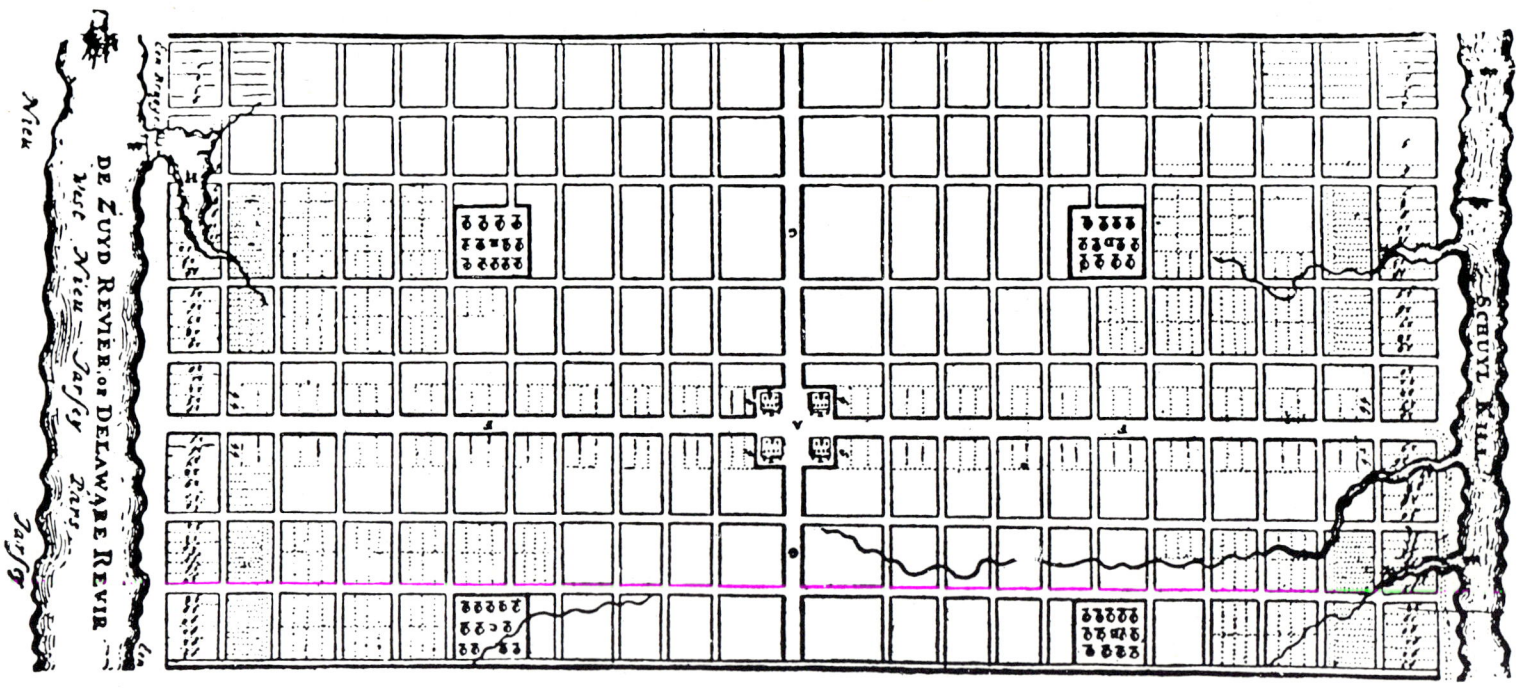

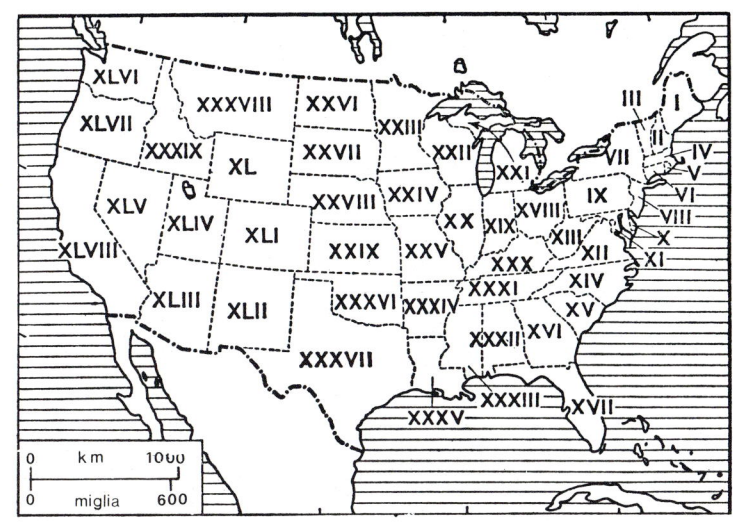

Abb. 1016–1017. (linke Seite) **Die Kolonisierung Nordamerikas: die erste Ansiedlung der Pioniere in San Francisco und der von William Penn im Jahre 1682 entworfene Plan von Philadelphia.**

Abb. 1018–1019. (auf dieser Seite) **Ansicht aus dem Jahre 1724 der im Bau befindlichen Stadt Savannah;** (rechts) **die 48 Staaten der U.S.A. vor der Eingliederung Alaskas und Hawais.**

Abb. 1020–1023. (auf den vier folgenden Seiten) **Der von der New Yorker Stadtverwaltung im Jahre 1811 vorgelegte Bebauungsplan: Seine schachbrettartige Struktur wurde durch breite, längs verlaufende Straßen (von 1 bis 11 numerierte Avenues) und durch schmalere Querstraßen (von 1 bis 155 numerierte Streets) gebildet, so daß trotz der Unebenheiten der Insel Manhattan ein absolut regelmäßiges Straßennetz entstand.**

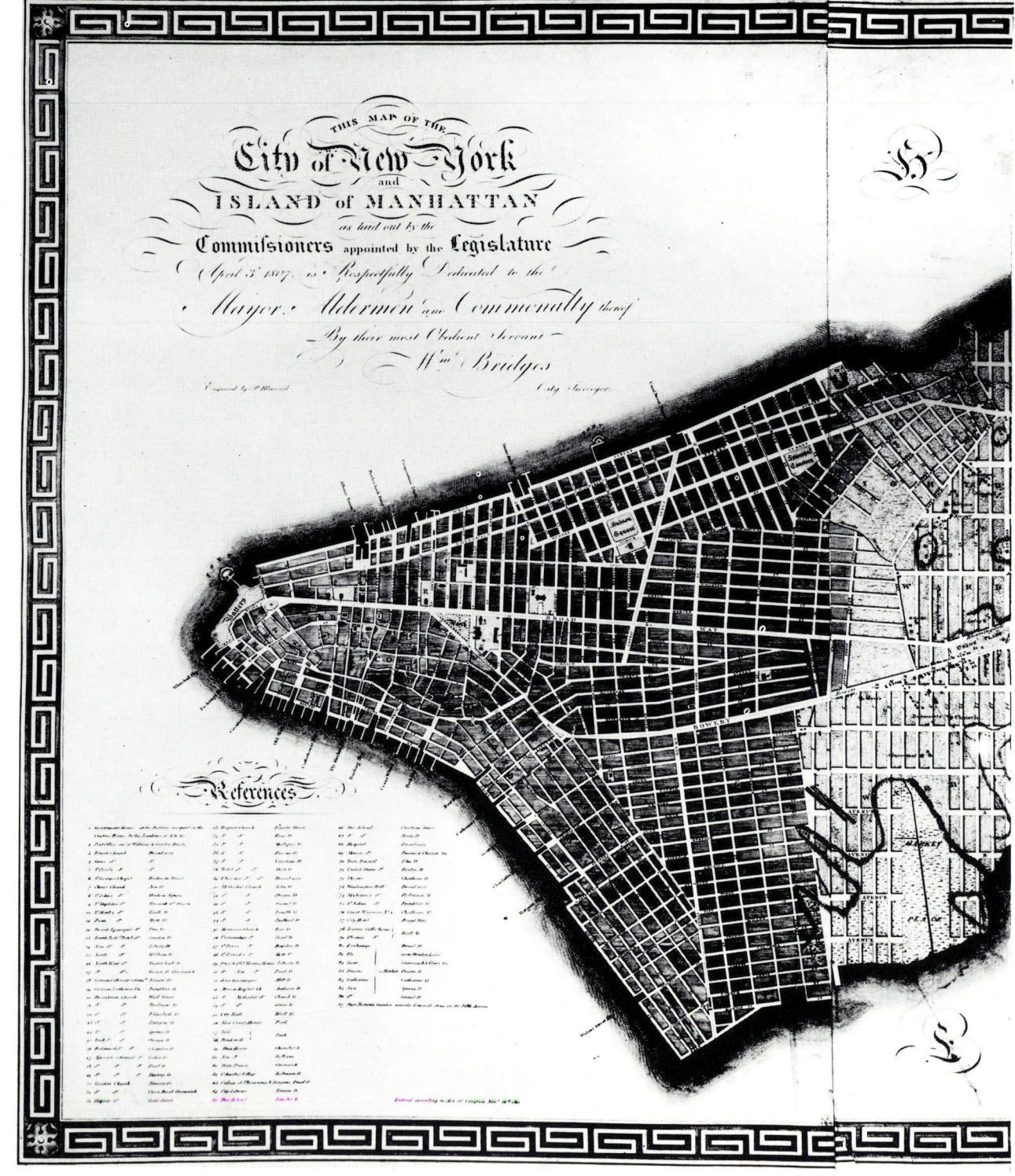

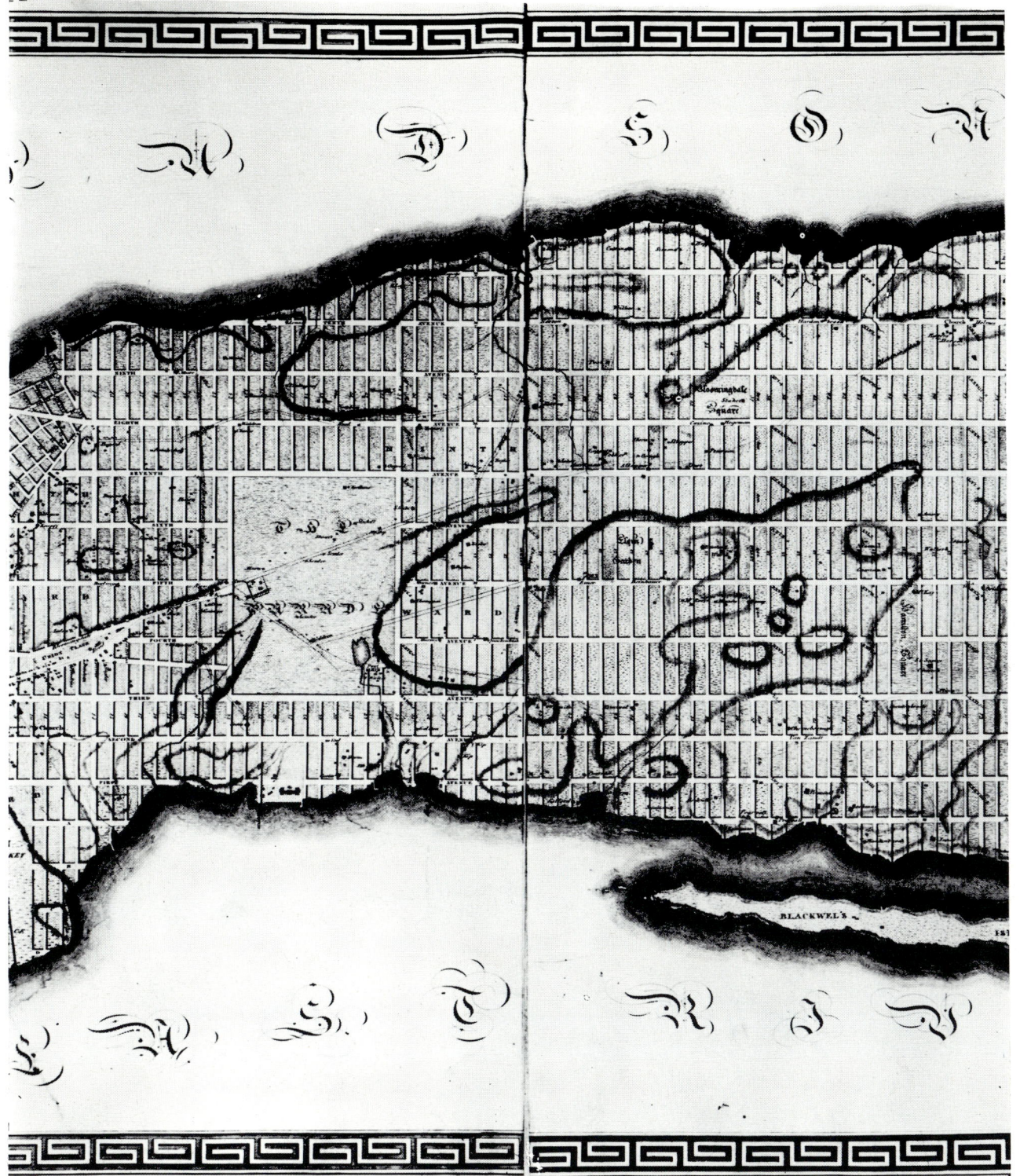

Remarks.

The Elevations above high water mark are noted diagonally at the intersections, the Roman Characters standing for feet and the Arabic for inches.

The Monuments are designated thus M_n showing the numbers on the Stones on which they appear.

The Mile Stones are shown by MS

St stands for Street

Street is written in full in those that are 100 feet wide.

The Old Streets, Roads and Lanes are dotted.

STATE of NEW-YORK ss.

Be it remembered that on the fourth day of May in the Year of our Lord one thousand eight hundred and eleven, before me DeWitt Clinton, Mayor of the City of New York personally appeared Simeon DeWitt to me known as the signer of the Certificate to this Map and acknowledged that he had subscribed his name and affixed his seal thereunto, pursuant to and for the purposes expressed in the act therein mentioned.

De Witt Clinton.

Scale of One Mile.

Drawn & Etched by T. Horner

Aquatinted by J. Hill

BROADWAY, NEW-YORK.

Shewing each Building from the Hygeian Depot corner of Canal Street to beyond Niblo's Garden.

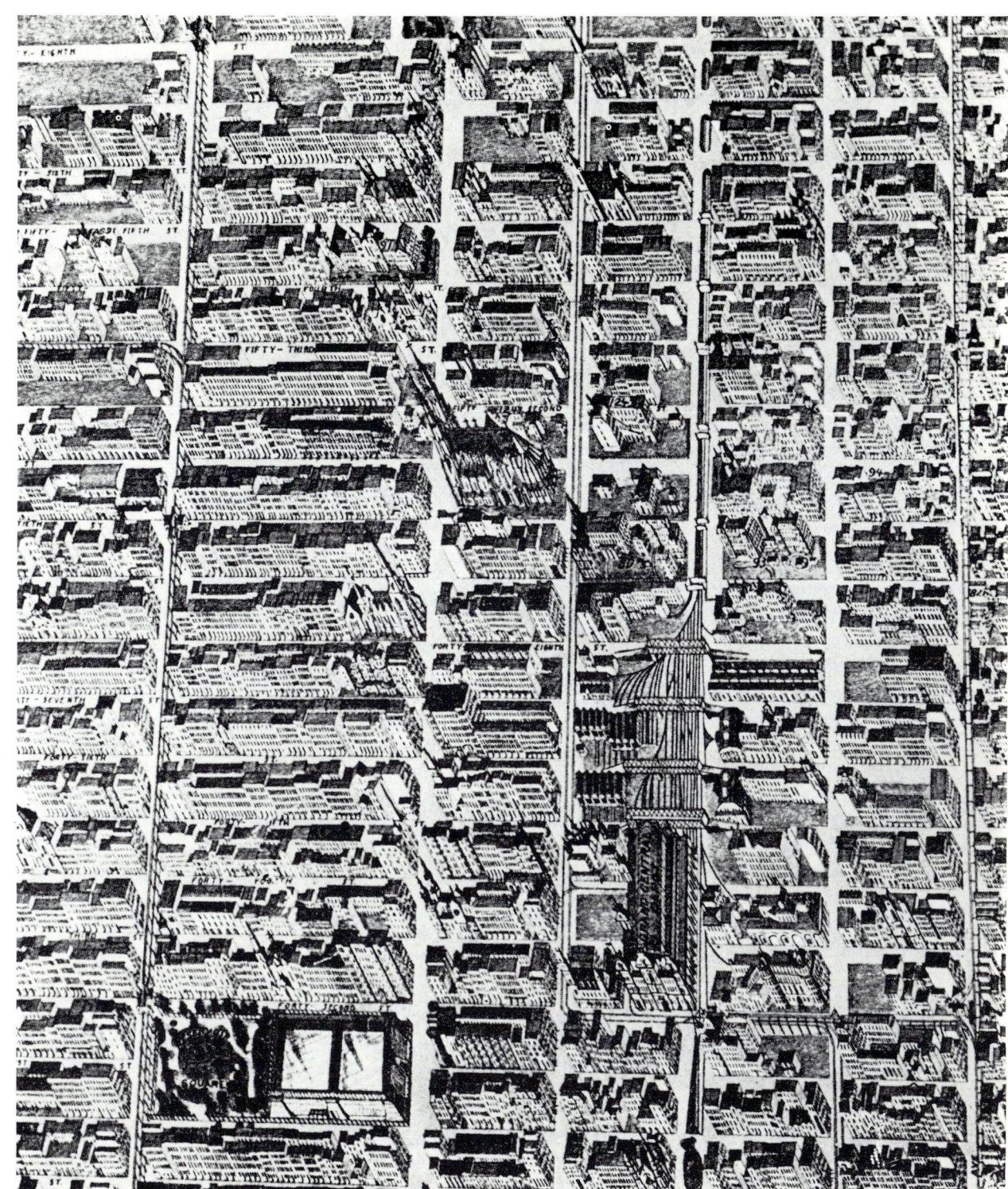

Abb. 1024–1025. (linke Seite)
Zwei Ansichten von New
York aus dem 19. Jahrhundert: eine Straßenszene auf
dem Broadway und das Panorama der Stadt vom Hafen
aus gesehen.

Abb. 1026. (rechts) Ein Teil
des städtischen Gewebes
von New York gegen Ende
des 19. Jahrhunderts: Von
links nach rechts lassen sich
die öffentliche Bibliothek,
die St. Patricks Kathedrale
und der Hauptbahnhof erkennen.

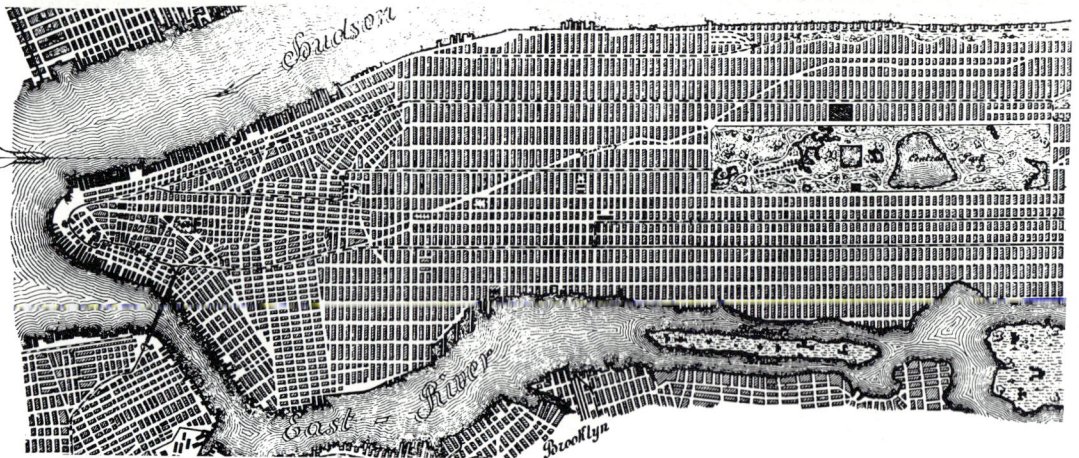

Abb. 1027–1028. New York: Generalansicht der Stadt und Plan des
Stadtzentrums. Innerhalb der aus
dem Jahre 1811 stammenden
Struktur wurden einige Blocks
durch Wolkenkratzer mit hundert
und mehr Stockwerken ersetzt.

Abb. 1029. New York: Ansicht der Umgebung des Empire State Building.

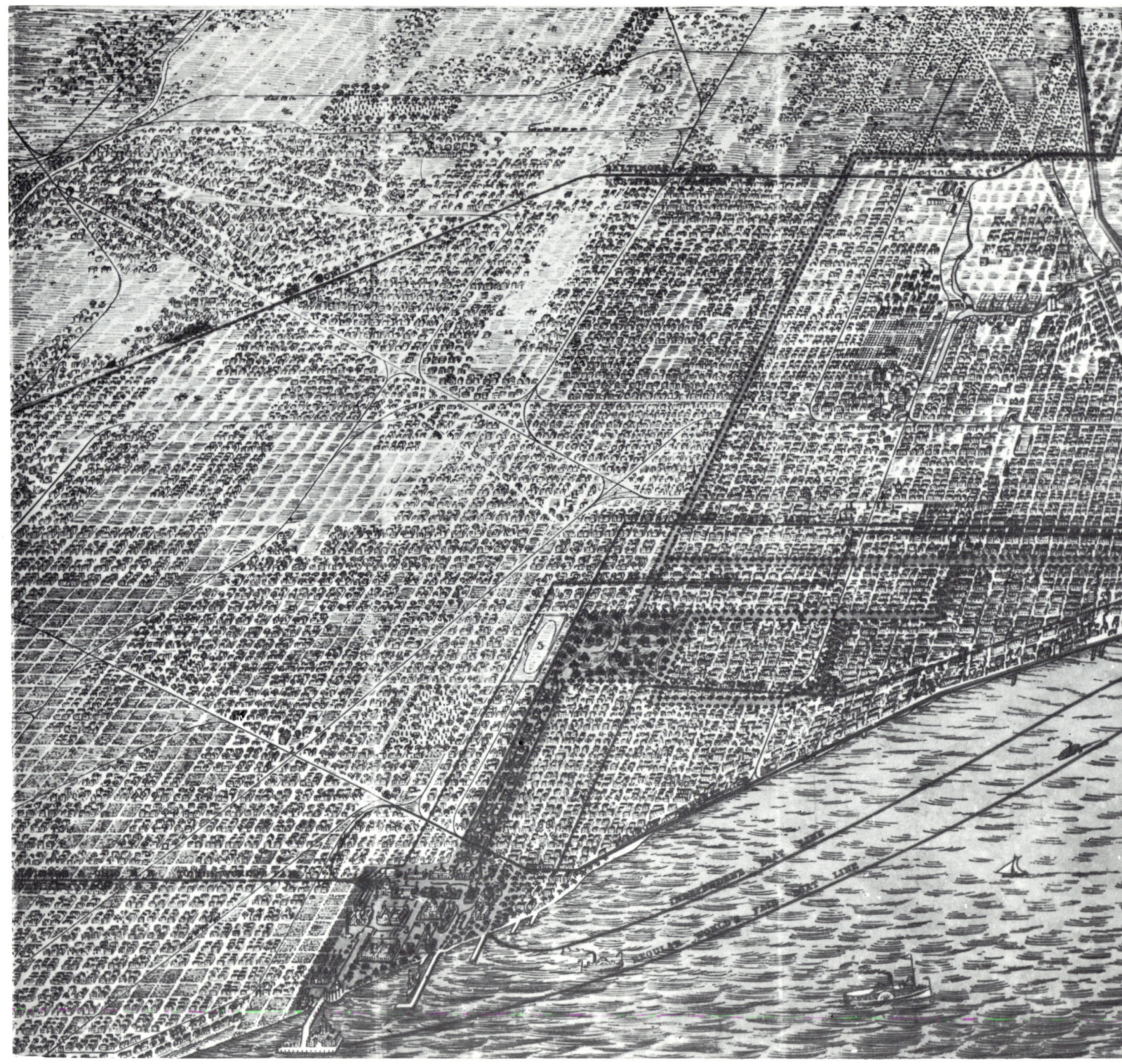

VIEW OF CHICAGO
IN 1832.

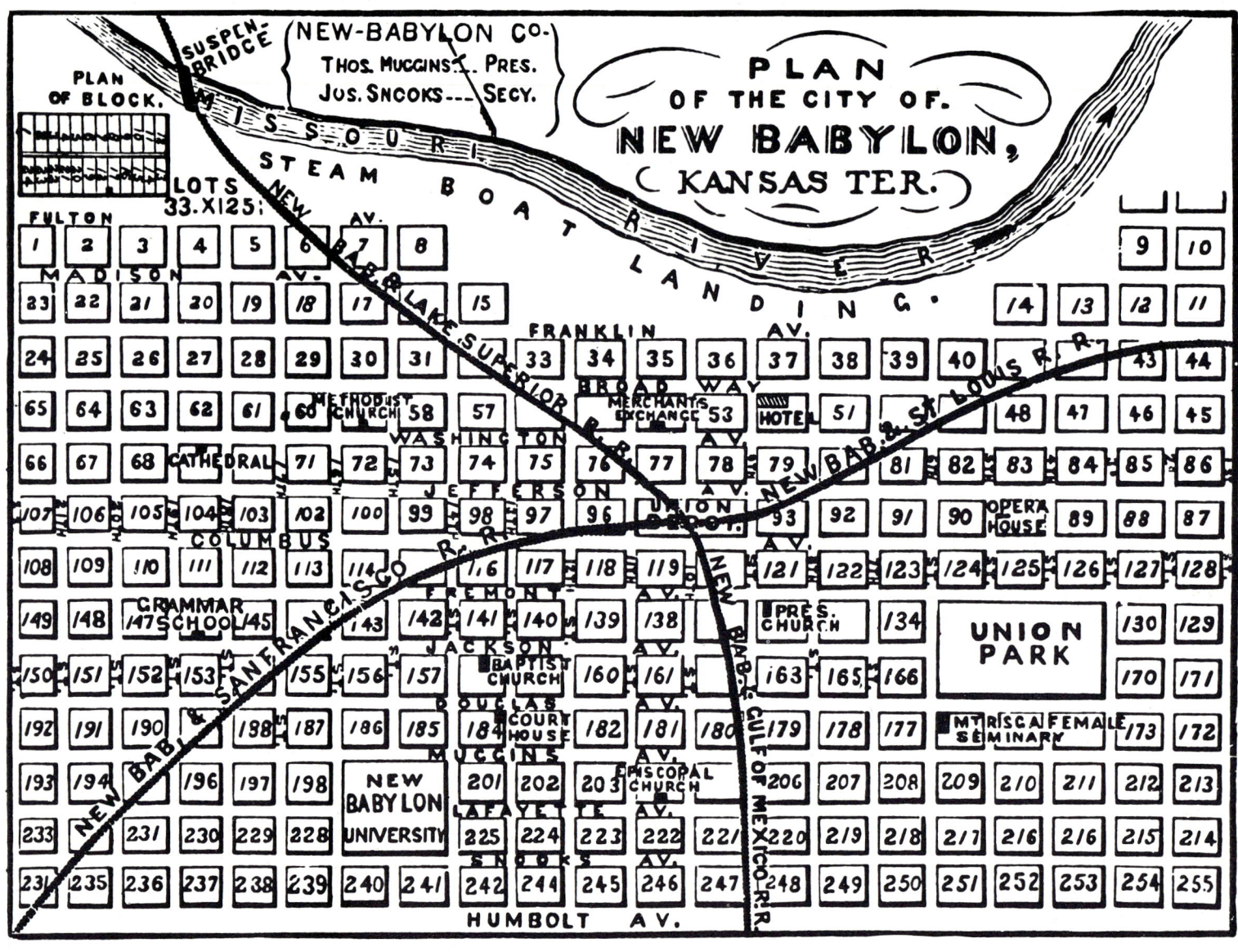

Abb. 1030. (auf den beiden vorhergehenden Seiten) Eine 1893 anläßlich der Weltausstellung veröffentlichte Ansicht Chicagos aus der Vogelperspektive: Nur gut 60 Jahre zuvor, nämlich im Jahre 1832, war die Stadt lediglich ein kleiner Stützpunkt inmitten einer noch zu kolonisierenden Umgebung, wie die unten rechts abgebildete kleine Schriftrolle zeigt.

Abb. 1031. New Babylon: eine in der zweiten Hälfte des 19. Jahrhunderts am Missouri geplante neue Stadt.

11. Die Hauptstädte Europas im Barock

Die zu Beginn des 17. Jahrhunderts einsetzende ökonomische Krise, die damit verbundene Schwächung der Führungsschicht der Renaissancezeit und die Entstehung der modernen wissenschaftlichen Forschung brachten auch eine Veränderung der Methoden mit sich, nach denen Städte geplant, gebaut und verwaltet wurden. Die neue Führungselite – die Könige mit ihren Höfen und Beamten, die neuen, adligen wie bürgerlichen Reichen und der neue Klerus der Reformation und der Gegenreformation – verfügte nicht mehr über dieselbe Kompetenz und dasselbe Engagement im künstlerischen Bereich. Gleichzeitig verlor die Kunst ihren Charakter als einzige, universelle Methode zur Erforschung und Gestaltung der Umwelt; die Wahrheit der Dinge fiel nicht mehr mit ihrer Schönheit zusammen, sondern konnte isoliert betrachtet und durch die Methoden der objektiven wissenschaftlichen Forschung erkannt werden. Dadurch wurde die Kunst zum Studium der nicht-objektiven, d. h. subjektiven und gefühlsbedingten Eigenschaften der Umwelt. Fortan diente sie dazu, die kollektiven Gefühle in geregelte Bahnen zu lenken oder individuelle Gefühle auszudrücken, und schwankte so zwischen Konformismus und Ablenkung einerseits oder Protest andererseits hin und her.

Wir wollen nun die neue Organisation der künstlerischen Arbeit untersuchen und dabei von den großen Zentren der Produktion und des Konsums, d. h. von den europäischen Hauptstädten ausgehen. Betrachten wir zunächst die französische Hauptstadt, die für die ganze Welt zum neuen künstlerischen und kulturellen Vorbild wurde.

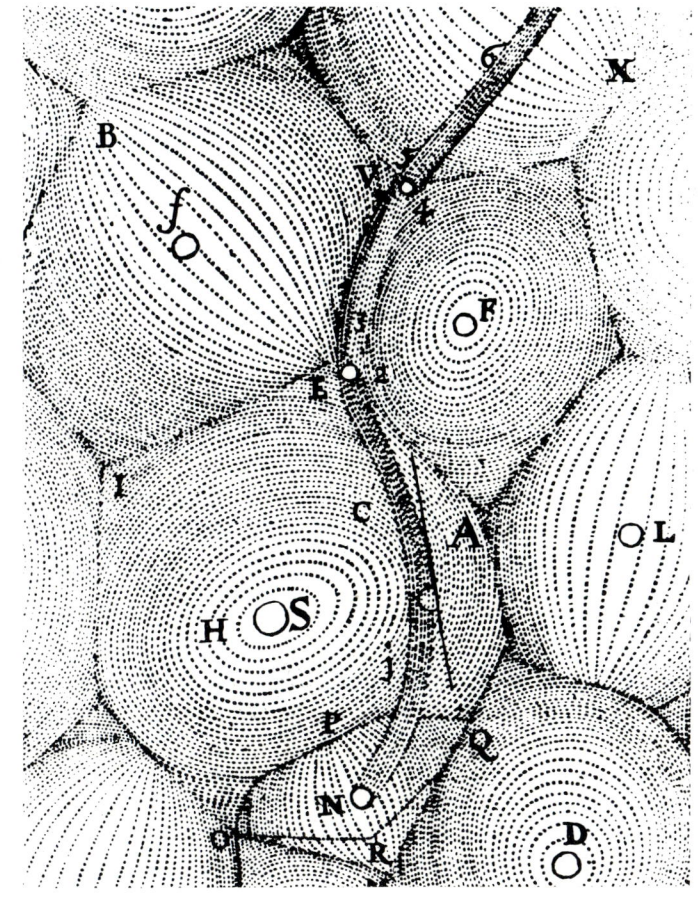

Abb. 1032. Eine Illustration aus den »Principia philosophiae« des Descartes: die Wirbel der Materieteilchen.

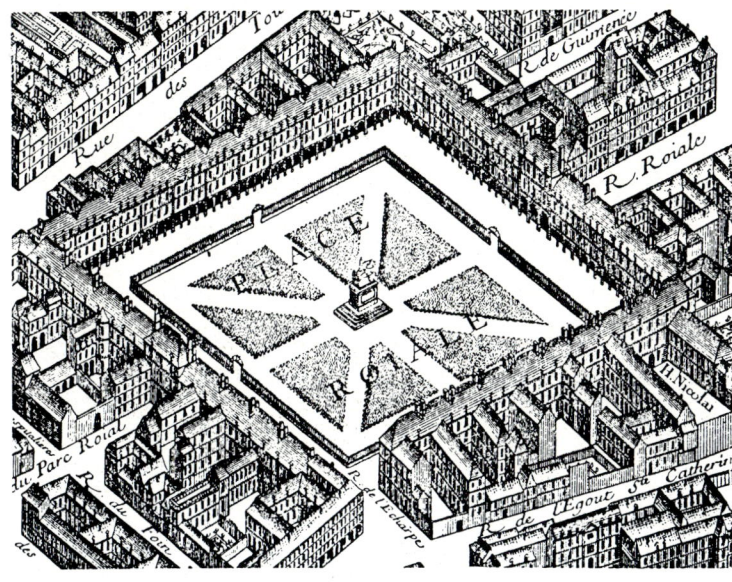

Abb. 1033. (linke Seite) **Perspektivischer Plan von Paris aus dem Jahre 1609: Die Stadt wird noch von den mittelalterlichen Mauern umschlossen und man kann deutlich die drei Stadtviertel erkennen: die** cité **in der Mitte, links davon die** ville **und rechts die** université **(man vergleiche diesen Plan mit der Abbildung 598).**

Abb. 1034. Der Ludwig XIII. gewidmete königliche Platz, heute Place des Vosges (dieser Platz liegt auf dem nebenstehenden Plan oben links).

PARIS

Im 7. Kapitel haben wir den Organismus des mittelalterlichen Paris dargestellt, das damals bereits eine der bedeutendsten Städte Europas war. Dieser Organismus bestand aus drei Teilen:
- die *Cité* auf der Insel, wo die erste gallische Siedlung entstanden war;
- die *Université* auf dem linken Ufer der Seine, wo die Römer die Kolonie Lutetia ansiedelten und wo Abälard mit seinen Kollegen 1210 die berühmte Schule gründete;
- die *Ville* auf dem rechten Ufer, wo die Vereinigungen der Kaufleute und die Stadtverwaltung ihren Sitz hatten.

Diese drei Teile wurden unter der Herrschaft Karl V. im Jahre 1370 von einem Mauerring umgeben, der eine Fläche von 440 Hektar mit ungefähr 100 000 Einwohnern umfaßte (Abb. 1033).

Die französischen Könige, die während der Renaissance gewöhnlich in den Städten an der Loire residierten, ließen sich 1528 endgültig in Paris nieder, nachdem Franz I. damit begonnen hatte, den alten Louvre auf dem rechten Ufer wieder aufzubauen. Im 16. Jahrhundert erlebte Paris einen erneuten Aufschwung und dehnte sich mit seinen nunmehr 200 000 bis 300 000 Einwohnern über die alten Mauern hinaus aus. Aber die Religionskriege und die Belagerung durch Heinrich IV. von 1589 bis 1594 fügten der Stadt schweren Schaden zu. Der neue König fand eine verwüstete und entvölkerte Hauptstadt vor.

In den folgenden fünfzehn Jahren realisierte Heinrich IV. bis zu seinem Tode im Jahre 1610 ein umfassendes Programm öffentlicher Arbeiten, das nicht mehr nur aus vereinzelten, persönlichen Initiativen bestand, sondern sich auf eine umfassende und finanziell durchkalkulierte Planung stützte. Diese Arbeiten wurden von einem festen Stab von Fachleuten und eigens dafür eingerichteten Ämtern organisiert (so wurde z. B. dem Finanzminister Sully zugleich die Verantwortung für das Bauwesen und den Straßenbau übertragen).

Der größte Teil dieser öffentlichen Arbeiten konzentrierte sich auf Paris, weil die Bedeutung der Hauptstadt hervorgehoben werden sollte. Hier eine Aufzählung der wichtigsten zu Beginn des 17. Jahrhunderts beschlossenen Vorhaben:
- Erweiterung des von Karl V. angelegten Mauerrings auf dem rechten Ufer, um die neuen, im Westen entstandenen Vorstädte bis zum Garten der Tuileries einzugliedern;
- Reorganisation des Straßennetzes und anderer Anlagen wie der Kanalisation und des Wasserleitungssystems;
- Anlage einiger neuer, regelmäßigen Formen folgender Plätze, die von einheitlich gestalteten Häusern gesäumt werden sollten: die quadratische Place Royale auf dem rechten Ufer (Abb. 1034), die dreieckige Place Dauphine auf der Spitze der Ile de la cité (Abb. 1035–1037) und die Place de la France, ein in der Form eines Halbkreises geplanter Platz, der auf den Höhen des Temple angesiedelt werden sollte, aber nie gebaut wurde.
- die Erweiterung des Palais du Louvre: Das mittelalterliche Schloß wurde mit dem Palais des Tuileries aus dem 16. Jahrhundert zu einem einheitlichen Komplex zusammengefaßt, nachdem das dazwischenliegende Stadtviertel abgerissen worden war; an diesem Projekt wurde unter Ludwig XIII. und Ludwig XIV. gearbeitet, aber fertiggestellt wurde es erst von Napoleon III. im 19. Jahrhundert;
- der Bau einer neuen Residenz etwas außerhalb der Stadt in Saint-Germain-en-Laye: ein Schloß, umgeben von stufenförmig angelegten Gärten, die sich an den italienischen Gartenanlagen des 16. Jahrhunderts orientierten (Abb. 1039).

Von 1610 bis 1661, als Ludwig XIV. an die Macht kam, bestand die von Heinrich IV. geschaffene Organisation des Bauwesens weiter, aber sie wurde nicht mehr von derselben politi-

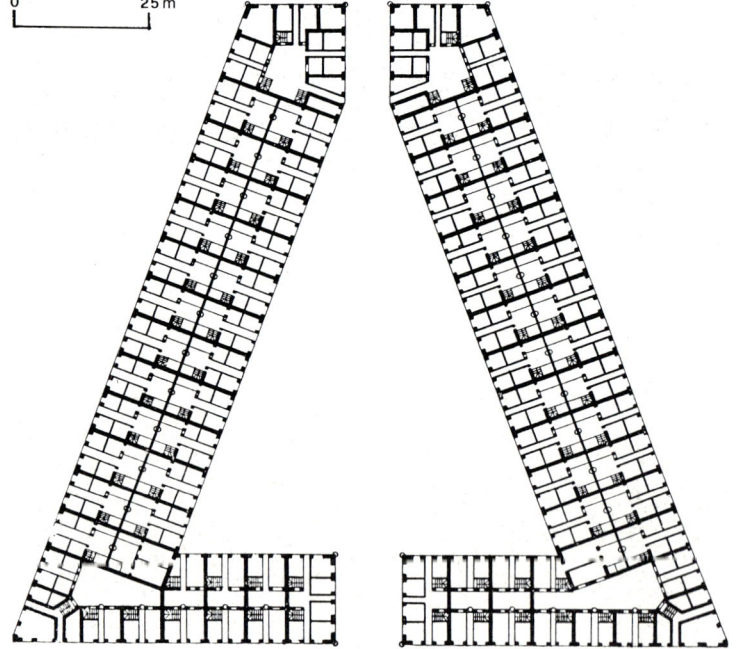

Abb. 1035–1036. Paris: Innenansicht und Grundriß der Place Dauphine.

schen Entschlossenheit getrieben. Paris wuchs zu jener Zeit mit großer Schnelligkeit und erreichte in der ersten Hälfte des 17. Jahrhunderts bereits eine Einwohnerzahl von 400 000. Ludwig XIII., Richelieu und Mazarin ließen sich in eine Reihe von Kriegen verwickeln und verfügten deshalb nicht mehr über die notwendigen Mittel, um ein längerfristig angelegtes, öffentliches Bauprogramm kontinuierlich durchführen zu können. In dieser Situation ergriffen die privaten Spekulanten die Initiative und erbauten auf der Ile St. Louis (Abb. 1038) und auf dem rechten Ufer komplette neue Stadtviertel.

In der Zwischenzeit bildete sich im *»grand siècle«*, der Blütezeit der französischen Kultur, die neue Kunst und Literatur heraus: Mansart in der Architektur, Poussin in der Malerei, Corneille in der Literatur und Descartes in der Philosophie schufen die Grundlagen des neuen – französischen und europäischen – Rationalismus. Diese Kultur lieferte die Mittel zu einer strengeren

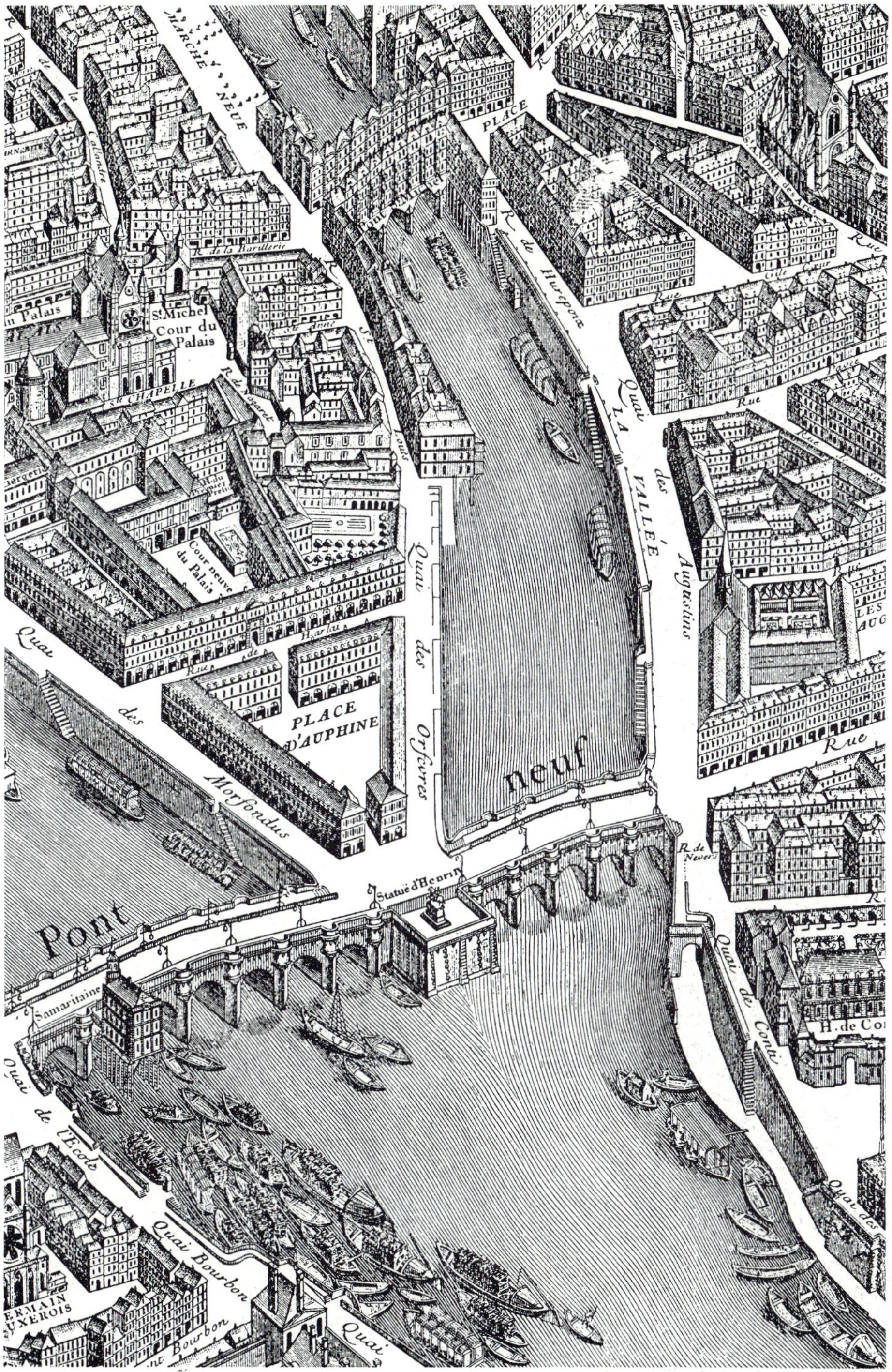

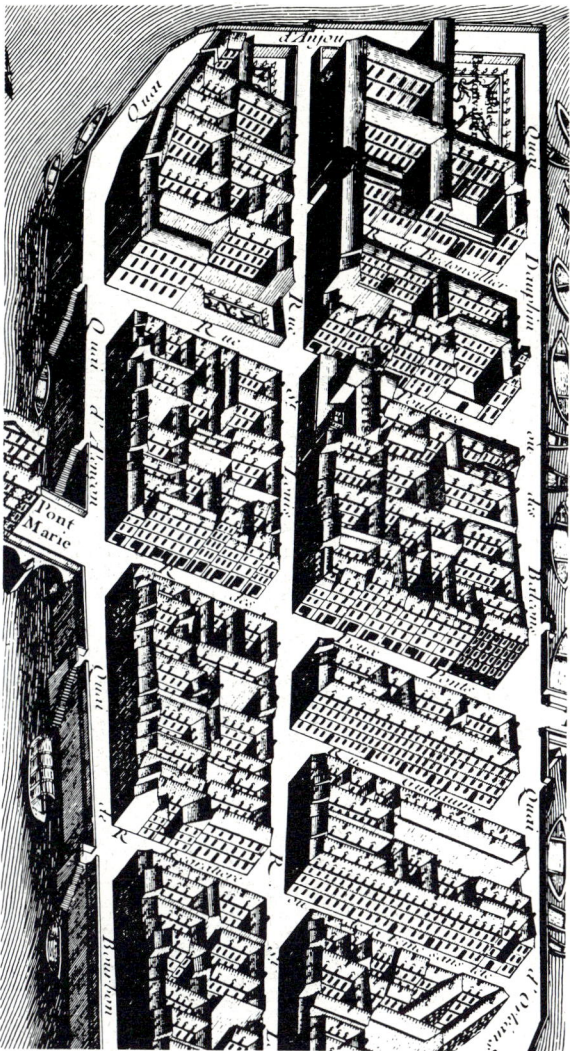

Abb. 1037–1038. Paris: links die Gestaltung
der Spitze der Île de la Cité mit der Place
Dauphine und dem Pont Neuf und rechts die
bauliche Aufteilung der Île St. Louis aus der
ersten Hälfte des 17. Jahrhunderts.

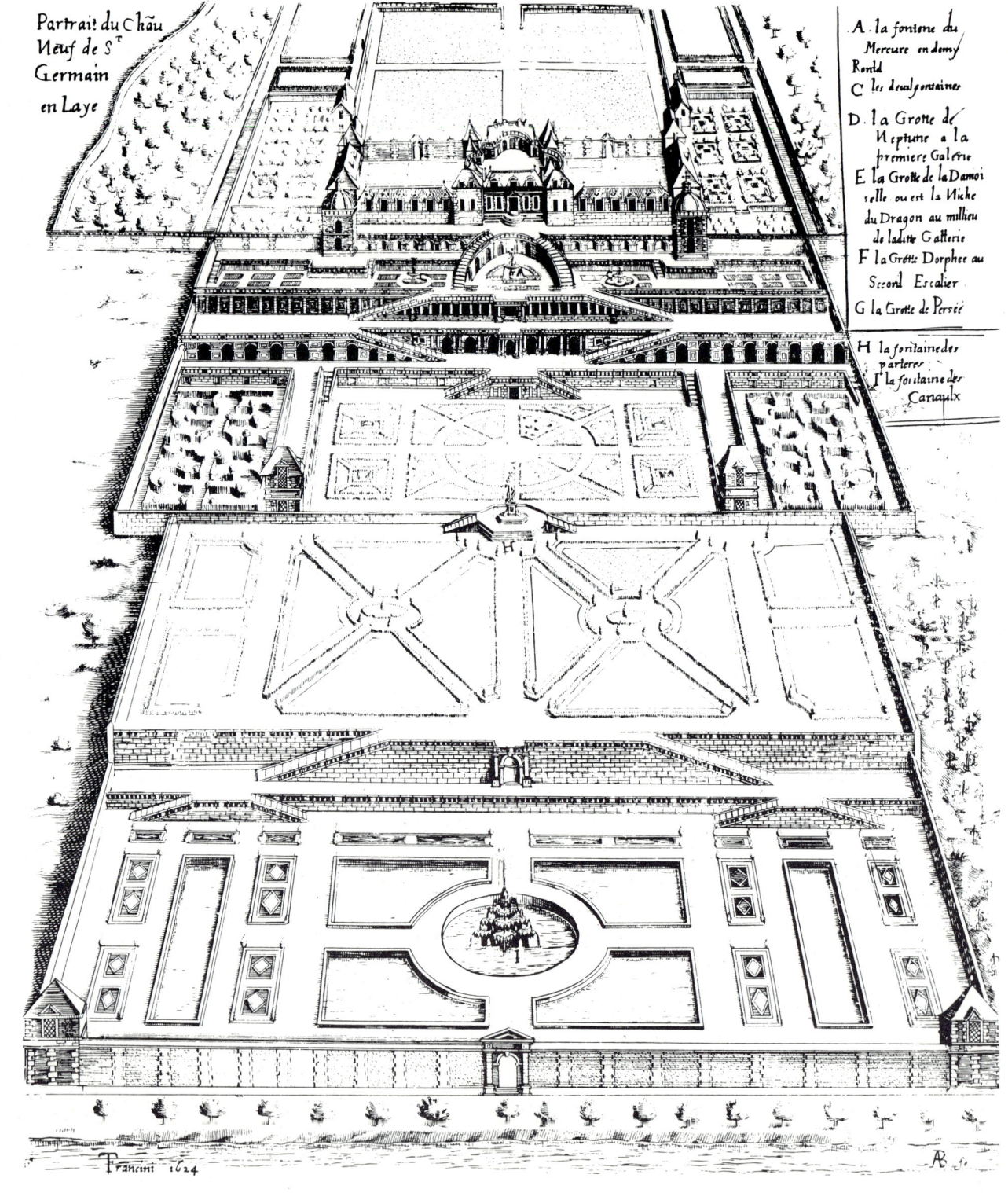

Partrait du Chãu
Neuf de St
Germain
en Laye

A la fontne du
Mercure en demy
Rond
C les deux fontaines

D la Grotte de
Neptune a la
premiere Galerie
E la Grotte de la Damoi
selle ou est la Niche
du Dragon au milieu
de ladite Galterie
F la Grotte Dorphee au
Second Escalier
G la Grotte de Persée

H la fontaine des
parterres
I la fontaine des
Canaulx

Francini 1624

Nicolas **POUSSIN** 1594·1665
Le ravissement de Saint Paul

Abb. 1039. (linke Seite) **Das Schloß Saint-Germain.**

Abb. 1040. **»Die Verzückung des heiligen Paulus« von Nico-las Poussin (Paris, Louvre).**

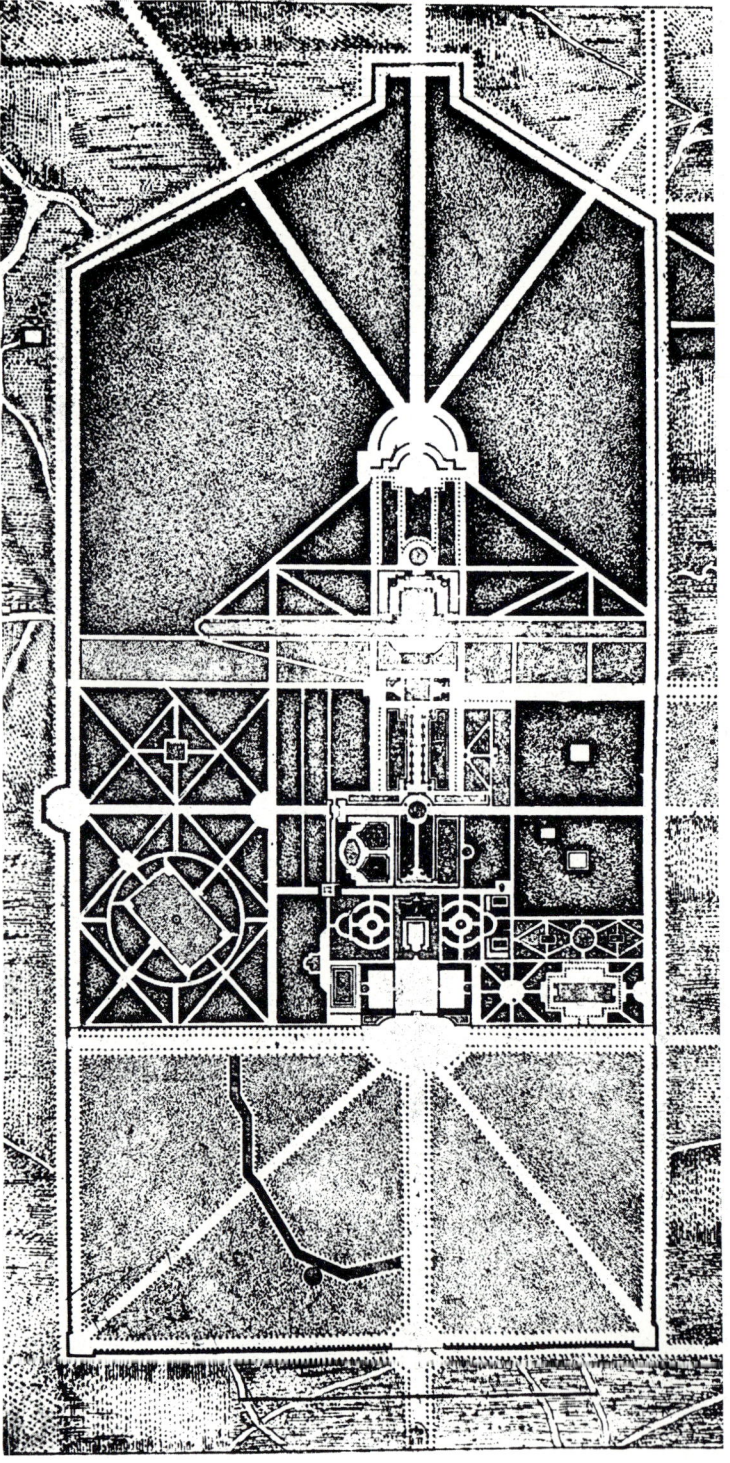

Gestaltung der natürlichen und künstlichen Umgebung und ermöglichte es in der zweiten Hälfte des Jahrhunderts, große einheitliche Anlagen von bis dahin nicht gekannten Ausmaßen zu schaffen.

Die erste dieser Anlagen war das Schloß Vaux le Vicomte in der Nähe von Paris, das Nicolas Fouquet, der schwerreiche Finanzminister unter Mazarin, zwischen 1656 und 1660 bauen ließ (Abb. 1041–1042). Der Entwurf für den Garten stammte von Le Nôtre (1613–1700), das Schloß wurde von dem Architekten Le Vau (1612–1670) geplant und die Dekorationen waren das Werk von Le Brun (1619–1690). Der Komplex von Vaux liegt nicht – wie die italienischen Villen oder das Schloß von Saint-Germain – an einer vom Panorama her reizvollen Stelle, sondern in einer leichten Niederung, umgeben von den Wäldern des Seinetals; aber er umfaßt die gesamte, vom Hauptgebäude aus sichtbare Umgebung und verwandelt sie in eine architektonisch einheitliche Szenerie. Die Ausmaße der bereits erwähnten, »italienischen Gärten« orientierten sich an der Größe des Hauses und der Bereich der architektonisch gestalteten Umgebung beschränkte sich auf einen Umkreis von 200 bis 300 Metern; außerhalb dieses Bereichs begann sofort wieder die unbegrenzte natürliche Landschaft. Dieser erste, nach »französischer Art« angelegte Garten dagegen stellte selbst eine komplette Landschaft dar, deren regelmäßige, symmetrische Anordnung bis zur Horizontlinie reichte. Die erste Symmetrieachse geht vom Schloß aus und verläuft quer zum Tal, über verschiedene Terrassen hinweg bis zu einem Brunnen auf der gegenüberliegenden Hangseite; die zweite besteht aus einem von einem kleinen Fluß abgeleiteten, die Talsohle geradlinig durchlaufenden Kanal. Diese beiden visuellen Achsen sind jeweils über einen Kilometer lang und die Länge des gesamten Parks, von der Eingangsallee bis zu den strahlenförmig in den Wald abzweigenden Wegen, beträgt 3,5 Kilometer.

Aus der Ferne betrachtet erscheinen die Gebäude wie auch die vielen Bäume und Wasserflächen als Teil eines Hell-dunkel-Szenariums; nähert man sich diesen Bauten jedoch auf den zu ihnen führenden Wegen, so tritt nach und nach ihre tatsächliche Form zutage, und sieht man sie dann schließlich aus der Nähe, so zeigen sie auch ihren Reichtum an Dekoration und Ausstattung. Alle diese Elemente – von dem landschaftlichen Hintergrund bis hin zu den dekorativen Details – bilden eine wohlgegliederte und gleichmäßig abgestufte Einheit. Um sie zu schaffen, bedurfte es der umfassend organisierten und gemeinschaftlich durchgeführ-

Abb. 1041–1042. Plan und Luftaufnahme des Parks von Vaux le Vicomte.

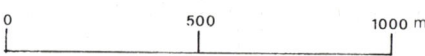

ten Arbeit einer Vielzahl von Spezialisten, die von einigen Koordinatoren geleitet wurden.

In der Mitte des 17. Jahrhunderts war es noch möglich, daß ein Privatmann wie Fouquet solch einen ausgedehnten Komplex errichten ließ; in der Folgezeit aber war nur noch die königliche Regierung in der Lage, den für Arbeiten dieser Art und dieses Umfangs nötigen Stab von Künstlern, Architekten, Baumeistern und Arbeitern zu unterhalten und anzuleiten. Im Jahre 1661 lud Fouquet den König und seinen Hof zur Einweihungsfeier seines Schlosses nach Vaux ein. Der berühmte Koch Vatel bereitete für dieses Fest die Speisen zu, Molière hatte ein Ballett geschrieben, für das Lully die Musik komponiert hatte, und als weitere Attrak-

tion gab es ein Feuerwerk. Drei Wochen nach dieser Feier wurde der unvorsichtige Schloßbesitzer jedoch auf Befehl des Königs verhaftet. Ludwig XIV. übernahm die von ihm angestellten Künstler und gliederte sie in den mit der Durchführung der öffentlichen Bauarbeiten beauftragten Stab von Spezialisten ein, der Colbert untergeordnet war. Der König trieb die architektonischen Arbeiten voran und verfolgte mit großem Interesse ihren Fortgang; gleichzeitig stellte er dafür bis dahin nicht gekannte Summen zur Verfügung. Während seiner langen Herrschaft (von 1616–1715) wurde eine Reihe bedeutender Bauwerke in Paris und Umgebung fertiggestellt, die für alle übrigen europäischen Höfe zu verbindlichen Vorbildern wurden.

Abb. 1043. (linke Seite) **Luftaufnahme des Parks und des Schlosses von Vaux le Vicomte.**

Abb. 1044. (rechts) **Eins der Schlafzimmer im Schloß von Vaux le Vicomte.**

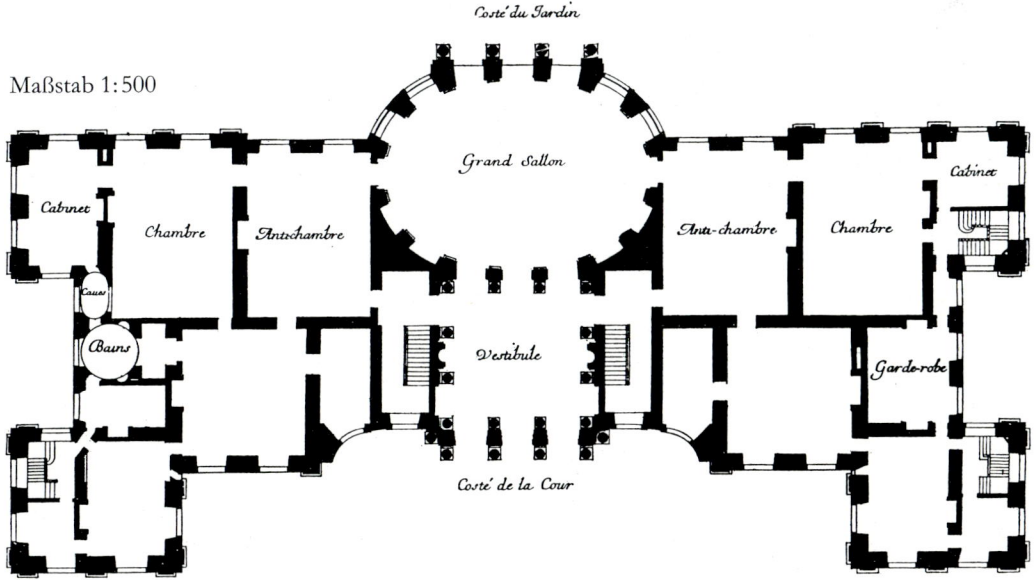

Abb. 1045. Grundriß des Schlosses von Vaux le Vicomte.

Abb. 1046. Portrait des Sonnenkönigs.

Abb. 1047–1048. Die beiden von Ludwig XIV. angelegten Plätze: Place des Victoires und Place de Vendôme.

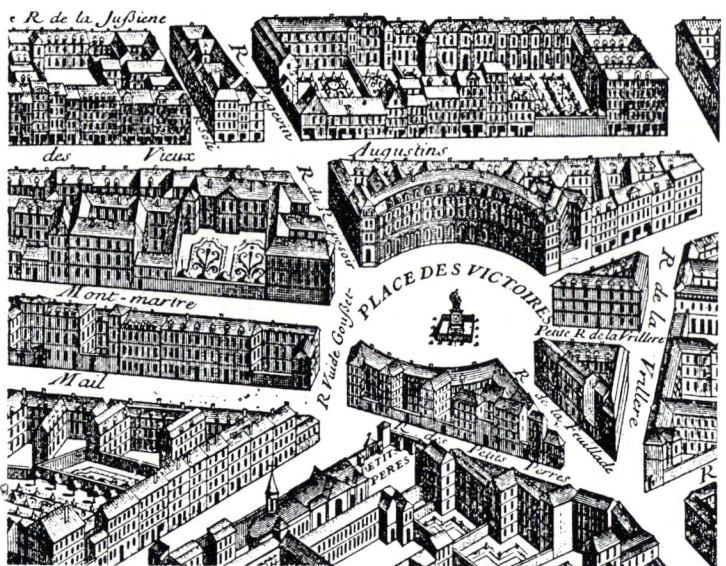

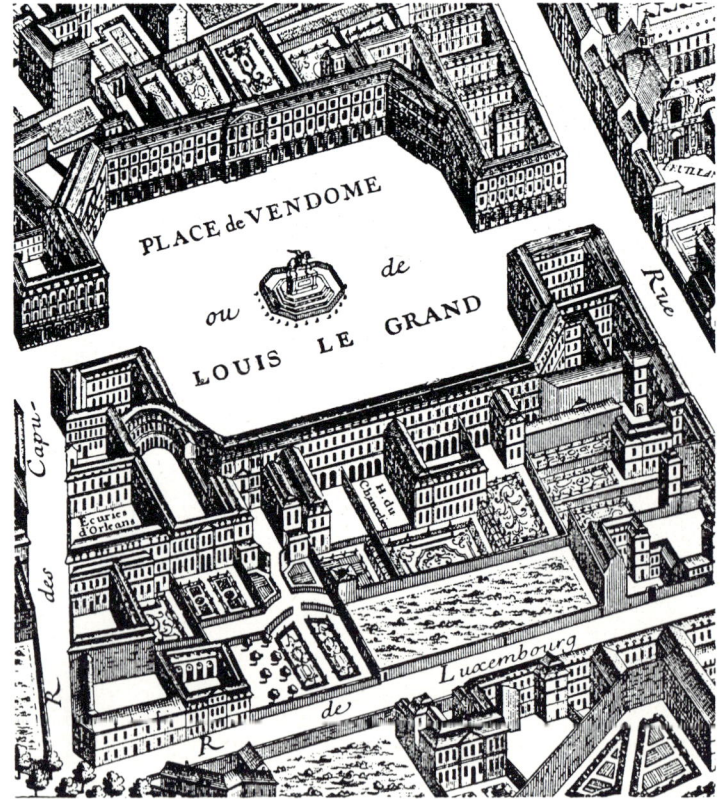

In Paris allerdings reichten die Mittel des Sonnenkönigs nicht aus, um die mittelalterlichen Teile der Stadt in großem Maßstab zu verändern; so konnte er nur die folgenden Projekte realisieren:
– die Errichtung einiger begrenzter architektonischer Komplexe innerhalb des bereits bestehenden Organismus: die Neugestaltung des Louvre, für die er sogar den alten Bernini mit heranzog (Abb. 1050), die Place des Victoires (Abb. 1047), die Place de Vendôme (Abb. 1048) und das Palais des Invalides (Abb. 1051–1052);
– die Anlage eines neuen vorstädtischen Bereichs, der von der natürlichen Umgebung gleichzeitig unterbrochen und mit ihr vermischt wurde; zu diesem Zweck wurden die alten Befestigungsanlagen abgerissen und durch einen Kranz von breiten Alleen (den Boulevards) ersetzt; diese provisorische Stadt-

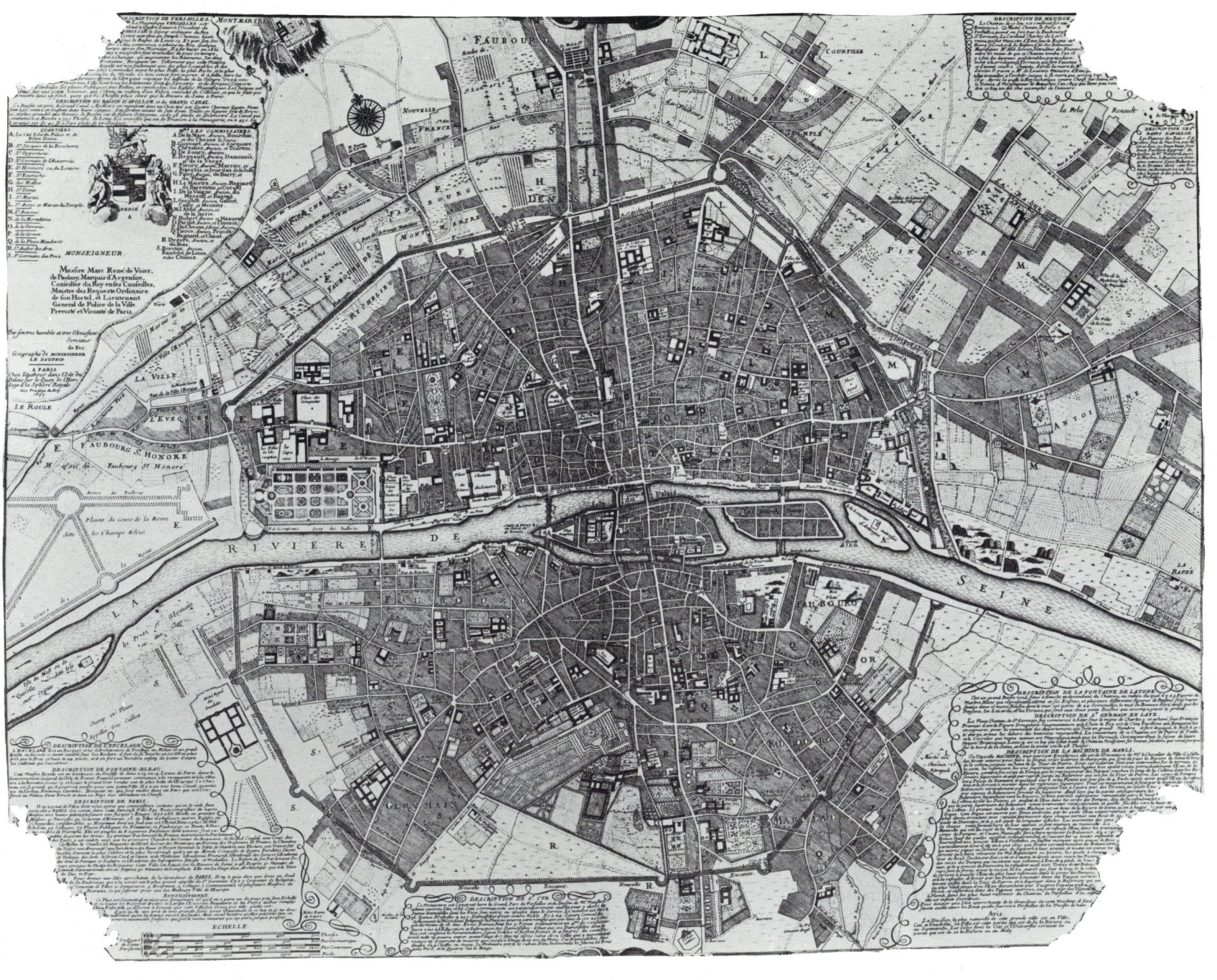

Abb. 1049. Plan von Paris aus dem Jahre 1697 mit dem geplanten Verlauf der Boulevards, der rund um die Stadt führenden Alleen.

Abb. 1050. Die von Perrault im Auftrag Ludwigs XIV. gestaltete Ostfassade des Louvre.

Abb. 1051–1052. (rechte Seite) **Grundriß (Maßstab 1:800) und Frontansicht des von Hardouin-Mansart gebauten Invalidendoms.**

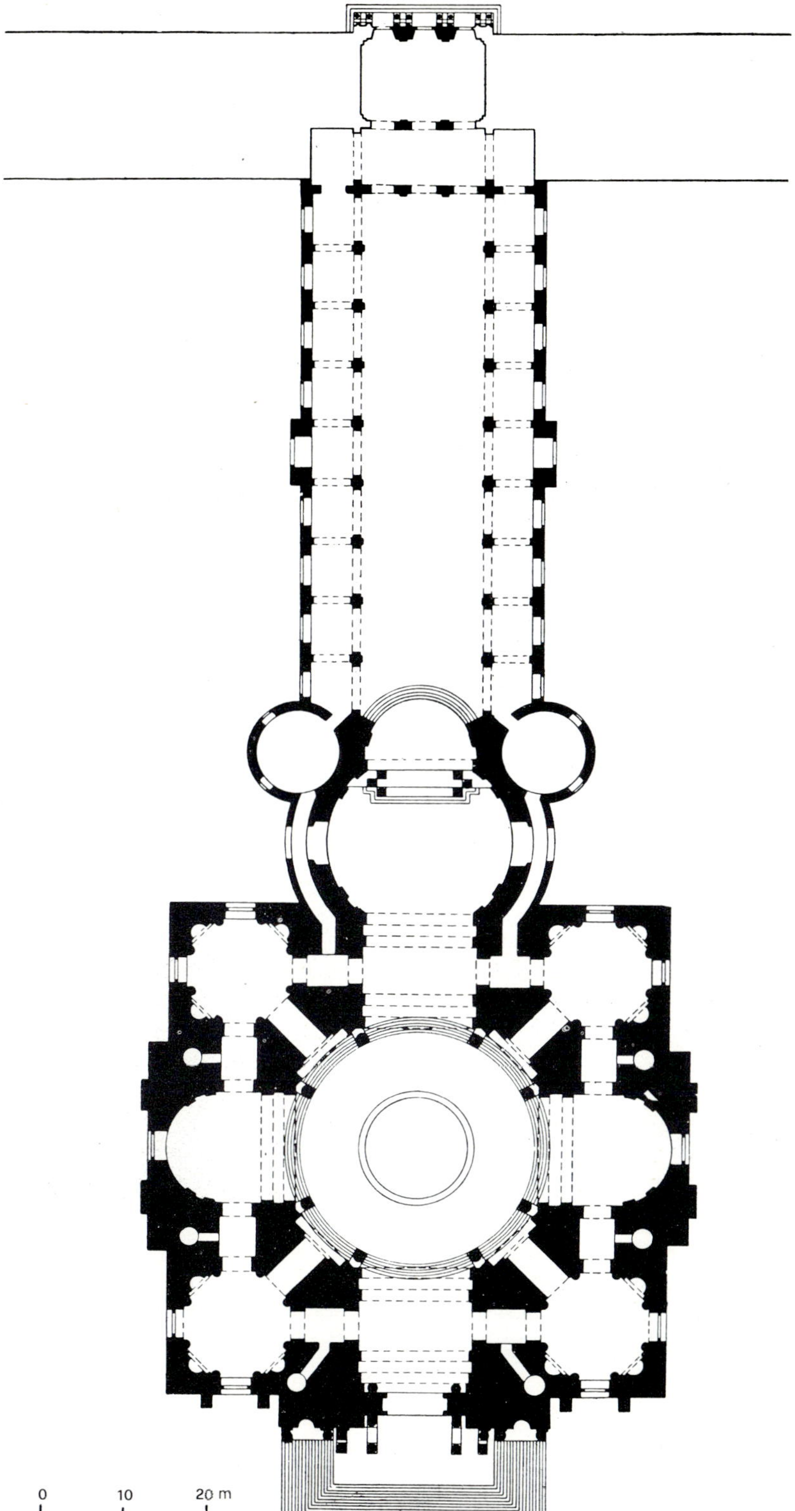

0   10   20 m

grenze umfaßte eine Fläche von knapp 1.200 Hektar, aber der städtische Organismus wuchs bereits über diesen von den Boulevards gebildeten Ring hinaus.

Paris wurde zu einer offenen Stadt mit etwa 500 000 Einwohnern. Es bestand aus einer Mischung aus bebauten Vierteln und Grünanlagen, die langsam in die umliegende Landschaft übergingen.

Die freie, weitgehend unbebaute Landschaft um die Stadt herum ließ sich bestens nach den neuen Prinzipien der Regelmäßigkeit und der Symmetrie gestalten. Deshalb verlegten auch der König und die anderen hohen Persönlichkeiten ihren Wohnsitz auf das Land. Ludwig XIV. verließ den Louvre und siedelte mit seinem Hof in die neue Residenz von Versailles über, die nach und nach erweitert und schließlich zu einer kleinen, künstlich angelegten Hauptstadt wurde.

In der Abbildung 1053 sieht man, daß der Komplex von Versailles etwa so groß war wie der städtische Organismus von Paris. Aber er stellte keine Stadt dar, sondern bestand aus einem Park, in dem sich – als untergeordnete Elemente – die für das Funktionieren des Hofes nötigen Gebäude befanden. Hier gelang es dem Sonnenkönig, einen in perfekten regelmäßigen Formen angelegten, jedoch unbewohnten Komplex zu errichten. Er gestaltete die Hügel, die Bäume und den Verlauf der Flüsse und Bäche nach seinen Vorstellungen, nicht aber die von den Menschen bewohnten Häuser und Stadtviertel.

Der Garten wurde von Le Nôtre in einer von flachen Hügeln umgebenen, sumpfigen Ebene angelegt. An der tiefsten Stelle der Ebene ließ er einen kreuzförmigen Kanal ausheben, dessen größerer, anderthalb Kilometer langer Arm mit dem Schloß eine Achse bildete. Von der in der Mitte gelegenen Terrasse sieht man ihn in der Längsrichtung liegen und er erscheint als langgezogener Strich, der bei Sonnenuntergang die Sonne spiegelt und das Auge bis zum Fluchtpunkt der etwa drei Kilometer entfernten Hügel leitet. Von hier aus führen zehn fächerförmig angelegte Straßen in die dichten Wälder der Umgebung. Die ursprüng-

Abb. 1053. Plan der Umgebung von Paris Mitte des 18. Jahrhunderts: in feinen Linien das mittelalterliche Straßennetz, in dicken Linien die im 17. und 18. Jahrhundert angelegten geradlinig verlaufenden Straßen und Alleen, punktiert die großen Parks.

1 Maisons; 2 Saint-Germain; 3 Marly; 4 Versailles; 5 Clagny; 6 Saint Cloud; 7 Bois de Boulogne; 8 Meudon; 9 Sceaux; 10 Vincennes; 11 Livry; 12 Saint Maur; 13 Gros Bois

0   5   10 km

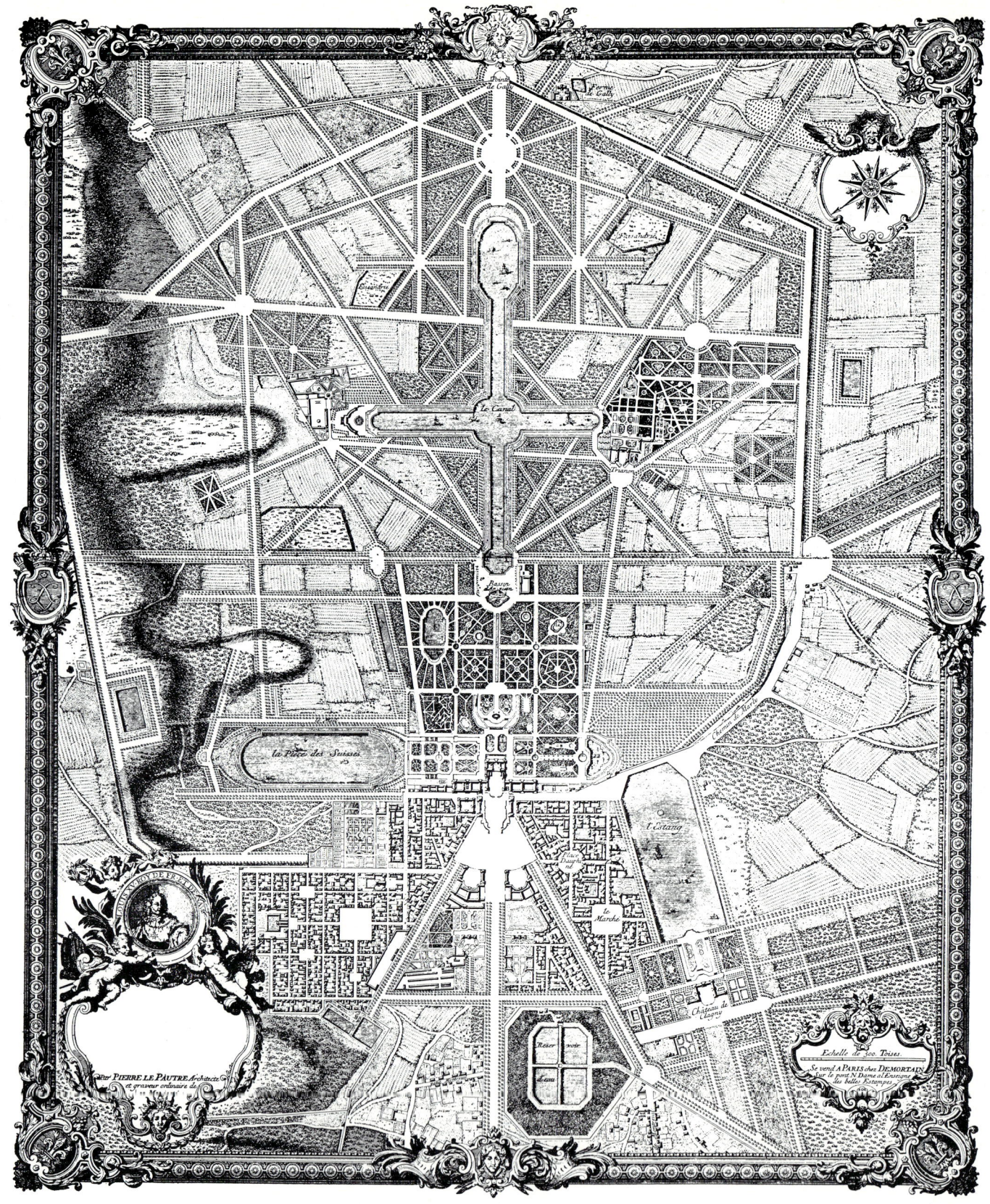

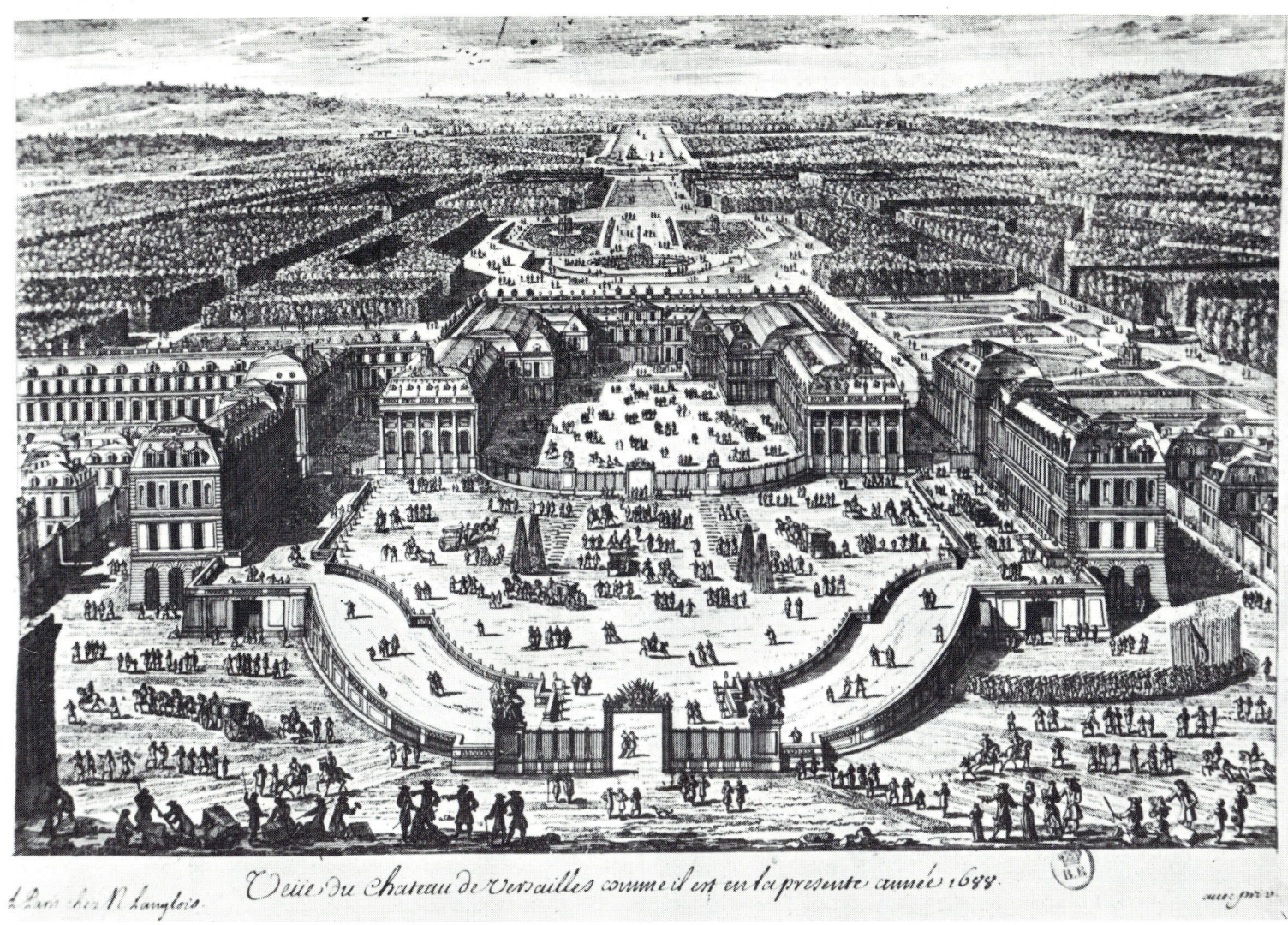

Veüe du Chateau de Versailles comme il est en la presente année 1688

Abb. 1054–1055. Plan und Ansicht von Versailles aus der Zeit gegen Ende der Herrschaft Ludwigs XIV.: Der Park ist das dominierende Element des Schloßkomplexes; ihm muß sich auch die um die drei Eingangsalleen herum entstandene Stadt unterordnen (man vergleiche diesen Komplex mit dem von Bagnaia in Abb. 960–962).

lichen Zugangsstraßen vor dem Schloß wurden zu einem aus drei großen Alleen bestehenden System zusammengefaßt, um das herum sich die neue Stadt mit den Wohnsitzen der höfischen Beamten herausbildete (Abb. 1054).

Die Pläne für das Schloß stammten von Le Vau und Hardouin-Mansart. Der kleine Jagdpavillon Ludwigs XIII. wurde wiederholt erweitert, bis schließlich ein über 500 Meter langes Gebäude entstand, das den Bereich des Gartens von dem der Stadt vollständig abtrennte (Abb. 1055–1056). Die Gestaltung und Ausstattung der Innenräume des Schlosses oblagen Le Brun.

Der großartigste Raum ist der Spiegelsaal im ersten Stock in der Mitte des zum Garten gelegenen Gebäudeteils. Das wohlgestaltete Szenarium der Gärten Le Nôtres dringt durch die Fenster in den Spiegelsaal und wird dort von den gegenüberliegenden Spiegeln reflektiert; Architektur und Landschaft, die im Vordergrund stehenden Dekorationen und die unendliche Weite des Hintergrunds verschmelzen so zu einem einheitlichen und eindruckvollen Schauspiel (Abb. 1057).

Paris und Versailles stellten zwei komplementäre Organismen dar, an denen Möglichkeiten und Grenzen der absoluten Macht

zwischen dem 17. und 18. Jahrhundert gleichzeitig deutlich werden. Es wurden die stilistischen und organisatorischen Mittel geschaffen, um eine ganze Landschaft – nicht nur, wie in der italienischen Tradition, in einem relativ kleinen Maßstab – zu verändern und neu zu gestalten. Aber diese Neugestaltung gelang lediglich bruchstückhaft und nicht in den bewohnten Städten, sondern nur in den freien, unbebauten Gebieten der Umgebung. Die neuen Anlagen bestanden aus einem Mosaik von Parks und monumentalen Bauwerken, bildeten jedoch keine zusammenhängende Einheit.

Abb. 1056. (linke Seite) **Luftaufnahme des Schlosses von Versailles: im Vordergrund der Park, im Hintergrund die Stadt.**

Abb. 1057. Der von Hardouin-Mansart entworfene Spiegelsaal (er befindet sich in der Mitte der Fassade des Schlosses von Versailles).

Abb. 1058. Die Fassade des Schlosses von Versailles von den Terrassen der Orangerie aus gesehen.

Abb. 1059. Versailles: das Latonabecken und die leicht abschüssige Allee, die zum großen Kanal – der Achse des
Parks – hinunterführt.

Abb. 1060–1061. (rechte Seite) Zwei dekorative Details in
Versailles: eine der im Park aufgestellten Vasen und ein
Türflügel mit dem Symbol des Sonnenkönigs.

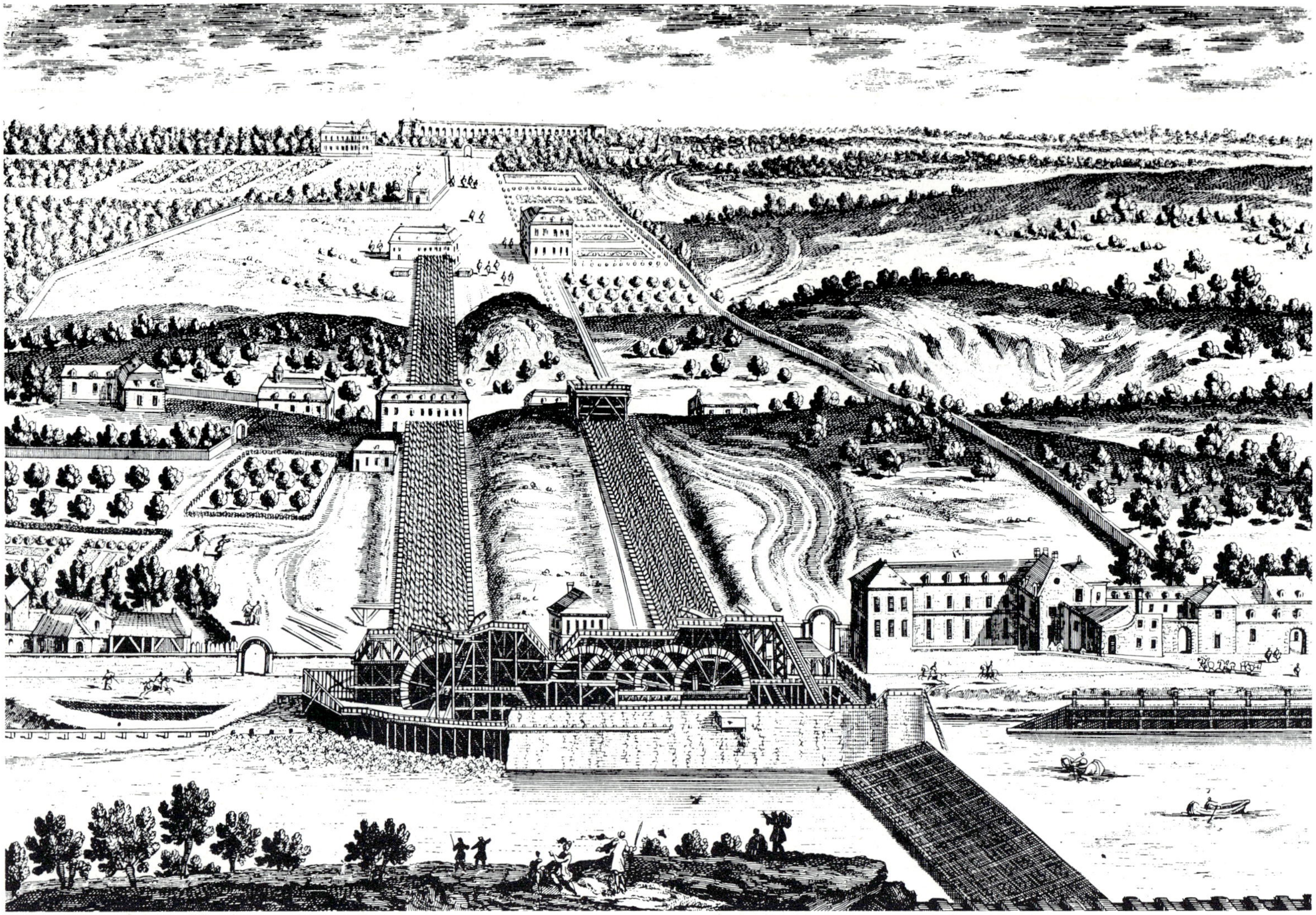

Abb. 1062. Die »Maschine« von Marly, die das Wasser aus
der Seine in die Brunnen von Versailles pumpte.

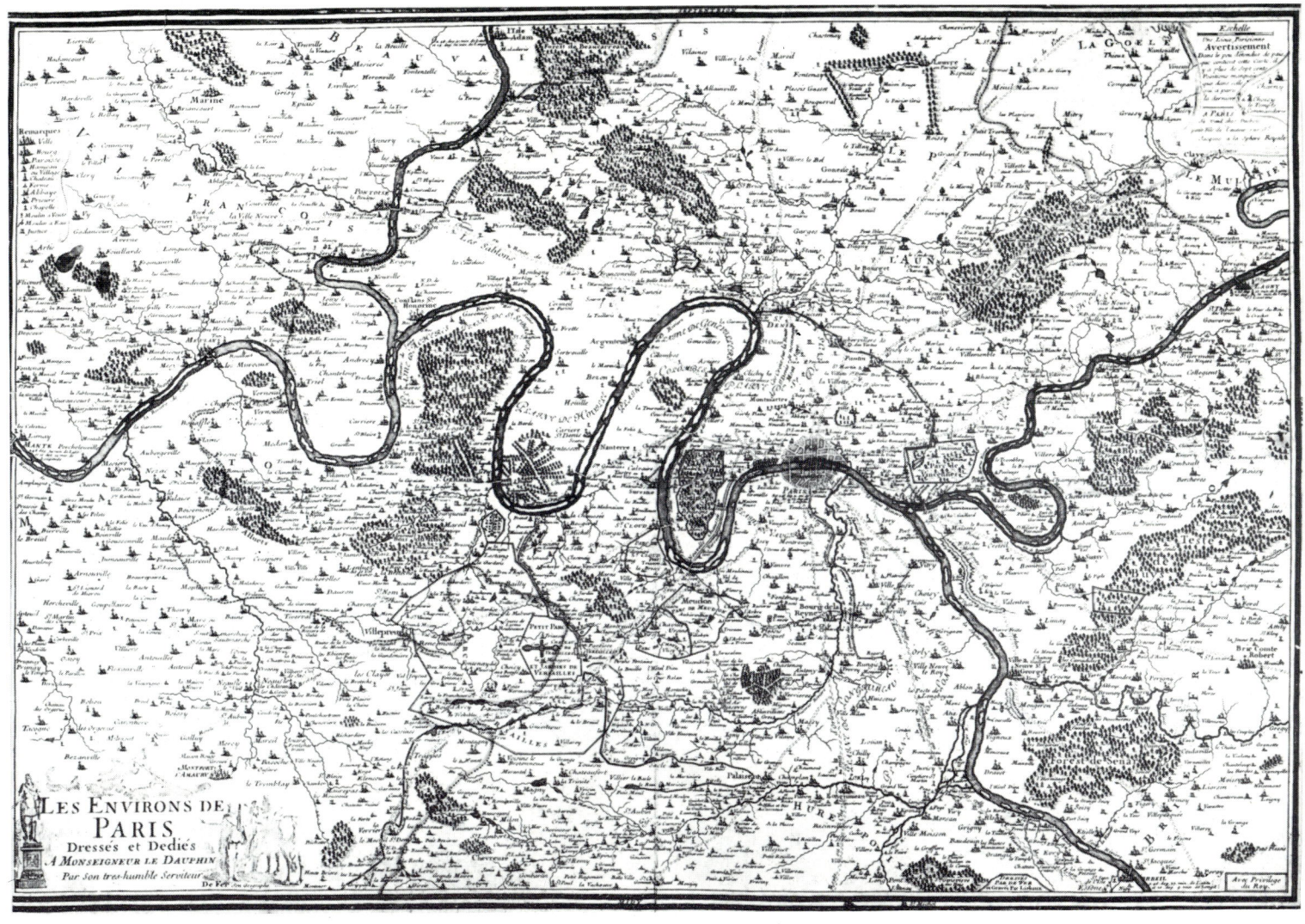

Abb. 1063. Karte der Umgebung von Paris (Stich aus dem 18. Jahrhundert).

Abb. 1064. (auf den beiden folgenden Seiten) **Karte aus der Mitte des 18. Jahrhunderts von dem Gebiet zwischen Paris und Versailles.**

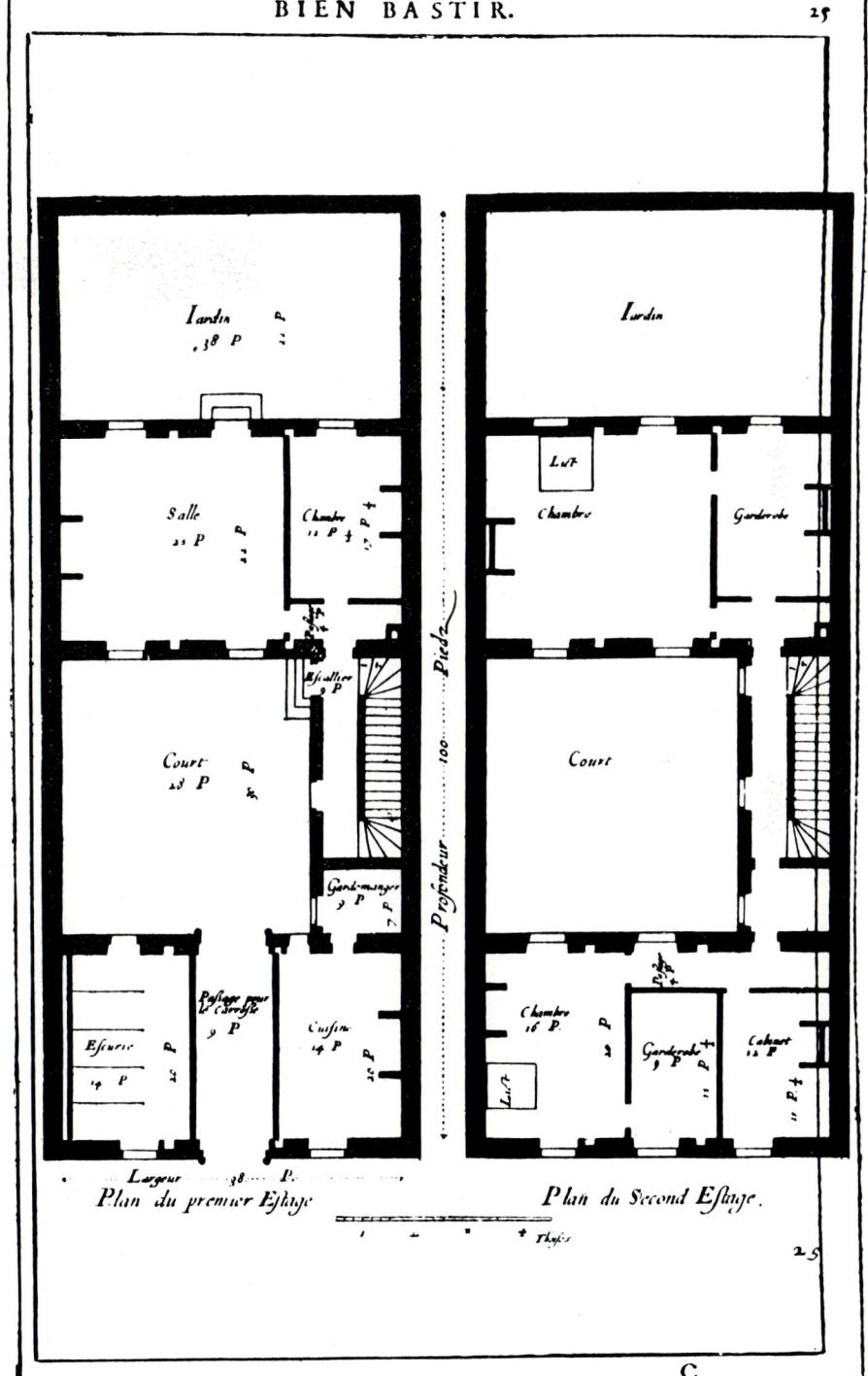

Abb. 1065. (linke Seite) **Plan von Paris vom Ende des 18. Jahrhunderts: Die bedeutendsten, unter der Monarchie errichteten architektonischen Anlagen sind schwarz eingezeichnet.**

1. Quadratischer Hof des Louvre
2. Pont Neuf und Place Dauphine
3. Place des Vosges
4. Palast von Kardinal Richelieu
5. Pont Royal
6. Place de Vendôme
7. Place des Victoires
8. Place de la Concorde
9. Place du Panthéon

Abb. 1066. Grundriß eines zweistöckigen bürgerlichen Stadthauses (aus einem französischen Traktat aus dem 17. Jahrhundert).

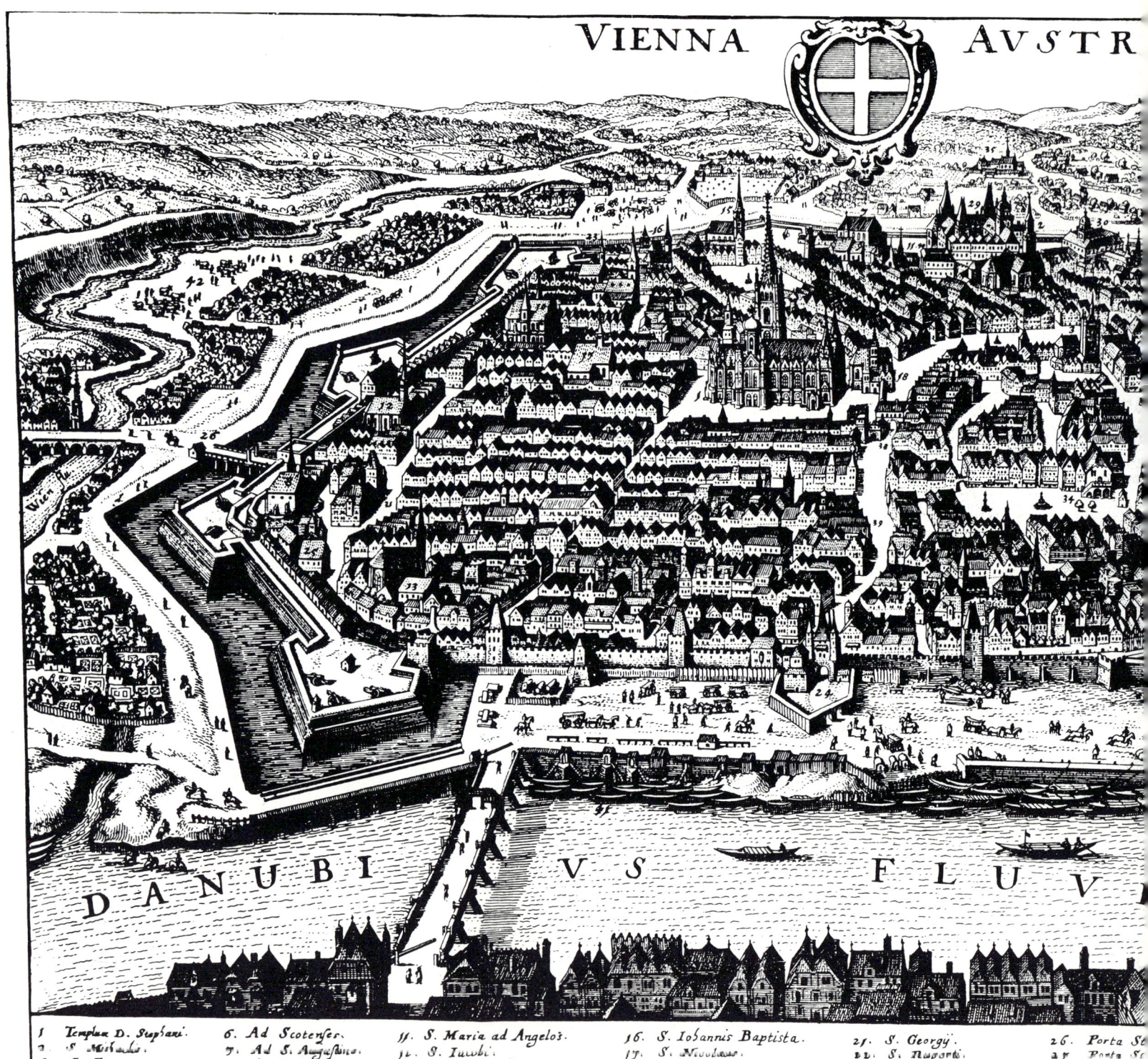

VIENNA AVSTR

DANUBIVS FLUV

1 Templum D. Stephani.	6. Ad Scotenses.	11. S. Mariæ ad Angelos.	16. S. Iohannis Baptista.	21. S. Georgÿ.	26. Porta St
2. S. Michaelis.	7. Ad S. Augustinæ.	12. S. Iacobi.	17. S. Nicolaus.	22. S. Ruperti.	27. Porta Sc
3. S. Petri.	8. Ad Predicatores.	13. S. Laurentÿ.	18. S. Mariæ Magdalenæ.	23. S. Annæ.	28. Porta Nou
4. Ad lætus S. Maria.	9. S. Dorothea.	14. Ad Portam Cœli.	19. Templ. Societat. Iesu.	24. Rubra Turris.	29. Arx Cæsi
5. Ad S. Crucem.	10. S. Hieronymi.	15. Hosp. Vrbanum S. Claræ.	20. S. Saluator.	25. Antiquum Arsenale.	30. Arx Nou

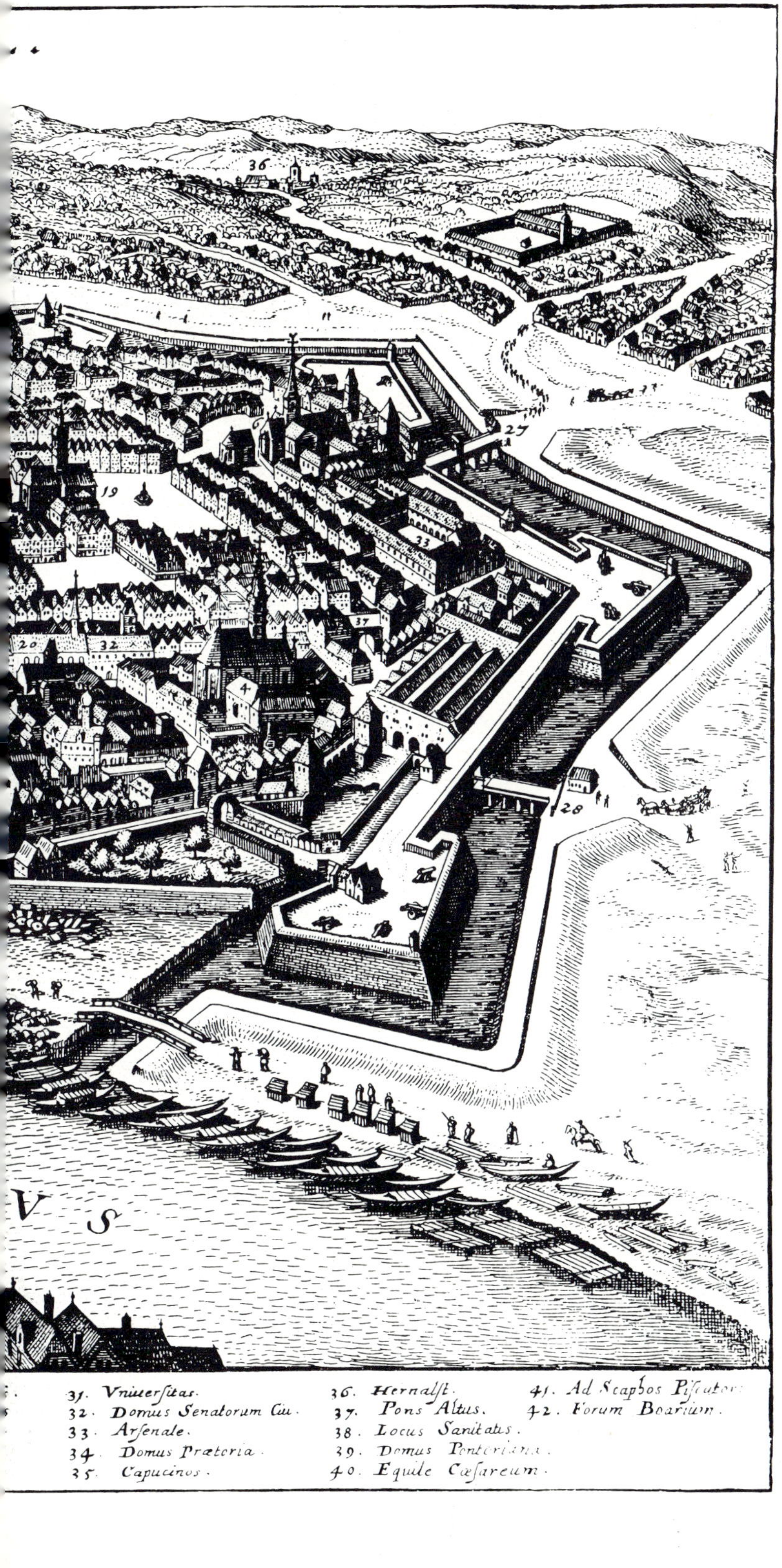

Von den anderen europäischen Hauptstädten wollen wir noch die folgenden betrachten: Wien, die Hauptstadt des Habsburgischen Reiches; Turin und Neapel, die Hauptstädte der beiden bedeutendsten italienischen Staaten jener Zeit; Amsterdam, die dominierende Stadt der Niederlande, und schließlich London, die englische Metropole, die im 18. Jahrhundert zur ersten großen bürgerlichen Stadt Europas werden sollte.

WIEN

Die kaiserliche Dynastie der Habsburger ließ sich nach dem endgültigen Sieg über die Türken in der Schlacht am Kahlenberg 1683 in Wien nieder. Die alte – noch von dem mittelalterlichen Mauerring umschlossene – Stadt wurde zu einer inneren Zitadelle, die von einem etwa 500 Meter breiten unbebauten Landstreifen eingefaßt wurde. Um diesen Streifen herum bildete sich die neue Stadt mit ihren Vorstädten und den Residenzen der hochgestellten Persönlichkeiten: das Schloß Belvedere, der Wohnsitz des siegreichen Generals Prinz Eugen von Savoyen (Abb. 1074), das Palais Schwarzenberg und das Liechtensteinsche Palais. Zu Beginn des 18. Jahrhunderts wurde ein zweiter, äußerer Mauerring angelegt, der wiederum von einem – diesmal nur 200 Meter breiten – freien Landstreifen eingefaßt wurde. Die Stadt hatte – ohne den zwischen den Armen der Donau gelegenen Prater – eine Gesamtfläche von etwa 1800 Hektar und gegen Ende des 18. Jahrhunderts etwa 200 000 Einwohner (Abb. 1068 u. 1071).

Residenz des Kaisers war die Hofburg in der Altstadt (Abb. 1072). Im Jahre 1690 jedoch begann er mit dem Bau einer großen, außerhalb der Stadt gelegenen – dem Schloß von Versailles vergleichbaren – Residenz: Schloß Schönbrunn, umgeben von einem Park, der einen unmittelbar vor den Toren der Stadt gelegenen Hügel einnimmt (Abb. 1069–1070). Fischer von Erlach (1656–1723), zwischen 1690 und 1723 kaiserlicher Hofarchitekt, entwarf die neuen monumentalen Bauten in einem bewußt komplexen und erhabenen Stil: die neue Hofburg, die Nationalbibliothek und die Karlskirche (Abb. 1075–1076).

31. *Vniuersitas.*
32. *Domus Senatorum Ciu.*
33. *Arsenale.*
34. *Domus Prætoria.*
35. *Capucinos.*
36. *Hernalst.*
37. *Pons Altus.*
38. *Locus Sanitatis.*
39. *Domus Pontericina.*
40. *Equile Cæsareum.*
41. *Ad Scaphos Piscator.*
42. *Forum Boarium.*

Abb. 1067. Ansicht Wiens um die Mitte des 17. Jahrhunderts mit den mittelalterlichen Mauern.

Abb. 1068. Plan von Wien vom Ende des 18. Jahrhunderts mit den aus dem Barock stammenden Anlagen.

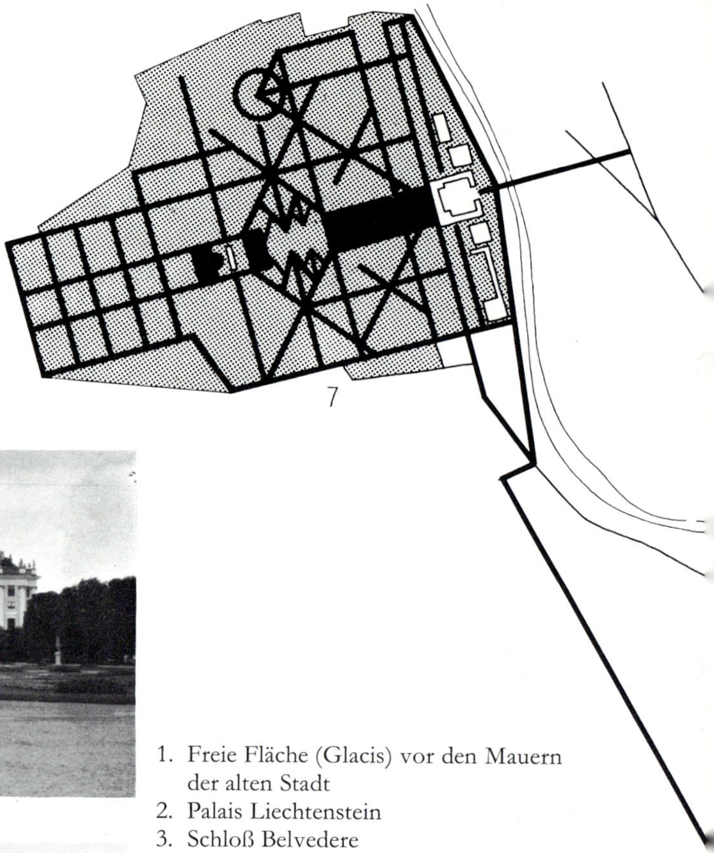

7

1. Freie Fläche (Glacis) vor den Mauern der alten Stadt
2. Palais Liechtenstein
3. Schloß Belvedere
4. Palais Schwarzenberg
5. Prater
6. Schloßhof
7. Schloß Schönbrunn

Abb. 1069–1070. Schloß Schönbrunn: (oben) **Blick auf die Fassade,** (unten) **Blick in den Park.**

Abb. 1071 (auf den beiden folgenden Seiten) **Das Panorama von Wien im 18. Jahrhundert.**

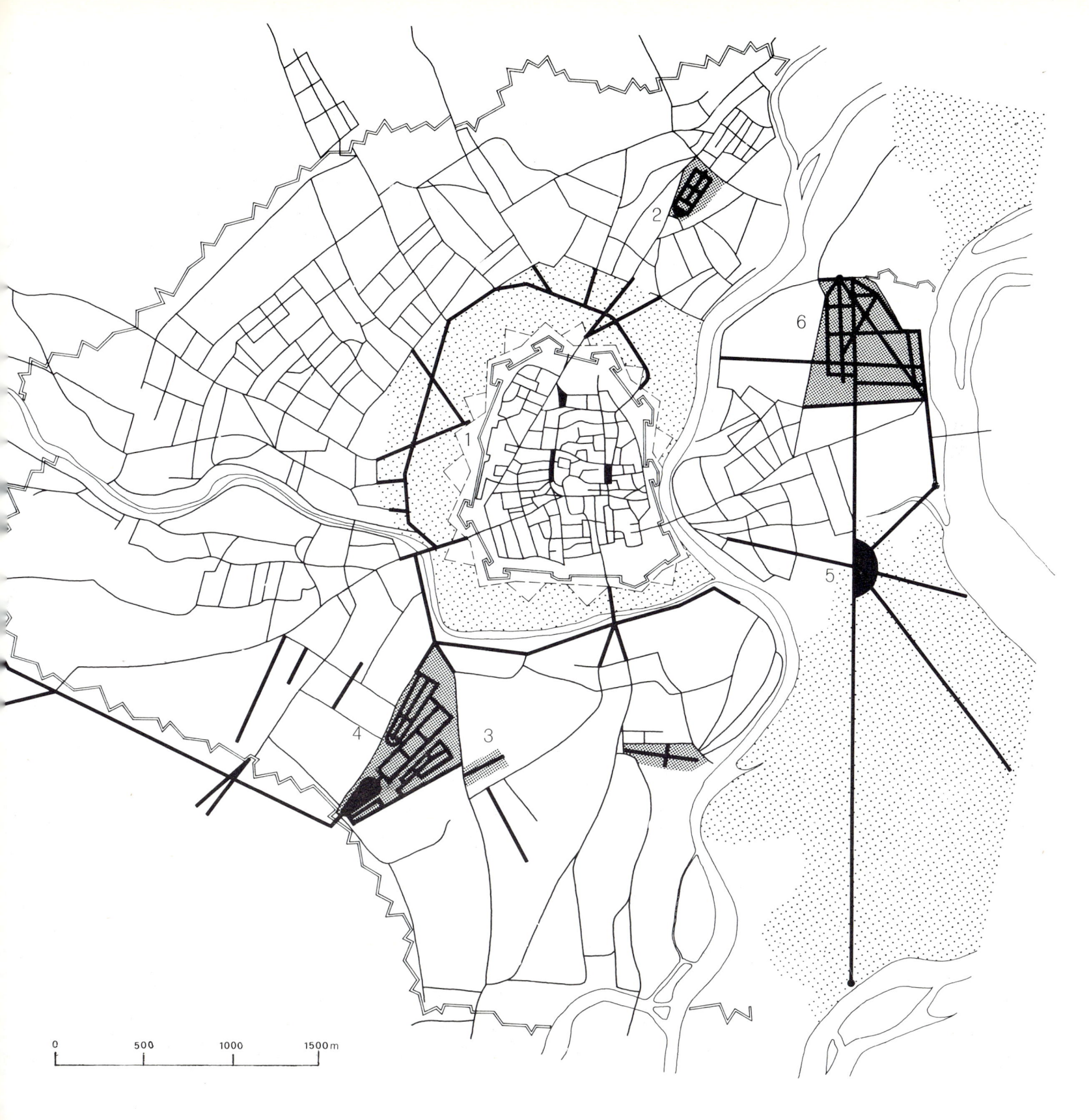

0   500   1000   1500 m

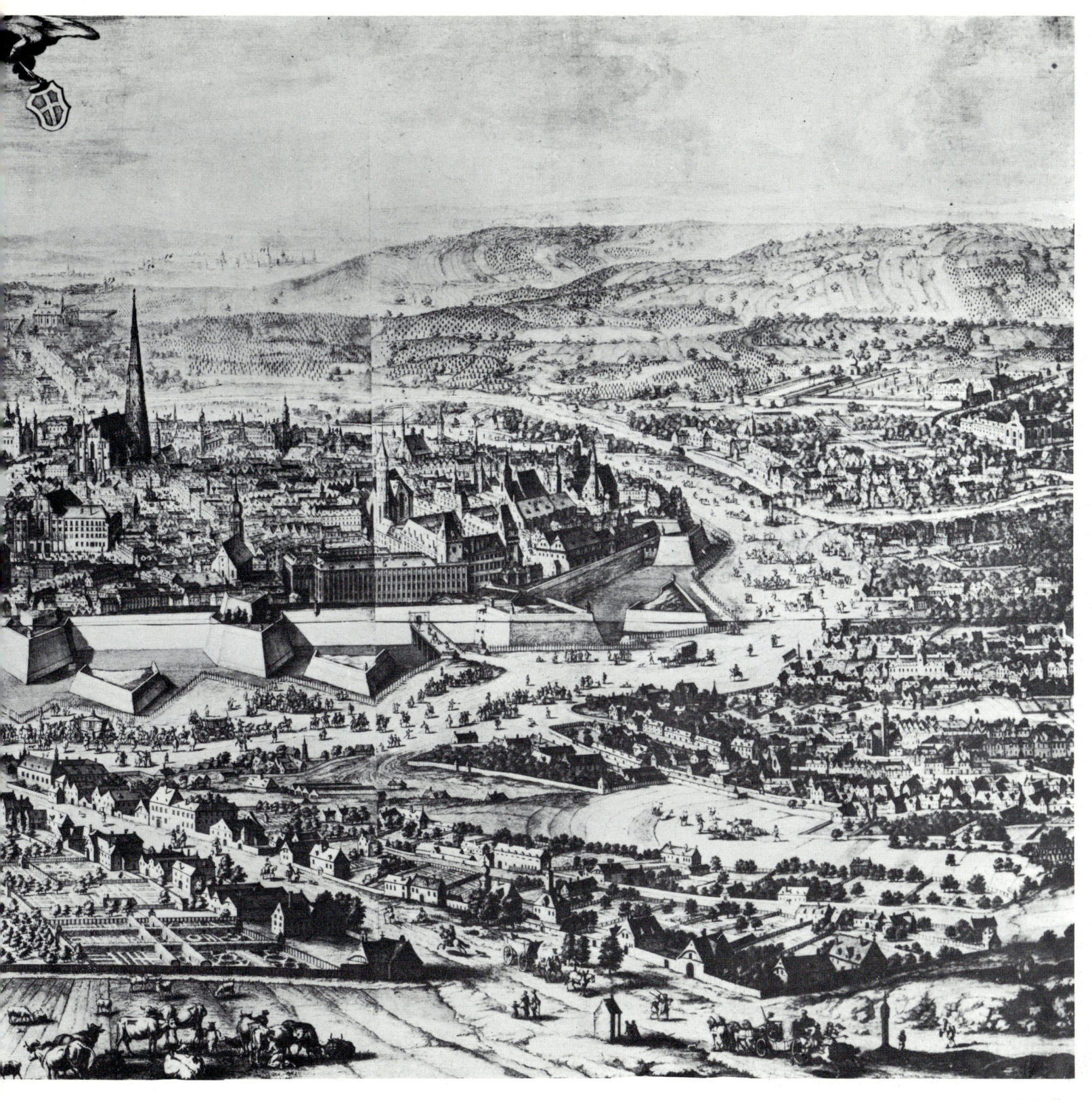

Abb. 1072. Modell der Wiener Altstadt: Im Vordergrund ist der kaiserliche Palast (Hofburg) zu sehen.

Cavallerizza Coperta della Reale Corte di Vienna, ridotta in Sala per Comando di S. M. la Regina d'Ungheria, e di Boemia in occasione delle Nozze della Serenissima Arciduchessa Marian. con il Serenissimo Principe Carlo di Lorena, esposta in Veduta più dà una parte, e Senza le Lumiere appese in mezzo.

3

J. G. Bibiena S. C. M. Archit. Theatr. Prim. Inv. et del   *J. A. Pfeffel S. C. M. Chalcogr. sculpt. direx A.V.*

Abb. 1073. Die Reitschule in der Wiener Hofburg.

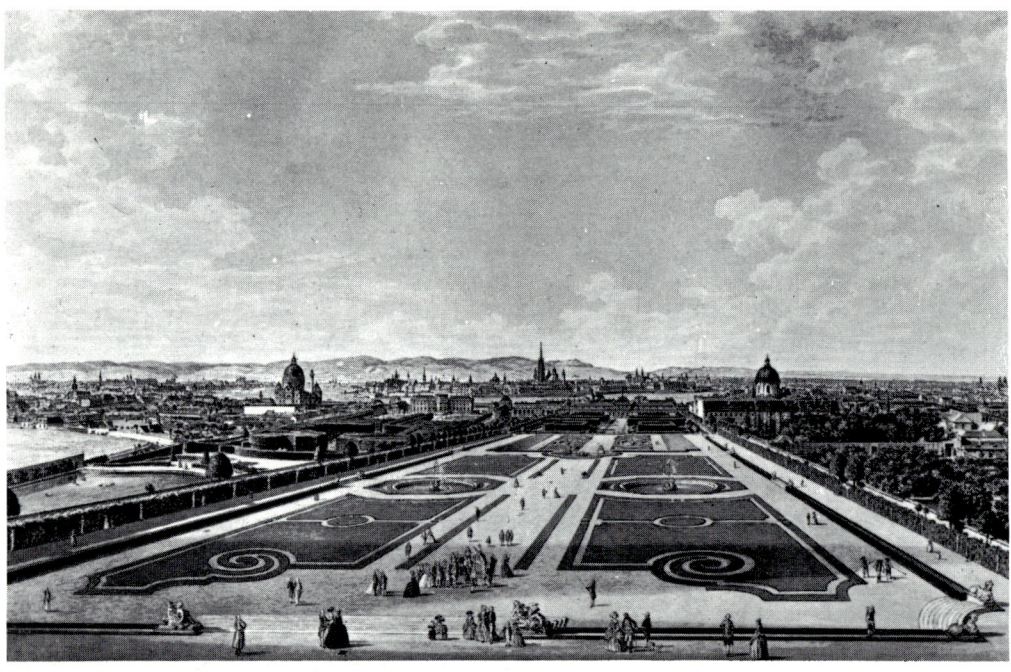

Abb. 1074. (links) **Die Gärten Belvederes mit dem Panorama Wiens im Hintergrund (18. Jahrhundert).**

Abb. 1075–1076. (unten) **Außenansicht und Grundriß der Karlskirche in Wien, gebaut von Fischer von Erlach.**

TURIN

In Turin, der Hauptstadt des Herzogtums Savoyen, war bis zum Beginn des 17. Jahrhunderts die von den Römern angelegte schachbrettartige Grundstruktur erhalten geblieben. Es war lediglich eine fünfeckige Zitadelle hinzugefügt worden (Abb. 1077).

Als das Haus Savoyen an Bedeutung gewann, wurde die Stadt dreimal erweitert; sie blieb aber immer eine von den französischen, spanischen und österreichischen Heeren bedrohte Stadt und mußte deshalb stets von einem starken Mauerring umgeben werden.

Die erste Erweiterung wurde 1620 von dem Architekten Carlo di Castellamonte im Auftrag des Herzogs Karl Emanuel I. geplant; innerhalb dieser neuen Mauern wohnten 25 000 Einwohner auf einer Fläche von 100 Hektar (Abb. 1078).

Der Plan für die zweite Erweiterung wurde 1673, gegen Ende der Regierungszeit von Karl Emanuel II., von Amadeo di Castellamonte, dem Sohn des obengenannten Architekten, entworfen. Die Stadt hatte nunmehr ein Fläche von 160 Hektar und ungefähr 40 000 Einwohner. Die mittelalterliche Burg wurde in der Mitte eines großen Platzes freigestellt und fungierte als Verwaltungszentrum der Stadt (Abb. 1079).

Die dritte Erweiterung wurde 1714 von Filippo Juvara im Auftrag von Victor Amedeus II. durchgeführt; dadurch wurde die Gesamtfläche der Stadt um 20 Hektar auf 180 Hektar erweitert und die Bevölkerung wuchs auf 60 000 Einwohner an (Abb. 1080).

Die neu angelegten Stadtteile folgten der von den Römern vorgegebenen Struktur, die aus den geradlinig, stets im rechten Winkel zueinander verlaufenden Straßen bestand. Die einzige Ausnahme bildete die Via Po, die dem begradigten Verlauf einer älteren Straße zwischen der Stadt und dem Fluß folgt und die Häuserblocks der zweiten Stadterweiterung diagonal durchläuft. Diese regelmäßige Struktur wurde nur durch einige Plätze und durch öfters variierende Abstände zwischen zwei Straßen aufgelockert. Die Fassaden der an den Hauptstraßen und wichtigsten Plätzen gelegenen Häuser sahen in etwa gleich aus, genau wie die der königlichen Plätze in Frankreich.

In dieses einheitliche und regelmäßige Stadtbild fügte Guarino Guarini seine phantasievollen architektonischen Neuerungen ein: die Capella della Sindone (Kapelle des heiligen Schweißtuches), die Kirche San Lorenzo (Abb. 1083–1084) und den Palazzo di Carignano. In der Umgebung Turins schuf Juvara die Basilica di Superga (Abb. 1085) und das Jagdschloß Stupinigi, von dem eine lange, geradlinige Allee zur Stadt führte (Abb. 1086–1090).

Abb. 1077–1080. Turin: die Stadt gegen Ende des 16. Jahrhunderts und die drei Stadterweiterungen (1620, 1673 und 1714).

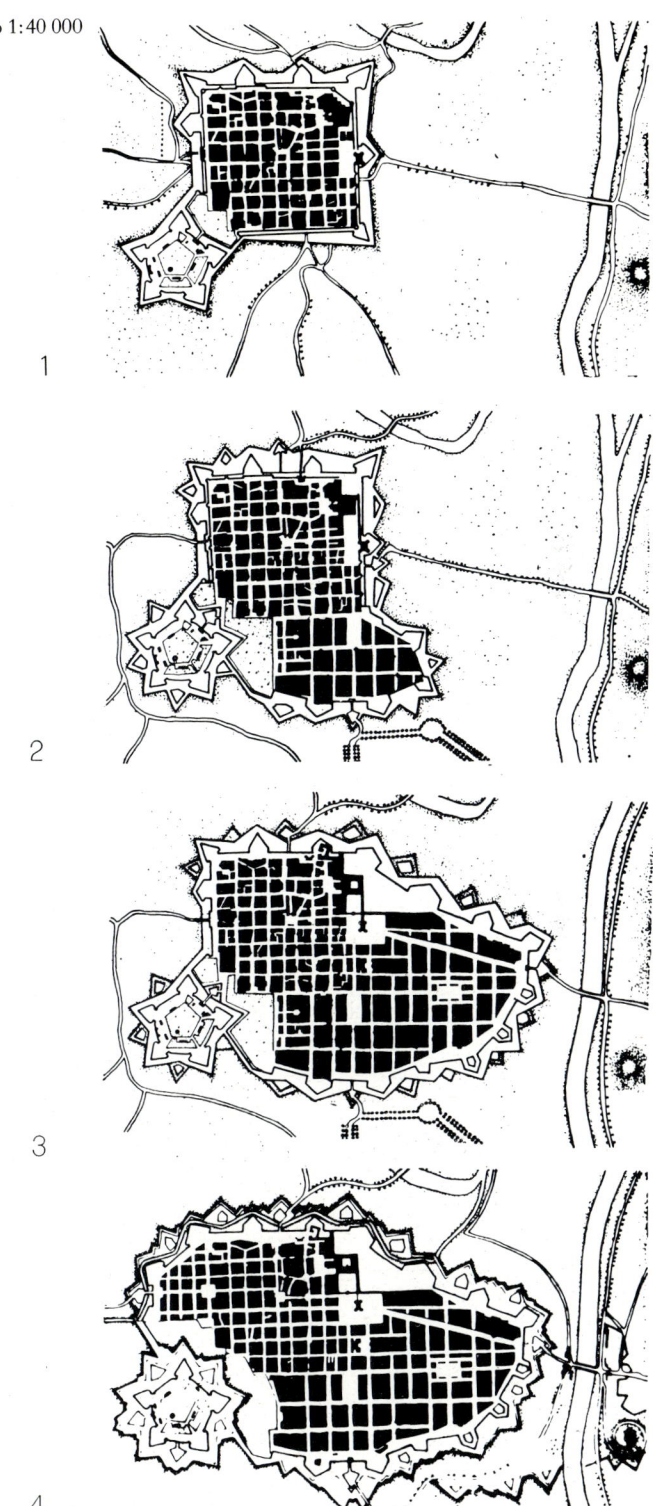

Maßstab 1:40 000

1

2

3

4

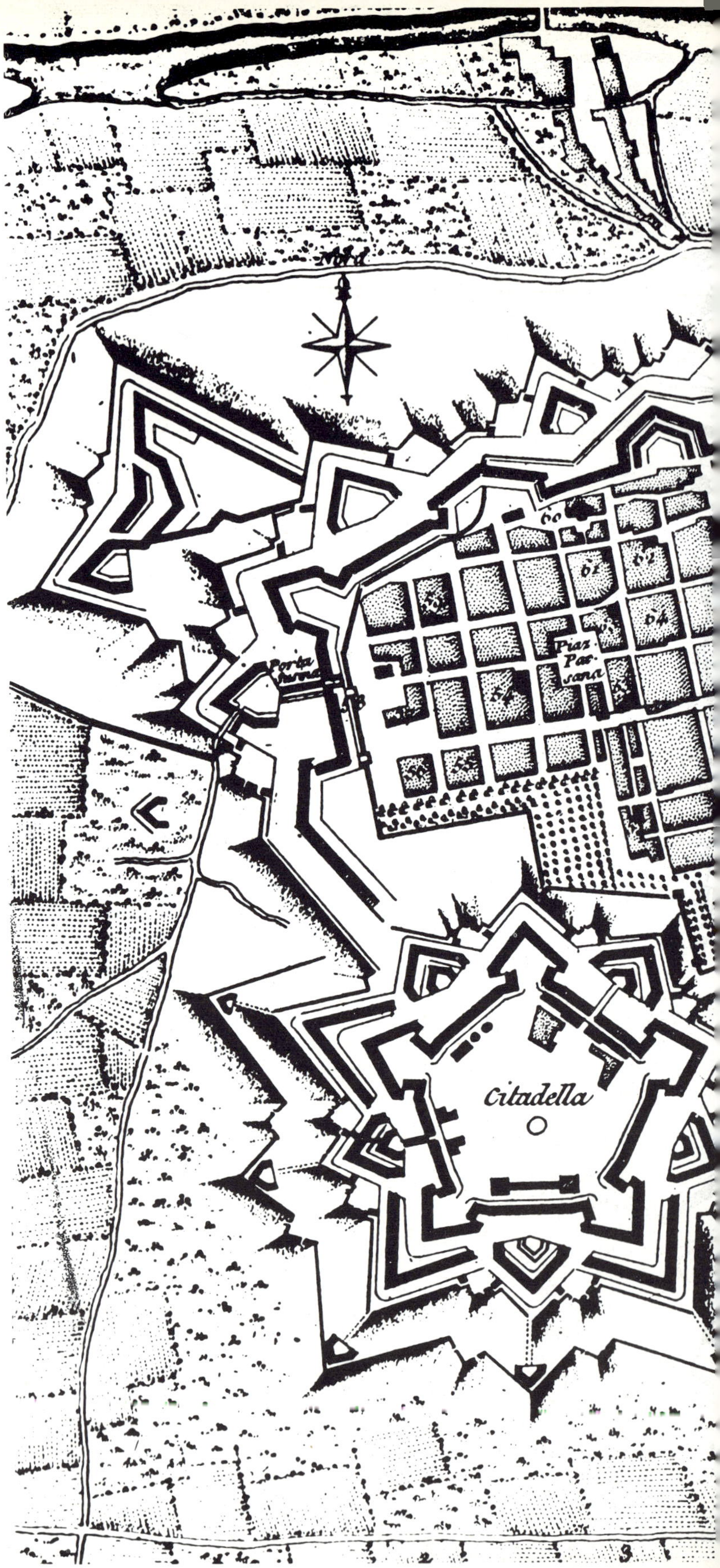

Abb. 1081–1082. Turin: Plan der Stadt aus dem 18. Jahrhundert und Blick in eine Straße.

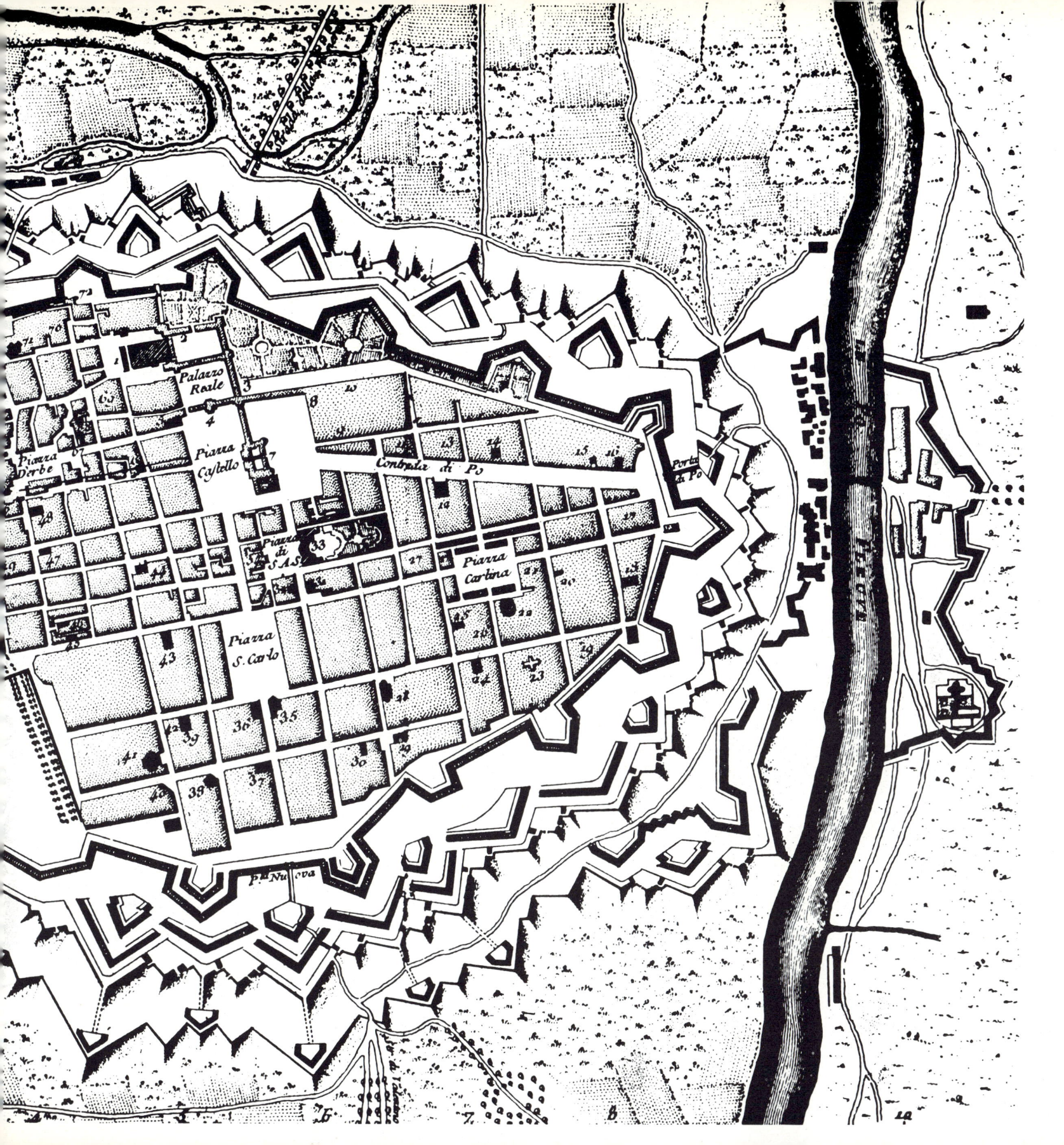

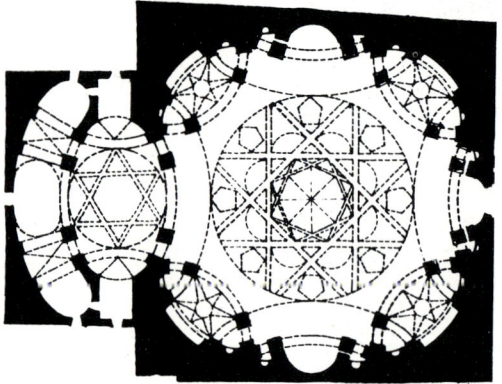

Abb. 1083–1084. Turin: Luftaufnahme der Piazza del Castello mit der mittelalterlichen Burg, deren Fassade von Juvara neu gestaltet wurde; (links) der Grundriß der von Guarini gebauten Kirche San Lorenzo, deren Kuppel auch unten links in der Luftaufnahme zu sehen ist.

Abb. 1085. Luftaufnahme der Stiftskirche Superga in der Nähe von Turin, von Juvara im Jahre 1718 gebaut.

Abb. 1086. Luftaufnahme des von Juvara im Jahre 1729 begonnenen Schlosses Stupinigi.

Abb. 1087–1090. (rechte Seite) **Stupinigi: Luftaufnahme des Gesamtkomplexes, Grundriß, Querschnitt und** (rechts oben) **Deckenansicht des Hauptsaals.**

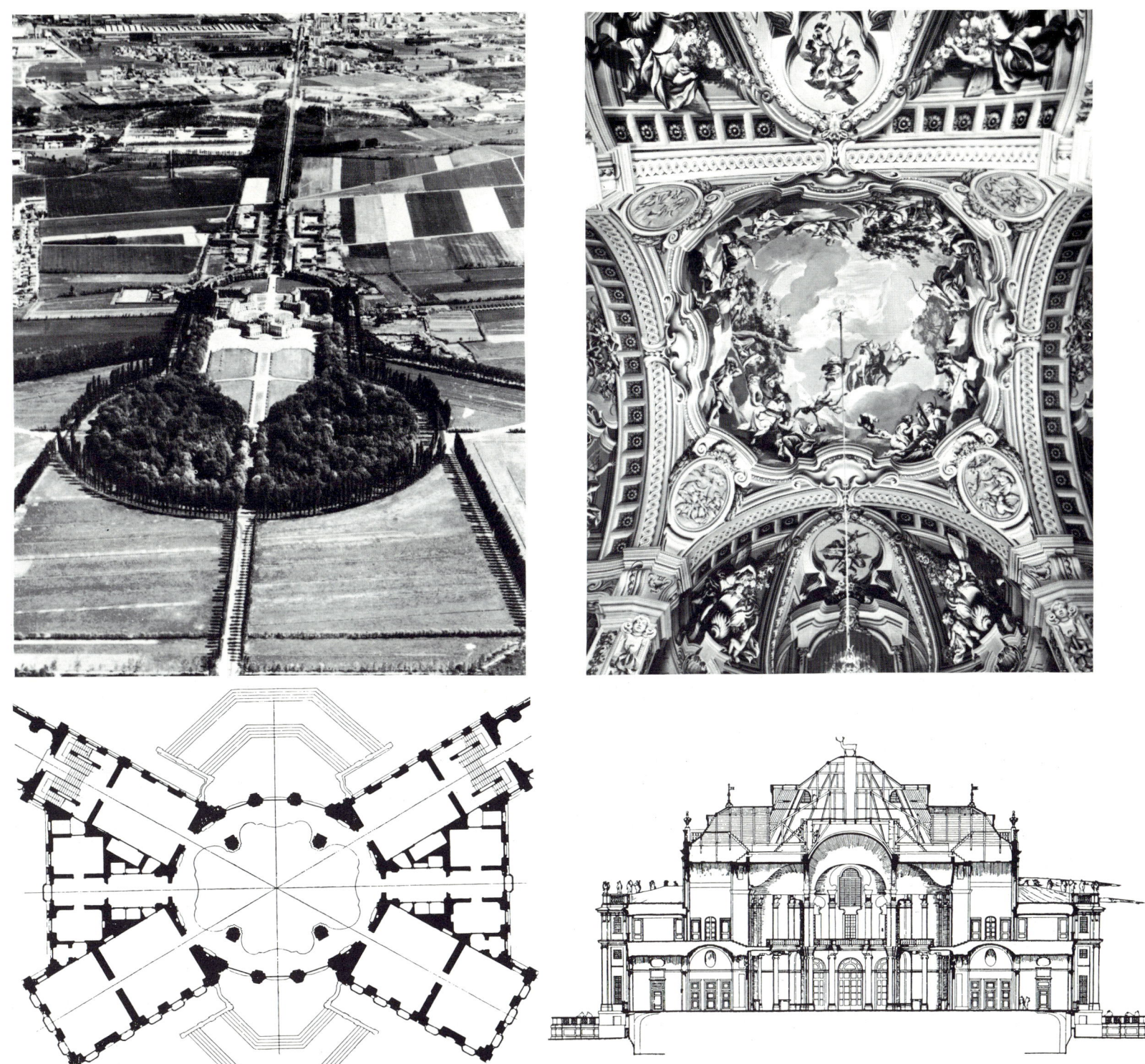

NEAPEL

Neapel, Sitz des spanischen Vizekönigs, entwickelte sich im Verlauf des 17. Jahrhunderts zur bevölkerungsreichsten Stadt Italiens. Im mittelalterlichen Zentrum war die aus der Antike stammende schachbrettartige Struktur erhalten geblieben und die neuen Stadtviertel wurden von den langen geraden Straßen des 16. Jahrhunderts, wie der Via Toledo, beherrscht.

Im 18. Jahrhundert wurde aus dem südlichen Teil des Königtums ein eigenständiger Staat. Der neue Herrscher, König Karl von Bourbon (1734–1759), versuchte, dieser großen Stadt, die inzwischen bereits 300 000 Einwohner hatte, eine einheitliche und geordnete Struktur zu geben. Er erneuerte die Hafenanlagen, reorganisierte das vorstädtische Straßensystem und errichtete einige neue öffentliche Bauten, z. B. das Tribunale della Salute und den Albergo dei Poveri – ein Armenhaus, das aus einem einheitlich gestalteten Häuserblock von über 600 Meter Länge bestand und 8000 Personen beherbergen sollte.

In der Umgebung der Stadt baute König Karl im Jahre 1743 die Villa di Capodimonte und 1752 das große Schloß von Caserta, das nach den Entwürfen des berühmten Vanvitelli gebaut wurde. Die Eingangshalle dieses Schlosses, der ovale Platz, der Königspalast und der auf einem Hügel angelegte Park bilden einen monumentalen Komplex von gigantischen Ausmaßen, für den es im damaligen Italien nichts Vergleichbares gab (Abb.: 1095–1096).

Doch diese großartigen Arbeiten konnten keine dauerhafte Veränderung bewirken: Der Organismus der Stadt und der Umgebung blieb ungeordnet und unregierbar, während die Bevölkerung ständig weiter anwuchs.

Abb. 1091. (linke Seite) **Plan des Stadtzentrums von Turin (aus der Karte des Militärgeographischen Instituts im Maßstab 1:25 000).**

Abb. 1092. (rechts) **Eine der Straßen im Zentrum Neapels (Photographie aus dem 19. Jahrhundert): Die auf der schachbrettartigen, noch aus der Zeit der Griechen und Römer stammenden Struktur errichteten Häuserblocks wurden wiederholt in der Höhe erweitert und beherbergen eine dichtgedrängte Bevölkerung und deren Werkstätten, Geschäfte usw.**

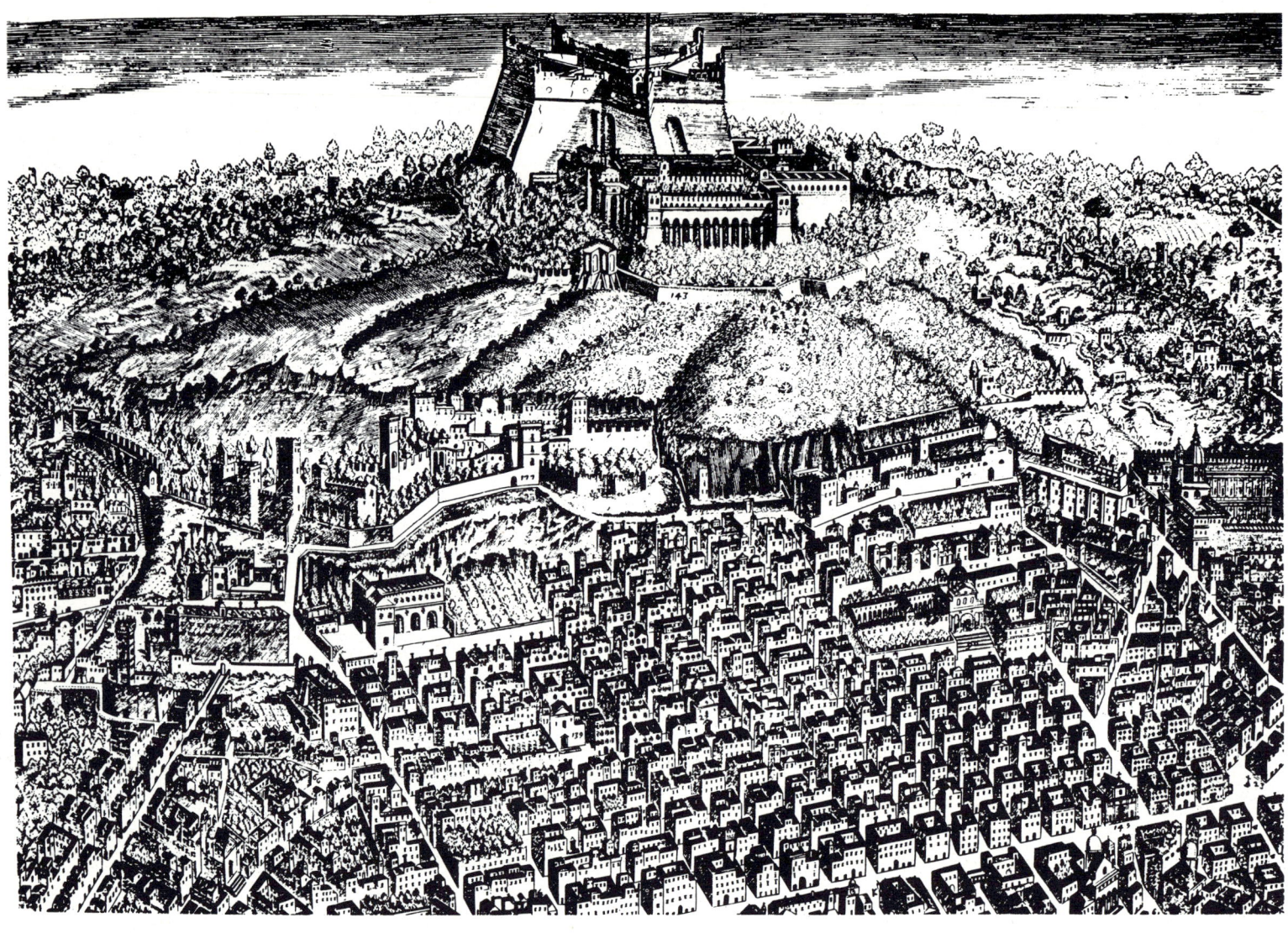

Abb. 1093. Ausschnitt aus einem im 18. Jahrhundert entstandenen Plan von Neapel mit dem spanischen Stadtviertel hinter der Via Toledo, der Certosa di San Martino und dem Castello Sant'Elmo.

Abb. 1094. (rechte Seite) **Plan des Stadtzentrums von Neapel: Das große Gebäude in der oberen Hälfte ist der ›Albergo dei Poveri‹, das Armenhaus** (aus der Karte des Militärgeographischen Instituts im Maßstab 1:25 000).

V.^a Tramontana

Capodimonte

lo Scudillo

Orfanotrofio
Astarini

P.^ta Piccola

S. Efremovecchio

la Dogenetta

S.^Ma del Pianto

Osp.
Cotugno

Camposanto vecch.

Trivice

P.^ta Grande

Pal.
Reale

Tondo

Osserv.
Astr^co

Moiariello

S.^M.del Carmine

Due Porte

Mercato

38

39

40

36

Castel S. Elmo

Martina

Dogana

Calata
Marinella

i Granili

Molo Pisacane

Il Piter o / Immacolatella

Fanale

Pontili inclinati

Pontile
Viglier

Stazione
Marittima

Porto Mercantile

NÀPOLI

Porto Beverello

21

37

Molo S. Vincenzo

Fanale

Fanale

Rada di S. Lucia

Bocca del Porto

Acquario

Fanale

di Chiaia

Castel

1000 m   500 m   0   Scala di 1:25 000   1   2 km

^4 38   ^4 39   ^4 40

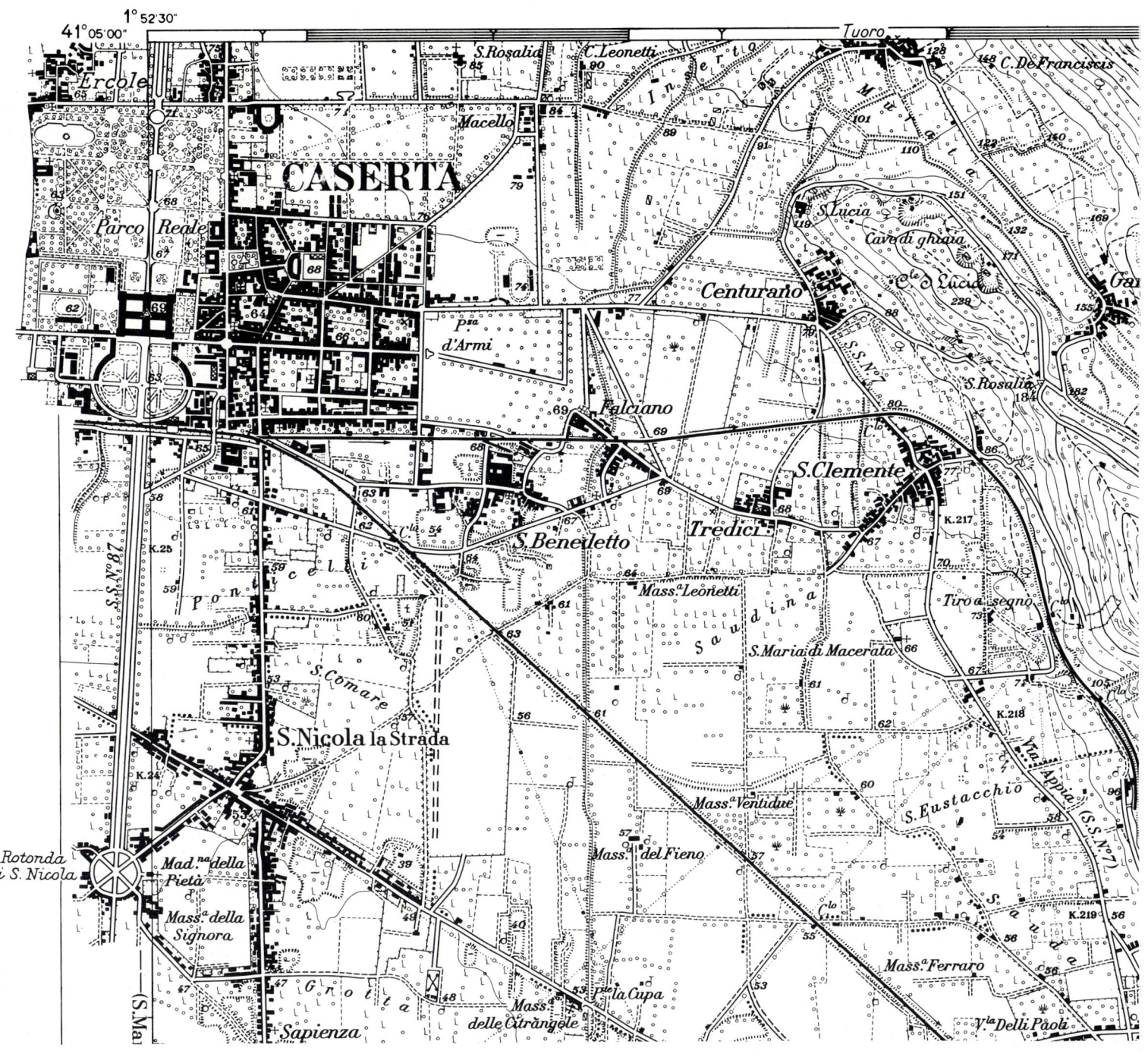

Abb. 1095–1096. Caserta: Luftaufnahme des königlichen Palasts und Plan der Stadt (aus der Karte des Militärgeographischen Instituts im Maßstab 1:25 000).

AMSTERDAM

Die bisher behandelten Städte waren Produkte des Absolutismus, der die großen und kleinen europäischen Staaten beherrschte. Die holländischen Städte dagegen wurden noch wie die mittelalterlichen Stadtstaaten regiert: Die politische Macht lag bei der Handelsbourgeoisie. Jede große Stadt war eine unabhängige Republik mit eigenen Gesetzen und Institutionen, auch wenn sie sich mit anderen zu einem Bündnis zusammengeschlossen hatten, um die gemeinsamen wirtschaftlichen und militärischen Interessen zu verteidigen.

Durch die Beibehaltung dieses politischen Systems gelang es den holländischen Städten, sich erfolgreich gegen die Angriffe der feindlichen Großmächte zu wehren. So wurden sie außerordentlich reich und entwickelten eine eigene bürgerliche Kultur, die sich unter anderem durch ihren antimonumentalen Charakter auszeichnete. In diesem Zusammenhang mag es genügen, an die Philosophie von Spinoza, die wissenschaftliche Arbeit von Huygens und die Malerei Rembrandts zu erinnern.

Abb. 1097. Luftaufnahme einer holländischen Landschaft mit den Entwässerungskanälen und einer zum Pumpen des Wassers genutzten Windmühle.

Abb. 1098. Detail aus dem von Rembrandt gemalten Portrait einer alten Frau.

Amsterdam, die bedeutendste dieser Städte, wurde zum europäischen Handels- und Bankenzentrum. Das damit verbundene Wachstum der Stadt wurde durch eine Kombination verschiedener Instrumente und Methoden in geordnete Bahnen gelenkt: durch die mittelalterlichen Verwaltungsmethoden, durch die Errungenschaften der neuzeitlichen Wissenschaft und Technik und durch den von der Kultur der Renaissance geprägten Geist visueller Harmonie.

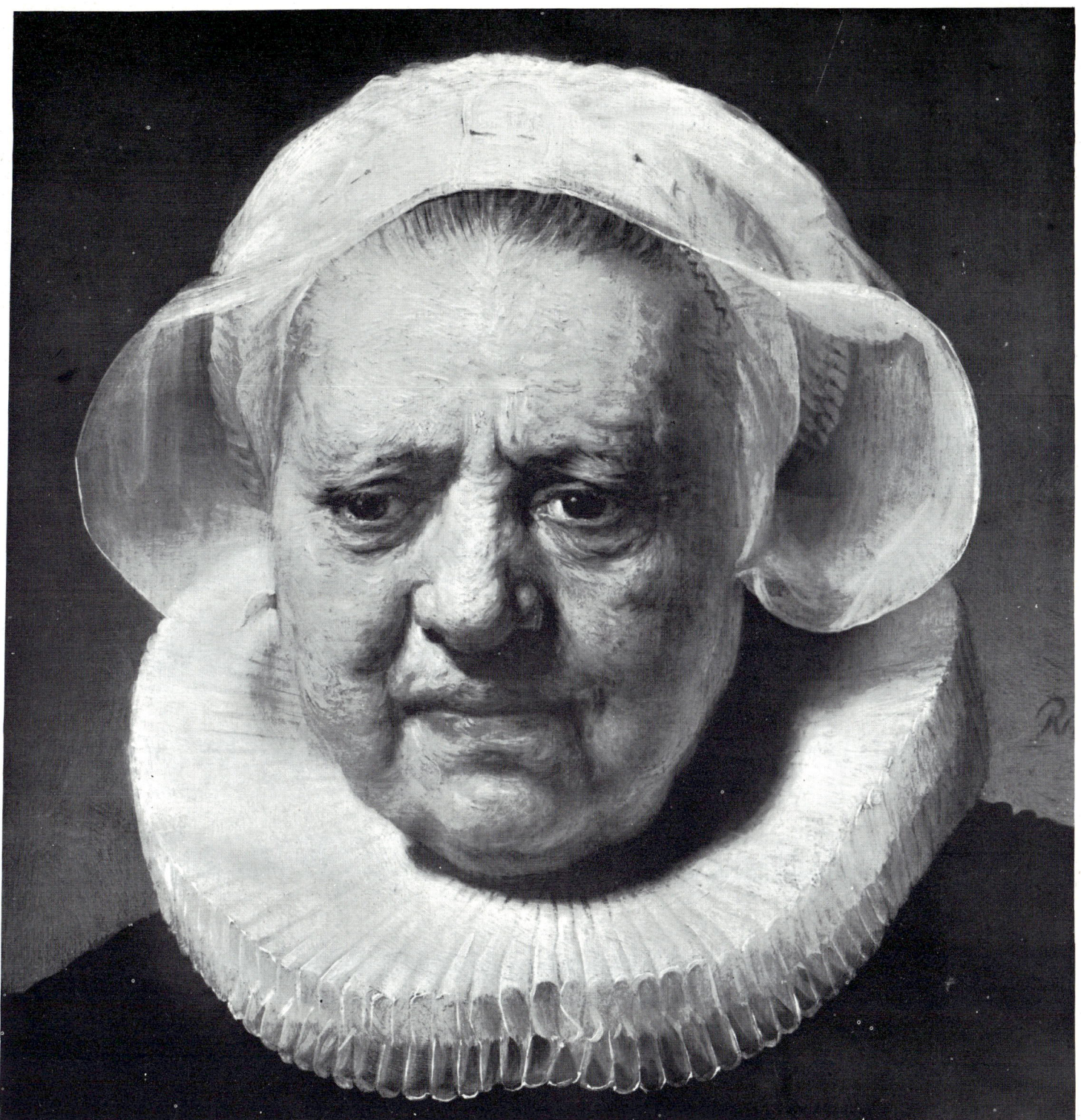

Amsterdam war bereits in der ersten Hälfte des 16. Jahrhunderts eine mittelgroße Hafenstadt mit etwa 40 000 Einwohnern. Im Jahre 1578 eroberten die Truppen Wilhelms von Oranien, auch Wilhelm der Schweigsame genannt, die Stadt. Unmittelbar danach wurde mit den Arbeiten für eine erste Stadterweiterung begonnen: Die aus dem Jahre 1481 stammenden Mauern wurden eingerissen und der einstige Mauergraben wurde zu einem innerhalb der Stadt verlaufenden Kanal umfunktioniert; im Jahre 1593 wurde weiter außen ein neuer Mauerring nach dem Stand der fortgeschrittenen militärischen Technologie angelegt (Abb. 1099–1102).

Aber die Stadt wuchs ständig weiter und so plante man zu Beginn des 17. Jahrhunderts eine neue ambitiöse Stadterweiterung. Dabei sollten drei weitere, konzentrisch verlaufende Kanäle angelegt werden. Der erste dieser halbkreisförmigen Kanäle sollte im äußersten Westen der Stadt beginnen und die beiden anderen sollten jeweils ein Stück weiter östlich liegen. Weiter war geplant, in den östlichen Stadtteilen einen öffentlichen Park anzulegen und die Schiffswerft zu vergrößern. Dieser Plan wurde im Jahre 1607 von der Regierung der Stadt genehmigt und wie vorgesehen im Verlauf des 17. Jahrhunderts realisiert. Die Regierung enteignete die Grundstücke, legte die Kanäle an und verkaufte die neu entstandenen Grundstücke wiederum an bauwillige Privatleute, um die Kosten für die Bauarbeiten decken zu können. Die Privatleute mußten beim Hausbau detaillierte Bauvorschriften beachten, in denen die Merkmale der Bauten und die den Hausbesitzern obliegenden Pflichten genauestens festgelegt waren (Abb. 1103–1110).

Jeder Kanal war 25 Meter breit und verfügte damit über vier Bahnen zu je 6 Metern, die für ein Schiff mittlerer Größe in etwa notwendige Breite; so entstand für jede Richtung eine Fahrrinne und rechts und links gab es noch genug Platz für je eine Reihe ruhender Schiffe. Entlang der Ufer verlief ein 11 Meter breiter Ladekai, der jeweils mit zwei Reihen Ulmen bepflanzt wurde. Zwischen den Kanälen wurden zwei Reihen jeweils 50 Meter tiefe Baugrundstücke angelegt. Beim Bau ihrer Häuser mußten die Besitzer dieser Grundstücke darauf achten, daß der Abstand zwischen den Rückseiten ihres und des gegenüberliegenden Hauses mindestens 48 Meter betrug – daß also zwischen den Häusern etwa zwei Reihen mit je 24 Meter breiten Gärten lagen. Der innerste Kanal – die Heren-Gracht – war 3,5 Kilometer lang, der mittlere – die Keizers-Gracht – 4 Kilometer und der äußere – die Prinsen-Gracht – 4,5 Kilometer. Die Ladekais hatten eine Gesamtlänge von 25 Kilometern, so daß 4000 Schiffe gleichzeitig in der Stadt anlegen konnten.

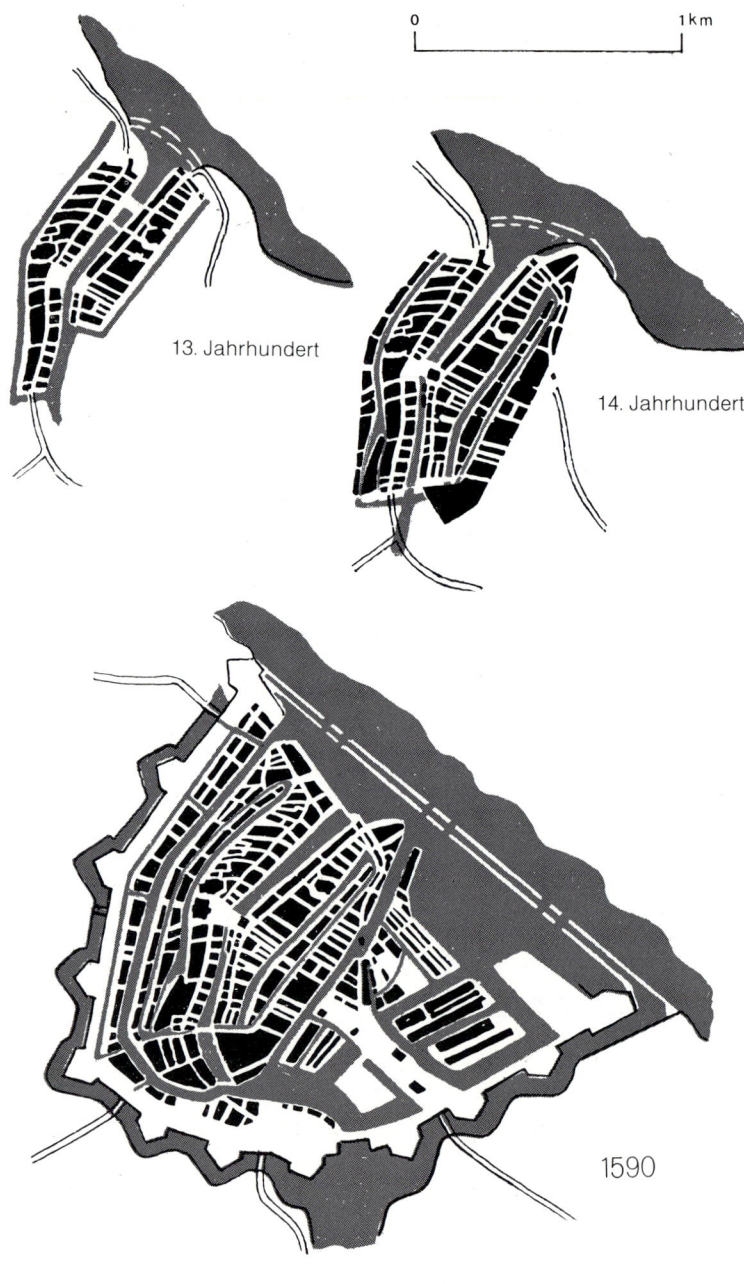

Abb. 1099–1102. Amsterdam: Pläne der Stadt aus dem Mittelalter und gegen Ende des 16. Jahrhunderts; (rechte Seite) eine perspektivische Ansicht aus dem Jahre 1544.

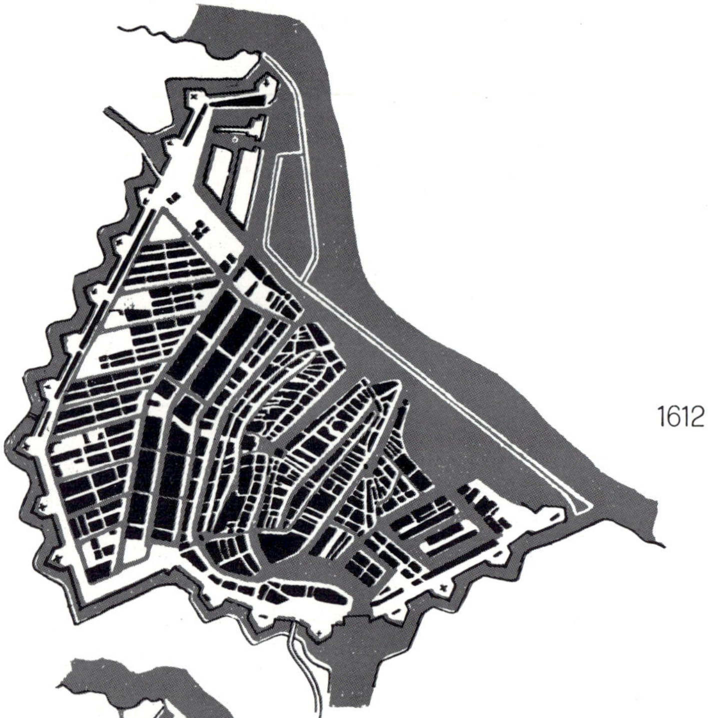

Abb. 1103–1105. Amsterdam: Pläne der Stadt während des 17. Jahrhunderts, als der 1607 beschlossene Stadterweiterungsplan mit den drei konzentrisch verlaufenden großen Kanälen ausgeführt wurde.

Abb. 1106–1108. (rechte Seite) Luftaufnahme des Zentrums von Amsterdam: Fassade einer Häuserreihe an einem der im 17. Jahrhundert angelegten Kanäle; Querschnitt durch zwei Kanäle und das zwischen ihnen liegende Gelände mit den Angaben der Maße der Kanäle, Ladekais und der Baugrundstücke.

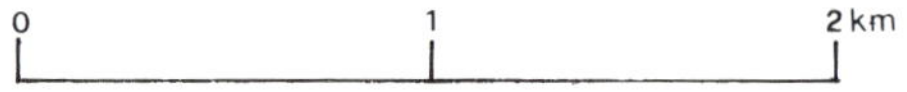

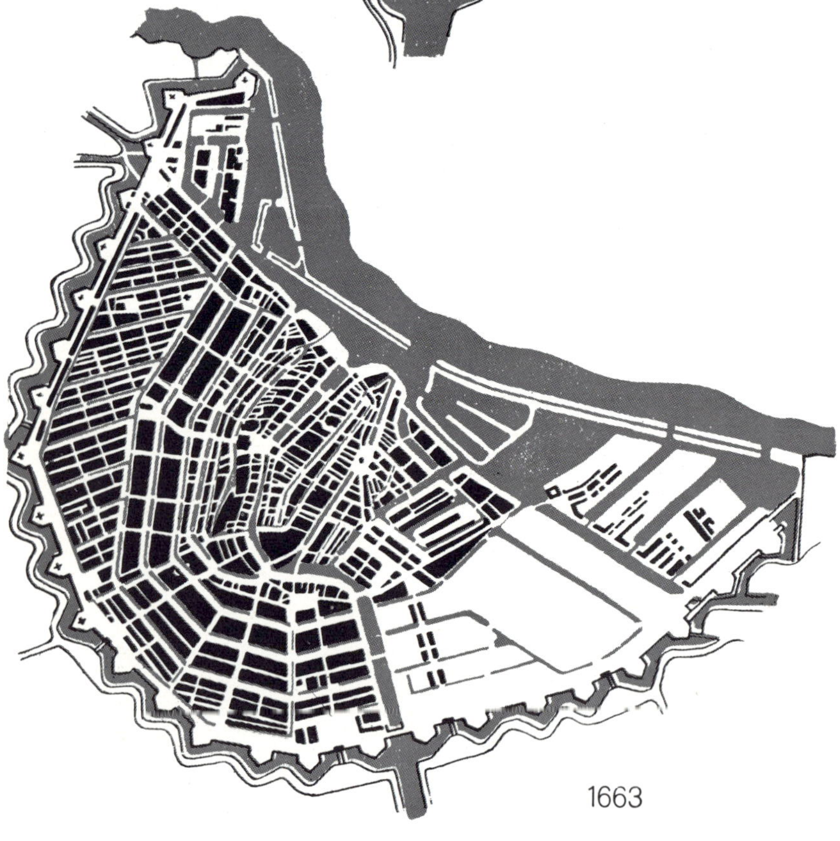

1612

0   1   2 km

1663

1700

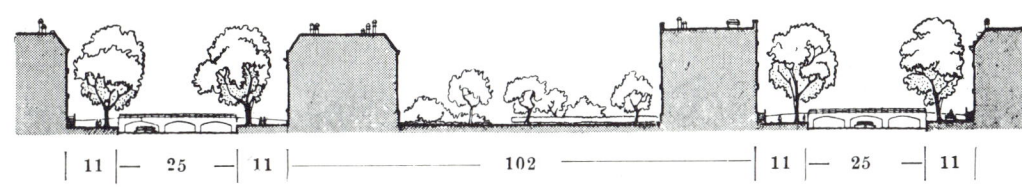

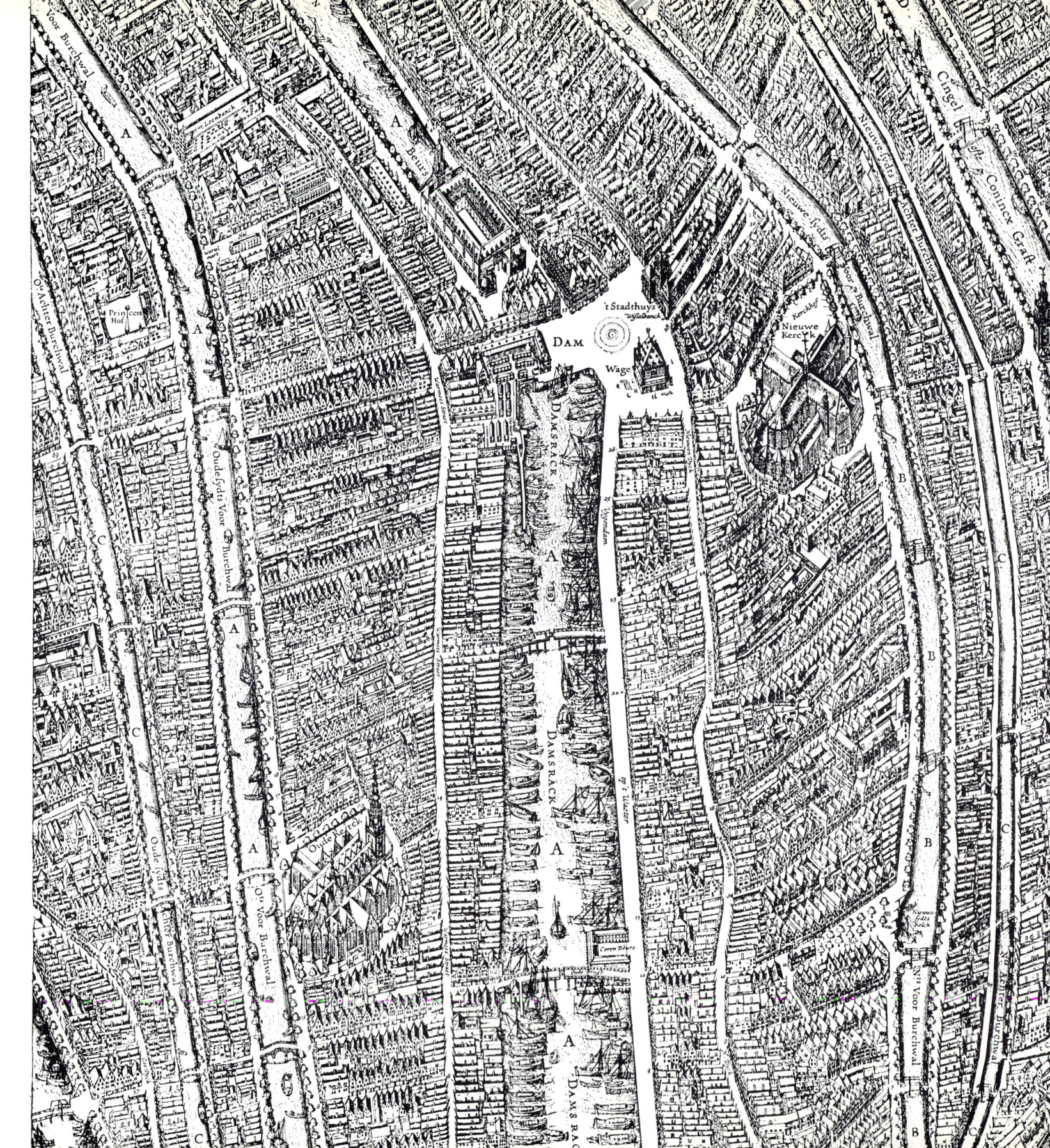

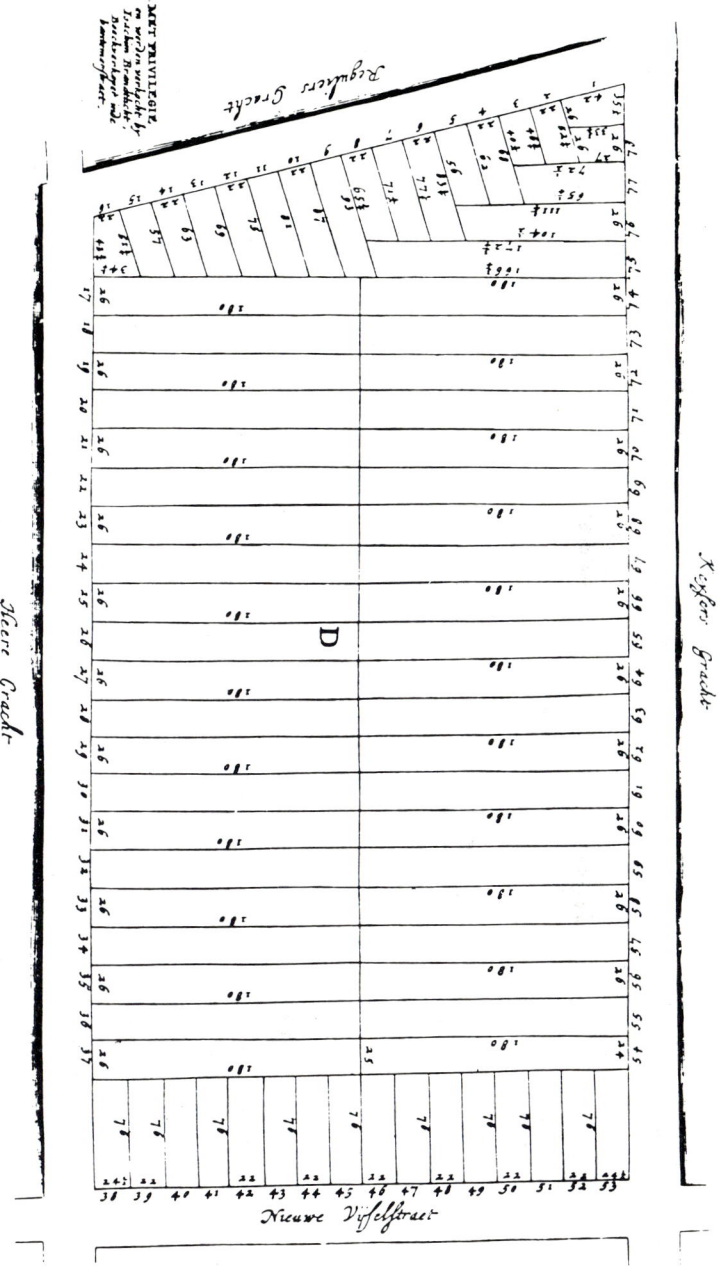

Abb. 1109–1110. Amsterdam: Detail aus einer axonometrischen Ansicht aus dem Jahre 1663 und Plan der zwischen zwei Kanälen liegenden Baugrundstücke.

Abb. 1111. Fassaden zweier an der Heren-Gracht liegender Häuserreihen (Stich aus dem 18. Jahrhundert).

Im Unterschied zu den älteren Kanälen war der halbrunde Verlauf der im 17. Jahrhundert angelegten Kanäle aus geradlinig verlaufenden Teilstücken zusammengesetzt, so daß die zwischen den einzelnen Kanälen gelegenen Grundstücke regelmäßige Formen annahmen. Fast alle Häuser hatten dieselbe Breite, aber in ihren Fassaden unterschieden sie sich ganz erheblich voneinander; dadurch boten sie einen architektonisch außergewöhnlich vielfältigen Anblick – gänzlich anders als der der monumentalen Anlagen des französischen Klassizismus und dennoch ebenso eindrucksvoll. Die Großartigkeit und die enormen Ausmaße dieser Anlage erschließen sich dem Betrachter jedoch nicht, wenn er versucht, jeden Abschnitt eines Kanals als ein zusammenhängendes, langgezogenes Panorama zu erfassen; auch nicht, wenn er den Kanal entlangschaut, denn dabei wird ihm die Sicht von den Masten und den Segeln der Schiffe und von den Baumkronen der Ulmen versperrt. Um sich eine Vorstellung von der Komplexität und den wirklichen Ausmaßen dieser Stadt machen zu können, muß sich der Betrachter bewegen und dem Verlauf der Kanäle folgen; dabei kann er dieses großartige Panorama als eine ununterbrochene Folge von einzelnen Bildausschnitten an sich vorüberziehen lassen und es jeweils aus der Nähe betrachten, denn der Abstand zwischen den Fassaden der sich gegenüberliegenden Häuser ist – genau wie in den Plätzen der mittelalterlichen Städte – nie größer als 50 Meter (Abb. 1111–1113).

Dabei darf aber nicht vergessen werden, daß Amsterdam eine Stadt war und keine unbewohnte Kulisse: Die Kanäle waren voller Leben und die umliegenden Gebäude enthielten Wohnungen und Arbeitsplätze, und sie gehörten allen Bürgern, nicht nur einem einzigen absoluten Herrscher. Gegen Ende des 17. Jahrhunderts nahm dieser neue, streng geplante Organismus eine Fläche von 650 Hektar ein und war damit etwa so groß wie die größten der in Kapitel 7 beschriebenen mittelalterlichen Städte; die Einwohnerzahl lag zu jener Zeit bei etwa 200 000. Damit lieferte Amsterdam den Beweis für die Vitalität der Prinzipien der mittelalterlichen Stadtplanung, die – auch im Zeitalter des Absolutismus und des wissenschaftlichen Fortschritts – eine fruchtbare Beziehung zwischen öffentlicher Verwaltung und privaten Initiativen ermöglichten. So galt Amsterdam auch lange Zeit als fortschrittlichste Stadt Europas und wurde zu einem ebenso anerkannten wie bewunderten Vorbild für die moderne Urbanistik des 19. und 20. Jahrhunderts.

Im Kapitel 15 werden wir die neuere Entwicklung dieser Stadt behandeln, die heute zu einer Millionenstadt geworden ist, deren aus dem 17. Jahrhundert stammender Stadtkern aber nach wie vor das Zentrum des städtischen Lebens bildet.

Abb. 1112–1113. Amsterdam: typische, an einem Kanal gelegene Häuser vom gegenüberliegenden Ufer aus gesehen.

LONDON

Im Mittelalter und während der Renaissance bestand London aus zwei Teilen: der *City,* die in etwa das Gebiet der ursprünglichen römischen Stadt umfaßte und das bedeutendste Handelszentrum Englands war, und *Westminster* mit dem in der Nähe der berühmten Abtei gelegenen Regierungssitz und dem Parlamentsgebäude. Es gab nur eine einzige Brücke, die London Bridge, die – genau wie auch der Ponte Vecchio in Florenz – von zwei Häuserreihen gesäumt war und eine feste Verbindung zu den südlich der Themse gelegenen mittelalterlichen Vorstädten herstellte.

Vom 17. Jahrhundert an war London eine offene Stadt, weil sie keinerlei militärischer Bedrohung mehr ausgesetzt war, und konnte sich entsprechend ausdehnen. Um die City herum entstand ein Kranz neuer Vorstädte, die entlang der bereits existierenden Straßen der ländlichen Umgebung gegründet wurden. Im Jahre 1666 wurde der gesamte Stadtkern – große Teile der City und die Hälfte der westlichen Peripherie – durch einen Brand zerstört. Dadurch bot sich die Gelegenheit, die englische Hauptstadt auf der Grundlage eines einheitlichen Plans wieder aufzubauen. Die bedeutendsten Architekten jener Zeit – unter ihnen auch Christopher Wren (1632–1723) – unterbreiteten König Karl V. eine Reihe von Entwürfen (Abb. 1115–1118). Aber die englische Monarchie, die sich nach den Kämpfen der vorausgegangenen Jahrzehnte gerade erst wieder gefestigt hatte, verfügte weder über die Macht und das Ansehen, noch über die Mittel, um diese Projekte durchführen zu können. Während die Stadt von den Trümmern befreit wurde, meldeten die Grundstückseigentümer bereits ihre Rechte an, und so gelang es der Regierung nur, die Hauptstraßen zu verbreitern und durch eine Verordnung die Höhe der neu zu bauenden Häuser zu begrenzen (Abb. 1119). Gleichzeitig wurden die St. Paul's Cathedral und zahlreiche Pfarrkirchen von Wren und seinem Mitarbeiterstab in neuzeitlichen Formen wieder aufgebaut (Abb. 1120–1121).

Nach der Revolution von 1689 wurde die konstitutionelle Monarchie Englands innerhalb kurzer Zeit zur stärksten europäischen Wirtschaftsmacht. London löste Amsterdam als weltweit bedeutendstes Handels- und Finanzzentrum ab und dehnte sich ständig weiter aus, bis es schließlich die größte Stadt Europas war. Mitte des 18. Jahrhunderts war es bereits größer als Paris und am Ende des 18. Jahrhunderts war London die erste europäische Stadt, deren Einwohnerzahl die Millionengrenze überschritt.

Dieser phänomenale Aufschwung wurde jedoch in keiner Weise kontrolliert und gesteuert; weder – wie in Amsterdam – mit Hilfe eines allgemeinen, von der Stadtverwaltung beschlossenen Stadterweiterungsplans, noch – wie in Paris – durch die monumentalen Anlagen des königlichen Hofs. So entstand in

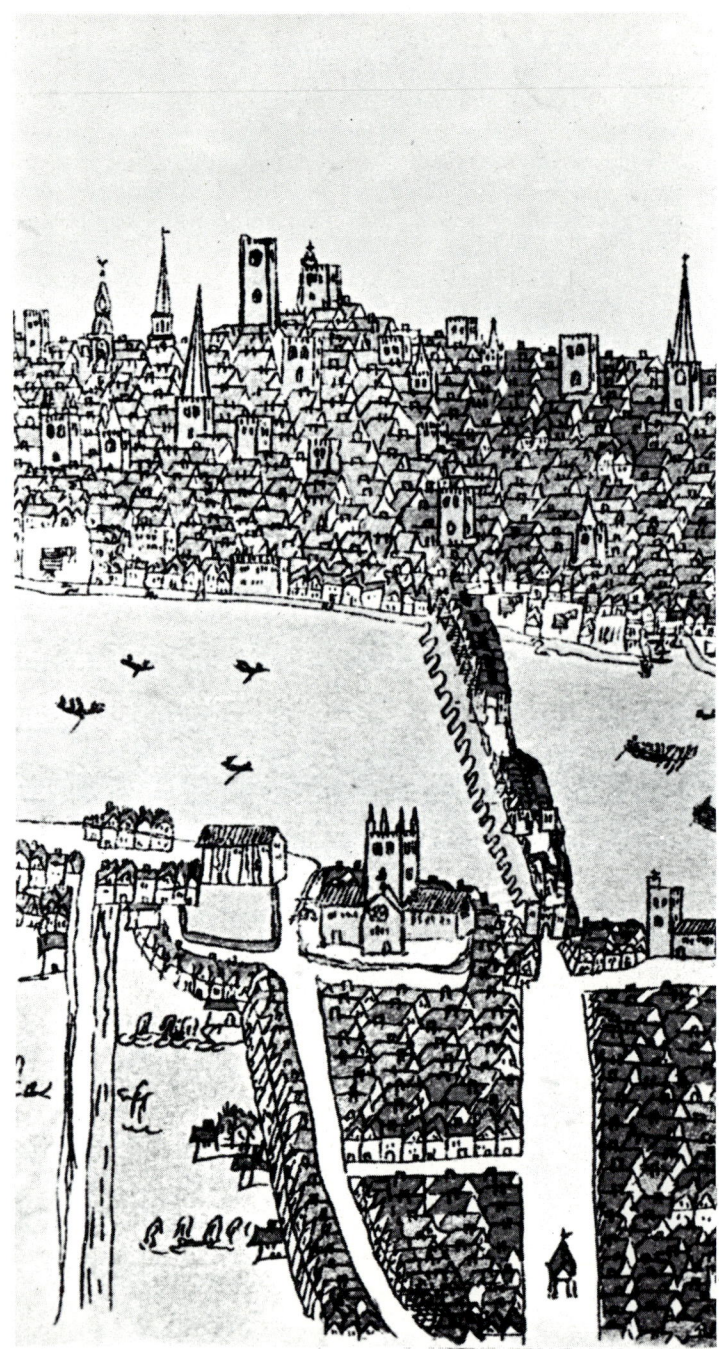

Abb. 1114. Detail einer aus dem 16. Jahrhundert stammenden Ansicht des Stadtzentrums von London: die London Bridge mit ihren zwei Häuserreihen.

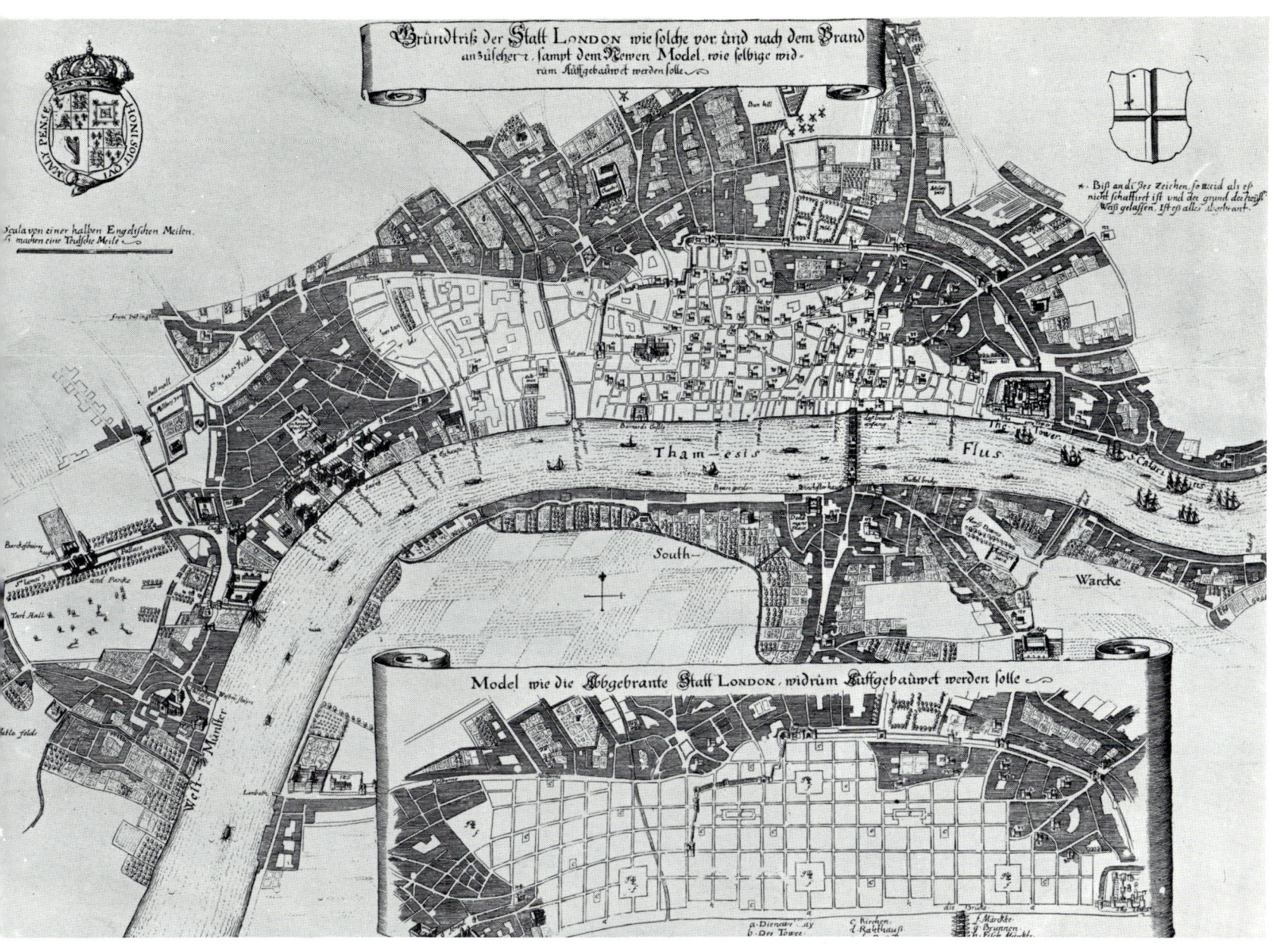

London ein aus einer Vielzahl vereinzelter Initiativen zusammengesetztes Mosaik: Die von den adligen und bürgerlichen Grundbesitzern errichteten Bauten wechselten sich ab mit den zahlreichen – privaten oder öffentlichen – Parks und Grünanlagen.

Abb. 1115. Plan von London mit der Darstellung der vom Großbrand des Jahres 1666 zerstörten Stadtteile und einem von Robert Hooke entworfenen Plan für den Wiederaufbau der Stadt.

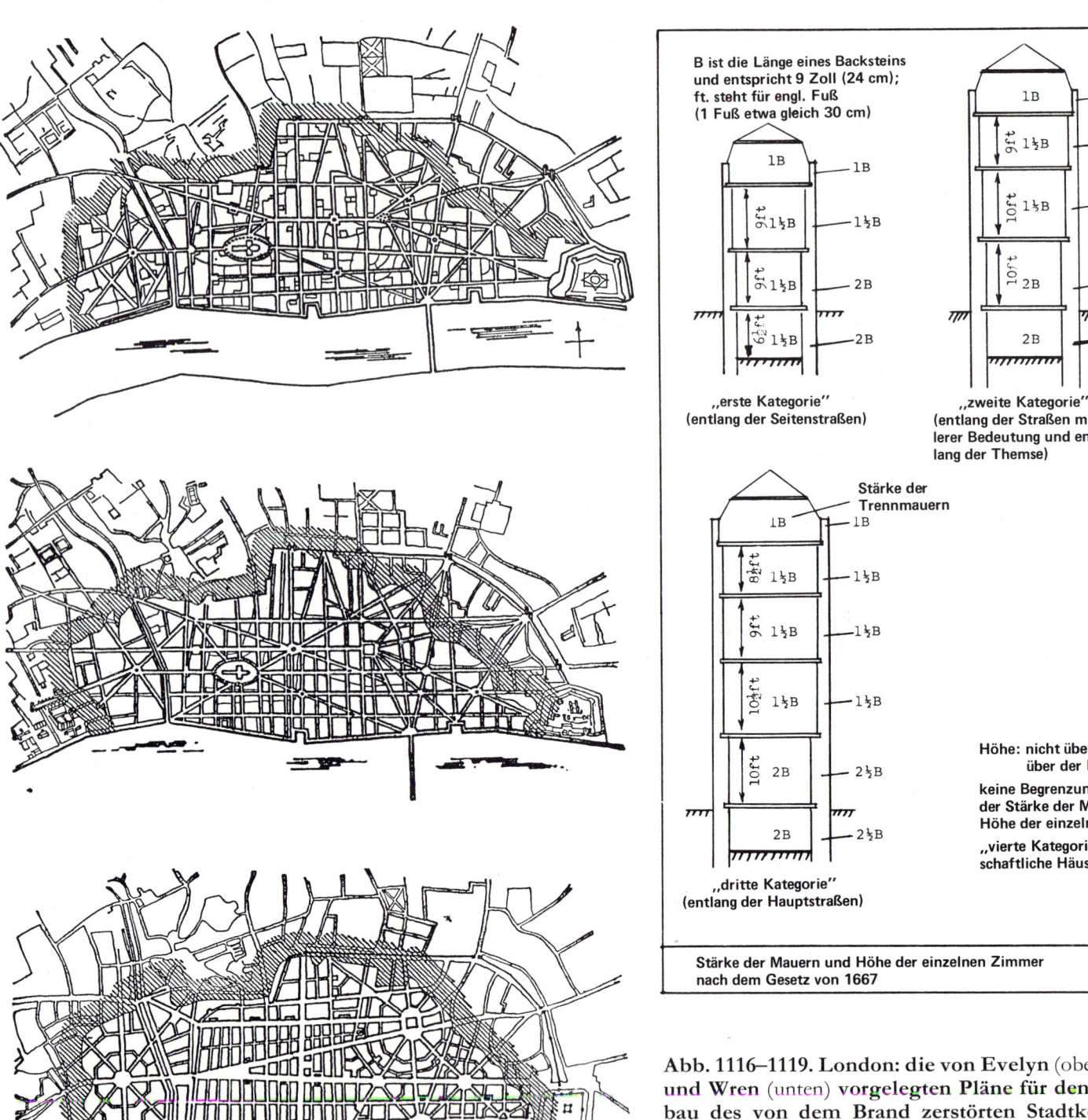

B ist die Länge eines Backsteins und entspricht 9 Zoll (24 cm); ft. steht für engl. Fuß (1 Fuß etwa gleich 30 cm)

„erste Kategorie" (entlang der Seitenstraßen)

„zweite Kategorie" (entlang der Straßen mittlerer Bedeutung und entlang der Themse)

Stärke der Trennmauern

Höhe: nicht über 4 Geschosse über der Erde

keine Begrenzung bezüglich der Stärke der Mauern und der Höhe der einzelnen Zimmer

„vierte Kategorie" (hochherrschaftliche Häuser)

„dritte Kategorie" (entlang der Hauptstraßen)

Stärke der Mauern und Höhe der einzelnen Zimmer nach dem Gesetz von 1667

Abb. 1116–1119. London: die von Evelyn (oben und Mitte) und Wren (unten) vorgelegten Pläne für den Wiederaufbau des von dem Brand zerstörten Stadtkerns; die in einem 1667 verabschiedeten Gesetz festgelegten Verordnungen, die beim Hausbau zu beachten waren.

Abb. 1120. London: ein Ausschnitt aus dem Panorama der Stadt mit der St.-Pauls-Kathedrale.

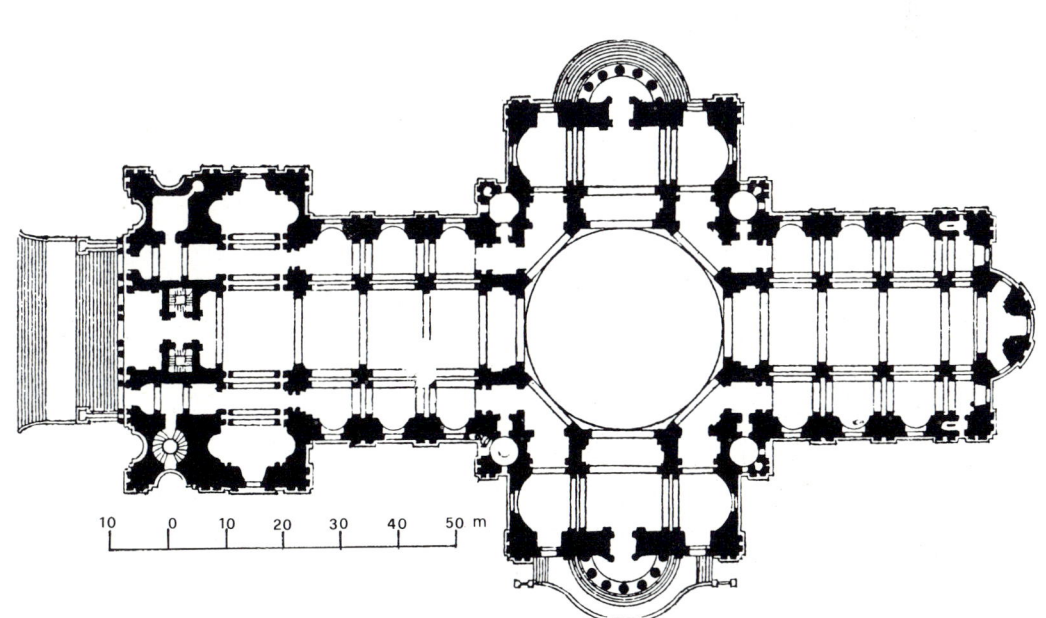

Abb. 1121. Grundriß der von Christopher Wren nach dem Brand von 1666 entworfenen St.-Pauls-Kathedrale.

Abb. 1122. Schematischer Plan der Peripherie Londons vom Ende des 18. Jahrhunderts; Parks und andere Grünflächen sind schwarz eingezeichnet

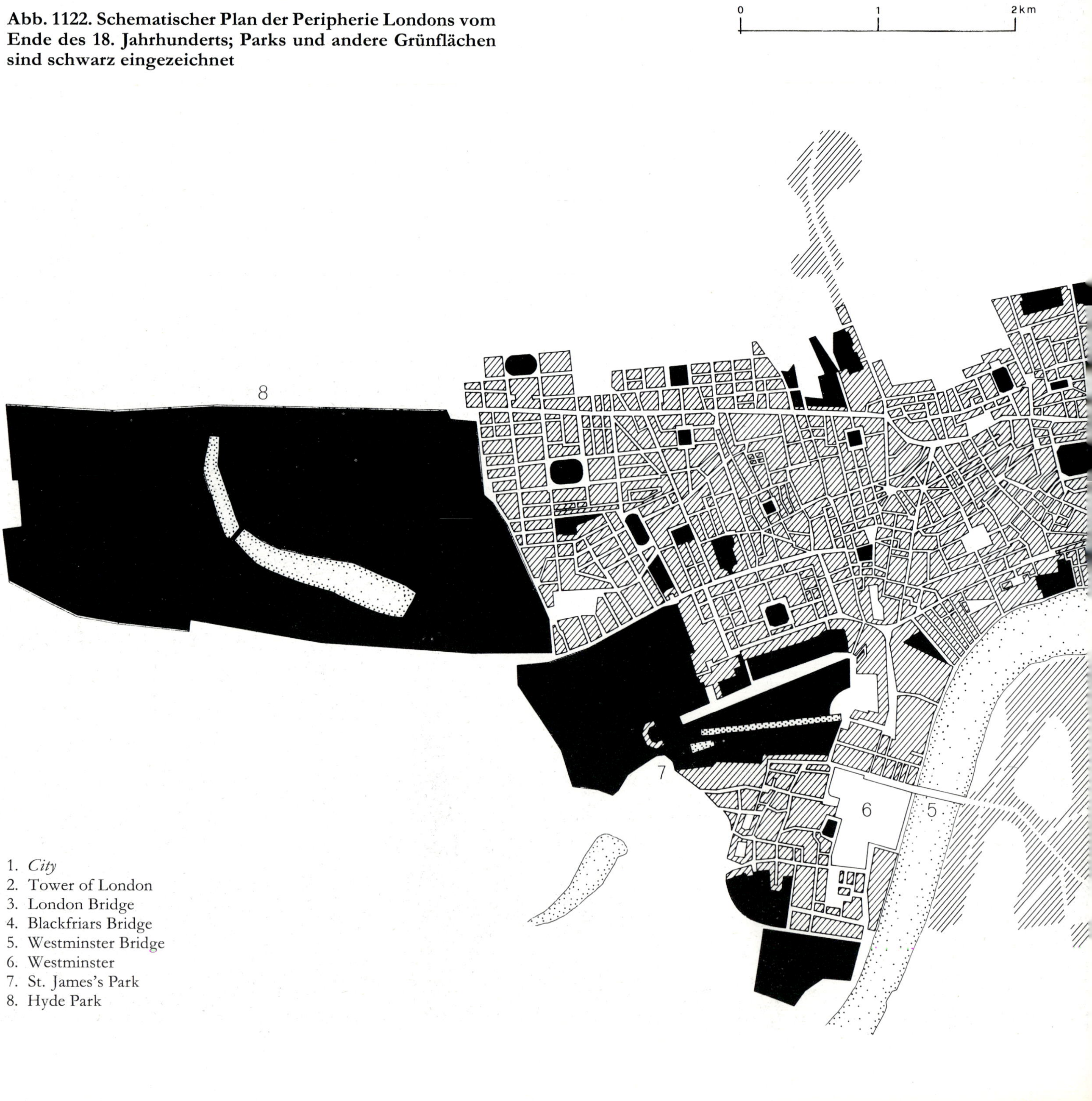

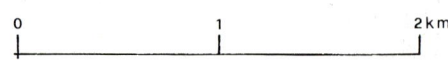

1. *City*
2. Tower of London
3. London Bridge
4. Blackfriars Bridge
5. Westminster Bridge
6. Westminster
7. St. James's Park
8. Hyde Park

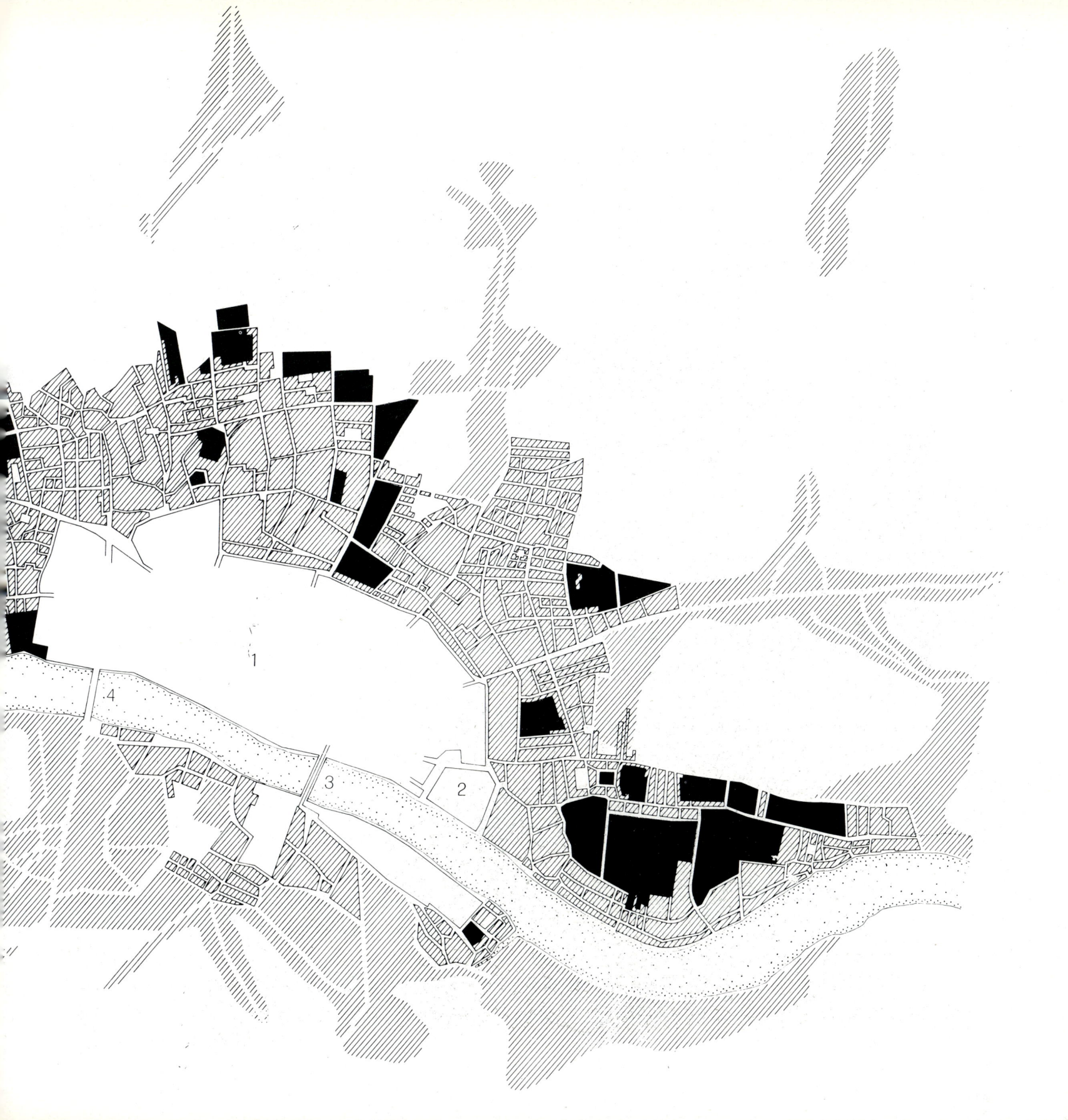

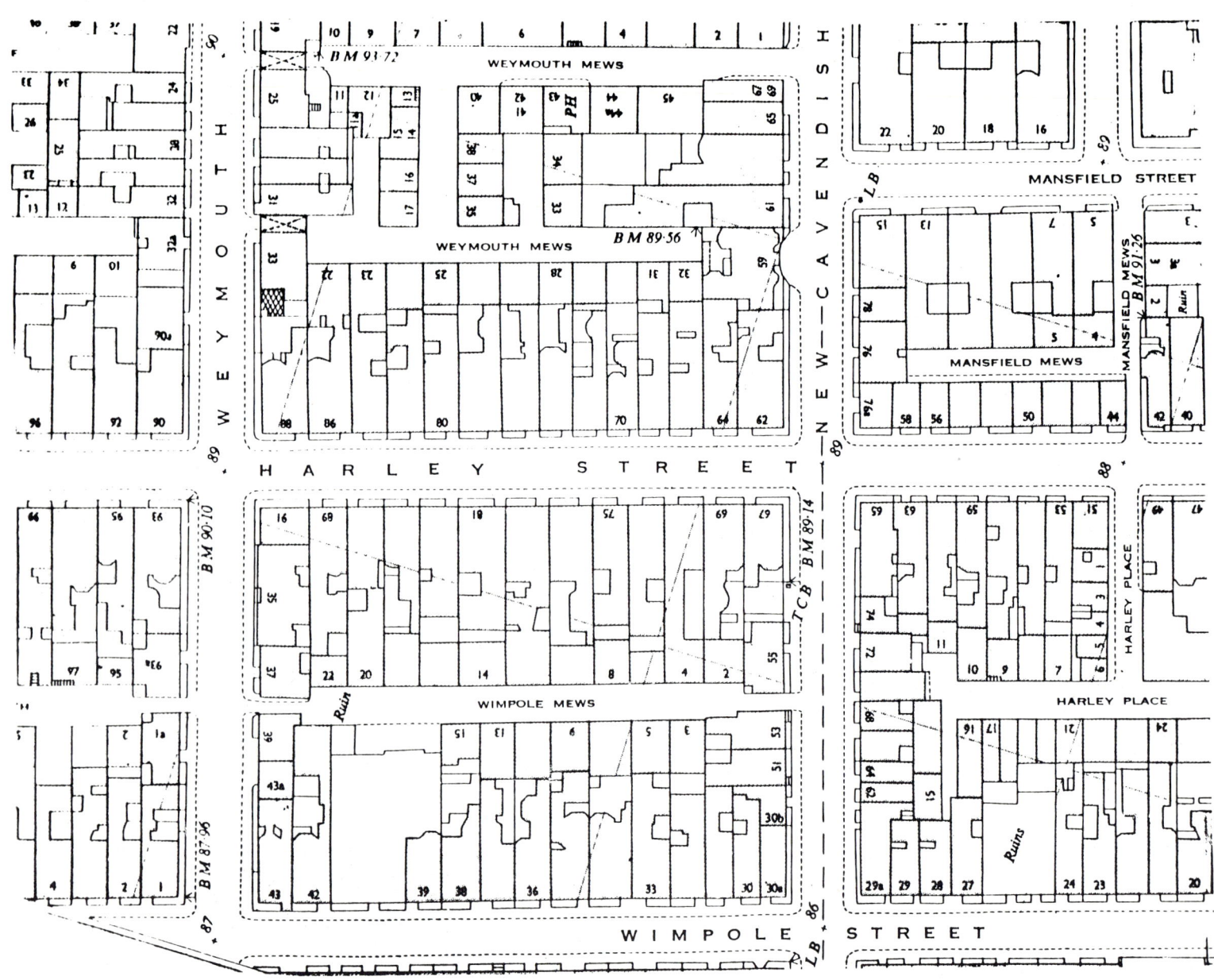

Abb. 1123. London: der aus dem 18. Jahrhundert stammende Parzellierungsplan für die Grundstücke in der Umgebung der Harley Street.

Abb. 1124. Eine von Canaletto gefertigte Ansicht Londons, von den nördlich gelegenen Hügeln aus gesehen.

Diese Initiativen brachten einige anmutige und harmonische architektonische Anlagen hervor, wie z. B. Straßen oder Plätze, die von den gleichartig gestalteten Häusern mit gemeinsamen, in der Mitte liegenden Gärten gesäumt wurden (Abb. 1129). Aber durch die ständige Wiederholung und das ungeordnete Aneinanderfügen solcher Komplexe entstand ein neuer, verwirrender Organismus: eine gigantische, unaufhaltsam gewachsene Peripherie, die sich nach allen Richtungen hin ausdehnte und sich langsam in der Landschaft auflöste, ohne je eine klar erkennbare Grenze zu bilden (Abb. 1122).

Im Jahre 1726 nannte Daniel Defoe London eine »monströse Stadt« und stellte die Frage: »Wo könnte hier eine Grenzlinie gezogen oder ein Umgrenzungswall angelegt werden?« Ein Jahrhundert später traf Heinrich Heine aus Deutschland in London ein und schrieb: »Ich erwartete große Paläste und sah nichts als lauter kleine Häuser. Aber eben die Gleichförmigkeit derselben und ihre unabsehbare Menge imponiert so gewaltig.«

Tatsächlich ist London die erste bürgerliche Stadt, deren Struktur und Form nicht mehr von der umfassenden Bautätigkeit der Regierung oder einer kleinen herrschenden Schicht bestimmt wurden, sondern die das Ergebnis einer Vielzahl begrenzter privater Initiativen darstellte. Auf dem Lande schuf sich der reiche englische Adel großartige Paläste und Villen (Abb. 1130–1134), in der Stadt hingegen ließ er gewöhnliche Häuser bauen, die sich mit den anderen Bauten zu einem einheitlichen Stadtbild zusammenfügten (Abb. 1125–1128). Die engen und verwinkelten Straßen waren damals bereits von einer riesigen Zahl von Fußgängern und Fuhrwerken verstopft – wohlgemerkt zu einer Zeit, in der es noch keine Automobile gab.

Im London des 18. Jahrhunderts zeigten sich bereits die typischen Probleme, mit denen auch die heutigen Städte zu kämpfen haben – Probleme, die in der Folgezeit durch die Industrielle Revolution noch verstärkt wurden.

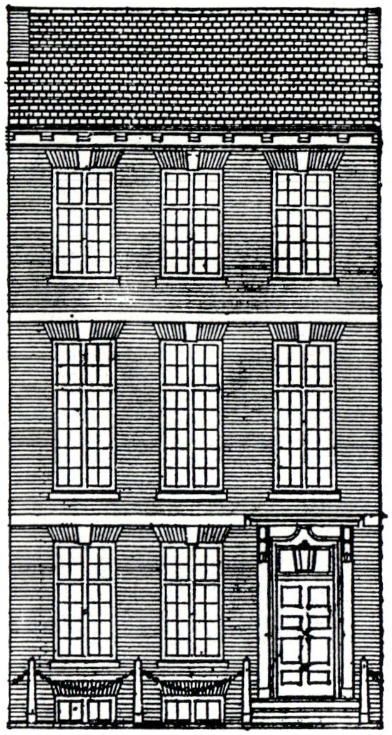

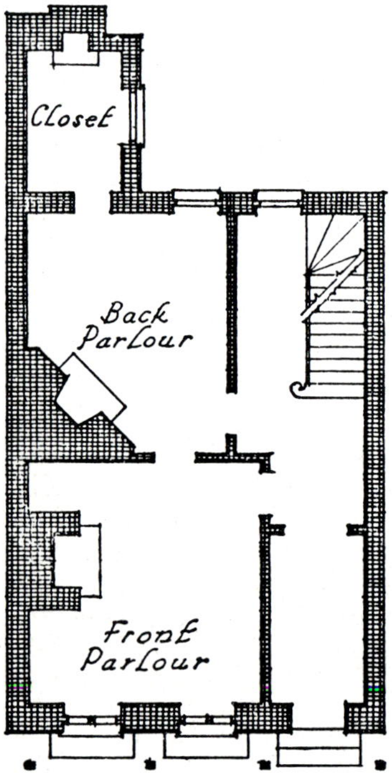

Stables   Coach Coach

Upper part of Kitchen

W.C.   Powd.

Closet.

Back Stairs

Ld. Derby's Dressing Room.

Library.

Great Eating Room.

Parlor

Grand Stairs

Back Stairs

Hall.

Ante Room

Closet

Back Parlour

Front Parlour

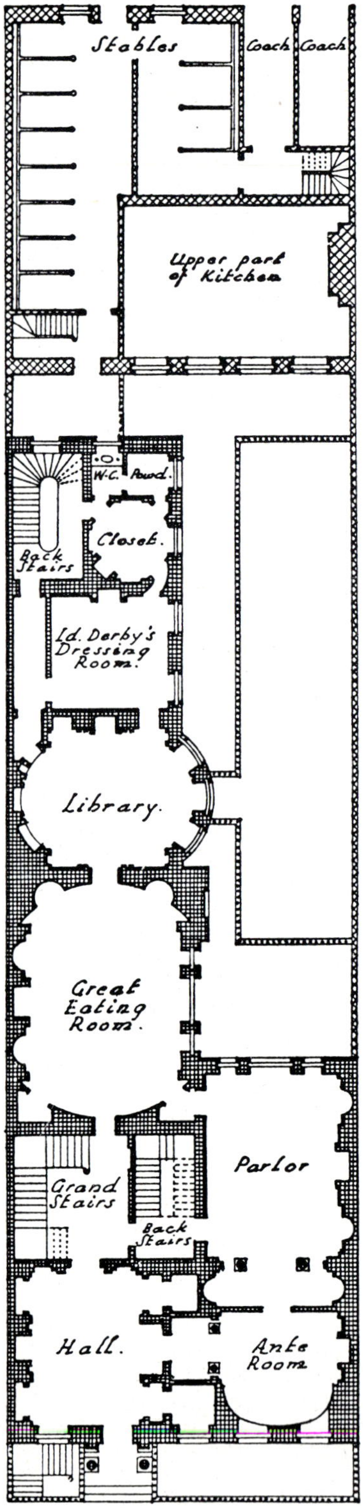

Abb. 1125–1128. London: (links) **Fassade und Grundriß eines bürgerlichen Hauses aus dem späten 17. Jahrhundert;** (Mitte) **Grundriß des Hauses von Lord Derby am Grosvenor Square;** (rechts) **Fassade eines Hauses aus dem späten 18. Jahrhundert an der Baker Street, das nach den Verordnungen von 1774 gebaut worden ist.**

Abb. 1129. (rechte Seite) **Luftaufnahme des Grosvenor Square und seiner Umgebung.**

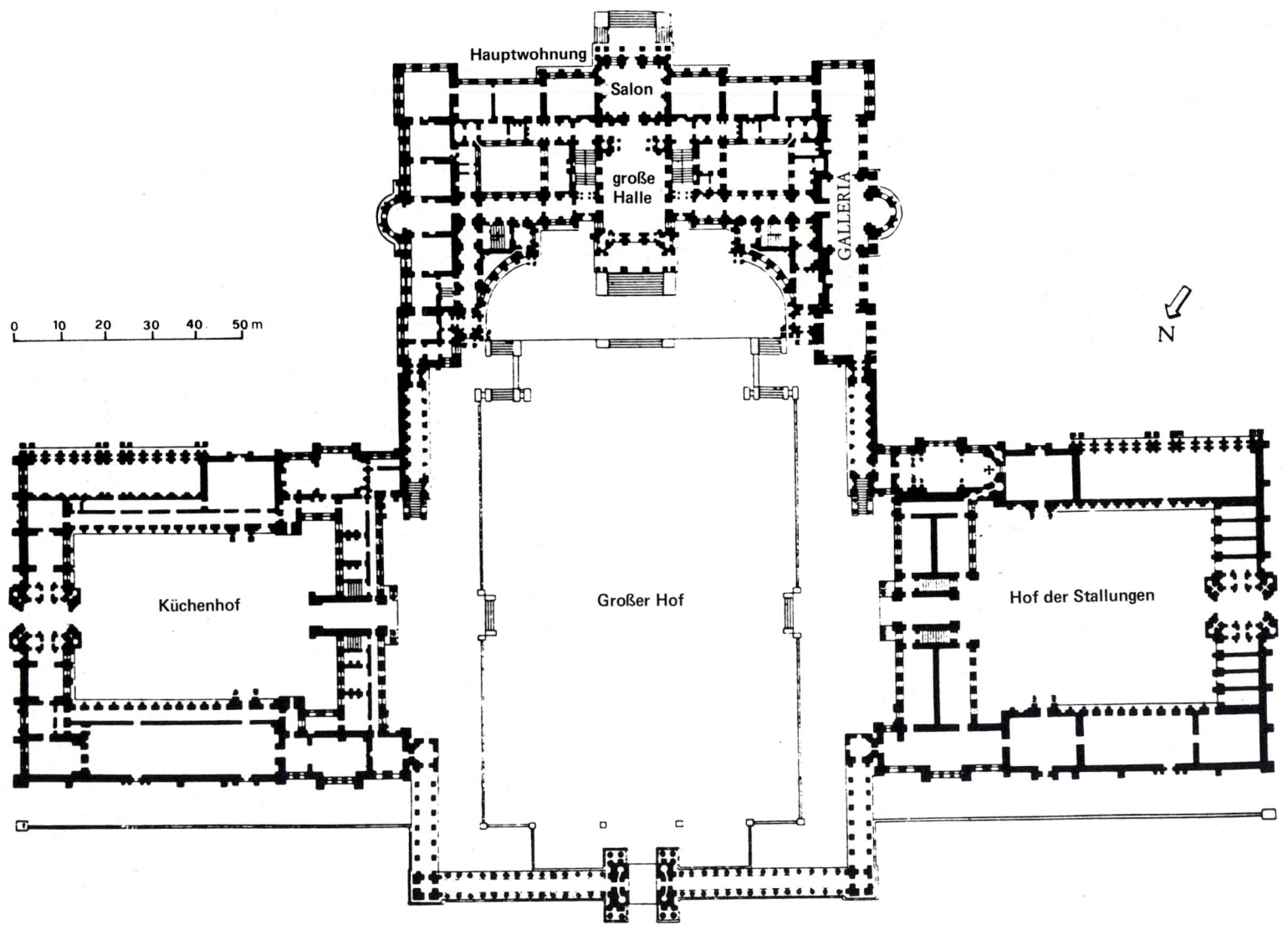

Abb. 1130–1131. Grundriß und Luftaufnahme des Blenheim Palace in der Nähe von Oxford, das 1704 für den Duke of Marlborough gebaut wurde; der Park wurde im späten 18. Jahrhundert angelegt.

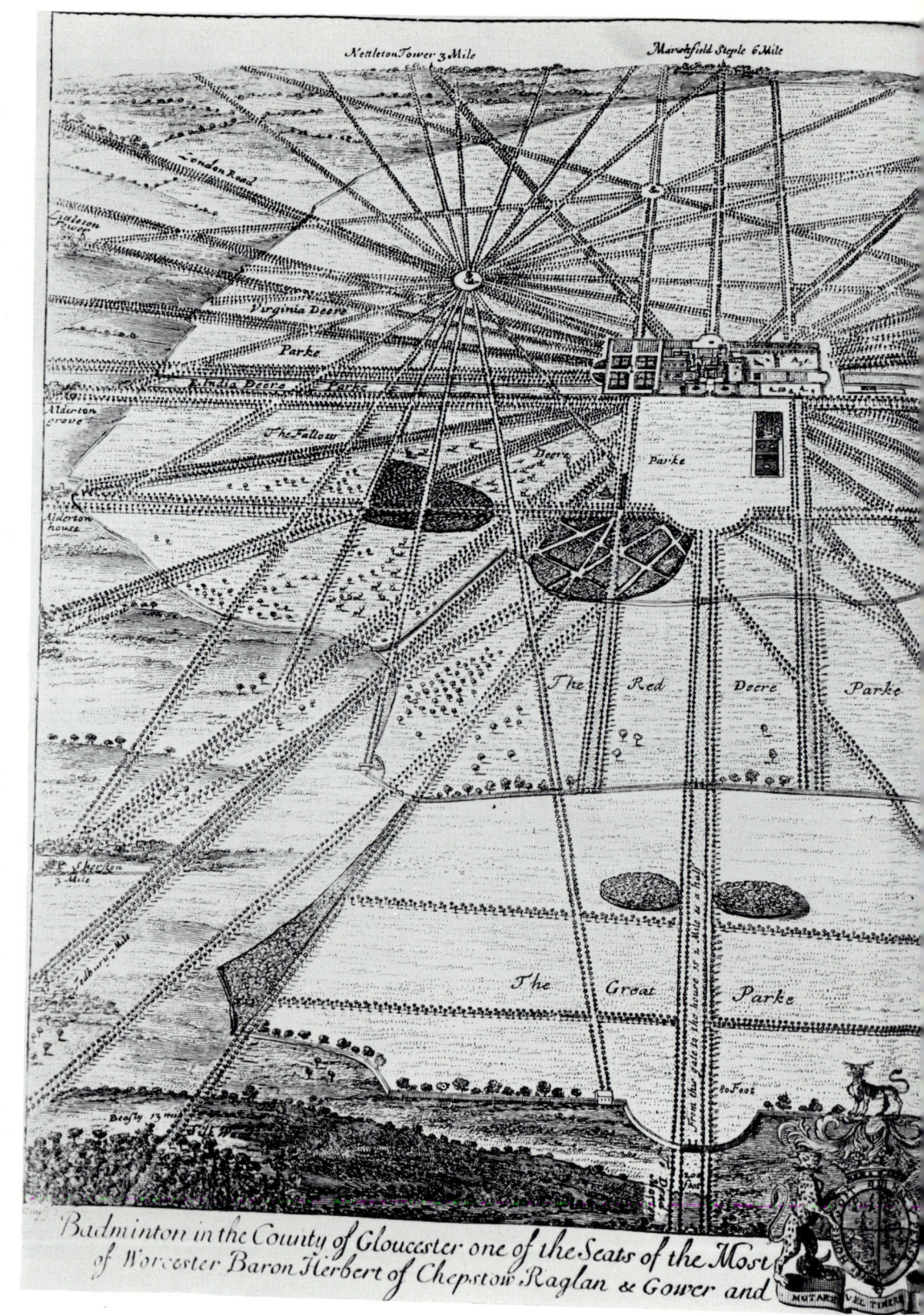

Abb. 1132. Ansicht des Parks von
Badminton (Stich aus dem frühen
18. Jahrhundert).

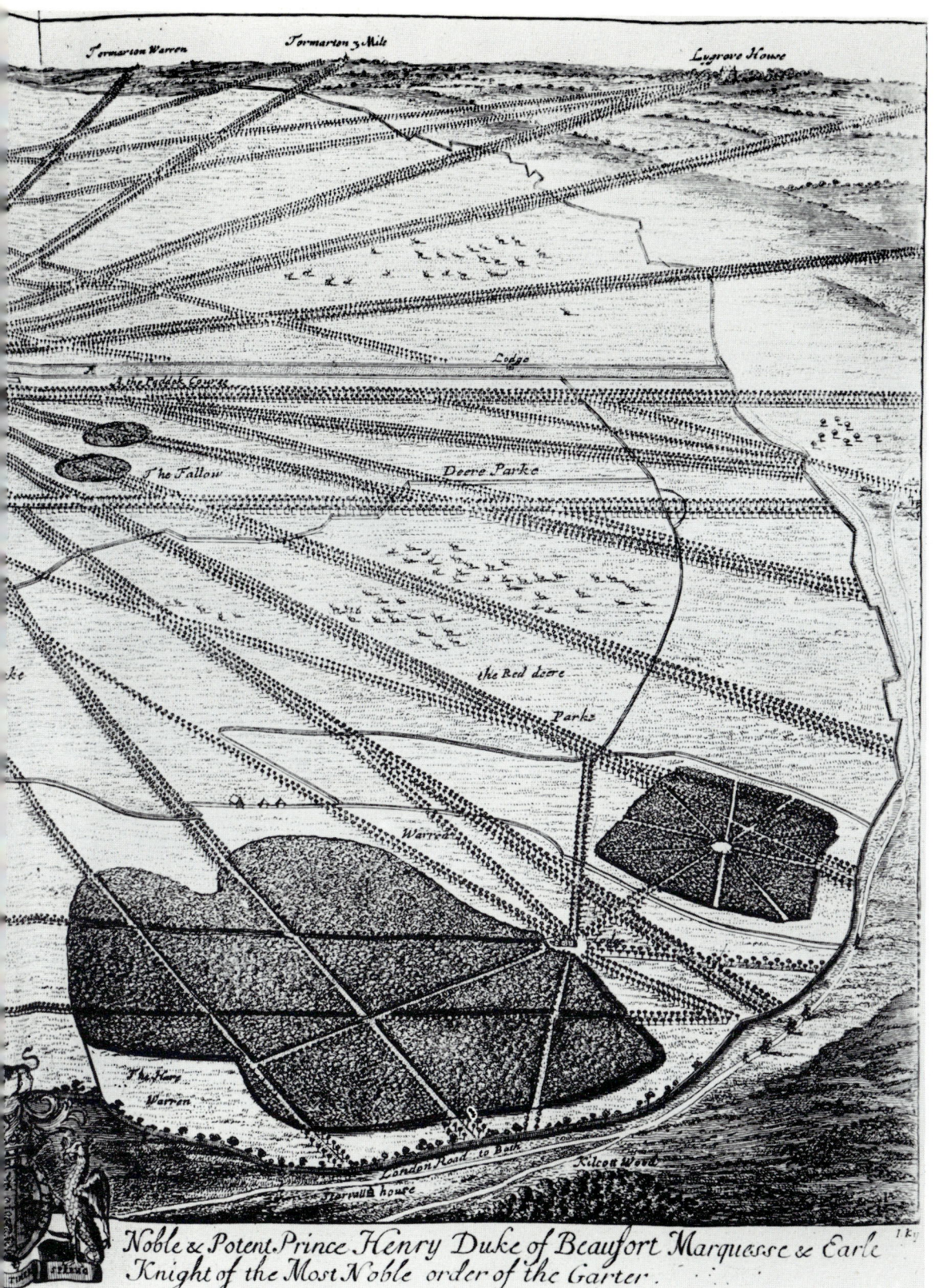

Tormerton Warren   Tormarton 3 Mile   Lugrove House

Lodge

the Padeck Course

The Fallow   Deere Parke

the Red deere

Parke

Warren

The Hare Warren

London Road to Bath   Kilcott Wood

Starwall house

Noble & Potent. Prince Henry Duke of Beaufort Marquesse & Earle Knight of the Most Noble order of the Garter.

Abb. 1133–1134. Ansichten des Mitte des 18. Jahrhunderts entworfenen Parks von Stourhead in der englischen Provinz: Er ist eines der bedeutendsten Beispiele für einen »Englischen Garten«, der keinen geometrischen Regeln folgte und mit Bedacht in die natürliche Landschaft der Umgebung eingefügt war.

Abb. 1135. Das Einbrechen der Industrie in die englische Landschaft: die Eisenhütten von Coalbrookdale (Gemälde von 1775).

12. Der Schauplatz der Industriellen Revolution

In der zweiten Hälfte des 18. Jahrhunderts begann die Industrielle Revolution den Verlauf der Geschichte zu verändern, zunächst in England und dann auf der ganzen Welt.

In der Einleitung zu diesem Buch wurde die Bedeutung der Industriellen Revolution gleichgesetzt mit den anderen Wendepunkten der Menschheitsgeschichte – der landwirtschaftlichen Revolution in der Jungsteinzeit und der städtebaulichen Revolution der Bronzezeit. Nun gilt es, die Auswirkungen zu beschreiben, die dieser neue historische Wendepunkt auf die bauliche Gestaltung der Umwelt hatte. Wir wollen zunächst kurz die wichtigsten Faktoren aufzählen, die den grundlegenden Charakter der Städte und der übrigen Umwelt bestimmten:

1. *Das durch das Sinken der Sterblichkeitsrate bewirkte Bevölkerungswachstum.* Zum ersten Mal war die Sterblichkeitsrate deutlich niedriger als die Geburtenrate; in England blieb die Geburtenrate konstant bei etwa 37 pro Tausend, während die Sterblichkeitsrate von 35 pro Tausend in der Mitte des 18. Jahrhunderts auf 20 pro Tausend in der Mitte des 19. Jahrhunderts fiel. Dies führte zu einem Anstieg der Einwohnerzahlen: in England von 7 Millionen im Jahre 1760 auf 14 Millionen im Jahre 1830. Die durchschnittliche Lebenserwartung nahm zu und stieg von ungefähr 35 auf 50 Jahre und mehr. Auch die Altersstruktur der Bevölkerung veränderte sich: Durch den Rückgang der Kindersterblichkeit vergrößerte sich der Anteil der Jugendlichen an der Gesamtbevölkerung. Vor allem aber geriet das jahrhundertealte Gleichgewicht zwischen den Generationen ins Wanken: Die Jungen nahmen nicht mehr – wie früher – einfach den Platz der Älteren ein und wiederholten den Lebensweg ihrer Vorfahren, sondern fortan sah sich jede Generation mit einer neuen Situation konfrontiert und hatte jeweils neue Probleme zu lösen.

2. *Das Anwachsen der von der Landwirtschaft, der Industrie und der im tertiären Bereich produzierten Güter und Dienstleistungen aufgrund des technischen Fortschritts und des allgemeinen wirtschaftlichen Aufschwungs.* Das Bevölkerungswachstum und die Produktionssteigerungen erzeugten einen wechselseitigen Verstärkereffekt: Die größer gewordene Zahl der Einwohner verlangte mehr Güter und Dienstleistungen und durch die daraufhin eingeleiteten Produktionssteigerungen wurde wiederum ein weiterer Anstieg der Bevölkerungszahl möglich. Gleichzeitig wurde durch die größere Qualität und Quantität der zur Verfügung stehenden Güter und Dienstleistungen der allgemeine Lebensstandard erhöht, was wiederum zu einer gesteigerten Nachfrage nach einem qualitativ noch besseren und noch breiteren Angebot führte.

3. *Die Umverteilung der Bevölkerung innerhalb der einzelnen Länder als Folge des Bevölkerungswachstums und der Veränderung der Produktivkräfte.* Die Kleinbauern wurden zu lohnabhängigen Landarbeitern oder zu Industriearbeitern; letztere mußten sich dort niederlassen, wo es genügend Energie für die Fabriken gab, d. h. an den großen Flußläufen oder später – nach der Erfindung der Dampfmaschine – in der Nähe der Kohlengruben. Die bevorzugt in der Umgebung der Städte errichteten Fabriken zogen einen Strom ehemaliger Bauern vom Land in die Städte, die sich ohnehin durch den allgemeinen Anstieg der Bevölkerung ständig ausdehnten. Landflucht und Bevölkerungswachstum ließen die Einwohnerzahlen der Städte wesentlich schneller als die der übrigen Landesteile steigen. Im Jahre 1760 hatte Manchester 12 000 Einwohner und in der Mitte des 19. Jahrhunderts 400 000; London, das bereits gegen Ende des 18. Jahrhunderts eine Millionenstadt war, erreichte 1851 eine Einwohnerzahl von 2,5 Millionen und hatte damit mehr Einwohner als jede andere Stadt der Antike und der Neuzeit zuvor.

4. *Die Entwicklung der Verkehrsmittel und -wege:* Die (teilweise mautpflichtigen) Landstraßen, die nach den fortgeschrittenen, von Telford und Macadam entwickelten Methoden gebaut wurden; die in England seit 1760 angelegten schiffbaren Kanäle; die Eisenbahnlinien, die im Jahre 1825 in England und innerhalb kurzer Zeit auch in den anderen Ländern eingeführt wurden; die Dampfschiffahrt, die zur selben Zeit auf dem Vormarsch war und die Segelschiffe immer mehr zurückdrängte.

Diese neuen Errungenschaften im Verkehrswesen ermöglichten eine bis dahin nicht gekannte Mobilität: Sämtliche Güter, selbst sehr schwere, konnten überall hintransportiert werden, wo immer Nachfrage danach bestand; Angehörige aller sozialen Klassen und Schichten konnten lange Reisen unternehmen und an einem Ort wohnen und an einem anderen arbeiten und täglich oder wöchentlich zwischen Wohnort und Arbeitsplatz hin und her pendeln.

5. *Die Schnelligkeit und Vorläufigkeit dieser Veränderungen.* All diese Veränderungen vollzogen sich innerhalb weniger – etwa einem Menschenalter entsprechender – Jahrzehnte und führten nicht zu einer neuen Stabilität, sondern zogen immer neue, noch schnellere und tiefergreifende Veränderungsprozesse nach sich. Kein Problem wurde endgültig gelöst und kein System und keine Anlage konnte über einen unbegrenzten Zeitraum bestehen; alles war von begrenzter Dauer und es galt, sich darauf einzustellen und bei allen Planungen den Zeitfaktor mit zu berücksichtigen. Ein Gebäude wurde nicht mehr als eine dauerhafte Veränderung

der Landschaft angesehen, sondern als vorläufiges Bauwerk, das jederzeit wieder durch ein anderes ersetzt werden konnte. Somit konnte auch ein bebaubares Grundstück als eigenständiger Vermögenswert gelten, dessen jeweiliger Wert von der Lage, der Nachfrage, den Auflagen, denen es unterlag, und Ähnlichem abhing.

6. *Die neuen Strömungen im politischen Denken.* Die traditionellen Formen der öffentlichen Kontrolle über die bauliche Gestaltung der Umwelt (einheitliche Entwürfe zur umfassenden Stadtplanung, Bauvorschriften usw.) wurden als Relikte vergangener Zeiten angesehen; gleichzeitig galten die sich abzeichnenden Beeinträchtigungen der Umwelt nicht als unabänderliche Folge der Industrialisierung, und man war sicher, diese Mängel durch gut geplante Maßnahmen wieder beheben zu können.

Die Ökonomen rieten dazu, die öffentlichen Eingriffe in allen Bereichen des sozialen Lebens – auch in dem der Städteplanung und im Bauwesen – einzuschränken. Adam Smith empfahl der Regierung, den öffentlichen Grund und Boden zu verkaufen und mit dem Erlös ihre Schulden zu bezahlen. Diese Vorschläge wurden von den herrschenden Klassen nur allzu gerne aufgegriffen, weil sie ein Interesse daran hatten, daß die Freiheit des privaten Unternehmers auch im Immobilienbereich galt, um so die chaotische Situation in den Städten zu ihrem Vorteil ausnutzen zu können, ohne für die daraus resultierenden Folgen aufkommen zu müssen.

Abb. 1136. Die von Thomas Telford im Jahre 1826 erbaute Hängebrücke (die Menai Bridge) über die Meerenge von Conway (zeitgenössischer Stich).

**Abb. 1137. Die neue Stadtlandschaft des Industriezeitalters
(Stich von A. W. Pugin aus dem Jahre 1841).**

Aber einige materielle Auswirkungen dieser unkontrollierten Stadtentwicklung (Verkehrschaos, Gesundheitsgefährdung, Häßlichkeit) ließen das Leben der unteren Klassen immer unerträglicher werden und bedrohten von einem bestimmten Punkt an auch die Lebensbedingungen der übrigen Bevölkerung. Deshalb setzten sich die aufgeklärten Vertreter der herrschenden Klasse und Vertreter der unteren Klassen (die Radikalen und die Sozialisten) für neue Formen öffentlicher Eingriffe ein. Einige wollten diese Eingriffe auf die teilweise oder schrittweise Verbesserung einzelner Mißstände beschränkt sehen, während andere vorschlugen, ganz von vorne zu beginnen und den bereits existierenden Städten neue, auf rein theoretischer Grundlage entworfene Ansiedlungen gegenüberzustellen.

In der ersten Hälfte des 19. Jahrhunderts erschienen die Mängel der Industriestädte derartig groß und tiefgreifend, daß man nicht davon ausging, sie völlig beheben zu können. Der Gegensatz zwischen der Realität und dem Idealzustand schien unüberwindlich. Deshalb wollen wir auch unsere Darstellung in zwei Teile gliedern und in diesem Kapitel die beiden folgenden Aspekte behandeln:

I. Die Realität: das tatsächliche Bild der Städte und die ersten Versuche, begrenzte Reformen durchzuführen;

II. Die Alternativen zu dieser Realität: nur in der Theorie und in Büchern existierende Städte und außergewöhnliche Beispiele, wo versucht wurde, diese Vorstellungen, abseits der bereits existierenden Städte, in die Praxis umzusetzen.

Abb. 1138–1140. (linke Seite) **Eine Baustelle der Eisenbahnlinie London-Birmingham im Jahre 1836; die Eisenbahnwaggons der zweiten und der ersten Klasse, wie sie von der Great Western Eisenbahngesellschaft im Jahre 1839 in England eingesetzt wurden; »Der Wagen der dritten Klasse« (Gemälde von Honoré Daumier).**

Abb. 1141. (rechts) **Außen- und Innenansicht des 1850 gebauten King's Cross-Bahnhofs in London.**

LONDON going out of Town _ or _ The March of Bricks & Mortar.

**Abb. 1142. Allegorische Darstellung der Industriestadt:
»London verläßt die Stadt oder der Marsch der Ziegelsteine
und des Mörtels« (Stich von George Cruikshank aus dem
Jahre 1829).**

Abb. 1143. Eine andere Allegorie der Industriestadt: »Himmel und Erde: ›Es lebt sich sehr gut von den Steuergeldern, aber zum Teufel mit dem Steuerzahlen!‹« (Stich von Robert Seymour aus dem Jahre 1830).

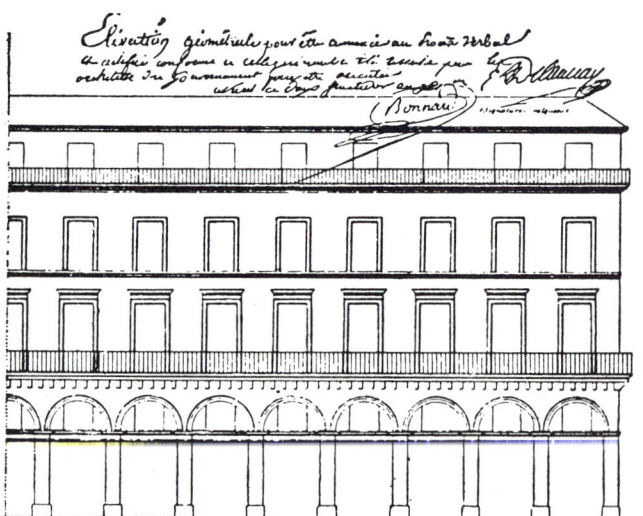

Abb. 1144–1146. Ein elegantes Stadtviertel in Paris: die Rue de Rivoli, mit deren Bau unter Napoleon I. begonnen wurde und die in der ersten Hälfte des 19. Jahrhunderts fertiggestellt wurde. Alle Häuser haben eine einheitliche, von den Architekten Percier und Fontaine entworfene Fassade; diese Fassadengestaltung wurde durch entsprechende Verordnungen für den Bau nachfolgender Häuser verbindlich.

Abb. 1147–1150. (rechte Seite) Ein elegantes Stadtviertel in London: die Gestaltung der Regent Street und des Regent's Park, die von John Nash im Jahre 1813 geplant und zwischen 1820 und 1830 vollendet wurden; die beiden Stiche zeigen zwei Abschnitte der Regent Street, und zwar die Kurve in der Nähe des Picadilly Circus und den Portland Place; (unten) Kinderarbeit in den englischen Bergwerken während derselben Periode.

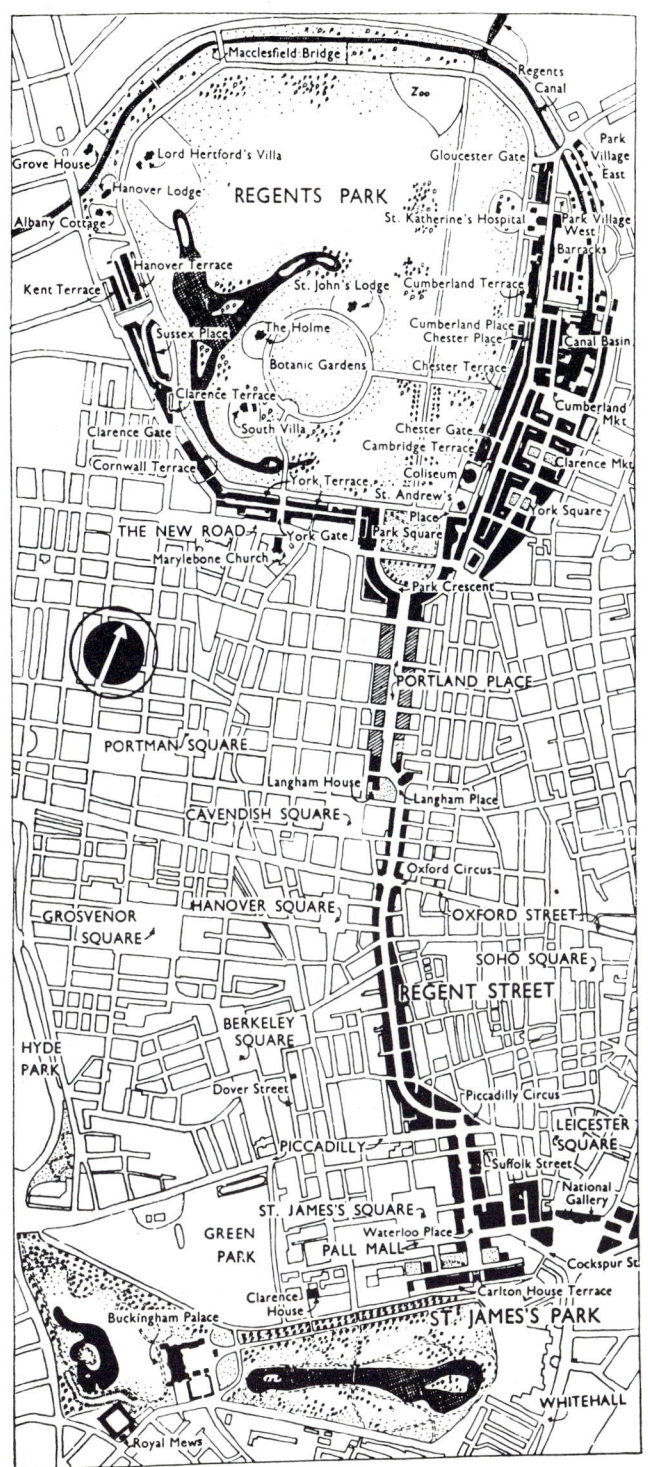

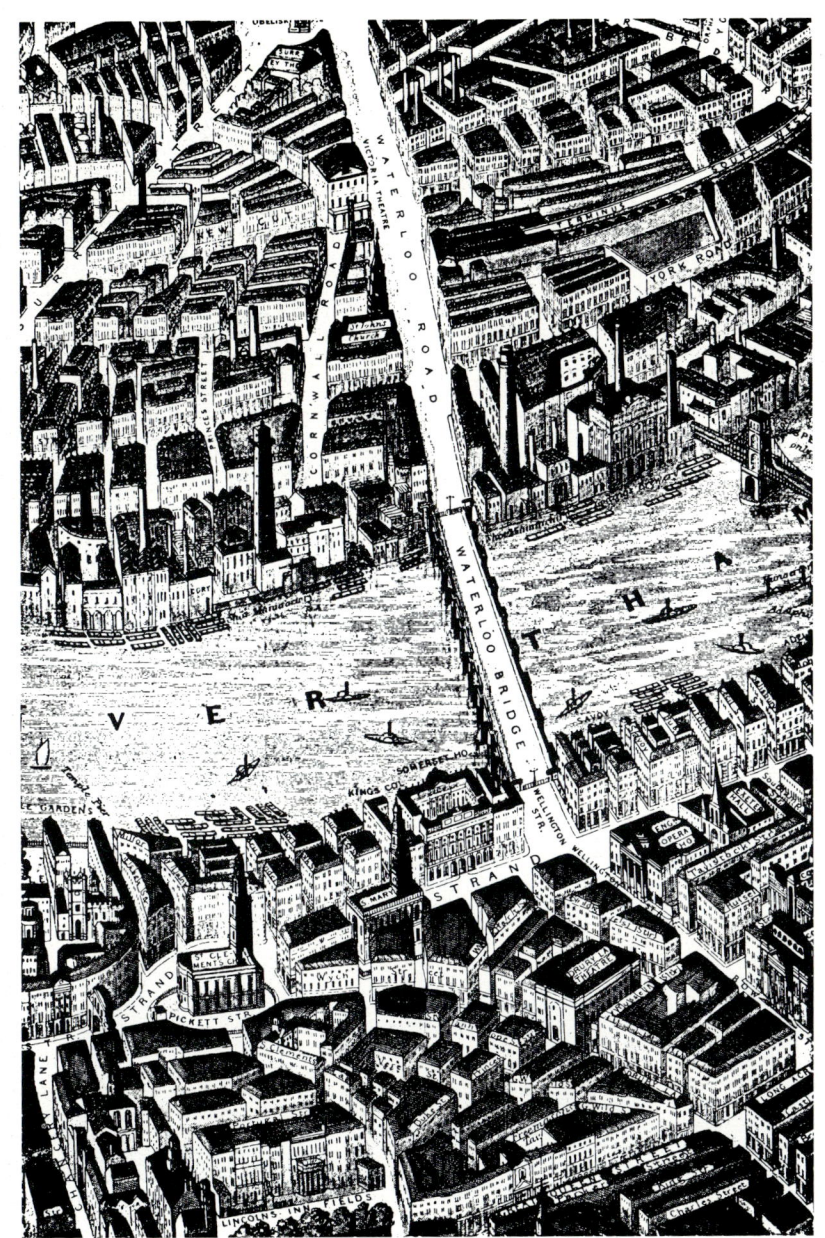
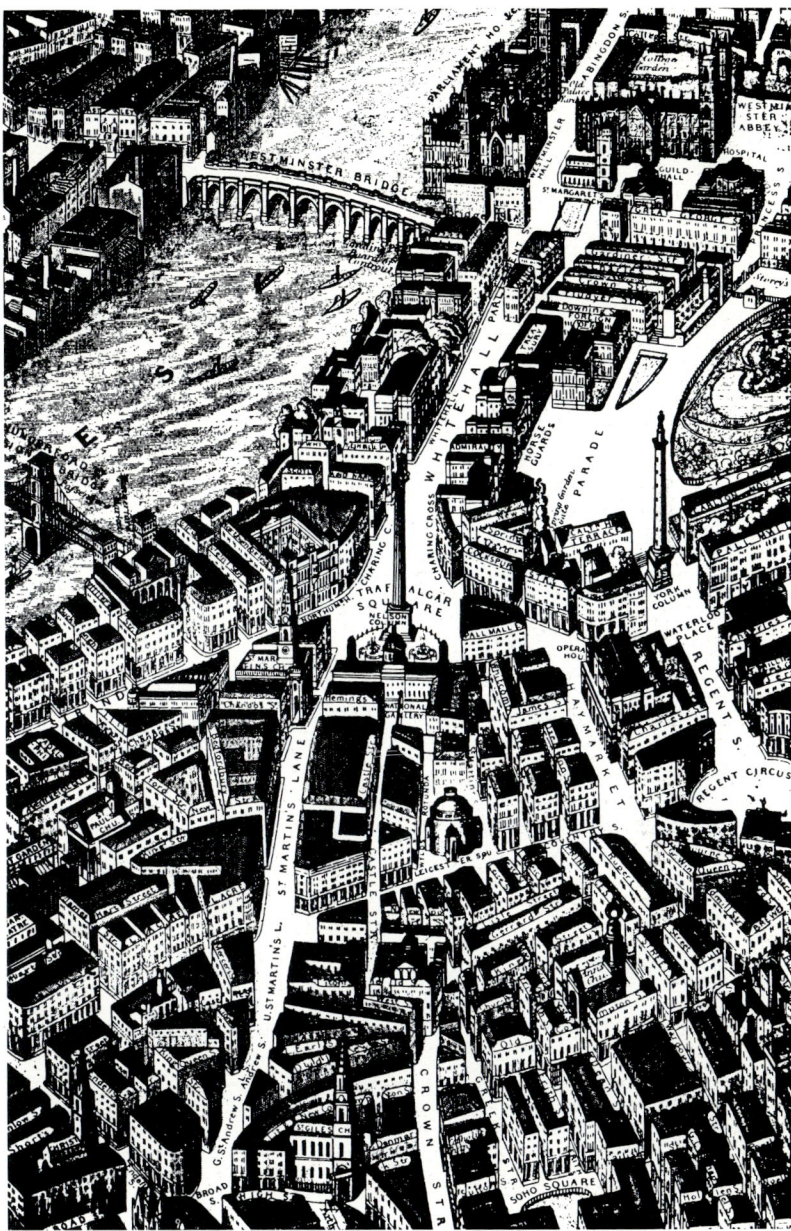

Abb. 1151–1154. Eine Ansicht Londons, die im Jahre 1851 von der Firma Banks & Co. veröffentlicht wurde: Die monumentalen Bauten, die Häuser und die Betriebe sind zu einem unübersichtlichen Gewirr zusammengewachsen.

Abb. 1155. Ein zwischen Eisenbahnbrücken gelegenes Armenviertel in London (Stich von Gustave Doré aus dem
Jahre 1872).

Abb. 1156. Die Dudley Street in einem Armenviertel Londons (Stich von Gustave Doré aus dem Jahre 1872).

Abb. 1157. Die englische Industriestadt Middlesborough
(Photographie aus dem frühen 20. Jahrhundert).

Abb. 1158. Colne Valley, eine moderne englische Industriestadt.

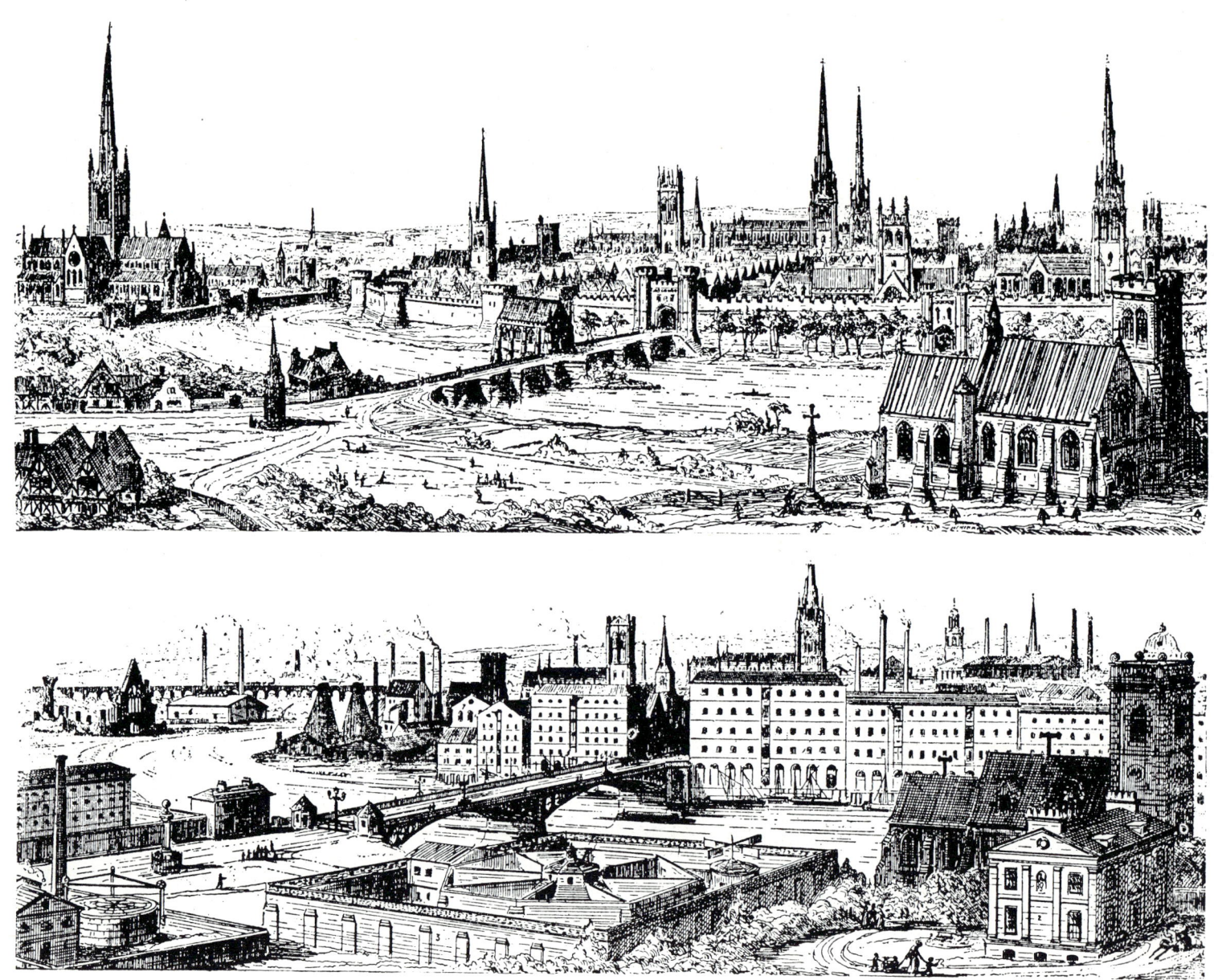

Abb. 1159–1160. »Eine christliche Stadt in den Jahren 1440 und 1840« (zwei Stiche von Pugin).

Abb. 1161. Ein englischer Industriekomplex nach einer Skizze aus dem Reisetagebuch des deutschen Architekten Karl Friedrich Schinkel (1830).

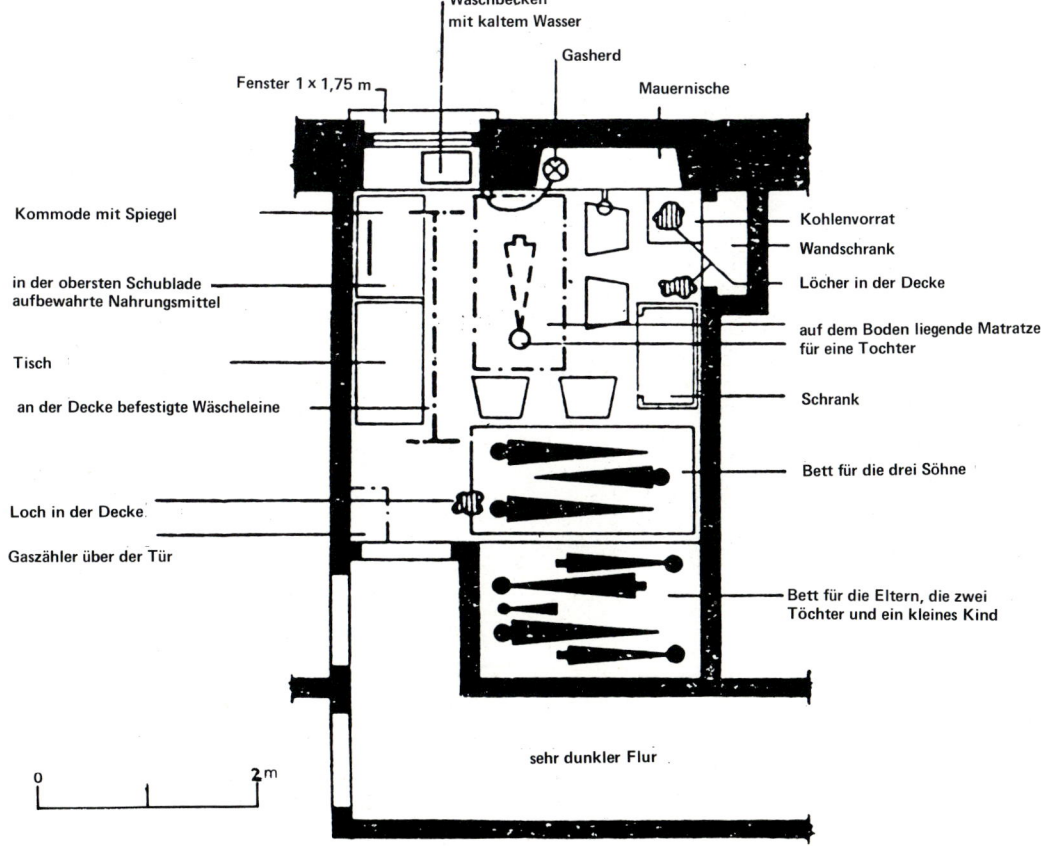

Abb. 1162. Eine 1948 in Glasgow entdeckte erbärmliche Arbeiterunterkunft für neun Personen.

Abb. 1163. (auf der folgenden Seite) »Die Armen von London« (Zeichnung aus einer Ausgabe des Punch aus dem Jahre 1859).

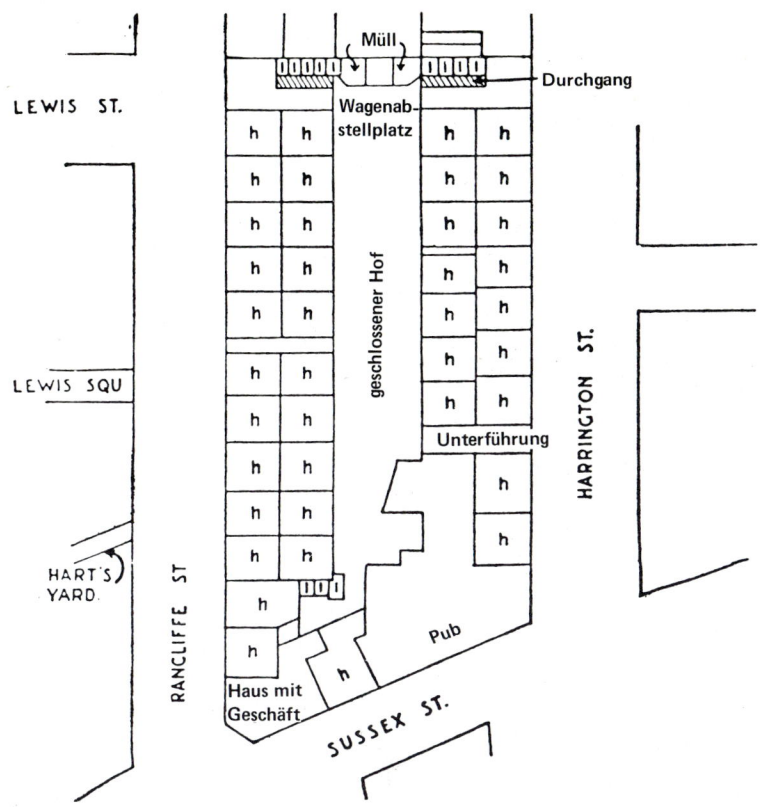

Abb. 1164. Die Häuser (h) einer Arbeitersiedlung in Nottingham mit im Hof liegenden Toiletten (l) nach den Aufzeichnungen einer Untersuchungskommission aus dem Jahre 1845.

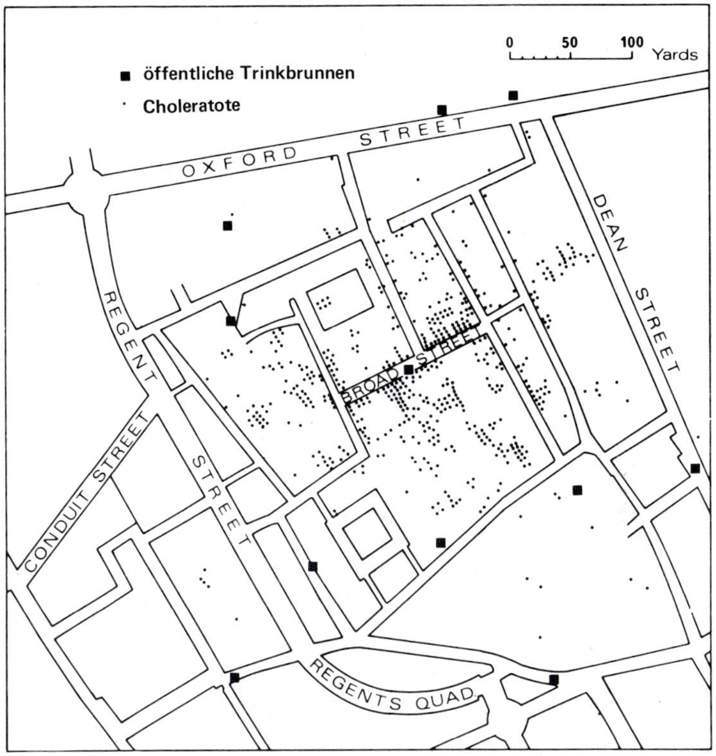

Abb. 1165. Eine von Dr. John Snow angefertigte Karte des Londoner Bezirks Soho mit der Angabe der Choleratoten vom September 1854.

Abb. 1166. Slum in der Londoner Paradise Row (1853).

Abb. 1167. (auf der folgenden Seite) Die von Engels im Jahre 1845 beschriebenen Elendsviertel, die auch heute noch am Rande der großen Städte existieren.

I.

Das schnelle Wachstum der Städte im Industriezeitalter führte zu einer Veränderung des bereits bestehenden Stadtkerns (der zum Zentrum des neuen ausgedehnteren Organismus wurde) und zur Entstehung neuer Ansiedlungen um dieses Zentrum herum, der sogenannten Peripherie.

Der Stadtkern verfügte bereits über eine im Mittelalter oder in der Neuzeit entstandene Struktur und enthielt die bedeutendsten Bauwerke – die Kirchen, Paläste und andere monumentale Bauten –, die meist auch das neue Stadtbild beherrschten. Aber zweifellos eignete sich solch ein Stadtkern nicht dazu, zum Zentrum eines weitaus größeren städtischen Komplexes zu werden. Die Straßen waren viel zu schmal, um dem gestiegenen Verkehrsaufkommen zu genügen, und die Häuser viel zu klein und zu eng, um die angewachsene Bevölkerung problemlos aufnehmen zu können. Deshalb begannen die bessergestellten Bevölkerungsgruppen nach und nach, das Stadtzentrum zu verlassen und an den Stadtrand zu ziehen; die Häuser, die sie zurückließen, dienten dann als Massenquartiere für die große Zahl der Armen und der neu in die Stadt eingewanderten Einwohner. Zur gleichen Zeit wurden auch viele der monumentalen Bauten des historischen Stadtkerns – Adelspaläste, Konvente usw. – aufgrund der sozialen Umwälzungen verlassen und in eine große Anzahl kleiner Behelfsunterkünfte aufgeteilt. In den ehemaligen Grünanlagen des Stadtkerns – den hinter den Reihenhäusern angelegten Gärten, den Parkanlagen der hochherrschaftlichen Villen und den Kleingärten – wurden neue Häuser oder Fabrikhallen gebaut.

Die Auswirkungen dieser Veränderungen akkumulierten sich mit der Zeit und verstärkten sich zur Mitte des 19. Jahrhunderts. Dazu die klassische von Friedrich Engels im Jahre 1845 veröffentlichte Beschreibung des Stadtzentrums von Manchester.

»Hier sind die Straßen, selbst die besseren, eng und krumm . . ., die Häuser schmutzig, alt und baufällig und die Bauart der Nebenstraßen vollends abscheulich. Wenn man von der alten Kirche in Long Millgate hineingeht, so hat man gleich rechts eine Reihe altmodischer Häuser, an denen keine einzige Frontmauer senkrecht geblieben ist; es sind die Reste des alten, vorindustriellen Manchester, deren frühere Einwohner mit ihren Nachkommen in besser gebaute Bezirke gezogen sind und die Häuser, die ihnen zu schlecht waren, einer stark mit irischem Blut vermischten Arbeiterrasse überlassen haben. Man ist hier wirklich in einem fast unverhüllten Arbeiterviertel, denn selbst die Läden und Kneipen der Straßen nehmen sich nicht die Mühe, etwas reinlich auszusehen. Aber das ist all noch nichts gegen die Gassen und Höfe, die dahinter liegen und zu denen man nur durch enge, überbaute Zugänge gelangt, in denen keine zwei Menschen aneinander vorbei können. Von der unordentlichen, aller vernünftigen Baukunst hohnsprechenden Zusammenwürfelung der Häuser, von der Gedrängtheit, mit der sie hier förmlich aneinandergepackt sind, kann man sich keine Vorstellung ma-

chen. Und es sind nicht nur die aus der alten Zeit Manchesters hinterlassenen Gebäude, die die Schuld davon tragen; die Verwirrung ist in neuerer Zeit erst auf die Spitze getrieben worden, indem überall, wo die ganze Bauart der früheren Epoche noch ein Fleckchen Raum ließ, später nachgebaut und angeflickt wurde, bis endlich zwischen den Häusern kein Zoll breit Platz blieb, der sich noch hätte verbauen lassen. Zur Bestätigung zeichne ich ein kleines Fleckchen aus dem Plane von Manchester hier ab (Abb. 1168) – es ist nicht das schlimmste Stück und nicht der zehnte Teil der ganzen Altstadt.

Diese Zeichnung wird hinreichen, um die wahnsinnige Bauart des ganzen Bezirks, namentlich des in der Nähe des Irk, zu charakterisieren. Das Ufer des Irk ist hier auf der Südseite steil und zwischen fünfzehn und dreißig Fuß hoch; an diese abschüssige Bergwand sind meist noch drei Reihen Häuser eingepflanzt, deren niedrigste sich unmittelbar aus dem Flusse erhebt.« *Die Lage der arbeitenden Klasse in England;* Marx-Engels-Werke Bd. 2, S. 280 f.)

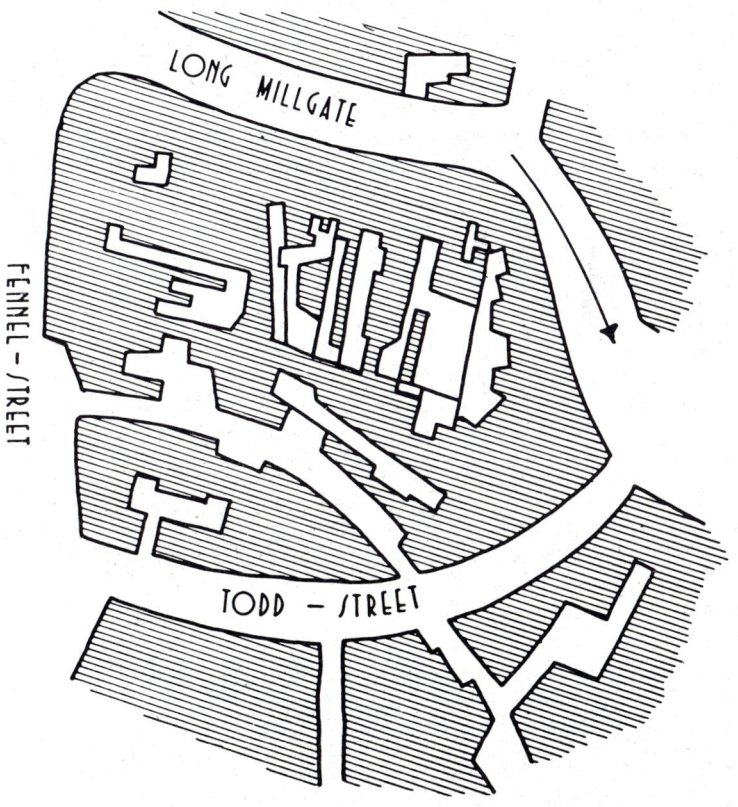

Abb. 1168. Ein Teil des Zentrums von Manchester.

Die Peripherie bestand nicht aus wohldurchdachten, im voraus geplanten Stadterweiterungen – wie die mittelalterlichen oder die aus der Zeit des Barock –, sondern aus einem zunächst unbebauten Gebiet, das durch eine Vielzahl unabhängig voneinander durchgeführter Initiativen mit den verschiedenartigsten Bauwerken überzogen wurde. So entstand ein ungeordnetes Nebeneinander von Stadtteilen mit Luxusbauten, Armenvierteln, Fabriken, Lagerhäusern und technischen Anlagen. Ab einem bestimmten Punkt bildete sich daraus ein geschlossener Organismus, der jedoch auf keiner vorausschauenden Planung beruhte. Am Rand der Industriestädte ging die soziale und architektonische Homogenität, die die früheren Städte kennzeichnete, verloren. Die einzelnen Individuen und die verschiedenen Klassen sahen in der Stadt nicht mehr einen allen gemeinsamen Lebensraum. Es bestand vielmehr eine Tendenz zur Segregation, in deren Folge jeweils geschlossene Stadtviertel für die Reichen, die Mittelschichten und die Armen entstanden. Gleichzeitig begann man sich stärker untereinander, von Nachbar zu Nachbar, abzukapseln. Ein frei auf separatem Grundstück stehendes Haus, einst den Königen und dem Adel vorbehalten, lag nunmehr – wenn auch in einer verkleinerten Ausgabe – auch für das reiche und mittlere Bürgertum im Bereich des Erschwinglichen. Die Größe des Abstands zum nächstliegenden Gebäude wurde zum Gradmesser für den sozialen Status: Die Reichen wohnten in freistehenden, mehr oder weniger großen Villen mit Garten, während die Armen auf wesentlich engerem Raum – in Reihenhäusern oder mehrstöckigen Wohnblocks – zusammenleben mußten. Die Abbildungen 1144 bis 1167 illustrieren anhand einiger Beispiele den Unterschied zwischen den Armenvierteln und den Stadtteilen der Reichen.

Weil die entsprechenden Vorschriften veraltet waren oder ganz fehlten, erreichte die Qualität der Wohnungen der am schlechtesten bezahlten Arbeiter oftmals die Untergrenze des Erträglichen. Ganze Gruppen von Spekulanten bauten diese Art von Häusern – entweder einzeln oder gleich als ganze Komplexe – und zielten dabei nur darauf ab, ein Höchstmaß an Gewinn aus ihnen herauszuholen. Ein Arbeiter, dessen Lohn gerade zum Existenzminimum reichte, mußte einen Teil dieses Lohns für die Miete ausgeben, und der Hausbesitzer, der unter Verwendung der minderwertigsten Materialien ein möglichst enges Haus gebaut hatte, mußte mehr an Miete einnehmen, als ihn der Bau des Hauses gekostet hatte. Dieser Interessengegensatz bestimmte den Charakter der Häuser und der Stadtviertel.

Das Haus eines solchen Arbeiters mag dabei an sich sogar noch komfortabler gewesen sein als die Hütte auf dem Lande, in der seine Familie vorher gewohnt hatte: Die Wände waren aus Stein, nicht aus Holz, das Dach schiefergedeckt und nicht aus Stroh; das Mobiliar und die sanitären Anlagen jedoch waren hier wie dort schlecht oder fehlten gänzlich. Aber um die Hütte herum gab es

immerhin viel Platz, die Abfälle konnten leicht beseitigt werden, und ein großer Teil des täglichen Lebens spielte sich im Freien ab; hinter dem Haus konnten Haustiere gehalten werden, die Kinder konnten auf der Straße spielen und für die Fußgänger und Fuhrwerke war immer noch genügend Platz. In der neuen Umgebung jedoch, wo viele Häuser auf engstem Raum nebeneinander gebaut waren, wurde die Abfallbeseitigung zu einem großen Problem; auch der Aufenthalt im Freien war erheblich beeinträchtigt, denn durch die Straßen führten offene Wasserkanäle und der Müll häufte sich, während dort gleichzeitig ein reger Verkehr von Fußgängern und Fuhrwerken herrschte, Tiere herumstreunten und Kinder spielten. Hinzu kam, daß die ärmsten Viertel in Gegenden lagen, die sich am wenigsten zum Wohnen eigneten, nämlich in der Nähe der Fabrikanlagen und der Eisenbahnlinien, weit entfernt von den Parks oder anderen Grünanlagen. Die Fabriken stellten für die Bewohner der Umgebung eine Quelle ständiger Belästigungen dar: Sie stießen ihren Rauch über den Wohnhäusern aus, verursachten Lärm, verschmutzten das Wasser der Flüsse und Bäche und bewirkten eine höhere Verkehrsdichte.

Engels beschrieb die an der Peripherie Manchesters gelegenen Stadtviertel so:

»Die *Neustadt* zieht sich jenseits der Altstadt einen Lehmhügel zwischen dem Irk und St. George's Road hinauf. Hier hört alles städtische Aussehen auf; einzelne Reihen Häuser oder Straßenkomplexe stehen wie kleine Dörfer hier und da auf dem nackten, nicht einmal mit Gras bewachsenen Lehmboden; die Häuser oder vielmehr Cottages sind in schlechtem Zustande, nie repariert, schmutzig, mit feuchten und unreinen Kellerwohnungen versehen; die Gassen sind weder gepflastert noch haben sie Abzüge, dagegen zahlreiche Kolonien von Schweinen, die in kleinen Höfen und Ställen abgesperrt sind oder ungeniert an der Halde spazierengehen. Der Kot auf den Wegen ist hier so groß, daß man nur bei äußerst trocknem Wetter Aussicht hat durchzukommen, ohne bei jedem Schritt bis über die Knöchel zu versinken. (. . .)

Wir haben gesehen, wie in der Altstadt meist der reine Zufall über die Gruppierung der Häuser verfügte. Jedes Haus ist ohne Rücksicht auf die übrigen gebaut, und die winkligen Zwischenräume der einzelnen Wohnungen werden in Ermangelung eines andern Namens Höfe (courts) genannt. In den etwas neueren Teilen desselben Viertels und in andern Arbeitsvierteln, die aus den ersten Zeiten der aufblühenden Industrie herrühren, finden wir ein etwas planmäßigeres Arrangement. Der Zwischenraum zwischen zwei Straßen wird in regelmäßigere, meist viereckige Höfe geteilt, etwa so:

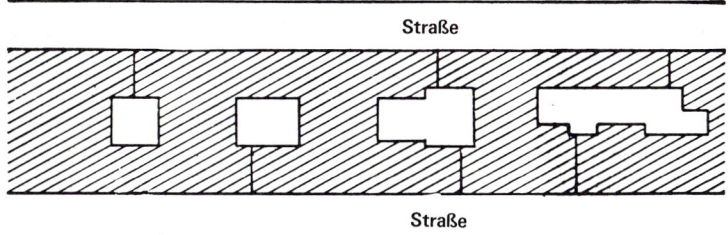

die von vornherein so angelegt wurden und zu denen verdeckte Gänge von den Straßen führen. Wenn die ganz planlose Bauart der Gesundheit der Bewohner durch Verhinderung der Ventilation schon sehr nachteilig war, so ist es diese Art, die Arbeiter in Höfe einzusperren, die nach allen Seiten von Gebäuden umschlossen sind, noch viel mehr. Die Luft kann hier platterdings nicht heraus; die Schornsteine der Häuser selbst sind, solange Feuer angehalten wird, die einzigen Abzüge für die eingesperrte Luft des Hofes. (. . .)

In späterer Zeit hat man eine andre Bauart angefangen, die jetzt die allgemeine ist. Die Arbeitercottages werden jetzt nämlich fast nie einzeln, sondern immer dutzend-, ja schockweise gebaut – ein einziger Unternehmer baut gleich eine oder ein paar Straßen. Diese werden dann auf folgende Weise angelegt: Die eine Front – vgl. die Zeichnung unten – bilden Cottages ersten Ranges, die so glücklich sind, eine Hintertür und einen kleinen Hof zu besitzen, und die die höchste Miete bringen. Hinter den Hofmauern dieser Cottages ist eine schmale Gasse, die Hintergasse (back street), die an beiden Enden zugebaut ist und in die entweder ein schmaler Weg oder ein bedeckter Gang von der Seite her führt. Die Cottages, die auf diese Gasse führen, bezahlen am wenigsten Miete und sind überhaupt am meisten vernachlässigt. Sie haben die Rückwand gemeinsam mit der dritten Reihe Cottages, die nach der entgegengesetzten Seite hin auf die Straße gehen und weniger Miete als die erste, dagegen mehr als die zweite Reihe tragen. Die Anlage der Straßen ist also etwa so:

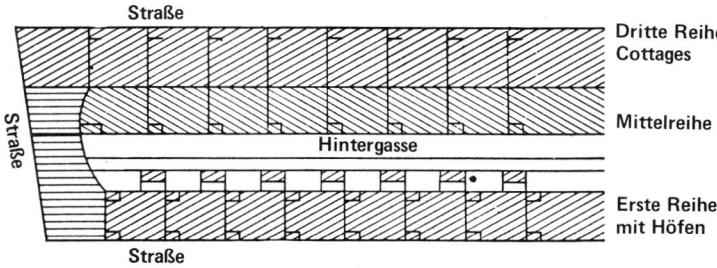

Abb. 1169–1170. Zwei Detailskizzen der neuen Stadtviertel von Manchester, die Friedrich Engels seiner Abhandlung beifügte.

Durch diese Bauart wird zwar für die erste Reihe Cottages eine ziemlich gute Ventilation gewonnen und die der dritten Reihe wenigstens nicht gegen die der entsprechenden in der frühern Bauart verschlechtert; dagegen ist die Mittelreihe mindestens ebenso schlecht ventiliert wie die Häuser in den Höfen und die Hintergasse selbst stets in demselben schmutzigen und unansehnlichen Zustande wie jene. Die Unternehmer ziehen diese Bauart vor, weil sie ihnen Raum spart und Gelegenheit gibt, die besser bezahlten Arbeiter durch höhere Miete in den Cottages der ersten und dritten Reihe desto erfolgreicher auszubeuten. (. . .)

Dazu kommt noch, daß diese Unternehmer, teils um den Mietertrag nicht zu verringern, teils wegen herannahenden Rückfalls des Bauplatzes, wenig oder gar nichts auf Reparaturen verwenden, daß wegen Handelskrisen und der darauffolgenden Brotlosigkeit oft ganze Straßen leerstehen und daß infolge hiervon die Cottages sehr rasch verfallen und in unbewohnbaren Zustand geraten.« (Ebd., S. 286 ff.)

Und hier die Beschreibung solch eines verfallenen Stadtteils:

»In einem ziemlich tiefen Loche, das in einem Halbkreis vom Medlock und an allen vier Seiten von hohen Fabriken, hohen bebauten Ufern oder Aufschüttungen umgeben ist, liegen in zwei Gruppen etwa 200 Cottages, meist mit gemeinschaftlichen Rückwänden für je zwei Wohnungen, worin zusammen an 4000 Menschen, fast lauter Irländer, wohnen. Die Cottages sind alt, schmutzig und von der kleinsten Sorte, die Straßen uneben, holperig und zum Teil ungepflastert und ohne Abflüsse; eine Unmasse Unrat, Abfall und ekelhafter Kot liegt zwischen stehenden Lachen überall herum, die Atmosphäre ist durch die Ausdünstungen derselben verpestet und durch den Rauch von einem Dutzend Fabrikschornsteinen verfinstert und schwer gemacht – eine Menge zerlumpter Kinder und Weiber treibt sich hier umher, ebenso schmutzig wie die Schweine, die sich auf den Aschenhaufen und in den Pfützen wohl sein lassen.« (Ebd., S. 292)

Diese ungeordnete und unbewohnbare Umgebung – die wir »die liberale Stadt« nennen werden – war das Ergebnis einer Vielzahl sich überlagernder privater und öffentlicher Initiativen, die weder umfassend geplant, noch aufeinander abgestimmt waren. Die unternehmerische Freiheit des Einzelnen, die als Grundvoraussetzung für die Entwicklung der kapitalistischen Industriegesellschaft galt, erwies sich als ungeeignet, um die mit dem wirtschaftlichen Aufschwung verbundenen Veränderungen im Bereich des Wohnungs- und Städtebaus in geordnete Bahnen lenken zu können. Die ärmeren Teile der Bevölkerung waren von den schlechten Lebensbedingungen in den Industriestädten am stärksten und unmittelbarsten betroffen, aber auch die höheren Gesellschaftsschichten konnten sich ihnen nicht völlig entziehen.

Um 1830 griff die Cholera von Asien auf Europa über und verursachte Epidemien in den großen Städten, so daß die Regierungen sich gezwungen sahen, wenigstens die ärgsten Mißstände

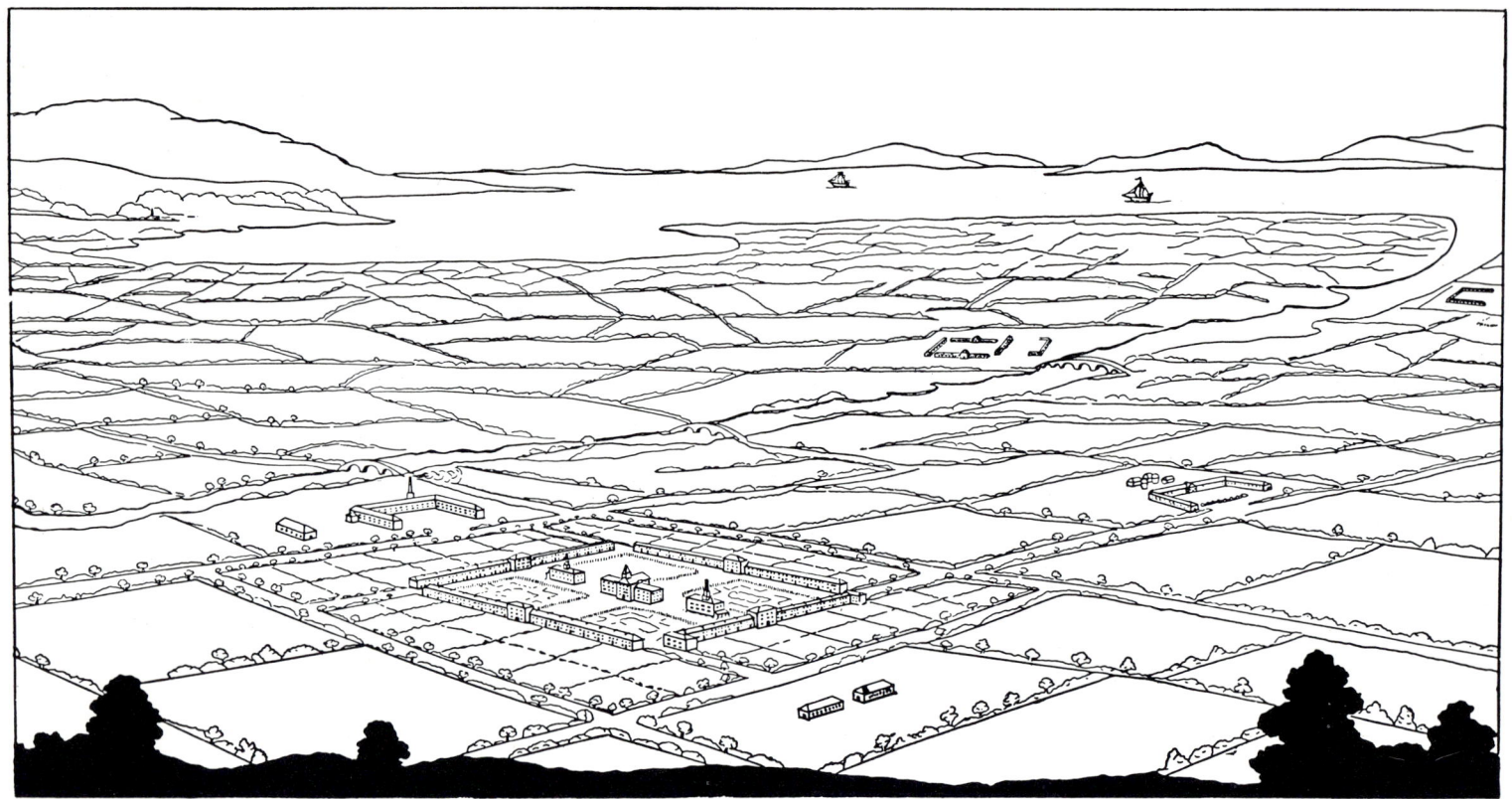

Abb. 1171. Eine »Siedlung der Harmonie und der Zusammenarbeit«; Skizze, die Owens Bericht aus dem Jahre 1817 beigefügt war.

in den hygienischen Verhältnissen zu beheben; dies aber bedeutete, gegen das im 17. Jahrhundert theoretisch begründete und nach der Jahrhundertwende in der Praxis immer wieder heftig verteidigte Prinzip der unternehmerischen Freiheit zu verstoßen. In England begann eine Gruppe von Beamten und radikalen Politikern eine Reihe von Untersuchungen über die Lebensbedingungen in den Städten durchzuführen, deren Ergebnisse in den Jahren 1842, 1844 und 1845 veröffentlicht und von Engels in seinem bereits zitierten Buch verwertet wurden. So wurden die schlimmsten Mißstände der Wohnsituation in den Arbeitervierteln in der Öffentlichkeit bekannt, die empört reagierte und die Regierung zum Eingreifen aufforderte. Aber es vergingen noch Jahre erbitterter Diskussionen, bis schließlich im Sommer des Jahres 1848 das Gesundheitsgesetz verabschiedet wurde.

In Frankreich wurden während der Julimonarchie ähnliche Untersuchungen von sozialistischen und katholischen Oppositionsgruppen durchgeführt, aber erst nach der Revolution von

1848 verabschiedete die zweite Republik im Jahre 1850 ein Gesundheitsgesetz.

Diese beiden Gesetze – und die in der Folgezeit in Italien (1865) und in den anderen europäischen Staaten verabschiedeten – lieferten die rechtlichen Mittel, um in der zweiten Hälfte des 19. Jahrhunderts die »post-liberalen Städte« zu verwalten, die im Kapitel 13 besprochen werden.

II.

Nach 1815, in den harten Nachkriegsjahren, entstanden verschiedene politisch und städteplanerisch revolutionäre Entwürfe, durch die gleichzeitig die Gesellschaftsform und die Formen der Siedlungen geändert werden sollten. Die traditionelle Gesellschaftsform hatte die Trennung zwischen Stadt und Land hervorgebracht; die neue Gesellschaft sollte eine neue Art von Siedlung schaffen, die in wohldurchdachten Ausmaßen ein Zwischending

Abb. 1172. Die von Owen entworfene Siedlung, die auf seine Initiative hin in Harmony/Indiana angelegt werden sollte (im Jahre 1825 veröffentlichter Stich).

zwischen einer Stadt und einem großen Bauernhof darstellt: klein genug, um einen engen Zusammenhang aller Einzelbereiche zu gewährleisten, aber doch groß genug, um ein ausgefülltes und von außen unabhängiges Wirtschafts- und Kulturleben zu ermöglichen.

Robert Owen (1771–1858), ein reicher englischer Fabrikant, entwarf einen Plan, nach dem sich eine Gemeinschaft von jeweils ungefähr 1200 Personen auf einem etwa 500 Hektar großen Ackerland ansiedeln sollte. Die Häuser dieser Siedlung sollten quadratisch angelegt werden, wobei drei Seiten den Wohnhäusern von Ehepaaren und Kindern unter drei Jahren vorbehalten waren und die vierte Seite aus den Schlafsälen für die älteren Kinder und Jugendlichen, der Krankenstation und einem Gästehaus bestand. Der große, in der Mitte liegende Hof war für die öffentlichen Gebäude und Anlagen vorgesehen: die Küche mit einem Gemeinschaftsrestaurant, Schulen, eine Bibliothek, ein Treffpunkt für Erwachsene, Grünanlagen für die Freizeit und

eine Sportanlage. Außerhalb dieses Quadrats sollten unmittelbar vor den Häusern Gärten angelegt werden und eine um den gesamten Komplex herumführende Straße. Etwas weiter entfernt dann die Industrieanlagen, Lagerhäuser, eine Wäscherei, eine Brauerei, eine Mühle, eine Ziegelei, die Ställe und die anderen für die Landwirtschaft nötigen Gebäude. Die Gerichte und Gefängnisse wurden dabei bewußt ausgelassen, denn die neue Gesellschaft sollte ohne sie auskommen (Abb. 1171).

Owen legte seinen Plan zwischen 1817 und 1820 der englischen Regierung und den lokalen Behörden vor, jedoch ohne Erfolg. Daraufhin versuchte er in Amerika, seinen Plan allein zu verwirklichen: 1825 kaufte er ein Stück Land in Indiana, wo er die erste Modellsiedlung anlegen wollte (Abb. 1172); da er sich dort jedoch an ein bereits existierendes Dorf anpassen mußte, scheiterte das Experiment bereits nach wenigen Jahren.

Der Franzose Charles Fourier (1772–1837) entwickelte im Frankreich der Restaurationszeit ein neues philosophisches und

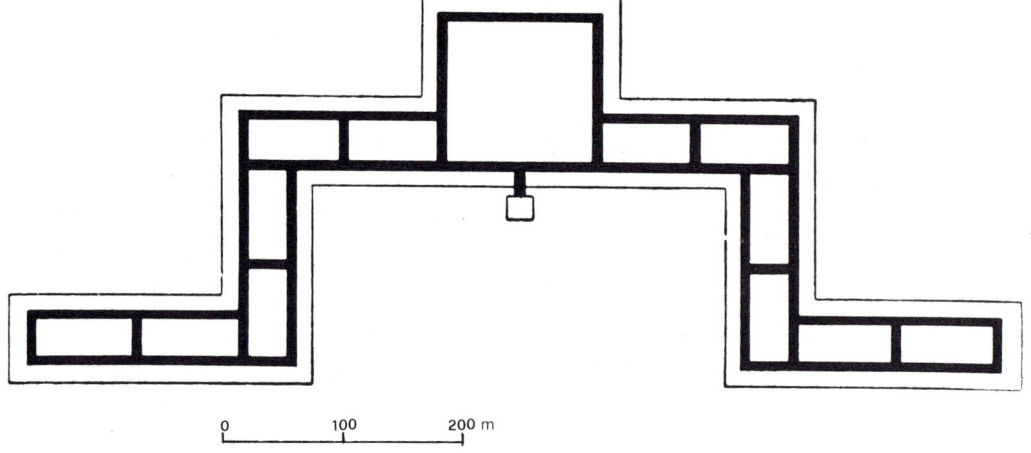

0   100   200 m

Abb. 1173. Ein auf der Grundlage der Beschreibungen Fouriers aus dem Jahre 1841 angefertigter schematischer Grundriß eines Phalanstère; die erhöhten Laufgänge sind schwarz eingezeichnet.

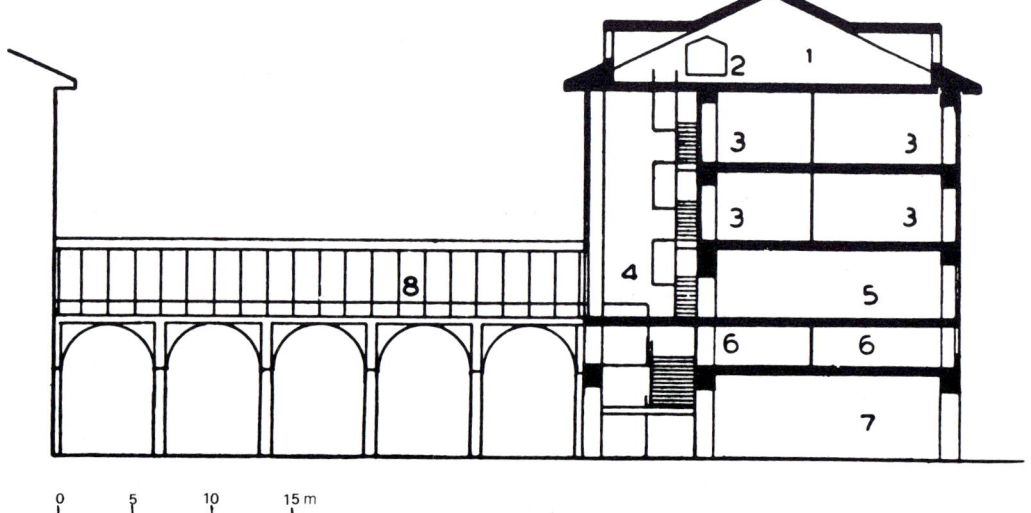

0   5   10   15 m

Abb. 1174. Schematischer Querschnitt durch das von Fourier entworfene Phalanstère.

1 Dachboden mit den Gästezimmern
2 Wasserbehälter
3 Privatwohnungen
4 Erhöhter Laufgang
5 Versammlungssaal
6 Zwischenstockwerk mit den Räumen für die Kinder
7 Erdgeschoß mit den Einfahrten für Kutschen und Fuhrwerke
8 Überdachter Laufsteg

politisches System. Darin versuchte er die grundlegenden menschlichen »Leidenschaften« zu klassifizieren, die die Beziehungen zwischen den Menschen bestimmen; davon ausgehend schlug er die Bildung einzelner Gemeinschaften vor, die groß genug sein sollten, um die Entfaltung aller Formen zwischenmenschlicher Beziehungen zu gewährleisten und dementsprechend jeweils aus 1620 Personen aus verschiedenen gesellschaftlichen Schichten bestehen sollten. Diese Gemeinschaft – die sogenannte Phalanx – sollte sich auf einem eine Quadratmeile großen Gebiet (250 Hektar) niederlassen und in einem großen gemeinsamen Gebäude – dem sogenannten *Phalanstère* – wohnen. Dieses Gebäude wurde von Fourier bis ins kleinste Detail genau

beschrieben: Es besteht aus einem monumentalen, in der Form eines Omega angelegten Bau, der Ähnlichkeit mit dem Schloß von Versailles besitzt, und verfügt über einen großen mittleren Hof und mehrere kleine Nebenhöfe; das Erdgeschoß ist von mehreren großen Durchgängen für Kutschen und Fuhrwerke unterbrochen; der gesamte erste Stock dagegen wird von einem durchgehenden, überdachten Laufgang (Galerie) gesäumt, der die einzelnen Einheiten untereinander verbindet, gleichsam als Straße fungiert; die Erwachsenen sollten in den Wohnungen im zweiten und dritten Stock wohnen, die Kinder und Jugendlichen in den Zwischengeschossen und die Gäste im Dachzimmer (Abb. 1173–1174).

Dieses Modell übte in vielen Ländern trotz – oder wegen – seines recht hohen Anspruchs einen außerordentlichen Reiz aus. Zwischen 1830 und 1850 gab es in Frankreich, Rußland, Algerien und Amerika insgesamt etwa 50 Versuche, diesen Plan in die Tat umzusetzen. Später, während des zweiten Kaiserreichs, baute Jean Baptiste Godin, ein Fabrikant aus Guise, eine Siedlung für seine Arbeiter, die sich – wenn auch in bescheidenerem Ausmaß – an dem von Fourier entworfenen *Phalanstère* orientierte; weil in dieser Version jedoch jede Familie über eine eigene Wohnung verfügte, wurde dieses Gebäude *Familistère* genannt. Der Hauptteil dieses Komplexes bestand aus drei geschlossenen vierstöckigen Wohnblöcken, deren relativ kleine überdachte Innenhöfe als interne Verbindungswege genutzt wurden. Die anderen Einrichtungen – die Schulen, das Theater, die Wäscherei, die öffentlichen Bäder und Werkstätten – befanden sich in einigen Nebengebäuden, und der gesamte Komplex lag inmitten eines Parks, der von einer Flußschleife umgeben war (Abb. 1176–1182). Nach 1880 wurden die Fabrik und das *Familistère* von einer aus den Arbeitern gebildeten Kooperative verwaltet.

Diese Modelle, die sich in der ersten Hälfte des 19. Jahrhunderts als undurchführbar erwiesen und nach den politischen Diskussionen der zweiten Hälfte des Jahrhunderts als überholt galten, stellten das Gegenteil der »liberalen Städte« jener Zeit dar. Gestaltendes Moment dieser Modelle war nicht Privatinitiative, sondern die gemeinschaftliche Organisation; alle – oder fast alle – Aspekte des familiären und sozialen Lebens wurden dem von den Mitgliedern der Gemeinschaft gemeinsam verwalteten öffentlichen Bereich untergeordnet. Sie entstanden aus dem Protest gegen die unerträglichen Lebensbedingungen in den existierenden Städten und stellten erste Versuche dar, der unkontrollierten Stadtentwicklung Einhalt zu gebieten und sie auf die Grundlage rationaler Analyse und Planung zu stellen. Sie sollten dazu dienen, die Menschen aus den Fesseln der traditionellen Stadtentwicklung zu befreien, die Veränderungen der politischen Landschaft blockierte und die Interessen der Herrschenden verteidigte. Insofern stellten diese Modelle – als vereinzelte Versuche – auch die Antizipation der Bestrebungen dar, die die Architektur des folgenden Jahrhunderts kennzeichnen sollte.

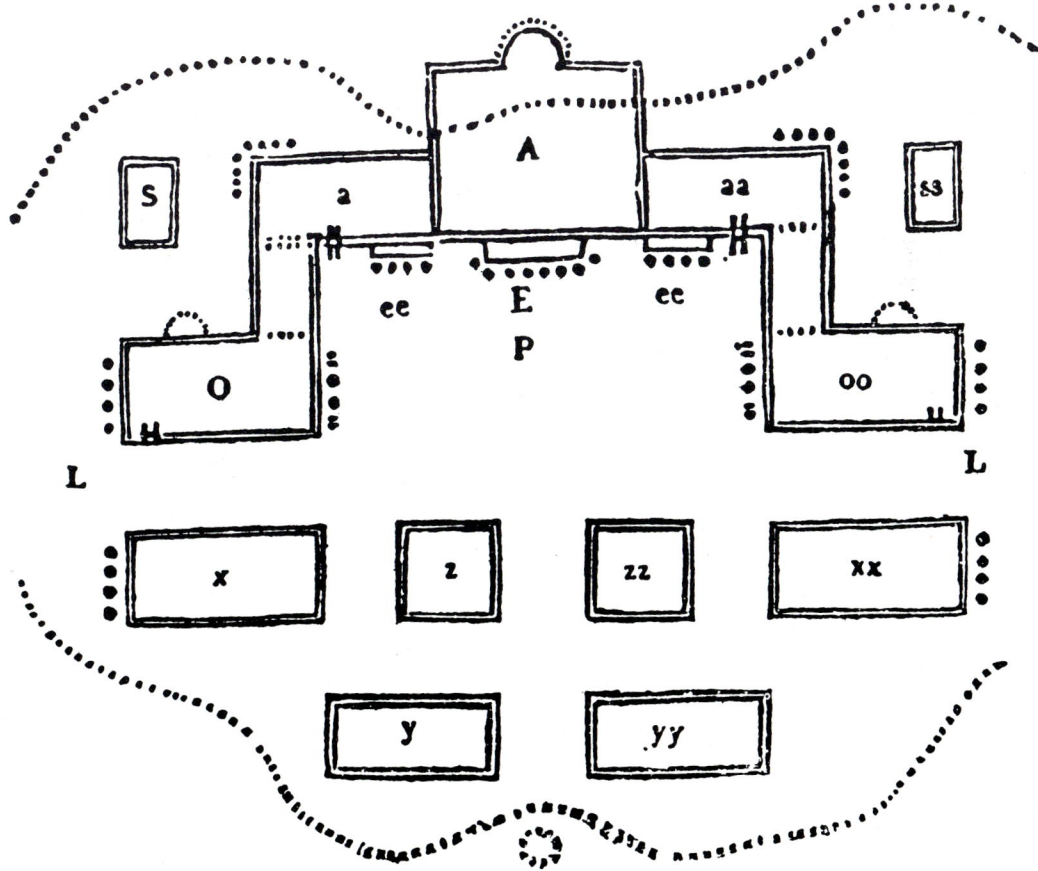

Abb. 1175. Das Phalanstère in einer Interpretation des amerikanischen Journalisten Albert Brisbane.

A, O interne Gärten
E Haupteingang
P Hof
S, X, Y und Z Nebengebäude

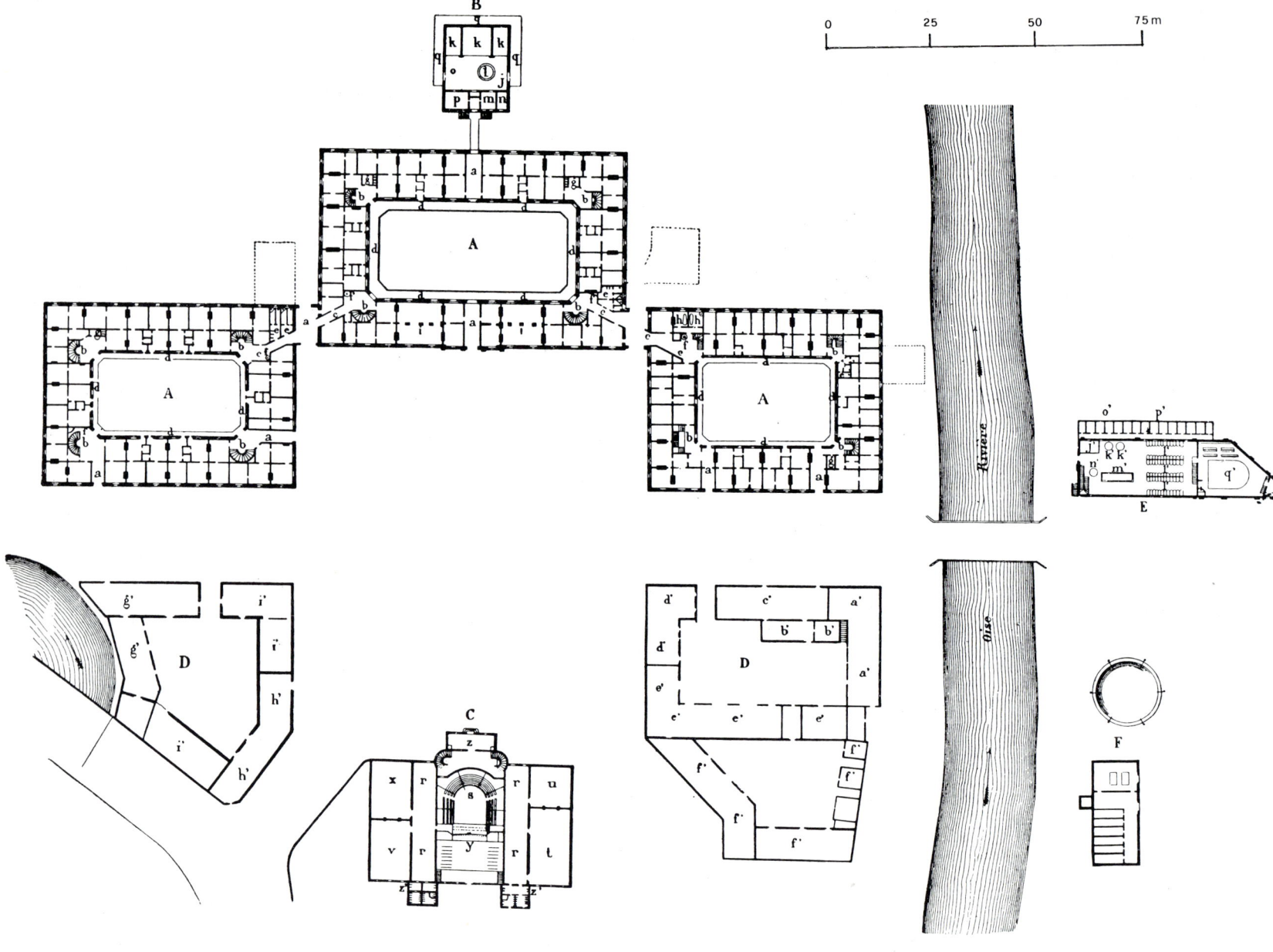

Abb. 1176. Übersichtsplan des Familistère in Guise.

A   Hauptgebäude des *Familistère*
B   Kindergarten
C   Schulkomplex mit Theater
D   Nebengebäude (Schlachthaus, Restaurant, Café, Spielsäle, Vieh- und
    Hühnerställe, Büros und Werkstätten)
E   Öffentliche Bäder und überdachtes Schwimmbad
F   Gaswerk

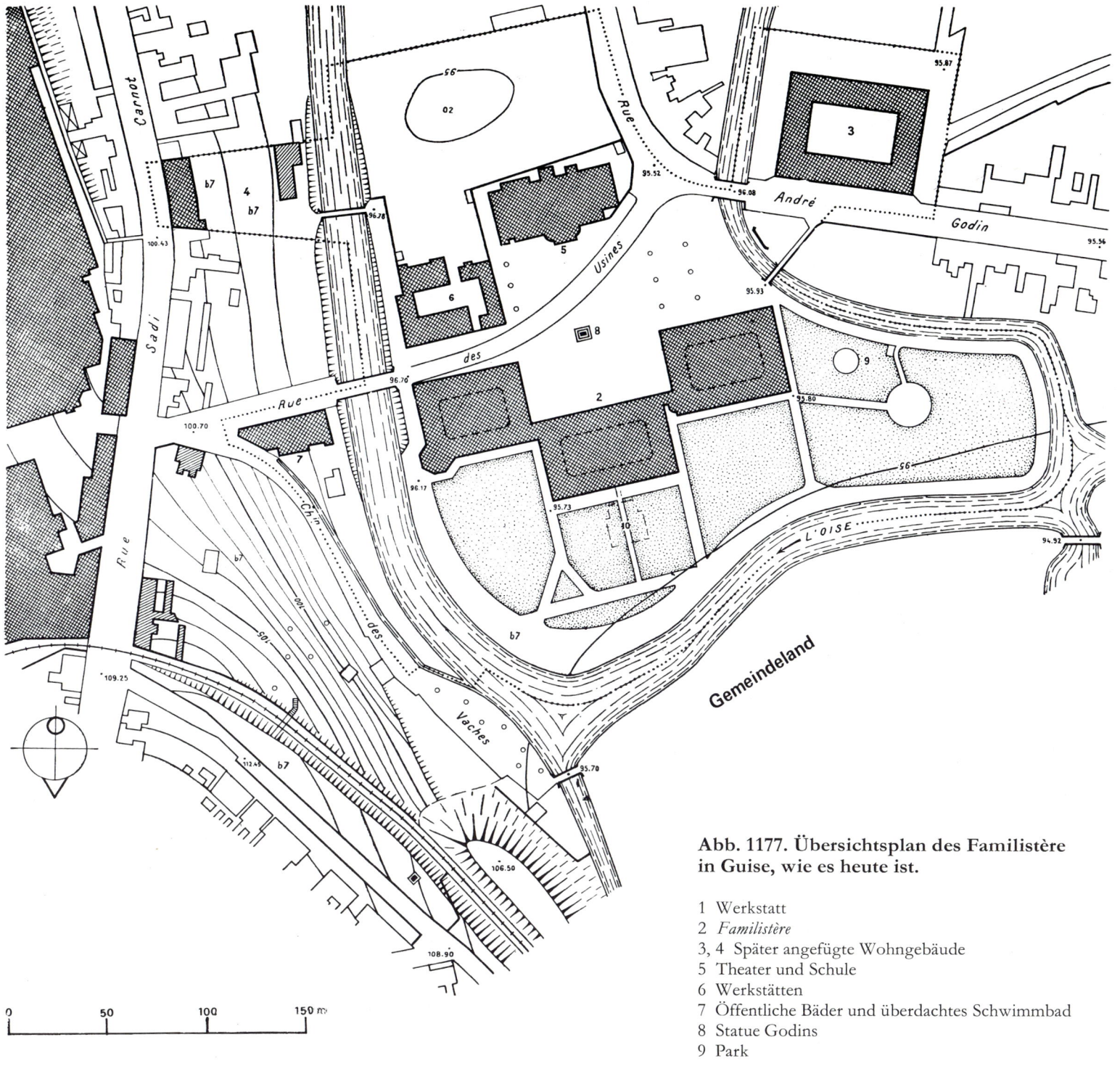

Abb. 1177. **Übersichtsplan des Familistère in Guise, wie es heute ist.**

1 Werkstatt
2 *Familistère*
3, 4 Später angefügte Wohngebäude
5 Theater und Schule
6 Werkstätten
7 Öffentliche Bäder und überdachtes Schwimmbad
8 Statue Godins
9 Park

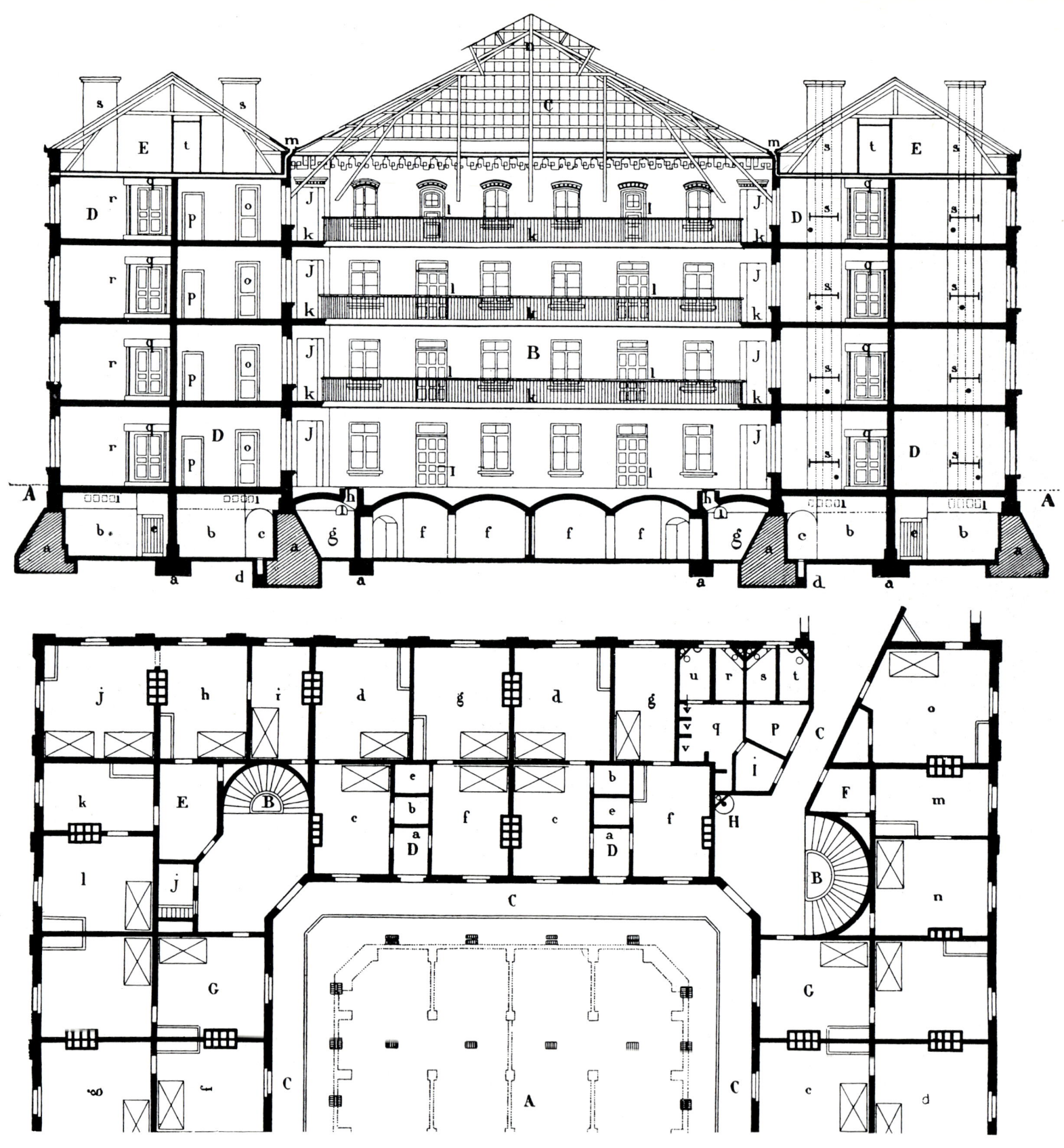

Im Querschnitt:
A   Kellergeschoß
B   Hof
C   Lichtdach
D   Wohnungen
E   Dachboden
a   Fundamente
b–g   Kellerräume
h–i   Ventilationsschächte
k   Laufgänge
l   Eingangtüren der Wohnungen
m   Dachrinne
n   Ventilationstürmchen

o–s   Installationen und Ausstattung der Wohnungen
t   Dachbodenkorridor

Im Grundriß:
B   Treppen
C   Laufgänge
D   Wohnungen
E–H   Diensträume
a   Eingang
b u. e   Abstellräume
c–o   Wohnräume
p–u   Badezimmer und Toiletten

Abb. 1178–1179. (linke Seite) **Querschnitt und Grundriß des Hauptgebäudes des Familistère.**

Abb. 1180. (oben) **Ansicht des glasüberdachten Innenhofs in seinem heutigen Zustand.**

Abb. 1181–1182. (auf der folgenden Seite) **Das Familistère aus der Vogelperspektive und Innenansicht des Kindergartens (Stiche von Godin aus dem Jahre 1870).**

13. Die »post-liberale« Stadt

Die Revolution von 1848 stürzte sowohl die Bewegungen der politischen Linken als auch die liberalen Regierungen der ersten Hälfte dieses Jahrhunderts in eine Krise; erstere hatten versucht, die Macht zu erringen und waren besiegt worden, während sich letztere diesen Bestrebungen gegenüber dennoch als wehrlos gezeigt hatten.

Die Linke verlor das Vertrauen in die Wirksamkeit teilweiser Reformen – auch derer im Bereich des Wohnungswesens und der Stadtplanung –, und die wissenschaftlichen Sozialisten (Marx und Engels, die 1848 das *Manifest der kommunistischen Partei* veröffentlichten) kritisierten die Sozialisten der ersten Hälfte des Jahrhunderts – darunter Owen und Fourier – als Utopisten. Nach ihrer Theorie mußten die Arbeiter erst die Macht erobern und vor allen Dingen die Produktionsverhältnisse verändern, um auch Veränderungen in einzelnen Teilbereichen möglich zu machen. Dies war die Theorie, die von Lenin 1917 in die Praxis umgesetzt wurde.

Die aus den Kämpfen des Jahres 1848 siegreich hervorgegangene Rechte – mit Napoleon III. an der Spitze in Frankreich, mit Bismarck in Deutschland und die von Disraeli geführten Neokonservativen in England – rückte dagegen von dem Prinzip der absoluten Nichteinmischung des Staates in die einzelnen gesellschaftlichen Bereiche ab. Um die einmal eingeleiteten gesellschaftlichen Veränderungsprozesse zu kontrollieren und zu steuern, bedienten sie sich der Methoden, die in der ersten Hälfte des Jahrhunderts von den Reformern und utopistischen Sozialisten entwickelt worden waren.

Die siegreiche Bourgeoisie entwarf auch ein neues Modell der Stadtplanung, in dem die Interessen der verschiedenen Gruppen der Bourgeoisie – Unternehmer und Grundbesitzer – untereinander teilweise koordiniert und die durch die Existenz der unteren Klassen produzierten Widersprüche teilweise korrigiert wurden. Die absolute unternehmerische Freiheit wurde durch Eingriffe der staatlichen Verwaltungsorgane eingeschränkt, die Bauvor-

schriften erließen und öffentliche Baumaßnahmen durchführten. Innerhalb der nunmehr etwas enger gesteckten Grenzen jedoch hatte der einzelne Bauherr weiterhin völlige Freiheit. Dies markierte den Übergang von der »liberalen« zur »post-liberalen« Stadt.

Dieses Modell zeitigte einen sofortigen und dauerhaften Erfolg: Mit ihm konnten die Entwicklung der großen europäischen Städte – allen voran Paris – unter Kontrolle gebracht und in allen Gebieten der Welt neue Kolonialstädte gegründet werden; es hat noch prägende Kraft für die Organisation der Städte, in denen wir heute leben.

Wir wollen nun kurz die Hauptmerkmale dieses Modells beschreiben, die in vielerlei Hinsicht bereits mit denen der modernen Städte verglichen werden können:

1. Die öffentliche Verwaltung und die privaten Grundstücksbesitzer fanden zu einer Einigung: Jeder anerkannte dabei die Verfügungsgewalt des anderen in dessen jeweiligen Bereich, und die Grenzen zwischen diesen beiden Bereichen wurden genau festgelegt.

Die Verwaltung verfügte danach über ein Minimum an Grund und Boden, nämlich den, der für die städtische Infrastruktur benötigt wurde: für die Anlage eines Verkehrsnetzes (Straßen, Plätze, Eisenbahnlinien usw.) und für die übrigen Einrichtungen (Wasserleitungen, Kanalisation, später Gas, Elektrizität, Telefon usw.). Alle übrigen Teile, also alle Grundstücke, die durch diese städtische Infrastruktur urbanisiert, d. h. bebaubar gemacht wurden, standen zur freien Verfügung ihrer Besitzer. Gleichzeitig aber hatte die Verwaltung gegenüber den privaten Grundbesitzern keinerlei Vorrechte, wenn sie öffentliche Gebäude (Schulen, Krankenhäuser usw.) errichten oder Parks und Ähnliches anlegen wollte; sie mußte die hierfür benötigten Grundstücke genau wie jeder andere Interessent auf dem freien Markt erwerben. Hier hat auch die Unterscheidung in primäre und sekundäre Infrastruktur ihren Ursprung.

2. Über die Nutzung der einzelnen Grundstücke entschied allein der jeweilige – private oder öffentliche – Besitzer. Die Verwaltung nahm auf diese Nutzung nur indirekt Einfluß durch die von ihr erlassenen Verordnungen, mit denen die Ausmaße der privaten Bauten im Verhältnis zu den sie umgebenden öffentlichen Bereichen (Straßen, Bürgersteige etc.) und den benachbarten Gebäuden festgesetzt wurden. Die durch den Aufschwung einer Stadt bewirkte Wertsteigerung eines Grundstücks oder eines Gebäudes kam ausschließlich den Eigentümern zugute, so daß die Verwaltung die Kosten für die Infrastruktur nicht decken konnte. Diese galten als unwiederbringliche Ausgaben, und so befanden sich die Stadtverwaltungen ständig im Defizit.

3. Der Verlauf der Grenzlinien zwischen den öffentlichen und den privaten Bereichen – die Straßenfronten – bestimmte die Grundstruktur einer Stadt. Die Gebäude konnten in zwei verschiedenen Positionen angelegt werden:

– Direkt an der Straßenfront: Diese Position war am besten geeignet für die Gebäude im Stadtkern, dem Zentrum des Handels, weil die Straßen die Funktion von Korridoren für den Verkehr hatten und den im Parterre befindlichen Läden und Geschäften als Zugang dienten. Alle für andere Zwecke bestimmten Räume und Einheiten – die in den oberen Stockwerken gelegenen Wohnungen, Büros usw. – mußten sich diesem primär an den Anforderungen des Verkehrs und des Handels ausgerichteten Schema unterwerfen und die damit verbundenen Unannehmlichkeiten – das Durcheinander des Verkehrs, den Lärm und das weitgehende Fehlen von Licht und frischer Luft – in Kauf nehmen.

Abb. 1183–1184. Zwei Zeichnungen von Le Corbusier: der »Straßenkorridor« und drei Stadttypen, die nach dem Muster dieser »Straßenkorridore« angelegt wurden (Paris, New York und Buenos Aires).

Abb. 1185. Der erste Haustyp in den Städten des 19. Jahrhunderts: die direkt an der Straßenfront stehenden Wohnhäuser.

Abb. 1186. (rechts unten) Der zweite Haustyp in den Städten des 19. Jahrhunderts: das kleine, zurückversetzte Einzelhaus (zwei Modell-Zeichnungen von Godin aus dem Jahre 1870).

Abb. 1187–1189. Ein von John Wood Jr. ausgearbeiteter und im Jahre 1781 veröffentlichter Entwurf für ein »Arbeitercottage«.

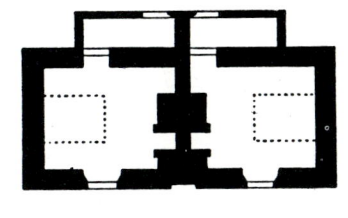

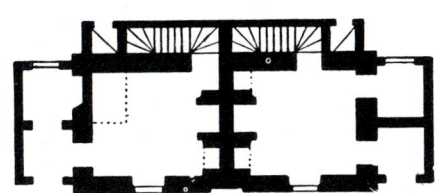

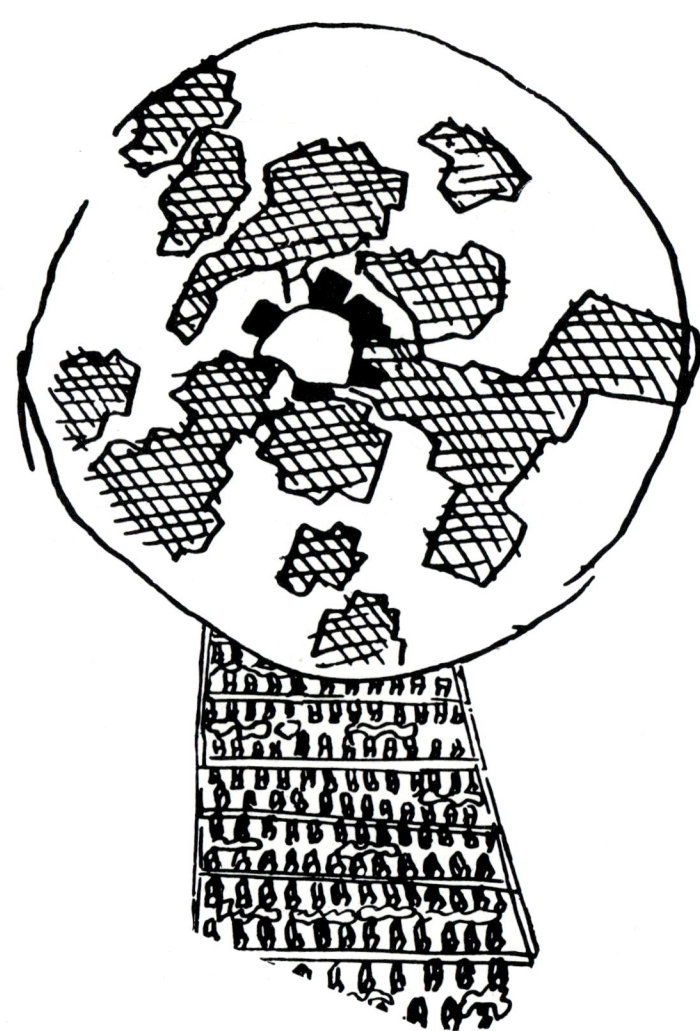

Abb. 1190. Die aus vielen kleinen Häusern bestehende Peripherie einer Stadt (Zeichnung von Le Corbusier).

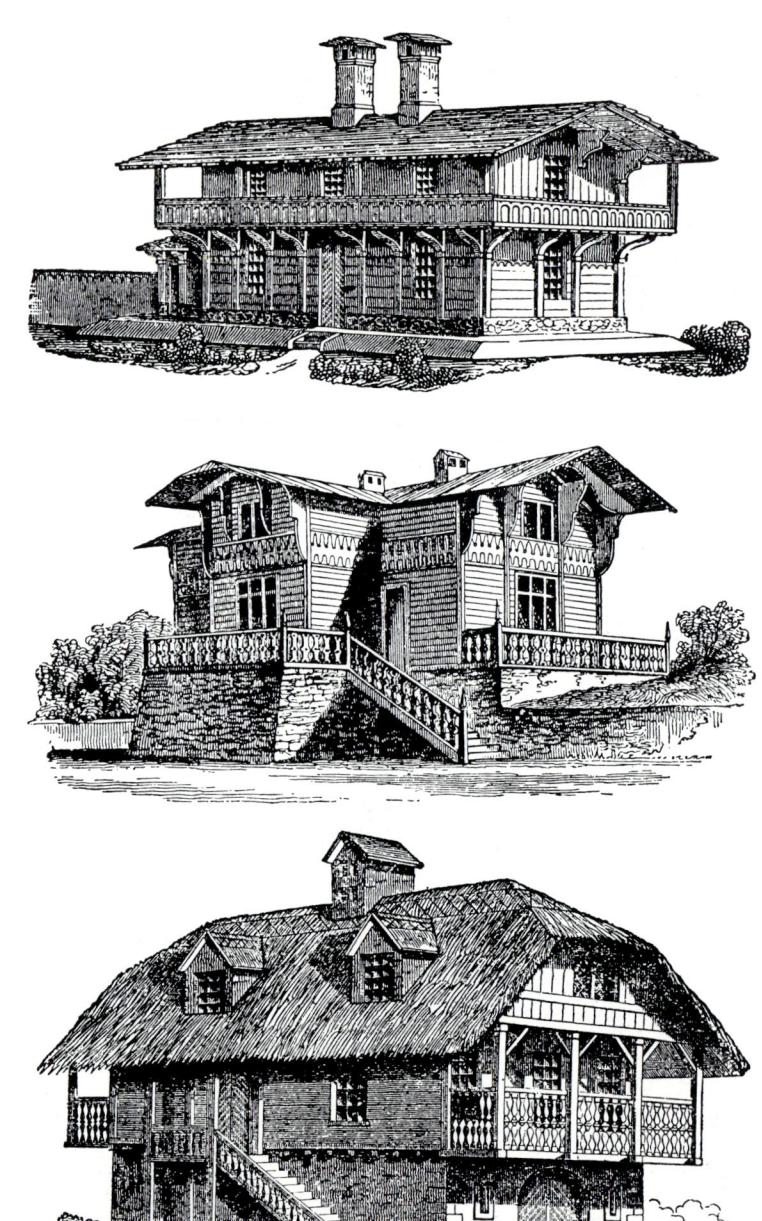

– Abgelegen von der Straße: Mit Häusern in dieser Lage konnte man diese Unannehmlichkeiten vermeiden; aber diese weniger dichte Bauweise war nur am Stadtrand möglich, wo die Wohngebiete vorherrschten.

Um Grundstücke für Wohnzwecke zu bebauen, standen den Besitzern zwei – ökonomisch gesehen etwa gleich lohnende – Bauweisen zur Auswahl: eine Bebauung von geringer Dichte, d. h. das Errichten einer kleinen Zahl von Häusern bzw. Villen für die wohlhabenderen Schichten oder eine Bebauung mit hoher Dichte, mit weniger kostspieligen, mehrstöckigen Reihenhäusern für die unteren Schichten.

Abb. 1191–1199. Neun Typen von Vorstadthäusern (aus einem englischen Handbuch von 1846).

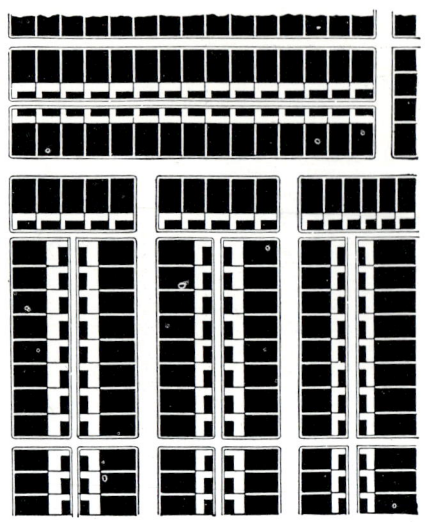

Abb. 1200–1202. Beispiele für die Siedlungen an der Peripherie englischer Städte, die gemäß den 1875 erlassenen Bestimmungen angelegt worden sind: Das Bestreben, trotz dieser Verordnungen möglichst profitable Häuser zu bauen, führte zu einer extremen Uniformität dieser Siedlungen.

Abb. 1203–1209. (rechte Seite) Grundrisse von Reihenhäusern in New York, die im Laufe der zweiten Hälfte des 19. Jahrhunderts jeweils den sich ändernden Verordnungen angepaßt wurden (BR Schlafzimmer; K–D Küche/Eßzimmer; P Wohnzimmer); (untere Hälfte) Grundrisse von englischen Reihenhäusern gemäß den Verordnungen von 1875.

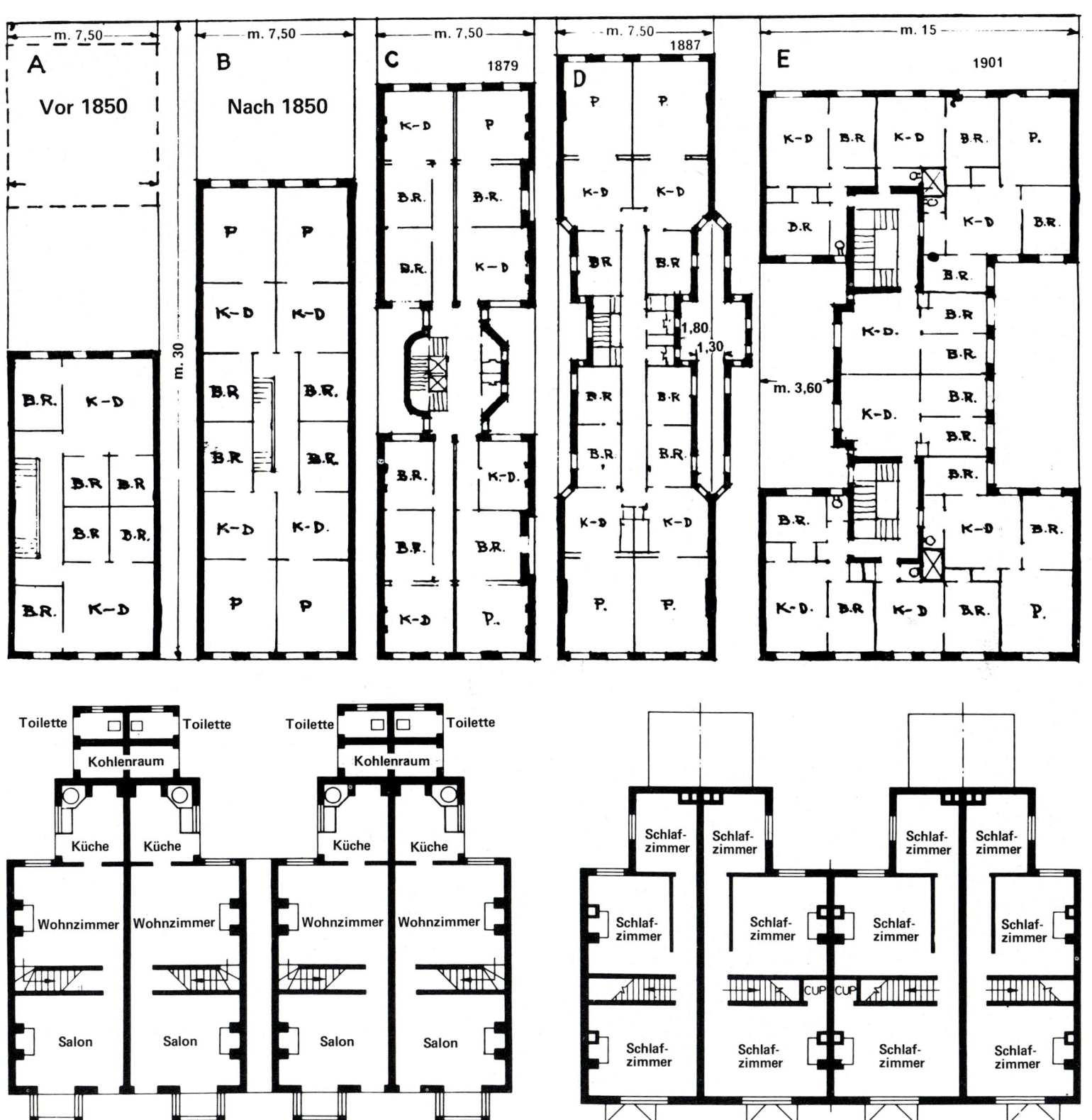

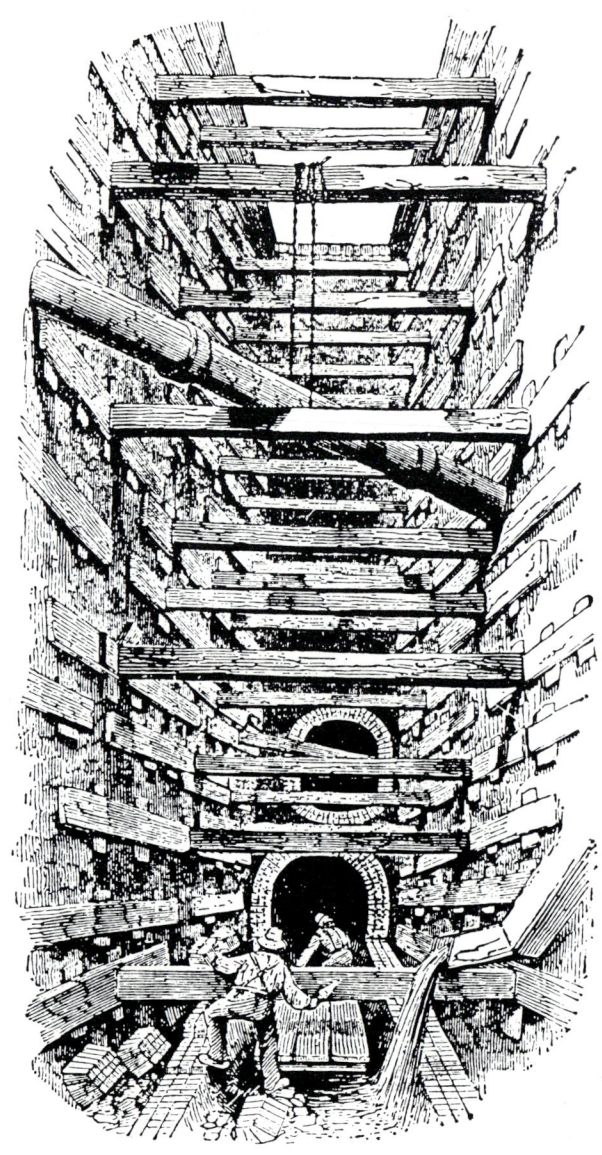

Abb. 1210–1212. Die Errungenschaften der Stadt in der Mitte des 19. Jahrhunderts: Querschnitt durch eine Straße in Paris (1853); eine Leihbadewanne in einer Pariser Wohnung (Stich von Gavarni, der in Balzacs »Grande ville« von 1844 wiedergegeben ist); Bauarbeiten an der Kanalisation in der Fleet Street in London (1845).

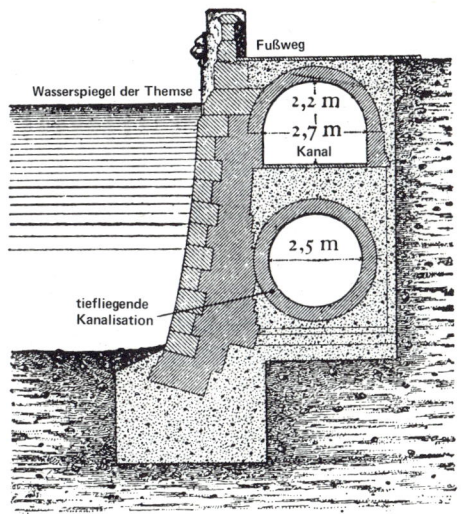

Abb. 1213. Die U-Bahn in London (aus »Universal Illustrated« von 1867).

Abb. 1214. (rechts) Querschnitt der Uferbefestigung der Themse in London, die zwischen 1848 und 1865 angelegt worden ist.

Abb. 1215–1217. Die Entwicklung der modernen Wasserklosettspülung.

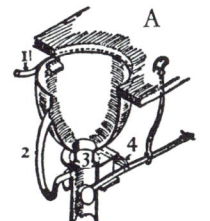 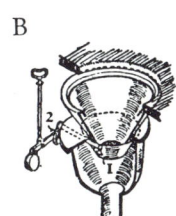 

A Apparat von Bramach aus dem Jahre 1778; 1 Wasserhahn, 2 Überlauf mit Syphon, 3 Ventil, 4 Bedienungshebel
B Ein Apparat, der 1790 in Gebrauch war; 1 Behälter, 2 Bedienungshebel
C Apparat aus dem 19. Jahrhundert mit eingebautem Syphon.

4. Diese Art der Bebauung der Stadtrandgebiete ließ die Preise für den Wohnraum steigen und brachte die Notwendigkeit mit sich, in einem bestimmten Umfang billigen, minderwertigen Wohnraum für die ärmsten Bevölkerungsteile zur Verfügung zu stellen. Gleichzeitig aber nahm in diesen Gebieten die Zahl der Wohnhäuser der einen oder der anderen Art derartig zu, daß auch hier nicht mehr genügend Platz war für ausgedehntere Gebäudekomplexe oder für Anlagen, die ständig vergrößert werden mußten (Industrieanlagen, Lagerhäuser usw.). Diese – für das Leben einer Stadt notwendigen, aber mit der eben geschilderten Struktur der Stadt unvereinbaren – Elemente wurden in einem dritten, konzentrisch um die eigentliche Stadt herum verlaufenden Bereich angesiedelt. Dieser vorstädtische Bereich stellte eine Mischung aus Stadt und Land dar und wurde immer weiter zurückgedrängt, je mehr sich die Stadt selbst ausdehnte.

5. Einige der offensichtlichsten Mängel der »post-liberalen« Stadt – die übermäßige Dichte des Stadtzentrums, der Mangel an preisgünstigem Wohnraum – sollten durch korrigierende Maßnahmen ausgeglichen werden: durch die öffentlichen Parks als künstlich angelegter Ersatz für die inzwischen unerreichbar weit vor der Stadt liegende natürliche Landschaft und durch die mit öffentlichen Geldern finanzierten Arbeitersiedlungen, die aus direkt an der Straße stehenden Reihenhäusern und Wohnblocks oder aus weiter zurückgesetzten einzelnen Häusern bestanden (Abb. 1219–1223). Aber dies reichte nicht aus, um wirksame Abhilfe zu schaffen: Die Verstopfung der Innenstadt und der Mangel an Wohnraum blieben bestehen, nahmen sogar zum Teil noch zu.

6. Die »post-liberale« Stadt stülpte sich über die aus früheren Zeiten stammende Stadtanlage mit der Tendenz, diese zu zerstören: Aus den ursprünglichen Straßen machte sie Durchgangsstraßen und schaffte die Bereiche ab, die früher sowohl öffentlich als auch privat genutzt wurden; vor allem aber galten ihr die einzelnen Bauten als beliebig austauschbare Objekte, die je nach Interessenlage abgerissen oder umgebaut, versetzt oder vom Grundriß her verändert werden konnten, zum Beispiel zur Verbreiterung von Straßen. Aber diese Zerstörung erfaßte nie alle alten Bauwerke: Bedeutende Monumente sowie charakteristische Plätze und Straßen vergangener Zeiten blieben meist erhalten, weil erkannt wurde, daß die ästhetische Qualität des Stadtbildes entscheidend von ihnen abhing. Die alten Bauwerke – die Kirchen, Paläste usw. – stellten Modelle dar, von denen man die neuen Baustile ableiten konnte, und so wurden sie in den neuen Städten wie in einem Freiluftmuseum aufbewahrt, genauso wie die Gemälde und Skulpturen in den wirklichen Museen.

Abb. 1218. »Ein Arbeiterviertel, wie es sich die Hygieniker wünschen würden« (aus einem Hoepli-Handbuch von 1905).

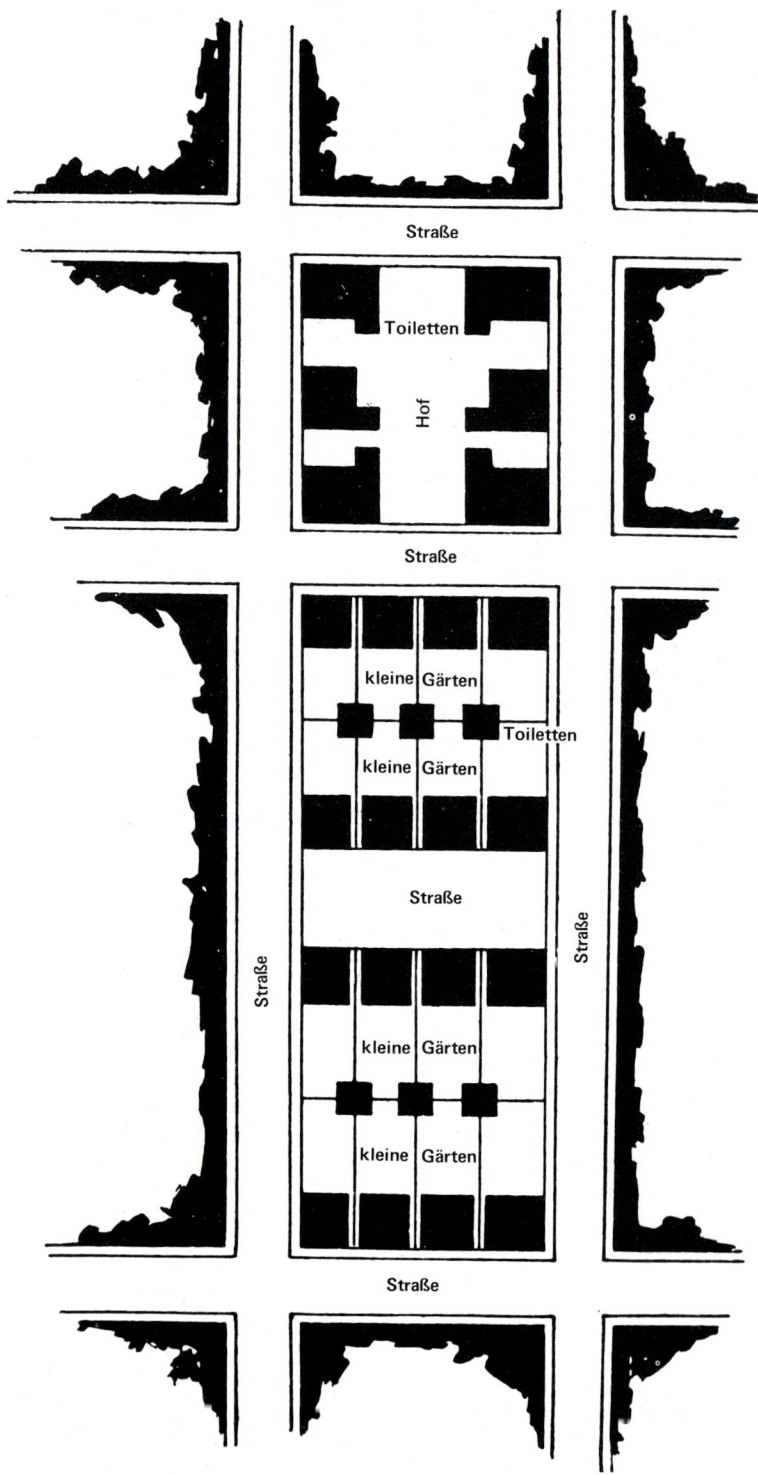

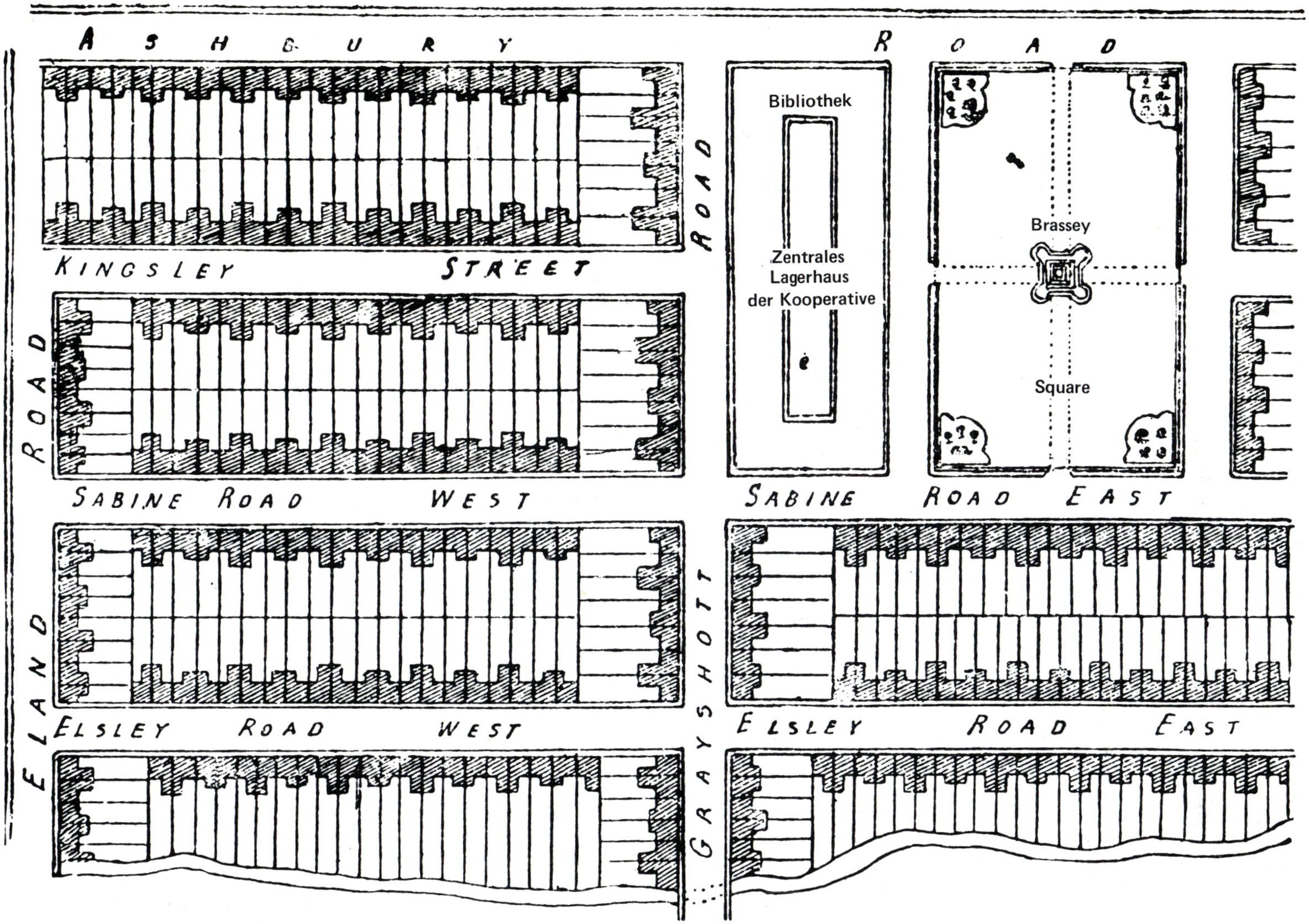

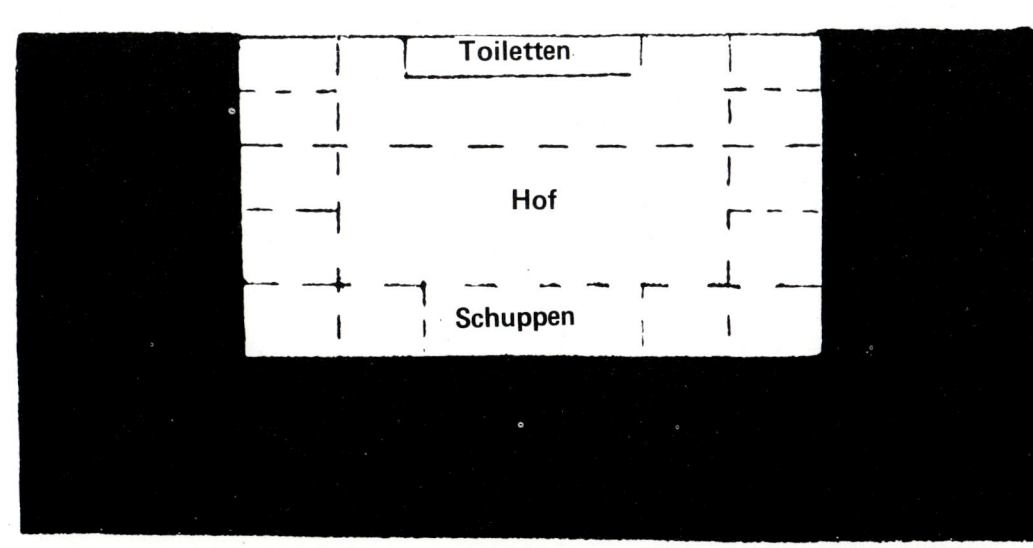

Abb. 1219. Eine von der Artisans, Labourers and General Dwellings Co. gebaute Arbeitersiedlung in London.

Abb. 1220. Eine direkt an der Straßenfront gebaute Volksschule mit einem Innenhof (aus einem Hoepli-Handbuch von 1905).

Labels within figures:

ASHBURY ROAD
KINGSLEY STREET
SABINE ROAD WEST
SABINE ROAD EAST
ELSLEY ROAD WEST
ELSLEY ROAD EAST
ELAND ROAD
GRAYSHOTT

Bibliothek
Zentrales Lagerhaus der Kooperative
Brassey Square

Toiletten
Hof
Schuppen

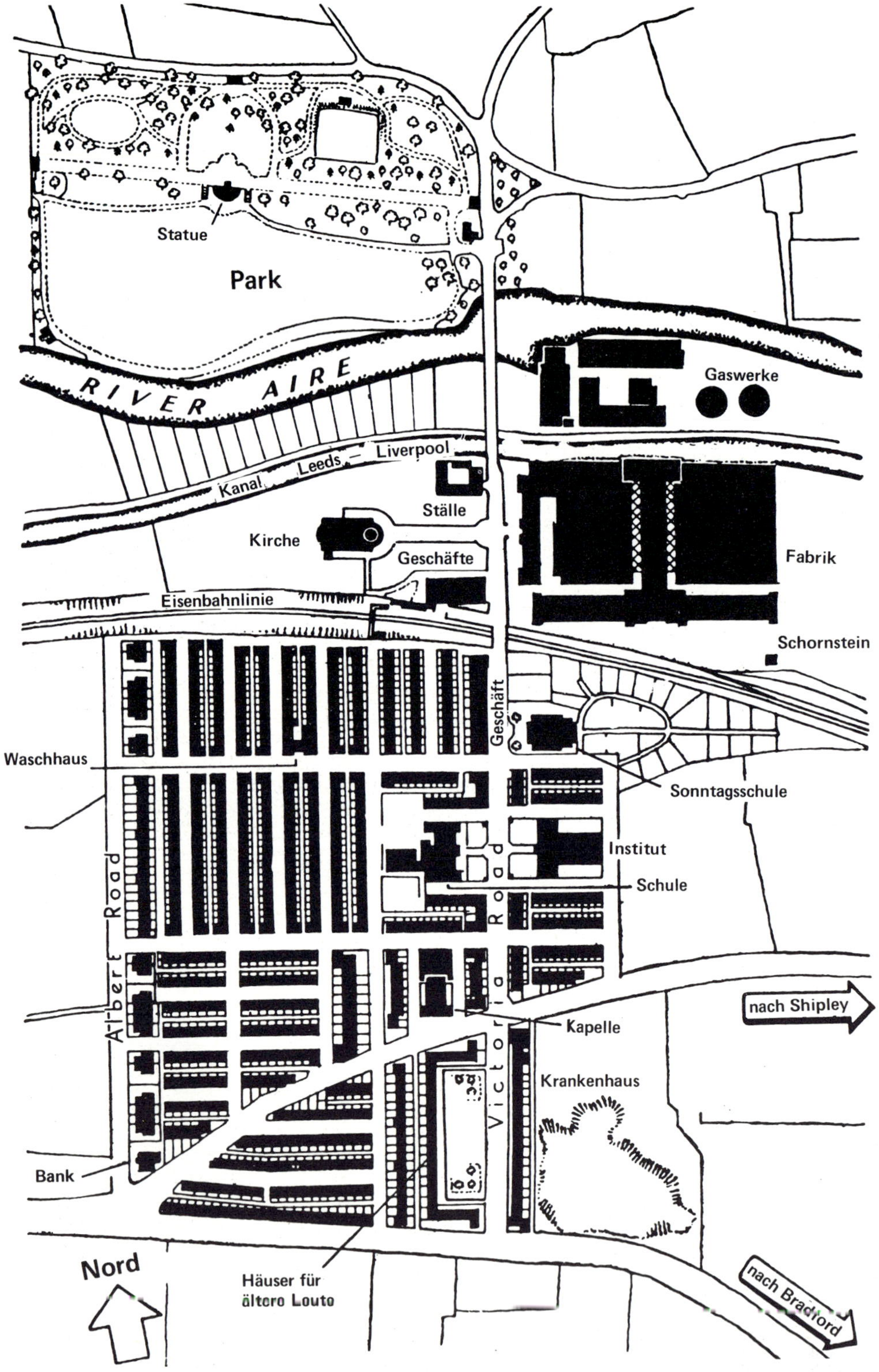

Park

Statue

RIVER AIRE

Gaswerke

Leeds – Liverpool Kanal

Ställe

Kirche

Geschäfte

Fabrik

Eisenbahnlinie

Schornstein

Waschhaus

Geschäft

Sonntagsschule

Institut

Schule

Albert Road

Victoria Road

nach Shipley

Kapelle

Krankenhaus

Bank

Häuser für ältere Leute

Nord

nach Bradford

Abb. 1221. Plan der 1851 gegründeten Arbeitersiedlung Saltaire.

0   50   100m

Abb. 1222–1223. (rechte Seite) Die auf der Pariser Weltausstellung von 1878 vorgestellten Haustypen für Arbeiter; (untere Hälfte) in der Londoner Pancras Road im Jahre 1848 errichtete Musterhäuser eines für Arbeiter geplanten Haustyps.

A   Wohnzimmer
B   Schlafzimmer
C   Küche
WC Toilette

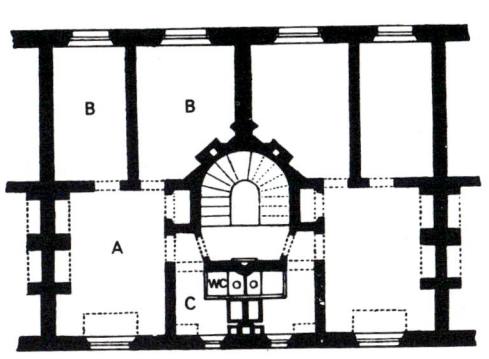

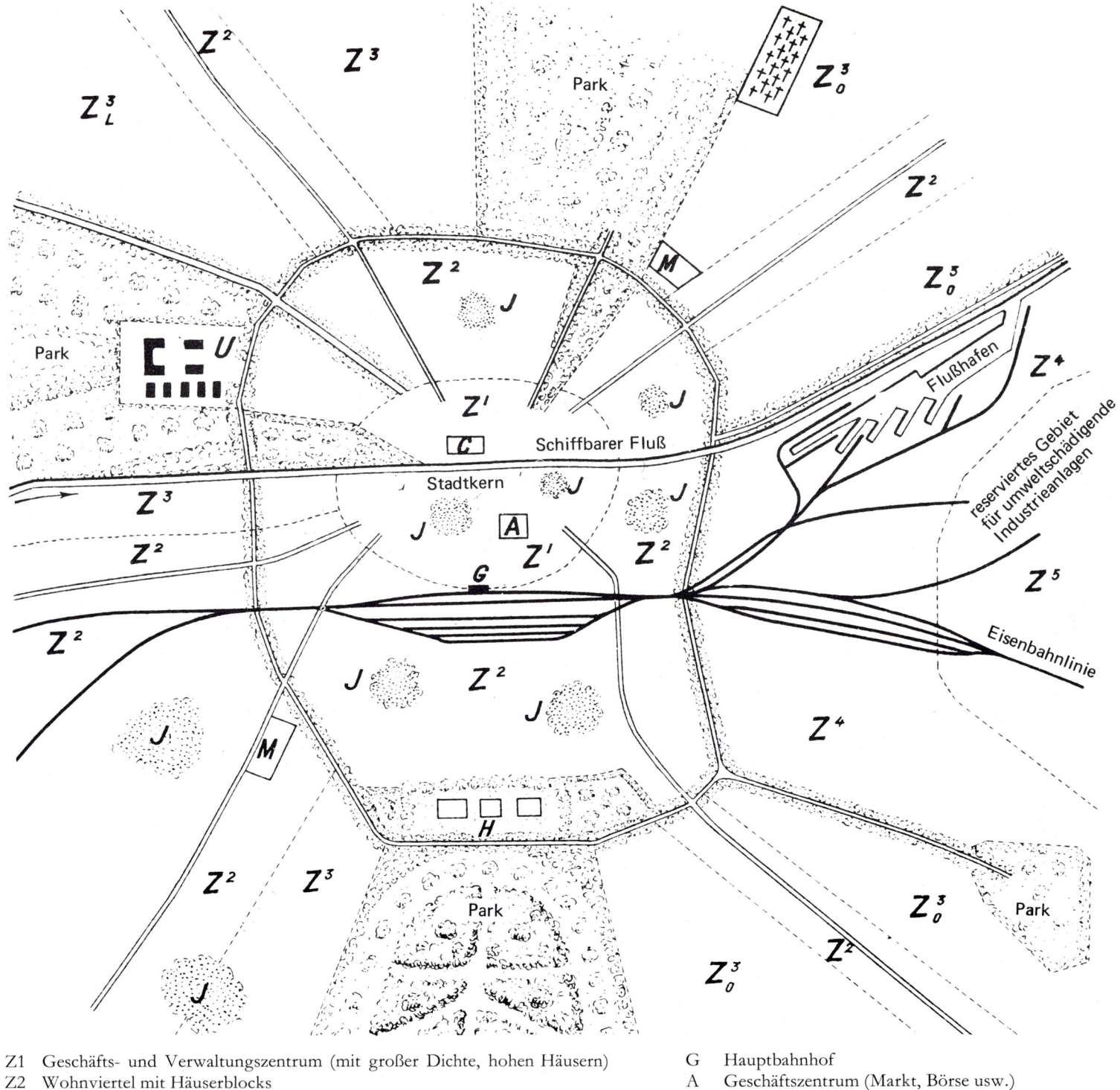

Z1   Geschäfts- und Verwaltungszentrum (mit großer Dichte, hohen Häusern)
Z2   Wohnviertel mit Häuserblocks
Z3   Wohnviertel mit Einfamilienhäusern
Z4   Industriegebiet
Z5   Gebiet für umweltschädliche Industrien
Z3O   Arbeiterviertel
Z3L   Viertel mit Luxusvillen

G   Hauptbahnhof
A   Geschäftszentrum (Markt, Börse usw.)
C   Verwaltungszentrum (Rathaus, Präfektur usw.)
J   Öffentliche Parks
M   Kasernen
H   Krankenhaus
U   Universität

Abb. 1224. (linke Seite) **Eine ideale Stadtanlage, nach einem französischen Traktat über Städteplanung aus dem Jahre 1928: Das Stadtgebiet ist in sieben Zonen unterteilt.**

Abb. 1225. Das Straßennetz von Mailand nach dem Bebauungsplan aus dem Jahre 1934: Durch das bis in die Vorstädte verzweigte Straßennetz wurde versucht, diese Stadtteile besser zu erschließen und mit dem Stadtkern zu einer Einheit zusammenzuschließen.

Die Präsenz dieser monumentalen Bauwerke und eine stilvolle Gestaltung der neu errichteten Bauten konnten jedoch den Städten nicht die notwendige Ausgewogenheit verleihen und an der grundlegenden Häßlichkeit des neuen Stadtbildes nichts ändern. Ein schöner ästhetischer Anblick wurde zu einer außergewöhnlichen Erfahrung, und Kunstwerke galten allgemein als eine besondere Gattung menschlicher Werke: Sie wurden von speziell dazu berufenen oder ausgebildeten Personen geschaffen und begutachtet (den Künstlern und den Kunstkritikern), zirkulierten nur in besonderen Kreisen (unter Kunsthändlern und -sammlern) und wurden in eigens dafür eingerichteten Institutionen zur Schau gestellt (Ausstellungen und Museen). Dementsprechend wurden die Gemälde und Skulpturen zum konzentrierten Ausdruck all jener ästhetischen Qualitäten, die der gewöhnlichen Umgebung fehlten. In der Kunst konnte punktuell noch versucht werden, jene Harmonie herzustellen, die aus der Szenerie des Alltags längst verbannt worden war.

7. Die für das Funktionieren der Städte verantwortlichen Fachleute mußten sich mit einer zweitrangigen, der Bürokratie und den privaten Immobilienbesitzern untergeordneten Position zufrieden geben. Sie durften einmal getroffene Entscheidungen nicht in Frage stellen, aber sie mußten über die Fähigkeit verfügen, diese Entscheidungen in die Tat umzusetzen und dabei die ärgsten Ungereimtheiten und Widersprüche zu glätten. Damit verstärkte sich auch die Trennung zwischen Wissenschaft und Technik einerseits und Kunst andererseits, die sich bereits im 17. Jahrhundert abzuzeichnen begann. Aufgabe der Spezialisten des technisch-wissenschaftlichen Bereichs war es, genau definierte Teilprobleme – ohne die Kenntnis des Gesamtzusammenhangs – mit Hilfe wissenschaftlicher Methoden zu analysieren und zu lösen; (so z. B. die Statik der einzelnen Bauwerke und Anlagen zu berechnen, aber ohne über deren Standorte mitentscheiden zu können). Aufgabe der Künstler war es, das Äußere des Stadtbildes zu gestalten, ohne die Struktur der Stadt in Frage zu stellen. Allgemein wurde die Auffassung vertreten, daß ihr Arbeitsbereich nichts mit den Notwendigkeiten des täglichen Lebens zu tun habe – daß die Kunst »über den Dingen« stehe. Aufgrund dieser Arbeitsteilung bewegten sich die Entwürfe der »Techniker« nur in den vorgegebenen Bahnen, während den Künstlern ein gewisser Freiraum gelassen wurde, allerdings in einem nebensächlichen, die wesentlichen Entscheidungen nicht beeinflussenden Bereich. Die verschiedenen, aus den historischen Bauwerken abgeleiteten Stile wurden jeweils als eine von vielen Möglichkeiten präsentiert, die aus mehr oder weniger überzeugenden Gründen je nach Belieben akzeptiert oder abgelehnt werden konnten; diese Stile wurden auch niemals als vollendet oder endgültig angesehen und dementsprechend immer wieder in Frage gestellt.

Abb. 1226. (linke Seite) »Andromeda«, eine von der Coalbrookdale Company angefertigte Statue aus Gußeisen, auf
der Londoner Weltausstellung von 1851 ausgestellt.

Abb. 1227. »L'Atelier des Batignolles«, Gemälde von Fan-
tin-Latour: Scholderer, Renoir, Maître, Bazille, Monet (ste-
hend); Manet und Astruc (sitzend).

Abb. 1228–1230. (linke Seite) **Drei auf der Londoner Weltausstellung von 1851 gezeigte »Kunstgegenstände«: ein Sessel, eine Konsole und eine Spitze.**

Abb. 1231. Der von Joseph Paxton für die Londoner Weltausstellung von 1851 im Hyde Park konstruierte »Kristallpalast«.

Abb. 1232. Innenansicht des Londoner »Kristallpalasts«.

Abb. 1233. Eine andere Innenansicht des »Kristallpalasts«:
Das Gewölbe wurde errichtet, um einen hohen Baum des
Parks zu erhalten.

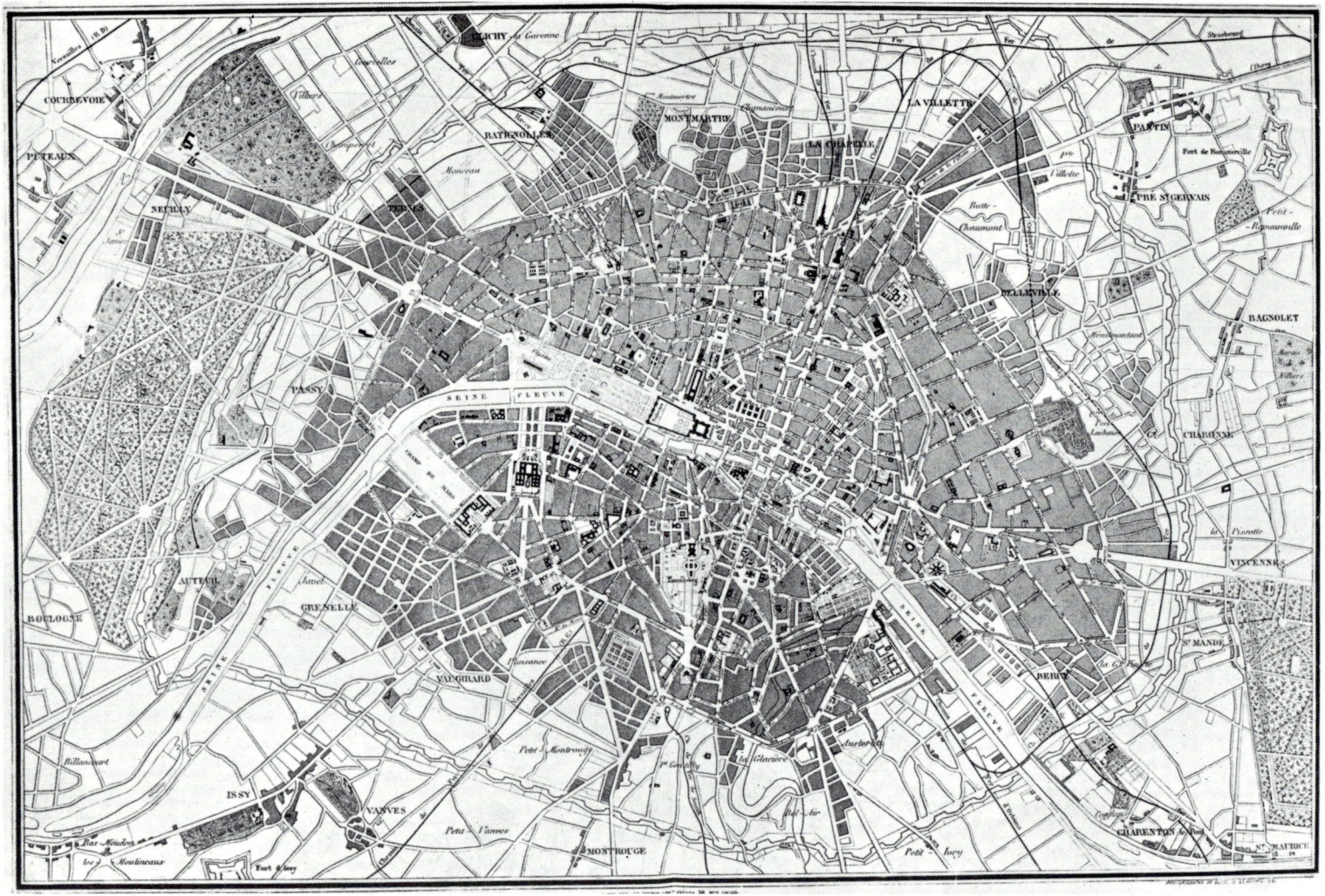

Die Trennung zwischen dem »technischen« und dem »künstlerischen« Aspekt der Arbeit führte auch zu einem Verlust an
Einheitlichkeit und Geschlossenheit und damit auch bei dem
allergrößten Teil der Gebrauchsgegenstände zu einem Verlust an
formaler Qualität: »Kunstgegenstände« ragten als bewunderte
Ausnahme heraus aus der Masse der unbedeutenden und gewöhnlichen Gegenstände, die von der Industrie in immer größeren Mengen produziert wurden. So galten denn auch technische
Durchführung, wirtschaftliche Beurteilung und äußere Gestaltung als drei getrennte Bereiche, und für jeden dieser Bereiche
gab es die dafür zuständigen Spezialisten, wobei niemand mehr
die Kontrolle über das Projekt als Ganzes besaß.

Diese Situation begünstigte eindeutig die parasitären Interessen der Immobilienbesitzer, die den Interessen des produktiven
Kapitals gegenüberstanden. Die Stadt war so angelegt, daß sie
den Haus- und Grundstückseigentümern ein Maximum an Einnahmen garantierte. Die scharfe Trennung der Stadt in ein dicht
bebautes Zentrum und eine weniger dicht bebaute, aus verschiedenartigen Stadtvierteln bestehende Peripherie nützte den Immobilienbesitzern, während sie sich für die Allgemeinheit als kostspielig und dysfunktional erwies. Die stets ungenügende öffentliche Infrastruktur machte ein reibungsloses Funktionieren des
städtischen Organismus unmöglich, während die privaten Immobilienbesitzer ihre Grundstücke und Gebäude im Rahmen der
bestehenden Bestimmungen soweit wie möglich ausnutzten,
wenn sie diese Bestimmungen im Interesse des Profits nicht sogar

Abb. 1234. (linke Seite) **Plan von Paris aus dem Jahre 1853, vor den Eingriffen Haussmanns.**

0   1   2   3 km

Abb. 1235–1236. Eine Auseinandersetzung in der Rue Saint-Antoine während der Revolution von 1848; Plan mit den Straßen, die im Juni 1848 von den Aufständischen kontrolliert wurden

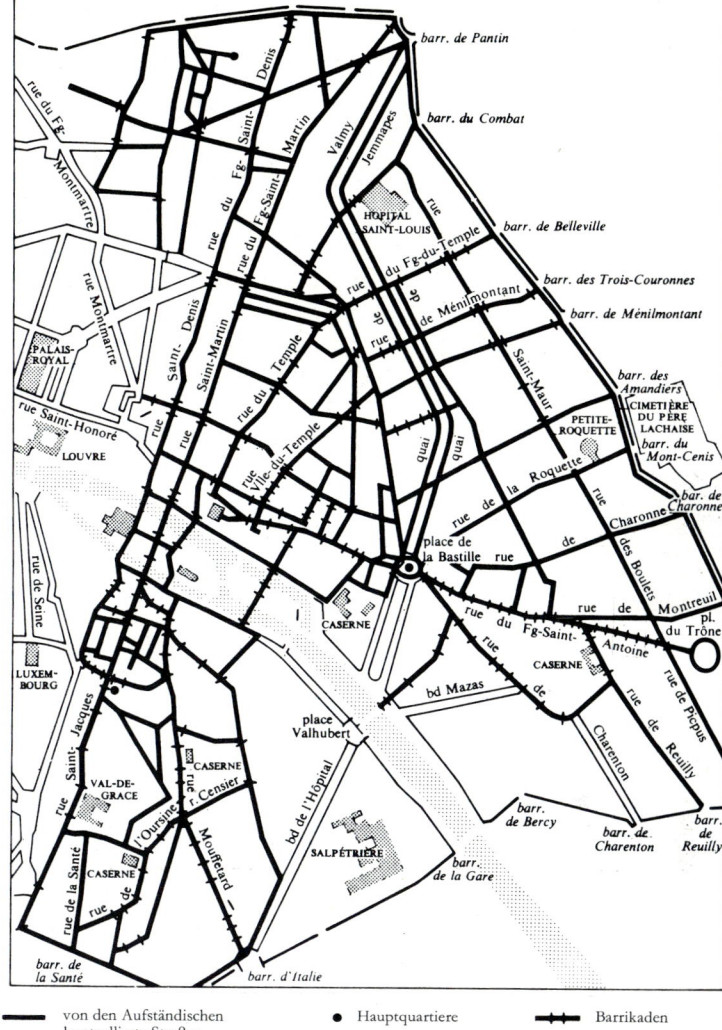

—— von den Aufständischen kontrollierte Straßen   ● Hauptquartiere   ⊢⊣ Barrikaden

verletzten. Aber diese Nachteile technischer und ökonomischer Art wurden für die herrschende Klasse durch einen entscheidenden politischen Vorteil kompensiert: Unter den schlechten Lebensbedingungen in der Stadt hatten am stärksten die ärmeren Bevölkerungsteile zu leiden, und so wurde die Stadt zu einem Instrument der Diskriminierung, durch das das Prinzip der Herrschaft des Stärkeren über den Schwächeren bestätigt wurde. Die wohlhabenderen Kreise der Bevölkerung hatten immer die Möglichkeit, die Situation innerhalb ihres eigenen Stadtviertels zu verbessern, und konnten so die Vorteile der Stadt für sich nutzen bzw. ihren Nachteilen weitgehend entgehen. Und indem sich die Immobilienbesitzer für ihre eigenen spezifischen Interessen ein-

setzten, verteidigten sie gleichzeitig auch die Interessen der gesamten herrschenden Klasse.

Untersuchen wir nun als bedeutendstes Beispiel für die Entwicklung einer bürgerlichen Stadt den Veränderungsprozeß, den Paris während des zweiten Kaiserreichs von 1851 bis 1870 durchlief. Verschiedene günstige Umstände – die große Machtfülle des Kaisers Napoleon III., die Fähigkeit des Präfekten Haussmann, die hohe Qualifikation der Techniker und die Existenz zweier fortschrittlicher Gesetze (des Gesetzes von 1840 über die Enteignung und des Gesundheitsgesetzes von 1850) – ermöglichten in Paris innerhalb relativ kurzer Zeit die konsequente Durchführung eines weitreichenden Stadtplanungsprogramms. Damit

Der Hausbesitzer: »Gut so! Sie reißen noch ein Haus ab. Ich werde allen meinen Mietern die Miete um 200 Francs erhöhen.«

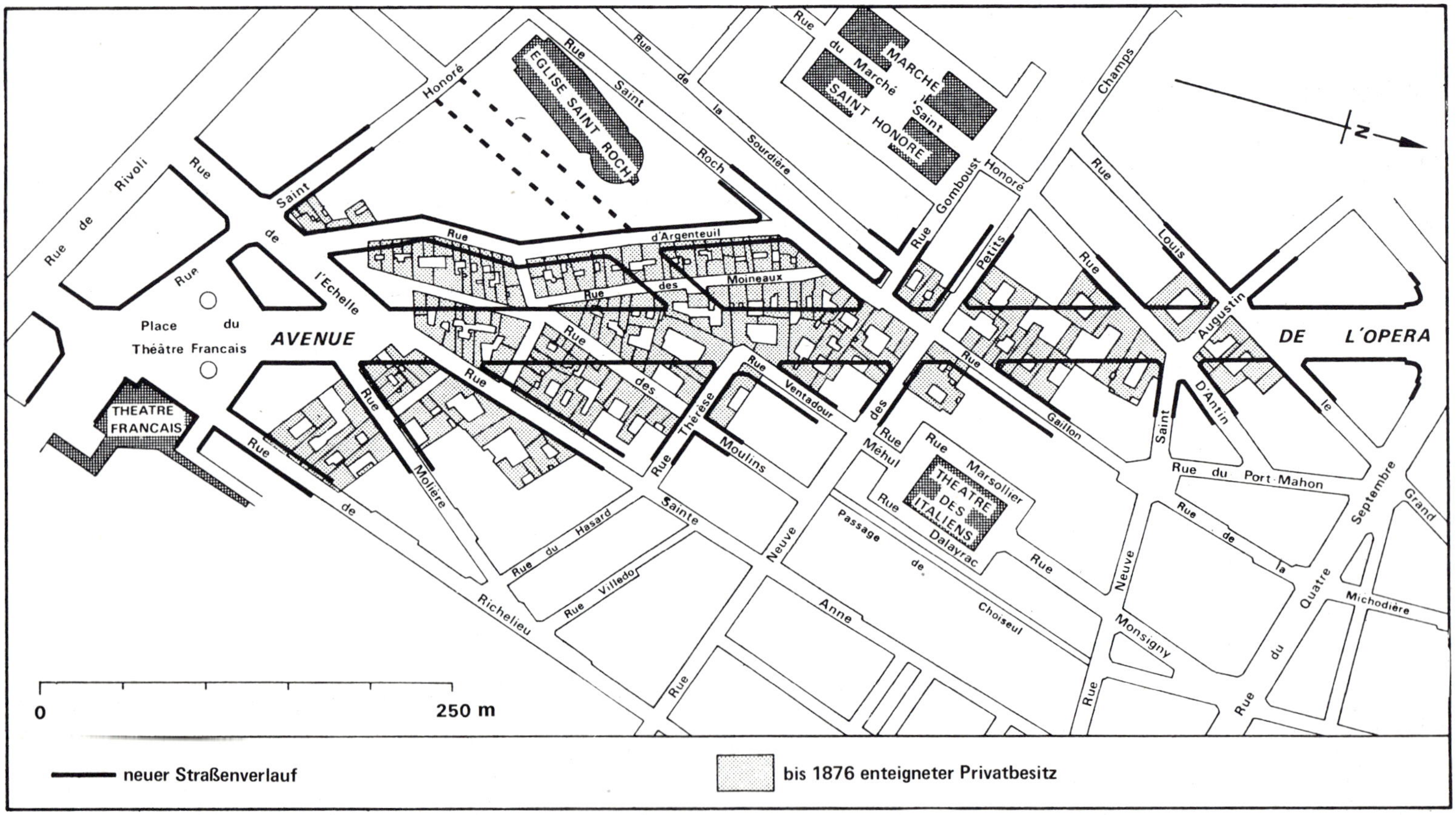

neuer Straßenverlauf

bis 1876 enteigneter Privatbesitz

Abb. 1237–1239. (linke Seite) **Die Abrißpolitik Haussmanns in Paris: eine 1854 veröffentlichte Zeichnung Daumiers; eine Karikatur, die Haussmann als »Abrißkünstler« zeigt; Plan des Gebiets um die Avenue de l'Opéra, in den der neue Straßenverlauf und die auf der Grundlage des Gesetzes von 1850 enteigneten Grundstücke eingezeichnet sind.**

Abb. 1240. **Die Abbrucharbeiten, die durchgeführt wurden, um Platz zu machen für den Verlauf der Rue de Rennes; rechts liegt die älteste Pariser Kirche Saint-Germain-des-Prés (1868 in »L'Illustration« veröffentlichter Stich).**

wurde das neue Paris zum Beweis für den Erfolg »post-liberaler« Reformkonzepte und galt seit der Mitte des 19. Jahrhunderts als Vorbild für Städte auf der ganzen Welt.

Diese Umgestaltung beinhaltete folgende Elemente:

a) Neugestaltung des Straßenverlaufs im Zentrum und in der Peripherie: Das alte Paris – innerhalb der Zollgrenze von 1785 – war von einem Straßennetz mit einer Gesamtlänge von 384 Kilometern durchzogen. Haussmann ließ mehrere Straßen von insgesamt 95 Kilometern Länge neu hinzufügen. Dadurch wurden der noch aus dem Mittelalter stammende Organismus zerteilt und insgesamt 50 Kilometer des alten Straßennetzes beseitigt. Die barocken Boulevards, die Haussmann mit den übrigen Stra-

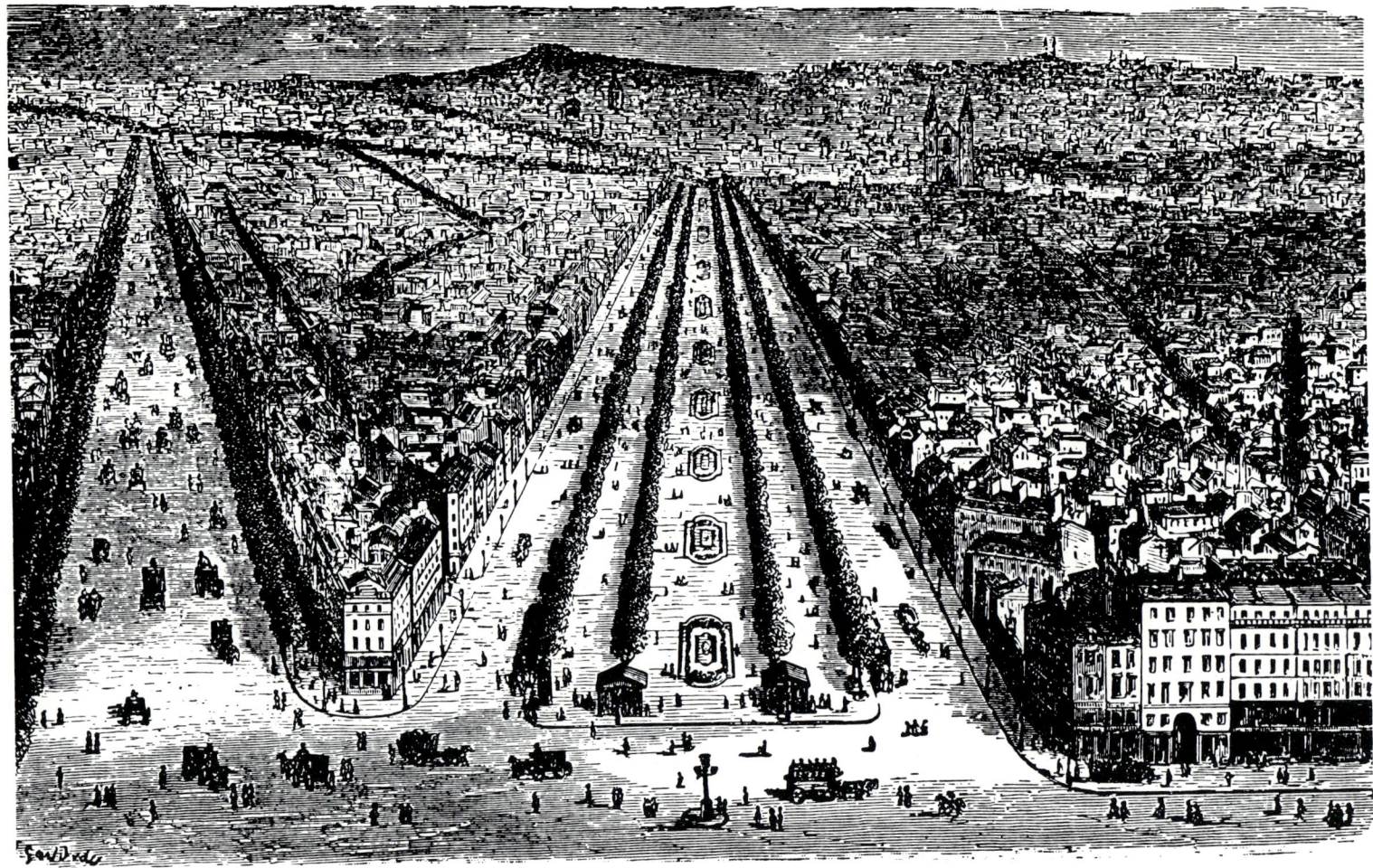

Abb. 1241. Der Boulevard Richard Lenoir aus der Vogelperspektive (1863).

ßen zu einem einheitlichen System verband, waren Teil dieses modernen Straßennetzes, das sich bis in die Peripherie ausdehnte, wo weitere – insgesamt 70 Kilometer lange – Straßen angelegt wurden;

b) die neuen primären Infrastruktureinrichtungen: Wasserleitungen, Kanalisation, Gasbeleuchtung und ein öffentliches Verkehrsnetz mit Pferdeomnibussen;

c) die neuen sekundären Infrastruktureinrichtungen: Schulen, Krankenhäuser, Kollegien, Kasernen, Gefängnisse und vor allem die öffentlichen Parks: der Bois de Boulogne im Westen der Stadt und der Bois de Vincennes im Osten;

d) die neue Verwaltungsstruktur der Stadt: Die aus dem 18. Jahrhundert stammende Zollgrenze wurde abgeschafft und eine Reihe von außerhalb der Stadtgrenze gelegenen Gemeinden wurde eingemeindet; damit dehnte sich Paris bis an die äußeren Befestigungsanlagen aus und umfaßte eine Fläche von 8750 Hektar; diese *Comune de Paris* wurde in zwanzig teilautonome Stadtbezirke – sogenannte *Arrondissements* – unterteilt.

Die Durchführung dieses Programms verschlang enorme Summen – 2,5 Milliarden Francs –, die als Bankkredite aufgenommen wurden. Aber in dieser Periode stieg auch die Bevölkerung von Paris von 1 200 000 auf 2 000 000 Einwohner; gleichzeitig verzehnfachten sich die Einnahmen der Stadtverwaltung. Dadurch behielt die Stadtverwaltung ihre finanzielle Kreditwürdigkeit und konnte das Zurückzahlen ihrer Schulden hinausschieben.

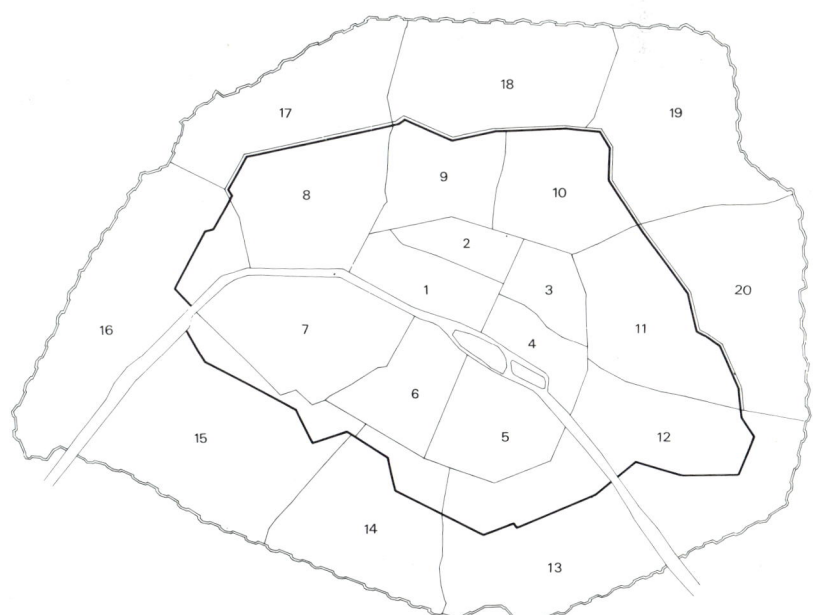

Abb. 1242. Schema der wichtigsten Arbeiten Haussmanns in Paris: Die neuen Straßen sind schwarz eingezeichnet, die neuen Stadtteile in Kreuzschraffur, die beiden großen am Stadtrand gelegenen Parks (links der Bois de Boulogne, rechts der Bois de Vincennes) sind einfach schraffiert.

Abb. 1243. Die neue Aufteilung von Paris in 20 Arrondissements; die schwarze Linie markiert den Verlauf der aus dem 18. Jahrhundert stammenden Zollgrenze.

LÉGENDE.

ÉDIFICES RELIGIEUX.

1	Notre-Dame (Cathédrale)	C 3
2	St Ambroise	D 2
3	l'Assomption	C 2
4	St Augustin	C 2
5	St Bernard	D 1
6	Chapelle Expiatoire	C 2
7	St Clotilde	C 2 3
8	St Denis du St Sacrement	D 2
9	St Elisabeth	D 2
10	St Etienne-du-Mont	C 3
11	St Eugène	C 2
12	Eustache	C 2
13	St François-Xavier	B 3
14	St Geneviève (Panthéon)	C 3
15	St Germain-des-Prés	C 3
16	St Germain-l'Auxerrois	C 2
17	St Gervais St Protais	D 3
18	St Jacques-du-Haut-Pas	C 3
19	St Jean-Baptiste	E 2
20	St Jean-St François	C 3
21	St Julien-le-Pauvre	C 3
22	St Lambert	B 3
23	St Laurent	D 2
24	St Leu St Gilles	C 2
25	St Louis-d'Antin	C 2
26	St Louis-en-l'Ile	D 3
27	la Madeleine	C 2
28	St Marguerite	D 3
29	St Médard	C 3
30	St Merri	C 3
31	Missions Etrangères	C 3
32	St Nicolas-des-Champs	C 2
33	St Nicolas-du-Chardonnet	C 3
34	Notre-Dame d'Auteuil	A 3
35	id. de Bonne-Nouvelle	C 2
36	id. de Clignancourt	C 1
37	id. de l'Abbaye aux Bois	C 3
38	id. de Lorette	C 2
39	id. des Blancs-Manteaux	D 2
40	id. de la Gare	D 4
41	id. des Victoires	C 2
42	St Paul St Louis	D 3
43	St Philippe du Roule	B 2
44	St Pierre de Chaillot	B 2
45	St Pierre de Montmartre	C 1
46	St Pierre de Montrouge	C 4
47	St Pierre du Gros-Caillou	B 2
48	St Roch	C 2
49	St Séverin	C 3
50	St Sulpice	C 3
51	St Thomas d'Aquin	C 3
52	la Trinité	C 2
53	St Vincent-de-Paul	C 2
54	Église Calviniste: l'Oratoire	C 2
55	Église Calviniste de la Visitation	D 3
56	Église Luthérienne: Pentemont	C 3
57	Église Grecque (Russe)	B 2
58	Synagogue	D 2

PALAIS.

59	Palais du Sénat	C 3
60	Palais du Corps Législatif	B C 2
61	Conseil d'Etat: Cour des Comptes	C 2
62	Palais de la Légion d'Honneur	C 2
63	Palais de l'Institut	C 3
64	Palais Archiépiscopal	C 3

MINISTÈRES.

65	Ministère d'Etat	C 2
66	id. de la Maison de l'Empereur	C 2
67	id. de la Justice et des Cultes	C 2
68	id. des Affaires Etrangères	B 2
69	id. de l'Intérieur	B 2
70	id. des Finances	C 2
71	id. de la Guerre	C 2
72	id. de la Marine et des Colonies	C 2
73	id. de l'Instruction Publique	C 3
74	id. de l'Agriculture et des Travaux Publics	C 3

MAIRIES.

75	1er Arrond.t du Louvre	C 2
76	2e id. de la Bourse	C 2
77	3e id. du Temple	D 2
78	4e id. de l'Hôtel de Ville	D 3
79	5e id. du Panthéon	C 3
80	6e id. du Luxembourg	C 3
81	7e id. du Palais Bourbon	C 3
82	8e id. de l'Elysée	C 2
83	9e id. de l'Opéra	C 2
84	10e id. de l'Enclos St Laurent	D 2
85	11e id. de Popincourt	D 2
86	12e id. de Reuilly	E 3
87	13e id. des Gobelins	D 4
88	14e id. de l'Observatoire	C 4
89	15e id. de Vaugirard	B 3
90	16e id. de Passy	A 2
91	17e id. de Batignolles-Monceaux	C 1
92	18e id. des Buttes Montmartre	C 1
93	19e id. des Buttes Chaumont	D 1
94	20e id. de Ménilmontant	E 2

ÉTABLISSEMENTS DIVERS.

95	Banque de France	C 2
96	La Bourse	C 2
97	Caisse des Dépôts et Consignations	C 2
98	Hôtel de la Monnaie	C 3
99	Hôtel des Postes	C 2
100	Administration des Lignes Télégraphiques	C 2
101	Hôtel du Timbre	C 2
102	Hôtel des Ventes Mobilières	C 2
103	Imprimerie Impériale	C 3
104	Manufacture Impériale des Gobelins	D 4
105	Manufacture des Tabacs	B 2
106	Exposition permanente de l'Industrie	B 2

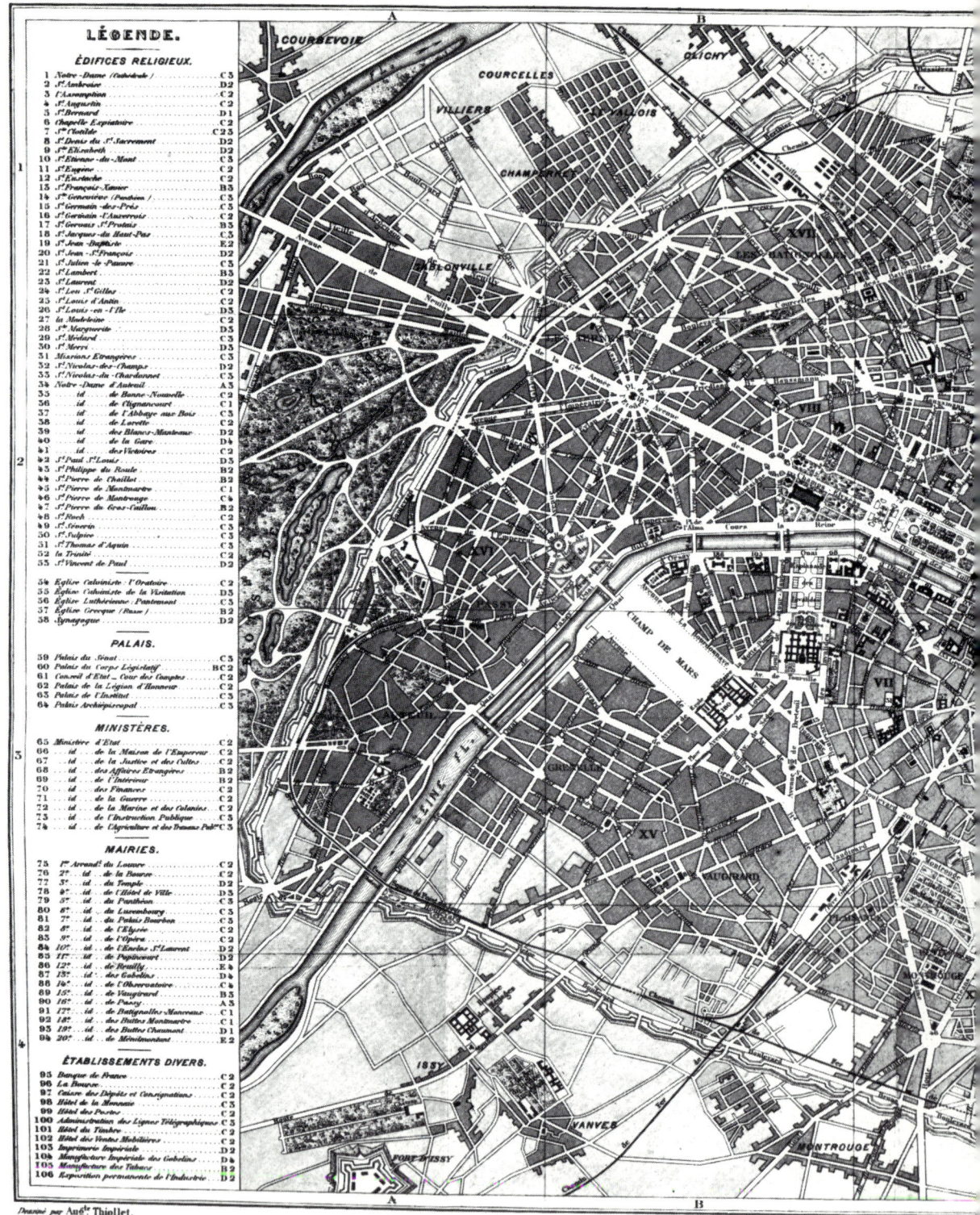

Dessiné par Augte Thiollet.

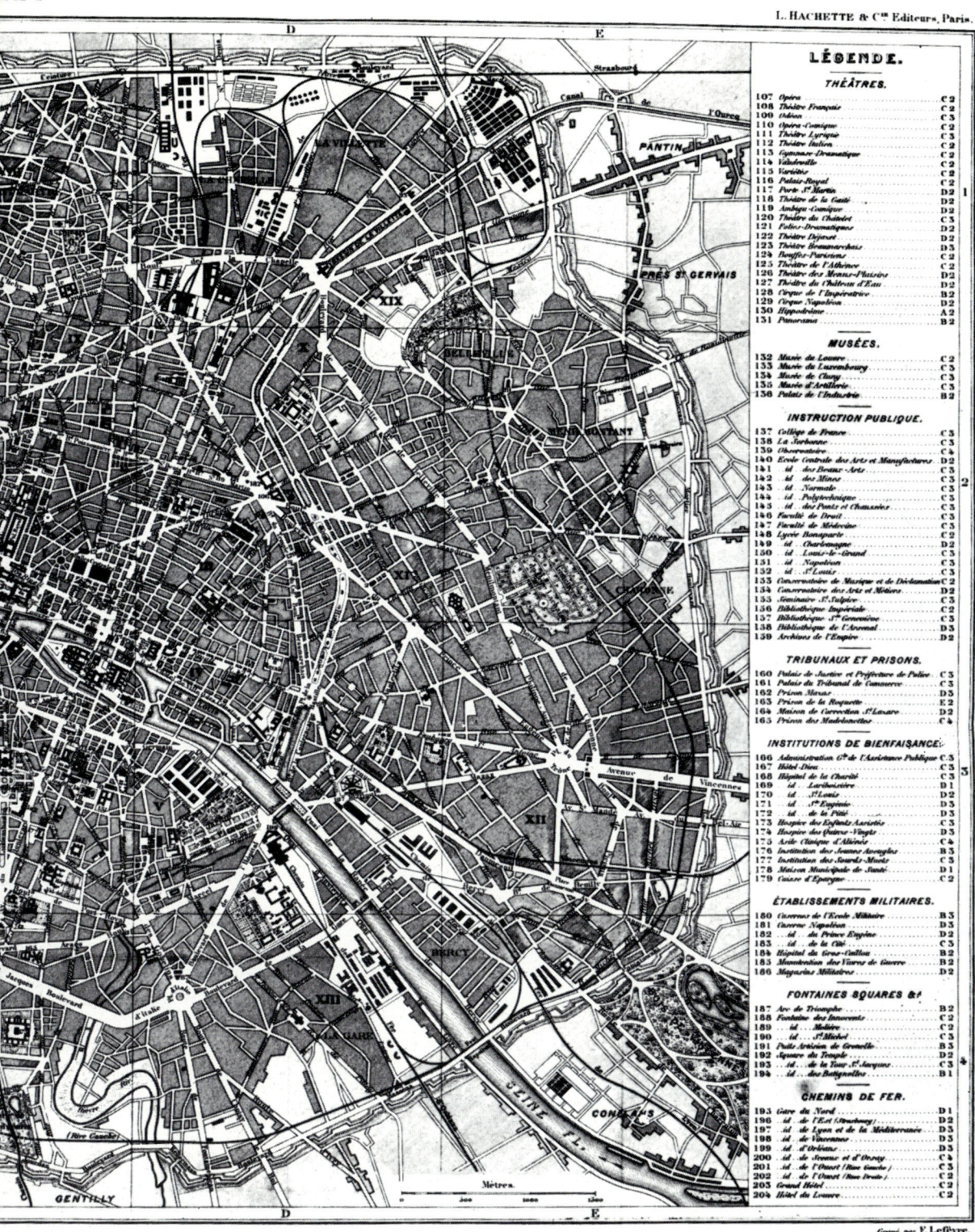

Abb. 1244. Plan von Paris aus dem Jahre 1873 (aus dem Hachette-Führer).

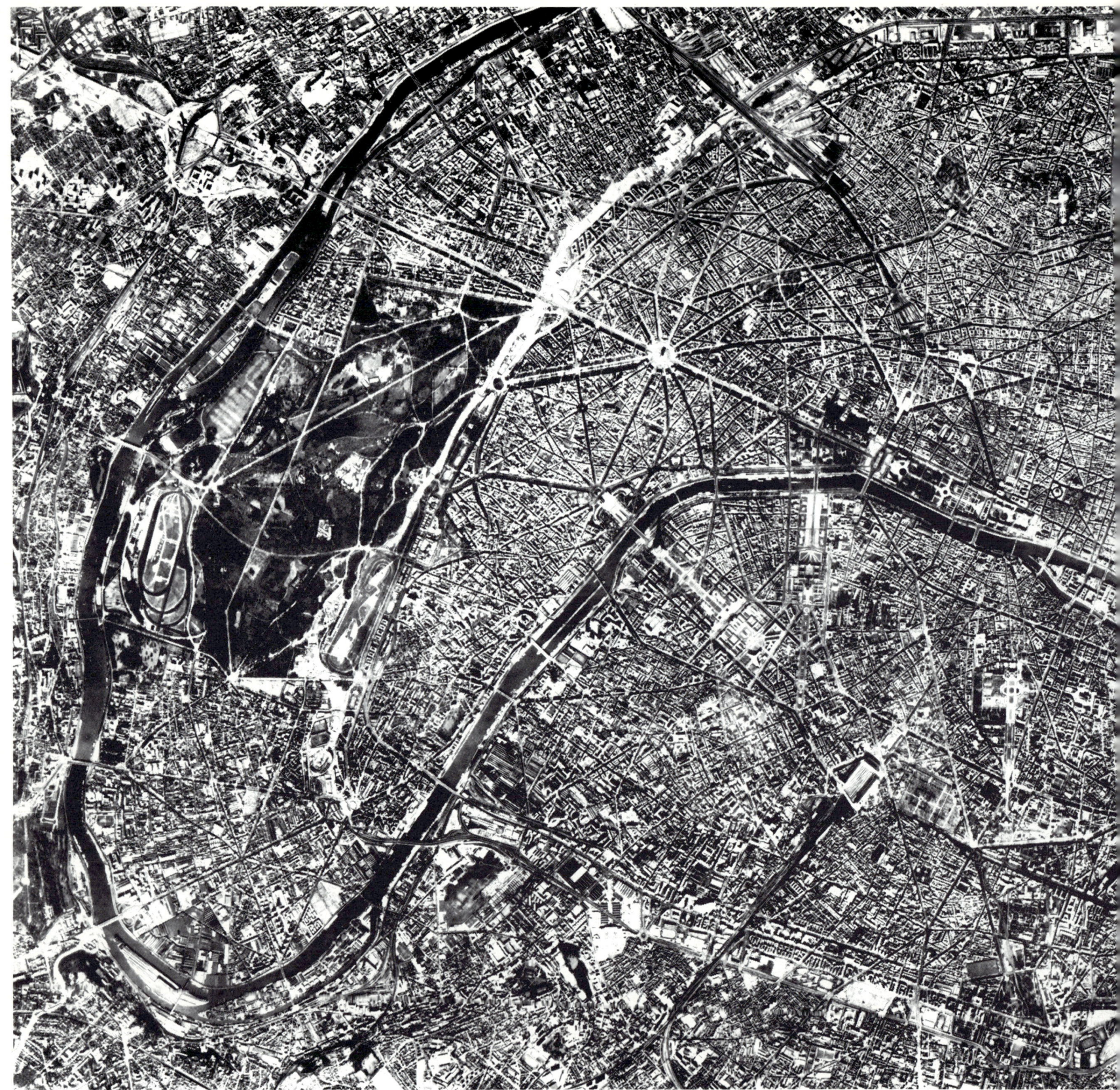

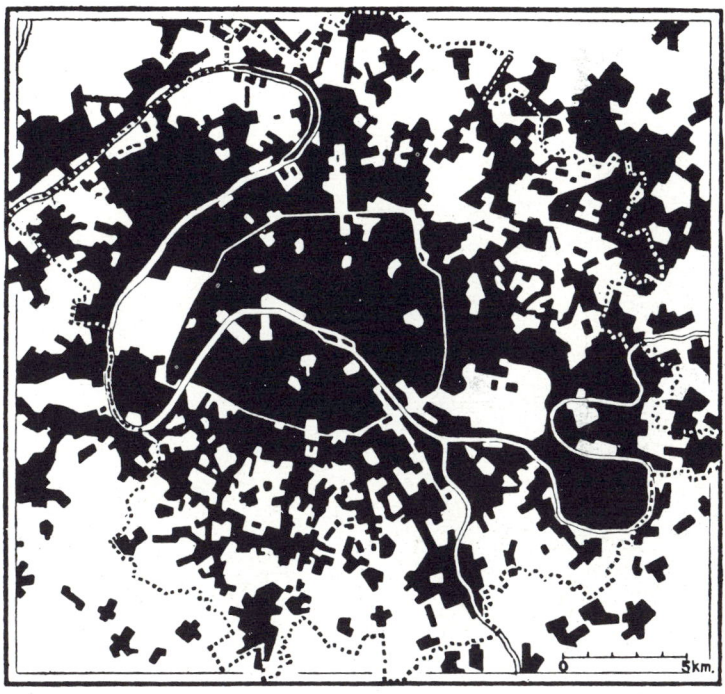

Abb. 1245–1246. (links) Luftaufnahme des Zentrums des heutigen Paris; (oben) schematischer Plan der urbanisierten Zonen in der Umgebung von Paris (die punktierte Linie markiert den Verlauf der Grenze des Départments Seine).

Abb. 1247. (auf den beiden folgenden Seiten) Plan von Paris (aus der Karte des Militärgeographischen Instituts im Maßstab 1:50 000).

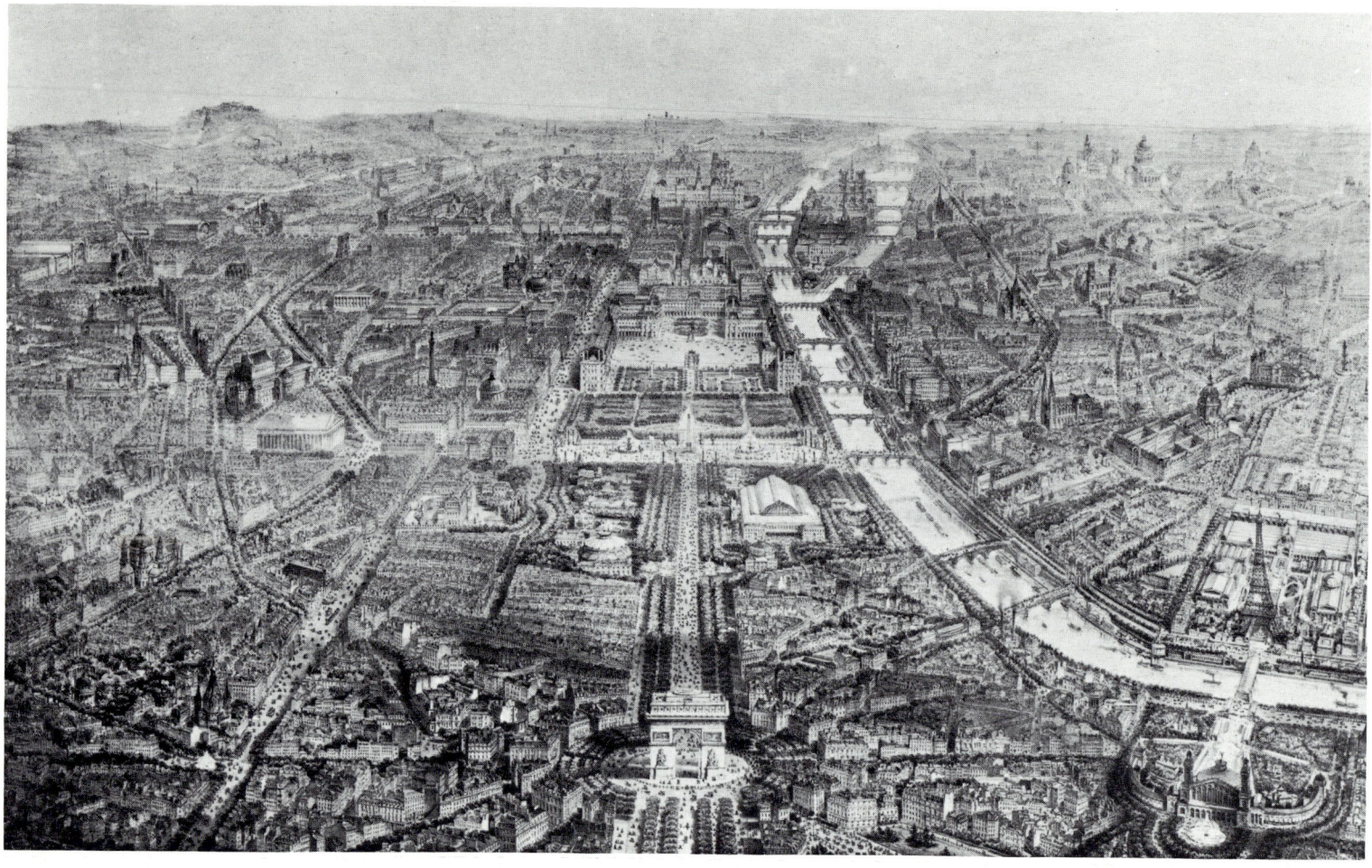

Abb. 1248. Paris aus der Vogelperspektive: im Vordergrund der Arc de Triomphe, von dem aus die Champs Elysées zum Louvre in der Mitte des Bildes führt (für die Pariser Weltausstellung von 1889 angefertigte Ansicht).

Um dem neuen Stadtbild ein stattlicheres Aussehen zu geben, griff Haussmann auf die Mittel der traditionellen Stadtplanung zurück: das Streben nach Regelmäßigkeit und Einheitlichkeit, das Benutzen alter oder auch neuer monumentaler Bauten als optische Bezugspunkte der neu angelegten Straßen und die Regelung, daß alle Hausfassaden an den wichtigsten Plätzen und entlang der Hauptstraßen architektonisch einheitlich gestaltet sein mußten (wie z. B. an der Place de l'Étoile). Aber durch die enorme Ausdehnung der neugestalteten Stadtteile und durch den Verkehr, der die Straßen verstopfte, wurde es unmöglich gemacht, die einzelnen Ausschnitte des Stadtbildes als perspektivische Einheit anzusehen: Die einzelnen Elemente verloren ihren spezifischen Charakter, und eins schien wie das andere. Die Fassaden der Häuser wurden zu einem undifferenzierten Hintergrund, während sich das Augenmerk mehr auf die Gestaltung und die Ausstattung der Straßen richtete und die Laternen, Sitzbänke, Kioske und Bäume in den Vordergrund traten. Der nie endende und nie stillstehende Strom der Fußgänger und Fahrzeuge machte die Stadt zu einem sich stets verändernden Schauspiel. Dies war die von den realistischen Schriftstellern – z. B. Flaubert, Zola – beschriebene und von den impressionistischen Malern – wie Monet und Pissarro – dargestellte Umgebung (Abb. 1259, 1273, 1274); es war das Gesicht einer modernen Metropole, in der sich Baudelaire – umgeben von Millionen von Menschen – einsam fühlte. Anonymität wurde das Signum der Stadt, die Hunderttausende von isolierten, privaten Räumlichkeiten zur Verfügung stellte, in denen Millionen von Menschen unbemerkt von der Umgebung ihr Leben leben konnten.

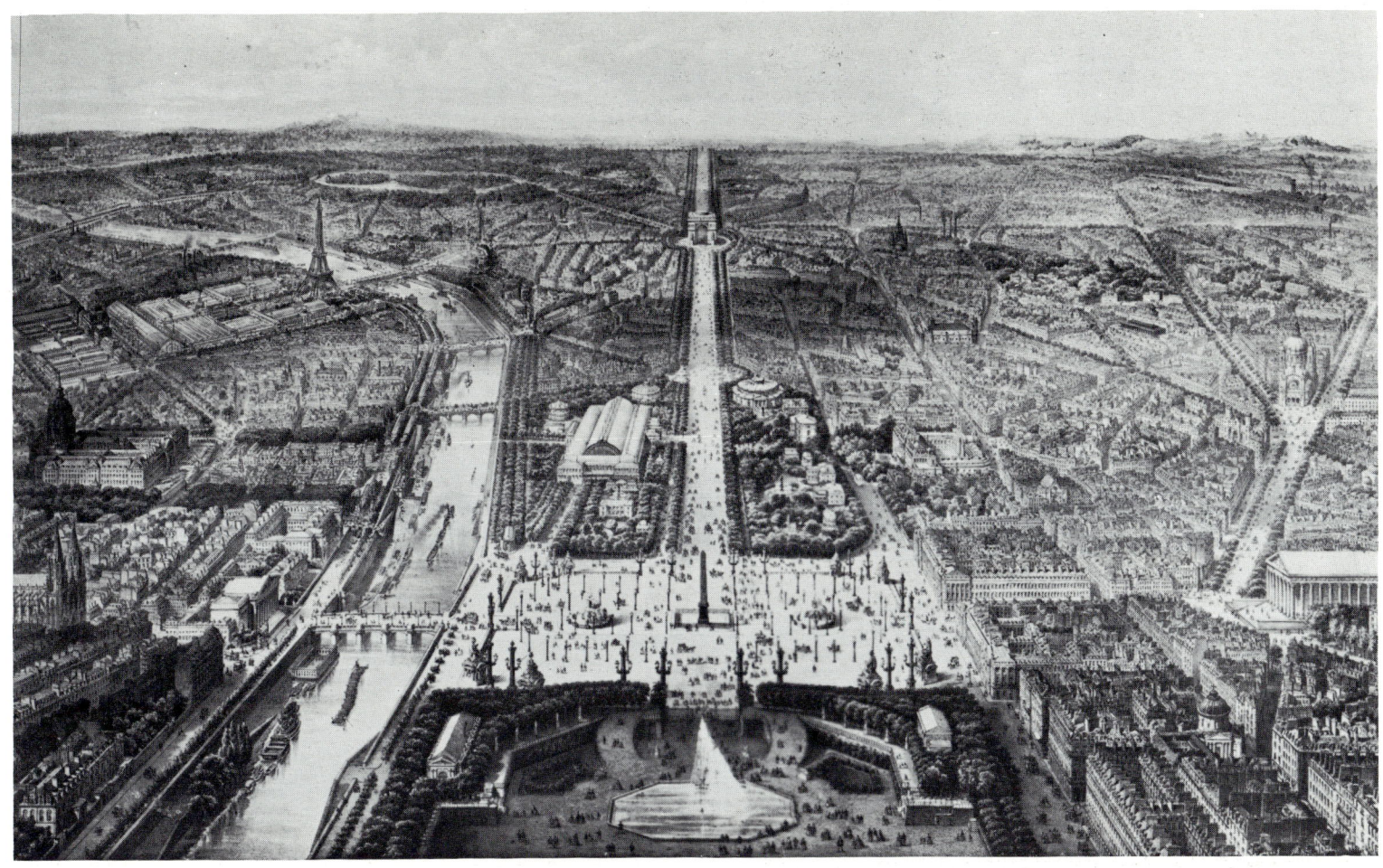

Abb. 1249. Eine andere, ebenfalls aus dem Jahre 1889 stammende Ansicht von Paris, diesmal mit Blickrichtung vom Louvre zur Place de la Concorde (im Vordergrund) und zum Arc de Triomphe im Hintergrund.

Waren bisher öffentliche und private Bereiche stets miteinander verbunden, so wurden sie in der bürgerlichen Stadt zu Gegensätzen: Auf der einen Seite standen die Häuser, die Werkstätten, die Büros, Kanzleien, Praxen und Ateliers, die so weit wie möglich voneinander getrennt waren und in die man nur in der Phantasie Einblick nehmen konnte – oder mit Hilfe eines Hexenmeisters, der die Dächer abdeckt, wie es sich ein zeitgenössischer Schriftsteller ausmalte. Auch öffentliche Veranstaltungen sowie gemeinschaftliche Feste und Ferien wurden in geschlossene Räume – die Theater und die »Salons« – verlegt und damit vornehmer und exklusiver. Doch das Fassungsvermögen dieser neuen Einrichtungen stand in keinem Verhältnis mehr zur Größe der Stadt. So verfügte das neue Théâtre de l'Opéra nur über etwas mehr als 2000 Plätze, während die Stadt 2 000 000 Einwohner hatte (man vergleiche dieses Zahlenverhältnis mit dem antiken Athen, wo fast die gesamte Bevölkerung im Theater des Dionysos Platz fand).

Auf der anderen Seite gab es die »Bürgersteige«, die »öffentlichen Wege«, wo der einzelne in der Masse unterging und keiner mehr den anderen kannte. Im Labyrinth des privaten Bereichs konnten sich der Einzelne oder einzelne Gruppen frei entfalten und ihre spezifischen Charaktere und Eigentümlichkeiten entwickeln und pflegen; diese Individualität ging jedoch wieder verloren, sobald man auf die Straße trat, wo man einer Vielzahl von Menschen begegnete, wo aber keiner mehr den anderen beachtete.

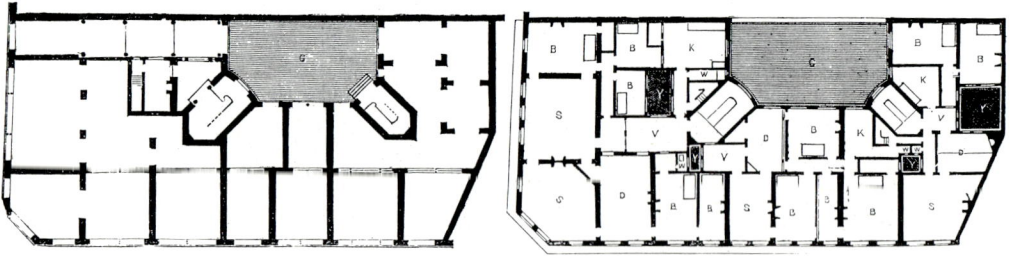

Abb. 1250–1251. Typisches Pariser Haus aus der Zeit Haussmanns; Grundriß des Parterre, das für die Einrichtung von Geschäften vorgesehen war, und eines der oberen Stockwerke mit drei Bürgerwohnungen (aus einer englischen Zeitschrift von 1858).

V Vestibül
S Salon
B Schlafzimmer
K Küche
W Badezimmer
D Eßzimmer

Abb. 1252. Querschnitt eines Pariser Hauses aus dem Jahre 1853, der die Wohnverhältnisse der einzelnen Mieter auf den verschiedenen Stockwerken zeigt: die Familie des Hausmeisters im Parterre; ein sich langweilendes reiches Bürgerehepaar im ersten Stock; eine Familie aus dem weniger reichen Bürgertum, die im zweiten Stock bereits etwas beengter wohnen; im dritten Stock die Kleinbürger, von denen einer gerade Besuch vom Hausbesitzer hat; die Armen, die Künstler und die Alten in den Dachkammern; und die Katze auf dem Dach.

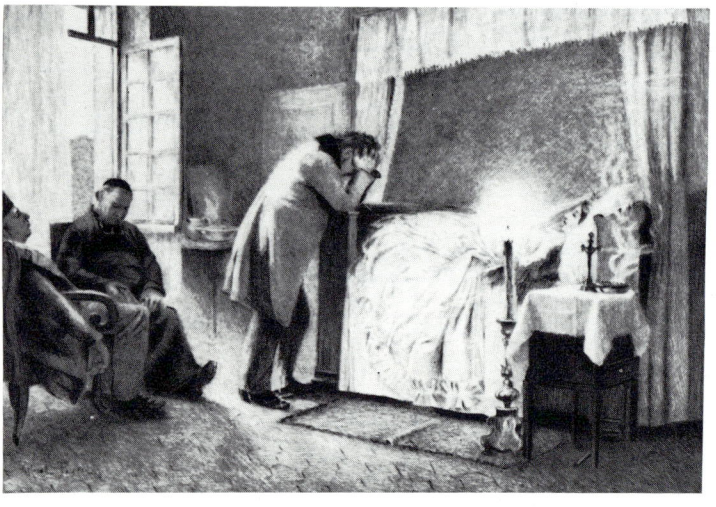

Abb. 1253–1255. Der Teil des Lebens in der bürgerlichen Stadt, der in den Augen der zeitgenössischen Romanciers der einzig Darstellenswerte war, spielte sich in Form privater Begebenheiten und Dramen hinter den verschlossenen Türen der Wohnungen ab; dies zeigen auch diese drei Illustrationen von Fourié zu Flauberts »Madame Bovary«: Im Haus der Amme nimmt Madame Bovary ihr Kind in die Arme; Charles Bovary findet den Abschiedsbrief seiner Frau, in dem sie ihren Selbstmord ankündigt; Madame Bovary auf dem Sterbebett, ihr Ehemann weint, während der Priester und Monsieur Canivet schlafen.

Zwei Beispiele für Wohnungsaus-
stattungen des späten 19. Jahrhunderts:

**Abb. 1256. Die Ausstattung eines
Wohnzimmers (Zeichnung aus
dem Jahre 1869 von Bruce Tal-
bert).**

**Abb. 1257. Die Ausstattung eines
Salons (Zeichnung von Edward
Godwin, die im Katalog des Mö-
belhändlers William Watt aus
dem Jahre 1877 veröffentlicht
wurde).**

Die europäische Gesellschaft war gleichermaßen fasziniert wie irritiert von diesem neuen widersprüchlichen städtischen Gebilde. Letztendlich hatte der technische Fortschritt einen neuen Stadttyp geschaffen, aber statt die alten Probleme zu lösen, hat er neue und unerwartete hervorgebracht.

Dieser neue Stadttyp wurde trotz seiner Häßlichkeit und seiner Unannehmlichkeiten als universelles Modell anerkannt, weil es zu ihm keine Alternativen zu geben schien: Die Intellektuellen trauerten den Städten der Vergangenheit nach und die revolutionären Politiker hatten kein Interesse daran, die Stadt einer weit entfernt liegenden Zukunft zu beschreiben. Im Szenarium dieser neuen Stadt nahmen die verschiedenen Elemente der Industriegesellschaft schließlich konkrete Form an und konnten so auf ihren tatsächlichen Wert hin untersucht werden. Es war nun die Aufgabe der Zukunft, die neu aufgetretenen Probleme zu lösen.

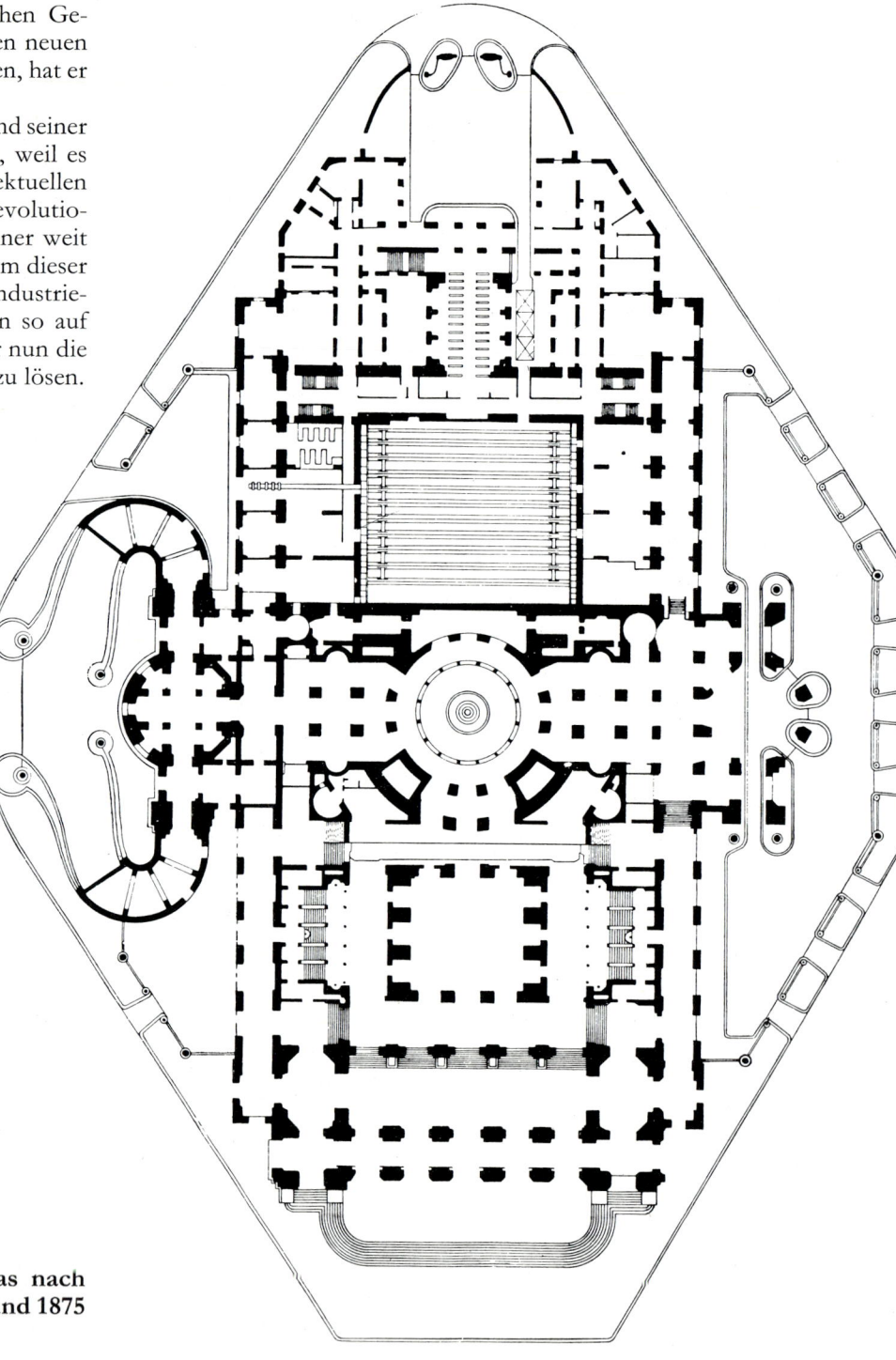

Abb. 1258. Grundriß des Pariser Opernhauses, das nach einem Entwurf von Charles Garnier zwischen 1861 und 1875 gebaut wurde (Maßstab 1:1000).

Abb. 1259. Ansicht der Avenue de l'Opéra: im Hintergrund die Fassade des Opernhauses (Gemälde von Camille Pissarro aus dem Jahre 1898).

Abb. 1260. Querschnitt durch
das Pariser Opernhaus (1878
veröffentlichter Stich).

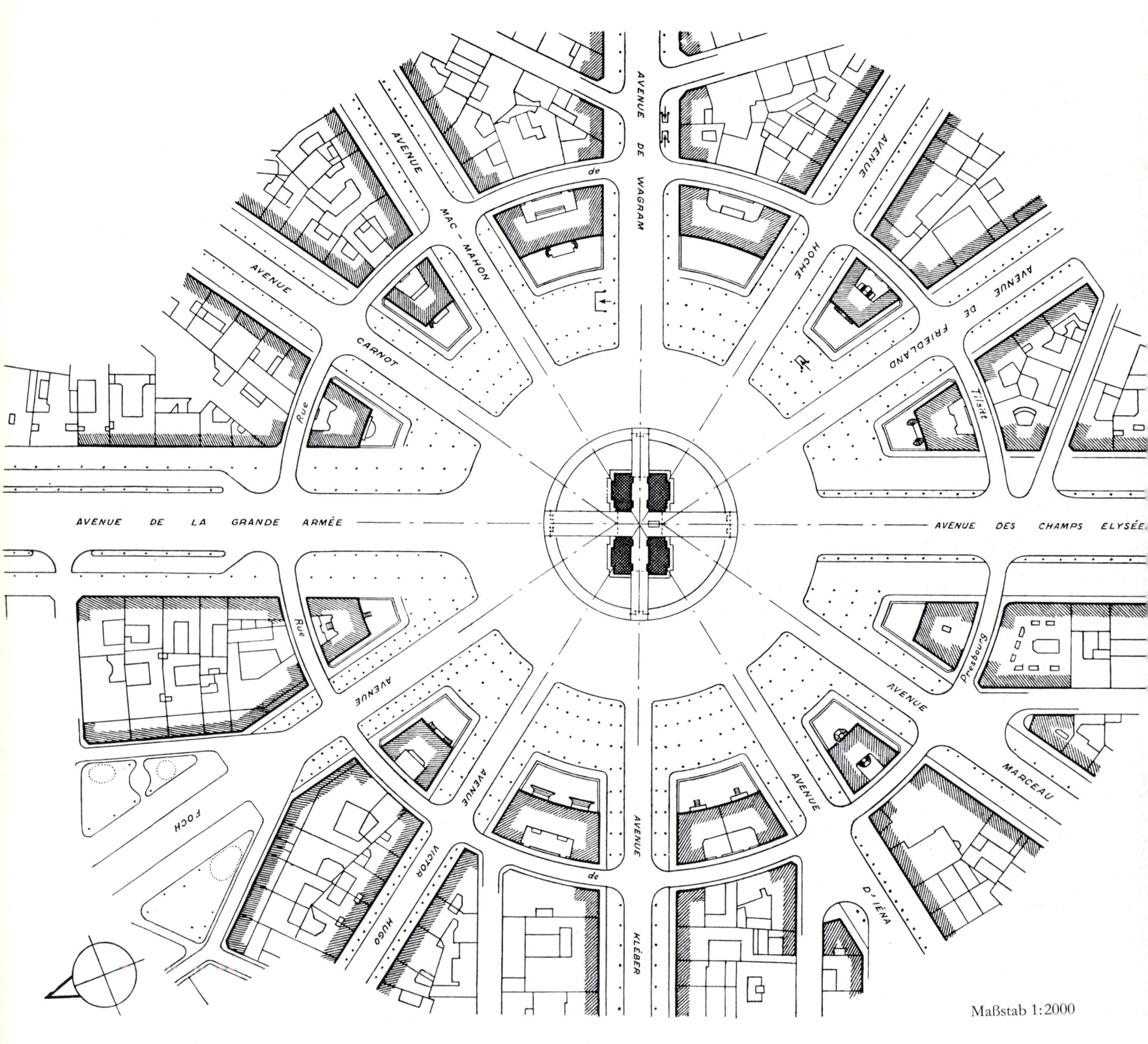

AVENUE DE WAGRAM

AVENUE

MAC - MAHON

AVENUE

CARNOT

Rue

AVENUE DE LA GRANDE ARMÉE

Rue

AVENUE

FOCH

AVENUE VICTOR HUGO

AVENUE de KLÉBER

AVENUE

AVENUE

D' IÉNA

MARCEAU

Presbourg

AVENUE DES CHAMPS ELYSÉE

AVENUE DE FRIEDLAND

Tilsitt

AVENUE

HOCHE

de

Maßstab 1:2000

Abb. 1261. (linke Seite) **Plan der Place de l'Etoile in Paris.**   Abb. 1262. **Luftaufnahme der Place de l'Etoile mit dem Arc de Triomphe und dem umliegenden Stadtviertel.**

Abb. 1263. Die Avenue des Champs Elysées.

Abb. 1264. Die Avenue de Wagram.

Abb. 1265. Die Avenue Foch.

Abb. 1266. Die Avenue d'Iéna.
(Die vier Aufnahmen wurden vom Arc de Triomphe aus
gemacht.)

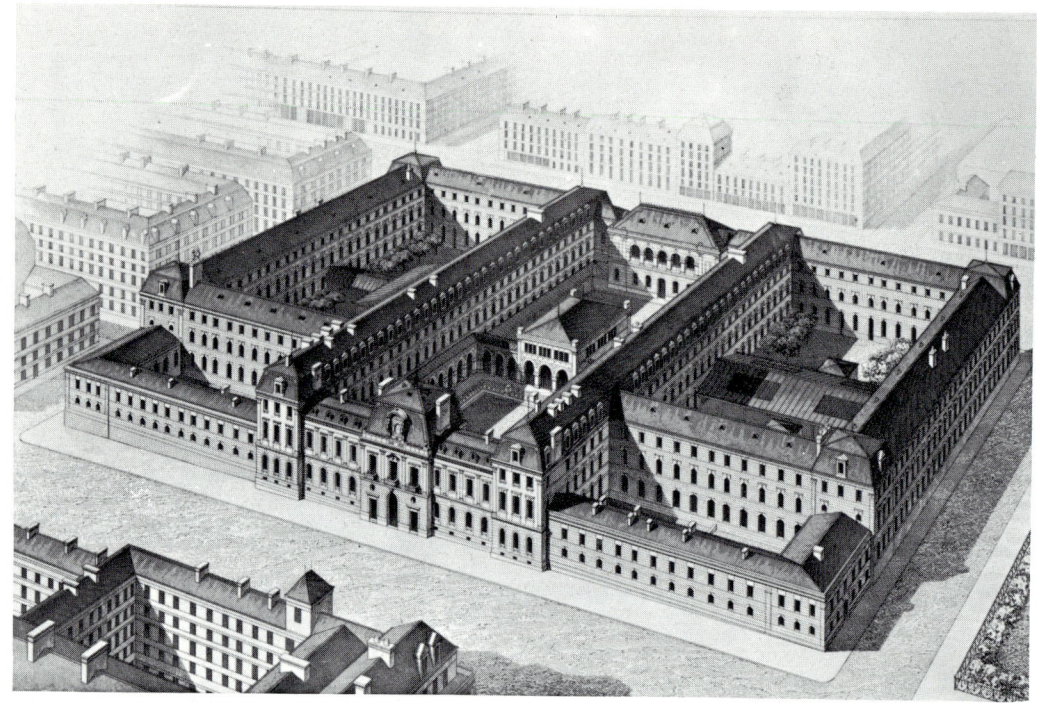

Zwei direkt an der Straßenfront
liegende öffentliche Gebäude in
Paris:

Abb. 1267. Collège Rolin (1877).

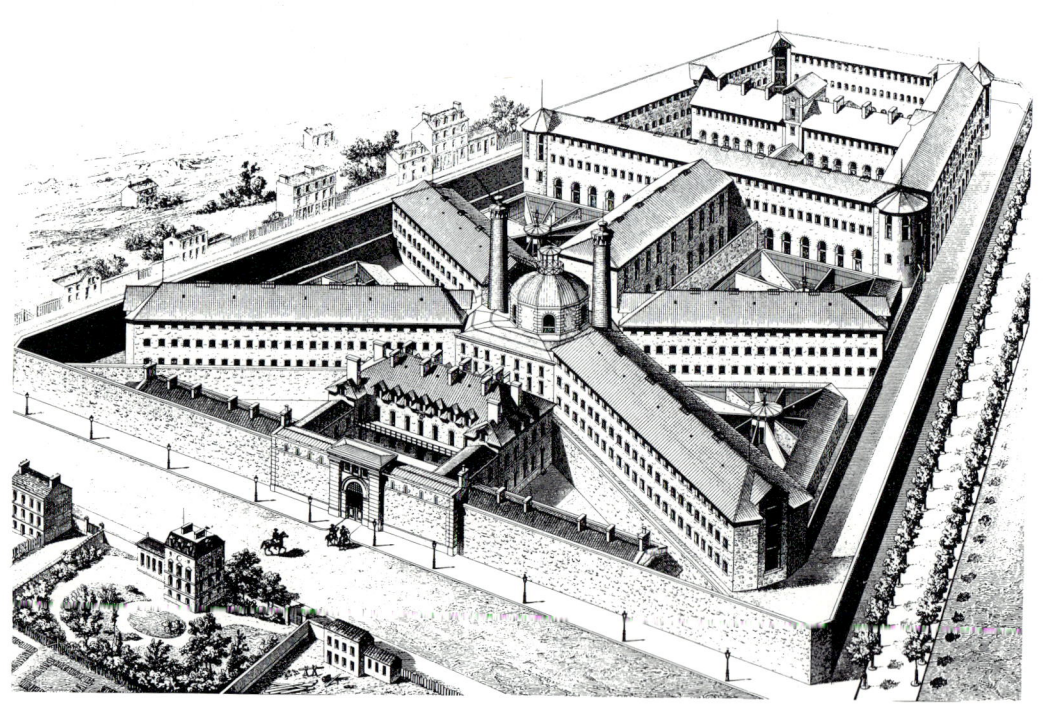

**Abb. 1268. Das Santé-Gefängnis
(1864).**

Abb. 1269. Ein öffentliches Gebäude in Paris, das in einiger Entfernung von der Straßenfront gebaut wurde: der aus mehreren einzelnen Häusern zusammengesetzte Komplex des Altenheims Sainte-Perine (1861). (Die beiden Haustypen der »post-liberalen« Stadt waren auch für die Gestaltung und Anordnung der öffentlichen Gebäude bestimmend.)

Abb. 1270. Das Durcheinander einer »öffentlichen Straße« in Paris (Saint-Lazare): Die Schaufenster der Geschäfte, die Kioske, die werbenden Inschriften und die Laternen bilden die Kulisse, durch die der endlose Strom von Fußgängern und Fahrzeugen fließt.

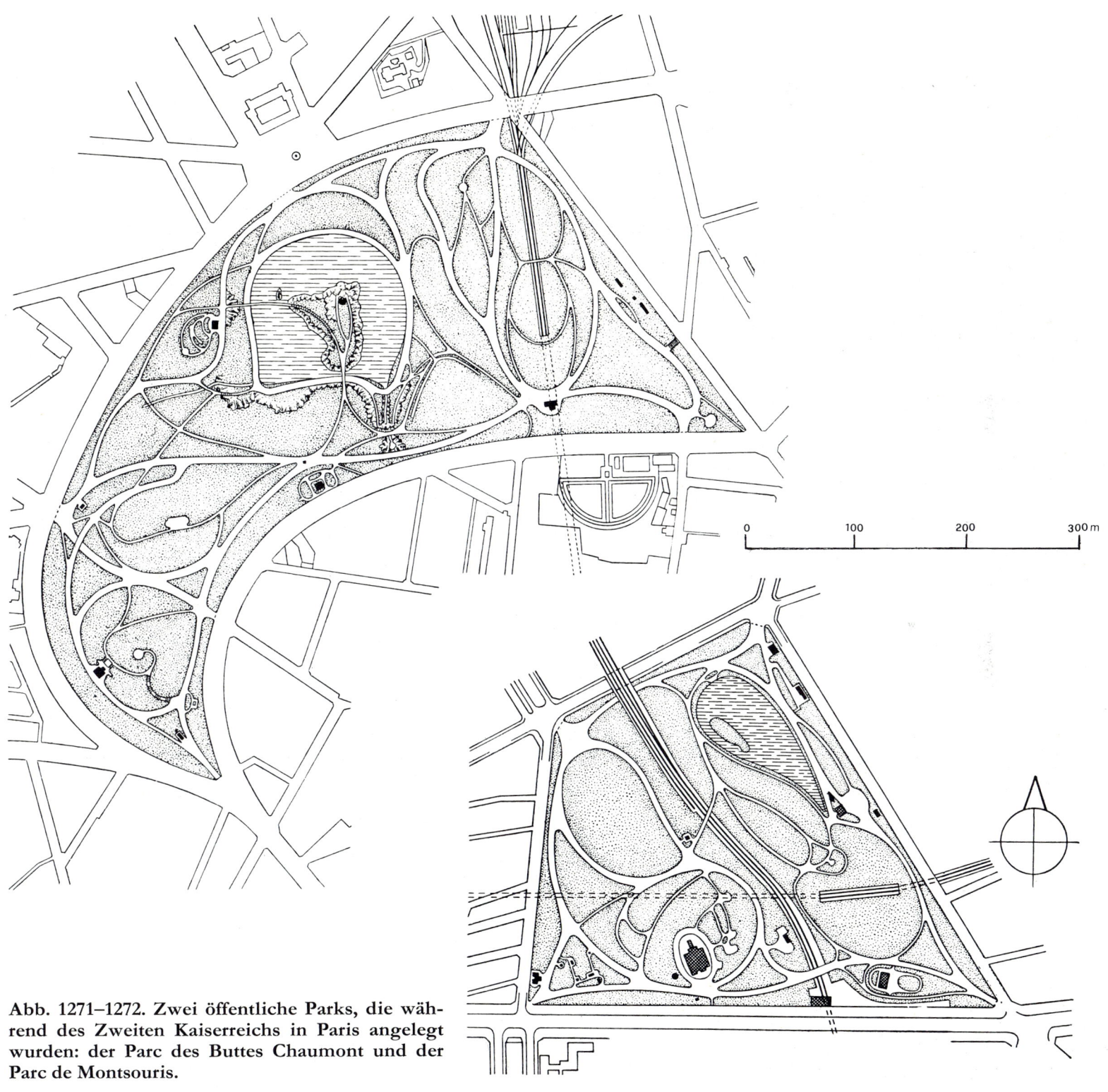

Abb. 1271–1272. Zwei öffentliche Parks, die während des Zweiten Kaiserreichs in Paris angelegt wurden: der Parc des Buttes Chaumont und der Parc de Montsouris.

0   100   200   300 m

Abb. 1273. Der Boulevard des Capucins (Gemälde von Claude Monet aus dem Jahre 1873).

Abb. 1274. Der Bahnhof von Saint-Lazare (Gemälde von Claude Monet aus dem Jahre 1877).

Drei überdachte öffentliche Anlagen in Paris:
Abb. 1275. Innenansicht der von Victor Baltard im Jahre 1853 entworfenen Halles Centrales.

Abb. 1276. Innenansicht einer Halle der Pariser Weltausstellung von 1853.

Abb. 1277. (auf der gegenüberliegenden Seite) Innenansicht des Wintergartens am Champs Elysées.

Drei verschiedenartige Pariser Straßen:

Abb. 1278. Der Verkehr in der Rue Richelieu (Photographie von 1904).

Abb. 1279. Der Boulevard du Temple.

Abb. 1280. Der Parc Monceau.

Die großen, das Stadtbild wesentlich verändernden Anlagen in Paris:

Abb. 1281. (oben) **Die Halles Centrales.**

Abb. 1282. (unten) **Der vom Eiffelturm beherrschte Bereich der Weltausstellung von 1889.**

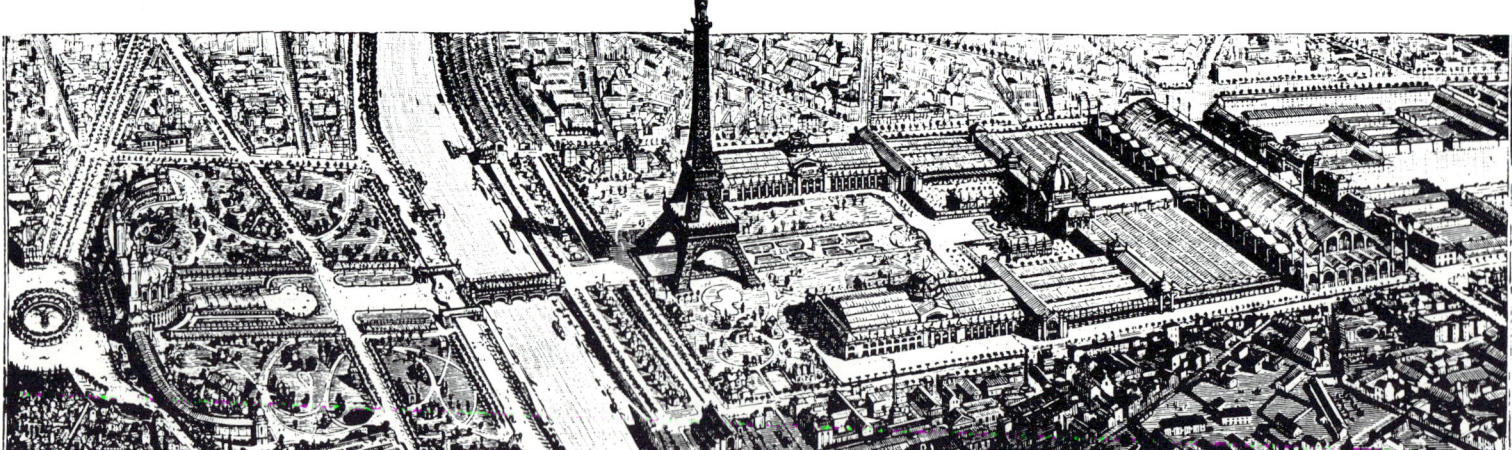

Abb. 1283. Das Stadtzentrum von Wien in der ersten Hälfte des 19. Jahrhunderts.

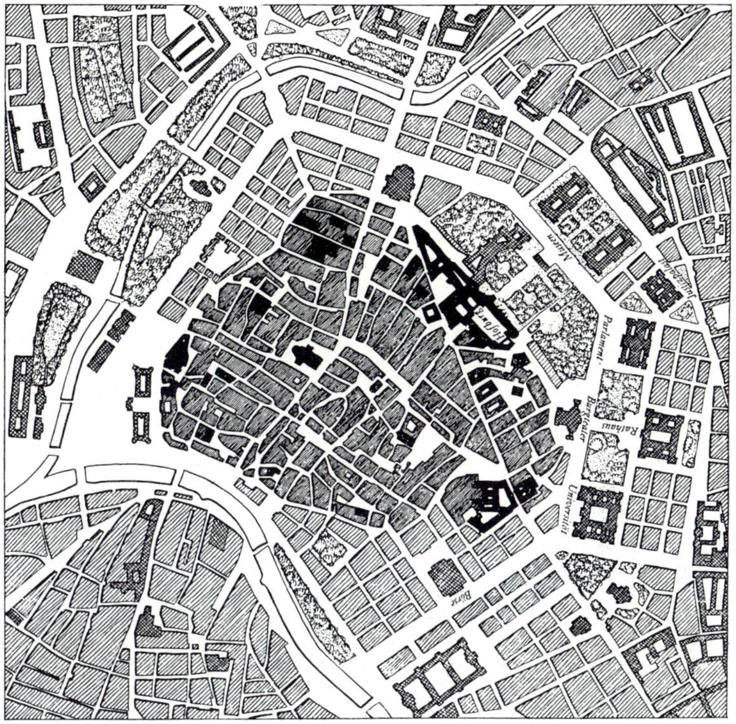

Abb. 1284. Das Stadtzentrum von Wien in der zweiten Hälfte des 19. Jahrhunderts nach der Bebauung des Rings.

Betrachten wir nun die anderen Städte der zweiten Hälfte des 19. Jahrhunderts.

Keine andere europäische Stadt wurde so grundlegend und konsequent umgestaltet wie Paris. In den anderen Städten bestimmte der bereits bestehende Organismus weitgehend auch die Struktur und das Bild der modernen Stadt: so zum Beispiel in Wien (Abb. 1283–1286), wo im Jahre 1857 damit begonnen wurde, die zwischen dem mittelalterlichen Stadtkern und der barocken Peripherie liegende unbebaute Fläche neu zu gestalten; in Florenz (Abb. 1287), das 1864 zur neuen italienischen Hauptstadt geworden war; und in Barcelona (Abb. 1288), das auf der Grundlage eines im Jahre 1859 entwickelten Plans erweitert wurde.

Die Anlage der neu zu gründenden Kolonialstädte (Abb. 1289–1302) konnte dagegen konsequent den neuen Formen der Stadtplanung folgen. Die bereits bestehenden Siedlungen der eingeborenen Bevölkerung blieben dabei am Rande bzw. außerhalb der neuen Städte oder wurden gegebenenfalls auch zerstört, weil sie den europäischen Vorstellungen von Regelmäßigkeit

gänzlich zuwiderliefen. So wurden die Kolonialstädte eintöniger und weniger großartig als ihre Vorbilder, aber dadurch trat der Charakter des aus Europa importierten Systems um so deutlicher zutage.

Das europäische Modell konnte gegen Ende des Jahrhunderts auch auf die nordamerikanischen Städte (Abb. 1303–1310) übertragen werden, deren traditionelle schachbrettartige Anlage (vgl. Kapitel 10) sich das ganze 19. Jahrhundert über bewährt hatte, denn nun dehnte sich die aus einer Vielzahl von Einfamilienhäusern bestehende Peripherie immer weiter aus, und die in den Stadtkernen liegenden Geschäftszentren mußten in immer kürzer werdenden Zeitabständen umgebaut werden. So begann man damit, das gleichmäßige schachbrettartige Straßennetz durch ein System von größeren und breiteren Straßen zu ergänzen, öffentliche Parks anzulegen und die Stadtkerne neu zu gestalten, um sie zu architektonisch einheitlichen Organismen zu machen. Dennoch konnten hierbei nur Teilerfolge erzielt werden, denn es erwies sich als äußerst schwierig, die traditionelle Struktur grundlegend zu verändern.

1   2

Abb. 1285. (linke Seite) **Die bauliche Gestaltung des Rings in Wien: Die neu angelegten Straßen sind schwarz eingezeichnet, die Grünanlagen in Kreuzschraffur.**

Abb. 1286. Luftaufnahme des heutigen Stadtzentrums von Wien (vgl. auch Abb. 1067–1072).

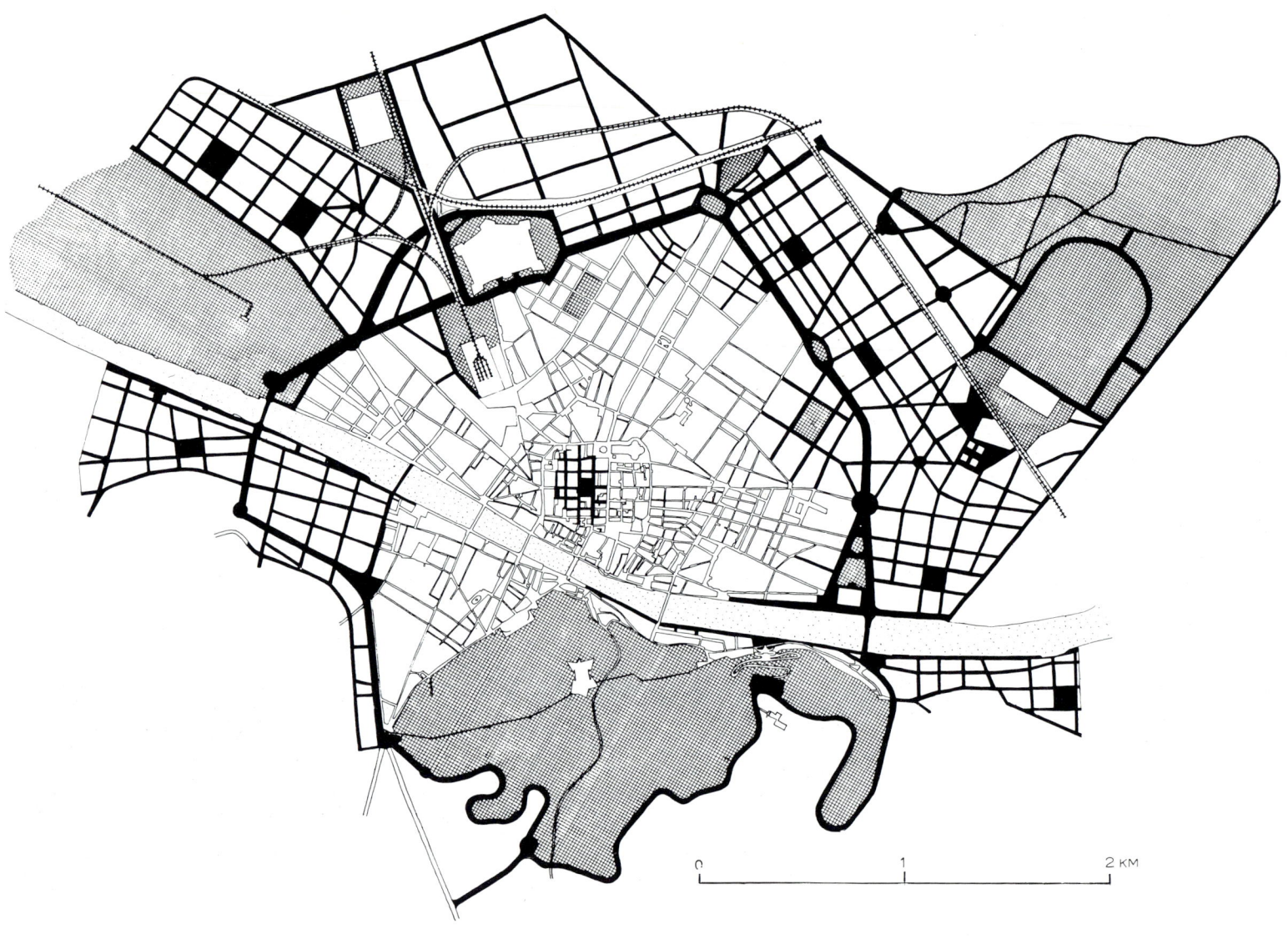

Abb. 1287. Die bauliche Umgestaltung von Florenz, das von
1864 bis 1871 die Hauptstadt Italiens war: Die neu angelegten Straßen sind schwarz eingezeichnet, die Grünanlagen in
Kreuzschraffur (der Maßstab entspricht dem von Abb. 1285;
man vergleiche hierzu auch die im Kapitel 7 abgebildeten
Pläne von Florenz).

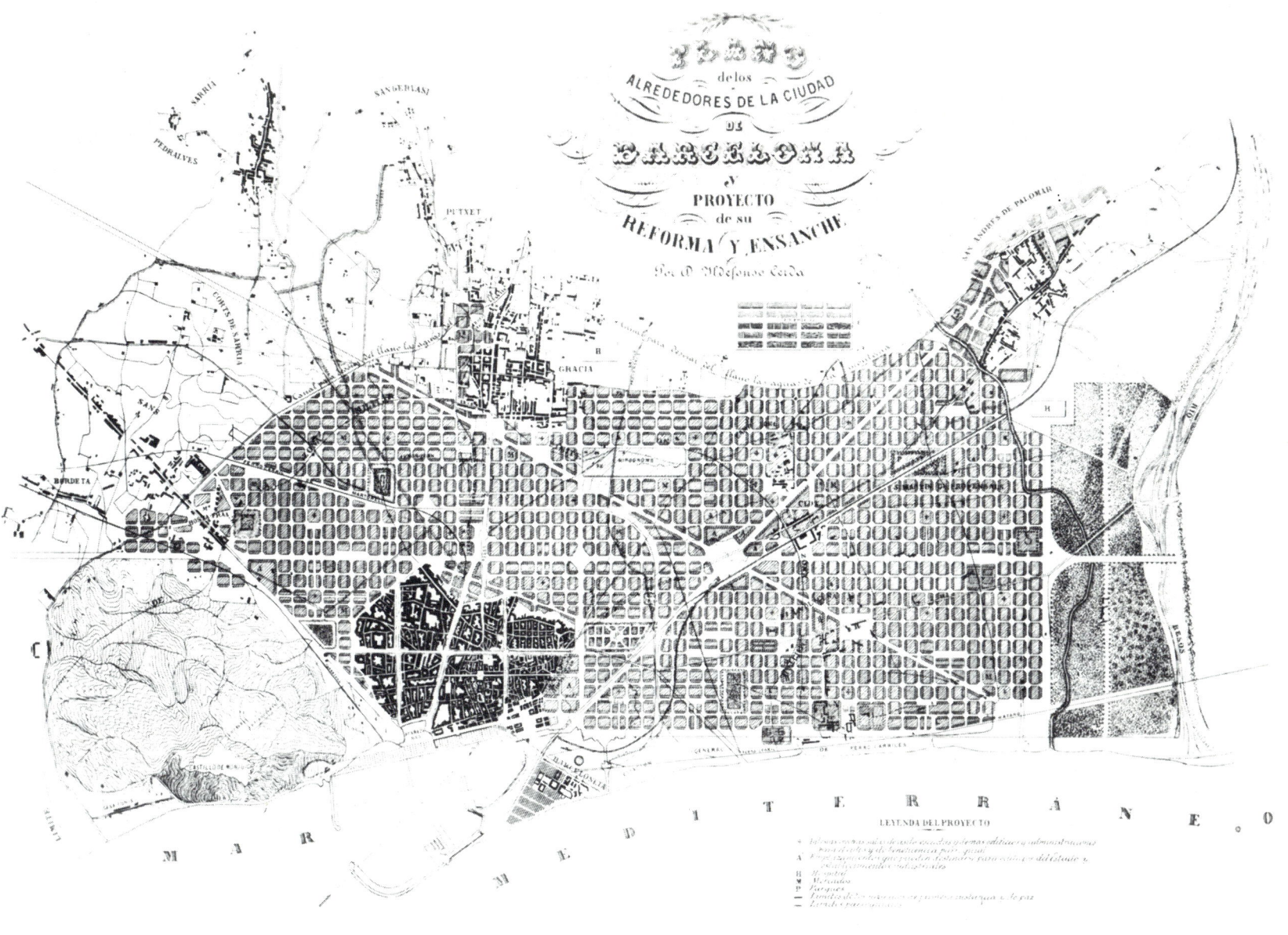

Abb. 1288. Die von Ildefonso Cerda im Jahre 1859 geplante Umgestaltung von Barcelona.

Abb. 1289. (links) **Plan von Fez in Marokko: Die europäische Stadt wurde neben der arabischen angelegt und unterscheidet sich deutlich von dieser (vgl. Abb. 499–500).**

Abb. 1290. (unten) **Plan von Dakar, der von den Franzosen während des Zweiten Kaiserreichs entworfenen Hauptstadt des Senegal.**

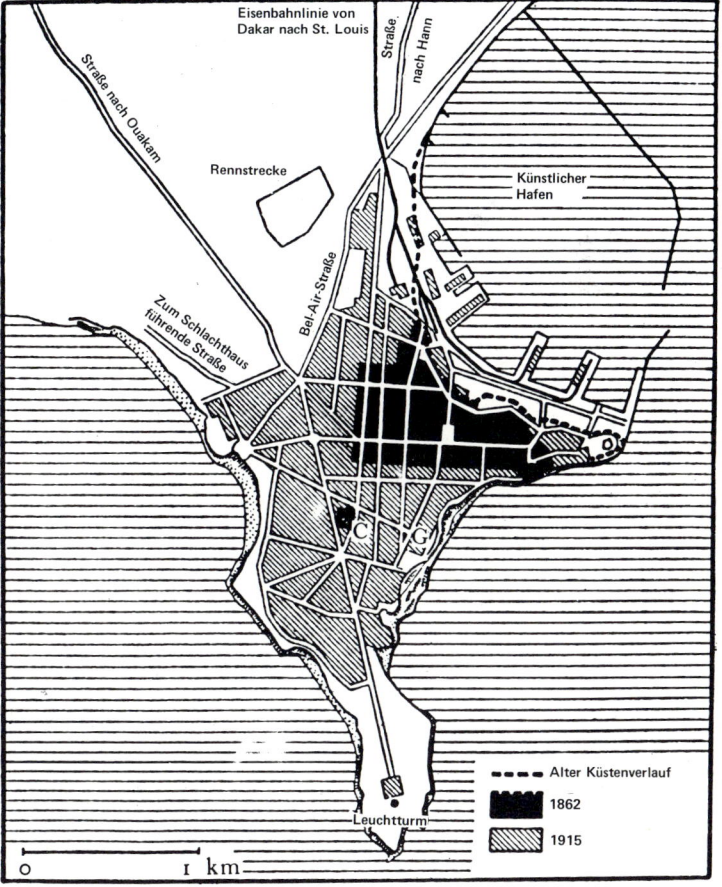

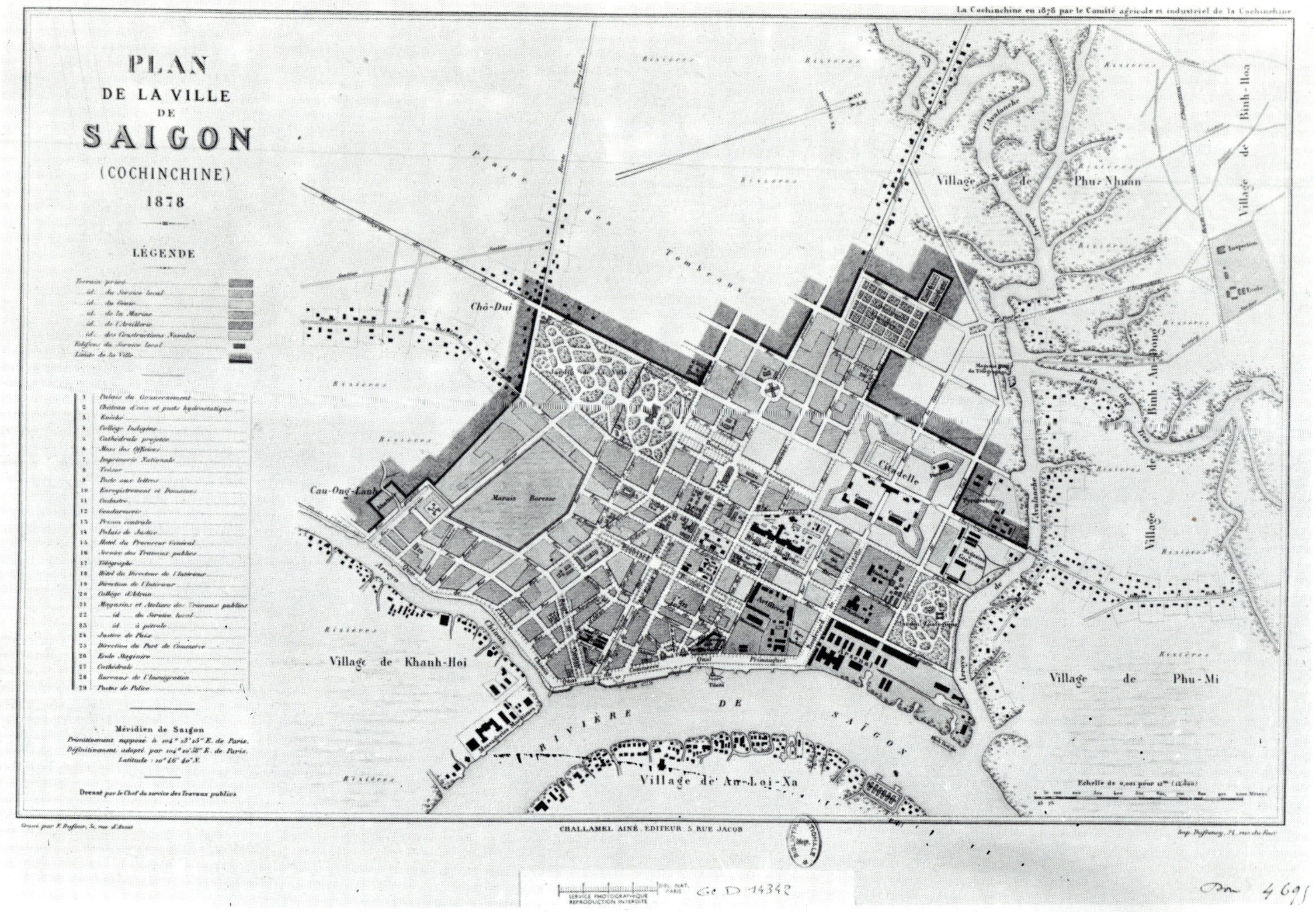

PLAN
DE LA VILLE
DE
SAIGON
(COCHINCHINE)
1878

LÉGENDE

Terrain privé
id. du Service local
id. du Génie
id. de la Marine
id. de l'Artillerie
id. des Constructions Navales
Edifices du Service local
Limite de la Ville

1 Palais du Gouvernement
2 Château d'eau et poste hydrostatique
3 Recette
4 Collège Indigène
5 Cathédrale projetée
6 Mess des Officiers
7 Maison Nationale
8 Trésor
9 Poste aux lettres
10 Enregistrement et Domaines
11 Cadastre
12 Gendarmerie
13 Prison centrale
14 Palais de Justice
15 Hôtel du Procureur général
16 Service des Travaux publics
17 Télégraphe
18 Hôtel du Directeur de l'Intérieur
19 Direction de l'Intérieur
20 Collège d'Adran
21 Magasins et Ateliers des Travaux publics
22 id. du Service local
23 id. à pétrole
24 Justice de Paix
25 Direction du Port de Commerce
26 Ecole Magistre
27 Cathédrale
28 Bureau de l'Immigration
29 Poste de Police

Méridien de Saigon

Latitude : 10° 46' de N.

Dressé par le Chef du service des Travaux publics

Chô-Dui

Cau-Ong-Lanh

Marais Boresse

Citadelle

Village de Binh-Hoa

Village de Phu-Nhuan

Village de Binh-An-Dong

Village

Village de Khanh-Hoi

Village de Phu-Mi

RIVIÈRE DE SAIGON

Village de An-Loi-Xa

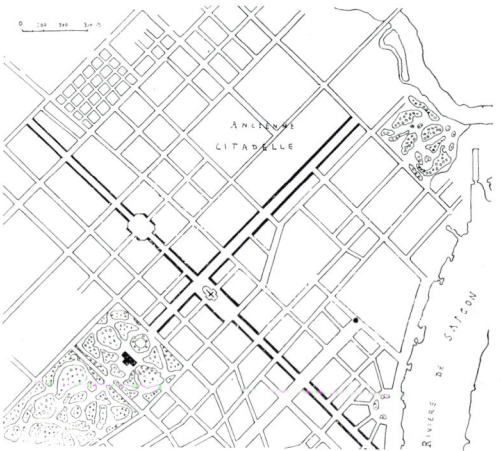

ANCIENNE CITADELLE

BRAS DE SAIGON

Abb. 1291–1292. Saigon, die Hauptstadt des französischen Herrschaftsbereichs in Indochina: Auch diese Stadt wurde während des Zweiten Kaiserreichs angelegt; von der früher an dieser Stelle gelegenen Ortschaft der eingeborenen Bevölkerung ist dabei nichts erhalten geblieben; (oben) ein Plan der Stadt aus dem Jahre 1878; (unten links) ein Ausschnitt des Stadtzentrums von 1891; von diesem Zeitpunkt an ist die Stadt ständig weiter gewachsen, bis sie zu einer Metropole mit mehreren Millionen Einwohnern geworden ist.

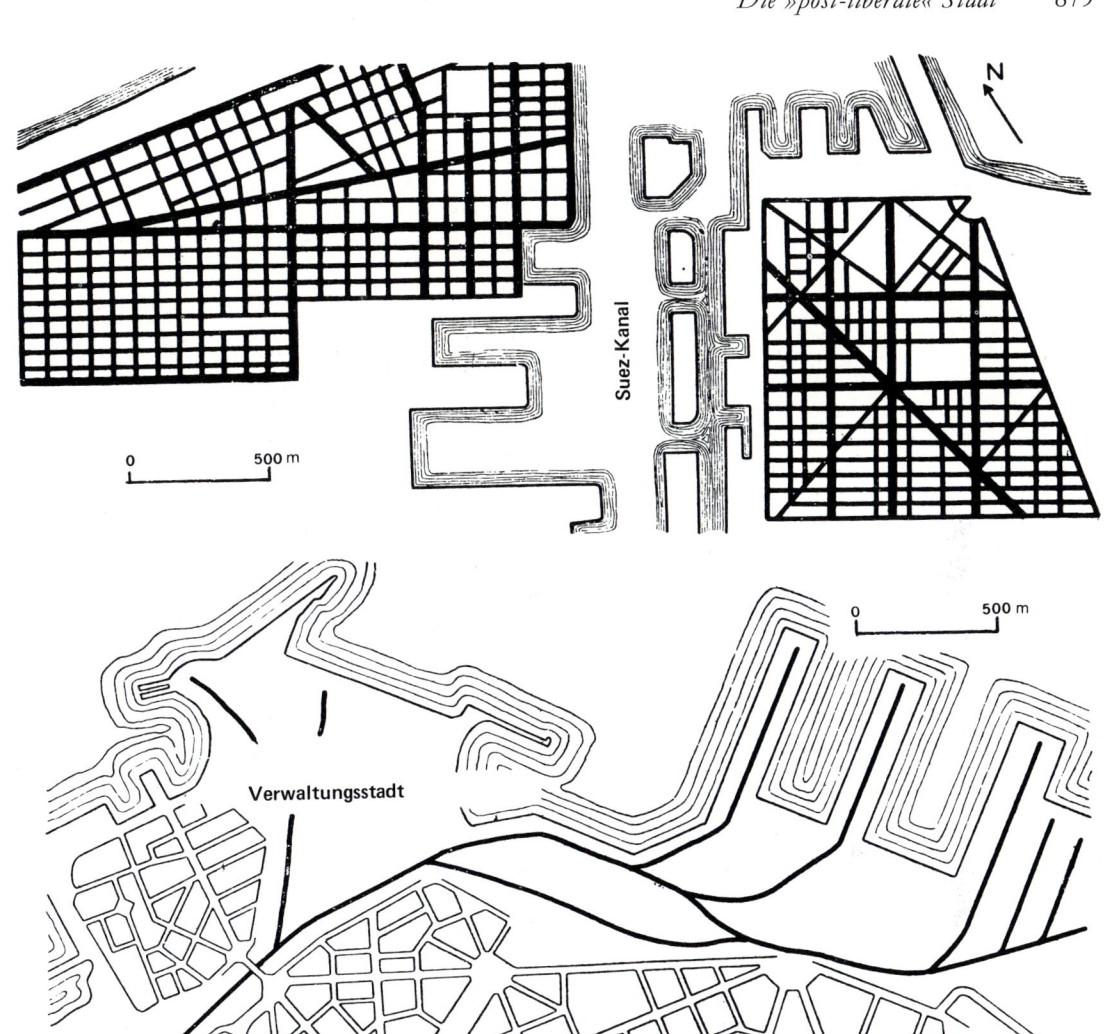

Abb. 1293. Port Said (1859) und Port Fuad (1914), die beiden an der Mündung des Suez-Kanals errichteten Städte.

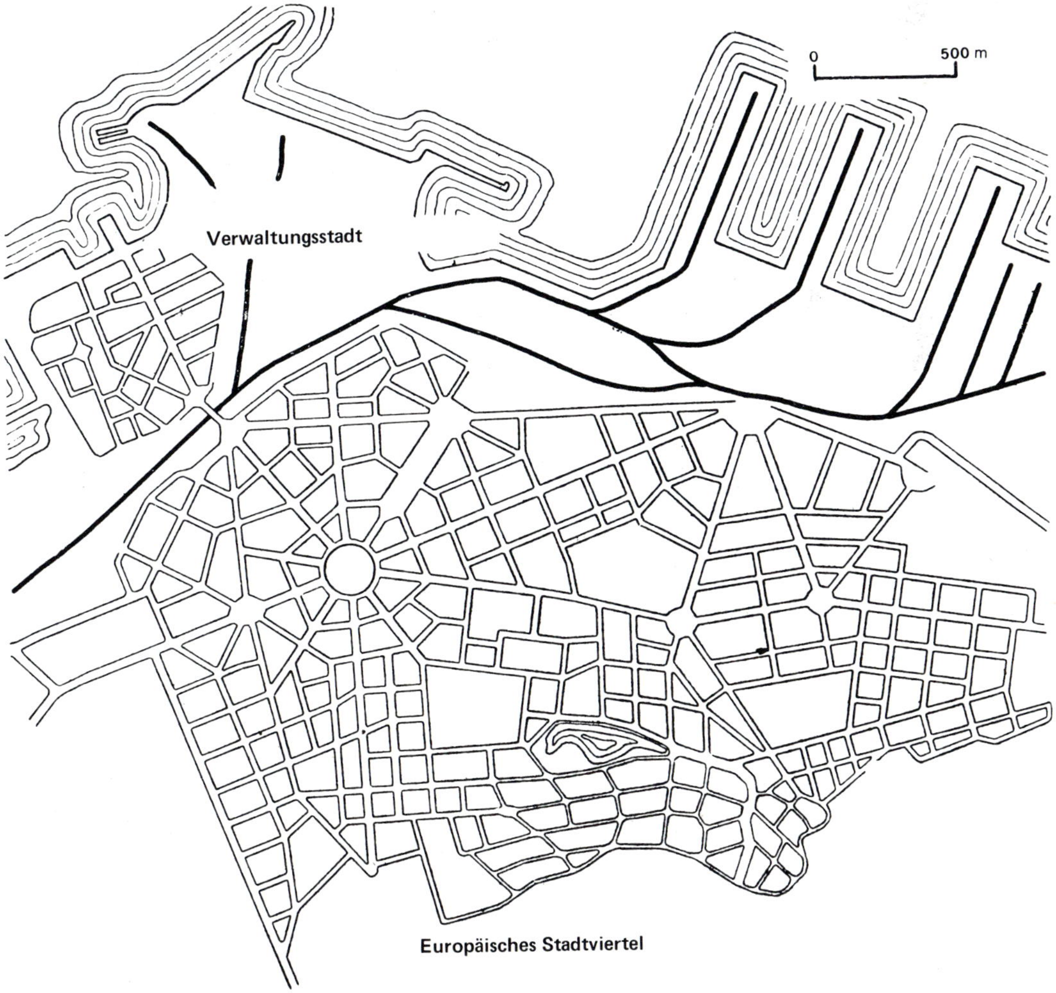

Suez-Kanal

Verwaltungsstadt

Europäisches Stadtviertel

Abb. 1294. Dalny, eine um 1890 in der Mandschurei erbaute Stadt.

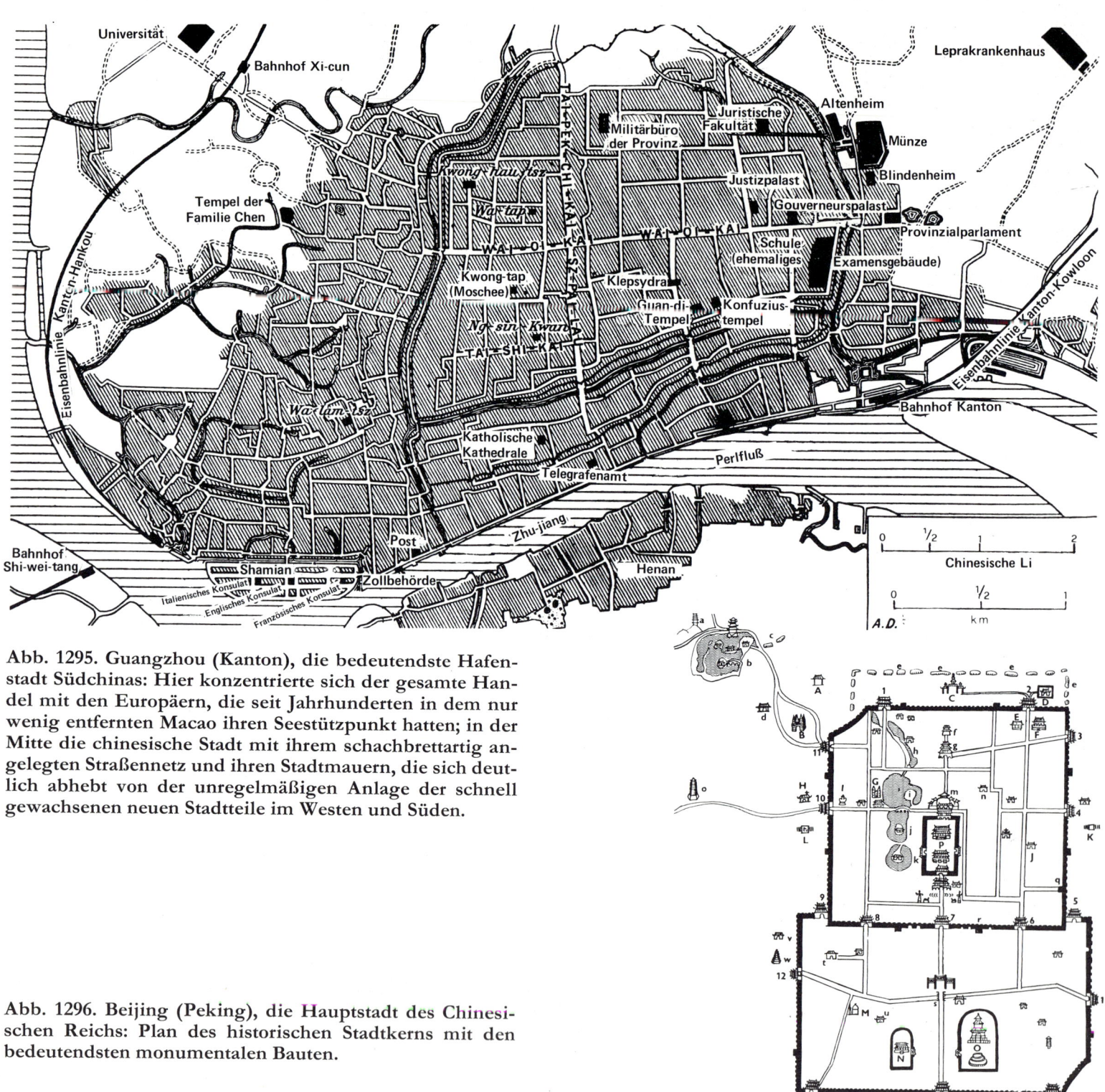

Abb. 1295. Guangzhou (Kanton), die bedeutendste Hafenstadt Südchinas: Hier konzentrierte sich der gesamte Handel mit den Europäern, die seit Jahrhunderten in dem nur wenig entfernten Macao ihren Seestützpunkt hatten; in der Mitte die chinesische Stadt mit ihrem schachbrettartig angelegten Straßennetz und ihren Stadtmauern, die sich deutlich abhebt von der unregelmäßigen Anlage der schnell gewachsenen neuen Stadtteile im Westen und Süden.

Abb. 1296. Beijing (Peking), die Hauptstadt des Chinesischen Reichs: Plan des historischen Stadtkerns mit den bedeutendsten monumentalen Bauten.

Abb. 1297. Beijing (Peking): eine in der Nähe des befestigten Verteidigungsrings entstandene Vorstadt (Stich aus dem Ende des 19. Jahrhunderts).

Abb. 1298. Beijing (Peking): eine Allee der heutigen Stadt, die nach dem europäischen System angelegt ist, aber von Fußgängern und nicht von Autos bevölkert wird.

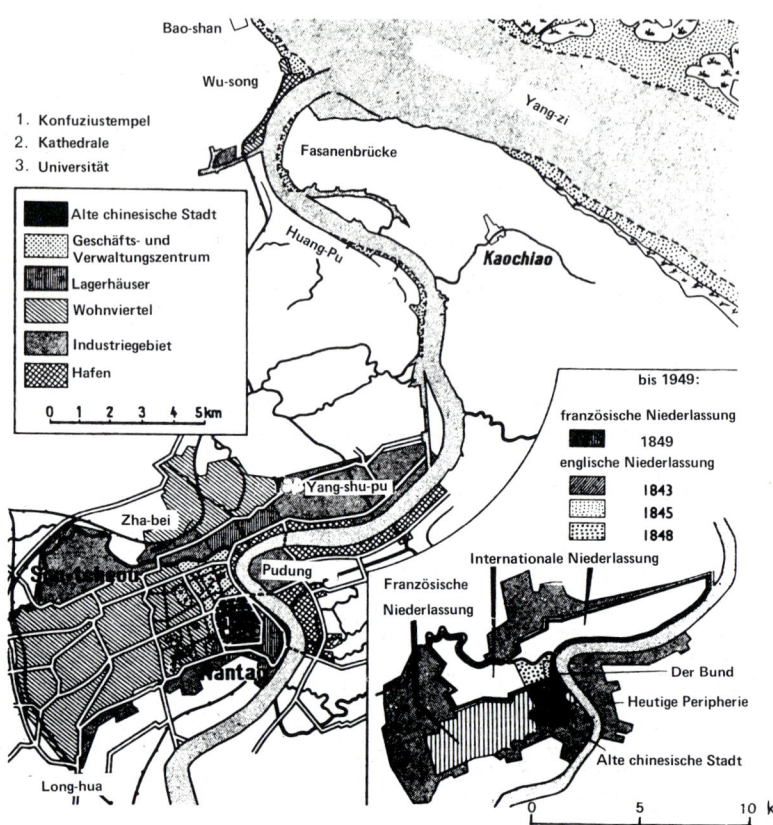

Abb. 1299–1300. Schanghai: Luftaufnahme mit der englischen Niederlassung in der Mitte und einem Teil der chinesischen Stadt auf der rechten Bildhälfte; (rechts) **Plan der Stadt mit der Einteilung der europäischen Niederlassungen.**

Legende auf der Karte:
1. Konfuziustempel
2. Kathedrale
3. Universität

Alte chinesische Stadt
Geschäfts- und Verwaltungszentrum
Lagerhäuser
Wohnviertel
Industriegebiet
Hafen

0 1 2 3 4 5km

bis 1949:

französische Niederlassung
1849

englische Niederlassung
1843
1845
1848

Internationale Niederlassung
Französische Niederlassung
Der Bund
Heutige Peripherie
Alte chinesische Stadt

0 5 10 km

Abb. 1301. Schanghai: Luftaufnahme eines Teils des europäischen Viertels am Yangzi Jiang.

Abb. 1302. Eine Straße in Schanghai während der europäischen Besetzung: Die Autos vermischen sich mit dem traditionellen Verkehr in einer der gesichtslosen »Korridor-
Straßen«.

Abb. 1303–1304. Der Veränderungsprozeß einer nordamerikanischen Stadt im 20. Jahrhundert am Beispiel Chicagos (vgl. Abb. 1030): (oben) die bauliche Neugestaltung des Geschäftszentrums mit den Wolkenkratzern, die die normalen Häuser verdrängt haben; (unten) die zahllosen Einfamilienhäuser an der Peripherie, deren Expansion zunächst durch die Erweiterung des Eisenbahnnetzes, später durch den mit der Verbreitung des Autos verstärkten Individualverkehr begünstigt wurde.

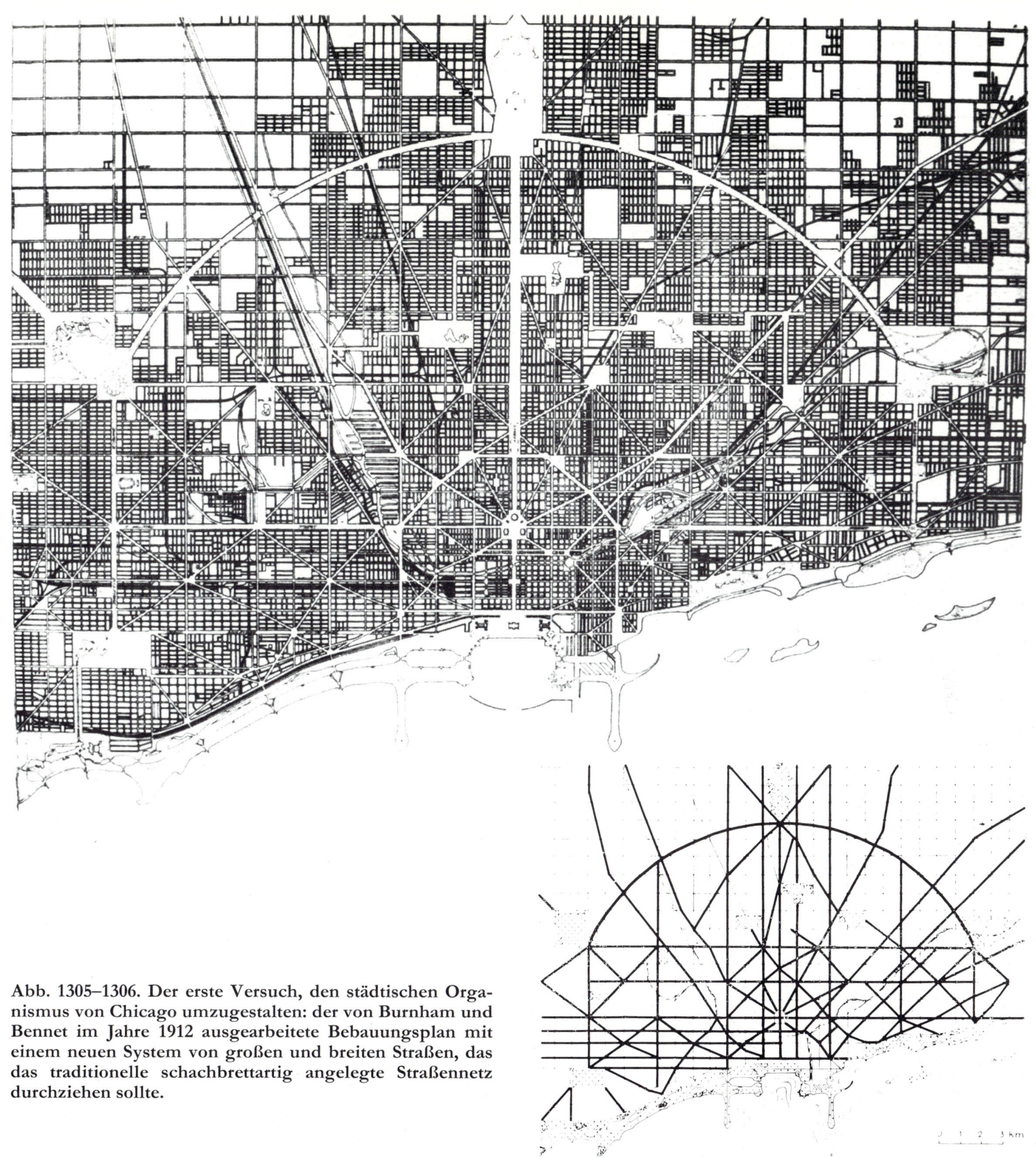

Abb. 1305–1306. Der erste Versuch, den städtischen Organismus von Chicago umzugestalten: der von Burnham und Bennet im Jahre 1912 ausgearbeitete Bebauungsplan mit einem neuen System von großen und breiten Straßen, das das traditionelle schachbrettartig angelegte Straßennetz durchziehen sollte.

1 2 3 km

Abb. 1307–1308. (linke Seite) **Die seit dem Ende des 19. Jahrhunderts auf der äußersten Südspitze Manhattans errichteten Wolkenkratzer: Ihr Baustil selbst – ob traditionell** (links) **oder modern** (rechts) **– hat keinen bestimmenden Einfluß auf ihren architektonischen Charakter und das Gesamtbild der Stadt.**

Abb. 1309. (oben) **Ein Ausschnitt der Peripherie von Houston/Texas, wo jede Familie ein einzelnes Haus bewohnt.**

Abb. 1310. Baustelle einer neuen Stadtautobahn im Zentrum von Boston.

14. Die moderne Stadt

Moderne Architektur, das ist die Suche nach einer Alternative zum herkömmlichen Stadttyp. Sie entstand, als es den mit der Gestaltung der »post-liberalen« Städte beauftragten »Künstlern« und »Technikern« gelang, eine neue Arbeitsmethode zu entwickeln, die sich nicht mehr der bis dahin üblichen institutionalisierten Arbeitsteilung unterwarf.

Die Künstler, die das äußere Bild der »post-liberalen« Stadt zu verschönern und zu korrigieren hatten, waren die ersten, die auf die Häßlichkeit des traditionellen Stadtbildes reagierten: Sie kritisierten den Charakter der bestehenden Stadtlandschaften und begannen die Mechanismen anzugreifen, die diese Landschaft hervorgebracht hatten.

Die innovativen Architekten – Horta, Van de Velde, Wagner – fanden es unbefriedigend, nur zwischen den Baustilen der Vergangenheit zu wählen, und benutzten die Freiheit, die ihnen bei der Gestaltung der einzelnen Bauten gelassen wurde, um einen neuen, eigenständigen Stil zu entwickeln.

Auch die avantgardistischen Maler waren nicht länger bereit, die äußere Realität schlicht zu reproduzieren, und begannen, das Szenario der Alltagswelt konsequent in seine einzelnen Bestandteile zu zerlegen und zu analysieren: Die *Impressionisten* – z. B. Manet, Monet, Pissarro – lösten Formen und Farben von der Wirklichkeit und gaben ihnen eine eigenständige Qualität. Die Wegbereiter des *Expressionismus* – z. B. Cézanne, van Gogh, Gauguin – deckten die verborgenen Strukturen der sichtbaren Welt auf (die Konturen, das Volumen, die Farben). Die *Fauves* und die *Kubisten* – Matisse, Picasso, Braque – schließlich zerlegten vollends das Bild der vorgegebenen Realität und brachen mit der jahrhundertealten Funktion der Malerei, eine allgemein verbindliche Sehweise festzulegen, mit der die Außenwelt betrachtet und interpretiert werden sollte.

So stellten die avantgardistischen Künstler innerhalb eines halben Jahrhunderts alle allgemein anerkannten Regeln (die aus den vergangenen Perioden abgeleiteten Stile und das Prinzip der Übereinstimmung von Abbild und Wirklichkeit) in Frage, nach denen die Menschen bis dahin ihre Umwelt gestaltet hatten. Damit gerieten auch die Gültigkeit sämtlicher, auf der Grundlage dieser Regeln getroffener Entscheidungen und deren formalisierende Auswirkungen auf die Kultur ins Wanken.

Die »Techniker«, die – ohne einen Gesamtüberblick zu besitzen – nur in ihrem kleinen, begrenzten Aufgabenbereich arbeiteten, waren nicht in der Lage, die Auswirkungen ihrer Arbeit zu bestimmen und zu kontrollieren. Aber durch ihre Arbeit wurden die Umgebung und der Alltag des Menschen immer schneller und immer tiefgreifender verändert, so daß die im vorstehenden Kapitel beschriebenen traditionellen Mechanismen nicht mehr ausreichten, um diese Entwicklung in geordnete Bahnen zu lenken.

Die Entwicklung des Bessemerverfahrens (1856) vereinfachte die Stahlverarbeitung und machte es so möglich, neue und bessere Maschinen zu bauen und neue, bis dahin nicht gekannte Konstruktionen zu errichten: große freitragende Überdachungen (der Rundbau der Weltausstellung von 1873 in Wien mit einem Durchmesser von 102 Metern und der 115 Meter breite und 420 Meter lange »Maschinensaal« auf der Weltausstellung von 1889 in Paris; Abb. 1311), immer längere Hängebrücken (von der 488 Meter langen Brooklyn Bridge aus dem Jahre 1873 zur 1050 Meter langen Washington Bridge über den Hudson aus dem Jahre 1928) und immer höhere Wolkenkratzer (von den ersten, gegen Ende des 19. Jahrhunderts gebauten zwanzig- bis dreißigstöckigen in Chicago bis zu denen in New York mit 100 oder mehr Stockwerken, die in den ersten Jahrzehnten dieses Jahrhunderts errichtet wurden; vgl. Abb. 1313–1314).

Abb. 1311–1312. (links) Der »Maschinensaal« auf der Weltausstellung von 1889 in Paris, in dem ein Überblick über
den damaligen internationalen Stand der Maschinenpro-
duktion gezeigt wurde; (oben) der 300 m hohe, von Gustave
Eiffel für die Weltausstellung von 1889 konstruierte Turm in
einer zeitgenössischen Karikatur (vgl. auch Abb. 1282).

Durch die Erfindung des Dynamos (1869) wurde die Elektrizität als Energiequelle erschlossen und es eröffneten sich zahllose Anwendungsmöglichkeiten: z. B. für das Telefon (1876), die Glühbirne (1879) und den Aufzug (1887). Mit der Erfindung des Verbrennungsmotors (1885) konnten Schiffe, Autos und später auch Flugzeuge mit Kraftstoff angetrieben werden.

Die neuen Konstruktionsmethoden machten es immer schwieriger, die einzelnen Bauwerke als isolierte Elemente in das bestehende Stadtbild einzufügen – unabhängig davon, ob sie nun in einem der traditionellen oder in den neuen, von den avantgardistischen Architekten entwickelten Stilvarianten errichtet worden waren. Auch mußten der dichter gewordene Verkehr und die neuen Infrastruktureinrichtungen – Gas, Elektrizität, Telefon, Straßenbahnen und U-Bahnen – ebenfalls innerhalb der zu knapp bemessenen öffentlichen Bereiche der »post-liberalen« Städte Platz finden. Und dies zu einer Zeit, in der sich die Städte immer rascher ausdehnten: London erreichte gegen Ende des 19. Jahrhunderts eine Einwohnerzahl von vier Millionen und auch in der übrigen Welt wuchsen die Städte inzwischen in demselben Tempo wie die europäischen.

Die traditionellen Methoden zur Verwaltung der Städte erwiesen sich durch diese Entwicklungen zunehmend als überholt und

Abb. 1313–1314. Zwei amerikanische Häuser mit Stahlrahmenkonstruktion: das Leiter Building in Chicago (1885) und rechts das Woolworth Building in New York (1910).

Abb. 1315. Eine Landschaft von Piet Mondrian (1912).

es wurden auch in der Bevölkerung immer deutlicher Forderungen nach einer Erneuerung der baulichen Gestaltung der Umwelt laut.

Im zweiten Jahrzehnt des 20. Jahrhunderts – mitten im Ersten Weltkrieg – vereinigten sich die einzelnen neuen Tendenzen innerhalb der Kunst und im Bereich der Technik zu einer einheitlichen Bewegung. Nachdem als Aufgabe der Malerei nicht mehr nur die möglichst exakte Abbildung der vorgegebenen Wirklichkeit gesehen wurde, eröffnete sich ihr eine neue Dimension: eine neue Welt zu entwerfen, die nicht mehr den traditionellen Modellen folgte, aber in Einklang stand mit den Ergebnissen der objektiven Forschungen der Naturwissenschaften. Die Künstler der »neo-plastizistischen« Bewegung – Van Doesburg und Mondrian – haben diesen neuen umfassenden Entwurf, der auch die traditionelle Trennung zwischen Kunst und Technik zu überwinden suchte, folgendermaßen charakterisiert:

»Umwelt und tägliches Leben erweisen sich in ihrer Unvollständigkeit und öden Notwendigkeit als minderwertig. So ist Kunst die Zuflucht. In ihr werden Schönheit und Harmonie gesucht – vergebens oder gar nicht aber in der täglichen Welt unseres Lebens. So sind Schönheit, Harmonie zum ›Ideal‹ geworden – unerreichbar –, als ›Kunst‹ aus dem Leben und der Umwelt verbannt.

In der Zukunft jedoch wird die Schaffung eines plastischen Gleichgewichts in der konkreten Realität unserer Umgebung das Kunstwerk ersetzen. Dann brauchen wir keine Gemälde und keine Skulpturen mehr, weil wir in der Wirklichkeit gewordenen Kunst leben. Die Kunst ist nur ein Ersatz, solange wie die Schönheit des Lebens nicht ausreicht; sie wird in dem Maße zurückgedrängt werden, wie das Gleichgewicht des Lebens zunimmt – um schließlich ganz zu verschwinden.« (Mondrian)

Diese Zielsetzung – die Ausgewogenheit der baulichen Gestaltung der Umwelt – hob die Trennung zwischen der objektiven Arbeitsmethode der Wissenschaft und der subjektiven Arbeitsmethode des Künstlers auf: »Kunst und Technik sind untrennbar miteinander verbunden und die reine plastische Gestaltung deckt sich immer mit den praktischen Ansprüchen, weil beide um die Herstellung eines Gleichgewichts bemüht sind. Unsere Zeit (die Zukunft!) verlangt nach diesem Gleichgewicht, und es gibt nur einen Weg, es zu schaffen.« (Mondrian)

Es galt, die Aufteilung der Technik in die einzelnen Teilbereiche und die willkürliche Zersplitterung der künstlerischen Richtungen zu überwinden. Die neue Architektur akzeptierte die objektive, experimentelle und kollektive Arbeitsmethode der modernen wissenschaftlichen Forschung; gleichzeitig aber wollte sie nicht in die Abhängigkeit der einzelnen Machtinstitutionen geraten und wandte sich gegen jegliche Instrumentalisierung von Wissenschaft und Technik für Machtinteressen. Doch genau dazu sollte es in der folgenden Periode kommen, und zwar mit tragischen Konsequenzen.

**Einige Arbeiten von Vertretern des Neoplastizismus:
Abb. 1316. Ein von Gerrit Rietveld im Jahre 1919 konstruierter Strandwagen.**

Abb. 1317. Ein abstraktes Gemälde von Piet Mondrian (1928).

Abb. 1318–1319. Das von Rietveld im Jahre 1924 gebaute Haus Schröder und das Modell des von van Doesburg und van Eesteren im Jahre 1923 entworfenen Hauses Rosenberg.

Abb. 1320. Gino Severini: Komposition mit mechanischen Objekten.

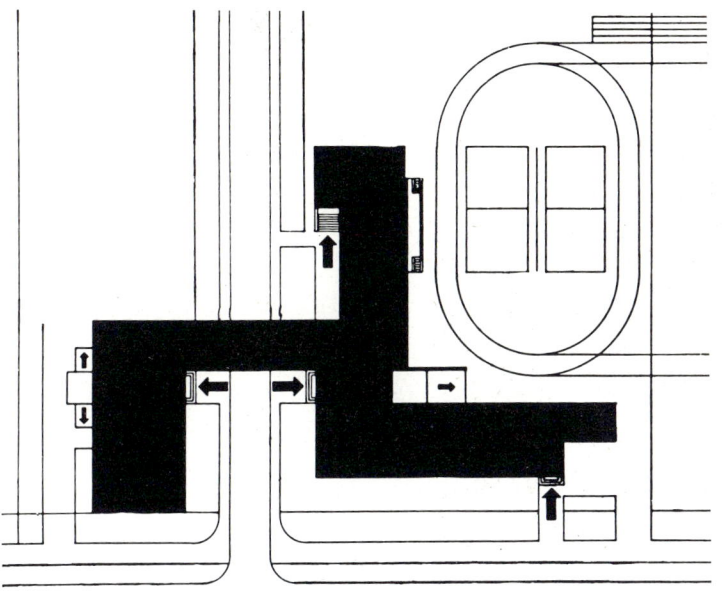

Abb. 1321–1322. Plan und Luftaufnahme des von Walter Gropius im Jahre 1926 gebauten Bauhaus-Komplexes in Dessau.

Die Großen der modernen Architektur – Walter Gropius (1883–1969), Mies van der Rohe (1886–1969) und Le Corbusier (1887–1965) – haben als erste versucht, diese neuen Methoden in die architektonische und städteplanerische Arbeit einzuführen. *Gropius* war von 1919 bis 1928 der Leiter einer besonderen Schule, des Bauhauses. Unter den Lehrern dieser Schule befanden sich einige der hervorragendsten Vertreter der modernen Kunst (Klee, Kandinsky, Schlemmer), und die Schüler lernten hier, sämtliche Elemente zu entwerfen, die zur Ausstattung und Gestaltung der modernen Umgebung des Menschen gehören – von den Möbeln einer Wohnungseinrichtung bis hin zu einem ganzen Stadtteil (Abb. 1321–1323 und 1358–1367). *Mies van der Rohe* entwarf einige einfache, aber richtungsweisende Gebäude und leitete mehrere öffentliche Bauprojekte, darunter den Bau eines Experimentierstadtteils in Stuttgart, an dessen Gestaltung sich moderne Architekten aus aller Welt beteiligten (Abb. 1324–1337). *Le Corbusier* arbeitete freiberuflich in Paris, konnte aber nur einen kleinen Teil seiner Projekte verwirklichen: einige Privathäuser (Abb. 1339–1346) und einige öffentliche Gebäude von bescheidenen Ausmaßen; die Entwürfe für größere und bedeutendere Bauten (den Sitz des Völkerbundes in Genf, das Gebäude der Sowjets in Moskau und später das UNO-Gebäude in New York) wurden nicht angenommen oder von anderen – ohne Le Corbusiers Kontrolle – realisiert (Abb. 1338 und 1347–1348).

Abb. 1323. Das Emblem des Bauhauses zwischen 1919 und 1921.

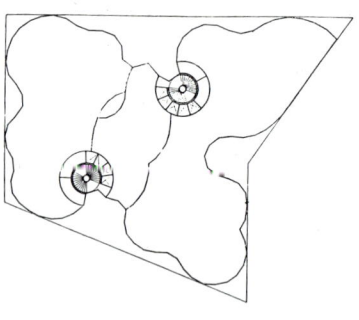

Abb. 1324–1326. Grundriß und zwei Fotomontagen des von Ludwig Mies van der Rohe im Jahre 1921 entworfenen Wolkenkratzers aus Stahl und Glas.

Abb. 1327–1329. Zwei Innenansichten und Grundriß des Experimentierhauses, das Mies van der Rohe für die Architekturausstellung von 1931 in Berlin baute.

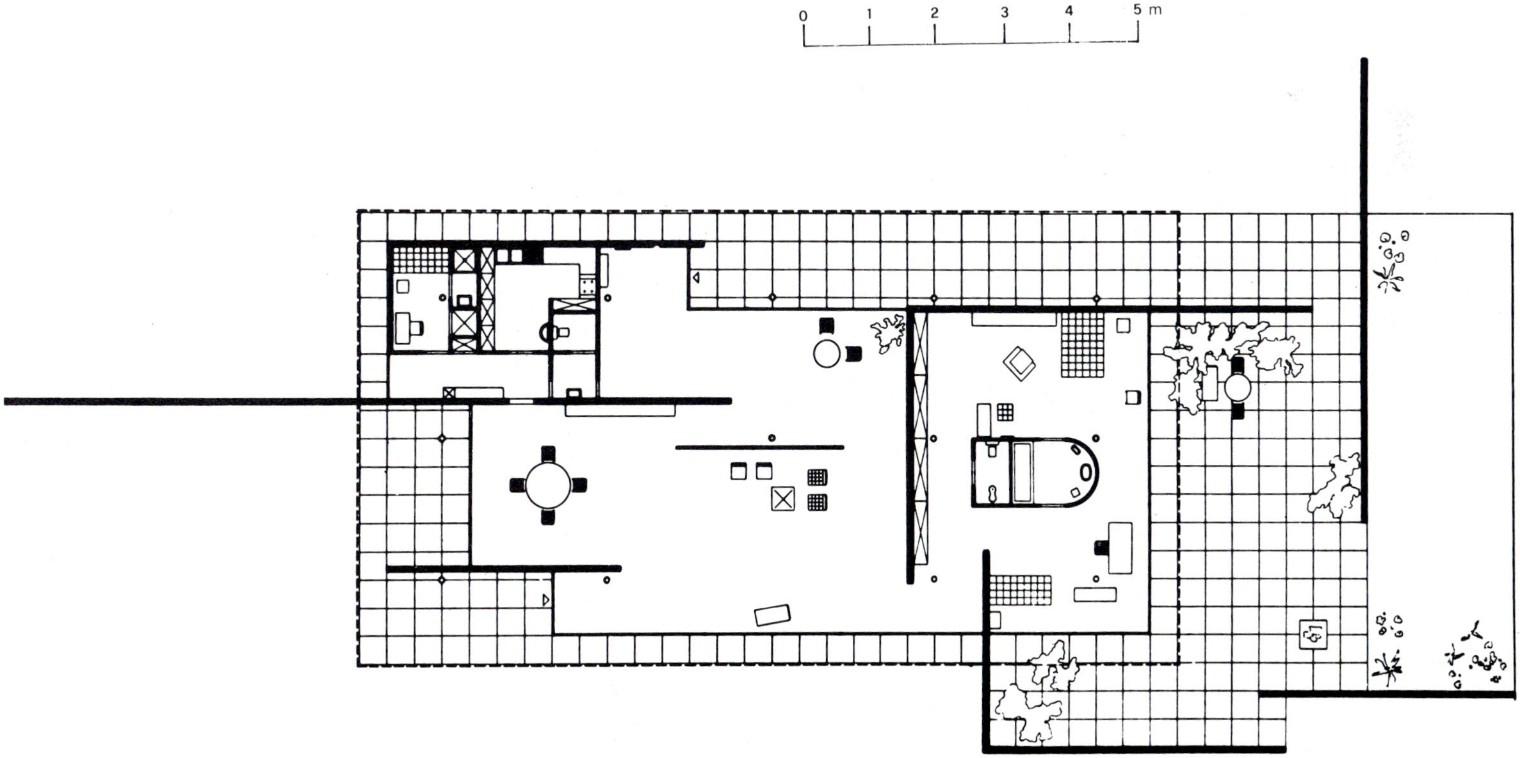

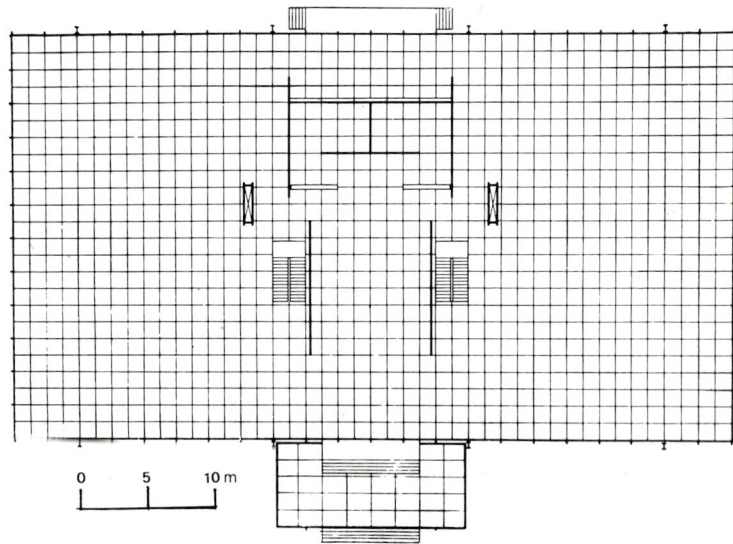

Abb. 1330–1331. Die von Mies van der Rohe 1955 fertiggestellte Crown Hall auf dem Campus des Chicagoer Illinois
Institute of Technology.

0   5   10 m

Abb. 1332–1333. (rechte Seite) Der Gesamtkomplex des Campus in Chicago: Luftaufnahme mit dem Stadtzentrum im
Hintergrund und Lageplan der einzelnen Gebäude.

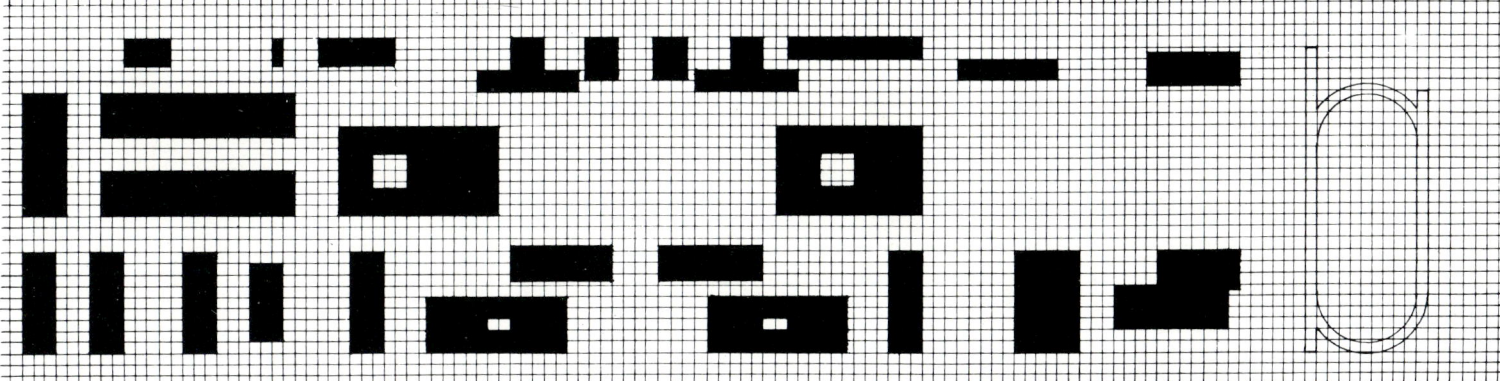

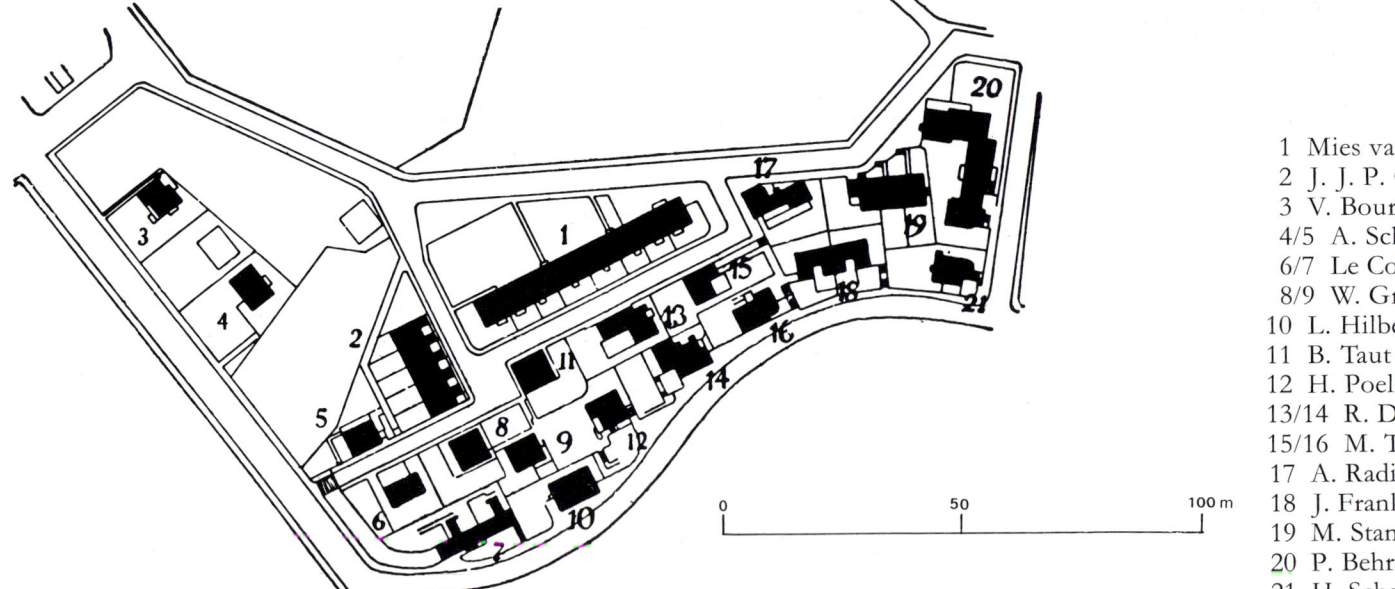

1 Mies van der Rohe
2 J. J. P. Oud
3 V. Bourgeois
4/5 A. Schneck
6/7 Le Corbusier
8/9 W. Gropius
10 L. Hilbersheimer
11 B. Taut
12 H. Poelzig
13/14 R. Döcker
15/16 M. Taut
17 A. Rading
18 J. Frank
19 M. Stam
20 P. Behrens
21 H. Scharoun

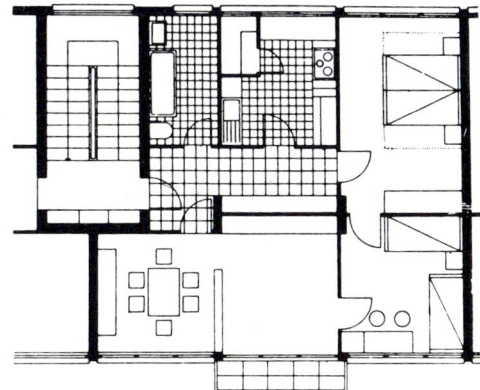

Abb. 1334–1337. Der Weißenhofkomplex, der 1927 in Stuttgart für die von Mies van der Rohe geleitete Ausstellung des deutschen Werkbundes angelegt wurde: eine zeitgenössische Luftaufnahme, Übersichtsplan, Ansicht und Grundriß des von Mies van der Rohe entworfenen Hauses.

Maßstab 1:2000

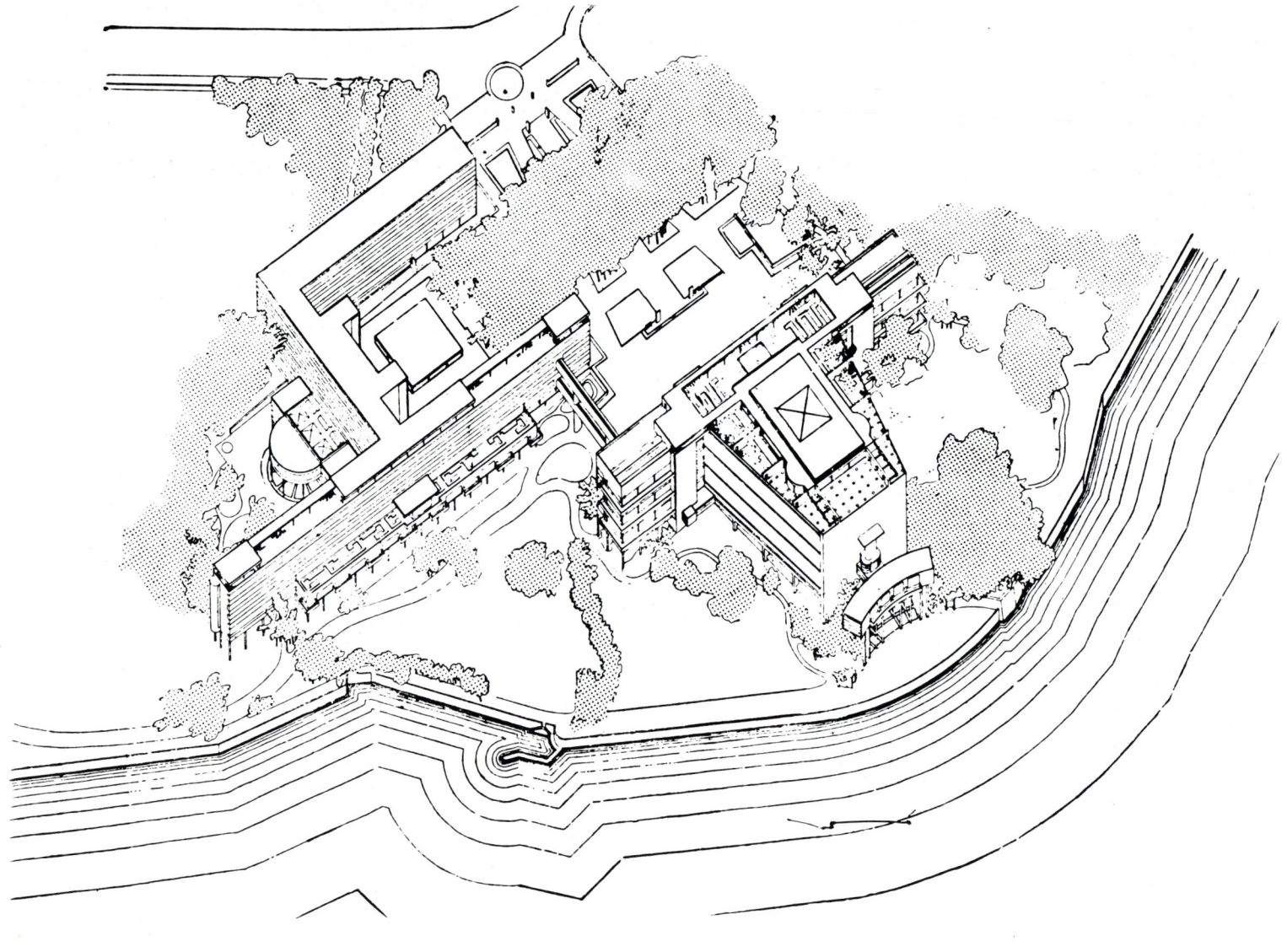

Abb. 1338. Axonometrie des Entwurfs, mit dem sich Le Corbusier 1927 an der Ausschreibung für den Sitz des Völkerbundes in Genf beteiligte.

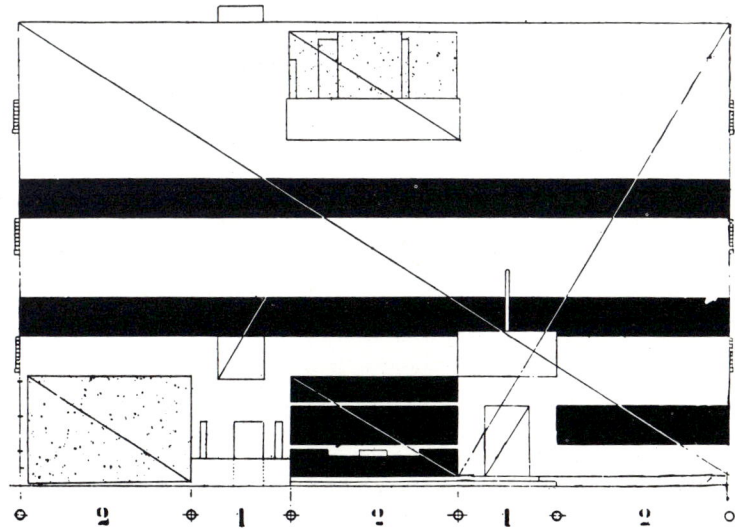

Abb. 1339–1340. Die von Le Corbusier 1926 in Garches in der Nähe von Paris gebaute Villa Stein: Foto und Aufriß der Fassade, mit den geometrischen Linien, aufgrund derer die Proportionen der ausgefüllten (in weiß) und der hohlen (Fenster-)Flächen (in schwarz) festgelegt wurden.

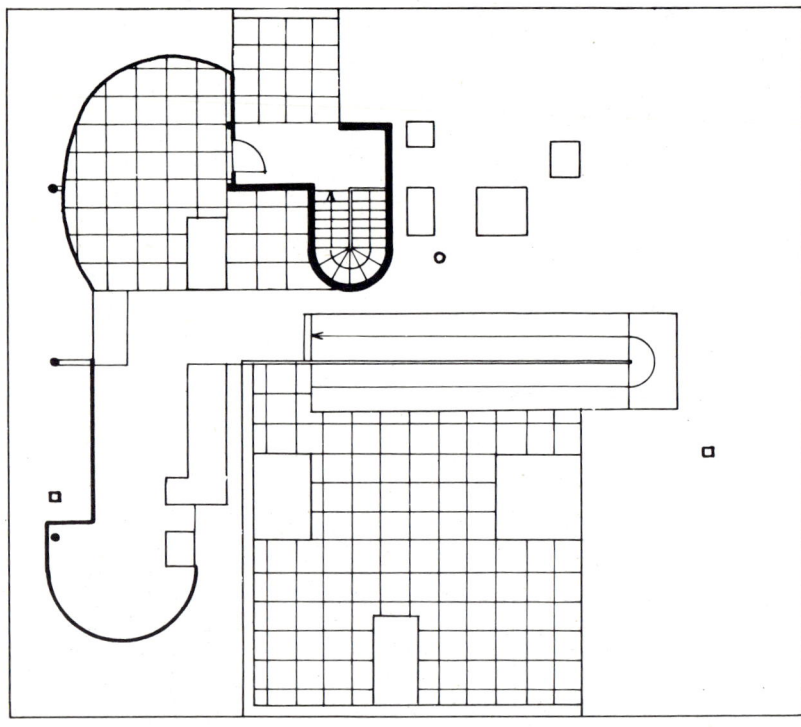

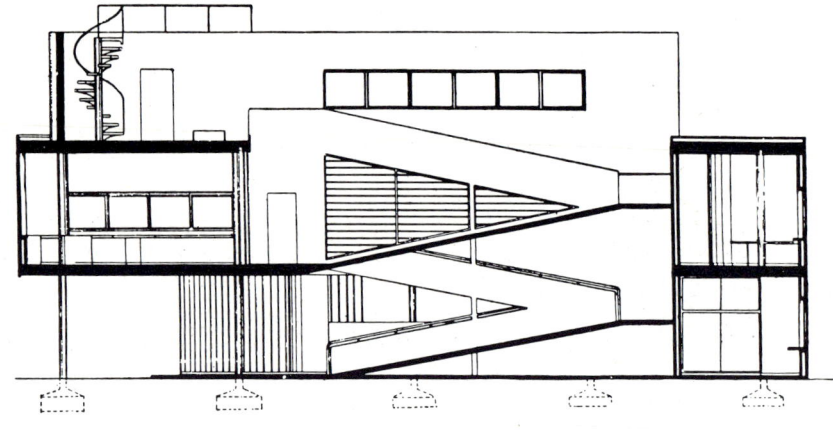

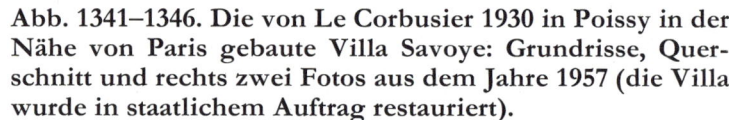

Maßstab 1:100

Abb. 1341–1346. Die von Le Corbusier 1930 in Poissy in der Nähe von Paris gebaute Villa Savoye: Grundrisse, Querschnitt und rechts zwei Fotos aus dem Jahre 1957 (die Villa wurde in staatlichem Auftrag restauriert).

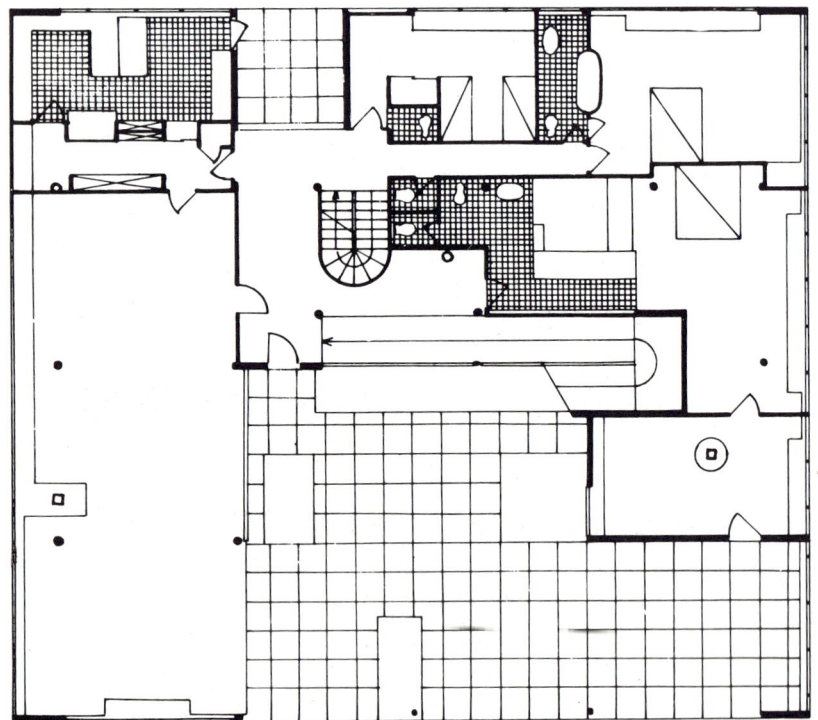

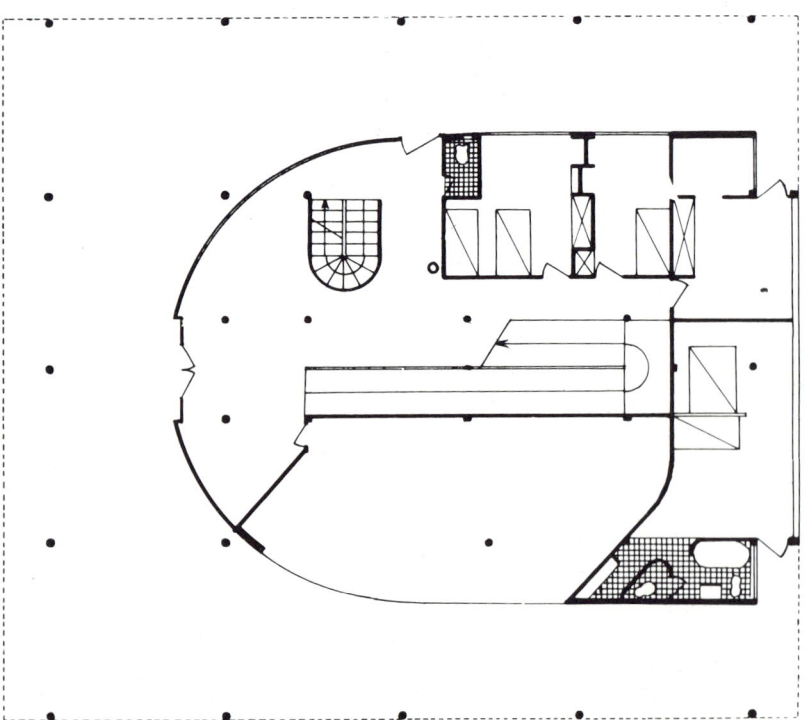

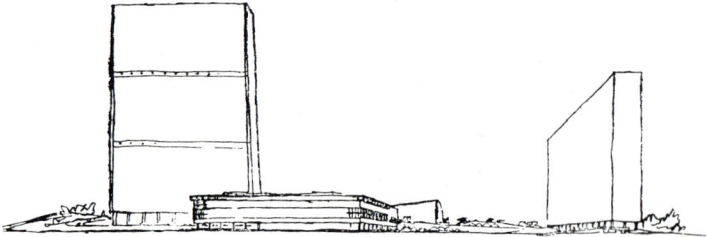

Abb. 1347–1348. Der »Glaspalast« der Vereinten Nationen in New York, der von Harrison und Abramowitz zwischen 1948 und 1950 auf der Grundlage einer Skizze von Le Corbusier aus dem Jahre 1946 gebaut wurde.

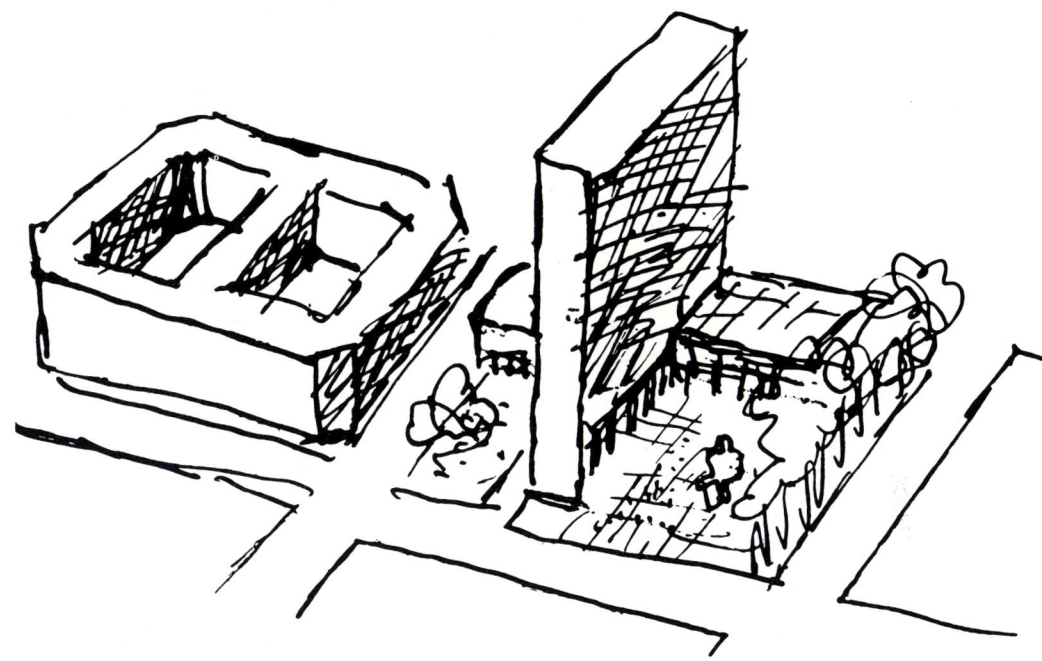

Abb. 1349. Eine Skizze von Le Corbusier für das Erziehungsministerium in Rio de Janeiro, das zwischen 1937 und 1943 gebaut wurde.

Angesichts der Schwierigkeiten, auf die die modernen Architekten bei ihrer Arbeit stießen, nahmen sie es hin, als avantgardistische Künstler zu gelten, weil die Gesellschaft ihnen dadurch einen gewissen Freiraum zugestand, den sie dazu nutzten, eine neue Arbeitsweise und Forschungsmethode einzuführen: Sie arbeiteten zusammen an gemeinsam definierten Aufgaben und tauschten ihre Ergebnisse untereinander aus, so daß sie ihre Lösungsvorschläge im Laufe der Zeit verbessern und ihren Erfahrungsschatz ständig erweitern konnten. Wir beschreiben im Folgenden die wichtigsten Elemente dieser gemeinschaftlichen Forschungsarbeit, die vor über 50 Jahren begann und auch heute noch ständig fortgeführt wird.

1. Die Analyse der Aktivitäten, die das Leben in der modernen Stadt bestimmen:

Die Vorstellung von der Stadt als einer Einheit stand einer genauen Analyse der verschiedenen Aktivitäten, die das städtische Leben strukturieren, nicht im Wege; Le Corbusier unterschied vier solcher Aktivitäten:

– Wohnen
– Arbeiten
– Kultivierung von Geist und Körper
– Fortbewegung

Die »post-liberalen« Städte begünstigten eindeutig die produktiven Aktivitäten und dabei vor allem die des tertiären Sektors (Handel, Verkehr), denen gegenüber die übrigen mehr oder weniger geopfert wurden. Die moderne Architektur kritisierte diese Setzung der Prioritäten und bestimmte sie neu:

– Der Wohnbereich, in dem die Menschen den größten Teil des Tages verbringen, wird zum wichtigsten Element der Stadt. Dieser Bereich darf jedoch nicht von den übrigen Einrichtungen, die ihn unmittelbar ergänzen – den »Verlängerungen der Wohnung«, wie Le Corbusier sie nannte –, getrennt werden.
– Alle Sektoren des produktiven Bereichs (Landwirtschaft, Industrie und Handel) gelten als gleichgewichtig und bestimmen die drei Grundtypen menschlicher Ansiedlungen:
   – die über das ganze Land verteilten *landwirtschaftlichen Betriebe*
   – die langgestreckte *lineare Industriestadt*
   – die *radiozentrisch angelegte Stadt für den Handel* (Abb. 1350).
– Die Freizeitaktivitäten werden in ihrer Bedeutung aufgewertet und bedürfen eigens dafür geschaffener offener Bereiche, die über das gesamte Stadtgebiet verteilt sein sollen (Grünanlagen für Sport und Spiel unmittelbar vor den Wohnhäusern, Parks für einzelne Stadtteile und für die Stadt als Ganze und ausgedehnte regionale und nationale Naturschutzgebiete). Diese Grünanlagen, die in der bürgerlichen Stadt lediglich isolierte Inseln innerhalb des dicht bebauten Organismus waren, sollen einen einzigen zusammenhängenden Bereich bilden, in den alle anderen Elemente der Stadt eingefügt werden – damit würde

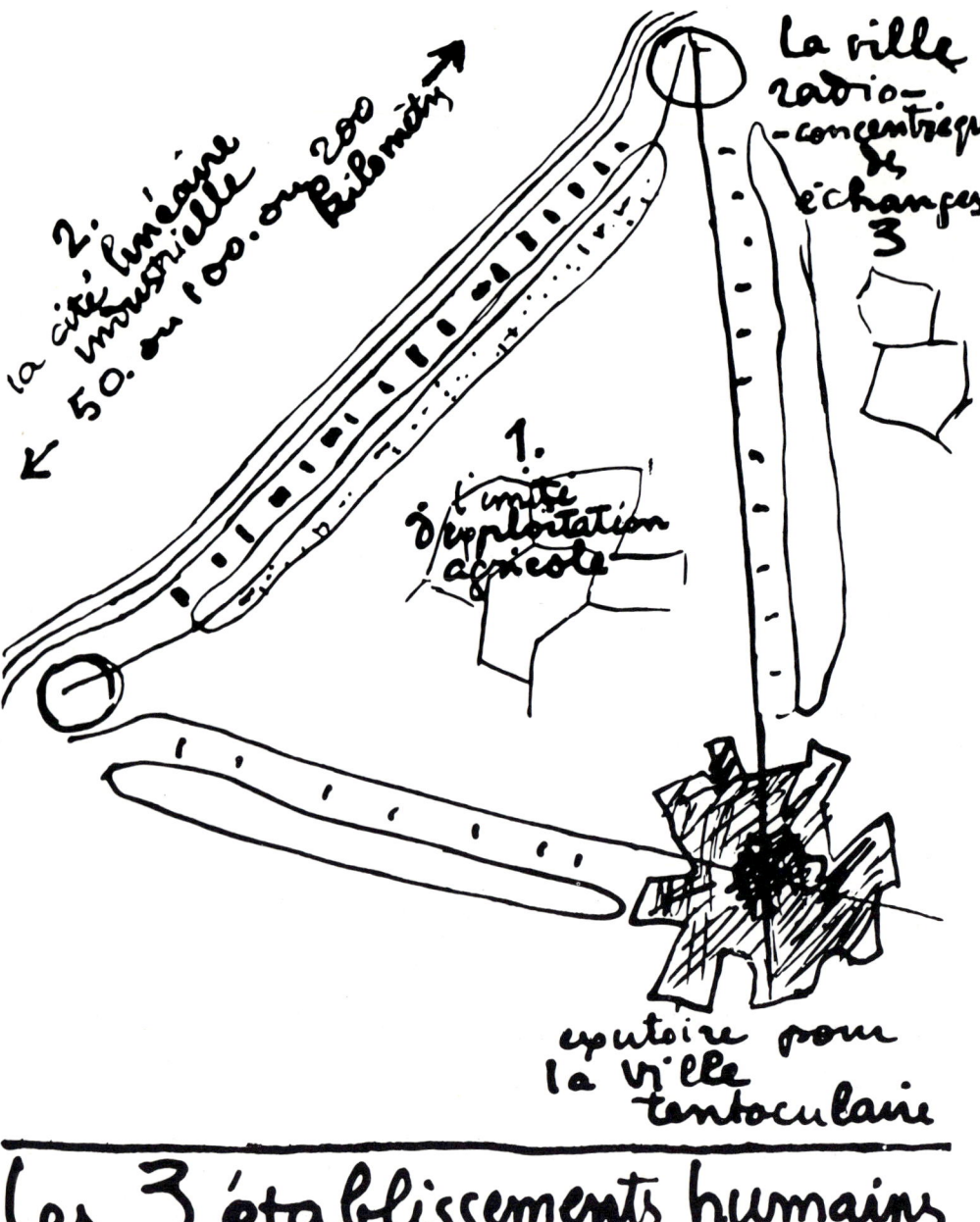

Abb. 1351. (rechte Seite) **Die Struktur der modernen Stadt, die die traditionelle Stadt ersetzen soll:** ein von Le Corbusier entworfenes Projekt zur Sanierung eines verslumten Pariser Stadtteils (1936).

Abb. 1350. **Die drei Siedlungstypen des Menschen: Zeichnung von Le Corbusier aus dem Jahre 1947.**

1 »Die Einheit des landwirtschaftlichen Anbaus«
2 »Die (langgestreckte) lineare Industriestadt«
3 »Die radiozentrische Handelsstadt«
Diese drei Siedlungsformen sollen die heutigen, sich weit ausdehnenden Städte ersetzen, in denen die drei Funktionen ineinander übergehen und dadurch in ihrer Entwicklung gehemmt werden.

die Stadt zu einem einzigen großen Park werden, der so angelegt ist, daß er allen Funktionen und Anforderungen des städtischen Lebens gerecht wird (Abb. 1351–1356).

Das herkömmliche Verkehrswesen wird je nach der Art der eingesetzten Verkehrsmittel und nach den Anforderungen und der Bedeutung der einzelnen städtischen Funktionen und Bereiche gegliedert. Die »Korridor-Straße« mit ihren Bürgersteigen für die Fußgänger und der Fahrbahn für alle Arten von Fahrzeugen, soll durch ein System verschiedener, getrennt verlaufender Verkehrswege ersetzt werden; dabei sollen jeweils für die Fußgänger, die Fahrräder, die langsamen und die schnellen Fahrzeuge eigene Wege bzw. Straßen angelegt werden. Dieses System soll den gesamten Raum der neuen »Park-Stadt« in frei gezogenen Linien durchziehen.

Diese neue städtische Struktur sollte den uralten Gegensatz zwischen Stadt und Land aufheben und damit auch der aus diesem Gegensatz resultierenden Möglichkeit der Bodenspekulation ein Ende bereiten, das heißt, es sollte verhindert werden, daß weiterhin Privatpersonen städtischen Grund und Boden erwerben, um daraus einen finanziellen Gewinn zu ziehen. Die modernen Architekten hatten von Anfang an das Nebeneinander von öffentlichem Interesse und privatem Grundbesitz kritisiert, das eine der Grundlagen der bürgerlichen Stadt darstellte. Die von ihnen propagierte Alternative hieß: Zurückeroberung der öffentlichen Kontrolle über den gesamten Grund und Boden der Stadt.

Abb. 1352. Die moderne Stadtlandschaft mit den Grünflächen und den Bäumen im Vordergrund (Zeichnung von Le Corbusier).

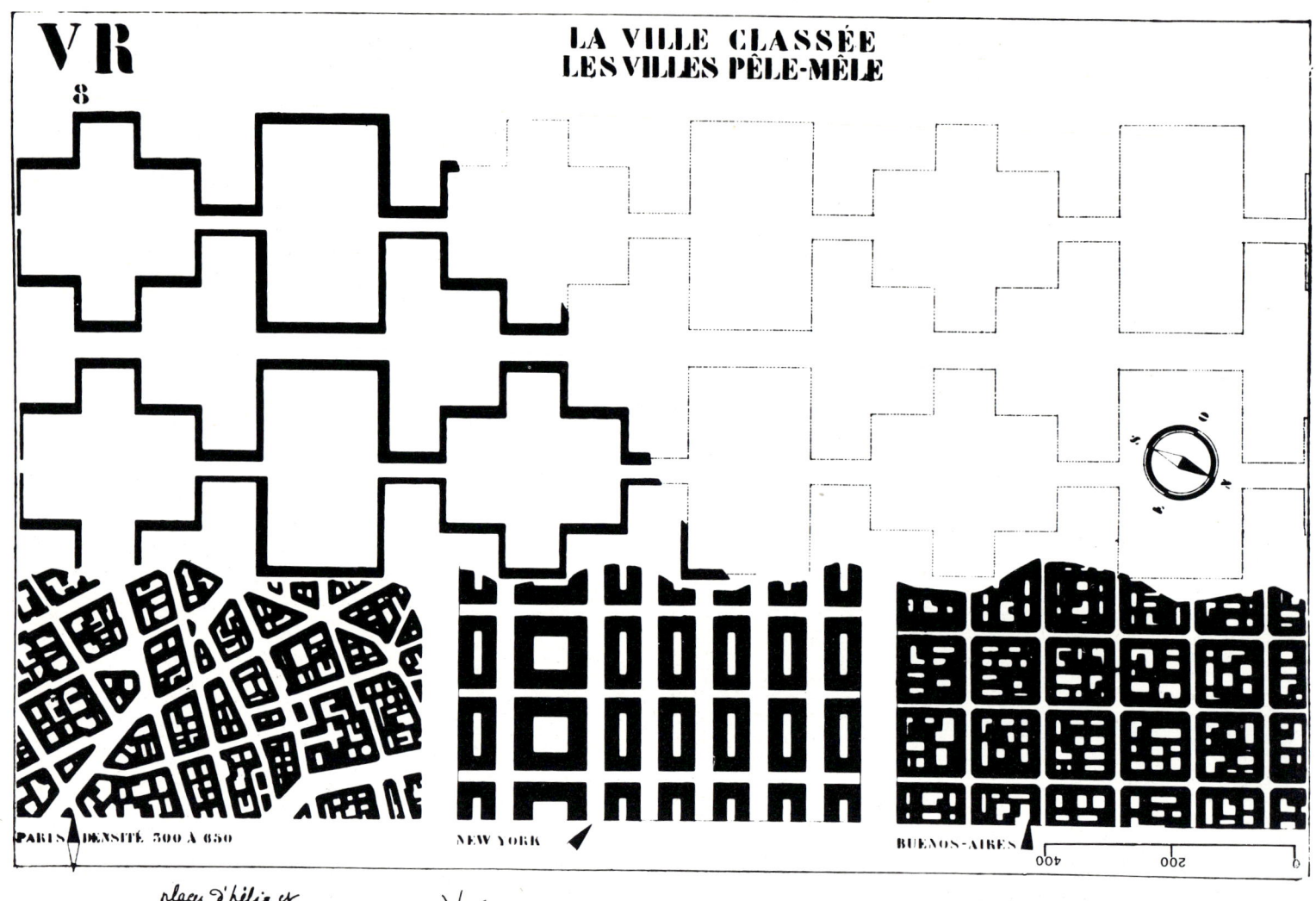

Abb. 1353. Die Struktur der von Le Corbusier entworfenen »Ville Radieuse« im Vergleich zur Struktur von Paris, New York und Buenos Aires (vgl. Abb. 1184).

Abb. 1354. Querschnitt eines Gebäudes der »Ville Radieuse«: Von jeder Wohnung aus hat man einen unmittelbaren Blick auf die Grünanlagen und den Himmel; der Autoverkehr wird auf Hochstraßen abgewickelt, um die Fußgänger nicht zu behindern.

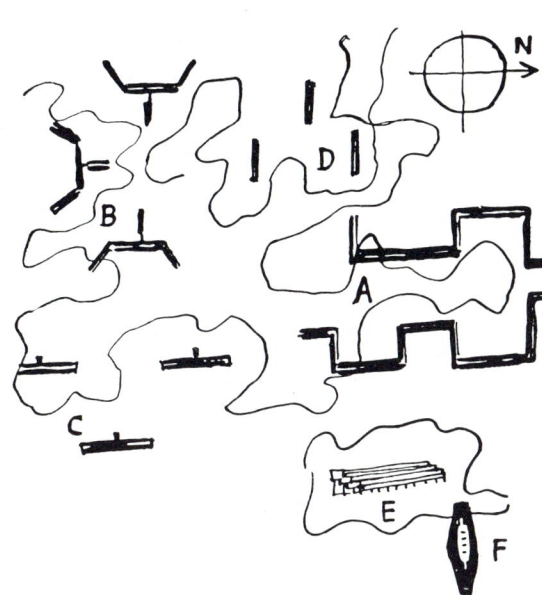

A Zusammenhängende Wohnblocks, angeordnet in der Form eines griechischen Musters.

B Wohn- oder Bürokomplexe in der Form von Hühnerkrallen.

C u. D in Nord-Süd- oder Ost-West-Richtung angelegte langgestreckte Gebäude.

E Treppenförmig angelegte Gebäude.

F Bürowolkenkratzer, die in der Mitte etwas breiter sind, um den Aufzuganlagen Platz zu bieten.

Abb. 1355–1356. Zwei weitere Zeichnungen von **Le Corbusier:** (links) **die verschiedenen, locker innerhalb der Grünanlagen verteilten Gebäudetypen der modernen Stadt;** (rechts) **die neue Stadtlandschaft, deren Gestaltung sich an der Sonnenbahn orientiert.**

2. Die Bestimmung der Grundelemente, die für jede dieser städtischen Funktionen nötig sind:

Die Methode des Voranschreitens vom Besonderen zum Allgemeinen, ein fester Bestandteil der wissenschaftlichen Tradition, wurde von Anfang an auch von den neue Gestaltungsmöglichkeiten erforschenden Architekten als Instrument schrittweiser Kontrolle der Ergebnisse und als Garantie für deren Gültigkeit benutzt. Jede Konstruktion muß in ihre einzelnen Bestandteile zerlegt werden, um dann wieder auf eine neue Art, nach rationalen Gesichtspunkten zusammengefaßt zu werden.

Die künstlerischen Bestrebungen der Maler haben gezeigt, daß es möglich ist, sich unter Anwendung dieser Methode der gesamten Last der traditionellen Formen zu entledigen, eine tabula rasa zu schaffen und darauf eine völlig neue Welt entstehen zu lassen. So lernten auch die Architekten, von den baulichen Grundelementen – den Materialien, den Verarbeitungsmöglichkeiten usw. – auszugehen und sie entsprechend den jeweiligen – technischen, ökonomischen, psychologischen etc. – Anforderungen neu zu kombinieren. Diese Arbeit kann jedoch nicht jedesmal von neuem geleistet werden; es galt deshalb, einige Kombinationen zu entwickeln, mit denen ein bestimmtes, immer wieder auftretendes Problem gelöst werden kann und die auch im Rahmen anderer, komplexerer Systeme anwendbar sind.

Im Alltag treffen wir auf Schritt und Tritt auf derartige Kombinationen: zum Beispiel auf eine Kombination aus einem tintengefüllten Röhrchen, einer Schreibspitze, einer Ummantelung und einer Kappe – das heißt auf einen Kugelschreiber, der dazu dient, ein bestimmtes Problem zu lösen, nämlich mit der Hand auf ein Blatt Papier zu schreiben. Eine Kombination aus einem internen Mechanismus, einer Abdeckplatte und einem Griff bildet eine Türklinke, die das Problem des Öffnens und Schließens einer Tür löst; aus der Klinke wird dann in Verbindung mit dem Rahmen, der Füllung und den Scharnieren eine komplette Tür; die Tür ist mit dem Fenster, den Wänden, dem Fußboden, der Decke und den Möbeln Bestandteil eines Zimmers, das zum Essen, Schlafen, Arbeiten u. ä. genutzt werden kann; viele dieser Zimmer bilden ein Haus, viele Häuser einen Stadtteil, mehrere Stadtteile eine Stadt und so weiter.

Wenn es sich um ein einfaches Problem handelt, wie z. B. das Öffnen und Schließen einer Tür, kann der Gegenstand, mit dessen Hilfe das Problem gelöst wird, stets dieselbe, jeweils nur geringfügig abgewandelte Form haben; ist das Problem aber komplexer Natur, wie z. B. Schlafen, Arbeiten usw., so kann das zu seiner Lösung notwendige Objekt sehr unterschiedliche Formen annehmen. Aber um ein Schlafzimmer zu gestalten, ist es nicht erforderlich, jeweils auch die zum Öffnen und Schließen des Zimmers nötige Tür neu zu entwerfen. Eine bestimmte Art von Tür kann für viele verschiedene Zimmer benutzt werden und muß nur geändert werden, um ein neu auftretendes spezielles Problem zu lösen (wenn die Tür erhöhten Sicherheitsanforderungen genügen muß oder wenn ein Raum zu bestimmten Zwecken eine besondere Isolierung braucht).

Das wissenschaftliche Vorgehen ermöglicht es in diesem Zusammenhang, die zu lösenden Probleme systematisch anzugehen, und führt zur Bestimmung derjenigen funktionellen Grundelemente, die zur Lösung des jeweiligen Problems unbedingt erforderlich sind, d. h. zu den der jeweiligen Stufe entsprechenden Grundkombinationen, die als separate Einheiten im Rahmen komplexerer Kombinationen verwendet werden können.

Diese Vorgehensweise führte bei der Konstruktion einfacher Gebrauchsgegenstände, die für einen bestimmten, klar umgrenzten Zweck benötigt werden, zu einem unmittelbaren Erfolg. So haben die modernen Architekten von Anfang an einen Großteil der Gegenstände des täglichen Bedarfs und kleinere Objekte des unmittelbaren Lebensbereichs – Stühle, Tische, Betten, Schränke, Lampen, Geschirr u. ä. – neu designed und dabei einige grundlegende Modelle entwickelt, die eine weite Verbreitung fanden und auch heute noch verwendet werden (Abb. 1357–1367).

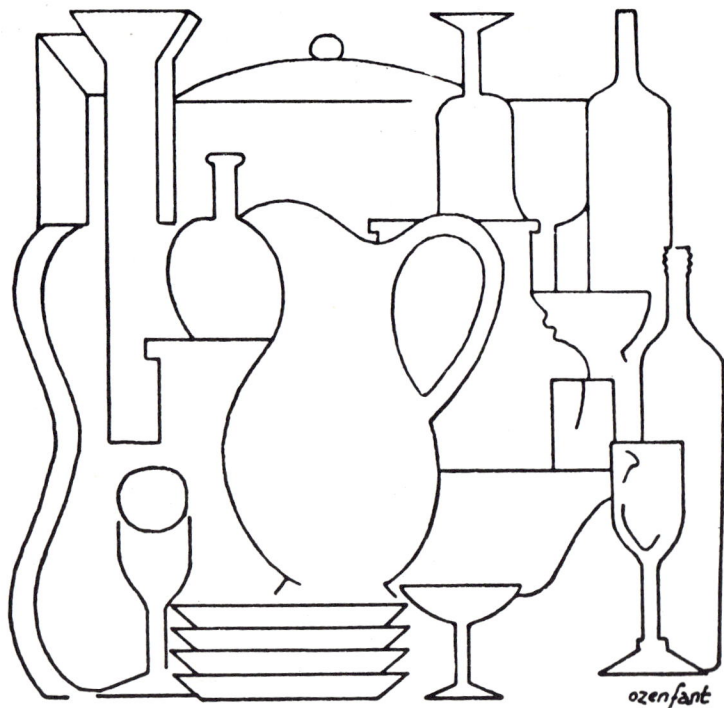

Abb. 1357. Einige Gebrauchsgegenstände des täglichen Bedarfs in einer Zeichnung von Amédée Ozenfant (1925).

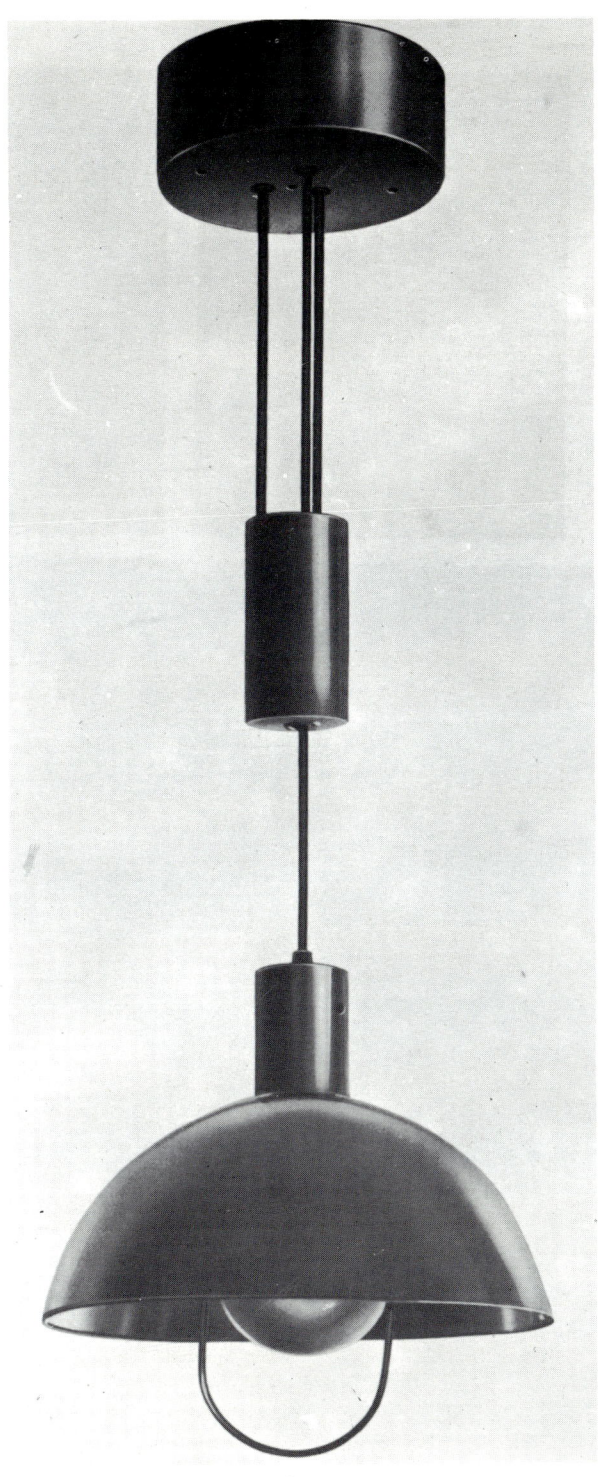

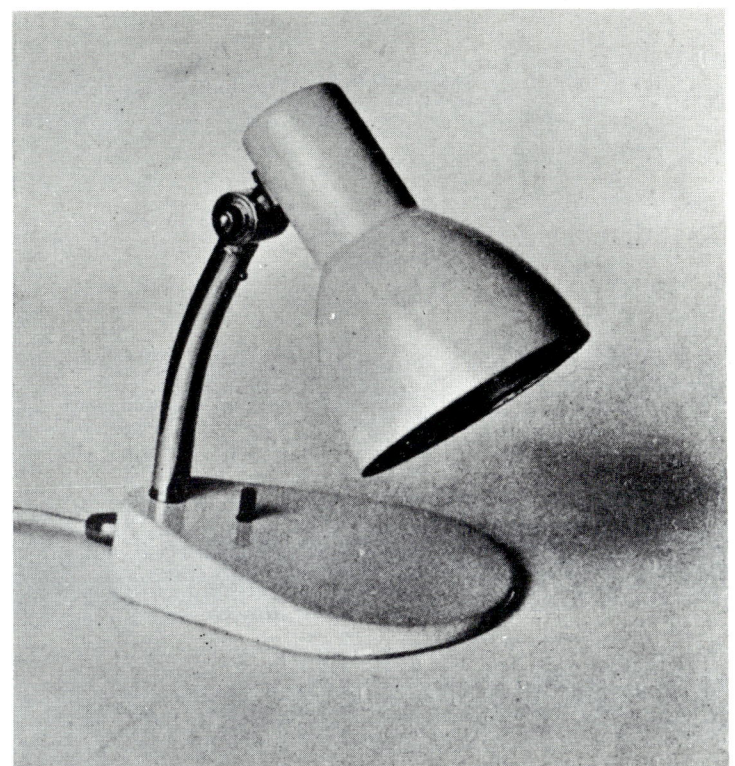

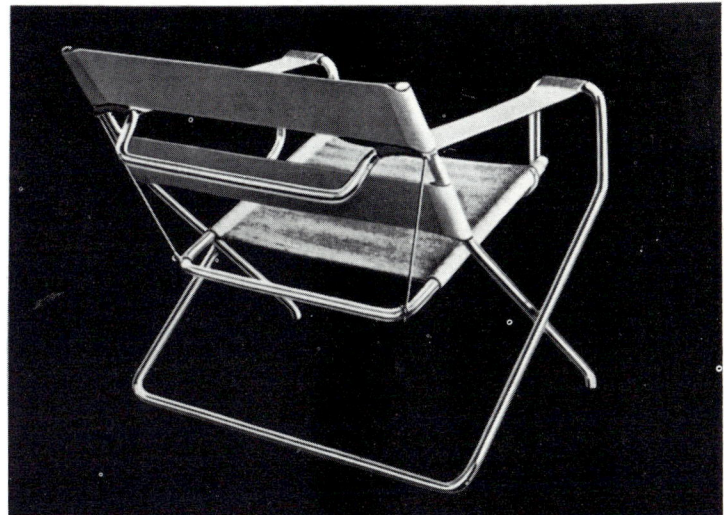

Abb. 1358–1360. Drei Objekte aus Metall, die im Dessauer Bauhaus entworfen worden sind: zwei Lampen von Marianne Brandt und ein Klappsessel von Marcel Breuer (1924–1925).

Abb. 1361. Ein Ruhesessel aus gebogenem Holz, von Marcel Breuer im Jahre 1936 für die englische Firma Isokon entworfen.

Abb. 1362. Die von Gropius im Jahre 1930 entworfene Karosserie des Adler-Automobils.

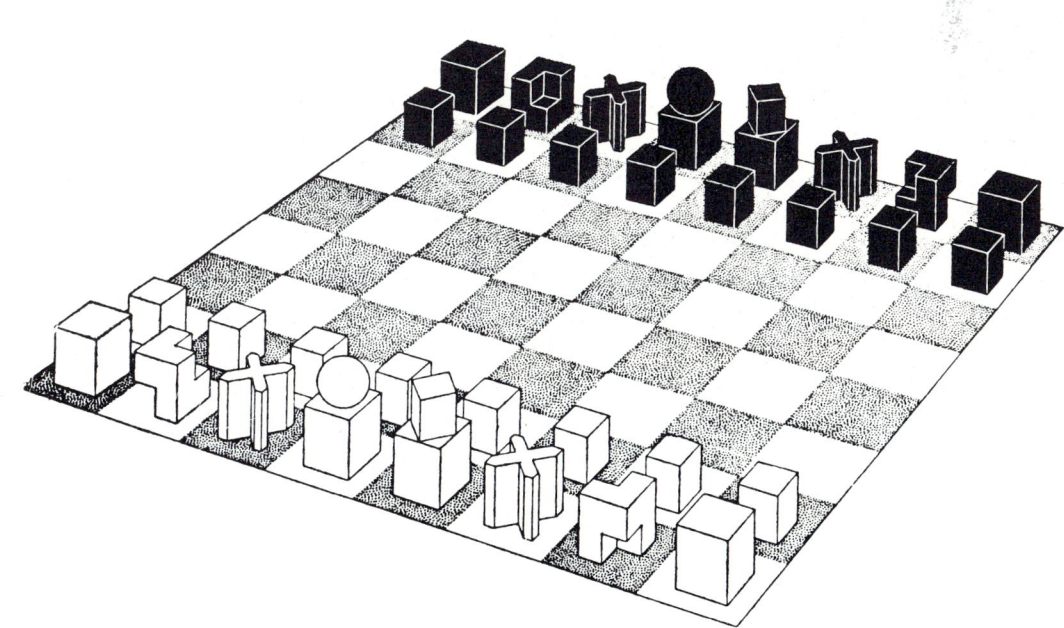

Abb. 1363. Das von Joseph Hartwig 1924 im Bauhaus entworfene Schachspiel.

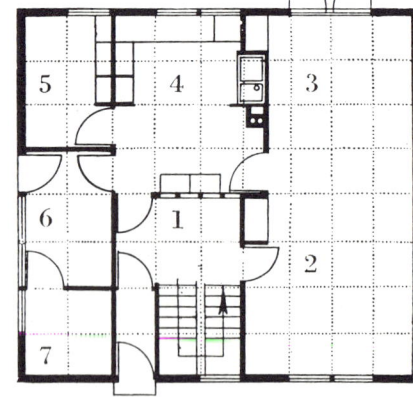
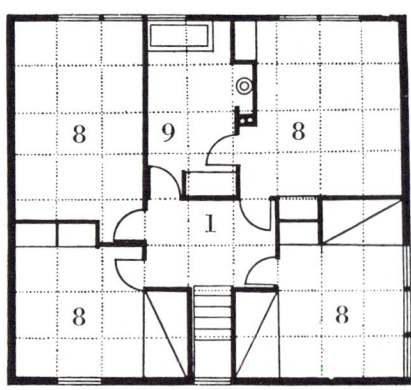

1 Flur
2 Wohnzimmer
3 Eßzimmer
4 Küche/Eßecke
5 Speisekammer
6 Abstellkammer
7 Kohlenlagerraum
8 Schlafzimmer
9 Bad

0 1 2 3 4 5 m

Mit dieser Vorgehensweise überwanden die modernen Architekten die traditionellen Beschränkungen und entwickelten, ausgehend von der Konstruktion und Gestaltung einzelner Gebrauchs- und Einrichtungsgegenstände, auch komplexere, aus den von ihnen entworfenen Elementen zusammengesetzte Einheiten. Vor allem aber diente diese Vorgehensweise zur Bestimmung und Gestaltung der grundlegenden, den vier beschriebenen Aktivitäten in der Stadt – Wohnen, Arbeiten, Kultivierung von Körper und Geist und Fortbewegung – zuzuordnenden funktionellen Elemente.

Insofern das Wohnen als Hauptfunktion der Stadt galt, wurde in deren kleinster bewohnbarer Einheit – der Wohnung – das Grundelement des gesamten städtischen Gebildes gesehen. Weil die Wohnung – und nicht das einzelne Gebäude – zum Ausgangs-

Abb. 1364–1367. Grundriß und zwei Innenansichten des von Gropius für den Weißenhofkomplex in Stuttgart entworfenen Fertighauses (vgl. Abb. 1334, Nr. 8): Zur Ausstattung dieses Hauses gehörten auch die in den Jahren zuvor im Bauhaus entworfenen Metallmöbel, die Lampen und das Geschirr.

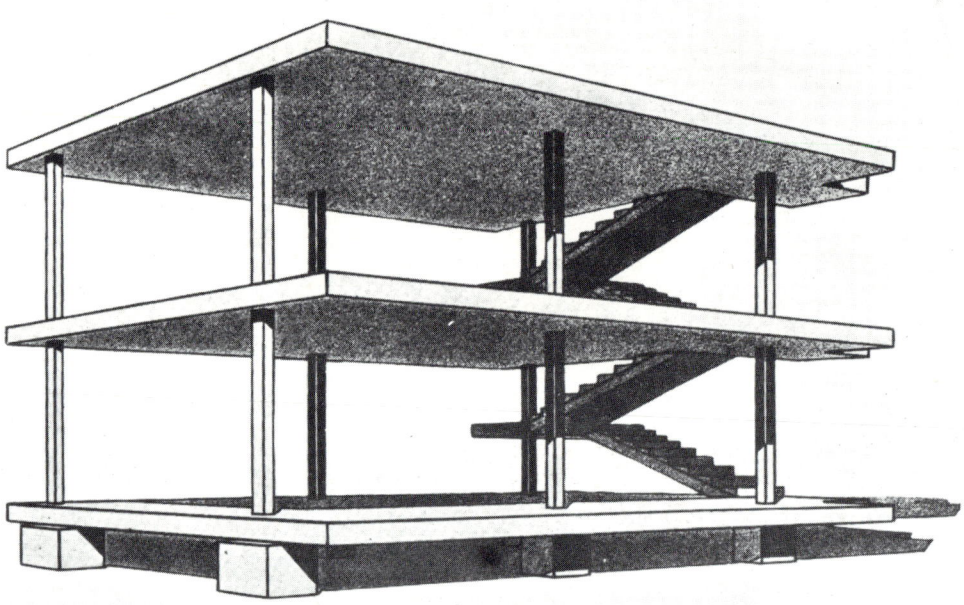

Abb. 1368. Das aus Eisenbeton bestehende Rahmenwerk des von Le Corbusier im Jahre 1918 entworfenen Domino-Hauses.

punkt der Neugestaltung der Stadt gewählt wurde, konnten auch die für die bürgerliche Stadt charakteristischen Haustypen – das große, direkt an der Straße liegende Wohnhaus und die weiter zurückliegenden kleinen Villen – kritisiert und als Vorbilder abgelehnt werden. Diese Arten von Gebäuden waren ein Resultat der Wechselbeziehung zwischen öffentlichem Bereich und privatem Grundbesitz und konnten ihre große Bedeutung und weite Verbreitung nur auf der Grundlage dieser Wechselbeziehung erlangen, die – wie wir bereits gezeigt haben – die Grundlage der »post-liberalen« Stadt darstellte. Die Wohnung dagegen ist das Element, das die Bewohner direkt interessiert; insofern bedeutete die Entscheidung, die Wohnung zum Ausgangspunkt der Überlegungen der modernen Architektur zu machen, sich bei der Neugestaltung der Stadt an den Bedürfnissen und Interessen der Bewohner zu orientieren und nicht an denen der Grund- und Hausbesitzer und der Bürokratie.

Von diesen – selbstgewählten – Voraussetzungen ausgehend löste die moderne Architektur zunächst die beiden folgenden Aufgaben:
– Sie analysierte als erste sehr genau die innere Struktur der Wohnung, das Verhältnis zwischen ihren einzelnen Elementen – den Räumen – und bestimmte die verschiedenen Möglichkeiten der Anordnung der einzelnen Räume;

– und sie legte die Regeln fest, nach denen die Wohnungen anzuordnen waren, um den Bedürfnissen der Bewohner zu entsprechen. Im Blickpunkt stand also die Beziehung der einzelnen Wohnungen untereinander und die Beziehung zwischen den Wohnungen und den öffentlichen Einrichtungen. Aus der Gesamtheit der Wohnungen und aus den übrigen Gebäuden und Anlagen – Schulen, Krankenhäuser, Geschäfte, Sportplätze, Freizeit- und Kultureinrichtungen, Straßen und Fußwege – setzen sich dann die einzelnen Wohnquartiere zusammen und diese bilden die Grundstruktur der modernen Stadt.

Abb. 1369–1372. (rechte Seite) **Einige Skizzen von Le Corbusier, die die fünf Punkte der neuen Architektur erläutern: der freie Grundriß, die frei gestaltete Fassade, das auf Pfeilern (›Pilotis‹) über dem Erdboden ruhende Haus, der Dachgarten und die langgestreckte Fensterfront.**

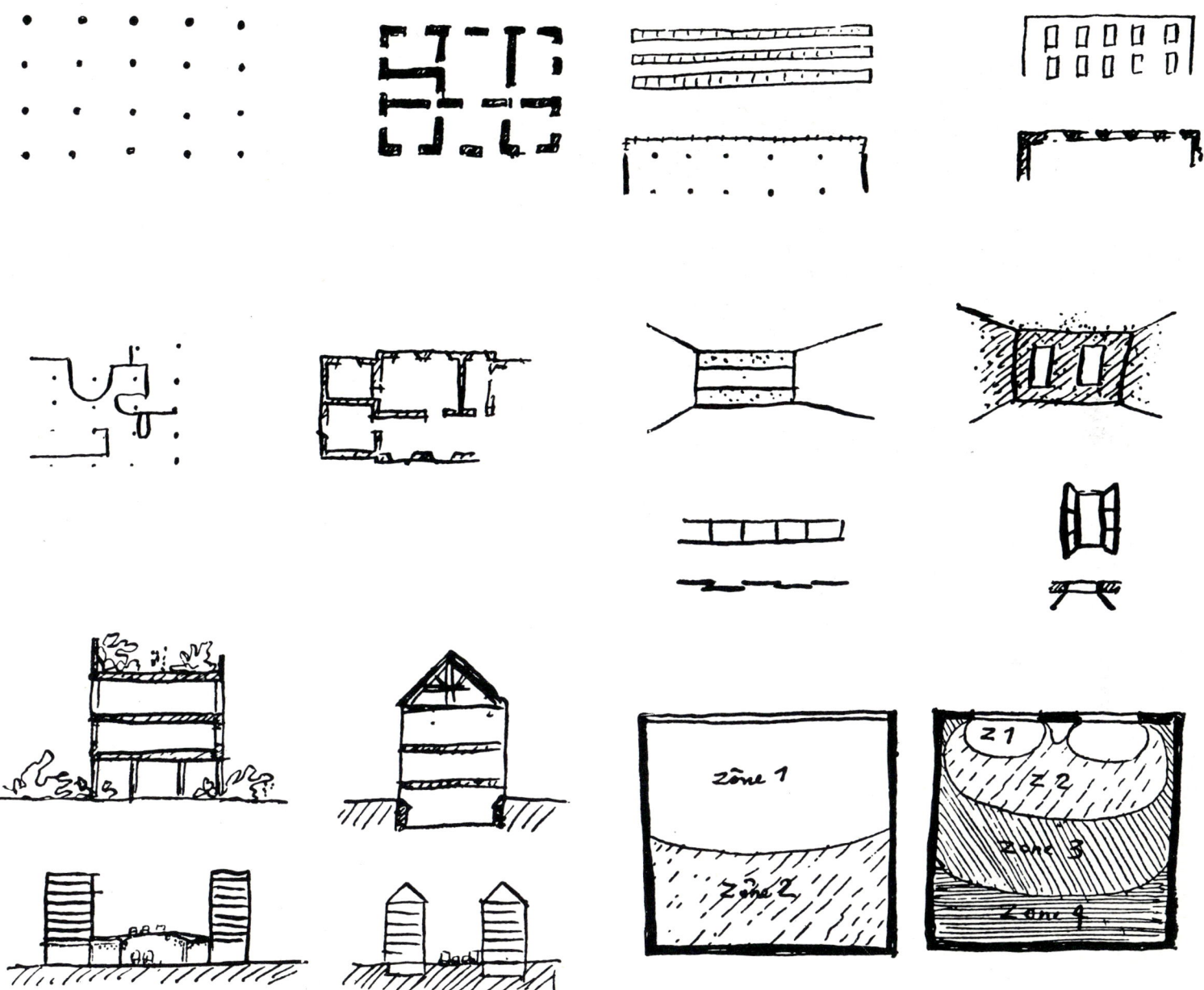

Die moderne Pfeilerkonstruktion ermöglichte es – im Gegensatz zu den alten, aus tragenden Mauern bestehenden Strukturen –, den Grundriß frei zu gestalten, das Haus über den Boden zu erheben und das herkömmliche Dach durch eine Terrasse mit einem Garten zu ersetzen. Auf diese Weise kann man die von dem Gebäude eingenommene Fläche zweifach zurückgewinnen: als Grün- oder Verkehrsfläche.

Die moderne Fassade bildet eine von den Pfeilern unabhängige Wand; dadurch können die Fenster als ein ununterbrochenes Band die gesamte Wand durchziehen und so die Innenräume wesentlich besser beleuchtet werden. Bei der alten Bauweise hingegen mußten die Fenster in die tragenden Wände hineingeschnitten werden und waren deshalb nur klein und weiter auseinanderliegend.

Maßstab 1:200

Abb. 1373–1378. Ein Reihenhausviertel, das im Jahre 1924 von J. J. P. Oud in der Nähe von Rotterdam gebaut wurde: Grundrisse der zwei verschiedenen Wohnungstypen, Übersichtsplan und verschiedene Ansichten.

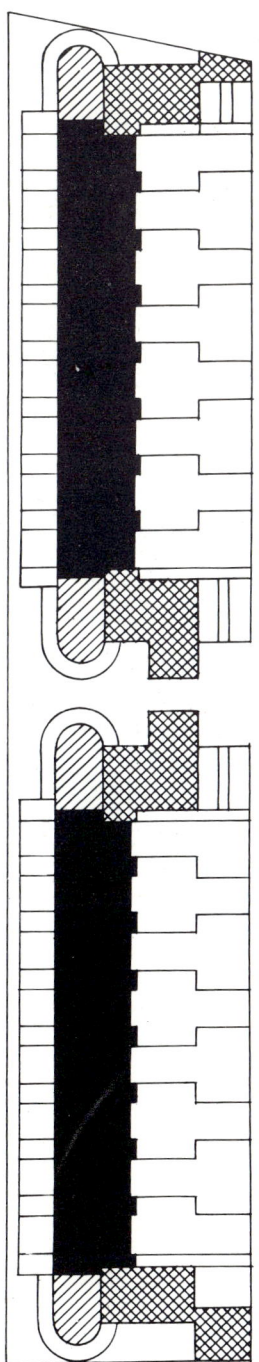

Maßstab 1:1000

LINDTSTRAAT

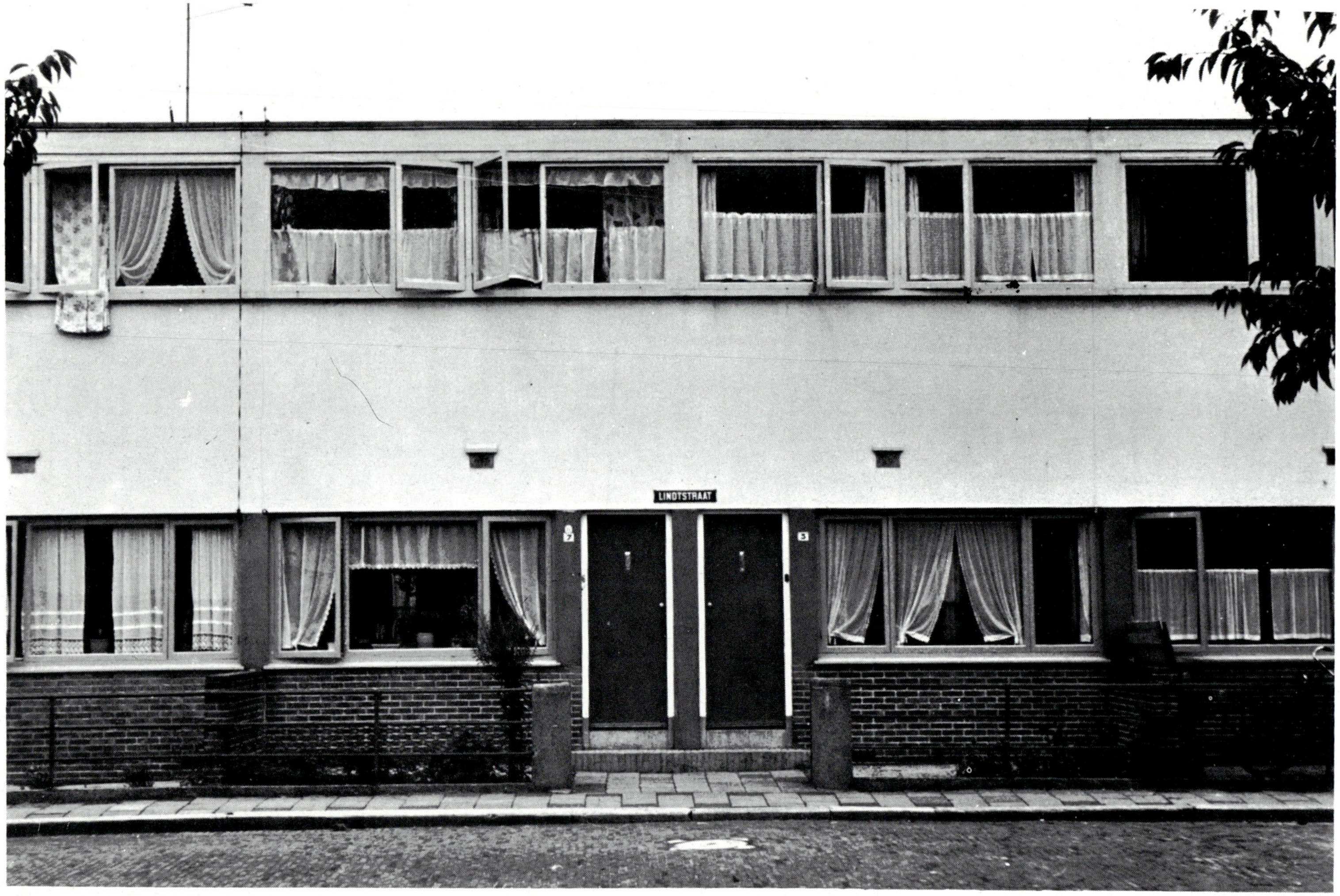

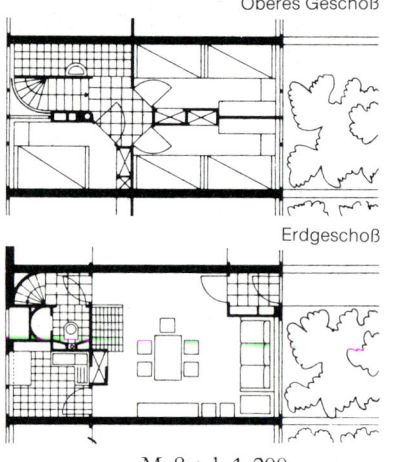

Oberes Geschoß
Erdgeschoß

Maßstab 1:200

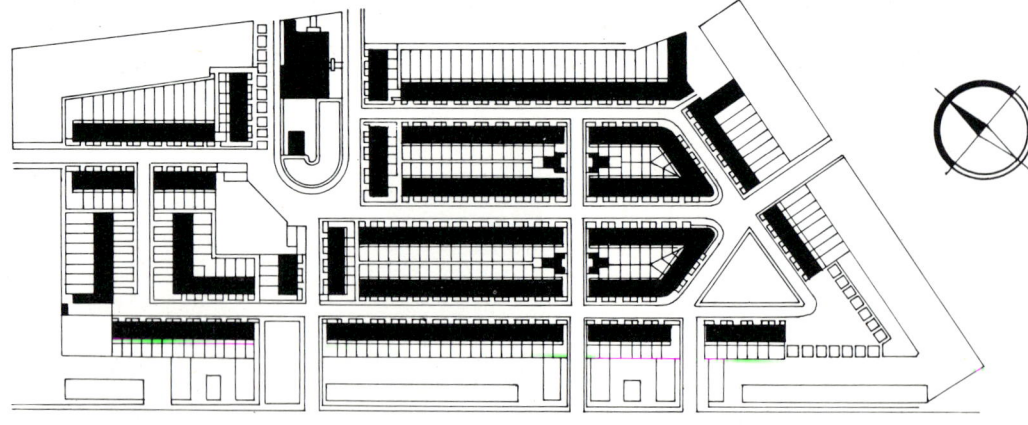

Maßstab 1:2000

Abb. 1379–1383. Ein anderes von **J.J.P. Oud** 1925 in Rotterdam gebautes Reihenhausviertel: Grundriß des am meisten verbreiteten Wohnungstyps, Übersichtsplan und zwei Ansichten.

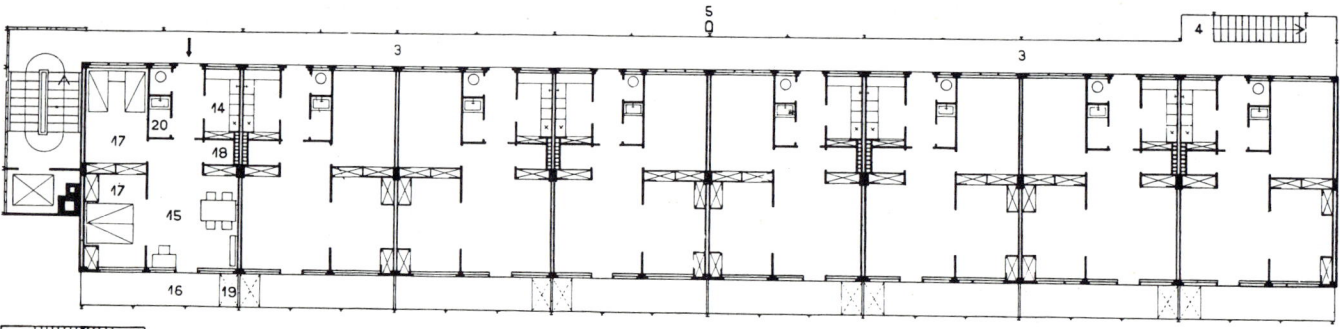

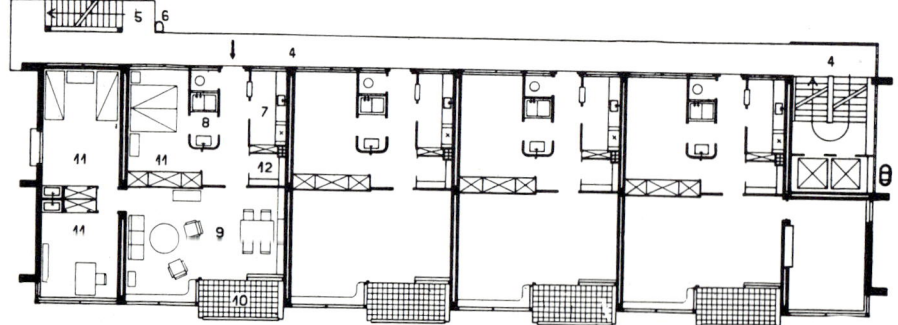

Abb. 1384–1387. Die ersten hohen Wohnhäuser mit Eingangsgalerien: (links) der
Plaslaan (van Tijen und Maaskant, 1938),
(rechts) der Bergpolder (Brinkmann, van
der Vlugt und van Tijen) in Rotterdam; die
Grundrisse (oberer: Bergpolder; unterer:
Plaslaan) sind im Maßstab 1:300 abgebil-
det.

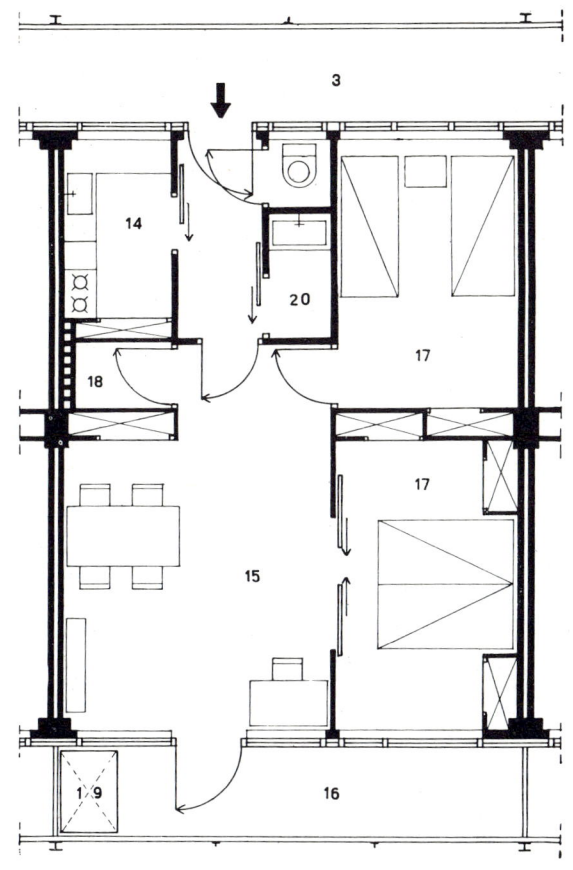
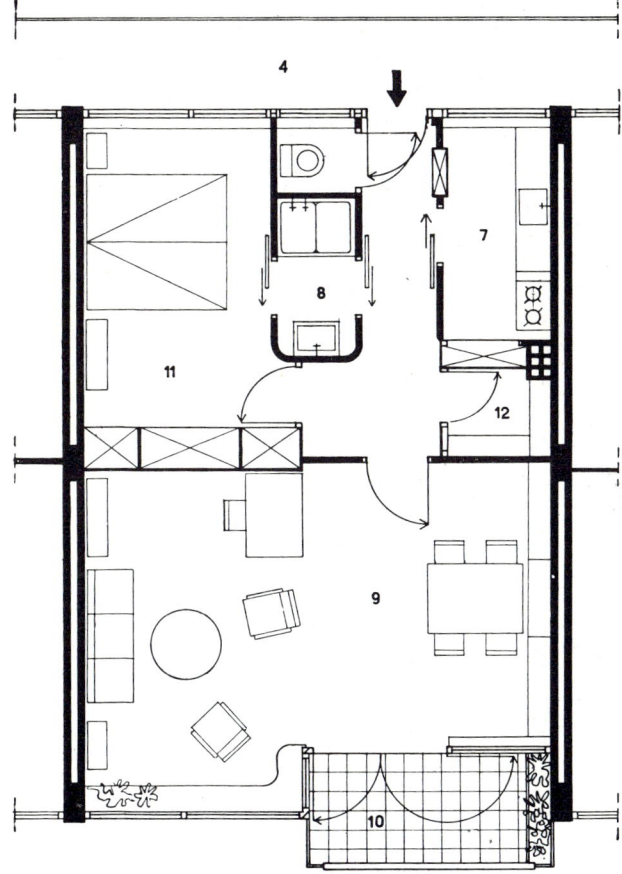

3 Eingangsgalerie
4 Äußerer Treppenaufgang
14 Küche
15 Wohn- und Eßzimmer
16 Fortlaufende Loggia
17 Schlafzimmer
18 Garderobe
19 Besenkammer
20 Bad

4 Eingangsgalerie
5 Äußerer Treppenaufgang
7 Küche
8 Bad mit Dusche
9 Wohn- und Eßzimmer
10 Loggia
11 Schlafzimmer
12 Garderobe

Abb. 1388–1389. Grundrisse der typischen Wohnungen des Bergpolder (links) **und Plaslaan** (rechts) **(Maßstab 1:100).**

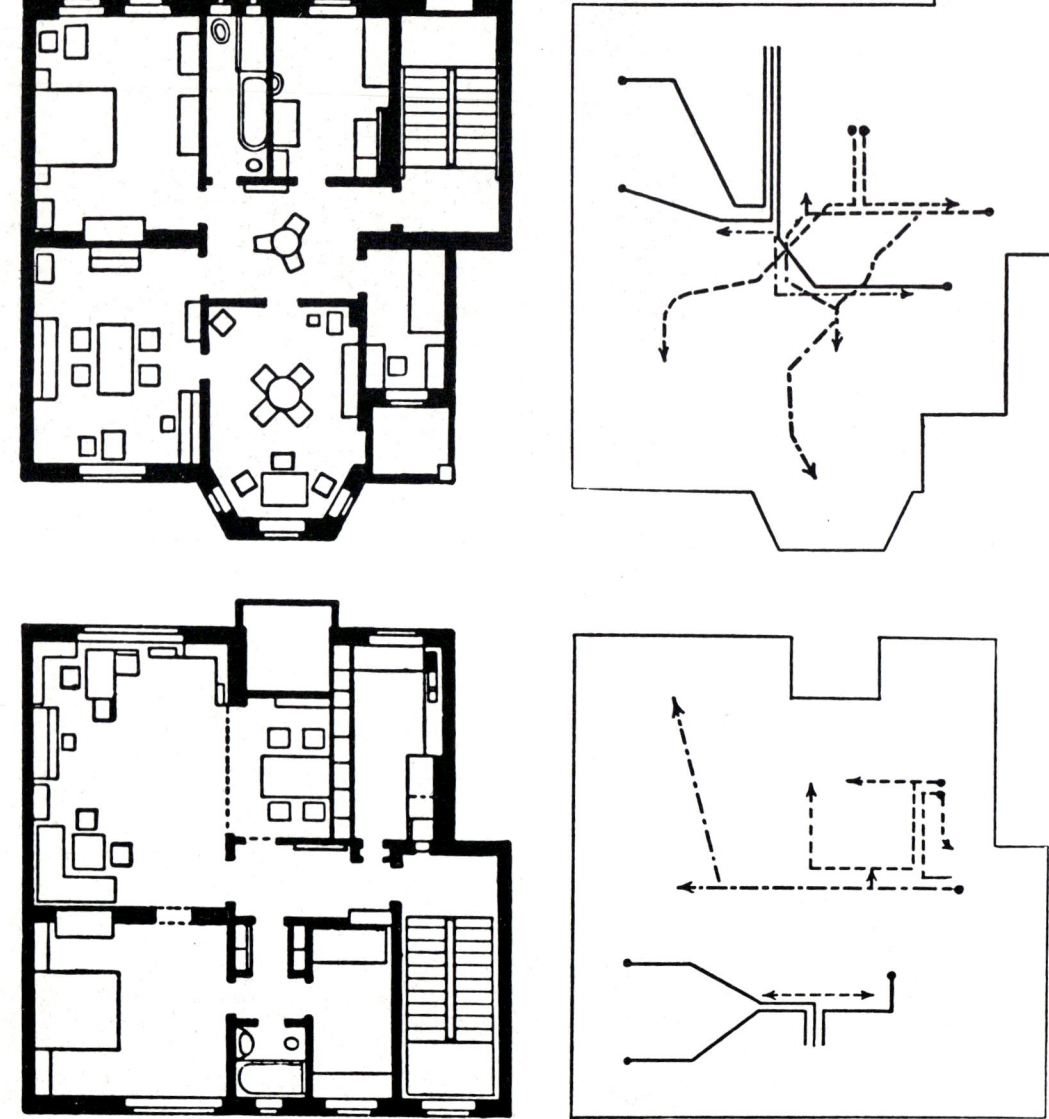

In der herkömmlichen Wohnung sind die einzelnen Räume willkürlich angeordnet, so daß sich die tagsüber zurückzulegenden Wege (unterbrochene Linien) vielfach mit den nächtlichen Wegen (durchgezogene Linien) kreuzen.

In der modernen Wohnung sind die einzelnen Räume dagegen so angeordnet, daß sie zwei getrennte Bereiche – einen Tag- und einen Nachtbereich – bilden; dadurch überkreuzen sich auch die jeweiligen Wege nicht mehr.

Abb. 1390–1393. Eine herkömmliche und eine moderne Wohnung, wie sie in einer Analyse von Alexander Klein dargestellt werden (aus einer von A. Klein für die deutsche Reichsforschungsgesellschaft erstellten Veröffentlichung).

3. Die Suche nach Modellen, nach denen die einzelnen funktionellen Elemente zusammengesetzt werden können, und damit langfristig nach dem Modell für die komplexe Gesamtstruktur der modernen Stadt.

Zur Bestimmung der verschiedenen Möglichkeiten der Raumaufteilung innerhalb der Wohnung ist es erforderlich, auch das Verhältnis der einzelnen Wohnungen untereinander zu berücksichtigen. Deshalb kann sich die Suche nach neuen Wohnformen nicht auf den Bereich der Wohnung im engeren Sinne beschränken, sondern muß die Gestaltung des gesamten Stadtteils miteinbeziehen. Aufgrund dieser Überlegungen konzentrierte man sich auf die sogenannten »Unités d' Habitation« – die »Wohneinheiten« –, die aus einer Vielzahl von Wohnungen und den dazugehörigen Gemeinschaftseinrichtungen bestanden.

Die kleineren Einheiten – mit etwa 300 bis 400 Wohnungen, einem Kindergarten, Lebensmittelgeschäften und Freizeitanlagen für Erwachsene und Kinder – sollen die Grundelemente der neuen städtischen Struktur bilden und sind in dieser Funktion den einzelnen Gebäuden des herkömmlichen Stadttyps vergleichbar. Mehrere dieser kleinen Einheiten können zu einem größeren Komplex zusammengesetzt werden, der mit umfangreicheren Gemeinschaftsreinrichtungen ausgestattet ist. So bilden zum Beispiel drei der oben beschriebenen Einheiten einen Komplex mit 1000 bis 1200 Wohnungen, drei Kindergärten, einer Grundschule, Geschäften und Sport- und Freizeitanlagen.

Durch diese Art der Planung und Gestaltung können die einzelnen Grundelemente der Stadt (die verschiedenen Infrastruktureinrichtungen, die Freizeitbereiche, die Straßen, die Parkplätze und sogar die Industrieanlagen) an der Größe der Wohnkomplexe ausgerichtet und damit die Struktur der gesamten Stadt tatsächlich dem Wohnbereich untergeordnet werden – wie es in der Ausgangshypothese gefordert worden war.

Das Konzept der Wohneinheiten ermöglicht einen kontinuierlichen Übergang von den kleinsten Elementen zu den größeren bis schließlich auf die Ebene der ganzen Stadt und dient damit einer durchgehenden architektonischen Kontrolle auf allen Ebenen. Das nach diesen Prinzipien gestaltete Stadtbild erwies sich als äußerst abwechslungsreich, auch wenn es nur aus einer beschränkten Anzahl von immer wiederkehrenden Elementen und Kombinationen bestand, deren technische Auswirkungen und optischen Effekte bereits im voraus bekannt waren. Der herkömmliche Stadttyp bestand aus vielen kleinen Grundstücken, auf denen jeweils einzelne, voneinander isolierte Häuser standen. Ihre Zahl und ihre Vielfalt waren viel zu groß, um bewußt geplant und wirksam kontrolliert werden zu können; zudem entstand durch ihre dichtgedrängte Anordnung letztlich ein monoton erscheinendes Stadtbild. Die moderne Stadt konnte dagegen aus wesentlich größeren Grundelementen zusammengesetzt werden, wobei jedes dieser Grundelemente selbst bereits ein architekto-

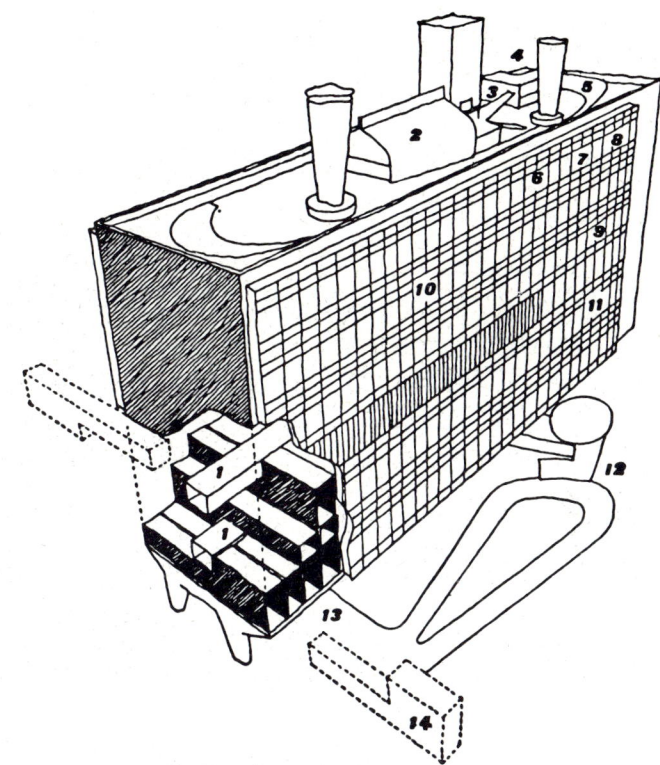

Abb. 1394. Die von Le Corbusier 1951 in Marseille gebaute »Unité d'Habitation« (Wohneinheit).

1 Interne Straßen
2 Turnhalle
3 Café und Solarium
4 Restaurant
5 Spielbereich für die Kinder
6 Gesundheitszentrum
7 Kinderkrippe
8 Kindergarten
9 Club
10 Werkstätten und Versammlungsräume für die Jugendlichen
11 Wäscherei
12 Eingang und Pförtnerloge
13 Garagen
14 Typische zweistöckige Wohnung (vgl. Abb. 1397–1399)

nisch durchgestaltetes Gebilde darstellte. Die Zusammenstellung und Anordnung dieser Grundelemente konnte im voraus geplant und koordiniert werden, so daß das gesamte Stadtbild geordnet und abwechslungsreich zugleich sein konnte.

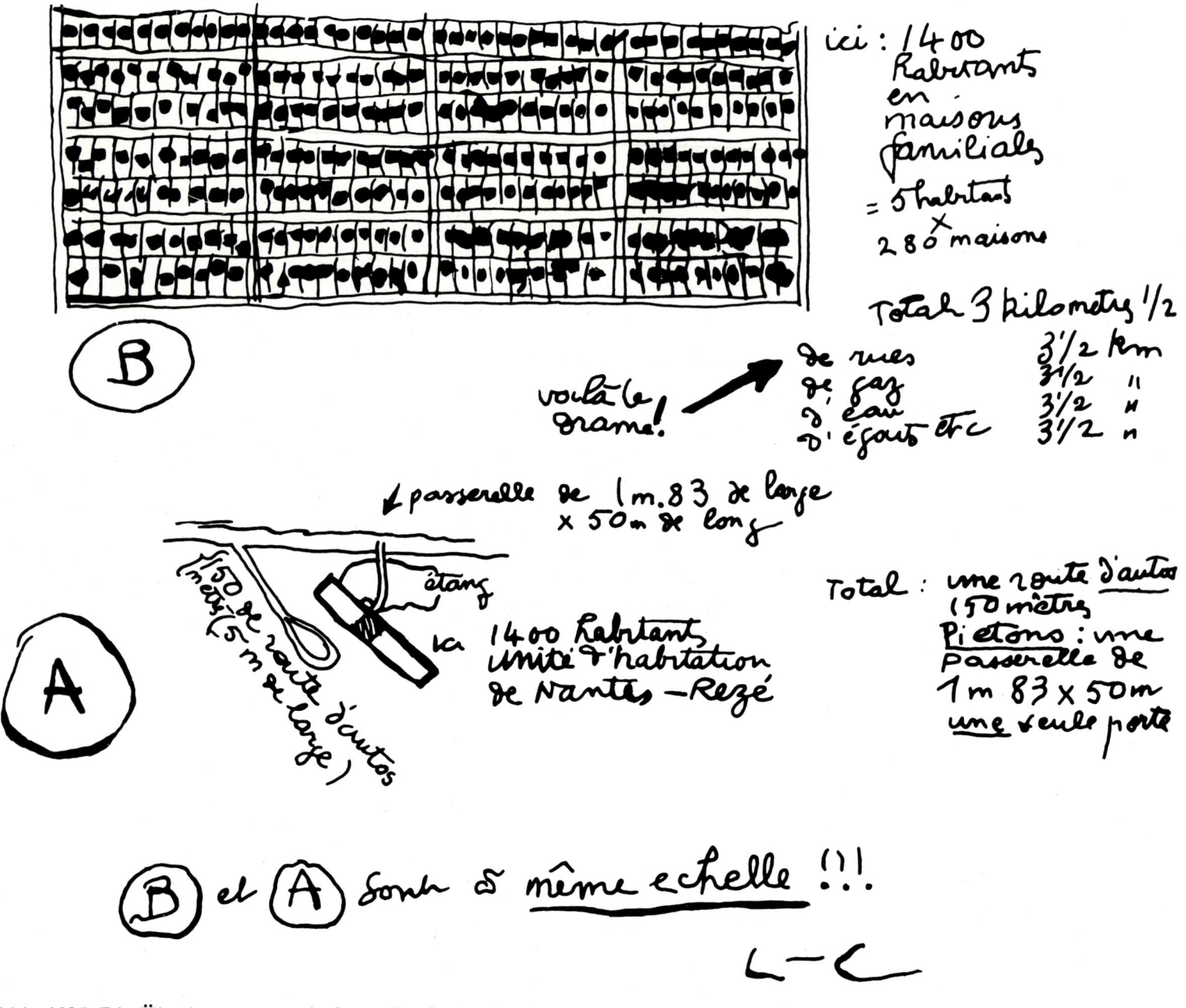

ici : 1400
habitants
en
maisons
familiales
= 5 habitants
×
280 maisons

Total 3 kilomètres 1/2

voilà le
drame!

de rues   3 1/2 km
de gaz   3 1/2 "
d'eau   3 1/2 "
d'égouts etc   3 1/2 "

↙ passerelle de 1 m. 83 de large
× 50 m de long

étang

1 400 habitants
Unité d'habitation
de Nantes-Rezé

150 de route d'autos
(5 m de large)

Total : une route d'autos
150 mètres
Piétons : une
Passerelle de
1 m 83 × 50 m
une seule porte

(B) et (A) sont à même échelle !!.

L-C

Abb. 1395. Die Überlegungen, mit denen Le Corbusier die Vorteile der »Unité d'Habitation« begründete.

Die Bevölkerung eines herkömmlichen Stadtviertels (B) mit etwa 1400 Einwohnern benötigt etwa 280 Einfamilienhäuser (für jeweils 5 Personen). Um das Gelände für diese Häuser zu erschließen, müssen insgesamt 3,5 km Straßen gebaut werden; dazu ebenso lange Gas- und Wasserleitungen und das entsprechende Kanalisationssystem. »Da haben wir das Drama!«
Für eine »Unité d'Habitation« benötigt man: eine 5 m breite und 150 m lange Straße für die Autos und einen schmalen 1,83 m breiten und 50 m langen Steg über den vor dem Haus angelegten Teich.

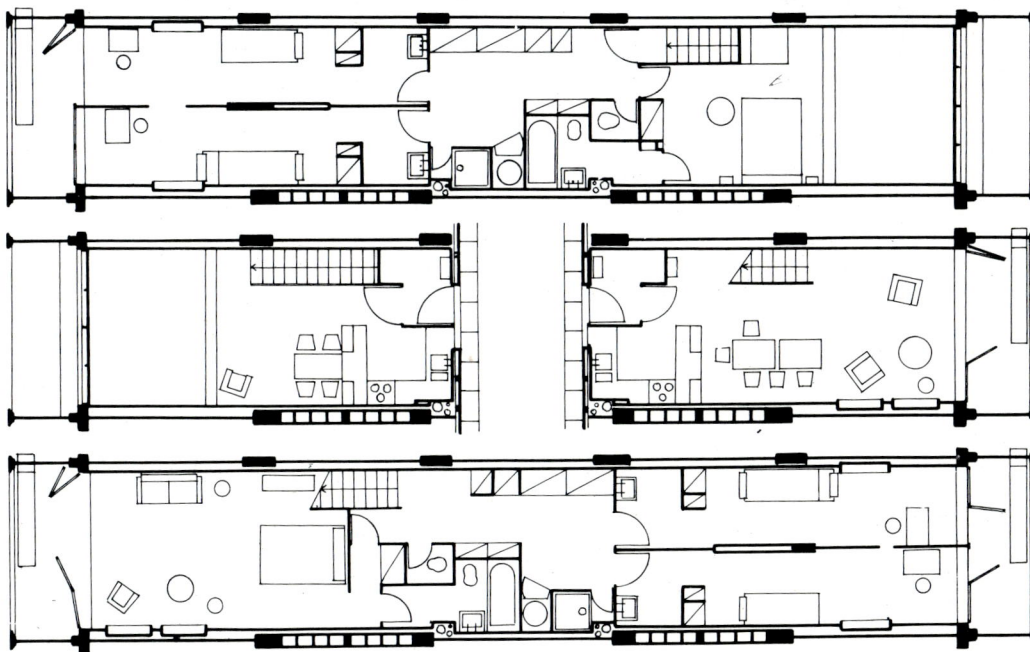

Abb. 1396–1399. Ansicht und Grundrisse verschiedener Stockwerke der »Unité d'Habitation« für 1400 Bewohner in Marseille.

Abb. 1400. Mehrere innerhalb ausgedehnter Grünanlagen verstreut liegende »Unités d'Habitation« bilden einen Stadtteil oder eine Stadt; Zeichnung von Le Corbusier für die Stadt Nemours (1934).

Abb. 1401–1402. (rechte Seite) Luftaufnahme und Lageplan der vom Atelier 5 im Jahre 1963 entworfenen Siedlung Halen in der Nähe von Bern; es handelt sich um eine horizontale »unité d'habitation« mit 74 nebeneinanderliegenden Wohnungen.

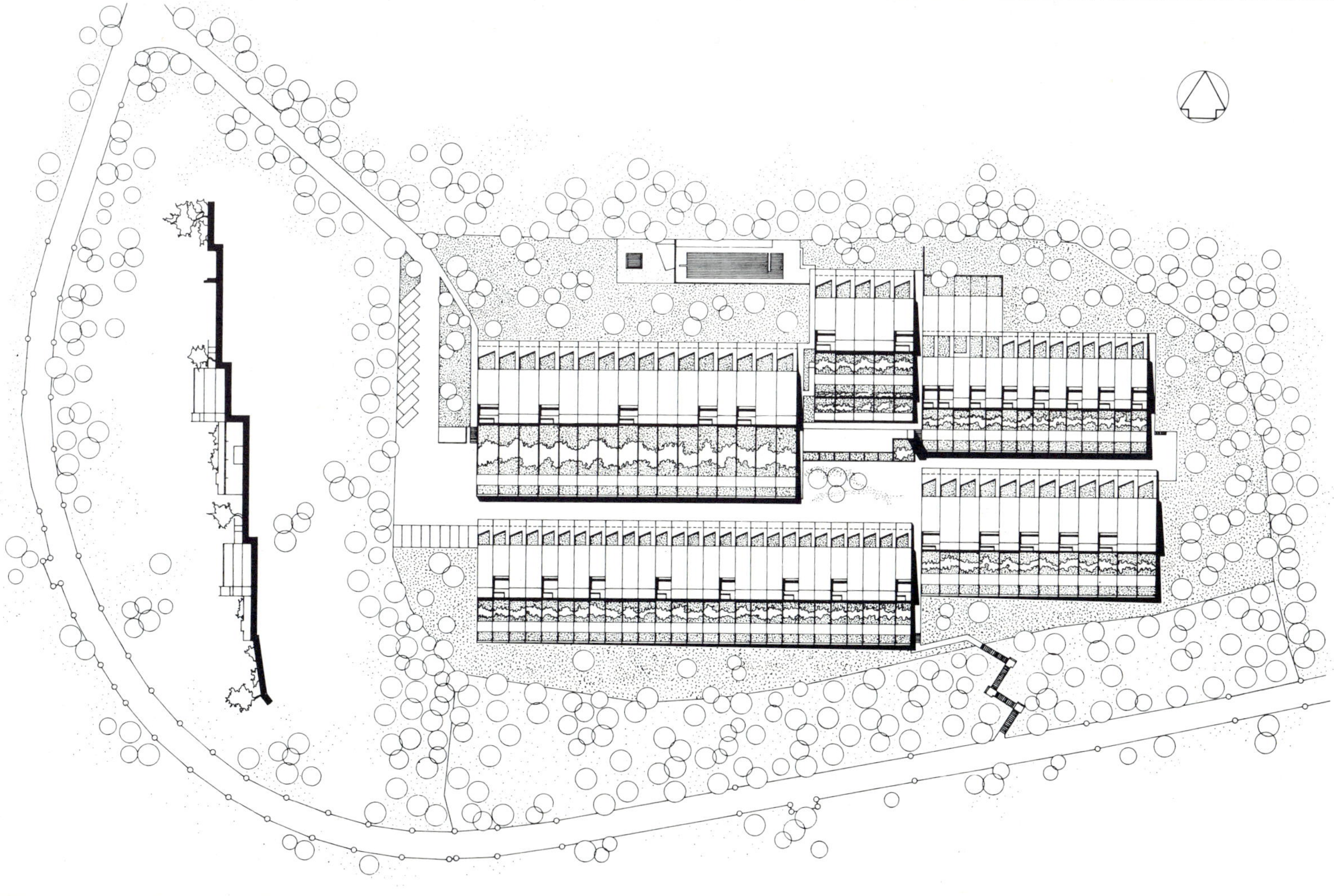

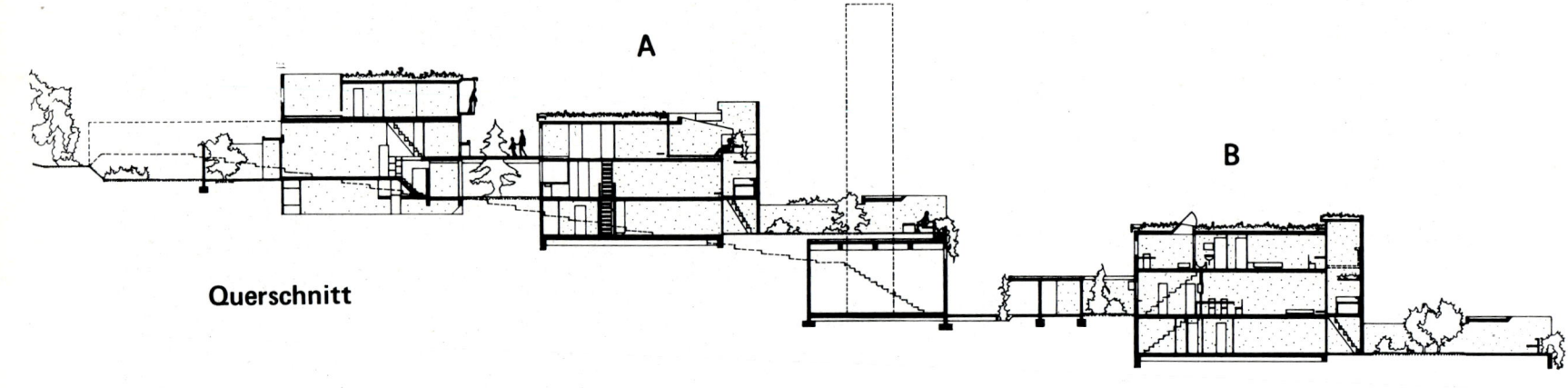

A

B

Querschnitt

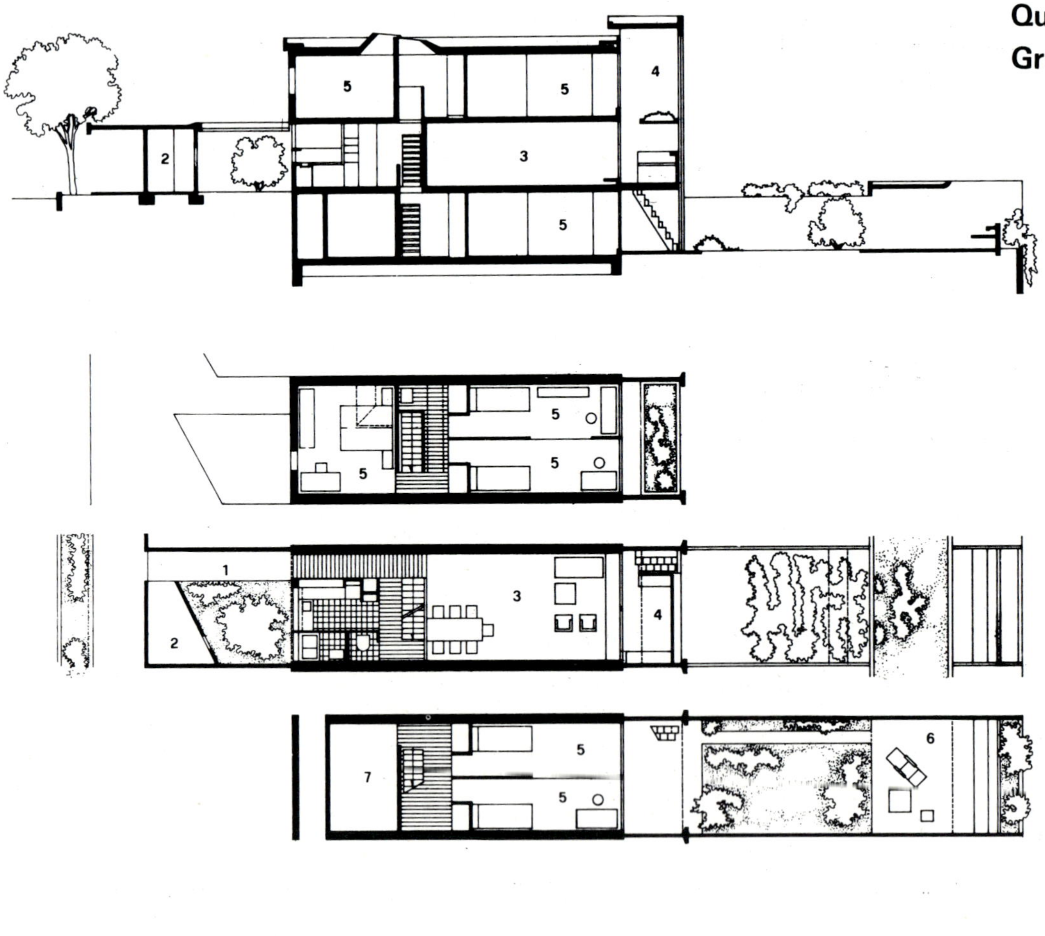

Querschnitt E
Grundriß der Wohnung vom Typ A

Aufschlüsselung der beiden Wohnungstypen auf der linken und rechten Seite:
1 Eingang
2 Abstellkammer
3 Wohnzimmer
4 Loggia
5 Schlafzimmer
6 Garten
7 Keller

Abb. 1403–1412. Querschnitt und Grundrisse der hauptsächlichsten Wohnungstypen der Siedlung Halen: In dem zum Fluß hin abfallenden Terrain wurden Terrassen angelegt, so daß 3-stöckige Häuser gebaut werden konnten, deren Eingänge und Wohnzimmer sich jeweils im ersten Stock befinden; dadurch konnten zwei getrennte Schlafzimmerbereiche – einer im Parterre mit einem direkten Zugang zum Garten und einer im zweiten Stock – geschaffen werden.
Das Foto rechts zeigt die Loggia eines Wohnzimmers mit der von Le Corbusier übernommenen gitterförmigen Brüstung.

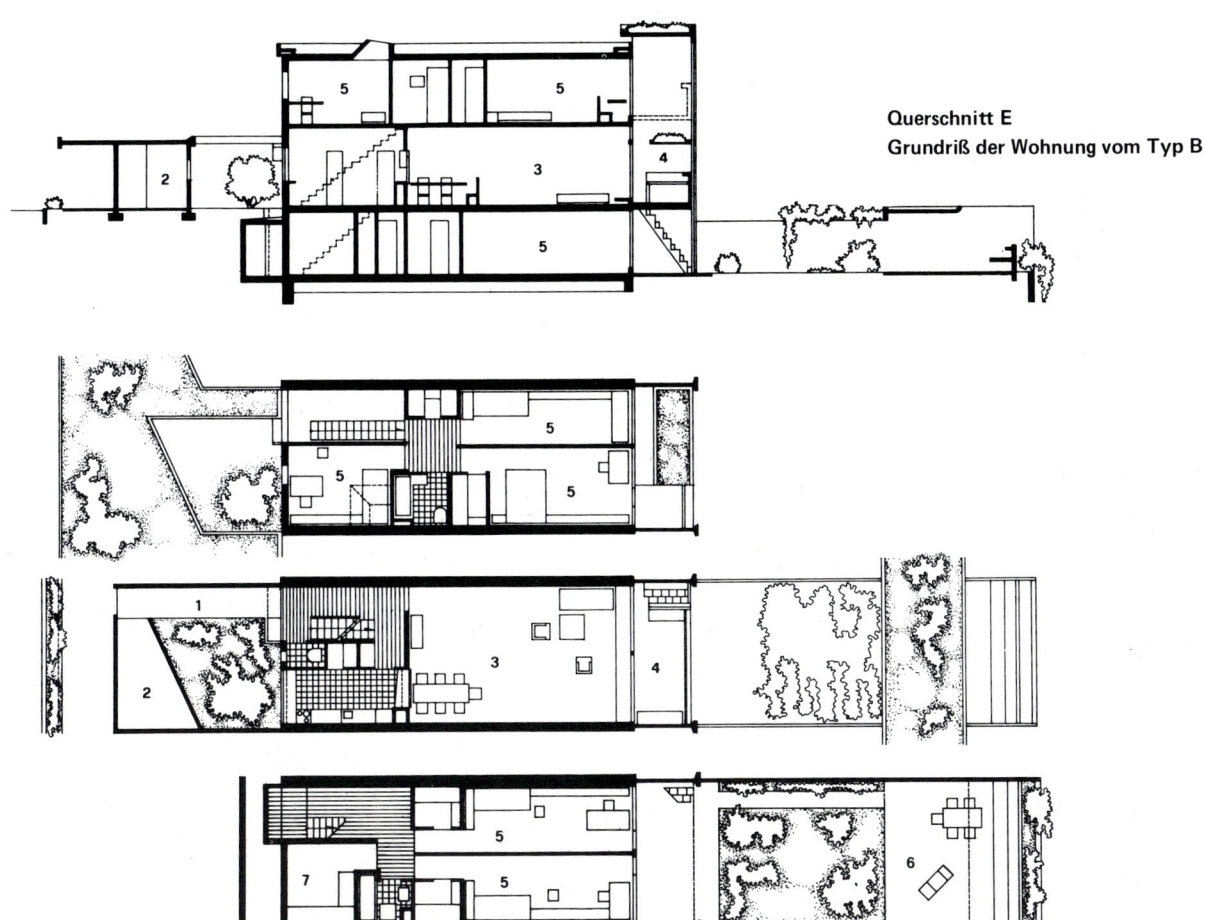

Querschnitt E
Grundriß der Wohnung vom Typ B

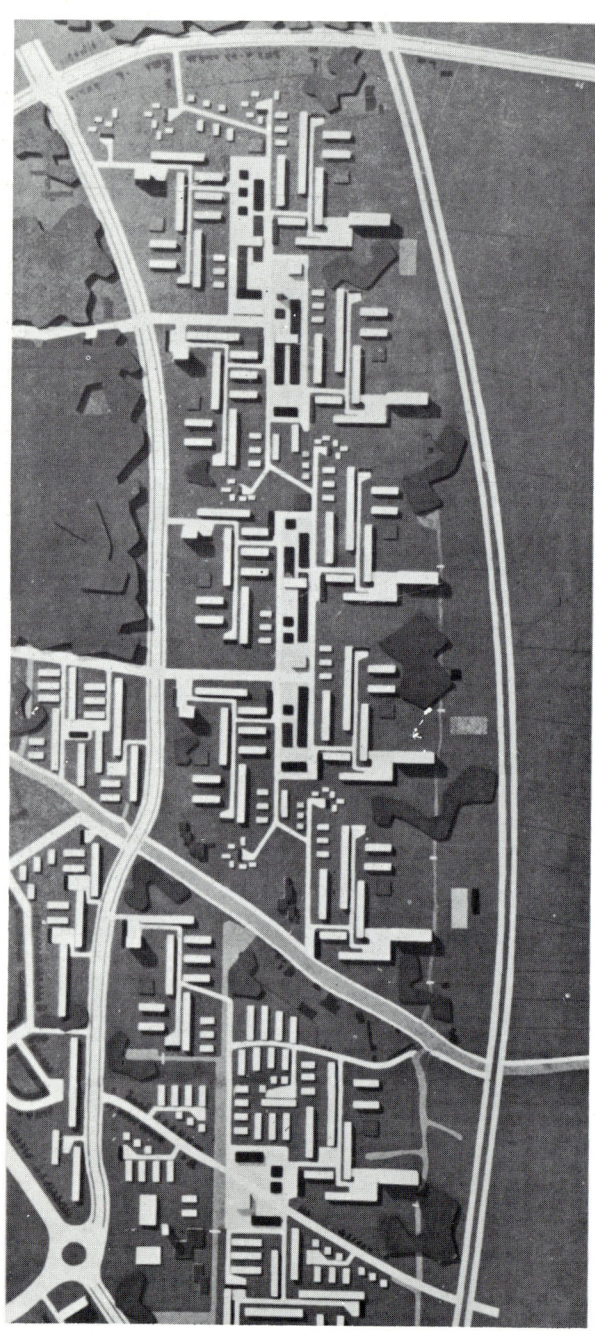

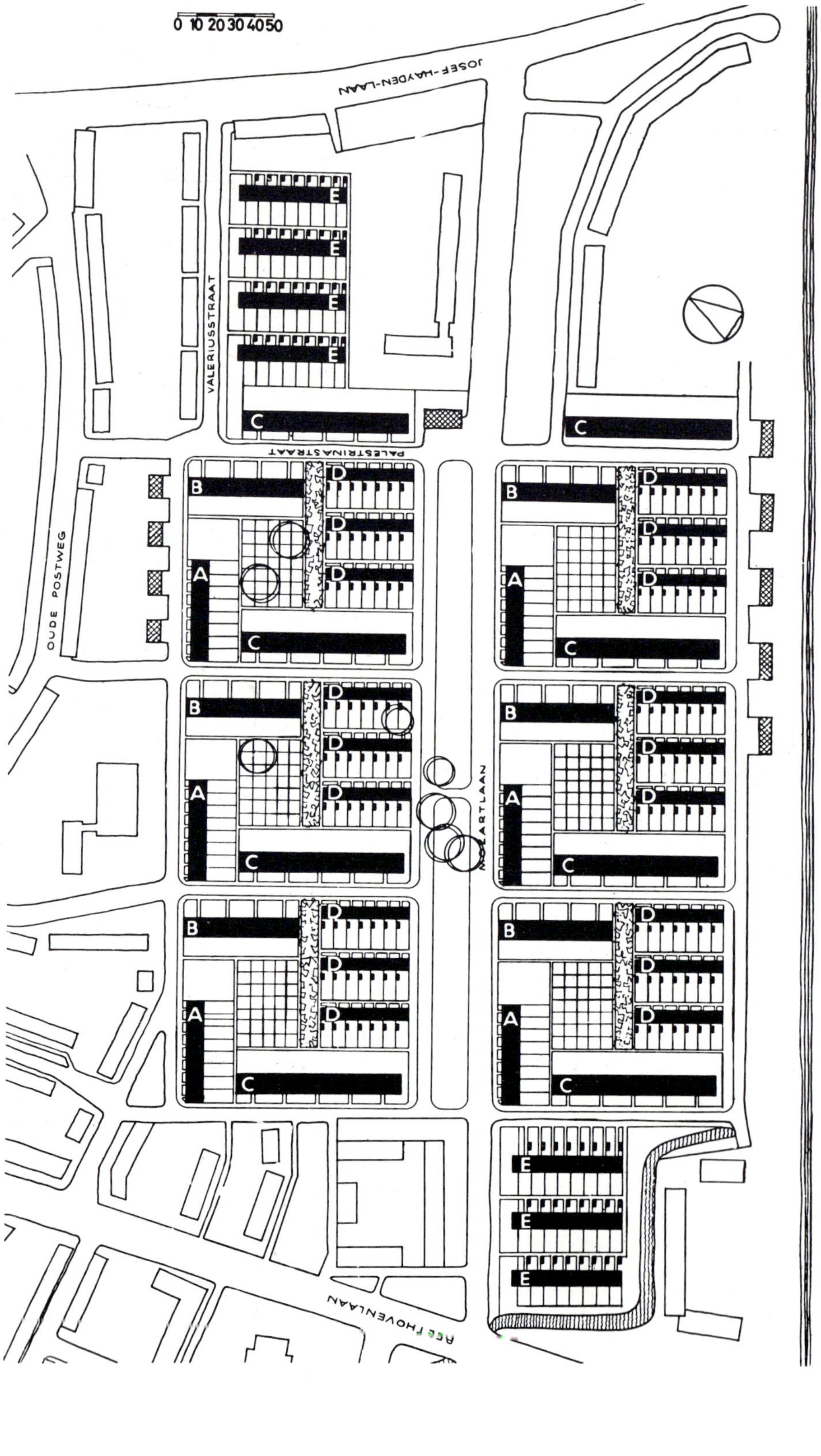

Abb. 1413. Das von Bakema und van den Broek im Jahre 1958 entwickelte Stadterweiterungsprojekt für Leeuwarden: Die verschiedenen Gebäudetypen wurden zu sich stets wiederholenden Kombinationen zusammengesetzt und formten so die »gemischte Wohneinheit«.

A Große Reihenhäuser
B Nebeneinanderstehende
vierstöckige Häuser
C Nebeneinanderstehende
dreistöckige Häuser
D Kleine Reihenhäuser
E Reihenhäuser mit versetzten
Stockwerken

Typ D

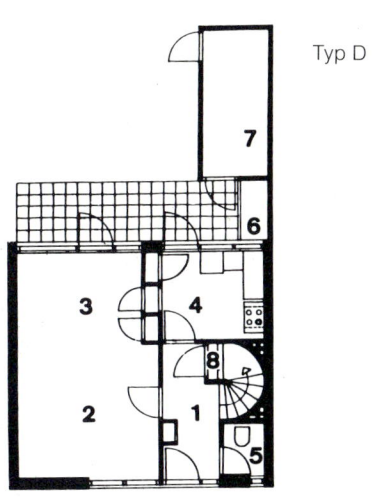

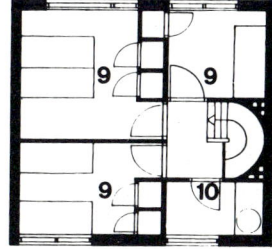

Typ E

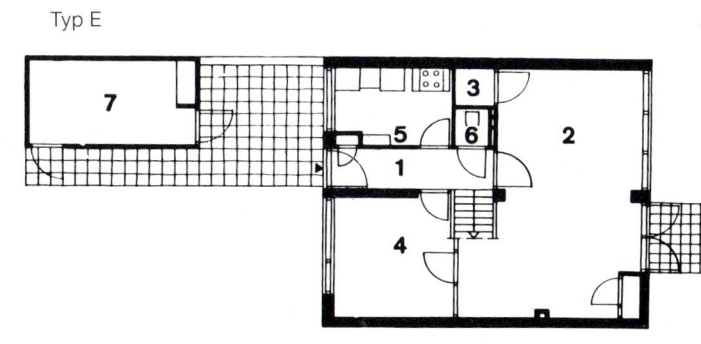

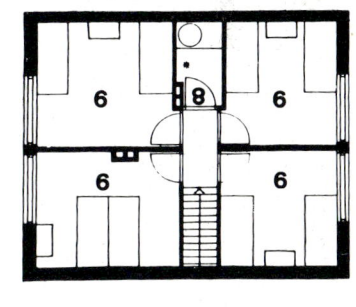

Abb. 1414–1419. Der von Bakema und van den Broek zwischen 1956 und 1958 gebaute Stadtteil Klein Driene in Hengelo.

1   Eingang
2–7 Räume des Tagbereichs
8   Waschraum
9   Schlafzimmer
10 Bad

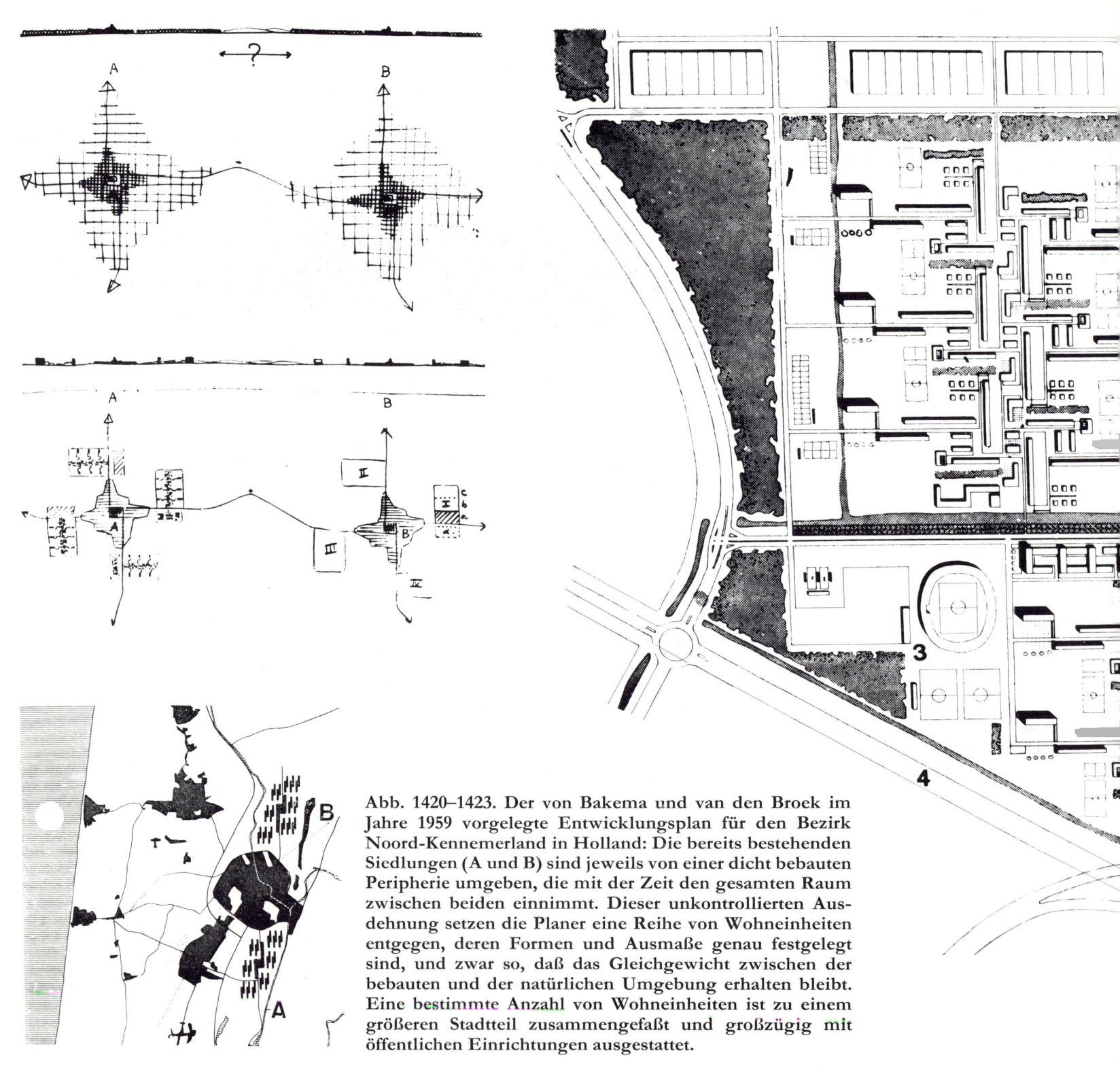

Abb. 1420–1423. Der von Bakema und van den Broek im Jahre 1959 vorgelegte Entwicklungsplan für den Bezirk Noord-Kennemerland in Holland: Die bereits bestehenden Siedlungen (A und B) sind jeweils von einer dicht bebauten Peripherie umgeben, die mit der Zeit den gesamten Raum zwischen beiden einnimmt. Dieser unkontrollierten Ausdehnung setzen die Planer eine Reihe von Wohneinheiten entgegen, deren Formen und Ausmaße genau festgelegt sind, und zwar so, daß das Gleichgewicht zwischen der bebauten und der natürlichen Umgebung erhalten bleibt. Eine bestimmte Anzahl von Wohneinheiten ist zu einem größeren Stadtteil zusammengefaßt und großzügig mit öffentlichen Einrichtungen ausgestattet.

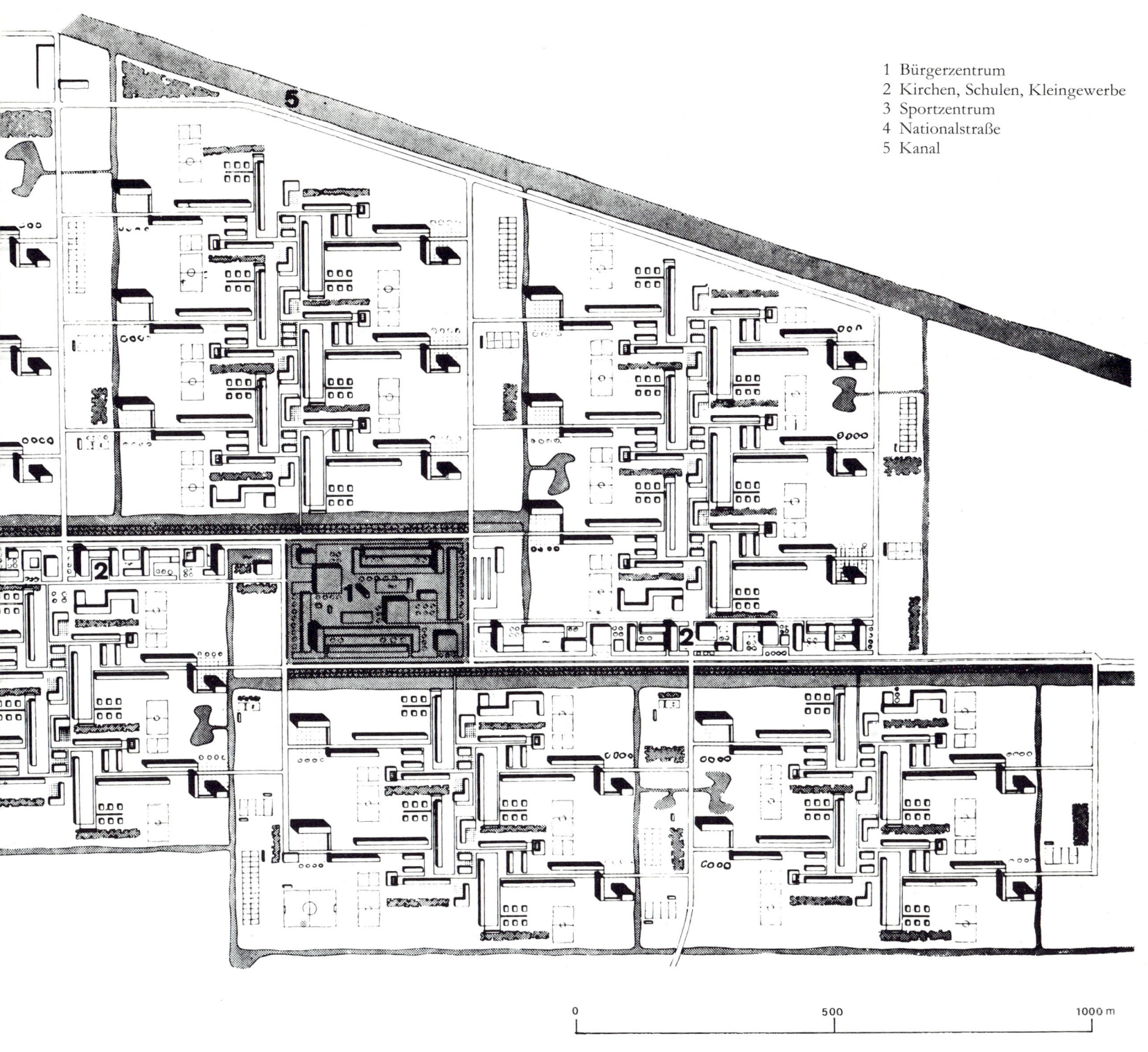

1 Bürgerzentrum
2 Kirchen, Schulen, Kleingewerbe
3 Sportzentrum
4 Nationalstraße
5 Kanal

0   500   1000 m

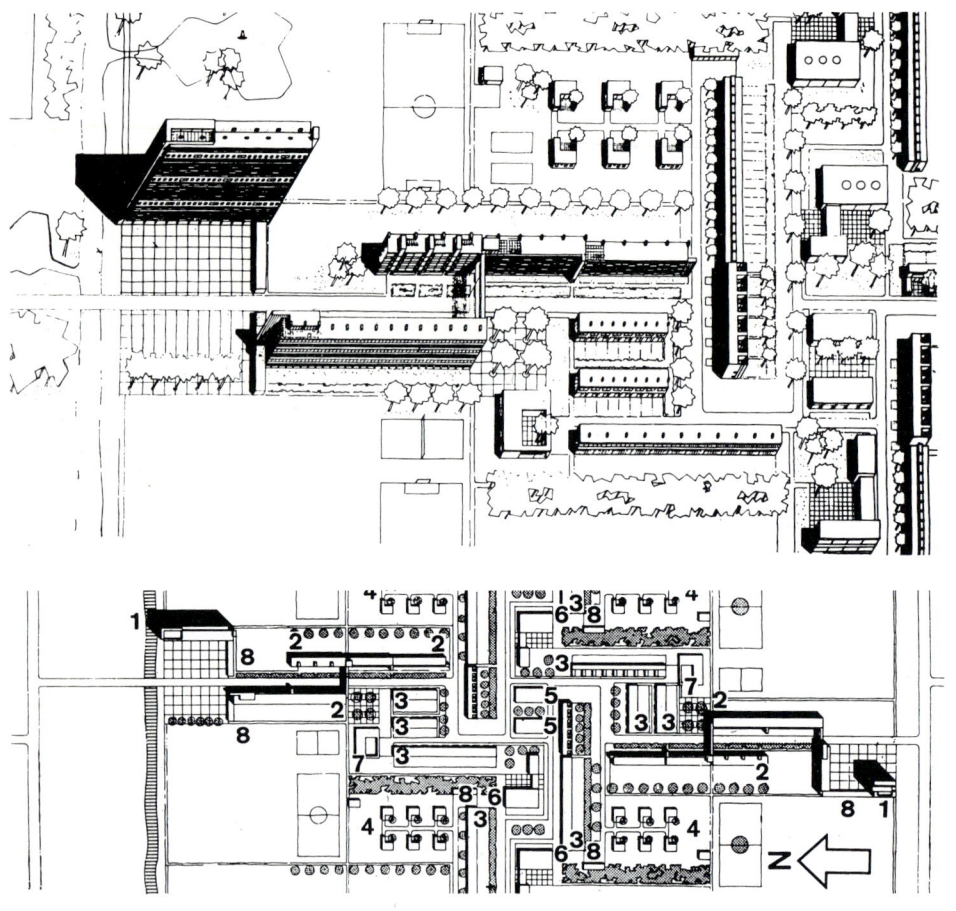

Abb. 1424–1425. Entwicklungsplan für Noord-Kennemerland: Plan einer Wohneinheit für 1900 Bewohner und Axonometrie eines Teils dieser Einheit.

1 Fünfzehnstöckiges Haus
2 Drei- oder sechsstöckige Häuser mit Wohnungen, die auf einem Stockwerk liegen oder auf zwei Stockwerke verteilt sind (Duplex)
3 Einfamilienreihenhäuser
4 Einzelne Einfamilienhäuser
5 Geschäfte
6 Schule
7 Kindergarten
8 Garagen

Abb. 1426. Panorama der gemischten Wohneinheit.

Abb. 1427. Ansicht des zentralen Bereichs: im Vordergrund die einzeln stehenden Häuser.

Abb. 1428. Ansicht des zentralen Bereichs: im Vordergrund die zweistöckigen Reihenhäuser.

Abb. 1429. Die Fußgängerzone in der Mitte des Geschäfts- und Bürgerzentrums.

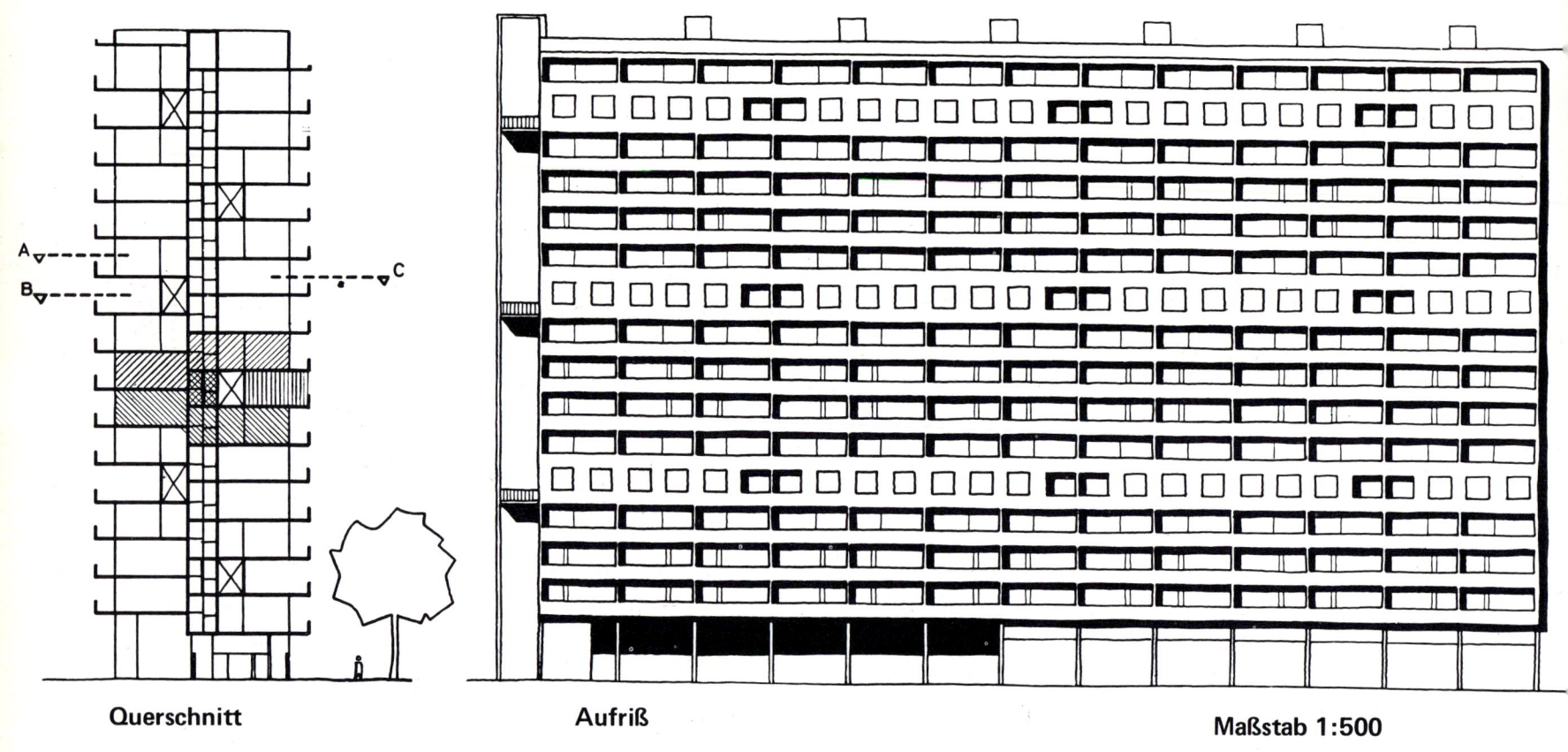

Querschnitt

Aufriß

Maßstab 1:500

Plan A – C

Plan B – C

Abb. 1430–1434. Entwicklungsplan für Noord-Kennemerland: Grundriß, Aufriß und Querschnitt des fünfzehnstöckigen Hauses.

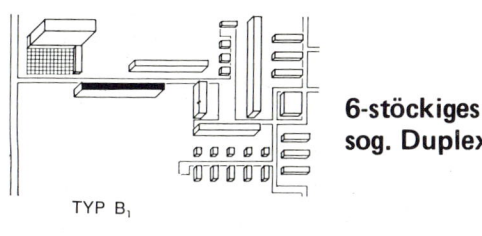

15-stöckiges Haus

6-stöckiges Haus mit den sog. Duplex-Wohnungen

TYP B₁

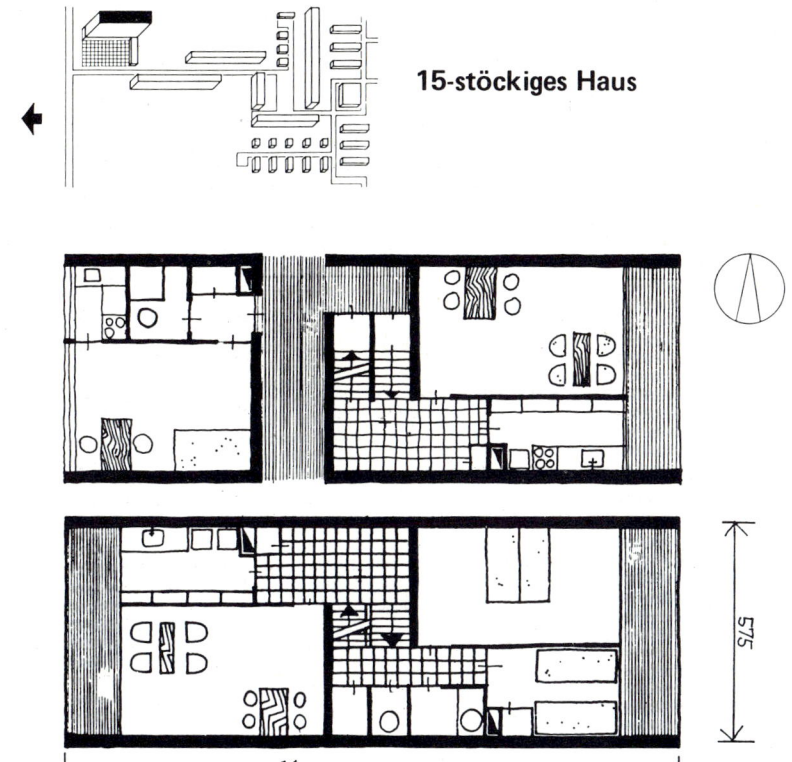

Maßstab 1:200

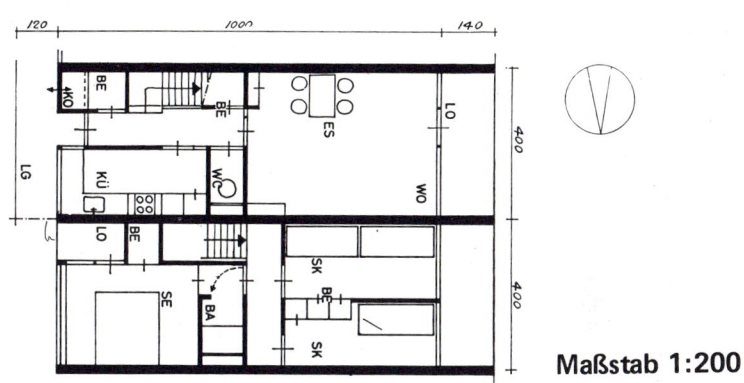

Maßstab 1:200

Abb. 1435–1436. (links) **Grundrisse der Wohnungstypen des fünfzehnstöckigen Hauses.**

Abb. 1437–1441. (rechts und unten) **Aufriß, Querschnitt und Grundriß eines sechsstöckigen Hauses mit Wohnungen, die über zwei Stockwerke gehen.**

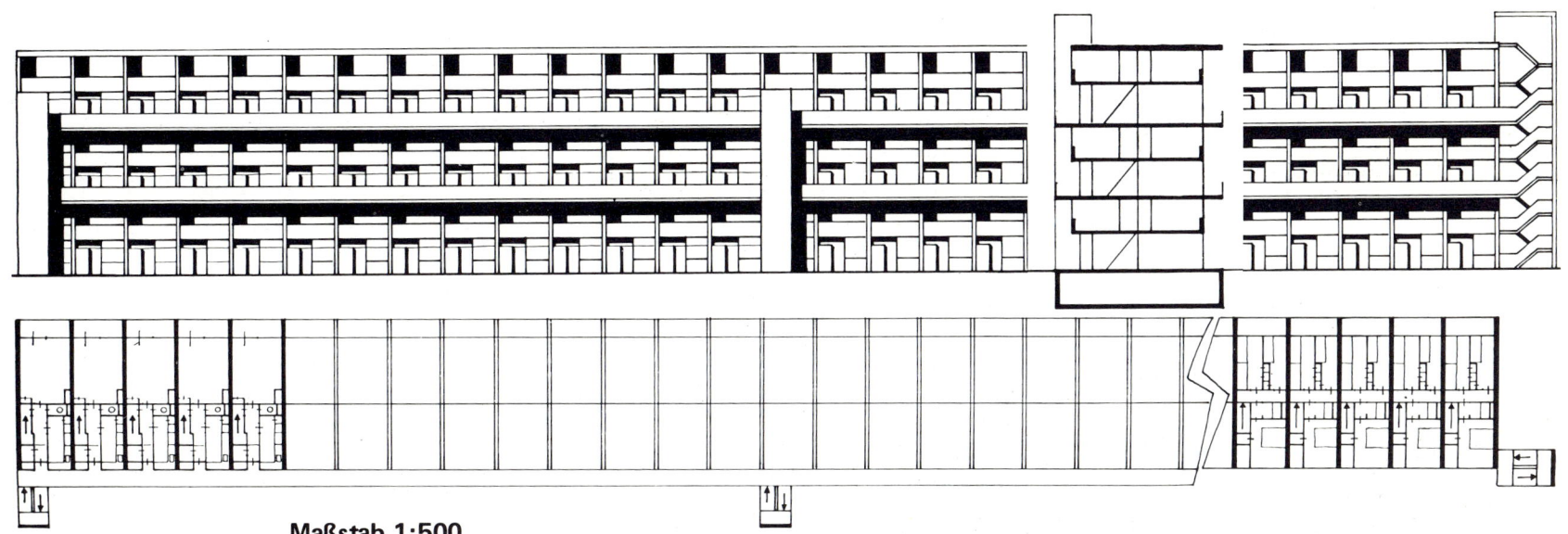

Maßstab 1:500

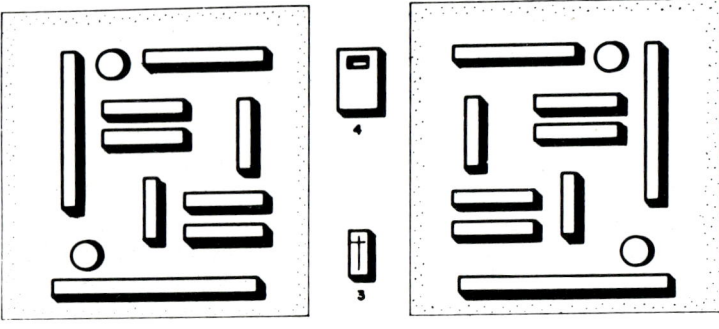

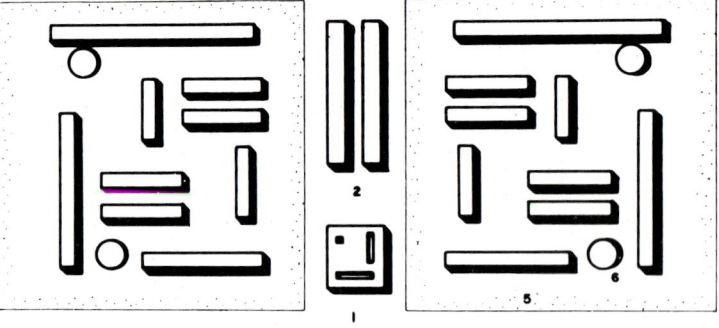

Abb. 1442–1443. Die Wohneinheiten (Supercuadras) in Brasilia: In jeder Supercuadra wohnen 2500 bis 3000 Personen; vier Supercuadras bilden eine umfassendere Einheit mit 10 000 bis 12 000 Einwohnern.

Die öffentlichen Einrichtungen:
1 Kino
2 Geschäfte
3 Kirche
4 Schule im Freien
5 Park
6 Schule
7 Kindergarten

15. Die heutige Situation

Die Ergebnisse der Suche der modernen Architektur nach neuen Gestaltungsmöglichkeiten wurden von der heutigen Gesellschaft zum Teil akzeptiert, zum Teil aber auch zurückgewiesen.

Die Methode, mit denen die moderne Architektur an die Probleme der Umweltgestaltung herangegangen ist, wurde zu einem festen Bestandteil der wissenschaftlichen Kultur, die für die Weiterentwicklung der modernen Gesellschaft unentbehrlich geworden ist. Gleichzeitig aber werden diese Probleme einer konsequenten wissenschaftlichen Analyse immer wieder entzogen, weil sie sich mit dem aus dem vergangenen Jahrhundert stammenden Prinzip der privaten Verfügungsgewalt über den Grundbesitz im Widerstreit befindet; und dieses Prinzip garantiert nicht nur bestimmten sozialen Schichten eine Reihe von Privilegien, es ist zugleich ein Machtinstrument in den Händen der Gesamtheit der herrschenden Klassen. So hat sich bis heute auch noch keine Regierung in der Lage gesehen, auf dieses politische Instrument völlig zu verzichten.

Aus diesem Grund hat die heutige Gesellschaft gelernt, die von der modernen Architektur entwickelten Vorschläge nach ihren eigenen Kriterien nochmals zu überprüfen. Betrachten wir nun, was in diesem Zusammenhang aus den drei im vorhergehenden Kapitel beschriebenen Elementen der modernen Architektur geworden ist.

Das von der modernen Architektur im Rahmen der Analyse der städtischen Funktionen entwickelte Prinzip der Funktionstrennung wurde allgemein akzeptiert, und man begann, innerhalb der Stadtplanung jeder dieser Funktionen einen eigenen Bereich der Stadt zuzuweisen. Dementsprechend findet man seit den dreißiger Jahren in den Bebauungsplänen die Unterteilung der Stadt in Wohnbezirke, Industriegebiete, Handels- und Verwaltungszentren u. ä. Auf diese Weise gelang es, die negativen Auswirkungen der ungeordneten Vermischung der verschiedenen Funktionen in den herkömmlichen Stadttypen ansatzweise abzubauen. Die von der modernen Architektur im gleichen Zusammenhang vorgenommene Wertung der Bedeutung der ein-

zelnen Funktionen stieß dagegen weitgehend auf Ablehnung, nämlich der Vorrang des Wohnens, die Anlage ausgedehnter Freizeit- und Erholungsbereiche bis hin zur Schaffung zusammenhängender, die gesamte Stadt durchziehender Grünanlagen und die Trennung des Verkehrsnetzes für Fahrzeuge von dem für die Fußgänger. So wurde versucht, der Stadt eine rationaler geplante Struktur zu geben, ohne jedoch das Primat der Funktionen des tertiären Bereichs (Handel u. Verwaltung) in Frage zu stellen. Aber gerade diese Prioritätensetzung hat die beschriebenen negativen Auswirkungen: das Anwachsen der Bebauungsdichte zum Zentrum hin, den Wohnraumverlust und das Verkehrschaos.

Das Prinzip der Zerlegung der einzelnen Objekte und Einheiten – von den einfachen Gebrauchsgegenständen bis hin zu kompletten Wohnungen – in ihre jeweiligen Grundeinheiten wurde ebenfalls übernommen, weil es sich gegenüber den herkömmlichen Konstruktionsprinzipien als technisch überlegen erwies und eine Verringerung der Herstellungskosten ermöglichte. Außerdem konnte es problemlos in den Rahmen der bestehenden Trennung von öffentlichem und privatem Bereich einbezogen werden.

Das Konzept der größeren funktionellen Einheiten dagegen – vor allem das der *Unités d'Habitation*, der großen Wohneinheiten, denen eine neue Beziehung zwischen privatem Wohnraum und dazugehörigen gemeinschaftlich zu nutzenden Einrichtungen zugrundelag – wurde praktisch zurückgewiesen, weil es an den Grundfesten der herrschenden Interessen gerüttelt hätte. Dagegen wurde das von Le Corbusier, Bakema, van den Broek und auch von Candilis u. a. entwickelte Konzept der vielfältig kombinierbaren Einheiten in einigen außergewöhnlichen Projekten realisiert. Sie blieben jedoch Ausnahmen und wurden als architektonische Meisterwerke bewundert, aber sie wurden nicht als Beispiele für die Möglichkeiten einer strukturellen Veränderung der gesamten Stadt verstanden.

In der bürgerlichen Stadt mußte die öffentliche Verwaltung – wie wir bereits gezeigt haben – »Arbeitersiedlungen« anlegen, weil das Angebot von preisgünstigem Wohnraum für die unteren Schichten der Gesellschaft auf dem freien Wohnungsmarkt bei weitem nicht ausreichte. Nach dem Ersten Weltkrieg gewannen die öffentlichen Bauprogramme ständig an Bedeutung und boten das geeignete Arbeitsfeld für die Bestrebungen der modernen Architektur, denn die öffentliche Verwaltung verfügte über weites, zusammenhängendes Bauland, das für den Bau der einzelnen Häuser und der Straßen und für die Anlage der anderen Infrastruktureinrichtungen aufgeteilt werden konnte. So stellten jene in Deutschland, Holland und in Skandinavien angelegten Siedlungen des öffentlichen Wohnungsbaus die ersten Beispiele für die neuartige Gestaltung der Stadtlandschaft durch die moderne Architektur dar. Diese Siedlungen und Stadtteile blieben oft vereinzelte Ausnahmen, sie konnten sich aber auch weiterentwickeln und schließlich die gesamte bauliche Gestaltung der Umwelt verändern. Von dieser Alternative hing der Erfolg oder Mißerfolg der modernen Architektur ab. In einigen Ländern – wie zum Beispiel in England, Holland, Dänemark, Schweden und Frankreich – orientierte sich die öffentliche Bautätigkeit weitgehend an den Ergebnissen und Vorschlägen dieser neuen architektonischen Bestrebungen, die schließlich allgemein als neues System der Gestaltung und Organisation des städtischen Lebens und damit als Alternative zum herkömmlichen Stadttyp anerkannt wurden.

Durch diese neuartige öffentliche Bautätigkeit wurden die Mechanismen der bürgerlichen Stadt zwar nicht abgeschafft, diese bestimmten vielmehr nach wie vor weitgehend das Stadtbild, aber es gelang dennoch, die theoretischen Vorstellungen der modernen Architektur in der Praxis auszuprobieren und die neu entwickelten Vorschläge und Konzepte aufgrund der dabei gemachten Erfahrungen Schritt für Schritt zu verbessern. Es ist deshalb müßig, die neuesten und kühnsten Projekte der heutigen Architektur darzustellen und dabei so zu tun, als würden sie das Bild einer in absehbarer Zeit realisierbaren modernen Stadt enthalten. Der Zweck eines großen Teils dieser – bewußt futuristischen – Projekte besteht lediglich darin, die Schwierigkeiten zu überspielen, die der Abschaffung der auch heute noch herrschenden Mechanismen der »post-liberalen« Stadt entgegenstehen.

Es erscheint uns dagegen sinnvoller, folgender Frage nachzugehen: In welchem Maße haben die Bestrebungen der modernen Architektur unsere Umgebung bestimmt und verändert?

Dabei wollen wir zunächst die positiveren Beispiele – Amsterdam und London – betrachten, in denen eine Neugestaltung der existierenden Stadtanlagen teilweise gelungen ist. Sodann wollen wir diese beiden Beispiele der allgemeinen Situation gegenüberstellen und uns mit den dramatischen Problemen befassen, die in allen Teilen der Welt durch das ständige Anwachsen der städtischen Bevölkerung und durch die allgemeine wirtschaftliche Entwicklung entstanden sind.

Abb. 1444. Der historische Stadtkern des heutigen Amsterdam, umgeben von der neuen Peripherie (vgl. auch Abb. 1099–1113).

AMSTERDAM

Amsterdam, das wir bereits in Kapitel 11 ausführlich behandelt haben, erreichte seine Blütezeit gegen Ende des 17. Jahrhunderts – zu der Zeit also, als der Erweiterungsplan von 1607 schon fast völlig realisiert war. Danach kam das Wachstum dieses großartigen, aus dem 17. Jahrhundert stammenden städtischen Organismus zum Stillstand und der Hafen verlor aufgrund der Versandung des vor ihm liegenden Binnenmeeres – der Zuidersee – zunehmend an Bedeutung.

Im Jahre 1875 wurde ein Kanal angelegt, der die Stadt direkt mit der Nordsee verband, und dadurch erlebte Amsterdam einen neuen Aufschwung. Die Befestigungsmauern wurden eingerissen und durch einen aus Grünanlagen gebildeten Ring ersetzt; außerhalb dieses Rings entstanden neue, schachbrettartig angelegte Stadtteile. Die Eisenbahnlinie wurde direkt am Hafen entlanggeführt, und der Hauptbahnhof in der Mitte des fächerförmigen, aus dem 17. Jahrhundert stammenden Stadtkerns errichtet, sodaß die Stadt endgültig von der Zuidersee abgetrennt wurde.

Im Jahre 1901 trat das erste Stadtplanungsgesetz Hollands in Kraft, nach dem Städte mit mehr als 10 000 Einwohnern einen Bebauungsplan aufstellen mußten, der alle 10 Jahre auf den neuesten Stand zu bringen war. Der Staat stellte den Kommunen finanzielle Mittel zum Ankauf von Grundstücken und zur Durchführung der öffentlichen Arbeiten zur Verfügung; auch unterstützte er die Baugenossenschaften beim Bau von Sozial-

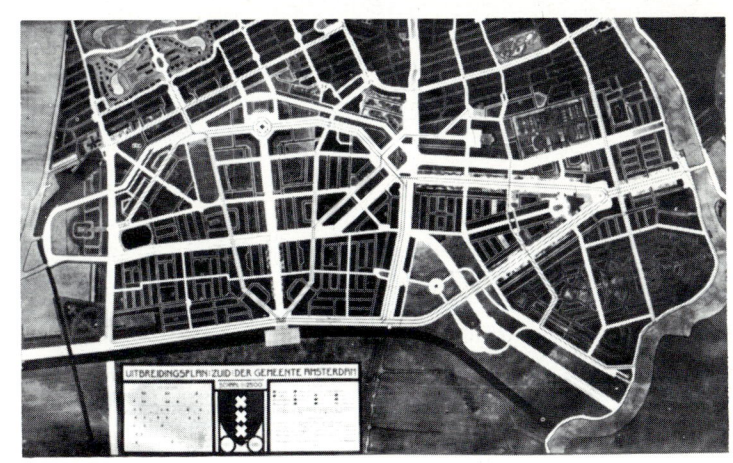

Abb. 1445–1446. Das Stadterweiterungsgebiet Amsterdam-Süd: Der Plan wurde 1917 von H.P. Berlage erarbeitet; die Häuser bestehen aus langgestreckten rechteckigen, 50 Meter breiten und 200 Meter langen Blocks.

wohnungen. 1896 beschloß die Stadtverwaltung von Amsterdam, keine städtischen Grundstücke mehr zu verkaufen, sondern nur noch zu verpachten. Dadurch war nun eine einheitliche Stadtentwicklungsplanung für die öffentlichen Bauvorhaben möglich geworden.

Im Jahre 1902 wurde Berlage, der bedeutendste Architekt Hollands des frühen 20. Jahrhunderts, mit der Planung einer Erweiterung der Stadt nach Süden hin beauftragt, und sein Projekt wurde in den folgenden dreißig Jahren planmäßig durchgeführt (Abb. 1445–1446).

1928 wurde von der Amsterdamer Stadtverwaltung ein unabhängiges Stadtplanungsbüro eingerichtet, das die Vorstellungen der modernen holländischen Architekten in die Praxis umsetzen konnte. Diesem Büro trat ein Vertreter des Neoplastizismus bei, Cornelius van Eesteren, der die Arbeiten an dem allgemeinen Bebauungsplan leitete. Dabei konnte er als erster die Vorstellungen, die die moderne Architektur in den ersten zehn Jahren ihres Bestehens entwickelt hatte, bei der Gestaltung einer großen Stadt berücksichtigen. Tatsächlich wies dieser Bebauungsplan von Amsterdam drei neue Merkmale auf:

1. Es wurden zunächst mit der Hilfe von entsprechenden Fachleuten wissenschaftliche Untersuchungen der voraussichtlichen Entwicklung der Bevölkerungszahl und der sich daraus ergebenden Probleme bis zum Jahre 2000 durchgeführt. Gemäß dieser Prognosen ging man davon aus, daß die Stadt zum Zeitpunkt des Inkrafttretens des Plans auf 650 000 Einwohner angewachsen sein und dann weiter auf 960 000 steigen würde. Deshalb sollte in diesem Zeitraum folgender Wohnraum geschaffen werden:
- 84 300 neue Wohnungen für die 310 000 neu hinzukommenden Einwohner, wobei berücksichtigt wurde, daß die durchschnittliche Familiengröße von 3,74 auf 3,37 Personen sinken würde;
- 13 460 neue Wohnungen, um die alten, abbruchreifen Wohnungen zu ersetzen;
- 12 000 neue Wohnungen als Ersatz für den Wohnraum, der im Zentrum durch das Einrichten von zusätzlichen Büros und Geschäften verloren gehen würde.

Insgesamt also sollte der Bestand von 200 000 Wohnungen um etwa 110 000 neue Wohnungen aufgestockt werden.

2. Die Peripherie der Stadt wurde in einzelne, durch ausgedehnte Grünanlagen voneinander getrennte Stadtteile mit jeweils etwa 10 000 Wohnungen (das heißt mit etwa 35 000 Einwohnern) eingeteilt, die mit allen zum städtischen Leben erforderlichen Einrichtungen ausgestattet werden sollten. Es war geplant, diese einzelnen Stadtteile nacheinander zu errichten, und die Stadtverwaltung sollte die jeweiligen Detailpläne erst kurz vor Baubeginn festlegen, damit sich diese Pläne stets an dem neuesten Erfahrungs- und Kenntnisstand orientieren konnten.

3. Es wurde für eine ständige Kontrolle über die Ausführung der einzelnen Projekte gesorgt, damit durch die Freiheit, die den verschiedenen Architekten bei der Gestaltung der einzelnen Gebäude zugestanden wurde, der einheitliche Charakter des Gesamtkomplexes nicht verlorenging. Jeder Stadtteil wurde in kleine Einheiten unterteilt, die jeweils einem übergeordneten Architekten unterstellt wurden, der die Entwürfe für die einzelnen Gebäude zu prüfen hatte. Diese übergeordneten Architekten standen in ständiger Verbindung mit dem von van Eesteren geleiteten Stadtplanungsbüro.

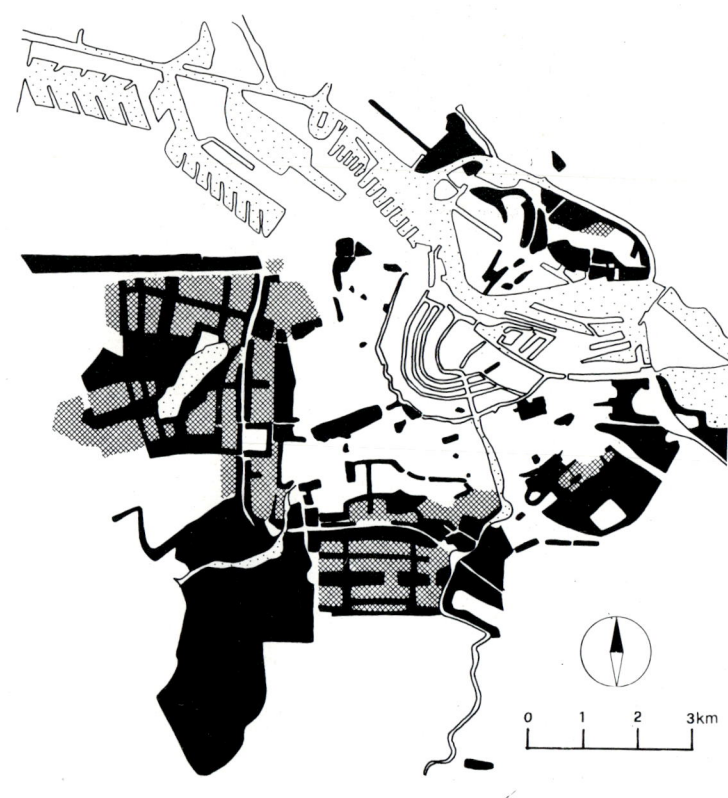

Abb. 1447. Schematische Darstellung des Bebauungsplans von Amsterdam aus dem Jahre 1935: Die neuen Stadtteile sind in Kreuzschraffur eingezeichnet, in schwarz die neuen Grünanlagen.

Abb. 1448. (rechte Seite) **Der Bebauungsplan von Amsterdam aus dem Jahre 1935: Die karierten Flächen stellen die neuen Stadtteile dar, die Grünanlagen sind punktiert, die Industriegebiete in Kreuzschraffur eingezeichnet und einfach schraffiert die Kleingärten.**

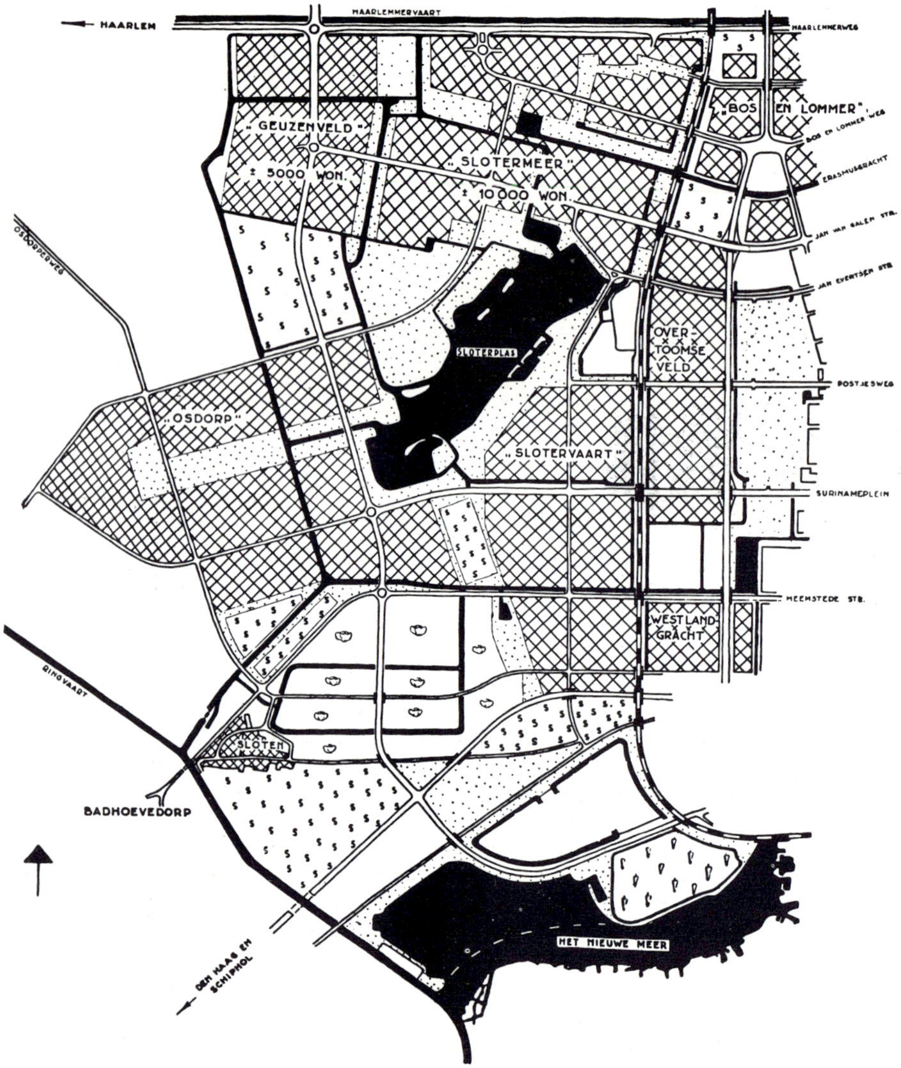

Wohngebiete
Grünanlagen
Sportanlagen
Gärten der Arbeiter
Kleingärten
Straßen
Kanäle
Eisenbahnlinien

Abb. 1449. Die nach dem Bebauungsplan von 1935 vorgesehenen neuen Stadtteile im Westen Amsterdams.

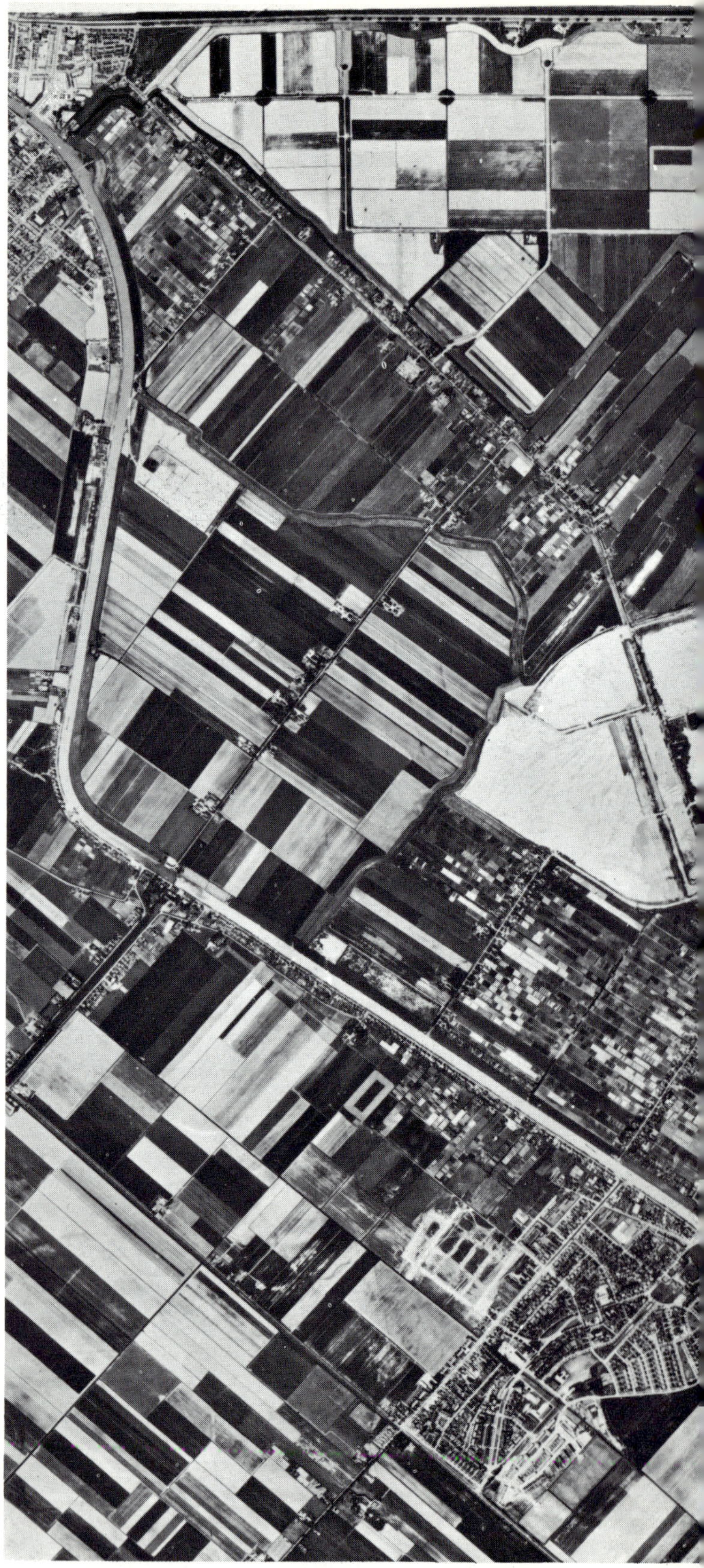

Abb. 1450. (rechts) **Das Stadterweiterungsgebiet im Westen Amsterdams während der Bauarbeiten: Die einzelnen Zonen wurden vor ihrer endgültigen Bebauung von der Stadtverwaltung erschlossen und mit den nötigen Infrastruktureinrichtungen versehen.**

Abb. 1451 Luftaufnahme des Stadtteils Slotervaart in Amsterdam.

Abb. 1452. Luftaufnahme des Stadtteils Bosch en Lommer in Amsterdam.

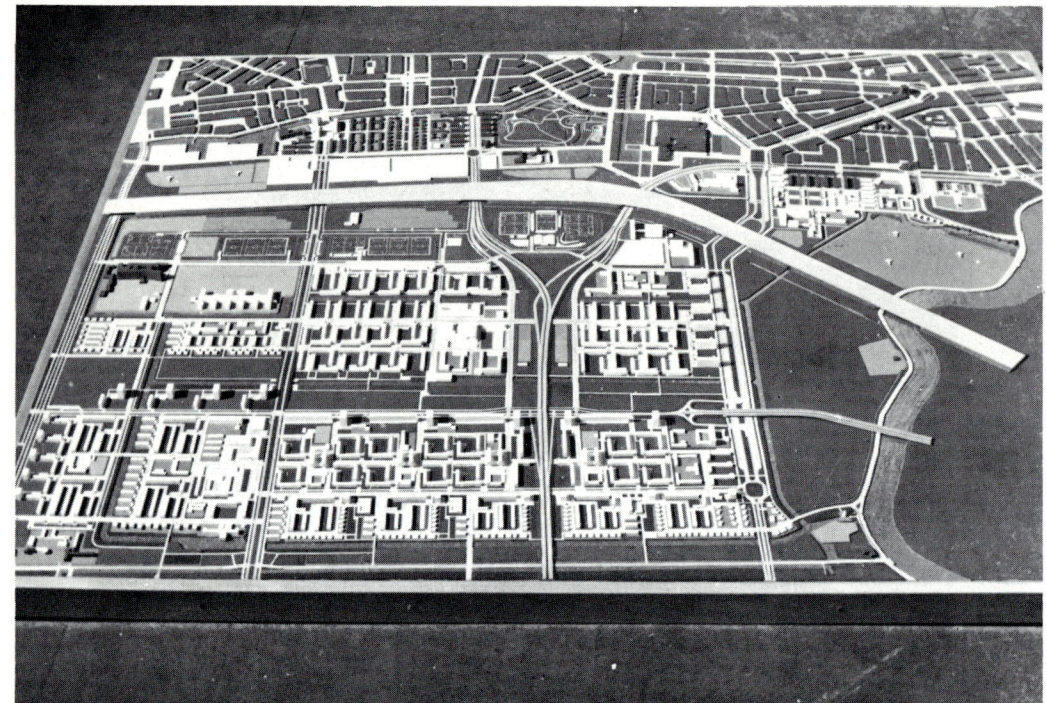

Abb. 1453. Modell des Stadtteils Buitenveld in Amsterdam.

Abb. 1454. Modell des Stadtteils Osdorp in Amsterdam.

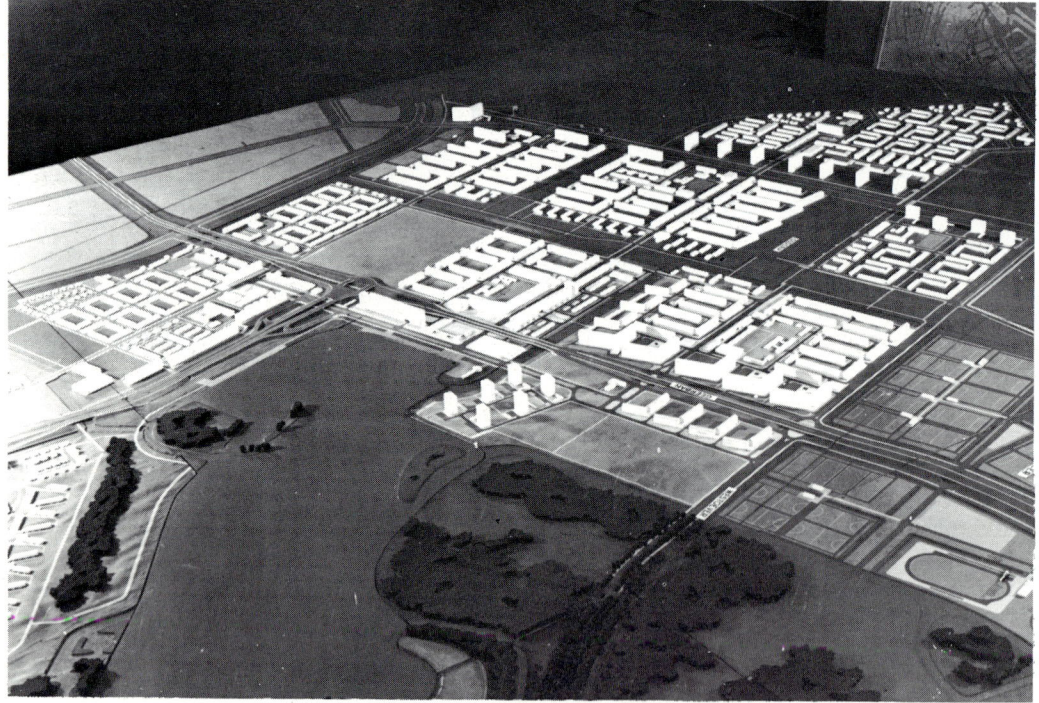

Abb. 1455. (rechte Seite) Die neuen westlichen Stadtteile Amsterdams nach ihrer Fertigstellung.

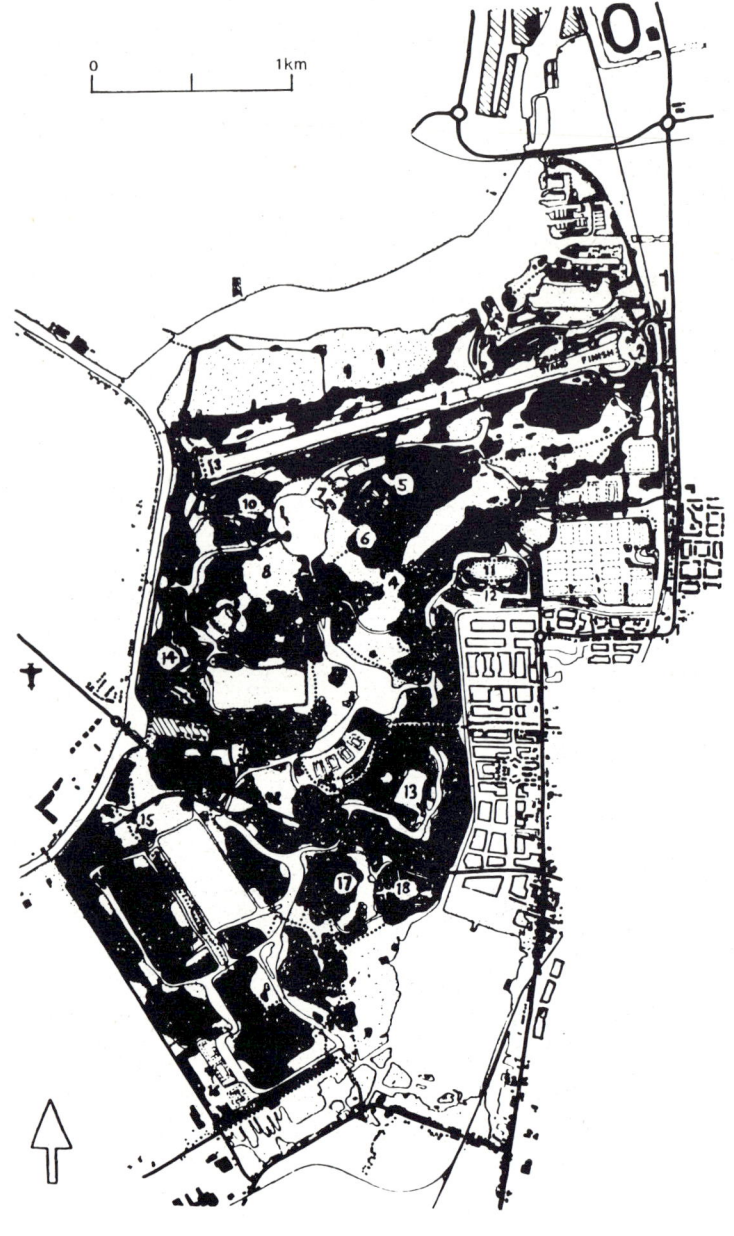

Abb. 1456–1457. Plan und Luftaufnahme des Amsterdamer Waldes.

1 Ruderstrecke
2 Bootsstege und -häuser
3 Wassersportzentrum
4 Hügel
5 Schmuckgarten
6 Labyrinth
7 Kinderspielplatz
8 Spielanlagen für Erwachsene
9 Wassersportbereich
10 Freilichttheater
11 Hindernisstrecke
12 Reitbahn
13 Sonnenterrasse
14 Naturschutzgebiet für die Zugvögel
15 Bauernhof
16 Jugendherberge mit Campingplatz
17 Zoo
18 Kindergarten

Der allgemeine Bebauungsplan für Amsterdam wurde 1935 angenommen und in den folgenden drei Jahrzehnten in die Tat umgesetzt, so daß wir nun das faktisch realisierte Projekt untersuchen können. Der Großteil der neuen Stadtviertel entstand im Westen der Stadt, wo sie ebenso leicht mit dem alten Stadtkern und dem Hafen verbunden werden konnten wie mit den Industriegebieten im Norden entlang des zum offenen Meer führenden Kanals. Diese neuen Stadtteile wurden um einen künstlichen

Abb. 1458. Luftaufnahme des historischen Stadtkerns des heutigen Amsterdam (vgl. dazu Abb. 1106–1111).

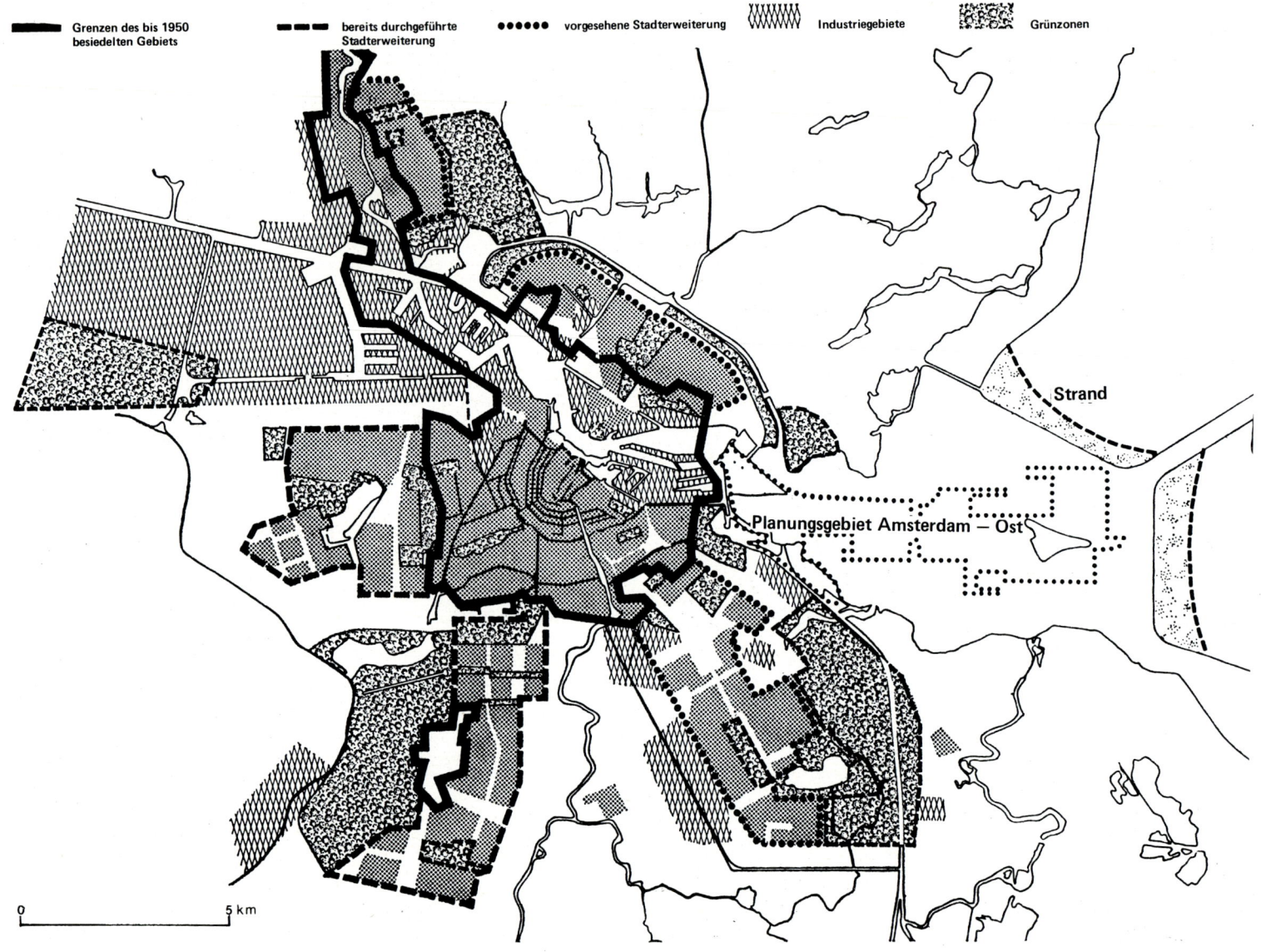

See – den Sloterpas – herum angelegt, so daß sich in ihrer Mitte ein großes Erholungsgebiet befindet mit freien Sichtweiten zwischen einem und zwei Kilometer. Die älteren dieser Stadtteile (z. B. Bosch en Lommer, mit dessen Bau 1936 begonnen wurde) bestehen aus vierstöckigen Häusern traditioneller Bauart, die zu geschlossenen, halboffenen oder ganz offenen Blocks zusammengesetzt sind. Die neueren, nach dem Krieg angelegten Stadtteile haben dagegen ein vielfältiges Gesicht, das von einem Nebeneinander von ein- oder zweistöckigen Einfamilienhäusern, mittel-

großen vier- oder fünfstöckigen Häusern und von Hochhäusern mit zwölf Stockwerken bestimmt wird.

Jeder Stadtteil verfügt über ausgedehnte Grünanlagen als Erholungs- und Freizeitgebiet für Jung und Alt. Darüber hinaus war ein ungefähr 900 Hektar großer – dem Bois de Boulogne in Paris vergleichbarer – Stadtpark vorgesehen, der in einem südwestlich der Stadt gelegenen sandigen Gebiet entstehen sollte (Abb. 1456–1457). Er wurde unter Mitwirkung einer großen Zahl von Spezialisten – Botanikern, Zoologen, Hygienikern,

Abb. 1459. (linke Seite) **Der neue Bebauungsplan von Amsterdam aus den sechziger Jahren.**

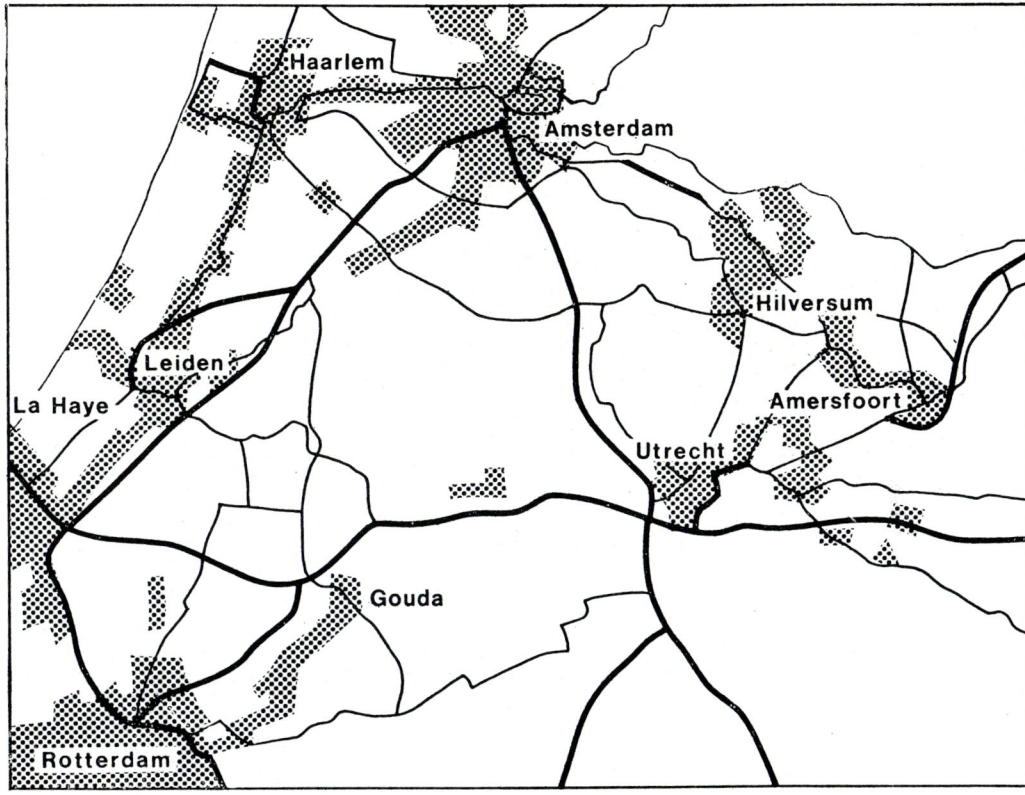

Abb. 1460. (rechts) **Der Halbkreis der Städte Mittelhollands, die die sogenannte Randstad bilden.**

Pädagogen und anderen – angelegt und erhielt die verschiedensten Anlagen und Einrichtungen für Sport und Erholung, unter anderem eine zwei Kilometer lange Rennstrecke für Ruderregatten, ein Freilichttheater und zwei Schutzgebiete für Zugvögel und Hirsche.

Die historische Stadt – bestehend aus dem mittelalterlichen Stadtkern und den drei konzentrisch angelegten Kanälen aus dem 17. Jahrhundert – blieb auch das Zentrum der neuen Stadt, die nun viermal soviel Einwohner hatte wie die ursprüngliche Stadt. Die Straßen dieses Zentrums sind durch den viel zu dichten Verkehr verstopft, und viele Gebäude wurden umgebaut. Gleichwohl war die Stadtverwaltung bestrebt, den traditionellen Charakter des Stadtbildes zu bewahren: Sie hat z. B. die Restaurierung der alten Häuser subventioniert und die wichtigsten Geschäftsstraßen für den Autoverkehr gesperrt und in eine etwa 1,5 Kilometer lange Fußgängerzone umgewandelt.

Aber das Wachstum der Stadt übertraf die dem Plan von 1939 zugrundegelegten Prognosen. Bereits 1958 hatte Amsterdam 870 000 Einwohner. Es wurde deshalb beschlossen, die Stadt selbst nicht mehr zu erweitern, um das ausgedehnte Erholungsgebiet im Westen zwischen Amsterdam und Haarlem nicht zu zerstören. Stattdessen sollten die im Norden und im Süden der Stadt gelegenen Gemeinden erweitert werden. Mit dieser Zielrichtung wurde ein neuer Bebauungsplan entwickelt, der einen Großteil der Umgebung Amsterdams miteinbezog. Im Jahre 1968 wurde beschlossen, ein innerstädtisches Schienennetz anzulegen, das im historischen Zentrum unterirdisch und in den Außenbezirken oberirdisch verlaufen sollte.

Die neuerliche Ausdehnung der Stadt förderte jedoch auch die Planungsmängel der bereits fertiggestellten Stadtteile zutage. Obwohl sorgfältig geplant, mit ausgedehnten Grünanlagen und ausreichenden Infrastruktureinrichtungen ausgestattet, bildeten sie doch einen abgeschlossenen bebauten Bereich ohne Kontakt zur umliegenden Landschaft und vor allem – nachdem durch den Bau der Eisenbahnlinie auch der Hafen von der Stadt getrennt worden war – ohne Kontakt zum Wasser. Dadurch entstanden – entgegen der Absicht der Planer – deutliche Unterschiede bezüglich der Lage der Häuser. So gab es Häuser, die dicht an einem der

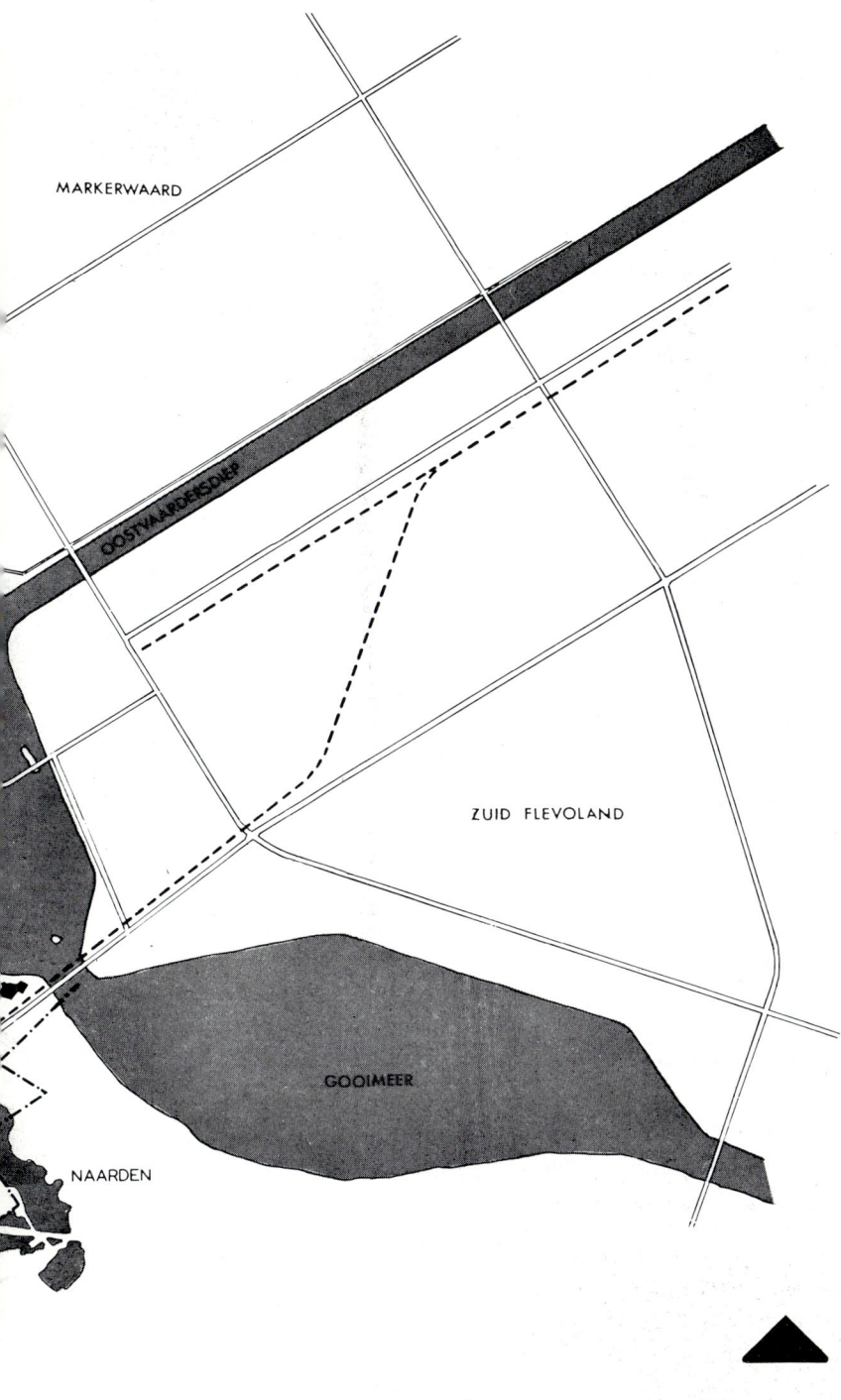

Parks lagen, während andere in der zweiten Reihe standen; das Straßennetz erwies sich als unnötig kompliziert und kreuzte zu oft die zwischen den Häusern, den Gemeinschaftseinrichtungen und den Grünanlagen und Parks verlaufenden Fußwege; die Anordnung der einzelnen Häuser – so einfach sie auch immer gewesen sein mochte – war nicht von funktionalen Kriterien bestimmt, so daß die Siedlungen in einigen Fällen zu abstrakten Gebilden wurden, die zusätzliche – vermeidbare – Widersprüche hervorbrachten.

Um die Möglichkeiten einer neuerlichen, grundlegenden Veränderung zu demonstrieren, präsentierten die Architekten Bakema und van den Broek 1965 ein Stadterweiterungsprojekt, das im Osten Amsterdams, auf der zwischen der Stadt und dem trockengelegten Land der Zuidersee verbliebenen Wasserfläche realisiert werden sollte (Abb. 1461–1473).

Dieser Plan sah auf einer Reihe von künstlich angelegten Inseln eine langgestreckte Stadt mit 350 000 Einwohnern vor, die in Längsrichtung von einem Arm des städtischen U-Bahnnetzes und einer Schnellstraße durchlaufen werden sollte. Die neue Stadt besteht – nach diesem Plan – aus 35 Wohneinhieten für jeweils 10 000 Einwohner, die in einem Abstand von 1,5 Kilometern im rechten Winkel zur Verkehrsader angelegt werden. Jede dieser Einheiten ist in drei Bereiche aufgeteilt: Der zentral gelegene Bereich, durch den die U-Bahnlinie und die Schnellstraße führen, ist am dichtesten bebaut und besteht sowohl aus Büro-, als auch aus Wohnhäusern; die beiden seitlich gelegenen Bereiche mit Gebäuden mittlerer Höhe sind von einem System aus erhöhten, auf verschiedenen Ebenen angeordneten Plattformen und Verbindungswegen umgeben (die Parkdecks liegen unten, die Schulen, Kirchen, Versammlungsräume und andere Einrichtungen oben). Aber alle drei Bereiche liegen direkt an den zwischen den einzelnen Wohneinheiten angelegten Erholungsbereichen. Zu diesen Erholungsbereichen gehören die jeweils zwischen zwei Wohneinheiten liegende Wasserfläche und Gärten, Spielplätze und ähnliche Anlagen. Diese Bereiche sind jeweils so breit, daß der Abstand zwischen zwei sich gegenüberliegenden Fassaden mindestens 300 Meter beträgt. Eine Wohneinheit für 10 000 Einwohner sollte jeweils zu einem großen, einheitlich gestalteten Gebilde werden. Als Voraussetzung dafür hätte das Verhältnis zwischen den Plänen der städtischen Behörden und den privaten Initiativen, das bereits in den dreißiger Jahren vielfach auf die Probe gestellt worden war, erneut verändert werden und es hätte sich in einem wesentlich größeren Maßstab bewähren müssen.

Abb. 1461. Plan von Amsterdam und Umgebung, in den das von Bakema und van den Broek entworfene Projekt Amsterdam-Ost eingezeichnet ist.

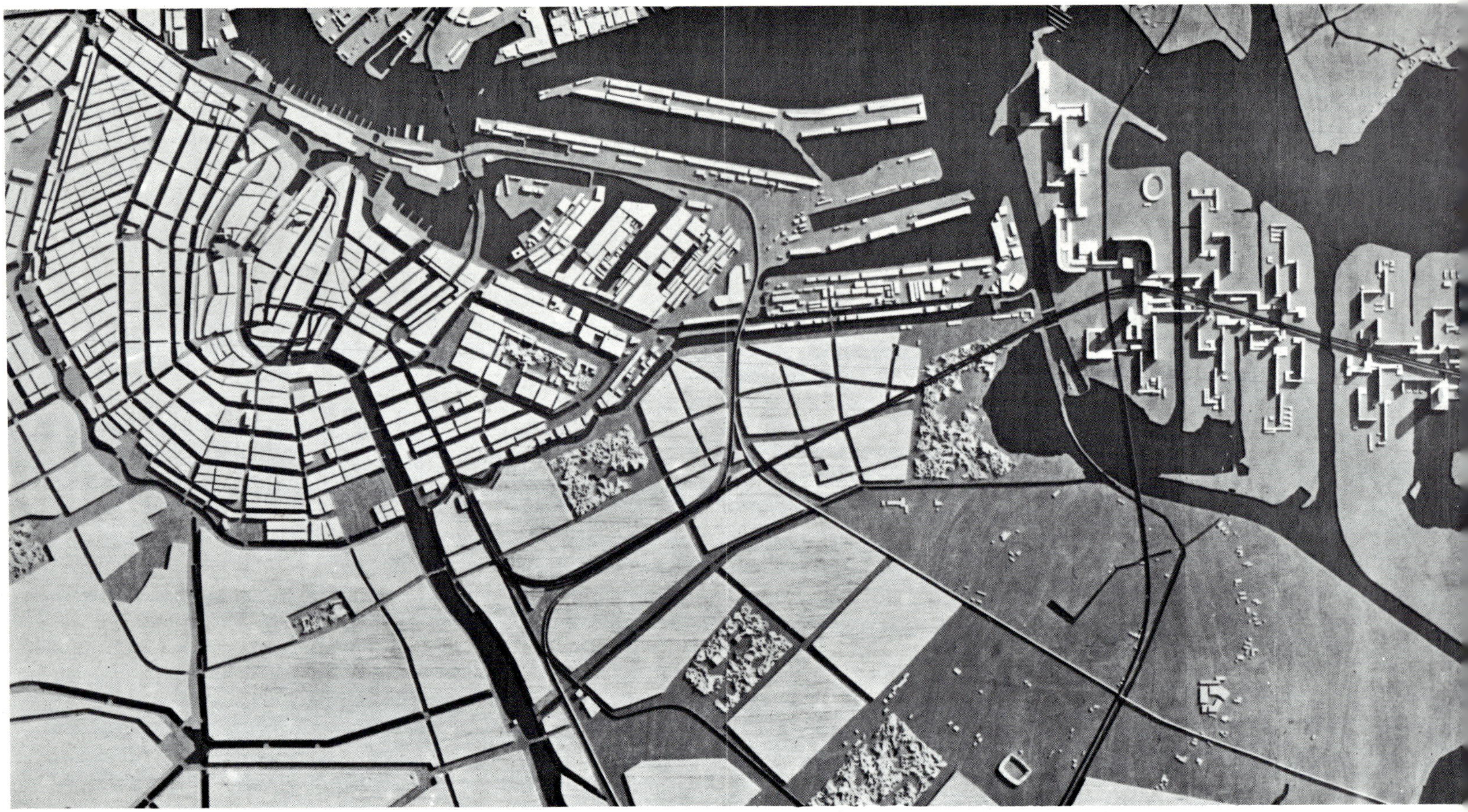

Die Amsterdamer Stadtverwaltung, die sich in den dreißiger Jahren als erste an den neuen Erkenntnissen und Vorschlägen der modernen Architektur – der Analyse der städtischen Funktionen und der Bestimmung kleinster funktioneller Elemente der einzelnen Einheiten – orientiert hatte, war nun nicht mehr bereit, die jüngeren Erkenntnisse zu akzeptieren, das heißt, den neuen Modellen einer Anordnung der funktionellen Elemente zu folgen. Deshalb stellt das hier vorgestellte Projekt nur eine private Initiative dar; es demonstriert die technisch realisierbaren Möglichkeiten, zugleich zeigt es aber auch die Grenzen des Spielraums der zuständigen holländischen Behörden, die sich noch nicht in der Lage sehen, einem solchen Projekt ihre Zustimmung zu geben.

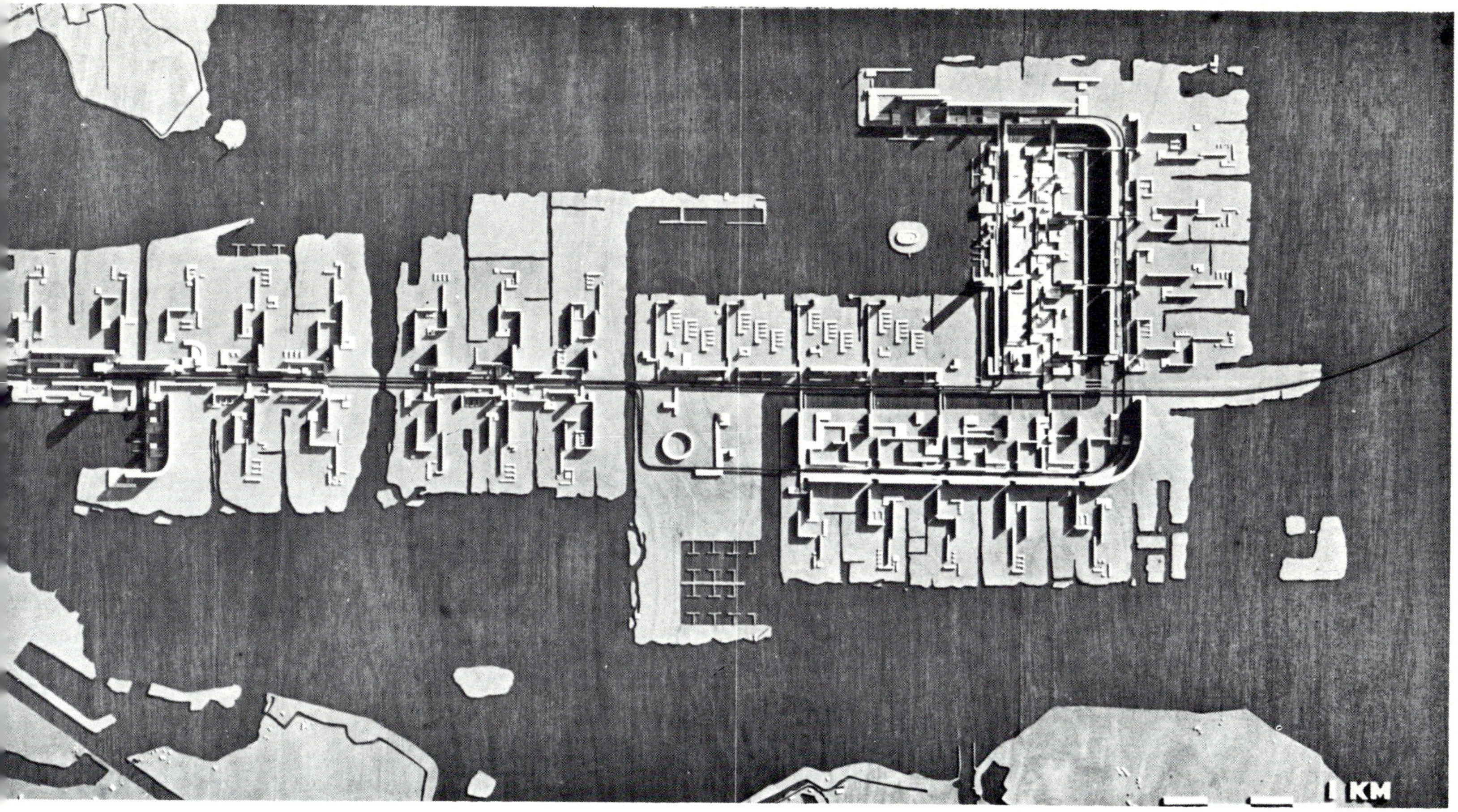

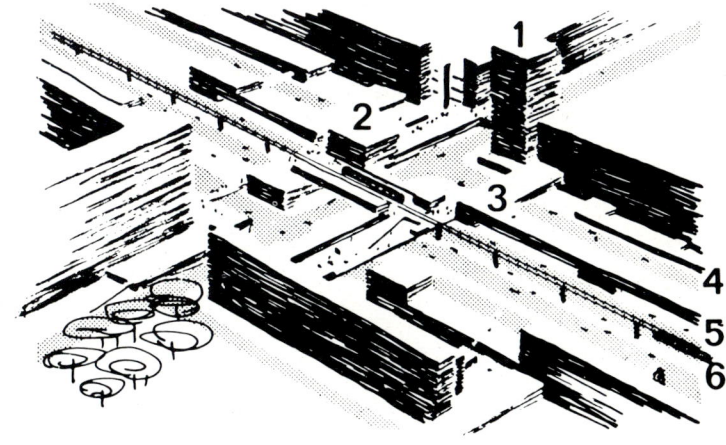

Abb. 1462–1464. **Modell des Projekts Amsterdam-Ost; De-tailzeichnungen der Verbindung zwischen der zentralen Verkehrsader und den Wohneinheiten, die auf einem Sy-stem verschieden hoher Ebenen aufgebaut ist.**

1 Turmhaus
2 Häuser mittlerer Höhe
3 Station der Einschienenbahn
4 Straße für den örtlichen Verkehr
5 Einschienenbahn
6 Schnellstraße

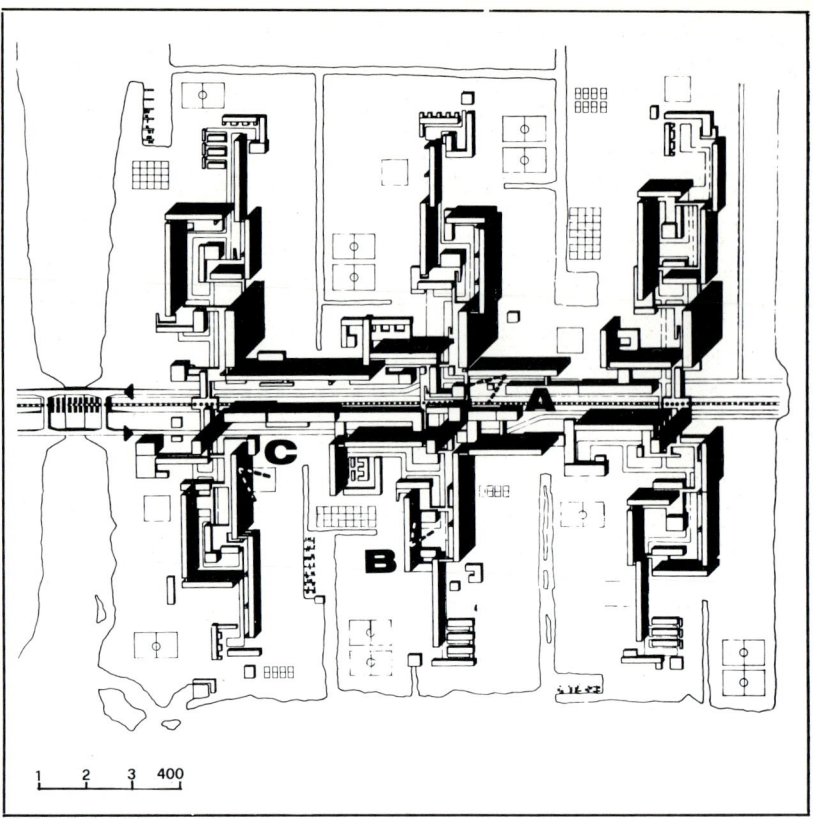

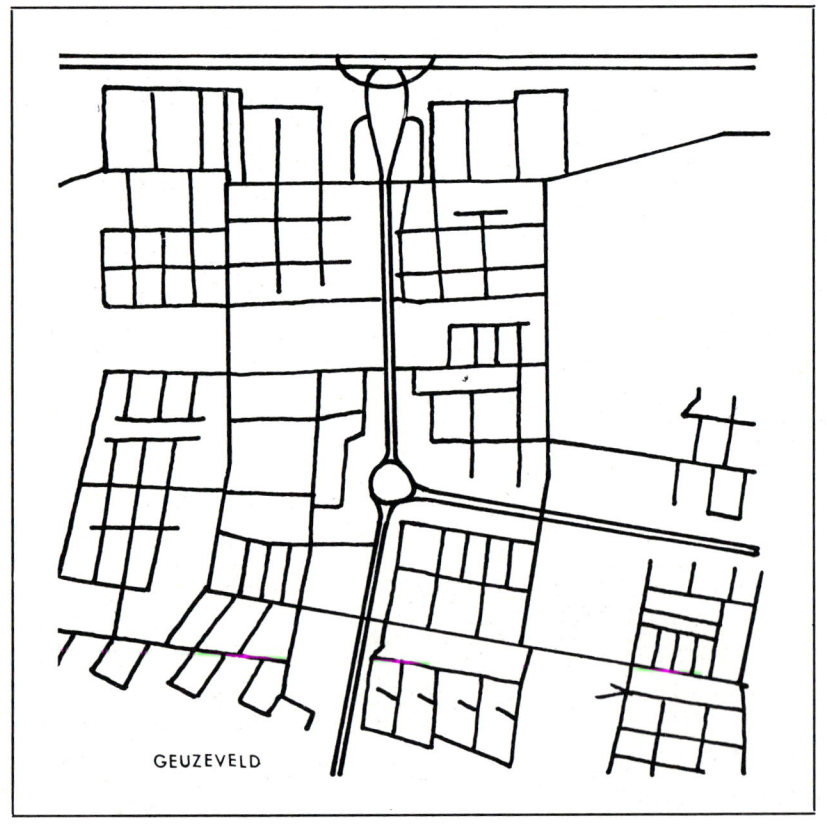

GEUZEVELD

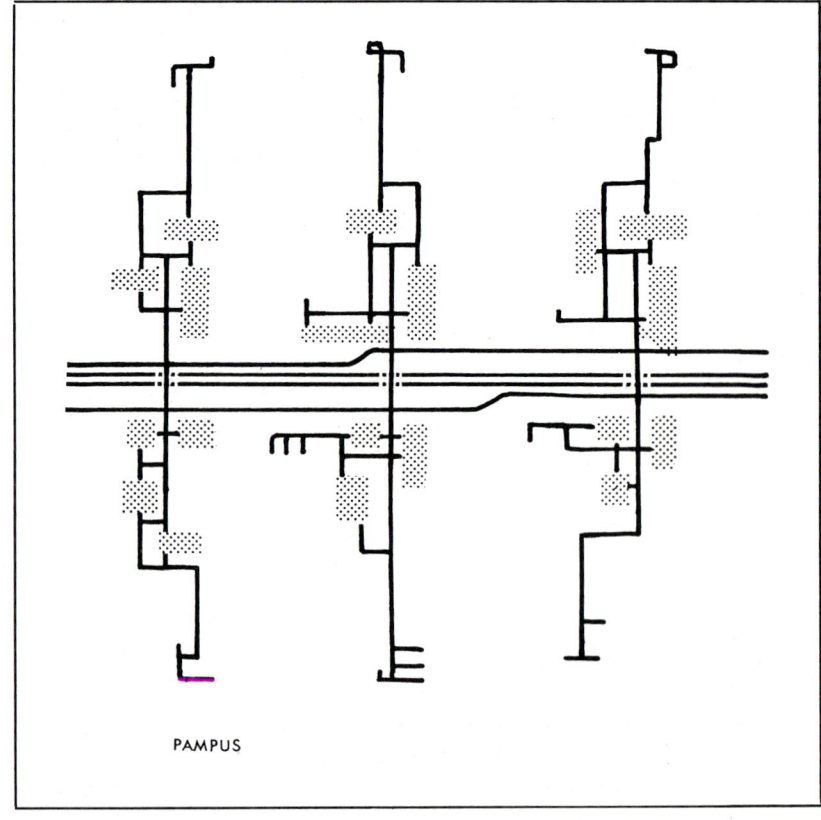

PAMPUS

Abb. 1465–1468. (linke Seite) Ein Vergleich zwischen einem westlichen Stadtteil Amsterdams (Geuzenveld) mit etwa 30 000 Einwohnern und drei im Rahmen des Projekts Amsterdam-Ost entworfenen Wohneinheiten für je 10 000 Einwohner: (oben) jeweils eine Übersicht über die Anordnung der einzelnen Gebäude, (unten) das Straßennetz.

Die drei Formelemente, aus denen sich das Stadtbild des Projekts Amsterdam-Ost zusammensetzt (vgl. auch Abb. 1466):

Abb. 1469. Das entlang der Hauptverkehrsader angelegte Einkaufs- und Geschäftszentrum (A): Die Fußgänger bewegen sich auf der Ebene 1, der langsam fließende Verkehr wird auf der Ebene 2 abgewickelt und der Schnellverkehr auf der Ebene 3.

Abb. 1470. Das Zentrum eines Stadtteils (B), das inmitten der rechts und links der Hauptverkehrsader errichteten Wohnkomplexe angelegt ist: Die Fußgänger bewegen sich auf erhöhten Plattformen und Fußsteigen, die zu den als Treffpunkten dienenden Plätzen (1), zu den Geschäften (2) und zu den Schulen (3) führen.

Abb. 1471. Der auf dem freien Gelände zwischen zwei Wohneinheiten angelegte Freizeit- und Erholungsbereich (C): Von ein und derselben Wohnung aus kann man sowohl auf den Bereich B als auch auf den Bereich C blicken.

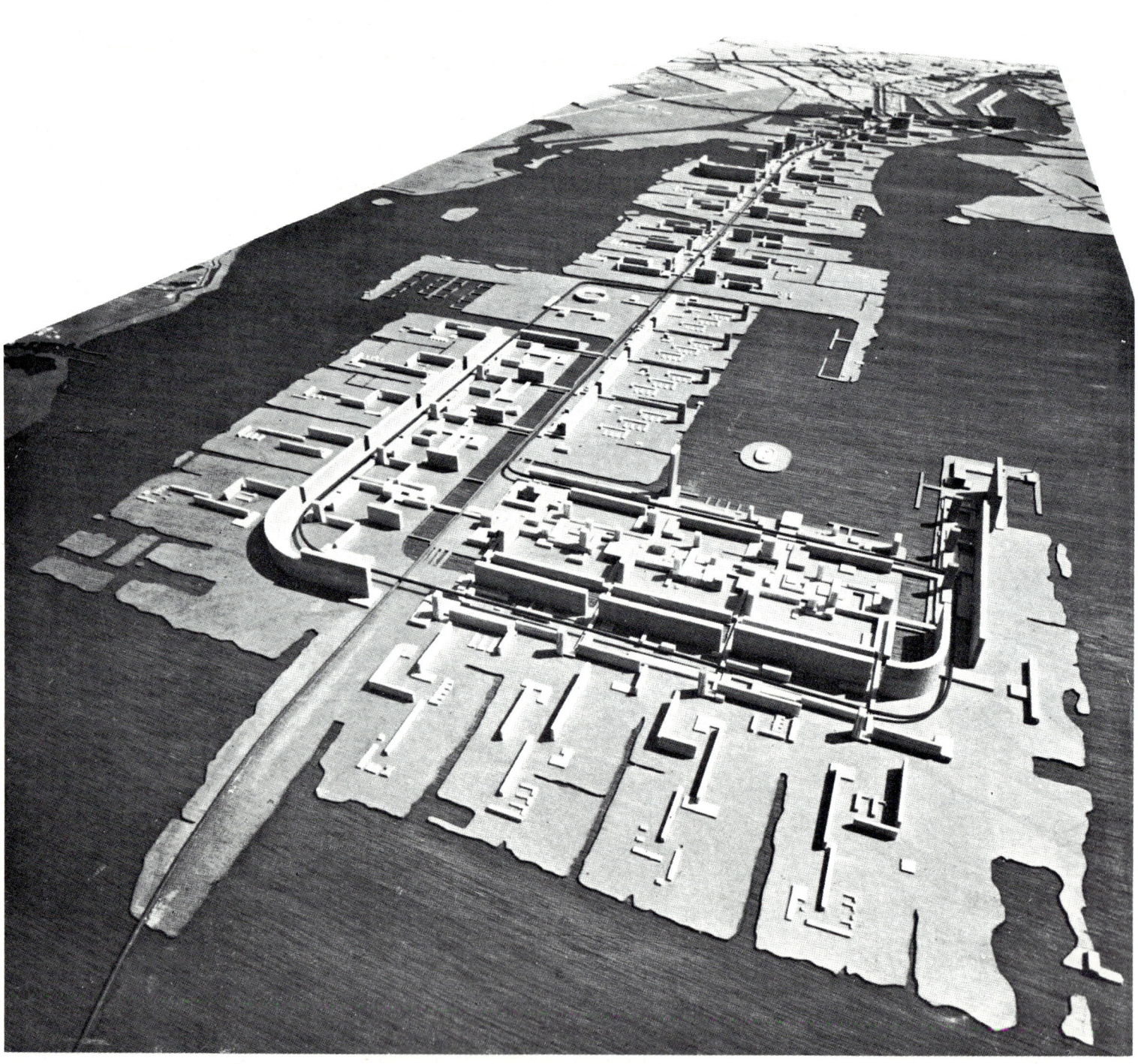

Abb. 1472. (linke Seite) **Amsterdam-Ost: Ansicht des Modells mit der Blickrichtung von der Lagune zum Stadtzentrum.**

Abb. 1473. (rechts) **Modell einer der Wohneinheiten.**

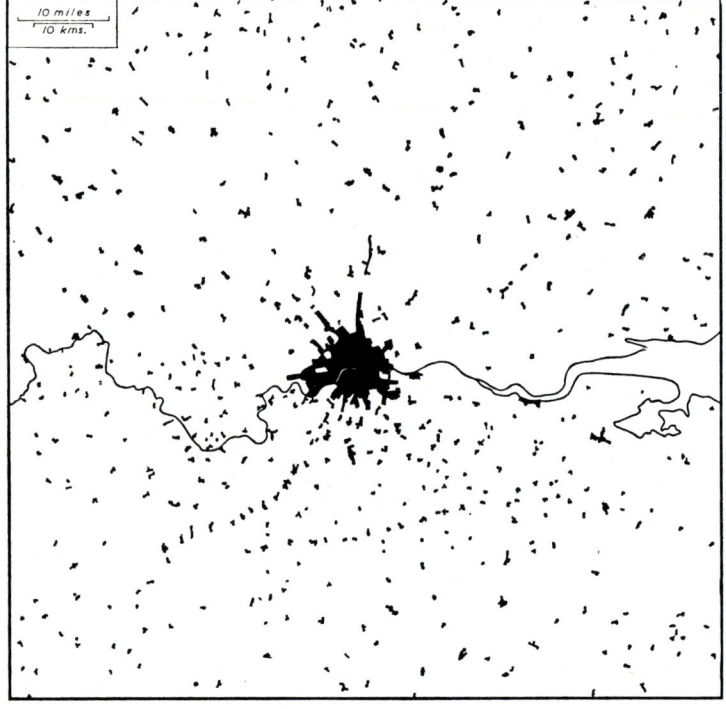

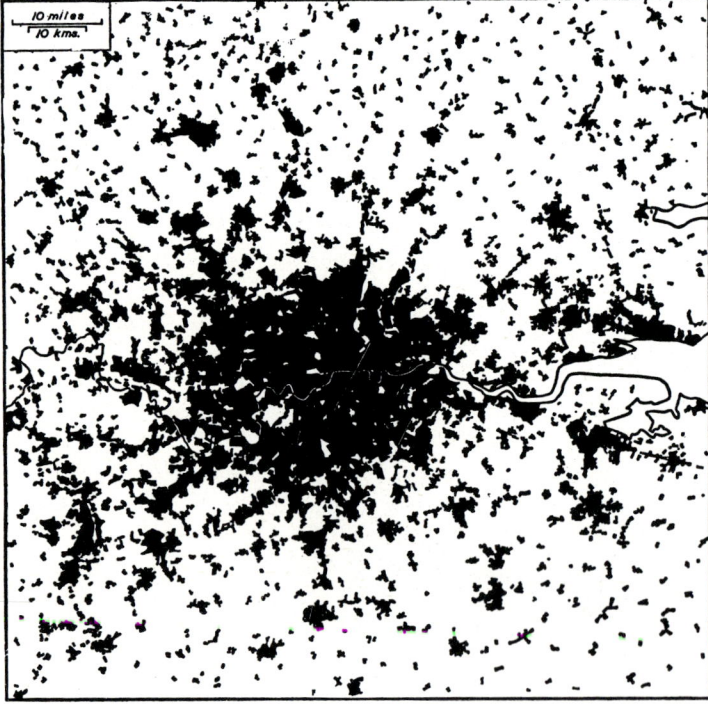

LONDON UND DIE NEUEN STÄDTE ENGLANDS

Anfang des 19. Jahrhunderts war London die größte Stadt der Welt und hatte bereits eine Million Einwohner. Im Jahre 1851, als im Kristallpalast die erste Weltausstellung eröffnet wurde, war die Einwohnerzahl auf 2,5 Millionen angestiegen; 1901 wurden 4,5 Millionen Einwohner gezählt und die Stadt umfaßte fast das ganze, 30 000 Hektar große Gebiet der 1888 geschaffenen Grafschaft London. Aber jenseits der Grenzen dieser Grafschaft hatten sich im Laufe der Zeit weitere zwei Millionen Menschen angesiedelt, sodaß London im Jahre 1901 ein städtisches Ballungsgebiet mit etwa 6,5 Millionen Einwohnern bildete; 1921 war die Einwohnerzahl auf insgesamt 7,5 Millionen angewachsen und 1939, am Vorabend des 2. Weltkrieges, lebten fast 9 Millionen Menschen in dieser Stadt.

Eine derartig konzentrierte Ansammlung von Häusern, Straßen und anderen infrastrukturellen Anlagen stellte einerseits einen katastrophalen und unkontrollierbaren Organismus dar, der jedoch andererseits auch ganz außergewöhnliche und erstauliche Leistungen hervorgebracht hat: Pall Mall wurde als erste Straße auf der Welt mit einer Gasbeleuchtung ausgestattet; der Kristallpalast, der 1851 die erste Weltausstellung beherbergte, war mit seiner Grundfläche von 6,5 Hektar bei einer Länge von genau 1851 Fuß (550 Meter) das größte Gebäude, das je gebaut wurde; 1863 begannen die Bauarbeiten für das U-Bahnnetz; zwischen 1848 und 1865 wurden zwischen der City und Westminster die Ufer der Themse befestigt und 1894 wurde in der Nähe des London Tower die neu gebaute Hängebrücke eingeweiht, deren Mittelteil beweglich ist und hochgezogen werden kann, um den großen Schiffen die Durchfahrt zu ermöglichen.

Die Einwohnerzahl der *City* sank von 110 000 im Jahre 1861 auf 20 000 im Jahre 1911, denn sie war inzwischen zu dem Teil der Stadt geworden, in dem sich die Büros, Geschäfte, Praxis- und Kanzleiräume und öffentlichen Einrichtungen konzentrierten, was den Wohnraum immer mehr verdrängte; die *City* war zum bedeutendsten Handels- und Finanzzentrum der Welt geworden.

Abb. 1474–1475. Die Ausdehnung Londons um 1830 und 1960.

Abb. 1476. (rechte Seite) **Der Stadtverkehr in London (Stich von Gustave Doré aus dem Jahre 1872).**

Collection des Guides Joanne, Londres Illustré par E. Reclus.   Paris, Librairie de L. Hachette et Cie.

Abb. 1477. Plan von London aus
der Mitte des 19. Jahrhunderts.

Im Jahre 1814, vor dem Bau der Eisenbahnlinien.

Im Jahre 1864, nach der Anlage des Regent's Park (vgl. auch Abb. 1147).

Im Jahre 1914, nach der Vereinigung mit der Siedlung Hampstead.

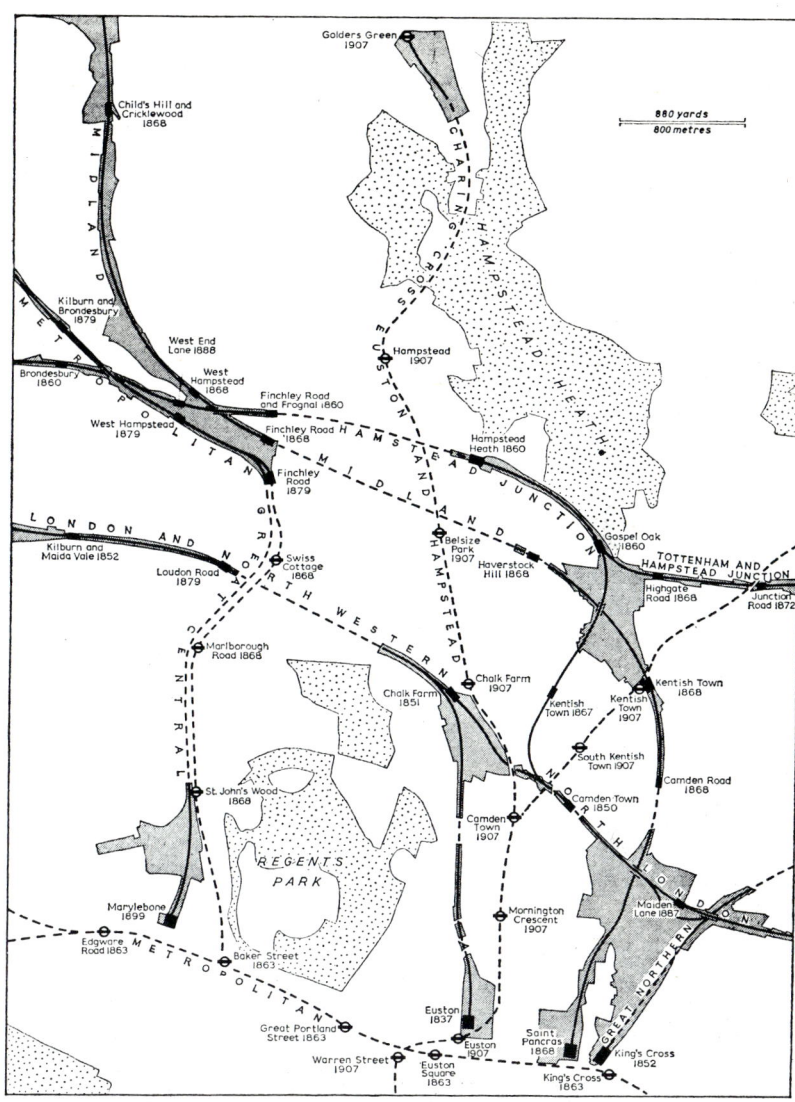

Das bis 1914 in diesem Gebiet angelegte Schienennetz.

Abb. 1478–1481. London: die Entwicklung eines Teils der nordwestlichen, in Richtung Hampstead gelegenen Peripherie.

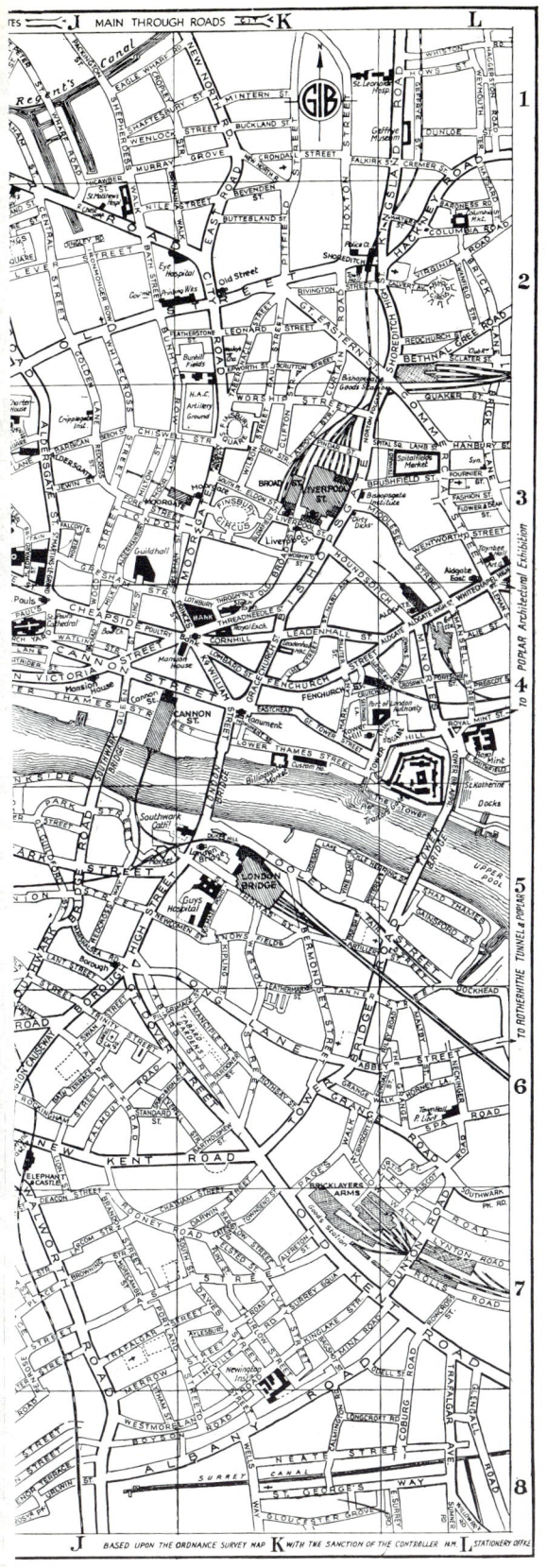

Abb. 1482–1483. Plan und Luftaufnahme des heutigen Stadtzentrums von London
(vgl. dazu Abb. 1115–1122).

Die Verwaltung dieser enormen Stadt oblag mehr als 300 lokalen Ämtern, die 1855 zu einer einheitlichen Körperschaft zusammengefaßt wurden. Aber die von ihnen getroffenen Maßnahmen blieben in ihrer Wirkung begrenzt und betrafen immer nur Teilbereiche: Man versuchte, die Eintönigkeit der neuen Peripherie durch die Anlage weiterer öffentlicher Parks – Regent's Park im Jahre 1830, Victoria Park 1845 und Finsbury Park 1869 – aufzulockern, und bemühte sich auf der Grundlage der Gesetze von 1868, 1875 und 1890 um eine Sanierung der am meisten heruntergekommenen Stadtviertel.

Neben diesen öffentlichen Eingriffen gab es auch von privater Seite Bestrebungen, die Lebensbedingungen in dieser Stadt zu verbessern: So wurde zum Beispiel 1854 die Gesellschaft zur Verbesserung der Arbeiterwohnungen gegründet; Octavia Hill initiierte, unterstützt von Ruskin, 1865 Bautätigkeiten, und Howard rief 1899 die Gartenstadt-Vereinigung ins Leben, die in der Umgebung von London zwei neue Städte anlegte – Letchworth im Jahre 1902 und Welwyn im Jahre 1919 (Abb. 1484–1486). Diese privaten Initiativen hatten zwar eine große kulturelle Bedeutung, aber insgesamt waren sie zu spärlich, um die Entwicklung der immensen, sich ständig weiter ausdehnenden Peripherie entscheidend zu beeinflussen.

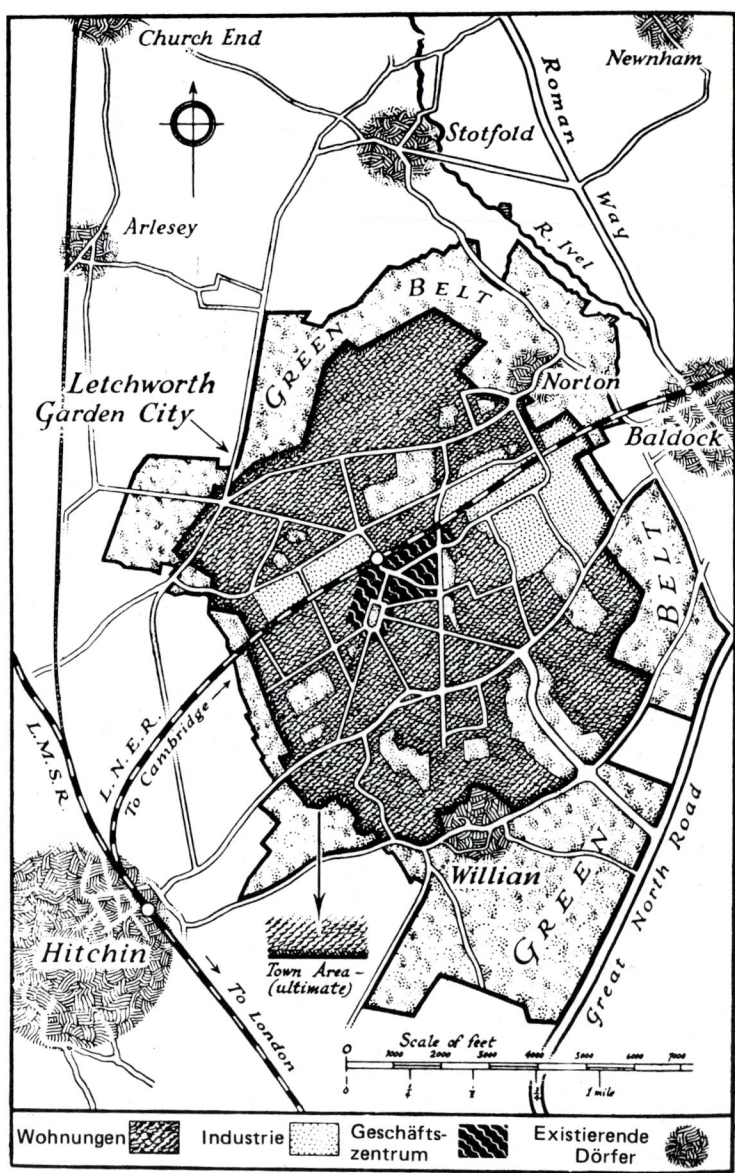

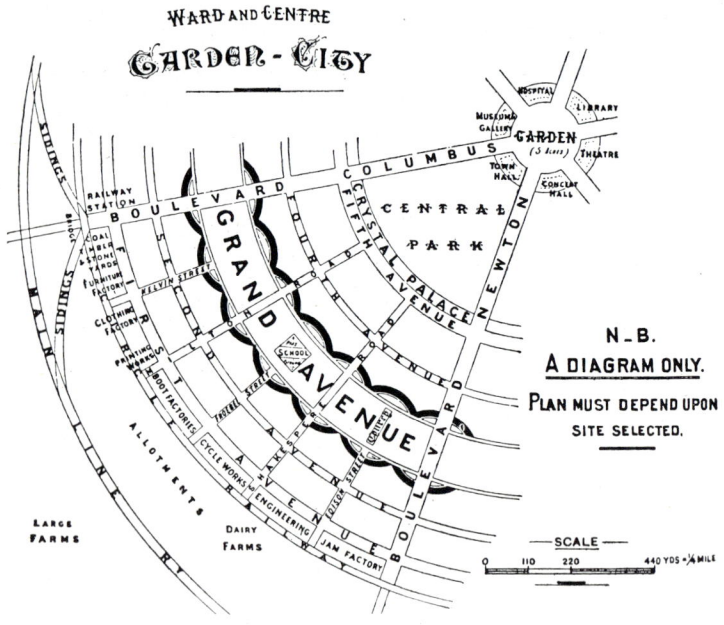

Abb. 1484. Das 1899 in dem Buch von Howard veröffentlichte theoretische Schema der Gartenstadt: In der Mitte liegt ein Park mit einem Glashaus (»Kristallpalast«), in dem sich die öffentlichen Gebäude – das Rathaus, ein Theater, die Bibliothek und ein Museum – befinden; um diesen Park herum sind kreisförmig die Wohnviertel mit den Schulen

Abb. 1485. Plan von Letchworth, der ersten, im Jahre 1902 gegründeten Gartenstadt.

Abb. 1486. (rechte Seite) Luftaufnahme von Letchworth.

angelegt; weiter außen dann die Fabriken, die landwirtschaftlich genutzten Flächen, der Bahnhof und die Anschlüsse an die Hauptstraßen.

Umfassende öffentliche Eingriffe zur – zunächst ansatzweisen – Steuerung des Wachstums der Stadt wurden erst in den dreißiger Jahren möglich, als man Konsequenzen aus der Krise von 1929 ziehen wollte. Man hatte erkannt, daß die Verteilung der verschiedenen Wirtschaftssektoren – Landwirtschaft, Industrie, Handel und Dienstleistungsbereich – über das Land dringend einer Korrektur bedurfte. Eine 1937 eingesetzte königliche Kommission zur Untersuchung der Verteilung der Bevölkerung und der Industrie veröffentlichte 1940 die Ergebnisse ihrer Arbeit und kritisierte mit Nachdruck die Konzentration von Industrie und Bevölkerung um die großen Städte. London war in diesem Zusammenhang das gravierendste Beispiel. Um dieser Situation zu begegnen, wurde 1938 ein Gesetz verabschiedet, durch das eine weitere Ausdehnung der Stadt verhindert werden sollte. Es wurde festgelegt, daß außerhalb der bereits erreichten faktischen Stadtgrenze keine neuen Gebäude mehr errichtet werden dürfen, damit das gesamte Gebiet in der Umgebung der Stadt, das einen sogenannten »grünen Gürtel« bilden sollte, landwirtschaftlich genutzt werden konnte.

In der Zwischenzeit hatten jedoch im Sommer 1940 die Bombardements durch deutsche Flugzeuge einen großen Teil der Stadt zerstört, und es begann die Diskussion um die Art des Wiederaufbaus. Die in der Gruppe MARS organisierten modernen Architekten Englands legten 1942 einen Plan vor, nach dem statt der geschlossenen Form der ursprünglichen städtischen Anlage Londons ein offener, in zwei Hälften geteilter Stadtkörper entstehen sollte, der aus Reihen parallel zueinander liegender, jeweils durch Grünanlagen voneinander getrennter Stadtteile bestand (Abb. 1487). Der County Council entschied sich im Jahre 1944 jedoch für den traditionelleren Plan der beiden allgemein anerkannten Experten Abercrombie und Forshaw (Abb. 1488–1491). Dieser Plan sah folgende Unterteilung Londons und seiner Umgebung vor:

1. Die *innere Zone:* die County of London mit den geschlossener bebauten Stadtrandgebieten, ein Gebiet von 55 000 Hektar, auf dem etwa 5 Millionen Menschen wohnten. Doch diese Bevölkerungsdichte galt als zu hoch und es war vorgesehen, die Bevölkerungszahl dieses Gebiets um 400 000 Einwohner zu verringern.

2. Die *vorstädtische Zone:* ein Gebiet von 58 000 Hektar mit weiteren 3 Millionen Einwohnern; diese Bevölkerungsdichte wurde als akzeptabel angesehen und so sollte die Einwohnerzahl in diesem Gebiet konstant gehalten werden.

3. Die *äußere Zone:* der grüne Gürtel und die weitere Umgebung der Stadt bis zu einer Entfernung von 60 bis 80 Kilometer vom Zentrum; diese Zone war für die zu erwartenden Erweiterungen vorgesehen, wobei für die zuwandernden Einwohner die bereits existierenden Kleinstädte erweitert und neue Städte gegründet werden sollten.

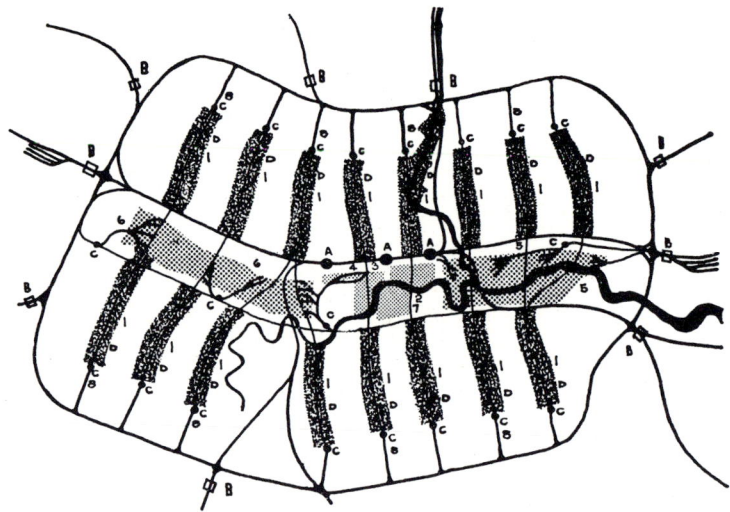

Abb. 1487. Der von der Gruppe MARS vorgeschlagene Bebauungsplan für das vom Krieg zerstörte London.

1 Wohngebiete; 2 Geschäfts- und Verwaltungszentrum *(city)*; 3 Politisches Zentrum (Westminster); 4 Geschäftszentrum mit Anschluß an das U-Bahnnetz; 5 Kulturzentrum und Park; 6–8 Industriegebiete; A Bahnhöfe für den Personenverkehr; B und C Güterbahnhöfe; D Märkte

Abb. 1488. Schema des Bebauungsplans von London aus dem Jahre 1944: A, B und C kennzeichnen den Verlauf der konzentrisch angelegten Ringstraßen; die punktierten Flächen stellen die Parks dar.

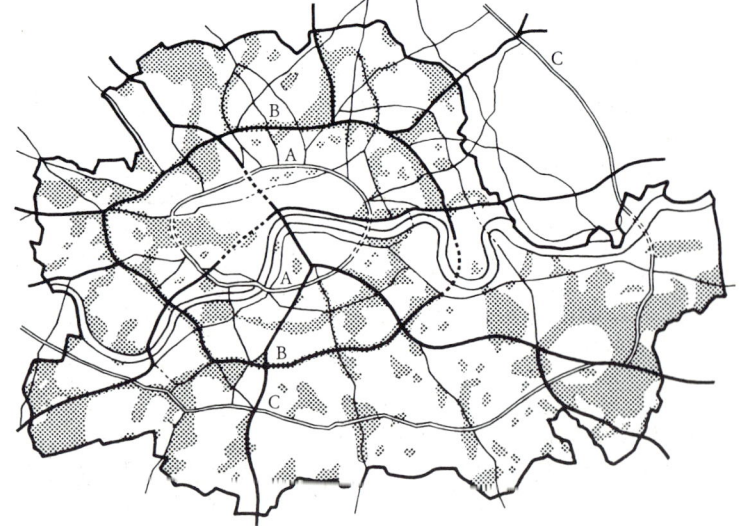

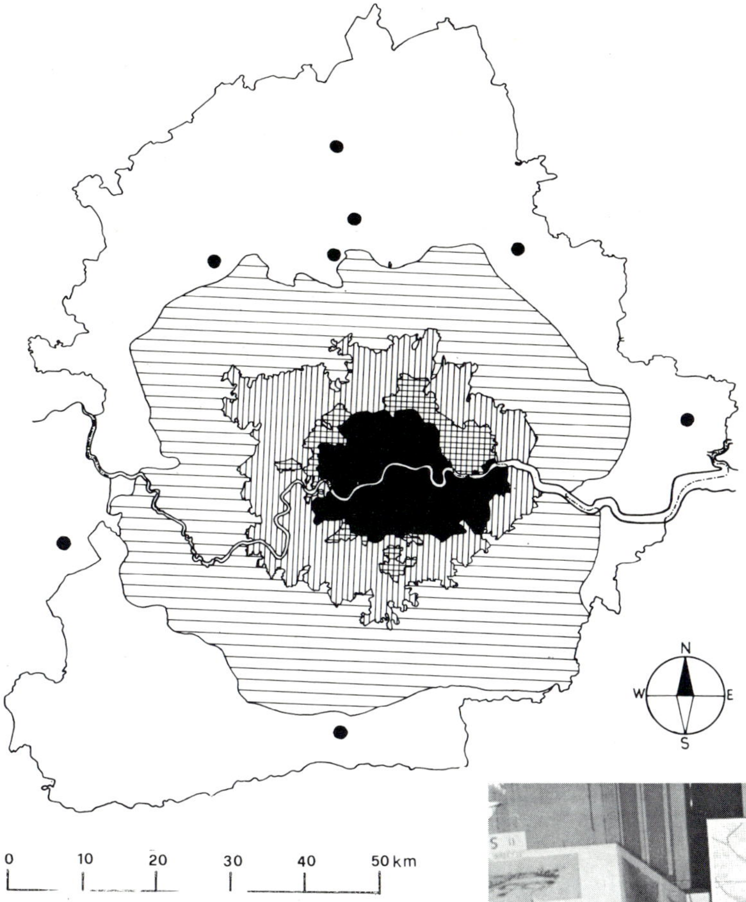

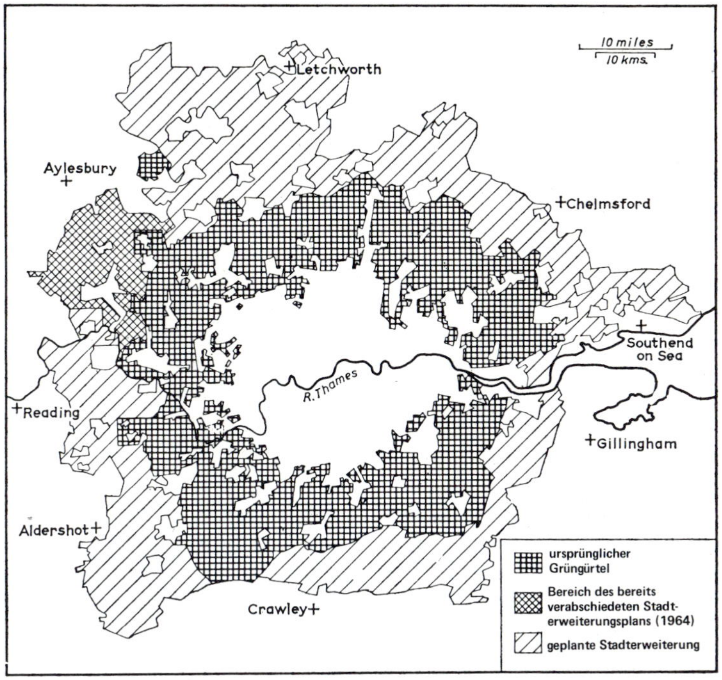

Abb. 1489. Die konzentrischen Bereiche des Bebauungsplans von London aus dem Jahre 1944: die Grafschaft London (in schwarz), der innere Bereich, der vorstädtische Bereich, der grüne Gürtel und der äußere Bereich, in dem die neuen Städte geplant sind (von innen nach außen).

Abb. 1490. (rechts oben) Die verschiedenen Bereiche des grünen Gürtels im Jahre 1964.

Abb. 1491. Der Bebauungsplan von London aus dem Jahre 1944 wurde in der unmittelbaren Nachkriegszeit der Öffentlichkeit zugänglich gemacht.

Abb. 1492–1493. Zwei Zeichnungen aus einem unmittelbar nach dem Krieg veröffentlichten Buch: Ein Soldat beginnt, nachdem er die Uniform abgelegt hat, mit der Arbeit am Wiederaufbau Londons und stützt sich dabei auf die während des Krieges ausgearbeiteten Studien und Pläne.

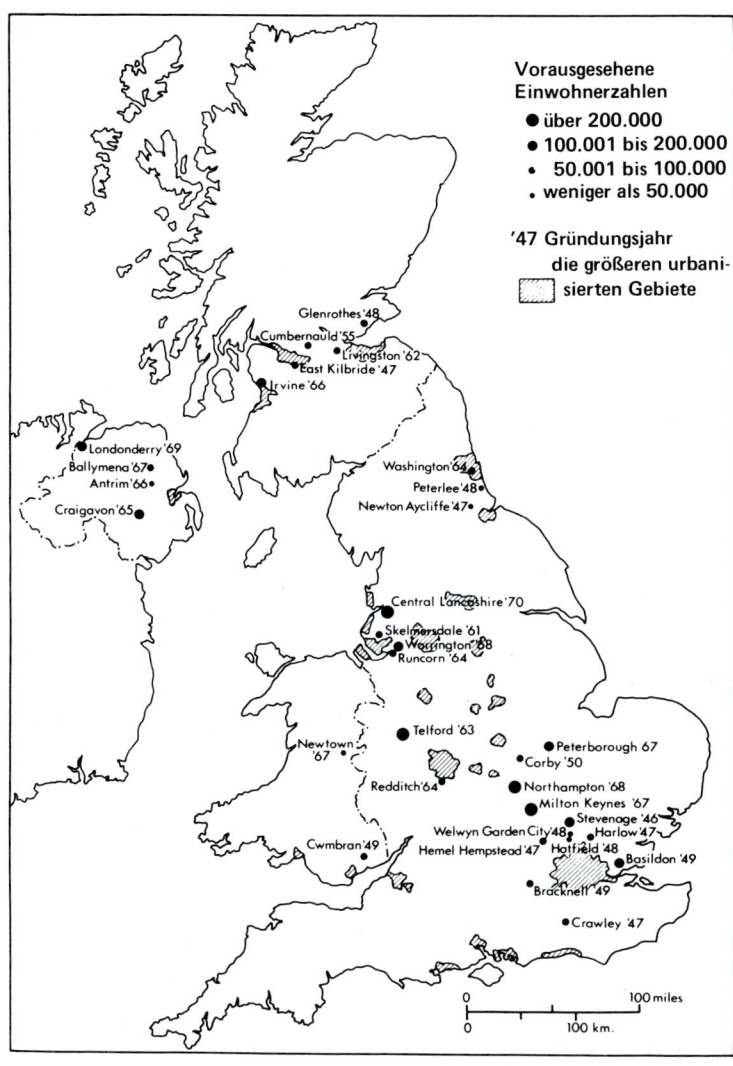

Voraus gesehene Einwohnerzahlen
- ● über 200.000
- ● 100.001 bis 200.000
- • 50.001 bis 100.000
- · weniger als 50.000

'47 Gründungsjahr
☒ die größeren urbani-
sierten Gebiete

Glenrothes '48
Cumbernauld '55
Livingston '62
East Kilbride '47
Irvine '66

Londonderry '69
Ballymena '67
Antrim '66
Craigavon '65

Washington '64
Peterlee '48
Newton Aycliffe '47

Central Lancashire '70
Skelmersdale '61
Warrington '68
Runcorn '64

Newtown '67
Telford '63
Peterborough 67
Corby '50
Redditch '64
Northampton '68
Milton Keynes '67
Welwyn Garden City '48
Stevenage '46
Harlow '47
Hemel Hempstead '47
Hatfield '48
Cwmbran '49
Basildon '49
Bracknell '49
Crawley '47

0 ___ 100 miles
0 ___ 100 km.

Abb. 1494. Überblick über die neuen englischen Städte (Stand: 1975).

Nach dem Krieg ließ die 1945 an die Regierung gekommene Labour Party hierzu zwei Gesetze allgemeiner Art verabschieden: das Gesetz von 1946 über die Gründung neuer Städte und das von 1947, in dem die Leitlinien für die zukünftige Stadtplanung festgelegt wurden.

In diesem Rahmen wurde die Gründung von 14 neuen Städten beschlossen, acht davon in der London umgebenden *äußeren Zone:*

Stevenage	begonnen 1946	für 60 000 Einw.
Hemel Hempstead	1947	für 65 000 Einw.
Crawley	1947	für 62 000 Einw.
Harlow	1947	für 60 000 Einw.
Hatfield	1948	für 26 000 Einw.
Welwyn (eine Erweiterung der Gartenstadt)	1948	für 42 000 Einw.
Basildon	1949	für 86 000 Einw.
Bracknell	1949	für 25 000 Einw.

– sechs in anderen Teilen Englands:

Newton Aycliffe	begonnen 1947	für 15 000 Einw.
East Kilbride	1947	für 50 000 Einw.
Glenrothes	1948	für 32 000 Einw.
Peterlee	1948	für 25 000 Einw.
Cwmbran	1949	für 45 000 Einw.
Corby	1950	für 55 000 Einw.

Diese neu gegründeten Städte glichen in vielerlei Hinsicht den Gartenstädten des frühen 20. Jahrhunderts: Sie waren nicht wesentlich größer als die von Howard für 35 000 Einwohner geplanten Städte, etwa ebenso dünn besiedelt und bestanden zum größten Teil aus Einfamilienhäusern mit Garten. Sie waren nicht in geschlossenen Formen angelegt, sondern aus verschiedenen Komplexen zusammengesetzt, die jeweils durch ausgedehnte Grünanlagen voneinander getrennt waren: den einzelnen Wohneinheiten für etwa 10 000 Einwohner, die jeweils über zwei Grundschulen und andere Gemeinschaftseinrichtungen (Kindergärten, Geschäfte usw.) verfügten, dem Hauptzentrum, in dem sich die Büros und ein großes Einkaufszentrum befanden, und den Industriegebieten in der Nähe der Bahnlinien. Die Schnellstraßen und einige der wichtigeren öffentlichen Einrichtungen – z. B. die höheren Schulen – wurden innerhalb der Grünanlagen gebaut. Diese Aufteilung erleichterte es, die einzelnen Komplexe nacheinander anzulegen und ermöglichte die schrittweise Erweiterung des gesamten städtischen Gebildes. Dabei entstand jedoch ein Organismus, der über eine relativ weiträumige Fläche verteilt war – eine Tatsache, die in den fünfziger Jahren dann kritisiert wurde.

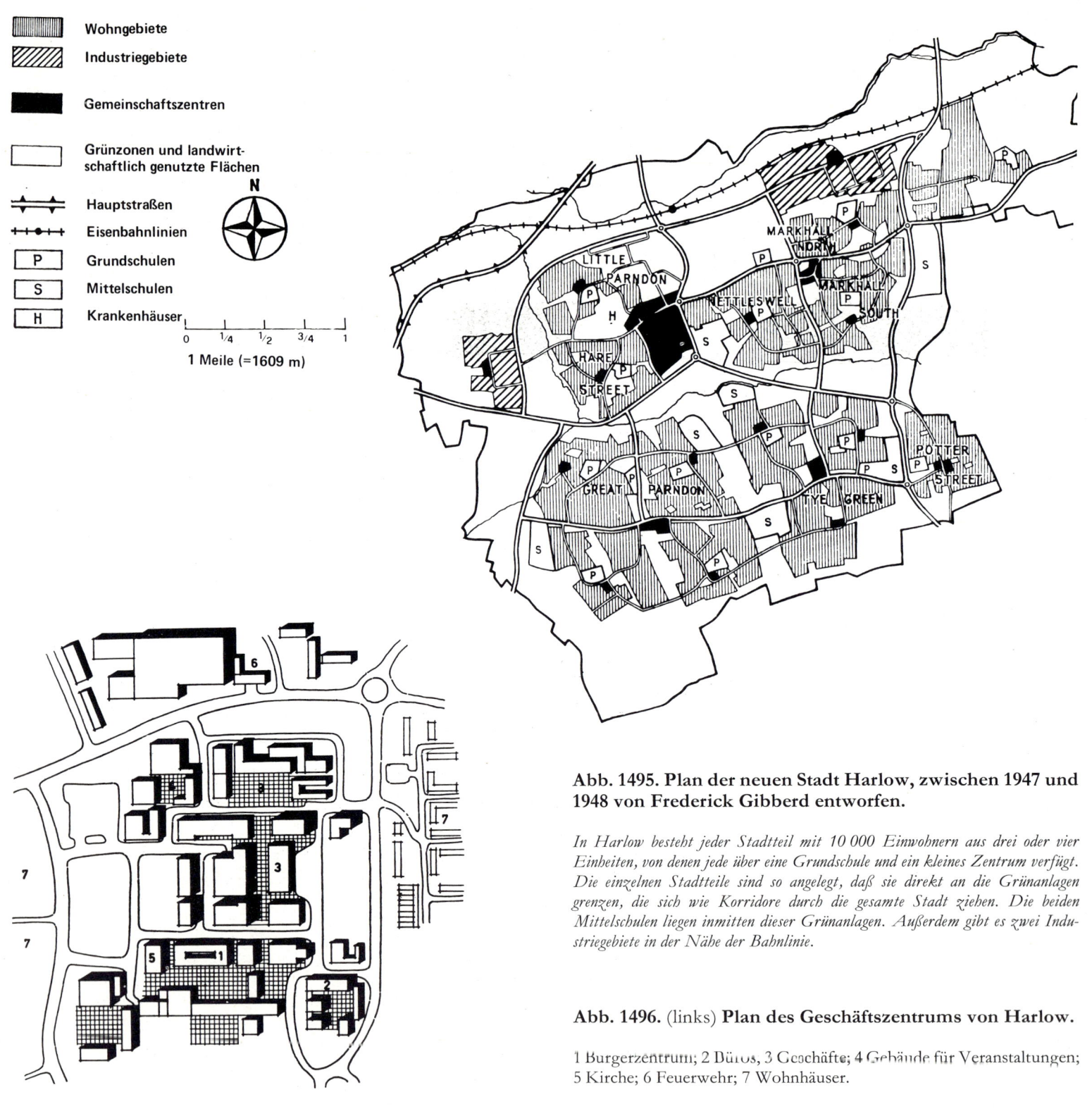

Legende

Wohngebiete	
Industriegebiete	
Gemeinschaftszentren	
Grünzonen und landwirtschaftlich genutzte Flächen	
Hauptstraßen	
Eisenbahnlinien	
P	Grundschulen
S	Mittelschulen
H	Krankenhäuser

N

0   1/4   1/2   3/4   1

1 Meile (=1609 m)

LITTLE PARNDON
MARKHALL NORTH
MARKHALL SOUTH
NETTLESWELL
HARE STREET
GREAT PARNDON
TYE GREEN
POTTER STREET

Abb. 1495. Plan der neuen Stadt Harlow, zwischen 1947 und 1948 von Frederick Gibberd entworfen.

In Harlow besteht jeder Stadtteil mit 10 000 Einwohnern aus drei oder vier Einheiten, von denen jede über eine Grundschule und ein kleines Zentrum verfügt. Die einzelnen Stadtteile sind so angelegt, daß sie direkt an die Grünanlagen grenzen, die sich wie Korridore durch die gesamte Stadt ziehen. Die beiden Mittelschulen liegen inmitten dieser Grünanlagen. Außerdem gibt es zwei Industriegebiete in der Nähe der Bahnlinie.

Abb. 1496. (links) **Plan des Geschäftszentrums von Harlow.**

1 Bürgerzentrum; 2 Büros; 3 Geschäfte; 4 Gebäude für Veranstaltungen; 5 Kirche; 6 Feuerwehr; 7 Wohnhäuser.

Abb. 1497. Luftaufnahme eines Teils von Harlow mit einem hohen Wohnblock und einigen niedrigen Reihenhäusern.

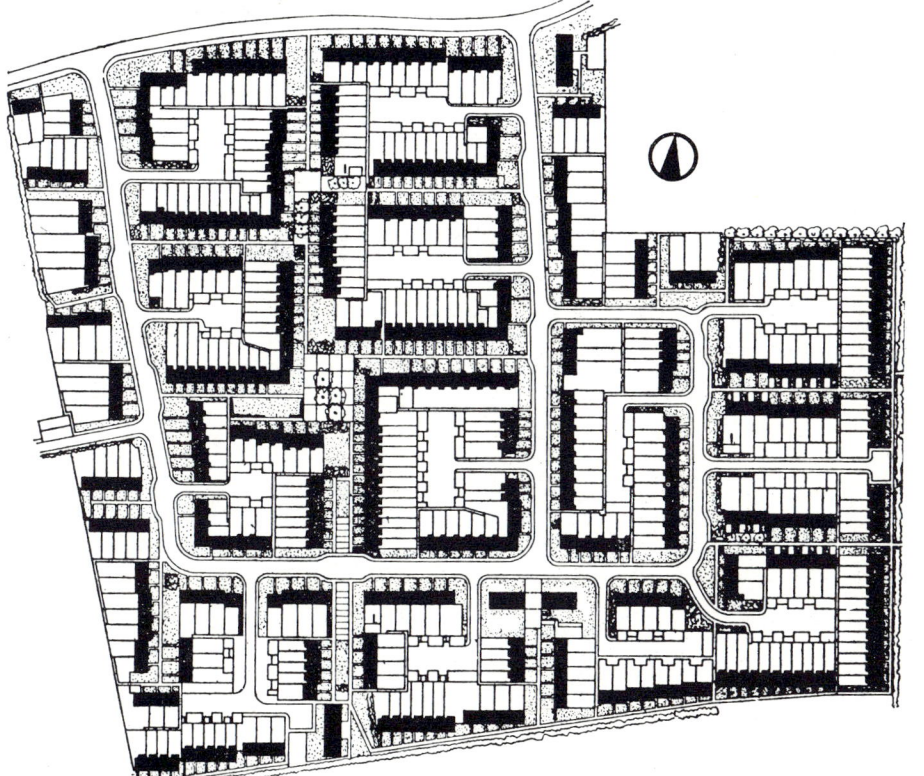

Abb. 1498. Plan eines aus Reihenhäusern bestehenden Wohnbezirks in Harlow: Die privaten Gärten sind weiß eingezeichnet, die öffentlichen Grünanlagen sind punktiert; die Fußwege sind so angelegt, daß sie ein zusammenhängendes, innerhalb der Grünanlagen verlaufendes Netz bilden.

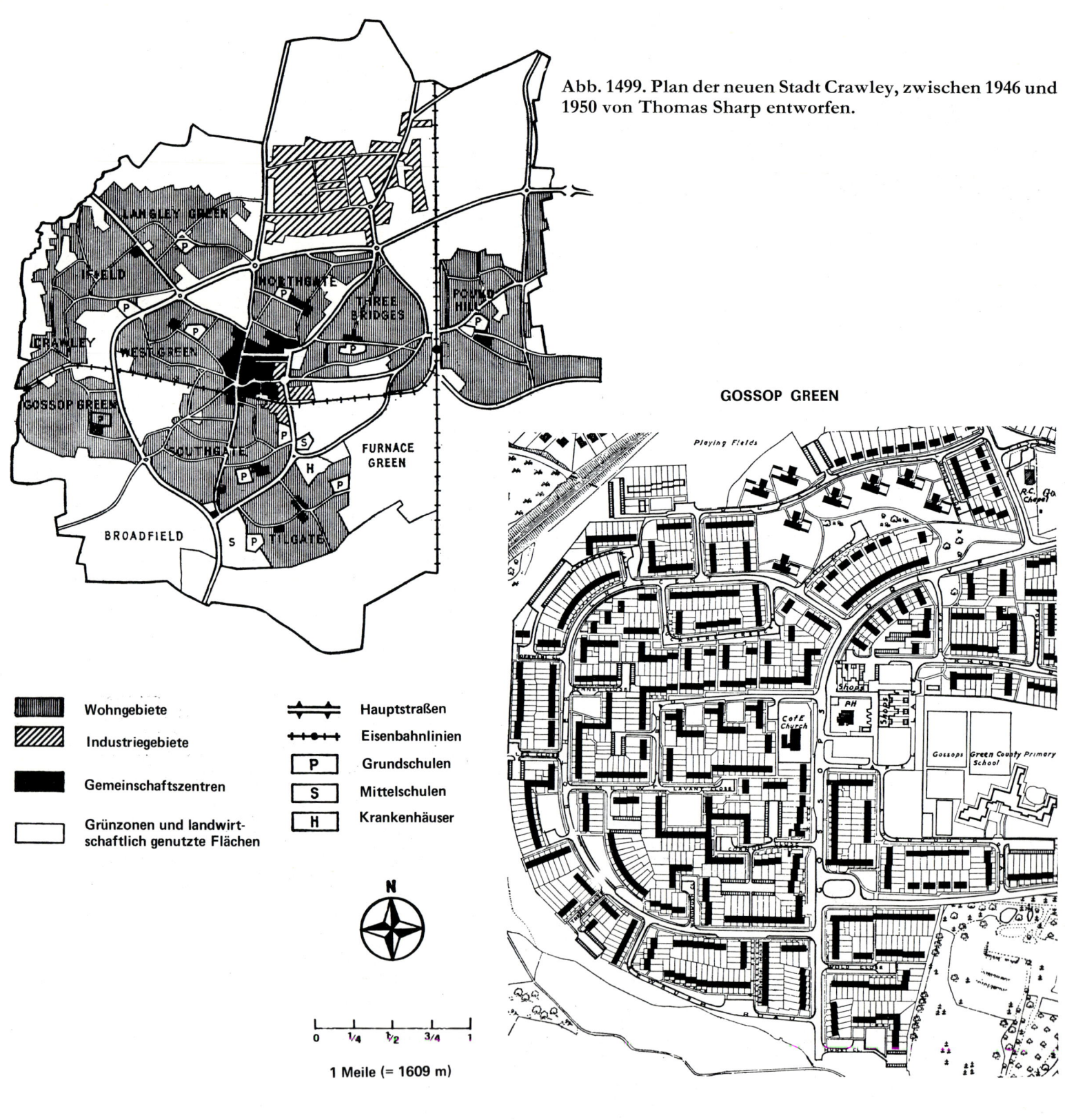

Abb. 1499. Plan der neuen Stadt Crawley, zwischen 1946 und 1950 von Thomas Sharp entworfen.

GOSSOP GREEN

Wohngebiete

Industriegebiete

Gemeinschaftszentren

Grünzonen und landwirt-
schaftlich genutzte Flächen

Hauptstraßen

Eisenbahnlinien

P Grundschulen

S Mittelschulen

H Krankenhäuser

N

1 Meile (= 1609 m)

POUND HILL

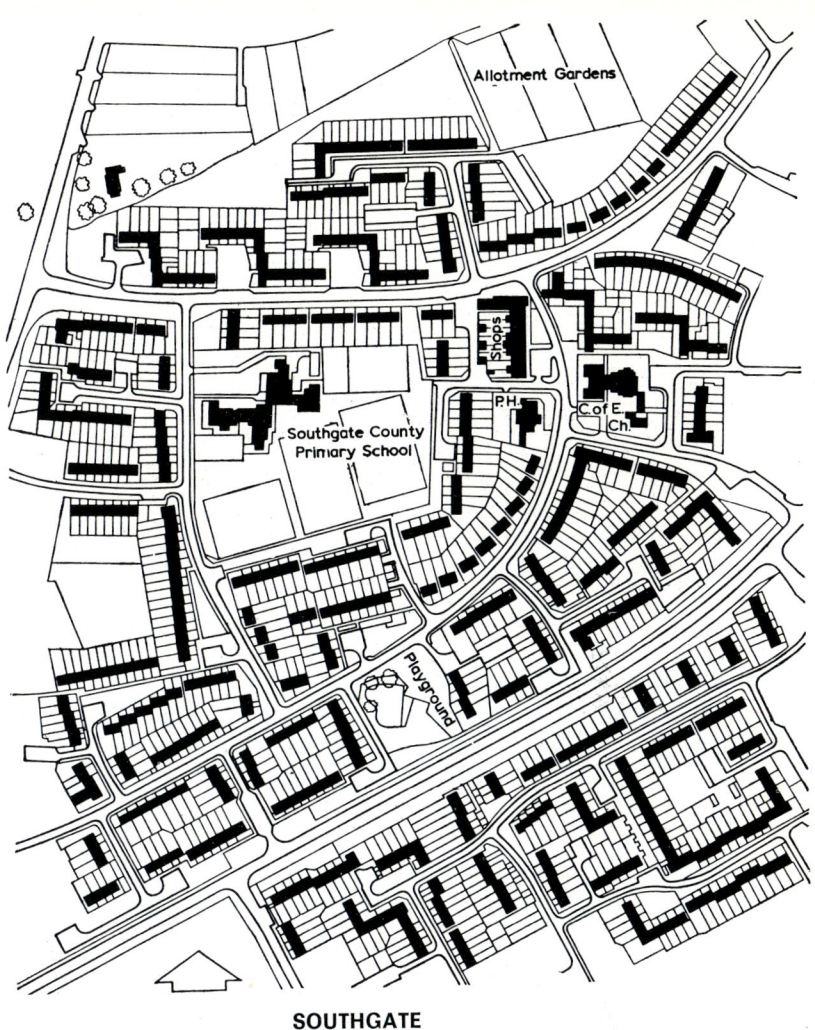

SOUTHGATE

Abb. 1500–1502. Pläne von drei Wohnvierteln in Crawley.

Die Anlage von Crawley ist sehr kompakt und geschlossen. Jeder Stadtteil mit etwa 5000 Einwohnern stellt einen einheitlich gestalteten Bereich dar. Gewöhnlich liegt die Schule in der Mitte des Stadtteils und dient gleichzeitig als Bürgerzentrum. Eine bereits existierende Siedlung wurde in das Haupt-Einkaufszentrum umgewandelt. Die Fabriken dürfen sich nur in der hierfür vorgesehenen Zone ansiedeln.

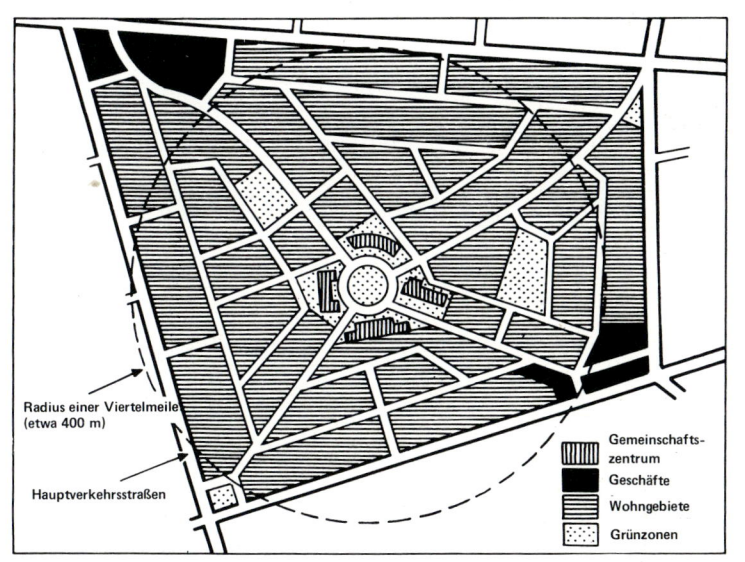

Radius einer Viertelmeile (etwa 400 m)

Hauptverkehrsstraßen

Gemeinschafts-zentrum

Geschäfte

Wohngebiete

Grünzonen

Abb. 1503. Das Prinzip der »Neighbourhood«-einheiten, das zur Grundlage der Planung der ersten neuen Städte gemacht wurde.

Abb. 1504. Ansicht von Stevenage, einer der neuen, in den vierziger Jahren gegründeten Städte: ein Wohngebiet, das Einkaufs- und Geschäftszentrum und ein Industriegebiet (von oben nach unten).

Abb. 1505. Ansicht der in den fünfziger Jahren gegründeten Stadt Cumbernauld: Die Wohnviertel sind ringförmig um das Einkaufs- und Geschäftszentrum herum angeordnet (zur Zeit der Aufnahme hatten die Bauarbeiten zu diesem Zentrum gerade erst begonnen); die Industriegebiete liegen weiter entfernt an der Peripherie der Stadt.

In den später entstandenen Städten versuchte man deshalb, diesen Fehler zu korrigieren: Die Größe der einzelnen Stadtteile wurde von 10 000 Einwohnern auf 5000 oder noch weniger reduziert und die Einwohnerzahl der gesamten Stadt auf 100 000 oder – wie in jüngster Zeit – auf 250 000 heraufgesetzt. Die städtische Struktur wurde dadurch geschlossener und rationeller; dabei mußte jedoch teilweise darauf verzichtet werden, die neuen Stadtviertel inmitten von Grünzonen anzulegen.

Hier – in chronologischer Reihenfolge – eine Aufstellung der bedeutenderen der in den letzten 20 Jahren geplanten Städte:

Cumbernauld	geplant 1956 für	70 000 Einw.
Hook (das jedoch		
nie gebaut wurde)	1960 für	100 000 Einw.
Runcorn	1964 für	100 000 Einw.
Milton Keynes	1970 für	250 000 Einw.

Man kann diese Städte noch nicht als abgeschlossene endgültige Modelle ansehen, denn sie sind lediglich Versuche, Formen für das zukünftige städtische Leben zu finden und dabei die mit den herkömmlichen Stadttypen verbundenen Schwierigkeiten zu überwinden.

Hugh Wilson, der Planer von Cumbernauld, hat einmal erklärt: »Die neuen Städte müssen als Werkstätten und Experimentierfelder der Stadtplanung angesehen werden, in denen Ideen zur Restrukturierung der bereits existierenden Städte entwickelt werden können.« Zur Zeit stellen diese neuen Städte – auch in England – nur Ausnahmen dar und konnten als solche ganz anders gestaltet werden als die bereits existierenden Städte. Durch die hier gemachten Erfahrungen konnten aber Vorstellungen entwickelt werden, wie die bereits existierenden Städte zu verändern wären. Über die Gültigkeit dieser Vorstellungen kann jedoch erst die Zukunft entscheiden.

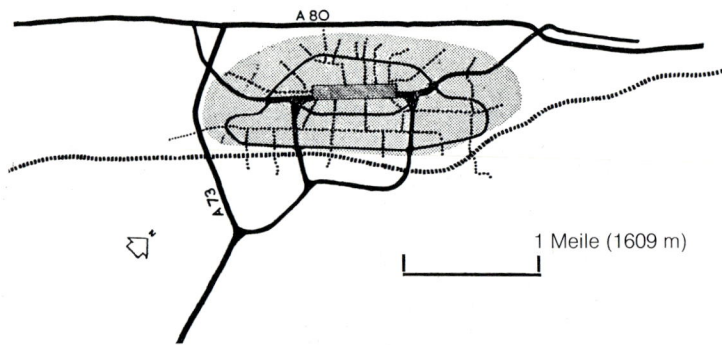

1 Meile (1609 m)

Abb. 1506. Cumbernauld: das Netz der Straßen für den motorisierten Verkehr und das Netz der Fußwege.

Cumbernauld, das zehn Jahre später als die ersten, in der Nachkriegszeit gegründeten Städte geplant worden ist, konnte besser auf die Anforderungen des motorisierten Verkehrs abgestimmt werden und verfügt über zwei vollständig voneinander getrennte Straßennetze – das eine für die Fahrzeuge und das andere für die Fußgänger. Das Straßennetz für den motorisierten Verkehr führt direkt bis unter das Stadtzentrum und sämtliche Kreuzungen sind mit Brücken oder Unterführungen ausgestattet. Insgesamt ist die Stadt viel kompakter angelegt und verfügt nur über ein einziges Zentrum, das von allen Stadtteilen auch zu Fuß erreicht werden kann. Die Industriegebiete liegen an der Peripherie.

Abb. 1507–1508. Das Einkaufs- und Geschäftszentrum von Cumbernauld, das direkt mit einer Hauptstraße des Straßennetzes für den motorisierten Verkehr verbunden ist.

1 Autostraße; 2 Hotel; 3 Verwaltungszentrum; 4 Büros; 5 Parkplatz; 6 Wohnhäuser; 7 Kindergarten; 8 Versorgungseinrichtungen; 9 Gesundheitszentrum; 10 Geschäfte.

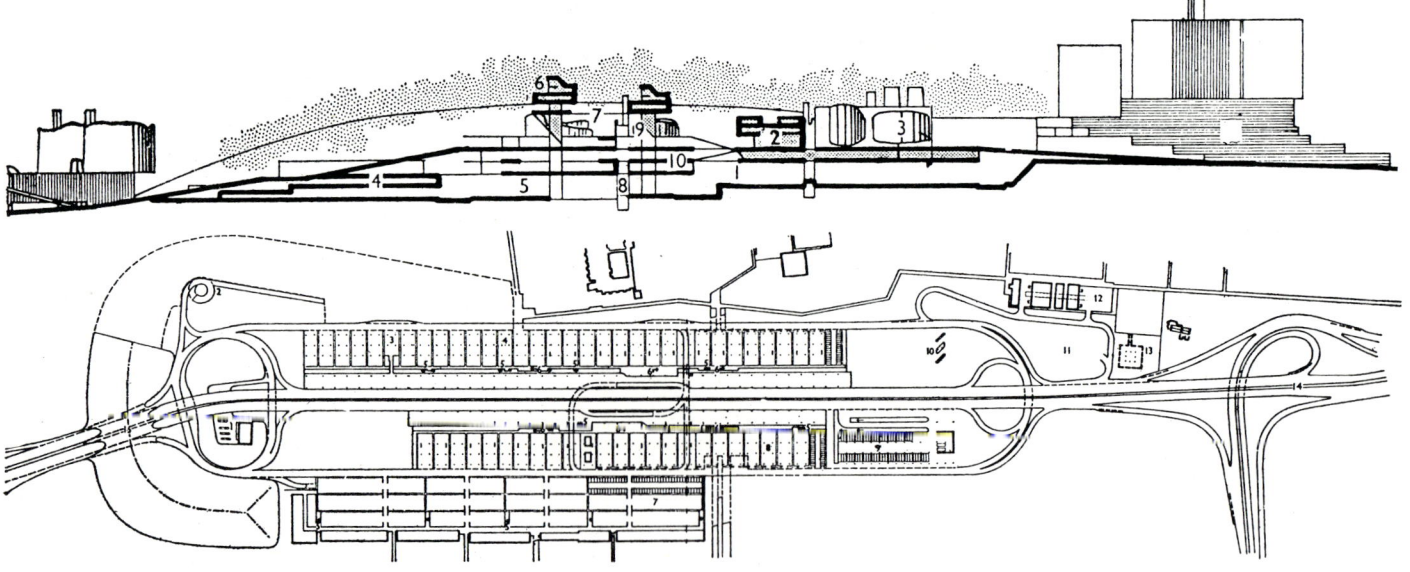

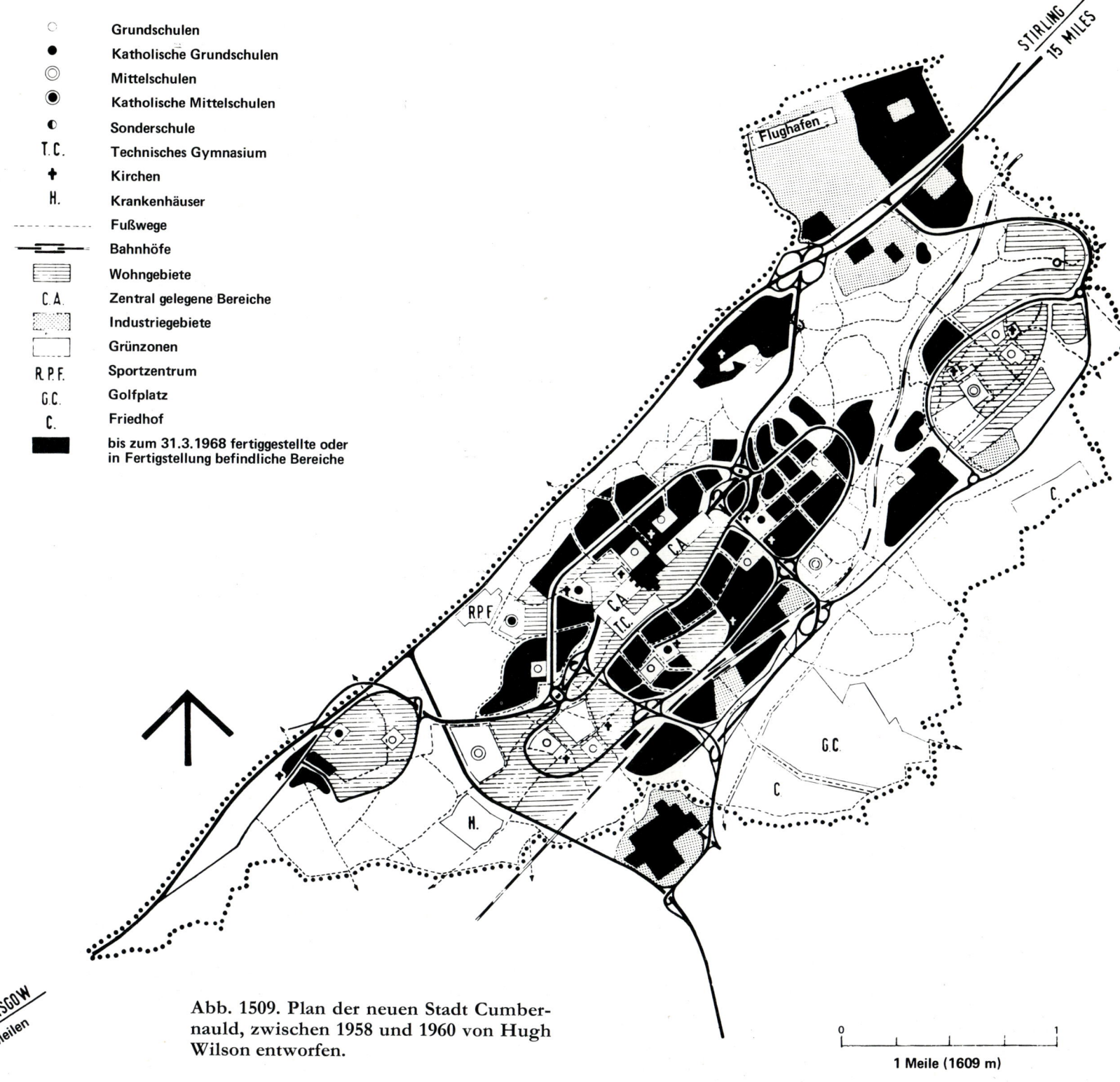

Grundschulen

Katholische Grundschulen

Mittelschulen

Katholische Mittelschulen

Sonderschule

T.C. Technisches Gymnasium

Kirchen

H. Krankenhäuser

Fußwege

Bahnhöfe

Wohngebiete

C.A. Zentral gelegene Bereiche

Industriegebiete

Grünzonen

R.P.F. Sportzentrum

G.C. Golfplatz

C. Friedhof

bis zum 31.3.1968 fertiggestellte oder
in Fertigstellung befindliche Bereiche

Flughafen

STIRLING
15 MILES

GLASGOW
15 Meilen

Abb. 1509. Plan der neuen Stadt Cumbernauld, zwischen 1958 und 1960 von Hugh Wilson entworfen.

0   1
1 Meile (1609 m)

Abb. 1510–1511. Das Netz für den motorisierten Verkehr und das Netz der Fußwege in der neuen Stadt Hook (die Grünanlagen sind dunkel eingezeichnet).

Hook ist eine neue Stadt für 100 000 Einwohner, die 1960 vom London County Council im Auftrag des Hampshire County Council entworfen wurde, dann aber nie gebaut worden ist. Wie in Cumbernauld war auch hier das Netz für den motorisierten Verkehr von dem Netz der Fußwege getrennt, und die Stadt ist um ein gemeinsames Einkaufs- und Geschäftszentrum herum angelegt. Die Industriegebiete und die Grünanlagen liegen an der Peripherie der Stadt.

Nord

1 Meile (= 1609 m)

Bahnhof
Busbahnhof

Autobahn

A 30

A 30

A 32

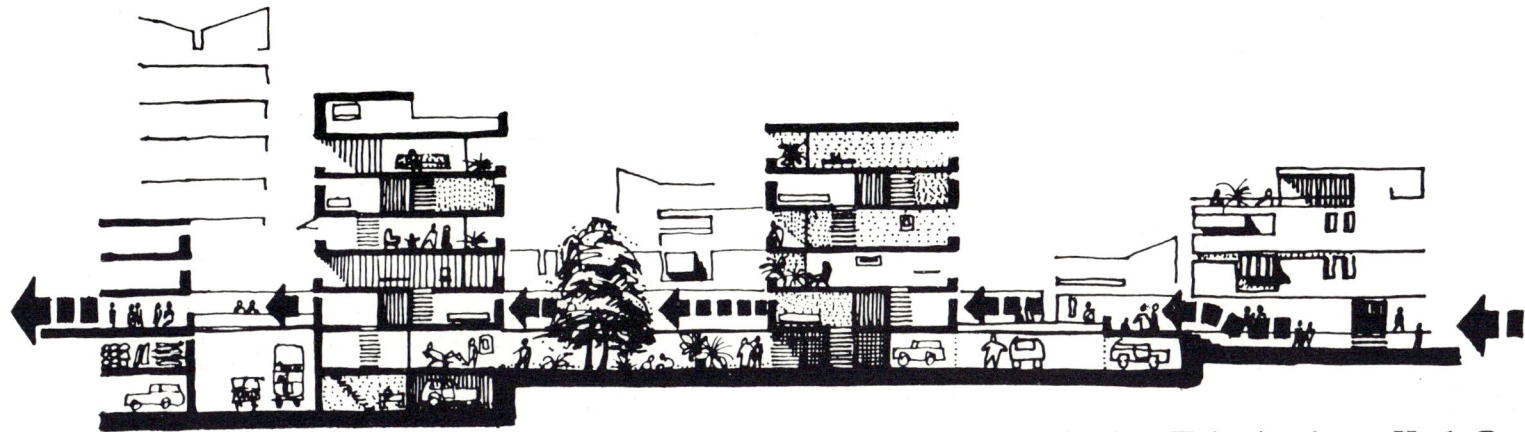

Abb. 1512. Querschnitt eines Wohnviertels von Hook: Das Netz der Fußwege verläuft in der Peripherie zu ebener Erde und zum Zentrum hin auf höhergelegenen Ebenen.

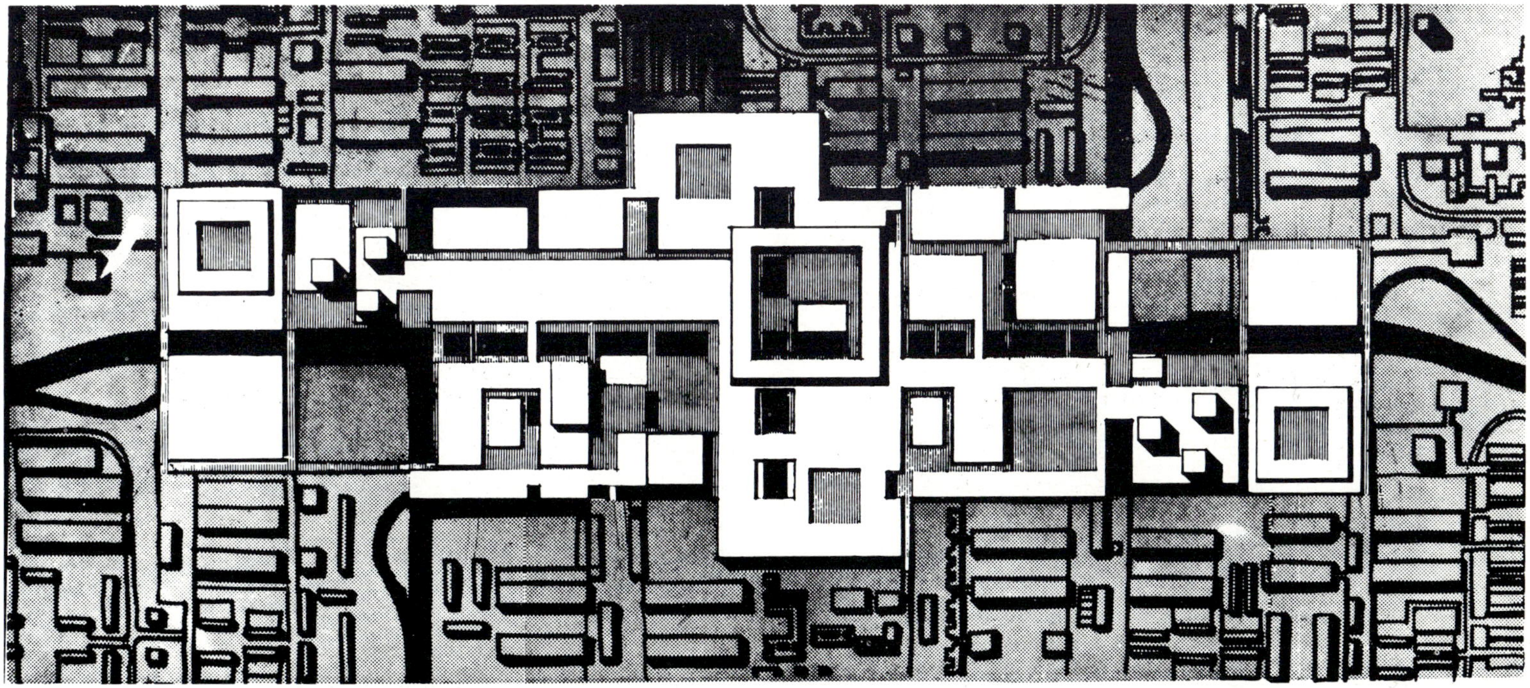

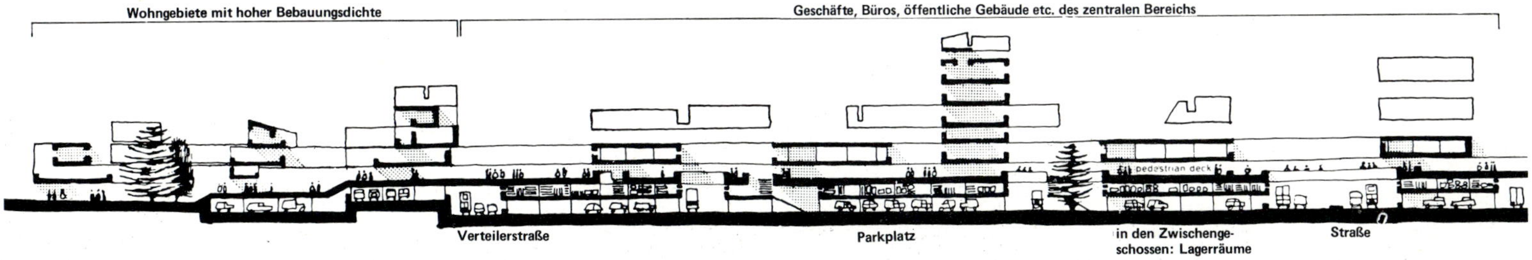

Wohngebiete mit hoher Bebauungsdichte

Geschäfte, Büros, öffentliche Gebäude etc. des zentralen Bereichs

pedestrian deck

Verteilerstraße

Parkplatz

in den Zwischenge- schossen: Lagerräume

Straße

Abb. 1513–1514. Plan und Querschnitt des Einkaufs- und Geschäftszentrums von Hook.

Abb. 1515. Plan der neuen Stadt Runcorn, zwischen 1964 und 1965 von Arthur Ling entworfen.

Die neue Stadt für 100 000 Einwohner entstand aus der Erweiterung einer bereits existierenden Stadt mit 30 000 Einwohnern. Hier waren drei getrennte Verkehrsnetze für die Fußgänger, den Autoverkehr und die öffentlichen Verkehrsmittel vorgesehen. Das Einkaufs- und Geschäftszentrum bestand aus einem einzigen geschlossenen Komplex. Die Industrieanlagen wurden um die Stadt herum angesiedelt und sollten durch einen vom Fluß Mersey abgeleiteten Kanal auch per Schiff erreicht werden.

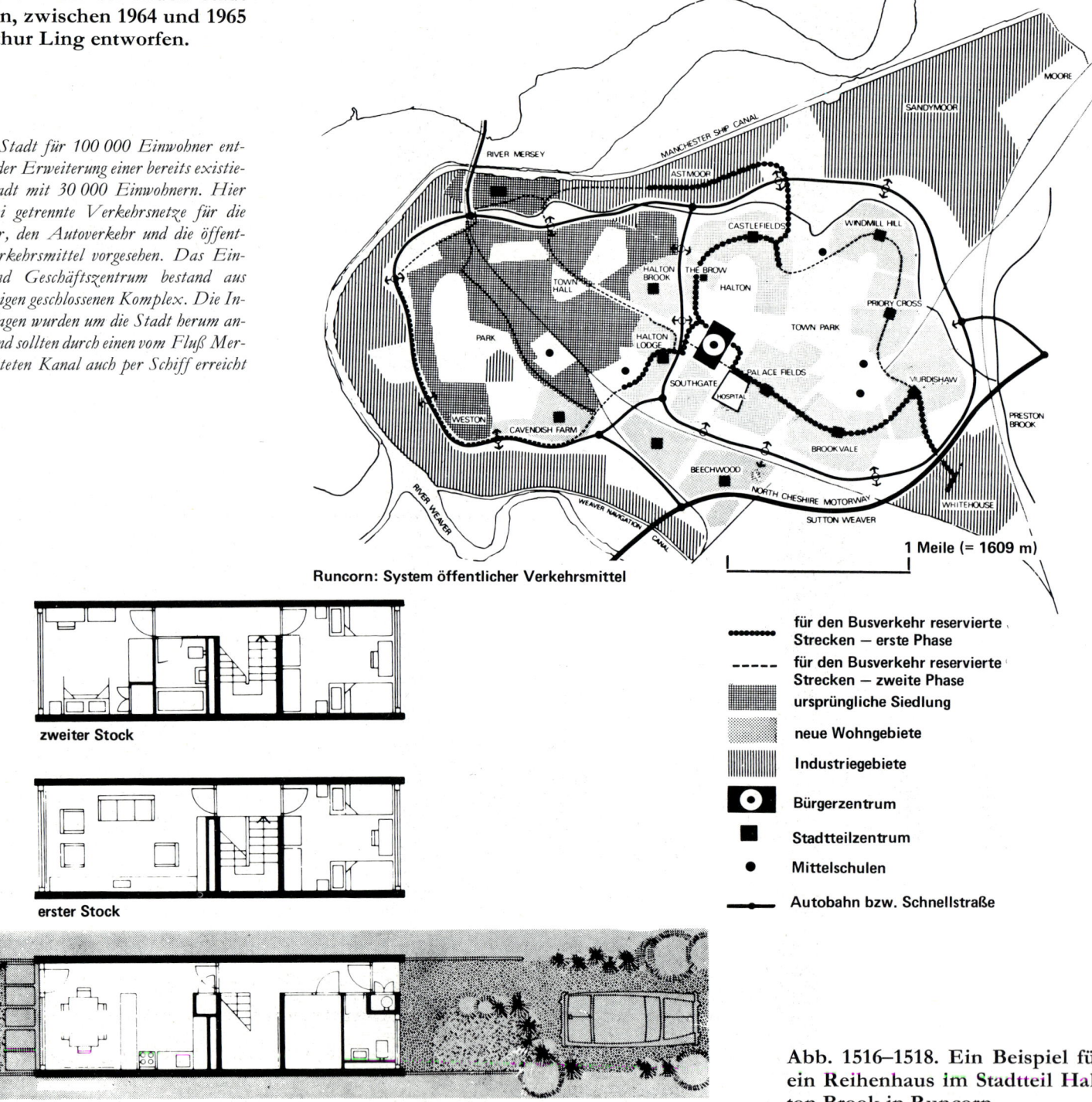

Runcorn: System öffentlicher Verkehrsmittel

1 Meile (= 1609 m)

•••••• für den Busverkehr reservierte Strecken — erste Phase

- - - - für den Busverkehr reservierte Strecken — zweite Phase

ursprüngliche Siedlung

neue Wohngebiete

Industriegebiete

⊙ Bürgerzentrum

■ Stadtteilzentrum

• Mittelschulen

Autobahn bzw. Schnellstraße

zweiter Stock

erster Stock

Erdgeschoß

Abb. 1516–1518. Ein Beispiel für ein Reihenhaus im Stadtteil Halton Brook in Runcorn.

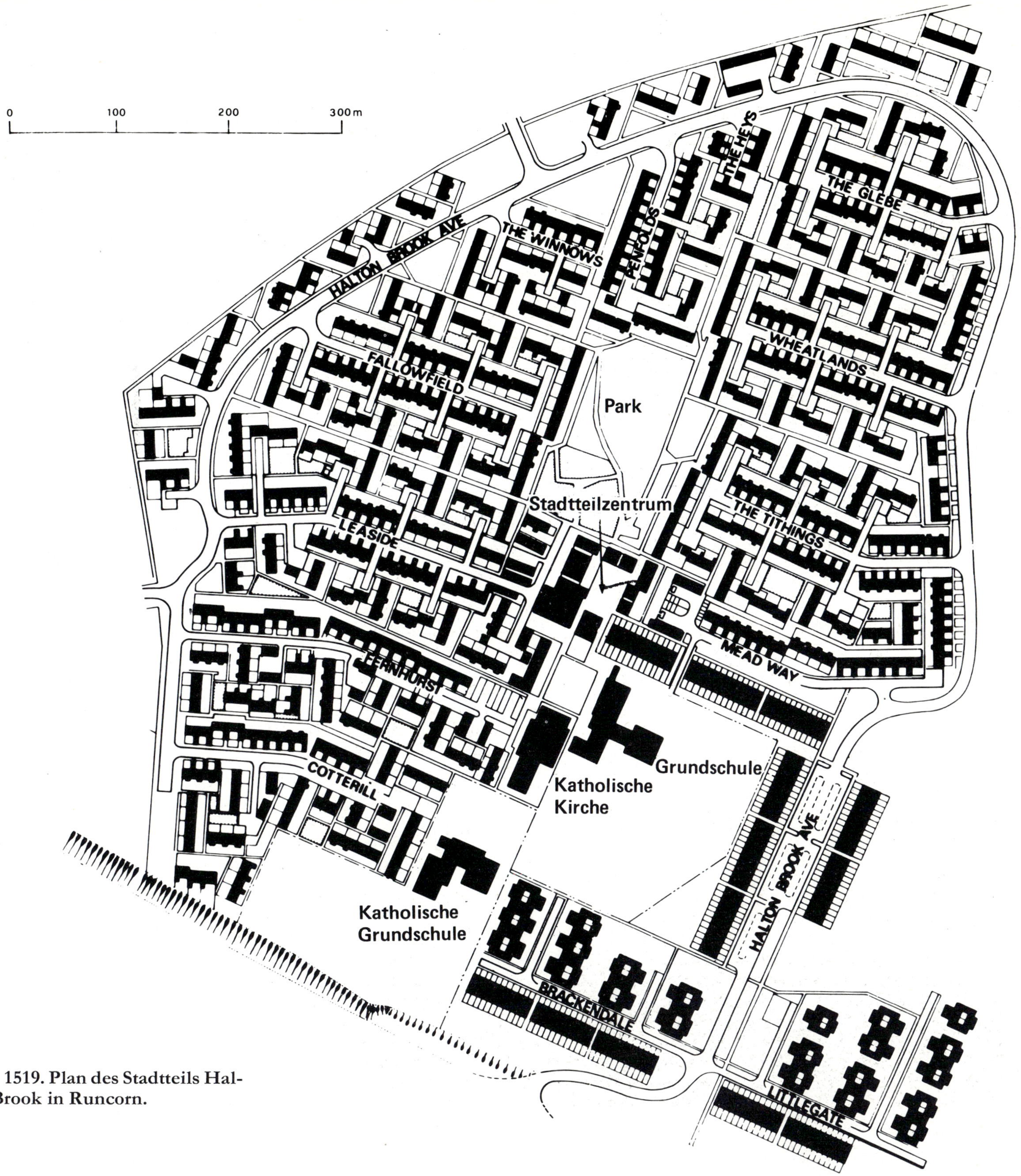

0
100
200
300 m
HALTON BROOK AVE
THE WINNOWS
PENFOLDS
THE HEYS
THE GLEBE
WHEATLANDS
FALLOWFIELD
Park
Stadtteilzentrum
THE TITHINGS
LEASIDE
MEAD WAY
FERNHURST
COTTERILL
Grundschule
Katholische
Kirche
Katholische
Grundschule
HALTON BROOK AVE
BRACKENDALE
LITTLEGATE

Abb. 1519. Plan des Stadtteils Halton Brook in Runcorn.

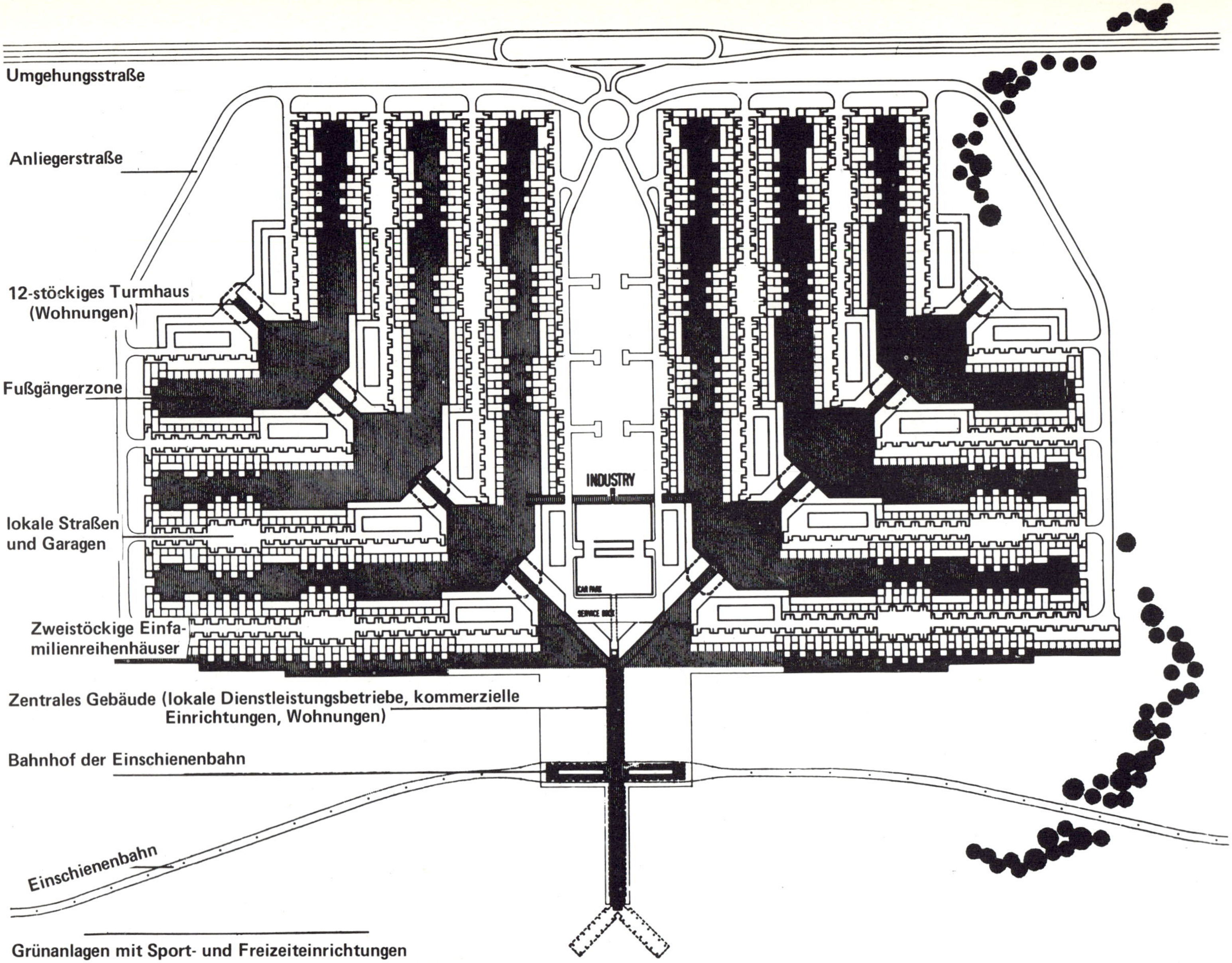

Umgehungsstraße
Anliegerstraße
12-stöckiges Turmhaus
(Wohnungen)
Fußgängerzone
lokale Straßen
und Garagen
Zweistöckige Einfamilienreihenhäuser
INDUSTRY
CAR PARK
SERVICE DOCK
Zentrales Gebäude (lokale Dienstleistungsbetriebe, kommerzielle Einrichtungen, Wohnungen)
Bahnhof der Einschienenbahn
Einschienenbahn
Grünanlagen mit Sport- und Freizeiteinrichtungen

Main Industry
CDA & D Boundary
Peripheral Road
Monorail
Open Space
Station
Existing Village
AREA SHOWN IN PHOTO-MONTAGE
CITY CENTRE
City Township 5000 pers
WOLVERTON
M1
A5

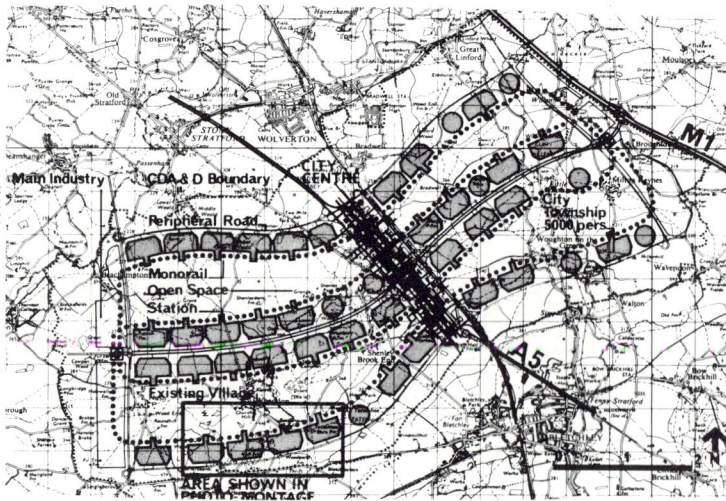

Abb. 1520–1521. Vorstudie zur Anlage der neuen Stadt Milton Keynes: Übersichtsplan und schematische Darstellung einer der 47 Wohneinheiten für je 5000 Einwohner.

Abb. 1522. (rechte Seite) **Die Lage von Milton Keynes im Verhältnis zu den wichtigsten Straßen und Eisenbahnlinien Englands.**

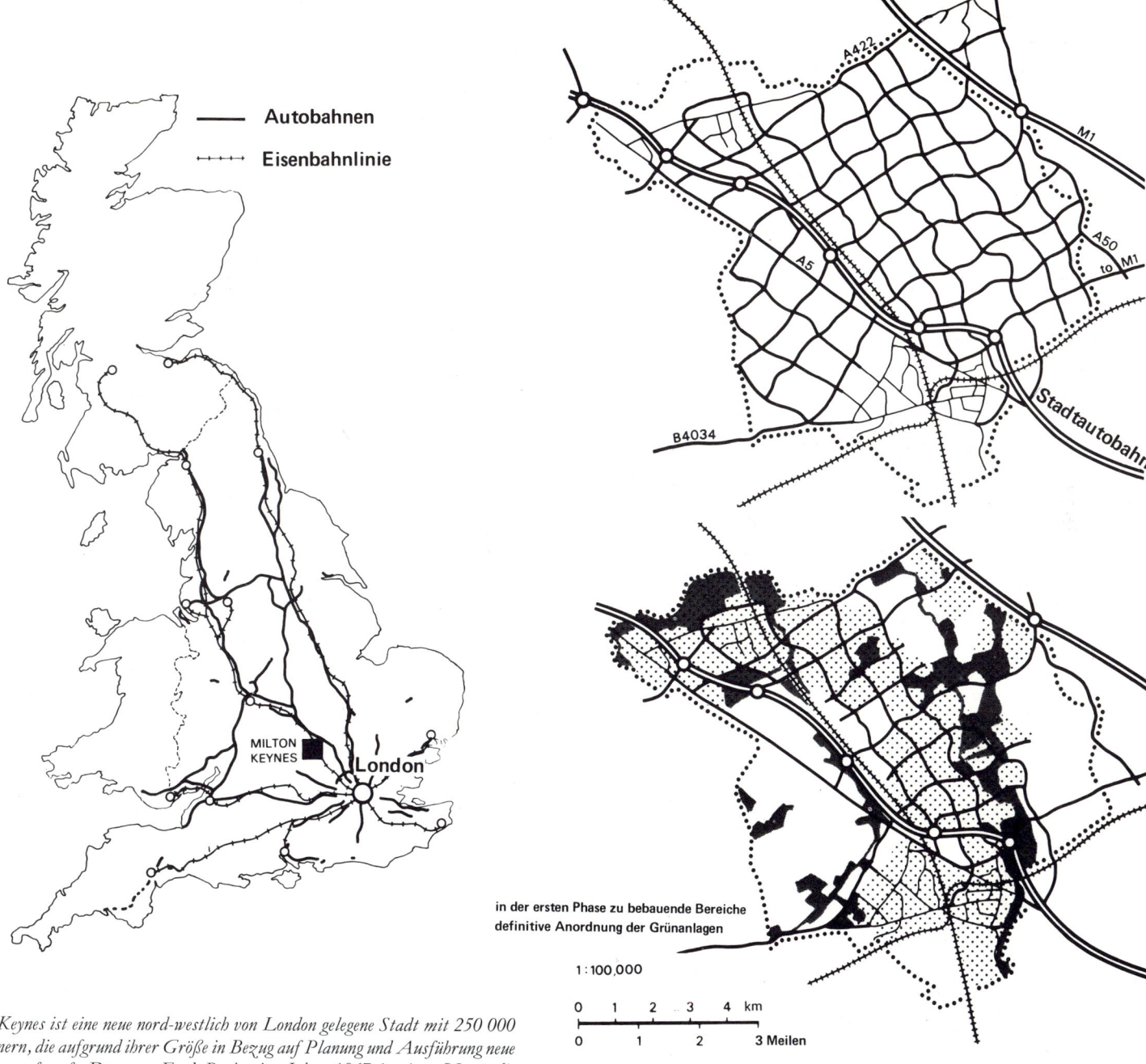

Autobahnen

⊢⊢⊢⊢ Eisenbahnlinie

MILTON
KEYNES

London

in der ersten Phase zu bebauende Bereiche
definitive Anordnung der Grünanlagen

1:100,000

0 1 2 3 4 km

0 1 2 3 Meilen

Stadtgebiet der ersten Planungsphase

Grünanlagen (endgültig)

Milton Keynes ist eine neue nord-westlich von London gelegene Stadt mit 250 000 Einwohnern, die aufgrund ihrer Größe in Bezug auf Planung und Ausführung neue Probleme aufwarf. Das von Fred Pooley im Jahre 1967 in einer Vorstudie vorgestellte Schema sah ein aus Einschienenbahnen bestehendes öffentliches Verkehrsnetz vor, das unabhängig vom Netz der Autostraßen und Fußwege angelegt werden sollte. Nach dem endgültigen Plan aus dem Jahre 1970 jedoch soll die Struktur der Stadt durch ein schachbrettartig angelegtes Netz zweispuriger Straßen bestimmt werden, die sich etwa alle 1000 Meter kreuzen. Jedes der dadurch entstehenden Quadrate – von ungefähr 100 Hektar – besteht aus einem sogenannten »Umgebungsbereich«, innerhalb dessen die einzelnen Wohnhäuser und die Gemeinschaftseinrichtungen mit großer gestalterischer Freiheit angeordnet werden können.

Abb. 1523–1524. Das Netz der Hauptstraßen nach dem endgültigen Plan von Milton Keynes: Das Gebiet, das innerhalb der ersten zehn Jahre bebaut werden soll, ist punktiert und die endgültige Ausdehnung der Grünanlagen ist dunkel eingezeichnet.

Abb. 1525. Teil von Milton Keynes aus der Vogelperspektive (Skizze, die dem Plan von 1970 beigefügt war).

Abb. 1526–1528. (rechte Seite) Drei Ansichten des künftigen städtischen Lebens in Milton Keynes: die an das Stadtzentrum angrenzenden Wohngebiete.

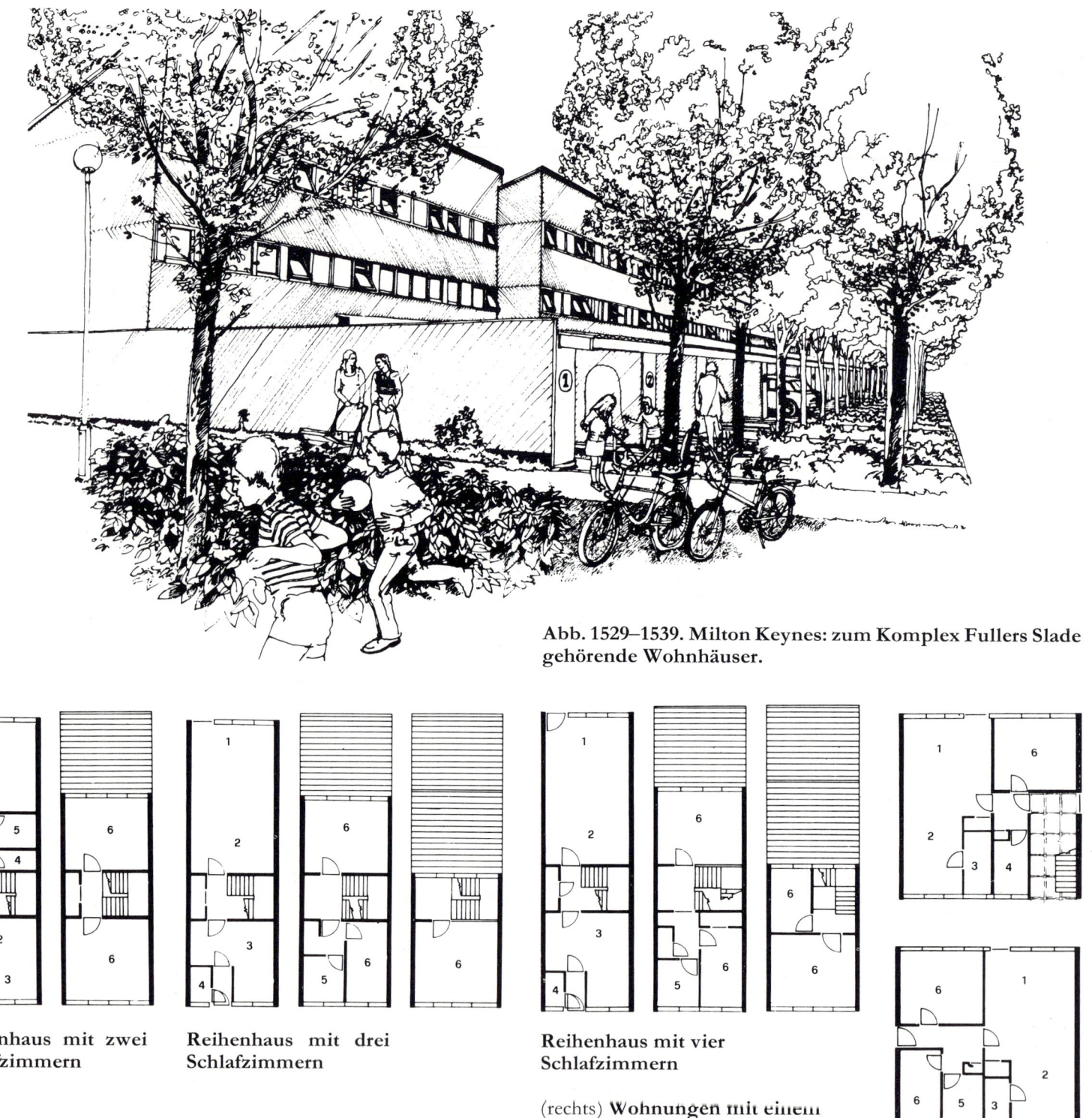

Abb. 1529–1539. Milton Keynes: zum Komplex Fullers Slade gehörende Wohnhäuser.

Reihenhaus mit zwei Schlafzimmern

Reihenhaus mit drei Schlafzimmern

Reihenhaus mit vier Schlafzimmern

(rechts) **Wohnungen mit einem oder zwei Schlafzimmern**

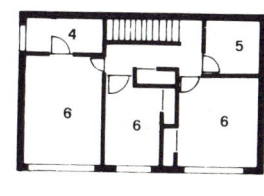

1 Wohnzimmer
2 Eßzimmer
3 Küche
4 Toilette
5 Bad
6 Schlafzimmer
7 Abstellplatz
8 Garage

Abb. 1540–1544. Milton Keynes: zum Komplex Tinker's Bridge 3 gehörende Wohnhäuser.

Einzelnes Haus mit drei Schlafzimmern

Einzelnes Haus mit vier Schlafzimmern

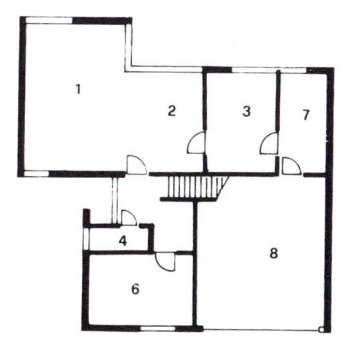

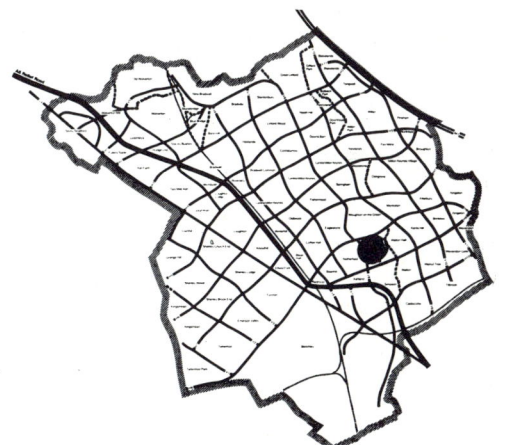

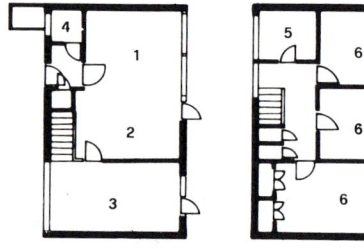

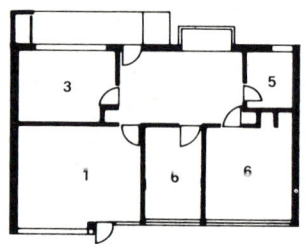

Abb. 1545–1549. Milton Keynes: zum Komplex Eaglestone gehörende Wohnhäuser.

Reihenhaus mit drei Schlafzimmern

1 Wohnzimmer
2 Eßzimmer
3 Küche
4 Toilette
5 Bad
6 Schlafzimmer
7 Abstellraum
8 Garage
9 Arbeitszimmer

Reihenhaus mit zwei Schlafzimmern

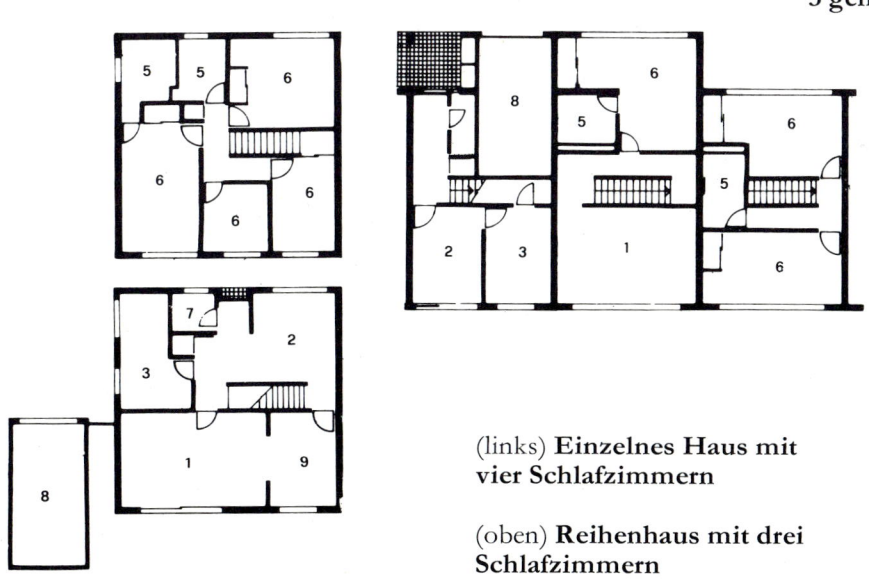

Abb. 1550–1554. Milton Keynes: zum Komplex Stantonbury
3 gehörende Wohnhäuser.

(links) **Einzelnes Haus mit
vier Schlafzimmern**

(oben) **Reihenhaus mit drei
Schlafzimmern**

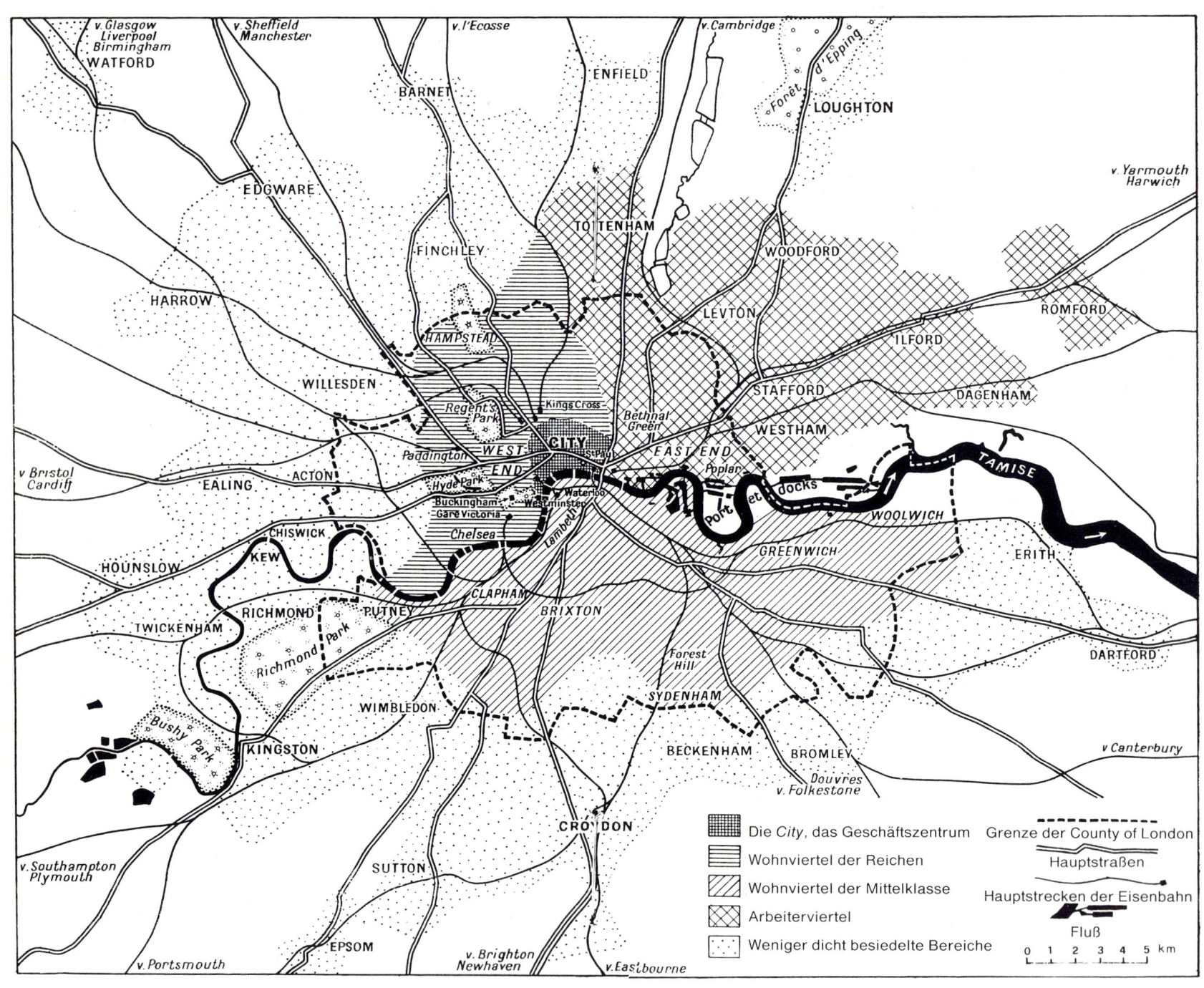

Abb. 1555. Übersichtsplan des heutigen London.

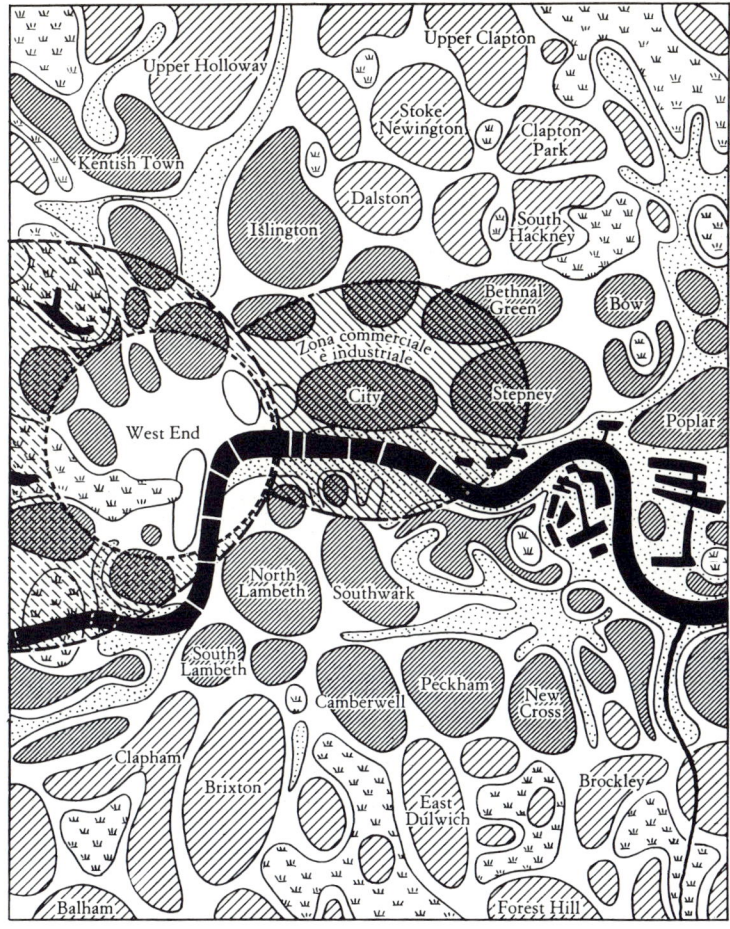

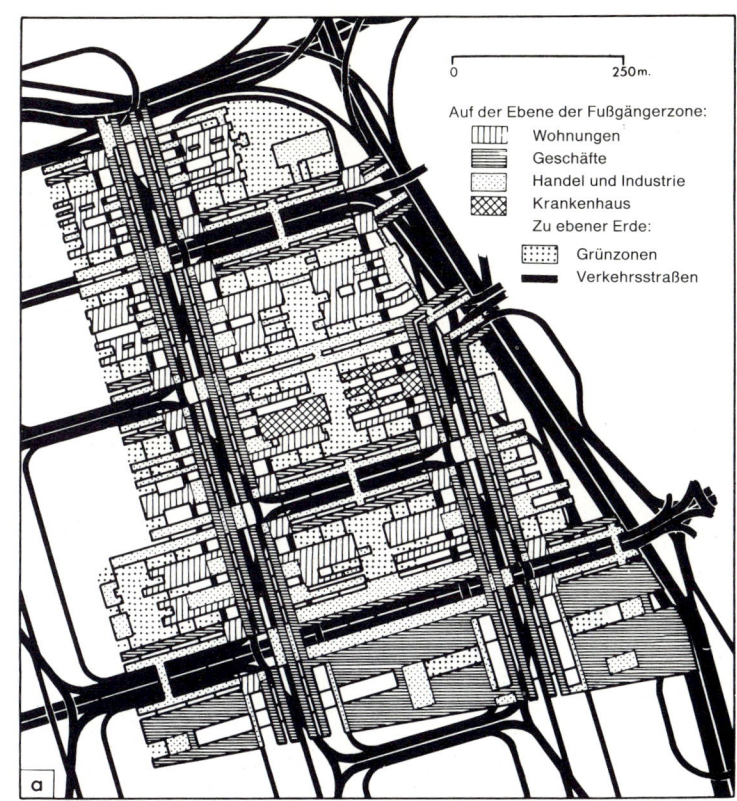

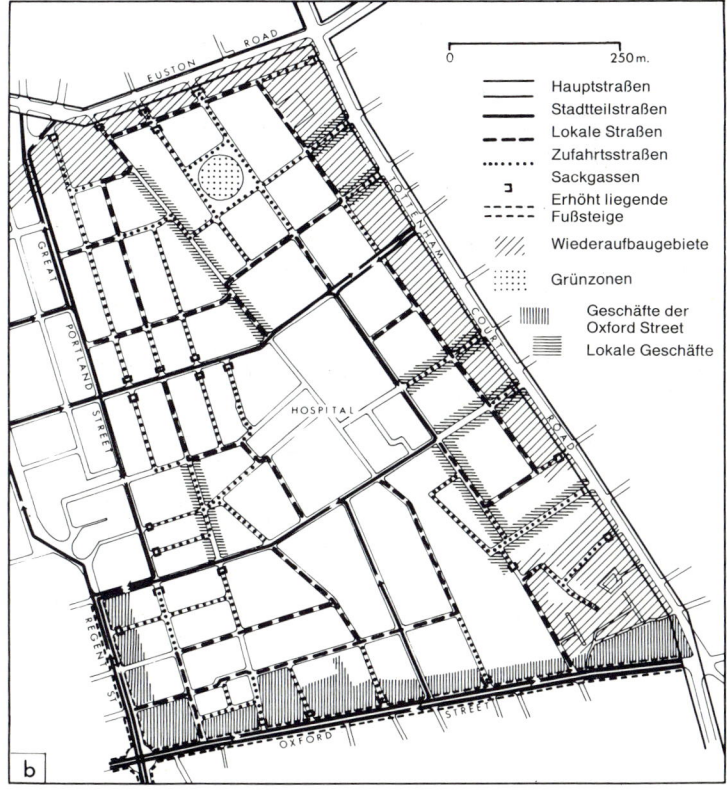

Legende (Abb. 1556):

Zentrale, um das West End herum gelegene Stadtteile

Stadtteile mit zahlreichen verfallenen Häusern und Grundstücken

Periphere Stadtteile

Wichtige Industrieanlagen, Hafenanlagen, Lagerhäuser und Eisenbahnlinien

Grünanlagen

Wasserstraßen

Abb. 1556. Die Stadtteile im Zentrum Londons, wie sie im Rahmen des Bebauungsplans von 1944 analysiert worden sind.

Abb. 1557–1558. Zwei alternative Entwürfe zur baulichen Gestaltung des Londoner West Ends, die im Rahmen der 1963 von der Gruppe um Buchanan erstellten Studie über den »Verkehr in den Städten« entstanden sind: ein Maximal- (a) und ein Minimalplan (b).

Legende (Abb. 1557 a):

Auf der Ebene der Fußgängerzone:

Wohnungen

Geschäfte

Handel und Industrie

Krankenhaus

Zu ebener Erde:

Grünzonen

Verkehrsstraßen

Legende (Abb. 1558 b):

Hauptstraßen

Stadtteilstraßen

Lokale Straßen

Zufahrtsstraßen

Sackgassen

Erhöht liegende Fußsteige

Wiederaufbaugebiete

Grünzonen

Geschäfte der Oxford Street

Lokale Geschäfte

Abb. 1559. Übersichtsplan des neuen Stadtteils Roehampton
für 13 000 Einwohner, der gegen Ende der fünfziger Jahre
vom London County Council erbaut wurde.

Abb. 1560. Ansicht des Londoner Stadtteils Roehampton.

Abb. 1561. Eine andere Ansicht des Londoner Stadtteils Roehampton.

Abb. 1562–1567. (rechte Seite) Einige Haus- und Wohnungstypen des Stadtteils Roehampton.

Langgestreckte Wohnblocks mit Duplex-Wohnungen

Turmhaus

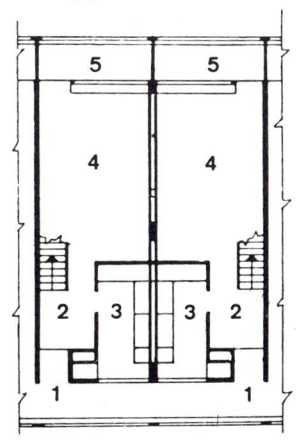

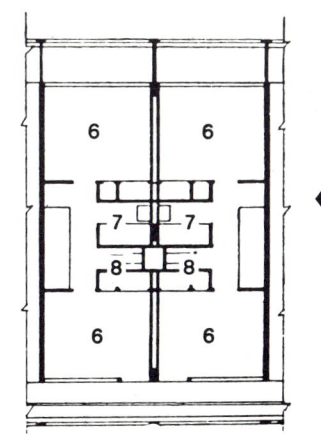

1 Balkon
2 Flur (Eingang)
3 Küche
4 Wohnzimmer
5 Loggia
6 Schlafzimmer
7 Bad
8 Abstellkammer

1 Wohnzimmer
2 Küche
3 Schlafzimmer
4 Loggia

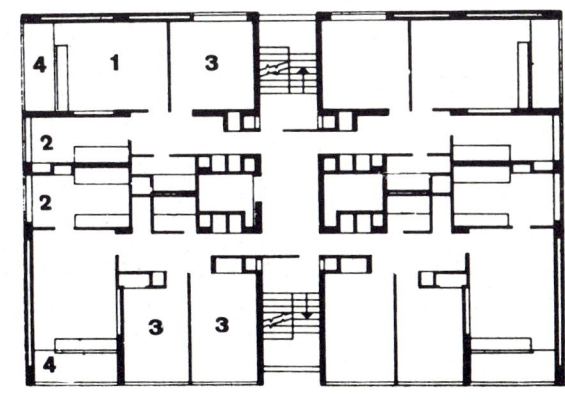

Abb. 1568. Innenansicht einer der Wohnungen eines Turmhauses in Roehampton.

Abb. 1569. Kinder in einer Schule in Roehampton.

Abb. 1570–1571. (rechte Seite) Die Seniorenhäuser und eine Grundschule in Roehampton.

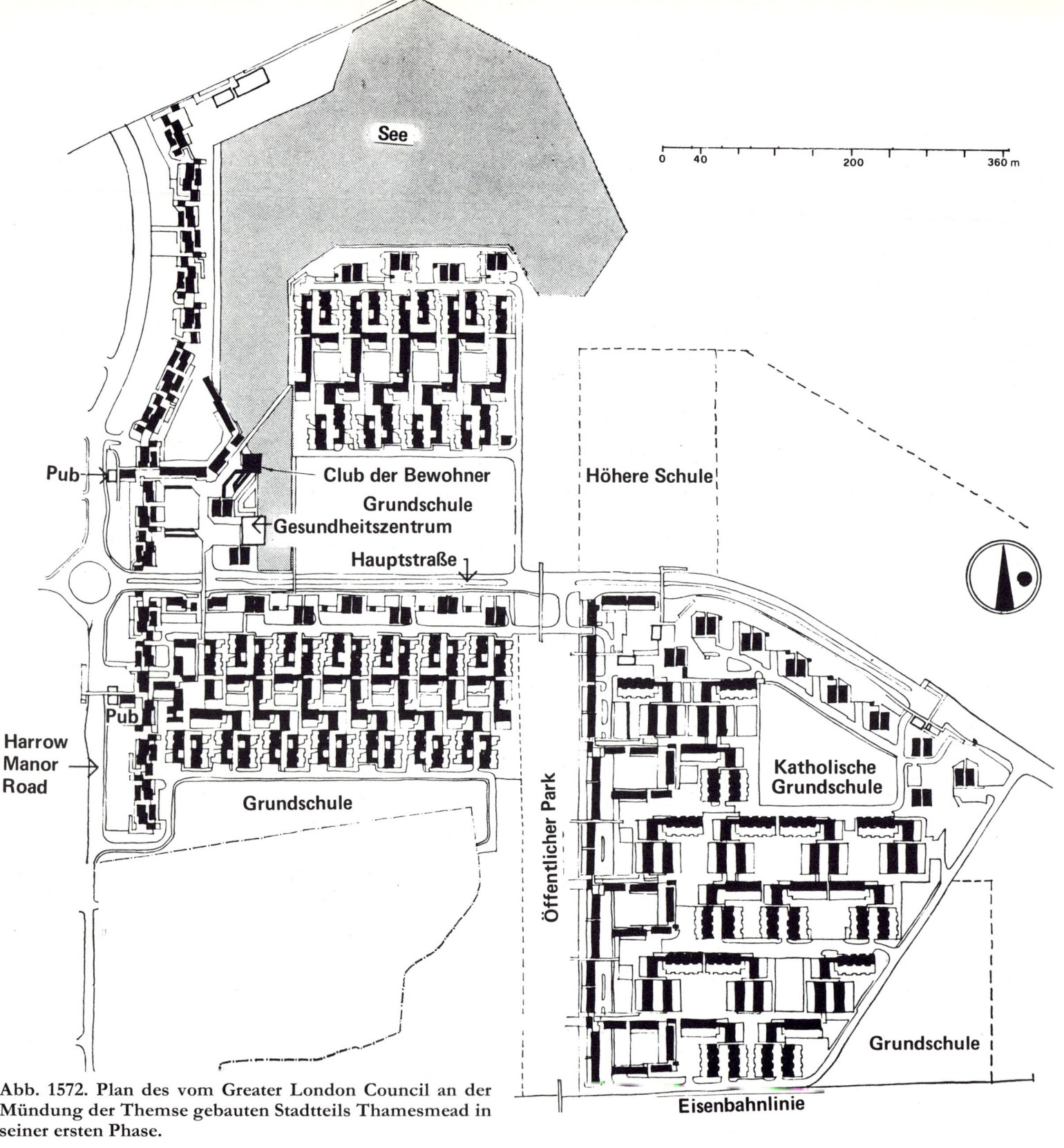

See

Pub

Club der Bewohner

Grundschule
Gesundheitszentrum

Hauptstraße

Höhere Schule

Harrow
Manor
Road

Pub

Grundschule

Öffentlicher Park

Katholische
Grundschule

Grundschule

Eisenbahnlinie

Abb. 1572. Plan des vom Greater London Council an der Mündung der Themse gebauten Stadtteils Thamesmead in seiner ersten Phase.

0 40   200   360 m

Abb. 1573. Luftaufnahme des Stadtteils Thamesmead.

Während in den neuen Städten die ersten Erfahrungen mit den modernen städtebaulichen Formen gemacht wurden, versuchten die Verwaltungen in den bereits existierenden Städten, diese durch öffentliche Maßnahmen den geänderten Anforderungen anzupassen; hier war der planerische Spielraum jedoch wesentlich kleiner als in den neuen Städten. Der County Council von London ließ einige exemplarische Siedlungen anlegen, und zwar sowohl in den Vorstadtgebieten (Abb. 1559–1571) als auch im Zentrum der Stadt (Abb. 1574–1578); so entsteht gegenwärtig an der Themsemündung ein neuer – von der Größe her einer neuen Stadt vergleichbarer – Stadtteil (Abb. 1572–1573).

Das Verkehrsministerium beauftragte eine Gruppe von Städteplanern unter der Leitung von Colin Buchanan mit der Erstellung einer Studie über den *Verkehr in den Städten,* deren Ergebnisse 1963 veröffentlicht wurden. Zum ersten Mal wurde damit dieses schwierige Problem mit modernen Methoden untersucht, und die Studie zeigte, daß der Verkehr nicht ständig weiter anwachsen kann, ohne die Stadt selbst zu zerstören. Die Stadtplaner sollten deshalb nicht versuchen, die Verkehrsdichte so weit wie möglich zu erhöhen; Ziel der Stadtplanung sollte es vielmehr sein, die Lebensqualität in den einzelnen Stadtteilen zu erhalten oder zu verbessern, indem das Verkehrsaufkommen dem faktisch zur Verfügung stehenden Straßennetz angepaßt wird (Abb. 1557–1558).

Viele englische Städte orientieren sich an dieser Leitlinie und sind dabei, Pläne zu entwickeln und umzusetzen, nach denen die Stadtzentren so verändert werden sollen, daß der Fußgänger- und der Autoverkehr aufgrund eines einheitlichen Konzepts aufeinander abgestimmt werden können.

Die Ergebnisse der Suche der modernen Architektur nach neuen Gestaltungmöglichkeiten sind in England von den öffentlichen Verwaltungen zu einem großen Teil aufgegriffen und mehr als in jedem anderen Land der Welt in die Tat umgesetzt worden. Dadurch konnte die Qualität der nach den herkömmlichen Mustern gestalteten Umwelt nicht nur verbessert werden, sondern darüber hinaus ergab sich eine direkte Konfrontation der Umwelt, wie sie war, mit der, wie sie sein könnte. Die unmittelbare Erfahrbarkeit dieses Gegensatzes führte zu politischen Auseinandersetzungen z. B. um die von der Labour Party geforderte schrittweise Verstaatlichung der bebaubaren Grundstücke. Diese Entwicklung stellte eine direkte Bedrohung der in den »postliberalen« Städten dominierenden Interessen dar, weil die Menschen konkret erfahren können, wie eine Stadt verändert werden könnte. Damit war die Grundlage dafür geschaffen, daß sich die gesamte Bevölkerung an den Diskussionsprozessen über die Gestaltung der zukünftigen Stadt aktiv beteiligt. Über den Ausgang dieser Diskussionsprozesse kann jedoch zum gegenwärtigen Zeitpunkt noch nichts abschließend gesagt werden.

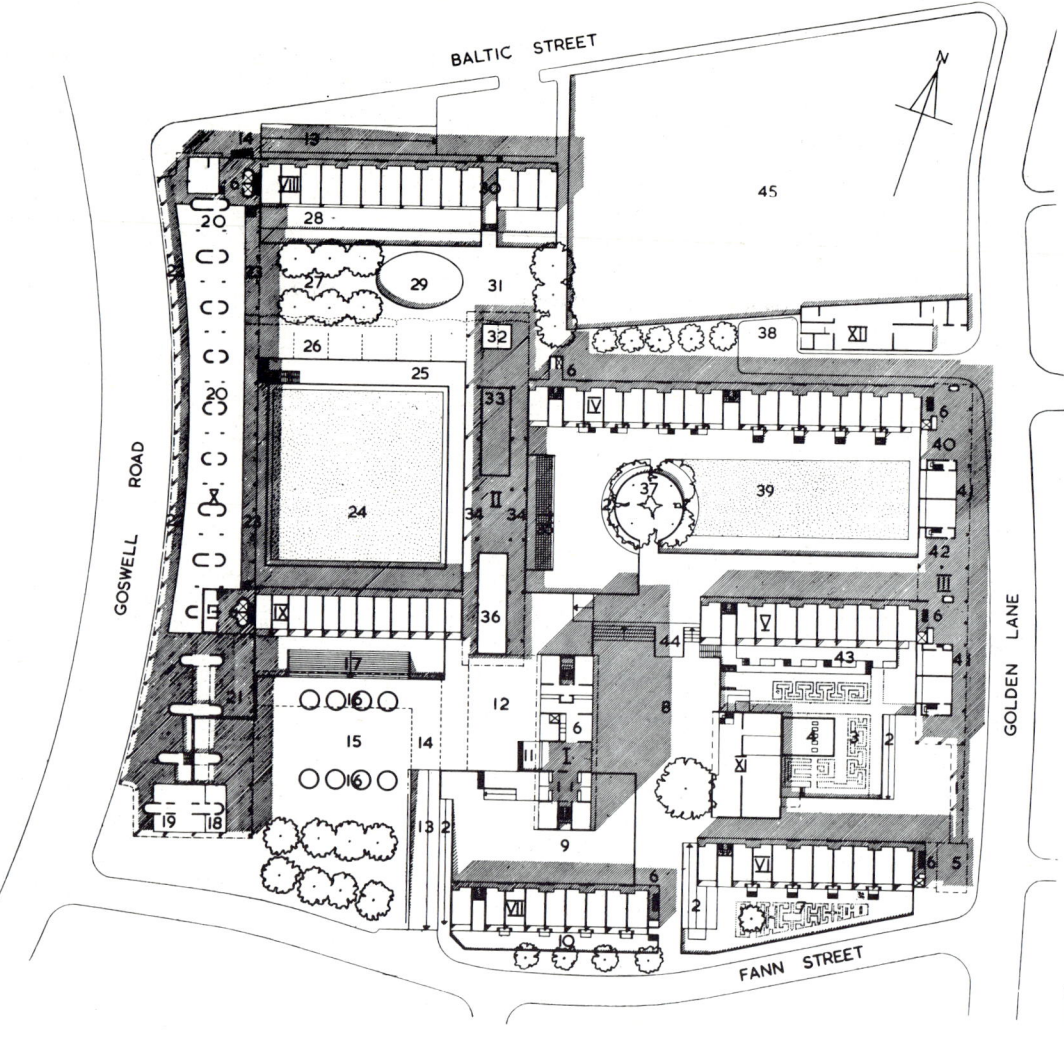

Abb. 1574. Übersichtsplan des Stadtteils Golden Lane für 1400 Einwohner, der 1954 vom London County Council gebaut wurde.

Die Gebäude:

I	Wohnblock mit 16 Stockwerken
II	Freizeitanlagen
III	Wohnblock mit 4 Stockwerken
IV–VII	Wohnblocks mit 6 Stockwerken
VIII	Wohnblock mit 4 Stockwerken
IX	Wohnblock mit 6 Stockwerken
X	Gebäude mit Geschäften und 4 Stockwerken mit Wohnungen
XI	Gemeinschaftszentrum
XII	Werkstätten

Mit den arabischen Ziffern sind die übrigen Gemeinschaftseinrichtungen gekennzeichnet: 8 Fußgängerzone, 20 Geschäfte, 24 und 39 Grünanlagen, 26 Club, 27 und 31 Spielplätze, 29 Fußballplatz/ Ballspielplatz, 33 Schwimmbad, 36 Turnhalle, 45 Grundstück für die zukünftige Grundschule

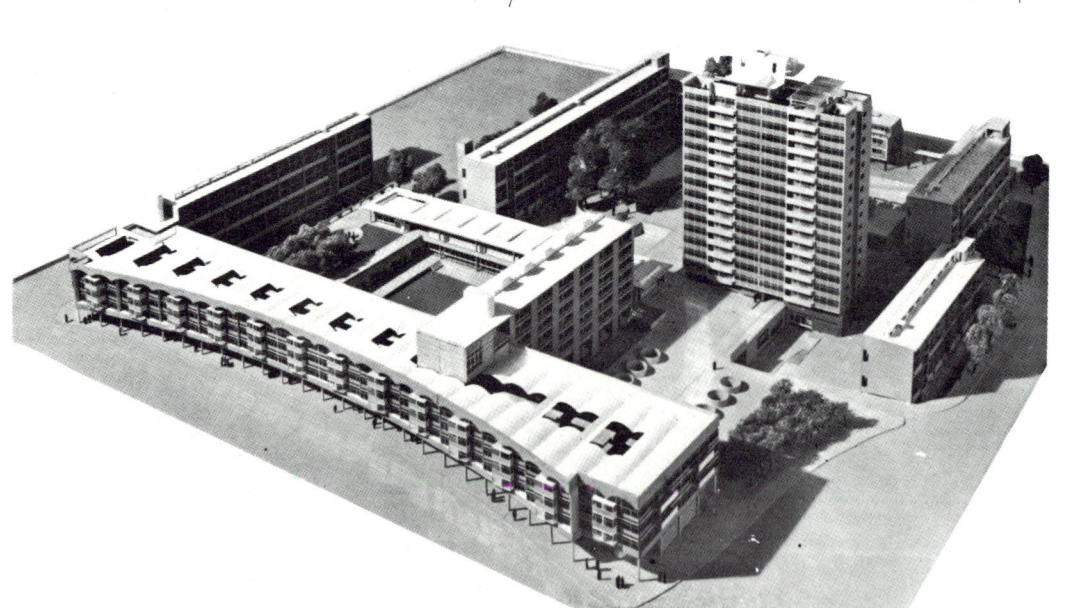

Abb. 1575. Modell des Londoner Stadtteils Golden Lane.

Abb. 1576–1578. Plan und zwei Ansichten des Modells des Barbican Komplexes in der Londoner City, 1974 vom Greater London Council fertiggestellt: Dieser Komplex umfaßt 2100 Wohnungen für 6500 Einwohner und umfangreiche Einkaufs- und Freizeitmöglichkeiten.

1–3 Kunstzentrum
4 Bürogebäude
5 Wasserbecken
6 Mädchenschule
7 Kirche
8 Reste einer römischen Mauer
9 Laufsteg
10 Erhöhter Fußgängerbereich
   (+ 19 Meter)
11 Erhöhter Fußgängerbereich
   (+ 21,5 Meter)
12 Grünanlagen

Maßstab 1:2000

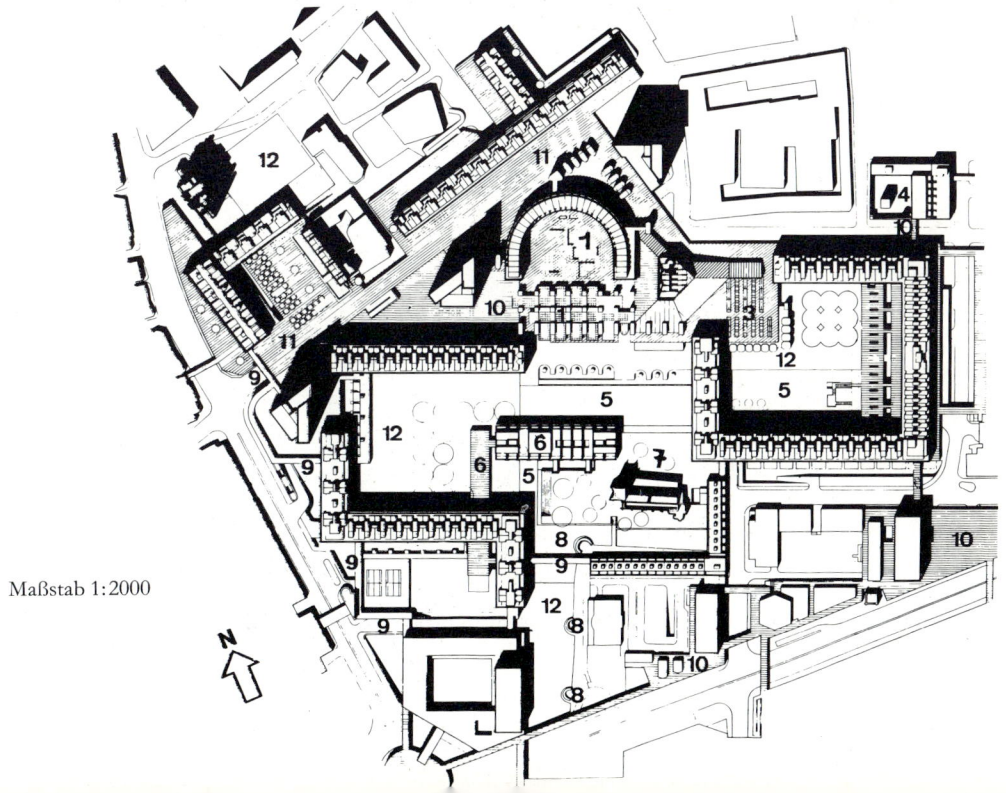

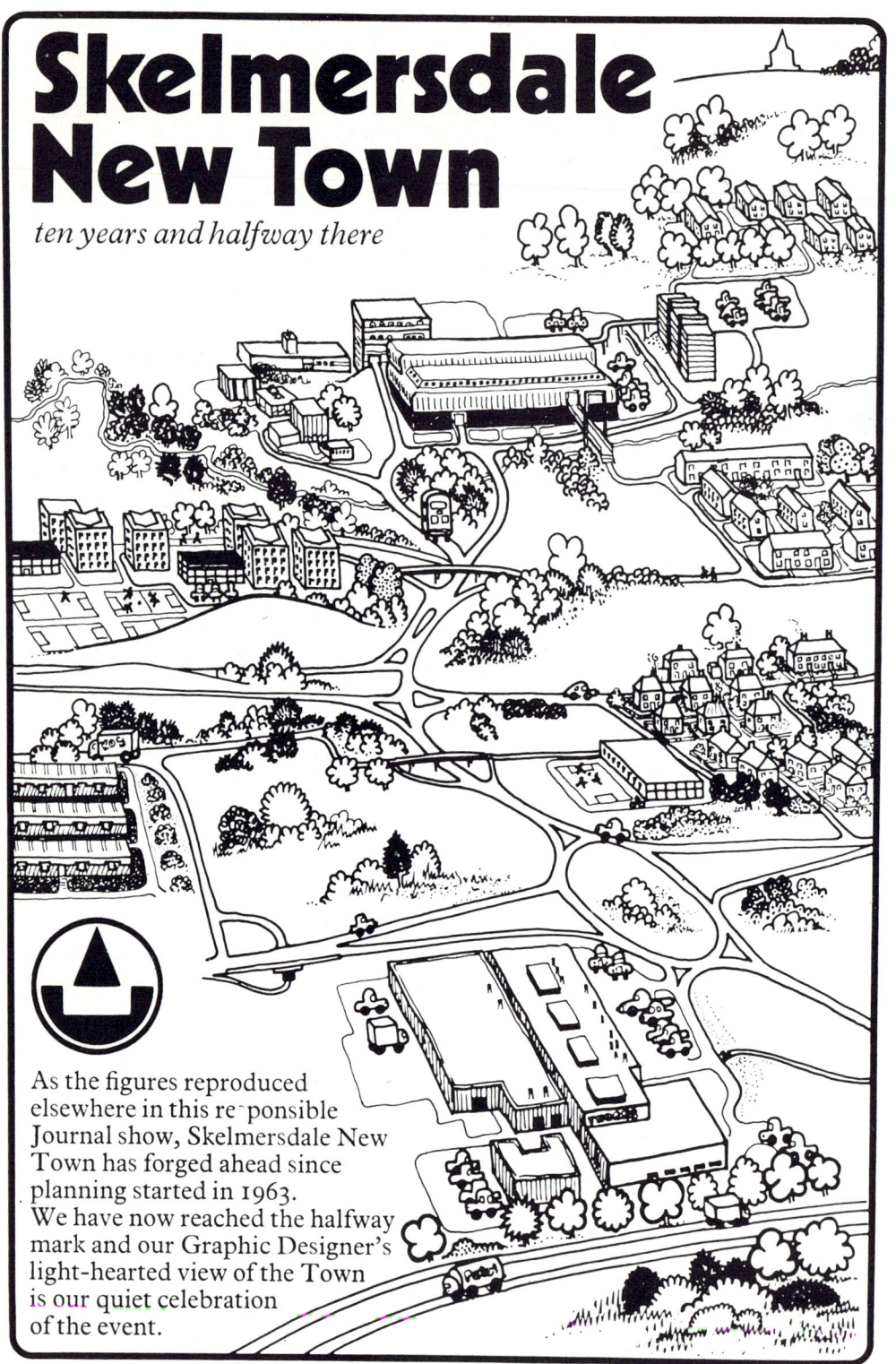

Skelmersdale New Town

ten years and halfway there

As the figures reproduced elsewhere in this re-ponsible Journal show, Skelmersdale New Town has forged ahead since planning started in 1963.
We have now reached the halfway mark and our Graphic Designer's light-hearted view of the Town is our quiet celebration of the event.

Abb. 1579. Werbeanzeige der neuen englischen Stadt Skelmersdale, das zehn Jahre nach der Gründung der Stadt veröffentlicht wurde (aus der Zeitschrift »Town and Country Planning« vom Januar 1974).

Übersetzung des englischen Textes:
Wie die in dieser zuverlässigen Zeitschrift dargestellten Fakten zeigen, hat Skelmersdale New Town seit seiner 1963 begonnenen Planung eine hervorragende Entwicklung durchgemacht. Wir haben nun die Hälfte der Strecke zurückgelegt und diese leicht beschwingte Ansicht der Stadt unseres Graphik-Designers stellt unsere stille Feier dieses Ereignisses dar.

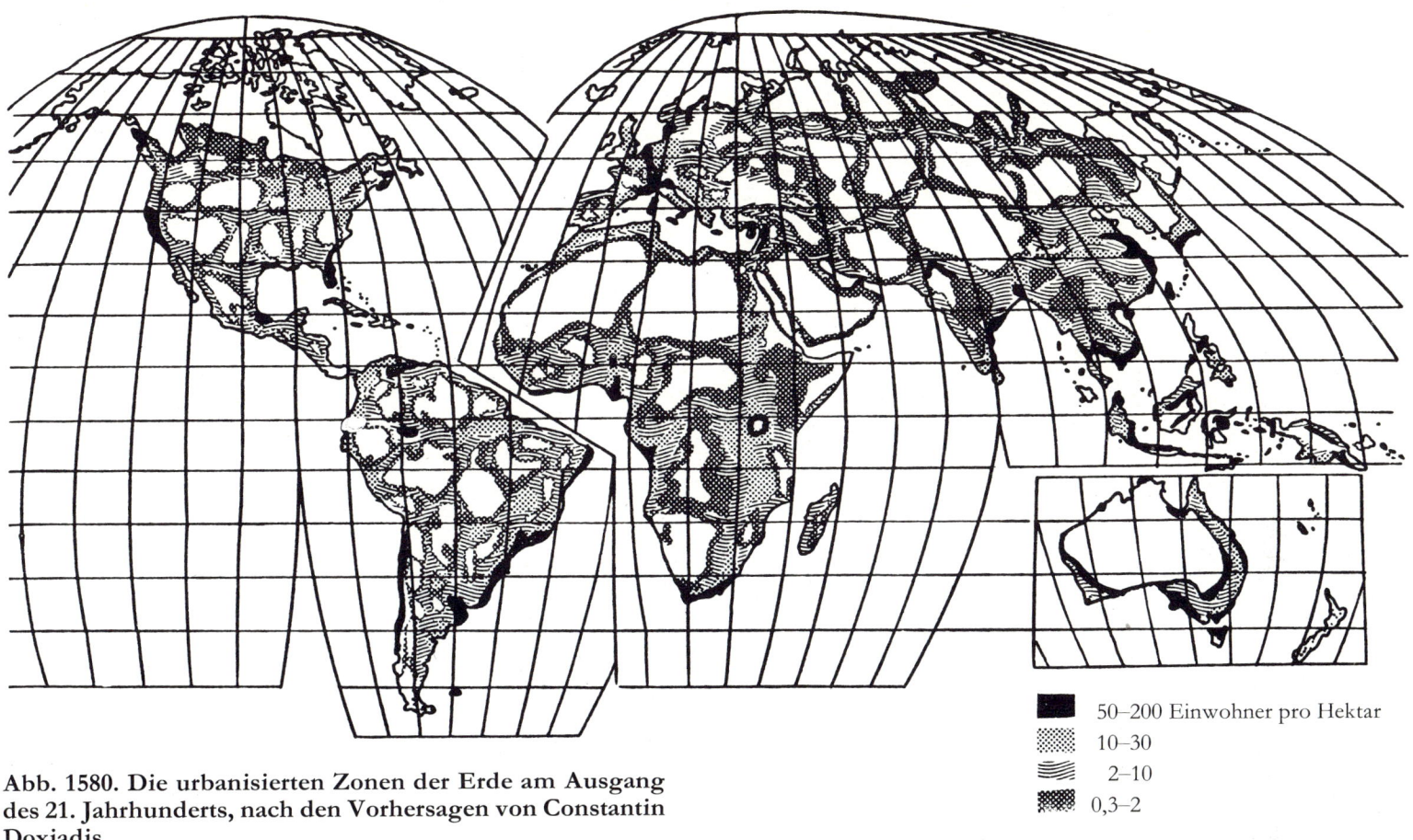

50–200 Einwohner pro Hektar
10–30
2–10
0,3–2

Abb. 1580. Die urbanisierten Zonen der Erde am Ausgang des 21. Jahrhunderts, nach den Vorhersagen von Constantin Doxiadis.

DIE DRITTE WELT UND DIE ELENDSGÜRTEL DER STÄDTE

Die Diskussion um die zukünftige Stadtplanung in den Ländern, die sich entwickelt nennen – in Europa und den USA –, bewegt sich zwischen den traditionellen Gestaltungsformen und den Vorschlägen der modernen Architektur. Am Ende dieser Diskussionen mag entweder die Bestätigung des herkömmlichen Stadttyps stehen, dessen mehr oder weniger akzentuierte Verbesserung, oder aber die Realisierung der alternativen Konzepte der modernen Architektur. In einigen Ländern ist das Gleichgewicht der städtischen Umwelt durch die planerischen Eingriffe der öffentlichen Verwaltung gerettet worden und die Entwicklung der Städte konnte in geordnete Bahnen gelenkt werden. Es wurden auch einige der von der modernen Architektur theoretisch formulierten Ansprüche – die Schaffung billigen Wohnraums, die Anlage von Fußgängerzonen, von leicht zugänglichen Gemeinschaftseinrichtungen und die Schaffung einer umfassenden Infrastruktur – für den Großteil der Bevölkerung eingelöst.

In den anderen Teilen der Welt entwickelten sich die Städte mit derselben Geschwindigkeit wie in Europa, zum Teil sogar noch schneller. Um die Mitte unseres Jahrhunderts lebte nur ein Fünftel der Weltbevölkerung in Städten, heute bereits etwa die Hälfte und in absehbarer Zukunft wohl die Mehrheit. Einige Wissenschaftler haben versucht, die zukünftige Entwicklung der Städte vorherzubestimmen, und dabei die Prognose aufgestellt, daß die Welt der Zukunft aus einer einzigen zusammenhängenden Stadt bestehen wird (Abb. 1580). Aber diese allgemeine Tendenz des Wachstums der Städte führte fast überall zu anderen Resultaten:
– Städtische Lebensräume, deren Entwicklung durch öffentliche Planungen gesteuert wurde, die mit ausreichenden Infrastruktureinrichtungen, mit Parks etc. ausgestattet sind und deren Häuser von Architekten in Übereinstimmung mit den Bauvorschriften entworfen worden sind, gibt es nur für einen Teil der Bevölkerung.

Abb. 1581. Teheran: durchgehend schraffiert: die urbanisierten Gebiete; in unterbrochenen Linien schraffiert: die teilweise urbanisierten Gebiete; punktiert: die noch nicht urbanisierten, aber von der Spekulation bereits parzellierten Gebiete (Stand: 1960/61).

Abb. 1582. (rechte Seite) **Teheran: Diagramm der Preise der Baugrundstücke; die Preise schwanken – je nach der Nähe zum Stadtzentrum – zwischen 32 DM und 260 DM pro Quadratmeter und erreichen entlang der Hauptstraßen sogar eine Höhe von 2100 DM (Stand: 1960/61).**

— Ein anderer Teil der Bevölkerung ist dagegen gezwungen, sich in illegal errichteten Siedlungen niederzulassen, die oft direkt an die regulären Stadtteile anschließen, sich aber dennoch völlig von diesen unterscheiden. Das Land, auf dem diese Siedlungen entstanden sind, wurde ohne rechtliche Legitimation angeeignet, die Häuser und Hütten sind aus zufällig vorgefundenen Materialien notdürftig zusammengesetzt, Infrastruktureinrichtungen fehlen völlig oder wurden erst später angelegt, und zwar nach völlig anderen Kriterien als für die übrige Stadt.

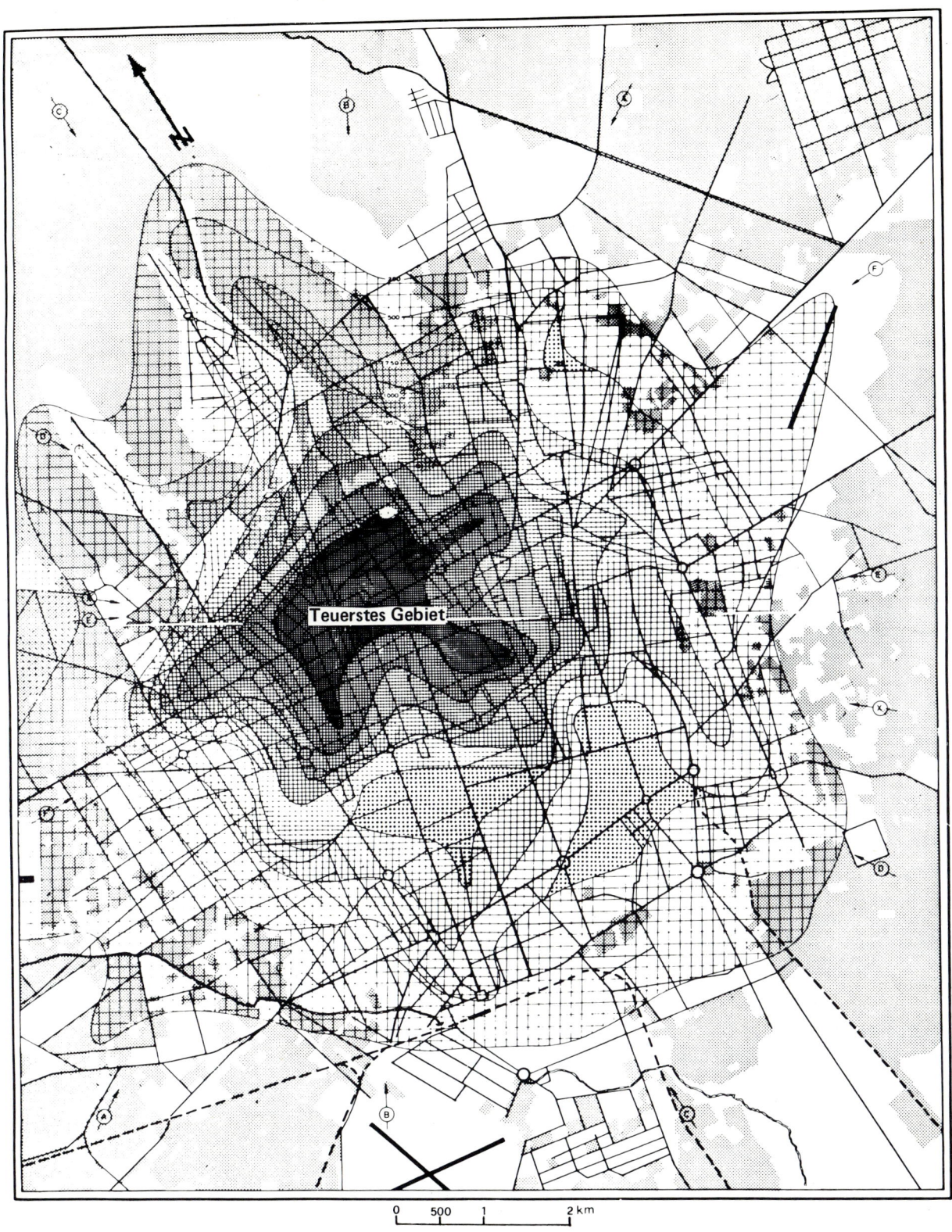

Teuerstes Gebiet

0   500   1   2 km

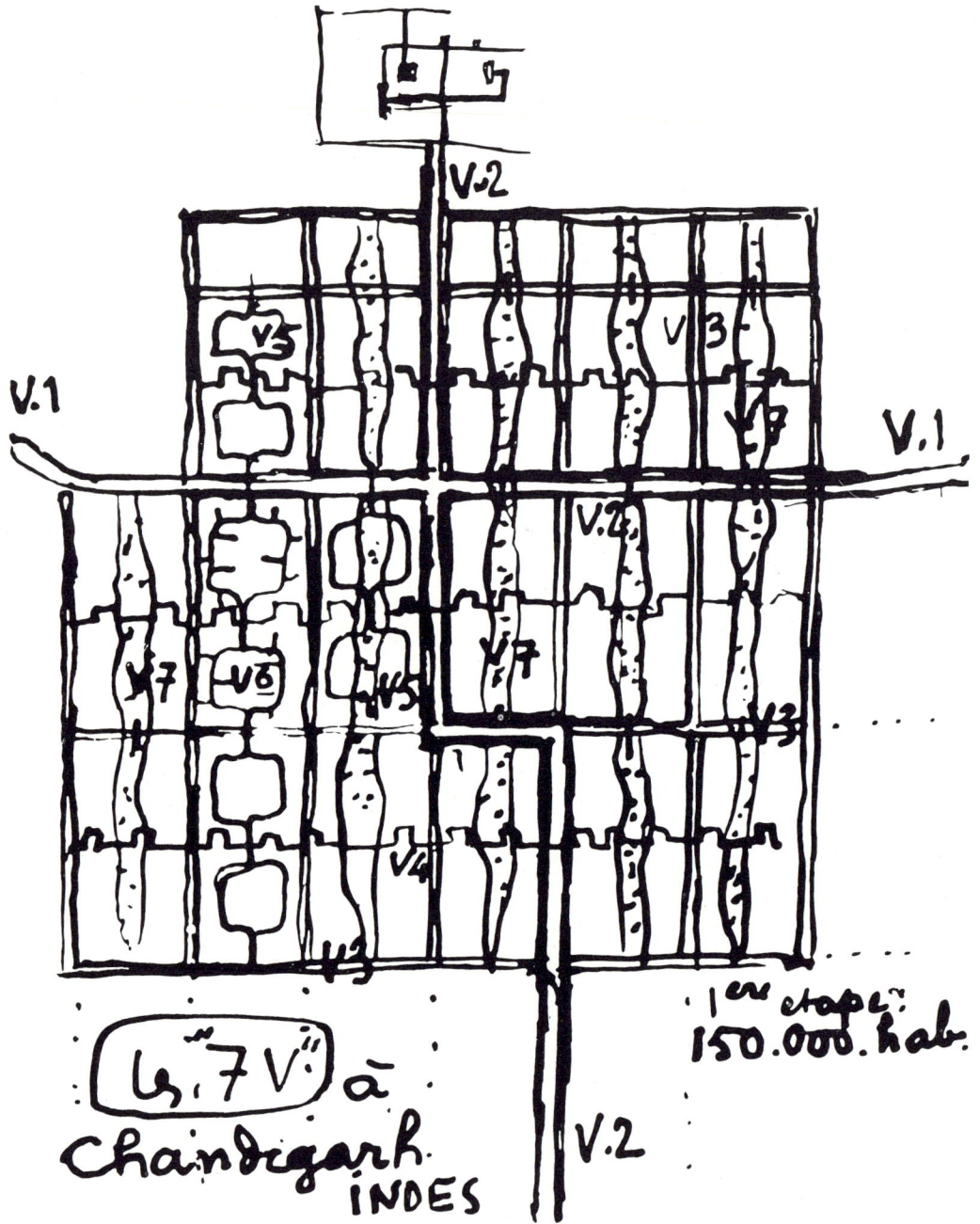

Abb. 1583. Chandigarh: Übersichtsskizze mit der Einteilung der Straßen in verschiedene Kategorien: Durchgangsstraßen (V1 und V2), Stadtteilstraßen (V3), Geschäftsstraßen (V4), Straßen, die zu den Hauseingängen führen (V5 und V6), und die innerhalb der Grünanlagen verlaufenden Wege, die die schulischen Einrichtungen und die Freizeitanlagen miteinander verbinden (V7) (Zeichnung von Le Corbusier).

Abb. 1584–1585 (rechte Seite) Chandigarh: Ansicht und Plan des im äußersten Norden der Stadt gelegenen Kapitols, wo die Regierungsgebäude liegen:

1 Parlamentsgebäude
2 Gebäude für Ministerien
3 Regierungsgebäude
4 Gerichtshof
5/6 Erdskulpturen in der Mitte der Esplanade
7 Die Skulptur der »offenen Hand«

Abb. 1586–1587. (auf den beiden übernächsten Seiten) Zwei Ansichten des »Salle des pas perdus« (des »Saals der verlorenen Schritte«) im Parlamentsgebäude, eines der außergewöhnlichen, von Le Corbusier gestalteten Räume.

Chandigarh ist die neue Hauptstadt des indischen Bundesstaates Punjab, die von Le Corbusier und einer Gruppe europäischer und indischer Mitarbeiter im Auftrag von Pandit Nehru geplant wurde. Die Planung dieses Projekts begann im Jahre 1951. Der alte Meister hat die gesamte Anlage der Stadt in großen Zügen entworfen, den Komplex des Kapitols geplant und dessen Realisierung überwacht. Dieser Komplex stellt das wichtigste Werk seiner beruflichen Laufbahn dar. Aufgrund des außergewöhnlichen Engagements der Auftraggeber, der Architekten und der übrigen Planer kann diese Stadt als die bedeutendste der neuen Städte gelten, die seit dem Ende der europäischen Kolonialisierung bislang in der »dritten Welt« gebaut wurden.

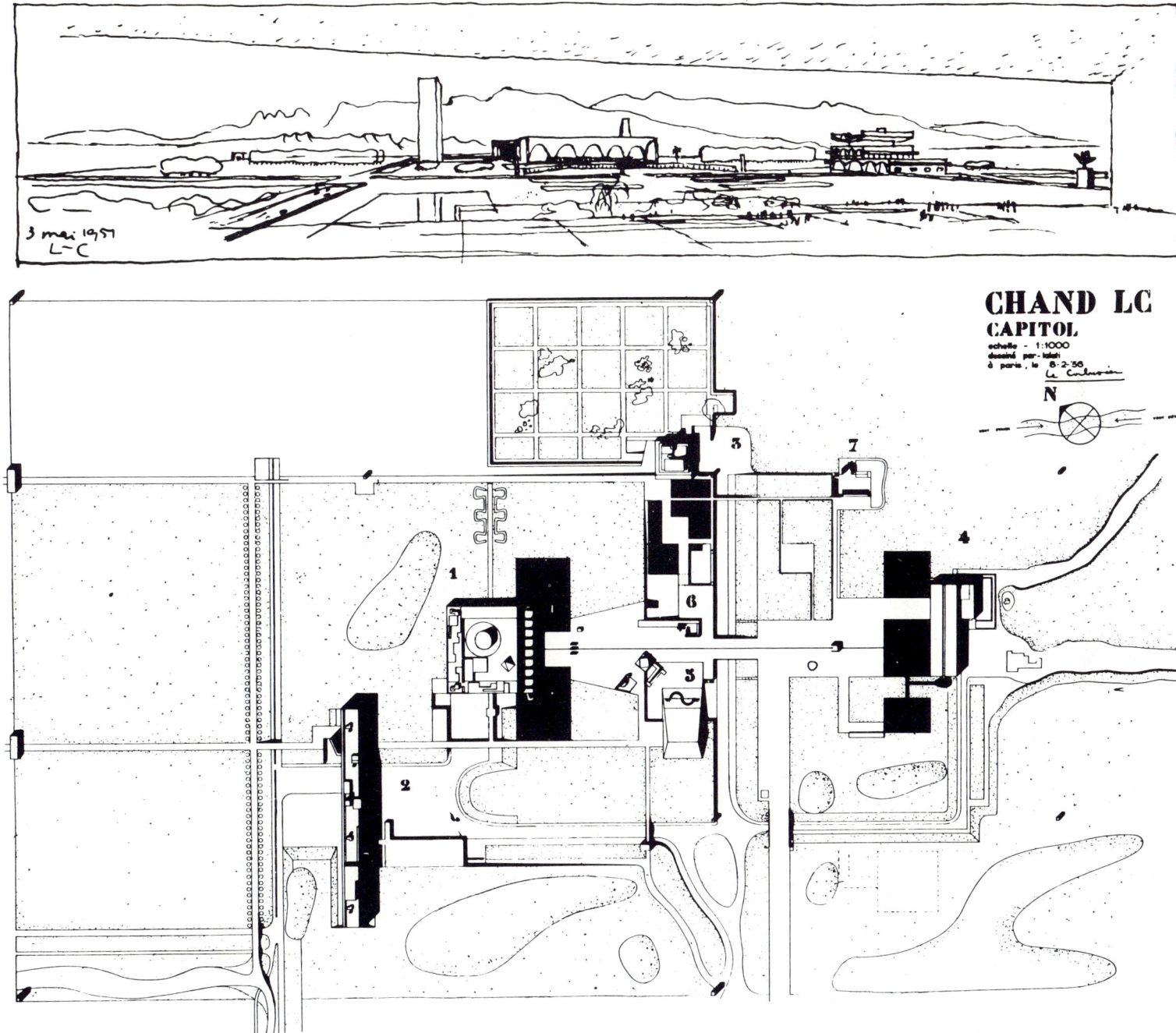

CHAND LC
CAPITOL
echelle - 1:1000
dessiné par- lolati
à paris , le   8-2-56
Le Corbusier
N

3 mai 1951
L-C

0   100   200 m

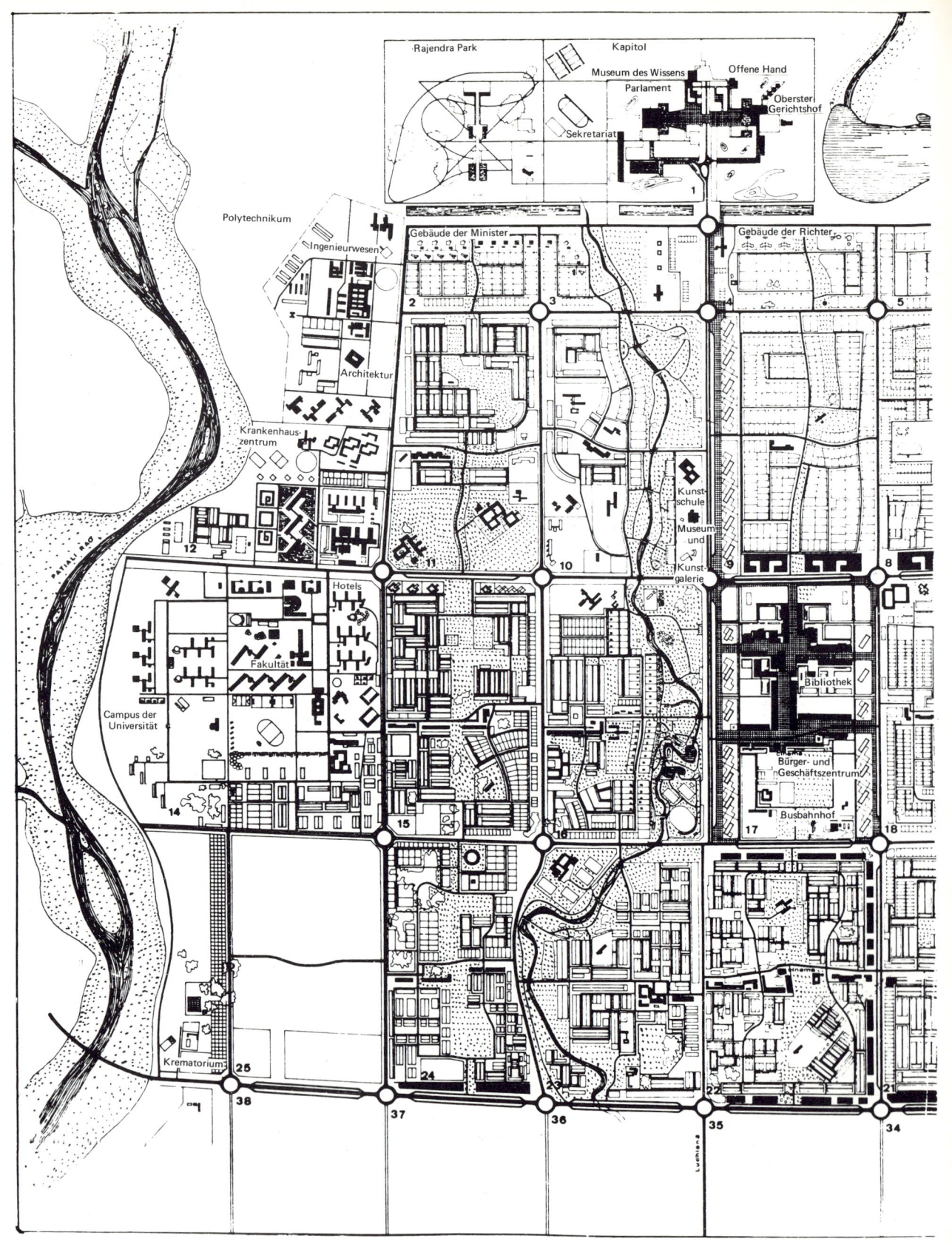

Abb. 1588. Plan der Stadt Chandigarh, wie sie tatsächlich gebaut wurde (Die Numerierung von 1 bis 38 bezeichnet die einzelnen Sektoren der Stadt).

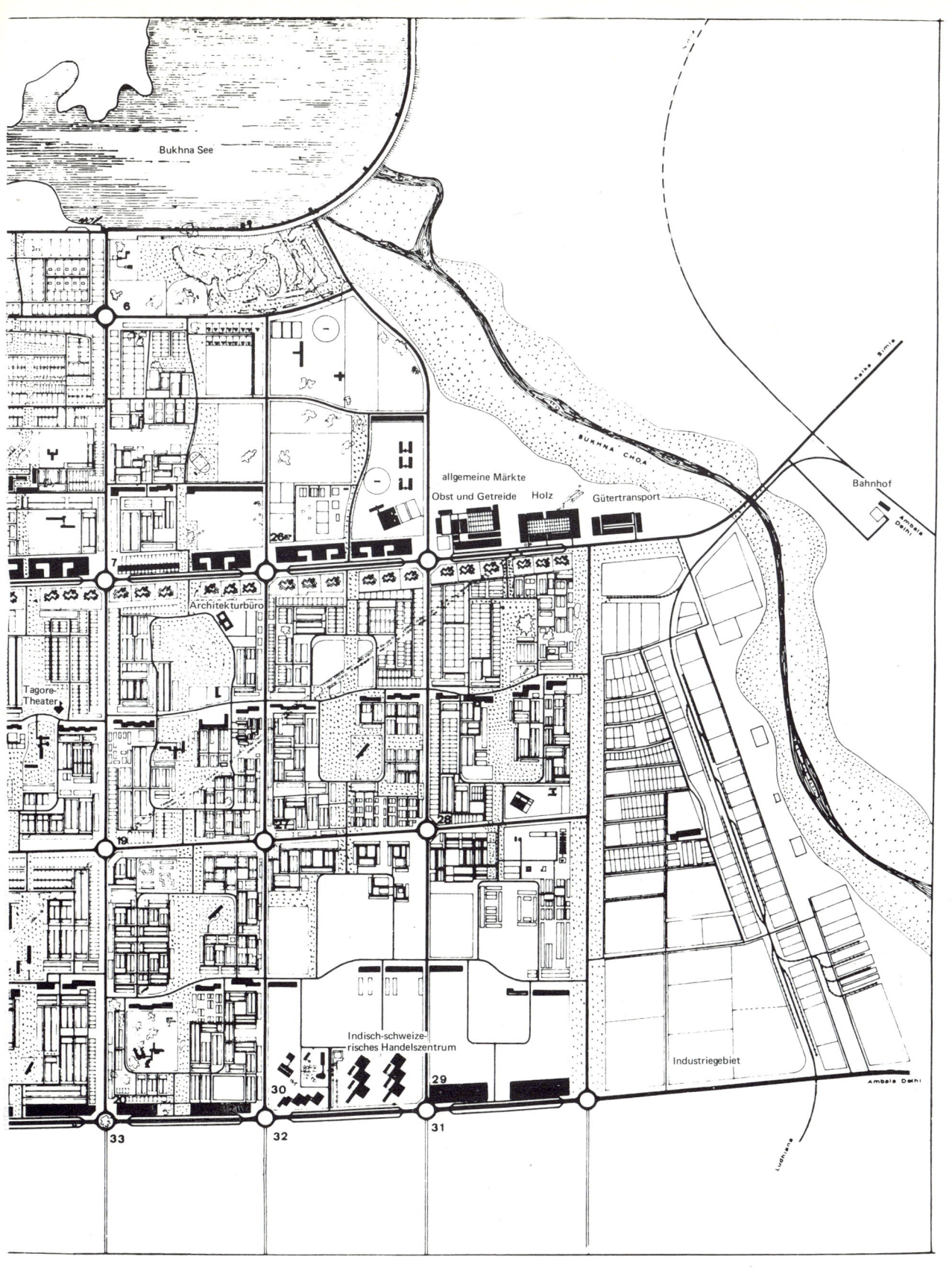

Bukhna See

6

allgemeine Märkte
Obst und Getreide   Holz   Gütertransport

26

Architekturbüro

Tagore-
Theater

19

28

Indisch-schweize-
risches Handelszentrum

30

29

20

33   32   31

BUKHNA CHOA

Bahnhof

Ambala
Delhi

Kalka Simla

Industriegebiet

Ambala Delhi

Ludhiana

Abb. 1589. Außenansicht einiger Häuser am Stadtrand von Caracas.

Diese ungeordneten, illegal errichteten Siedlungen wurden zu sogenannten »Randgebieten« erklärt, weil man sie als ein Nebenprodukt der »post-liberalen« Städte ansah: In jeder Stadt auf der Welt gab es einen kleinen, nicht integrierten Teil der Bevölkerung, der in primitiven Baracken an der äußersten Peripherie wohnte oder unter Brücken schlief. Aber heute ist der Begriff des »Randgebiets« nicht mehr zutreffend, weil sich diese irregulären Siedlungen wesentlich schneller ausdehnten als die regulären Städte selbst und weil in vielen Ländern bereits die Mehrheit der Bevölkerung in städtischen »Randgebieten« wohnt.

So werden die regulären Teile der Stadt mehr oder weniger erfolgreich mit Hilfe der Methoden der modernen Architektur und Stadtplanung gestaltet, aber dadurch werden automatisch Disparitäten geschaffen: Diese Methoden stellen im Grunde genommen einen Luxus dar, weil sie nur die Lebensbedingungen einer Minderheit weiter verbessern, die bereits wesentlich besser gestellt ist als die Mehrheit; damit trägt die moderne Architektur nur dazu bei, daß sich der soziale Abstand zwischen diesen beiden Bevölkerungsgruppen ständig vergrößert.

Betrachten wir hierzu die wichtigsten Fakten: Nach einem Bericht der Vereinten Nationen besaß im Jahr 1962 die Hälfte der Bevölkerung Asiens, Afrikas und Lateinamerikas keine oder nur

Abb. 1590. Innenansicht einer Wohnung in einer »Randsiedlung« von Lima.

eine unzureichende, ungesunde und überfüllte Wohnung.

Ein immer größerer Teil dieser Bevölkerung war aus ländlichen Gegenden in die Städte abgewandert. Man schätzt, daß die Bevölkerung Asiens, Afrikas und Lateinamerikas in den letzten 15 Jahren insgesamt um 40% angewachsen ist, während sich die städtische Bevölkerung im gleichen Zeitraum von 750 Millionen auf 1500 Millionen verdoppelt hat.

Aber nur ein kleiner Teil der Bevölkerung konnte in den regulären Städten aufgenommen werden, so daß die große Mehrheit sich in den irregulären »Randsiedlungen« niederlassen mußte, deren Wachstum sich auf diese Weise immer mehr be-

schleunigte. So leben zum Beispiel in Venezuela 60% der Bevölkerung in Städten mit mehr als 10 000 Einwohnern und die Hälfte dieser Stadtbevölkerung wohnt in den »Randsiedlungen«. Die anspruchsvolleren der öffentlichen Programme zur Bekämpfung dieser Entwicklung sehen vor, dem ständigen Anwachsen der Stadtbevölkerung und der damit verbundenen Ausdehnung der Elendsgürtel Einhalt zu gebieten und die Einwohnerzahlen der Städte möglichst konstant zu halten. In jedem Land haben diese »Randsiedlungen« andere Namen: So heißen sie *ranchos* in Venezuela, *barriadas* in Peru, *favelas* in Brasilien, *bidonvilles* in den französischsprachigen Ländern und *ishish* im Mittleren Orient.

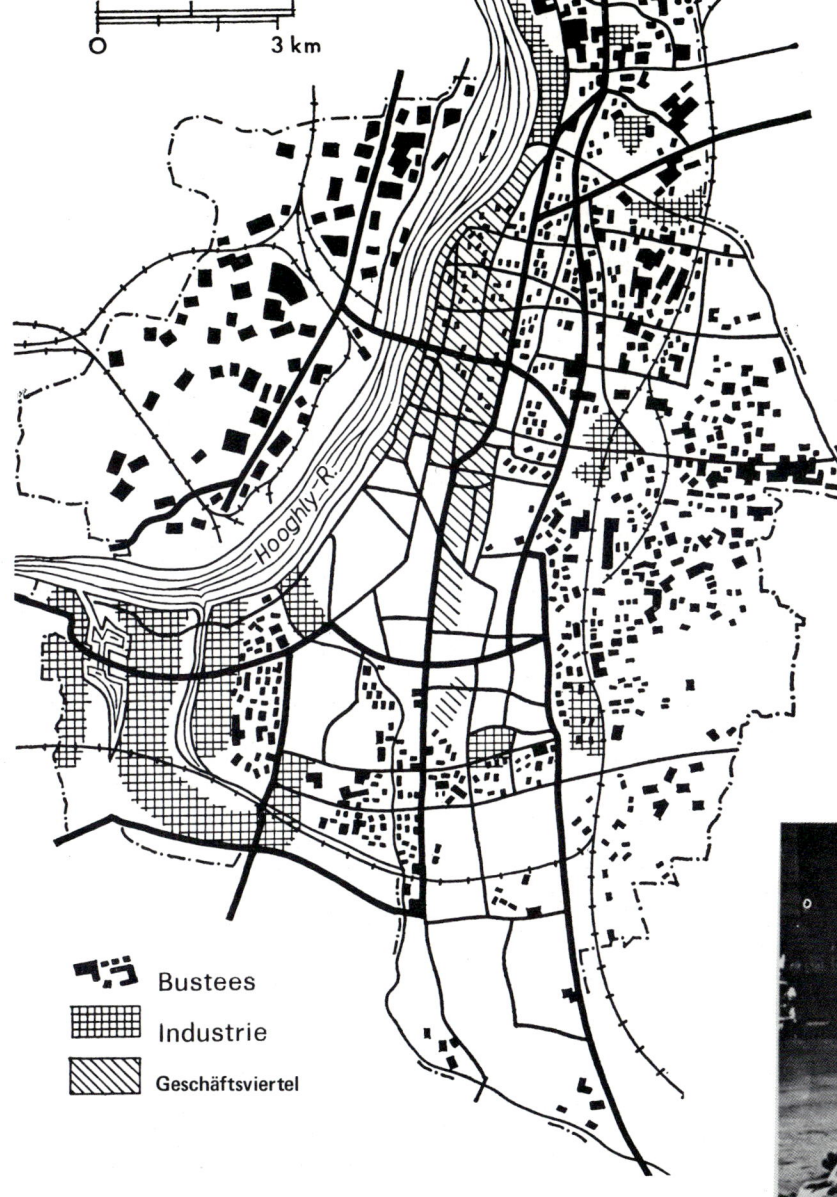

Abb. 1592. Plan von Kalkutta mit den »Randsiedlungen« (Bustees).

Bustees

Industrie

Geschäftsviertel

Abb. 1593. Eine große Zahl der Einwohner Kalkuttas schläft nachts auf den Straßen.

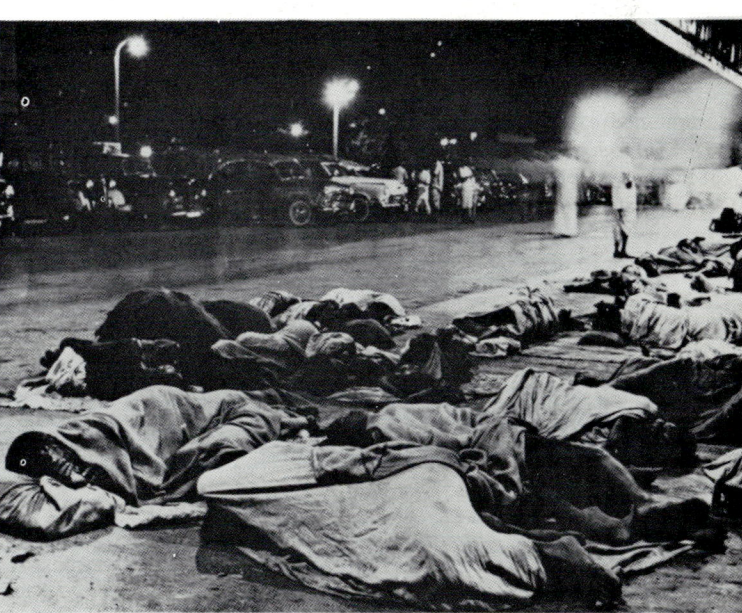

In Gebieten mit warmem Klima leben die ärmsten Teile der Bevölkerung nicht einmal in Häusern oder Hütten: In Kalkutta schlafen 600 000 Menschen auf der Straße (Abb. 1591–1593).

Abb. 1591. (linke Seite) **Straßenszene in Kalkutta.**

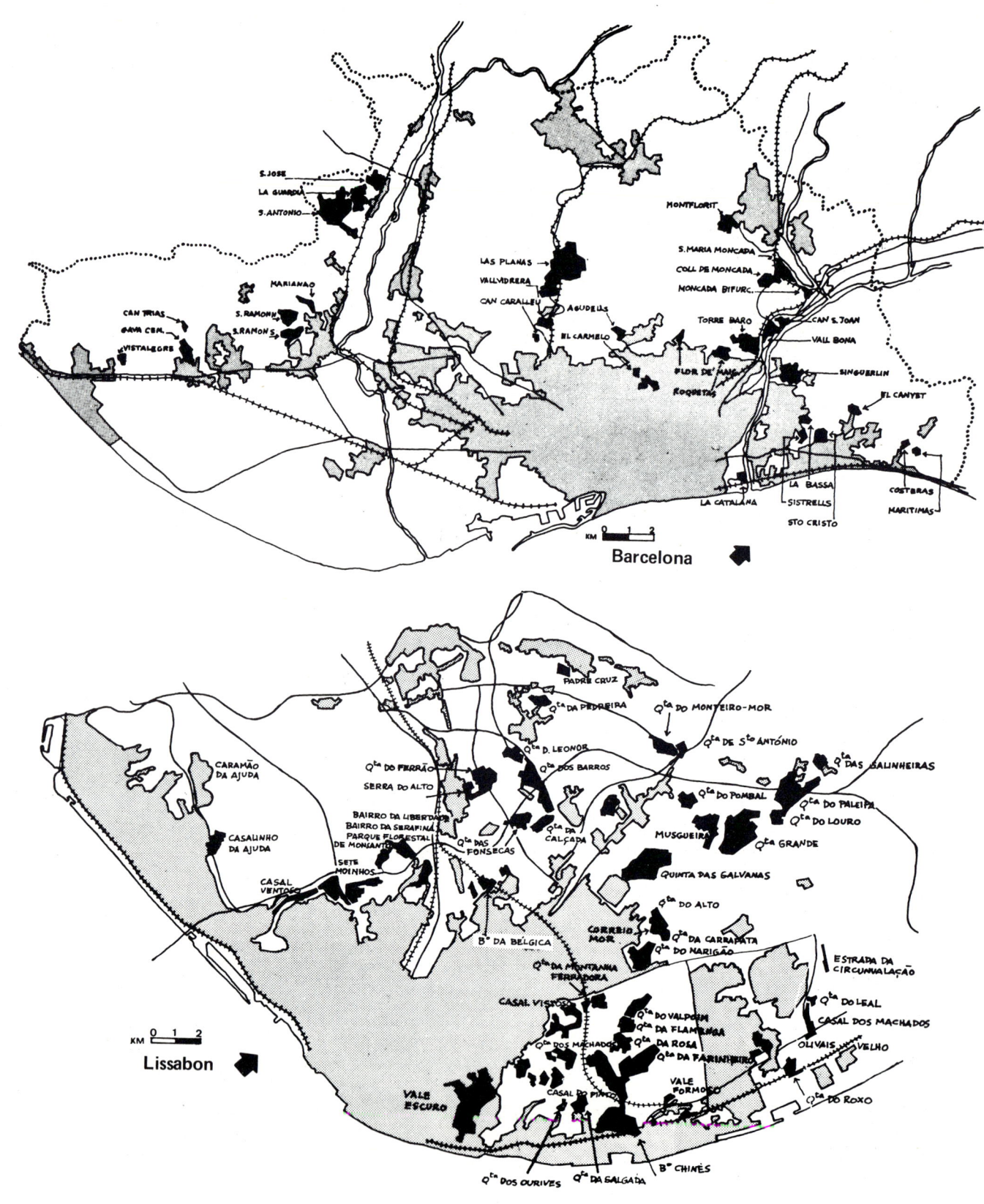

S.JOSE
LA GUARDIA
S.ANTONIO

MONTFLORIT

LAS PLANAS
VALLVIDRERA
CAN CARALLEU

S.MARIA MONCADA
COLL DE MONCADA
MONCADA BIFURC.

MARIANAO

CAN TRIAS
GAVA CEM.
VISTALEGRE

S.RAMON N.
S.RAMON S.

AGUDELLS

EL CARMELO

TORRE BARO

CAN S.JOAN
VALL BONA

SINGUERLIN

FLOR DE MAIG

ROQUETES

EL CANYET

LA BASSA

LA CATALANA

SISTRELLS

STO CRISTO

COSTERAS

MARITIMAS

KM 0 1 2

Barcelona

PADRE CRUZ

Qta DA PEDREIRA

Qta DO MONTEIRO-MOR

Qta DE Sto ANTÓNIO

D. LEONOR

Qta DAS GALINHEIRAS

CARAMÃO
DA AJUDA

Qta DO FERRÃO
SERRA DO ALTO

Qta DOS BARROS

Qta DO POMBAL

Qta DO PALEIPA
Qta DO LOURO

CASALINHO
DA AJUDA

BAIRRO DA LIBERDADE
BAIRRO DA SERAFINA
PARQUE FLORESTAL
DE MONSANTO

Qta DA
CALÇADA

MUSGUEIRA

Qta GRANDE

Qta DAS
FONSECAS

QUINTA DAS GALVANAS

SETE
MOINHOS

CASAL
VENTOSO

Bo DA BELGICA

CORREIO
MOR

Qta DO ALTO

Qta DA CARRAPATA
DO NARIGÃO

ESTRADA DE
CIRCUNVALAÇÃO

Qta DA MONTANHA
FERRADORA

CASAL VISTOSO

Qta DO VALPOIM
DA FLAMENGA
DA ROSA
Qta DA FARINHEIRA

Qta DO LEAL
CASAL DOS MACHADOS

OLIVAIS VELHO

Qta DOS MACHADOS

KM 0 1 2

Lissabon

VALE
ESCURO

CASAL DO PINTO

VALE
FORMOSO

Qta DO ROXO

Qta DOS OURIVES

Qta DA SALGADA

Bo CHINÊS

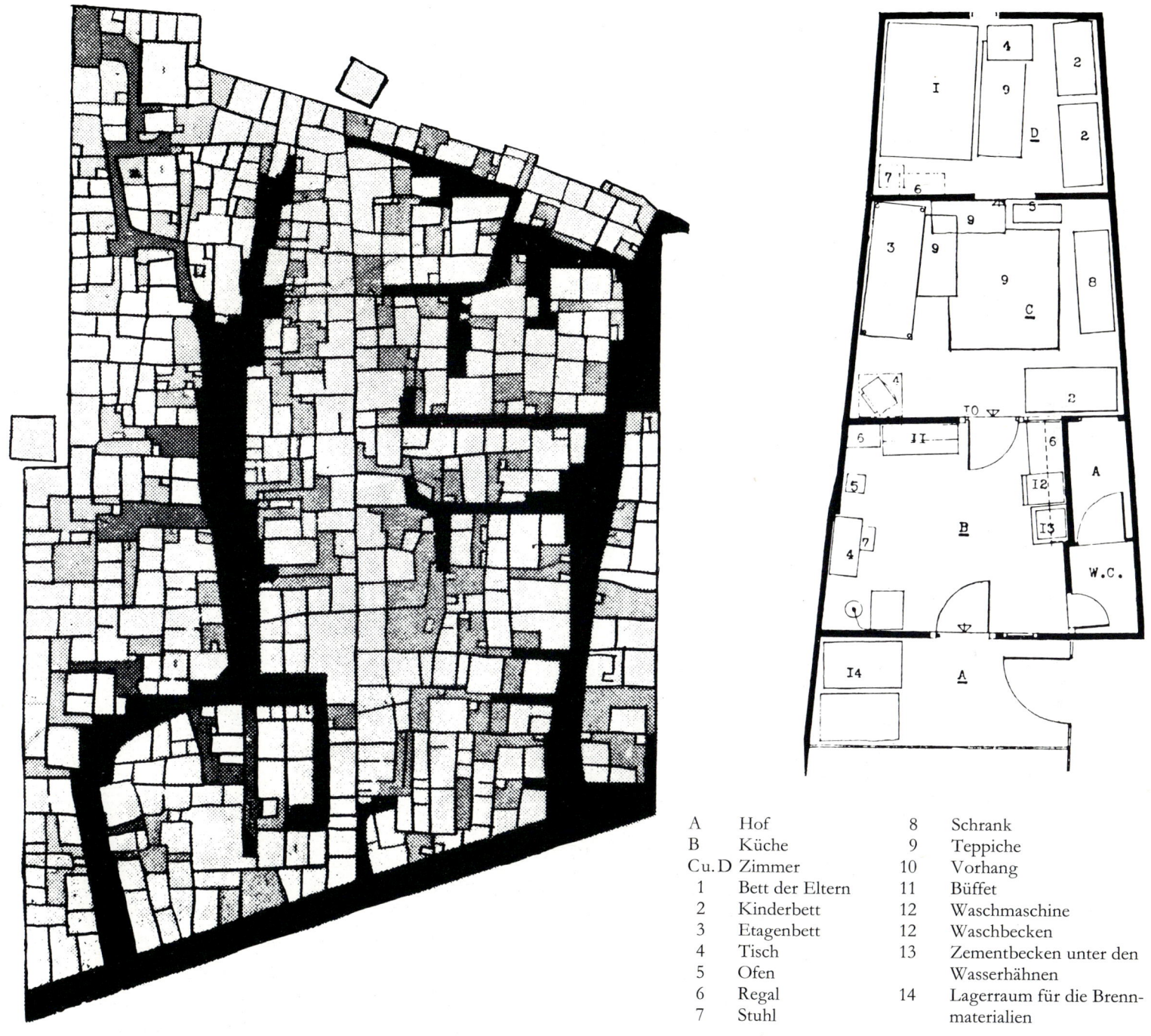

A	Hof	8	Schrank
B	Küche	9	Teppiche
Cu.D	Zimmer	10	Vorhang
1	Bett der Eltern	11	Büffet
2	Kinderbett	12	Waschmaschine
3	Etagenbett	12	Waschbecken
4	Tisch	13	Zementbecken unter den
5	Ofen		Wasserhähnen
6	Regal	14	Lagerraum für die Brenn-
7	Stuhl		materialien

Maßstab 1:1000

Abb. 1594–1595. (linke Seite) **Die illegal angelegten Siedlungen (schwarz), die in den letzten Jahren in Lissabon und in Barcelona entstanden sind.**

Abb. 1596–1597. Ein Stadtteil mit illegal erbauten Wohnungen in Nanterre, in der Nähe von Paris: Pläne aus dem Jahre 1966; auf dem Übersichtsplan sind die öffentlichen Bereiche schwarz, die halböffentlichen Bereiche grau und die privaten Bereiche hellgrau eingezeichnet.

Abb. 1598–1599. Luftaufnahme und Plan eines Teils der Peripherie von Rom (Centocelle): im Vordergrund ein »regulärer« Stadtteil; im Hintergrund jenseits der Straße eine Siedlung mit illegal errichteten gemauerten Häusern und kleinen Baracken.

Maßstab des Plans rechts: 1:15 000

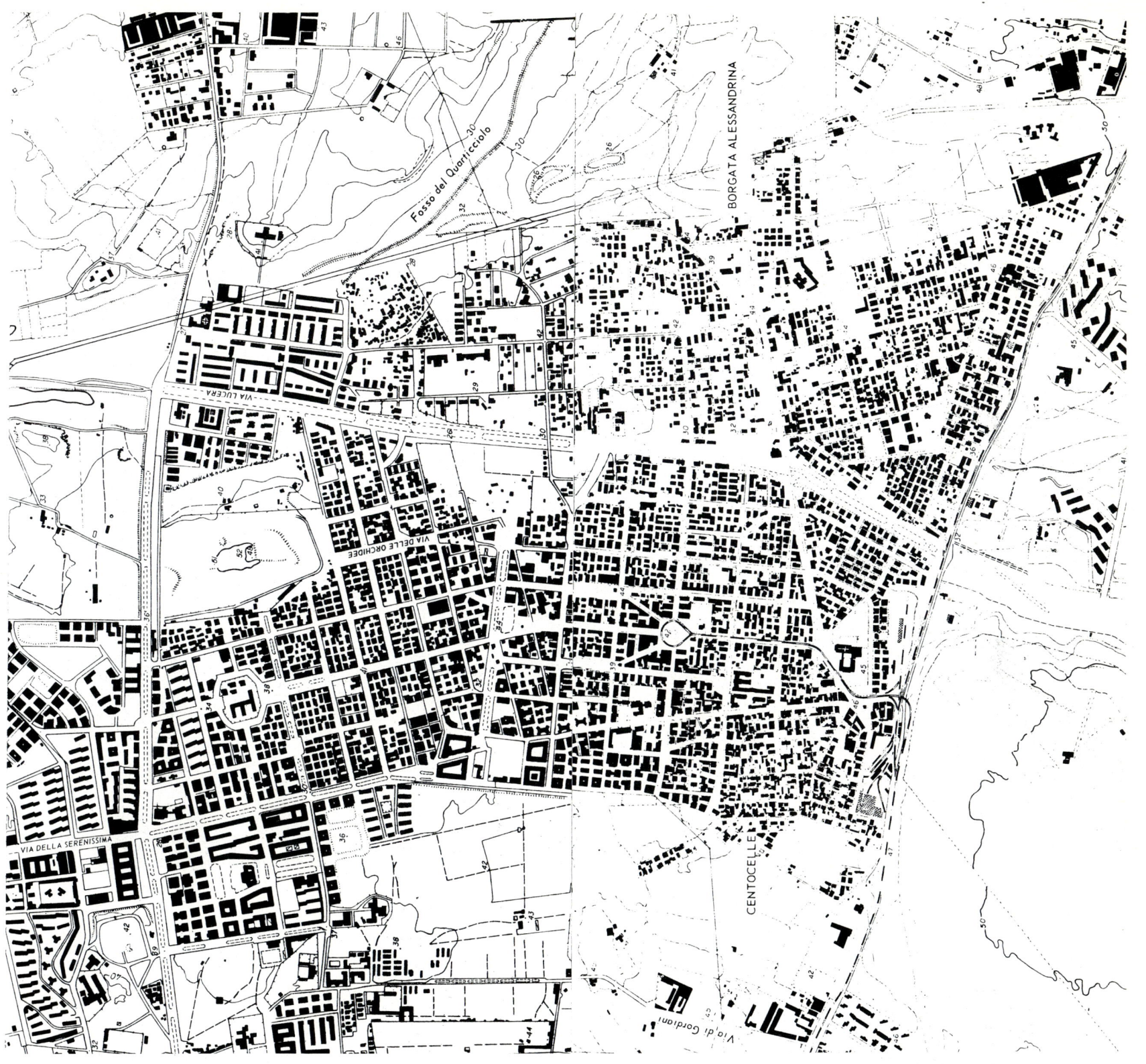

Abb. 1600–1601. Einzelne, illegal errichtete Häuser, die von kleinen Bauunternehmern auf Grundstücken gebaut wurden, die alle einem einzigen Eigentümer aus der Umgebung von Rom gehören. Das gesamte zur Verfügung stehende Geld wurde zum Bau der Häuser aufgewendet; war etwas Geld übrig, so wurde damit ein weiteres Stockwerk auf die ursprünglich nur einstöckig gebauten Häuser gesetzt. Dadurch blieb der zwischen den Häusern liegende öffentliche Bereich jedoch Brachland, ohne infrastrukturelle Anlagen und Einrichtungen. Die Stadtverwaltung ist dann gezwungen, Strom- und Wasserleitungen zu legen und eine Bushaltestelle einzurichten.

Abb. 1602. Eine Barackensied-
lung an der Peripherie Roms (Bat-
teria Nomentana), die entlang der
Böschung einer Gleisanlage angelegt wurde.

Abb. 1603. Eine andere Baracken-
siedlung in Rom (Campo Parioli),
die auf einem ungenutzten öffentlichen Gelände errichtet wurde.

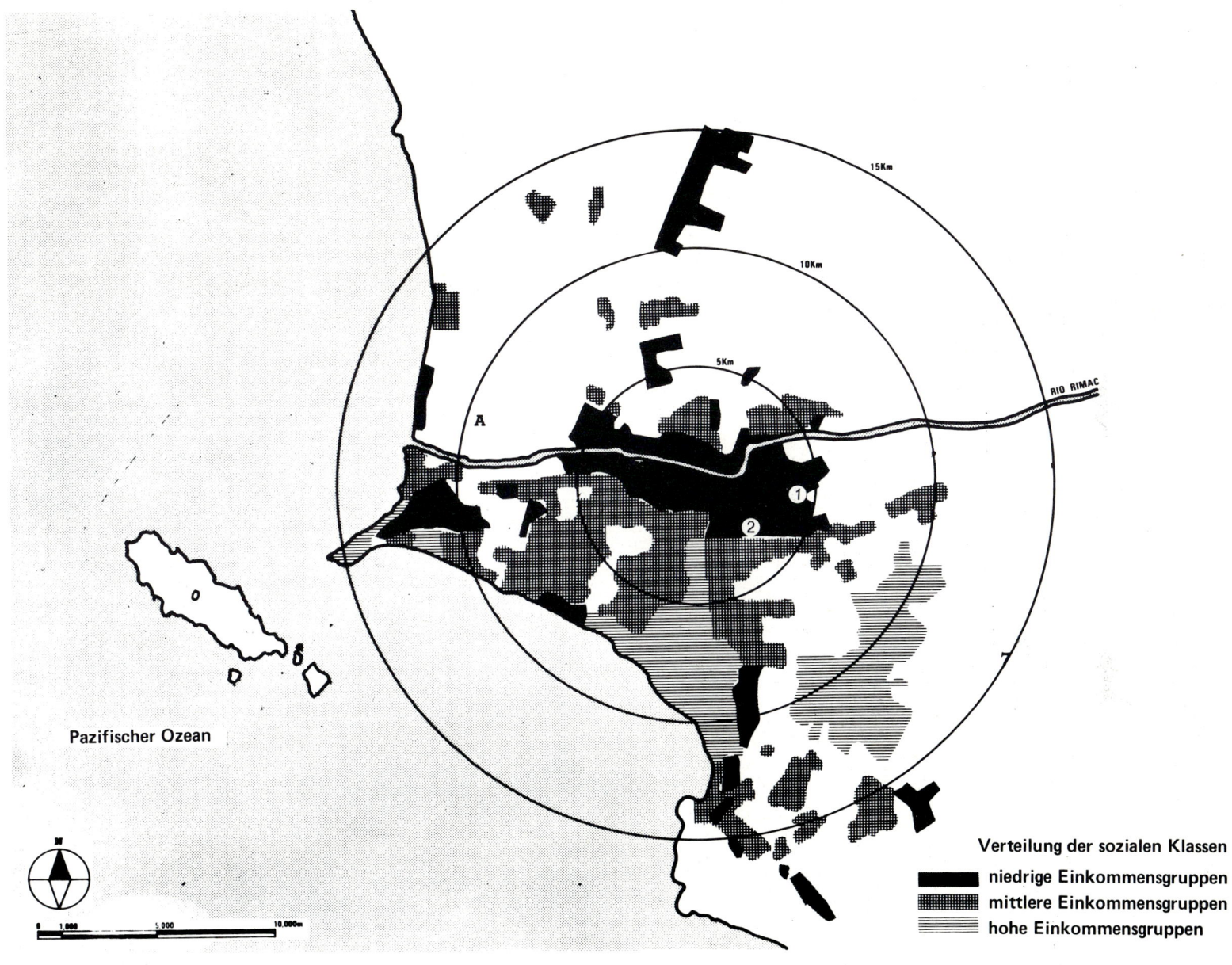

Pazifischer Ozean

RIO RIMAC

15 Km

10 Km

5 Km

A

Verteilung der sozialen Klassen

niedrige Einkommensgruppen

mittlere Einkommensgruppen

hohe Einkommensgruppen

Abb. 1604. (linke Seite) **Eine Straße in einer Stadt Lateinamerikas.**

Abb. 1605. Übersichtsplan von Lima, der peruanischen Hauptstadt, mit den beiden, auf den folgenden Seiten näher dargestellten Stadtteilen El Agustino (1) und Mendocita (2).

befahrbare Straßen
.... Fußwege

N

0   100   200   300   400   500 m

Der »Randbezirk« El Agustino in Lima:
Abb. 1606. Das Netz der Straßen und der Fußwege

Abb. 1607. Die Häuser des hügeligen Teils (schwarz).

Abb. 1608. Die Häuser des ebenen Teils (schwarz).

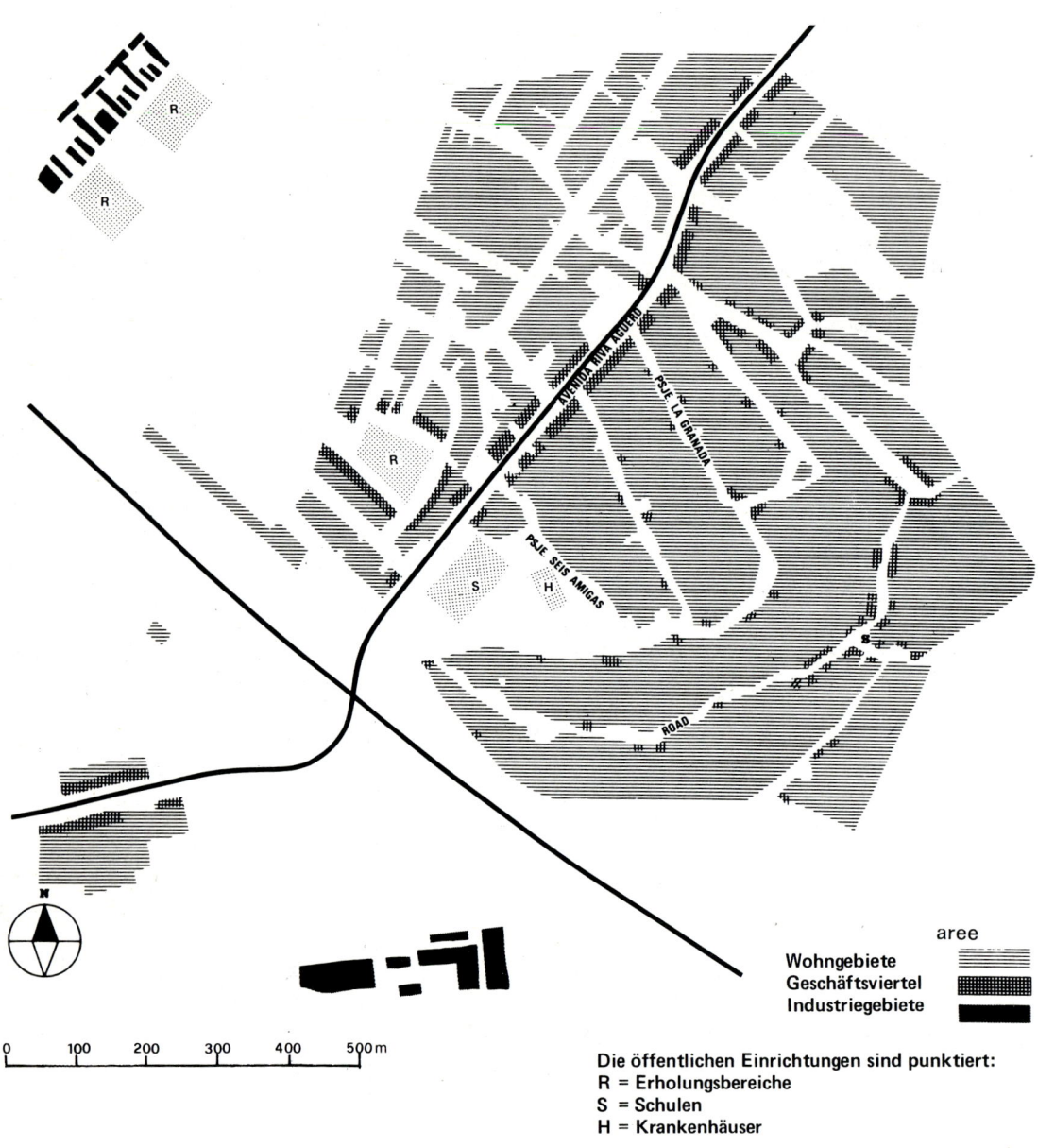

aree

Wohngebiete
Geschäftsviertel
Industriegebiete

Die öffentlichen Einrichtungen sind punktiert:
R = Erholungsbereiche
S = Schulen
H = Krankenhäuser

**Abb. 1609. Die einzelnen Bereiche des Stadtteils
El Agustino.**

Abb. 1610. Luftaufnahme des gesamten Bezirks.

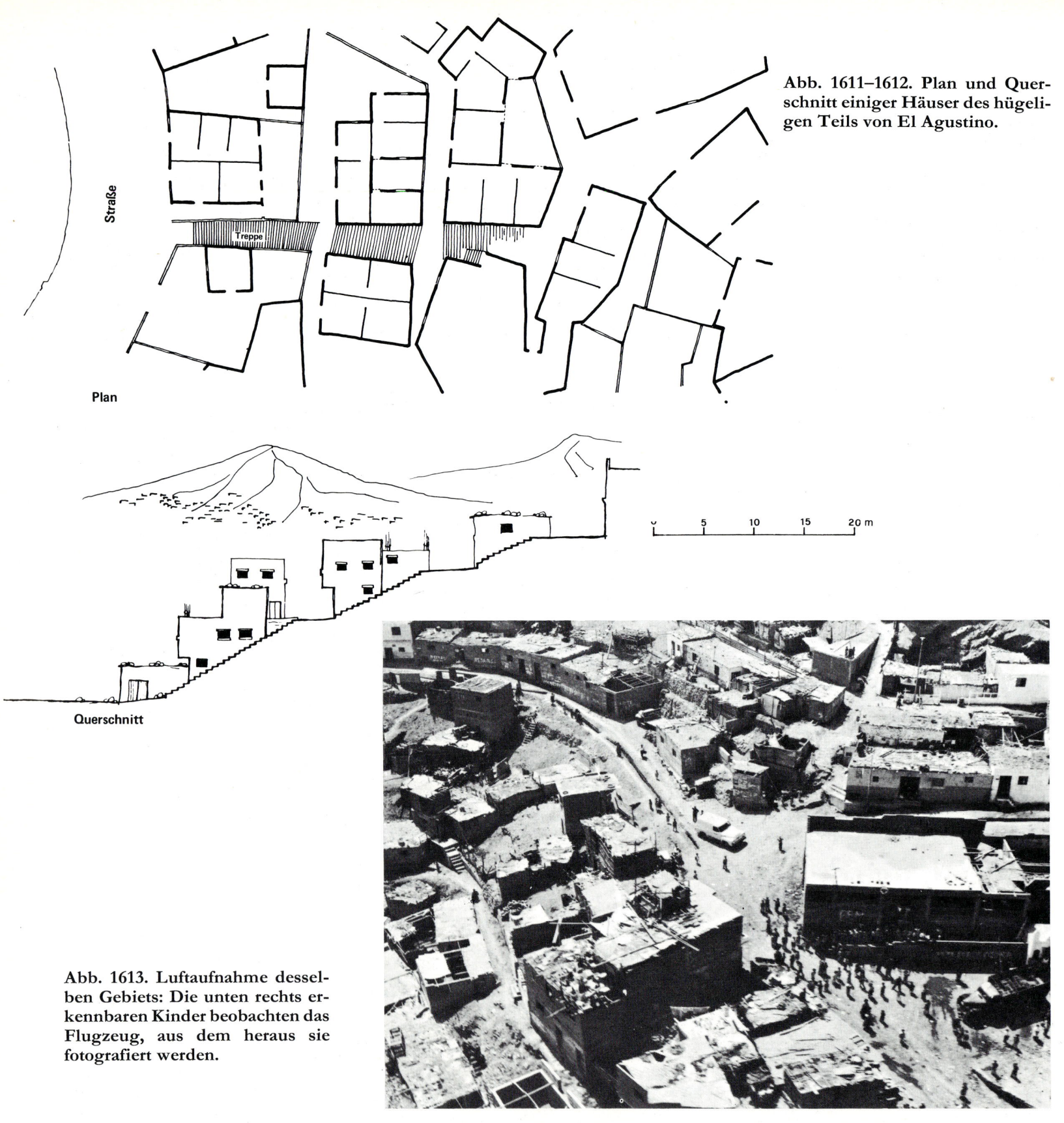

Straße

Plan

Treppe

Querschnitt

5 10 15 20 m

Abb. 1611–1612. Plan und Querschnitt einiger Häuser des hügeligen Teils von El Agustino.

Abb. 1613. Luftaufnahme desselben Gebiets: Die unten rechts erkennbaren Kinder beobachten das Flugzeug, aus dem heraus sie fotografiert werden.

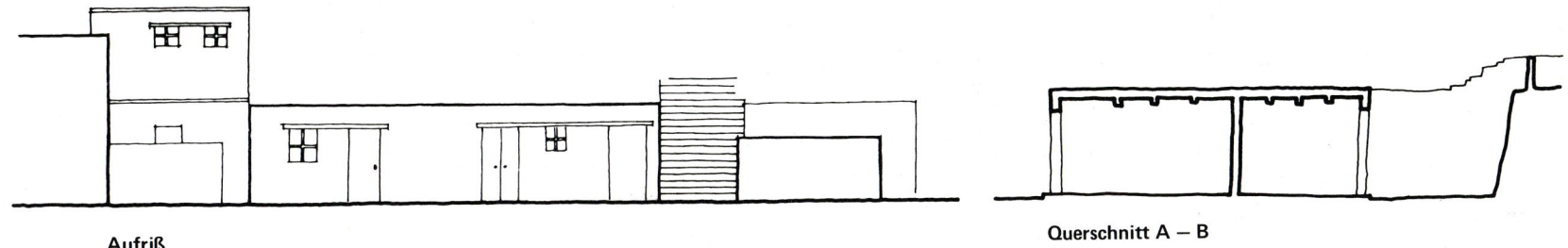

Aufriß

Querschnitt A – B

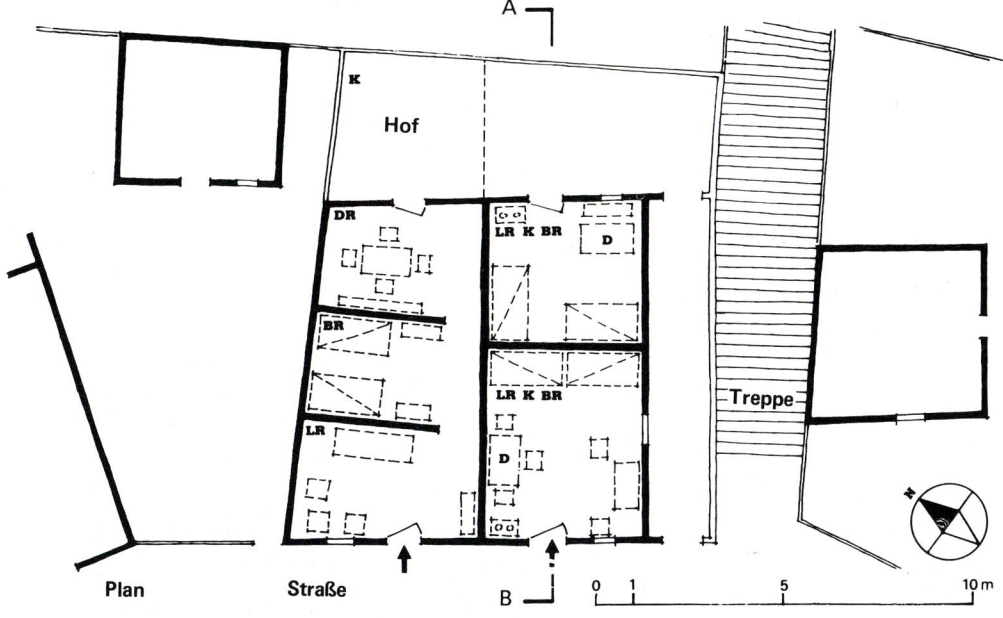

Plan   **Straße**

LR   Wohnzimmer
DR   Eßzimmer
BR   Schlafzimmer
K   Küche

Abb. 1614–1616. Grundriß, Aufriß und Querschnitt von drei Wohnungen des hügeligen Teils von El Agustino: eine Wohnung mit drei Zimmern und zwei Wohnungen mit jeweils nur einem Zimmer und einem gemeinsamen Hof.

(je nach der Größe der einzelnen Räume sind die verschiedenen Funktionen zusammengefaßt oder getrennt)

Plan

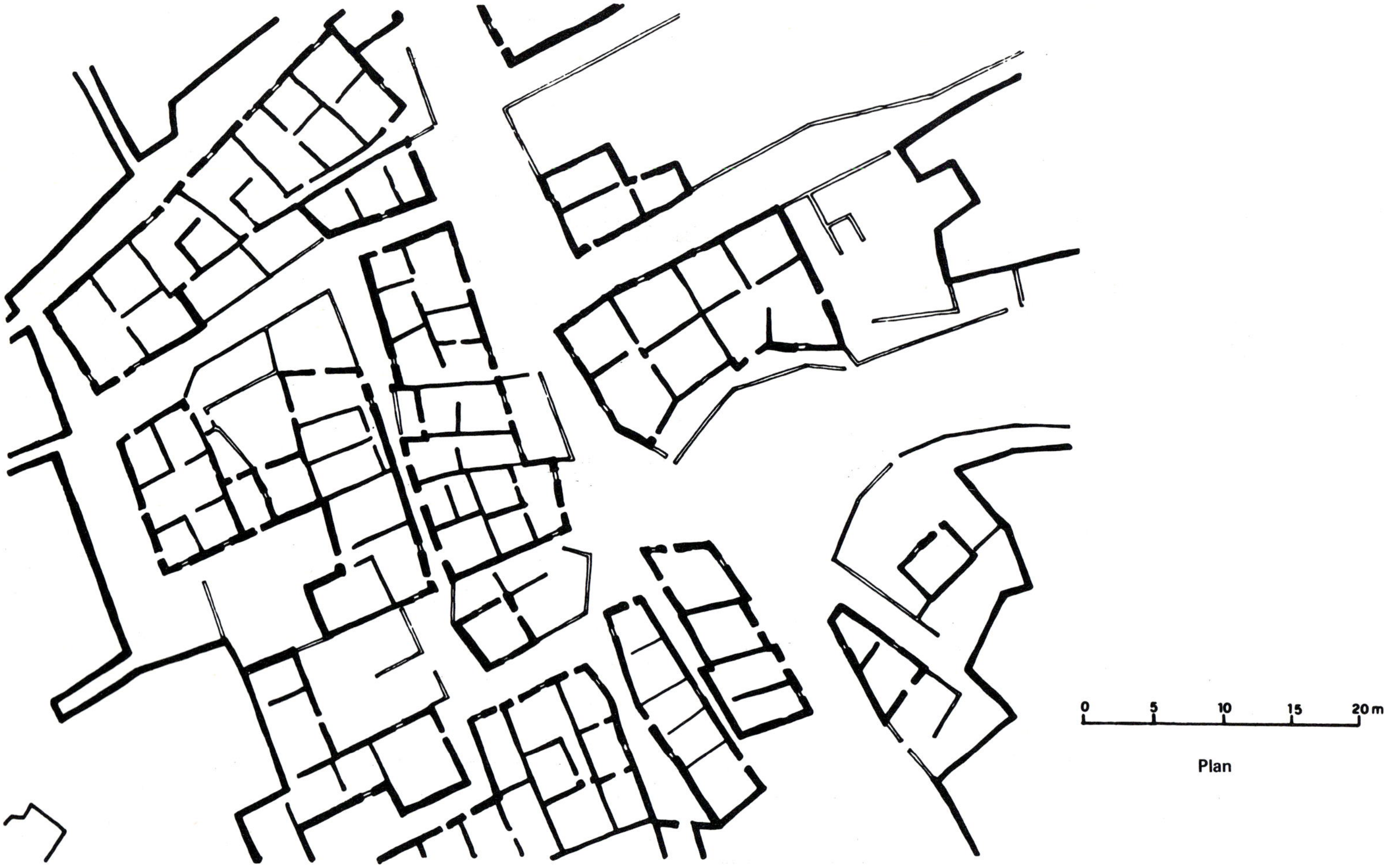

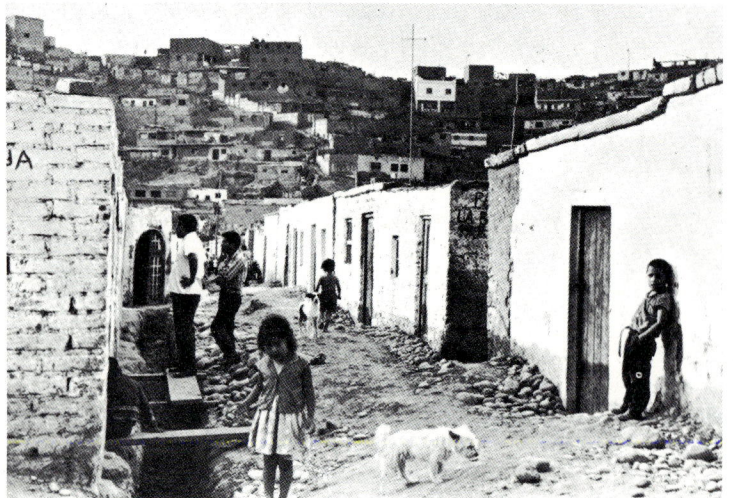

Abb. 1617–1619. Plan und Querschnitt einiger Häuser des ebenen Teils von El Agustino; Ansicht einer Straße (im Hintergrund sieht man den hügeligen Teil des Bezirks).

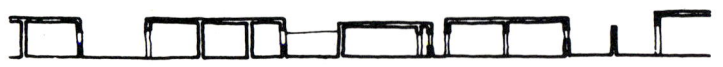

Querschnitt

Fassade

Abb. 1620–1622. Grundriß, Aufriß und Querschnitt von vier Wohnungen des ebenen Teils von El Agustino: zwei Wohnungen mit je zwei Zimmern und Hof und zwei Wohnungen mit je einem Zimmer.

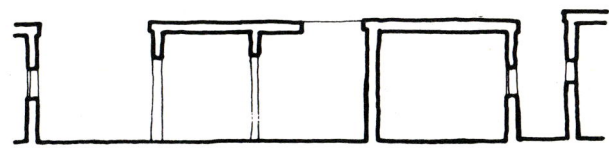

Längsschnitt A-B

LR Wohnzimmer
DR Eßzimmer
BR Schlafzimmer
K   Küche

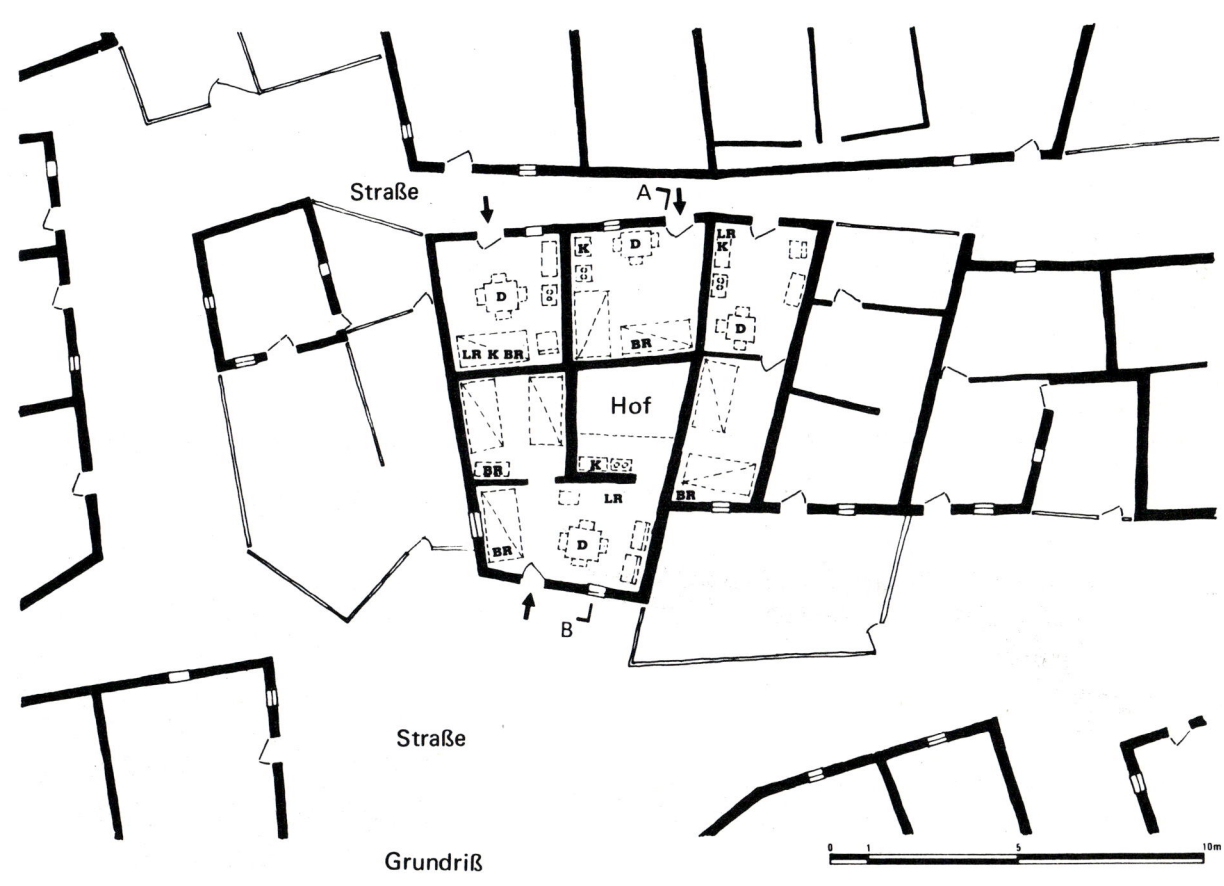

Grundriß

AVENIDA GRAU

1942

AVENIDA GRAU

1942

AVENIDA GRAU

AVENIDA GRAU

1961

R

S

AVENIDA GRAU

1961

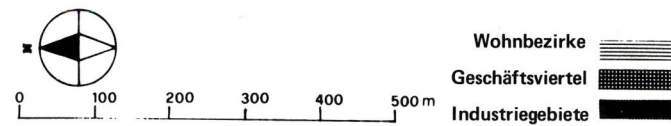

Wohnbezirke
Geschäftsviertel
Industriegebiete

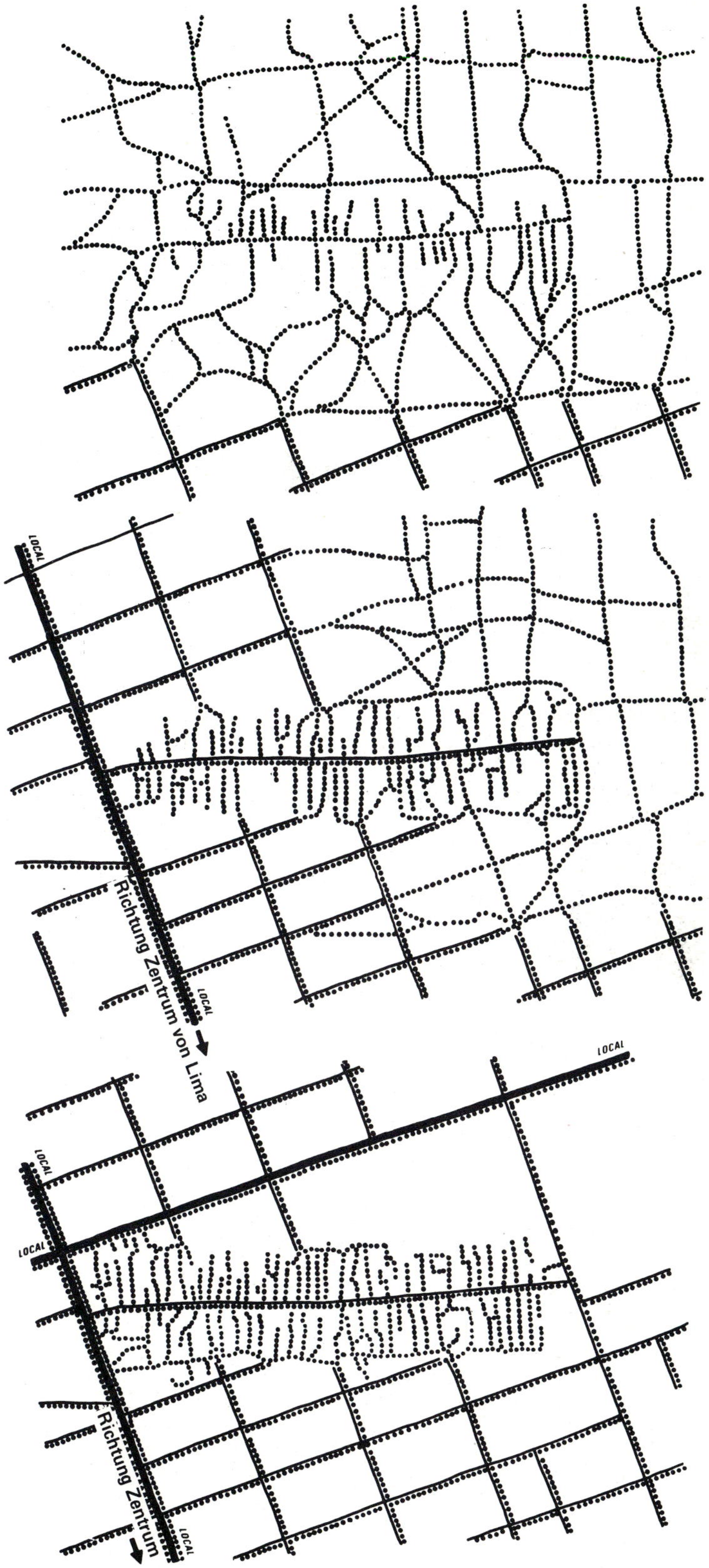

Abb. 1623–1631. Der »Randbezirk« Mendocita in Lima, der
zunächst außerhalb der Stadt errichtet, dann aber von den
»regulären« Stadtteilen der Peripherie eingeschlossen
wurde: Pläne der Gebäude, der verschiedenen Bereiche und
des Straßen- und Fußwegnetzes aus den Jahren 1942, 1952
und 1961.

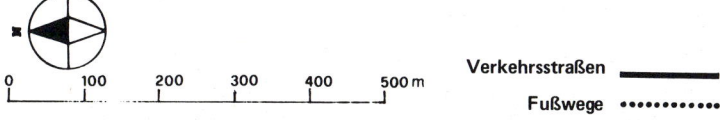

Verkehrsstraßen
Fußwege

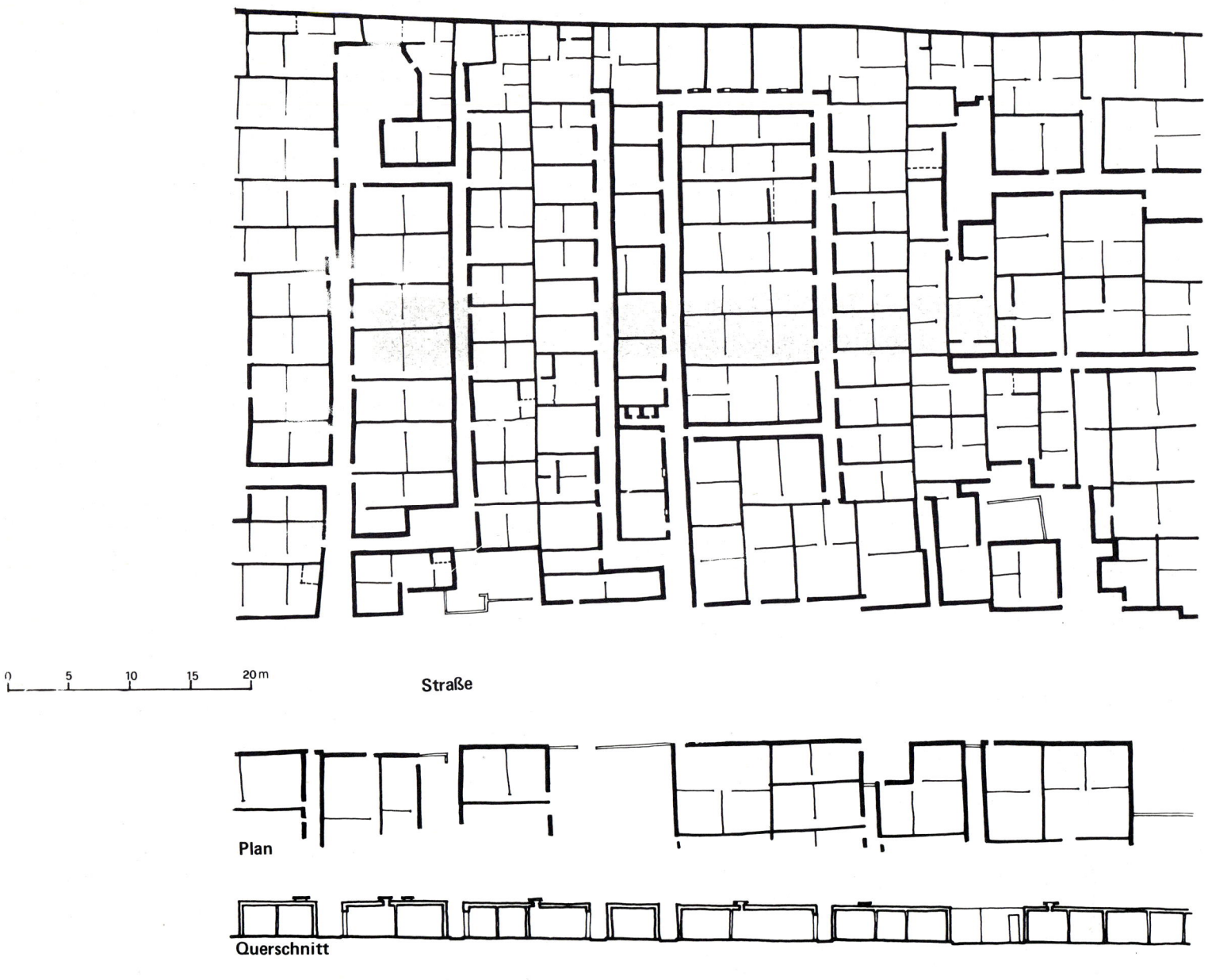

0 5 10 15 20 m

Straße

Plan

Querschnitt

Abb. 1632–1633. Plan und Querschnitt einiger Häuser in Mendocita.

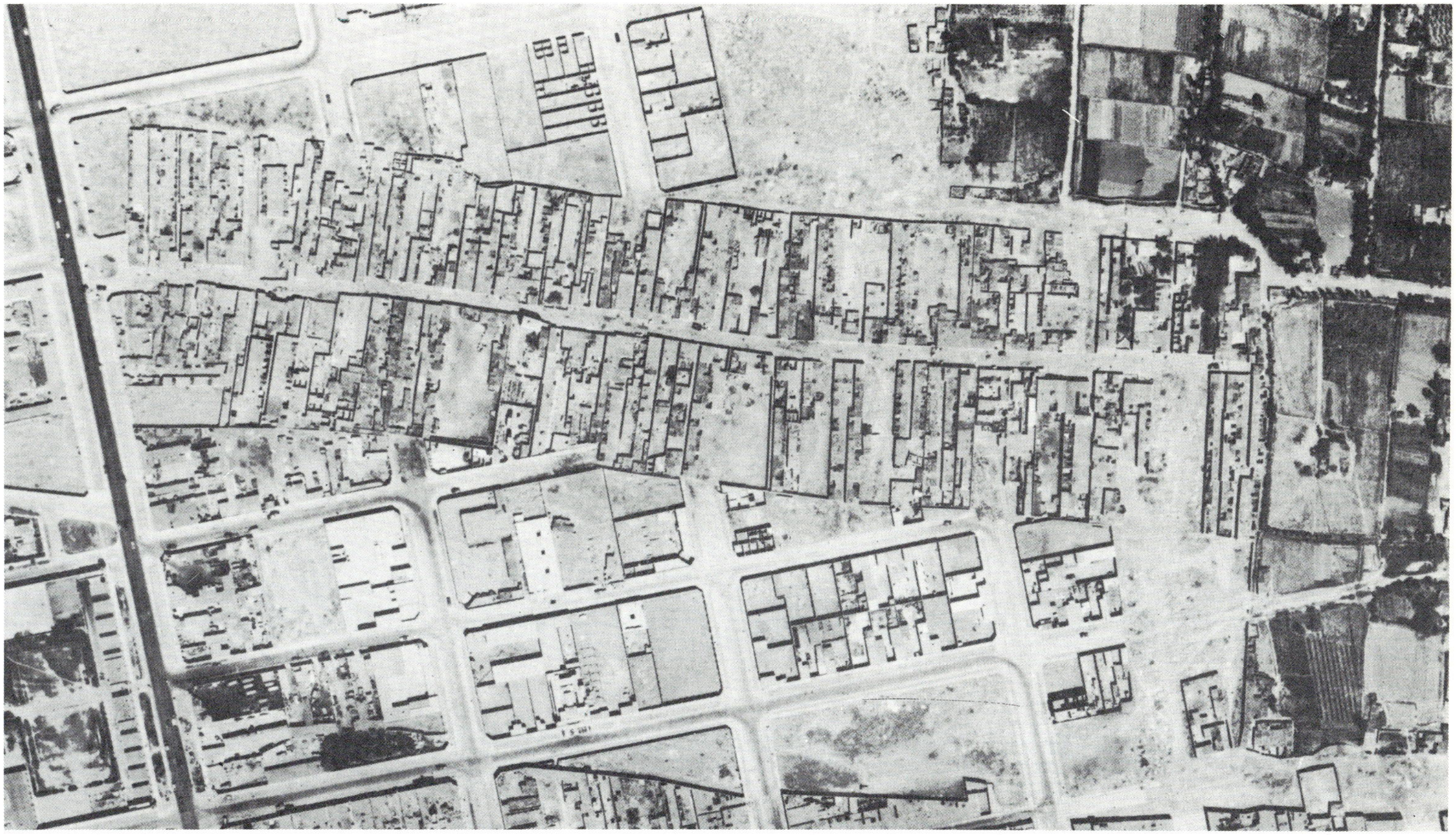

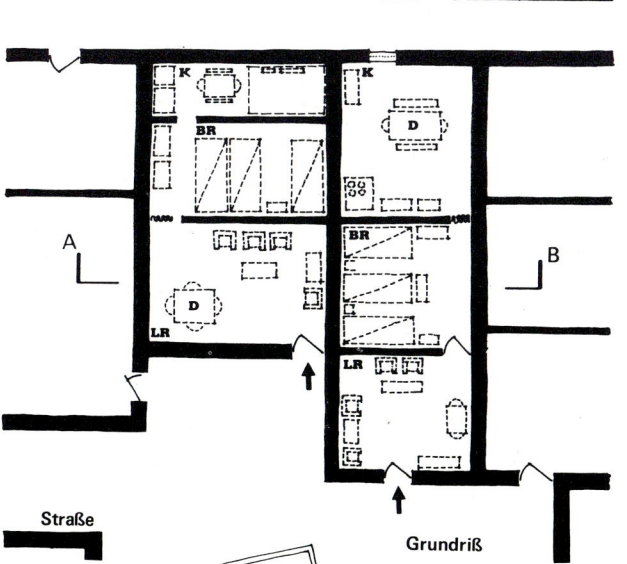

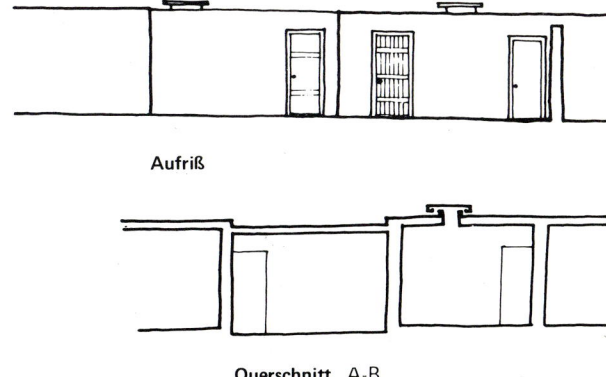

Abb. 1634–1637. Luftaufnahme von Mendocita aus dem Jahre 1952; Grundriß, Aufriß und Querschnitt von zwei Wohnungen mit je drei Zimmern.

K
K
BR
D
BR
A
B
D
LR
LR
Straße
LR Wohnzimmer
DR Eßzimmer
BR Schlafzimmer
K Küche

Grundriß

Aufriß

Querschnitt A-B

Abb. 1638. Luftaufnahme von Mendocita aus dem Jahre 1961: Hier stoßen das Gewebe der »regulären« Stadt und der illegal angelegten »Randsiedlung« direkt aufeinander.

Abb. 1639. Das Panorama von Caracas im Jahre 1974: eine Stadt mit circa zwei Millionen Einwohnern, von denen etwa die Hälfte in den »Randbezirken« wohnt.

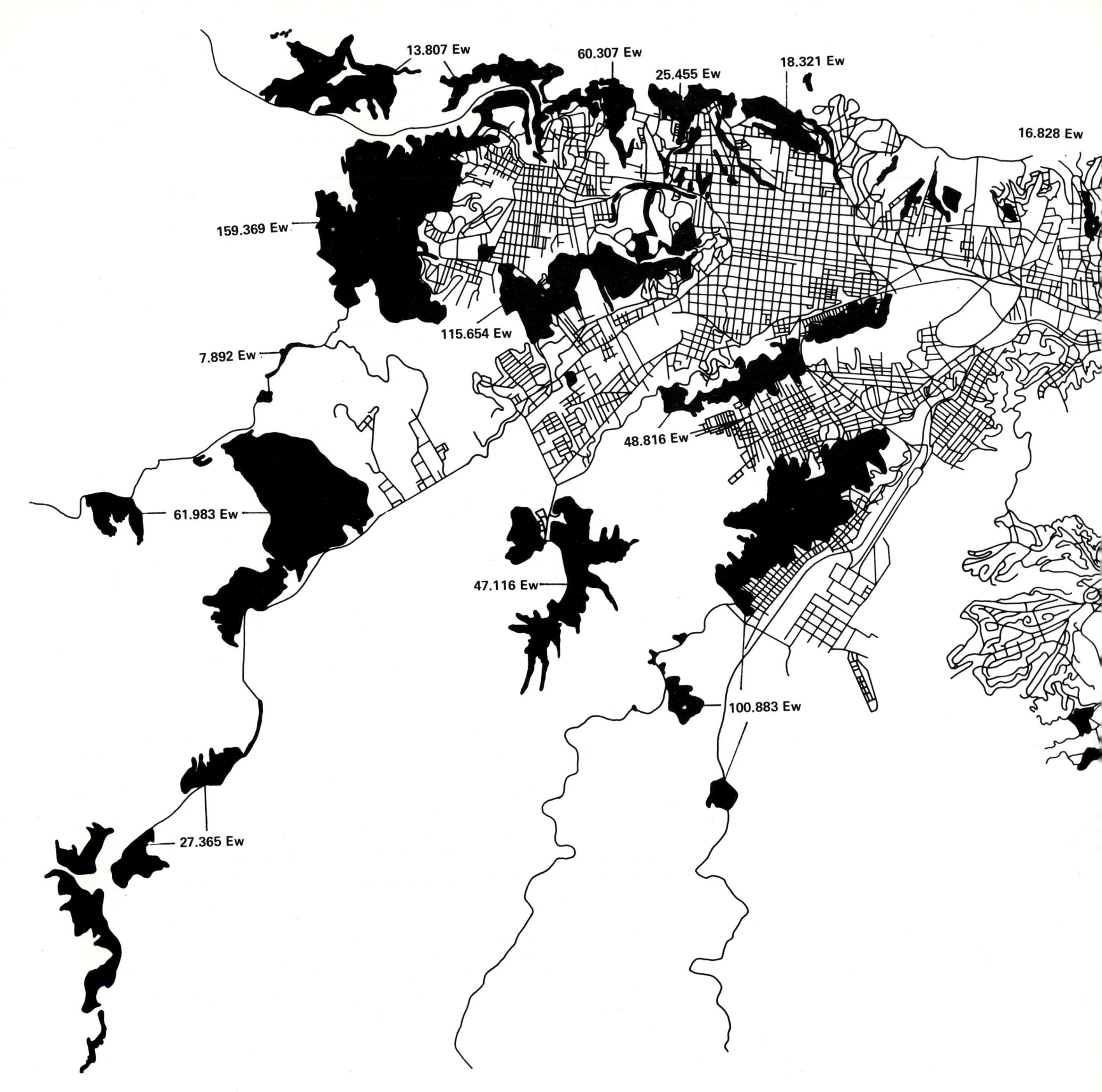

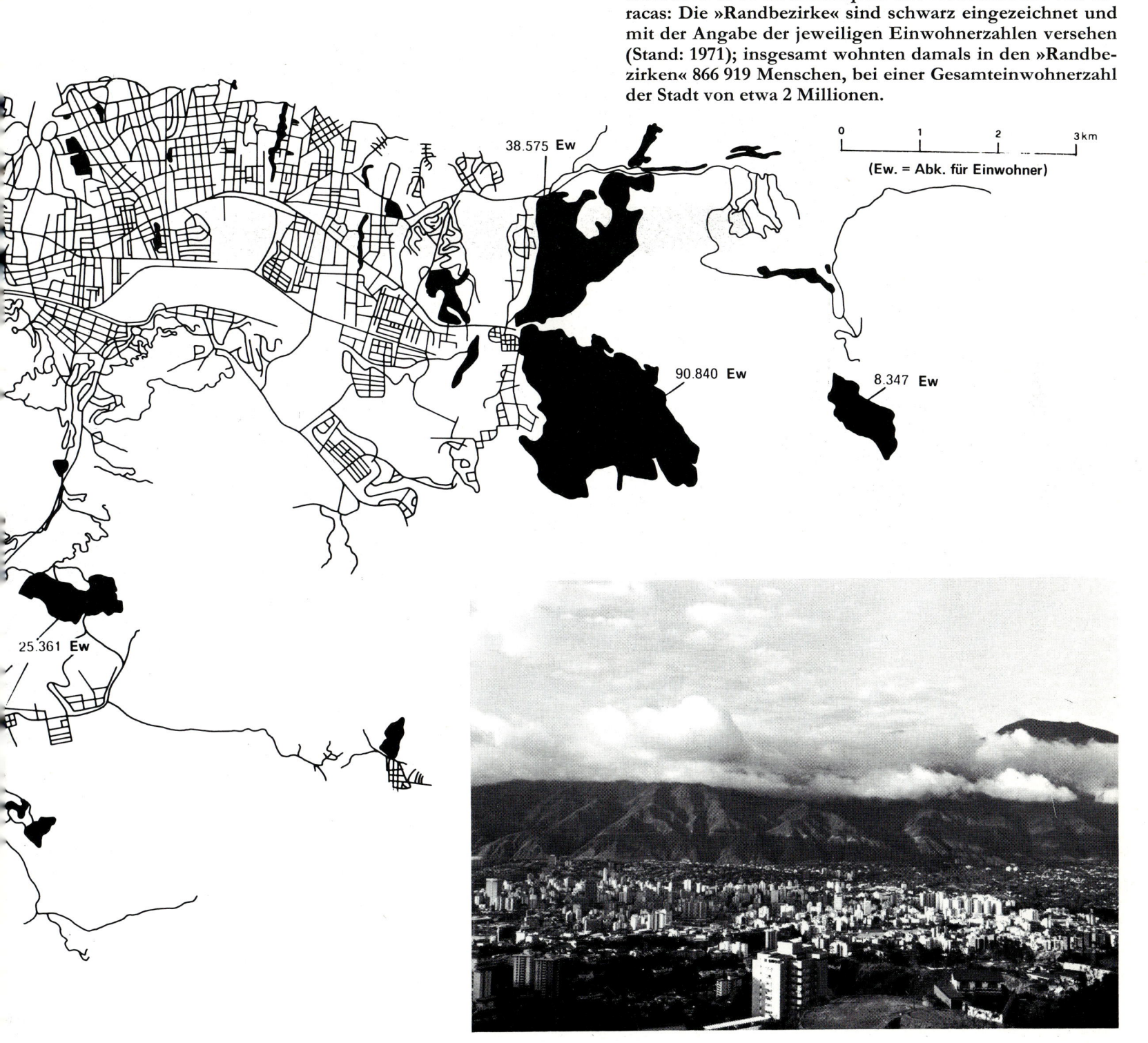

Abb. 1640–1641. Übersichtsplan und Luftaufnahme von Caracas: Die »Randbezirke« sind schwarz eingezeichnet und mit der Angabe der jeweiligen Einwohnerzahlen versehen (Stand: 1971); insgesamt wohnten damals in den »Randbezirken« 866 919 Menschen, bei einer Gesamteinwohnerzahl der Stadt von etwa 2 Millionen.

38.575 Ew

90.840 Ew

8.347 Ew

25.361 Ew

0   1   2   3 km

(Ew. = Abk. für Einwohner)

Abb. 1642–1643. Zwei Ansichten der nur zu Fuß begehbaren, abschüssigen Straßen im Stadtteil San Agustin in Caracas: Jede dieser Straßen besteht aus einer Treppe aus Zement, neben der jeweils eine offene Rinne für die Abwässer angelegt ist.

Abb. 1644. (rechte Seite) **Ein »Kinderspielplatz« im Stadtteil San Agustin in Caracas.**

Abb. 1645. Ansicht eines illegalen Viertels (gourbiville) am Stadtrand von Tunis nahe dem Ufer der inneren Lagune. Auch die Moschee mit ihrem Minarett wurde von den Bewohnern ohne Genehmigung errichtet.

Abb. 1646. Einige Häuser aus diesem Viertel: Sie haben einen Hof und nur ein ebenerdiges Stockwerk.

Abb. 1647. Eine Straße des Viertels ohne Wasserleitung und Kanalisation. Die völlig unzureichende Ausstattung einer solchen spontanen Ansiedlung trifft ebenso für die einzelnen Häuser zu, die ohne angemessene öffentliche Infrastruktureinrichtungen (Wasser, Strom etc.) sind.

Abb. 1648. Eine illegal angelegte und ständig weiter wachsende Siedlung an der Peripherie von Lima.

Die allgemeine wirtschaftliche Entwicklung hat diese Situation in keiner Weise verbessert, sondern im Gegenteil die Trennung zwischen der regulären Stadt und der irregulären verstärkt. So gibt es zum Beispiel auch in den erdölproduzierenden Ländern zahllose Barackenviertel, und man findet sie sogar in Kuweit, dem Land mit dem höchsten pro-Kopf-Einkommen der Welt. Es ist abzusehen, daß in naher Zukunft über die Hälfte der Weltbevölkerung in diesen irregulären »Randsiedlungen« leben wird. In der heutigen Zeit verdoppelt sich die Weltbevölkerung alle 30 Jahre, die städtische Bevölkerung alle 15 Jahre und die Bevölkerung der »Elendsgürtel« sogar alle 7,5 Jahre. Die entwickelten Länder – Europa und die USA – sind von dieser Entwicklung nicht völlig ausgenommen. So vervielfachte sich die Zahl der illegal angelegten Siedlungen auch in einigen europäischen Ländern: In Rom leben etwa 800 000 Menschen in Behausungen, die ohne Baugenehmigung errichtet worden sind; diese Häuser und Baracken sind zwar weniger »pittoresk« als die in Asien und Lateinamerika, aber sie bilden genau wie jene einen von der regulären Stadt getrennten Bereich und sind von ihren Ausmaßen her zu groß, als daß man sie als eine nur vorübergehende Erscheinung ansehen könnte.

Die Herausbildung dieser irregulären Stadtteile stellt für die Städte auf der ganzen Welt das beherrschende Problem dar. Auf diesem Hintergrund muß man die Entwicklung der modernen Architektur in den letzten 50 Jahren sehen und ihre zukünftige Perspektive neu beurteilen.

Die moderne Architektur entstand als Programm zur Überwindung der in den »post-liberalen« Städten herrschenden sozialen Diskriminierung und sah es als ihre Aufgabe an, alle Einwohner in den Genuß der Vorteile und Annehmlichkeiten einer auf wissenschaftlicher Grundlage gestalteten Umwelt kommen zu lassen. Ihre Vorschläge sind nur teilweise und mit Verspätung realisiert worden, weil sie nur gegen den Widerstand der die »post-liberalen« Städte beherrschenden Interessen und Institutionen durchgesetzt werden konnten.

Inzwischen aber sind die – nach herkömmlichen oder modernen Kriterien – umgestalteten Städte nicht mehr für alle Einwohner da und die Mehrheit der Weltbevölkerung konzentriert sich in den irregulären »Randsiedlungen«, die in einem wesentlich größeren Maßstab den »liberalen« Städten der ersten Phase der Industriellen Revolution entsprechen.

In dieser Situation steht die moderne Architektur vor einer Alternative: Sie kann entweder die Lebensbedingungen der herrschenden Minderheit verbessern, das heißt, zum Instrument einer weiteren Diskriminierung im Weltmaßstab werden, oder sie kann von einer Analyse der beiden Stadttypen – der regulären und der irregulären Stadt – ausgehen und sich damit in den Mittelpunkt eines allgemeineren politischen Konflikts begeben, der alle Länder diese Welt betrifft und die internationalen Beziehungen beeinflußt. Die Trennung zwischen regulärer und irregulärer Stadt ist das Ergebnis einer Baupolitik, die einerseits die im Eigenbau von den Bewohnern errichteten Häuser und Siedlungen für illegal erklärt und andererseits große, aus Zweckbauten der konventionell »modernen« Art zusammengesetzte Wohnkomplexe errichtet. Dadurch wird verhindert, die Bereitschaft der Betroffenen zur Mitarbeit für große Bauprojekte zu nutzen. Stattdessen werden Wohnungen gebaut, die für die Mehrheit der Bevölkerung zu teuer sind und zudem bei weitem nicht den tatsächlichen Bedarf an Wohnraum decken. Diese zu teuren Siedlungen passen jedoch besser zu der für die Reichen geschaffenen Stadt und werden vornehmlich an Angestellte, gutverdienende Arbeiter und an Personen mit entsprechenden Beziehungen vermietet.

Gleichzeitig unternehmen die Behörden nichts, um zu verhindern, daß sich die ohnehin schon schlechten und ungesunden Lebensbedingungen in den von den Bewohnern selbst errichteten Wohnungen und Siedlungen weiter verschlechtern und immer unerträglicher werden, weil die Existenz dieser Siedlungen von ihnen ja offiziell nicht anerkannt wird. Später werden dann irgendwann einmal die gravierendsten Mängel beseitigt, indem einige grundlegende infrastrukturelle Einrichtungen – wie Wasserleitungen, Stromanschlüsse, Schulen, Polizeistationen und einige Straßen für die Krankenwagen und Militärfahrzeuge – geschaffen werden. Umfang und Qualität dieser Infrastruktur entsprechen jedoch keineswegs denen der modernen Stadtviertel, und die hier getroffenen öffentlichen Maßnahmen dienen nur dazu, die Trennung zwischen den beiden unterschiedlichen Bereichen der Stadt festzuschreiben: Sie bewahren die reguläre Stadt vor den Gefahren eines Kontakts mit den irregulären Siedlungen und verfestigen die Abhängigkeit dieser Siedlungen von der regulären Stadt. Die einzelnen Elemente der regulären Stadt – die modernen Häuser, das Straßennetz und die anderen infrastrukturellen Einrichtungen – bleiben einer Minderheit vorbehalten und werden der Mehrheit der Bevölkerung als erstrebenswertes, für sie jedoch unerreichbares Modell vorgehalten. Dadurch wird die Trennung in den regulären und den irregulären Bereich der Stadt zu einem universellen Instrument der Diskriminierung und der Sicherung der politischen Macht der Herrschenden.

Die heutigen Utopisten, wie zum Beispiel Ivan Illich, setzen sich für eine andere Politik ein: »Eine konviviale Politik wäre verpflichtet, zuerst festzustellen, welche Dinge sich beim Hausbau unmöglich selbst bewerkstelligen lassen. Daraufhin würde sie jedem ein Minimum an Boden, Wasser, vorgefertigten Bauelementen, konvivialen Werkzeugen, von der Bohrmaschine bis hin zum Lastenaufzug, und wahrscheinlich auch ein Minimum an Kredit zur Verfügung stellen.« (*Selbstbegrenzung,* Reinbek 1980, S. 83) Einige in diese Richtung gehende Experimente wurden in einem begrenzten Umfang in Peru und in anderen Ländern begonnen. Aber die gesamte vorstehend beschriebene Stadtplanungspolitik müßte geändert werden und dürfte sich nicht mehr primär an den Bedürfnissen der »regulären« Bewohner orientieren, sondern an denen der »irregulären«. Die Städte müßten völlig umstrukturiert werden, wobei den von den Bewohnern selbst gebauten Siedlungen die am günstigsten gelegenen Bauplätze zugewiesen werden sollten und nicht die ungünstigsten. Das Straßennetz sollte so angelegt werden, daß die Fußgänger gegenüber dem Autoverkehr bevorzugt werden; gleichzeitig müßte der öffentliche Nahverkehr ausgebaut werden und Vorrang haben gegenüber dem Individualverkehr.

Die moderne Architektur kann sich in den Dienst der einen oder der anderen Politik stellen. Wenn sie sich für die zweite Art der Politik entscheidet, so muß sie auch die Tendenzen in den entwickelten Ländern kritisch analysieren und die Frage stellen, inwieweit die neuen städteplanerischen und architektonischen

Projekte tatsächlich den realen Bedürfnissen der Bevölkerung entsprechen oder ob damit die Ansprüche der Bevölkerung nicht nur künstlich hochgeschraubt werden, um eine ständige Expansion der industriellen Maschinerie zu gewährleisten. Eine Architektur jedoch, die sich in den Dienst der Industrie gestellt hat, dürfte in keinem Fall einen Fortschritt bedeuten, ganz gleich, ob sie nun einen großen oder nur einen kleinen Teil der Bevölkerung betreffen würde; sie würde dazu beitragen, daß die Gegensätze zwischen entwickelten und weniger entwickelten Ländern weiter wachsen und immer unüberwindbarer werden. Die Architektur könnte – wie die wissenschaftliche Forschung allgemein – zu einer realen Verbesserung der Lebensbedingungen aller Menschen beitragen, wenn sie nicht dem Hirngespinst einer immer »besseren« Gestaltung eines Teils der Umwelt nachhängt – eines Teils der Umwelt jedoch, der einem immer kleiner werdenden Teil der Weltbevölkerung vorbehalten bleibt.

Abb. 1649. Die Alternative, vor der die moderne Architektur steht: »Das derzeitige Verhängnis oder die Freiheit der Raumgestaltung?« (Zeichnung von Le Corbusier aus der Zeit des Zweiten Weltkriegs).

Literaturhinweise

Die Geschichte der Stadt als politischer, ökonomischer und sozialer Organismus ist – von Aristoteles bis heute – in unzählbaren Büchern behandelt worden. Die Geschichte der baulichen Elemente der Stadt – Gegenstand dieses Buches – wird erst seit den letzten fünfzig Jahren erforscht, nachdem die Bewegung der modernen Architektur das Interesse für solche Untersuchungen geweckt hatte.

Folgende systematische Standardwerke sind bisher erschienen:
P. Lavedan, Histoire de l'urbanisme, Paris 1952; Band I: Antiquité; Band II: Moyen Age; Band III: Renaissance et temps modernes; Band IV: Epoque contemporaine. Band II wurde neu herausgegeben: P. Lavedan, J. Huguenay, L'urbanisme au Moyen Age, Genf 1974.
E. Egli, Geschichte des Städtebaus, Erlenbach-Zürich 1959.
E. N. Bacon, Stadtplanung von Athen bis Brasilia, Zürich 1968.
W. Braunfels, Abendländische Stadtbaukunst, Köln 1976.

Daneben gibt es noch die Reihe von E. A. Gutkind, International History of City Development, von der bisher acht Bände erschienen sind:
Urban Development in Central Europe, London 1964.
Urban Development in the Alpine and Scandinavian Countries, London 1965.
Urban Development in Spain and Portugal, London 1967.
Urban Development in Italy and Greece, London 1969.
Urban Development in France and Belgium, London 1970.
Urban Development in the Netherlands and Great Britain, London 1971.
Urban Development in Poland, Czechoslovakia and Hungary, London 1972
Urban Development in Bulgaria, Romania and the U.R.S.S., London 1972.

Für den Verlag Braziller, New York, hat G. Collins eine Reihe gemeinverständlicher Bändchen besorgt:
D. Fraser, Village Planning in the Primitive World, 1968.
P. Lampl, Cities and Planning in the Ancient Near East, 1968.
J. Hardoy, Urban Planning in Pre-Columbian America, 1968.
J. Ward-Perkins, The Cities of Ancient Greece and Italy, 1974

H. Saalman, Mediaeval Cities, 1968.
G. C. Argan, The Renaissance City, 1969.
H. de la Croix, Military Considerations in City Planning: Fortifications, 1972.
A. Fein, Frederick Law Olmsted and the American Environmental Tradition, 1972.
F. Choay, The Modern City. Planning in the 19th Century, 1969.
H. Saalman, Haussmann. Paris Transformed, 1971.
G. Collins, The Modern City. Planning in the 20th Century, 1969.
D. Wiebenson, Tony Garnier: The Cité Industrielle, 1969.
N. Evenson, Le Corbusier: The Machine and the Grand Design, 1979.
E. Y. Galantay, New Towns: Antiquity to the Present, 1975.
F. Ferguson, Architecture, Cities and System Approach, 1975.

Mehrere Darstellungen befassen sich unter verschiedenen historischen und methodischen Gesichtspunkten mit der Geschichte der Stadt; folgende Titel seien hierzu aufgeführt:
C. Stewart, A Prospect of Cities, London 1952.
C. Tunnard, The City of Man, New York 1953.
F. R. Hiorns, Town Building in History, London 1956.
G. Nünter, Geschichte der Idealstadt, Berlin 1957.
H. Rosenau, The Ideal City, London 1959.
P. Zucker, Town and Square, Cambridge, Mass., 1959.
E. N. Bacon, Design of Cities, London 1967.
S. Moholy-Nagy, Matrix of Man, London 1968.
L. Benevolo, Die sozialen Ursprünge des Städtebaus, Wiesbaden 1971.
G. Burke, Towns in the Making, Norwick 1971.
K. Duntze, Der Geist, der Städte baut, Stuttgart 1972.
A. E. J. Morris, History of Urban Form, London 1972.
G. Albers, Entwicklungslinien im Städtebau. Ideen, Thesen, Aussagen 1875–1945. Wiesbaden 1975.
M. Andritzky u.a., Labyrinth Stadt, Köln 1975.
G. u. S. Jellicoe, The Landscape of Man, London 1975.
K. Hartmann, Deutsche Gartenstadtbewegung, München 1976.
J. E. Vance, This Scene of Man, New York 1977.
L. Mumford, Die Stadt. Geschichte und Ausblick, München 1978.
M. Andritzky, G. Selle (Hg.), Lernbereich Wohnen, Reinbek 1979.

Die Bücher, die sich mit einzelnen Ländern oder Epochen befassen, sind wesentlich zahlreicher; folgende Auswahl sei genannt:

R. Martin, L'urbanisme dans la Grèce antique, Paris 1974.

J. Rykwert, The Idea of a Town. The Anthropology of Urban Form in Rome, Italy, and the Ancient World, Princeton 1976.

E. Guidoni, La città europea dal IV all'XI secolo, Milano 1978.

E. Ennen, Die Europäische Stadt des Mittelalters, Göttingen 1975.

M. Beresford, New Towns of the Middle Ages, London 1967.

R. Hartog, Stadterweiterungen im 19. Jahrhundert, Stuttgart 1962.

L. Grothe (Hg.), Die deutsche Stadt im 19. Jahrhundert, München 1974.

J. E. Hardoy, Ciudades precolombinas, Buenos Aires 1964.

P. Lavedan, Les villes françaises, Paris 1960.

Aa. Vv., Resumen historico del urbanismo en Espana, Madrid 1954.

J. W. Reps, The Making of Urban America, Princeton 1965.

M. Scott, American City Planning, Berkeley 1969.

P. Hall, World Cities, New York 1966.

W. Hegemann, Das steinerne Berlin, 1930; Neudruck, Wiesbaden 1963.

Orts- und Länderregister

(Abbildungsnummern sind *kursiv* gesetzt)

Inhalt